Hardy Grüne

100 Jahre Deutsche Meisterschaft

Die Geschichte des
Fußballs in Deutschland

Deutsche Meister

1903 VfB Leipzig
1905 Union 92 Berlin
1906 VfB Leipzig
1907 Freiburger FC
1908 Viktoria Berlin
1909 Phönix Karlsruhe
1910 Karlsruher FV
1911 Viktoria Berlin
1912 Holstein Kiel
1913 VfB Leipzig
1914 SpVgg Fürth
1920 1. FC Nürnberg
1921 1. FC Nürnberg
1922 kein Meister
1923 Hamburger SV
1924 1. FC Nürnberg
1925 1. FC Nürnberg
1926 SpVgg Fürth
1927 1. FC Nürnberg
1928 Hamburger SV
1929 SpVgg Fürth
1930 Hertha BSC Berlin
1931 Hertha BSC Berlin
1932 Bayern München
1933 Fortuna Düsseldorf
1934 FC Schalke 04
1935 FC Schalke 04
1936 1. FC Nürnberg
1937 FC Schalke 04
1938 Hannover 96
1939 FC Schalke 04
1940 FC Schalke 04
1941 Rapid Wien
1942 FC Schalke 04
1943 Dresdner SC
1944 Dresdner SC
1948 1. FC Nürnberg
1949 VfR Mannheim
1950 VfB Stuttgart
1951 1. FC Kaiserslautern
1952 VfB Stuttgart
1953 1. FC Kaiserslautern
1954 Hannover 96
1955 Rot-Weiß Essen
1956 Borussia Dortmund
1957 Borussia Dortmund
1958 FC Schalke 04
1959 Eintracht Frankfurt
1960 Hamburger SV
1961 1. FC Nürnberg
1962 1. FC Köln
1963 Borussia Dortmund
1964 1. FC Köln
1965 Werder Bremen
1966 TSV 1860 München
1967 Eintr. Braunschweig
1968 1. FC Nürnberg
1969 FC Bayern München
1970 Bor. Mönchengladbach
1971 Bor. Mönchengladbach
1972 FC Bayern München
1973 FC Bayern München
1974 FC Bayern München
1975 Bor. Mönchengladbach
1976 Bor. Mönchengladbach
1977 Bor. Mönchengladbach
1978 1. FC Köln
1979 Hamburger SV
1980 FC Bayern München
1981 FC Bayern München
1982 Hamburger SV
1983 Hamburger SV
1984 VfB Stuttgart
1985 FC Bayern München
1986 FC Bayern München
1987 FC Bayern München
1988 Werder Bremen
1989 FC Bayern München
1990 FC Bayern München
1991 1. FC Kaiserslautern
1992 VfB Stuttgart
1993 SV Werder Bremen
1994 Bayern München
1995 Borussia Dortmund
1996 Borussia Dortmund
1997 FC Bayern München
1998 1. FC Kaiserslautern
1999 FC Bayern München
2000 FC Bayern München
2001 FC Bayern München
2002 Borussia Dortmund
2003 FC Bayern München

Hardy Grüne

100 Jahre Deutsche Meisterschaft

Die Geschichte des Fußballs in Deutschland

VERLAG DIE WERKSTATT

Bibliografische Information der Deutschen Bibliothek
Die Deutsche Bibliothek verzeichnet diese Publikation in der Deutschen Nationalbibliografie; detaillierte bibliografische Daten sind im Internet über www.dnb.ddb.de abrufbar.

Lotzestraße 24a, 37083 Göttingen
www.werkstatt-verlag.de

Satz und Gestaltung: Verlag Die Werkstatt, Göttingen
Druck und Bindung: Westermann Druck, Zwickau

ISBN 3-89533-410-3

Inhalt

1954 bis 1963

1963 bis 1971

1971 bis 1980

1980 bis 1989

Fußball in der DDR

1989 bis 2003

Anhang

Faszination Meisterschaft: 1962 gewann der 1. FC Köln das Finale. Fritz Ewert, Hans Schäfer, Tschik Cajkovski und Hans Sturm jubelten.

Vorwort

Keine andere organisierte Leibesübung in Deutschland übt eine derartige Faszination auf die Menschen aus wie der Fußball. In jedem Dorf wird gekickt, und wenn es um die Fußball-Weltmeisterschaft geht, hockt die halbe Nation vor den TV-Bildschirmen und vergisst alles, was sonst so wichtig ist im Leben. Die „wichtigste Nebensache der Welt" fesselt und fasziniert das Volk ungeachtet seiner regionalen Eigenarten, der sozialen Herkunft und des Bildungsstandes.

Dies gilt in besonderer Weise auch für den alljährlichen Kampf um die Deutsche Fußballmeisterschaft, der 1903 erstmals ausgetragen wurde, seither immer wieder für Dramatik sorgt und nichts von seiner Faszination verloren hat. Die Diskussion der wochenendlichen Ligaspiele beherrscht die Montagmorgen-Diskussion an den Arbeitsplätzen im ganzen Land – daran hat sich auch im Computerzeitalter nichts verändert. Die „Unberechenbarkeit" der Ereignisse, das intensive „Erleben" des Einzelnen, der mit „seinem" Verein „lebt" und „leidet", haben vor allem den hochklassigen Leistungsfußball zum einzigartigen Kollektiverlebnis in Deutschland gemacht. Fußball in seiner Ausprägung als Zuschauersport – wo neben dem Spiel auf dem Rasen noch eines auf den Rängen (Zuschauer) sowie ein weiteres hinter den Kulissen (Funktionäre, Politik) stattfindet – hat dabei unzählige Krisen überstanden und scheint in seinen Grundzügen gegen jede gesellschaftliche Veränderung geradezu immun zu sein – trotz Post-Bosman-Arroganz und Kirch-Krise strömen die Fans schließlich auch heute unverändert in die Stadien. Warum dies so ist – und wie es früher war – soll auf den folgenden Seiten erläutert werden.

Da Fußball vor allem in seiner Ausprägung als Zuschauersport mehr ist als ein Spiel, handelt es sich beim vorliegenden Werk nicht um eine 1:0-Berichterstattung, die an den Stadiontoren aufhört. Vielmehr geht es darum, ein möglichst komplexes Bild von dem Gebilde „Leistungsfußball" entstehen zu lassen. Insofern kommen natürlich auch die Politik und die Wirtschaft zu Wort, werden die Probleme im Amateurfußball beleuchtet und die Verlierer der Entwicklung genannt. Nicht umsonst war Fußball in den vergangenen 100 Jahren stets auch ein Spiegelbild der gesellschaftlichen und politischen Verhältnisse. Am deutlichsten wird dies wohl beim Thema Krieg, denn es gab in der deutschen Fußballhistorie zwei herausragende Boomphasen: die 1920er Jahre und die 1950er Jahre – also jeweils die Epochen unmittelbar nach einem Weltkrieg, als die Menschen eine Mischung aus wirtschaftlichen Nöten, persönlicher Traumatisierung und wiedergewonnener Lebensfreude in die Stadien trieb.

Die Forschungsgrundlage dieses Buches bilden Primärquellen – also zeitgenössische Publikationen wie der „Kicker", der „Sport" oder der „Fußball". Ergänzend wurden

Tageszeitungen hinzugezogen. Darüber hinaus konnte erfreulicherweise auf einige überaus fundierte Sekundärliteraturwerke zurückgegriffen werden, in denen Einzelaspekte der Fußballgeschichte untersucht sind. Wenngleich diesem Buch ein Quellenapparat angefügt wurde, handelt es sich nicht um ein streng wissenschaftliches Werk. Wichtiger war mir die allgemeine Verständlichkeit, um allen Fußballfans ungeachtet des Bildungsstandes die Möglichkeit des Einblickes in die Geschichte „ihres" Sports zu geben. Ich hoffe, es ist mir gelungen.

In den letzten Jahren hat Fußball einen tief greifenden Wandel durchgemacht. Ich persönlich stehe der derzeitigen Entwicklung eher skeptisch gegenüber und stelle vor allem beim Besuch von Bundesligastadien immer wieder fest, dass es nicht mehr „mein" Fußball ist, den ich seit meiner „Fußball-Sozialisation" Anfang der 1970er Jahre genossen habe. Aber auch das stimmt: dass „uns" das Spiel nie gehörte, sondern in seiner gesamten Historie Veränderungen unterworfen war. Fußball begann als bürgerlicher Elitesport, wurde später zum Arbeitersport und erst in den 1990er Jahren zum wahren Volkssport, indem nicht nur männliche Arbeiter, sondern auch Angestellte, Intellektuelle und vor allem Frauen den Weg in die Stadien fanden. Wem also, wie mir, der derzeitig Trend nicht gefällt, der sollte darauf vertrauen, dass sich das Rad der Geschichte auch im Fußball unermüdlich weiterdrehen wird…

So gelten vielleicht für alle Zeit die Worte von Ian Holloway, dem ehemaligen Trainer der Bristol Rovers, eines Klubs, dessen Schicksal mir sehr am Herzen liegt. Holloway stammt aus einem klassischen Fußballviertel Bristols und bekannte in seiner Eigenschaft als Trainer der Queens Park Rangers: „Das Schönste am Fußball ist die Leidenschaft. Sie muss kontrolliert werden, aber eigentlich geht es nur um Leidenschaft, und sie ist es, warum die Leute Geld bezahlen, um uns spielen zu sehen."

Zum Abschluss noch Dankesworte an Erik Eggers, Bernd Beyer, Lorenz Knieriem, Stefan „Stachel" Wellmer, Andreas Meyer sowie diverse Vereinsfunktionäre, Spieler und Fans unterschiedlicher Mannschaften, mit denen ich in den letzten Jahren bisweilen kontroverse Diskussionen führen konnte, die mein Bild über Geschichte und Gegenwart des Fußballs in Deutschland stark erweitert haben. Voller Liebe und Bewunderung möchte ich mich außerdem bei meiner Partnerin Bürte Hoppe bedanken, die mein Leben mit ihrem Wesen so sehr erhellt hat. So viele Sandkörner, wie…

Hardy Grüne

Der moderne Fußball entwickelte sich an den englischen Public Schools. Hier kicken Schüler etwa im Jahr 1860.

1870 bis 1900

Des Kaisers neue Kleider

Als die ersten Fußballer um 1860 nach Deutschland kamen, wurden sie zunächst kaum beachtet. Deutschland war Turn-Domäne, und Turnen war eine urdeutsche Leibeserziehung, die vor allem ein Ziel hatte: aus der männlichen Jugend harte und gehorsame Soldaten zu machen. Fußball, ein im Vergleich zum disziplinorientierten Turnen beinahe ungezügeltes Spiel, das noch dazu vom politischen Gegenspieler England kam, hatte eigentlich keine Chance. *Eigentlich,* denn trotz ungünstiger Ausgangsvoraussetzungen setzte sich Fußball binnen weniger Jahrzehnte durch und startete nach der Jahrhundertwende sogar einen ebenso faszinierenden wie beispiellosen Siegeszug. Weil die Ursachen hierfür keineswegs ausschließlich im Spiel selbst begründet liegen, geht die Geschichte des Fußballs in Deutschland weit über ihre sportliche Dimension hinaus und erlaubt zudem einen höchst spannenden und aufschlussreichen Ausflug in die deutsche Gesellschaftsgeschichte.

Fußball wurde in Deutschland an mehreren Stellen unabhängig voneinander eingeführt und entwickelte sich zunächst ausschließlich in regionalen Strängen, die nicht miteinander in Kontakt standen. Federführend waren vornehmlich Briten, die mitunter zwar von Deutschen unterstützt wurden (bzw. jene zu eigenen Aktivitäten animierten), in der Regel jedoch unter sich blieben. Dass Fußball in verhältnismäßig kurzer Zeit auch bei der deutschen Bevölkerung Wurzeln schlagen und sich anschließend sowohl räumlich als auch sozial unvergleichlich rasch ausbreiten konnte, war speziellen Rahmenbedingungen zu verdanken, die wiederum ausnahmslos auf die „Industrielle Revolution“ zurückzuführen waren. Ohne die Entwicklung des Eisenbahnwesens, ohne die Entstehung von Großstädten und ohne ein rasches Anwachsen des für liberales Gedankengut empfänglichen Bürgertums hätte in Deutschland keine Fußballkultur entstehen können.

„English sports“: die Wurzeln

In der zweiten Hälfte des 19. Jahrhunderts geriet die bislang dominante Turnbewegung in Deutschland in eine tiefe Identitätskrise. Vor allem aufgrund ihres militärisch geprägten Angebotes hatte sie bei der Jugend einen schmerzhaften Popularitätsverlust hinnehmen müssen. Die Heranwachsenden hatte keine Lust mehr auf stupide Turnübungen, sondern suchten nach modernen Vergnügungen, die ihr vor allem aus dem

Ausland „geliefert“ wurden. Zunächst waren es Aktivitäten wie Rudern, Fechten, Tennis, Schwimmen, Radfahren und Reiten, die sich etablierten – und zwar vornehmlich im wohlhabenden Bildungsbürgertum. 1821 wurde in Aachen das erste Pferderennen nach englischem Vorbild durchgeführt, 1836 entstand in Hamburg der „Ruder-Club“ und ein Jahr später in Berlin der Schwimmverein „Wasserfreunde“. 1879 konstituierte sich in Bad Homburg der erste Tennisklub Deutschlands, und etwa zur selben Zeit begann auch das anfänglich vor allem in der Oberschicht enorm beliebte Radfahren seinen Siegeszug. Begrifflich wurden derlei Disziplinen mangels einer geeigneten Übersetzung zunächst unter dem englischen Begriff „Sports“ geführt.[1] Angesichts ihrer ausländischen Herkunft stießen sie auf Skepsis bis Ablehnung bei der etablierten Turnbewegung. Eine Ablehnung, die bis heute in Vereinsbezeichnungen wie „Turn- und Sportverein“ überliefert ist.

Zwischen Turnen und Sport entwickelte sich ein erbittertes Gegeneinander, wobei die Turnbewegung den Sport zunächst kaum ernst nahm. Einer der wesentlichsten Unterschiede zwischen den beiden Leibesübungen war, dass beim Turnen seinerzeit keine Unterscheidung zwischen „Gewinnern“ und „Verlierern“ vorgenommen wurde, während beim Sport genau dies im Mittelpunkt stand. Außerdem ging es insbesondere beim damals weit verbreiteten Turnen „nach Spieß“ ausschließlich darum, eine vom Vorturner vorgegebene Übung durch höchste Disziplin und starre Ordnung so exakt wie möglich zu kopieren, während Sport mit wechselnder Spannung, freier Bewegung, individueller Geschicklichkeit und dem kollektiven Miterleben von Höchstleistungen lockte. Damit befriedigte er nicht nur das menschliche Bedürfnis nach Individualität[2], sondern trug darüber hinaus dem im wilhelminischen Deutschland hoch gehaltenen Leistungsgedanken bzw. der allgemein propagierten Siegermentalität Rechnung. Während das den Menschen pausenlos eingehämmerte „Kämpfen und Siegen für Deutschland“ im urdeutschen Turnen also nur in der Theorie propagiert wurde, konnte es beim Sport „erfahren“ werden…

Angesichts dieser Konstellation avancierte Sport rasch zu einer ernst zu nehmenden Konkurrenz für die Turnbewegung, was deren Unmut allmählich steigerte. Vor allem von den ab den 1860er Jahren aufkommenden Ballspielen wollten viele eingefleischte Turner nichts wissen – doch ausgerechnet jene sollten sich zum Überflieger des ausklingenden 19. Jahrhunderts entwickeln. Spiele wie Rugby, Fußball, Cricket, Tennis, Polo oder Badminton kamen ausnahmslos aus Großbritannien, wo die Entwicklung der „Sports“ in einem rasanten Tempo vonstatten gegangen war. Ursache war die dort deutlich weniger ständisch geprägte Gesellschaft, durch die eine Verbreitung neuartiger (bzw. wiederentdeckter, teilweise uralter) Ballspiele sowohl sozial als geografisch wesentlich reibungsloser hatte vonstatten gehen können.

Aus Großbritannien (genauer aus England) kam auch das Fußballspiel, dessen Wurzeln freilich wesentlich älter sind und, so der derzeitige Stand der unter Historikern geführten Diskussion, eher in Italien und Frankreich liegen. Dort wurden bereits um 1130 Ballspiele wie „Calcio“ (Italien) oder „Sousse“ (Frankreich) praktiziert, die später nach England kamen, wo sie sich mit einem uralten Volksvergnügen vermengten, das an eine gewaltige Rauferei erinnerte und „football" genannt wurde. Alles soll, zumindest der Legende nach, einem von den Römern entwickelten Spiel namens „Harpastum" zugrunde liegen. Andere Quellen sehen die Ursprünge des Fußballs allerdings eher in China, wo schon vor Beginn der neuen Zeitrechnung ein Spiel namens „Ts'u-küh" („mit dem Fuß stoßen") verbreitet war, das ein wenig an Mini-Golf erinnerte: Ein Ball musste per Fuß in ein Erdloch getreten werden.

Vieles aus der Archäologie des Fußballs liegt jedoch im Dunkeln und ist für die Frage nach der Entwicklung des modernen Fußballs ohnehin nebensächlich[3]. Jener hat seine Ursprünge unbestritten in England, das damit völlig zu Recht als „Mutterland des Fußballs" bezeichnet werden darf. Um 1820 erinnerte man sich dort an den längst in den Geschichtsbüchern verschwundenen „Volksfußball", der ein probates Hilfsmittel beim Umgang mit den gesellschaftlichen Veränderungen werden sollte. Die Industrielle Revolution hatte die jahrhundertealten Lebensverhältnisse in England binnen weniger Jahrzehnte total auf den Kopf gestellt und völlig neue Fragen aufgeworfen. Die im Rhythmus der Natur lebenden Menschen hatten plötzlich feste Arbeitszeiten, dem Wachstum der Städte konnte man regelrecht zusehen und die sozialen Folgen der Entfremdung und Verelendung der Industriearbeiterschaft überforderten Gesellschaft und Politik völlig.

Federführend bei der Ausbreitung des Fußballs waren die so genannten „Public Schools", die ursprünglich eingerichtet worden waren, um Kindern aus dem Bürgertum eine gute Schulbildung zu ermöglichen, zwischenzeitlich aber zu Eliteschulen konvertiert waren. Unter ihrer Führung wurde der Grundgedanke des „Volksfußballs" – zwei Mannschaften kämpfen darum, einen Ball irgendwie in das gegnerische Dorf zu bugsieren – aufgegriffen, die übermäßige Brutalität durch ein straffes und klares Regelwerk entfernt, die Zahl der teilnehmenden Akteure (früher meist die gesamte männliche Einwohnerschaft des Dorfes…) reduziert, das Spielfeld (das Gebiet zwischen den Dörfern, wobei Flüsse, Wälder, Hügel etc. kein Hindernis darstellten) auf eine überschaubare Fläche reduziert und statt der „Dorftore" Holztore aufgestellt: Der „football" war geboren.

Bis zum heutigen Fußball war es jedoch noch ein langer Weg. Das zunächst nur in Schulen praktizierte, alsbald aber auch von erwachsenen Vertretern wohlhabender Schichten aufgegriffene Spiel wurde ab 1830 in immer festere Formen gepresst, wobei sich ein erbitterter Streit um die Frage nach der Benutzung der Hand entflammte. Diesbezüglich standen sich zwei Meinungen gegenüber: Die Public School von Rugby plädierte für die Variante mit Handspiel („Fußball mit Aufnehmen des Balles"), derweil die von Eton als Befürworter des reinen Fuß-Balls („Fußball ohne Aufnehmen des Balles") galt. Freilich ging es nicht nur um die offensichtliche Frage nach der Benutzung der Hände, denn die beiden Spielformen unterschieden sich auch in anderer Hinsicht – beispielsweise in der Art des Körpereinsatzes. Während Fuß-Ball ein eher körperloses Spiel ist, besticht Rugby durch harten (aber fairen!) Körpereinsatz, bei dem Kraft das entscheidende Merkmal ist. Nach vielen Jahren der mitunter polemisch geführten Auseinandersetzung endete die Diskussion in England schließlich im Jahre 1863 mit der Gründung der „Football Association", deren Credo das Spiel ohne Hand ist. 1871 wurde die Trennung mit Gründung der „Rugby-Union" endgültig besiegelt.

Der Ball kommt nach Deutschland

Als Fußball in Deutschland ankam, befand sich das Spiel inmitten des geschilderten Spaltungsprozesses, und man verstand unter dem Begriff „football" sowohl Fußball als auch Rugby. Das führte zu der heute irreführenden Bezeichnung einiger Rugbyvereine als „Fußball-Verein" (wie beispielsweise Deutscher Fußball-Verein Hannover 78) sowie der daraus gezogenen Schlussfolgerung, Deutschland habe bereits in den 1870er Jahren erste Fußballvereine bekommen: Stimmt nicht – es waren Rugbyvereine!

So etwas wie eine „Wiege" des „football" sucht man hierzulande vergeblich. 1860 traten englische Internatsschüler in Neuwied nach Stand der Forschung wohl zum ersten Mal auf deutschen Boden gegen einen Rugbyball (und begeisterten damit unter anderem den damals achtjährigen späteren DFB-Präsidenten Professor Hueppe). Etwa zeitgleich inszenierten aber auch englische Schüler der Kloseschen Anstalten in Stuttgart-Bad Cannstatt Rugby-Spiele, und in Hamburg führten Briten ebenfalls Spielversuche durch. Während der Ort des ersten Fußballspiels auf deutschem Boden also umstritten ist, darf die Provinzstadt Braunschweig zweifelsfrei als „Wiege des deutschen Fußball" bezeichnet werden, denn dort traten zum ersten Mal Deutsche gegen den Ball. Initiator war ein ambitionierter Lehrer namens Dr. phil. Konrad Koch, der sich in den 1870er Jahren zunehmend Sorgen um den Zustand der deutschen Jugend machte, die nach seiner Einschätzung dabei war, „träge zu werden und ihre Spiellust zu verlieren". Sie sei „des frischen Spiels im Freien entwöhnt", und es gäbe, so Koch, sogar Stubenhocker, „die sich innerhalb eines Jahres nicht einmal aus den Toren der Stadt herausgewagt" hätten. Hintergrund waren die gesellschaftlichen Veränderungen

Mann der Stunde ■ Konrad Koch

Ausgerechnet einem ausgewiesenen Turner gebührt die Ehre des „Fußballvaters" in Deutschland! Für den Pädagogen aus Braunschweig war es eine Herzenssache, sich um die Entwicklung der Jugend zu kümmern. Alkohol und Zecherei waren ihm ein Graus, körperliche Fitness eine unabdingbare Pflicht. Koch verdient zweifelsohne Respekt für seine liberale Einstellung, die ihn dazu bewog, das Fußballspiel in Deutschland auszuprobieren. Aufgrund seiner Schnelligkeit bei Leichtathletikwettbewerben wurde er übrigens gerne „Laufkoch" genannt. Später machte sich der Pädagoge um die Eindeutschung der englischen Fußballbegriffe sowie Fortschritte im Bereich der Körperhygiene verdient. 1911 verstarb der Fußballpionier im Alter von 65 Jahren an Blutzersetzung.

im Zuge der Industriellen Revolution, die vor allem in den exorbitant wachsenden Städten große Probleme aufgeworfen hatten, denen die Turnbewegung mit ihrer Fixierung auf das Statisch-Militärische hilflos gegenüberstand.

Als zwar völkisch denkender, zugleich aber humanistisch geprägter Mensch war sich Koch bewusst, dass es neben dem militaristisch besetzten Turnen eine dem menschlichen Spieltrieb entsprechende Leibesübung geben müsse, denn: „Eine Erziehung, die sich mit vollem Bewusstsein auch der Pflege der ethischen Tugenden unterziehen will, muss ihre Wirksamkeit auf den Spielplatz ausdehnen. Dort findet eine Anzahl wichtiger Anlagen des jugendlichen Geistes die beste Gelegenheit, sich zu entfalten und zu bestätigen, wie es anderswo nicht geboten werden kann."

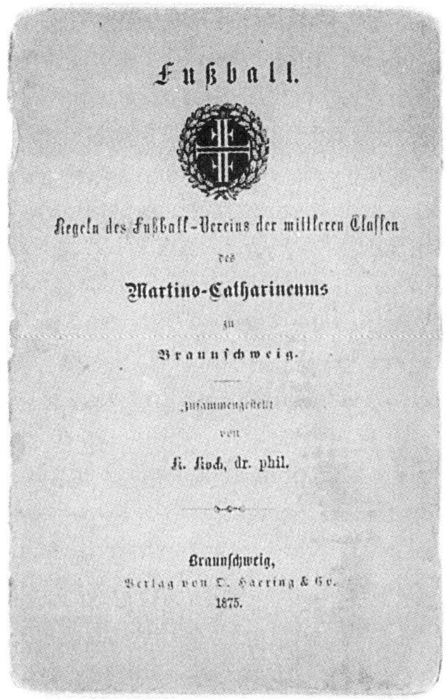
Fußball.

Regeln des Fußball-Vereins der mittleren Classen des Martino-Catharineums zu Braunschweig.

Zusammengestellt von K. Koch, dr. phil.

Braunschweig, Verlag von C. Haering & Co. 1875.

In Konrad Kochs Regelheft von 1875 musste der Ball noch „über die Querstange gestoßen werden".

Gemeinsam mit seinem Kollegen Hermann Corvinus richtete Koch am Braunschweiger Gymnasium Martino-Katherineum einen „freiwilligen Spielnachmittag" ein, an dem zunächst nur die einst von der Jahn'schen Turnbewegung entwickelten Disziplinen wie Schlagball, Barlaufen, Schleuderball und Kettenreißen angeboten wurden. Das Angebot fand durchaus Zuspruch unter den Jugendlichen, wies aber zwei Probleme auf: Zum einen handelte es sich um für die tiefen Böden des deutschen Herbstes und Winters nicht geeignete „Sommerspiele", zum anderen sprach es vornehmlich jüngere Pennäler an, derweil die höheren Klassen von dem „unmännlichen" Spielvergnügen nichts wissen wollten. Sie eiferten lieber ihren studentischen Vorbildern nach und hockten in dubiosen „Zirkeln" zusammen, die studentischen Verbindungen glichen und in denen philosophiert, diskutiert und vor allem exzessiv getrunken wurde.

Als Anhänger der relativen jungen „Gesundheitslehre" („Hygiene"), die sich nicht nur um die Volksgesundheit kümmerte, sondern zudem mit den Wechselbeziehungen zwischen dem Mensch und seiner belebten sowie unbelebten Umwelt befasst war, war sich Koch über die gesellschaftlichen Folgen bewusst und suchte nach geeigneten Gegenmaßnahmen. Dabei stieß er auf Aufzeichnungen des ehemaligen Direktors der „Public School" im englischen Rugby, Thomas Arnold, der in seinem Büchlein „Tom Browns Schooldays" eine detaillierte Beschreibung des Rugbyspiels ablieferte. Koch sprach nicht nur das Spiel an, sondern auch Arnolds Überzeugung, dass der Lehrer nicht „natürlicher Feind der Schüler sein solle", sondern dass „im Unterricht die wertvollsten, höchsten Erfolge nur erzielt werden können, wenn die Selbsttätigkeit der Schüler kräftig erweckt wird und ihre selbstständige Arbeit das Beste tut. Mit bloßem Zwang ist auch im Klassenzimmer sehr wenig zu erreichen."

Das entsprach exakt Kochs Vorstellungen, und so beriet er sich mit einigen Mitstreitern – darunter seinem Schwiegersohn Dr. med. Friedrich Reck, der als Militärarzt auf den britischen Inseln gewirkt und dort praktische Erfahrung mit „football" gesammelt hatte[4] – über das weitere Vorgehen. Im Herbst 1874 war es soweit. Symptomatisch für die Urgeschichte des deutschen Fußballs bestehen allerdings Unstimmigkeiten bezüglich des Datums: Während in den Annalen des Martino-Katharineums der 29. September verzeichnet ist, spricht Koch in seinen privaten Aufzeichnungen von „Oktober". Jedenfalls ließen Koch und seine Mitstreiter an einem jener Herbsttage 1874 eine Gruppe Jugendlicher auf einem Anger der Domäne St. Leonhard im Kreis aufstellen und warfen ohne viele Worte den zuvor von August Hermann aus England organisierten Ball in die Mitte. Und es funktionierte! Nachdem sich die Jugendlichen zunächst noch ein wenig geziert hatten, gegen die Lederkugel zu treten, waren sie nach ein paar Erläuterungen über „football" um so beherzter bei der Sache. Binnen Wochen avancierte das Spiel zur beliebtesten Freizeitbeschäftigung der Pennäler, und Koch musste gleich zwei Übungsnachmittage anbieten (Mittwoch und Samstag, jeweils von 15.30 bis 17 Uhr), um der Nachfrage gerecht zu werden. „Beim Fußballspiel findet unsere deutsche, des frischen Spiels im Freien entwöhnte Jugend am schnellsten und leichtesten ihre verlorene Spiellust wieder", schwärmte Koch und probierte auch andere aus England importierte Spiele wie Baseball und Cricket aus.

Doch noch war Deutschland kein Fußball-Land, und es sollten noch rund 20 Jahre vergehen, ehe die Saat aufging. Über Turnlehrertagungen wurde „football" an Gymnasien in Hannover, Göttingen und Bremen verbreitet, wobei sich spürbarer Widerstand aus der Turnbewegung erhob. Grund war einerseits die Herkunft des Spiels – England war Hauptgegner im Aufrüstungskrieg des Deutschen Reiches – und andererseits seine vermeintliche Brutalität: Noch spielte man ja eher Rugby als Fußball[5]. Koch reagierte auf die Diskussion und beschäftigte sich fortan verstärkt mit der „Association Football" – kurz „soccer" – genannten „sanfteren" Variante des Ballspiels. Während er in der 1875 erschienenen ersten Auflage des von ihm veröffentlichten Fußball-Regelwerkes noch schrieb, „der Ball muss über die Querstange gestoßen werden", hieß es in der zweiten Auflage 1882, der Ball müsse „unter der Querstange durchgetreten werden"... Die enge Verbindung zwischen Turnern und Sportlern blieb ungeachtet der wachsenden Animositäten zunächst allerdings bestehen: 1899 wurde den Besuchern des Deutschen Turnfestes in Leipzig sogar ein Schaukampf vorgeführt, bei dem der Londoner Verein „Orion" die Spielabteilung des ATV Leipzig herausforderte.

Zeitlich etwas versetzt zu Kochs Aktivitäten in Braunschweig und gänzlich unabhängig davon wurde „football" auch an anderen Orten des Reiches eingeführt. Federführend waren vornehmlich Engländer, was dazu führte, dass Deutschlands Fußball-Pionierstädte ausnahmslos Orte sind, in denen seinerzeit größere Engländer-Kolonien ansässig waren: Hamburg, Berlin und Frankfurt/Main als klassische Handelsstädte beispielsweise, Hannover und Dresden als Residenzstädte, Baden-Baden, Wiesbaden und Stuttgart-Bad Cannstatt als renommierte Badeorte oder die Unistadt Heidelberg. Die dort lebenden Briten – Langzeittouristen, Verwandte der deutschen Herrscherhäuser, Unternehmer, kaufmännische Angestellte, beim Eisenbahnbau helfende Ingenieure sowie an einer deutschen TH eingeschriebene Studenten – knöpften allerdings rasch Kontakte zu einheimischen Pennälern, die nach anfänglicher Skepsis ebenfalls aktiv wurden[6]. 1880 beispielsweise gründeten deutsche Gymnasiasten, Abiturienten und Lehrer auf Anregung britischer Seeleute den Bremer Football-Club – neben dem erwähnten Rugbyverein Hannover 78 gerne als „erster deutscher Fußballklub“ bezeichnet – der neben Rugby vermutlich auch den „richtigen“ Fußball betrieb. In den 1880er Jahren verstärkte sich das britische Kontingent in Europa[7], und der Fußball in Deutschland erhielt eine breitere Basis. Es kam zu häufigeren Kontakten zwischen englischen und deutschen Sportlern, die sich in gemischten Mannschaften und/oder „Nationalteams“ gegenüberstanden. Dabei muss es ziemlich abenteuerlich zur Sache gegangen sein, wie der Stuttgarter Rugby- und Fußball-Pionier Philipp Heineken in einem seiner zahlreichen Werke über Fußball und dessen Geschichte andeutete: „Das Spiel selbst wurde mit homerischen Gebrüll begleitet, bei günstigem Wind konnte der Lärm bis weit in die Stadt gehört werden, und ich glaube, dieses Geschrei war einer der Gründe unserer Begeisterung für das Fußballspiel.“[8]

Im Unterschied zur „ersten“ Wurzel des Fußballs in Deutschland – Kochs Aktivitäten, die als „Schulsport“ bezeichnet werden müssen – wurde die „zweite“ Wurzel zwar ebenfalls von Schülern gelegt, fand aber außerhalb der Schulgrenzen statt und war insofern „privat“ motiviert. Darüber hinaus führte sie verhältnismäßig rasch zu Ver-

Georg Leux, der den von ihm gegründeten ersten Fußballverein nach seiner Heimatstadt Frankfurt benannte.

einsgründungen, was zweifelsohne begünstigt durch die britischen Pioniere war, die entsprechendes Gedankengut verbreiteten.[9]

Die ersten vereinsartigen Organisationen in Deutschland waren entweder von Schülern bzw. Ex-Schülern gegründete und kaum lebensfähige eigenständige Kreationen, die den Rahmen eines Schülervereins kaum überstiegen, oder aber in bestehenden (und etablierten) Sportvereinen angesiedelte „Unterabteilungen". Diesbezüglich ist vor allem die Leichtathletik zu nennen, die bis heute eine große Nähe zum Fußball aufweist – beide Seiten sahen (und sehen) den jeweils anderen Sport als „Ausgleich", und in der Frühphase errangen zahlreiche Fußballer begehrte Leichtathletik-Meriten. Hamburgs Sportpionierklub Germania 87 beispielsweise war ein klassischer Leichtathletikverein, der 1891 eine Fußballabteilung gründete, als sechs Briten beitraten und die Anschaffung eines Balles forderten. Stadtrivale und späterer Fusionspartner HFC 1888 hingegen war ein „echter" Fußballklub, der auf Initiative von Gymnasiasten entstanden war. Erster auf deutschem Boden gegründeter und von Deutschen betriebener Fußballverein war allerdings der am 5. Mai 1885 in Berlin entstandene BFC Frankfurt, dessen Urheber Georg Leux war, ein Künstler und Idealist, der zu einem der einflussreichsten (aber auch umstrittensten) Akteure der Frühphase avancieren sollte. Zuvor hatten in der Reichshauptstadt, die sich bis zur Jahrhundertwende gemeinsam mit Süddeutschland (dort vor allem Karlsruhe, München und Frankfurt) zum „Motor" der Fußballszene entwickeln sollte, Deutsche und Briten gemeinsam unter der Flagge des im Frühjahr 1883 gegründeten Berliner Cricket-Clubs[10] gegen das Leder getreten. Urheber jenes Klubs war der Engländer Tom Dutton, dessen Sohn Edwin 1909 ein Länderspiel für Deutschland bestritt.

Dritter wichtiger Transporteur nach den Schülervereinen und den Sportklubs waren die etablierten Turnvereine, in denen in den 1890er Jahren scharenweise so genannte „Spielabteilungen" entstanden, wobei entweder aufgeschlossene Turner agierten oder aber jugendliche Turner die Einrichtung einer entsprechenden Abteilung durchsetzten. Der Anschluss zu einem Turnverein hatte den bemerkenswerten Vorteil, einer gesellschaftlich anerkannten und vor allem etablierten Organisation anzugehören, was beispielsweise das Problem der Platzfrage[11] immens erleichterte. Zunächst standen viele Turner den Fußballern auch durchaus aufgeschlossen gegenüber und förderten sie sogar – allerdings unter der Voraussetzung, dass sie die höher eingeschätzten Turnabende nicht verpassten. Die friedliche Ko-Existenz zwischen Turnern und Fußballern sollte jedoch nicht lange anhalten, denn die Repressionen seitens der Turner wurden bald unerträglich und mündeten vielfach noch vor der Jahrhundertwende in zunehmenden Eigenständigkeitsbemühungen der Fußballer. [12]

Eine Trennung zwischen Fußball und Rugby war in jenen Tagen oft nur schemenhaft zu erkennen. Viele Klubs spielten beide Varianten oder vermengten sie, wobei sich Fußball („soccer") allerdings zunehmend durchsetzte. Dafür gab es mehrere Gründe: Fußball ist das vergleichsweise körperlosere (und damit ungefährlichere) Spiel, es erfordert lediglich elf Akteure (statt 15 wie beim Rugby) und es ist das „leichtere" Spiel –

Der älteste noch bestehende Fußballverein in Deutschland: BFC Germania 1888.

kaum eine andere Ballsportart hat ein derart kompliziertes Regelwerk wie Rugby. Darüber hinaus ist Fußball „demokratisch“ und gibt allen Interessierten unabhängig von Intelligenz, körperlicher Statur und Schnelligkeit eine Chance. Während es beim Rugby grundsätzlich um Bodengewinn geht und die körperlichen Voraussetzungen der Spieler eine überragende Rolle spielen, steht beim Soccer der Ball im Zentrum. Es kommt darauf an, ob (und wie) ein Spieler seine körperlichen Voraussetzungen in eine körperliche Begabung umsetzen kann. Ein Akteur wie Dariusz Wosz würde im Rugby wohl regelrecht „zermalmt“ werden – im Fußball aber kann er zum erfolgreichen Nationalspieler werden. Dieses Spiel verlangt geradezu nach Typen unterschiedlichster körperlicher und psychischer Ausstattung – technische Schlitzohren ebenso wie kantige Ausputzer, geniale Regisseure ebenso wie simple Wasserträger. Diese „demokratische“ Ausprägung dürfte wesentliches Element bei der Ausbildung des Fußballs zum Volkssport nicht nur in Deutschland gewesen sein.

Erste Meisterschaften

Ende der 1880er Jahre hatte sich Fußball (bzw. Rugby) an vielen Stellen des Reiches etabliert und es waren zahlreiche Vereine entstanden. Als Hochburgen galten Handelsstädte wie Frankfurt/Main, Hamburg und Straßburg, Unistädte wie Heidelberg (das sich allerdings zur Rugby-Hochburg entwickelte) sowie Residenzstädte wie Karlsruhe. Zentrum war allerdings das boomende Berlin, wo 1890 bereits zwölf Fußballvereine existierten – darunter Germania 88 (ältester noch bestehender Verein Deutschlands),

Mannschaft der Stunde ■ BFC Germania 1888
Eigentlich müsste der Berliner Fußball-Club Germania von 1888 e.V. und nicht der VfB Leipzig als „Erster Deutscher Meister" gefeiert werden – schließlich gewannen die Germanen die 1892 ausgeschriebene Meisterschaftsrunde des „Bundes Deutscher Fußballspieler". Doch wie so vieles aus der Pionierzeit ging der ausschreibende Verband bald in die Geschichte ein, und Germanias sportlicher Erfolg geriet in Vergessenheit. Germania war einst „der" Klub Berlins. Am 15. April 1888 von den vier Söhnen der Turner-Familie Jestram sowie einigen Schülern des Askanischen Gymnasiums gegründet, zählte er bis zur Jahrhundertwende zu den Trendsettern in der Spreestadt. Das galt sowohl administrativ – mit Georg Demmler und Fritz Boxhammer waren zwei einflussreiche Funktionäre Germanen – als auch sportlich. 1889 beispielsweise hatten sich dem in Tempelhof ansässigen Klub 1889 zwei Engländer (Shou und Baker) angeschlossen, die den Pennälern im Germania-Dress derart erfolgreich das Dribbeln und Zusammenspiel lehrten, dass sie die erwähnte erste Deutsche Meisterschaft errangen. Später kamen die Schwarz-Weiß-Roten als vehemente Amateurverfechter im „modernen" Fußball aber nicht mehr mit und versanken schon nach dem Ersten Weltkrieg in der Versenkung. Immerhin dürfen sie sich heute zu Recht „Ältester Fußballklub Deutschlands" nennen und überlebten den Bund Deutscher Fußballspieler damit um mehr als einhundert Jahre.

Viktoria 89 (zweifacher Deutscher Meister) und Vorwärts 90 (später als Blau-Weiß 90 in der Bundesliga). In Berlin kamen auch die ersten Überlegungen auf, einen Verband zu gründen, um die Rahmenbedingungen zu verbessern und die Spielregeln zu vereinheitlichen. Federführend war der bereits erwähnte Georg Leux, unter dessen Führung es jedoch zu einer Spaltung der Fußballszene kam. Während der zur Deutschtümelei neigende Leux das Spiel „einzudeutschen" gedachte und sich weigerte, Engländer in den Vorstand des geplanten Verbandes aufzunehmen, wollten eher aufgeklärte und kosmopolitische Pioniere auf die Unterstützung durch die Engländer (vertreten vor allem im Cricket Club 1883 sowie dem English Football-Club) nicht verzichten und einen gemeinsamen Verband gründen. Weil sich beide Seiten nicht einigen konnten, handelte die Minderheit um Georg Leux schließlich im Alleingang und gründete am 4. November 1890 mit dem Bund Deutscher Fußballspieler (BDF) die erste vereinsübergreifende Organisation im deutschen Fußball. Leux' eigener Klub BFC Frankfurt trat dem Verband übrigens nicht bei, weil sich die meisten Mitglieder für ein gemeinsames Vorgehen mit den Engländern entschieden hatten...[13]

Die Streitigkeiten werfen ein bezeichnendes Licht auf die zwischen konservativem Nationalismus und aufmüpfigem Internationalismus schwankende Fußball-Pionierszene. Auf Initiative der „Pro-England-Fraktion" kam es im Januar 1891 zu einer erneuten Versammlung der Berliner Fußballer, bei der zwecks, wie es hieß, „Bereinigung der Angelegenheit" eine Neuwahl des BDF-Vorstandes durchgeführt wurde. Jene endete mit einem Patt zwischen Leux und dem Engländer John Bloch, woraufhin Letzterem der Vorsitz angeboten wurde. Doch der in Birmingham aufgewachsene deutschstämmige Brite lehnte dankend ab und gründete vier Monate später mit einigen Gleichgesinnten einen eigenen Verband (dazu später mehr). Der von Leux auf nationalen Kurs gebrachte BDF schrieb schließlich im Frühjahr 1892 die erste „Deutsche Fußballmeisterschaft" aus, bei der es allerdings etwas unkonventionell zuging. Statt „richtiger" Tore sammelten die Vereine Punkte, die am Ende über Sieg oder Niederlage entschieden: Für einen Eckstoß gab es fünf Zähler, ein Einwurf brachte drei und ein Tor 20 Punkte. Hintergrund war das Bestreben, aus dem englischen Spiel „football" ein deutsches Spiel „Fußball" zu machen – Leux versprach sich mit dem eigentümlichen Reglement eine bessere gesellschaftliche Akzeptanz.

Landesweite Ausbreitung und erste Kontakte ins Ausland

Seinen endgültigen Durchbruch als Vereinssport schaffte Fußball in den 1890er Jahren, als Klubs wie Hertha BSC Berlin (1892), Altona 93, Hanau 93, VfB Leipzig und VfB Stuttgart (1893), BFC Preussen Berlin, FC Mönchengladbach und Karlsruher SC (1894), Eintracht Braunschweig und Victoria Hamburg (1895), Hannover 96 (1896), Werder Bremen, Eintracht Frankfurt, Stuttgarter Kickers, VfL Köln 99 und TSV München 1860 (jeweils 1899, im Falle von 1860 die Spielabteilung[14]) entstanden. Damit einher gingen allerdings verstärkte Probleme für die Fußball spielenden Mitglieder der Turnvereine. Deren Duldung war zwischenzeitlich weitestgehend aufgegeben worden, weil sich die jugendlichen Balltreter den Prinzipien der Deutschen Turnerschaft (DT) oft nicht hatten unterordnen wollen und eine freie Entwicklung gefordert hatten. Darüber hinaus bezog die DT analog zur 1888 unter Kaiser Wilhelm II. eingeleiteten neuerlichen reaktionären Politik Deutschlands eine betont nationale Haltung und nahm 1895 sogar „vaterländische Gesinnung" als Bedingung zur Aufnahme in ihr Grundgesetz auf. Die englischen Wurzeln des Fußballs waren da natürlich nicht unbedingt hilfreich. Folge war ein endgültiges Auseinanderdriften der Turn- und Spielbewegung. Die Fußballer des MTV München beispielsweise zogen am 2. Februar 1900 die Konsequenzen aus den ständigen Gängeleien („Wir müssen die Fesseln der Turnbewegung abstreifen") und gründeten den FC Bayern München. In den alteingesessenen Turnvereinen erfuhren derweil Jahn'sche (resp. „deutsche") Turnspiele wie Raffball, Turmball oder Korbball ihre Renaissance.

Die rasche Verbreitung des Fußballs war begünstigt von den erheblichen Veränderungen in den damaligen Lebensbedingungen. Einflussreichster Faktor bei der Entstehung einer auf Wettbewerb und gegenseitigem Austausch basierenden Fußballszene war die Entwicklung der Eisenbahn, die das Reisen revolutionierte. Bis weit in das 19. Jahrhundert musste man noch auf Postkutschen zurückgreifen, um von einem Ort zum anderen zu kommen, und es lässt ein lustiges Bild entstehen, sich eine komplette Fußball-Elf (womöglich bereits in Spielkluft…) in einer mit noblen Damen und Herren besetzten Postkutsche vorzustellen. Es darf unumstritten festgehalten werden, dass Fußball ohne die Ausbreitung der Eisenbahn niemals Volkssport geworden wäre

– nicht zufällig korrespondiert das Aufkommen des Fußballs also mit der Entstehung eines dichten Eisenbahnnetzes (1860: 11.633 Eisenbahnkilometer, 1880 bereits deren 33.711) in Deutschland. Die Eisenbahn trug entscheidend zum Erwachen der Menschen aus ihrer biedermeierschen Lethargie bei und gab einem neuen Zeitgefühl Raum. Dass jenes die Auflösung des gemütlichen Lebensrhythmus der statischen Agrargesellschaft nach sich zog und „moderne" Krankheiten wie Stress und Hektik brachte, sei dahingestellt.

Eine weitere auch für den Fußball entscheidende Entwicklung war die Entstehung von Industrielandschaften. Während aus Werkstätten Fabriken und aus Läden Warenhäuser wurden, entwickelte sich im Schatten des technisches Fortschrittes das Proletariat (zumeist ehemalige Landbewohner, die von den Verlockungen der Städte angezogen worden waren und häufig in deren Sumpf untergingen) und veränderte die Lebensbedingungen ebenso radikal wie nachhaltig. Zwischen 1871 und 1910 stieg die Zahl der Großstädte in Deutschland (über 100.000 Einwohner) von acht auf 48, wuchs der Anteil derjenigen, die in Gemeinden mit über 5.000 Einwohnern wohnten, von 23,7% auf 48,7%. Damit einher ging eine gewaltige Bevölkerungsexplosion (38,3 Mio. im Jahre 1871, 56,4 Mio. im Jahre 1900). Die dadurch ausgelöste Umwälzung des Agrarlandes Deutschland in ein Industrieland revolutionierte wiederum das Freizeitverhalten der Menschen, ja, schuf es im Grunde genommen erst, denn in der Agrargesellschaft war feste Zeiteinteilung unbekannt gewesen: Die Natur hatte den Takt angegeben. Nun heulten Fabriksirenen und trennten Arbeits- von Frei-Zeit. Auch wenn die Industriearbeiterschaft in der frühen Fußballgeschichte praktisch keine Rolle spielte, bildet das natürlich auch im Bürgertum mit seinen Kontoren und Warenhäusern spürbare neue Zeitgefühl eine weitere Grundlage für die rasche Verbreitung des Fußballs. Ohne feste Frei-Zeit hätte niemals ein geregelter Trainings- und Spielbetrieb entstehen können. Nicht umsonst wurden Fußballvereine seinerzeit ausnahmslos in Großstädten gegründet, und nicht zufällig wurde Berlin als die am dichtesten bevölkerte Stadt der zivilisierten Welt (1875 über 1 Mio. Einwohner) Deutschlands erste Fußball-Hochburg.

Ansonsten waren die gesellschaftlichen Gegebenheiten jener Tage eher trübe. Deutschland war eine starr strukturierte und wenig durchlässige Ständegesellschaft, was sich nicht zuletzt im Bereich der Eisenbahn beobachten ließ: Man reiste – streng voneinander getrennt – in vier Klassen. Das Land und seine Mittelschichten bestachen durch jene ausgeprägte Biederkeit und Unterwürfigkeit, die Heinrich Mann in seinem Roman „Der Untertan" so anschaulich aufzeigte: Die Bürger gehorchten, buckelten und spielten ansonsten „heile Welt". Lebenszweck und -ziel waren auf das Ziel „Geld verdienen und überleben" reduziert, viele alte Werte waren verloren gegangen. Der Einfluss der Kirche beispielsweise war spürbar hinter der Faszination und Anziehungskraft des Geldes zurückgefallen – heute spricht man vom Zeitalter der Rationalität, in dem das jahrhundertealte Gottvertrauen nüchterner Kalkulation weichen musste. Spaß und Lebenslust wurde nur selten erfahren.

Während Turnen mit seinen Idealen perfekt in diese Welt der starren Hierarchie und des Gehorchens passte, war Fußball für all jene verlockend, die irgendwie aus dem verstaubten Alltag ausbrechen wollten. Diese Chance bot sich allerdings nur einem Teil der Gesellschaft. Das Proletariat beispielsweise spielte, wie schon angedeutet, keine Rolle. Es war schon aus Zeitgründen gar nicht in der Lage – die Arbeitszeit in den Fabriken betrug seinerzeit schließlich zwölf und mehr Stunden. Daher muss auch die landläufige Auffassung, des Fußballs Wurzeln lägen in der Arbeiterschaft, in das Reich der Fabeln verwiesen werden. Zum Arbeitersport wurde Fußball erst nach dem Ersten Weltkrieg.

Zur Jahrhundertwende waren es hingegen nahezu ausschließlich die bürgerlichen Mittelschichten, die den Fußball betrieben. Das Bürgertum hatte mehr als andere von der Industriellen Revolution profitiert und einen gewissen Wohlstand erreicht, der vor allem auf einem verstärkten Außenhandel ruhte. Bildungsbürgertum, Gewerbetreibende und Angestellte (seinerzeit häufig „Beamte" genannt) verfügten dadurch über gute Kontakte zum Ausland und besaßen häufig eine liberale Einstellung, die sie vergleichsweise empfänglich für aus dem Ausland importiertes Gedankengut machte. Die deutschen Fußballpioniere stammten folglich nahezu ausnahmslos aus diesem verhältnismäßig elitären Umfeld, wobei sich mitunter gleich mehrere Generationen für Fußball begeisterten: Während der Sohn auf dem Rasen aktiv war, sorgte der Vater im Hintergrund für die finanzielle Ausstattung der Klubs. Als Beispiel mag der FC Bayern München dienen, bei dem der Vater von Fritz und Karl Wamsler 1901 kostenlos ein Gelände als Trainings- und Spielplatz zur Verfügung stellte.

Walther Bensemann, Fußball-Kosmopolit und Gründer des „Kicker", hier im Jahr 1894.

Die ersten Fußballer waren wilde Typen. Zumeist humanistisch gebildet, oft mehrsprachig und in besseren Kreisen verkehrend – aber auch aufmüpfig und provokativ. Mutige Burschen, erfüllt von gewaltigem Idealismus und bereit, mit gesellschaftlichen Konventionen zu brechen. Immer wieder ist in frühen Aufzeichnungen von Auseinandersetzungen mit Passanten oder Schutzmännern die Rede, weil das aus Sicht der braven Deutschen „wilde" Ballspiel die öffentliche Ruhe störte und das Eingreifen der Staatsmacht nötig machte. Das scheinbar ungezügelte und unreglementierte Treiben erschreckte den Biedermeierdeutschen und führte zu Hetzpamphleten wie jenes viel zitierte von Karl Planck, in dem von „Fußlümmelei", „Stauchballspiel" und „englischer Krankheit" die Rede ist.[15] Dadurch fungierte die frühe Fußballszene quasi als „harte Schule", denn während sich zaudernde Fußballenthusiasten von der Kritik bzw. dem Eingreifen der Staatsmacht abschrecken ließen und sich zurückzogen, wuchsen viele überzeugte Fußballanhänger durch den Widerstand noch. Für sie wurde Fußball so zu einer Art Lebensform, die den Aufbruchgeist der Zeit widerspiegelte.

Einer von ihnen war der Bankierssohn Walther Bensemann, der während seiner Schulzeit im schweizerischen Montreux mit dem Fußballspiel vertraut gemacht worden war und zu einer der bemerkenswertesten Persönlichkeiten in der Frühgeschichte des deutschen Fußballs avancieren sollte. Bensemann, ein Jude, der 1933 emigrieren musste und bald darauf im Schweizer Exil starb, hinterließ der Fußballgemeinde mit dem „Kicker" ein bis heute bestehendes Denkmal. Bensemann war ein glühender Verfechter des Internationalismus und erwies sich in den 1890er Jahren als beharrlicher Antreiber bei dem Versuch, das Spielgeschehen über die Grenzen Deutschlands hinaus in Gang zu bringen. 1889 hob er den Internationalen Football-Club Karlsruhe aus der Taufe und war nach dessen Spaltung zwei Jahre später auch bei der Gründung des Karlsruher Fußball-Vereins (KFV)[16] dabei. Der KFV, der nach der Jahrhundertwende zum ersten „Bayern München" der deutschen Fußballgeschichte werden sollte, war eine internationale Gemeinschaft, in der jede Nationalität und Rasse willkommen war. Der Klub trug seine Spiele auf dem so genannten „Engländerplatz" inmitten Karlsruhes aus, wobei die Trainingsspiele regelmäßig für Auseinandersetzungen mit dem lokalen Schutzpolizisten sorgten, weil Spaziergänger sich belästigt fühlten, wenn sie das Spielfeld überquerten. Bensemann war ein bisweilen fanatischer und unermüdlicher Idealist, der überzeugt war vom Völker verbindenden und Frieden stiftenden Charakter des sportlichen Gegeneinanders. Schon früh bemühte er sich um internationale Gegner und hatte dabei neben einer englischen Auswahl, die er nach Deutschland holen wollte, vor allem Frankreich im Blick – eine angesichts der jüngeren Geschichte (Napoleonische Besatzung, Krieg von 1870/71, Elsass-Frage) durchaus heikle Mission. 1893 gelang Bensemann, der zeit seines Lebens über keinen festen Wohnsitz verfügte[17], ein erster Durchbruch, als er eine Begegnung zwischen Auswahlmannschaften von Lausanne und Süddeutschland organisierte. In der Folgezeit sollte der streitbare und überzeugte Fußballverfechter entscheidende Weichen sowohl beim Aufbau eines internationalen Spielverkehrs als auch bei der Installation von Verbänden wie beispielsweise dem DFB stellen.

Neben Berlin, Karlsruhe, München und Frankfurt darf Hamburg als eine frühe Hochburg des Vereinsfußballs in Deutschland bezeichnet werden. An der Elbe war der Fußballbewegung ein tragischer Schicksalsschlag zu Hilfe gekommen: Als 1892 die Cholera wütete, wurden sämtliche Schulen geschlossen. „Auf den freien Plätzen fanden sich die Schüler zusammen, und neben anderen Spielen rückte das Fußballspiel in den Vordergrund" (aus der Festschrift „25 Jahre Norddeutscher Sport-Verband"). Folge war, dass im gesamten Stadtgebiet Vereine entstanden (darunter Altona 93 und der SC Victoria) und 1895 die nach der erwähnten Berliner Spielklasse zweite „Ligameisterschaft" in Deutschland an den Start gehen konnte.

Süddeutschlands Pionierklub Karlsruher FV im Jahr 1898: junge Burschen, die die Welt entdecken wollen.

Entstehung eines Spielklassensystems

Nachdem Fußball um 1895 in vielen Städten etabliert war, ging es um die Schaffung einer Wettkampfstruktur. Aus England kannte man bereits die Austragung nationaler Meisterschafts- und Pokalspiele, und die meisten deutschen Fußballer brannten darauf, hierzulande etwas Vergleichbares zu installieren. Anders als beim Turnen steht beim Fußball die Suche nach einem Sieger (und einem Verlierer…) schließlich an erster Stelle und das gegenseitige Kräftemessen gibt dem Spiel erst seinen Sinn. Damit passte das Spiel im Übrigen perfekt in eine Zeit, in der wirtschaftlich wie politisch das Konkurrenzprinzip herrschte und private Rivalitäten nicht selten noch in Duellen mündeten. Sport bot seinen oft humanistisch gebildeten Trägern eine idealistische Form des Wettbewerbs, ohne materielle Vorteile für den Sieger und ohne Herabsetzung oder Verletzung des Unterlegenen. Vor allem der Fußball bot in mehrerlei Hinsicht die Gelegenheit, den Balanceakt zwischen Humanismus und „männlichen“ Riten zu überwinden, ohne dabei auf barbarische Mechanismen zurückgreifen zu müssen: Man trat als Mannschaft auf (und verteidigte damit seine „Ehre“ bzw. die des Teams), man genoss das kollektive Miteinander in der eigenen Mannschaft ebenso wie das ritterliche Gegeneinander mit dem Gegner (mit dem man nach dem Spiel zünftige Feste feierte), und last but not least lockte das süße Gefühl des Sieges, das zudem Gelegenheit bot, stolz durch die Heimatstadt zu marschieren.

Begriffe wie „Angreifer", „Verteidiger", „Durchstoß" etc. suggerieren eine gewisse Nähe zum Krieg, die allerdings „nur" den Sprachgewohnheiten einer allgemein stark militärisch geprägten Gesellschaft folgte. Eine tiefere Aussagekraft war im Fußball nicht damit verbunden, und man tut den meisten Pionieren Unrecht, ihnen soldatischen Eifer vorzuwerfen. Im Gegenteil: Viele von ihnen waren liberal denkende und weltoffene Bürger, die ihr Engagement – wie erwähnter Walther Bensemann – sogar ausdrücklich als Mittel zur Völkerverständigung verstanden. Im Fußball konnten die jungen Männer ihren Spieltrieb ausleben und ihre Aggressionen abbauen. Insofern fungierte das Spiel als „friedliches" Ventil für die allen Menschen innewohnende Lust am Kräftemessen. Welche Bedeutung der regelmäßige Wettkampf für die Fußball-Pioniere hatte, zeigt der Fall des Karlsruher FV, der 1893 auf Initiative des Lehramtskandidaten August Marx keine Wettspiele mehr abhalten wollte und dem daraufhin die Mitglieder wegrannten.[18]

Voraussetzung für einen überregionalen Wettkampfbetrieb in Deutschland waren ein einheitliches Regelwerk sowie funktionierende Verbände. Vor allem die Herausbildung von Verbänden gestaltete sich zeitweilig chaotisch. Vom 1890 unter eher turbulenten Voraussetzungen gegründeten „Bund Deutscher Fußballspieler" (BDF) und dessen „Deutsche Meisterschaft" war bereits die Rede gewesen. Dem BDF folgte am 17. Mai 1891 mit dem „Deutschen Fußball- und Cricket-Bund" (DFuCB)[19] ein ebenfalls in Berlin residierender Konkurrent, dessen Initiator John Bloch war – also Georg Leux' Gegenspieler bei der BDF-Gründung. Bloch wusste die in Berlin lebenden Briten hinter sich und berief sich im Gegensatz zum deutschtümelnden BDF mit seiner eigentümlichen Punkte-Wertung auf die englischen Originalregeln. Binnen weniger Monate avancierte der DFuCB zum führenden Verband der Reichshauptstadt, dem sich rasch auch die deutschen Vereine anschlossen und in dessen Führung deutsche Fußballpioniere aufrückten. 1892 schrieb der Verband eine (am britischen Vorbild orientierte) Meisterschaft aus, die vom English Football-Club gewonnen wurde. Entgegen des erst

■ Erste Verbandsgründungen

4.11.1890	Bund Deutscher Fußballspieler (1892 aufgelöst)
17.5.1891	Deutscher Fußball- und Cricket-Bund (1903 aufgelöst)
3.7.1893	Süddeutsche Fußball-Union (1895 aufgelöst)
20.10.1894	Hamburg-Altonaer Fußballbund (ging 1905 im Nordd. FV auf)
Nov. 1894	Allgemeiner Deutscher Sport-Bund (1898 aufgelöst)
1896	Fußball- und Cricket-Vereinigung Magdeburg
Aug. 1897	Verband Leipziger Ballspielvereine
1897	Ring Magdeburger Fußballvereine
11.9.1897	Verband Deutscher Ballspielvereine (heute Berliner FV)
17.10.1897	Verband Süddeutscher Fußballvereine
23.10.1898	Rheinischer Spielverband
1.4.1899	Verband Bremer Ballspielvereine
11.6.1899	Mannheimer Fußball-Bund

später seine Ausbreitung auf das Reichsgebiet anstrebenden BDF betrachtete sich der DFuCB von Beginn an als Bund für das gesamte Reichsgebiet. Noch im Mai 1891 wurde mit dem Deutschen Fußball-Verein Hannover 78 der erste auswärtige Klub aufgenommen, später traten auch Altona 93, Hanau 93 und Lipsia Leipzig ein.

Allerdings war auch die DFuCB-Politik nicht unproblematisch. Dem BFC Germania 88 beispielsweise wurde die Aufnahme verweigert, weil der Verein weder bereit war den anmaßenden Titel „1. Deutscher Club“[20] aufzugeben, noch BDF-Gründer Georg Leux auszuschließen. Fragwürdig war auch das Selbstverständnis als „Zentrum“ der Bewegung. „Sitz des Verbandes ist stets Berlin“, hieß es in der DFuCB-Satzung, was in Süddeutschland als Aufforderung für die „Unterwerfung des Restes von Deutschland“ interpretiert wurde. Diesem Disput fiel auch die 1894 anvisierte Liaison zwischen dem DFuCB und der 1893 gegründeten Süddeutschen Fußball-Union zum Opfer – der Süden war verständlicherweise nicht zur völligen Unterordnung bereit. Aus ähnlichen Gründen platzte auch das geplante Endspiel um die „Deutsche Fußballmeisterschaft 1893/94“, bei der Berlins Meister Viktoria 89 auf Hanau 93 (einziges süddeutsches DFuCB-Mitglied und insofern „Süddeutschlands Meister“) hatte treffen sollen. Weil die von Süddeutschland geforderte Austragung des Spiels in Hanau vom DFuCB mit Hinweis auf die bereits absolvierten Ligaspiele des Berliner Meisters abgelehnt wurde, verzichteten die Hanauer, und Viktoria 89 nannte sich eine Zeit lang „Deutscher Fußballmeister 1894“.

Die erwähnte Süddeutsche Fußball-Union, an deren Entstehung im Übrigen Walther Bensemann beteiligt gewesen war, konnte sich anschließend nicht durchsetzen. Allerdings sah man sich im Süden auch ungleich größeren Problemen gegenüber, denn die wenigen existierenden Vereine waren allein von Reisen zwischen Karlsruhe, München, Stuttgart und Frankfurt finanziell und logistisch völlig überfordert. Zwar hatte sich in einigen Städten längst ein florierender lokaler Spielbetrieb entwickelt, die Installation eines geregelten Wettbewerbes über Stadtgrenzen gelang aber nicht, und 1895 schlief die Union folgerichtig wieder ein. Erfolgreicher war man in Hamburg, wo 1894 der „Hamburg-Altonaer Fußballbund“ entstand, dem im Folgejahr die Einrichtung einer Stadtliga gelang, deren erster Sieger HSV-Vorläufer Germania 87 wurde. Wie Berlin genoss auch Hamburg den Vorteil eines überschaubaren und dank der Entwicklung der elektrischen Straßenbahn leicht überbrückbaren Verbandsgebietes.

Die Frühzeit des organisierten Ligafußballs hat etwas Bewundernswertes und Mitreißendes an sich, und vor den damaligen Pionieren kann man angesichts deren zahlreicher und vielfältiger Probleme nur beeindruckt den Hut ziehen. Die dringlichsten Fragen betrafen zweifelsohne das Spiel- und Trainingsgelände, die Zwischenlagerung der zum Spielen notwendigen Utensilien (Tore, Eckfahnen etc.), die Finanzierung sowie die Akzeptanz durch die Gesellschaft. Während diese Schwierigkeiten mit bisweilen bewundernswerter Energie und Zähigkeit erfolgreich überwunden wurden, zeigte man bei der Fähigkeit zum gemeinsamen Handeln deutliche Defizite. Hintergrund war eine sich abzeichnende Ablösung der anglophilen Fußballpioniere als treibende Kraft durch nationaler gesinnte Akteure. Letztere waren ungleich tiefer in der deutschen Gesellschaft verwurzelt und leiteten den ersten „Strukturwandel“ der noch jungen Fußballgeschichte Deutschlands ein: Freigeistige Pioniere wie Walther Bensemann wurden verdrängt von angepassten Bürgern, deren Betonung auf „deutsch“ lag und die aus der Fußballbewegung in Deutschland eine deutsche Fußballbewegung machen wollten. Den Vorsitz des DFuCB beispielsweise übernahm 1894 mit Germania-88-Mitglied Paritschke ein national gesinnter Mann[21], was sich ein Jahr später in dem erstmals bei einem DFuCB-Bundestag gesungenen „Deutschlandlied“ widerspiegelte. Das englisch geprägte Verbandsgründungsmitglied Cricket Club 1883 fehlte auf demselbem Bundestag übrigens erstmals...

Die Folgen dieses Strukturwandels schlugen sich in einer Vielzahl von zumeist nur regional aktiven Verbänden nieder, die sich mitunter bittere Konkurrenzschlachten lieferten. Vor allem in Berlin – mit seinen diversen großen Exerzierfeldern längst zur Hochburg des Vereinsfußball angewachsen – sprossen die gegenseitig konkurrierenden Organisationen regelrecht aus dem Boden, und weitsichtige Köpfe forderten längst die Gründung eines reichsweiten Fußballverbandes, um dem Fußball in ganz Deutschland eine einheitliche Richtung zu geben. Berlin stellt ein anschauliches Beispiel für die Animositäten der Frühzeit und ihre Folgen dar. Dem 1892 gegründeten BTuFC Britannia 92 – heute BSV 92 – beispielsweise war vom sich elitär gebenden und in internen Problemen verstrickten DFuCB[22] mehrfach die Aufnahme verweigert worden[23], woraufhin der Verein eine weitere Verbandsgründung initiierte: die des Verbandes Deutscher Ballspielvereine (VDBV), der rasch zur ernst zu nehmenden Konkurrenz heranwuchs. Als im Januar 1898 selbst Viktoria 89 mit der Begründung „...im DFuCB herrscht keine Unparteilichkeit mehr“ die Seiten wechselte, hatte der VDBV den Machtkampf endgültig „gewonnen“ und die von ihm eingerichtete Spielklasse war zur bedeutsamsten der Stadt geworden. Der VDBV ist die Urzelle des heutigen Berliner Fußball-Verbandes.

Auch im von Berlin so rüde abgekanzelten Süden rappelte man sich bald wieder auf. Nach den geplatzten Verhandlungen über einen gemeinsamen Verband bzw. dem Scheitern der „Deutschen Meisterschaft“ ging man seinen eigenen Weg. Am 17. Oktober 1897 riefen Vertreter von acht Vereinen[24] in Karlsruhe den „Verband Süddeutscher Fußball-Vereine“ (VSFV) ins Leben, dessen Führung der KFV-Vorsitzende Friedrich-Wilhelm Nohe übernahm[25]. Wichtigste Ziele der neuen Organisation waren die Angleichung der Regularien (z.B. bei Vereinswechsel und den umstrittenen „Doppelmitgliedschaften“) sowie die Ausschreibung einer regionalen Meisterschaftsrunde. Letzteres konnte bereits für die Spielzeit 1897/98 realisiert werden. Im K.o.-System stand sich eine nicht überlieferte Zahl von Vereinen gegenüber, wobei der Freiburger FC im Endspiel mit 2:0 gegen den Karlsruher FV die Nase vorn hatte. Die Siegerelf bestand vornehmlich aus Studenten. In Berlin beobachtete man die Entwicklung mit gemischten Gefühlen, denn die eigene Hoheit über das Reichsgebiet geriet damit erstmals in Gefahr. Doch eine „großzügige“ Offerte, sich dem DFuCB als „süddeutscher Gau“ anzuschließen, wurde vom VSFV ebenso zurückgewiesen wie das Berliner Angebot,

Deutsche Ballspiel-Zeitung

Organ für die Interessen aller Spielvereine, insbesondere der Cricket-, Croquet, Bocki-, Fussball- und Tennisvereine.

Erscheint am 5. und 20. jeden Monats.

Abonnement: Jährlich (24 Nummern) 2 Mk, halbjährlich (12 Nummern) 1 Mk, vierteljährlich (6 Nummern) 50 Pfg., innerhalb des Deutsch-Oesterr.-Postverbandes, bei freier Zustellung unter Kreuzband.

Inserate: Die 8gespaltene Petit-Zeile oder deren Raum 20 Pfg. mit entsprechendem Rabatt bei Wiederholungen und grösseren Aufträgen! Beilagen nach Vereinbarung.

Alle Redaktion und Expedition betreffende Sendungen sind zu adressiren:
An die Deutsche Ballspiel-Zeitung, Berlin S.W., Alexandrinenstrasse 118a.

No. 1. Berlin, den 5. April 1891. I. Jahrgang.

An die Leser!

Das Ballspiel hat sich in den letzten Jahren in Deutschland viele Anhänger verschafft und sind zahlreiche Vereine entstanden, die ihren Mitgliedern Gelegenheit geben, den Ballsport gemeinsam zu betreiben, und welche es sich eifrigst zur Pflicht machen, das Ballspiel zu pflegen und zu fördern.

Zu letzterem Zwecke haben auch wir uns veranlasst gefühlt, den Vereinen eine Fachschrift unter dem Namen

Deutsche Ballspiel-Zeitung

vorzulegen, welche es sich zur Aufgabe machen wird, zweimal im Monat allen Interessenten wissenswerte Mitteilungen, Berichte über Spiele Publikationen etc. zu überbringen. Wir sind fest überzeugt, dass die Herausgabe dieser Fachschrift für den weiteren Aufschwung des Ballsports von grossem Werte sein wird.

Ist dieselbe in ihrem Umfange auch vorläufig nur sehr klein zu nennen, so wird sie jedoch mit dem Steigen der Abonnentenzahl ohne Erhöhung des Abonnementspreises nach und nach grösser, eleganter und vielseitiger werden.

Voraussichtlich wird sich die

Deutsche Ballspiel-Zeitung

bald einer grossen Zahl von Abonnenten erfreuen, da bei Aufstellung der Probenummer schon ein so reichhaltiges Material von den Vereinen selbst eingelaufen war, dass vieles nicht zur Verwendung kommen konnte.

Den **Abonnementspreis** haben wir auf **nur 50 Pfg. pro Vierteljahr** festgesetzt, damit jeder Ballspieler, ohne eine nennenswerte Ausgabe zu machen, auf unsere Fachschrift abonniren kann. Wir nehmen bei Einsendung der Abonnementsbeträge auch **deutsche Briefmarken** gern in Zahlung.

Diejenigen Vereine, welche die

Deutsche Ballspiel-Zeitung

zum Vereinsorgan ernennen, bitten wir, uns hiervon behufs Aufstellung einer Liste Mitteilung zu machen.

Redaction
der
Deutschen Ballspiel-Zeitung.

81

In Berlin erschien 1891 erstmals die „Deutsche Ballspiel-Zeitung".

quasi als „Startkapital" einen „Gaumeisterschaftspreis" zur Verfügung zu stellen.

Auch in anderen Regionen des Reiches hatte sich inzwischen etwas getan. In Leipzig und Magdeburg waren 1897 Stadtverbände gegründet worden, in nahezu allen größeren Siedlungen sprossen die Vereine wie Pilze aus dem Boden und selbst fernab der Hochburgen erwachte man: Rostock erhielt 1895 mit dem RFC 1895 einen ersten Verein, Breslau folgte 1897 mit dem SV Blitz (später VfR) und auch in Königsberg waren Akademiker bereits beim Kicken beobachtet worden. Verstärkt wurde der Aufschwung durch das Aufkommen einer expliziten Sportpresse, die sich als hilfreiches Kommunikations- und Werbeinstrument erwies. 1891 übernahm DFuCB-Gründer John Bloch in Berlin das Fachblatt „Deutsche Ballspiel-Zeitung" (später „Spiel und Sport"), zu der sich 1895 das vom Schotten Andrew Pitcairn-Knowles herausgegebene „Sport im Bild" gesellte. Beide Blätter überzeugten durch inhaltsreiche Berichterstattung[26] sowie aussagekräftige Fotos. Fußball erwies sich als beliebtes Probierfeld für innovative Fotografen, weshalb erstaunlich viele Bilddokumente aus der Frühzeit überliefert sind und eine Zeitung wie „Sport und Bild" (die im Fußball allerdings nie so recht heimisch wurde) überhaupt möglich war. Mit der Tagespresse standen die Fußballpioniere hingegen eher auf Kriegsfuß. Fußball wurde von sich seriös gebenden Blättern nicht wahrgenommen und bestenfalls als Fünfzeiler in der Rubrik „Turnen, Sport und Jagd" erwähnt – wenn die Fußballer den Artikel selbst geschrieben hatten und außerdem bereit waren, für den Abdruck zu zahlen…

Im Umfeld der Vereine formierte sich allmählich so etwas wie eine Fußball-Szene, der neben Aktiven und Funktionären (zumeist derselbe Personenkreis) auch erste Zuschauer angehörten. Dabei handelte es sich fast ausschließlich um überschüssige und/oder weniger talentierte Spieler sowie Verwandte und Bekannte der Aktiven, darunter auch Frauen. Ihre Zahl war jedoch verschwindend gering, und Walther Bensemann erntete entsprechend höhnisches Gelächter, als er 1893 bei einem Spiel seiner Karlsruher Kickers erstmals Eintrittsgeld verlangte – die erzielten Einnahmen reichten kaum aus, um die Unkosten für das das Spielfeld umgrenzende Tau zu decken… Dennoch waren schon vor der Jahrhundertwende erste Versuche der Vermarktung des „events" Fußball als auch die Trennung zwischen Aktiven und Passiven zu erkennen – Attribute, die Fußball spätestens in den 1920er Jahren zum Volkssport machen sollten.[27]

Das Fußballspiel.
Association und Rugby.
von
Ph. Heineken
Verfasser von
»Die beliebten Rasenspiele«
1898

Mann der Stunde ■ Philipp Heineken
Philipp Heineken ist einer der „Unbekannten" der Pionierphase – dabei zählte er zu den aktivsten Verfechtern und größten Förderern des Fußballs. Der aus Stuttgart stammende Heineken kam eigentlich aus der Rugbyszene, begeisterte sich aber schon lange vor der Jahrhundertwende zusehends für Fußball. 1894 gründete er mit der „Allgemeinen Deutschen Sportzeitung" ein mutiges Fachblatt, das allerdings nach drei Jahren sein Erscheinen wieder einstellen musste. Anschließend erwarb er sich große Meriten um die frühe Geschichtsschreibung. Bereits 1895 veröffentlichte Heineken Artikel wie „Fußball, seine Geschichte und Taktik", mit denen er die Verwurzelung des Spiels in Deutschland enorm vorantrieb. 1898 erschien schließlich sein Standardwerk „Das Fußballspiel", das nicht nur taktische und technische Erläuterungen lieferte und den Fußballpionieren reichsweit damit wertvolles Arbeitsmaterial, sondern zudem einen Einblick in die deutsche sowie westeuropäische Fußballhistorie bot. Auch um das „Deutsche Fußball-Jahrbuch" machte Heineken sich sehr verdient. 1900 zählte er zu den Mitbegründern des DFB, für den er zeitweise als 2. Vorsitzender agierte. In der offiziellen DFB-Geschichtsschreibung kommt der Stuttgarter Pionier dennoch kaum vor.

Das Vereinsleben drehte sich um drei Dinge: Das anstehende Wettspiel, der regelmäßige Besuch der Vereinskneipe und – als Höhepunkt – das „Auswärtsspiel". Letzteres hatte für beide beteiligten Vereine eine enorme Bedeutung, da Gastspiele von Teams aus anderen Städten oft eine bemerkenswerte Zuschauerzahl anlockten und das „Drumherum" Aufmerksamkeit für den Verein und Aufregung für die Spieler versprach. Die Abwicklung eines solchen Spiels war streng reglementiert: Das Gastteam wurde mit Vereinsfahne und unter lautem „Hallo" vom Bahnhof abgeholt, alsdann zog man lärmend zur Vereinskneipe, wo die Bekanntschaft vertieft und dem Gerstensaft gefrönt wurde. Übernachtet wurde aus Kostengründen bei Spielern der Gastgebermannschaft. Tags darauf ging es – häufig nobel per Kutsche[28] – auf eine Stadtrundfahrt, ehe am Nachmittag das Spiel anstand, welches mit einem fröhlichen Beisammensein endete. Die Gaststätten spielten in dieser Konstellation übrigens eine entscheidende Rolle – und zwar für beide Seiten. Für die Gastwirte war ein Fußballverein Garant zu einer wöchentlichen Einnahme, für die Klubs bot die Kneipe Treffpunkt während der gesamten Woche[29] sowie Aufbewahrungsort für Tore, Bälle und sonstige Ausrüstung. Aus jenen Tagen stammt folglich der bis heute gelegentlich verwendete Begriff „Vereinszimmer". Unter den Gastwirten waren die Vereine und ihre trinkfreudigen Kicker natürlich heiß begehrt – entsprechend eifersüchtig warb man um ihre Gunst. Mancher Klub wechselte in einer Nacht-und-Nebel-Aktion sein Heim, wobei der alte Gastwirt nicht selten mit einem Haufen angeschriebener „Deckel" sowie einem verwaisten Vereinszimmer zurückgelassen wurde…

In taktischer und technischer Hinsicht war der deutsche Fußball der Jahrhundertwende ein nur rudimentär an heutigen Fußball erinnerndes Spiel. Im Mittelpunkt stand der Ball, und jeder Akteur war bestrebt, möglichst in dessen Nähe zu sein – der

Eine Szene aus dem Lokalderby zwischen Germania 88 und Viktoria 89, festgehalten als damals noch seltener „Schnappschuss". Man beachte die stattliche Zuschauerkulisse.

Besuch eines F-Jugend-Spiels mag hilfreich bei der Entstehung einen plastischen Eindruck sein. Pass- und Kombinationsspiel waren weitestgehend unbekannt, stattdessen ging man nach dem Motto „höher, schneller, weiter" vor. Gut war, wer möglichst kräftig schießen konnte; besser war, wer dazu noch schnell zu laufen vermochte; und ein „Star" war, wer den Ball außerdem „streicheln" konnte. Taktik gab es nicht, und die Aufstellung der Spieler gemäß ihrer individuellen Stärken war unbekannt.[30] Erst Begegnungen mit erfahrenen Akteuren öffneten vielen Fußball-Enthusiasten die Augen und machte sie wirklich mit ihrem Sport vertraut. Die Kicker der Spielabteilung des Kieler MTV beispielsweise, ab 1900 als FV Holstein eigenständig, staunten nicht schlecht, als der aus Karlsruhe zugezogene Arthur Beier[31] ihnen sein Können vorführte: „Jetzt fingen wir erst an zu begreifen, was Fußballspielen heißt. Beier war ein vorzüglicher Lehrer, denn er verstand es, jeden Spieler entsprechend seiner Veranlassung und seinem Können auf den für ihn wichtigen Platz zu stellen, die Mannschaft scharf zu trainieren und vor allem durch seinen persönlichen Einfluss jeden Spieler zu begeistern", heißt es in der Überlieferung. Einher mit derlei Fortschritten ging ein wachsendes Publikumsinteresse, denn ungleich dem nur für die Aktiven attraktiven Pionierfußball und dessen Motto „weit und hoch" war das von Taktik, Technik und Zweikampf geprägte „moderne" Spiel durchaus anschauenswert und lockte demzufolge verstärkt Neugierige an.[32] Der Wandel vom „Kraftfußball" zum „Technik-Fußball" markiert folglich den Ausgangspunkt für Fußball als Publikumssport in Deutschland.

Internationale Kontakte

Die späten 1890er Jahre waren ohnehin entscheidend für die Entwicklung des publikumswirksamen hochklassigen Fußballs. Dafür gab es mehrere Gründe: 1.) Die Angriffe der Turner auf den Sport verschärften sich und führten dazu, dass zahlreiche Spielabteilungen die Eigenständigkeit wählten, wodurch wiederum die Fußballbewegung eine immer größere Basis erhielt. 2.) Es erfolgte die endgültige Loslösung aus der schützenden Obhut (bzw. hemmenden Kontrolle) der Schulen. 3.) Es etablierten sich reichsweit immer mehr Vereine und Verbände, was zu einem dichteren Spielbetrieb führte. 4.) Da viele Vereine inzwischen etabliert und politisch konformer wirkten, wurden sie nun häufiger von lokalen Honoratioren protegiert und von Mäzenen gefördert. 5.) Es setzte ein internationaler Spielverkehr ein, der das Interesse völlig neuer Bevölkerungsschichten weckte und dem Fußball erste Anerkennung als „gesellschaftliches Ereignis" verschaffte.

Ein international orientierter Pionier war neben dem mehrfach erwähnten Walther Bensemann der Berliner Georg „Hutti" Demmler, der 1896 sogar eine „Nationalmannschaft" zu den ersten Olympischen Spielen der Neuzeit nach Athen entsenden wollten. Nachdem dieser Versuch noch nationalem und internationalem Zank und Streit zum Opfer gefallen war[33], reiste Bensemann schließlich im Dezember 1898 im Namen des Verbandes Deutscher Ballspiel-Vereine mit einer Hand voll Kickern aus Berlin, Hamburg und Karlsruhe nach Paris, um dort zu einem Freundschaftsspiel gegen die vor allem aus Briten bestehenden White Rovers anzutreten. Der Auftritt an der Seine war derart erfolgreich (es gelang ein völlig unerwarteter 7:0-Sieg), dass die Elf tags darauf auch noch gegen eine Pariser Stadtauswahl spielte und der in Berlin gebliebene Georg Demmler ein Jubel-Telegramm an den „höchsten Kriegsherren und Förderer des deutschen Sports" absandte: „Se. Majestät dem Kaiser, Potsdam unterbreiten unterthänigst die Vertreter der maßgebenden Vereine des deutschen Fußballsportes Berlins die gehorsamste Mitteilung, dass heute in Paris zum ersten Male eine aus allen deutschen Gauen zusammengesetzte Fußballmannschaft über einen hervorragenden französischen Fußballverein einen Sieg von 7 zu 0 Malen errungen hat. Euere Majestät geloben die auf dem Tempelhofer Feld übenden deutschen Fußballspieler, wo es auch sei, mit Gut und Blut für Kaiser und Reich einstehen zu wollen. Georg Demmler, Marienfelde bei Berlin". Demmlers für damalige Verhältnisse recht dreiste Handlung („aus allen deutschen Gauen" war eine glatte Lüge!) sah sich zwar heftiger Kritik ausgesetzt, weil sie eine politische Aktion dargestellt und damit gegen das „Grundgesetz des Fußballsports" verstoßen habe, wurde aber belohnt, denn „Se. Majestät" reagierte und ließ via Hofmarschallamt „die Freude über den schönen Sieg, die Seine Majestät empfunden hatte" mitteilen. Zum ersten Mal war Fußball „ganz oben" wahrgenommen worden.

Bensemann verfolgte noch einen weiteren Traum: eine britische Auswahlelf nach Deutschland zu holen. Bereits 1897 hatte er gemeinsam mit dem Berliner Fritz Boxhammer sowie seinem Jugendfreund und späteren FIFA-Generalsekretär Ivo Schricker das „Deutsche Centralcomité für internationale Wettspiele“ gegründet, in dessen Namen er im August 1899 Kontakt zum englischen Fußballverband aufnahm. Einen Monat später reiste der damals 26-jährige Student nach London, um das Gastspiel – eine, so Bensemann, „Sache, die uns mehr als ein Fortschritt an der ethischen Kulturarbeit der Völker, denn als ein sportlicher Fortschritt anmutet“ –, unter Dach und Fach zu bringen. Bensemanns Vorgehen stieß keineswegs auf ungeteilte Zustimmung, denn für einige ging er viel zu forsch an die Sache heran. Gus Manning beispielsweise, ein süddeutscher Funktionär, opponierte gegen das englische Gastspiel, „weil die ganze Idee verfrüht ist, da der Fußball noch nicht zu einer solchen Höhe in Deutschland angelangt (ist), um einer erstklassigen Mannschaft wie der englischen etwas Spielähnliches zu liefern“. Manning fürchtete eine rufschädigende Niederlage. Bensemann hielt dem entgegen: „Gehoben kann der Sport nur werden, wenn wir bessere Mannschaften im Kampfe gegen uns sehen, um von ihnen soviel wie möglich zu lernen. Wir brauchen große, Aufsehen erregende Spiele, um das Publikum, vor allem die besseren Klassen, für den Fußballsport zu interessieren, wenn wir uns endlich über das Niveau der Mittelmäßigkeit erheben wollen.“ Angesichts dieser Worte mag man Bensemann fast als „frühen Uli Hoeneß“ bezeichnen, denn zweifelsohne erkannte der Pionier vor allen anderen, dass Fußball nicht nur eine Form von Leibesübung war, sondern das Zeug zu einem publikumsträchtigen und Identität stiftenden Volkssport hatte.

Neben den inhaltlichen Bedenken spiegelte der Konflikt aber auch die Zerrissenheit der frühen Fußballszene wider, in der mit Berlin und Süddeutschland zwei „Zentren“ um die Macht rangen – und die sich nicht zuletzt an der Person Bensemann manifestierte[34]. Bensemann „kitzelte“ mit seinem forschen Auftreten vor allem die eher vorsichtig agierenden und national denkenden Funktionäre, denen die gesellschaftliche Assimilation der Fußballbewegung wichtiger war als inhaltliche Fortschritte bei der Entwicklung des Spiels. Unmittelbare Folge war, dass die „Ur-Länderspiele“ Deutschlands gegen England im November 1899 nicht wie geplant von einer „Nationalmannschaft“ bestritten wurden, sondern von besseren Stadtauswahlen. Nichtsdestotrotz wurden die drei Begegnungen (in denen es ausschließlich recht deftige Niederlagen setzte[35]) zum Erfolg. Zum einen erregten sie trotz aller Unbill ein bemerkenswertes öffentliches Interesse und waren damit ein weiterer Schritt in Richtung „gesellschaftliche Anerkennung“, zum anderen waren sie höchst lehrreich in Sachen Spielkultur und Taktik.

Zum ersten Mal sah man in Deutschland, wie Fußball wirklich gespielt wurde – nicht hoch und weit, sondern „mit Köpfchen“. Vor allem die in Deutschland völlig unbekannte Fähigkeit des Ball-Stoppens sowie das Stellungsspiel lösten Erstaunen aus. „Das Anhalten des Balles hat in erster Linie den Zweck, die Sicherheit des Stoßes zu erhöhen; in zweiter Linie soll es dem Nebenmann Zeit geben, sich in günstiger Weise zu platzieren und zur Entgegennahme des Balles vorzubereiten. (…) Bei uns glaubte man, seine Aufgabe gelöst zu haben, wenn man seinen Ball abgespielt hat, während der Engländer sich dann schon wieder günstig zu platzieren sucht, um den Ball erneut zu

Das deutsche Team vor dem zweiten Spiel gegen die englische Auswahl, 24.11.1899 in Berlin. Stehend von links: Willy Langer, unbekannte Begleitperson, Wünsch, Ivo Schricker, Westendarp, Kohts. Sitzend von links: Link, Zierold, Bock, Jestram, Gruschwitz, Thanner.

empfangen", klärte das Fachblatt „Sport im Bild" seine Leserschaft auf. „In zwei Tagen haben wir mehr Neues, mehr Kombinationen, mehr Tricks – faire und ehrliche – und mehr brillantes Einzelspiel zu sehen bekommen, als in den vergangenen sechs Jahren", schwärmte derweil die Konkurrenz von „Spiel und Sport", die kurz zuvor übrigens noch vollmundig getönt hatte: „Im Association sind wir wohl den übrigen Ländern des Kontinents überlegen, und wir müssen jetzt unsere Superiorität weiter ausüben."[36]

Die „England-Spiele" stellen eine entscheidende Wendung in der deutschen Fußballhistorie dar. In der Chronik des zweifachen deutschen Meisters Viktoria 89 Berlin aus dem Jahre 1914 beispielsweise heißt es, dass „die Spiele einen völligen Umschwung der Ansicht über das Fußballspiel bedeuteten, denn begreiflicherweise suchte man jetzt den Lehrmeistern nachzuahmen und begann das flache Spiel zu pflegen".

Walther Bensemann konnte sich also zufrieden zurücklehnen: Sein Einsatz und sein Mut hatten sich gelohnt.

EXKURS

Die Entwicklung in den einzelnen Regionen bis 1914

■ Norddeutschland

Mit Hamburg, Hannover und Braunschweig wies der Norden zur Jahrhundertwende bereits drei ausgewiesene Fußball-Hochburgen auf, wobei Hannover allerdings eher als Rugby-Domäne galt. Braunschweig als Heimatort des Fußball-Pioniers Konrad Koch wird heute als Wiege des Fußballs in Deutschland betrachtet und verfügte dank seiner welfischen Politik über ausgezeichnete Voraussetzungen für die Einführung des englischen Sports. Selbiges gilt für Hannover und seine engen Verbindungen zum englischen Königshaus. Hamburg sowie das bis 1937 preußische Altona profitierten von ihrer Bedeutung als Handelsmetropole und weltoffene Hafenstadt. Bremen fiel dem gegenüber deutlich ab, wenngleich an der Weser bereits 1899/1900 die nach Hamburg/Altona (1895/96) zweitälteste Ligameisterschaft Norddeutschlands eingerichtet wurde. Darüber hinaus wurden aus den Hafenstädten Bremerhaven (seinerzeit „Wesermünde"), Kiel sowie Rostock frühzeitig fußballerische Aktivitäten gemeldet.

Verhältnismäßig spät erst (1905) gelang es in Norddeutschland, aus einer Vielzahl kleiner Verbände einen starken und einflussreichen Regionalverband (Norddeutscher Fußball-Verband) zu formen. Sportlich dominierte zunächst Hamburg mit seinen Spitzenklubs Victoria und Altona 93. Ersterer war ein fortschrittlicher und zutiefst bürgerlich geprägter Klub, Letzterer entstand aus einem Cricket-Klub und war ebenfalls vom Bildungsbürgertum dominiert. Mit Adolf Jäger stellten die Altonaer einen der profiliertesten deutschen Fußballer der Vorkriegszeit, und mit Franz Behr gehörte dem Verein einer der engagiertesten Funktionäre des DFB der Gründerepoche an. Konkurrenz drohte den Hamburger Klubs vor allem durch Eintracht Braunschweig und Hannover 96. 1910 kam mit Holstein Kiel eine aus einheimischen Gymnasiasten zusammengesetzte Elf auf, die im selben Jahr erstmals die Deutsche Meisterschaft nach Norddeutschland holte.

Mit der Einrichtung der großräumigen „Norddeutschen Verbandsliga" in der Saison 1913/14 leistete Norddeutschland einen wichtigen Beitrag zur Herausbildung einer deutschen Fußballelite und folgte der Erkenntnis, dass eine Konzentration der Spitzenteams unerlässlich ist.

Norddeutsche Meister: 1906: Victoria Hamburg, 1907: Victoria Hamburg, 1908: Eintracht Braunschweig, 1909: Altona 93, 1910: Holstein Kiel, 1911: Holstein Kiel, 1912: Holstein Kiel, 1913: Eintracht Braunschweig, 1914: Altona 93.

■ Nordostdeutschland (Baltenland)

Nordostdeutschland war Schlusslicht bei der Entwicklung des Fußballs in Deutschland. Das ist freilich nicht verwunderlich, denn die vier Gebiete umfassende Region (Ost- und Westpreußen, Hinterpommern, Nordposen) war nicht nur ungleich dünner besiedelt und sehr dörflich geprägt (50% der Gesamtbevölkerung wohnte auf dem Land), sondern kämpfte zudem mit ihrer peripheren Lage. Stettin als wirtschaftliches, kulturelles und administratives Zentrum Pommerns, Königsberg als vergleichsweise liberale und weltoffene Stadt sowie Danzig als lebendige Hafenstadt waren die Hochburgen der Sportentwicklung, wobei sich in Stettin und Königsberg vor allem Leichtathletik und Schwimmen durchsetzten, während Danzig zur Tennishochburg wurde. Erster Fußballklub war der am 7. Juli 1900 gegründete FC Königsberg, ab 1907 VfB Königsberg genannt. Bereits 1886 brachten die aus Hamburg stammenden Brüder Schwant die ersten Fußbälle nach Stettin, wo allerdings erst 1901 ein lebensfähiger Verein entstand.

Aufgrund der mäßigen Infrastruktur und der immensen Entfernungen war es ungleich schwerer, einen Fußball-Spielbetrieb einzurichten. 1903 wurde in Stettin der erste Stadtverband gegründet, der ein Jahr später im Pommerschen Fußball-Verband aufging (wobei Westpommern sich Mecklenburg zuwandte und dem Norddeutschen Fußball-Verband beitrat). 1907 kam es auch in Königsberg zur Verbandsgründung, ehe im Januar 1908 die Gründung des Baltischen Rasensport-Verbandes gelang, der im selben Jahr die erste Regionalmeisterschaft ausschrieb. Trotz aller Bemühungen blieb Nordostdeutschland Randgebiet, und noch 1914 jammerte der Verband in seinem Jahresbericht: „Wir im Osten hinken, wie bei allen anderen Gelegenheiten, natürlich hinterher."

Baltische Meister: 1908: VfB Königsberg, 1909: VfB Königsberg, 1910: Prussia-Samland Königsberg, 1911: Lituania Tilsit, 1912: BuEV Danzig, 1913: Prussia-Samland Königsberg, 1914: Prussia-Samland Königsberg.

■ Westdeutschland

Der Spätstarter unter den großen Regionalverbänden. Das Rheinland mit dem Handelszentrum Köln sowie der Textilstadt Mönchengladbach waren die eine fußballerische Geburtsstätte, die am östlichen Rande des Ruhrgebietes liegende Beamtenstadt Dortmund sowie Witten, wo 1892 mit dem FC der älteste Fußballklub des Westens gegründet wurde, die andere. 1899 wurde in Mönchengladbach beim „Ersten rheinischen Spielfest" erstmals geregelt um Fußballpunkte gespielt und zugleich erste Absprachen bezüglich einer Verbandsgründung getroffen, die schließlich im Oktober 1898 vollzogen wurde.

Bei der DFB-Gründung war kein westdeutscher Vertreter anwesend und auch bei der ersten Meisterschaftsrunde des DFB 1903 fehlte die Region. Im selben Jahr wurde aber immerhin erstmals um den Titel des Westdeutschen Meisters gespielt, wobei sich eine Zentrenverlagerung in das Ruhrgebiet abzeichnete. Die Ruhr-Region sollte in den Folgejahren zum Motor des westdeutschen Fußballs avancieren. Vor allem in Essen und Duisburg fand Fußball enorm rasch zahlreiche Freunde. 1903 entwickelte sich im Raum Kassel/Göttingen ein zweiter Verband, der sich 1907 mit dem Rheinisch-Westfälischen zum Westdeutschen Verband vereinte. Das Leistungszentrum blieb jedoch im Ruhrgebiet sowie dem Rheinland. 1910 entstand dort mit der „Zehnerliga" die zweite großräumige Spielklasse nach der süddeutschen Südkreisliga.

Westdeutschland – genauer das Ruhrgebiet – war die einzige Region im Deutschen Reich, in der es bereits vor dem Ersten Weltkrieg zu intensiven Kontakten zwischen bürgerlichen und proletarischen Fußballanhängern kam. Daraus resultierten vergleichsweise hohe Zuschauerzahlen sowie ein gänzlich anderes Zuschauerverhalten, das Mannschaften aus anderen Regionen des Reiches oft regelrecht erschreckte. Alle führenden Klubs der Vorkriegszeit waren aber bürgerlich geprägt und galten teilweise – wie beispielsweise der Essener Turnerbund – sogar als „elitär". Nichtsdestotrotz wurden ihre Spiele auch von Angehörigen des Proletariats besucht.

Nachdem zunächst Köln 99, der FC Mönchengladbach sowie Düsseldorf 99 sportlich den Ton angegeben hatten, übernahm der Duisburger Spielverein allmählich die Rolle als sportliche Nummer 1. Der aus einem Turnverein hervorgegangene Klub war bereits 1896 zu einer Gastspielreise nach England gefahren; aus dem DSV stammte der langjährige DFB-Präsident Gottfried Hinze. 1913 erreichte er als erster westdeutscher Klub das Endspiel um die Deutsche Meisterschaft, unterlag dort jedoch dem VfB Leipzig.

Westdeutsche Meister: 1903: Köln 99, 1904: Duisburger Spielverein, 1905: Köln 99, 1906: Duisburger Spielverein, 1907: Düsseldorf 99, 1908: Duisburger Spielverein, 1909: FC Mönchengladbach, 1910: Duisburger Spielverein, 1911: Duisburger Spielverein, 1912: Kölner BC, 1913: Duisburger Spielverein, 1914: Duisburger Spielverein.

■ Berlin-Brandenburg

Als Reichshauptstadt war Berlin natürlich prädestiniert für die Rolle der ersten Hochburg des Fußballs in Deutschland, wobei sich die Stadt lange Zeit einen erbitterten Zweikampf mit Süddeutschland (u. a. Karlsruhe) lieferte. Engländer und Deutsche hatten ab 1883 erstmals beim im selben Jahr gegründeten Berliner Cricket-Club gegen den Ball getreten (Organisator war Tom Dutton, dessen Sohn Edwin 1909 ein Länderspiel für Deutschland bestritt), und 1885 hatte der aus Frankfurt stammende Georg Leux mit dem BFC Frankfurt den ersten von Deutschen gegründeten Fußballverein ins Leben gerufen. Drei Jahr später entstand mit dem BFC Germania der älteste noch heute bestehende Fußballverein Deutschlands.

Intern wies Berlins Fußball eine Zweiteilung auf: Während im Süden um das ausgedehnte Tempelhofer Feld bürgerlich-elitäre Klubs entstanden (Viktoria 89, Union 92, Britannia 92), kamen im Norden vornehmlich „proletarisch" geprägte Vereine wie der FC Hertha auf. Berlin war Ausgangspunkt für zahlreiche bedeutende Entwicklungen, wobei sich neben erwähnten Georg Leux vor allem Georg Demmler, Fritz Boxhammer sowie der phasenweise an der Spree weilende Walther Bensemann verantwortlich zeigten. Letzterer organisierte 1899 zwei Gastspiele der englischen Nationalmannschaft in Berlin. Der lokale Fußball litt allerdings lange Zeit an internen Konflikten, die zur Gründung einer Vielzahl von Verbänden führten. Erst 1911 konnte im Verband Brandenburgischer Ballspielvereine (VBB) eine Einigung aller Fußballer der Region erzielt werden.

Über die Grenzen Berlins hinaus fasste Fußball zunächst nur in Cottbus, Forst und Frankfurt/Oder Fuß, wobei die Entwicklung dort zunächst in Richtung Südostdeutschland ging und auch weit hinter der von Berlin zurückblieb. Gefördert vom Märkischen Fußball-Bund, der sich als Verfechter der „kleinen" Klubs betrachtete und 1911 bei der erwähnten Einigung im VBB aufging, etablierte sich das Spiel jedoch auch auf dem Lande bzw. im Land Brandenburg.

Bis 1911 stand in sechs von neun möglichen Endspielen um die Deutsche Meisterschaft jeweils der Berliner Meister auf dem Rasen, und dreimal ging die „Viktoria" an die Spree (1905: Union 92, 1908 und 1911: Viktoria 89. 1907 und 1909 unterlag Viktoria 89 jeweils seinem Gegner, 1904 fiel das Endspiel für Britannia 92 aus). Stärkste Vertreter der Stadt waren der vergleichsweise fortschrittliche BTuFC Viktoria 89, Britannia 92 (der heutige BSV 92) sowie der BFC Preussen, der Klub des späteren DFB-Präsidenten Felix Linnemann. Berlin war zudem bei der Entwicklung von Städtespielen federführend.

Berliner/Brandenburger Meister (Meister des VBB): 1902: Viktoria 89, 1903: Britannia 92, 1904: Britannia 92, 1905: Union 92, 1906: Hertha 92, 1907: Viktoria 89, 1908: Viktoria 89, 1909: Viktoria 89, 1910: BFC Preussen, 1911:Viktoria 89, 1912: BFC Preussen, 1913: Viktoria 89, 1914: BBC 03.

■ Mitteldeutschland

Mit Leipzig, Dresden und Magdeburg verfügte die Region über drei Hochburgen, wobei sich vor allem Leipzig als engagierter Förderer erwies und nicht umsonst Gründungsstadt des DFB wurde. In der sächsischen Metropole wurde 1883 an der Petrischule erstmals gekickt, und 1888 wurde im ATV Leipzig eine Spielabteilung gegründet. Ein Jahr später trugen die Leipziger Fußballer beim 7. Deutschen Turnfest in München ein Vorführspiel gegen den Londoner Klub Orion aus. 1897 entstand ein Leipziger Stadtverband, der zum Ausgangspunkt für den im Dezember 1900 gegründeten Verband Mitteldeutscher Ballspiel-Vereine wurde und im Januar 1900 den zur DFB-Gründung führenden 1. Deutschen Fußballtag ausrichtete. Ebenfalls 1897 wurde in Magdeburg ein Stadtverband gegründet.

Dresden erhielt erst 1901 einen Verband und stand bei der Entwicklung auch sonst zunächst etwas abseits. Als weitere Hochburgen entwickelten sich nach der Jahrhundertwende die Saalestadt Halle sowie das thüringische Erfurt. Unumstrittene sportliche

Nummer 1 war der VfB Leipzig, der dreimal Deutscher Meister wurde (1903, 1906 und 1913) und mit Akteuren wie Camillo Ugi, Adelbert Friedrich und Heinrich Riso gefeierte Nationalspieler hervorbrachte.

Mitteldeutscher Meister: 1902: Wacker Leipzig, 1903: VfB Leipzig, 1904: VfB Leipzig, 1905: Dresdner SC, 1906: VfB Leipzig, 1907: VfB Leipzig, 1908: Wacker Leipzig, 1909: SC Erfurt, 1910: VfB Leipzig, 1911: VfB Leipzig, 1912: SpVgg Leipzig, 1913: VfB Leipzig, 1914: SpVgg Leipzig.

■ Südostdeutschland

Breslau avancierte zum südostdeutschen Fußballpionier, wobei die Region ebenso wie Nordostdeutschland unter ihrer peripheren Lage, ihren infrastrukturellen Problemen sowie ihrem dörflichen Charakter litt. Dazu kamen Animositäten zwischen Deutschen und Polen, die im Sport getrennte Wege gingen (die Polen über den Sokól-Verband). Breslau als unumstrittenes Oberzentrum der Region erhielt 1892 mit der Gründung einer 30 Mitglieder starken „Spielriege" im Alten Turnverein Scheitnig eine erste fußballerische Basis. Vorausgegangen war die Verpflichtung des bereits in Berlin erfolgreich agierenden Engländers Tom Dutton. Im November 1898 wurden die Scheitniger Turnerfußballer nach einem Krach mit den Turnern als FC 98 Breslau eigenständig und begründeten damit eine bis 1945 florierende Fußballzunft in der schlesischen Metropole. Im Februar 1903 entstand dort auch der erste Verband der Region, der 1906 mit dem 1904 gegründeten Verband der Niederlausitz zum Südostdeutschen Fußball-Verband fusionierte. 1908 vergab der DFB das Endspiel um die Deutsche Meisterschaft nach Breslau, um die dortigen Aktivitäten zu belohnen und zu fördern.

Erfolgreichste Vereinsvertreter waren der SC Schlesien sowie der VfR Breslau, ehe ab 1913 die durch Fusion zwischen Preußen und SC 04 entstandenen Vereinigten Breslauer Sportfreunde die Führung übernahmen. Letztere verfügten über einen ehrgeizigen und zahlungskräftigen Mäzen, der unter anderem Nationalspieler Camillo Ugi in die Fußballprovinz lockte. Ugi war zugleich der einzige Nationalspieler, den die Region bis 1914 stellte. Neben Breslau galt das oberschlesische Hüttenrevier um Gleiwitz und Beuthen als Fußball-Hochburg (allerdings erst nach dem Ersten Weltkrieg). Dort kam es zu einer mit dem Ruhrgebiet vergleichbaren Entwicklung. In der Oberlausitz avancierte Görlitz zum fußballerischen Oberzentrum, während das Spiel auf dem Land gegen das traditionsreiche Turnen lange Zeit keine Chance hatte. Weitere Zentren waren Forst, Cottbus und Liegnitz, wobei sich Forst und Cottbus schon früh in Richtung Berlin orientierten und zeitweise auch dem VBB-Gebiet angeschlossen waren. Nach dem Ersten Weltkrieg wurde das Verbandsgebiet durch die im Versailler Vertrag verfügten Gebietsabtretungen erheblich beschnitten, so dass die Region weiter zurückfiel.

Südostdeutscher Meister: 1906: Schlesien Breslau, 1907: Schlesien Breslau, 1908: VfR Breslau, 1909: Alemannia Cottbus, 1910: VfR Breslau, 1911: Askania Forst, 1912: ATV Liegnitz, 1913: Askania Forst, 1914: Askania Forst.

■ Süddeutschland

Gemeinsam mit Berlin darf Süddeutschland als Wiege des organisierten Fußballs in Deutschland bezeichnet werden, wobei vor allem die badische Residenzstadt Karlsruhe zu nennen ist. Dort wirkten mit Walther Bensemann und den Gebrüdern Schricker höchst aktive Pioniere, dort entwickelte sich mit dem KFV der erste Topverein im Reich, und dort findet sich auch die Urzelle des 1897 gegründeten Verbandes Süddeutscher Fußballspieler. Bereits 1893 hatte es eine Verbandsgründung gegeben, die aufgrund von Querelen mit Berlin aber scheiterte. Neben Karlsruhe avancierten Frankfurt, Hanau, Stuttgart, Mannheim, München und Straßburg zu den frühen Hochburgen.

Süddeutschland war erbitterter Gegenspieler von Berlin, das die alleinige Macht für sich beanspruchte. Angesichts der ungleichen Voraussetzungen – Berlin mit seiner überschaubaren Größe und der Möglichkeit, per Straßenbahn zu den Spielen zu kommen, Süddeutschland mit seiner ungleich größeren Fläche und der Notwendigkeit, die Eisenbahn zu benutzen – imponierte der fußballerische Aufschwung des Südens sowie die vergleichsweise frühe regionsweite Organisationsform weitaus mehr als die Berlins. Mit Gründung der Südkreisliga (1908/09) lieferte die Region einen elementaren Beitrag zur Herausbildung einer deutschen Fußballelite. Personell stellte der Süden mit Eugen Kipp einen der zuverlässigsten Akteure der Nationalmannschaftsgeschichte, der mit 18 Einsätzen Rekordnationalspieler für die Zeit bis 1914 ist. Ungleich anderen Regionen gelang es im Süden verhältnismäßig rasch, die Fußballbewegung räumlich auszubreiten und selbst in den Randregionen funktionsfähige Vereine und Organisationsformen zu schaffen. Süddeutschland war bis 1914 achtmal im Endspiel um die Deutsche Meisterschaft vertreten und stellte 1907 (Freiburger FC), 1909 (Phönix Karlsruhe), 1910 (Karlsruher FV) sowie 1914 (SpVgg Fürth) den Deutschen Meister.

Süddeutsche Meister: 1898: Freiburger FC, 1899: Straßburger FV, 1900: Straßburger FV, 1901: Karlsruher FV, 1902: Karlsruher FV, 1903: Karlsruher FV, 1904: Karlsruher FV, 1905: Karlsruher FV, 1906: 1. FC Pforzheim, 1907: Freiburger FC, 1908: Stuttgarter Kickers, 1909: Phönix Karlsruhe, 1910: Karlsruher FV, 1911: Karlsruher FV, 1912: Karlsruher FV, 1913: Stuttgarter Kickers, 1914: SpVgg Fürth.

1900 bis 1918

Der Ball kommt ins Rollen

Gründung des DFB

Die Querelen um die „England-Spiele" hatten den Fußballern die Zerstrittenheit der eigenen Bewegung noch einmal schmerzhaft vor Augen geführt. Der deutsche Fußball brauchte dringend eine übergeordnete Organisation, die alle Interessen bündelte und als gemeinsames Sprachrohr diente. Dafür standen andere Sportarten vorbildlich. 1897 war es beispielsweise Georg Demmler gelungen, mit der Deutschen Sportbehörde für Athletik (DSBfA) einen Zusammenschluss der Leichathleten zu schaffen, seit 1884 verfügten die Radfahrer über einen Bund, und die Turner standen mit ihrer 1868 gegründeten Deutschen Turnerschaft in organisatorischer und propagandistischer Hinsicht ohnehin vorbildlich da. Erwähnter Demmler hatte übrigens schon zweimal – 1893 und 1896 – Aufrufe zur Gründung eines nationalen Fußballbundes erlassen, war dabei aber jeweils an den regionalen Einzelinteressen vor allem im Süden und in Berlin gescheitert.

Am Rande des 1899 in Leipzig durchgeführten „Allgemeinen Deutschen Sportfestes" unternahm Demmler einen neuen Versuch und vereinbarte gemeinsam mit anderen weitsichtigen Funktionären – darunter der Prager von Langenfeld – die Einberufung eines „1. Allgemeinen Deutschen Fußballtages". Johannes Kirmse, der die Organisation übernahm, erinnerte sich später: „Als am 30. Juli v. J. auf dem Leipziger Sportplatz aus Anlass der deutschnationalen Wettkämpfe zum Besten des deutschen Patriotenbundes die Wogen der Begeisterung für unser geliebtes deutsches Vaterland, für unseren schönen deutschen Fußballsport, für unsere deutsche Athletik höher und höher schlugen, fanden sich auf Anregung des Herrn Prof. von Langenfeld, Deutscher Fußball-Club Prag, die meisten der auswärtigen Gäste und die Vertreter des hiesigen Verbandes zu einer kurzen Besprechung zusammen, deren Ergebnis war: Leipzig übernimmt die Einberufung des ersten allgemeinen deutschen Fußballtages."

Organisatorische Gründe verhinderten zwar die geplante Durchführung am 30. September 1899[1], doch drei Monate später war es so weit. Per Anzeige in den „Deutschen Sport-Nachrichten" vom 18. Januar 1900 wurden „alle Fußballvereine des Deutschen Reiches und Deutsch-Österreichs" für Sonnabend, den 27. Januar 1900 zum „1. Allgemeinen Deutschen Fußballtag" in die Leipziger Gaststätte „Mariengarten" einge-

Teilnehmer beim 1. Deutschen Fußballtag
Verbandsvertreter: Gus Manning (Verband Süddeutscher Fußballvereine), Fritz Boxhammer (Verband Deutscher Ballspielvereine), Müller (Deutscher Fußball- und Cricket-Bund), Walter Sommermeyer (Verband Bremer Fußballvereine sowie Hamburg-Altonaer Fußballbund), Walther Bensemann (Mannheimer Fußballbund sowie Phönix und Südstadt Karlsruhe), Wamser (diverse Frankfurter und Hanauer Vereine), Karl Stansch (diverse Braunschweiger Vereine), Büttner (diverse Münchner Vereine). **Vereinsvertreter:** Knappe (Berliner FC Columbia 08 Berlin), Markhardt (Berliner FC Frankfurt), Förster (Berliner FC Komet), Aßmus (Berliner FC Deutschland und SV Blitz Breslau), Herder (Berliner SC Favorit 96), Richard Schröder (Berliner FC Toskana), Carl Perls (Berliner FC Fortuna 94), Wertmüller (Berliner FC Preussen), Curt Dörrn (Friedenau Sport und BFC Excelsior), Georg Demmler (Berliner FC Germania 88), Professor Dr. Ferdinand Hueppe (DFC Prag), Nonner (DFC Germania Prag), Beyer (SC Erfurt, SC Naumburg und Germania Mühlhausen), Eberl (Viktoria 96 Magdeburg), Müller (Cricket-Viktoria Magdeburg), Udo Steinberg (Britannia Chemnitz und Mittweidaer BC), H. Raydt (DFV Hannover 78), Thomas (Dresdner FC 1893), Fred Manning (VfB Pankow), Kühnel (Dresdner SC), Schröter (Lipsia Leipzig), Büttner (Leipziger BC), Schacht (Wacker Leipzig), Oemichen (Olympia Leipzig und Aschersleben SC), Johannes Kirmse (Sportbrüder Leipzig), Ernst Schottelius (Freiburger FC)

laden und als Ziel angegeben: „Die einzelnen Fußballvereine sollen zu einem großen deutschen Fußballspielerbund zusammengefasst werden, der nach außen angesehen und wohlorganisiert dasteht, während er nach innen für die Ausbreitung und Förderung der Rasenspiele seine ganze Kraft einsetzt."[2]

Da der „1. Allgemeine Deutsche Fußballtag" ziemlich turbulent verlief, ist es nicht einfach, anhand der überlieferten Protokolle die Stimmung auszuloten. Sicher ist, dass sich alle Anwesenden einig waren, dass die Zeit zum Handeln reif sei. Was und vor allem wann „etwas" geschehen solle, darüber herrschte jedoch offenbar Uneinigkeit. Eine vornehmlich von Süddeutschen gebildete Fraktion wollte „sofort" zur Gründung schreiten, während andere (überwiegend Berliner) Delegierte zunächst für die Einrichtung einer Kommission und die Vertiefung der Beziehungen zwischen den bestehenden Regionalverbänden plädierte. Auch das Hoheitsgebiet der zu gründenden Organisation war umstritten. Auf Antrag Berlins sollten beispielsweise nur reichsdeutsche Vereine aufgenommen werden und die deutschen Klubs in Österreich/Ungarn (darunter die anwesenden Prager Vereine DFC und Germania) außen vor bleiben. Berlins Begründung: „Die außerhalb der Grenzen des Deutschen Reiches ansässigen deutschen Fußballvereine haben, wie das unsere stets durchaus freundschaftliche Stellung zum Deutschen Fußball-Club Prag beweist, voll und ganz unsere Sympathien, aber wir sind der Ansicht, dass erst in den Grenzen des Deutsches Reiches selbst eine Einigung und volle Verständigung zwischen den verschiedenen Verbänden bzw. Vereinen erzielt sein muss, ehe ein Zusammenschließen aller überhaupt deutschen Fußballgemeinschaften angestrebt werden darf." Mit 69:16 Stimmen (bei einer Enthaltung) entschieden sich die Anwesenden schließlich gegen den Berliner Antrag und für die „alldeutsche Variante", was den als selbstverständlich empfundenen Alleinvertretungsanspruch über alle deutschen Fußballvereine unterstrich.[3]

An der Frage des Tages („...ob und wie ist eine Einigung der deutschen Fußballvereine möglich") schieden sich ebenfalls die Geister. Ausgerechnet Walther Bensemann, der sich sonst immer dem Vorwurf ausgesetzt sah, „zu schnell" zu sein, fiel beispielsweise als „Bremser" auf. Die erste Pflicht eines eventuellen Bundes, dozierte der Fußball-Pionier, müsse die Stärkung der Vereine nach innen und außen sein, die Ausmerzung des rohen Spiels, die unbedingte Anerkennung des Schiedsrichters durch alle Klubs und jeden Fußballer. Nur so lasse sich die noch geringe sportliche Stellung der Fußballer besser gestalten. Vorrangige Aufgabe sei es daher, die Lokalverbände durch gegenseitige Spiele zu stärken, einheitliche Regeln einzuführen und für eine Prüfung bzw. Schulung der Schiedsrichter zu sorgen. Gemeinsam mit den Leipziger und Berliner Vertretern plädierte Bensemann folglich auf „Abwarten", während Süddeutschland in Vertretung von Gus Manning gemeinsam mit dem Prager Dr. Brandeis für die sofortige Gründung votierten. Sie sahen in einer Kommission vertane Energie und befürchteten, „dass womöglich beim nächsten Fußballtage die alten Fragen wieder auftauchen". Nach längerer Diskussion einigte man sich schließlich auf die Fragestellung, ob erst einheitliche Regeln geschaffen werden sollten (wozu eine Kommission genügt hätte) und dann ein Verband, oder ob zunächst ein Verband gegründet werden solle, der sich anschließend der Angleichung der Spielregeln zu widmen habe.

Kurz vor der Mittagspause rückte die Entscheidung näher. Nachdem Südvertreter Gus Manning noch einmal darauf hingewiesen hatte, dass die Anwesenden vor allem nach Leipzig gekommen seien, „um endgültig zu handeln" und der Norddeutsche Sommermeyer mit flammenden Worten an „das große historische Beispiel, die Gründung des Deutschen Reiches im Jahre 1870/71" erinnert hatte, standen am Ende zwei Handlungsvarianten zur Auswahl: 1.) die Einrichtung einer Kommission (bevorzugt von Berlin und Walther Bensemann), 2.) die sofortige Gründung eines Fußballbundes (Wamser, Professor Hueppe, Gus Manning, Dr. Brandeis, Dr. Meyer, Sommermeyer).

Alsdann drängte der offenbar hungrige Frankfurter Wamser, zum „Schluss der Debatte" zu kommen, denn das Mittagessen wartete bereits. Nachdem ein Dringlichkeitsantrag des Berliner Herder zur Bildung einer Kommission und Verschiebung der Verbandsgründung auf Pfingsten 1900 abgelehnt worden war, unterbreitete Gus Mannings Bruder Fred schließlich den entscheidenden Kompromissvorschlag: „Unterzeichnete beantragen die Gründung eines allgemeinen deutschen Fußballverbandes durch die heutige Versammlung. Fred Manning, Sommermeyer, Hueppe, Wamser". Das war der Durchbruch. Mit 64 zu 22 Stimmen – die meisten Gegenstimmen kamen aus Berlin[4] – stimmte die Mehrheit zu, und Versammlungsleiter Kirmse konnte stolz verkünden, dass der „Deutsche Fußballverband sich konstituiert" habe. Manch einer empfand allerdings einen schalen Beigeschmack: „Man hat das Dach gebaut, bevor das Fundament fertig ist", gab beispielsweise Walther Bensemann nachdenklich zu Protokoll.[5]

DFB-Präsident Professor Dr. Ferdinand Hueppe.

Nach dem Mittagessen setzte man die Diskussionen fort. Zunächst galt es, einen Namen zu finden (Bensemanns Vorschlag „Deutscher Fußball-Bund" wurde dem „Allgemeinen Deutschen Fußball-Bund" vorgezogen), alsdann definierte man die vordringlichsten Verbandsziele: „Schaffung einheitlicher Spielregeln, Einrichtung von Landesverbänden, Festsetzung allgemeiner deutscher Fußballregeln sowie Ausmerzung englischer Spielausdrücke."

Mit der nunmehr geschaffenen administrativen Bühne waren aber längst nicht alle Probleme aus dem Weg geräumt. Ungeklärt war beispielsweise die Hierarchie zwischen DFB und den Regionalverbänden sowie die Frage, ob dem Bundesverband ausschließlich Verbände oder auch Einzelvereine angehören dürften.[6] Aufgrund eines Dringlichkeitsantrages von Udo Steinberg erklärten schließlich 60 Vereine ihren sofortigen Beitritt zum DFB[7], woraufhin Johannes Kirmse den „1. Allgemeinen Deutschen Fußballtag" um 17.05 Uhr zufrieden beendete – und zum „1. Bundestag" des DFB überleitete. Die umbenannte Versammlung wählte alsbald einen elfköpfigen Ausschuss mit Fred Manning als Schriftführer sowie dem ältesten Delegierten, Prof. Dr. Hueppe aus Prag, als Vorsitzenden.

Eine Analyse des „1. Deutschen Fußballtages" fördert ein interessantes Bild zutage. Westdeutschland beispielsweise war gar nicht anwesend, Berlin und der Süden mit jeweils elf Klubs hingen überproportional vertreten. Die 15 mitteldeutschen Klubs erklärten sich zweifelsohne aus der ungleich kürzeren Anreisestrecke zum Veranstaltungsort Leipzig. Weiterhin fällt auf, dass es sich um eine „Vereinigung der Großstädte" handelte, denn mit Ausnahme der Klubs aus Aschersleben, Naumburg, Mühlhausen/Thüringen und Mittweida waren ausschließlich Teams aus größeren Städten vertreten. Darüber hinaus war es eine überaus junge Versammlung. Walther Bensemann beispielsweise zählte 27 Lenze, der später in den Satzungs- und Spielregelausschuss gewählte Frankfurter Albrecht gar erst 21 und Präsident Hueppe als Senior konnte mit seinen 48 Jahren auch nicht gerade als „alt" bezeichnet werden. Mit ihrer Zusammensetzung spiegelten die Anwesenden eben nicht nur die sozialräumlichen Gegebenheiten im deutschen Fußball repräsentativ wider, sondern auch die Altersstruktur. Dies war wohl auch einer der Hauptgründe für die Wahl Dr. Hueppes zum Präsidenten, denn der reichsweit bekannte und geachtete Experte für Seuchen war mit seiner Ausstrahlung und Seriosität wie kein Zweiter geeignet, dem jungen Verband zu gesellschaftlicher Akzeptanz zu verhelfen.

Trotz aller Unzulänglichkeiten, Bedenken und Diskussionen erwies sich die DFB-Gründung als die erhoffte Initialzündung und verhalf dem Fußball in Deutschland endgültig zum Durchbruch. Rund acht Monate nach dem Gründungskongress legten

Mannschaft der Stunde ■ BFC Preussen Berlin
81 Tore in 16 Spielen, nur 14 Gegentreffer – die Gegner des Berliner Fußball-Club Preussen (niemals mit „ß"!) waren regelmäßig überfordert. Selbst Altmeister Viktoria 89 konnte nicht mithalten und belegte in der Spielzeit 1899/1900 mit neun Punkten Rückstand nur Rang 2. Das Erfolgsrezept der Adlerträger aus Berlin-Tempelhof war ganz einfach: das Flachpass-Spiel. 1899 eingeführt, ließ es die Schwarz-Weißen zum Überflieger im Berliner (und damit deutschen) Fußball werden. Ungeachtet ihres Namens agierten die Preussen dabei übrigens bemerkenswert international. Engländer, Franzosen, Dänen, Niederländer und andere Nationen trugen das weiße Hemd mit dem Preussen-Adler auf der Brust, und 1900 begrüßte der BFC Preussen, dem seinerzeit auch der spätere DFB-Präsident Felix Linnemann angehörte, sogar als erster Fußballklub Deutschlands einen Gast aus England: den Richmond FC. Doch der Pionierklub vermochte seinen Vorteil nicht auszunutzen, denn während Preussen-Kapitän Erich Müller die Spielweise der anderen Klubs noch verächtlich als „althochdeutsch" veräppelte, holte die Konkurrenz auf. 1902 war der Preussen-Höhenflug schon wieder beendet.

das eingerichtete Regel-Komitee um Gus Manning, Boxhammer, Perls und Heineken die lang ersehnten einheitlichen Spielregeln vor (sowohl für Fußball als auch für Rugby). Zugleich wurde die Schaffung von großräumigen Regionalverbänden forciert, die als Bindeglieder zwischen DFB und den Vereinen fungierten. Bereits 1898 war der Vorläufer des Westdeutschen Spielverbandes (ab 1907) entstanden, 1900 konstituierte sich der Verband Mitteldeutscher Ballspielvereine und auch in Stettin (1902) sowie Breslau (1903) tat sich bald etwas.

Fußball wird Angestelltensport

Fußball war im Aufwind. Zeitgleich sprossen weitere Vereine aus dem Boden – die Jahre 1895-1905 stellen im Vereinsfußball eine beeindruckende „Gründerphase" dar –, entwickelten sich lokale Spielklassen, suchte man überall nach Gelegenheiten, die Kräfte mit gegnerischen Mannschaften zu messen. Städtespiele erfreuten sich zunehmender Beliebtheit, die Kontakte untereinander sowie ins Ausland wurden intensiviert. Das erste Gastspiel eines englischen Klubs in Deutschland – 1900 gastierte der Richmond Football-Club beim BFC Preussen Berlin – avancierte folglich zum umjubelten Höhepunkt und markierte einen weiteren Meilenstein in der Entwicklung.

Doch selbst wenn Fußball damit wie nie zuvor zum „Alltag" gehörte, ernteten die Akteure vielerorts noch immer Gelächter, wenn sie in ihrer bunten Kleidung, die Torpfosten über den Schultern und die Lederkugeln vor sich hertreibend, vom Umkleidelokal[8] zum Spielplatz marschierten. Passanten notierten das Geschehen mit amüsierten Kopfschütteln und lästerten von „Karneval". Besonders biedere Volksgenossen, die erregt von „Sitte und Anstand" schwadronierten, prallten mit ihrer Kritik inzwischen aber am sichtlich gewachsenen Selbstbewusstsein der Aktiven ab.[9] Außerdem weckten die Fußballer zunehmend Neugierde bei aufgeschlossenen Bürgern, die immer häufiger als Zuschauer auf den Fußballplätzen auftauchten. Im Publikum befanden sich damit erstmals weder mit den Spielern verwandte noch befreundete Personen – die ersten „Fans“ also. Wie es der handelnden Bevölkerungsschicht und deren Credo entsprach, ging es auf und neben den Plätzen ziemlich gesittet zu. Wie an einer Schnur aufgereiht stand das Publikum in eleganter Kleidung – schwarzer Mantel, Hut – neben dem Spielfeld und schaute schweigend zu. Emotionsäußerungen oder gar organisierte Anfeuerung der „eigenen“ Mannschaft – in England, wo das Publikum weitestgehend von Arbeitern gebildet wurde, längst gang und gäbe – waren unbekannt und hätten wohl auch für erstaunte Blicke gesorgt. Unter den Zuschauern befanden sich zudem bemerkenswert viele Frauen, die mit ihren bunten Kleidern und lustigen Hüten für eine farbenfrohe Kulisse sorgten und die ganze Angelegenheit in ein gesellschaftliches Ereignis verwandelten. Erst als Fußball nach dem Ersten Weltkrieg von der Arbeiterschaft übernommen wurde und sich der Umgangston verschärfte, verschwanden die Frauen als Zuschauer wieder von den Spielfeldern (um erst in den 1990er Jahren zurückzukehren).

An einigen Orten stieg die Zahl der Zuschauer blitzschnell an – in Berlin beispielsweise wurden kurz nach der Jahrhundertwende bei attraktiven Spielen bereits bis zu 3.000 Zuschauer gezählt![10] Dadurch entstand das Bedürfnis, umzäunte „eigene“ Spielplätze zu errichten, um wirtschaftlich unabhängiger zu werden und die allmählich sichtbare Kaufkraft des Fußballs selbst abzuschöpfen. 1903 eröffnete der BFC Preussen Berlin in Berlin-Tempelhof den ersten geschlossenen Vereinsspielplatz Deutschlands. Zuvor hatten die Preussen auf dem privat betriebenen Athletiksportplatz am Kurfürstendamm gespielt, wo sie für jedes Spiel Miete hatten zahlen müssen – nun flossen die Einnahmen komplett in die Vereinskasse. Mit der Errichtung eigener Plätze begann eine neue Epoche in der Fußballgeschichte – Klubs bekamen eine „Heimat“, und Stadien bzw. Spielplätze wurden zum Symbol und Synonym für ihre Inhaber.

Aus gesellschaftlicher Sicht setzte der Fußball seinen erwähnten Strukturwandel fort. Das in der Anfangsphase dominierende klassische Bürgertum (Ärzte, Juristen, Architekten, Professoren, höhere Verwaltungsangestellte, Offiziere etc.) hatte seine Vormachtstellung inzwischen weitestgehend eingebüßt, und es waren vor allem Kaufleute, Ingenieure, Techniker und Journalisten, die nun den Ton angaben. Die neuen Akteure standen für eine gesellschaftliche Gruppierung, die als Folge der Industriellen Revolution entstanden war und deren Anteil an der Gesamtbevölkerung stetig anwuchs. Außerdem profitierten sie stark von der 1891 vorgenommenen Novellierung der Gewerbeordnung, die Sonntagsarbeit grundsätzlich untersagte und die im Handel weitaus konsequenter als in der gewerblichen Produktion umgesetzt wurde. Dadurch erhielten Angestellte privilegierte Freiräume, die ihnen Gelegenheit für Beschäftigungen wie Fußball boten. Dienstleistungs- bzw. Handelsstädte wie Berlin, Hamburg, Leipzig, Frankfurt und München verdankten ihre frühe fußballerische Dominanz zu weiten Teilen diesen Umständen.

Die Akteure betrachteten Fußball allerdings keineswegs als reinen „Zeitvertreib" – für sie hatte das Spiel darüber hinaus identitätstiftende Wirkung. Als verhältnismäßig „junge" und insofern traditionslose Gruppe suchten die Angestellten grundsätzlich Anschluss an das traditionelle Bürgertum, was von jenem jedoch mit Zurückhaltung aufgenommen wurde. Angestellte waren zwar nicht dem Proletariat zuzuordnen – sie bezogen Gehalt und nicht Lohn, sie arbeiteten nicht in der Produktion, sondern in „Weiße-Kragen-Berufen" – ihnen fehlte aber häufig das für das idealtypische Bürgertum als Schulabschluss unverzichtbare „Einjährige"[11] sowie die wirtschaftliche Selbstständigkeit. Zudem standen sie als Absolventen der neugegründeten Technischen Hochschulen und Handelsakademien im Renommee hinter den Absolventen der etablierten Universitäten und hatten auch keinen Zugang zu den Korps und Burschenschaften.[12] Fußball bot ihnen die Gelegenheit, in einem relativ unbesetzten Feld ein eigenes „Ständewesen" aufzubauen – ein Vorgang, der freilich weder bewusst und schon gar nicht geplant vonstatten ging und auch erst im Rückblick erkennbar ist. Zum einen erinnern die von Intellekt und Patriotismus kündenden Vereinsnamen (Borussia, Alemannia, Preußen, Normannia etc.[13]) an das Vorbild Burschenschaft, zum anderen weisen die internen Gepflogenheiten und Rituale Anleihen an die Studentenverbindungen auf. Ein Beispiel: Die Gründungsmitglieder von Hannover 96 – fast ausnahmslos Absolventen der örtlichen Bürgerschule – verfügten über ein „Kleines Kommersbuch. Liederbuch fahrender Schüler", das bekannte und beliebte Studentenlieder enthielt (die, das nur nebenbei, oft ins Nationale abglitten) und zudem so genannte „Biernägel" aufwies. Dabei handelte es sich um auf beiden Seiten des Druckwerks angebrachte Stahlstifte, die verhindern sollten, dass das Buch bei allzu feucht-fröhlichen Gelagen mit Flüssigkeiten durchtränkt wurde – deutlicher kann eine Anlehnung an die Burschenschaften wohl kaum ausfallen.[14] In der inneren Hierarchie war das Vorbild ebenfalls unübersehbar: Die Kapitäne standen ganz oben, es gab starre Rituale, und Frauen hatten in den Klubs nichts zu suchen. Auch die Neigung der Fußballer, sich mit Medaillen und Ehrenplaketten zu schmücken, findet ihren Ursprung in gängigen Vorgaben der höheren Gesellschaft. Anfängliche Versuche einiger Vereine, die Exklusivität zu wahren und höhere Bildungszeugnisse zur Aufnahme vorauszusetzen, waren dagegen nicht von Erfolg gekrönt und blieben auf eine Hand voll Vereine beschränkt. Die Fußball-Bewegung war grundsätzlich „durchlässig" für Menschen aus allen Schichten.

Doch das galt vorerst nur theoretisch. Der Adel zeigte am Fußball kein Interesse, und die Arbeiterschaft war wie erwähnt aus Zeitgründen nicht in der Lage. Doch selbst wenn sie es gewesen wäre, hätte Fußball wohl nicht zu ihren bevorzugten Aktivitäten gehört, denn als „bürgerliches" Vergnügen war Fußball dem Proletariat suspekt und erfreute sich allenfalls unter Facharbeitern gewisser Beliebtheit. In Leipzig beispielsweise war 1893 mit dem FC Lipsia ein Klub entstanden, dem vornehmlich Lehrlinge und junge Gehilfen der Mechanischen Werkstatt von Poller angehörten.

Das „echte" Proletariat übte sich derweil im urdeutschen Turnen. Aus den Arbeiter-Bildungsvereinen des frühen 19. Jahrhunderts war eine Körperkulturbewegung hervorgegangen, die nach Aufhebung des Sozialistengesetzes (1890) rasch angewachsen war und sich Pfingsten 1893 mit der Gründung des Arbeiter-Turnerbundes in Gera eine reichsweite Organisation geschaffen hatte. Wie die bürgerliche Konkurrenz von der DT betrachteten sich die Arbeiter-Turner als legitime Nachfolger der Jahn'schen Turnbewegung – mit dem Unterschied, dass sie im Gegensatz zur DT die freiheitlich-liberalen Grundsätze aus den Tagen vor der 1848er Revolution nicht völlig aufgegeben hatten.[15] Mit Fußball konnten die Arbeiter-Turner allerdings ebenfalls nichts anfangen.

Meisterschaftsrunde endlich beschlossen

Inzwischen bemühte sich der DFB um den Aufbau eines nationalen Spielverkehrs. Grundvoraussetzung dafür wäre eigentlich die Vereinheitlichung des Spielbetriebes sowie die Übertragung der bei den Regionalverbänden liegenden Aufsichtsrechte auf den DFB gewesen. Doch selbst nach rund zwei Jahren nervenaufreibenden und harten Verhandlungen schien dies noch immer illusorisch zu sein, da die zumeist älteren Regionalverbände nur bedingt bereit waren, ihre Macht mit dem jüngeren Bundesverband zu teilen. Aufgrund der regional unterschiedlichen Verbandsstrukturen hätte der DFB die Regionalverbände am liebsten komplett aufgelöst und durch eine von oben gelenkte Struktur aus Kreisen und Gauen ersetzt. Auf dem 5. DFB-Bundestag am 17./18. Mai 1902 in München wurde ein entsprechender Vorschlag des Berliner Dr. Regling, Deutschland in acht Gaue[16] aufzuteilen, zwar wohlwollend diskutiert, fand aber nicht genügend Befürworter, weil die Regionalverbände zur Selbstauflösung nicht bereit waren. Namentlich Süddeutschland und Berlin sträubten sich gegen die Strukturreform, die daraufhin platzte. Ihre ablehnende Haltung war durchaus nachvollziehbar, denn mit 39 Vereinen stellte alleine Süddeutschland über ein Drittel der 111 insgesamt dem DFB angeschlossenen Vereine (Berlin: 23) und beanspruchte einen entsprechenden „Machtanteil".

Statt neue Strukturen zu schaffen, vereinheitlichte der DFB notgedrungen die bestehenden und forderte Norddeutschland und die Ostgebiete zur Gründung von großräumigen Regionalverbänden auf. Die Schwäche des DFB, der völlig vom Wohlwollen der Regionalverbände abhängig war, sollte im weiteren Verlauf noch für diverse Turbulenzen sorgen. Nichtsdestotrotz waren die sieben Regionalverbände[17] für die Geschehnisse innerhalb ihrer Regionen auch weiterhin selbst verantwortlich, während der DFB sich um „Bundesangelegenheiten" kümmern sollte.

Dazu gehörte auch die seit 1901 geforderte Ausschreibung einer deutschen Fußballmeisterschaft, die aufgrund dringender Probleme wiederholt hatte vertagt werden müssen. Nachdem die grundlegenden Regel- und Kompetenzfragen endlich geklärt waren, wurden auf dem 4. Bundestag 1902 in Berlin schließlich Nägel mit Köpfen gemacht und eine Meisterschaftsrunde grundsätzlich beschlossen. Auslöser war die Überlassung eines „Weltausstellungspreises"[18] mitsamt entsprechendem Diplom durch das „Komitee für die Beteiligung Deutschlands an den olympischen Spielen 1900", mit dem an das während der Olympischen Spiele 1900 in Paris unter DFB-Aufsicht durchgeführte Rugby-Spiel zwischen Deutschland und Frankreich[19] erinnert werden sollte: Die von Professor Rauch geschaffene „Viktoria", die nach den Vorstellungen ihrer Stifter abwechselnd dem Rugby- bzw. Fußballmeister verliehen werden sollte. In der Spielzeit 1901/02 war vorgesehen, die Trophäe erstmals unter den Rugby-Fußball-Vereinen auszuspielen.

Dazu kam es jedoch nicht, denn die schon seit DFB-Gründung schwelenden Konflikte zwischen Fußball- und Rugby-Anhängern eskalierten in der zweiten Jahreshälfte 1902 und veranlassten die Rugby-Verfechter, eigene Wege zu gehen[20]. Aus dem DFB wurde damit ein reiner Fußballverband, womit auch die „geteilte" Meisterschaft vom Tisch war: Fortan sollte alljährlich zu Pfingsten der DFB-Bundestag durchgeführt und als dessen Höhepunkt am selben Ort das Endspiel um die Deutsche Meisterschaft stattfinden. Aufgrund der komplizierten Strukturen sowie infrastruktureller Probleme war allerdings keine Ligameisterschaft wie in England möglich (wie wollte beispielsweise der VfB Königsberg zu einem Ligaspiel bei Bayern München kommen?), sondern es mussten zunächst Regionalmeister ermittelt werden, die dann um die Deutsche Meisterschaft spielten. Vier Wochen vor Pfingsten sollten dem DFB die Regionalmeister mitgeteilt werden, wobei allerdings nur jene Regionalverbände melden durften, denen mehr als vier Vereine angehörten.[21]

Blieb dem DFB nur noch ein Problem: die Profifrage. Die hatte es in sich. In Großbritannien galt Berufsfußball spätestens mit Einführung der First Division (1888, heutige Premier League) als gesell-

Die „Viktoria", die Meistertrophäe bis 1944.

schaftsfähig und war insbesondere für Angehörige des Proletariats zu einer reizvollen Beschäftigungsalternative geworden. Beim DFB war bezahlter Fußball hingegen verpönt. 1902 schrieb man in der Satzung fest, dass dem Verband ausschließlich Amateure angehören dürften, und nahm auch gleich eine in schauerlichstem Beamtendeutsch abgefasste Definition des Begriffes vor: „Als Amateur ist derjenige zu betrachten, der wissentlich noch nie um einen Geldpreis oder um eine Vergütung in baar oder in Gegenständen Fußball gespielt oder der zum Zwecke des Lebensunterhaltes Unterricht in irgendwelchen Sportszweigen erteilt oder der für Reisen als aktiver Spieler eine Entschädigung in baar oder in Gegenständen erhalten hat, die seine Reise- und Hotelkosten nach Ansicht des Ausschusses des D.F.B. in erheblichem Maaße übersteigen, oder der für verlorene Zeit eine Entschädigung erhält." Selbst die Erstattung der Reisekosten war umstritten, denn erst nach längerer Diskussion wurde beschlossen: „Denjenigen Verbänden, die zu den Spielen um die Meisterschaft des DFB eine Mannschaft stellen, werden durch die evtl. notwendig werdenden Reisen entstehenden Unkosten der Eisenbahnfahrt vergütet, dafür fallen alle Einnahmen, die sich aus den Meisterschaftsspielen des DFB ergeben, dem DFB zu."

Die Ablehnung des Berufsfußballs beschränkte sich keineswegs auf Deutschland, sondern ging auch über die Landesgrenzen hinaus. Spiele gegen Profiklubs waren grundsätzlich verboten – nur eine Ausnahme ließen die Statuten zu: „Den Association-Spielern ist das Spielen gegen Professionals bei Strafe des Ausschlusses aus dem D.F.B. verboten, es sei denn, dass es sich um Spiele gegen englische Mannschaften handelt." Das „Mutterland" war eben eine „höhere Instanz", auf die die eigenen moralischen Maßstäbe nicht angelegt werden konnten.

1902/03: Skandal bei der Premiere

Endlich konnte also die erste reichsweite Meisterschaftsrunde angepfiffen werden. Ihr sportlicher Wert war allerdings von vornherein äußerst zweifelhaft, was vor allem mit dem Austragungsmodus und dem unterschiedlichen Organisationsgrad der Regionalverbände zusammenhing. Westdeutschland gehörte noch nicht einmal dem DFB an, in Berlin, Nord- und Mitteldeutschland konkurrierten mehrere Verbände miteinander[22]. In vielen Regionen steckte der Spielbetrieb noch in den Kinderschuhen und war kaum über die Stadtgrenzen hinausgekommen. Lediglich in Süddeutschland gab es so etwas wie eine „Landesmeisterschaft". Der DFB stand dem Chaos ziemlich hilflos gegenüber. Als Ausrichter der „Bundesmeisterschaft" konnte er lediglich einige Rahmenbedingungen erlassen: Jeder Landesverband durfte nur einen Teilnehmer melden, und die Vereine wurden darauf hingewiesen, dass die gemeldeten Spieler (maximal deren 16) „mindestens vier Wochen vor der DFB-Vorrunde an dem Ort ansässig sein" müssten, an dem „der betreffende Meisterschaftsanwärter sesshaft ist".[23]

Unter sportlichen Gesichtspunkten stellten die Ausgangsvoraussetzungen eine absurde Verzerrung der tatsächlichen Leistungsverhältnisse dar. Als am 15. Februar

1903 die Teilnehmer an der ersten Endrunde um die Deutsche Meisterschaft feststanden, wurde beispielsweise der Meister von Süddeutschland mit dem Stadtmeister von Magdeburg auf eine Stufe gestellt, was auf heutige Verhältnisse übertragen einen Zweikampf zwischen Bayern München und dem 1. FC Magdeburg bedeuten würde. Etliche der nicht berücksichtigten süddeutschen Klubs waren ohne Zweifel deutlich stärker als die meisten zugelassenen Teams…

Daran lag es allerdings nicht, dass die erste Meisterschaftsendrunde chaotisch verlief und mit einem handfesten Skandal endete. Folgendes war passiert: Für die Vorrunde stand neben den Begegnungen Altona 93 gegen Viktoria 96 Magdeburg und Britannia 92 Berlin gegen VfB Leipzig auch die Partie des großen Favoriten Karlsruher FV gegen DFC Prag[24] auf dem Programm. Auf Karlsruher Wunsch sollte das Spiel eigentlich in München stattfinden, wurde jedoch von DFB-Schriftführer Perls – pikanterweise DFC Prag-Mitglied – mit Verweis „auf die Kasse des Bundes" eigenmächtig nach Prag verlegt.[25] Karlsruhe protestierte umgehend, woraufhin der DFB beiden Teams Freilose erteilte und die Partie im Halbfinale erneut ansetzte[26] – Spielort sollte diesmal Leipzig sein. Doch auch der zweite Versuch scheiterte, denn kurz vor der Abreise in die sächsische Messestadt erhielten die Karlsruher ein in Prag abgesandtes Telegramm mit den Worten „Meisterschaftsspiel verlegt, DFB" und blieben daheim. Tags darauf warteten rund 1.000 Zuschauer gemeinsam mit dem DFC Prag vergeblich auf die Badenser, woraufhin der DFB den KFV „wegen Nichtantreten" disqualifizierte. Karlsruher Hinweise auf das vermeintliche Absagetelegramm bügelte man eiskalt ab – man wisse

Der Karlsruher FV galt 1903 als beste deutsche Mannschaft.

nichts von einem Telegramm, und das erhaltene Schriftstück sei bestimmt nicht im Auftrag des DFB abgesandt worden, hieß es.

Wer hinter dem „Telegrammskandal“ steckte, wurde nie aufgedeckt, doch es war zweifelsohne kein „Dummer-Jungen-Streich“, wie es der DFB gerne sehen wollte. Die Mitgliedschaft der Prager Vereine im DFB war seit langem umstritten, und es gab viele, die eine Beschränkung des DFB-Gebietes auf das Deutsche Reich forderten – und damit einen Ausschluss der Prager Klubs aus dem DFB. Darüber hinaus steckte Prags Fußball mitten in einem Streit zwischen den deutschen und den tschechischen (v.a. Slavia und Sparta) Vereinen der Moldaustadt[27], woraufhin der DFB eine Spielsperre gegen alle tschechischen Klubs verhängt hatte. Nun zählten Slavia und Sparta Prag seinerzeit aber zu den ganz „Großen“ in Mitteleuropa und waren entsprechend gern gesehene Freundschaftsspiel-Gäste – das Spielverbot schädigte also vor allem die deutschen Klubs. Namentlich aus Berlin – vehementester Gegner der Mitgliedschaft der Prager Klubs im DFB – kam wütender Protest. Unter diesen Umständen ist also durchaus wahrscheinlich, dass das Telegramm von jemandem aufgegeben wurde, der in der „Prag-Frage“ ein bestimmtes Interesse hatte.[28] Zusätzlich pikant wurde die Angelegenheit durch die Tatsache, dass DFB-Präsident Hueppe ausgerechnet DFC-Mitglied war…

Der DFB verhielt sich während der ganzen Angelegenheit reichlich hilflos. Schriftführer Perls – wie erwähnt ebenfalls DFC Prag-Mitglied und eigenmächtiger Initiator der ersten Verlegung – trat nach kritischen Presseberichten über seine Person zurück und musste sich auf dem DFB-Bundestag 1903 gemeinsam mit Kassierer Roth ein Misstrauensvotum gefallen lassen. Ansonsten wurde lediglich festgestellt, dass das gefälschte Telegramm ein „Bubenstück“ gewesen sei, an dem „beide Mannschaften keine Schuld“ träfe und die ganze Sache stillschweigend beendet.

Mit der umstrittenen Disqualifikation des KFV war einer der großen Favoriten auf den Meistertitel also vorzeitig ausgeschieden. Favorit Nummer 2 – Berlins Meister Britannia 92 – ereilte dasselbe Schicksal. Obwohl die Berliner auf diverse Akteure jener deutschen Auswahlelf zurückgreifen konnten, die 1901 zu Gastspielen nach England gereist war, bezogen sie gegen den VfB Leipzig eine unerwartete 1:3-Niederlage. Die Leipziger bestachen durch großartiges Kombinationsspiel, gegen das die auf Kraftfußball setzenden Spree-Kicker kein Mittel fanden. Leipzig schaltete anschließend auch den Hamburger Meister Altona 93 aus (6:3, nach 0:2-Rückstand!) und zog ins Finale ein. Um dieses Endspiel gab es ebenfalls Aufregung. Ursprünglich sollte es auf dem Platz des BC Sport Kassel über die Bühne gehen[29] – doch den Nordhessen wurde kurzfristig die Platzanlage entzogen! Franz Behr, Mitbegründer des Hamburg-Altonaer Fußballbundes und Mittelfeldstratege bei Halbfinalist Altona 93, trieb in seiner Heimatstadt ein Ersatzgelände

534 Eintritts-Karte
zum
Fussballwettspiel
um die Meisterschaft von Deutschland
Pfingstsonntag, 31. Mai 1903
Nachm. 4 Uhr
Exerzierplatz Altona.
Preis 1 Mk Vorverkauf 50 Pf.
Diese Karte ist sichtbar zu tragen.

Das einzige verbliebene Dokument vom ersten Endspiel um die Deutsche Meisterschaft: Eintrittskarte Nummer 534.

auf, woraufhin das Finale ins damals preußische Altona verlegt wurde. An der Grenze zu Eimsbüttel gab es dort ein gewaltiges, unter der Woche als Exerzierplatz genutztes staubiges Gelände, von dem ein kleiner Bereich mittels Tauen, Seilen und transportablen Toren in ein Fußballfeld verwandelt wurde[30] – Deutschlands erster Fußballmeister wurde also auf einem notdürftig hergerichteten Sand-/Wiesenareal ohne Steh- geschweige denn Sitzränge ermittelt…

Deutscher Meister 1903: VfB Leipzig

Das erste Endspiel in der deutschen Fußballgeschichte war ohnehin eine ziemlich unspektakuläre Angelegenheit. Die wenigen Zuschauer (zwischen 750 und 2.000, je nach Quelle…[31]), die sich nachmittags um 16 Uhr einfanden, mussten zunächst eine gute halbe Stunde auf den Anpfiff warten, weil kein geeigneter Spielball zur Verfügung stand. Bei hochsommerlichen Temperaturen konnten sie sich dann aber immerhin an einem beeindruckenden Auftritt des VfB Leipzig erfreuen, der trotz des verletzungsbedingten Ausfalls seines Mittelstürmers Edgar Blüher zu einem nie gefährdeten 7:2-Sieg kam. Zwar waren die Prager in der 22. Minute mit 1:0 in Führung gegangen, doch spätestens in der zweiten Halbzeit hatten sie dem technisch starken Flachpass-Spiel der Sachsen nichts mehr entgegenzusetzen – zumal ihnen zusehends die Luft ausging, weil sie am Vorabend Hamburgs Vergnügungsviertel „unsicher" gemacht hatten. Im Übrigen hatte der DFC nicht seine gewöhnliche Elf geschickt, sondern eine durch sieben Österreicher verstärkte Mannschaft (von denen sechs später zu Nationalmannschaftehren kommen sollten), mit denen er seine Siegchancen verbessern wollte. Das ging jedoch völlig schief, denn das Team ließ es deutlich an Zusammenhang vermissen.

Mannschaft der Stunde ■ Karlsruher FV

„Der 04/05er Jahrgang des Karlsruher FV war die Krönung seiner langen Glanzzeit", schwärmte das Fachblatt „Fußball" noch in den 1920er Jahren und bezeichnete die damalige KFV-Mannschaft als „körperliche Augenweide". Doch nicht nur physisch waren die Badenser vorbildlich gewesen, denn der Klub war zugleich neue Wege gegangen, indem er sich gezielt mit ausländischen Kickern verstärkt hatte: Torhüter Schierbeck und Verteidiger Adolf Bouvy beispielsweise waren aus den Niederlanden abgeworben worden. Das Prunkstück aber stellte der geradezu sagenumwobene Sturm dar, über den eine zeitgenössische Quelle schwärmte: „Der Angriff des KFV ist geradezu ideal. Man kann sich in der Tat an dem einheitlich vollkommenen und überraschend gutem Spiel der Karlsruher weiden." Die Süddeutsche Meisterschaft gewann die Elf zwischen 1901 und 1905 ausnahmslos. Geradezu tragisch, dass die Glanzzeit des KFV trotz dessen Souveränität nicht mit dem Titel gekrönt wurde. 1903 und 1904 verpasste man das Finale um die Deutsche Meisterschaft unter höchst dubiosen Umständen. 1904/05 erzielte die Mannschaft in 29 Saisonspielen zwar 26 Siege, drei Unentschieden und ein Torverhältnis von 109:27 – kassierte die einzige Saisonniederlage allerdings ausgerechnet im Endspiel um die Deutsche Meisterschaft. Weitaus tragischer ist freilich, dass das einstige Aushängeschild des deutschen Fußballs, das 1910 schließlich doch noch Deutscher Meister wurde, heute finanziell schwer angeschlagen im unterklassigen Amateurfußball herumdümpelt.

Beim DFB zeigte man sich nach dem Auftaktfinale eher ernüchtert: Den Einnahmen von 1.333,34 Mark standen Ausgaben in Höhe von 2.249,20 Mark gegenüber – die erste Meisterschaftsrunde hatte also einen Verlust von 915,97 Reichsmark gebracht. Wie wenig beachtet das Endspiel blieb, zeigt, dass es kein einziges Foto gibt – nicht einmal von der Siegermannschaft!

1903/04: Das ausgefallene Endspiel

Die administrativen Probleme und Kommunikationsschwierigkeiten zwischen den Verbänden bzw. Vereinen setzten sich auch in der Spielzeit 1903/04 fort. Es begann hoffnungsvoll, denn mit den Meistern aus Kassel, Rheinisch-Westfalen sowie Hannover konnten drei Neulinge[32] begrüßt werden. Dafür war Prag ausgeschieden. Allerdings nicht wegen der Telegrammgeschichte. Denn um dem am 21. Mai 1904 gegründeten Weltverband FIFA beitreten zu können, musste der DFB sein Gebiet nämlich auf die Grenzen des Deutschen Reiches beschränken. Für den DFB bedeutete dies zugleich die Suche nach einem neuen Präsidenten, denn der in Prag lebende Professor Dr. Hueppe musste ebenfalls ausscheiden. Zu seinem Nachfolger wurde am 29. Mai 1904 der Karlsruher Friedrich-Wilhelm Nohe bestimmt – ein vehementer Verfechter des Regionalverbandsgedanken, der den DFB in eine tiefe Krise steuern sollte.

Die zweite Endrunde um die Deutsche Meisterschaft war ebenfalls überschattet von Querelen. Während Mittel-, West- und Norddeutschland aufgrund ihrer eigentümlichen Verbandsstruktur[33] jeweils zwei Vertreter entsenden konnten, durfte aus dem Süden erneut nur ein Team an den Start gehen – die vorbildlichen Süddeutschen (nur ein Verband für das gesamte Gebiet) wurden also bestraft, während die „unorganisierten" Gebiete einen Vorteil erhielten. Ausgerechnet um Südmeister Karlsruher FV drehte sich dann auch der nächste Skandal. Erneut als großer Favorit betrachtet, gingen die Badenser in der 1. Runde gegen Britannia 92 Berlin mit 1:6 unter, und Deutschlands Fußballfans fragten sich entsetzt: Wie konnte das passieren? Darauf gab es gleich zwei Antworten. Die sportliche: Weil einige Stammspieler keinen Urlaub bekommen hatten, war der KFV notgedrungen mit einer Ersatzelf angereist und hatte gegen die fulminant aufspielenden Britannen kein Land gesehen. Antwort Nummer zwei: Der Südmeister hatte die 680 Eisenbahnkilometer zum Spielort Berlin-Friedenau nur unter Protest absolviert und auf das Endrundenreglement verwiesen, wonach alle Endrundenspiele an neutralem Ort auszutragen seien. „Wir mussten 13 Stunden fahren und mittags gleich spielen. Bei der Pause stand es 1:2, jedoch die Reise machte sich während des Spiels sehr bemerkbar", heißt es anklagend im Wettspielbuch des Vereins.[34] Doch es half nicht – der KFV war erneut draußen. Während die Endrunde ohne den Südmeister weiterlief, diskutierte sich das DFB-Präsidium die Köpfe heiß, wie mit dem Fall umzugehen sei. Erst am Endspieltag, dem 22. Mai 1904, fällte das neu gewählte Präsidium um Friedrich-Wilhelm Nohe – pikanterweise zugleich KFV-Vorsitzender – auf dem Bundestag in Kassel sein Urteil: Dem Protest des KFV wurde mit 127:41 Stimmen (bei 26 Enthaltungen) stattgegeben und das für den Nachmittag angesetzte Endspiel zwischen Titelverteidiger VfB Leipzig und KFV-Bezwinger Britannia 92 Berlin abgesetzt. Ergo: 1904 gab es keinen Deutschen Meister.

Die Ereignisse warfen ein anschauliches Bild auf die „wilden“ Verhältnisse und organisatorischen Turbulenzen jener Tage. Veranstalter der Endrundenspiele beispielsweise waren weder der DFB noch die Vereine, sondern private Sportplatzbesitzer, die alle Kosten selbst tragen mussten, dafür aber auch sämtliche Einnahmen behalten durften. Angesichts dieser Konstellation versuchten sie natürlich ihre Kosten auf ein Minimum zu reduzieren, wodurch Unregelmäßigkeiten Tür und Tor geöffnet wurden.

Ein anderes Beispiel – das des Vorrundenteilnehmers ARBV Hannover – ist eher amüsant. Die Kicker des hannoverschen Stadtmeisters hatten am Abend vor der Fahrt zum Spiel bei Germania Hamburg derart gefeiert, dass Mannschaftskapitän Hipp, als er morgens um sechs auf dem Bahnhof seine Schäfchen zählte, lediglich auf deren acht kam. Die verbliebenen Akademiker bezogen gegen HSV-Vorläufer Germania 87 eine wenig verwunderliche 0:11-Schlappe[35]. Auch bei diesem Spiel kam es übrigens zu einem Regelverstoß, denn es fand auf Germanias Spielstätte in der Mühlenkamper Rennbahn statt. Der ARBV verzichtete aber auf einen (möglichen) Protest – Germania wäre zweifelsohne selbst in Hannover bzw. gegen einen vollständigen Gegner als Sieger vom Feld gegangen.

Im Süden zog man aus den chaotischen Verhältnis sein ganz persönliches Fazit und beantragte, die Deutsche Meisterschaft „in der Art zu reformieren, dass der Südmeister ohne jede Vorprüfung gegen den zu ermittelnden Besten aller anderen Landesverbände zum Finale antreten“ solle – ein Antrag, der außerhalb Süddeutschland verständlicherweise keine Fürsprecher fand und abgelehnt wurde.

1904/05: Kickendes Adelsgeschlecht

Auch die Spielzeit 1904/05 brachte keine Besserung. Zwar konnten erstmals Vertreter aus Südostdeutschland begrüßt werden (Alemannia Cottbus und Schlesien Breslau) und der Titelverteidiger war automatisch qualifiziert[36], in fast allen Verbänden aber überschatteten Zank und Streit den Spielbetrieb. Süddeutschlands Endspiel zwischen dem Karlsruher FV und Hanau 93 beispielsweise entfiel, weil Hanau nur zwei Spieler aufbieten konnte, in Hamburg wurde aufgrund eines Protestes ein Entscheidungsspiel um die Stadtmeisterschaft angesetzt, in Kiel kam es zur Verbandsspaltung, und in Berlin stritten sich zwei Verbände um die lokale Vorherrschaft. Die von einer bemerkenswerten Machtlosigkeit des Bundesverbandes DFB begleiteten Streitigkeiten gingen in der Endrunde weiter. Schlesien Breslau trat wegen zu hoher Reisekosten gegen Viktoria 96 Magdeburg nicht an, und im Viertelfinale strich schließlich sogar Titelverteidiger VfB Leipzig freiwillig die Segel: Die Kosten für die Begegnung gegen Eintracht Braunschweig seien zu hoch, hieß es aus Sachsen. Zum dritten Mal in Folge drohte die Endrunde also zur sportlichen Farce zu werden. Als Hoffnungsschimmer erwies sich ausgerechnet der bisherige Pechvogel Karlsruher FV, der seiner Favoritenrolle diesmal gerecht wurde und souverän ins Finale einzog, wo er auf Union 92 Berlin[37] traf. Die Fortsetzung der Dauerfehde „Süd gegen Berlin“ auf dem grünen Rasen also. Sie endete mit einer Sensation, denn vor rund 3.500 Zuschauern im Weidenpescher Park zu Köln bezwangen die ersatzgeschwächten Berliner – Stammtorhüter Eichelmann fehlte aus disziplinarischen Gründen, Stammläufer Thiel hatte keinen Urlaub bekommen – den hohen Favoriten aus der badischen Residenzstadt mit 2:0. Held des Tages war Unions Ersatztorhüter Krüger, der den hoch gelobten KFV-Sturm um Julle Zinser fast zur Verzweiflung brachte. Verzweiflung dominierte anschließend auch im KFV-Klublokal „Prinz Karl“, wo man die Nachricht aus Köln kaum fassen konnte. In Berlin herrschte derweil Zufriedenheit: Dem großen Rivalen war ein Schnippchen geschlagen und der Anspruch, „Fußballhochburg von Deutschland“ zu sein, eindrucksvoll untermauert worden.

In der öffentlichen Wirkung blieben die Endrundenspiele weit hinter den Erwartungen zurück und lockten selten mehr als 400 Zuschauer an. Selbst dem prestigeträchtigen Nachbarschaftsderby zwischen Eintracht Braunschweig und Hannover 96 hatten am 9. April 1905 ganze 100 Neugierige beigewohnt. Die im Vergleich zur Jahrhundertwende spürbar gesunkenen Zuschauerzahlen deuten darauf hin, dass Fußball in der öffentlichen Gunst gefallen war. Nachdem Fußball erst einmal von etwas „Besonderem“ zu einem alltäglichen Ereignis geworden war, hatte das elitäre Publikum der Frühzeit sein Interesse verloren, da Spiele nicht mehr als gesellschaftliches Ereignis wahrgenommen wurden. Bei „großen“ Spielen freilich war das Interesse ungebrochen – beim Endspiel 1905 beispielsweise wurde die Rekordkulisse von 3.500 Zuschauern registriert.

1905 markiert allerdings ein Wendejahr für den Fußball, denn diverse Mitglieder verschiedener Herrschaftshäuser begannen plötzlich, sich für Fußball zu interessieren und zu engagierten. Prinz Max von Baden beispielsweise, der 1887 in Karlsruhe mit

Spieler der Stunde ■ Paul Eichelmann

Es heißt, Linksaußen und Torhüter hätten eine Macke. Auf Paul Eichelmann, Torhüter beim Berliner TuFC Union 92 sowie der deutschen Nationalelf, traf dies zweifelsohne zu. Eichelmann war ein brillanter Goalie – aber er hatte seine Launen. Um seinen Jähzorn in den Griff zu bekommen, stellte man beispielsweise gelegentlich sogar seine Ehefrau hinters Tor. Drehte ihr „Paule“ mal wieder durch, rannte sie mit dem Regenschirm hinterher und „fing“ ihn wieder ein. Auf der Fahrt zu einem Länderspiel in England soll Eichelmann der Legende nach sein gesamtes Geld verzockt und in England dann auch noch einen Berufsspielervertrag abgelehnt haben. Einmal wurde Eichelmann sein Lebenswandel dann aber doch zum Verhängnis. Im Endspiel 1905 fehlte er – die Union-Verantwortlichen hatten ihn aus dem Kader geschmissen, weil er mal wieder eine „Molle“ (Glas Bier) zu viel getrunken hatte. So blieb er ausgerechnet beim größten Vereinserfolg außen vor.

Eines der wenigen Bilddokumente von einem Spiel aus der Frühzeit. Auf dem Leipziger Bahnhof stehen sich vor einer Hand voll ordentlich angezogener Herren die Spielvereinigung und Wacker gegenüber.

englischen Studenten noch Rugby gespielt hatte, übernahm im Oktober 1905 das Protektorat über den Karlsruher FV, was für die Schwarz-Roten eine unbezahlbare gesellschaftliche Aufwertung darstellte. Weit mehr als alle mühsamen Aktivitäten um nationale bzw. internationale Spiele, Verbandsgründungen oder Regelangleichungen hinterließ das Engagement durch Vertreter der herrschenden Schicht seine Wirkung und verschaffte dem Fußball einen entscheidenden Kick zum gesellschaftlichen Durchbruch – vor allem beim zahlungskräftigen Klientel. Wohlhabende Kaufleute und Honoratioren eiferten nun fröhlich den adeligen Vorbildern nach und engagierten sich als Fußballfans bzw. -mäzene. Höhepunkt dieser Entwicklung war der Besuch des Kronprinzen beim Freundschaftsspiel zwischen Germania 88 Berlin und einer Auswahl des Civil-Service London am 29. April 1905. Statt der angekündigten dreißig Minuten blieb der sichtliche angetane Kronprinz bis zum Schlusspfiff und überreichte dem Siegerteam am Ende sogar einen Silberpokal – woraufhin selbst die ansonsten beim Thema Sport eher schweigsame Tagespresse eine Meldung brachte. Prinz Friedrich Karl von Preußen ging noch einen Schritt weiter und rannte beim SC Charlottenburg selbst dem runden Leder hinterher. Schließlich erwärmte sich auch das Militär für das Fußballspiel und setzte es mitunter auf die Ausbildungspläne der Offiziersanwärter.

Das Aufgreifen durch die herrschende Schicht „legalisierte" den Fußball sozusagen in der öffentlichen Meinung und öffnete ihm ansonsten fest verschlossene gesellschaftliche Türen. Erstmals konnten die Fußballer nun etwas „fordern" und sich beispielsweise gegen die von vielen Gemeinden erhobene „Lustbarkeitssteuer" bzw. „Bil-

Prinz Max von Baden besucht den Karlsruher FV.

letsteuer“ erwehren, die auf die Eintrittsgelder erhoben wurde. Vielerorts erreichten die Vereine im Verbund mit angesehenen Honoratioren eine Steuerbefreiung. Zudem erfuhren sie wachsende Unterstützung durch staatliche Stellen. Der FC Merkur Peine beispielsweise wandte sich anlässlich eines Gastspiels von HSV-Vorläufer FC Falke Hamburg in der niedersächsischen Provinzstadt hilfesuchend an den Magistrat, der daraufhin die Hälfte der vom FC Falke geforderten Entschädigung in Höhe von 60 Mark übernahm.[38] „Die erfreuliche Tatsache jedoch, dass sich Staat und Gemeinden endlich nicht allein zur Duldung und Anerkennung, sondern auch zur Unterstützung der Fußballvereine verstehen, lässt die Hoffnung aufkommen, dass es auch ohne den Weg des ordentlichen öffentlichen Verfahrens gelingen wird, unserer Sache zum Siege zu verhelfen“, stellte der DFB zufrieden fest.

Mit gesellschaftlicher Anerkennung und finanzieller Förderung durch Mäzene ging die verstärkte Errichtung vereinseigener Plätze einher. Der Karlsruher FV beispielsweise eröffnete im Herbst 1905 seinen als „epochal“ bezeichneten Platz an der Telegrafenkaserne, auf dem die Zuschauer nicht nur auf der flachen Ebene, sondern dank eigens aufgeschütteter Erdhügel auch in der Höhe stehen konnten! Die ersten „Tribünenränge“ (mit Gras bewachsene Erdhügel ohne Stufen) schraubten das Fassungsvermögen des Areals um ein Vielfaches in die Höhe – womit eine größere Einnahme für den Platzbesitzer möglich war. Mit seinen großzügigen Umkleideräumen, den modernen Hygieneeinrichtungen (es gab sogar Duschen!) sowie der (allerdings erst im Sommer 1907 eröffneten) überdachten Tribüne war der noch heute existierende KFV-Platz seiner Zeit weit voraus. Das Areal war freilich nichts im Vergleich zu denen in England, wo gewaltige Arenen Zuschauerzahlen von bis zu 100.000 aufnehmen konnten – auf dem KFV-Platz konnte man bestenfalls ein Zehntel davon unterbringen. Der Bau eines Sportplatzes war eines der höchsten Ziele eines jeden Klubs, denn er verschaffte ihm Heimat, einen Treffpunkt für das gesamte Vereinsleben und finanzielle Sicherheit. Ohne einen eigenen Platz war es beispielsweise ungleich schwerer, bei den Spielen Eintrittsgeld zu kassieren. Dazu musste man zunächst den gemieten Platz absperren[39] und anschließend die Zugänge „überwachen“ bzw. mit dem „Hut“ umhergehen. 1905 schrieb der DFB für die Endrunde um die Deutsche Meisterschaft erstmals die Austragung ausschließlich auf „festen Plätzen“ vor.

Noch aber stand der Aufschwung auf wackeligen Beinen, war vor allem keine „führende Hand“ zu erkennen. Die Regionalverbände wuselten unverändert vor sich hin, und der DFB hatte große Schwierigkeiten, die Kontrolle zu behalten. Im Frühjahr 1905 drohte dem Bundesverband dann sogar das Aus. Grund war Präsident Nohe, der das ewige Kompetenzgerangel zwischen DFB und Landesverbänden undemokratisch beenden wollte. „Ein unreifes Volk braucht eine starke Regierung; unreife Fußballer die strengste Disziplin“, hatte Nohe in einem Artikel mit dem Titel „Neugestaltung des Deutschen Fußball-Bundes“ propagiert und die Beanspruchung der „starken Regierung“ auch sogleich selbst angemahnt. Mit seinem Verhalten stand Nohe, der als „leicht aufbrausender und cholerischer Typ“ umschrieben wurde, offenbar sogar kurz davor, den DFB völlig aufzulösen! Doch auf dem 9. DFB-Bundestag im Mai 1905 in Köln erteilten die Delegierten seinen Plänen mehrheitlich eine Abfuhr – woraufhin Nohe und seine Vorstandskollegen mit sofortiger Wirkung ihre Ämter niederlegten.[40]

Auf demselben Bundestag übernahm mit Gottfried Hinze ein erst 32 Jahre alter Mann das Amt des Präsidenten. Er kam aus der Turnbewegung (Duisburger TV), war bereits 1896 mit seinem Verein zu Freundschaftsspielen nach England gereist, spielte und pfiff selbst noch aktiv den Fußball und kam vor allem aus dem vom geschilderten Konflikt nicht betroffenen Westdeutschland. Zudem bemerkenswert: Hinze war der erste DFB-Präsident, der nicht aus dem pädagogischen Bereich kam (Hueppe war Professor, Nohe Lehrer), sondern als Absolvent der höheren Maschinenbauschule in Hagen eine für weite Teile der damaligen Fußballszene typische Sozialisation aufwies. Seine wichtigsten Mitstreiter waren der Berliner Felix Boxhammer (der 2. Vorsitzender war und als vehementer Nohe-Gegner galt) und der Dortmunder Walter Sanß (Schriftführer), beides „Männer der ersten Stunde“.

Unter Hinzes Führung wurde die Machtposition des DFB entscheidend gestärkt. Schon ein Jahr später beschloss der DFB endgültig die Untergliederung seines Gebietes auf sieben Landesverbände[41] und verabschiedete zugleich ein neues Stimmrecht: Jeder Verband verfügte fortan pro 110 Mitgliedervereine über eine Stimme. Mit dieser Regelung sollte den unterschiedlichen Entwicklungsstadien im deutschen Fußball Rechnung getragen werden. Weitere wichtige Neuerung war die Übernahme der weltweit gültigen FIFA-Spielregeln,

Wechsel im DFB-Präsidium: 1905 löste Gottfried Hinze (unten) Friedrich-Wilhelm Nohe ab.

die – nebenbei bemerkt – einen elementaren Beitrag zur Entwicklung des Fußballs zum Weltsport darstellten. Auch die Endrunde um die Deutsche Meisterschaft wurde einer Reform unterzogen, wobei vor allem die Frage der Kostenübernahme, unter Ex-Präsident Nohe, einem glühenden Amateurverfechter und Anhänger der „Wir-spielen-nur-um-die Ehre"-Haltung Dauer-Streitpunkt, endlich gelöst werden konnte: Die Regionalverbände hatten fortan dafür geradezustehen – wobei jene die Last allerdings häufig auf die Veranstalter bzw. die Vereine abwälzten.

1905/06: Nur 1.100 Zuschauer beim Finale

Die Endrunde blieb dennoch ein Sorgenkind. 1905/06 konnte zwar die zur Gründung des Norddeutschen Fußball-Verbandes führende Einigung der Kleinverbände aus Hamburg, Hannover, Bremen etc. gefeiert werden, und auch im Großraum Schlesien entstand ein Regionalverband (Südostdeutscher FV). Die Resonanz bei den sieben Spielen der Endrunde fiel aber erneut bedenklich aus: Ganze 957 Zuschauer wohnten im Durchschnitt bei, und selbst das Finale zwischen dem VfB Leipzig und dem 1. FC Pforzheim lockte nur 1.100 Fans an. Darüber hinaus hatte es mal wieder Ärger um den Karlsruher FV gegeben, weil die Badenser bei einem lokalen Meisterschaftsspiel den vom Lokalrivalen FC Frankonia für die 2. Mannschaft verpflichteten Eugen Link in der 1. Mannschaft eingesetzt hatten, obwohl er dafür keine Spielberechtigung besaß. Dem KFV wurden daraufhin die Punkte aberkannt, was den 1. FC Pforzheim unerwartet in die süddeutsche Endrunde hievte. Die Elf aus der Goldschmiedestadt ließ sich die einmalige Chance nicht entgehen, wurde prompt Süddeutscher Meister und zog bis ins Finale um die Deutsche Meisterschaft ein, wo sie gegen den wiedererstarkten VfB Leipzig allerdings mit 1:2 unterlag. Hauptgrund war die vorbildliche Spielvorbereitung der Leipziger, die bereits einen Tag vor dem Endspiel in Nürnberg angekommen und ausgeruht ins Match gegangen waren, während die Pforzheimer Nürnberg erst nach ermüdender Nachtfahrt erreicht und den Vormittag vor dem Spiel zudem mit einer Stadtbesichtigung vergeudet hatten. In der zweiten Halbzeit war den Badensern („Den Gegner VfB Leipzig lernten wir erst auf dem Spielfeld kennen") rasch die Kraft ausgegangen, und der VfB Leipzig war zu einem hoch verdienten Sieg gekommen.

Deutscher Meister 1906: VfB Leipzig

Der DFB feilte weiter an seinem Paradeprodukt Deutsche Meisterschaft. Inzwischen erhielt der Titelträger nicht nur die „Viktoria" sondern zudem ein Diplom, das den Erfolg für die Annalen festhielt. Darüber hinaus gab es einen speziell angefertigten Siegerwimpel, der am Sportplatz aufgehängt werden durfte und die Aufschrift „Deutscher Fußballmeister" trug. Wichtiger waren jedoch die Beschlüsse, dass an Tagen von Endrundenspielen keine weiteren Spiele im betreffenden Ort ausgetragen werden durften (man versprach sich davon eine Anhebung der Zuschauerzahl), und dass künftig nur noch dann auf neutralem Platz gespielt werden sollte, wenn eine der beiden Mannschaften dieses wünschte (auch davon versprach man sich mehr Zuschauer – vor allem

Wurde nach der Titelpremiere 1903 auch 1906 Deutscher Meister: VfB Leipzig.

durch Fans der Heimelf). Unerfreulich hatte sich derweil die Schiedsrichterfrage entwickelt. Viele der schwarzen Männer hatten mit dem inzwischen deutlich modernen und schnelleren Spiel große Mühe, zumal sie selten über eine entsprechende Ausbildung verfügten. Überall herrschte Mangel an Schiedsrichtern, und mitunter mussten sogar unbeteiligte Zuschauer für die Aufgabe herangezogen werden, was natürlich regelmäßig zu Streitigkeiten wegen umstrittener Entscheidungen führte.

1906/07: Drohende Spaltung

Ein Schiedsrichterskandal überschattete auch das Finale der Saison 1906/07. Auf dem Mannheimer Sportplatz an den Brauereien standen sich dabei Südmeister Freiburger FC und Berlin-Meister Viktoria 89 gegenüber – eine Neuauflage des brisanten Duelles „Süd gegen Berlin“ also. Kurz vor dem Anpfiff gab es Ärger und das Endspiel drohte zu platzen, weil Viktoria 89 sich weigerte, unter dem nominierten Schiedsrichter Otto Eikhof aufzulaufen. Hintergrund war, dass die Berliner ihren Hamburger Namensvetter SC Victoria im Halbfinale unter höchst umstrittenen Umständen mit 4:1 ausgeschaltet hatten[42] und nun „Rache“ fürchteten – Eikhof war nämlich ausgerechnet Mitglied bei der Hamburger Victoria. Nach langer und hitziger Diskussion wurde die Spielleitung schließlich einem Herrn Bohne aus Bremen übertragen, der sich zufällig unter den Zuschauern befand und angab, Schiedsrichter zu sein. Der Ersatzreferee zeigte sich in der Praxis jedoch etwas überfordert und stand zudem mit dem Regelwerk auf Kriegsfuß. Als Freiburgs Keeper von Goldberger beispielsweise kurz vor dem Halbzeitpfiff statt der zulässigen zwei gleich vier Schritte mit dem Ball in der Hand machte, entschied Bohne statt auf indirekten Freistoß, wie es das Regelwerk vorsah, auf Elfmeter. Helmut Röpnack ließ sich die Gelegenheit nicht entgehen und egalisierte den Freiburger Führungstreffer durch Glaser aus der 30. Minute (übrigens ebenfalls per Strafstoß erzielt). Am Ende triumphierte die Freiburger „Akademiker-Auswahl“ (fünf Akteure erwarben später einen Doktorhut, darunter der langjährige DFB-Nationalmannschaftsbetreuer Sepp Glaser) aber verdient mit 3:1. Die großmäuligen Berliner, die ihren Gegner im Vorfeld als „Leute vom Dorf, denen man zeigen wird, wie richtig Fußball gespielt wird“, verspottet hatten, mussten neben der Schmach über die Niederlage auch noch mit schlechter Presse leben: „Der Berliner Meister ging entschieden zu weit im Gebrauch rigoroser Mittel, um ausgeprägte, aber weiche Kombinationen zu unterbinden. Im Endspiel kam die überscharfe Methode des Rempelns ins Fahrwasser undisziplinierter, sportwidriger Handlungen“, rügte der DFB die so genannten „Mariendorfer Löwen“ in seinem Endspielbericht. Intern zog der Bundesverband allerdings ein zufriedenes Fazit, denn erstmals war die Endrunde mit einem kleinen finanziellen Überschuss abgeschlossen worden!

Doch dem DFB stand bereits neuer Unbill ins Haus. Ex-Präsident Friedrich-Wilhelm Nohe hatte nach seinem Rücktritt im Mai 1905 kaum eine Gelegenheit ausgelassen, gegen einen vermeintlich starken Bund zu opponieren und wiederholt Berlin bzw. dessen Verbandsvertreter Boxhammer angegriffen („Die ‚Preußen‘ wissen immer ihren Vorteil zu wahren!“). Im Januar 1907 eskalierten die Auseinandersetzungen, als Nohe, zu jenem Zeitpunkt Vorsitzender des VSFV, mit dem Austritt Süddeutschlands aus dem DFB drohte. Erst Fußball-Pionier Walther Bensemann, der zwischenzeitlich in Schottland eine Lehrerstelle angetreten und sich daher aus der ersten Reihe der Fußballpioniere zurückgezogen hatte, gelang es, die Gemüter auf dem Verbandstag in Karlsruhe zu beruhigen[43] und das Auseinanderbrechen des DFB zu verhindern.

1907/08: Aufschwung und Anpassung

1907/08 konnten weitere Fortschritte in der Entwicklung des Fußballbundes registriert werden. Im Januar 1908 entstand mit dem Baltischen Rasensportverband endlich auch im fernen Nordosten (Ostpreußen, Pommern) ein Regionalverband, wodurch die Endrunde um die Deutsche Meisterschaft ihre größtmögliche Ausdehnung erhielt und zudem spürbar „gerechter“ wurde, da die Kleinverbände damit der Vergangenheit angehörten. Sportlich dominierten unverändert Süddeutschland sowie Berlin. Viktoria 89 preschte souverän ins Finale vor (7:0 gegen den VfB Königsberg, 4:0 gegen Wacker Leipzig), wo der Berliner Meister auf Südmeister Stuttgarter Kickers traf, der zuvor u. a. den amtierenden Deutschen Meister Freiburger FC ausgeschaltet hatte. Die Berliner mit ihrem gefürchteten Sturm um Willy Worpitzky und Helmut Röpnack galten als leichter Favorit, zumal die Württemberger auf Mittelstürmer Löble verzichten mussten, der vom Militär nicht freigestellt worden war. Auf dem Germania-Platz in Berlin-Tempelhof wurden die Viktorianer ihrer Favoritenrolle gerecht und holten die Meistertrophäe mit einem 3:1-Sieg zum zweiten Mal nach 1905 in die Reichshauptstadt.[44]

Der DFB konnte rundherum zufrieden sein. Das Zuschauerinteresse war spürbar gestiegen (durchschnittlich 1.650 Zahlende bei den acht Endrundenspielen), und mit der Einbeziehung des Baltenlandes sowie Südostdeutschlands hatte man erfolgreich Fußball-Entwicklungshilfe betrieben. Auch sonst war der nach Bereinigung der „Nohe-Angelegenheit“ sichtlich gefestigte Verband nicht untätig geblieben. 1907 war eine stärkere Unterstützung der Fach- und Tagespresse beschlossen worden (die Schaffung einer eigenen Bundeszeitung lehnte man jedoch ab[45]), im selben Jahr mit einem Spiel zwischen Westdeutschland und Belgien eine Art Länderspielvorläufer durchgeführt worden, und am 5. April 1908 hatte schließlich auch die seit langem geforderte Nationalmannschaft das Licht der Welt erblickt (und mit 3:5 in der Schweiz verloren). Ein weiterer wichtiger Schritt in Richtung gesellschaftliche Aufwertung war die Stiftung eines Pokals durch den Kronprinzen, die 1908 zur Einführung eines K.-o.-Wettbewerbes zwischen den regionalen Auswahlmannschaften führte: dem „Kronprinzenpokal“. Der Wettbewerb sollte sich zum nach der Deutschen Meisterschaft beliebtesten Ereignis entwickeln und ging nach dem Zweiten Weltkrieg in den „Länderpokal“ über.

Der Kronprinzenpokal.

Der Aufschwung war bemerkenswert. Zum 1. Januar 1908 gehörten dem DFB bereits 730 Vereine mit insgesamt 44.258 Mitgliedern an – das entsprach einem Zuwachs von 37% gegenüber dem 1. Januar 1907! Vor allem Westdeutschland boomte – dort betrug die Zuwachsrate satte 65%. Fünf Jahre nach dem ersten Endspiel konnte man also ein erfreuliches Zwischenfazit stellen: Fußball war so etabliert wie nie zuvor, und die Deutsche Fußballmeisterschaft hatte ihren Platz im deutschen Sportgeschehen gefunden.

Sportliche und gesellschaftliche Höhepunkte jener Tage waren Gastspiele ausländischer Mannschaften. Am häufigsten traf man dabei auf Teams aus den Nachbarländern Niederlande, Schweiz und Frankreich, während Auftritte österreichischer, belgischer, dänischer und russischer Mannschaften eher selten waren. Vereinzelt Kontakte bestanden auch nach Schweden und Italien. Besonders beliebt waren allerdings Auftritte britischer Teams. In Mannheim beispielsweise, wo das erwähnte 1907er Endspiel zwischen dem Freiburger FC und Viktoria 89 Berlin rund 3.000 Fans angelockt hatte, waren wenige Wochen zuvor zu einem Gastspiel des englischen Meisters Newcastle United fast 5.000 Menschen erschienen. Die Lokalpostille „General-Anzeiger“ hatte sogar eine Wegbeschreibung zum Platz geliefert: „Den Platz erreicht man auf die schnellste Weise mit der elektrischen Straßenbahnlinie Käferthal [weiß mit rot] Haltestelle Brauereien, dagegen ist für Spaziergänger die Nachenüberfahrt am Straßenbahndepot sehr bequem gelegen“.[46]

Fußball war zu einem gesellschaftlichen und kulturellen Ereignis geworden. Grundvoraussetzung dafür war die „Verdeutschung“ des „englischen“ Ur-Fußballs gewesen. England wurde zwar unverändert als fußballerisches Vorbild angesehen (was die Gastspiele der britischen Profiteams eindrucksvoll belegten), doch Deutschland hatte sich eine „eigene“ Fußballkultur geschaffen. Dazu waren gewisse Transformationen und Anpassungsprozesse nötig gewesen – beispielsweise in der Sprache. Während Deutschlands Fußballpioniere in den 1890er Jahren fast ausschließlich auf englische Originalbegriffe (match, goal, captain, team, offside etc.) zurückgegriffen hatten, gab es inzwischen eine „deutsche“ Fußballsprache. Nur so war es möglich gewesen, dem Vorwurf der „Engländerei“ entgegenzutreten. „Diese jungen Leute glauben durch die häufige Anwendung englischer Ausdrücke bei den Zuschauern Bewunderung für ihre Schneidigkeit zu erwecken, während sie thatsächlich von aller Welt wegen ihres kindlichen Betragens ausgelacht werden“, hatte beispielsweise ein gewisser Herr Schnell in seinem 1900 erschienen „Handbuch der Ballspiele“ gewettert. Fußball-Pioniere wie eingangs erwähnter Konrad Koch aus Braunschweig waren bereits Ende des 19. Jahrhunderts aktiv geworden und hatten die englischen Begriffe ins Deutsche übertragen. Dabei waren zunächst einige eher holprige Begriffe entstanden – der free-kick beispielsweise war ein „Frei-Tritt“, off-side wurde mit „spielfremd“ übersetzt. Doch nachdem sich eine DFB-Kommission der Sache annahm, wurden die Worte „griffiger“, und die heutige „Fußballsprache“ entstand. Mit seiner Eindeutschungskampagne stand man in Europa übrigens ziemlich allein da. In Österreich beispielsweise spricht man heute noch von „corner“.

Ursache des deutschen Sonderweges war die sich rapide verändernde nationale Fußballszene. Die liberalen, idealistischen und kosmopolitischen Pioniere der ersten Stunde – Walther Bensemann als Beispiel – waren ausgeschieden und ersetzt worden durch national denkende und konservative „deutsche Männer“, die auf Vaterland und Kaiser nichts kommen ließen. So mancher ehemals jugendliche „Fußballrowdy“ hatte wohl auch die rebellische Attitüde abgelegt und war im Honoratioren-Lager angekommen. Für sie ging es nicht mehr – wie in den eher archaisch geprägten Jahren 1885-1900 – um die Entdeckung von etwas Neuem oder das Ausloten von gesellschaftlichen Grenzen, sondern um eine möglichst reibungslose Einbettung der Fußballszene in die Gesellschaft. Dazu war eine gewisse „Zähmung“ nötig gewesen, wofür Männer wie beispielsweise DFB-Präsident Hinze standen: liberal und auch durchaus weltoffen, aber zugleich mit beiden Beinen auf deutschem Boden und hinter der kaiserlichen Politik stehend. Aus dem zunächst recht wilden und regellosen Fußball-Tiger war ein zahmes Kätzchen geworden, das sich, wenn nötig, auch schon mal verbog, um in die Gesellschaft zu passen. Rückblickend ein wohl unerlässlicher Anpassungsvorgang, denn ohne ihn hätte Fußball im Deutschen Kaiserreich kaum derart rasch den Durchbruch schaffen können und mit weitaus mehr Schwierigkeiten zu kämpfen gehabt.

Zugleich stellte die Annäherung an das Militär eine weitere Grundvoraussetzung für den gesellschaftlichen Durchbruch des Fußballs dar. Dazu muss man sich vergegenwärtigen, dass das Militär eine zentrale Rolle im gesellschaftlichen Leben des Deutschen Reiches spielte. Reserveoffiziere genossen höchste Anerkennung, und die von Alt wie Jung bewunderten Soldaten gehörten einer „besonderen“ Klasse an. Nicht wenige betrachteten die Armee sogar als mit bemerkenswerter Macht ausgestatteten „Staat im Staat“. Die kollektive Fixierung auf das Militär wirkte normbildend auf die Gesellschaft und zog einen „Gesinnungsmilitarismus“ nach sich, der sich vor allem im Kleinbürgertum durch „typisch deutsche“ Eigenschaften wie Gehorsam, Disziplin und Bereitschaft zur Unterordnung widerspiegelte. Da das Kleinbürgertum im Fußball inzwischen überproportional aktiv war, war eine entsprechende Einstellung auch innerhalb der Fußballvereine häufig anzutreffen.

Stimulierend für diesen Anpassungsprozess wirkte zudem die fortdauernde Hetze durch die Turner. Deren Dachverband Deutsche Turnerschaft (DT) verunglimpfte Fußball bei jeder sich bietenden Gelegenheit und prangerte gebetsmühlenartig die historische Nähe zu England sowie die dem Fußball angeblich fehlende Disziplin an. Der Versuch, Fußballer generell als Vaterlandsverräter und „undeutsch“ zu verunglimpfen, verstärkte deren Annäherung an die vorherrschenden gesellschaftlichen Werte (also auch den Militarismus) allerdings nur, und 1908 nahm der DFB sogar einen entsprechenden Passus in seine Statuten auf: „Der Zweck des Bundes ist die Einwirkung auf die öffentliche Meinung, um das Verständnis für den Wert körperlicher Übungen, besonders bei Schulbehörden und Militärkreisen zu wecken und zu heben.“

1908/09: Eine Stadt feiert

In der Endrunde der Spielzeit 1908/09 setzte sich die Dominanz der Hochburgen Süddeutschland und Berlin fort. Viktoria 89 Berlin schoss sich mit dem sagenhaften Torverhältnis von 19:1 in nur zwei Spielen zum dritten Mal in Folge ins Finale und traf dort auf Südmeister Phönix Karlsruhe, einen der Vorgänger des heutigen KSC. Wie einseitig das innerdeutsche Leistungsgefälle war, zeigt ein Blick auf die Halbfinalergebnisse: Viktoria 89 hatte Nordmeister Altona 93 mit 7:0 abgekanzelt, Phönix Karlsruhe den mitteldeutschen Meister SC Erfurt mit 9:1 besiegt.

Für das Finale hatte sich der DFB etwas Besonderes ausgedacht: Um die schlesischen Fußballpioniere zu belohnen und ihre Bemühungen um Etablierung des Sports in ihrer Region zu unterstützen, wurde das Endspiel nach Breslau vergeben. Ein geschickter Schachzug, denn mit 1.500 Zahlenden wurde zwar eine auf den ersten Blick magere Endspielkulisse registriert, für Breslau jedoch bedeutete diese Zahl neuen Rekordbesuch! Titelverteidiger Viktoria 89 ging als haushoher Favorit ins von DFB-Präsident Hinze geleitete Spiel und wurde seiner Rolle zunächst auch gerecht, denn Willy Worpitzky traf nach nur 16 Minuten zum 1:0 ins Schwarze. Allerdings verletzte sich der Berliner Torjäger dabei und konnte nur humpelnd weiterspielen, was eine enorme Schwächung für die Blau-Weißen bedeutete. Die Karlsruher um ihren Spielertrainer Arthur Beier (derselbe Beier, der anno 1900 wie erwähnt Kiels Fußballpionieren das Spielen beigebracht hatte) nutzten sie und gingen vor allem dank ihres großartigen Flügelspiels (Oberle und Wegele) mit einer 2:1-Führung in die Pause. Im zweiten Spielabschnitt erhöhten Leibold und Noe rasch auf 4:1, ehe Helmut (genannt „die Schießbude“) Röpnack immerhin auf 2:4 verkürzen konnte. Doch der Titelverteidiger war geschlagen, die Deutsche Meisterschaft ging erstmals nach Karlsruhe.

Dort löste der Titelgewinn Jubelstimmung aus, und als der frisch gebackene Deutsche Meister auf dem Bahnhof eintraf, wurde er von einer gewaltigen Menschenmenge empfangen. Die Begeisterung spiegelte die Bedeutung, die der Gewinn der Deutschen Fußballmeisterschaft inzwischen für eine Stadt wie Karlsruhe hatte, angemessen wider. Selbst Lokalrivale KFV empfand wohl ein wenig Stolz und drückte seine Glückwünsche aus. Zum ersten Mal stimulierte ein Titelgewinn regionale Identifikationsgefühle – im Falle Karlsruhe vielleicht befördert durch den Umstand, dass man sich in der Vergangenheit mehrfach um die Meisterschaft betrogen gefühlt hatte. Angesichts der Tatsache, dass Fußball in Deutschland noch ein mehr oder weniger elitäres Vergnügen des Bürgertums war, scheinen die Ereignisse beim Empfang der Phönix-Elf dennoch etwas überraschend, waren aber nichts anderes als ein Vorbote auf das, was nach dem Ersten Weltkrieg noch kommen sollte.

Im Publikum befanden sich damals zwar bereits erste Arbeiter, die Atmosphäre war aber noch immer höchst gesittet und auf „Etikette“ angelegt. In einer 1908 veröffentlichten Studie über Wirtschaft und Gesellschaft in England, Deutschland und den USA attestierte der Autor dem englischen Fußballpublikum, „einen fast unaufhörlichen Lärm“ zu machen und „verschiedentlich in ein wahres Geheul“ auszubrechen, während die deutschen Zuschauer „nur schwache Zurufe von sich geben, wenn der Ball ins Ziel flog, und waren sonst still“. Das Fazit des Verfassers: „Die Zuschauer verstanden meiner Meinung nach das Spiel nicht und waren nur aus Neugierde gekommen“[47], muss dennoch als Fehleinschätzung bezeichnet werden, denn auch die deutschen Zuschauer „verstanden“ sehr wohl das Spiel. Der Unterschied war vielmehr sozialer Natur: Das englische Publikum bestand vornehmlich aus Arbeitern, die ihren im Alltag gewohnten rauen Ton in die Stadien transportiert hatten, während das deutsche Publikum als Angehörige des Bürgertums um alles in der Welt einen „Skandal“ vermeiden wollte und deshalb nie auf den Gedanken gekommen wäre, „laut“ zu werden.

1909/10: Die ersten Trainer kommen

Zehn Jahre nach Gründung des DFB hatte sich der organisierte Ligafußball sichtlich stabilisiert. In Süddeutschland beispielsweise bestand seit 1908 die großräumige „Südkreisliga“, die helfen sollte, die stärksten Teams der Region durch regelmäßiges gegenseitiges Kräftemessen zu schulen und damit so etwas wie eine „Elite“ herauszubilden. Das Gebiet deckte den Raum Mannheim-Karlsruhe-Freiburg-Stuttgart ab und war damit die mit Abstand großräumigste Spielklasse im Deutschen Reich. Begünstigt wurde

Der Meister von 1910, Karlsruher FV, traf zwei Jahre später im Finale auf das aufstrebende Team von Holstein Kiel und verlor 0:1.

ihre Einführung durch Verbesserungen im Bereich des Transportwesens. Die Zahl der Eisenbahnkilometer war weiter angewachsen, in den meisten größeren Städten gab es inzwischen elektrische Straßenbahnen, die die Kicker bequem vom Bahnhof zu den Stadien beförderten. Wo dies nicht möglich war, standen motorisierte Taxen bereit. 1906 war in Nürnberg das erste Motortaxi eingeführt worden, und 1914 zählte man reichsweit bereits 55.000 PKW, 9.000 LKW und 20.600 Motorräder. Die Entwicklung des Verkehrswesen und die des Fußballspielbetriebes ging also weiterhin Hand in Hand.

Eine Straffung des Spielbetriebs war auch in anderen Regionen zu beobachten. Westdeutschland beispielsweise, im Fußball seinerzeit den Raum von der niederländisch/belgischen Grenze bis zur Linie Gießen-Kassel-Göttingen umfassend (im Norden bis Osnabrück reichend, im Süden bis zum Westerwald), schuf 1909 mit der so genannten „Zehnerliga" den Vorläufer einer „Oberliga" für Leistungsfußballvereine. Die zehn stärksten Klubs der Region stritten dabei in Hin- und Rückspielen um Punkte – eine zweifelsohne durch die ungleich besseren Transportverhältnisse in der Rhein/Ruhr-Region begünstigte, mutige und richtungsweisende Innovation.[48]

Anderswo musste man sich währenddessen weiterhin mit mehr oder weniger kleinräumigen Ligen begnügen, in denen Stadt- bzw. Kreismeister ermittelt wurden. Das Ganze kam einer Ochsentour gleich. Der VfB Leipzig beispielsweise musste sich in der Spielzeit 1909/10 zunächst in einer Ligarunde gegen die Lokalrivalen Fortuna, Sachsen, Eintracht und Britannia durchsetzen, ehe er im Leipziger „Finale" den Sieger der zweiten Lokalstaffel (Olympia) ausschaltete und sich damit für die Endrunde um die Mitteldeutsche Meisterschaft qualifizierte. Dort erhielt der Leipziger Vorzeigeklub zunächst ein Freilos, schaltete im Viertelfinale Germania Mittweida und im Halbfinale Wacker Halle aus, ehe er sich im Finale mit einem 4:1 über den SC Erfurt die Mitteldeutsche Meisterschaft sicherte, die wiederum zur Teilnahme an der Endrunde um die Deutsche Meisterschaft berechtigte. Versuche, dieses komplizierte und die „großen" Klubs in ihrer Entwicklung hemmende Verfahren zu reformieren, scheiterten auch an einer gewissen Eifersucht der leistungsschwächeren Klubs auf die großen Vereine. Weil man den „großen“ Klubs im Ligaspiel gegenüberstehen wollte, wurde jeglichen Reformversuchen eine Abfuhr erteilt.

Sportlich machte 1910 eine neue Region auf sich aufmerksam: Norddeutschland. In Kiel war mit dem FV Holstein ein Team entstanden, das überwiegend aus lokalen Gymnasiasten bestand und vom 1909 als Soldat an die Förde gekommenen Berliner Willi Zincke angeführt wurde. Zincke sicherte sich mit der Ansammlung lokaler Talente souverän die Norddeutsche Meisterschaft, und die Störche avancierten zum Newcomer im deutschen Fußball. In der Endrunde um die „Deutsche“ trafen sie zunächst auf Zinckes-Ex-Klub BFC Preussen, den sie ebenso souverän beiseite räumten (4:1) wie im Halbfinale den Märkischen Meister Tasmania 1900 Rixdorf (6:0).[49] Im Finale stand ihnen schließlich der ruhmreiche Karlsruher FV gegenüber, der ebenfalls Schlagzeilen gemacht hatte: Als erster deutscher Klub hatte er im Januar 1909 mit dem Engländer William J. Townley einen „echten“ Trainer verpflichtet!

Trainer waren in Deutschland seinerzeit noch nahezu unbekannt (der Mannschaftskapitän leitete das Training, der Spielausschuss nominierte die Mannschaft[50]), während in England erfolgreiche Teams schon seit langem von „Managern“ betreut wurden, die systematisch arbeiteten und sich intensiv mit den individuellen Stärken und Schwächen der Spieler beschäftigten. Townleys Verpflichtung stellte insofern nicht nur einen Einschnitt in die KFV-Geschichte dar, sondern markiert zugleich einen Wendepunkt in der deutschen Fußballhistorie. Statt des üblichen „möglichst hart und weit schießen“ brachte der Brite seinen Akteuren technische Raffinessen bei, verbesserte ihre Ballbehandlung und ließ sie Spielzüge und Angriffskombinationen einüben. Darüber hinaus machte er sie mit dem berühmten schottischen Flachpass-Spiel vertraut und gab das Motto „stoppen, schauen, zuspielen“ aus. Um einen möglichst reibungslosen Übergang der Generationen zu ermöglichen, wurde Townleys System auf sämtliche KFV-Mannschaften übertragen – eine weitere Novität im deutschen Fußball, die sich rasch in Erfolgen auszahlen sollte! Nicht übersehen werden darf allerdings, dass Townley beim KFV Spielermaterial vorfand, das so vielversprechend wie nirgendwo sonst war. Akteure wie Gottfried Fuchs, Max Breunig, Fritz Förderer, Fritz Tscherter, Ernst Hollstein, Julius Hirsch und Hans Ruzek stellten das Gerüst der Nationalmannschaft und hatten den KFV zum ersten „Dream-Team“ im deutschen Fußball gemacht, das keinen Gegner fürchten musste.

Deutscher Meister 1910: Karlsruher FV

1909/10 schalteten die Schwarz-Roten nach souveränem Gewinn der Süddeutschen Meisterschaft in der Endrunde um die Deutsche Meisterschaft zunächst den Duisburger Spielverein aus (1:0), räumten im Halbfinale vor der Rekordkulisse von 8.000 Zuschauern auch Titelverteidiger und Lokalrivale Phönix Karlsruhe aus dem Weg und zogen damit zum zweiten Mal nach 1905 ins Finale ein. Dort tat sich der Favorit gegen den Außenseiter aus Kiel allerdings sehr schwer. Lange Zeit gaben die kampfstarken Norddeutschen den Ton an, und der KFV musste sich vor rund 5.000 Fans im Weidenpescher Park zu Köln bis tief in die Verlängerung gedulden, ehe Max Breunig per Elfmeter endlich das erlösende 1:0 erzielte und sein Team zur Deutschen Meisterschaft schoss. Wie sehr Holstein Kiel beeindruckt hatte, zeigt eine Geste von KFV-Mittelstürmer Gottfried Fuchs, der vom Lorbeerkranz des Siegers elf Zweige abtrennte und sie den Holstein-Akteuren überreichte.

Private Aufzeichnungen von Holstein-Präsident Karl Möller erlauben einen eindrucksvollen Einblick in den Alltag eines Endspielteilnehmers jener Tage. Über die Anreise nach Köln, die unter anderem durch das seinerzeit in einem Schlager als „Land der roten Erde“ gefeierte Ruhrgebiet führte, schwärmte Möller beispielsweise geradezu pathetisch: „Alle Holsteiner waren an die Wagenfenster getreten, um die in dem bekannten Liede verherrlichten Schönheiten des Landes in Wirklichkeit zu genießen. Und diese kamen überwältigend hinreißend. Aus der wunderbaren, rot getönten Erde erhob sich ein mächtiger Schornstein nach dem anderen, unaufhörlich gewaltige Rauchwolken in die Frühlingsluft stoßend. O Vaterland, wie bist du schön.“ Über den Tag vor dem Endspiel heißt es: „Am Vormittag des 1. Pfingsttages unternahmen wir Ausflüge in die Umgebung. Einige hatten sich den ‚Drachenfels’ als Ziel genommen; die Mehrzahl begab sich jedoch nach dem in halber Stunde per Bahnfahrt zu erreichenden ‚Godesberg‘. Unter Stöhnen der älteren Erstklassigen ging es den Berg hinan, auf dessen Gipfel die Ruine ‚Godesburg‘ liegt.“ Die Zeit bis zum Anpfiff wurde wie folgt verbracht: „Die Mannschaft wurde ins Bett gepackt, während die übrigen sich auf die Jagd nach Automobilen und ähnlichen Fahrzeugen machten, wollten wir doch wieder wie in Hamburg (beim Norddeutschen Endspiel, d. Verf.) nobel am Sportplatz vorfahren. Zwei Taxameter und ein Auto brachten uns dann alle nach längerer Fahrt zu dem ideal gelegenen Platz des Kölner FC von 1899 hinaus, auf dem der Wettkampf stattfinden sollte. Ungefähr 4.000 Zuschauer waren anwesend, als unsere ‚Erste’ durch eine Seitentür die ‚Arena’ betrat. Unsere Schlachtenbummler konnten zu ihrem großen Leidwesen nicht die Mannschaft durch die Seitentür, die nur für die Kämpfer bestimmt waren, begleiten, sondern mussten beim Haupteingang 1,10 Mark pro Mann entrichten. Die erste Enttäuschung!“

Stolz warb der Kölner BC mit seinem herrlich gelegenen Platz am „Café Storchnest“.

Die Möller'schen Aufzeichnungen zeigen: Inzwischen gab es bei den Vereinen ein „Umfeld" von Funktionären und Fans, die sich im Licht der „Stars" (Spieler) sonnten und für ein gewisses Ambiente sorgten. Wie stark deren Bindung zu den Aktiven war, belegt Möllers Kommentar zur Zahlung von 1,10 Mark Eintrittsgeld: „Die erste Enttäuschung", schrieb er und drückt damit aus, dass man sich keinesfalls als profaner Zuschauer, sondern als „aktiver Fan" verstand, der ebenso wie die Spieler „dazu" gehörte.

Die enge Tuchfühlung zwischen Spielern und Fans hing auch mit dem Status der Aktiven zusammen, die im Wesentlichen noch Hobby-Fußballer waren. Niemand, selbst Nationalspieler nicht, konnte als Profi von der Kickerei leben. Für Spitzenspieler gab es allerdings diverse Vergünstigungen. Dazu zählten Geldprämien ebenso wie Sachspenden wie beispielsweise freie Kost in der Vereinsgaststätte oder Nachlässe bei der Mietzahlung. Insofern war Fußball zumindest für die Spitzenspieler längst mehr als nur ein „Hobby" und machte sie zu Privilegierten. In diesem Zusammenhang kann zugleich mit der heutzutage gerne erzählten Legende von der damaligen „Vereinstreue" abgerechnet werden. Zweifelsohne gab es deutlich mehr Spieler als heute, die ihrem Klub während der gesamten Karriere treu blieben. Zugleich aber gab es sehr wohl zahlreiche Akteure, die regelmäßig die Vereinsfarben wechselten und sich diesen Wechsel „versüßen" ließen. Reinhard Bock beispielsweise, der 1905 mit Union 92 Berlin Deutscher Meister geworden war, wechselte wenig später zum Lokalrivalen Viktoria 89 und wurde mit jenem 1908 erneut Deutscher Meister. Der aus Leipzig stammende Nationalspieler Camillo Ugi avancierte derweil zum „Weltenbummler", der in seiner Karriere gleich fünfzehn Mal den Verein wechselte, und Tull Harder verließ 1913 den Erstligisten Eintracht Braunschweig, um fortan für den Zweitligaklub Hamburg 88 die Stiefel zu schnüren – der HSV-Vorläufer hatte dem späteren Nationalstürmer eine Versicherungsagentur versprochen.

Vereinswechsel aus „Profitgründen" (man sprach von „keilen" oder „ziehen") wurden in der ausgeprägten Amateurgesellschaft des deutschen Fußballs allerdings ungern gesehen und zogen häufig Streit nach sich. Bereits 1905 hatte der Vorgänger des Westdeutschen Spielverbandes erstmals „eine Regelung der überall berüchtigten ‚Keil'-Verhältnisse angemahnt – ohne Erfolg. Unfreiwillig einen Spieler abgebende Klubs beäugten eifersüchtig den Vorgang und suchten akribisch nach Unregelmäßigkeiten, dessen Aufdeckung sogleich einen Protest nach sich zog. Gegen erwähnten Ugi beispielsweise wurde 1912 nach seinem Wechsel vom VfB Leipzig zu den Vereinigten Breslauer Sportfreunden[51] ein Verfahren wegen Verletzung des Amateurparagrafen eröffnet – Ugi und einige seiner Mannschaftskameraden hatten in Breslau „üppige" Siegprämien kassiert. Einzudämmen waren derlei Vereinswechsel freilich nicht. Zum einen drängte es begabte Spieler, die einen angemessenen Gegenwert für ihr „Talent" forderten, an die „Fleischtöpfe", zum anderen wirkten bei vielen ambitionierten Vereinen Mäzene, die ihre Klubs rasch nach „oben" bringen wollten und sich lieber eine Mannschaft „zusammenkauften", als auf langfristige Nachwuchspflege zu setzen. Um sich vor dem

Verlust seiner Spitzenspieler zu schützen, griffen viele Vereine zu rigorosen Mitteln und stellten einen Strafenkatalog auf, der den Akteuren bei bestimmten Vergehen (Fehlen beim Training o.ä.) derart hohe Geldbußen auferlegte, das den Spielern die Begleichung oft nicht möglich war. So lange er seinem Verein treu blieb, war dies kein Problem. Wollte er jedoch wechseln, forderte der Verein zunächst die Begleichung der Schulden und drohte ansonsten mit der „Schwarzen Liste"[52], was eine Spielsperre nach sich zog. Da die Spieler in der Regel zur Zahlung der Schuld nicht in der Lage waren, musste dies vom neuen Verein übernommen werden, wodurch quasi ein Vorläufer der „Ablösesumme" entstand. Viele Fußballfreunde betrachteten die bedenkliche Entwicklung mit zunehmender Sorge – 1911 beispielsweise schrieb die „Mitteldeutsche Sportzeitung": „Wenn nun hier nicht bald Abhilfe geschaffen wird, werden die Beträge für ‚Verpflichtungen' immer höher gestellt, bis sie dem Lösegeld, was in England für erstklassige Spieler gezahlt wird, verdammt ähnlich sehen".[53]

Das Sporthaus Steidel, eigentlich ein Woll- und Trikotagengeschäft, in der Rosenthaler Straße in Berlin, hatte die Vertretung für original englische Sportartikel übernommen.

Einher mit der schleichenden finanziellen „Professionalisierung" ging übrigens die Anforderung an ein professionelleres Verhalten der Spitzenspieler im Alltag: „Wir geben den ernsten Rat, mindestens zwei Tage vor dem Spiele im Alkoholgenuss und Rauchen usw. äußerst mäßig zu sein. Auch ist Beschränkung im Genuss von Speisen vor einem Spiele sehr vorteilhaft", ermahnte beispielsweise die Vereinszeitung des VfB Leipzig 1911 seine Akteure.

An dieser Stelle kann auch gleich mit zwei weiteren höchst resistenten Legenden aufgeräumt werden: „Früher fielen mehr Tore" und „Randalierende Fußballfans gibt es erst seit den siebziger Jahren". Zur ersten Legende: Es stimmt zwar, dass effektiv mehr Tore fielen, doch das war vornehmlich dem krassen Leistungsgefälle innerhalb der Spielklassen zuzuschreiben. Trafen gleichstarke Mannschaften aufeinander, endeten die Spiele ähnlich häufig wie heute 1:0, 0:0 oder 2:1. Zu Legende zwei ein wahllos herausgegriffenes Beispiel aus Hamburg, wo der Schiedsrichter der Zweitligapartie Bergedorfer FC 02 - Germania 87 Hamburg anno 1913 wenige Minuten vor Schluss das Spiel entnervt abbrach und Germania-Präsident Dr. Lohse anschließend kleinmütig bekannte: „Besondere sportliche Wohlerzogenheit hat unser Publikum sicher nicht gezeigt"[54]…

1910/11: Rekordbesuch in Dresden

Währenddessen stand selbst der DFB staunend vor seinem schier unwiderstehlichen Aufschwung. 1910 war der bürokratische Aufwand bereits derart angewachsen, dass in Dortmund eine Geschäftsstelle eröffnet werden musste, deren Betreuung Geschäftsführer Sanß übernahm. Seit 1908 hatte sich die Mitgliederzahl fast verdoppelt – von 44.261 auf 82.326 – und die Kurve wies weiter nach oben. Selbst die Deutsche Turnerschaft hatte sich dem „Druck der Straße" beugen müssen und ihren Fußball spielenden Mitgliedern 1910 die Teilnahme am Spielbetrieb des DFB erlaubt. Ein neuer Höhepunkt bahnte sich 1911 an, als der DFB von den Veranstaltern einer großen Hygieneausstellung eingeladen wurden, das Endspiel um die Deutsche Meisterschaft auf dem Dresdner Ausstellungsgelände auszutragen. Da die Nähe zwischen Sport und Hygiene schon seit Pionierzeiten groß war – DFB-Mitbegründer und erster Präsident Ferdinand Hueppe war einer der bedeutendsten Hygieniker des Landes – griff der DFB natürlich sofort zu. Das Risiko zahlte sich aus, denn mit 12.000 Zuschauern registrierte man einen nie für möglich gehaltenen Rekordbesuch. Da sich unter den Zuschauern zahlreiche Prominente befanden, stellte die Partie zudem einen großen Schritt in Richtung Volkssport sowie gesellschaftliche Anerkennung dar. Sieger wurde Berlins Vertreter Viktoria 89, der sich dank eines überragenden Willy Worpitzky souverän mit 3:1 gegen den VfB Leipzig durchsetzte. „Viktorias Elf zeigte hervorragendes technisches und taktisches Können", bescheinigte das Fachblatt „Fußball" den traditionell eher als kampfstark, aber spielschwach bekannten Berlinern (Spitzname: „Mariendorfer Löwen") ungewohnte Talente.

Deutscher Meister 1911: Viktoria Berlin

Mannschaft der Stunde ■ Viktoria 89 Berlin

„Kampflustig und robust", so wurden die Fußballer des Berliner TuFC Viktoria 89 gemeinhin beschrieben. Mit derartigen Attributen passten die Himmelblauen aus Berlin-Mariendorf perfekt in jene Phase, in der das filigrane Spiel gerade erst aufkam und von höchstens einer Hand voll Kicker gepflegt wurde. Viktoria 89 hatte keinen Ausnahmefußballer in seinen Reihen. Wohl aber wies der viertälteste Fußballklub Berlins (gegründet am 6. Juni 1889) den seinerzeit wohl gefürchtetsten Sturm auf: Willy Worpitzky, Helmut, genannt „die Schießbude" Röpnack und Otto Dumke. Alle drei durften ihre Künste auch in der Nationalelf vorführen und hatten großen Anteil an den beiden Meisterschaften der Viktoria 1908 und 1911. Damals war Viktoria „schick" und galt als etwas Besseres. Damit war jedoch bald Schluss, denn Viktorias Geschichte ging tragisch weiter. Dumke starb 1913 im Alter von 25 Jahren an einer „heimtückischen Krankheit", und nach dem Ersten Weltkrieg sank Viktorias Stern allmählich, um sich auch später nur noch sporadisch am hochklassigen Fußball-Firmament blicken zu lassen. Was bleibt, ist die Ehre der beiden Meisterschaften – errungen durch „kampfeslustigen und robusten" Fußball.

1911/12: Erster Sieg für Norddeutschland

Vielleicht waren dies sogar Vorboten darauf, dass sich Viktorias Epoche mit dem Gewinn der zweiten Meisterschaft ihrem Ende zuneigte. Im Halbfinale der Endrunde 1911/12 scheiterten die Berliner vor 7.000 Zuschauern auf dem Union-Platz in Berlin-Mariendorf jedenfalls in der Verlängerung mit 1:2 an Holstein Kiel und verpassten damit erstmals bei einer Endrundenteilnahme den Sprung ins Finale. Viktorias Ausscheiden aus der Elite markiert einen Wendepunkt im deutschen Spitzenfußball. Das Zeitalter der Akademikerteams war beendet, und modern geführte und „professionell" arbeitende Klubs übernahmen die Führung.

Viktorias Bezwinger Holstein Kiel war einer der Träger dieser Entwicklung. 1910 hatten die Norddeutschen mit der Verpflichtung des dänischen Nationalspieler-Brüderpaares Sophus und Karlo Nielsen[55] Aufsehen erregt, denn die Nielsen-Brüder kamen nur aus einem Grund nach Kiel: um dort gegen Bezahlung (natürlich „unter der Hand") Fußball zu spielen. Auch wenn das Profi-Experiment scheiterte und die beiden Dänen schon 1911 wieder in ihre Heimat zurückkehrten, markiert ihr Transfer den Beginn einer neuen Zeit. Finanziert worden waren sie übrigens von privaten Gönnern, was verdeutlicht, dass Fußball inzwischen über eine bemerkenswerte „wirtschaftliche" Komponente verfügte und Spitzenklubs nicht mehr allein aus reinem Selbstzweck agierten, sondern große Anziehungskraft auf die lokale Wirtschaft ausübten[56]. Zudem waren sie dank kontinuierlich steigender Zuschauerzahlen in der Lage, Überschüsse zu erwirtschaften, die wiederum in den Sportplatzbau flossen oder aber (heimlich) den Spitzenspielern zugeschoben wurden. Aus Sportvereinen waren also „kleine Unternehmen" geworden.

Sportlich hatte Holstein Kiel den Verlust der Nielsen-Brüder mit David Binder übrigens exzellent kompensieren können. Binder war ein Stürmer von internationaler Klasse – obwohl er nie in der Nationalelf spielte – und hatte erheblichen Anteil am Einzug der Norddeutschen ins Endspiel um die Deutsche Meisterschaft. Dort trafen die Störche wie 1910 auf den Karlsruher FV, der erneut als Favorit galt. Vor 9.000 Zuschauern an der Hamburger Hoheluft haderten die Süddeutschen jedoch mit dem vorzeitigen Ausscheiden ihres Mittelstürmers Gottfried Fuchs, dem kurz nach Spielbeginn bei einem Zweikampf das Knie aus dem Gelenk sprang. Ohne ihn entwickelte sich ein optisch eher mäßiges Spiel – Karlsruhes gefürchteter Sturm kam nicht zum Zug, Kiel überzeugte lediglich in kämpferischer Hinsicht – das Holstein-Linksaußen Möller sieben Minuten nach dem Seitenwechsel per Strafstoß entschied. Erstmals ging der Meistertitel also nicht nach Sachsen, Süddeutschland oder Berlin – Deutschlands Spitzenfußball breitete sich erfreulicherweise aus. Das galt auch in der Breite, denn dem DFB gehörten inzwischen 1.630 auf 793 Ortschaften verteilte Vereine an, in denen rund 140.000 Menschen aktiv waren. Zwölf Jahre nach der Gründung eine wahrlich beachtliche Bilanz!

1912/13: Noch einmal Leipzig

Zehn Jahre nach Gewinn seines ersten Meistertitels feierte der zwischenzeitlich vom Lokalrivalen Spielvereinigung Leipzig verdrängte VfB Leipzig sein Comeback und sicherte sich am 11. Mai 1913 mit der „besten VfB-Mannschaft aller Zeiten" (Vereinschronik) Meistertitel Nummer 3 nach 1903 und 1906. Vorausgegangen war das Ende einer weiteren Ära, denn erstmals seit 1903 stand weder eine Berliner noch eine süddeutsche Mannschaft im Finale – Leipzigs Endspielgegner war der westdeutsche Meister Duisburger Spielverein. Das spiegelt den enormen fußballerischen Aufschwung der Rhein-Ruhr-Region, aus der zudem geradezu Schwindel erregende Zuschauerzahlen gemeldet wurden, anschaulich wider. Zum Halbfinalschlager zwischen dem Duisburger Spielverein und Holstein Kiel beispielsweise waren über 10.000 Zuschauer gekommen und hatten für den Zusammenbruch des Straßenverkehrs sowie chaotische Verhältnisse auf dem ETB-Platz an der Essener Kruppstraße gesorgt! Viele Fans waren mit Backsteinen, Leitern und Feldstühlen bewaffnet anmarschiert, um sich einen erhöhten Standplatz zu verschaffen. Unter den Zuschauern befand sich auch eine beachtliche Zahl Arbeiter, die in den Industriestädten an Rhein und Ruhr begonnen hatten, den Fußball als Zuschauersport für sich zu vereinnahmen. Damit einher gegangen war ein sonst nur aus England bekanntes lautstarkes und „pöbelndes" Zuschauerverhalten, das beim alteingesessenen (bürgerlichen) Publikum auf deutliche Ablehnung gestoßen sein muss.

Deutscher Meister 1913: VfB Leipzig

Das Ruhrgebiet sollte sich in den nächsten Jahren sowohl zur Zuschauerhochburg als auch zum Trendsetter entwickeln – allerdings unterbrochen durch die Weltkriegspause. Sportlich reichte es noch nicht zum Durchbruch. Der VfB Leipzig, in dessen Reihen mit Adelbert Friedrich noch ein Akteur aus dem 1903er Endspiel stand, war technisch deutlich überlegen und wies zudem die stabilere Hintermannschaft auf. Am Ende stand ein hochverdienter 3:1-Sieg vor lediglich 5.000 Zuschauern auf dem MTV-Platz in München-Sendling[57]. Nach ihrer Heimkehr wurde die Siegerelf von über 10.000 jubelnden Fans am Querbahnsteig des Leipziger Hauptbahnhofes empfangen und im Triumphzug durch die Stadt gekarrt.

Beim DFB herrschte nach dem Finale Erleichterung – zu vieles war im Verlauf der Endrunde schiefgegangen. Norddeutschlands Meister beispielsweise hatte nicht teilnehmen können, weil die dortige Meisterschaft aufgrund diverser Wetterkapriolen erst am 25. Mai entschieden werden konnte – da lief die Endrunde um die Deutsche Meisterschaft bereits seit einem Monat! In Westdeutschland verzichtete man aus ähnlichen Gründen gleich ganz auf sein Endspiel und erklärte den Duisburger Spielverein – Meister der „Zehnerliga" – zum Westmeister. In Südostdeutschland schließlich hatte eine endlose Protestwelle die Regionalmeisterschaft zur Farce werden lassen. Als Konsequenz gab der DFB für die Spielzeit 1913/14 erstmals einen Rahmenterminplan heraus.

Ganz andere Probleme hatte die Leipziger Polizei, die 1913 folgende Warnung ausgab: „Ein Betrüger macht sich neuerdings im Deutschen Reich bemerkbar, der

Vor girlandengeschmückter Tribüne trafen der Duisburger Spielverein (dunkle Jerseys) und der VfB Leipzig aufeinander.

besonders die Fußballspielerkreise heimsucht. Er gibt sich als Fußballspieler aus, lässt sich als Mitglied von Klubs anwerben und borgt dann die Mitglieder der Vereinigung tüchtig an, um hierauf schleunigst zu verschwinden. (...) Beim Auftauchen wolle man sogleich die Kriminalpolizei benachrichtigen".[58]

1913/14: Ein Kleeblatt blüht auf

1913/14 markiert einen neuerlichen Meilenstein, und erneut war es der Norden, der neue Maßstäbe setzte. Mit der „Norddeutschen Verbandsliga" schuf der NFV eine das gesamte Verbandsgebiet abdeckende Spitzenklasse, die mit der späteren Oberliga Nord (1948-63) fast deckungsgleich war.[59] Freilich waren Fahrten von Kiel nach Hannover anno 1913 ein ungleich komplizierteres Vergnügen als 50 Jahre später. Sportlich war die Norddeutsche Verbandsliga eine Sensation. Erstmals war es Fußball-Funktionären gelungen, den Widerstand der Bezirke bzw. kleineren Vereine zu brechen und einen wirklichen Schritt in Richtung „Leistungselite" zu machen, wie sie für die nationale und internationale Stärkung des deutschen Fußballs zwingend notwendig war. Wie schwach Deutschland im Vergleich zu anderen Nationen auf den internationalen Fußballplätzen agierte, demonstriert die magere Länderspielbilanz: In 30 Spielen bis 1914 gab es 19 Niederlagen, fünf Unentschieden und nur sechs Siege.

Während im Norden epochale Schritte vollzogen wurden, trat man in anderen Regionen auf der Stelle. In Westdeutschland wurde die „Zehnerliga" 1913/14 zugunsten von fünf Kreisligen aufgelöst, und in Mitteldeutschland kämpften in jener Saison gleich 21 Kreismeister um den Titel des regionalen Titelträgers. Das Leistungsgefälle war derart groß, dass zweistellige Ergebnisse an der Tagesordnung waren und die Spitzenklubs oft erst in der Endrunde um die Deutsche Meisterschaft oder bei attraktiven Freund-

Spieler der Stunde ■ Adolf Jäger

Er war der Vorzeigefußballer schlechthin. Bescheiden, beständig, ehrgeizig, stets sportlich fair und zugleich unvergleichlich volksnah. Dass er nebenbei auch noch einer der besten Fußballer Deutschlands war – womöglich sogar der Beste der Epoche bis 1914 – macht ihn zu einer Mischung aus Marco Bode, Franz Beckenbauer und Uwe Seeler, dessen Bekanntheits- und Beliebtheitsgrad seinerzeit von niemandem übertroffen wurde. Der hochaufgeschossene gebürtige Altonaer kam eigentlich aus dem Cricketbereich, fand aber rasch zum Fußball. Über Union 03 landete er bei Altona 93, dessen überragender Akteur er bis weit in die zwanziger Jahre sein sollte. Obwohl er seiner sportlichen Klasse bei den ansonsten nur durchschnittlichen Altonaern nicht zum Durchbruch verhelfen konnte, blieb er seinem Klub bis zum Karriere-Ende treu – eben ein Vorbild durch und durch. Adolf Jäger, nach dem der AFC später sein Stadion an der Griegstraße benannte, starb 1944 bei einem Luftangriff auf seine Heimatstadt.

schaftsspielen (seinerzeit „Gesellschaftsspiele" genannt) gefordert wurden. Als vorbildlich konnten neben Norddeutschland lediglich der Süden mit vier „höchsten Klassen"[60] sowie Berlin-Brandenburg angesehen werden, wobei dort allerdings ausschließlich Berliner Vereine in der „Oberliga" vertreten waren.

In der letzten Endrunde um die Deutsche Meisterschaft vor der Weltkriegsunterbrechung trumpfte eine bis dahin völlig unbekannte Mannschaft auf: Die Spielvereinigung Fürth. Die 1906 nach Streitigkeiten mit verbohrten Turnern aus dem TV 1860 ausgetretenen Kleeblätter wiesen ein für jene Tage geradezu einzigartig modernes, fortschrittliches und nicht zuletzt mutiges Management auf, das die Sozialstruktur der Stadt Fürth bestens widerspiegelte: eine Melange aus Bürgertum und Arbeiterschaft – die künftige Erfolgsmischung im deutschen Fußball. Binnen weniger Monate war die SpVgg Fürth zum Paradebeispiel für einen „modernen" Spitzenklub avanciert und hatte damit die Vorreiterrolle des allmählich aus der Elite verschwindenden Karlsruher FV übernommen.

Das Management der SpVgg leistete Erstaunliches. Am Ronhof schuf man ein ausschließlich aus Eigenmitteln errichtetes schmuckes Stadion mitsamt imposanter Tribüne, und im April 1911 gelang mit der Verpflichtung von William Townley – jenes Mannes, der den Karlsruher FV 1910 zur Deutschen Meisterschaft geführt hatte – ein genialer Schachzug. Townley brachte aus Karlsruhe seinen Stürmer Julius Hirsch mit und formte – wie zuvor in Karlsruhe – aus einer Ansammlung höchst talentierter Fußballer eine perfekt miteinander harmonierende Elf, deren Leistungsträger neben dem erwähnten Hirsch der Ungar Weicz, der Wiener Riebe sowie der legendäre Hans „Bumbes" Schmidt waren. Aber Fürth war mehr als nur eine Fußballmannschaft. Mit ihrem gepflegten und technisch perfekten Flachpass-Spiel vermochten die Kleeblätter das Publikum regelrecht mitzureißen und erreichten mit ihrer Aura eine weit über die Stadtgrenzen hinausreichende Wirkung: Sie wurden zum ersten „Lieblingsklub" vieler Fußballfans in ganz Deutschland.[61]

Deutscher Meister 1914: SpVgg Fürth

Der Weg zur ersten Deutschen Meisterschaft war für die Spielvereinigung allerdings höchst beschwerlich. Im Viertelfinale stand ihr der Mitteldeutsche Meister SpVgg Leipzig gegenüber, den sie mühevoll mit 2:1 bezwang. Eine Runde später erlebten über 12.000 Fans im heimischen Ronhof beim Spitzenspiel gegen Berlins Meister BBC 03 ein Wechselbad der Gefühle, als ihre Elf zunächst mit 2:0 in Führung ging, dann den 2:2-Ausgleich kassierte und am Ende nach insgesamt 146 gespielten Minuten als glücklicher 4:3-Sieger das Feld verließ. Im Finale kam es zum Duell mit Titelverteidiger VfB Leipzig, mit dem sich die Franken einen laut „Fußball" „harten, erbitterten und scharfen Kampf" lieferten, der sogar 160 Spielminuten[62] dauerte – und mit einem 3:2-Sieg der SpVgg Fürth endete. Zwei Monate später begann der Erste Weltkrieg, in dem u. a. die Fürther Meisterspieler Karl Franz, Sebastian Seidel, Hans Jakob und Fritz Weicz ihr Leben lassen mussten.

Der Krieg bedeutete einen tiefen Einschnitt in die deutsche Fußballgeschichte und sorgte für das abrupte Ende eines Aufschwungs, der zunehmend rascher und faszinierender geworden war. In den sieben Endrundenspielen 1913/14 beispielsweise waren bereits mehr als 6.800 Zahlende pro Spiel registriert worden! Mit Kriegsbeginn gab es in Deutschland insgesamt 753.000 Sportvereinsmitglieder, von denen 189.000 Fußballvereinen angehörten.[63] Selbst wenn man berücksichtigt, dass diese Zahlen aufgrund von Doppelmitgliedschaften (Fußballer, die außerdem Mitglied eines Leichtathletikvereins waren usw.) mit Vorsicht zu genießen sind, ein imponierender Beleg für die binnen weniger Jahre erreichte Popularität des Fußballs.

SpVgg Fürth – 1914 der erste Deutsche Meister mit „moderner" Ausprägung.

EXKURS

Turnen, Fußball, Vaterland

„Turnvater" Friedrich Ludwig Jahn.

Zum tieferen Verständnis der turnerischen Ressentiments gegenüber den Fußballern ist ein etwas längerer Ausflug in die Geschichte der Leibesübungen in Deutschland notwendig, beginnend im Jahr 1800. Seinerzeit war Preußen[64] ein Agrarstaat[65] mit bescheidener Infrastruktur und ständisch strukturierter Gesellschaft. Politisch war das Land erschreckend rückständig und schrie – spätestens seit der Französischen Revolution – förmlich nach Modernisierung. Forderungen wie die nach Bauernbefreiung, Abschaffung der Prügelstrafe beim Militär, Judenemanzipation, städtischer Selbstverwaltung etc. wollte die Feudalherrschaft jedoch nicht nachkommen, so dass sich unter führenden Beamten eine Opposition herausbildete, deren Idee einer „Revolution von oben" durch die militärische Niederlage gegen Frankreich (1806) Auftrieb erhielt. Während der Besetzung großer Landesteile durch Napoleons Truppen (1807-15) und der Flucht des Königs nach Ostpreußen bekamen die Reformer Gelegenheit, einige längst überfällige Maßnahmen einzuleiten. Parallel dazu entwickelte sich erstmals so etwas wie ein „deutsches Nationalbewusstsein", das u.a. auf den eher unpolitischen Freiheitsideen diverser Dichter und Gelehrter (Lessing, Fichte, Goethe u.a.) basierte. Einer der aktivsten Kräfte in beiden Prozessen war Karl Freiherr vom und zum Stein, ein Jurist im preußischen Dienst, der liberale und demokratische Ideen zu einem konservativen Konstrukt verband und mit den Worten „Ich habe nur ein Vaterland, das heißt Deutschland!" vehement für die nationale Einigung warb.

1807 wandte sich Stein an einige reformwillige Intellektuelle, um eine groß angelegte Propagandakampagne durchzuführen, deren Ziel es war, „so auf die Öffentlichkeit einzuwirken, dass bei der Bevölkerung dauerhaft bestimmte Denkweisen, Einstellungen und Emotionen erzeugt" werden. Neben Philosophen wie Johann Gottlieb Fichte und Theologen wie Friedrich Schliermacher warb Stein auch einen Sprachwissenschaftler an, dem der Ruf eines glühenden Patrioten und fanatischen Preußen vorauseilte: Friedrich Ludwig Jahn – jenes heute als „Turnvater" bekannte und in unzähligen „Jahn-Stadien" geehrte Sinnbild des „Deutschen Turnens".

Jahn, ein etwas aufmüpfiger Predigersohn, der vom Gymnasium geflogen war und seine siebenjährige Studienzeit an insgesamt zehn Universitäten verbracht hatte, ohne

Turnvater Jahn und seine Turner auf der Hasenheide.

mit einer Berufsqualifikation abzuschließen, sollte sich in Steins Konzept der Schaffung eines „Nationalmythos“ um die Jugend des Mittelstandes kümmern und dort Grundlagen für die angestrebte Umgestaltung des Staatswesens schaffen. Für den seinerzeit 29 Jahre alten späteren Turnvater stellte das Angebot die berühmte „Chance des Lebens“ dar, denn weder war es ihm bis dahin gelungen, eine gesicherte gesellschaftliche Position zu erlangen (weshalb er permanent mit finanziellen Problemen zu kämpfen hatte), noch hatte er seinem persönlichen Ehrgeiz gerecht werden können. Steins Angebot bescherte Jahn nun gleich beides: finanzielle Sicherheit[66] und die Befriedigung seines (durchaus ausgeprägten) Geltungsbedürfnisses.

Jahn widmete sich neben der „geistigen“ Propaganda auch der körperlichen Ausbildung der Jugend – bedeutsam insofern, als Preußen im Frieden von Tilsit (1807) die Beschränkung des Heeres auf 42.000 Mann auferlegt worden war. Jahn dachte dieses Manko durch eine paramilitärische „Reservearmee“ zu überwinden und wollte die jungen Männer im zivilen Leben auf ihre Rolle als Volksverteidiger vorbereiten. Als er 1809 nach Berlin kam und eine Hilfslehrerstelle an der für geheimbündlerische Aktivitäten bekannten Plamannschen Erziehungsanstalt antrat, machte er sich an die Umsetzung seiner Pläne. Im Sommer 1810 bot Jahn an den schulfreien Mittwoch- und Samstagnachmittagen erstmals „Spaziergänge“ vor die Tore der Stadt an, wo er gymnastische Übungen und Geländespiele abhalten ließ. Das große Interesse der Pennäler animierte ihn, im Frühjahr 1811 auf der Hasenheide vor dem Halleschen Tor einen festen „Turnplatz“[67] anzulegen, der zur Wiege der Turnbewegung in Deutschland wurde. Neben Übungen wie Ringen, Springen, Laufen oder Klettern wurden dort – ganz im Sinne des Ziels „Reservearmee“ – auch Geländespiele durchgeführt.[68]

Trotz des wehrsportlichen Ansatzes waren militärische Gepflogenheiten auf der Hasenheide allerdings verpönt, und Jahn sträubte sich auch vehement gegen allzu offensichtlichen Drill. Zugleich fand jedoch eine von ihm durchaus beabsichtigte „heimliche" Militarisierung des Alltags der Turner statt – schließlich sollten die Turnstunden nach seinen Worten „die Vorarbeit für künftige Vaterlandsverteidigung übernehmen" und außerdem wollte er mittels einer „turnerischen Gesinnung" das Nationalbewusstsein der Jugendlichen herausbilden bzw. fördern. Dass sich Jahn und seine Mitstreiter 1815 freiwillig zu den Befreiungskriegen gegen Napoleon meldeten und in einem Lützower Freikorps aktiv mitkämpften, überrascht folglich nicht.

Person und Wirken Jahns sind schwer zu greifen. Sein 1810 (vermutlich im Auftrag der preußischen Regierung) verfasstes Werk „Deutsches Volksthum" beispielsweise erhebt unmissverständlich die Forderung nach „Deutscher Einigung" und strotzt vor deutschtümelnden und antifranzösischen Äußerungen. Zugleich war seine Turnbewegung aber eine beinahe „demokratische" und vor allem klassenlose Gesellschaft.[69] Alle trugen einheitliche Kleidung, es wurde das ungewöhnliche „Du" bzw. „Bruder" benutzt, und es gab keine ständischen Unterschiede. Jahns heute oft etwas verklärt dargestelltes Wirken bzw. dessen Folgen sind unter Historikern umstritten. Sebastian Haffner beispielsweise schreibt in seinem Buch „Preußen ohne Legende": „... selbst eine eher skurrile Figur wie der ‚Turnvater' Jahn ist nicht ohne Nachruhm geblieben. Sie (Haffner meint neben Jahn die Dichter Heinrich von Kleist und Ernst Moritz Arndt sowie den Philosophen Fichte, d. Verf.) verkörperten etwas, das im späteren 19. Jahrhundert eine gewaltige politische Kraft werden sollte; als Vorläufer der deutschen Nationalbewegung sind sie in der deutschnationalen Geschichtsschreibung zu Helden geworden. Aber dadurch dürfen wir uns nicht darüber täuschen lassen, dass sie zu ihrer Zeit Einzelgänger waren, mit Anhängern höchstens in der akademischen Jugend und ohne jeden wirklichen Einfluss auf die tatsächliche preußische Politik. Ihnen und ihren Auffassungen den Entschluss zum Kriege von 1813 zuzuschreiben, wie es später oft geschehen ist, ist Geschichtsklitterung."[70]

Dessen ungeachtet ist zweifelsfrei festzustellen, dass Jahns Turnbewegung den Ausgangspunkt organisierter Leibesübungen im modernen Deutschland darstellt und damit auch eine (von mehreren) Grundlage für die Entstehung einer Fußballkultur lieferte. Außerdem bildet sie die Wurzel des Vereinssports, denn neben den „öffentlichen" Turnplätzen entstanden auch „private" Turn-Organisationen, von denen einige – wie beispielsweise die Hamburger Turnerschaft von 1816 oder der TV Mainz 1817 – bis heute bestehen und damit auf eine ähnlich lange Tradition wie die Schützenvereine zurückblicken – bis dahin einzige „sportliche" Ausprägung im deutschen Vereinstum.[71]

Die Geschichte der Turnbewegung war zunächst geprägt von politisch motivierten Turbulenzen. Nach den erfolgreichen Befreiungskriegen (1813-15) und dem Wiener Kongress (1815), der nicht die erhoffte deutsche Einheit gebracht hatte, übernahmen in Preußen wieder konservative Kräfte die Macht und leiteten eine reaktionäre Phase ein. Jahn wandte sich daraufhin enttäuscht von der Führung ab und kämpfte im Verbund mit der ab 1815 entstehenden Burschenschaftsbewegung pro „Deutsche Einheit", wobei er bisweilen etwas ungeschickt auftrat.[72] Zudem trat der Wehrsport-Gedanke in seinen Überlegungen nun spürbar zurück – sein 1816 veröffentlichtes Werk „Die Deutsche Turnkunst" beschäftigt sich vornehmlich mit der „körperlichen Vervollkommnung" des Menschen. Nichtsdestotrotz hielt er am Turnen als „ein vaterländisches Werk und volkstümliches Wesen" fest.

Aufgrund diverser antifeudalistischer Aktivitäten geriet Jahn ab 1817 allmählich ins Fadenkreuz der reaktionären Macht, die den Turnvater misstrauisch beäugte. Zwei Ereignisse sorgten für eine Eskalation: 1817 warf eine Gruppe um den Jahn-Anhänger Friedrich Maßmann auf dem heute als „Manifestation der frühen deutschen Nationalbewegung" betrachteten Wartburgfest der deutschen Burschenschaften diverse antinationalistische Schriften, darunter eine höchst umstrittene Polizeiverordnung, auf den Scheiterhaufen, woraufhin Jahn erstmals in den Verdacht geriet, ein politischer Aufrührer zu sein. Als dann am 23. März 1919 der Burschenschaftler und Turner Karl Ludwig Sand den preußischen Staatsrat August von Kotzebue, der die Liberalen wiederholt verspottet hatte, ermordete, war das (vorläufige) Ende der Turnbewegung besiegelt. Die als Reaktion auf den Anschlag einsetzenden Repressionsmaßnahmen trafen auch Jahn, der am 14. Juli 1819 wegen „geheimer, hochverräterischer Verbindungen" verhaftet wurde. Am 2. Januar 1820 erklärte Preußen gemeinsam mit weiteren deutschen Staaten Turnen für „staatsfeindlich" und stellte es unter Strafe.[73]

Während Jahn nach seiner Haftentlassung in die Verbannung nach Freyburg (Unstrut) geschickt und unter Polizeiaufsicht gestellt wurde, kehrte auf den öffentlichen Turnplätzen Preußens „Zwangsruhe" ein. Lediglich in den Schulen wurde weiter geturnt – allerdings unter dem unverfänglichen Begriff „Gymnastik". Erst in den 1830er Jahren wurde das Verbot gelockert, und 1837 erlaubte der preußische Kultusminister zumindest an den Gymnasien auch offiziell wieder die Durchführung von Turnübungen. Hintergrund war der schlechte Gesundheitszustand vieler Schüler, der die Wehrkraft Preußens ernsthaft zu gefährden bedrohte – Turnen war also wieder „Wehrsport". Am 6. Juni 1842 hob König Friedrich Wilhelm IV. mit einem Erlass, nach dem „die Leibesübungen als ein notwendiger Bestandteil der männlichen Erziehung förmlich anerkannt und in den Kreis der Volkserziehung aufgenommen werden", die „Turnsperre" schließlich für ganz Preußen auf.

Doch noch bevor sich die Turnbewegung wieder formieren konnte, stand der nächste Konflikt vor der Tür. 1848 beteiligten sich viele noch immer dem Ziel „Deutsche Einheit" verbundene Turner an der bürgerlichen Revolution und sahen sich nach deren blutiger Niederschlagung[74] einer erneuten Verfolgung durch reaktionäre Kräfte ausgesetzt. Rund zehn Jahre musste die Turnbewegung im Verborgenen bleiben, und ihre Philosophie konnte allenfalls in den zahlreichen von engagierten Turnern gegründeten „Freiwilligen Feuerwehren" überleben.

Um 1858 etablierte sich dann eine „neue" Turnbewegung, die sich von der vorrevolutionären grundlegend unterschied: Wie große Teile des in der Revolution gescheiterten liberalen Bürgertums hatte sie keinerlei demokratischen Ambitionen mehr, sondern bezog klar Position an der Seite der Feudalherrschaft. Politisch stand man dem „Nationalverein“ nahe, der zwischenzeitlich gegründeten Partei des liberalen Bürgertums. Einher mit dem Wandel ging sowohl die Entpolitisierung der Turnbewegung als auch das Zurückdrängen des Wehrsports.[75] Turnen wurde endgültig zu einer zivilen Angelegenheit, die sich vornehmlich über private Vereine trug, in denen das liberale Bürgertum das Sagen hatte und deren Alltag sich durch ein hohes Maß an „Spießigkeit“ auszeichnete. Dank dieser obrigkeitsgläubigen Ausprägung konnte sich Turnen rasch als „deutsche“ Leibesübung etablieren und einen bemerkenswerten Aufschwung erfahren. Im Juni 1860 wurden beim 1. Deutschen Turnfest im fränkischen Coburg mehr als tausend Aktive begrüßt, und zwischen 1860 und 1862 entstanden mehr als tausend Turnvereine (von denen viele rund 25 Jahre später zu einer von mehreren Sammelbecken der Fußballpioniere werden sollten[76]).

Als organisatorisches Zugpferd etablierte sich ab 1868 die Deutsche Turnerschaft (DT), die von den Rechtsliberalen Theodor Georgii und Dr. Ferdinand Goetz angeführt wurde und unter deren Führung die Turner im Krieg mit dem verhassten Frankreich (1870-71) bereits fest hinter der deutsch-preußischen Führung standen, sich offen mit dem angestrebten wilhelminischen Obrigkeitsstaat identifizierten und stolz ihre Treue zu Kaiser und Reich bekundeten.

Mit der DT-Gründung war eine Organisation entstanden, die sich als Leitwolf etablieren und in der Auseinandersetzung mit den Fußballern später noch eine höchst unrühmliche Rolle einnehmen sollte. Zugleich spiegelte die DT die ideologische Abkehr der Turnbewegung von der „großdeutschen“ Lösung und ihre Hinwendung an Bismarcks „kleindeutsche“ Variante (also preußisch geprägt und ohne Österreich) bzw. das Deutsche Kaiserreich wider: Beim vierten Deutschen Turnfest 1872 schmückte sie die Siegerkränze erstmals mit schwarz-weiß-roten Bändern[77] und intonierte das in jenen Tagen vor allem in antisemitischen und völkischen Kreise beliebte Deutschlandlied. „Belohnt“ wurde die Hinwendung zu Preußen mit der lange ersehnten Akzeptanz durch die Herrschenden, was sich beispielsweise in Steuerbefreiungen sowie Unterstützung beim Bau von Turnhallen etc. äußerte. „Das Turnen hat sich seine Stelle in der Reihe der deutschen Volkserziehungsmittel endgültig errungen“, resümierten die Turner im August 1872 stolz.

Ein Streitpunkt unter den Turnern war der zunehmende Wettkampfcharakter bei Turnfesten mit dem Ziel, Sieger zu ermitteln und entsprechend zu „dekorieren“ – Dinge, die nach Ansicht von traditionsverbundenen Turnern einen kulturellen Niedergang der Turnbewegung befürchten ließen. Die DT reagierte zunächst mit einer veränderten Wett-Turnordnung[78], ehe sie das Turnen „um Medaillen und Werthpreise für Erwachsene“ 1891 schließlich offen verurteilte, weil es „jeden Turners unwürdig“ sei.

Es folgte ein tief greifender Umwälzungsprozess, der insofern von Bedeutung ist, als er bis in die Pionierjahre des Fußballs in Deutschland andauerte und bei diesem eine begünstigende Rolle spielte. Zwei Aspekte waren entscheidend: a.) Die Wettkämpfe der

Eine klassische Turnhalle.

Turnvereine wurden zunächst von Einzelwettkämpfen (Personen gegen Personen) auf Riegenwettkämpfe (Vereine gegen Vereine) reduziert, ehe sie später fast gänzlich eingestellt wurden. Jeder Teilnehmer erhielt fortan eine einfache Auszeichnung, und „Sieger“ gab es nicht mehr. Das führte zu einem immensen Popularitätsverlust der Turnbewegung vor allem unter den Jugendlichen. b.) In Orten, in denen mehrere Turnvereine existierten, traten zunehmend ständische Strukturen zutage – d.h. die Vereine wurden jeweils zu separaten Vereinigungen für das höhere Bürgertum, den Mittelstand sowie das Proletariat:[79] Die einstmals „demokratische“ Turnbewegung zerbrach also an ihren sozialen Schnittstellen. Das wiederum zog weit reichende Veränderungen nach sich. Die „gehobenen“ gutbürgerlichen Vereine brachen beispielsweise mit der turnerischen Tradition und schafften das brüderlich „Du“ ab, um dem eigenen Klassenbewusstsein Rechnung zu tragen. Außerdem wurden die Jahn'schen Übungen zunehmend von den „Frei- und Ordnungsübungen“ genannten Vorgaben des Turnlehrers Adolf Spieß verdrängt, die sich durch ein hohes Maß an Ordnung und Disziplin sowie den weitgehenden Verzicht auf das Geräteturnen auszeichneten.[80] In der Praxis bedeutete dies, dass Turnen sich militärischen Drillübungen deutlich annäherte und dadurch eintönig bzw. langweilig wurde. Während die exerzierähnlichen Übungen bei Kriegsveteranen wegen der Erinnerung an ihre Militärzeit noch attraktiv waren, verstärkten sie beim Nachwuchs das Desinteresse an der Turnbewegung und die Hinwendung zu den „english sports“.

Der DT drohten die Felle wegzuschwimmen. Der im Jahr der DFB-Gründung (1900) geradezu astronomische Vorsprung (DT: 650.000 Mitgliedern in rund 6.500

Vereinen, DFB: 60 Vereine mit einer unbekannten Zahl von Mitgliedern, die sich aber höchstens im Bereich zwischen 1.500 und 2.000 bewegt haben dürfte) schrumpfte zusehends[81], und klugen Turnerköpfen war längst klar, dass im Fußball eine bedrohliche Konkurrenz heranwuchs. Die DT reagierte mit einer Hetzkampagne, die umso hitziger geführt wurde, je mehr sich die Fußballer den gesellschaftlichen Normen anzupassen versuchten und entsprechende Anerkennung erreichten. Regelrechte Panik löste das Thema Militär bei den Turnern aus – schließlich betrachtete man sich nicht nur als „zivile" Reservearmee, sondern beanspruchte diese Rolle zudem uneingeschränkt für sich. Doch die Entwicklung war nicht aufzuhalten. Im Gegenteil: Weil viele Fußballer nach ihrem Einzug zum Militär auch im Soldatenrock ihrem Hobby frönten, wurde das Spiel immer tiefer in die Armee hineingetragen und erfreute sich vor allem unter den höheren Dienstgraden bald bemerkenswerter Beliebtheit: 1903 wurde Fußball von Teilen der Militärverwaltung offiziell eingeführt, 1905 wurde es zum Bestandteil der Offiziersausbildung, und mit dem Aufgreifen durch die führende Adelsschicht konnte sich das Spiel ab 1908 endgültig durchsetzen. 1909 stiftete Prinz Heinrich von Preußen einen Ehrenpreis für die Fußballmeisterschaft in der Hochseeflotte, 1910 fand Fußball Aufnahme in die neue Militärverordnung, und 1911 wurde in Sachsen erstmals eine Armeemeisterschaft ausgespielt.

Auch die Vereine profitierten davon. Johannes Runge, Obmann der Braunschweiger Eintracht, teilte beispielsweise am 9. Mai 1908 auf einer Tagung des Fußballbezirkes Braunschweig mit, dass die Besucherzahlen seines Vereins deutlich gestiegen seien, seitdem Herzogregent Johann Albrecht zu Mecklenburg die Spiele besuche. Innerhalb kurzer Zeit seien der Eintracht über 60 Personen, meist Offiziere und Behördenvertreter, beigetreten.[82]

Fußball erhielt dadurch eine deutlich politischere Ausprägung, wenngleich er noch kein politisches Sendungsbewusstsein entwickelte. Eine „politische" Wirkung hatte die Fußballbewegung auch vorher schon gehabt – beispielsweise durch ihren Mut, ein ausländisches Spiel zu betreiben bzw. Kontakte ins „feindliche" Ausland (Frankreich! England!) zu knüpfen. Doch aus dem einst polyglotten Pioniergeist war inzwischen eine unangenehme Deutschtümelei geworden. Deutlich wird dies vor allem auf administrativer Ebene. 1905 beispielsweise war der DFB dem 1891 von Konrad Koch und anderen patriotisch denkenden Männern[83] gegründeten Zentralausschuss zur Förderung von Volks- und Jugendspielen (ZA) beigetreten. Der ZA war eine staatspolitische Organisation, die der Nationalliberalen Partei und dem Alldeutschen Verband nahe stand und deren heimliches Ziel es war, der aufstrebenden Sozialdemokratie Mitglieder abzuwerben.[84] Mit seinem Beitritt zum ZA bezog der DFB erstmals klar eine anti-sozialdemokratische Position und betrieb damit eine Art Ausgrenzungspolitik – wenngleich er satzungsgemäß für alle Schichten offen blieb.

Noch deutlicher wurde der Gesinnungswandel am 13. November 1911, als das DFB-Präsidium um Gottfried Hinze und Hans Hofmann (2. Vorsitzender) an der Gründung des Jungdeutschlandbund (JDB) teilnahm. Der JDB sollte sich vornehmlich um die Schaffung einer kriegsverwendungsfähigen Jugend kümmern[85] und war auf Initiative des preußischen Kriegsministeriums entstanden, das einen bedenklichen Rückgang der militärischen Brauchbarkeit der Heranwachsenden ausgemacht hatte: Nur noch ein Viertel der männlichen Jugendlichen betrieb beispielsweise regelmäßig Leibesübungen. Angesichts des Aufschwungs der Sozialdemokratie[86] sorgte man sich im Kriegsministerium zudem um die innenpolitische Zuverlässigkeit des Heeres und wollte der bedrohlichen Entwicklung mit dem JDB gegensteuern. Neben der „Immunisierung gegen sozialdemokratische Propaganda"[87] stand die Einschwörung der Jugend auf den unvermeidlich scheinenden Krieg auf dem Programm: „Die sichere Zukunft unseres Vaterlandes beruht auf einer kräftig und gesund an Leib und Seele und wehrhaft heranwachsenden Jugend", propagierte der JDB-Vorsitzende, Generalfeldmarschall Freiherr von der Goltz, und forderte die Schaffung eines „starken und frommen Geschlechts, (...) das erfüllt ist von vaterländischem Geist, das treu zu Kaiser und Reich steht, (...) um Deutschland siegreich durch die Stürme zu tragen, die ihm nicht erspart bleiben werden".[88]

Für den DFB stellte die Beteiligung Hinzes und Hofmanns an der JDB-Gründung eine neuerliche Zerreißprobe dar, denn die beiden hatten ohne Rücksprache mit den restlichen Präsidiumsmitgliedern gehandelt. Zur Entschuldigung konnten sie lediglich anführen, dass es auf der ursprünglich als „beratende Sitzung" deklarierten Gründungsversammlung ein wenig drunter und drüber gegangen war und sie sich von der patriotischen Stimmung hatten mitreißen lassen. Ansonsten ließen sie aber keine Reue erkennen – im Gegenteil, denn „es ist eine Pflicht für uns, eine Bewegung zu unterstützen, die in ihrem Wesen das gleiche Ziel enthält wie der DFB, der durch die Pflege des Fußballspiels in der frischen freien Luft die Gesundheit unseres Volkes und damit seine Wehrkraft im besten Sinne des Wortes heben will"[89]. Sowohl die präsidiale Kompetenzüberschreitung als auch die inhaltliche Position standen auf dem nächsten Bundestag am 29. Mai 1912 in Hamburg im Zentrum der Kritik. Vor allem Fritz Boxhammer, Vorsitzender des Brandenburgischen Regionalverbandes VBB[90] und als pazifistisch denkender Mann bekannt, griff Hinze scharf an. Neben der Tatsache, dass der Beitritt zum JDB im Alleingang erfolgt sei, rügte Boxhammer (der seinen Posten als 2. DFB-Vorsitzender übrigens 1911 an den ebenfalls an der JDB-Gründung beteiligten Hans Hofmann übergeben hatte) die politische Dimension der Angelegenheit und lehnte diese für Berlin ab. „Die Stellung des VBB ist derart, dass er es sich nicht gefallen lassen kann, allein oder mit anderen Verbänden einer Gemeinschaft anzugehören, die irgendwie politische oder kirchliche Tendenzen befolgt. (...) Wenn wir eine Verbeugung auf politischem oder kirchlichem Gebiet machen würden, verlören wir viele Mitglieder", argumentierte Boxhammer. Seine Forderung „der DFB tritt aus dem JDB aus und überlässt den Beitritt hierzu seinen Landesverbänden" wurde jedoch mehrheitlich abgelehnt, und auch den Vorwurf der unterlassenen Information wischte Hinze kurzerhand vom Tisch: „Da dem Bundesvorstand über die Absichten und sofortige Gründung des JDB nichts bekannt gewesen sei, habe er der Bundesausschuss-Sitzung in Leipzig auch nichts mitteilen können".[91] Boxhammers Sorgen waren nicht nur pazifistischer Natur. Der Berliner Fußballpionier fürchtete vielmehr, der DFB könne mit seiner politischen Positionsnahme bestimmte Bevölkerungskreise ausschließen – namentlich die Sozialdemokratie, die in Boxhammers Heimatstadt Berlin bereits eine „feste Größe" darstellte. Boxhammer plädierte stattdessen für eine offene Mitgliederpolitik des DFB und forderten die Integration der Arbeiterklasse.

Allerdings hatte der DFB auch gar nicht vor, die Arbeiterklasse auszuschließen, und man darf Hinze und Hofmann sogar unterstellen, dass sie keineswegs aus elitärem Klassenbewusstsein der JDB-Gründung zugestimmt hatten. Dennoch hatten sie mit ihrem Bekenntnis zum JDB einen unübersehbaren politischen Keil in die Fußballbewegung getrieben, der nach dem Ersten Weltkrieg richtig zum Tragen kommen sollte. Auch wenn JDB-Beauftragter Generalmajor Jung die Gemüter mit der Aussage, politischer Unterricht beim Sport sei „nicht vorgesehen" zu beruhigen versuchte, blieb ein mehr als schaler Beigeschmack, zumal eine recht eigenwillige, in jenen Tagen allerdings weit verbreitete Interpretation des Begriffes „unpolitisch" herrschte: „Dass der Jungdeutschlandbund zu seinen Mitgliedern nur solche Vereine, die auf vaterländischem Boden stehen, zählen will, ist sein gutes Recht und sollte von jedem deutschen Mann als einigermaßen selbstverständlich anerkannt werden. Es heißt die Dinge doch wahrhaft auf den Kopf stellen, wolle man ‚Politik treiben' nennen, wenn der Bund sozialdemokratische Turn-, Sport- oder dergl. Vereine, die den Sport und Turnbetrieb zum Schein auf ihre Fahnen geschrieben haben, ausschließen."[92]

Spätestens mit dem Beitritt zum Jungdeutschlandbund[93] stieg die bürgerliche Fußballbewegung[94] zu einem gesellschaftlich konformen Kulturgut auf. Vom liberalen Pioniergeist der ersten Jahre war nichts mehr übrig geblieben. Zugleich avancierte Fußball zu einem Instrument der Sportpolitik. In einer Werbebroschüre der deutschen Sportartikelindustrie aus dem Jahre 1911 heißt es beispielsweise, der DFB empfehle „den deutschen Fußballspielern, durch Verlangen und Bezug deutscher Erzeugnisse mit deutschem Namen den deutschen Gewerbefleiß zu unterstützen und dadurch das deutsche Nationalbewußtsein zum Ausdruck zu bringen". ■

Mit „Hurra" in den Krieg

Preis 20 Pfennige

Spiel und Sport

Illustrierte Sport-Zeitschrift

Sämtliche Sendungen adressiere man: Cordua & Meis, Hamburg 36, Cityhof | :: Nachdruck der Original-Artikel verboten :: Kl. Entnahmen nur mit Quellenangabe gestattet | Telegr.-Adr.: Cordua, Hmbg., Cityhof Fernsprecher: Gruppe VI, 1554 u. 1596

Erscheint Sonntag als Telegrammausgabe, Dienstag als Wochenausgabe. — Abonnementspreis vierteljährlich 2 Mark. — Man abonniert nur bei der Post | Anzeigenpreis die 4 gespaltene Petitzeile 60 Pfg. — Bei Wiederholungen entsprechender Rabatt. — Annahme in der Geschäftsstelle, Hamburg 36, Cityhof

Amtliche Zeitschrift des Norddeutschen Fußballverbandes mit 350 Vereinen und 30000 Mitgliedern, des Deutschen Fußballbundes, der Deutschen Sportbehörde für Athletik mit über 280000 Mitgliedern, des Spielverbandes für Hamburg-Altona und Umgegend mit über 2000 Mitgliedern, des Hamburger Leichtathletik-Verbandes sowie des Hauptausschusses für Körpererziehung in Hamburg

Nummer 61/62 | Hamburg, 4. August 1914 | 3. Jahrgang

'Ran an den Feind!

Sportfreunde! Zehntausende von Euch sind berufen, unser teures Vaterland, unsere Kultur mit der Waffe in der Hand zu verteidigen. Wir wollten den Frieden, unser Kaiser und unser Volk haben es bewiesen. Man zwang uns in den Krieg. Wohlan denn! Machen wir uns endlich frei von unseren Feinden im Osten und Westen. Zeigt in diesem heißen Ringen, daß Ihr echte Sportleute seid, daß Mut, Tapferkeit und Gehorsam und glühende Vaterlandsliebe Euch beseelt. Durch den Sport wurdet Ihr für den Krieg erzogen, darum

'ran an den Feind, auf ihn und nicht gezittert!

Der Vorstand des Norddeutschen Fußballverbandes.

An unsere Leser!

Post und Eisenbahn haben jetzt höhere Pflichten, als Sportzeitungen pünktlich zu bestellen. Man reklamiere deshalb nicht gleich, wenn unser Blatt einmal verspätet eintrifft. Man mache dadurch den Verkehrsanstalten nicht unnütze Arbeit. Erst das Vaterland, nochmals das Vaterland und zum dritten Male das Vaterland — dann erst das Privatinteresse.

Tausende unserer Leser und Freunde ziehen hinaus an die Grenzen des Vaterlandes, mögen sie siegreich zurückkehren. Aber der Sportbetrieb in unserem Verbande wird sehr eingeschränkt, stellt doch der Eimsbütteler T. V. über 500 Mann, die Turner v. 1816 gegen 1500 Mann. Aber auch als Freiwillige strömen unsere Freunde zu den Fahnen: vom Sportklub Viktoria meldeten sich an einem Tage 15 Mann freiwillig.

Juwel's „Zigarettenkönig"
Etwas ganz Feines ooo 3 Pfennig

In der Hauptsache ruht also der Sportbetrieb. Weiteres ergeben die amtlichen Bekanntmachungen, auf die wir hier besonders hinweisen.

Auch wir müssen unsern Betrieb einschränken. »Spiel und Sport« wird bis auf Weiteres nur einmal wöchentlich, Dienstags, erscheinen.

Änderungen werden wir stets rechtzeitig bekannt geben.

Die Verleger

Schwungvoll in den Krieg – der Norddeutsche Fußballverband motiviert seine Mitglieder.

Die deutsche Fußballbewegung ging vorbereitet in den Ersten Weltkrieg. Dass ein Krieg kommen würde, war seit langem klar – schließlich rieben sich die Großmächte auf dem Alten Kontinent bereits seit der Jahrhundertwende an Fragen wie Aufrüstung, überseeische Kolonien und wirtschaftliche Macht. Die Ermordung des österreichischen Thronfolgers durch einen serbischen Nationalisten in Sarajevo war demzufolge lediglich der seit langem erwartete Funke an der Lunte, und die darauf folgende Generalmobilmachung traf niemanden unvorbereitet.[95] Im Gegenteil: Zig Tausende zogen mit „Hurra" in den Krieg, bestiegen zuversichtlich mit „Weihnachten in Paris" bepinselte Eisenbahnwaggons und dürsteten geradezu danach, ihre Bajonette endlich einzusetzen. Man tat dies im Gefühl, für eine „gerechte Sache" zu kämpfen, denn in den Wirren jener Tage dominierte die Überzeugung, Deutschland sei von Feinden umringt und müsse sich verteidigen[96]. Tatsächlich aber war der Krieg als probates Mittel der imperialistischen Politik Kaiser Wilhelm II. schon lange eingeplant, wenn nicht gar anvisiert worden, wobei die weltpolitischen Ambitionen Wilhelm II. gesellschaftlich wenig umstritten waren. Die bürgerliche Fußballerbewegung, seit Gründung des Jungdeutschlandbundes (1911) klammheimlich militarisiert, stand dabei nicht abseits. „Wenn man beklagt, dass der deutsche Gedanke in der Welt noch nicht den Raum einnimmt, der ihm gebührt, so braucht man sich nur zu einer umfassenden Förderung des Sports entschließen, und Deutschland wird ein ehrgeiziges, willensstarkes Geschlecht hervorbringen, dem nichts verhasster ist als laues Abwarten und müdes Zusehen, wenn andere die Welt unter sich teilen", hatte der DFB in seinem Jahrbuch von 1912 getönt.

Dass unter den Hunderttausenden, die sich am 1. August 1914 freiwillig für den Dienst „am Vaterland" meldeten, exorbitant viele Fußballer bzw. Fußballfans waren, hatte zwei Gründe: Zum einen zählten Fußballer als Angehörige der Generation der 20- und 30-Jährigen zur bevorzugten Zielgruppe der Militärs, zum anderen war die Kriegsbejahung bzw. Bereitschaft, sich freiwillig zum Waffendienst zu melden, unter den Fußballern ungleich höher – zweifelsohne ein Resultat der erwähnten Militarisierung.[97] Ältere Fußballer begriffen den Krieg darüber hinaus als Chance, sämtliche aus der Pionierzeit noch verbliebende Ressentiments zu beseitigen: „Alle Standesunterschiede vergessend, nahmen sich in den ersten Augusttagen die Jungen in die Arme und zogen begeistert vaterländische Lieder singend durch die Straßen, so die Alten mit entflammend. Und wer tat sich da am meisten hervor? Die, über die man sonst der ‚bunten Kleidung' und der ‚Kniehosen' wegen verächtlich die Nase rümpfte, die aber in den Sportorganisationen Begeisterung für ein Ideal und Korpsgeist gelernt hatten", erinnerte beispielsweise der Westdeutsche Josef Klein, der in der Nazizeit noch „von sich reden" machen sollte, anno 1915 im Verbandsorgan „Fußball und Leichtathletik" stolz an die Euphorie bei Kriegsausbruch.[98]

Viele Vereine verabschiedeten in den ersten Augusttagen nahezu ihr gesamtes fußballspielendes Klientel in den Krieg. Nicht dass das als Problem betrachtet wurde – Deutschland schwelgte schließlich kollektiv in Kriegsbegeisterung, war zutiefst davon überzeugt, siegreich aus einem höchstens ein paar Monate währenden Krieg zurückzukehren und seine Position in der Welt anschließend deutlich verbessert zu haben. Fußball wurde folglich „gerne" zur Nebensache erklärt und die just mit der Generalmobilmachung anbrechende Saison 1914/15 ohne Bedenken abgesagt. „Jahraus, jahrein haben wir schon gekämpft, in den mehr als zwei Jahrzehnten deutscher Fußballgeschichte. Nun kommt der große, der wahre Kampf. Nun gilt es, Mut und Willenskraft zu zeigen bis zum Aeußersten. Und möge auch manches Geplänkel verloren gehen, mögen es auch Tausende und Abertausende sein, die auf der Walstatt bleiben, so gibt es doch nur eins: den endlichen Sieg unserer Fahnen"[99], jubelte der Westdeutsche Spielverband. „Durch den Sport wurdet ihr für den Krieg erzogen, darum ran an den Feind, auf ihn und nicht gezittert!"[100], forderte der Norddeutsche Fußballverband.

Wachsender Militarismus und „Kriegslust" hatten dem DFB schon vor 1914 die Gelegenheit geboten, vermeintliche „Schuld" aus vergangenen Tagen abzutragen. Im erwähnten DFB-Jahrbuch von 1912 beispielsweise wurde schwärmerisch an die Pionierzeit erinnert, als Fußballer erfolgreich beim Militär um Nutzung der Exerzierplätze nachgefragt und es zu einer „Ehrenpflicht" erklärt hatten, dieses Entgegenkommen „durch Stellung besonders tüchtiger Rekruten" zu honorieren. Mitunter war eine regelrechte Kriegssehnsucht zu erkennen gewesen. 1913 hieß es im Fußball-Jahrbuch unter der Überschrift „Von völkischer Arbeit des Sports im deutschen Land": „Waffenklirrend schreitet die Zeit einher, zerschlägt mit stählerner Faust, was morsch und alt geworden, und düngt das Land zu neuer Saat mit Blut und Bein. Kriegsfanfaren grüßen den Fortschritt, der das Weltenrad vorwärts zwingt. Der Kampf, der auf dem Schlachtfelde und jener von gleicher Art in Fabrik und Stollen, in Haus und Feld ist das Problem des Lebens, das keiner löst, der den wilden Gesellen einfach fesseln will. Entwicklung, Leben – das zeigt Mutter Natur überall – heißt Kämpfen! Solange der Einzelne wie das Volk lebensfähig bleiben wollen, kommen sie um den Kampf nicht herum. Die Geschichte sah Völker erstehen und vergehen, und immer war es der Sieg, der sie vorwärts brachte, und stets die feige Furcht vor dem Handeln, die den Sturz herbeiführte. Selbst der Mensch kann nur im steten Ringen mit andern, Besseren, Stärkeren zur Persönlichkeit reifen. Und doch rufen die Toren auch in unserem Lande: Krieg dem Kriege! Es wäre gefährlich, wenn ihr Werben im Volke Erfolg finden sollte. Verzichten wir jemals auf den ehernen Schiedsspruch der Waffen, dann gehen wir folgerichtig zugrunde. Oder lehren die jüngsten Geschehnisse nicht, was entmannten Völkern droht, dass noch immer das Recht der Stärkeren gilt, das ewige, weil Leben gebärende? Freuen wir uns, wenn im deutschen Land wieder eine stärkere Kampflust aufkommt, und heißen wir den größten Propheten dieser neuen Zeit, den Sport willkommen."

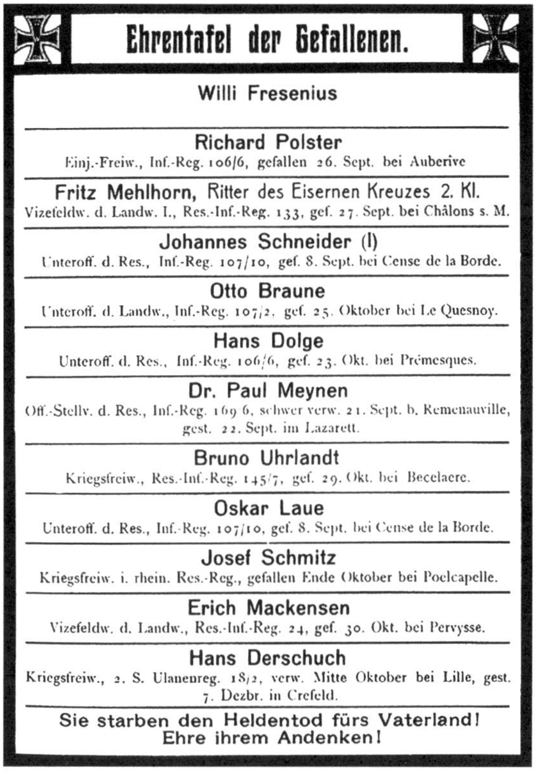
Ehrentafel der Gefallenen.

Willi Fresenius

Richard Polster
Einj.-Freiw., Inf.-Reg. 106/6, gefallen 26. Sept. bei Auberive

Fritz Mehlhorn, Ritter des Eisernen Kreuzes 2. Kl.
Vizefeldw. d. Landw. I., Res.-Inf.-Reg. 133, gef. 27. Sept. bei Châlons s. M.

Johannes Schneider (I)
Unteroff. d. Res., Inf.-Reg. 107/10, gef. 8. Sept. bei Cense de la Borde.

Otto Braune
Unteroff. d. Landw., Inf.-Reg. 107/2, gef. 25. Oktober bei Le Quesnoy.

Hans Dolge
Unteroff. d. Res., Inf.-Reg. 106/6, gef. 23. Okt. bei Prémesques.

Dr. Paul Meynen
Off.-Stellv. d. Res., Inf.-Reg. 169/6, schwer verw. 21. Sept. b. Remenauville, gest. 22. Sept. im Lazarett.

Bruno Uhrlandt
Kriegsfreiw., Res.-Inf.-Reg. 145/7, gef. 29. Okt. bei Becelaere.

Oskar Laue
Unteroff. d. Res., Inf.-Reg. 107/10, gef. 8. Sept. bei Cense de la Borde.

Josef Schmitz
Kriegsfreiw. i. rhein. Res.-Reg., gefallen Ende Oktober bei Poelcapelle.

Erich Mackensen
Vizefeldw. d. Landw., Res.-Inf.-Reg. 24, gef. 30. Okt. bei Pervysse.

Hans Derschuch
Kriegsfreiw., 2. S. Ulanenreg. 18/2, verw. Mitte Oktober bei Lille, gest. 7. Dezbr. in Crefeld.

Sie starben den Heldentod fürs Vaterland!
Ehre ihrem Andenken!

Ein Deutscher Meister trauert. Die „Heldenliste" des VfB Leipzig im Jahr 1916.

Wenngleich der Spielbetrieb nach der Generalmobilmachung zunächst komplett abgebrochen wurde, brach das Vereinsleben nicht völlig zusammen. Allerdings sahen sich die Turn- und Sportvereine mit neuen Aufgaben konfrontiert: den Frontsoldaten moralische und materielle Unterstützung zukommen zu lassen[101] sowie die Jugend körperlich und moralisch auf den Kriegseinsatz vorzubereiten. Nachdem sich die erste Kriegsbegeisterung gelegt hatte und die Träume vom „siegreichen Blitzkrieg" und „Weihnachten in Paris" geplatzt waren, entwickelte sich ab Ende August sogar wieder so etwas wie ein geregelter Spielbetrieb, der allerdings selten über den lokalen Rahmen hinausging und sich zudem auf größere Städte beschränkte. Zunächst wurden lediglich unter karitativem Motto stehende Freundschaftsspiele ausgetragen, ehe ab Oktober mancherorts sogar der Ligaspielbetrieb wiederbelebt wurde. Berlin war allerdings die einzige Stadt, in der die aus Friedenszeiten gewohnte Oberligarunde ausgetragen wurde.[102]

Den patriotischen Überschwang hatten auch einige Briten zu spüren bekommen, die 1914 auf Vermittlung von William Townley (Ex-Trainer des Karlsruher FV und der SpVgg Fürth) bzw. Walther Bensemann nach Deutschland gekommen waren, um Deutschlands Fußball über die Regionalverbände zu fördern. Kaum waren sie angekommen, hatte der Krieg begonnen, und sie waren zu Kriegsgefangenen geworden...[103] Später erfolgte zudem der Ausschluss „unerwünschter Ausländer" aus den Vereinen.[104]

Personell waren die Vereine nicht wiederzuerkennen. Zum 1. Januar 1915 gab beispielsweise der Verband Mitteldeutscher Ballspielvereine an, rund 50% der Mitglieder im Gau Nordwestsachsen (Großraum Leipzig) stünden im Heeresdiensteinsatz. Von den seinerzeit 587 Mitgliedern des dreifachen Deutschen Meisters VfB Leipzig waren 345 als Soldaten im Felde, und man hatte bereits 14 „Gefallene" zu beklagen – darunter Otto Braune (Deutscher Meister 1903), Johannes Schneider (Deutscher Meister 1906 und 1913) und Hans Dolge (Deutscher Meister 1913). In Leipzig war übrigens zunächst eine „Kriegs-Gaumeisterschaft" in Hin- und Rückspielen und ohne Punktewertung durchgeführt worden, deren Überschüsse dem Roten Kreuz zukamen. Erst im Januar 1915, als die Kriegsmaschinerie längst ins Stocken geraten und der Hurra-Patriotismus der ernüchternden Erkenntnis gewichen war, dass der Krieg offenbar doch nicht im „Vorbeigehen" gewonnen werden konnte, wurde eine reguläre Stadtmeisterschaft mit Punktwertung begonnen.

Die spielfähigen Mannschaften (in Nordwestsachsen konnten von 71 Vereinen nur 30 eine Mannschaft stellen) waren bunt gemischt: Jugendliche, die (noch) zu jung für den Kriegsdienst waren standen Seite an Seite mit Alten Herren, Fronturlaubern, uk-Gestellten sowie im Genesungsprozess steckenden Kriegsversehrten. Da sich die Aufstellungen unter diesen Voraussetzungen Woche für Woche änderten, waren kuriose Ergebnisse an der Tagesordnung. Doch es ging ohnehin nicht um den Gewinn einer Meisterschaft oder den Klassenerhalt – es ging um „höhere" Ziele: Hilfe bei der Aufrechterhaltung der Kriegsmoral, Schärfung des „Kampfgedankens" sowie Vorbereitung der Jugend auf den „richtigen" Kampf – den an der Front. Damit einher lief eine weitere Militarisierung des Vereinsalltags. Gepäckmärsche und Geländeläufe waren an der Tagesordnung, und es gab regelmäßig Schießübungen. Alles stand im Dienste der „Sache", war auf „Deutschlands Größe" ausgerichtet.

Problematisch war die Abwicklung der administrativen Aufgaben, denn die dafür zuständigen Vereinsmitglieder waren nahezu geschlossen im soldatenfähigen Alter und insofern an der Front. Mühevoll versuchten überall Jugendliche und „Alte Herren" den Vereinsbetrieb aufrechtzuerhalten. Der DFB, dessen Geschäfte ab 1916 der als Kriegsversehrter heimgekehrte Kieler Georg P. Blaschke aufrechterhielt, hatte zunächst weniger Probleme. Gemeinsam mit dem Deutschen Reichsausschuss für Olympische Spiele (DRAfOS[105]), dem Radfahr-, dem Ruder und dem Schwimmverband unterbreitete er dem Kriegsministerium im Mai 1916 sogar einen Gesetzentwurf, mit dem alle Jugendlichen verpflichtet werden sollten, bis zu ihrer Einberufung regelmäßig körperlichen Übungen unter der Obhut von Turn- und Sportvereinen nachzugehen. Ziel sei, so hieß es, durch Disziplinen wie „Ring- und Kampfübungen, Dauergehen und Felddienstübungen mit Marsch" die „Wehrhaftigkeit des Jünglings" zu stärken und ihn „in vaterländischem Geist zu Heimatliebe, Opfersinn, Einordnung (Disziplin) zu erziehen".[106] Zwar kam das Gesetz nicht zustande, doch den Turn- und Sportvereinen wurde aufgrund der wachsenden Kriegsmüdigkeit in der Bevölkerung immerhin zugestanden, ihre Jugendabteilungen als „Jugendkompanien" anerkennen zu lassen.

Das bescherte den Aktiven das begehrte Recht auf freie Wahl einer Garnison, unterwarf die Vereine aber gleichzeitig der Pflicht, sich unter die Oberaufsicht des Militärs zu stellen und zweimal monatlich mit den Jugendabteilungen Marsch- und Geländeübungen durchzuführen.

Wie in der Pionierzeit ging es im Spielbetrieb drunter und drüber, war jegliche einheitliche Regelung abhanden gekommen. In Berlin beispielsweise wurden Auf- und Abstieg für die Dauer des Krieges ausgesetzt sowie Proteste abgeschafft, derweil von jedem ausgetragenen Spiel auf geschlossenem Platz 25% aller Einnahmen an das Rote Kreuz gespendet werden mussten. Britannia 92, 1904 für das ausgefallene Endspiel um die Deutsche Meisterschaft qualifiziert und 1914 erstmals in der Vereinsgeschichte aus der Oberliga abgestiegen, änderte seinen angesichts der Kriegskonstellation plötzlich ungünstigen Namen in „Berliner Sport-Verein 1892". Neben dem Ligaspielbetrieb widmete man sich an der Spree vornehmlich den beliebten Städtespielen, die dank großem Zuschauerinteresse nicht nur eine hohe Einnahme lieferten, sondern den Zuschauern auch eine spannende Unterhaltung boten, was wiederum zur Aufrechterhaltung der Moral beitrug. Ein Deutscher Meister indes wurde bis 1920 nicht mehr ermittelt.

Fußbälle an die Front

Die Spielzeiten 1915/16 und 1916/17 waren die „normalsten" während des Krieges. Mit Ausnahme der Frontregion im Osten wurde überall um Punkte und Titel gespielt, wobei sich fast friedensähnliche Verhältnisse einstellten. Allerdings nur fast. In Norddeutschland beispielsweise spielten die Vereine 1915/16 lediglich auf Kreisebene ihre Meister aus, während auf Verbandsebene Kreisauswahlen die Kräfte maßen. Im Endspiel schlug Hamburg/Altona die Auswahl Hannovers mit 5:1. 1916/17 konnten dann vorübergehend wieder Vereine antreten, ehe 1917/18 abermals Kreisauswahlen antraten. In vielen Regionen errangen zuvor nahezu unbekannte Klubs die Meisterschaften. Mitteldeutschland beispielsweise meldete 1916 Eintracht Leipzig als Verbandsmeister, und im Norden standen sich 1917 Borussia Harburg und der Marinesportclub Wilhelmshaven im Endspiel gegenüber – Teams, die vom Krieg sogar noch profitierten, weil er ihnen starke Akteure als Gastspieler verschafft hatte. Unter sportlichen Gesichtspunkten können jene Jahre folglich nicht als „gewöhnlich" bewertet werden.

Umso bemerkenswerter, dass der Westdeutsche Spielverband am 26. Mai 1917 mit dem Antrag zur Wiedereinführung der Endrunde um die Deutsche Meisterschaft an den DFB herantrat, damit jedoch scheiterte. Westdeutschland befand sich allerdings auch in einer bevorzugten Position. Insbesondere das mit seiner Schwerindustrie so überaus kriegswichtige Ruhrgebiet verfügte über zahlreiche „unabkömmlich" gestellte Kicker und erfreute sich sogar eines wachsenden Spielbetriebes. Vergleichbare Situationen gab es sonst nur in den Marinestädten, deren bis dahin zumeist unbedeutender Fußball (Ausnahme: Kiel) plötzlich einen gewaltigen Aufschwung erfuhr. Und noch etwas war bemerkenswert: Facharbeiter und Proletarier waren in wachsender Zahl auf den Spielfeldern anzutreffen – Fußball begann, einen internen Wandel durchzumachen.

Je länger der Krieg dauerte, desto größer wurden allerdings die Probleme. Immer mehr Klubs mussten sich vom Spielbetrieb abmelden, weil ihnen die Aktiven ausgingen. Jene Klubs, die noch spielten, hatten große Mühe, Bälle und Stiefel aufzutreiben, denn Leder war rationiert und die Herstellung von Sportstiefeln eingeschränkt worden. Ein großes Problem stellte auch die Versorgung mit Fußballblasen dar. Versuche mit Zellstoff scheiterten, und Hilferufe an befreundete ausländische Fußballverbände erhielten keine Reaktion. Darüber hinaus hemmten der eingeschränkte Bahnverkehr sowie die wachsende materielle Not an der so genannten „Heimatfront" den Spielbetrieb. Vor allem im „Steckrübenwinter" 1916/17 war aufgrund der dramatischen Versorgungsengpässe an einen gewöhnlichen Vereinsbetrieb nicht mehr zu denken. Im Gegenteil. Vereinsgelände wurden über Nacht regelrecht abgetragen, weil Tribünen und Spielfeldumgrenzungen begehrtes Feuerholz lieferten, und manches Fußballfeld wurde plötzlich zum Kartoffelacker. Selbst für die noch aktiven Vereine wurde es allmählich „eng", wie ein Auszug aus der Kriegschronik von TuRU Düsseldorf belegt: „Besondere Schwierigkeit bereitete die Beschaffung von Spielen. Eine große Anzahl von Vereinen antwortete auf Spielangebote überhaupt nicht, weil entweder keine Geschäftsführung mehr vorhanden war, oder geeignete gleichwertige Mannschaften nicht gestellt werden konnten. War ein Spiel glücklich vereinbart, so kam es oft genug vor, dass das auf längere Sicht abgeschlossene Spiel plötzlich wieder abgesagt wurde, da weitere Einberufungen zum Heeresdienst zur Auflösung der Mannschaft des Gegners zwangen."

Man muss die Ereignisse während des Krieges allerdings differenziert betrachten. Während der Krieg auf Fußball in seiner sportlichen Ausprägung einen Rückschritt bedeutete, erwies er sich für die soziale Ausdehnung des Spiels als „Glücksfall". Nicht nur, dass die Vereine durch die erwähnten patriotischen Aktivitäten ihr Ansehen in der Bevölkerung aufpolieren und sich eines wachsenden Zulaufes erfreuen konnten – an Ost- wie Westfront trugen Soldaten das Spiel über alle Dienstgradgrenzen hinweg zudem so tief wie niemals zuvor in das „Volk" hinein. Bemerkenswerterweise verlief dieser Prozess von oben nach unten, denn es waren ja die höheren Dienstgrade, die aus der Vorkriegszeit mit dem Fußball vertraut waren. Sie nutzten Gefechtspausen und hintere Frontlinien, um die Moral ihrer Untergebenen durch Fußballspiele aufzubauen und sie körperlich fit zu halten. „Wie oft haben wir es erlebt, dass unsere Frontkämpfer, nachdem sie sich ordentlich ausgeschlafen hatten, auf der ersten besten Wiese mit dem Fußball sich fröhlich tummelten"[107], resümierte beispielsweise Johannes Runge, ein 1916 wegen schwerer Verwundung von der Front abgezogener und ins Kriegsministerium versetzter norddeutscher Sportfunktionär. Ausgerechnet im Krieg vollzog sich die Wandlung des Fußballs zum Massensport, denn in Uniform wurde die Arbeiterschaft mit dem Spiel vertraut gemacht. Auf den Schlachtfeldern im Westen und Osten wurde also die Wurzel gelegt für das, was Fußball in den zwanziger Jahren wurde: schichtenübergreifendes Massenspektakel, bei dem das „einfache Volk“ den Ton angab.

An den Fronten erfreute sich Fußball rasch immenser Beliebtheit. „Immer lauter erscholl der Ruf von der Front in die Heimat: Schickt uns Fußbälle, schickt uns Sportgeräte aller Art!“[108], erinnerte sich Johannes Runge an das zweite Kriegsjahr 1916, in dem der militärische Vormarsch längst zum Stillstand gekommen war. Durch gemischte Mannschaften von Offizieren und unteren Chargen half Fußball zudem, die Dienstgradunterschiede zu überwinden und die im Stellungskrieg notwendige „Frontsoldatengemeinschaft“ zu schaffen. Er lieferte Gesprächsthemen, er half, Spannungen und Konflikte abzubauen, und er peppte den von quälender Langeweile geprägten Alltag der Soldaten spürbar auf. „Ganz sicher wurde so, um es militärisch auszudrücken, ein weitgehendes Lockermachen der im Graben und Granatloch steifgewordenen Knochen erreicht. Noch wertvoller aber schien mir die dabei erzielte geistige und seelische Entspannung, besonders wenn wir gegen Abend nach dem Dienst mit den beiden besten Mannschaften spielten. Keiner war als Soldat zu erkennen, Vorgesetzter und Mann waren nicht zu unterscheiden. Die Kompanien standen als begeisterte, allmählich fachkundige Zuschauer um das Spielfeld herum, Krieg und Not der letzten Monate vergessend“[109], heißt es in den Aufzeichnungen von Johannes Runge.

Doch es gab auch Probleme, denn die vermeintlich lustigen Auflockerungsspielchen avancierten rasch zu einem ernsten Wettbewerb und es gab gar Mannschaften, die von Garnison zu Garnison reisten, um ihre Künste aufzuführen. Bedenklicher Höhepunkt aus Sicht der Offiziere, die sich zunehmend Sorgen um den „nüchternen Dienst mit der Waffe“ machten, waren Fraternisierungsspiele mit gegnerischen Soldaten, wie sie der Überlieferung zufolge häufig stattfanden. Allerdings sind derlei Berichte mit Vorsicht zu genießen, denn die Vorstellung, dass sich Soldaten der verfeindeten Armeen in einer Gefechtspause zu einem friedlichen Fußballspiel gegenüberstanden, sich nach dessen Ende in die Schützengräben zurückzogen und anschließend erneut das Feuer eröffneten, fällt etwas schwer[110]. Dennoch: Spätestens ab März 1917, als der Rückzug auf die Siegfriedlinie den Stellungskrieg im Westen verschärfte, war jede Initiative zur Hebung der Truppenmoral willkommen, und Fußball konnte immer tiefer in den soldatischen Alltag eindringen.

Während Fußball an der Front zum Höhenflug ansetzte, geriet er in der Heimat zunehmend ins Stocken. 1917/18 war die Versorgung mit Bällen und Schuhen endgültig eingestellt worden, hatten fast alle Mannschaften Besetzungsprobleme, waren die Sportplätze vom frierenden und hungernden Volk vollends geplündert worden. Unzählige Vereine hatten ihren Spielbetrieb inzwischen eingestellt, weil weder Aktive noch Funktionäre in ausreichender Zahl übrig geblieben war. Die Fronten forderten inzwischen jeden Mann. Vielerorts kam es zu verzweifelten Vereinszusammenschlüssen. 1917 beispielsweise vereinte sich der ehemalige Deutsche Meister FV Holstein Kiel mit seinem Lokalrivalen 1. Kieler FV zur KSV Holstein, die noch heute besteht. Federführend war DFB-Geschäftsführer Blaschke, der die Gunst der Stunde nutzte und den bereits seit längerem anvisierten Zusammenschluss einleitete. Wer seine Selbstständigkeit nicht aufgeben wollte, ging eine so genannte „Kriegsvereinigung“ ein. Dies taten beispielsweise der St. Georg FC und der SC Sperber Hamburg, die 1918 gemeinsam Hamburger Stadtmeister wurden und sich nach Kriegsende wieder trennten.

1918 dramatisierten sich Verhältnisse. Hunger regierte das Land, in dem sich zunehmend Kriegsmüdigkeit breit machte. Die Meldungen von den Fronten waren fatal für die Moral: Im Westen forderte der Stellungskrieg tagtäglich neue Opfer, ohne „militärische Erfolge“ zu bringen, im Osten hatten sich die Zeichen nach der russischen Oktoberrevolution und dem Vertrag von Brest-Litowsk völlig geändert. Am 29. September 1918 rang sich die Oberste Heeresleitung zu der längst überfälligen Erkenntnis durch, dass der Krieg verloren sei, und schob die Macht – und damit die Verantwortung – rasch der SPD zu. Zu jenem Zeitpunkt war die Kriegslust in Teilen des Militärs bereits spürbar gesunken. Am 5. November 1918 gingen in Kiel und Wilhelmshaven schließlich tausende Marinesoldaten auf die Barrikaden, nachdem ihnen der Befehl erteilt worden war, in eine Schlacht zu ziehen, die angesichts der sich abzeichnenden Kapitulation niemand mehr wollte. Aus einem leisen Protest wurde binnen weniger Stunden ein mächtiger Aufstand, der Revolutionscharakter annahm. Vier Tage später, am 9. November, überschlugen sich die Ereignisse. Während überall im Land Soldaten ihren Dienst verweigerten, riefen in Berlin der Sozialdemokrat Philip Scheidemann und der Kommunist Karl Liebknecht fast zeitgleich zwei Republiken aus: Eine „Deutsche“ und eine „Freie Sozialistische“. Scheidemann und die SPD setzten sich zwar durch, doch der nächste Konflikt war damit bereits vorprogrammiert. Tags darauf floh Kaiser Wilhelm II. ins Exil, während der vom neuen sozialdemokratischen Regierungschef Friedrich Ebert beauftrage Matthias Erzberger ins französische Compiègne reiste, um die bedingungslose Kapitulation zu unterzeichnen. Der Krieg war beendet, doch zur Ruhe kam Deutschland damit nicht.

Elf der Epoche 1900 - 1918

Trainer: Townley (Karlsruher FV, SpVgg Fürth)

Werner (Holstein Kiel)

Röpnack (Viktoria 89 Berlin) Möller (Holstein Kiel)

Ugi (VfB Leipzig) Breunig (Karlsruher FV) Schmidt (SpVgg Fürth)

Kipp (Stuttgarter Kickers) Förderer (Karlsruher FV) Friedrich (VfB Leipzig)

Hirsch (Karlsruher FV) Jäger (Altona 93)

1918 bis 1925

Ein Volk am Ball

Wandel in Politik, Kontinuität im DFB

Für viele vom obrigkeitsgläubigen Kaiserreich geprägte Menschen war der Übergang von der Monarchie zur Republik ideologisch kaum zu bewältigen. Der verehrte Kaiser war geflohen, und plötzlich saßen ausgerechnet jene „Elemente" in der Regierung, die zuvor stets als „Vaterlandsverräter" beschimpft worden waren. Zudem herrschte große Furcht vor einem Übergreifen der russischen Oktoberrevolution auf Deutschland.

Die vom DFB angeführte (bürgerliche) Fußballbewegung machte mit einer Erklärung im Dezember 1918 deutlich, auf welcher Seite sie stand. „An unsere aus dem Felde heimkehrenden Freunde! Willkommen in der Heimat! So rufen wir Euch zu, voll heißen Dankes für das Gewaltige, was Ihr für das Vaterland geleistet habt. Das deutsche Volk erhält nicht den Frieden, den Eure Tapferkeit, den die unerhörten Leistungen des Heeres und der Heimat verdient haben. Es gilt jetzt aber nicht zu rechten über das Schicksal, das über uns hereingebrochen ist. Es gilt, es zu tragen mit ungebrochenem Mut und unbesiegten Herzens", ließ der Fußballbund verlautbaren und gab die Parole aus: „Wenn der Welt in diesem mörderischen Kriege die Treue verloren gegangen ist, wir Deutschen wollen sie, das edelste Gut unseres Stammes, halten, dem Vaterland und unserm Spiele. So tretet geschlossen wieder in die Reihen Eurer Vereine, arbeitet wieder mit in der alten Begeisterung! Seid den Alten treue Freunde, den Jungen ein Vorbild der Kraft! Wir wollen und müssen alle fest zusammenstehen. Unser Spiel ist das Spiel des Volkes geworden und soll es bleiben."[1]

Die „Dolchstoßlegende", nach der die kaiserliche Streitmacht militärisch unbesiegt geblieben und nur durch den Zusammenbruch der Heimatfront vom Sieg abgehalten worden war, wurde auch von führenden Vertretern des deutschen Fußballs propagiert. Das war angesichts der Vorgeschichte kaum verwunderlich – schließlich hatte der DFB 1911 mit dem Beitritt zum Jungdeutschlandbund deutlich gemacht, dass sich die Fußballbewegung vor allem deutschnationalen Strömungen verbunden fühlte. Dabei blieb es auch nach 1918. Der DFB setzte nun auf eine ausgeprägte „Kriegserlebnis-Ideologie", die die Leistungen der Frontsoldaten glorifizierte und die er während der gesamten Weimarer Zeit vertreten sollte. Um es vorweg zu nehmen: Eine echte Identifikation des DFB mit der demokratischen Republik fand nie statt – kein Wunder also, dass ihm 1933 der Übergang zum Naziregime nicht schwer fiel.

Die konservative Stimmungslage im DFB vermied allerdings allzu offene Töne. „Die Fußballführungen waren politisch und machten auf ihre Art Politik – unter dem Etikett politischer Abstinenz", beschreibt der Politikwissenschaftler Arthur Heinrich diese Haltung, die während der Nachkriegswirren auch offene Diskussionen innerhalb der Vereine und Verbände verhindern sollte. „Die Ausschaltung jeder politischen Auseinandersetzung innerhalb unserer Vereine ist weiterhin geboten", teilte der Westdeutsche Spielverband seinen Mitgliedern unmissverständlich mit, und ließ sie vorsorglich wissen: „Allen Anordnungen der Organisation ist unbedingt Folge zu leisten."[2]

Offiziell bewahrte man politische Neutralität. „Große Dinge hat die Zeit geboren, was uns unverrückbar wie ein Fels im Meer erschien, das Deutsche Reich mit seinem Kaiser, seinen Fürsten ist weggefegt. Eine ungeheure Welle hat sich über das deutsche Land ergossen, das Alte ist verschwunden, das Neue im Entstehen, noch wissen wir nicht, ob der Weg zur Höhe oder zum Abgrund gehen wird"[3], druckste WSV-Vorsitzender Paul Klose herum und nahm schon mal eine vorweggenommene Vergangenheitsbewältigung vor: „Wir standen nicht im Dienste einer Partei, wir waren als Verband nicht auf eine bestimmte Staatsordnung verpflichtet. Wir standen auf dem Boden der bestehenden Staatsordnung, es war nicht unsere Aufgabe, sie zu ändern."[4]

So wie man sich mit dem Beitritt zum Jungdeutschlandbund einst fröhlich auf die Seite von Monarchie und Militär geschlagen hatte, so passte man sich nun äußerlich der neuen „Republik" an, verweigerte jede Verantwortung für das eigene Verhalten während der Kaiserzeit und gab sich zutiefst unpolitisch. „Diese politisch neutrale Stellung", konstatierte Klose, „macht es selbstverständlich, dass die Umwälzung unserer politischen Zustände, der Übergang der Macht in andere Hände, uns als Verband nicht berührt, unsere Tätigkeit nicht beeinflusst". Der WSV-Chefideologe riet den Vereinen folglich, „ruhig weiter zu arbeiten, als ob nichts passiert wäre".[5]

Dass der politische Wechsel den DFB in seiner inneren Haltung tatsächlich nicht berührte und schon gar nicht veränderte, ist auf personeller Ebene mit frappierender Deutlichkeit zu sehen. Mit einer Ausnahme setzte sich das Präsidium exakt aus jenen Herren zusammen, die 1914 ihre Mitglieder mit den Worten: „Durch den Sport wurdet ihr für den Krieg erzogen, darum ran an den Feind, auf ihn und nicht gezittert!" in den Krieg geschickt hatten. Die Ausnahme war der Kölner Dr. Hans Hoffmann – und der war im Krieg gefallen…

Man muss die Entwicklung im deutschen Fußball nun allerdings zweigeteilt betrachten. Auf der einen Seite war die der Funktionäre – situierte Herren, die an ihrer Macht festhielten und den Fußball mit ihrer antiquierten und antirepublikanischen Haltung gleich mehrfach in die Sackgasse lenken sollten. Dem gegenüber standen die Aktiven, die die eigentlichen Träger der „neuen" Bewegung waren und in vielerlei Hinsicht eine vom DFB und den Regionalverbänden losgelöste Entwicklung einschlugen. Während die Funktionärsriege sich nach wie vor aus Angehörigen des konservativen Bürgertums zusammensetzte, stellte bei den Aktiven nun das Proletariat die Mehrheit. Für die Arbeiter war Fußball willkommenes Hilfsmittel, in der hoch arbeitsteiligen

Berufswelt den Bedarf nach Spiel und Wettkampf, Geselligkeit und Anerkennung, Entspannung und Ausgleich zu befriedigen. Unter ihnen herrschte eine Auffassung, die Ernst Kuzorra später höchst anschaulich umschrieb mit den Worten: „Wir wollten Fußball spielen, mit was anderem wollten wir nichts zu schaffen haben. Politik und Religion spielten bei uns im Verein überhaupt keine Rolle."

Nachdem Fußball während des Krieges wie geschildert über alle Standesgrenzen hinweg in das Volk transportiert worden war und eine rasche soziale Verbreitung erfahren hatte, erfolgte nach Kriegsende die räumliche Ausdehnung, als die heimkehrenden Frontsoldaten in ihren Heimatorten mit Gleichgesinnten Fußball spielten. Zahlreiche Dörfer kamen dadurch in den Genuss, erstmals Schauplatz eines Fußballspiels zu sein, was häufig direkt in eine Vereinsgründung mündete. Auf Seiten der Turnerschaft, deren Macht auf den Dörfern noch immer ungebrochen war, stieß dieser Vorgang zwar auf Widerstand, aufzuhalten war er jedoch nicht. Im Gegenteil: Je mehr Soldaten heimkehrten, desto fester wurde die Fußballbewegung reichsweit verwurzelt, desto mehr Mannschaften entstanden, desto mehr Vereine wurden gegründet und desto flächendeckender wurde der Spielbetrieb. Schaut man sich die Gründungsjahre vieler Dorfvereine an, finden sich Tausende von Belegen für diesen Prozess.

Abseits der Vereine gab es in den ersten Nachkriegsmonaten übrigens noch eine andere Form der organisierten Leibesübungen, bei der es zu einer „fast völligen Verwischung der Grenzen zwischen Militär- und Zivilsport" kam, wie es der 1916 wegen schwerer Verwundung von der Front abgezogene und ins Kriegsministerium versetzte Funktionär Johannes Runge formulierte. Träger dieser Entwicklung waren die so genannten „Freikorps", die aus den in Auflösung begriffenen Truppenverbänden entstanden waren.[6] In ihnen wurde vor allem den Offizieren und Studenten unter den ehemaligen Frontsoldaten die Gelegenheit geboten, den Krieg „allmählich" ausklingen zu lassen und eine Art „Fortsetzung des Krieges im Friedenszustand" zu spielen. Das entsprach dem Empfinden vieler „Ehemaliger". Insbesondere die Generation der nach 1895 Geborenen war schließlich erst an der Front zum Sport gekommen und empfand es insofern als „normal", dass Sport und Militär zusammengehörten. Die Freikorps waren höchst dubiose Einrichtungen, die einen klaren politischen Auftrag hatten und auf Betreiben der Obersten Heeresleitung entstanden waren. Sie standen ausnahmslos rechtsnationalen Organisationen nahe, und ihre Finanzierung wurde häufig durch staatliche Stellen vorgenommen. Oberst Ritter Franz Ritter von Epp beispielsweise, später einer der einflussreichsten Förderer der frühen NSDAP, suchte kurz nach Kriegsende für sein aus Reichsmitteln finanziertes Freikorps öffentlich nach Männern, „denen es Freude macht, sich mit einem Gegner zu messen und ihn durch überlegene Geschicklichkeit zu überwinden". Zahlreiche Medien, darunter das westdeutsche Verbandsblatt „Fußball und Leichtathletik", unterstützten die paramilitärischen Freikorps mit großformatigen Werbeanzeigen. Auch die zivilen Sportvereine machten mit – berühmtestes Beispiel ist der Fall des FC Schalke 04[7], der in jenen Tagen ein Freundschaftsspiel gegen das Freikorps „Hacketäuer Mülheim" bestritt.

Erst nach dem Scheitern des (von den Freikorps im Frühjahr 1920 initiierten) Kapp-Putsches und erst mit Inkrafttreten des Versailler Vertrags, der eine Verbindung zwischen Militär- und Sportverbänden untersagte, flaute das Interesse an den im November 1921 schließlich verbotenen Söldnertruppen ab. Einige blieben aber bestehen und bildeten unter einem zivilen Tarnkleid (nicht selten als „Turn- und Sportverein") einen Teil der gefürchteten „Schwarzen Reichswehr". In den turbulenten Revolutionsmonaten 1918/19 kam den Freikorps noch große Bedeutung zu: Sie sollten helfen, die heimkehrenden Soldaten von den politischen Umbrüchen abzulenken und ein Bollwerk gegen eine politische Machtverschiebung nach links zu bilden. Der bereits erwähnte Johannes Runge sprach später davon, dass Sport in der Situation des „Umsturzes" als „ein gutes Ventil zum Austoben und Austollen der Massen" diente.

Zweifelsohne wäre die Fußballbewegung in den 1920er Jahren auch ohne den Krieg exorbitant gewachsen – darauf lassen die Zuwachsraten in den letzten Friedensjahren schließen. Doch ohne den Krieg hätte der Prozess ungleich länger gedauert, und ohne den Krieg wäre vor allem die Übertragung auf andere Schichten (insbesondere des Proletariats) nicht in einem vergleichbaren Tempo vollzogen worden. „Opfer" der Entwicklung war das Bürgertum. Die „Urväter" der Fußballbewegung mussten Fußball wohl oder übel mit der ungleich zahlreicheren Arbeiterschaft „teilen" – ansonsten wären sie wohl schlicht verdrängt worden. Lediglich auf Funktionärsebene blieb ihnen wie erwähnt die Macht erhalten, und so wurde Fußball zu einem Arbeitersport mit bürgerlicher Führung.

Zweifelsohne war dies ein entscheidender Faktor für den raschen Aufstieg des Fußballs zum Volkssport, denn in keinem anderen gesellschaftlichen Bereich gab es eine derart intensive Verbindung zwischen Bürgertum und Proletariat wie im Fußball. Dennoch herrschte auf Seiten der Verbandsführung zunächst eine geradezu panikartige Stimmung. „Pflicht der Vereine ist es zunächst, bei der Aufnahme von Mitgliedern vorsichtiger zu sein. Das Wohl und Wehe des Vereins und unseres Sportes muss über alles gehen, selbst auf die Gefahr hin, mit der Zahl der Mitglieder hinter der anderer Vereine zurückzustehen"[8], forderte DFB-Präsident Hinze fast flehentlich – die Furcht vor einem Entgleiten der Bewegung ist unübersehbar.

Schichtwechsel

Doch es half nichts. Die Menschen (richtiger: Männer) strömten unablässig in die Vereine, und die Steigerungsraten der Regionalverbände bzw. des DFB nahmen geradezu atemberaubende Züge an. Aus den 189.000 Mitgliedern, die dem DFB 1914 angehört hatten, waren 1920 bereits 468.000 und 1921 sogar schon 780.500 geworden. Zählt man außerdem die dem Arbeiter Turn- und Sportbund (1919: 106.000 Mitglieder, davon 26.053 Fußballer), dem katholischen Sportverband DJK (1920 insgesamt rund 25.000 Mitglieder) sowie die den DT-Vereinen angehörenden Fußballer hinzu (dazu später mehr) und berücksichtigt ferner, dass dem Krieg allein in Deutschland rund 1,8 Mio.

Fußballfieber: Fast ganz Frankfurt strömte zum „Römer", als 1920 die Schweizer Nationalelf zum ersten Länderspiel nach dem Krieg gastierte.

Soldaten und 760.000 Zivilisten zum Opfer gefallen waren, wird der Volksbewegungscharakter rasch deutlich.

Tempo und Dimension des Prozesses sind um so erstaunlicher, als der geregelte Spielbetrieb in den ersten Monaten nach Kriegsende nur mühsam wieder in Gang kam. Während die politischen Turbulenzen kaum Einfluss hatten, gestaltete sich die Wiederbelebung der Vereine und Verbände bzw. ihre Umstellung auf Friedenszeit ungleich schwerer. Viele Sportplätze mussten erst wiederhergestellt werden und die peu à peu heimkehrenden (und vom Krieg nicht selten traumatisierten) Soldaten re-integriert werden. Während des Krieges eingeschlafene Vereine hatten es doppelt schwer: Ihre Sportplätze waren häufig – da von niemandem „verteidigt" – zu Kartoffeläckern umfunktioniert worden, und die städtischen Hobbybauern zeigten nur wenig Lust, das Gelände nun wieder seinem vorherigen Zweck zukommen zu lassen. Vielen Vereinen blieb keine andere Wahl, als mit einem anderen Verein zu fusionieren, um überhaupt wieder auf die Beine zu kommen. Die Finanzlage der Vereine war extrem angespannt. Während des Krieges hatte man kaum Einnahmen erzielt,[9] die Kassen waren leer, und da die allgemeine Versorgungslage katastrophal war, bestand zunächst auch keine Aussicht auf kurzzeitige Verbesserung der Lage. Den Klubs blieb praktisch nur die Eigeninitiative ihrer Mitglieder als „Kapitalstock".

Auf Verbandsebene mussten ebenfalls erst administrative Weichen gestellt werden, ehe man an die Wiederaufnahme des Spielbetriebes denken konnte. Die Installation der Verbandsgremien sowie die Reaktivierung der Bezirks- und Kreisvorstände zog sich bis weit in das Jahr 1919 hin, so dass die Spielzeit 1918/19 als die „unvollendete" in die deutsche Fußballgeschichte einging. Nur in Nord- und in Mitteldeutschland wurden Regionalmeister ermittelt (Kriegsvereinigung Victoria/Hamburg 88 bzw. Halle 96), wobei auch dort erst im Juni 1919 zum jeweiligen Endspiel gebeten wurde, da die Revolutionsereignisse die planmäßige Austragung verhindert hatten.[10] In den fernab liegenden Regionen Südostdeutschlands sowie dem Baltenland lag der Verbands- und Spielbetrieb noch völlig brach, und im Süden[11] sowie Westen konnte lediglich eine Hand voll Kreismeister ermittelt werden. In Berlin musste die auf 18 Teilnehmer aufgeblähte Oberliga derweil Ende Mai abgebrochen werden, weil sich ihre Durchführung als zu aufwändig erwies. Aus der Reichshauptstadt gab es aber auch positive Signale, denn 22 der im Krieg eingegangenen Vereine hatten sich bereits zum Spielbetrieb zurückgemeldet!

Am 19./20. April 1919 traf der DFB zu seinem ersten Nachkriegsbundestag zusammen – ausgerechnet in Eisenach und damit unweit jener Stadt, die der nun folgenden Epoche ihren Namen schenkte: Weimar. Während die Verlegung der politischen Geburt der ersten deutschen Republik in die Provinz aus Sicherheitsgründen geschah – in Berlin tobten zur selben Zeit Straßenkämpfe – mussten sich die obersten Gralshüter des deutschen Fußballs keine Sorgen vor aufrührerischen Mitgliedern machen. Im Gegenteil: Alles verlief verhältnismäßig harmonisch, und die Rückgabe der Macht an den Vorkriegsvorstand um Gottfried Hinze ging reibungslos über die Bühne. Doch es gab auch Probleme. Die Anreise der Delegierten aus Süd- und Norddeutschland beispielsweise war von diversen Verkehrsproblemen verhindert worden, was die Vertreter der anderen fünf Regionalverbände nicht davon abgehalten hatte, weichenstellende Entschlüsse zu fassen. Dabei ging es u.a. um die Ablehnung einer Fusion mit der Deutschen Sportbehörde für Athletik, die Verlegung der Geschäftsstelle von Kiel nach Berlin, die Anstellung eines hauptberuflichen Geschäftsführers, die mögliche Einführung des Berufsfußballs sowie eine geografische Neuordnung der Regionalverbände. Ludwig Albert, Vorsitzender des Süddeutschen Fußballverbandes[12], kommentierte den Alleingang entrüstet mit den drohenden Worten: „Man scheint in Eisenach übersehen zu haben, dass der Bund weiter nichts ist als ein lose geknüpftes Vertragsverhältnis der sieben Landesverbände, sagen wir ein Kartell, eine Ausgleichsstelle für gemeinsame Interessen der Verbände, der absolute Souveränität im übrigen unangetastet bleibt." Zwei Monate später wurden auf dem am 14. und 15. Juni 1919 in Kassel abgehaltenen zweiten Nachkriegsbundestag prompt sämtliche Beschlüsse wieder aufgehoben und die Fragen erneut diskutiert…

In Eisenach war der Stern eines Mannes aufgegangen, der dem deutschen Fußball in den nächsten Jahrzehnten seinen Stempel aufdrücken sollte: Felix Linnemann. Der aus Essen stammende Kriminalrat, der sich vor dem Krieg in München und Berlin sowohl als aktiver Fußballer als auch als talentierter Funktionär einen Namen gemacht hatte, übernahm die seit Hans Hofmanns Tod vakante Position des 2. Vorsitzenden. Linnemann sollte sich zum einflussreichsten Funktionär der 1920er Jahre aufschwingen[13] und schon bald der heimliche „starke" Mann im DFB sein, der hinter dem sich zunehmend auf Repräsentationstätigkeiten beschränkenden Bundespräsident Hinze die Fäden sponn.

Rund zwei Monate nach dem Eisenacher Bundestag des DFB bekam Deutschland dann eine saftige Kriegsrechnung präsentiert: den Versailler Vertrag. Mit ihm wurde dem Land die alleinige Kriegschuld zugewiesen und ihm enorme Belastungen auferlegt. Das betraf unter anderem Reparationszahlungen (vor allem an Frankreich), die Beschränkung des Heeres auf 100.000 Mann, den Verlust aller Kolonien sowie Gebietsabtrennungen im Osten, Südwesten und Westen: Westpreußen und die Mark Posen gingen an das wiedergegründete Polen, das Memelgebiet wurde unter alliierte Verwaltung gestellt (und 1923 von Litauen annektiert), Eupen-Malmedy ging an Belgien, Nordschleswig an Dänemark und Elsass-Lothringen an Frankreich. Um Oberschlesien gab es ein monatelanges Tauziehen, das 1921 mit der Teilung endete. Die Stadt Danzig wurde zum Freistaat erklärt und unter Führung des Völkerbundes gestellt. Für den DFB und seine Regionalverbände bedeutete dies umfangreiche Reorganisationen. Im fußballerisch ohnehin rückständigen Osten, wo nun zwischen Ostpreußen und dem Reichsgebiet ein „Korridor" klaffte, stellte dies ein gewaltiges Problem dar, während Süddeutschland den Verlust von Elsass-Lothringen und Westdeutschland den von Eupen-Malmedy fußballtechnisch kaum spürte.

Die beiden Verbände hatten allerdings ebenfalls mit Problemen zu kämpfen, denn Teile ihrer jeweiligen Verbandsgebiete waren von französischen Truppen besetzt und wurden wirtschaftlich ausgebeutet. Das zog beträchtliche Behinderungen im Fußballspielbetrieb nach sich. Die Vereine aus dem abgeriegelten Saarland sowie der Pfalz beispielsweise konnten im Frühjahr 1919 nicht zu ihren regionalen Pokalspielen in den unbesetzten Gebieten reisen, während in Westdeutschland, wo über ein Drittel des Verbandsgebietes

Frieden im „Fußballhimmel".

besetzt war, den linksrheinischen Vereinen der Grenzübertritt verweigert wurde. Dazu kamen Sportplatzbesetzungen durch alliierte Truppen, eine unterschiedliche Zeitrechnung[14] sowie eine willkürlich gehandhabte Bahnsperre, die den über die lokale Ebene hinausgehenden Spielbetrieb an Rhein und Ruhr endgültig lahmlegte.

1919/20: Eine Ära beginnt

Auf dem ersten DFB-Nachkriegsbundestag in Eisenach war unter anderem beschlossen worden, 1920 wieder eine Endrunde um die Deutsche Meisterschaft durchzuführen. Während Deutschland politisch noch immer um seine künftige Richtung rang, standen sich im Mai 1920 – gerade war an der Ruhr ein Arbeiteraufstand mit Gewalt niedergeschlagen worden – also sieben Regionalmeister plus Titelverteidiger SpVgg Fürth in der ersten Endrunde seit 1914 gegenüber und ermittelten den zwölften Deutschen Meister.

Sportlich war es eine Endrunde der Sensationen, wofür vor allem zwei Mannschaften standen: die Vereinigten Breslauer Sportfreunde, die Berlins Meister Union Oberschöneweide dank eines fulminanten Schlussspurts nach 1:2-Rückstand noch mit 3:2 besiegten, sowie Baltenmeister Titania Stettin, der sich in der Verlängerung mit 2:1 gegen Arminia Hannover durchsetzte. Vor allem das zweite Ergebnis kam gänzlich unerwartet. Zum einen wurde Stettins Fußball nach allgemeinem Verständnis bestenfalls als zweitklassig betrachtet, zum anderen galten die Hannoveraner als eines der aufstrebenden Teams in Deutschland. Im Halbfinale wurden beiden Favoritenschrecks aber ihre Grenzen aufgezeigt, und Südmeister 1. FC Nürnberg (3:1 gegen Stettin) sowie Titelverteidiger SpVgg Fürth (4:0 gegen Breslau) setzten sich souverän durch. Das erste Nachkriegsendspiel war folglich ein fränkisches Nachbarschaftsduell, was die folgende Epoche perfekt einleitete, denn bis weit in die 1920er Jahre hinein sollten Nürnberg und Fürth gemeinsam mit dem Hamburger SV Deutschlands Spitzenfußball prägen.

Das Finale symbolisierte aber noch etwas: Fußball war plötzlich Zuschauersport geworden. Mehr als 35.000 Menschen drängelten sich am 13. Juni 1920 um das notdürftig hergerichtete Spielfeld auf den Sandhöfer Wiesen in Frankfurt, wo laut einer zeitgenössischen Zeitung Verhältnisse wie in einer „riesigen Heringskiste" herrschten. Angespannt verfolgten die Anwesenden den 2:0-Sieg des 1. FC Nürnberg, zeigten sich jedoch etwas entsetzt über den dargebotenen Brutalfußball beider Teams, die sich laut „Fußball" einen Kampf lieferten, der „die anwesenden Zuschauer unwillkürlich an das Fronterlebnis zurückdenken ließ".

Deutscher Meister 1920: 1. FC Nürnberg

Die geradezu unglaubliche Kulisse hatte etwas Faszinierendes an sich. 35.000 Zuschauer – das war weder mit der alten Rekordkulisse von 17.000 (Länderspiel gegen England im März 1913 in Berlin) und schon gar nicht mit den kümmerlichen 6.000 vom letzten Endspiel 1914 zu vergleichen. 35.000 Zuschauer – das war eine völlig neue Dimension und eine Zahl, die sich im deutschen Fußball-Lager bis zu jenem Tage wohl niemand ernsthaft hatte vorstellen können. Zugleich war es

Spieler der Stunde ■ Hans Kalb
Man mag sich kaum vorstellen, welche Rolle Hans Kalb bei einem heutigen Bundesligisten wohl zukommen würde. Deutlich übergewichtig (bis zu 100 Kilo!), antrittsstark wie eine Schnecke und dann auch noch bedrohlich jähzornig vor allem Schiedsrichtern gegenüber – Mario Basler scheint ein Waisenknabe gegenüber Kalb zu sein. Dennoch hieß es in den 1920er Jahren stets „Ohne Kalb – der Club nur halb", feierte der Nürnberger Regisseur einen Erfolg nach dem anderen und avancierte zum Stammspieler in der Nationalelf. Über viele Jahre bildete der neben seiner Fußball-Laufbahn erfolgreich ein Zahnmedizinstudium absolvierende Kalb das geistige und kreative Zentrum des FCN-Spiels und galt als Non-plus-ultra der Läuferzunft. Zugleich steht er mit seiner bisweilen aufbrausenden und jähzornigen Launenhaftigkeit – Kalb galt als „Schrecken aller Schiedsrichter" – aber auch exemplarisch für die Schwierigkeiten der nach 1895 Geborenen, die Kriegserlebnisse zu verarbeiten.

jedoch eine Zahl, die schon wenige Jahre später als „gewöhnlich" gelten und für ein Endspiel um die Deutsche Meisterschaft sogar als „zu gering" eingeschätzt werden sollte!

Man darf annehmen, dass die Kulisse auch im DFB-Lager großes Erstaunen auslöste. Zwar hatte sich angedeutet, dass das Zuschauerinteresse deutlich angewachsen war – zum Viertelfinalspiel zwischen dem VfB Leipzig und dem 1. FC Nürnberg waren 12.000 Fans gekommen, im Halbfinale hatte das Duell Titania Stettin - 1. FC Nürnberg 10.000 Zuschauer ins neutrale Berlin gelockt – doch im Grunde genommen stand auch der DFB der Entwicklung völlig überrascht (und überfordert) gegenüber. Entsprechend chaotisch war es auf dem viel zu kleinen Sportplatz zugegangen, und viele der 35.000 hatten nur Teile des Spielfeldes einsehen können.

Der Stadionbesuch als erlebnisschaffender Akt – vor 1914 so gut wie unbekannt – war plötzlich „in". Einer der wesentlichen Gründe dafür war, dass man beim Fußball seinen Emotionen freien Lauf lassen kann und Parteinahme geradezu obligatorisch ist. Damit passte der seinerzeit als „Kampfspiel" betitelte Fußball mental perfekt in die Zeit. Schließlich war vor allem die männliche Bevölkerung seit Jahrzehnten nahezu pausenlos einer aggressiven Kriegspropaganda ausgesetzt gewesen, und die den Menschen eingeflößte Bereitschaft zum Kampf brauchte nach dem verlorenen Krieg ein „zivilisiertes" Ventil. Viele fanden es im Fußball, wo sie nach Herzenslust fluchen, schimpfen und ihre Aggressionen ausleben konnten. Das galt für Passive wie Aktive gleichermaßen und hatte entsprechende Folgen – bis weit in die 1920er Jahre galt Deutschlands Fußball international als „rau" und „hart", während auf den Zuschauertraversen Rangeleien und tätliche Übergriffe auf Spieler an der Tagesordnung waren…

Für den DFB war das kein Anlass zur Sorge. Im Gegenteil: Es hieße „das Wesen jedes Kampfspiels arg verkennen, wenn man ihm seine Gefährlichkeit vorwirft, denn gerade die Gefahr ist es doch, die den Jungen zu ihm hinzieht, und die jene fast suggestive Gewalt auf Spieler wie Zuschauer ausmacht", hieß es im DFB-Jahrbuch 1920. Das bestätigte auch das Fachblatt „Fußball“, das 1922 schrieb: „Der deutsche Fußballspieler spielt selten niedlich, elegant, doch herber, glücklicher unbeschränkt. Der deutsche Fußballspieler hat alle guten und schlimmen Eigenschaften des deutschen Menschen: das Eigene, Erdgewachsene, Bodenverknüpfte, abgründig Sehnsüchtige, aber auch das Enge, Eigensinnige, Dumpfe und Träge in seinem Spiel. Deutsche Fußballspieler sind oft abscheulich kleinliche Spießer, aber doch mit so heiligem Ernst, so versunkenem Hinsehen, so sachlich emporgehoben bei ihrem Spiel, wie keines von den anderen Völkern.“ Fußball galt hierzulande weniger als Spiel, sondern vielmehr als Kampf – ein Attribut, das der deutsche Fußball international eigentlich nie wieder losgeworden ist.

Doch in der gewaltigen Begeisterung für den Fußball schwangen auch deutlich „zivilere“ Aspekte mit. Anderthalb Jahre nach Kriegsende und wenige Monate nach Ende der letzten Revolutionsversuche kamen allmählich eine optimistischere Stimmung und beinahe so etwas wie „Lebenswut“ auf. Der Zeitgeist war geprägt von Aufbruch und Abenteuer, und die meisten Menschen wollten vor allem eins: den Krieg und seine Folgen so rasch und intensiv wie möglich vergessen. Ein neuer gesellschaftlicher Umwälzungsprozess kam in Gang. Automobile schufen neue Individualität bzw. Mobilität, und der jahrzehntelange gesellschaftliche Stillstand der Kaiserreichszeit wurde von einem weit verbreiteten Innovationsgeist verdrängt, mit dem völlig neue gesellschaftliche Grenzen definiert wurden, die neben Musik (Jazz), Architektur (Bauhaus), Kunst (Avantgarde) und Sexualität (kniefreie Röcke etc.) eben auch den Sport betrafen. Dort war es vor allem das Proletariat, das diverse Sportarten für sich vereinnahmte (dazu zählte neben dem Fußball vor allem das Boxen).

Für die Arbeiter gestalteten sich die sich verändernden Lebensverhältnisse im Nachkriegsdeutschland beinahe noch bewegender als für das Bürgertum. Neben einer politischen und gesellschaftlichen Aufwertung – der Krieg hatte die Schranken zwischen Proletariat und Bürgertum spürbar aufgeweicht – gab es für die Arbeiter weitreichende Veränderungen im Alltagsleben. 1918 beispielsweise hatte die SPD mit der Einführung des Achtstundentages eine Reform der Arbeitszeit vorgenommen, die auch dem Proletariat endlich „Frei-Zeit“ verschaffte. Unter den entsetzten Blicken ihrer politischen Führer hatten die Arbeiter diese Zeit aber nicht wie erwartet zur persönlichen Weiterbildung bzw. Tätigkeit auf politischer (revolutionärer) Ebene verwendet, sondern auf den Sportplätzen. Damit einher ging eine völlig neue Verbindung zwischen Aktiven und Passiven, die bis weit in die 1950er Jahre bestehen bleiben sollte: Während der Woche schufteten Spieler und Zuschauer Seite an Seite in den Fabriken und Bergwerken, und am Wochenende spielten die Aktiven dann für die Zuschauer, während die Zuschauer die Aktiven unterstützten. Prozesse wie dieser betrafen sowohl schon vor der Jahrhundertwende gegründete und tiefbürgerlich geprägte Vereine wie beispielsweise Hannover 96 (wo Arbeiter der lokalen Continental-Reifenwerke stark vertreten waren) als auch erst später entstandene und von vornherein proletarisch geprägte Vereine wie Schalke 04. Wie auf Verbandsebene hatte dies allerdings eine vereinsintere „Spaltung“ zur Folge: Die Vorstandsschaft war bürgerlich geprägt, die Mitgliedschaft proletarisch.

■ **Kicken für die Kirche**

Zur Zersplitterung der Fußballbewegung trug auch der konfessionell gebundene Sport bei, der von der katholischen Deutsche Jugendkraft (DJK), dem evangelischen Eichenkreuz sowie einigen jüdischen Organisationen betrieben wurde. Stärkste Organisation war die heute wieder bestehende DJK, die am 16. September 1920 als Nachfolger der bereits vor dem Krieg gegründeten Gesellen- und Jünglingsvereine entstand[15] und 1921 eine eigene Deutsche Fußballmeisterschaft ins Leben rief. „Unsere Motivation ist nicht Konkurrenzdenken, sondern Ausdruck der Eigenständigkeit des DJK-Sports", hieß es zur Begründung. „Glorificate Deum in corpore vestro" (Ehrt den Gott in Euern Körpern), lautetet das Verbandsmotto, denn „die Sportbegeisterten sollen sich auszeichnen durch treue Erfüllung der religiösen Pflichten und eifrige Teilnahme am Gemeinschaftsleben des Stammvereins".

Vor allem im Ruhrgebiet waren katholische Jünglingsvereine schon vor dem Ersten Weltkrieg im Fußball überaus engagiert gewesen. Hintergrund war die große Zahl von Zuwanderern aus Masuren, Schlesien und Pommern, denen die katholische Kirche in der Fremde eine „Heimat" bieten wollte. Die Kirchenkicker brachten große Namen hervor. Borussia Dortmund beispielsweise entstand im Umfeld der Dortmunder Dreifaltigkeitskirche und hätte, wäre die DJK schon vor 1914 gegründet worden, womöglich nie den Anschluss an den DFB gesucht... Im Gegensatz zum Arbeitersport ergaben sich zwischen bürgerlichen und katholischen Sportlern durchaus Kontakte, was die DJK-Bewegung, die Anfang der 1930er Jahre rund 84.000 aktive Mitglieder zählte (davon ein Drittel Fußballer), in der Nazizeit allerdings nicht vor dem Aus bewahrte: 1935 wurde sie zwangsaufgelöst.

Der evangelische Eichenkreuz spielte im Fußball keine Rolle. Der Verband verfügte weder über eine entsprechende Sparte noch zeigte er übermäßiges Interesse an dem Spiel. Stattdessen stand Handball hoch im Kurs der Protestanten.

DJK-Mannschaft in Mainz mit ihrem Pfarrer, 1932.

Schwierig gestaltete sich die Wiederaufnahme des internationalen Spielverkehrs. Ende November 1918 hob der DFB nach Freilassung der noch in deutscher Gefangenschaft befindlichen Soldaten zwar sein während des Krieges erlassenes völliges Spielverbot gegen Kriegsgegner[16] auf, doch namentlich in Westdeutschland, wo die Besetzung von Teilen des Verbandsgebietes gewaltig an den Nerven zehrte, gab man sich weiter unnachgiebig und verkündete: „Es ist streng verboten, gegen Mannschaften feindlicher Besatzungstruppen zu spielen. Es ist ebenso unbedingt verboten, Soldaten der feindlichen Besatzungstruppen als Spieler einzustellen, auch nicht in Gesellschaftsspielen. Jedes Einlassen, jeder Verkehr mit dem Feind muss unterbleiben." Eintracht Kassel bekam die harte Linie des WSV kurz darauf mit voller Wucht zu spüren, als der Klub eine sechsmonatige Spielsperre aufgebrummt bekam, weil er ein Spiel gegen eine britische Soldatenelf durchgeführt hatte.[17] Nord- und Mitteldeutschland schlossen sich der harten WSV-Haltung an, derweil der DFB zunächst vermittelnd einzugreifen versuchte, diese Position aber aufgab, als England und Belgien ihren Besatzungstruppen zum Jahreswechsel 1918/19 ihrerseits den Spielbetrieb mit deutschen Mannschaften untersagten. Im Februar 1919 erließ der DFB erstmals selbst ein Spielverbot – betroffen war der FV 1910 Neumünster (heute VfR), der für ein halbes Jahr gesperrt wurde, „weil er entgegen den Bestimmungen des § 58 der Bundessatzungen ohne unsere Genehmigung mit einer ausländischen Mannschaft (englische Gefangene) ein Wettspiel ausgetragen hatte, obwohl er vorher auf die Bundesbestimmungen aufmerksam gemacht und ihm die Austragung solcher Spiele bei Vermeidung strengster Bestrafung untersagt worden war".[18] Erst als den britischen und belgischen Besatzungstruppen von ihren Ländern 1920 gestattet wurde, deutschen Fußballklubs beizutreten, hob auch der DFB sein Verbot auf, und im November 1920 gab schließlich selbst der WSV klein bei. In der Folgezeit verstärkten zahlreiche britische Soldaten westdeutsche Spitzenklubs.[19]

Allmählich kam der internationale Spielbetrieb nun wieder in Schwung. Den Anfang hatte Altona 93 bereits im April 1919 gemacht, als die Jäger-Elf zu Freundschaftsspielen nach Schweden gereist war. Mitte 1919 war ein Team des IFK Malmö bei Victoria Hamburg aufgelaufen, und im November desselben Jahres hatte der VfB Leipzig eine Gastspielreise in die Schweiz unternommen. 1920 begrüßte der Dortmunder SC 1895 erstmals wieder eine niederländische Mannschaft auf deutschem Boden, und zwei Jahre später registrierte DFB-Chefarchivar Koppehel bereits über 3.000 genehmigte Auslandsspiele durch DFB-Vereine. Der Fußballbund profitierte selbst von dem regen Spielbetrieb, denn er kassierte „a) bei Spielen im Ausland 5% der Entschädigung, die von dem ausländischen Verein, Stadt-, Lokal- oder sonstigen Unterverband gewährt wird. Der Betrag ist in der Valuta des in Frage stehenden Landes zu zahlen. b) bei Spielen in Deutschland 5% der Bruttoeinnahme des Spiels. In Frage kommen nicht nur Vereinsspiele, sondern auch Städtespiele, Spiele der Landesverbände oder ihrer Unterorganisationen gegen ähnliche Organisationen im Ausland."[20] Am 27. Juni 1920 ging schließlich auch das erste Nachkriegsländerspiel über die Bühne[21] – in Zürich gab es

Gäste aus dem schwedischen Uppsala begrüßte die SpVgg Erfurt im August 1921.

eine 1:4-Niederlage, die jedoch nebensächlich war, da es bei der Begegnung vornehmlich um politische Imagewerbung gegangen war.

Erneut in die Diskussion geriet nach Kriegsende die Zugehörigkeit des DFB zum Jungdeutschlandbund, die vor allem in Berlin als Verletzung der „Neutralität in politischen Dingen“ betrachtet wurde. Der VBB hatte dabei den Arbeitersport im Blick, zu dem man den Kontakt nicht völlig abreißen lassen wollte. Im Februar 1919 hatte Berlin den DFB aufgefordert, „bis zum 28. Februar 1919 seinen Austritt aus dem Jungdeutschland zu erklären“, denn der „VBB selbst betrachtet sich zum Jungdeutschlandbund als nicht mehr zugehörig“. Der von Süddeutschland unterstützte Berliner Vorstoß führte wenig später tatsächlich zum Austritt des DFB aus der paramilitärischen Jugendorganisation. Ein anderer Streitpunkt war die Ostpolitik des DFB. Der Verlust großer Gebiete in Ostpreußen und Pommern nagte schwer am Verband, der seine Mitglieder aufforderte, „den Spielverkehr mit Danzig und Ostpreußen opferwillig zu fördern“. Das revanchistische „von der Maas bis an die Memel“ stand auch unter den DFB-Funktionären hoch im Kurs, und noch 1954 bewertete DFB-Historiker Carl Koppehel die Belassung des baltischen Verbandssitzes in Danzig in seinem Standardwerk „Geschichte des deutschen Fußballsports“ als „demonstrativ“.

In der Frage um das Schicksal Oberschlesiens bezog der DFB eindeutig Position und forderte, die Region müsse „uns erhalten bleiben“. Trotz gegenteiligen Volksabstimmungsergebnisses kam es aber zur Spaltung, von der auch die Mannschaft von Preußen Kattowitz betroffen war. Sie hatte sich 1921 für die regionale Endrunde qualifiziert, musste aber tatenlos zuschauen, weil Kattowitz durch die Spaltung an Polen fiel und sie nicht mehr ausreisen konnte.[22]

1920/21: Kämpfernaturen

Während sich die allgemeinen Lebensbedingungen allmählich verbesserten, stabilisierte sich auch der Ligaspielbetrieb im Laufe der Saison 1920/21, und in den Regionalverbänden konnte man sich um die Installation eines leistungsfördernden Spielklassensystems bemühen. Das war ein angesichts des Fußball-Booms offenbar schwieriges Unterfangen, wie ein nach dem Verbandstag des Süddeutschen Fußballverbandes erschienener Artikel im „Fußball" vom 25. Januar 1921 deutlich macht. „Wenn diese Aussprache (auf dem Ulmer Verbandstag, d. Verf.) richtungsgebend ist für eine Vermehrung der Kreise und die damit verbundene Vermehrung der Liga, so wird diese Auffassung unbedingt durch die Tatsache gestützt, dass seit dem bezeichneten Verbandstage eine sehr große Zahl von Vereinen dem Verbande als Mitglied beigetreten und eine Vermehrung der Mitgliederzahl seit 1914 um über das *Vierfache* zu verzeichnen ist. Man darf hierbei aber keineswegs verkennen, dass der stark vermehrte Zugang von Vereinen und Mitgliedern nicht allein und unbedingt den Maßstab für Vermehrung der Kreise *in Hinsicht des Spielsystems* abgeben kann, wenn dies auch verwaltungstechnisch als notwendige Folge erscheinen muss, zumal die Riesenmenge an Arbeit ehrenamtlich geleistet wird. Das Hauptgewicht einer Kreis- und Ligavermehrung muss nach unserer Auffassung auf die sportliche Qualität der Vereine gelegt werden. Die spieltechnische Reife und verfeinerte Spielart, die unsere Mannschaften zu höchstem Können führt, muss als Hauptfaktor gelten beim Maßstab und dem Verlangen einer Ligavermehrung."[23]

Mit Ausnahme von Südostdeutschland, das sich inmitten der Diskussion um das Schicksal Oberschlesiens befand, wurden überall großräumige Oberligen bzw. Endrunden eingerichtet, wobei entweder die zuvor ermittelten Lokalmeister im Ligasystem aufeinander trafen (Süden, Mitte, Westen, Balten), oder aber die Spitzenvereine gleich in großräumige Spielklassen geschickt wurden (Norden, Berlin/Brandenburg). Wie 1913/14 war Norddeutschland am fortschrittlichsten. Zwar war die Wiedereinführung der Verbandsliga an den ungünstigen Reisebedingungen sowie dem Widerwillen einiger Vereine gescheitert, doch mit zwei jeweils zehn Mannschaften starken Oberligen (Nordkreis- bzw. Südkreisliga) blieb eine Förderung der Spitzenvereine gewährleistet.

Aus Norddeutschland kam auch ein Klub, der Deutschlands Spitzenfußball gemeinsam mit Nürnberg und Fürth bald dominieren sollte: der Hamburger SV. Die Rothosen stehen in vielerlei Hinsicht für die neue Ära im deutschen Fußball, denn sie waren nicht nur ein ausschließlich aus Gründen der Leistungskonzentration erfolgter Zusammenschluss mehrerer Vereine[24], sondern zudem explizit auf die Förderung von Spitzenfußball ausgerichtet. Beim HSV wurde Fußball nicht etwa aus Zeitvertreib bzw. zur Stählung des Körpers betrieben, sondern zur Unterhaltung des Publikums, zur Befriedigung der Eitelkeiten von Sponsoren und zur Erlangung sportlicher Meriten. Das spiegelte sich nicht zuletzt darin wider, dass sich der HSV seine Mannschaft regelrecht zusammenkaufte. Schon 1913 hatte der damalige Zweitligist und HSV-Vorläufer

Nürnbergs Elf auf dem Weg zum Endspiel nach Düsseldorf.

Eine ungeheure Menschenmasse wohnte dem Finale 1921 in Düsseldorf bei – darunter auch Soldaten der Besatzungstruppen.

Hamburg 88 mit Otto „Tull" Harder eines der hoffnungsvollsten norddeutschen Stürmertalente aus Braunschweig losgeeist. 1920 gelang die Verpflichtung des Kieler Außenstürmers Hugo Fick sowie dessen Mannschaftskameraden August Werner, und mit dem Engländer Turner bzw. dem Deutschen Richard Girulatis hatten die „Rothosen" ausgewiesene Fachmänner auf dem Trainerposten. 1921 verpflichtete der HSV mit dem Norweger Asbjørn Halvorsen schließlich einen weiteren „fertigen" Akteur für die vakante Mittelläuferposition.[25]

Von seiner Konzeption und Ausrichtung war der HSV völlig auf „Großverein" und „fußballspielendes Unternehmen" ausgerichtet.[26] Eine professionelle Vereinsführung, ein vorbildlicher Sportplatzbau am Rothenbaum sowie eine systematische Zusammenstellung der „Liga" (wie die 1. Mannschaft in der Regel bezeichnet wurde) waren im deutschen Fußball jener Tage absolut einzigartig. Für Norddeutschland hatte dies unangenehme Folgen, denn der HSV entwickelte eine derartige Überlegenheit, dass er zum unüberwindlichen Hindernis für den „Rest" wurde und damit indirekt zum Hemmnis für die Entwicklung des Spitzenfußballs in Norddeutschland.

Auf Reichsebene hingegen sahen sich die Rothosen spielstarken Kontrahenten gegenüber. 1921 unterlagen sie in der Endrunde um die Deutsche Meisterschaft dem westdeutschen Meister Duisburger SV knapp und nach Verlängerung 1:2. Größter Konkurrent war jedoch der 1. FC Nürnberg, dessen Aufschwung bereits während des Ersten Weltkriegs begonnen hatte. Der Gewinn der Deutschen Meisterschaft 1920 hatte ein erstes Ausrufezeichen unter die Club-Ära gesetzt, die so erfolgreich wie keine andere zuvor verlaufen sollte. 1921 gelang den Franken etwas, was zuvor noch keine Mannschaft geschafft hatte: Sie verteidigten ihren Titel. Der Weg dorthin war leicht gewesen. Im Viertelfinale als Titelverteidiger mit einem Freilos ausgestattet, hatten die Franken im Halbfinale den mitteldeutschen Meister Wacker Halle in dessen Heimatstadt mit 5:1 vom Platz gefegt, und im Endspiel war Berlins Überraschungsmeister Vorwärts 90 so chancenlos wie nie zuvor ein Finalist. Mit 5:0 triumphierte die vom Ungarn Izidor „Dori" Kürschner trainierte Club-Elf vor 27.000 Zuschauern auf dem völlig überfüllten DSC 99-Sportplatz in Düsseldorf und eroberte die Herzen aller Anwesenden im Sturm. Vorwärts Berlin konnte einem förmlich Leid tun. Unmittelbar nach dem Abpfiff – weil die Eckfahnen fehlten, war die Partie mit 30 Minuten Verspätung angepfiffen worden – hatte Verteidiger Fritzsche das Leder für seinen bereits geschlagenen Torhüter noch knapp vor der Linie aus der Gefahrenzone befördern können, doch als Schiedsrichter Bauwens zur Halbzeit pfiff, stand es bereits 3:0 für den 1. FCN. Herrliche Kabinettstückchen, eine Läuferreihe in Topform und fünf Tore – eines schöner als das andere – ließen nach dem Schlusspfiff allenthalben Zufriedenheit aufkommen, und auch im Berliner Lager herrschte angesichts der deutlichen Überlegenheit des FCN keine allzu große Trauer.

Deutscher Meister 1921: 1. FC Nürnberg

Die grandiose Darbietung des alten und neuen Deutschen Meisters erfreute übrigens deutlich mehr Fans als nur die 27.000 Augenzeugen im Stadion, denn erstmals waren Filmkameras bei einem Finale dabei, und die Fans konnten die Begegnung später in Ausschnitten reichsweit in den Filmtheatern verfolgen.

Betrachtet man das Mannschaftsfoto des Deutschen Meisters 1. FC Nürnberg, so offenbaren sich gravierende Unterschiede zu Bildern der Meister aus der Vorkriegszeit. Dominierten seinerzeit jugendlich wirkende und eher „weiche" Spieler, denen die Zugehörigkeit zu einer finanziell sorgenfreien Schicht anzusehen war, bestach die Club-Elf von 1921 durch grimmig und resolut dreinblickende Kämpfernaturen. Auffallend aggressive Frisuren (Träg, Popp, Kalb), körperlich kräftige Akteure (Mittelläufer Kalb wog bei einer Körpergröße von 1,85 m gegen Ende seiner Karriere annähernd 100 Kilo!) und vor allem der entschlossene Gesichtsausdruck fast aller Beteiligten dokumentieren eine neue Mentalität im deutschen Fußball: Es ging nicht mehr, wie bis 1914, um „Spiel", „Spaß" und „Kunst", sondern um „Kampf", „Sieg" und „Ordnung". Nicht umsonst galt der Club als „kampfstark" und agierte auf dem Spielfeld wie eine

Mannschaft der Stunde ■ 1. FC Nürnberg

Die Auftritte des 1. FC Nürnberg in der Spielzeit 1920/21 waren die wohl besten in der durchaus ruhmreichen Club-Geschichte. Nie zuvor hatte eine Mannschaft derart berauschend aufgespielt, nie zuvor hatte sie einem Endspiel um die Deutsche Meisterschaft derart souverän ihren Stempel aufgedrückt, und nie zuvor war ein Endspielgegner derart deklassiert worden. Als der 1. FC Nürnberg am 12. Juni 1921 zum zweiten Mal in Folge die „Viktoria" für den Deutschen Meister entgegennahm, war er in 90 aufeinander folgenden Spielen ungeschlagen geblieben und hatte lediglich einen Punkt abgegeben (0:0 gegen die SpVgg Fürth). Faktoren für die Club-Dominanz gab es viele. Da war zum Beispiel der ungarische Trainer Alfréd Schaffer, der 1919 nach einem Gastspiel mit seinem Klub MTK Budapest für ein halbes Jahr in Nürnberg geblieben war und der Elf um Hans Kalb dabei entscheidend auf die Sprünge geholfen hatte. In der Endrunde 1921 hatte dann „Dori" Kürschner, einst gefeierter Mittelläufer beim mehrfachen ungarischen Meister MTK Budapest, die Cluberer modernen Fußball gelehrt. „Es wird flach gschbilld und houch gwunner!", beschrieb Torhüter Stuhlfauth das vom FCN praktizierte schottische Flachpass-Spiel. Die ganze Elf bildete eine extrem homogene Einheit. Im Tor der überragende Heiner Stuhlfauth, womöglich der beste Keeper, den Deutschland jemals hatte. In der Abwehr der Schweizer Gustav Bark sowie „Toni" Kugler, der „Jean" Steinlein abgelöst hatte, der wegen einer Verletzung vorzeitig seine Schuhe an den Nagel hatte hängen müssen. In der Mitte der überragende Kalb, an dessen Seite Michael Grünerwald und Carl Riegel agierten. Und dann der Sturm! Die Halbstürmer Popp und Träg, die wie kein zweites Paar zu wirbeln vermochten, in der Mitte der klein gewachsene Willi Böß und auf den Außen Wolfgang Strobel sowie der 1920 aus Fürth an den Zabo gewechselte Hans Sutor. Lediglich zwei Spieler der Endspielelf 1921 kamen niemals in der Nationalelf zum Einsatz: Michael Grünerwald und Willi Böß (Bark lief zweimal für die Schweiz auf). Seinen nächsten Höhepunkt erreichte der Club am 27. August 1921, als er im so genannten „Endspiel um die Festlandmeisterschaft" ein höchst respektables 0:0 gegen Sparta Prag erzielte.

Die „Club"-Elf 1921 (von links): Böß, Träg, Popp, Sutor, Grünerwald, Stuhlfauth, Riegel, Kalb, Kugler, Strobel, Bark und Trainer Dori Kürschner.

Militär und Fußball gingen eine offenbar fruchtbare Liaison ein – eine Anzeige aus dem „Fußball" im Jahr 1921.

Dampfwalze, die sich aus einer extrem hohen Wertschätzung von Zusammenhalt und Verlässlichkeit speiste.

Das Erscheinungsbild einer „kampfstarken Truppe" war nicht auf den 1. FC Nürnberg beschränkt – auch die 1921er Endrundenteilnehmer Wacker Halle, Finalist Vorwärts 90 Berlin oder der HSV verfügten nach den überlieferten Mannschaftsbildern offenbar über diverse Kämpfernaturen. Dass der optische Eindruck keinesfalls täuscht, belegen die zahlreichen Ausschreitungen auf und neben dem Spielfeld in jenen Tagen. Diese offensichtliche „Verrohung" der Sitten und der Verfall der Moral waren zweifelsohne auch ein Resultat des Krieges, in dem die Fußballer der Jahrgänge 1895-1900 ihre Sozialisation erfahren hatten. Das Gewaltproblem im Fußball beschäftigte die bürgerlichen Verbände im Übrigen ebenso wie den proletarischen ATSB, bei dessen Verbandsspielen es ebenfalls regelmäßig zu Prügeleien, rüden Fouls und anderen Unsportlichkeiten kam.[27]

1921/22: Siegerloses Endspiel

Das Gewaltproblem begleitete auch die Endrunde um die Deutsche Meisterschaft des Jahres 1922, die heute eines des betrüblichsten Kapitel in der deutschen Fußballgeschichte darstellt. Schon in den regionalen Runden war der Spielbetrieb vielfach durch unzählige Proteste behindert worden. Der HSV beispielsweise war auf Bezirksebene zunächst gesperrt worden, weil er einen dem Lokalrivalen SC Victoria angeschlossenen Schüler mit auf eine Jugendreise nach Amsterdam genommen hatte und ihm daraufhin „unlautere Abwerbung" vorgeworfen worden war. Als Dritter in Hamburg waren die Rothosen nur als amtierender Norddeutscher Meister in die Endrunde gerutscht.

In Westdeutschland kam es zwischen dem Essener Turnerbund und dem Kölner BC zu einem wochenlangen Streit über die Spielberechtigung des für den KBC spielenden Schotten Gregor Smith, im Baltenverband gab es eine Prozesswelle wegen eines zweifelhaften Elfmeters im Entscheidungsspiel um die Verbandsmeisterschaft zwischen dem VfB Königsberg und Titania Stettin, und allgemein suchte fast jeder Verein nach einem verlorenen Spiel zunächst nach Protestgründen, statt sich mit den sportlichen Ursachen zu beschäftigen. Drei der sieben Regionalmeister wurden schließlich am „grünen Tisch" ermittelt.

Der traurige Höhepunkt wurde am 18. Juni 1922 erreicht, als sich der Hamburger SV und der 1. FC Nürnberg vor 30.000 Zuschauern im Berliner Grunewaldstadion eine über dreistündige Schlacht um den Titel des Deutschen Meisters lieferten, die ergebnislos abgebrochen werden musste, weil die Sichtverhältnisse – es war inzwischen kurz vor acht – zu schlecht geworden waren[28]. Die beiden Finalisten hatten sich eine packende und erbitterte Auseinandersetzung geliefert, die voller Haken und Ösen gewesen war und in der Schiedsrichter Bauwens alle Mühe gehabt hatte, den Überblick zu behalten. Nürnberg versuchte ohne Mittelläufer Kalb (Beinbruch) mit kämpferischen Mitteln zum Erfolg zu kommen, derweil der vom Engländer Turner trainierte HSV das britische Kombinationsspiel vorzog. Rave brachte den HSV nach 19 Minuten in Führung, doch noch vor dem Seitenwechsel drehten Träg und Popp den Rückstand in eine Nürnberger Führung um. Erst vier Minuten vor Ende der regulären Spielzeit erzielte Flohr das 2:2, das schließlich die schier unendliche Verlängerung[29] brachte, die bei völliger Erschöpfung beider Teams und des Schiedsrichters schließlich abgebrochen wurde. Nach Ansicht von Augenzeugen war die Begegnung übrigens kein Spiel, sondern eine „Schlacht" gewesen. 23 Spielunterbrechungen hatte man notiert, 19-mal war

Enormes Zuschauerinteresse erregte das zweite Finalspiel der Meisterschaft 1922 in Leipzig.

ein Spieler behandelt worden. Vor allem der 1. FC Nürnberg war mit diversen unschönen Attacken aufgefallen und hatte den schmalen Grat zwischen scharfem und unfairem Spiel mehrfach überschritten. Schiedsrichter Bauwens wurde kritisiert, weil er das harte Auftreten der Franken nicht frühzeitig mit einem Platzverweis unterbunden hatte. Auf dem abschließenden Bankett kam es zum nächsten Eklat, denn „die Herren Hanseaten weigern sich, mit solchen Proleten wie den Nürnbergern an einem Tisch zu sitzen".

Während in Berlin trotz der „Schlacht" noch alles einigermaßen im Rahmen geblieben und lediglich die per Sonderzug angereisten HSV-Anhänger negativ aufgefallen waren (ihr Verhalten war laut „Fußball" „zu verurteilen"), lieferten sich beide Mannschaften sechs Wochen später in Leipzig ein Duell, das tatsächlich nur noch rudimentär an Fußball erinnerte. Es endete mit Platzverweisen für die Nürnberger Böß und Träg (zugleich die ersten Feldverweise in der Geschichte der deutschen Fußballendspiele), einem verletzt ausgeschiedenen Nürnberger Kugler[30] und einem Eklat zum Ende. Eindrucksvoll schilderte Schiedsrichter Bauwens in seinem offiziellen Spielbericht die entscheidenden Minuten: „Bevor ich die erste Verlängerung anpfiff, hörte ich eine heftige Auseinandersetzung zwischen Träg und Agte. Ich frug, um was es sich handelte, worauf Träg sehr erregt sagte: ‚Der hat Lump zu mir gesagt, und Sie haben es nicht hören wollen.' Zunächst wies ich wiedermal Träg wegen der letzten Bemerkung zurück (...). Agte versuchte, sich bei Träg zu entschuldigen. Dieser ließ dies aber nicht gelten, sondern erklärte ihm, ihn fünf Minuten vor Schluss kaputt zu treten." Nach exakt 100 Spielminuten machte Träg seine Ankündigung wahr, holte statt des angekündigten Agte allerdings Beier von den Beinen und wurde von Bauwens, der nach jenem Vorfall „nahe daran war, das ganze Spiel jetzt schon abzubrechen" des Feldes verwiesen. Bauwens weiter: „Mit dem Schlusspfiff der ersten Verlängerung brach Popp zusammen. Ich ließ einige Zeit verstreichen, damit er sich erhole. Es wurde mir dann aber nach weiterem Befragen von Riegel erklärt, Popp könne nicht mehr weiterspielen. Ich machte nochmals darauf aufmerksam, dass ich dann das Spiel abbrechen müsste, da weniger als acht Mann auf dem Spielfelde seien. Auch dann erklärte Riegel nach einiger Zeit, Popp könne nicht mehr eintreten, und so brach ich dann das Spiel vor Beginn der zweiten Verlängerung ab."[31]

Ein böser Schnitzer, denn der Spielabbruch während der Pause war gar nicht möglich, da die Pause laut Regel 5, Abs. 2 bis 4 nicht zum Spiel gehörte! Zunächst machte der DFB für den Abbruch Nürnberg verantwortlich („da der 1. FC Nürnberg durch das unsportliche Verhalten zweier seiner Mitglieder, das dann deren Ausschließung zur Folge hatte, den Abbruch selbst verschuldete") und kürte den HSV „gemäß § 111 Abs. 4 der Satzung des DFB" zum Deutschen Meister. Das zog einen Protest der Franken nach sich, wodurch jener Regelverstoß durch Schiedsrichter Bauwens aufgedeckt wurde, und der DFB entschied, die Meisterschaft für diesmal „in Fortfall kommen" zu lassen. 1922 gab also keinen Deutschen Meister. Das wiederum erzürnte den HSV, der im November 1922 auf dem DFB-Bundestag in Jena mit 53:35 Delegiertenstimmen schließlich doch noch zum Deutschen Meister gekürt wurde. Kaum war dies geschehen, verkündete der HSV-Abgesandte Barrelet jedoch, der HSV erhebe „keinen Anspruch auf die diesjährige Deutsche Meisterschaft“, womit die Meisterfrage 1922 endgültig als „ungeklärt“ abgebucht wurde. Von Seiten des HSV hieß es später übrigens, der Verzicht sei nicht freiwillig erfolgt, sondern sei „ihm aufgezwungen worden“...

Auch neben dem Spielfeld lieferte das Wiederholungsfinale Diskussionsstoff. Der DFB hatte die Partie nach Leipzig vergeben, obwohl sich das dortige Probstheida-Stadion noch im Bau befand und eher einer Baustelle denn einem Stadion glich. Das allein wäre womöglich noch zu verkraften gewesen, doch die attraktive Endspielpartie stieß in der sächsischen Messestadt auf derart großes Interesse, dass über 60.000 Menschen Einlass begehrten – vorgesehen war die Probstheida aber nur für 40.000, und das auch erst im fertigen Stadium. Es kam zu chaotischen Verhältnissen. Vor Spielbeginn brauchten beide Mannschaften unendlich viel Zeit und Geduld, um von den Katakomben in der (halbfertigen) Tribüne auf das von einer dicht stehenden Menschenmenge umsäumte Spielfeld zu gelangen, und in der Halbzeitpause gab es endgültig kein Durchkommen: Die Spieler mussten auf dem Spielfeld bleiben.[32] Auch für die Zuschauer war die Angelegenheit eine einzige Zumutung. Ein Augenzeuge erinnerte sich später schockiert an Massen, die „abseits der Straßen über die Felder heranströmten, alle Absperrungen niederrissen und vielfach auch ohne Karten bis an den Spielfeldrand vordrangen“. Im Stadioninneren versperrten die illegal eindringenden Zuschauer schließlich jenen die Sicht, die teures Geld für ihren Sitzplatz bezahlt hatten. „Die Folge war eine explosive Erregung der Massen. Seltersflaschen flogen als Wurfgeschosse durch die Luft. Es gab Verletzte in Massen, und als das Spiel begann, war die Stimmung schon auf dem Siedepunkt gestiegen.“[33]

Während führende Funktionäre in der Gewalt nichts anders als die deutsche Seele wiederzuerkennen glaubten und keine Notwendigkeit zum Eingreifen sahen, betrachteten kritische Zeitgenossen sie als unerträglich und forderten Konsequenzen. Vor allem Westdeutschland war unter den lautesten Protestierern. An Rhein und Ruhr konstatierte man einen generellen Werteverfall, der der Gewalt zugrunde läge und dem die Funktionäre mit ausgewiesen deutschnationalen Parolen zu begegnen suchten. Westdeutschland befand sich zweifelsohne in einer besonderen Situation. Die teilweise Besetzung des Verbandsgebietes hatte die Region zur „Frontregion in Friedenszeiten“ gemacht, was vor allem den Rechtsnationalen Auftrieb verschafft hatte. Im Sport war es zu zahlreichen politisch motivierten Vorfällen gekommen. Während beispielsweise diverse westdeutsche Vereine offen gegen Artikel 177 des Versailler Vertrages verstießen (der ein Kontaktverbot zwischen Sport und Militär vorsah) und dafür mit ihrer Auflösung bestraft wurden, gingen Mitglieder der französischen Besatzungstruppen reichlich unsensibel vor und fügten den Vereinen schwere materielle und ideelle Schäden zu: „Aus sadistischer Zerstörungswut vernichtete Fußballplätze, zerstörte Tribünen und Klubhäuser, mit deren Holz die Franzosen Essenfeuer entzündeten. Gestohlene Sportgeräte in Unzahl; verbotene Sportvereine, Versammlungsverbote in fast jeder Stadt;

ausgewiesene Führer und Misshandlungen von Sportlern, die harmlos mit dem Koffer in der Hand zum Spiel kamen oder gingen; der Grund: Braucht der verdammte Boche zu Fuß zu gehen, wenn die französische Regie Züge fahren lässt!", beklagte sich das WSV-Blatt „Fußball und Leichtathletik"[34] bitter.

Die Ursachen für die Gewalt sah man in der „materialistischen Auffassung im Sport" und dachte sich zu deren Bekämpfung etwas ebenso Abstruses wie Wirkungsloses aus: den so genannten „Neuen Weg". Offiziell ging es darum, den Zeitdruck, die überbordenden Emotionen und das Leistungsdenken aus dem Liga-Alltag zu entfernen, was über die Entzerrung des Rahmenterminplans geschehen sollte. Eine Saison ging nun nicht mehr über die gewohnten zehn Monate (August bis Mai), sondern über insgesamt rund 20 Monate. Außerdem waren Auf- und Abstieg ausgesetzt, und die Bewertung eines Vereins wurde auf Grundlage der Leistungen aller im Spielbetrieb befindlichen Mannschaften (also sowohl Senioren- als auch Jugendmannschaften) vorgenommen. „Die Vereine sind kraft des 1922 beschlossenen Spielsystems unter dem Zeichen des ‚Neuen Weges' von dem Alpdruck des Abstiegs bis 1926 befreit, um allen Klubs Gelegenheit zu geben, ihre jungen Kräfte heranzubilden und sich von den so genannten Kanonen, die ja gerade unter dem Eindruck des Auf- und Abstiegs zur Blüte kommen konnten, zu befreien", schwärmte „Fußball und Leichtathletik" zur „Halbzeit" von der Neugestaltung, die allerdings nicht überall auf Gegenliebe stieß: Im Juli 1924 scheiterten Kritiker mit ihrer Forderung nach sofortiger Abschaffung des Systems nur an der notwendigen Zweidrittelmehrheit, was von „Fußball und Leichtathletik" als „Sieg des Verbands-Vorstandes auf der ganzen Linie" gefeiert wurde.

Beim WSV zeigte man sich ohnehin immun gegen jede Form von Kritik. „Nicht allein in Westdeutschland, im ganzen Reich krankte der Fußballsport. Fanatismus, Protestwut und verkapptes Berufsspielertum waren die schleichenden Übel, die Profitgier der Vereine und Spieler die Ursache (DFB hat erfolglos den Skandal zu bekämpfen versucht). Eine Gesundung war nur zu erzielen durch eine Verinnerlichung der Bewegung, durch ihre geistige Vertiefung. Nur wenn es gelang, die in ihr steckenden moralischen Werte und Kräfte zu neuem Leben zu wecken und sich frei auswirken zu lassen, war ein Aufstieg und die Rückkehr zur alten Reinheit möglich", rechtfertigte das Verbandsblatt „Fußball und Leichathletik" 1923 den Vorjahresbeschluss. Angesichts dieser Worte wird deutlich, dass es den Westdeutschen eigentlich um die Bekämpfung des Berufsfußballs ging und man eine Rückkehr zu althergebrachten Amateur-Idealen anstrebte.

Der „Neue Weg" ist zudem Grundlage für einige bis heute gepflegte Mythen. Schalke 04 beispielsweise wurde 1925 Emscher-Kreismeister und wäre damit eigentlich in die Ruhrgauliga aufgestiegen, was qua „Neuer Weg" verhindert wurde. In der offiziellen Geschichtsschreibung der Königsblauen wird dies als allgemeiner Affront des bürgerlichen Verbandes gegen Schalke als Arbeiterverein interpretiert. „Die wollten uns nicht in der Liga haben", gab sich Torhüter Sobottka noch 1977 überzeugt.[35]

Die Profi-Frage

„Profisünder" Sepp Herberger.

Das am heißesten diskutierte Thema unter den Fußballfans der 1920er Jahre war zweifelsohne die Profifrage. Offiziell durften die Spieler mit ihrem „Hobby" kein Geld verdienen, inoffiziell jedoch taten es viele, denn heimliche Zahlungen an Fußballspieler waren seit Kriegsende ebenso an der Tagesordnung wie spektakuläre Vereinswechsel, hinter denen statutenwidrige Vereinbarungen steckten. Ausgerechnet jener Mann, dem der deutsche Fußball den historischsten aller historischen Erfolge zu verdanken hat, zählt zu den (erwischten) Sündern der ersten Stunde: Josef „Sepp" Herberger. Der spätere Vater des „Wunders von Bern" wechselte 1921 für ein Handgeld von 10.000 RM vom Sport- und Turnverein Waldhof[36] zum Mannheimer Lokalrivalen MFC Phönix und löste damit einen Skandal aus. „Ich war ein kleiner Angestellter, hatte kaum eine Chance auf einen Aufstieg. Daneben wollte ich Sportlehrer werden. Mein alter Verein Waldhof konnte mir nicht weiterhelfen. Ich war ein guter Schüler, ich war umworben, und ich hatte Angebote. Und so kam auch eines schönen Tages so ein Angebot, und man hatte mir zugesagt, mir zu helfen hinsichtlich meines beruflichen Weiterkommens, auch im Hinblick auf meine Pläne, die ich mit dem Sportlehrer hatte", erinnerte sich „der Chef" später.[37] Herberger, der in seinen Tagebuchaufzeichnungen festhielt: „Das Angebot schmeichelt und narkotisiert", bestritt allerdings kein einziges Spiel für den Phönix, sondern machte den Wechsel nach Beratung mit seiner damaligen Braut Eva rückgängig und gab auch das Geld zurück.

Das bewahrte den 24-jährigen Nationalspieler allerdings nicht vor einer Sperre. Der Auslöser dafür war sein wenig später verkündeter Wechsel zum VfR Mannheim, dem erbittertsten Rivalen des Waldhofs und dem Klub der elitären Gesellschaft Mannheims. Das war zu viel für die Waldhof-Verantwortlichen, die daraufhin Anzeige beim SFV erstatteten. Die „Rasensportler" hatten Herberger übrigens mit der Aussicht auf finanzielle Unterstützung sowie der Möglichkeit, das Abitur nachzuholen, angelockt. Herberger: „Es ging mir nicht um das Geld. Ich war nicht närrisch aufs Geld. Ich war darauf aus, etwas zu werden im Leben." Zwei Monate nach seinem ersten Spiel im VfR-Dress – ausgerechnet gegen den Phönix – erging das Verbandsurteil, und Herberger wurde „infolge seiner zahlreichen Vergehen gegen die Amateurparagrafen des DFB das Recht als Amateur abgesprochen und zum Berufsspieler erklärt". Im Klartext: Er wurde gesperrt, während den drei beteiligten Vereinen Geldstrafen aufgebrummt wurden.

Herberger hatte jedoch Glück, denn am 1. Oktober 1922 wurde er begnadigt und 1924 sogar wieder in die Nationalelf berufen. Nicht, dass Herberger danach wieder zum „reinen Amateur" geworden wäre und brav von seinem Job als Geldzähler bei der Dresdner Bank gelebt hätte – VfR-Präsident Max Rath, ein jüdischer Textilgroßhändler, der später in Auschwitz ermordet wurde, ließ die Herbergers in einem seiner Häuser mietfrei wohnen, steckte „dem Sepp" nach einem gewonnenen Spiel schon mal 10 RM zu und ließ auch sonst öfter „Fünfe" gerade sein. Dieses so genannte „verkappte Berufsspielertum" war allgemein bekannt und wurde von allen großen und vor allem ambitionierten Vereinen – vor allem in Süddeutschland – praktiziert. Im Grunde genommen kam es nur darauf an, sich nicht erwischen zu lassen.

Deutschlands Fußball stand mit der Profifrage vor einem Dilemma, denn man verteidigte etwas, das nicht mehr zeitgemäß war. Schon 1919 hatte der DFB in seinem Jahresbericht orakelt: „Die schwierigen Arbeitsverhältnisse nach dem verlorenen Krieg lassen ein Umsichgreifen des verkappten Berufsspielertums befürchten." Ein Jahr später war der süddeutsche Funktionär Ludwig Albert resigniert zurückgetreten: „Was nützen mir die ungeheuren äußeren Erfolge, die wir heute prahlend aufzählen können? Der ungeheure Mitgliederzuwachs, die überfüllten Sportplätze, das Interesse der Öffentlichkeit? Was nützt uns das, wenn der Geist krank ist? Das Gift sitzt schon im Blut, da ist nicht mehr viel zu helfen [...] Die Gewinnsucht ist die einzige Tendenz, die noch lebt in der Sportbewegung [...] Der Materialismus hat die Sportbewegung so ergriffen, dass fast jeder den Drang zu verwirklichen sucht, Vorteile aus dem Sport zu gewinnen."[38]

Weil sich Fußball nach Kriegsende mit rasantem Tempo zu einem populären Volksvergnügen entwickelt hatte, war eine Spaltung zwischen Fußball zum reinen Selbstzweck (Amateurfußball) und Fußball als Teil der Unterhaltungsindustrie (Profifußball) faktisch längst besiegelt. Wie man ins Theater oder Kino ging, so ging man eben auch ins Stadion, ließ sich von „Profis" etwas vorführen und bezahlte dafür. Abgesehen von der heftig umstrittenen Zugehörigkeit des Fußballs zur Unterhaltungsindustrie war mit der Berufsspielerfrage[39] aber noch ein weiterer Themenkomplex verbunden: die Leistungssteigerung. Selbst Kritiker kamen nicht umhin zuzugeben, dass es zur Herausbildung einer auf internationaler Ebene wettbewerbsfähigen Fußball-Elite notwendig war, ausgewählte Akteure speziell zu fördern. Geregeltes Training beispielsweise war nur möglich, wenn die Akteure nicht zugleich noch einem „ordentlichen" Beruf nachgehen mussten.[40] Wollte ein Land also im internationalen Fußball mitspielen, brauchte es Berufsfußball – eine Tatsache, der sich im Verlauf der 1920er Jahre Länder wie Tschechoslowakei, Ungarn und Österreich nicht mehr verschlossen: Sie richteten Profiligen ein. In Deutschland war das schwieriger. Hierzulande kollidierte die Frage neben ihrer ethischen Dimension auch noch mit dem aufgrund der Kriegsfolgen gekränkten deutschen Stolz, der durch eine internationale Isolation im Sport zusätzlich getroffen worden war. 1920 war Deutschland von den Olympischen Spielen ausgeschlossen worden, und es gab nicht wenige, die die Vergabe des Olympiaturniers von 1924 an Paris als „Racheakt an Deutschland" interpretierten – angesichts der politische Dissonanzen zwischen Deutschland und Frankreich war deutschen Sportlern eine Teilnahme an den Spielen in Paris aus deutscher Sicht schließlich unzumutbar. Zudem gab es eine Debatte, ob man überhaupt so etwas wie eine „deutsche Dominanz" auf internationaler Sportebene anstreben sollte. „Es ist besser, zehn Millionen Deutsche sind waschechte Sportsleute und unsere Nationalelf verliert gegen die halbe Welt, als zehn Millionen schauen nur zu, wie die deutsche Profi-Über-Ober-Extraklasse die ganze Welt verprügelt!", tönte WSV-Funktionär Guido von Mengden 1926.[41]

Abseits des heiklen politischen Terrains ist die Profifrage ein typisches Produkt ihrer Zeit und weist eine tiefe gesellschaftskritische Dimension auf. Die 1920er Jahre stehen in Deutschland für den Durchbruch einer Massenkultur, die sich vor allem in den Bereichen Musik, Kino und Sport ausdrückte. Sie stieß dabei auf Widerstand bei einem Teil der nationalen Elite, der Errungenschaften wie Jazz oder Kino als „Amerikanismus" verunglimpfte. Man fürchtete um das kulturelle Erbe des Kontinents und entwarf eine geradezu apokalyptische Vision verdummter und verrohter Großstadtmenschen. Diese Kulturkritik bildete auch eine der Grundlagen für die bisweilen erregt und polemisch geführte Diskussion um den bezahlten Fußballer. Die Position der führenden Fußballfunktionäre war dabei höchst diffus und gespalten. Zum wiederholten Male zeigte sich, dass die administrative Struktur der Fußballbewegung mit einem verhältnismäßig schwachen Bundesverband DFB und sieben vergleichsweise starken Regionalverbänden Probleme aufwarf, da jeder Landesverband nach eigenem Gutdünken handelte und der DFB vergeblich zu einigen versuchte. Grundsätzlich waren sich DFB und Regionalverbände lediglich darin einig, dass man mit Profifußball nichts zu tun haben wollte. Fußball gegen Geld berufsmäßig zu betreiben, hieß in den Augen von Hinze und Co., den Sport in die Nähe des Zirkus zu rücken, und das widersprach sämtlichen Theorien von seiner eigenen Bedeutung als „Heeresersatz" bzw. staatstragendes und „sozialisierendes" Element. Berufsspieler wurden folglich kurzerhand als „Schädlinge" abqualifiziert.

Damit setzten aber bereits die Unterschiede ein, denn während Süddeutschland relativ lasch bei Verstößen vorging und es dort folglich vergleichsweise viele verkappte Profis gab, gingen Nord- und Westdeutschland mit voller Härte vor. Der DFB präsentierte sich bei seinen Versuchen, die längst aus dem Ruder geratene Angelegenheit unter Kontrolle zu bekommen, hilflos bis dilettantisch. Statt strukturbildend in den Prozess einzugreifen (und damit womöglich auch seine eigene Position zu stärken), bezog man bis in die frühen 1930er Jahre hinein eine ausschließlich reagierende Position und beschränkte sich auf hartes Durchgreifen, wenn es angeraten schien. Als 1920 beispielsweise die Brüder Otto und Ernst Eidinger ungarische und deutsche Nationalspieler „einkauften" und in Berlin einen Profi-Spielbetrieb organisierten,[42] reagierte der DFB mit aller Härte. Vizepräsident Linnemann zeichnete das Schreckensszenario vom „kapitalisierten" Sport auf, in dem Spieler zu reinen „Spekulationsobjekten" verkommen würden, und warf den Beteiligten vor, ihnen sei „der Begriff des freien Herrentums im reinen Amateursport" wesensfremd.[43] Den scharfen Worten folgten zweifelhafte

Taten, denn der DFB drohte den „Profispielern" nicht nur mit Sanktionen, Boykott und Ausschluss, sondern schickte zudem „Radaubrüder" los, um die Profispiele zu stören. Damit konnte das Eidinger-Projekt zwar frühzeitig zerstört werden, das eigentliche Problem aber wurde nicht gelöst, zumal niemand die Notwendigkeit erkannte, sich mit der Frage zu beschäftigen, warum Berufsfußball von bestimmten Teilen der Fußballbewegung überhaupt gewünscht wurde.

Gegenüber anderen Bereichen der Weimarer Massenkultur weist Fußball einen bedeutsamen Unterschied auf: Während Musik, Kunst und Kino vornehmlich dem Bürgertum vorbehalten waren, erfreute sich Fußball bei Bürgern wie Proletariern großer Beliebtheit. Daraus resultiert ein einzigartiges gesellschaftliches Gemisch, denn im Gegensatz zu Musik, Kunst und Kino, wo es ein eindeutiges „die" (Künstler) und „wir" (Konsumenten) gab und die Frage nach der Bezahlung nur gestreift wurde, verschwammen im Fußball die Grenzen. Dort gab es nur ein „wir" und damit eine höchst eigene Form von Gemeinschaft.

Dazu ein kleiner Ausflug in die Historie des bezahlten Fußballs. Dessen Wiege stand im nordenglischen Lancashire (Preston, Blackburn, Burnley), wo Industriearbeiter um 1885 begannen, sich für ihre Tätigkeit als Fußballspieler bezahlen zu lassen. Auch in England löste dies eine erbitterte Debatte um die moralische Rechtmäßigkeit des Berufsfußballs aus, die 1888 mit der Gründung der Football League zugunsten der Profibefürworter geendet hatte. Die Logik war leicht zu durchschauen: Spiele ortsbekannter Mannschaften füllten aufgrund ihrer Anziehungskraft auf die Menschen die Kassen der Vereine, und weil es die Aktiven waren, die die Zuschauer anzogen, erhielten sie einen angemessenen Anteil an der Einnahme. Ein im Grunde zutiefst simples und logisches Prinzip – wenn erst einmal die Hürde überwunden ist, dass Leistungssport nicht aus Selbstzweck oder „Liebe zum Vaterland" betrieben wird, sondern Teil der Unterhaltungsindustrie ist.

In Deutschland war die Profifrage schon vor dem Ersten Weltkrieg aufgekommen, seinerzeit jedoch kaum beachtet worden. Nach dem Krieg hatte sich das völlig geändert. Grund war die soziale Zusammensetzung der Fußballbewegung. Vor dem Krieg waren fast ausschließlich Söhne des Bürgertums aufgetreten, die sich über ihre ökonomische Lage keine Sorgen machen mussten. Als nach dem Krieg die Arbeiter das Spiel eroberten, änderte sich die Perspektive der Akteure. Mit dem Fußball Geld zu verdienen half ihnen, ihren Lebensunterhalt zu bestreiten bzw. einen ansonsten unmöglichen gesellschaftlichen Aufstieg zu erleben. Das angeführte Beispiel von Sepp Herberger, einem klassischen Vertreter der Arbeiterschaft, veranschaulicht dies exemplarisch. Zudem wurde es vor allem für die Spieler in Spitzenteams zunehmend schwieriger, ihre vielfachen Verpflichtungen aus Liga- und Freundschaftsspielen mit ihren beruflichen Pflichten abzustimmen, ohne dabei Gehaltseinbußen hinzunehmen. So ergab sich fast notwendig die Frage eines finanziellen Ausgleichs.

Freilich waren selbst innovative Köpfe wie „Kicker"-Herausgeber Walther Bensemann skeptisch bezüglich der Einführung des Berufsfußballs in Deutschland und ver-

Gastspiele von Profiklubs lockten die Zuschauer an – wie hier Sparta Prag in Leipzig 1924.

wiesen auf das Beispiel Österreich. Dort konnten sich lediglich die drei Spitzenvereine Rapid, Austria und Admira finanzieren, während der Rest von der Hand im Mund lebte. Zugleich mahnte Bensemann jedoch Realitätssinn an: „Der Glaube an die gute alte Zeit darf nicht dazu führen, dass man sich den Wirklichkeiten der bösen neuen Zeit verschließt. Wenn der deutsche Fußballsport heute so wäre, wie er zur Zeit der Bundesgründung war, dann könnte man die Bedenken gegen eine Kontamination mit den Profis gut und gerne begreifen. Aber der Sport ist anders geworden; er ist nicht mehr Sache des freien Willens, sondern des Zwanges, und ich nehme es den jungen Leuten, die Sonntag für Sonntag in Aktion treten müssen, ob sie wollen oder nicht, gar nicht übel, wenn sie eine Vergütung für diese Gewohnheitspflicht erhalten."

Doch Realitätssinn waren dem DFB und seinen Regionalverbänden fremd. Sie lehnten Berufsfußball weiterhin unisono ab und schufen stattdessen eine ideologische Überhöhung des Amateurprinzipes, die getragen wurde von Appellen an Charakterstärke, Opfermut und Idealismus. „Dass die Spieler als selbstlose ‚Helden' fürs Vaterland und nicht für Geld kämpfen sollten, war der Hauptgrund für die Unterdrückung der unübersehbaren Tendenz zur Kommerzialisierung des Fußballs durch den DFB und seine Landesverbände", resümierte die Sozialhistorikerin Christiane Eisenberg in ihrem Werk „English Sports und Deutsche Bürger". Zweifelsohne spielten moralische Erwägungen eine wichtige Rolle, ob sie jedoch „der Hauptgrund" waren, muss bezweifelt werden. Bei der Frage um Geld ging es nämlich vor allem um – Geld. Seitdem Fußball zahlendes Publikum angelockt hatte (also seit der Jahrhundertwende), hatten sich die Vereine und Verbände regelmäßig mit staatlichen Stellen in Steuerfragen auseinander setzen müssen. Vor allem die so genannte „Lustbarkeitssteuer" (auch „Vergnügungssteuer" genannt), die von den Gemeinden erhoben wurde, wenn ein Sportereignis unter marktwirtschaftlichen Gesichtspunkten ausgetragen wurde (also z.B. bei Gastspielen englischer Mannschaften in Deutschland), war ein ständiger Streitpunkt. In zähen Verhandlungen und mit geschicktem Lobbyismus gelang es dem DFB[44], sowohl bei der Lustbarkeitssteuer als auch bei der ebenfalls umstrittenen Schenkungssteuer eine Lösung zu erzielen. Vereine konnten nunmehr einen Status als „gemeinnützig" erlangen und wurden dadurch in Steuerfragen bevorzugt behandelt. Der kleine Namenzusatz „e.V.", den die Erlangung der Gemeinnützigkeit mit sich brachte, hatte also große Wirkung (und zwar bis in die 1990er Jahre, denn selbst Großunternehmen wie der FC Bayern München e.V. waren bis zur ihrer Umwandlung in eine AG/KgA trotz ihrer Millionen-Einnahmen in einer steuerlich günstigen Position).

Ein „Ja" zum Profifußball hätte den Verlust dieser steuerlichen Errungenschaft bedeutet, und da dies nicht nur die tatsächlichen Profiklubs betroffen hätte, sondern alle Fußballvereine, drohten unabwägbare finanzielle Risiken. Diesbezüglich erfüllte der DFB also durchaus seine Fürsorgepflicht den Vereinen gegenüber.

Dazu kommt, dass sich staatliche Stellen seit Kriegsende durchaus kooperativ gezeigt und die Sportbewegung nach Kräften unterstützt hatten. 1921 beispielsweise waren vom Reichsverkehrsministerium Fahrpreisermäßigungen für gemeinsame Sportreisen beschlossen worden, und vielerorts flossen Subventionen in Form von Reichsmitteln, die für Stadionbau oder -renovierung eingesetzt wurden. All das wäre wohl bei einer Freigabe des Profifußballs ebenfalls in Gefahr geraten (wie auch die Anforderung von Mitgliedern der Freiwilligen Arbeitsdienste, die den Vereinen bei vielen Gelegenheiten helfend zur Hand gingen). Der DFB saß also – objektiv betrachtet – in der Falle.

„Reinliche Scheidung", Inflation und Fußballboom

Im Zusammenhang mit der Berufsspielerfrage taucht unweigerlich die Frage auf, wie sich die Vereine eigentlich finanzierten. Die Unterhaltung einer leistungsstarken Fußballmannschaft war kein billiges Vergnügen mehr, das durch Mitgliedsbeiträge und Eintrittsgelder bei den Pflicht- und Freundschaftsspielen[45] kaum noch zu bewältigen war. Zumal auch seitens der Verbände Forderungen erhoben wurden. Im November 1923 beschloss der 24. Bundestag des DFB beispielsweise die Einführung einer „Spielabgabe", nach der die Vereine ein Prozent ihrer Einnahmen pro Spiel an den Bundesverband abführen mussten. Die Funktionärsgarde war diesbezüglich nicht sonderlich wohl gelitten – 1921 nahm das Fachblatt „Fußball" in einem Kommentar kein Blatt vor den Mund: „Die Funktionäre bringen für ihr Amt nicht einmal die primitivsten Fähigkeiten mit, wieder andere sind nach kurzer Tätigkeit im Amt für den Staatsanwalt reif. Wer Einblick hat, dem graut's z.B. ob der minderwertigen Elemente, die sich in Gaubehörden herumtreiben." Mäzene und gebefreudige Mittel- oder Großbetriebe halfen den Vereinen bei der Begleichung ihrer Etats, in die zudem Werbeeinnahmen (Anzeigen etc.) flossen. Mitunter gingen die finanziellen Drahtseilakte der Klubs allerdings schief. Ein Beispiel dafür ist Arminia Bielefeld, das am 20. Oktober 1922 als vermutlich erster Sportverein in Deutschland Konkurs anmelden musste.

Der Fall Arminia Bielefeld ist noch aus einem zweiten Grund interessant, denn drei Jahre zuvor war es in Ostwestfalen zu einer Fusion zwischen dem „1. Fußballclub Arminia" und der „Turngemeinde von 1848" gekommen – eine Vereinigung zwischen den eigentlich verfeindeten Turnern und Sportlern also. Derlei Vorgänge hatten Konjunktur[46], seit aus dem Gegeneinander von Turnern und Sportlern ein wenig die Luft heraus war. Schon während des Krieges hatte man die Streitaxt begraben und erste Freundschaftsspiele durchgeführt.[47] 1919 war dann der Norddeutsche Fußballverband mit den DT-Turnkreisen IV, V und VI eine Arbeitsgemeinschaft eingegangen, die später in West- und Mitteldeutschland kopiert wurde. 1920 schließlich hatte die DT offiziell auf die Durchführung einer eigenen Fußballmeisterschaft[48] verzichtet und den ihr angeschlossenen Spielabteilungen die Teilnahme an der Meisterschaft des DFB erlaubt. Damit war nicht nur der Weg für die Gründung neuer Spielabteilungen in DT-Vereinen frei, sondern Turnern und Sportlern zugleich die Möglichkeit gegeben worden, die Kräfte zu bündeln und Großvereine zu schaffen (erwähnte TG Arminia Bielefeld hatte über 1.000 Mitglieder!). Zwischen 1919 und 1920 kam es in vielen Orten des Reiches zu entsprechenden Fusionen, die häufig den Namen „Turn- und Sport-Verein" erhielten und bisweilen bis heute bestehen.[49] Die Namensgebung verrät allerdings auch, dass die Trennung zwischen Turnen und Sport in den Köpfen der Menschen keineswegs überwunden worden war. Der Kunstbegriff „Leibesübungen", seit 1913 vor allem von Politik und Militär als übergreifende Bezeichnung für Turnen, Sport und paramilitärische Übungen propagiert, setzte sich übrigens nicht durch. Zwar wurden in den frühen 1920er Jahren diverse „Vereine für Leibesübungen" gegründet, in denen sowohl geturnt als auch Sport betrieben wurde,[50] die meisten Vereine aber hielten an der begrifflichen Trennung zwischen Turnen und Sport fest und nannten sich „TSV", „TuS", „Tuspo", „TSG" oder „STV".

Der Frieden zwischen Sportlern und Turnern sollte ohnehin nicht lange halten. Am 28. November 1920 forderten einige Sportverbände, darunter der DFB, die Deutsche Turnerschaft auf, einem Fachverbandssystem zuzustimmen, mit dem die DT auf einen reinen Spartenverband reduziert worden wäre. Bei der DT-Führung war man außer sich vor Empörung, sprach entrüstet von einem „Friedensdiktat" und setzte sich erst wieder an einen Verhandlungstisch mit den Sportlern, als der Vorsitzende des Deutschen Reichssportausschusses für Leibesübungen (DRA), Theodor Lewald, im Februar 1921 vermittelnd eingriff. Einen Monat später wurde ein Kompromiss gefunden, der den Spielabteilungen der Turnvereine die Teilnahme an den Meisterschaften der Sportverbände erlaubte: Über die so genannte „Doppelmitgliedschaft" im Turnverband und in einem der Sportverbände.

Doch der Unmut innerhalb der DT wuchs, zumal die Turnerschaft ein heikles Mitgliederproblem hatte. Seit Ende 1918 hatte sie über ein Drittel ihrer Mitglieder an die Sportvereine verloren, wodurch vor allem auf der Führungsetage eine gewisse Überalterung eingetreten war. Dies wiederum spiegelte sich in einem deutlich nationaleren Kurs wider und führte auch in der Sportfrage zu einem unnachgiebigen Verhalten. Am 4. Oktober 1921 wurde der DT-Vorstand von einigen Mitgliedern beauftragt, die Verhandlungen mit den Sportverbänden wieder aufzunehmen, mit dem Ziel, die „Doppelmitgliedschaften" wieder abzuschaffen.[51] Am 13. April 1922 löste die DT einseitig die Vereinbarung von 1921, woraufhin die Sportverbände den DT-Spielabteilungen umgehend die Teilnahme an ihren Meisterschaften untersagten. Am 14. Dezember 1922 wurde den DT-Sportlern via „Deutsche Turnzeitung" schließlich unmissverständlich mitgeteilt: „Abteilungen und Einzelmitglieder unserer Turnvereine, welche auch einem Sportverbande angehören, haben dort oder bei der Deutschen Turnerschaft auszuscheiden, sobald ihnen die Teilnahme an Veranstaltungen der Deutschen Turnerschaft durch die Sportverbände verwehrt wird." Anschließend ging alles ganz schnell. Am 30. Dezember schlug die DT noch die Gründung eines gemeinsamen „Deutschen Bundes für Leibesübungen" vor, was bei den Sportverbänden jedoch auf wenig Interesse stieß, woraufhin die DT zum 1. September 1923 einseitig die „reinliche Scheidung" zwischen Turnen und Sport verkündete. Das bedeutete, dass die DT-Spielabteilungen bis zum 1. November entweder aus der DT oder aus den Sportverbänden auszutreten hatten. Rund 25.000 zumeist Fußball spielende DT-Mitglieder verließen die Turnerschaft daraufhin, gründeten neue Vereine und blieben in den Sportverbänden. Auf der anderen Seite verlor der DFB nach Aussage von Chef-Archivar Carl Koppehel „nur zehn Prozent der Fußballabteilungen"[52].

In der Praxis zog dies die plötzliche Spaltung zahlreicher prächtig funktionierender Turn- und Sportvereine nach sich. Klubs wie der TSV München 1860, TuS 1877 Schalke oder der Essener Turner-Bund, in denen Sportler und Turner friedlich miteinander harmonierten, waren durch den nahezu ausschließlich auf Funktionärsebene tobenden Streit gezwungen, getrennte Wege zu gehen. Dabei schälten sich unterschiedliche Vorgehensweisen heraus. Während sich die Wege der Schalker Vereine TV 1877 und FC 04 beispielsweise für immer trennten, beschränkte man sich anderenorts auf die formale Ebene. In München beispielsweise spaltete sich der TSV 1860 offiziell zwar in TV 1860 und SV 1860 mit jeweils eigenem Vorstand, doch beide „Vereine" blieben personell und räumlich so eng miteinander verbunden, dass es für die Mitglieder praktisch weiterhin nur einen Klub gab. Auch in Essen – wo die Spielabteilung des ETB als „Sport-Klub Schwarz-Weiß" eigenständig wurde – war die „reinliche Scheidung" faktisch kaum zu spüren.

Den in der DT verbliebenen Turner-Fußballern erging es ungleich schlechter. Zwar durften sie ab 1924 eine eigene Deutsche Meisterschaft ausspielen, in der sich Größen wie der TV 1861 Forst/Lausitz oder der MTV Fürth hervortaten, sie fristeten ansonsten aber ein Schattendasein mit bitteren Folgen. Zwischen 1924 und 1925 sank die Zahl der Fußball spielenden DT-Mannschaften von 812 auf 676, und innerhalb der Turnbewegung wurde Fußball zusehends vom Feldhandball verdrängt. Vor allem auf den Dörfern – traditionell DT-Hochburg – war das verhältnismäßig einfach zu betreibende und weniger

Akteure benötigendes Spiel bald Nummer 1. Schaut man sich die Zusammensetzung der Handball-Bundesliga an, hat sich daran offenbar bis heute nicht viel geändert.[53]

1923 rutschte Deutschland in eine schwere wirtschaftliche und politische Krise, die das Land erneut an den Rand des Chaos brachte. Es begann damit, dass die bereits seit 1921 kontinuierlich steigende Inflationsrate bedrohliche Ausmaße annahm, nachdem französische und belgische Truppen am 11. Januar 1923 ins Ruhrgebiet einmarschiert und es besetzt hatten. Die Bevölkerung der betroffenen Region reagierte mit passivem Widerstand – dem so genannten „Ruhrkampf" –, welcher die französische Militärverwaltung kräftig in Atem hielt. Die Reichsregierung unterstützte den Widerstand mit der Notenpresse, was die ohnehin schon inflationäre Reichsmark endgültig aus der Bahn warf. Im Herbst 1923 erreichte die Krise ihren Höhepunkt. Im Juni musste man für eine Ausgabe des Fachblattes „Kicker" noch „nur" 1.500 Mark hinblättern. Einen Monat später kostete sie schon 3.000, im August deren 30.000, im September bereits 500.000 und im Oktober sage und schreibe 12 Mio. RM! Händeringend flehte die Redaktion ihre Abonnenten an, den Differenzbetrag von „soundsoviel Milliarden Mark" möglichst rasch zu überweisen, „da der Geldverlust ansonsten zu groß wäre". Unfassbare 500 Trillionen Mark Bargeld waren im November 1923 im Umlauf – und waren kaum ihr Papier wert. Für die Vereine und den Ligaspielbetrieb brachte der Kaufkraftverlust immense Probleme mit sich. Nicht nur, dass man nach einem Spiel wortwörtlich mit „Säcken voller Geld" dastand – man konnte förmlich zuschauen, wie es an Wert verlor. Das Geld, das man am Nachmittag beim Spiel eingenommen hatte, war schon am nächsten Morgen nur noch ein Bruchteil wert. Rücklagen konnten unter diesen Umständen nicht geschaffen werden, und wer nicht in Sachwerten wie Sportplätzen und/oder Vereinsheimen angelegt hatte, dem ging es schlecht.

Dem DFB – weder im Besitz eines Verbandshauses noch anderer Sachgüter – drohte bereits im Frühjahr 1923 die Pleite und die Einstellung des Geschäftsbetriebes, was jedoch abgewendet werden konnte. Vor allem im Spielklassensektor, der sich gerade erst von den Folgen des Weltkrieges erholt hatte, wirkte sich die Geldentwertung jedoch fatal aus. Die mühsam installierten großräumigen Spielklassen waren angesichts der finanziellen Probleme nicht mehr praktikabel und mussten durch kleinräumige Ligen ersetzt werden. Damit einher ging eine folgenschwere „Verdörflichung" des Spitzenfußballs, deren Beseitigung die Regionalverbände weit über den November 1923, als das endgültig zusammengebrochene Währungssystem von der rasch gegründeten Rentenmark erfolgreich ersetzt wurde, hinaus beschäftigen sollte.

Nach Stabilisierung der Situation setzte eine Entspannungsphase ein, die untrennbar mit dem Namen Gustav Stresemann verbunden ist. Stresemann, ein altgedienter Monarchist und Mitglied der Deutschen Volkspartei (DVP), ging außenpolitisch auf den Völkerbund zu, erreichte die Aufhebung der Isolation Deutschlands, sorgte für Nachverhandlungen in der Frage der Kriegsreparationen und erntete mit dem „Dawesplan" einen Erfolg, der Deutschland wirtschaftlich erstmals seit Kriegsende wirklich wieder auf die Beine verhalf. Innenpolitisch leitete er eine Phase der wirtschaftlichen

Produktivität und kulturellen Blüte in Deutschland ein, die allgemein unter dem Begriff „Goldene Zwanziger“ geführt wird. Seine „Verständigungspolitik“ führte auch im Sport zur Überwindung von Grenzen. Im Oktober 1924 erlaubte der DFB seinen Vereinen sogar wieder den Spielverkehr mit französischen Mannschaften – sechs Jahre nach Kriegsende schlossen also auch die Sportler endlich Frieden.

Auch für den Fußball brachen nun „goldene“ Jahre an. Zwischen dem 1. Januar 1923 und dem 1. Januar 1924 verbuchte der DFB trotz galoppierender Inflation einen Mitgliederzuwachs von über zehn Prozent (85.831 Personen) und machte damit den in der „reinlichen Scheidung“ entstandenen Rückgang wieder einigermaßen wett. Mit insgesamt 780.528 Mitgliedern war der DFB nun einer der größten Fachsportverbände der Welt. Noch deutlicher wird der Boom bei den Vereinen, deren Zahl sich zwischen dem 1. Januar 1922 und dem 1. Januar 1924 um 741 auf exakt 5.963 erhöhte[54]. Auch in puncto Zuschauer gab es beeindruckende Zahlen. Bei den Endrundenspielen im inflationsgeschüttelten Frühsommer 1923 war mit durchschnittlich 22.286 Zuschauern pro Begegnung ein neuer Rekord registriert worden. Vor dem Hintergrund der weit verbreiteten Zukunftsängste, die angesichts von Ruhrkampf, Putschen und Inflation größer denn je waren, avancierten Sportvereine und vor allem Sportveranstaltungen offenbar zu „Horten der Geborgenheit“ und waren beliebtes, legitimes Zerstreuungsmittel.

Der DFB zollte diesem Prozess seinen Tribut und erreichte die Bereitstellung von 13.000 Paar Jugendfußballstiefeln sowie 7.000 Fußbällen, deren Auslieferung 1924 erfolgte. Bei den Stiefeln handelte es sich übrigens um eine neue Generation von Schuhen, die leichter und geschmeidiger als ihre Vorgänger waren und zudem nicht wie bis dahin üblich über Eisenkappen verfügten.

Die Inflation zog eine bemerkenswerte Aufweichung der sozialen Grenzen nach sich, da die Geldentwertung nicht an den Milieugrenzen Halt machte. Weil Arbeiter und Angestellte erstmals in „einem Boot“ saßen, entwickelte sich ein völliges neues Sozialgefühl, welches unter anderem im Fußballsport zu Tage trat. Historiker sprechen in diesem Zusammenhang vom Durchbruch der „Massenkultur“. Ersichtlich wird dies beispielsweise durch den angedeuteten Zuschauerboom bei den Endrundenspielen 1923. Selbst eine vermeintlich unattraktive Partie wie Arminia Bielefeld gegen Union Oberschöneweide hatte über 30.000 Fans ins neutrale Bochum gelockt, und die auf den ersten Blick enttäuschenden Halbfinalzahlen – jeweils 10.000 bei VfB Königsberg gegen HSV sowie Oberschöneweide gegen Fürth – gingen ausschließlich auf das Konto der geringen Fassungsvermögen der Stadien in Stettin und Halle. Nie zuvor war Fußball in der öffentlichen Wirkung derart populär wie in der Inflation!

„Der gewaltige Zustrom, den unsere Fußballklubs in den letzten Kriegsjahren und ganz besonders in der Inflationszeit gehabt haben, ist wohl in erster Linie darauf zurückzuführen, dass die Menschen von den Nöten und Lasten des Krieges bedrückt, eine Stätte aufsuchten, die ihnen einige Stunden der Ungebundenheit und der Freude sicherten“, erläuterte der mitteldeutsche Funktionär Hädicke dieses Phänomen, während der Historiker Sebastian Haffner in seinem Buch „Geschichte eines Deutschen.

Die Erinnerungen 1914-33" staunte: „In den Jahren 1924, 25 und 26 entwickelte sich Deutschland schlagartig zu einer Sportgroßmacht. Nie vorher war Deutschland ein Sportland gewesen, nie ist es im Sport eigentlich schöpferisch und erfinderisch gewesen, wie England und Amerika, und der eigentliche Geist des Sports, das selbstvergessen-spielerische Aufgehen in einer Phantasiewelt mit ihren eigenen Regeln und Gesetzen, ist der deutschen Seelenverfassung ganz fremd. Dennoch verzehnfachten sich in jenen Jahren auf einmal die Mitgliederzahlen der Sportklubs und die Zuschauerzahlen der Sportfeste."

Die ersten Rundfunkübertragungen verstärkten den Fußballboom.

Der neuerliche Fußballboom fiel in eine Zeit des allgemeinen gesellschaftlichen Aufbruchs, der mit diversen technischen Neuerungen einherging. Die Zahl privater Automobile erhöhte sich dank neuer Fließbandfertigung schlagartig, und auch im Bereich der Kommunikation und Unterhaltung gab es bahnbrechende Novitäten. 1923 wurde das erste vollautomatische Telefonnetzwerk in Betrieb genommen – bis dahin mussten Gespräche einzeln per Hand „vermittelt" werden –, und im selben Jahr strahlte die „Funkstunde AG" erstmals ein Unterhaltungsprogramm aus. Das Radio avancierte rasch zu einem wichtigen Teil der Freizeitgestaltung. Allein zwischen April und Dezember 1924 wuchs die Zahl der angemeldeten Rundfunkteilnehmer von 10.000 auf fast eine Million – dazu kam ein unbekannt hoher Anteil von Schwarzhörern. Für den Fußball waren Automobile, Telefon und Radio wichtige Wegbereiter und elementare Multiplikatoren auf seinem Weg zum Volkssport.

Politisch rutschte das Reich zusehends nach rechts. Die Reichspräsidentschaftswahlen von 1925 gewann mit Paul von Hindenburg ein hochdekorierter General,[55] und auch im Fußball war der Rechtsruck deutlich zu spüren – vor allem auf Verbandsebene. Besonders engagiert war man einmal mehr in Westdeutschland. 1924 griff WSV-Vorsitzender Josef Klein mit seiner provokativen These von den „drei scharfen T des WSV" tief in die Kiste des Nationalismus und löste eine hektische Debatte aus. Klein war der Ansicht, Sport in Deutschland müsse zu einer unter dem Motto „Treu, Teutsch und Tüchtig" stehenden Volksbewegung werden. Ähnlich wie „deutsche Äpfel auch nur auf deutschen Apfelbäumen" wüchsen, sei die „deutsche Volksbewegung" mit den spezifischen Bedingungen des Landes verwachsen und unweigerlich an Nation und Nationalstaat gebunden. Das Bekenntnis „zum deutschen Volksgemeinschaftsgeist" (Teutsch!), zum „sportlichen Idealismus" (Treu!) und zur „auf sich gestellten, selbstverantwortlichen Persönlichkeit" (Tüchtig!) sei daher dringend geboten und stelle den Ausbruch aus jener von Klein empfundenen Realität dar, die auf Ideale nichts gebe und stattdessen einem hemmungslosen Materialismus fröne. „Kampf bis aufs Messer gegen die materialistische Versumpfung unserer Zeit", lautete die zentrale Forderung des immerhin im DFB-Jugendausschuss sitzenden Funktionärs. Kleins Pamphlet[56] gipfelte in der Forderung, den „schwachsinnigen Traum von sportlicher Weltverbrüderung internationaler Fußballer" ad acta zu legen. „Also weg mit all dem unkritischen und letzten Endes feigen Gerede von dem internationalen Verbrüderungszweck des Sports, der immer nur in einen würdelosen Anbiederungs- und Anschmusungszweck ausarten muss, solange wir Deutsche in den Augen inferioren Ranges sind."

Das im Westdeutschen Verbandsblatt „Fußball und Leichtathletik" veröffentlichte und vom WSV abgesegnete Traktat löste eine erregte Diskussion unter den Fußballfunktionären aus und stieß vor allem bei radikalen Amateurbefürwortern auf Zustimmung. Ex-DFB-Präsident Nohe beispielsweise urteilte: „Wenn solch ideale Sportauffassung wieder Wurzeln schlägt, dann möchte ich nicht verzagen an der gesunden Weiterentwicklung des deutschen Fußballsports; dann erlischt das Trug- und Zerrbild der heutigen Fußballsintflut, wie sie seit Kriegsende den europäischen Kontinent überschwemmt, und wie sie alles Gute und Schöne und Edle mit sich fortzureißen und zu verschlingen droht in den schmutzig-trüben Fluten der Selbstsucht, der Geldgier und der Götzendienerei."[57]

1922/23: Rekordkulisse in Berlin

Auch wenn die Nachbarstädte Nürnberg/Fürth als deutsche Fußballhochburg unbestritten blieben, deutete sich in der Endrunde 1923 doch ein Wandel im Spitzenfußball an. Westdeutschland beispielsweise meldete 1922 und 1923 mit Arminia Bielefeld einen neuen Meister, der mit Walter Claus-Oehler einen frisch gebackenen Nationalspieler in den eigenen Reihen hatte und die gewachsene Bedeutung des Fußballs abseits der Ballungszentren widerspiegelte. Dass die Arminia aus dem „kleinen" Bielefeld den „Großen" aus Köln, Düsseldorf und dem Ruhrgebiet Paroli hatte bieten können, macht deutlich, dass Spitzenfußball keine reine Großstadtangelegenheit mehr war. Gerade aufstrebenden Industriestädten wie Bielefeld stand nun die Zukunft offen. Auch Arminias Auftaktgegner aus dem Jahr 1923, Berlins Meister Union Oberschöneweide, stand für eine Trendwende, denn erstmals wurde die Reichshauptstadt damit von einem Klub aus dem Ostteil der Stadt vertreten. „Union Ob", wie der Klub aus der am Ortseingang von Köpenick gelegenen Wuhlheide vom Volksmund genannt wurde, galt zudem als „Klub der kleinen Leute" und war mit seinem vergleichsweise hohen Zuschauerschnitt und dessen sozialer Zusammensetzung Vorbote der „Proletarisierung“ des deutschen Spitzenfußballs.

Sportlich waren die Berliner der Inbegriff von Kampffußball. „Eine Durchschnittself, vom Raumspiel besitzt sie keine Idee“, spottete ein Fachmann vor Beginn der Endrunde 1923. Aber Union konnte kämpfen. Arminia Bielefeld, spielerisch deutlich höher eingeschätzt, musste sich im Wiederholungsspiel geschlagen geben, und im Halbfinale sorgten die Oberschöneweider mit einem 2:1-Sieg über die SpVgg Fürth sogar für einen der größten Paukenschläge in der Geschichte des deutschen Fußballs.

Die Spielvereinigung Fürth galt in jenen Tagen als stärkste Mannschaft des Landes und war spätestens seit ihrem 10:0-Freundschaftsspiel-Triumph über den Hamburger SV im Januar 1923 ehrfürchtig als geradezu unschlagbar bestaunt worden. Doch vor 10.000 überwältigten Zuschauern im VfL-Stadion zu Halle half den ersatzgeschwächten Kleeblättern (Lang, Hagen und Auer fehlten) ihre gehobene Technik und ihr ausgefeiltes Kombinationsspiel gegen eine enorm kampf- und willensstarke Elf aus Oberschöneweide nicht weiter. Spielentscheidende Abwehrfehler brachten die Franken schon in der ersten Halbzeit in Rückstand, und nach dem Seitenwechsel verteidigten die Unioner ihren 2:1-Vorsprung mit bewundernswerter Leidenschaft bis zum Schlusspfiff.

Deutscher Meister 1923: Hamburger SV

Oberschöneweides Finalgegner war der Hamburger SV, der sich gegen GutsMuths Dresden und den VfB Königsberg durchgesetzt hatte, ohne dabei überzeugen zu können. Für die Fußballästheten in Deutschland war die Finalpaarung enttäuschend. „Bei Mannschaften ohne hohe stabile Spielkultur bleibt Fußball mehr denn je eine Lotterie“, schimpfte beispielsweise der „Fußball“ und konnte sich auch nach dem jederzeit souveränen 3:0-Finalsieg der Norddeutschen nicht beruhigen. Traurig beklagte das Fachblatt tags darauf, es gäbe „in Deutschland an die 20 Mannschaften, die ein schöneres, systematischeres Fußballspiel als der HSV betreiben“. Erstaunen löste die sensationelle Zahl von 64.000 Menschen aus, die mitten in der Inflation eine neue Endspielrekordkulisse gebildet hatten, die bis 1935 Bestand hatte.

Welche Bedeutung ein Endspiel um die deutsche Fußball-Meisterschaft inzwischen hatte, drückte derweil ein Artikel im „Berliner Lokalanzeiger“ aus: „Von der bewussten ‚Völkerwanderung‘ zu reden, die sich gestern gen Stadion Grunewald gewälzt habe, hieße nicht nur eine reichlich abgedroschene Redensart aufzuwärmen, es vermöchte auch nur eine schwächliche Vorstellung von dem unendlichen Zustrom sportbegeisterter Massen zu vermitteln, die dieser größte Tag, den der Sport in Berlin je erlebt hat, in Bewegung gesetzt hatte; im Deutschen Stadion allein zählte man mehr als 60.000 Zuschauer. Ein erhebliches Zuschauerkontingent hatte wieder Hamburg entsandt. Fünf Sonderzüge waren von der Alsterstadt abgelassen worden, und um zahllose blaue Vereinsfähnchen geschart, bildeten die hanseatischen Gäste inmitten des Zuschauermeeres ragende Inseln, auf denen laute Siegeszuversicht herrschte.“

Während Deutschland also in einem Meer von wertlosem Papiergeld versank und viele nicht mehr wussten, wie sie ihr täglich Brot bezahlen konnten, fanden 64.000 Men-

Tull Harder (jubelnd im Hintergrund) erzielt für den HSV das 2:0 im Finale 1923.

Mannschaft der Stunde ■ Hamburger SV

Nett war es nicht, was die deutsche Fußball-Fachpresse nach dem Gewinn der Deutschen Meisterschaft 1923 den Norddeutschen nachsagte. „Für einen Deutschen Meister schlechte Repräsentation", mäkelte das Kölner „Sport-Extrablatt", „Die SpVgg Fürth hätte sicher...", mutmaßte die „Deutsche Allgemeine Zeitung", und im „Fußball" behauptete man gar, es gäbe in Deutschland „an die zwanzig Mannschaften, die ein schöneres, systematischeres Fußballspiel" betrieben. Dass die Norddeutschen von der Presse so stiefmütterlich behandelt wurden, hatte viel mit dem sensationellen Ausscheiden der SpVgg Fürth zu tun – dem Liebling vor allem süddeutscher Journalisten. Doch nicht nur deshalb steht der Gewinn der Deutschen Meisterschaft durch den HSV unter einem eigentümlichen Stern. Die Rothosen waren nämlich noch nicht einmal Hamburger Meister geworden! Diese Ehre war dem SV St. Georg zugekommen, derweil die von Rudi Agte angeführten Rothosen sich mit Platz 3 hatten begnügen müssen. Doch in der Endrunde um die Norddeutsche waren die Rautenträger dann wieder die Nummer 1 gewesen und hatten sich souverän die Meisterschaft gesichert. Der Gewinn der „Viktoria" heilte zudem alle Wunden, die das siegerlose Finale von 1922 beim HSV hinterlassen hatte.

schen das Geld für eine Eintrittskarte zu einem Fußballspiel, zu dem sie teilweise von weither hatten anreisen müssen. Vorgänge wie diese machen deutlich, welch unglaubliche Faszination Fußball auf die Menschen in jenen Tagen ausgeübt haben muss!

1923/24: Neuauflage – „Club" kontra HSV

Das vorzeitige Ausscheiden der SpVgg Fürth, die allgemein als spielstärker eingestuft wurde als der HSV, ließ eine erregte Diskussion um die Zukunft der Endrunde aufkommen. Die Kritik richtete sich einerseits auf das K.-o.-System, das viele als „Lotteriespiel" empfanden, und andererseits auf die geringe Teilnehmerzahl. Ganz Mutige forderten sogar schon eine Reichsliga, die mit den stärksten Teams des Landes bestückt werden müsste. Aus Süd- und Westdeutschland wurde derweil die Erhöhung der Endrundenteilnehmerzahl angemahnt, da man seine Vizemeister als stärker empfand als beispielsweise den baltischen Meister oder den Titelträger aus dem Südosten. Das war zweifelsohne berechtigt, denn in der Tat verfügten Süd- und Westdeutschland über ungleich mehr leistungsstärkere Mannschaften als andere Regionen.

Doch die Großvereine, die Hauptinteressenten einer Spielklassen-Reform, verfügten auf Verbandsebene nur über einen geringen Einfluss. Zwar bemühten sich Klubs wie Nürnberg oder der HSV um eine engere Kommunikation untereinander, doch unterschiedliche Vereinsstrukturen, sportliche Animositäten und vielfach völlig überforderte Vereinsvorstände verhinderten die Entstehung eines wirklich einflussreichen Gremiums. Wirklich gefördert wurde die Reformdiskussion allenfalls von der (verbandsunabhängigen) Sportpresse, wobei vor allem die Fachblätter „Fußball" und „Kicker" hervorgehoben werden müssen. Beim „Fußball" wirkte mit Eugen Seybold ein Mann, der sich als vehementer Befürworter des Leistungsfußballs bekannt war, beim von ihm geförderten FC Wacker München selbst eine Form von verdecktem Profitum unterstützte und zudem seit 1915 mit dem DFB zerstritten war, weil der ihm nach einem kritischen Bericht den Titel „Offizielles Organ des DFB" entzogen hatte. Beim Konkurrenzblatt „Kicker" wirkte derweil mit dem bereits mehrfach erwähnten Walther Bensemann einer der einflussreichsten Akteure der Pionierzeit, der für seine polyglotten Ansichten berühmt (und in nationalen Kreisen berüchtigt) und dessen scharfe Zunge gefürchtet war.

Das größte Problem der leistungsstarken Klubs war der immense Einfluss der kleinen Vereine auf die Politik der Regionalverbände. Eine Reichsliga beispielsweise hätte neben der Einführung des Berufsspielertums wohl als ersten Schritt die Einrichtung von großräumigen Spielklassen auf regionaler Ebene bedingt – also so etwas wie die Oberligen nach 1945. Selbst davon war man jedoch in allen sieben Regionalverbänden meilenweit entfernt. Allein die Stadt Leipzig beispielsweise zählte 1923/24 gleich 13 „Erstligisten" in ihren Mauern! Eine explizite Förderung der Eliteklubs bzw. -spieler war unter diesen Umständen natürlich nicht möglich, und es war kein Wunder, dass aus Leipzig weder der VfB noch die Spielvereinigung reichsweit mithalten konnten. Es kam zwar zu diversen Reformversuchen und sogar Ablösungstendenzen – Hamburg beispielsweise spielte wiederholt mit dem Gedanken an den Austritt aus dem NFV und Beitritt zum DFB als eigenständiger Verband, um nichts mehr mit der hannoverschen Provinz zu tun zu haben –, aussichtsreiche Lösungsvorschläge waren aber rar.

Nackte Zahlen veranschaulichen am deutlichsten die bedrohliche Verwässerung des deutschen Spitzenfußballs. 1923/24 existierten reichsweit insgesamt 79 „erste Ligen", von denen Mitteldeutschland alleine 28 mit insgesamt 215 „Erstligisten" stellte. Einigermaßen fortschrittlich war lediglich Süddeutschland, wo vier Teams in fünf Bezirksligen spielten (Bayern, Main, Rhein, Rheinhessen/Saar und Württemberg/ Baden).[58] Selbst das einstige Vorzeigemodell Norddeutschland hatte sein Verbandsgebiet inzwischen auf neun „Bezirksligen" mit insgesamt 70 Teilnehmern, sprich „Erstligisten", aufgeteilt.

Sportlich feierte an Rhein und Ruhr mit dem Duisburger Spielverein ein so genannter „Altmeister" sein Comeback. Andere Regionen meldeten ebenfalls vertraute Namen für die Endrundenteilnahme 1924: 1. FC Nürnberg (Süd), Hamburger SV (Nord), Vereinigte Breslauer Sportfreunde (Südost), Spielvereinigung Leipzig (Mitte) und VfB Königsberg (Balten). Lediglich Berlin/Brandenburg schickte mit Alemannia 90 erneut einen Nobody ins Rennen. Die Blau-Gelben aus Berlin-Moabit hatten sich im Berliner Finale mit 3:1 und 2:2 gegen Norden-Nordwest Berlin durchgesetzt. Alemannia war zwar ein vom Namen unbekannter Verein, galt aber nichtsdestotrotz als großer Hoffnungsträger an der Spree. Vor allem Jungstar Hanne Sobek begeisterte die Fans und überzeugte die Kritiker. Mit Karl Wolter verfügte man zudem über einen alten Haudegen, der 1920 bereits mit Vorwärts 90 im Endspiel gegen den 1. FC Nürnberg gestanden hatte. Doch dass das swingende und jazzende Berlin im Fußball inzwischen den Anschluss an die Reichsspitze verloren hatte, konnten auch die Blau-Gelben nicht verbergen: Im Auftaktspiel setzte es vor heimischer Kulisse ein 1:6-Debakel gegen den 1. FC Nürnberg. Da auch Breslau (0:3 gegen den HSV) und Königsberg (1:6 gegen Leipzig) ausschieden, standen sich im Halbfinale die Favoriten gegenüber. Zur großen Freude vieler Fans reichsweit setzten sich dabei der 1. FC Nürnberg gegen den Duisburger Spielverein (3:1) und der HSV gegen Leipzig (1:0) durch, so dass es zur heiß ersehnten Neuauflage des „Endlosfinales" von 1922 kam: Nürnberg gegen Hamburg.

Schauplatz des Gipfeltreffens war wie zwei Jahre zuvor das Berliner Grunewaldstadion, in dem sich am 9. Juni 1924 allerdings lediglich 30.000 Menschen versammelten – also über die Hälfte weniger als in der Vorsaison! Sie hatten zudem eine unliebsame Erfahrung machen müssen, denn die billigste Karte war für 2,50 Mark verkauft worden, was angesichts fast einer Million Arbeitslosen[59] erstaunt. Der Preis hatte jedoch Programm, denn der DFB wollte damit „unerwünschte Elemente vom Zutritt fernhalten" – beim Fußballbund erinnerte man sich nur zu gut an den unrühmlichen Auftritt einiger HSV-Fans beim Finale von 1922. Doch der HSV galt nicht umsonst als „Klub der besseren Leute", weshalb die Maßnahme die Falschen traf – Berlins neutrale Fußballfans nämlich, die dem Spiel fernblieben. Für den „Fall der Fälle" hatte der DFB überdies vorgesorgt und rund 400 Schupos zum Einsatz beordert…

Der Meister von 1923, Hamburger Sportverein, erreichte auch 1924 das Finale.

Um das Stadion herrschte jene aufgeregte und geschäftige Volksfeststimmung, die heutzutage nur noch bei einem DFB-Pokalfinale zu spüren ist und bei der das Stadion wie ein riesiger Magnet wirkt. „Vom Grunewaldrestaurant bis zum Stadion-Tunnel unzählige Händler mit Sardinen, Zigaretten, Droschkenpferdewürsten, Bonbons und Zeitungen. Stand an Stand“, staunte der aus Süddeutschland stammende „Fußball“ und mokierte sich über das deutliche Übergewicht der Fans aus Norddeutschland: „Auf jedem Stand flattern mindestens drei H.S.V.-Fahnen. Man ist erschüttert und weiß nicht wie. Endlose Kolonnen von H.S.V.-Fahnenträgern mit den malerischen H.S.V.-Strohhutbändern ziehen in das Stadion. Alle 30 Minuten ein bescheidener Nürnberger Wimpel. Das wirkt so ähnlich wie ein Sowjetstern bei einer Hakenkreuzfahnenweihe.“ Jene für Juni 1924 – also neun Jahre vor der so genannten „Machtergreifung“ – höchst bemerkenswerte politische Andeutung wurde im weiteren Verlauf des Berichtes relativiert: „Etwa 100 Nürnberger Fähnchen flatterten rechts von der Hohenzollernloge im Juniwind. Der Sonderzug fiel ins Wasser, da sich nur 130 Männeken gemeldet hatten.“ Auch die Hamburger Anhänger hatten übrigens auf ihre geplanten Sonderzüge verzichten müssen – wegen „Pfingstverkehrsschwierigkeiten“ waren sie nicht genehmigt worden.

Nürnberg hatte seine sportliche Krise aus der Saison 1922/23 überwunden und verfügte mit Strobel, Wieder, Hochgesang, Träg, Sutor und Popp über die wohl beste Sturmreihe des Landes. Spielertrainer Bark beorderte Luitpold Popp allerdings auf die

Bank und stellte mit Strobel sowie Hochgesang eine Doppelspitze auf, die dem HSV über rechts Dampf machen sollte. Die von Rudolf Agte trainierten Norddeutschen mussten auf ihren verletzten Stürmer Breuel verzichten und boten mit Hugo Fick einen Akteur auf, der 1912 mit Holstein Kiel schon einmal Deutscher Meister geworden war. Agte beging jedoch einen spielentscheidenden Fehler, als er den etatmäßigen Läufer Hans Lang statt Breuel in den Sturm beorderte und damit eine Lücke ins Hamburger Aufbauspiel riss. Zudem konnte Lang das hanseatische Angriffsspiel nicht beleben.

Vom Anpfiff an waren die Nürnberger tonangebend, und als der vom Lokalrivalen Pfeil verpflichtete Georg Hochgesang die deutliche Feldüberlegenheit der Weinroten nach einer halben Stunde in eine 1:0-Führung umwandeln konnte, war der Sieger bereits gefunden. Nach dem Seitenwechsel blieb der Club feldüberlegen und geriet auch nicht in Gefahr, als Gustav Bark wegen einer Fußverletzung ausscheiden musste. In Unterzahl sorgte Strobel drei Minuten vor dem Abpfiff auf Vorlage von Träg für den hoch verdienten 2:0-Endstand. „Wohl noch nie hat ein Teilnehmer der Endrunde verdienter gewonnen, als am 8. Juni 1924 der 1. FCN! Nürnbergs Können stand unbestritten fest, und keine Minute lang kam der HSV als Favorit in Frage. Auch Hamburg erkannte das. Eine Kritik an Nürnbergs Leistung wäre Persiflage. Das können Leute machen, denen der Sinn für die Schönheit dieser 90 Minuten abhanden gekommen ist. Deutschland konnte keinen würdigeren Meister bekommen!", konstatierte der „Fußball" und lobte vor allem das „flache Zuspiel der Nürnberger: ja, das ist konsequent und jedem Mann in Fleisch und Blut übergegangen".

Deutscher Meister 1924: 1. FC Nürnberg

Der Kommentar des Fachblattes deutet an, dass es im Spiel der Franken Veränderungen gegeben hatte. Nicht mehr wie Anfang der 1920er Jahre mit kraftvollem und körperbetontem, vielfach an bzw. über die Grenzen des Erlaubten gehendem Energiefußball kam der Club nun zum Erfolg, sondern mit technisch anspruchsvollem Kombinationsspiel. Leistungsträger war der im Endspiel überragende Mittelläufer Hans Kalb, stärkster Mannschaftsteil die Abwehr um Torhüter Heiner Stuhlfauth, einer fränkischen Frohnatur, die nebenbei als Gastwirt wirkte. Aus gesicherter Abwehr heraus wurde das Spiel aufgezogen und Wert auf starke Ballstafetten gelegt.

EXKURS

Klassenkampf am Ball – Arbeiterfußball in den Zwanzigern

Parallel zum Aufschwung der Fußballbewegung vollzog sich an ihren politischen, sozialen und kulturellen Grenzen eine Spaltung. Abseits des so genannten „bürgerlichen" Fußballs unter Obhut des DFB entstanden einige proletarische bzw. konfessionelle Organisationen, die völlig autark waren und mitunter sogar eigene Meisterschaften sowie Länderspiele durchführten. Bedeutendster Gegenspieler des DFB war der Arbeiter Turn- und Sportbund (ATSB), wie sich der 1893 gegründete Arbeiter Turner-Bund (ATB) seit 1919 nannte. Im Gegensatz zum laut Satzung (aber nicht Handeln) unpolitischen DFB verfolgte der ATSB ausdrücklich nicht nur einen sportlichen, sondern auch (bzw. vor allem) einen politischen Auftrag. Mit der bürgerlichen Sportbewegung wollten die Arbeiterfußballer nichts zu tun haben – eine Lehre aus der Vergangenheit, in der Arbeitersportler massiven Behinderungen durch die bürgerlichen Verbände ausgesetzt gewesen waren.

Mit Fußball taten sich die Arbeiterturner allerdings zunächst schwer. Alteingesessene Turner kritisierten den ausgeprägten Wettkampfcharakter, die vermeintliche Förderung des Egoismus sowie die angeblich einseitige Körperausbildung beim Fußball und rügten außerdem die englische Herkunft des Spiels. 1901 hatte sich der damalige ATB-Bundesspielwart Koppisch sogar zu einem eher von der DT zu erwartenden Ausfall hinreißen lassen und behauptet, „dass die Rohheit und Rücksichtslosigkeit, die Grundzüge des englischen Nationalcharakters nicht zum wenigsten durch die Übertreibungen und das Aufdiespitzetreiben dieser Leibesübungen verschuldet und großgezogen werden"[60]. Mit Fußball, so fürchteten die Proletarier, würden „fundamentale Prinzipien der bürgerlich-kapitalistischen Gesellschaft in der Arbeiterklasse verbreitet"[61]. Erst mit dem Beitritt des DFB zum Jungdeutschlandbund[62] war eine Wende eingetreten und die Forderungen nach Öffnung des Verbandes für Fußball hatten sich gemehrt. „Wir dürfen uns eben nicht der Tatsache verschließen, dass die Jugend vor allem für das Fußballspielen schwärmt", hieß es beispielsweise im Juli 1911 in der „Arbeiter-Turn-Zeitung". Hintergrund war die Furcht des ATB, dass die proletarische Jugend via DFB bzw. Jungdeutschlandbund klammheimlich militarisiert werden könnte. Allerdings waren die Arbeiterturner nicht bereit, Fußball unter seinen englischen Regeln zu betreiben, sondern wollten gewisse Veränderungen vornehmen: Die Spieldauer sollte auf 60 Minuten beschränkt werden, es waren ausschließlich Freundschaftsspiele vorgesehen, und alles sollte unter dem Motto „Fairness und Rücksichtnahme" stehen. Wenngleich es ab 1907 vereinzelt zur Gründung von Fußballsektionen in Arbeiterturnvereinen kam (1910 wechselten sogar erstmals DFB-Vereine ins Arbeiterlager), gelang Fußball erst während des Krieges der Durchbruch – und dann auch noch „durch die Hintertür": Während die fußballfeindlichen Turner auf den Schlachtfeldern für Kaiser und Vaterland kämpften (und starben), schuf daheim der noch nicht kriegstaugliche, aber ungleich fußballbegeisterte proletarische Nachwuchs mit der Gründung entsprechender Sektionen Fakten. Wie in der bürgerlichen setzte also auch in der proletarischen Sportbewegung ausgerechnet der Krieg die wesentlichen Impulse für die Etablierung und Ausbreitung des Spiels. Als die Arbeiterturner nach Kriegsende in ihre Heimatorte zurückkehrten, waren die Würfel längst gefallen und die Wurzeln des Arbeiterfußballs gelegt. Anschließend ging alles blitzschnell. Auf dem 12. ATSB-Bundestag in Leipzig 1919 wurde ein Fußball-Bundesausschuss gegründet, 1921 erhielt die Sportart eine eigene Sparte, und wie zum Dank bescherte ausgerechnet der Fußball dem ATSB anschließend einen nie zuvor erlebten Mitgliederzuwachs.

Genau da steckt jedoch eines der interessantesten Phänomene der deutschen Fußballgeschichte und zugleich das zentrale Problem des ATSB, der große Mühe hatte, sein rein zahlenmäßiges gewaltiges Klientel auch für sich zu begeistern. Viele Arbeiter hatten mit „ihrer" Sportbewegung nämlich nichts am Hut und engagierten sich stattdessen im „feindlichen" (sprich „bürgerlichen") Lager. Was dort die Grundlage für die Volkssportbewegung darstellte und von Arbeiterfunktionären als „Klassenverrat" bezeichnet und entsprechend angeprangert wurde, hatte handfeste praktische Gründe. Im Gegensatz zum agitatorischen Klima in den ATSB-Vereinen ging es in den bürgerlichen Klubs nämlich vermeintlich unpolitisch zu, und der Sport stand im Vordergrund. Darüber hinaus fand dort eine ungleich größere finanzielle Förderung durch Mäzene und Gönner statt, wodurch den Aktiven die Ausübung ihres Hobbys sichtlich erleichtert wurde. Weder war die Frage nach einem geeigneten Sportplatz ein Problem, noch die nach Accessoires wie Spielkleidung, Fußballschuhe oder Bälle: Alles war (zumeist) reichlich vorhanden.

Ganz anders die Situation bei den Arbeitervereinen. Dort wurde nicht nur großer Wert auf politische Betätigung gelegt – dort musste sich zudem jeder selbst alles besorgen, was er zum Spielen benötigte. Arbeiter engagierten sich folglich nur dann in der Arbeitersportbewegung, wenn sie auch bereit waren, politisch aktiv zu sein und den „Klassenkampf" aufzunehmen.[63] Das aber war vielen Proletariern suspekt – sie wollten, wie es Ernst Kuzorra ausdrückte, „spielen, sonst nichts". Dass politische Demonstrationen und gewerkschaftlicher Einsatz in den ATSB-Vereinen höher angesiedelt waren als der Sport, spiegelte sich auch in der Berichterstattung wider: Um jeglichem Starkult vorzubeugen, wurde auf die Nennung der Spielernamen verzichtet und stattdessen Wert auf das Kollektiv gelegt. Das äußerte sich in Formulierungen wie „Dreifacher Torschütze bei Stralau war der Mittelstürmer" und verprellte Arbeiterfußballer, die von Ruhm und Ehre träumten. Angesichts dieser Konstellation verwundert es nicht, dass in

„Klassenkampf" im Sport? Werbung für die Arbeitersportvereine.

der bürgerlichen Fußballbewegung letztendlich deutlich mehr Arbeiter aktiv waren als in der eigentlichen Arbeitersportbewegung.

Ein weiterer Grund findet sich in der Tatsache, dass Fußballabteilungen in vielen ATSB-Vereinen nach Kriegsende erst aufgebaut werden mussten, während sie auf bürgerlicher Seite bereits vorhanden und entsprechend etabliert waren. Für einen fußballbegeisterten Arbeiter war es natürlich viel einfacher, einem bestehenden Verein beizutreten und dort gewachsene Strukturen anzutreffen, als erst mühsam eine Abteilung aufzubauen und dann auch noch mit ungleich größeren wirtschaftlichen Problemen kämpfen zu müssen. Angesichts der politischen Verhältnisse sahen sich die Arbeitersportler schließlich ungleich größeren Hemmnissen gegenüber als ihre vermeintlich unpolitische „bürgerliche" Konkurrenz. Probleme in der Beschaffung von Sportplätzen, Ärger mit öffentlichen Stellen bei der Frage nach der Benutzung städtischer Plätze sowie enorme Probleme bei der Erlangung öffentlicher Zuschüsse waren an der Tagesordnung.

Verzweifelt versuchte der ATSB seine Attraktivität für das anvisierte Klientel zu erhöhen. Auf dem erwähnten Bundestag in Leipzig 1919 war beispielsweise beschlossen worden, eine eigene Bundesmeisterschaft auszuspielen, womit zugleich die abstrusen Vorkriegsideen von „60 Minuten-Spielzeit" und „ausschließlich Freundschaftsspiele" vom Tisch waren. „Die ersten Mannschaften der Vereine ermitteln in Serienspielen Bezirks- und Kreismeister, die in einer abschließenden Endrunde um den Bundestitel spielen werden", hieß es in der offiziellen Ausschreibung. Insgesamt 48.000 Fußballer nahmen im Frühjahr 1920 tatsächlich erstmals den Kampf um den Titel des

„Arbeiterfußballmeisters“ auf, und mit Ausnahme zweier Kreise (Hamburg/Schleswig-Holstein sowie West- und Ostpreußen) rollte das runde Leder reichsweit. Einem Vergleich mit den knapp 470.000 Mitgliedern, die zur selben Zeit im DFB aktiv waren, hielt man damit allerdings nicht Stand.

In der Publikumsgunst rangierte der Arbeiterfußball ebenfalls deutlich hinter dem des DFB. Selbst zum ersten Endspiel zwischen Tuspo Fürth und TuS Süden Forst/Lausitz kamen lediglich 5.000 Neugierige nach Leipzig-Stötteritz und verfolgten einen 3:0-Sieg der Fürther. Offiziell wurde die magere Kulisse mit der angespannten wirtschaftlichen Lage begründet, was jedoch nicht darüber hinwegtäuschen darf, dass das Interesse an Arbeiterfußballern wie Osterländer, Trose und Billinger (aus der Meisterelf von Tuspo Fürth) mit dem an Seiderer, Fiederer oder Wellhöfer (aus der Vizemeisterelf der SpVgg Fürth) nicht vergleichbar war.

Das führte dazu, dass einige Vereine regelrecht zwischen DFB und ATSB pendelten (wie beispielsweise Vorwärts Hamburg-Billstedt, heute V/W Billstedt). Beim DFB wähnte man sich politisch „falsch“, beim ATSB gaben die dünne Vereinsdecke mit dem daraus resultierenden eingeschränkten Ligaspielbetrieb Anlass zur Sorge. Mitunter wurde der Verbandswechsel aber auch lediglich als Drohung eingesetzt bzw. aus Gründen gekränkter Eitelkeiten vollzogen. Auch Spieler wechselten „die Fronten“. Bekanntestes Beispiel ist zweifelsohne Erwin Seeler, der Vater von „uns Uwe“, der 1932 von Lorbeer 06 zum HSV ging und von den Proletariern dafür öffentlich gescholten wurde. Und der ebenfalls aus Hamburg stammende spätere Nationalspieler und ursprüngliche Arbeitersportler Oskar Ritter war 1923 nach seinem berufsbedingten Umzug nach Kiel sogar einem regelrechten „Werben“ um seine Position ausgesetzt. Ritter entschied sich weder für einen ATSB-Verein noch für den „bürgerlichen Arbeiterverein“ Borussia Gaarden, sondern für die elitäre KSV Holstein – ohne Zweifel ein Entschluss, der sich für ihn „gelohnt“ haben wird.

Zwar stieg die Zahl der ATSB-Fußballer zwischen 1919 und 1931 insgesamt um beachtliche 183% an (1919: 26.053 Aktive in 1.593 Mannschaften, 1931: 136.787 in 8.000 Mannschaften), während der DFB im selben Zeitraum „nur“ eine Steigerung von 119% erfuhr, in absoluten Zahlen ausgedrückt fällt die Bilanz jedoch ernüchternder aus. Während der ATSB um 88.000 Mitglieder wuchs, verbuchte der DFB einen Zuwachs von 557.000 Mitgliedern, und in den 1920er Jahren gab es konstant etwa achtmal mehr DFB- als ATSB-Fußballer! Das lag auch daran, dass Arbeitersport ein städtisches Phänomen war, denn im ländlichen Raum ließen rechtsgerichtete Organisationen wie die Landjugend sowie grundsätzlich konservative Strukturen den linken Fußballern keine Chance. Der Anteil der Arbeiterfußballer an der Zahl aller organisierten Fußballer lag zudem deutlich unter dem Wähleranteil der Linksparteien, und man muss davon ausgehen, dass nur etwa ein Drittel der links wählenden Fußballer auch einem ATSB-Verein angehörten. Zwei Drittel waren also bei einem bürgerlichen DFB-Verein aktiv! Fazit: Für eine bestimmte, politisch engagierte Klasse war Arbeiterfußball zweifelsohne attraktiv – der breiten Masse aber war er egal.

1925 bis 1933

Dauerdebatte um die Profiliga

DFB isoliert sich selbst

Das Jahr 1925 war für den DFB höchst ereignisreich. Es begann mit den Feierlichkeiten zum 25. Jubiläum, die die immense gesellschaftliche und politische Bedeutung des Fußballs in und für Deutschland noch einmal deutlich machten. Die Laudatio in der offiziellen Festschrift schrieb kein Geringerer als Reichspräsident Paul von Hindenburg, und auch Außenminister Stresemann ließ es sich nicht nehmen, einen schriftlichen Gruß zu hinterlassen. Inhaltlich fielen die Aussagen der beiden einflussreichsten Politiker jener Tage höchst unterschiedlich aus. Während Stresemann auf den friedlichen und völkerverbindenden Charakter des Spiels hinwies („Möge der DFB durch körperliche Ausbildung und friedliche Wettkämpfe den Geist der Energie, des Mutes und froher Tatkraft weiterpflegen und durch Zusammenwirken mit anderen Völkern auch Sportbetätigung und Sportgeist zum neuen Bindeglied zwischen den Nationen machen“) sah von Hindenburg im DFB offensichtlich noch immer eine „Ersatzarmee“ und schrieb: „Durch Spiel und Kampf Körperkraft und Manneszucht, Entschlossenheit und Mut in der deutschen Jugend zu stärken, ist ein schönes und großes Streben, das der Volksgesundheit und damit Deutschlands Zukunft dient.“

Welchem sportpolitischen Verständnis der DFB zuneigte, wird beispielsweise anhand des so genannten „Flaggenstreits“ deutlich. Statt der Fahne der Republik – Schwarz-Rot-Gold – hisste der DFB bei offiziellen Spielen neben der grünen Verbandsfahne nämlich regelmäßig das schwarz-weiß-rote Tuch des verblichenen Kaiserreichs, was immer wieder zu Protesten führte. Anlässlich der Jubiläumsfeierlichkeiten verzichtete der DFB zwar auf die alte Fahne, verzierte aber das Verbandswappen auf der Festschrift mit den umstrittenen Farben Schwarz-Weiß-Rot.

Dennoch bescherte das Jahr 1925 dem DFB die Rückkehr auf die internationale Diplomatenbühne. Die Stresemann'sche Entspannungspolitik hatte dem DFB die Türen zu den internationalen Organisationen wieder geöffnet, und so nahmen Verbandsvertreter im Juni in Prag erstmals seit Kriegsende wieder an einer FIFA-Sitzung teil. Der DFB übte sich dabei keineswegs in zurückhaltender Bescheidenheit, sondern trat schon beim darauf folgenden FIFA-Kongress in Rom in fast provozierender personeller Stärke auf. „Zahlenmäßig ist der DFB innerhalb der FIFA der weitaus überragende Nationalverband, der diese Macht auch durch seine Vertretung dokumentiert", hieß es zur Begründung. Fortan verstand sich der DFB auch international als moralische Instanz in Sachen Fußball – und vor allem in Sachen Profifußball, dessen Bekämpfung er sich auf seine Fahnen geschrieben hatte. Diverse mitteleuropäische Länder hatten mit dem überall grassierenden Scheinamateurismus inzwischen radikal Schluss gemacht und den Berufsfußball eingeführt (Österreich, Tschechoslowakei, Ungarn u.a.). Schon bei der FIFA-Sitzung in Prag hatte der DFB versucht, Stimmung gegen den bezahlten Fußball zu machen und seinen umstrittenen Amateurparagrafen auch international zu verankern, war damit jedoch am Widerstand Frankreichs gescheitert.

Etwa zeitgleich wurde beschlossen, Spiele deutscher Vereine gegen ausländische Profiklubs deutlich einzuschränken, um „dem Kampf für die Reinhaltung des deutschen Fußballs sichtbaren Ausdruck zu geben". Das kam quasi einem Spielverbot gleich und schlug ein wie eine Bombe. Walther Bensemann beispielsweise konstatierte im „Kicker" entsetzt: „Der Beschluss ist so ungeheuerlich, dass es mir heute an der nötigen Seelenruhe fehlt, um ihn zu kommentieren". Offiziell begründet wurde die als „Hannoversche Beschlüsse"[1] bekannt gewordene Entscheidung[2] mit der Lustbarkeitssteuer, deren Erhebung durch die Kommunen ansonsten drohen würde. Tatsächlich aber war es reine Furcht vor dem Übergreifen des Profitums auf Deutschland.

Die Entscheidung hatte fatale Folgen für Deutschlands Fußball. Gerade erst war seine internationale Reputation wiederhergestellt worden (1924 hatte das IOC grünes Licht für die Teilnahme an den Olympischen Spielen 1928 gegeben, 1925 war Deutsch offizielle FIFA-Sprache und Peco Bauwens in die Spielregelkommission des International Boards aufgenommen worden), als er sich plötzlich selbst ins Abseits stellte. Verstärkt wurde die freiwillige internationale Isolation durch die wachsende Abneigung von Länderspielen seitens der Regionalverbände. Schon 1924 hatte Süddeutschland beantragt, jährlich nur noch drei Länderspiele durchzuführen, um „Vereine und Spieler nicht über Gebühr zu belasten". In den folgenden Jahren war die Zahl der jährlichen Länderspiele tatsächlich an einer Hand abzuzählen.

Das Jahr 1925 brachte aber noch weitere einschneidende Änderungen: Die Neuformulierung der Abseitsregel beispielsweise. Statt wie bislang drei mussten künftig nur noch zwei Spieler zwischen ballführendem Angreifer und eigenem Tor stehen, was die Attraktivität des Spiels erhöhen sollte. Die Regeländerung löste eine regelrechte Revolution aus und brachte u.a. das vom Engländer Herbert Chapman entwickelte berühmte „W-M-System" hervor, das als eines der ersten abwehrorientierten Spielsysteme in die Annalen einging. Statt wie bisher offensiv zu agieren (quasi als sechster Stürmer), zog sich der Mittelläufer dabei in die Abwehr zurück und bekam die Aufgabe, den gegnerischen Mittelstürmer zu „stoppen". Wesentliches Element für das Funktionieren dieses Systems war neben einem technisch einigermaßen begabten „Stopper" bzw. Mittelläufer ein hohes Maß an Disziplin und Teamgeist. Hans Kalb, Prototyp des Mittelläufers alter Prägung, vermochte der Novität nichts Gutes abzugewinnen und urteilte über den „Stopper": „Mit ihm richtet man die Individualisten – und jeder herausragende Sportler ist Individualist – wie Polizeihunde ab. Sport muss auch im Verband einer Mannschaft Vergnügen und Lebenslust sein. Mit dem System des Mauerns aber diktiere ich dem Dreh- und Angelpunkt einer Mannschaft: Mauert um jeden Preis, auf dass ihr ja nicht verliert!"

1924/25: Dominanz des Südens

Auf der nationalen Ebene brachte das Jahr 1925 die lange erwartete Ausweitung der Endrunde um die Deutsche Meisterschaft auf 16 Teilnehmer. Umstritten war dabei die Frage der Verteilung der zusätzlichen Endrundenplätze.[3] Nachdem jeder Landesverband zunächst einen zweiten Platz erhalten hatte, wurde den vermeintlich stärksten Landesverbänden Süd- und Westdeutschland jeweils ein dritter Teilnehmer zugestanden. Eine keineswegs unumstrittene Entscheidung. Die Qualität des Südens war unbestritten. Aber der Westen? Nichts hatte er erreicht, in 17 Jahren Deutsche Meisterschaft! Ein einziges Mal hatte ein Westvertreter im Finale gestanden (1913 der Duisburger Spielverein). Ganz anders dagegen Norddeutschland (zweimal Deutscher Meister, zweimal Vizemeister), Mitteldeutschland (jeweils dreimal Meister und Finalist, allerdings alles vor 1914 und ausschließlich durch den VfB Leipzig errungen) und Berlin/Brandenburg (dreimal Meister, fünfmal Finalist), deren Meriten ungleich größer waren. Warum also der Westen?

Bei näherem Hinschauen relativiert sich der umstrittene Beschluss. Mitteldeutschland und Berlin/Brandenburg waren sportlich unübersehbar auf dem absteigenden Ast, und in Norddeutschland hatte sich hinter dem überragenden HSV ein Leistungsvakuum gebildet, das von Klubs wie Holstein Kiel, Union 03 Altona und Arminia Hannover nur unzureichend ausgefüllt wurde. Westdeutschland hingegen hatte zwei Trümpfe in den Händen: den amtierenden DFB-Präsidenten Gottfried Hinze sowie die Tatsache, dass es sich um die aufstrebendste Fußballregion im ganzen Reich handelte. Letzteres war allerdings eine zweischneidige Sache, denn dem Regionalverband WSV stand, wie schon mehrfach angedeutet, eine Führungsriege vor, die sich mit ihrer harten Haltung in „nationalen" Fragen nicht nur Freunde gemacht hatte. Führende Funktionäre wie Josef Klein, Friedrich Golms und Guido von Mengden wetterten nicht nur deutlich engagierter gegen jegliche Form des Profitums[4], sondern schossen zudem bei jeder sich bietenden Gelegenheit politische Giftpfeile gegen ein internationalistisches Sportverständnis ab. Das mag mit den erwähnten Schwierigkeiten angesichts von Ruhrbesetzung und Ruhrkampf zusammenhängen, hatte aber zugleich Tradition. Auch vor 1914 war Westdeutschland schon der „treueste" Verband gewesen, hatte am lautesten den Weltkrieg begrüßt und von „Wehrkraft" geschwärmt. Der Borniertheit auf „theoretischer" Ebene stand ein bemerkenswerter Fortschrittsgeist in der „Praxis" gegenüber. Im Bereich Stadionbau beispielsweise war Westdeutschland vorbildlich und errichtete in den 1920er Jahren diverse hochmoderne Großspielstätten (Duisburg, Köln, Düsseldorf, Dortmund u.a.).[5] Die Zuwachsraten des WSV waren exorbitant und die Verbreitungsrate des Spiels in der Fläche lag in Westdeutschland bei annähernd 100 Prozent. Größte Trumpfkarte jedoch war das Ruhrgebiet, wo grimmig schuftende Großstädte wie Essen, Bochum, Duisburg oder Gelsenkirchen zu den neuen Schaltzentralen im deutschen Spitzenfußballs avancierten. Zwischen Rhein und Ruhr, vor allem aber in der dicht besiedelten Emscherzone, wuchsen die neuen Fußballhelden heran, entstand jene Zuschauerkultur, die bis heute einzigartig in Deutschland ist, erhielt der Fußball einen geradezu mythischen Charakter. Die Vergabe eines dritten Endrundenplatzes an Westdeutschland hatte also zweifelsohne ihre Berechtigung, wenngleich sie auf massive Kritik stieß.

Die Ergebnisse der Endrunde 1924/25 bestätigten die Entscheidung: Im Finale standen sich mit dem 1. FC Nürnberg und dem FSV Frankfurt zwei Südklubs gegenüber. Südvertreter Nummer 3, der VfR Mannheim, hatte im Achtelfinale sensationell gegen Westklub TuRU Düsseldorf die Segel streichen müssen. Da neben den Düsseldorfern auch Schwarz-Weiß Essen und der Duisburger Spielverein die erste Runde überstanden hatten, stellten Süd- und Westdeutschland zusammen fünf der acht Viertelfinalisten.

Eine böse Überraschung gab es für Mitteldeutschland, dessen Vertreter 1. SV Jena und VfB Leipzig bereits in der ersten Runde ausschieden – Altmeister Leipzig sogar gegen Underdog Breslau 08. Mitteldeutschland bekam damit die Quittung für seine unsägliche Ligenpolitik und dem damit verbundenen Leistungsgefälle. Norddeutschland musste ebenfalls einen Rückschlag hinnehmen: Bereits im Achtelfinale unterlag der HSV Endrundenneuling FSV Frankfurt (1:2 n.V.), und Vertreter Nummer 2, der wiedererstarkte Altmeister Altona 93, überstand zwar die Auftaktrunde durch ein glückliches 4:2 über Titania Stettin, scheiterte jedoch im Viertelfinale am Duisburger Spielverein. Auch Berlin/Brandenburg konnte nicht überzeugen, stellte aber mit Hertha BSC immerhin einen Halbfinalisten.

Der FSV Frankfurt war die große Überraschung der Saison. Als Süddritter in letzter Sekunde auf den Endrundenzug gehüpft, spielten die „Bernemer“ erfolgreich Hecht im Karpfenteich und überzeugten vor allem in taktischer Hinsicht. Mit Dr. David Rothschild saß ihnen ein ebenso renommierter wie finanzstarker Mann vor, und mit Robert Pache verfügten sie über einen ausgefuchsten Regisseur, der im Mittelfeld geschickt die Fäden zog und zugleich als Trainer fungierte. Ein Jahr zuvor war Pache in Paris mit der Schweizer Nationalelf sensationell ins Olympische Fußballfinale vorgedrungen, wo die Eidgenossen mit 0:3 gegen Uruguay verloren hatten. Dank Torhüter „Jean“ Koch und der Verteidigung um Adolf Reitz sowie Willi „Bebe“ Heinig waren die Hessen kaum zu schlagen und mussten in ihren vier Endrundenspielen lediglich zwei Gegentreffer hinnehmen. Auch im Finale gegen den 1. FC Nürnberg, dessen Trainingsleitung während der Endrunde der zu jenem Zeitpunkt eigentlich bei den Grasshopper Zürich unter Vertrag stehende Ex-Coach Kürschner übernommen hatte, sollte die FSV-Abwehr Garant für den Sieg sein – hoffte man zumindest in Bornheim.

Titelverteidiger Nürnberg hatte souverän seine Kreise gezogen, im Halbfinale Geheimfavorit Duisburger Spielverein ausgeschaltet und zum fünften Mal seit Kriegsende das Endspiel erreicht. Die Stammelf der Weinroten hatte sich in den Jahren kaum verändert. 1924 war Verteidiger Gustav Bark in seine Schweizer Heimat zurückgekehrt, doch der aus der Läuferreihe zurückgezogene Luitpold Popp hatte erfolgreich seinen Platz eingenommen. Endrundenneuling FSV Frankfurt stand folglich einer sehr erfahrenen Elf gegenüber, hatte demgegenüber aber den Heimvorteil auf seiner Seite, denn das Finale fand im frisch erbauten Frankfurter Stadion statt. 40.000 Fans bevölkerten dessen Ränge am Finaltag bis auf den letzten Platz und bangten mit ihrer kampfstarken FSV-Elf, deren kompakte Abwehr sich wie erhofft erfolgreich den Nürnberger Angriffsbemühungen entgegenstellte. FSV-Keeper Koch wuchs regelrecht über sich hinaus, wehrte in der 53. Minute sogar einen Strafstoß von Riegel ab und schien unüberwindbar zu sein. Doch so sehr der FSV in der Defensive überzeugte, desto enttäuschender agierte er im Angriff, und es überrascht folglich nicht, dass es nach 90 Minuten torlos Unentschieden stand. In der Verlängerung erzielte Ludwig Wieder schließlich per herrlichem Alleingang das Tor des Tages. Zum vierten Mal war der 1. FC Nürnberg Deutscher Meister, zum zweiten Mal hatte er seinen Titel verteidigt und war seit nunmehr 15 Endrundenspielen unbesiegt. Der Club war zweifelsohne „der Klub“ in Deutschland.

Hoch im Kurs: Autogramme von Nürnbergs Torhüter-Legende Heiner Stuhlfauth.

Deutscher Meister 1925: 1. FC Nürnberg

1925/26: Bayern München und BV Altenessen – Künder einer neuen Zeit

In der neuen Saison fiel Titelverteidiger Nürnberg unverhofft tief – er schied bereits auf Bezirksebene aus und gelangte gar nicht erst in die Endrunde. Glücklicher Club-Bezwinger war Endrundenneuling Bayern München. Die Rothosen aus Schwabing galten als einer der hoffnungsvollsten Sterne am deutschen Fußballfirmament. Unter der Trainingsleitung des Schotten James McPherson war eine Mannschaft entstanden, die vor allem im Sturm begeisterte und sich mit ihrer außergewöhnlichen Fitness nach der bayerischen Gaumeisterschaft auch die süddeutsche Meisterschaft sicherte. Nationalspieler Josef Pöttinger schwärmte später über McPherson: „Oft entzog er uns den Ball und ließ uns rennen. Er verstand von Kondition und Fitmachen mehr als jeder andere, den ich kennen lernte. (...) Er machte uns mit dem Ball schneller, als der Gegner ohne

Ball war. Plötzlich konnten wir unsere Technik, die gepflegte Ballbehandlung, im Vertrauen auf unsere körperliche Fitness nach Wunsch gebrauchen."[6] 56 Tore in zehn Spielen – und das gegen Teams vom Kaliber SpVgg Fürth, FSV Frankfurt, VfR Mannheim, FV Saarbrücken und Karlsruher FV – illustrieren Pöttingers Worte mit eindrucksvollen Zahlen.

Die Bayern waren aber nicht der einzige neue Stern am Fußballhimmel. Westdeutschland beispielsweise meldete mit dem BV Altenessen ebenfalls ein neues Gesicht, dem Sagenumwobenes vorauseilte. „Wie eine Sturmflut braust diese Jugend dahin; im Ausdruck des heutigen BV Altenessen, wie diese Mannschaft spielt und kämpft, spiegelt sich der neue Fußballstil vollkommen wider. Altenessen ist Kraft, Härte, Wucht, ist aber auch edle Linie und Schönheit. Man möchte eine Kopie des glanzvollen 1. FC Nürnberg vermuten mit dem Unterschied, dass die Altenessener durch größere Schnelligkeit das Maß an Technik ersetzen, das Nürnberg einmal als Trumpf besaß"[7], schwärmte die „Kölnische Rundschau" am 21. Februar 1926, als dem Nobody mit einem 3:2-Sieg über den übermächtigen Stadtrivalen Schwarz-Weiß Essen der Gewinn der Ruhrgaumeisterschaft gelang.

Bayern München und der BV Altenessen hätten als Repräsentanten der neuen Fußballzeit unterschiedlicher kaum sein können. Auf der einen Seite die Bayern aus dem intellektuellen, toleranten und von Leichtigkeit und Lebensqualität geprägten Schwabing. Sie hatten einen jüdischen Vorsitzenden (Kurt Landauer), einen schottischen Trainer und eine weltoffene Einstellung. Geld spielte keine Rolle, der Zugang zu einflussreichen Kreisen Münchens war gegeben. Auf der anderen Seite der BV Altenessen aus dem Norden Essens, dort, wo nichts anderes als geschuftet wurde. Wo die einst „rote Erde" längst schwarz war, wo die Menschen tief in die Erde fuhren, um dem Boden jenes „schwarze Gold" abzuringen, das auch im fernen Schwabing die Stuben erwärmte. Altenessen war der Inbegriff der Industriestadt, geprägt von düsterer Stimmung und bleischwerem Himmel, bierschwangerer Luft, täglichem Überlebenskampf. So ziemlich das einzige verbliebene Stückchen Grün war der zwischen Zeche Anna und Gußstahlfabrik Friedr. Krupp AG gelegene Kaiserpark, auf dem der BVA seine oft von zig Tausenden besuchten Heimspiele austrug. Der Klub kannte keinen Trainer, kein Spieler trug jemals das DFB-Jersey, und während der FC Bayern mit seiner weltoffenen Art auftrumpfte, dominierte in Altenessen das Trutzburg-Denken. Damit war der BVA Prototyp für den Milieuverein, wie er nur in Arbeiterregionen wie dem Ruhrgebiet, dem schlesischen Hüttenrevier oder dem Saarland entstehen konnte und wie er heute in legendären Vereinen wie SV Sodingen, Beuthen 09 oder Borussia Neunkirchen überliefert ist. Gemeinsam symbolisieren Bayern München und BV Altenessen den Eintritt in eine neue Epoche der deutschen Fußballgeschichte, die geprägt war vom Zweikampf zwischen „Arbeiterklubs" und „bürgerlichen Vereinen".

Ungeachtet aller Unterschiede in den Klubprofilen gab es freilich eine alles überspannende Gemeinsamkeit, die ohnehin jeden Fußballklub – gleich ob klein oder groß, erfolgreich oder schlecht, ehrgeizig oder genügsam – auszeichnete: die Nähe zur

Kneipe. „Beim Fußballsport sind mehr die Begleitumstände schädlich, zum Beispiel stürzen sich die Spieler mit überhitztem Körper in den Pausen sofort auf Getränke und schütten einige Glas kaltes Wasser oder Bier hinunter, gleich darauf wird die unvermeidliche Zigarette in den Mund gesteckt. Das viele Umherreisen der Mannschaften und die vielen Siegesfeiern erziehen auch die Neulinge zum Rauchen und zum Kneipleben", monierte Franz Richard 1925 beispielsweise im „Fußball". Alkohol (bevorzugt Bier) begleitete den Fußball bereits seit dessen Pioniertagen, und das gemütliche Miteinander während der Woche bzw. als „Dritte Halbzeit" nach dem Spiel war unentbehrlicher Bestandteil des Vereinslebens. Selbst wenn inzwischen die Überzeugung herrschte, dass sich übermäßiger Alkoholgenuss schädlich auf die sportliche Leistungsfähigkeit auswirkt, blieb das „Bier danach" Usus. Seit Pioniertagen existierte zudem eine mitunter große Nähe zwischen Verein und „Vereinskneipe". Zahlreiche Brauereien oder Gastwirte engagierten sich als Sponsoren oder Förderer von Fußballvereinen und trugen damit in erheblichem Ausmaße zur Finanzierung des Vereinslebens bei. Als 1927 über eine Änderung des Schankstättengesetzes diskutiert wurde und der „Ausschank von Alkohol auf den Sportplätzen und in den Klubhäusern" verboten werden sollte, konstatierte der DFB erschrocken, „dass 60% aller heute in Deutschland zur Verfügung stehenden Sportplätze von den Vereinen selbst aus Privatmitteln gebaut

Bayern München schied 1926 sensationell gegen Außenseiter Fortuna Leipzig aus. Schmid (rechts) verliert das Leder im Zweikampf gegen Bergmann und Feustel.

worden sind. Zum Bau dieser Sportplätze wurden seinerzeit, als Reichs- und Staatsbehörden und Kommunalverwaltungen die Pflicht der Fürsorge für die Leibesübungen noch nicht erkannt hatten, auch Mittel von Brauereien herangezogen. Ein absolutes Verbot des Alkoholausschanks auf Sportplätzen und in Vereinsheimen müsste zur Kündigung dieser Gelder und zum Eingehen einer großen Zahl von Sportplätzen führen." Darüber hinaus sah der Verband die Vereinskneipe in ihrer Rolle als sozialer Treffpunkt gefährdet. „Um ein geschlossenes Vereinsleben beizubehalten und um auch den Eltern unserer Jugendlichen die Möglichkeit zu geben, ohne jede Hemmung und Einschränkung in den Klubhäusern zu verkehren und dabei die Betätigung ihrer Kinder im Vereinsheim zu überwachen, muss ein absolutes Alkoholverbot in Klubhäusern als eine Gefahr für das Vereinsleben betrachtet werden."[8]

Welchen beinahe mythischen Charakter eine Vereinskneipe einnehmen konnte belegt der Fall Schalke, dessen „Kaiserhalle" einen nennenswerten Beitrag zum sportlichen und wirtschaftlichen Aufschwung des Klubs leistete. Bei „Mutter Thiemeyer", wie die Vereinswirtin in Anlehnung an den Vereinsvorsitzenden „Papa Unkel" liebevoll genannt wurde, wurde gefachsimpelt, gesoffen, gefeiert, getrauert und soziale Bindungen gepflegt, die auch schon mal zu einer amourösen Liaison führten: 1931 heiratete Ernst Kuzorra die Schwester des früheren Vereinswirtes Gehring! Vor allem im Ruhrgebiet hatte die Kneipe eine elementare Bedeutung. Während in München, Berlin, Hamburg oder anderen Großstädten die Lokalität schon mal gewechselt wurde (je nachdem, welcher Wirt das „verlockendste" Angebot machte), waren die Vereine im „Pott" auf ihren originären Stadtteil fixiert und hielten ihrer Kneipe die Treue.

Sportlich erwiesen sich die beiden erwähnten Sterne am Fußballfirmament zunächst eher als Sternschnuppen, denn sie scheiterten in der Endrunde 1925/26 jeweils im Auftaktspiel: Die Bayern mit ihrem Wundersturm Pöttinger/Hofmann blamierten sich beim 0:2 gegen Endrundendebütant Fortuna Leipzig mit 0:2 regelrecht, während der BV Altenessen „immerhin" gegen den Deutschen Vizemeister FSV Frankfurt ausschied. Bitter jedoch für die Nordessener, dass ihr erster auch ihr einziger Endrundenauftritt bleiben sollte – da half auch nicht, dass die gesamte Mannschaft mit martialischen Frisuren (Irokesen-Schnitt) auftrat, die dem Gegner offenbar Furcht einflößen sollten. Den Weg, den die Schwarz-Blauen 1926 geebnet hatten, vollendete später der FC Schalke 04. Weil neben Altenessen auch Westmeister Duisburger Spielverein (1:3 gegen den HSV) sowie der VfR Köln (1:2 gegen NNW Berlin) vorzeitig scheiterten, wuchs in Westdeutschland die Kritik am „Neuen Weg" und Forderung nach Abschaffung des umstrittenen Spielsystems.

Überraschend stark präsentierte sich der Norden, der neben dem HSV Altmeister Holstein Kiel ins Rennen schickte. Den Störchen war nicht nur der Gewinn der Norddeutschen Meisterschaft gelungen, sie hatten sich auch den Nordpokal gesichert und im Achtelfinale der Endrunde um die Deutsche Meisterschaft den Stettiner SC gleich mit 8:2 beiseite geräumt. Dank eines anschließenden 4:0 über NNW Berlin zogen sie erstmals seit 1913 wieder ins Halbfinale ein, wo sie allerdings an der SpVgg Fürth scheiterten. Dem fränkischen Altmeister hatte zuvor das Glück beiseite gestanden. Als Dritter in der bayerischen Meisterschaft wäre er wie Nachbar Nürnberg vorzeitig bereits auf Regionalebene aus dem Titelrennen ausgeschieden, hatte über den Umweg Südpokal (3:2-Finalsieg über den VfB Stuttgart) jedoch den Sprung in die regionale Endrunde geschafft. Dort wurden die Kleeblätter Zweiter und zogen anschließend mit Siegen über Viktoria Forst (5:0), Breslau 08 (4:0) und Holstein Kiel (3:1) zum dritten Mal nach 1914 und 1920 ins Finale um die „Deutsche“ ein.

Im Endspiel trafen die vom Österreicher Adolf Riebe trainierten Franken auf den Berliner Meister Hertha BSC, der ein weiterer Botschafter der „neuen Zeit“ war. Die Nordberliner, seit ihrer 1923 erfolgten Fusion mit der elitären Leichtathletikhochburg BSC[9] finanziell prosperierend, hatten ihr Team nämlich regelrecht zusammengekauft. Von Alemannia 90 war Hanne Sobek gekommen, von Viktoria 89 Karl Tewes und Willi Völker, und mit Willi Kirsei stand sogar ein ehemaliger Arbeiterfußballer im Kader. Trainiert wurde die Elf vom früheren österreichischen Nationalspieler Alexander Popovich, der allerdings erst kurz vor Beginn der Endrunde an die Plumpe gekommen war. Mit einem fulminanten 8:2-Sieg über den amtierenden Vizemeister FSV Frankfurt hatten die Herthaner bereits im Viertelfinale auf sich aufmerksam gemacht und den Finaleinzug anschließend mit einem schwer erkämpften 4:2-Verlängerungssieg über den HSV besiegelt.

Am 13. Juni 1926 begannen sie jedoch eine nie zuvor und auch danach nie wieder erlebte „schwarze Endspielserie“. Sechsmal in Folge stand die Hertha zwischen 1926 und 1931 im Endspiel um die Deutsche Meisterschaft, doch bevor sie das erste Mal als Sieger vom Feld ging, setzte es vier bisweilen bittere Niederlagen. Die vom Finale 1926 war zweifelsfrei verdient, denn Fürth überzeugte durch technisch anspruchsvollen Kombinationsfußball und war auch taktisch hervorragend eingestellt. William Townley, der eigens für das Finale erneut das Kleeblatt-Training übernommen hatte, berief anstelle von Leonhard Weiß den erst 23-jährigen Georg Kießling auf die Position des Linksaußens, wofür sich der Endrundendebütant mit einer ansprechenden Leistung bedankte.

Zwar konnte Sobek Hertha früh in Führung bringen, doch noch in der ersten Halbzeit kam die Wende. Es begann mit Tumulten im Berliner Strafraum, als Andreas Franz nach einem Befreiungsschlag ins Hertha-Tor köpfte. Lautstark protestierten die Berliner, die ein Handspiel gesehen hatten. Schiedsrichter Spranger befragte daraufhin den Torschützen, der den Berliner Verdacht bestätigte, woraufhin der Treffer nicht anerkannt wurde. Ihre faire Geste brachte den Franken viel Respekt ein, zumal sie „folgenlos“ blieb. In der 27. Minute landete das Leder nämlich erneut im Berliner Tor – und diesmal protestierte niemand. Acht Minuten später traf Auer zum 2:1, und nur drei Minuten später sorgte Leuschner per Eigentor sogar für das 3:1 und damit die vorzeitige Entscheidung. Nach dem Seitenwechsel versuchte die Hertha es zwar noch einmal mit schwungvollem Angriffsspiel, blieb aber immer wieder in der dicht gestaffelten Fürther Abwehr hängen und gab nach dem 1:4 durch Seiderer in der 68. Minute endgültig

auf. „Die bessere Mannschaft hat verdient gewonnen. Wenn Seiderer nicht verletzt wird, dann kommt bestimmt ein noch höheres Resultat heraus. Ich ließ die erste Zeit auf Verteidigung spielen, die Taktik war richtig ...!“, freute sich Fürths Coach Townley, der die Spielvereinigung zum zweiten Mal nach 1914 zum Deutschen Meister gemacht hatte.

Das Endspiel hatte Deutschlands Fußball eine Medienpremiere beschert, denn erstmals waren 15 deutsche Radiosender zwecks gemeinsamer Übertragung eines Fußballspiels zusammengeschlossen worden. Rundfunkpionier Dr. Paul Laven, ein ehemaliger renommierter Rugbyspieler, hatte die Kommentierung der Partie übernommen. Ein „Fußball“-Berichterstatter, der daheim in München „im bequemen Klubsessel“ dem Spiel gefolgt war, schwärmte tags darauf: „Nach den ersten Worten [...] vergesse ich meine Umgebung und bin, fast hätte ich gesagt, mit Leib und Seele, mit meiner ganzen Aufmerksamkeit im Frankfurter Stadion, unter den 45.000 begeisterten Zuschauern, deren Anwesenheit meine Ohren schmerzhaft empfinden.“ Bereits ein knappes halbes Jahr zuvor, am 1. November 1925, hatte Bernhard Ernst die allererste Fußballübertragung in der deutschen Fußballhistorie durchgeführt und die westdeutsche Schlagerpartie zwischen Preußen Münster und Arminia Bielefeld kommentiert. Im April 1926 sprachen Journalisten schließlich ergriffen von einem „Erlebnis für Mitteleuropa“, als das Länderspiel zwischen Deutschland und den Niederlanden über den Äther in die deutschen Haushalte transportiert wurde. Radiohören war allerdings fast ausschließlich eine Großstadtangelegenheit und auch nicht gerade billig. Zwischen 400 und 500 RM musste man für einen guten Radioapparat mit vier Röhren hinlegen, einfache Detektorempfänger gab es für 70 RM. Dazu kamen 7 bis 14 RM für einen Kopfhörer bzw. alternativ 65 bis 100 RM für Lautsprecher.

Für den Fußball bedeutete die technische Neuerung den Eintritt in eine völlig neue mediale Vermarktung, wobei dies nicht überall auf Zustimmung stieß. 1927, als man sich überall längst an regelmäßige Rundfunkübertragungen von Topspielen gewöhnt hatte, schimpfte der „Fußball“ ganz im Sinne späterer TV-Kritik: „Hat ferner die Fußballbewegung ein so großes Interesse daran, den neuen Typ des auf dem Sofa liegenden, seine Zigarre rauchenden Fußballinteressierten zu schaffen. Wir glauben nein, der richtige Interessent darf auch das schlechte Wetter nicht scheuen.“[10] Auch beim DFB stand man dem neuen Medium kritisch gegenüber und beschränkte die Zahl der erlaubten Live-Übertragungen auf drei bis vier pro Saison.

Im DFB war es 1925 zu einem Führungswechsel gekommen. Nach 20 Jahren an der Spitze des Verbandes hatte Gottfried Hinze seinen Hut genommen und war zum Ehrenvorsitzenden gekürt worden. Seine Nachfolge trat der bisherige 2. Vorsitzende Felix Linnemann an, mit dem frischer Wind einzog. Linnemann galt als leicht aufbrausender, cholerischer Typ, der nichtsdestotrotz ungemein schwungvoll und energiegeladen war. Der Kriminalbeamte war mit einem für DFB-Verhältnisse ungewohnten Ehrgeiz ausgestattet und wollte „Karriere machen“. Schon seit 1919 hatte er sich im Bundesvorstand engagiert und begonnen, das Verbandsschiff an seinem Vorgänger Hinze vorbei in seine

Begeisterung um den Deutschen Meister 1926: SpVgg Fürth.

Richtung zu steuern. Linnemann hatte eine beispiellose Funktionärskarriere aufzuweisen. In seinem Studienort München war der gebürtige Essener frühzeitig mit dem Fußball in Berührung gekommen und hatte sich noch vor dem Ersten Weltkrieg in Berlin beim BFC Preussen sowie dem VBB engagiert. Er galt als moderner Geist, mit dem allerdings – ungeachtet seines Beinamens „Papa Gnädig“ – nicht einfach zu diskutieren war. Vor allem aber war Linnemann ein Mann, der im Gegensatz zu seinem noch aus seligen Pionierzeiten stammenden Vorgänger mit dem Aufstieg des Fußballs zum Massenvergnügen umgehen konnte und in der Lage war, den Sport zu „führen“. Dass er dabei treu auf Seiten der konservativ-nationalen Kreise stand, war selbstverständlich – ein Sozialdemokrat hätte niemals DFB-Präsident werden können.[11]

Wenngleich auch Linnemann in wesentlichen Punkten der konservativen DFB-Politik folgte, sollte unter seiner Führung die föderale Verbandsstruktur allmählich aufgeweicht und durch eine zentralistische Organisation ersetzt werden. 1927 wurde in Berlin eine Bundesgeschäftsstelle eröffnet, und ein Jahr später ersetzte Linnemann den zurückgetretenen Geschäftsführer Blaschke durch seinen Gefolgsmann Georg Xandry. Ansonsten legte Linnemann großen Wert auf die Nachwuchspflege, der unter seiner Ägide deutlich mehr Aufmerksamkeit beigemessen wurde, wobei Kritiker ihm allerdings einen gewissen „Verjüngungsfimmel“ vorwarfen. Darüber hinaus beendete Linnemann die Dauerdiskussion um die Berufung eines Reichstrainers für die Nationalelf, indem er den 34-jährigen Trainer des VfR Mannheim, Otto Nerz, in einer eigenmächtigen Nacht-und-Nebel-Aktion auf den Posten hob. Erstmals erfuhr die Nationalelf dadurch eine systematische Betreuung, wenngleich es noch viele Jahre dauern sollte,

Dass der neue DFB-Präsident Linnemann (sitzend, rechts) in eine andere Richtung ging als sein Vorgänger Hinze (Mitte), zeigt nicht nur dieses Foto recht anschaulich.
Es zeigt den geschäftsführenden Ausschuss des DFB, von links: Keyl, Balschke, Hinze, Linnemann, Dr. Wagner.

ehe Nerz wirkliche Entscheidungsbefugnisse bekommen sollte. Neben der Nationalelf hatte der einst unter Herbert Chapman arbeitende Nerz den Auftrag bekommen, Trainerlehrgänge einzurichten und Wandertrainer auszubilden. Letztere waren ausgebildete Trainer, die von kleineren Vereinen für eine kurze Periode verpflichtet werden konnten, um den Spielern zumindest die rudimentären taktischen und technischen Grundlagen des Fußballspiels beizubringen. Das Konzept des Wandertrainers sollte sich für unzählige Vereine im gesamten Reichsgebiet als Glückstreffer erweisen und nebenbei viele talentierte Fußballer aus der Versenkung holen.

In der Profifrage verschärfte sich der Ton unter Linnemann noch. 1925 war § 62 der DFB-Satzung, der die „Lohnersatzzahlung im Spielfall bei Partien im Ausland, Bundespokal- und Meisterschaftsspiele, sofern die Reisedauer drei Tage überschritt", neu geregelt worden[12], und auf dem 28. DFB-Bundestag in München Mitte 1927 wurde die Einführung des Berufsfußballs abermals kategorisch abgelehnt. Stattdessen wurden die Sperrfristen bei Vereinswechsel heraufgesetzt und die Zulassung eines Vereins zu Meisterschaftsspielen vom Abschluss eines Amateur-Schutzvertrags abhängig gemacht. Die Klubs mussten fortan eidesstattlich erklären, dass sie nicht gegen die Amateurbestimmungen verstoßen würden. Die Kontrolle oblag den Regionalverbänden, die dafür mit bemerkenswerten Kontrollbefugnissen ausgestattet wurden und neben Arbeits- und Verdienstbescheinigungen, Belege über die gewerbepolizeiliche Anmeldung der Arbeitgeber bzw. deren Eintragung ins Handelsregister sogar Beitragsquittungen von Krankenkassen anfordern konnten! Vereine waren verpflichtet, Bücher, Belege, Schriftwechsel und sonstige Aufzeichnungen im Verdachtsfalle jederzeit offen zu legen. Außerdem wurde ein mit der Zivilprozessordnung verknüpftes Schiedsgericht eingerichtet, was dem DFB die Möglichkeit verschaffte, Verdächtige unter Eid aussagen zu lassen. „Es ist ein Schwert geschmiedet, bisher hatte es eine stumpfe Schneide. Nun aber ist es brauchbar und scharf, möge es Arme geben, die es mit Kraft und Begeisterung schwingen – selbst dann, wenn es Fetzen gibt", jubelte Guido von Mengden, Schriftleiter des westdeutschen Verbandsblattes „Fußball und Leichtathletik", begeistert.[13]

Mann der Stunde ■ Otto Nerz

Kaum ein Trainer war Mitte der 1920er Jahre wohl besser für die Rolle des Reichstrainers geeignet als Otto Nerz. Der 1919 im badischen Hechenheim geborene Fußball-Lehrer hatte viele Jahre in England verbracht, dort unter dem legendären Herbert Chapman gewirkt und tiefe Eindrücke in das britische Spiel- und Ligasystem erhalten. Der „große Theoretiker mit dem immer währenden Trainingsanzug" führte in Deutschland nicht nur viele taktische Neuheiten ein, sondern setzte zudem auf moderne Trainingsmethoden, achtete auf die körperliche Fitness seiner Spieler („das Tempo des Spiels hat zugenommen") und legte Wert auf die bis dato völlig vernachlässigte medizinische Betreuung der Aktiven. Mit seinem Wirken schuf Nerz die Grundlage für die späteren Erfolge des deutschen Fußballs, von denen er einen selber erntete: Platz 3 bei der WM 1934. Zwei Jahre später setzte es bei den Olympischen Spielen in Berlin jedoch einen Rückschlag. Nach der sensationellen 0:2-Niederlage gegen Norwegen wurde Otto Nerz allmählich aus der Führungsrolle gedrängt, wobei auch sein Nachfolger Sepp Herberger keine allzu rühmliche Rolle spielte. In den letzten Kriegsjahren fiel Nerz dann mit antisemitischen Hetzparolen auf, die so gar nicht zu seinem vorherigen Wirken passten.

1926/27: Entlastung in der Sportplatzfrage

Trotz Verboten und drohender Strafe war es im Spitzenfußball längst üblich, dass die Spitzenakteure bezahlt („schwarz" natürlich) bzw. talentierte Spieler „abgeworben" wurden. Es kam vor allem darauf an, sich nicht „erwischen" zu lassen. Einer jener Klubs, der sich bei der Umgehung von Verboten und Bestimmungen als überaus erfindungsreich entpuppte, war Vorjahrsfinalist Hertha BSC Berlin, der 1927 erneut das Endspiel um die Deutsche Meisterschaft erreichte, wo er auf den Nürnberger Club traf. Dessen Eliteelf hatte die Krise der Vorsaison zwar überwunden, war aber unübersehbar gealtert und litt zudem unter einem Machtkampf zwischen Trainer Spiksley und Manager Dr. Michalke. Dennoch waren die Weinroten erneut souverän aufgetreten, hatten sich mit nur einer Niederlage (0:1 gegen München 1860) die bayerische Meisterschaft gesichert und waren auch in der süddeutschen Endrunde nur einmal geschlagen worden: am 10. April 1927, als es im Fürther Ronhof ein geradezu unfassbares 0:5 gegen die Kleeblätter gegeben hatte. „Wer von den 20.000 Zuschauern hätte wohl im Ernst an ein solches Debacle gedacht, hätte überhaupt an eine Niederlage gedacht? (...) Gewiss ist es keine Schande, gegen Fürth zu verlieren, aber hinten fünfe rein und vorne null – brr!!", hatte die Lokalpresse gestaunt. In der Endrunde um die Deutsche Meisterschaft war der FCN dann aber wieder „der Alte" gewesen und hatte sich über den Chemnitzer BC (5:1, ausgetragen ausgerechnet im Fürther Ronhof!), beim Erzrivalen Hamburger SV (2:1, in Hamburg!) und die aufstrebenden Münchner Löwen (4:1) zum sechsten Mal seit 1920 den Einzug ins Endspiel gesichert.

Da das Finale im Berliner Grunewaldstadion ausgetragen wurde, hatte Hertha quasi ein Heimspiel. Getreu dem offiziellen DFB-Motto „Erscheint in Massen vor unseren Kassen“ fanden sich trotz Regens 50.000 Fans ein, die natürlich überwiegend den Berlinern die Daumen drückte. Hertha-Trainer Popovich hatte jedoch Aufstellungssorgen. Willi Völker, etatmäßiger linker Läufer, fiel verletzt aus und wurde durch den eigentlich bereits auf das Altenteil abgeschobenen Karl Tewes ersetzt. Hertha agierte aus verstärkter Abwehr heraus und setzte auf seine Abseitsfalle, derweil Nürnberg kraftvollen „Überfall-Fußball“ praktizierte. Wie im Vorjahr kam die Hertha gar nicht erst ins Spiel. Der vom langen Regen aufgeweichte Boden behinderte die Kombinationen der Berliner mehr als die der Nürnberger, die durch Mittelläufer Dr. Kalb nach nur sechs Minuten mit 1:0 (direkt verwandelter Freistoß) in Führung gingen. Anschließend dominierte der Club, und Herthas neuerliche Finalniederlage zeichnete sich frühzeitig ab. Der Berliner Kombinationsfußball kam überhaupt nicht zur Entfaltung, „Bumbes“ Schmidt hatte Herthas gefürchteten Torjäger Sobek fest im Griff, und auch nach dem Seitenwechsel wendete sich das Blatt nicht mehr. Im Gegenteil: Nürnberg wurde von Minute zu Minute souveräner, kam durch den zwar kantigen, aber dennoch quirligen Träg sogar zum 2:0 (65. Minute, Hertha reklamierte, Träg habe im Abseits gestanden) und überstand auch jene hektischen Minuten, in denen Sobek zunächst mit einem Foulelfmeter an Stuhlfauth scheiterte und Heiner Träg nach Foul an Sobek und anschließender Meckerei (laut FCN-Keeper Stuhlfauth hatte Träg „sich mit dem Publikum außen a weng gestritten“) vorzeitig vom Platz musste – übrigens nach 1922 bereits sein zweiter Platzverweis in einem Finale. Eine Viertelstunde vor Schluss beruhigten sich die Gemüter wieder, und der „Fußball“ konnte treffend resümieren: „Am Ende hat die ständig bessere Mannschaft verdient gewonnen.“

Deutscher Meister 1927: 1. FC Nürnberg

Einen auf den ersten Blick unscheinbaren, in der Folge aber ungemein bedeutsamen Meilenstein in der Entwicklung des Fußballs in Deutschland verbuchte der DFB am 3. August 1927, als er mit dem Deutschen Städtetag eine reichsweit einheitliche und verbindliche Regelung zur Benutzung von kommunalen Flächen erzielte. Demnach wurden Sportvereine von den Kommunen bei der Nutzung von städtischen Spiel- und Sportplätzen künftig als gemeinnützige Einrichtung betrachtet und mussten nur noch eine „Anerkennungsgebühr“ entrichten. Ausgenommen waren lediglich Großveranstaltungen, bei denen ein beträchtlicher Gewinn erwartet wurde, wovon zwischen 10 und 15 Prozent an die Kommune abgeführt werden mussten. Umgekehrt wurde den Gemeinden die Möglichkeit eingeräumt, vereinseigene Gelände gegen geringe Gebühr anzumieten, um sie weniger betuchten Klubs zur Verfügung stellen zu können.

Die Vereinbarung brachte eine spürbare Entlastung in der Sportplatzfrage, vor der viele Klubs in Zeiten eines ungebremsten Mitgliederzuwachses und wachsender Jugendarbeit bei gleichzeitigem wirtschaftlichen Niedergang zu kapitulieren drohten. Lediglich die prosperierenden Großvereine hatten sich inzwischen eigene Gelände geschaffen[14], während die „Kleinen“ auf öffentliche Plätze angewiesen waren. 1931 konstatierte der DFB in seinem Jahresbericht, dass „95 % aller Sportflächen im kommunalen Besitz" seien.[15]

In diesem Zusammenhang: In einigen Großstädten kam es zum Bau von Großstadien, an denen ebenfalls die öffentliche Hand beteiligt war. Beim Bau des Köln-Müngersdorfer Stadions beispielsweise wurden exakt 274.324 vom Staat finanzierte „Tagewerker" eingesetzt – das hieß nichts anders, als dass Erwerbslose ihre Arbeitskraft für einen höchst bescheidenen Lohn der „Allgemeinheit" zur Verfügung stellten.[16] Diese „ABM-Maßnahmen" halfen auch anderenorts beim Stadionbau.[17]

1927/28: Die Hochburg Nürnberg-Fürth dankt ab

In der Spielzeit 1927/28 bahnte sich eine Wachablösung an: Nürnberg/Fürth, die fränkische Hochburg, die seit 1914 mit einer Ausnahme (1923) alljährlich mit mindestens einem Team im Finale vertreten war, fehlte erstmals in der Endrunde um die Deutsche Meisterschaft! In der Bezirksliga Nordbayern hatte noch nichts auf das Debakel hingedeutet: Einträchtig waren Kleeblätter und Cluberer an der Tabellenspitze marschiert, hatte sich die SpVgg dank eines 1:0-Erfolges im direkten Duell Rang 1 gesichert und den amtierenden Deutschen Meister damit in die Trostrunde geschickt. Dort erwiesen sich die Abgänge von Träg, Riegel (Laufbahnende) und Hochgesang (nach Düsseldorf) dann als fatal – als Zweitplatzierter schied der amtierende Deutsche Meister vorzeitig aus. Nachbar Fürth erwischte es wenig später in der Endrunde um die „Süddeutsche". Heimpleiten gegen Bayern München (0:2) und Eintracht Frankfurt (1:2) warfen die Kleeblätter auf Platz 3 zurück, der ebenfalls das vorzeitige Aus bedeutete.

Hinter der reichsweit bedauerten Blamage der fränkischen Hochburg wird auch ein weiteres Phänomen deutlich: Spitzenfußball avancierte zunehmend zur Großstadtdomäne. München beispielsweise verfügte mit den Bayern, dem FC Wacker und 1860 inzwischen über drei Spitzenklubs, Frankfurt hatte mit dem FSV und der Eintracht deren zwei, in Hannover kämpften 96 und Arminia um die lokale Vormachtstellung, und in Berlin hatten sich hinter Hertha diverse „Kronprinzen" herausgeschält. Doch nicht alle Großstädte mischten im Konzert der Großen mit. Köln beispielsweise rannte einer seiner Größe und Bedeutung angemessenen Position im Spitzenfußball vergeblich hinterher. Grund war

Kick ist schick: Tennisstar Cilly Aussem vollführt den Anstoß bei einem Wohltätigkeitsspiel.

eine Mischung aus übertriebenem persönlichen Ehrgeiz Einzelner, gekränkten Eitelkeiten sowie schädlichem Konkurrenzdenken zwischen den diversen ambitionierten Klubs der Domstadt (VfR 04, Sülz 07, KBC, KCfR, 99, Rhenania, Victoria 11). Erst mit Gründung des 1. FC Köln (1948) sollte die rheinische Metropole eine „Nummer 1" bekommen und in die Riege der deutschen Fußballhochburgen aufsteigen.

Den Animositäten zwischen den Klubs lagen häufig höchst sensible lokale Strukturen zugrunde. Insbesondere in Großstädten umgab jeden Klub inzwischen ein ganz persönliches „Flair", und bestimmte Vereine waren zu Vertretern exakt definierter sozialer Schichten geworden. In Bayerns Landeshauptstadt beispielsweise galt der FC Bayern als der Klub der Intellektuellen und „Schöngeister", 1860 als „Arbeiterverein" und der FC Wacker als „Liebling der Massen". Diese sozialen Ausprägungen lagen einerseits dem Selbstverständnis des Klubs zugrunde (der FC Bayern hatte sich zu Beginn als „Klub der Bohème" verstanden), hatten andererseits aber auch eine geografische Komponente. München 1860 beispielsweise, an der Grünwalder Straße im klassischen Arbeiterstadtteil Giesing beheimatet, war ursprünglich ein Klub des elitären Bildungsbürgertums und wurde auch von namhaften und hochrangigen Herren angeführt, die sich im wohlhabenden und völkisch denkenden Milieu bewegten. Aufgrund ihrer inmitten Giesings liegenden Spielstätte waren die Löwen aber von der Arbeiterschaft an- bzw. eingenommen worden (als Zuschauer und als Aktive), so dass ihnen inzwischen der Ruf als „Arbeiterverein" vorauseilte. Tatsächlich aber war 1860 ein „bürgerlicher Verein mit proletarischen Fans". Lokalrivale FC Bayern hingegen rekrutierte seine Anhänger vor allem aus dem kaufmännischen und künstlerischen Milieu. Proletarier fühlten sich bei den Bayern ganz und gar nicht wohl. Der Arbeiter der 1920er Jahre kam mit einem deutschnationalen Akademiker offenbar besser zurecht als mit einem versnobten Liberalen.

Daran änderte sich auch nichts, als der FC Bayern 1925 begann, seine Heimspiele im 1860-Stadion in Giesing auszutragen.[18] Das Proletariat zeigte den Bayern weiterhin die kalte Schulter und bezog bei Derbys zwischen „Blau" und „Rot" eindeutig Position zugunsten von 1860. Eine Sonderrolle spielte der FC Wacker, der der eigentliche Liebling Münchens war und zumindest zu Topspielen ebenfalls an die Grünwalder Straße auswich. Wacker polarisierte die Fans nicht wie Bayern oder 1860, sondern erfreute sich der Zuneigung aus allen Bevölkerungsteilen. Nicht unbeteiligt daran war der Herausgeber des Fachblattes „Fußball", Eugen Seybold, der bekennender Wacker-Fan war und seine „Blausterne" regelmäßig in den höchsten Tönen pries. Wacker hatte 1920 mit der Verpflichtung des ungarischen Superstars Alfréd Schaffer Schlagzeilen gemacht. Der damalige Coup war von Seybold eingefädelt worden und durch eine getürkte Hochzeit mit dessen Tochter „legalisiert" worden. Ähnlich dem FC St. Pauli in heutigen Tagen haftete den „Blausternen" das Label eines „tragischen Underdogs" an, was offenbar hilfreich bei der Entstehung eines „Kultklubs" ist. Bis heute erfreut sich der FC Wacker in München außerordentlicher Beliebtheit, die sich allerdings nicht auszahlt: Nach drohendem Konkurs musste der Klub in der untersten Kreisklasse einen Neubeginn wagen und lebt nur noch von seinem „legendären" Ruf.

Auch in Frankfurt ergab sich die Zugehörigkeit zum Lager der Eintracht bzw. dem FSV über den sozialen Status. Der FSV, obwohl angeführt vom jüdischen Akademiker Dr. Rothschild, war der „Klub der kleinen Leute", was er insbesondere seiner Heimat Bornheim zu verdanken hatte. Die Eintracht hingegen, hervorgegangen aus einem unübersichtlichen Sammelsurium von Fusionen (darunter die 1900 von Walther Bensemann mitgegründeten Frankfurter Kickers), war der Klub des gehobenen Bürgertums. An diesen Klassifizierungen hat sich bis heute nichts geändert. Im Gegenteil: Nach dem Zweiten Weltkrieg vertieften sich jene in den 1920er Jahren entstandenen Ausprägungen noch einmal und überdauerten anschließend alle Nivellierungsversuche. Der FC Bayern wird wohl auf ewige Zeiten der „Klub der Besserverdienenden" bleiben (auch wenn er schon seit langem Arbeiter wie Angestellte gleichermaßen anzieht), und am Ruf von 1860 hat sich auch unter der Regentschaft von Großgastronom Karlheinz Wildmoser nichts geändert: Die Löwen sind und bleiben – rein äußerlich – ein „Arbeiterverein".

Diese totale Identifizierung mit „dem eigenen" Verein verschärfte den durchaus reizvollen „Lagergeist" im Fußball, beschwor aber auch enorme Risiken herauf. Lokalkämpfe zwischen vermeintlichen „Arbeiterklubs" und „bürgerlichen Vereinen" ließen mitunter Erinnerungen an Straßenkämpfe aufkommen. Beim Frankfurter Freundschaftsspielderby zwischen dem FSV und der Eintracht am 25. Juni 1927 beispielsweise kam es laut „Kicker" zu einer „Zusammenrottung sämtlicher Spieler in der Mitte des Feldes. Der Schiedsrichter, der Trumpp gerade noch vor einem halsbrecherischen Angriff Wyks befreien musste, eilte heran. Was gesprochen und getan wurde, war von der Presseloge aus nicht zu erkennen. Man hörte lediglich Paches lautes Organ. Plötzlich sah man, dass Pache zusammenstürzte und sich hinaustragen ließ. (...) Dr. Rothschild stürzte wild gestikulierend auf den Platz. Mehrere eindringende Zivilisten wurden von Spielern vom Platz gescheucht. Pfeiffer musste gehen. Der Schiedsrichter pfiff an und ab und aus und an. Das Publikum grölte und vollführte einen ohrenbetäubenden Lärm, wobei die Jugend sich mit besonderer Inbrunst beteiligte." Es handelte sich, wie gesagt, um ein Freundschaftsspiel...

Der Fußball der 1920er Jahre war ein zutiefst männlich geprägtes Freizeitvergnügen. In der Chronik zum 100. Geburtstag des 1. FC Nürnberg ist ein Foto enthalten, das FCN-Anhänger auf dem Weg zum Stadion zeigt. Von den dort zu sehenden rund 200 Menschen sind bestenfalls fünf weiblichen Geschlechts. Im Stadion konnte „Mann" unter gleichgesinnten Geschlechtsgenossen seine raue Schale zeigen (ja, musste dies sogar), konnte fluchen, sich wie ein Kämpfer gebärden und erfuhr zum Lohn den Triumph des Sieges – bzw. das ehrenvolle Gefühl der Niederlage, die mit ritterlicher Einstellung hinzunehmen war. Letzteres klappte ungeachtet gebetsmühlenartiger Appelle der Funktionäre allerdings nicht immer, denn die Gewalt auf und neben den Spielfeldern nahm in den ausklingenden 1920er Jahren, als auch auf den Straßen der Republik eine neue Gewaltspirale registriert wurde, deutlich zu.

Für die heranwachsende Jugend war das brodelnde Gemisch in den Stadien faszinierend. Nick Hornbys Beobachtung bei seiner „Fußball-Sozialisation" anno 1969, als er neunjährig erstmals mit seinem Papa ins Highbury Stadion pilgerte, galt zweifelsohne auch in den 1920er Jahren schon: „Ich erinnere mich an die überwältigende Männlichkeit der ganzen Geschichte – Zigarren- und Pfeifenrauch, verdorbene Sprache (Worte, die ich zwar schon gehört hatte, aber nicht von Erwachsenen und nicht in dieser Lautstärke) … Es war aber nicht der Umfang der Zuschauermenge oder die Tatsache, dass Erwachsene das Wort ‚Wichser' so laut sie wollten schreien konnten, ohne die geringste Aufmerksamkeit zu erregen, was mich am stärksten beeindruckte, sondern wie sehr die meisten Männer um mich herum es hassten, wirklich hassten, hier zu sein."[19] Keine Frage: Die Lust am „Ungezogen-Sein" und die Lust am „Leiden" sind neben der emotionalen Bindung zum „eigenen" Verein die bis heute einflussreichsten Faktoren beim Stadionbesuch eines Fans.

Auf den Spielfeldern stellte München in der Saison 1927/28 Deutschlands Fußballhochburg, und es gab nicht wenige, die ein Endspiel zwischen Wacker und Bayern prognostizierten. Doch dazu kam es nicht. Zwar erreichten beide Münchner Vertreter das Halbfinale, dort stolperte allerdings sowohl Wacker (1:2 gegen Hertha BSC) als auch Bayern. Letzteren widerfuhr am 22. Juli 1928 sogar einer der schwärzesten Tage der Vereinsgeschichte, als sie im Duisburger Stadion vor 20.000 Fans von einem Hamburger SV in überragender Form mit 8:2 förmlich überrollt wurden. Für viele war das Ergebnis unfassbar, denn eigentlich war eine offene Partie erwartet worden, und man hatte gespannt dem Torjägerduell zwischen Pöttinger (FC Bayern) und Harder (HSV) entgegengefiebert. Ein Duell, aus dem Harder als dreifacher Torschütze gegenüber dem erfolglosen Pöttinger eindeutig als Sieger hervorging. Der alternde Star, im ersten Endrundenspiel gegen Schalke 04 von Trainer Agte auf die Bank verbannt, aufgrund des mäßigen Auftritts gegen die Königsblauen aber im Viertelfinale gegen Königsberg zurückgeholt[20], war vor allem nach dem Seitenwechsel nicht mehr zu bremsen gewesen.

Deutscher Meister 1928: Hamburger SV

Für den HSV signalisierte der Kantersieg endgültig die Überwindung einer tiefen Krise, während der die Rothosen selbst in Norddeutschland kurzzeitig ins zweite Glied zurückgefallen waren. Komplett machten die Norddeutschen ihren Triumph im Endspiel, das sie vor heimischer Kulisse im Altonaer Stadion (heute Volksparkstadion bzw. AOL-Arena) mit 5:2 gegen Hertha BSC gewannen. Die Begegnung war allerdings von unschönen Begleiterscheinungen überschattet. Während am Hamburger Himmel Blitz und Donner grollten, spielten sich im mit 40.000 Menschen weit über sein Fassungsvermögen hinaus gefüllten Stadion dramatische Szenen ab. Erst als berittene Polizei das Spielfeld von den Menschenmassen regelrecht „räumte", konnte Schiedsrichter Maul (ausgerechnet aus Nürnberg…) die Begegnung freigeben.

Hertha wurde, wie schon 1926 und 1927, abermals kalt erwischt. „Mit der schier tödlichen Wucht des Bleies war Harder einer Vorlage von Halvorsen nachgefolgt, nun schwamm er lustig wie eine schwarz-weiß-blaue Boje im Hertha-Tor", schilderte der „Kicker" jene vorentscheidende Szene aus der siebten Minute, als Tull Harder den HSV

Wackers Hoffnungsträger beim Einlauf vor dem Halbfinalspiel gegen Hertha BSC Berlin in Leipzig. Zu erkennen sind Klingeis, Ostermaier und Falk.

mit 1:0 in Führung brachte. Rave und Kolzen erhöhten per Doppelschlag in der 17. und der 20. Minute auf 3:0, ehe Kirsei neun Minuten vor dem Seitenwechsel auf 3:1 verkürzen konnte. In Halbzeit zwei machte der HSV den Sack zu. Eine enorm stabile Abwehr erstickte das gefürchtete Berliner Kombinationsspiel bereits im Keime, derweil Horn, Harder und Kolzen im Sturm nach Belieben schalten und walten konnten. Nach 64 Minuten stand es bereits 5:1, und für Hertha bahnte sich ein Debakel an. Hans Grenzel sorgte dann 15 Minuten vor Schluss mit dem zweiten Berliner Treffer immerhin für eine Ergebniskorrektur. „Hertha bot nicht das, was man von der Elf erwartete. Der Sturm kam nicht oft genug zu einheitlicher Zusammenarbeit, Kirsei war hier der Beste", bekundete der „Fußball" seine Enttäuschung über den Berliner Auftritt. Ganz anders die Bewertung der Hamburger Leistung. Selbst das nicht unbedingt HSV-freundliche norddeutsche Sportblatt „Turnen, Spiel und Sport" konnte seine Begeisterung nicht verbergen und schrieb: „Der HSV war eben noch besser, nicht technisch, aber taktisch und an Einzelkönnern. Die gefürchtete Abseitsfalle der Gäste tat sehr häufig ihre Schuldigkeit, kostete aber 2-3 Tore… Von brausendem Beifall überschüttet, verlässt der neue Deutsche Meister den Platz… So kämpferisch, so frisch und so zielstrebig, so begeistert wünscht man sich den HSV!"

Die Endrunde war übrigens zwei Monate später als üblich begonnen worden und endete erst am 29. Juli – drei Tage vor dem Beginn der nächsten Spielzeit! Grund waren die Olympischen Spiele, deren Fußballturnier ausgerechnet in jener Phase stattfand, in der normalerweise die Endrundenspiele anstanden. Der erste internationale Pflichtspielauftritt der deutschen Nationalelf nach dem Olympiaturnier von 1912 endete mit einem Skandal. Nach einem lockeren 4:0-Auftaktsieg über die Schweiz kassierten die Nerz-Schützlinge gegen Olympiasieger Uruguay eine 1:4-Packung, die überschattet war von Platzverweisen für Mittelläufer Kalb sowie Stürmerstar Richard Hofmann und bitterböse Pressekommentare bezüglich der Leistung des ägyptischen Schiedsrichters Youssuf Mohamed nach sich zog. Vom neuen Deutschen Meister war in Amsterdam lediglich Verteidiger Albert Beier zum Einsatz gekommen.

Parallel zur Rückkehr auf die internationale Bühne hatte der DFB sogar Zugeständnisse bei seinem 1925 erlassenen Spielverbot gegen ausländische Berufsspielermannschaften gemacht. Mitte März 1928 wurden die „Hannoverschen Beschlüsse“ insofern abgemildert, als zukünftig pro Jahr acht Spiele gegen österreichische und jeweils deren vier gegen ungarische und tschechoslowakische Profiklubs erlaubt waren. Aus Westdeutschland war sofort vehementer Widerstand gemeldet worden. „Wenn der DFB dem Berufsspielertum die Tore öffnet, dann verdient er es nicht mehr, zu bestehen, dann verleugnet er seine gewordene Mission und seine Aufgabe der deutschen Jugend gegenüber“, befand WSV-Vorstandsmitglied Erbach. Die Diskussion hatte kaum begonnen, als sie schon wieder zum Erliegen kam. Grund war eine von sechs europäischen Fußballverbänden und der FIFA verfasste Resolution, mit der ein Boykott wie der des DFB künftig unmöglich gemacht wurde. Dadurch gewannen die Hardliner im DFB sofort wieder Oberwasser. „Der Bundesvorstand erblickt in dem von mehreren Landesverbänden der FIFA gefassten und in der Öffentlichkeit bekannt gegebenen Beschluss, den DFB zu zwingen, den Verkehr mit Berufsspielervereinen uneingeschränkt zu gestatten, eine unzulässige Einmischung in die deutschen Verhältnisse, die ihn veranlasst, den in der Bundesvorstandssitzung vom 17. März gefassten Beschluss, den Spielverkehr mit Berufsspielermannschaften unter bestimmten Voraussetzungen zu gestatten, wieder aufzuheben. Dieser Beschluss wird einstimmig verfasst“[21], hieß es nach einem eigens einberufenen außerordentlichen Bundestag. Es blieb also beim Spielverbot.

Einen bösen antisemitischen Ausfall gegenüber dem österreichischen Profi-Befürworter Hugo Meisl leistete sich derweil Ernst Werner, Chef der „Berliner Fußball-Woche“, der nach dem FIFA-Kongress 1928 schrieb: „Im Plenum ist Hugo Meisl, der Wiener Jude, mit der Geschmeidigkeit seiner Rasse und ihrem zersetzenden Sinn einer der größten Kartenmischer. Er und der deutsche Fußballführer Felix Linnemann – zu Hause ein geschätzter Kriminalist – sind die stärksten Gegensätze, die man sich denken kann. Der eine ein Vertreter des krassen Geschäftemachens mit Fußball, der andere ein Apostel des Amateurismus.“[22]

In der Folge ging der mit 800.000 Mitgliedern inzwischen zum weltweit größten Fachsportverband aufgestiegene DFB auf offenen Konfrontationskurs mit dem Weltverband über und forderte auf dem FIFA-Kongress im Mai 1929 in Barcelona deutlich mehr Einfluss. „Die Bundesleitung ist [...] der Ansicht, dass die heutige Struktur der

Mannschaft der Stunde ■ Hertha BSC Berlin
„Hertha BSC hat, geschichtlich gesehen, das Unglück gehabt, ihre Bestform zu einer Zeit zu erreichen, als Nürnberg-Fürth und Hamburger SV in Überform waren. Nur die Tatsache, dass die Mannschaft in ihren ersten Endspielen stets unter ihrem sonstigen Können blieb, hat verhindert, dass die große Klasse der technisch hervorragenden Elf im Reich Anerkennung fand." Tröstende Worte, die „Kicker"-Herausgeber Dr. Friedebert Becker 1942 schrieb. Tatsächlich ist Herthas „schwarze Endspielserie" einzigartig in der deutschen Fußballgeschichte, und die Fans der Blau-Weißen hatten in den ausklingenden 1920er Jahren enorm zu leiden. Sechsmal in Folge stand ihre Elf im Endspiel – viermal ging sie als Verlierer vom Platz. Mit dabei war stets jener Mann, mit dessen Namen die Erfolgsära der Elf aus Berlin-Gesundbrunnen am stärksten verbunden ist: Hanne Sobek. Und Sobek war es auch, der mit seinem nimmermüden Einsatz und Kampfgeist 1930 für das Ende der schwarzen Serie sorgte und Berlins Fußball endlich Meisterschaft Nummer 4 nach Union (1905) und Viktoria 89 (1908 und 1911) bescherte. Doch die Erfolge kamen zu spät. Zwar konnte Hertha 1931 ihren Titel verteidigen, die „goldene Elf" war aber bereits in die Jahre gekommen und verpasste 1932 erstmals wieder die Endrunde. International spielte die Hertha-Elf erstaunlicherweise keine große Rolle. Sobek, Gehlhaar, Kirsei, Krause, Müller, Ruch und Völker kamen insgesamt auf gerade einmal 15 Länderspiele.

FIFA auf die Dauer nicht beibehalten werden kann. Es geht nicht an, dass ein kleiner Verband, der nicht einmal 10.000 Mitglieder umfasst, in einer Gemeinschaft gleich ausschlaggebend sein kann wie Verbände, die eine halbe Million und darüber hinaus an Mitgliedern umfassen, die außerdem eine alte Sporterfahrung für sich in die Waagschale werfen können. Es wird schwer, vielleicht sogar unmöglich sein, in der FIFA ein Stimmenverhältnis entsprechend dem Mitgliederbestand oder dem Vereinsbestand einzuführen. Ein Ausgleich zwischen dem heutigen System und einem mehr demokratischen System müsste aber doch gefunden werden können."[23]

1928/29: Revolution im Norden

Die aufgrund der Olympischen Spiele entstandene Zeitnot schuf in der Spielzeit 1928/29 eine eigentümliche Situation. Titelverteidiger Hamburger SV beispielsweise musste nur eine Woche nach dem Endspiel schon wieder zum ersten Saisonspiel der neuen Spielzeit gegen Barmbek-Uhlenhorst antreten. Immerhin hatten die Rothosen in der wohl kürzesten Sommerpause der deutschen Fußballgeschichte nichts verlernt, denn gegen den Aufsteiger gab es einen souveränen 6:2-Erfolg. Der wurde kurz darauf allerdings wertlos, denn im Herbst erschütterte Norddeutschland die vom HSV mit initiierte „Fußball-Revolution". Zu den Hintergründen: Für die norddeutschen Spitzenvereine war der zersplitterte kleinräumige Liga-Alltag zu einem wachsenden Ärgernis geworden. Der HSV beispielsweise gehörte der Bezirksliga Hamburg, Untergruppe Alsterklasse, an, wo er auf Kontrahenten vom Kaliber SV Eimsbüttel und SC Unitas 02 traf. Gegner im eigentlichen

Sinne waren das für die Rothosen nicht – 1927/28 hatte der HSV von 16 Saisonspielen 14 gewonnen, davon drei zweistellig (18:5, 11:0 und 10:1) sowie vier weitere in Form von „Kantern" (9:0, 8:1, 7:0, 7:2). Zu jedem einzelnen Ligaspiel hatten die Rothosen per Straßenbahn anreisen können – die „weiteste" Fahrt war nach Wandsbek gegangen und erforderte vom Rothenbaum aus lediglich ein Umsteigen von der Linie 18 in die 22. Ähnlich erging es allen Spitzenklubs in Norddeutschland, wo in zwölf vergleichbaren Bezirksligen[24] zusammengenommen 92 „Erstligisten" spielten.

Die Großvereine waren mit dieser Situation schon lange unzufrieden und hatten wiederholt eine Ligareform angemahnt. Dazu war der Norddeutsche Sportverband, wie sich der NFV seit 1927 nannte, aber nicht bereit – oder nicht in der Lage, denn der einstige Trendsetter in Sachen großräumige Liga[25] hatte seit 1921 mehr und mehr vor den wirtschaftlichen Verhältnissen und dem Druck der Kleinvereine kapituliert und seine einst vorbildlichen Spitzenligen regelrecht demontiert. Das alles ging zu Lasten der leistungsstarken Klubs, die in ihren Ligaspielen gegen namenlose Underdogs weder zufriedenstellende Zuschauerzahlen verbuchten noch ihren Teams die Chance zum echten Leistungsvergleich bieten konnten. Einige Vereine versuchten dem Dilemma zu entgehen, indem sie hochrangige Gegner aus dem In- und Ausland verpflichteten. Das half aber auch nur bedingt, denn an den spielfreien Wochenenden standen häufig regionale Auswahlspiele (Regionalverband, Bezirk) auf dem Programm, zu denen natürlich vor allem Akteure der Spitzenklubs berufen wurden – und für den Fall der Nichtentsendung von Spielern drohte der Verband mit harter Bestrafung.

Ende der 1920er Jahre eskalierte die Situation, und Deutschlands Fußballfunktionäre standen vor der unabwendbaren Aufgabe, eine schon lange überfällige Trennung zwischen Leistungs- und Breitensport vorzunehmen. Weil sich die Verbände aber als völlig überfordert erwiesen, waren die einzigen, die sich aus der misslichen Lage befreien konnten, die betroffenen Vereine selbst. Folglich kam es zur „Fußball-Revolution".

Deren Planung war monatelang unter geradezu konspirativen Umständen vonstatten gegangen und sah neben dem HSV acht weitere Hamburger Vereine sowie Holstein Kiel als handelnde Akteure. Die zehn Klubs hatten zunächst die „Interessengemeinschaft der Ligavereine" (IG) gegründet, deren Vorstand vom HSVer Emil Martens, dem Altonaer Kinckhorst sowie Oberst Danner von der Sportvereinigung Polizei Hamburg gebildet wurde. Unmittelbar nach Saisonbeginn im August 1928 teilte die IG dem Vorstand des NSV-Bezirkes Hamburg postalisch mit, die „unterzeichneten Vereine … haben sich entschlossen, den ferneren Fußball-Meisterschaftskämpfen der ersten Herrenklasse und Reserve im bisherigen Rahmen fernzubleiben, da sie sich für die Zukunft des Sports nichts mehr davon versprechen". Zur Begründung hieß es: „Was für den Amateur auf diesem Wege für die Bewegung erreicht werden könnte, dürfte erreicht sein. Was jetzt kommt, wird sich zu immer größeren Sensationen auswachsen, die uns den ferneren Weg des Sportes als gefährlich erscheinen lassen. Die heutige Spieleinteilung mit ihrer Voranstellung des Erfolges um jeden Preis und ihren Abstiegskämpfen, wo außerordentlich wertvolle Vereine in Gefahr geraten, verbürgt uns nicht mehr jene Stetigkeit der Entwicklung, die wir im Interesse des Massensports verlangen müssen." Das klang verdächtig nach den Argumenten der militanten Amateurfußballverfechter aus Westdeutschland, war aber tatsächlich so ziemlich das Gegenteil, denn der sarkastische Unterton in der Erklärung („... Abstiegskämpfen, wo außerordentlich wertvolle Vereine in Gefahr geraten...") verrät, worum es den zehn „Revolutionären" in Wirklichkeit ging: Sie hatten die Nase gestrichen voll und verlangten radikale Änderungen.[26] Das wurde auch bald deutlich, denn die abtrünnigen Vereine hatten keineswegs vor, sich aus dem Ligaspielbetrieb zurückzuziehen und die Zeit mit Training oder lustvollen Freundschaftsspielchen zu verbringen – sie planten eine eigene Spielklasse: die so genannte „Runde der Zehn".

Der Bezirksvorstand reagierte erwartungsgemäß mit harter Hand und suspendierte die aufmüpfigen Vereine. Doch weil man sich auch auf Funktionärsebene der unübersehbaren Tatsache nicht verschließen konnte, dass die Forderungen berechtigt und eine Ligareform unabwendbar waren, wurde die Sperre schon Tags darauf wieder aufgehoben und der Vorgang zwecks Verhandlungen mit „Revolutionären" an den NSV weiter gereicht. Der setzte prompt den Ligaspielbetrieb bis zum Jahresende 1928 aus, um ausreichend Zeit für eine Spielklassenreform zu haben.[27]

Die norddeutschen Erstligaklubs standen damit vor einem Problem. Sie mussten quasi über Nacht ihren Spielbetrieb selbst organisieren, um Spielern und Publikum etwas zu bieten! Während dies außerhalb Hamburgs durch eilig vereinbarte Freundschaftsspiele geschah, kam in Hamburg (bzw. Kiel) die angekündigte „Runde der Zehn" zur Austragung. Deren Spielbetrieb unterstrich eindrucksvoll die Notwendigkeit einer Spielklassenreform, denn die Fans bekamen von den teilnehmenden Teams hervorragenden Fußball zu sehen. Sportlich dominierte erwartungsgemäß der amtierende Deutsche Meister HSV, der die Tabelle nach Ende der Hinrunde mit fünf Punkten vor Holstein Kiel anführte. Ein ungewöhnlich starker Wintereinbruch überzog Norddeutschland anschließend mit einer gewaltigen Schneedecke und brachte den Spielbetrieb völlig zum Erliegen. Auf die Rückrunde verzichtete man, und die „Runde der Zehn" ging in die Annalen ein.

Damit endete auch die „Revolution", die für die „Revolutionäre" allerdings nicht das erwünschte Ergebnis erbrachte. Auf einem außerordentlichen NSV-Verbandstag am 10. März 1929 im Hildesheimer Theatergarten wurde der Antrag auf Einführung einer einstaffeligen Oberliga nämlich abgelehnt und stattdessen die Einführung einer aus sechs Staffeln bestehende Oberliga mit insgesamt 52 Mannschaften zur Saison 1929/30 beschlossen. Für die Spielzeit 1928/29 wurde mit der hauchdünnen Mehrheit von 50,1% beschlossen, die offiziell bereits abgesagte Norddeutsche Meisterschaft ad hoc im K.-o.-System auszutragen[28], um zwei Teilnehmer für die Endrunde um die Deutsche zu ermitteln.

Die NSV-Funktionäre verbuchten dies als Beleg für die Stärke des Verbandes und legten eine etwas eigenwillige Interpretation des Ergebnisses vor: „Mit der Interessengemeinschaft wurde abgerechnet, ihre egoistischen Ziele waren erkannt, und so fanden sie keine Mitläufer mehr. Alle, die seit Jahren und Jahrzehnten durch freie Wahlen mit der Leitung der Geschicke des Verbandes betraut wurden, stellten sich gegen die Interessengemeinschaft, obwohl die Mehrzahl den IG-Vereinen angehörte."[29] Auf Vereinsseite fiel das Fazit naturgemäß etwas anders aus. Holstein Kiel, einer der zehn „Revolutionäre", frohlockte jedenfalls in seiner Vereinszeitschrift: „Und sollte es auch nur einen urteilsfähigen Menschen geben, der ernstlich meinen wollte, wir wären heute von diesem Hemmschuh einer gesunden Vorwärtsbewegung befreit, wenn nicht mit dem HSV zusammen am 31. Juli die Gruppe der ‚Revolutionäre' an die Stelle aller erfolglos gebliebenen Worte die Tat gesetzt hätte?"

Im übrigen Deutschland verfolgte man die Ereignisse in Norddeutschland mit gespanntem Interesse, denn die Ligastruktur war, wie erwähnt, überall unbefriedigend. Nach der Inflationszeit hatte man verpasst, die seinerzeit aus wirtschaftlichen Gründen zu Recht aufgelösten großräumigen Spielklassen wiederzubeleben und damit eine bedrohliche Verwässerung des deutschen Spitzenfußballs eingeleitet. Dazu ein Überblick über die Situation in der Spielzeit 1927/28: Das Baltenland verfügte über drei Bezirksligen mit insgesamt 29 Mannschaften, in Südostdeutschland gab es acht Bezirksligen mit 121 Teams, im Westen 14 Bezirksklassen mit 119 Teilnehmern, im Süden acht Staffeln mit 69 Mannschaften. Liga-„König" war Mitteldeutschland, wo unfassbare 257 Vereine (von insgesamt 986 dem Verband angehörenden) in 27 Staffeln um Erstligapunkte stritten! Darunter waren so abenteuerliche Gebilde wie die „1a-Klasse Gau Jeetzegau", der die sieben Vereine VfB Klötze, Eintracht Salzwedel, FC Salzwedel 09, TSV Immekath, SV Wustrow, MTuSV Lüchow und Blücher Barnebeck angehörten und das heutzutage wohl eher als „Kreisklasse" durchgehen würde. 1928 aber handelte sich um eine von 62 „höchsten Spielklassen" im Reich! Insgesamt durften sich in Deutschland damals 615 Vereine „erstklassig" nennen.

In der Endrunde um die Deutsche Meisterschaft setzte sich die Mitte der 1920er Jahre einsetzende Zentrenverschiebung fort. Westdeutschland meldete erstmals den FC Schalke 04 als Verbandsmeister (2:1-Sieg in einem dramatischen Entscheidungsspiel gegen den bürgerlichen Sportklub Schwarz-Weiß Essen), und in Mitteldeutschland neigte sich die Epoche des VfB Leipzig endgültig dem Ende zu. Zum zweiten Mal in Folge verpasste der Altmeister den Einzug in die Endrunde um die „Mitteldeutsche" – mit Platz 5 in der 1a-Klasse Gau Nordwestsachsen musste man sogar die bislang schlechteste Platzierung der Vereinsgeschichte hinnehmen. Die Krise des VfB war auch eine Krise des mitteldeutschen Fußballs, der die Quittung für sein absurdes Spielklassensystem erhielt und im Reichsvergleich immer mehr in Richtung Bedeutungslosigkeit rutschte. Berlin schickte derweil mit Hertha und Tennis Borussia erstmals jene beiden Vertreter ins Rennen, an denen sich die Fans an der Spree jahrzehntelang reiben sollten. Die beiden Klubs hätten unterschiedlicher kaum sein können. Hertha als im Wedding beheimateter „Arbeiterverein", bei dem es „hart" zuging und dessen Publikum überwiegend dem Proletariat angehörte, TeBe als der großen jüdischen Gemeinde

Berlins verbundener Klub, der Intellektuelle, Künstler und Kaufleute anlockte und aus dem schicken Niederschönhausen stammte.[30]

Beim Stichwort „Zentrenverschiebung“ müssen auch drei Namen aus dem Osten des Reiches genannt werden: Breslau 08, Preußen Hindenburg und Titania Stettin. Die 08er aus der Bischofsstadt Breslau warfen nach dem VfB Königsberg mit dem FC Bayern München (4:3 n.V.) einen der Topfavoriten aus der Endrunde und sorgten damit für eine der größten Sensationen in der deutschen Fußballgeschichte. Zugleich zogen sie damit als erster südostdeutscher Klub ins Halbfinale um die Deutsche Meisterschaft ein, was belegt, dass Spitzen- und Leistungsfußball inzwischen auch in der „Peripherie“ angekommen und dort eine Basis für den Anschluss an die Reichsspitze entstanden war. 1928 hatte Südostdeutschland zudem erstmals in seiner Verbandsgeschichte das Finale im Bundespokal (ehemaliger Kronprinzenpokal) erreicht (0:2 gegen Norddeutschland).

Südostmeister Preußen Hindenburg passt ebenfalls in dieses Bild, wobei er zusätzlich für den sportlichen Aufschwung des oberschlesischen Hüttenreviers steht. Der war allerdings dem eher tragischen Hintergrund zu verdanken, dass die Zahl der Arbeitslosen in den Industriestädten wieder angestiegen war. Erwerbslose Fußballer hatten nicht nur mehr Zeit zum Trainieren, sondern waren körperlich auch nicht so verbraucht wie ihre in Vollbeschäftigung stehenden Kollegen. Zudem suchten sie händeringend nach Ablenkung von ihren bedrückenden wirtschaftlichen Sorgen – Fußball war diesbezüglich ideal.

Der dritte „Newcomer“ war der baltischen Vizemeister Titania Stettin, der zwar bereits im Auftaktspiel an Tennis Borussia Berlin scheiterte (2:3 n.V.), sich jedoch mit einer fast ebenbürtige Leistung viel Respekt verschaffte. Titania stand exemplarisch für den Typus des aufstrebenden „bürgerlichen“ Provinzvereins Ostdeutschlands, der mit hochklassigem Leistungsfußball die örtlichen Fans und vor allem die Wirtschaft mobilisieren wollte, um den Zentren des Reiches zumindest im Fußball Paroli bieten zu können. Endrundenspiele in Stettin, Hindenburg oder Breslau waren stets mit einer gehörigen Portion Lokalkolorit verbunden, und Siege über namhafte Mannschaften aus westlicheren Landesteilen wurden in Schlesien, Pommern oder Ostpreußen mit ungeheurer Befriedigung aufgenommen: Sie halfen, das Gefühl des „Zu-kurz-gekommen-Seins“ zumindest kurzzeitig zu verringern. Tatsächlich scheint es, als seien der baltische und der südostdeutsche Fußball etwas stiefmütterlich behandelt worden. Titania Stettin beispielsweise hatte mit Erwin Ehlert einen der besten Stürmer des Reichs im Kader, der dennoch nie in die Nationalelf berufen wurde – was viele als hochnäsige Haltung seitens des DFB empfanden. Bis 1945 stellte die ausgewiesene Fußballhochburg Stettin nicht einen einzigen Nationalspieler, und erst 1935 wurden mit dem Königsberger Fritz Ruchay sowie dem Danziger Paul Mathies überhaupt Akteure aus dem Baltengebiet in die Auswahl berufen.

Sportlich stand die Endrunde 1928/29 allerdings im Zeichen der seit Saisonbeginn von Richard Girulatis trainierten Berliner Hertha, die nach Preußen Hindenburg (8:1) auch Westmeister Schalke 04 (4:1) ausschaltete. Im Halbfinale trafen die Berliner in der

Neuauflage des 1927er-Endspiels auf den 1. FC Nürnberg, von dem sie sich nach 120 dramatischen Minuten torlos unentschieden trennten. Zwei Wochen später kam es in Düsseldorf zum Wiederholungsspiel, bei dem Hertha mit 3:2 die Oberhand behielt und damit zum vierten Mal in Folge ins Endspiel einzog. Gegner war, wie schon 1926, die Spielvereinigung Fürth, die sich gegen Fortuna Düsseldorf (5:1), den Hamburger SV (2:0) und Breslau 08 (6:1) keine Blöße gegeben hatte und mit ihrer spielstarken und kombinationssicheren Mischung aus Routiniers wie Hans Hagen oder Andreas „Resi" Franz (schon 1914 im Finale dabei!) sowie Newcomern wie Heinrich Auer oder Hans Neger leicht favorisiert war.

Anders als im 1926er Endspiel, das Fürth souverän dominiert hatte, ging es am 28. Juli 1929 aber dramatisch zu, woran diverse turbulente Begleitumstände nicht unschuldig waren. Unglücklicherweise hatte der DFB das Spiel nämlich nach Nürnberg vergeben, wodurch einerseits deutlich mehr Fans aus dem benachbarten Fürth angelockt wurden und man andererseits Ressentiments der FCN-Fans, die die Halbfinalniederlage ihrer Elf gegen die Berliner noch nicht überwunden hatten, Raum verschaffte. Die ohnehin schon aufgeheitzte Atmosphäre wurde von einer Gruppe selbstbewusster Berliner Fans zusätzlich angefacht, als sie sowohl die Fürther als auch die FCN-Fans mit dem Ruf „Ha, Ho, He, tat das dem Club so weh, Hertha BSC, frisst auch den Fürther Klee" provozierten.

Deutscher Meister 1929: SpVgg Fürth

Wenn es noch eines Beweises bedurfte, dass Fußball und Militär unglückselige Verbindungen aufwiesen, dann lieferte ihn das Endspiel 1929, das Gerd Krämer in seinem Buch „An Tagen, da das Endspiel war" erschreckend plastisch darstellte: „Datum der Schlacht: 28. Juni 1929. Kriegsgeschichtliche Bezeichnung: ‚Der schwarze Tag des Fußballs'. Kriegsschauplatz: Das neue Stadion zu Nürnberg. Auf dem Feldherrenhügel: Kampfgruppe Hertha. Zwei Sonderzüge stark, sehr lebhaft, höchste Beifalls-Phonstärke. ‚Ha, ho, he, Hertha BSC'. Weitere Brigade: Fürth, noch in Beifalls-Grundausbildung. Keine akustische Konzentration. Dazu Brigade Nürnberg: Gewehr bei Fuß. Kann nach allen Seiten losgehen. Weiter Taschendiebe, Marketender, Verkaufspsychologen: ‚Fürth in Form, schlägt Hertha ganz enorm.'" Krämer wählte die martialischen Worte nicht zu Unrecht, denn im Nürnberger Stadion ging es wahrhaft kriegerisch zu, und die auf der Tribüne sitzenden FIFA-Beobachter sollen sich nach Augenzeugenberichten „entsetzt vom Spielgeschehen abgewandt" haben.[31]

Eigentlich handelte es sich ja um eine Begegnung zweier technisch überaus versierter und zudem sehr erfahrener Teams. Fürth bot mit Hagen, Hans Krauß, Leinberger, Franz und Kießling fünf Akteure des 1926er Endspiels auf, und Hertha schickte sogar sechs Spieler von 1926 in den, pardon, „Kampf": Domscheidt, Leuschner, Völker, Ruch, Sobek und Kirsei. Schon in der ersten Halbzeit versuchten beide Teams, sich mit Nickeligkeiten und Fouls gegenseitig zu übertrumpfen. Nach dem Seitenwechsel eskalierte die Partie vollends, zumal auch Schiedsrichter Bauwens nicht seinen allerbesten Tag erwischt hatte. Höhepunkt war die 65. Minute, als der Berliner Gerhard Schulz beim Stande von 1:1 nach einem brutalen Foul von Leinberger mit Verdacht auf Schä-

Rupprecht sorgt mit dem 3:2 für die Entscheidung zugunsten der SpVgg Fürth. Hertha-Keeper Gehlhaar ist machtlos.

delbruch vom Platz getragen werden musste. Sekunden später traf Frank zum 2:1 für die Kleeblätter, was die Empörung auf Berliner Seite natürlich noch steigerte. In Unterzahl gelang Hanne Sobek zwar zehn Minuten später der Ausgleich, doch als Bauwens nach einer Attacke von Domscheidt fünf Minuten vor Schluss auf Freistoß für Fürth entschied, überschlugen sich die Ereignisse. Rechtsaußen Rupprecht nutzte die Verwirrung und erzielte den 3:2-Siegtreffer für die Franken. Zum vierten Mal in Folge verließ Hertha BSC das Spielfeld also als Endspielverlierer und blieb stocksauer dem Abschlussbankett fern. „Keine Feier, so lange unser Kamerad Schulz bewusstlos im Krankenhaus liegt", gifteten die Berliner.

1929/30: Fußball wird vermarktet

Der 32. DFB-Bundestag am 5./6. Oktober 1929 in Breslau beschäftigte sich intensiv mit den Vorkommnissen von Nürnberg. Domscheidt und Krauß wurden jeweils für ein Jahr gesperrt, Leinberger erhielt eine Verwarnung, und Halbfinal- bzw. Finalspiele durften künftig nur noch in neutralen Orten ausgetragen werden – auch auf die Gefahr hin, dass ein Spiel einmal nicht ausverkauft sein würde. In Breslau wurden aber noch weitere Beschlüsse gefasst. Die Teilnahme an der ersten Fußball-Weltmeisterschaft beispielsweise, inzwischen nach Uruguay vergeben[32], wurde endgültig abgelehnt. Offiziell, weil an dem Turnier auch Profimannschaften teilnahmen, doch zweifelsohne scheute man vor allem die Kosten und Risiken des (inklusive An- und Abreise) gut achtwöchigen Abenteuers. Darüber hinaus wurde die umstrittene „Kopfsteuer" eingeführt –

künftig hatten die Klubs pro Mitglied einen Pfennig im Jahr zu zahlen, was vor allem bei den mitgliederstarken Großvereinen auf Kritik stieß.

Doch bald sollte der DFB ohnehin vor ganz anderen Problemen stehen. Am 14. Oktober 1929 brach die New Yorker Börse „zusammen“ und riss die bereits angeschlagene Weltwirtschaft endgültig in den Abgrund. Auch in Deutschland wuchs die Zahl der Arbeitslosen und Hungerleidenden nun täglich bedrohlicher an, derweil auf politischer Ebene ein erschreckender Demokratieverfall einsetzte. Im Reichstag lösten sich bürgerlich dominierte Minderheitskabinette fast im Halbjahresturnus ab, hinter den Kulissen formierte sich die nationalistische Rechte, die gegen den Young-Plan (modifizierter Nachfolger des Versailler Vertrages) opponierte. Die Stimmung auf den Straßen wurde zusehends radikaler.

1930 rutschte das Reich endgültig ins Chaos. Am 27. März trat die letzte auf eine parlamentarische Mehrheit gestützte Regierung in der Geschichte der Weimarer Republik zurück. Längst hatte sich eine bedrohliche Verfassungsschwäche offenbart, denn Reichspräsident von Hindenburg konnte via Notstandsgesetzbebung quasi im Alleingang regieren, ohne seine Abwahl befürchten zu müssen. Dass sich Deutschland auf dem Weg in die Diktatur befand, deutete sich bei den Reichstagswahlen im September 1930 an, aus der die NSDAP als zweitstärkste Partei hervorging. 6,4 Mio. Deutsche hatten „Ja“ gesagt zu Hetze, Polemik und Antisemitismus.

MSZ
Mitteldeutsche Sportzeitung
Nr. 22 Leipzig, 2. VI. 1930. Heft 60 Pfennig

DSC triumphiert über Spielvereinigung-Fürth
In der Zwischenrunde um die DFB-Meisterschaft warf der Mitteldeutsche Meister den Deutschen Meister mit 5:4 aus dem Rennen. Unser Bild zeigt das zweite Tor für Fürth, das Rupprecht nach Beginn der zweiten Halbzeit einköpft.

Nordheimer bringt einen neuen Knaben-Universal-Sportstiefel, Gr. 36/39, mit Gummisohle (für Hockey, Fußball, Lauf der richtige Schuh) 5.90

Nach Verlängerung gewann der Dresdner SC am 1. Juni 1930 gegen die SpVgg Fürth, deren Innenstürmer Rupprecht hier zum zwischenzeitlichen 2:3 einköpfte – eindrucksvoll nachgezeichnet von der „Mitteldeutschen Sportzeitung“.

Der Fußball blieb natürlich nicht unberührt. Zwar wiederholte sich das bereits in der Inflationszeit beobachtete Phänomen steigender Zuschauerzahlen in der gesellschaftlichen Krise (in der Endrunde 1929 wurden durchschnittlich 20.500 Fans gezählt, der höchste Schnitt seit dem Inflationsjahr 1923!), doch die sich anbahnende tiefe Krise war unverkennbar. Der Anstieg der Arbeitslosigkeit hatte die Zahlungsmoral bei vielen Mitgliedern sinken lassen. Sponsoren- und Mäzengelder flossen ebenfalls deutlich geringer, wie auch staatliche Beihilfen bei Bauprojekten. Ein Betroffener dieser Entwicklung war der Bremer Großverein ABTS, der am 21. Februar 1929 Konkurs anmelden musste.[33] Der Klub hatte sich mit dem Bau des 1926 eröffneten heutigen Weserstadions völlig übernommen.

Ferdl Swatosch (rechts) erzielt bei der 2:5-Niederlage der Sülzer beim FC Bayern den 2:1-Anschlusstreffer.

Auch das pommersche Flaggschiff Titania Stettin sank in schwerer See. „Eine schwache Vereinsführung war nicht in der Lage, gewissen Forderungen Einhalt zu gebieten", heißt es über dessen finanziellen Untergang bedeutungsschwanger im Büchlein „Pommern am Ball" – Titania waren die Gepflogenheit im illegalen Berufsfußball offenbar über den Kopf gewachsen, denn im Frühsommer 1930 meldete man Konkurs an. Der letzte Pflichtspielgegner der Pommern in der Endrunde um die Deutsche Meisterschaft war die SpVgg Sülz 07, bei der bezahlter Amateurfußball hingegen (noch) zu funktionieren schien. Auch die Kölner stehen für den Typus des „sporttreibenden Wirtschaftsunternehmens" und somit exemplarisch für eine Zeit, in der ein Fußballverein mit dem Ziel der Gewinnerzielung betrieben wurde. Mit Karl Büttgen verfügte der bereits 1907 gegründete und jahrzehntelang in unteren Ligen versauernde Stadtteilverein über einen innovativen Vorsitzenden, der erkannt hatte, dass es in Köln seit dem Niedergang der 99er ein fußballerisches Machtvakuum gab – und damit ein brachliegendes Wirtschaftspotenzial. Dieses wollte er mit seinem Klub aktivieren, und um das Ziel so schnell wie möglich zu erreichen, warf er seine Netze nach guten Akteuren aus. 1925 war ihm mit der Verpflichtung von Ferdinand „Ferdl" Swatosch ein schlagzeilenträchtiger Schachzug gelungen. Allerdings war Swatosch, ein berühmter 23facher österreichischer Nationalspieler, in seiner Heimatstadt Wien als Profi tätig gewesen, und es schien unwahrscheinlich, dass er in Köln plötzlich aus Idealismus für ein Paar Mark Aufwandsentschädigung spielen würde. Dem war auch nicht so – offiziell kam Swatosch nämlich nach Köln, um die Geschäftsführung über ein Zigarrengeschäft an der Berrenrather Straße zu übernehmen. Dass dessen Besitzer niemand anderes als 07-Präsident Karl Büttgen war, ließ Regionalverband WSV, wie erwähnt vehementester Amateurverfechter im Reich, aufhorchen. Doch alle Versuche, Büttgen einen Verstoß gegen die Amateurstatuten nachzuweisen, scheiterten.

Weiterer Schachzug Büttgens war der Umzug in die unweit des Müngersdorfer Stadions gelegene Radrennbahn, was den Stadtteilverein nicht nur in einen Kölner Verein verwandelte, sondern ihm dank einer überdachten Sitzplatztribüne sowie der gepflegten Anmarschwege den Zugang zum „noblen" Publikum verschaffte, das den Weg zur alten Wirkungsstätte an der Berrenrather Straße, wo man sich regelmäßig schmutzige Schuhe holte, gemieden hatte. Damit einher ging eine lokale Aufwertung des Vereins, die sich auch finanziell bemerkbar machte und rasch Erfolge trug. 1928 holte man die Westdeutsche Meisterschaft in die Domstadt und überraschte in der Endrunde um die Deutsche Meisterschaft mit einem 3:1 über Eintracht Frankfurt. Zwei Jahre später gelang erneut der Einzug in die Endrunde um die Deutsche. Diesmal sorgten die Rheinländer jedoch für Furore der negativen Art. Nach einem lockeren 4:2-Auftaktsieg über Titania Stettin trafen sie im Viertelfinale auf Hertha BSC Berlin, gegen die es auf eigenem Platz ein leistungsgerechtes 1:1 nach Verlängerung gab. Das Wiederholungsspiel in Berlin endete mit einem 1:8-Debakel, das in Köln Fassungslosigkeit auslöste. Mehr als die nie bestätigten Gerüchte von Schlaftabletten, die angeblich in den Kölner Gute-Nacht-Getränken gewesen sein sollen, wurde die Rolle von Ferdl Swatosch diskutiert. Der Wiener hatte sich in einem internen Konflikt mit seiner Forderung nach radikaler Verjüngung der Mannschaft durchgesetzt, die jungen Spieler mit dem Einsatz gegen den vierfachen Finalisten jedoch völlig überfordert.

Der Wandel der Spitzenvereine von einer sporttreibenden Vereinigung zu einem Wirtschaftsunternehmen spiegelte sich auch in einer zunehmenden Kommerzialisierung wider. Schon Anfang der 1920er Jahre hatten einige Klubs begonnen, ihre Popularität in klingende Münze umzuwandeln und einen schwunghaften Souvenirhandel mit ihrem Logo bzw. den Vereinsfarben betrieben. Ausgewählte populäre Spieler ließen sich derweil für Werbekampagnen einspannen und entlohnen („schwarz" natürlich). Tull Harder war bereits 1912 als einer der ersten Sportler als Werbeträger für eine Zigarette aufgetreten. Fußballer wurden aufgrund ihrer „Volksnähe" als ideale Transporteure von Wirtschaftsgütern angesehen, deren Absatz sie mittels ihrer Popularität heben sollten. Nationaltorhüter Stuhlfauth beispielsweise warb via Annoncen für „Kaffee Hag"; Richard Hofmann für Zigaretten. Beim DFB maß man mit zweierlei Maß. Einerseits befürwortete Felix Linnemann 1922 ausdrücklich die „Aufnahme von Zigarettenreklame, da dieser Industriezweig durch Aufwendung erheblicher Mittel die Beschaffung von Sportplätzen"[34] ermöglichen würde, andererseits wurde Richard Hofmann 1930 für ein Jahr gesperrt – weil er sich für Werbeaufnahmen hatte entlohnen lassen und damit „Profi" geworden war…

Dass die Genussmittelindustrie – Brauereien, Zigarettenfirmen, Kaffeeröstereien etc. – überproportional vertreten war, war gewiss kein Zufall. Fußballer galten inzwi-

Anzeigen in Fußball-Zeitungen, 1930er Jahre.

schen als „Lebenskünstler", die für die Leichtigkeit des Seins und das lockere Genießen des Lebens standen. Sie suggerierten eine Zunahme der Lebensqualität, weshalb von ihnen eine spürbare Faszination ausging. In gewisser Hinsicht hatten sie Vorbildfunktion – nach dem Motto: „Wenn Harder diese Zigarette raucht, dann…". Auf dieser Welle schwammen aber auch einige dubiose Produkte. Die „Kola-Dallmann-Tablette" beispielsweise wurde als „die stille Reserve der Erfolgreichen" angepriesen, die „jedes Müdigkeitsgefühl in wenigen Minuten" vertreibt und „stärkere Aktivität, Ausdauer und eine sofort fühlbare Erhöhung der sportlichen Leistungsfähigkeit" bewirkt. Was die Doping-Kommission wohl heute zu einem solchen Produkt sagen würde?

Das Merchandising verstärkte die Tendenz, die Fußball-Welt in „oben" und „unten" aufzuspalten. Spieler wie Kalb, Harder oder Richard Hofmann waren für die Fans längst keine profanen Sportler mehr, sondern vergötterte Stars, denen man nacheiferte und denen auch außerhalb des Spielfeldes Vorbildcharakter zukam. Sie repräsentierten damit jene Helden, die die Werte und Sehnsüchte des „einfachen Volkes" verkörperten und die Hoffnungen sowie geheimen Wünsche von „Otto Normalbürger" trugen. Millionenfach überschwemmten Starfotos das Fußballvolk; besonders beliebt waren Sammelbildchen, die Zigaretten- und Margarinepackungen beigelegt wurden und die in eigens dafür produzierten Alben gesammelt wurden.[35]

Als Massenbewegung drang der Fußball sogar in die Welt der Kirche ein, mit der es zu einem lang anhaltenden Streit um die Sonntagsruhe kam. Vor allem um nahe einer Kirche gelegene Plätze gab es wiederholt Ärger, weil der Vereinsbetrieb den geistlichen Frieden störte und die Klubs gezwungen waren, ihre Spiele am Samstag auszutragen. Da der Samstag für die meisten Menschen jedoch noch ein halber Arbeitstag war, führte dies zu dramatischen Einbrüchen bei den Zuschauerzahlen. Am 23. November 1931 erließ das Preußische Innenministerium schließlich eine neue Polizeiverordnung, nach der Sonntagsspiele grundsätzlich erlaubt waren – sofern der Sportplatz nicht in der Nähe einer Kirche lag. Dann durfte zwischen 9 und 11.30 Uhr nicht gespielt werden…

Der eigene Sportplatz bzw. das eigene Stadion war ein wichtiger Bestandteil bei der Entwicklung des für jeden Klub einzigartigen Mythos, der teilweise bis in die Gegenwart überlebt hat. Schalke 04 beispielsweise ist bis heute untrennbar mit der Kampfbahn Glück-Auf verbunden, obwohl der Klub schon seit 1973 nicht mehr dort spielt, und der Hamburger SV wird wohl bis in alle Ewigkeiten synonym mit „Rothenbaum" stehen, obwohl das Traditionsstadion 1994 einer sporthistorischen Freveltat zum Opfer fiel. Der Bau eines eigenen Sportplatzes bzw. Stadions war ab Mitte der 1920er Jahre wichtig geworden, denn die Vereine mussten auf den Mitgliederboom bzw. das erhöhte Zuschaueraufkommen reagieren. Im Gegensatz zu England, wo Sportplätze nahezu ausschließlich in Vereinsbesitz standen (und stehen), blieb der Staat in Deutschland zwar weiterhin die tragende Kraft in Sachen Sportplatzbau, doch viele Klubs schufen sich in mühsamer Eigenarbeit eigene Heimstätten, die durch eine Kombination aus Eigeninitiative und Spendengeldern zustande kamen. In Göttingen beispielsweise stellte die Stadtverwaltung dem lokal führenden 1. SC 05 hinter dem Bahnhof ein pachtfreies Gelände zur Verfügung, das von den Vereinsmitgliedern in, wie es in der Vereinschronik stolz heißt, „26.000 freiwilligen Arbeitsstunden" in den „Sportplatz Maschpark" verwandelt wurde. Jedes Vereinsmitglied hatte eine Umlage von 10 Mark zu zahlen, und bei Heimspielen der 05er wurden symbolische Bausteine verkauft. Dem Engagement der Mitglieder musste allerdings etwas auf die Sprünge geholfen werden. Verpasste beispielsweise ein Vereinsmitglied eine der acht vorgeschriebenen „freiwilligen" Arbeitsstunden pro Monat, hatte es 60 Pfennige in die Baukasse zu zahlen... Beim FC Schalke 04 verlief die Angelegenheit ähnlich, allerdings konnte man dort auf günstigere Rahmenbedingungen zurückgreifen. Das lag vor allem an Schalke-Präsident Unkel, der als Materialverwalter auf der Zeche Consol (die auch das Grundstück zur Verfügung gestellt hatte) tätig war. Durch seine Beziehungen landete das eine oder andere notwendige Stückchen Baumaterial statt in der Zeche auf der Kampfbahn.

In der Endrunde 1929/30 ging es turbulent wie lange nicht mehr zu. Sechs Feldverweise wurden in den 16 Begegnungen ausgesprochen – das war neuer Rekord, der bis zur letzten Endrunde im Jahre 1963 nicht mehr fallen sollte und ein anschauliches Beispiel für die zunehmend gereizte Stimmung lieferte. Neben der Rekordzahl an Feldverweisen gab es auch in puncto Tore einen Rekord zu vermelden. 102 Treffer (das entsprach einem Schnitt von 6,38 pro Begegnung!) setzten den seit Änderung der Abseitsregel (1925) registrierten Torschub fort und sorgten für die höchste Trefferquote seit 1909! Eine der torhungrigsten Mannschaften war Dauerfinalist Hertha BSC Berlin. Schon in den Ligaspielen hatten die Berliner mit 103 Treffern in 18 Spielen auf sich aufmerksam gemacht, und sie ließen sich auch in der Endrunde nicht lumpen. 3:2 über Beuthen 09 im Achtelfinale, 1:1 und 8:1 gegen Sülz 07 im Viertelfinale, 6:3 im Halbfinale gegen den 1. FC Nürnberg und schließlich ein turbulentes 5:4 im Finale gegen Holstein Kiel.

Das letzte Ergebnis nimmt vorweg, dass die Hertha es im fünften Anlauf endlich geschafft hatte und als Endspielsieger vom Feld gegangen war. Dazu waren im Düsseldorfer Rheinstadion allerdings bei über 40 Grad im Schatten 90 extrem dramatische Minuten zu überstehen. Holstein Kiel, als kampfstarke, technisch jedoch eher schwache Elf bekannt, erwischte einen Traumstart und lag nach acht Minuten durch Treffer von Widmayer und Ritter bereits mit 2:0 in Führung. Herthas Torjäger Sobek hatte aber offenkundig die Nase voll von den dauernden Endspielniederlagen und krempelte anschließend die Ärmel hoch. Fast im Alleingang wirbelte er die Holstein-Abwehr durcheinander und leitete mit seinen Treffer zum 1:2 (22. Minute) und 2:2 (26. Minute) die Wende ein. Selbst der neuerliche Führungstreffer der Holsteiner nur drei Minuten nach dem 2:2 konnte die Hertha nicht mehr stoppen. Noch vor dem Seitenwechsel sorgte Lehmann für den erneuten Ausgleich.

Nach Wiederanpfiff wurde es dramatisch. Lehmann brachte Hertha in der 68. Minute erstmals in Führung, und als der Kieler Ludewig zehn Minuten vor Schluss wegen angeblicher Schiedsrichterbeleidigung vom Platz gestellt wurde, schien das Spiel gelaufen zu sein. Doch nun war es an der KSV Holstein, deren berühmter Kampfgeist durch die umstrittene Entscheidungen von Schiedsrichter Guyenz zusätzlich angestachelt worden war, für eine neuerliche Wende zu sorgen. Acht Minuten vor Schluss traf Ritter zum 4:4, und die Hertha geriet wieder ins Wanken, zumal sich das Düsseldorfer Publikum inzwischen fast vollständig auf die Seite der Norddeutschen geschlagen hatte und einen Höllenlärm veranstaltete. Drei Minuten vor Ende der regulären Spielzeit erlöste Hans Ruch die vom ständigen Hin und Her erschöpften Fans und traf zum 5:4-Endstand. Endlich hatte Hertha die lang ersehnte Deutsche Meisterschaft gewonnen. Noch lange nach dem Spiel gab es allerdings hitzige Diskussionen über die Leistung von Schiedsrichter Guyenz, dem Parteilichkeit und Benachteiligung der Kieler vorgeworfen wurde.

Deutscher Meister 1930: Hertha BSC

Ein Toter auf Schalke

Die Endrunde 1930 hatte deutlich gemacht, dass inzwischen auch der Spitzenfußball die Wirtschaftskrise deutlich zu spüren bekam. Durchschnittlich 17.344 Fans hatten die 16 Endrundenspiele besucht – über 3.000 weniger als 1929! Vielerorts machte man sich inzwischen Sorgen um die Aufrechterhaltung des Spielbetriebes. Vor allem bei den weniger mitgliederstarken Klubs grassierte eine diffuse Furcht vor der Zukunft. „In einer Fußballmannschaft kostet nach den DFB-Sätzen jeder Mann: Spielspesen Mark 7,50, zweimal Trainingsspesen à Mark 2,50 = 12,50 Mark pro Woche. Also bei 15 Mann in einer Woche 187,50 Mark. In einem Monat macht das schon Mark 187,50x4 1/3 = 912,50 Mark. Spielkleidung, Stiefel, Instandhaltung (Ball), lassen diesen Posten auf Mark 1.000,- im Monat anwachsen. Bei einem Eintrittspreis von 50 Pfennig (im Durchschnitt!) muss jede Mannschaft also an den zwei Sonntagen im Monat, die sie auf eigenem Platz spielt, 1.000 Zuschauer haben, um nur diese Kosten zu decken“, errechnete der „Fußball“ Anfang der 1930er Jahre sorgenvoll.[36]

Nun stellten 1.000 Zuschauer bei einem gewöhnlichen Ligaspiel zumindest für die Klubs in den höchsten Spielklassen keine nennenswerte Hürde dar, und selbst wenn man berücksichtigt, dass die sonstigen Kosten der Vereinsführung noch beglichen werden mussten, hätte die Aufrechterhaltung des Vereinsbetriebes in einer Mischkalkulation aus Zuschauereinnahmen, Mitgliederbeiträgen, Einnahmen aus der Bewirtung (Vereinsheim, Spiele), Sponsorenzuwendungen und Werbeeinnahmen gut möglich sein müssen.

Freilich gab es da noch ein Problem: das des verdeckten Profitums, das unter den Topklubs längst Usus war. Ernst Kuzorra beispielsweise erinnerte sich später, dass von der aufstrebenden Schalker Knappenelf – offiziell allesamt Amateure – ab 1927 kein einziger mehr körperlich gearbeitet habe und von Vereinsseite rund 10 RM pro Spiel- und Trainingstag „schwarz" gezahlt worden seien. In Süddeutschland, wo illegale Bezahlung seit Anfang der 1920er Jahre praktiziert wurde, flossen sogar bis zu 50 RM „Handgeld". Und als Richard Hofmann 1928 von Meerane 07 zum Dresdner SC wechselte, schrieb der „Fußball" spitzfindig: „Im Übrigen wird es interessant sein zu erfahren, ob Hofmann seinen Beruf als Kraftdroschkenführer auch in Dresden fortzusetzen gedenkt oder ob der Ortswechsel auch einen Berufswechsel für ihn bedeutet."[37]

Wilhelm Nier.

Mit der ihnen eigenen moralischen Messlatte sahen viele Funktionäre in dem Scheinamateurismus allerdings das Ende des Fußballs kommen. Natürlich saßen auch die Funktionäre auf den Tribünen und erfreuten sich an den Leistungen der Szepans und Kuzorras, doch sie sahen in ihnen ausschließlich ehrenvolle „mannhafte" Freizeitkicker und nicht Menschen, denen der Fußball eine Gelegenheit zum Geldverdienen bot. Fußball gegen Bezahlung zu spielen, bedeutete für viele Funktionäre, sich zirkusgleich zum „Clown" zu machen. Die moralisch überhöhten Vorstellungen der Funktionärsschicht kollidierten mit den faktischen Gegebenheiten im deutschen Spitzenfußball und ließen ihn Ende der 1920er Jahre in eine tiefe Krise rutschen.

Im November 1929 eskalierte die Entwicklung, als man die Leiche von Wilhelm Nier aus dem Rhein-Herne-Kanal fischte. Nier war Kassierer des FC Schalke 04, dessen komplette Ligaelf kurz zuvor vom WSV wegen Verstoßes gegen den Amateurparagrafen gesperrt worden war. Mit seinem Selbstmord übernahm der Beamte die Verantwortung dafür, dass er die verbotenen Zahlungen mit Hilfe kassentechnischer Tricks gedeckt hatte. Niers Tod löste tiefe Betroffenheit aus und leitete ein radikales Umdenken in der Profifrage ein.

Es war Schalker „Pech", ausgerechnet dem als besonders resistenten Amateurverfechter bekannten WSV anzugehören. In Süddeutschland hätte der Fall kaum vergleichbare Dimensionen erreicht und wäre vermutlich auch nicht zur Initialzündung in Sachen Berufsfußball geworden. In der westdeutschen Vorstandsetage aber hielt man nicht nur treu am Amateurgedanken fest, sondern betrachtete zudem die Spieler als die hauptverantwortlichen „bösen Buben". In der Urteilsverkündung zum Fall Schalke heißt es: „Es wird von den in Frage kommenden Vereinsführern zugegeben, dass mit kleineren Beträgen der Anfang gemacht wurde, die unter dem Druck der Forderungen der Spieler aber

PROFI ODER AMATEUR?

Das ist die Frage. Jetzt muß es vorbei sein mit dem Scheinamateurismus, vorbei sein mit der Leisetreterei.
Jetzt heißt es: sich entscheiden! Jawohl, entscheiden auch für den „Fußball". Nicht nur sein Blatt nehmen, lesen und es dann beiseite legen. Sondem mitarbeiten, seine Kraft einsetzen für den „Fußball", der immer wieder den Kampf gegen Lüge und Heuchelei aufnimmt, weil er die Interessen eines jeden ehrlich und aufrichtig denkenden Sportsmannes vertritt.
Bekenne Dich dazu, kämpfe mit, trete ein in die Reihe der Werber. Du sollst nicht umsonst arbeiten. Werben für den „Fußball" heißt: Sein Einkommen erhöhen, sein Leben schöner gestalten. Verlange noch heute die Werbebedingungen vom

VERLAG DES „FUSSBALL" MÜNCHEN 8

immer höher wurden, bis man zum Schluss selbst einsah, dass es zum Zusammenbruch kommen musste. Die Vereinsführer sind leider zum Teil ein Opfer der Spieler geworden. Das Verfahren hat aufgrund der vorliegenden buchlichen Belege und der Geständnisse der beteiligten Vorstandsmitglieder und der Spieler ergeben, dass 1. die Spieler der ersten Mannschaft regelmäßig Spesenbeträge erhalten haben, die über das zulässige Maß (die Deckung der Reise- und Unterhaltskosten) weit hinausgingen; 2. neben diesen Spesen regelmäßig für ihre Mitwirkung eine regelrechte Entlohnung erhalten haben; 3. mehrere dieser Spieler außerdem weitere Zuwendungen in Gestalt von Geschenken, Darlehen und Vorteilen in ihrer beruflichen Stellung angenommen haben."[38]

Die Begründung zeigt eindrucksvoll, wie weit der WSV von seiner Basis entfernt war und eine geradezu mitgliederfeindliche Politik betrieb. Die Spieler als diejenigen, ohne die der Fußballboom niemals möglich gewesen wäre und deren Talent die Stadien überhaupt erst gefüllt hatte, als Hauptverantwortliche zu betrachten, war nicht nur realitätsfremd, sondern auch zutiefst ungerecht. Einschränkend muss allerdings gesagt werden, dass es einige Aktive geschickt verstanden, die Vereine untereinander auszuspielen und mehr als üblich zu kassieren[39] – Parallelen zur Gegenwart und der Macht der Spieler im post-Bosman'schen Zeitalter sind diesbezüglich unübersehbar. Für die überwiegende Masse der Akteure freilich war Fußball schlicht und einfach die erwähnte Chance, dem tristen Alltag zu entfliehen und das Geld für das tägliche Überleben (und vielleicht ein kleines bisschen Reichtum nebenbei) auf etwas angenehmere Art zu verdienen.[40]

Dennoch ist auch den Aktiven eine gewisse „Scheinheiligkeit" nicht abzusprechen. Schalke 04 beispielsweise klagte nach dem WSV-Urteil: „Die fünf erwerbslosen Spieler mögen von diesen Zuwendungen ihren Lebensunterhalt restlos bestritten haben. Sind sie schließlich schuld, dass sie ohne Arbeit standen? (...) Kuzorra und Czepan werden die Zuwendungen, die sie vom Verein erhielten, restlos dafür verbraucht haben, dass sie ihr Geschäft während ihrer häufigen Abwesenheit von fremden Leuten beaufsichtigen lassen mussten. Das ist nur gesagt, um den Gerüchten die Spitze zu nehmen, die besagen, dass die Schalker Spieler ein Herrenleben von den Einkünften des Vereins geführt hätten."[41] Die Klubleitung vergaß allerdings zu erwähnen, dass die erwähnten Akteure Anfang der 1920er Jahre noch auf der Zeche Consol eingefahren waren und ihnen mit den erwähnten Geschäften ein sozialer Aufstieg ermöglicht worden war, den sie ausschließlich ihrer Tätigkeit als Fußballspieler zu verdanken hatten.

Die Sperre der beliebten Schalker Knappenelf löste reichsweit Empörung aus. „Mit einem Federstrich zerstört die Spruchkammer, ein Konsortium von Sportbürokraten, einen Verein, der als Muster an Organisation, Aufopferung und beispielloser Aufbauarbeit nicht nur im Westen, sondern im ganzen deutschen Fußballsport einzig dasteht", schrieb die „Buersche Zeitung" unter der Überschrift „Dolchstoß gegen Schalke 04"[42], und der „Fußball" sprach von einem „aufreizenden Fehlurteil, das nur den in allen Fugen krachenden deutschen ‚Amateurbetrieb' verschleiern möchte".[43] Allerdings gab es auch andere Stimmen. Das norddeutsche Sportblatt „Turnen, Spiel und Sport" beispielsweise tönte: „Man nehme doch endlich den eisernen Besen und fege diesen Augiasstall aus. Es ist besser, dass einer sterbe, denn dass das ganze Volk verderbe. Der Westdeutsche Verband existiert auch ohne Schalke, und er erwarb sich ein Verdienst um unseren Sport, als er die edlen Polacken Kuzorra und Czepan hinauswarf."[44]

Für den WSV erwies sich der „Fall Schalke" in der Folge als „Eigentor". Die Solidaritätsbekundungen mit den Gelsenkirchenern, deren Ersatzelf in der Saison 1930/31 mühevoll den Abstieg aus der Ruhrgauliga vermied, rissen kaum ab und erzeugten einen enormen Druck auf die Sportbürokratie. Dazu kam ein mit der Empörung gewachsenes Selbstbewusstsein der Profibefürworter, die am 21. Oktober 1930 in Köln mit dem „Deutschen-Professional Fußballbund" (DPF) sogar einen Gegenverband zum DFB installierten. Der DPF plante eine zehn Vereine[45] starke westdeutsche „Oberliga", in der die Akteure eine gerechte und offizielle Bezahlung erhalten und deren Vereine die dann fällige Vergnügungssteuer zahlen sollten. Ein wichtiges Motiv war dabei auch, jene dubiosen „Manager" auszuschalten, die in der Grauzone zwischen Verein und Spitzenspielern ihr Unwesen trieben und die eigentlichen Profiteure der bisherigen Heuchelei waren.

Zum Entsetzen des DFB meldete sich der DPF sogar bei der FIFA an, erhielt dort jedoch eine Abfuhr: Jedes Land dürfe nur mit einem Verband vertreten sein – und für Deutschland sei dies der DFB.[46] Ausgangspunkt der Konkurrenzgründung war der 11. Oktober 1930 gewesen, als die gesperrten Schalker auf den kurz zuvor gegründeten Berufsfußballklub „1. FC Wuppertal" getroffen waren, dem unter anderem der Sülzer Ferdl Swatosch angehörte.[47] 11.000 Zuschauer hatten im Wuppertaler Stadion am Zoo den 4:0-Erfolg der Schalker beklatscht und bewiesen, dass Berufsfußball durchaus im Sinne des Volkes war.

Der DFB reagierte hilflos und verkündete: „Die z. Z. in einigen Städten Deutschlands sich bildenden Berufs-Fußballgruppen erkennt der DFB nicht an. Er wird diese nicht in seine Organisation aufnehmen und behält sich vor, Spieler, die sich weiterhin für diese Gruppen betätigen, nicht aufzunehmen!" Außerdem beschloss der Bundesverband eine Amnestie für alle „Sünder" sowie die Erhöhung der Spesensätze. Das Fachblatt „Fußball" reagierte darauf mit einem zweiseitigen zutiefst anklagenden Artikel unter der Überschrift „Das Herz fällt in die Hosen", in dem er u. a. feststellte: „Wer sich so blamiert hat wie der Vorstand des DFB, ist eigentlich nicht mehr kompetent für die Lösung des ‚Profi'-Problems! Wer als ‚Führer' so kläglich versagt hat, obwohl es die Spatzen von allen Dächern pfiffen, dass nur radikale Maßnahmen noch etwas nützen können, – der sollte eigentlich zerknirscht an die Brust klopfen und beten: ‚Mea culpa! Mea maxima culpa! [...] Spieler, die ihr Farbe bekannt habt, lasst Euch nicht wieder an

Riesiger Zuschauerandrang „auf Schalke" beim ersten Spiel nach der Sperre.

der Nase herumführen. Sobald der Druck aufhört, den ihr und die in Westdeutschland von ehrenwerten, idealistischen Sachverständigen des Fußballsport gegründete, allein maßgebende Organisation auf den DFB ausübt, geht der ganze gemeine Kuhhandel von Neuem los. Vom ‚wilden' Profi-Fußball, vom geschäftstüchtigen Managertum wendet Euch in Eurem Interesse ab! Der bestehende ‚Profi-Verband' aber ist nicht wild. Wild geworden ist der DFB. Auf einmal klappt es mit der Amnestie! Auf einmal! Hat es schon jemals in einer Sportbewegung einen so himmelschreienden Skandal gegeben? Warum geht's jetzt, warum war es vor ein paar Wochen anders? Weil die ehrlichen Leute, die, statt zu schwätzen und sich vor den Steuern herumzudrücken, zur Tat schritten! Weil ohne Amnestie der DFB vollkommen erledigt wäre, ehe sich zwei Monate rundeten! Darum! Pharisäertum, elende Heuchelei, umschrieben durch ‚taktisches Geschick', sind durch mannhafte Sportfanatiker geschlagen worden."[48]

1930/31: Sobeks zweiter Triumph

In der Endrunde um die Deutsche Meisterschaft 1930/31 waren Profis offiziell folglich nicht vertreten, auch wenn sich mit Ausnahme des VfB Liegnitz ausschließlich bekannte Namen wie Hertha BSC oder Hamburger SV qualifiziert hatten, denen schon lange verkapptes Profitum nachgesagt wurde. Allerdings fehlten ein paar „Große". Der 1. FC Nürnberg beispielsweise, schon in Nordbayern nur Zweiter hinter der Spielvereinigung Fürth, zog in der Süddeutschen Trostrunde[49] gegen München 1860 den Kürzeren und fehlte damit zum vierten Mal nach Kriegsende im Kampf um die „Deutsche". In Königsberg löste die Sportvereinigung Prussia-Samland Abonnementsmeister VfB ab, der sich aber ebenfalls für die Endrunde qualifizierte. Berlin stand einmal mehr im Zweikampf Hertha gegen TeBe, der abermals zugunsten der Herthaner entschieden

Spieler der Stunde ■ Hanne Sobek

Man darf mit Fug und Recht behaupten, dass Hertha BSC Berlin vermutlich auch 1930 und 1931 als Verlierer aus dem Endspiel um die Deutsche Meisterschaft hervorgegangen wäre – wenn bei den Herthanern nicht Johannes „Hanne" Sobek mitgewirkt hätte. Der in dem mecklenburgischen Dörfchen Mirow geborene und zunächst für Alemannia 90 Berlin spielende Sobek erwies sich sowohl gegen München 1860 als auch gegen Holstein Kiel als die zentrale Figur im Hertha-Spiel. Und das nicht nur in spielerischer Hinsicht. Vor allem kämpferisch war Sobek Vorbild, Initiator und Träger der Hertha. Seinem unbezwingbaren Kampfeswillen war es zu verdanken, dass in beiden Endspielen die Wende gelang und die Hertha nach vier erfolglosen Anläufen endlich das Meistertreppchen besteigen konnte. Sobek blieb auch nach Ende seiner Laufbahn ein Idol in Berlin, war als Trainer erfolgreich und erweiterte seinen Ruhm als Rundfunksprecher.

wurde. Erstmals hatten an der Spree auch die im Januar 1930 vom Baltenverband zum VBB übergetretenen westpommerschen Vereine an der Meisterschaft teilgenommen, wobei dem Polizei SV Stettin in der VBB-Endrunde allerdings nur ein einziger Punktgewinn gelungen war. Das Ende seiner sportlichen Krise bejubelte derweil der Hamburger SV, der sein Team erfolgreich verjüngt und sich im Norden erneut Platz 1 gesichert hatte. Turbulent ging es in Westdeutschland zu, wo nach Schalkes Sperre der Weg frei war für die Düsseldorfer Fortuna, die sich souverän vor dem VfB Bielefeld und dem Meidericher Spielverein die Westmeisterschaft sicherte.

Ein positives Signal gab es in der lange Zeit festgefahrenen Frage der Turner-Fußballer – also jener Mannschaften, deren Vereine der DT angehörten und an deren zunehmend bedeutungsloser Fußball-Meisterschaft teilnahmen. 1927 hatten in Breslau Turner und Sportler unter dem Motto „Beispiel für den Frieden" erstmals seit der „reinlichen Scheidung" wieder gemeinsame Wettkämpfe ausgetragen und damit eine Entspannungspolitik eingeleitet, die den in 699 Klubs aktiven rund 12.000 Fußball spielenden Turnern 1930 die Rückkehr in den DFB-Spielbetrieb ermöglichte. Mit dem TV Guts-Muths Dresden und dem TV Theuma nahmen sogar zwei Turner-Vertreter an der Mitteldeutschen Meisterschaft teil, wo sich die lange Diaspora unter dem Turner-Banner als folgenschwer erwies: Dresden verlor 1:11 bei den Chemnitzer Polizisten, Theuma mit 0:4 in Planitz.

Die Zukunft gehörte ohnehin nicht den Turner-Fußballern, sondern den Arbeitervereinen. Schalke 04 als der bekannteste Vertreter dieser neuen Spezies war aus bekannten Gründen in der Endrunde zwar nicht dabei, hatte jedoch mit dem Meidericher Spielverein sowie Hüsten 09 artverwandte Vertreter gefunden. Im Norden war zum zweiten Mal in Folge Borussia Gaarden in der Endrunde um die „Norddeutsche" dabei gewesen – ein von Kieler Werftarbeitern gebildeter Klub. Berlin war mit der Hertha vertreten, für die das Attribut „Arbeiterverein" allerdings nur bedingt zutraf.

Als Titelverteidiger wurden die Berliner natürlich als einer der großen Favoriten auf den Titel gehandelt. Eine Rolle, der sie auch gerecht wurden. Nach einem lockeren 5:2-Auftaktsieg über den VfB Bielefeld schalteten sie im Viertelfinale ihren zweifachen Endspielbezwinger SpVgg Fürth aus (Fürths Verteidiger Krauß flog vom Platz und wurde anschließend vom Berliner Publikum verprügelt) und setzten sich im Halbfinale nach 120 hochdramatischen Minuten glücklich gegen den Hamburger SV durch. Nachdem die Norddeutschen in den Schlussminuten einen 0:2-Rückstand aufgeholt hatten, waren sie in der Verlängerung förmlich außer Puste gewesen. Zum sechsten Mal in Folge zog Hertha damit ins Finale ein – eine einzigartige Serie, die in der Geschichte keine Wiederholung mehr finden sollte.

Die Fußballwelt war sich einig: Das Finale von 1931 endete mit einem Skandal.

Herthas Finalgegner kam aus München. Die bayerische Landeshauptstadt war noch immer eine der Hochburgen im deutschen Fußball, hatte allerdings den Abgang des beliebten FC Wacker aus der Spitze zu beklagen. Nach ihrer letzten Endrundenteilnahme 1928 waren die Blausterne in finanziell schweres Fahrwasser geraten und hatten deutliche Abstriche machen müssen. Neuer Konkurrent für den FC Bayern war der SV 1860, der schon bei seinem ersten Endrundenauftritt 1926/27 positive Schlagzeilen geschrieben hatte und bis ins Halbfinale gekommen war. Die von Alt-Nationalspieler Max Breunig trainierten Löwen bugsierten sich 1931 via Meidericher Spielverein, Tennis Borussia Berlin (trainiert vom späteren Reichs- bzw. Bundestrainer Herberger) und Vizemeister Holstein Kiel ins Finale. 1860 spielte kühlen, rationalen und auf Kampf basierenden Kombinationsfußball. Schaltstelle war der erst 20-jährige Pipin Lachner, stärkster Mannschaftsteil war die Abwehr um Wendl und Schäfer.

Vor 50.000 Zuschauern im Müngersdorfer Stadion zu Köln standen sich zwei gänzlich unterschiedliche Mannschaften gegenüber. Auf der einen Seite Hertha mit einer Routine von durchschnittlich 17 Endrundenspielen (Hanne Sobek war bereits 28-mal aufgelaufen) und der Erfahrung von fünf Endspielen, auf der anderen die Münchner, deren Akteure auf nicht einmal fünf Endrundeneinsätze im Schnitt kamen und deren Trainer Breunig fürchtete, das Endspiel käme für seine Mannschaft „ein Jahr zu früh". Die jungen Löwen schlugen sich zwar tapfer, scheiterten aber immer wieder an einem Mann: Herthas legendären Torjäger Hanne Sobek. Sobek war es, der kurz vor dem Halbzeitpfiff die 1860-Führung durch Oeldenberger aus der 24. Minute ausglich, Sobek

Deutscher Meister 1931: Hertha BSC

war es, der in der 75. Minute auch die unmittelbar nach dem Ausgleichstreffer erzielte neuerliche 1860-Führung durch Lachner egalisierte, und Sobek war es, der seinen Sturmkameraden Willi Kirsei 60 Sekunden vor Ende der regulären Spielzeit derart mustergültig bediente, dass der trickreiche Halblinke mühelos den Berliner Siegtreffer erzielen konnte.

Neben Sobek wirkte allerdings noch jemand am Berliner Sieg entscheidend mit – Schiedsrichter Fissenewerth aus Mönchengladbach. Zwei der Berliner Treffer waren aus abseitsverdächtiger Position erzielt worden (die Fahne des Linienrichters war jeweils oben gewesen), und in der 60. Minute hatte Fissenewerth 1860 nach einem Foul an Huber einen klaren Strafstoß verweigert. „Körperlich und geistig nachlassender Schiedsrichter ignoriert in Pascha-Manier alles: Elfmeter- und Abseitsregel und Linienrichter", schlagzeilte der „Fußball", derweil der bekannte Sportjournalist Dr. Friedebert Becker in der Berliner „BZ am Mittag" konstatierte: „Der wahre deutsche Meister wäre München 1860. Nicht nur, weil die Bayern gegen die schlecht aufgelegte Hertha diesmal besser waren, sondern weil sie – kein Zweifel darf sich da erheben – heute den reifsten, feinsten und klügsten Kombinationsfußball spielen in Deutschland."

1931/32: FC Bayern erstmals Number one

Den Münchner Löwen versetzte die unglückliche (und unverdiente) Endspielniederlage einen bösen Tiefschlag, und sie waren 1931/32 als Sechster in der Südoststaffel der Süddeutschen Meisterschaft weit von einer erneuten Endrundenteilnahme entfernt. Doch die Löwen waren mit diesem Schicksal nicht alleine. Altmeister SpVgg Fürth, der VfB Königsberg und Titelverteidiger Hertha BSC Berlin erwischte es ebenfalls bereits auf regionaler Ebene. Weiter abwärts ging es mit dem Leipziger Fußball, der die Endrunde erneut kollektiv verpasste. Im Mitteldeutschen Finale standen sich die Chemnitzer Polizisten und der Dresdner SC gegenüber; der Pokal ging an den Plauener SuBC. Dafür schickte der Westen eine neue Region ins Rennen: Hessen-Hannover. Im dortigen Finale hatte sich Borussia Fulda gegen Göttingen 05 durchgesetzt und anschließend einen mitreißenden Siegeszug gestartet, der erst im Westdeutschen Finale mit einer 1:5-Niederlage von der amnestierten Elf von Schalke 04 gestoppt worden war.

Westdeutschlands Elitefußball hatte noch immer unter den Querelen um die Berufsspielerfrage zu leiden. Nachdem sich 1930/31 Meiderich, Bielefeld und Düsseldorf kollektiv bereits in der Auftaktrunde aus der Endrunde um die „Deutsche" verabschiedet hatten, scheiterten auch 1932 wieder zwei von drei Westvertretern vorzeitig: der VfL Benrath am HSV und Borussia Fulda gegen den 1. FC Nürnberg. Einziger Lichtblick war „Profisünder" Schalke 04, der nach dem Plauener SuBC auch den HSV ausschaltete, ehe er im Halbfinale in einer wahren Nervenschlacht an der Frankfurter Eintracht scheiterte (1:2). Unbestrittene Hochburg des deutschen Spitzenfußballs war Süddeutschland, das mit Frankfurt, Nürnberg und München gleich drei der vier Halbfinalisten stellte.

Erstmals seit 1925 war damit wieder ein „Süddeutsches Finale“ vorprogrammiert. Jenes wies schließlich sogar „Wiederholungscharakter“ auf, denn Bayern München und Eintracht Frankfurt hatten sich zwei Monate zuvor bereits im Endspiel um die Süddeutsche Meisterschaft gegenübergestanden. Seinerzeit war das Spiel nach Ausschreitungen einiger Bayern-Fans, die ihre Mannschaft durch Schiedsrichter Glöckner klar benachteiligt gesehen und erbost das Spielfeld gestürmt hatten, abgebrochen und am Grünen Tisch als Sieg für Frankfurt gewertet worden. Nicht zuletzt deshalb sah man dem nach Nürnberg vergebenen Finale mit gewissen Sorgen entgegen.

Das Interesse der Fans war immens. Bereits eine Woche zuvor waren sämtliche Sitzplatzkarten zum Preis von vier Reichsmark vergriffen. Aus Frankfurt waren mehr als 3.000 Fans angekündigt. Über deren abenteuerliche Anreise zum Endspielort Nürnberg berichtete Dr. Rothschild, Präsident des Lokalrivalens FSV, später im „Kicker“ höchst anschaulich: „Lastwagen auf Lastwagen rollt vor uns her, behängt mit Menschenköpfen; wie reife Trauben taumeln sie hin. Hundert Fähnchen stoßen bei unserer Vorbeifahrt in die duftende Morgenluft. Hipp-Hipp-Hurra! Hanau 93 wird linksmainisch umsegelt. Hinter Seligenstadt die bayerische Grenze. Aber immer noch Mainbezirk. Eintracht noch Trumpf! Bis weit hinter Aschaffenburg der Viktorianer! Heulende Limosinen überfliegen uns, Wagen auf Wagen. Wir haben Mitleid mit den Menschenknäueln, die die Federn platt biegen, und wir genießen den unvergleichlichen Sonntagmorgen im behaglichen 50-Kilometer-Tempo … Enger schieben sich Autos und Räder und Motorwagen ineinander, Exemplare von musealem Wert sind frisch geputzt und lackiert, mit unmöglicher Last. Alles rollt nach Nürnberg. Eine einzige mächtige Korsofahrt von Frankfurt zur Noris. Eine sportliche Mobilmachung, die ihresgleichen sucht … In Nürnberg ist ein

Die erste große Trophäe in der Bayern-Vitrine! Über die „Viktoria“ freuen sich Trainer Dombi (oben links), Heidkamp und Rohr (oben, von rechts) sowie Horinger und Bader (unten).

Mannschaft der Stunde ■ Bayern München
Angesicht der Vielzahl von Meisterschaften in den heutigen Erfolgsannalen des FC Bayern München scheint der Titelgewinn von 1932 stets ein wenig unterzugehen. Das ist zutiefst ungerecht, denn es war nicht nur Meisterschaft Nummer 1 für den Münchner Erfolgsklub, sondern zudem der Eintritt des FC Bayern in die Fußballelite. Der Erfolg war das Resultat großartiger Nachwuchsarbeit, an der ausländische Spitzentrainer einen enormen Anteil hatten. Zunächst der Schotte McPherson, anschließend der Ungar Konrad Weisz und ab 1930 schließlich der Österreicher Richard Dombi. Akteure wie Pöttinger, Heidkamp, Bergmaier, Goldbrunner und Rohr machten auch im Nationaldress Furore und waren ob ihrer ausgewiesenen Technik und ihres „frischen" Spiels gefragt. Doch schon ein halbes Jahr nach dem Endspieltriumph brach das bayerische Erfolgsensemble auseinander. Trainer Dombi, Vorsitzender Landauer sowie der für die Jugendarbeit verantwortliche Otto Beer waren Juden, die nach Hitlers Machtübernahme zurücktreten mussten; Landauer musste für vier Wochen ins KZ, später gelang ihm, wie vorher auch Dombi und Beer, die Emigration. Ossi Rohr, einer der besten deutschen Außenstürmer, wollte Profi werden – und musste dafür ebenfalls ins Ausland wechseln. Es besteht kein Zweifel, dass vom FC Bayern damals noch einiges mehr zu erwarten gewesen wäre – hätte ihm die Politik nicht dazwischengefunkt.

Deutscher Meister 1932: Bayern München

Volksfest. Markt. Tausend Wagen jeder Art. Singende, tänzelnde, siegesfrohe Münchner kochen auf der Straße ab."[50]

Während auf den Rängen die befürchteten Ausschreitungen trotz der aufgeheizten Stimmung glücklicherweise ausblieben, hatte der FC Bayern auf dem Spielfeld auch ohne seinen verletzten Mittelstürmer Pöttinger gegen eine ausgebrannt wirkende Eintracht überraschend die Nase vorn. Ossi Rohr, Großneffe des heute in Frankreich als Trainer erfolgreichen Gernot Rohr, sowie Franz Krumm sorgten für den 2:0-Endstand. „Mit den Bayern ist die beste deutsche Mannschaft Meister geworden! Die im entscheidenden Augenblick beste deutsche Mannschaft!", resümierte der „Fußball" und berichtete euphorisch: „Das Ende war ein Meer von Jubel, ein Beifall, wie er zuvor wohl nur einmal von einem unbeteiligten Publikum einem Deutschen Meister dargeboten wurde: 1926 der Spielvereinigung Fürth gegen Hertha BSC im Frankfurter Stadion."

Das Vereinsblatt des FC Bayern sah für die Euphorie der Zuschauer eine sportliche Rechtfertigung: „Es hat seine Berechtigung, dass aus der Deutschen Fußballmeisterschaft mehr Wesens gemacht wird wie aus der Titeleroberung jeder anderen Sportart, nirgends ist der Kampf um die Krone so mühsam, langwierig und schwierig. Die Masse fühlt richtig, wenn sie in dem Deutschen Fußballmeister etwas ganz besonders sieht, wenn sie ihm mit einer Begeisterung zujubelt wie kaum einem anderen sportlichen Hereos unserer Zeit."[51]

Eine Frage jedoch bereitete den Fußballfans unverändert Kopfzerbrechen: die nach den Berufsspielern. Zwar waren nach dem Olympia-Debakel von 1928 sowie aufgrund von massivem internationalen Druck die harten Amateurbestimmungen insofern gelockert worden, als Spiele gegen Berufsmannschaften unter bestimmten Umständen wieder erlaubt waren. Auf dem mit Spannung erwarteten 33. Bundestag am 26. und 27. September 1930 in Dresden war die erhoffte Einführung des Berufsspielers in Deutschland jedoch erneut abgelehnt worden. Stattdessen wurde eine sechswöchige Sommerpause mitsamt striktem Spielverbot beschlossen – ein schier unfassbarer Anachronismus im Vergleich zum restlichen Europa und ein böser Rückschlag für die Vereine, die künftig sechs Wochen lang keinen Pfennig Einnahme erzielen konnten! Das Krisenmanagement des DFB blieb also dilettantisch. Geradezu lächerliche Spesensätze sollten die Akteure entlasten, gingen jedoch völlig am eigentlichen Problem vorbei. Kein Wunder, dass die Zahl der Verstöße gegen das Amateurstatut dramatisch zunahmen und beinahe alle Landesverbände inzwischen „schwarze Schafe" melden konnten: Hertha BSC aus Berlin, der SV Dresdensia aus Dresden, Sülz 07 und Schalke 04 aus dem Westen, der FSV Frankfurt und der VfB Stuttgart aus dem Süden, der Hamburger SV aus dem Norden – und dies ist nur ein kleiner Auszug aus der großen Sünderliste...

Die gesamte Debatte war geprägt von Heuchelei und Polemik. Holstein Kiel beispielsweise beschäftigte zwischen 1924 und 1926 den ungarischen Profispieler Opitz, ohne dass der Verein dafür zur Rechenschaft gezogen wurde. Kritiker wiesen empört darauf hin, dass bei den Norddeutschen der damalige DFB-Geschäftsführer Blaschke engagiert war – ein ausgewiesener Profigegner, dessen hohe moralische Werte beim eigenen Verein offenbar versagten. Besonders krass war der Fall von Nationaltorhüter Willibald Kreß, dessen Verein Rot-Weiß Frankfurt Freundschaftsspiele abgeschlossen hatte, bei denen der Einsatz von Kreß vertraglich zugesichert worden war. Als der Torhüter jedoch an Diphterie erkrankte und nicht spielen konnte, musste Rot-Weiß seinen Gegnern jeweils 1.000 RM Entschädigung zahlen, worauf der beliebte Keeper zum Berufsspieler erklärt wurde und eine einjährige Sperre aufgebrummt bekam. Kreß verließ Deutschland anschließend in Richtung Mülhausen/Elsass, wo er als Fußballprofi arbeiten durfte.[52] Der DFB fiel während des gesamten Prozesses durch ein höchst inkonsequentes Verhalten auf. Im Vorfeld der Olympischen Spiele 1928 beispielsweise hatte er gegen sein eigenes Verbot, gegen Profimannschaften zu spielen, verstoßen und Testspiele gegen den schottischen Profiklub Cowdenbeath durchgeführt. Rund 71.000 – natürlich zahlende – Zuschauer hatten die Kassen des Verbandes prall gefüllt – die deutschen Spieler aber mussten „einen sehr ausgedehnten Urlaub nehmen, um die Vorbereitung und die drei Wochen in Amsterdam bewerkstelligen zu können".[53] Auch in der Endrunde um die Deutsche Meisterschaft ließ der Verband von seinem ausgeprägten Amateurgeist nichts erkennen. Von der Endspieleinnahme von 33.000 RM beispielsweise erhielten die beiden Teilnehmer lediglich 3.000 RM, was den „Fußball" derart erzürnte, dass er von der „Geldscheffelmaschine DFB" sprach.

Der öffentliche Druck der Profibefürworter war auf Dauer aber zu stark, zumal sich ein interner Sinneswandel abzeichnete. Den radikalsten Sprung vollzog ausgerechnet Westdeutschland, dessen Vertreter auf dem erwähnten Dresdner Bundestag 1930 die sofortige Einführung des Berufsfußballs gefordert hatten. Nicht dass die Westfunktionäre um Constans Jersch über Nacht zu Profifans geworden wären. Sie erhofften sich von einer strikten Trennung („reinliche Scheidung") zwischen bezahltem und nichtbezahltem Fußball vielmehr Unterstützung für den „reinen" Amateurfußball. „Berufsfußball soll sich absondern und sich selbst vernichten", hoffte man an Rhein und Ruhr – eine Wortwahl, die klar macht, dass der WSV später völlig zu Unrecht als moderner Vorkämpfer für das Profitum dargestellt wurde.[54] Die anderen Regionalverbände mochten der WSV-Argumentation nicht folgen und konnten sich lediglich zur erneuten Erhöhung der Spesensätze durchringen – ein gängiges Mittel, um allzu forsch auftretende Profibefürworter ruhig zu stellen.

Einen Monat später reklamierte der DFB-Vorstand dann überraschend einen schwammig formulierten Führungsanspruch und verkündete, „den Berufsfußball in Deutschland zu kontrollieren und international zu vertreten". Ein entsprechendes Statut sei in Arbeit. Zugleich wurde eine Generalamnestie für alle „Sünder" verkündet – womit auch die gesperrte Schalker „Berufsspielerelf" wieder antreten durfte.[55] Spätestens am 1. Juni 1931, als rund 70.000 Menschen in der gnadenlos überfüllten Kampfbahn Glück-Auf den „bösen Schalkern" in ihrem ersten Spiel nach Aufhebung der Sperre gegen Fortuna Düsseldorf zuschauten, wurde klar: Die strikte Amateurfußballhaltung war nicht mehr durchzuhalten, und der Profifußball stand auch in Deutschland kurz vor seiner offiziellen Anerkennung.

Ein Jahr später gab der DFB dann nach: Auf dem 35. Bundestag am 16. Oktober 1932 in Wiesbaden sprachen sich die Delegierten nach einer langen Debatte grundsätzlich pro Berufsfußball aus. Der Sinneswandel erfolgte jedoch nicht aus Überzeugung, sondern war der Entwicklung geschuldet. In mehreren Landesverbänden existierten neue und überaus konkrete Pläne zur Einrichtung von vom DFB unabhängigen Profiligen, und dem DFB drohte die Macht zu entgleiten. Entsprechend inkonsequent fiel der Beschluss aus. So hieß es beispielsweise unter Punkt 1: „Der DFB regelt den Berufs-Fußballsport" – was nicht anderes bedeutete, als dass der Verband nun plötzlich die Kontrolle über die von ihm selbst lange Zeit bekämpfte Entwicklung beanspruchte. Doch es ging noch weiter. Unter Punkt 2 wurde festgelegt, dass „die Leitung dieses Berufs-Fußballsports" in den Händen von „ehrenamtlich tätigen Personen liegen" müsse und „vor dem Anschluss an illegale Organisationen" gewarnt werde – ebenfalls nicht anderes als ein Führungsanspruch, verbunden mit der Drohung an abtrünnige Vereine sowie einer klaren Absage an professionelle Verbandsstrukturen.[56] Unter Punkt 3 schließlich wurde festgestellt, dass man an eine „Neuregelung der deutschen Fußballverhältnisse" herangetreten sei und den geschäftsführenden Ausschuss mit der Erstellung der erforderlichen Maßnahmen beauftragt habe, wobei die „Bereinigung des bisherigen Zustand gewährleistet", den „Amateurvereinen weitestgehender Schutz und besondere Förderung" eingeräumt und „die Frage der Lebensfähigkeit des Berufsfußballsports" sowie die „örtlichen Verhältnisse wie auch die Einstellung der maßgebenden Behörden zu berücksichtigen" seien. Zusammengefasst ergab das nicht viel mehr als: „Wenn schon Profifußball, dann unter unserer Kontrolle!"

Unter den Regionalverbänden brach sofort eine hitzige Debatte aus, wobei sich selbst unter den Befürwortern unterschiedliche Positionen ergaben: Westdeutschland, das die sofortige Einführung einer Reichsliga auf Profibasis forderte und für den Fall der Ablehnung mit einem Alleingang drohte, sowie Süddeutschland, wo man ebenfalls eine Reichsliga wollte, aber vor übereilten Schritten warnte. Radikale Gegner waren Norddeutschland sowie der Baltenverband. „Der Bundestag des DFB in Wiesbaden hat einen Beschluss gefasst, nach dem der Bund den Berufssport regelt. Das bedeutet noch keine Einführung des Berufsspielertums. Eine solche Einführung wird jedenfalls der NSV in dem Bewusstsein, in dieser Frage alle seine Vereine hinter sich zu haben, aufs Schärfste bekämpfen. [...] Der Verbandsvorstand wird Spieler und Vereine, die einem wilden Professionalismus in irgendeiner Weise Vorschub leisten, aufs Strengste bestrafen",[57] drohte Norddeutschland. Die Aussage, dass der NSV „in dieser Frage alle seine Vereine hinter sich" habe, kann widerlegt werden, denn auch im NSV-Gebiet gab es diverse „heimliche Profivereine". Der spätere Nationalspieler Ludwig Männer beispielsweise, den es 1932 von Nürnberg nach Peine verschlug, äußerte später in einem Interview: „Nach Volksschule, höherer Handelsschule und Großhandelslehre im Eisen- und Stahlfach wurde ich, wie viele meiner Alterskollegen, am 31. Dezember 1931 arbeitslos. Durch eine Anzeige in der ‚Fußballwoche', in der ein junger Eisenhändler gesucht wurde, kam ich am 15. März 1931 zu der Firma Hermann Stanze in Peine. Herr Stanze hatte sich vorher ohne mein Wissen bei einem Spieler meines Vereins erkundigt, ob ich auch Fußball spielen könne. Ich spielte bereits mit knapp 16 Jahren in der Stadtauswahl von Nürnberg. Herr Stanze und auch die Gebrüder Macke bemühten sich rührend, um mir den Aufenthalt in der Kreisstadt Peine so angenehm wie möglich zu gestalten; sonst wäre ich bestimmt wieder nach Nürnberg zurückgegangen. Eine Großstadt bietet doch ganz andere Bedingungen."[58]

Auf einem für den 28. Mai 1933 einberufenen Bundestag sollte erneut über die Frage beraten und möglichst Beschlüsse gefasst werden. Dazu kam es jedoch nicht mehr, denn am 30. Januar 1933 kamen die Nationalsozialisten an die Macht, und die erledigten die Profifrage auf ihre Art.

Die erbitterte Profidebatte korrespondierte mit dem stetigen wirtschaftlichen Verfall, der auch im Fußball deutlich zu spüren war. Im Herbst 1931 beispielsweise führten die ersten Vereine ermäßigte Eintrittskarten für Arbeitslose ein (einige ließen den betroffenen Personenkreis sogar kostenlos hinein), was angesichts von mehr als 6 Mio. Erwerbslosen reichsweit[59] ein dickes Loch in die Vereinskasse riss. Die ebenfalls unter finanziellem Druck stehenden Länder und Gemeinden mussten derweil ihre Zuschüsse für die Vereine streichen, was die Situation für die Vereine weiter verschärfte. Vor allem Westdeutschland war davon betroffen, denn namentlich im Ruhrgebiet wurden die Mitte der 1920er Jahre durch staatliche Subventionen eingeleiteten Rationalisierungsmaßnahmen im Bergbau und in der Industrie durch die Weltwirtschaftskrise krass verschärft. 1930 war bereits ein Viertel der Gelsenkirchener Arbeitnehmer beschäftigungslos, und die Wirtschaftslage führte dazu, dass die Vereine häufig nicht mehr ihre besten Spieler zu Lehrgängen schickten, sondern ihre bedürftigsten – dort gab es nämlich reichlich zu essen...

Enorme Probleme gab es auch im ländlichen Raum. 1932 kam es in Südniedersachsen zu einem „Fußballstreik", der von den Zweitligisten SV Uslar und VfB Northeim initiiert wurde und sich gegen die bestehende Ligastruktur richtete. „Der SV Uslar benötigt, um das Verbandsspiel gegen Hessisch Lichtenau austragen zu können, die Durchfahrt einer Bahnstrecke von 150 km in einer Richtung. Selbst wenn das Spiel erst gegen 15 und 15.30 Uhr angesetzt würde, müsste die Abfahrt morgens um 7.45 Uhr erfolgen, während die Spieler zeitigens 21.41 Uhr wieder daheim sein könnten, bei beiden Fahrten jedoch nur unter Benutzung von Eilzügen. Die nackten Fahrgelder würden bei nur einem Reisebegleiter von dem Verein mit 156,– RM aufzubringen sein. Wird das Spiel bereits um 14.00 Uhr oder 14.30 Uhr angesetzt, lässt sich das Ziel von Uslar mit der Bahn an einem Tag überhaupt nicht erreichen", hieß es in der Begründung. Wie in der Inflationszeit mussten die Spielklassen erneut geteilt werden, um die finanziellen Belastungen für die Vereine so gering wie möglich zu halten. Der DFB stand der Entwicklung ziemlich hilflos gegenüber. Am 10. Oktober 1932 beschloss man zwar die Bereitstellung von Mitteln für die Erwerbslosenhilfe und die Verkürzung der Sommerpause auf vier Wochen, eine direkte Unterstützung der betroffenen Vereine blieb aber aus.

Einige Profibefürworter reagierten auf den Dilettantismus des DFB und kehrten ihm den Rücken. Am 19. November 1932 wurde in München der „Süddeutsche Verband für Berufsfußball" ins Leben gerufen, der die Einrichtung einer Profiliga anstrebte. In acht Städten – München, Nürnberg/Fürth, Frankfurt, Mainz, Mannheim, Stuttgart, Karlsruhe und Saarbrücken – wollte man Profiklubs ins Leben rufen, die im Ligasystem um die Meisterschaft kicken sollten. Vorsitzender des Verbandes war mit Diplomingenieur Ludwig Kraus ein altgedienter DFB-Funktionär. Kraus war jahrzehntelang Vorsitzender der SpVgg Fürth, hatte von 1919 bis 1922 dem DFB-Vorstand angehört und war 1920/21 sogar dessen Spielausschuss-Vorsitzender gewesen. „Baurat Kraus kennt wie kein Zweiter die Verhältnisse im deutschen Fußballsport. Und so muss man aufhorchen, wenn ein Mann wie er sich offen zum Berufsfußball bekennt", gab die „Süddeutsche Sonntagspost" zu bedenken und konstatierte: „Der Deutsche Fußballbund hat die Lösung dieser Frage (des Berufsspielertums, d. Verf.) immer wieder hinausgeschoben. Und hat mit dieser bedenklichen Verschleppungspolitik nun erreicht, dass von anderer Seite die Initiative ergriffen wurde."

Inzwischen stand die Weimarer Republik vor ihrem Scheitern. Unter dem wirtschaftlichen Druck hatte sich auch die politische Krise weiter verschärft, und hinter den Kulissen bahnte sich eine von Reichspräsident von Hindenburg gelenkte schleichende Machtübernahme durch nationalkonservative und rechtsextreme Kräfte an. Medienzar Alfred Hugenberg beispielsweise, Vorsitzender der DNVP, formierte 1931 mit einigen Gesinnungsgenossen die so genannten „Harzburger Front", die offen die Beseitigung der demokratischen Verhältnisse anstrebte. Eingeleitet wurde das Ende der Republik schließlich im Juni 1932, als Franz von Papen Reichskanzler einer Rechtskoalition

Spieler der Stunde ■ Erwin Seeler

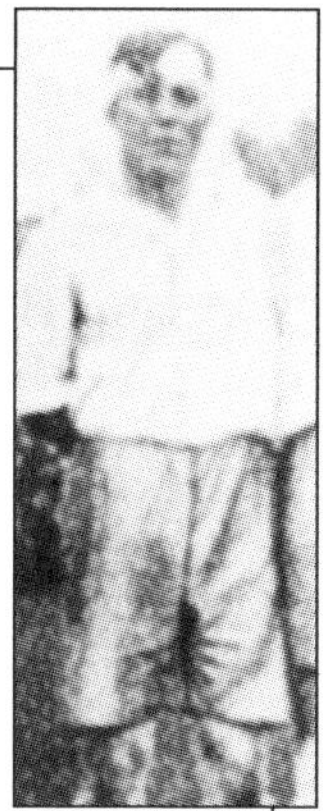

Man stelle sich vor, Erwin Seeler wäre 1932 nicht den Verlockungen des Wohlstandes erlegen, sondern hätte seiner sozialen Klasse die Treue gehalten. Vermutlich wäre Seeler dann 1933 von den Nazis aus dem Sport verdrängt worden, und vermutlich wäre Sohnemann Uwe nicht beim HSV gelandet. Doch das „Was-wäre-wenn" ist unnötig, denn Seeler erlag im Februar 1932 den Verlockungen des Wohlstandes, verließ seinen Arbeiterverein SC Lorbeer 06 und wechselte zur piekfeinen Victoria, von der aus er später zum HSV ging. Dass der Hafenarbeiter Seeler nun zur Unterhaltung wohlhabender Kaufleute kickte, löste im Arbeiterlager Empörung aus. „Verirrte Proletarier!", schlagzeilte die SPD-Zeitung „Echo" empört und schrieb: „Sie (Seeler und Springer, der ebenfalls gewechselt war, d. Verf.) haben im Arbeitersport nicht nur repräsentative, sondern auch internationale Ehren genossen, darum ist ihr Handeln besonders zu verurteilen. Es gibt eben im Arbeitersport keinen Vorteil, auch keinen finanziellen für erstklassige Spieler. Wir dienen der Allgemeinheit und nicht dem Einzelnen. Es muss doch ein peinliches Gefühl sein, im Arbeiterviertel zu wohnen, täglich seinen ehemaligen Genossen begegnen zu müssen und dann verachtet zu werden. Als Paradepferde für die Kassen der bürgerlichen Bewegung herhalten zu müssen, dafür müssen sich die Proletarier zu schade fühlen. ‚Lorbeer' und auch die Bewegung aber weinen Euch keine Träne nach, wir sind eine Massenbewegung und keine Kanonenzuchtanstalt!"[60]

wurde, die als „Kabinett der Barone" in die Annalen einging und ein autoritäres, auf die Reichswehr gestütztes Regime zu installieren versuchte.

Das passt zum erneuten Eindringen des Militärs im Sport, in dem nach einigen Jahren der Ruhe[61] wieder deutliche Militarisierungstendenz zu spüren waren. Nachdem Mitte 1931 erste Pläne bekannt geworden waren, die Anforderungen zum Erwerb des Sportabzeichens durch paramilitärische Disziplinen wie Gepäckmarsch und Klein- bzw. Großkaliberschießen zu erweitern, wurde am 13. September 1932 auf Erlass des Reichspräsidenten schließlich das „Reichskuratorium für körperliche Ertüchtigung" gegründet, das die verschiedenen Organisationen zu „gemeinsamer und einheitlicher Arbeit zusammenfassen" sollte. Hindenburgs Begründung ließ Erinnerungen an den 1911 gegründeten „Jungdeutschlandbund" aufkommen: „Die deutsche Jugend ist die Zukunft unseres Volkes. Seit Jahren habe ich daher mit besonderer Anteilnahme alle Bestrebungen verfolgt, die ihrer körperlichen Ertüchtigung galten. Die Stählung des Körpers, die Erziehung der Jugend zu Zucht, Ordnungsliebe und Kameradschaft und zur Opferbereitschaft für die Gesamtheit sind Aufgaben, deren sich anzunehmen der Staat die Pflicht hat."[62]

Dass Sport von den führenden Funktionären ohnehin unverändert als „Wehrersatz" betrachtet wurde, hatte der DRA-Vorstand – darunter DFB-Präsident Felix Linnemann – bereits 1926 deutlich gemacht. Seinerzeit war ein Gesuch der Stadt Torgau an Reichswehrminister Geßler, ihr ein ehemaliges militärisches Übungsgelände zur sportlichen Nutzung zu überlassen, mit eindeutigen Worten unterstützt worden: „Der DRA kann sich keine sinnvollere Verwendung der ehemaligen Exerzierplätze denken, als wenn sie in Form von Turn- und Sportplätzen der Wehrfähigkeit des Volkes dienstbar gemacht werden. [...] Sollte später einmal eine Erweiterung unserer Reichswehr möglich sein, was der DRA, wie alle patriotisch gesinnten Deutschen, von Herzen wünschen, dann wird sich auch ohne Zweifel wieder das Gelände finden, das für eine größere Reichswehr gebraucht wird. Wenn das heute vorhandene Gelände, das für die Reichswehr entbehrlich ist, als Turn- und Sportplatz benutzt wird, dann stellt die Turn- und Sportwelt in diesem Falle eine freiwillige Kerntruppe dar, die durch keinen Friedensvertrag verboten ist."[63]

Angesichts der latenten Militarisierung war es sicherlich kein Zufall, dass an der Endrunde um die Deutsche Meisterschaft 1932 mit Hindenburg Allenstein erstmals ein direkt mit der Reichswehr verbundener Verein teilnahm, in dem fast ausschließlich Soldaten aktiv waren. Die Allensteiner hatten im Baltenverband Abonnementsmeister VfB Königsberg auf Rang 2 verwiesen. Vor einem ähnlichen Hintergrund standen auch zwei andere aufstrebende Klubs jener Tage: Die Polizei-Sportvereine aus Chemnitz bzw. aus Stettin, die unter den Themenkomplex „Firmensport" fielen. Jener war seit Mitte der 1920er Jahre immer stärker aufgekommen und hatte sich zu einem ernsthaften Konkurrenten für den privat organisierten Sport entwickelt. Neben Sportgemeinschaften von Großunternehmen wie AEG oder Siemens waren zahlreiche Polizei-, Post-und Reichsbahn-Sportvereine entstanden, deren Mitglieder enorme Vergünstigungen genossen. So ermöglichte beispielsweise eine liberale Diensterleichterungspraxis beim Polizei-SV Berlin eine fast professionelle Lebensführung der „Sportkanonen",[64] was die Klubs aus Stettin und Berlin in die Spitzengruppe des deutschen Fußballs geführt hatte. Werksportvereine waren finanziell gut ausgestattet und verfügten häufig über ausgezeichnete Sportanlagen. Sie konnten es sich leisten, vergleichsweise geringe Beiträge zu erheben und ihren Mitgliedern die Fahrtkosten zu auswärtigen Wettkämpfen zu erstatten, was sie zunehmend beliebter machte. An Industriestandorten wie Duisburg-Hamborn oder Gelsenkirchen-Rotthausen wuchsen Werksvereine rasch zu einer fast übermächtigen Konkurrenz für die bürgerlichen Vereine heran.

Elf der Epoche 1920 -1933

Trainer: Girulatis (Hertha BSC Berlin)

Stuhlfauth (1. FC Nürnberg)

Beier (Hamburger SV) Hagen (SpVgg Fürth)

Leinberger (SpVgg Fürth) Kalb (1. FC Nürnberg) Knöpfle (FSV Frankfurt)

Rohr (Bayern München) Kuzorra (Schalke 04) Ludwig Hofmann (Bayern München)
Richard Hofmann (Dresdner SC) Sobek (Hertha BSC)

1933 bis 1939

Fußball unterm Hakenkreuz

Im Westen was Neues

„Gleich der erste Mai-Sonntag war in Deutschland wieder heiß und schwül. Und da fangen bei uns die wichtigsten Fußballspiele erst an“, klagte der „Fußball“ nach dem Achtelfinale um die Deutsche Meisterschaft des Jahres 1933 und konstatierte angesichts der Tatsache, dass just am selben Wochenende in England die Saison beendet worden war: „Die Verhältnisse in Deutschland und England sind verschieden, aber wie weise sind doch die Engländer, dass sie Anfang Mai Schluss mit Fußball machen.“

Seit Jahren schon herrschte Unzufriedenheit mit dem Rahmenterminkalender. Ausgerechnet in den heißesten Monaten ging die Saison in ihre „heiße Phase“, und allzu häufig war der Finalausgang schon durch tropische und unzumutbare Temperaturen beeinflusst worden. Doch das komplizierte Verbands- und Ligasystem in Deutschland ließ keine andere Wahl, und so mussten die Endrundenteilnehmer auch 1933 wieder gegen ihren Gegner *und* eine bisweilen unerbittliche Sonne antreten. Jene glühte auch am ersten Endrunden-Wochenende erbarmungslos am Himmel und erhitzte eine Finalrunde, die nicht nur aus politischen Gründen (dazu später mehr) in die Annalen einging: Sie sah den endgültigen Durchbruch Westdeutschlands!

Zuvor waren einige große Namen auf der Strecke geblieben. Bayern München beispielsweise, immerhin amtierender Deutscher Meister, war bereits auf Regionalebene gescheitert. Auch Nürnberg und Fürth schieden vorzeitig aus, derweil in Berlin Altmeister Viktoria 89 sein Comeback feierte. Auf Reichsebene war das Favoritensterben weitergegangen. Der Dresdner SC unterlag auf eigenem Platz sensationell gegen die von Ex-Meistermacher William Townley trainierte Arminia aus Hannover. Einen noch größeren Paukenschlag erlebten rund 5.000 Fans auf dem Allensteiner Stadtsportplatz, wo sich die heimische Soldatenelf vom SV Hindenburg mit 4:1 gegen Hertha BSC Berlin durchsetzte. „Sie zerpflückten Herthas Myrthenkranz der Unschlagbarkeit in Endspielen, und dies in einer Manier, die überzeugend und warnend genug für jeden weiteren kommenden Rivalen dieser Elf sein muss“, staunte der „Fußball“.

Eintracht Frankfurt nahm die Warnung im Viertelfinale ernst und machte kurzen Prozess mit dem ostpreußischen Überraschungsteam. 2:12 hieß es in Frankfurt, wo just am selben Tage der „Ostpreußentag“ gefeiert wurde. Die drückende Überlegenheit der

Hessen ließ einmal mehr Sehnsucht nach einer Reichsliga aufkommen, zumal es schon im Achtelfinale drei Kantersiege gegeben hatte. Das Fachblatt „Fußball" schlug in dieselbe Kerbe: „Wir sahen, was Allenstein fehlt, dass die Mannschaften Ostpreußens noch auf mittlerem süddeutschen Kreisliganiveau stehen. Deshalb ist es Wahnsinn, dass dieser Verband zwei Vertreter stellt gegen drei Süddeutschlands, dass Allenstein und Samland dort qualifiziert sind, wo Nürnberg, Fürth und Bayern keinen Zutritt mehr hatten! Auch Mannschaften wie Gleiwitz, Chemnitz und Viktoria haben nichts unter der deutschen Extraklasse zu suchen. Wir müssen deshalb zur Reichsliga übergehen, einer Reichsliga mit wirklichen Spitzenmannschaften, die sich bewährt haben, zwischen denen kein Spielstärkeunterschied von zehn Toren klafft. Das ist die Lehre des Frankfurter Spiels!"

Frankfurts heimlicher Traum von einem Lokalderby im Finale um die „Deutsche" war derweil geplatzt, weil der FSV am selben Tag den allmählich stärker werdenden Schalkern mit 0:1 hatte Tribut zollen müssen. Und auch die Eintracht konnte sich ihre Träume von einer erneuten Finalteilnahme bald abschminken: Sie wurde im Halbfinale von der Düsseldorfer Fortuna mit 0:4 regelrecht demontiert, womit erstmals seit 1913 wieder ein westdeutscher Vertreter ins Finale einzog! Westdeutschlands Triumph wurde komplett, als auch Schalke 04 seinen Halbfinalgegner München 1860 aus dem Weg räumte (ebenfalls mit 4:0) und damit vorzeitig sicherstellte, dass die „Viktoria" erstmals in ihrer Geschichte nach Westdeutschland gehen würde. Der Aufschwung an Rhein und Ruhr kam nicht überraschend. Sportlich war die Region bereits seit Mitte der 1920er Jahre auf dem Vormarsch, und nach Ende der unsäglichen Profidebatte mit dem Höhepunkt der Sperre für die Schalker Meisterelf waren die unter (illegalen) Profibedingungen arbeitenden westdeutschen Spitzenteams wie befreit aufgetreten. Ansonsten waren sich Experten und Fans einig, zum letzten Mal eine Endrunde um die Deutsche Meisterschaft in gewohnter Form gesehen zu haben. Der „Fußball" beispielsweise orakelte vor dem Finale, „dass der erste westdeutsche DFB-Meister gleichzeitig auf eine Art Meister wird, die in Zukunft unmöglich ist!"

Deutscher Meister 1933: Fortuna Düsseldorf

Das Finale von 1933 war begleitet von turbulenten Begleitumständen und stand völlig im Zeichen der „neuen Zeit", die im Köln-Müngersdorfer Stadion auch optisch unübersehbar war: Hakenkreuzfahnen allerorten, Spieler und Unparteiische (sowie große Teile des Publikums), die sich vor dem Anstoß zum Deutschen Gruß aufbauten, sowie eine Trophäenübergabe, die nicht wie üblich vom DFB-Präsidenten sondern von einem SA-Mann vorgenommen wurde[1] – das „Dritte Reich" schickte seine Boten auch in die Fußballstadien. Empfänger der „Viktoria" war die Düsseldorfer Fortuna, die ihren mitreißenden Siegeszug (drei Siege mit 16:0 Toren) im Finale in beeindruckender Manier fortgesetzt und sich mit einem souveränen 3:0-Erfolg zugleich für die 0:1-Niederlage gegen Schalke im Westdeutschen Endspiel revanchiert hatte. Schalke, vor dem Anpfiff von den Experten als Favorit bezeichnet, war zwar über weite Strecken optisch überlegen gewesen, doch die Rheinländer hatten sich bei unablässig strömendem Regen nicht nur als nervenstärker,

Duell zweier Westvereine im Endspiel: Fortuna-Torhüter Pesch wehrt einen Schalker Angriff ab und sichert seinen Düsseldorfern den 3:0-Erfolg. Nach dem Spiel überreicht der neue Reichssportkommissar den gigantischen Siegerkranz an Fortuna-Kapitän Breuer.

sondern vor allem als treffsicherer erwiesen. Zwolanowski war bereits nach zehn Minuten das 1:0 gelungen, Mehl und Hochgesang hatten nach dem Seitenwechsel auf 3:0 erhöht. Schalke verstrickte sich über die gesamte Spielzeit in nutzlosem Klein-Klein-Spiel, während die von Oldie Schorsch Hochgesang angeführten Fortunen mit raumgreifendem Spiel und konsequenter Manndeckung überzeugten. „Unsere Freude ist unbeschreiblich", jubelte Fortunas Regisseur „Köbes" Bender.

Die Umgestaltung des deutschen Sports

Aber 1933 ging es im deutschen Fußball natürlich nicht nur um Tore und Punkte. Lange vor dem Finale hatte der gesellschaftliche und politische Umbau unter dem Hakenkreuz auch den Fußball erreicht.

Dazu ein Rückblick. Zum Jahreswechsel 1932/33 hatte sich Deutschland wirtschaftlich und politisch spürbar stabilisiert. Die NSDAP, so die allgemeine Überzeugung, habe ihren Zenit überschritten und sei ohnehin nur dann stark, wenn die Menschen am Rande der Verzweiflung wären. Und das waren sie trotz unverändert höher Arbeitslosigkeit nun nicht mehr. Doch der braune Spuk war noch längst nicht vorbei. Am 15. Januar 1933 ging die NSDAP mit 39,5% als stärkste Partei aus den Landtagswahlen in Lippe hervor, woraufhin Goebbels erneut die Propagandamaschine anwarf. Parallel dazu geriet die amtierende Regierung in eine Krise, die Ende Januar mit dem Rücktritt von Reichskanzler General Kurt von Schleicher ihren Höhepunkt erreichte. Eine Koalition aus Nationalsozialisten und Deutschnationalen, in die auch Reichspräsident von Hindenburg eingebunden wurde, installierte daraufhin eine Regierung der „nationalen Konzentration", die von Adolf Hitler als Kanzler angeführt wurde und dank der Unterstützung durch rechtskonservative Parteien völlig verfassungskonform zustande kam.

Möglicherweise stand das Kalkül dahinter, Hitler würde sich wie alle seine Vorgänger auf dem Posten des Reichskanzlers rasch abnutzen. Er hätte dann seine Chance gehabt und „abgewirtschaftet". Das hinter Hitlers Inthronisierung stehende Großkapital wollte den Nazi-Führer mit der Kanzlerschaft tatsächlich vor allem „einbinden" und hatte seine eigenen Machtinteressen im Blick. Doch Hitler ließ sich nicht „binden". Kaum hatte er auf dem Kanzlersessel Platz genommen, besetzte er wichtige Posten mit NSDAP-Mitgliedern (so beispielsweise das Innenministerium, was ihm die Kontrolle über die Polizei verschaffte) und zementierte damit seine Kontrolle über den Staat. Erst jetzt war es tatsächlich jene „Machtergreifung", von der heute gesprochen wird.

Der Sport nahm den neuerlichen Führungswechsel mit lässiger Routine zur Kenntnis. Der „Fußball" beispielsweise gab lediglich zu bedenken, dass der Internationalismus des Sports unter den Nationalsozialisten vermutlich leiden würde: „Mit ihrer Weltanschauung, dass die Deutschen das auserwählte Volk Gottes sind, lässt es sich nur schwer vereinbaren, dass ein Deutscher gegen Neger und Japaner antritt und von ihnen gar geschlagen wird."[2] Und im „Kicker" schwärmte der Berliner Korrespondent Martin Schröder: „Dieses Wochenende steht noch im Scheine der Fackeln, die in der denkwürdigen Nacht zum 31. Januar von vielen Hunderttausenden durch die Wilhelmstraße getragen wurden – vorbei an dem Herrn Reichspräsidenten und dem neuen Reichskanzler; und im Banne der großen politischen Umwertung, für die sich das Schicksal unsere Zeit ausgesucht hat, muss es dem Fußballreferenten doppelt schwer fallen, immer wieder von neuem die Drehungen des Lederballs und die dadurch im Fußballstaat jeweilig heraufbeschworenen Situationen in sachlich ernster Weise zu erörtern."[3] Doch dabei handelte es sich um eine Einzelmeinung, die vom (jüdischen) Herausgeber Walther Bensemann keineswegs geteilt wurde.

Ansonsten findet sich in der Sportpresse kein Kommentar aus Funktionärs- oder Sportlerkreisen zu Hitlers Amtsantritt. Für den Sport ging der Alltag seinerzeit wie gewohnt weiter, und im Fußball unterbrach man die Diskussion über den am 28. Mai in Bremen geplanten außerordentlichen DFB-Bundestag, bei dem endlich die Entscheidung in Sachen Berufsfußball fallen sollte, wegen Hitler gar nicht erst.

Auch die ersten Vorboten des bald eintretenden politischen Klimawandels wurden übersehen. Das Verbot des SPD-Blattes „Vorwärts" am 4. Februar beispielsweise störte in Fußballerkreisen kaum jemanden – mit der SPD hatte man ja nichts am Hut.[4] Selbst nach dem Reichstagsbrand am 27. Februar, dem entscheidenden Rädchen bei der endgültigen Machtinstallation der NSDAP und zugleich Auftakt zum offenen Straßenterror durch die SA, enthielt sich die Sportpresse jeglicher Kommentare. Erst im Zusammenhang mit dem ursprünglich für den 5. März geplanten Länderspiel gegen Frankreich, das wegen der für den selben Tag anberaumten Reichstagswahlen kurzfristig auf den 19. März verlegt wurde, spiegelten sich die veränderten Verhältnisse auch in der Berichterstattung wider. Der „Fußball" beispielsweise schrieb: „Eigentlich ist es erstaunlich, dass der Fußball-Länderkampf Deutschland – Frankreich in der heutigen politisch so bewegten Zeit überhaupt stattfinden konnte. Aber das ist gerade ein Zeichen von der Kraft und Macht des Sportes, dass er die Menschen über alle Verhältnisse hinweg in seinen Bann reißt." Im Verlauf des Artikels wurde ein Einblick in die „politisch so bewegte" Zeit gegeben: „Sehr wenig Fahnen diesmal. Während sonst ein Kranz von Flaggen jedem Stadion bei großen Ereignissen erst das bunte, leuchtende Bild gibt. An der Schwimmtribüne nur eine schwarz-weiß-rote, eine blau-weiß-rote Trikolore und der rote John-Bull-Union-Jack (zu Ehren des englischen Schiedsrichters). Am Beginn des Seitenovals eine Hakenkreuzfahne, in den Kurven die schwarz-weiße Preußens und die rot-weiße Berlins. Und über der Ehrenloge das grün-weiße DFB-Banner. Das war alles." Alsdann wurden die Verkehrsregeln gerügt („Den Anmarschweg hatte man zugunsten der Autos um zwei Drittel für Fußgänger schmäler gemacht. So wird Gedränge gezüchtet.") und ein kleiner, beinahe ketzerischer Ausflug in die Politik unternommen: „Hans Albers, der Bühnen- und Filmstar, erscheint und erregt mehr Aufmerksamkeit als die politischen Führer in Uniform nebenan."

Im März zurrte Hitler seine Macht allmählich fester. Nach den Reichstagswahlen vom 5. März, bei denen die NSDAP die absolute Mehrheit verfehlte, wurden die 81 gewählten KPD-Abgeordneten verhaftet und mit der Aberkennung ihrer Mandate eine Verschiebung der Machtverhältnisse nach rechts erreicht. Der am 21. März in der Potsdamer Garnisonskirche konstituierte neue Reichstag befand sich damit fest in Hitlers Händen. Zwei Tage später beschlossen 444 der 540 Reichstagsabgeordneten das so genannte „Ermächtigungsgesetz" („zur Behebung der Not von Volk und Reich"), mit der fast alle Grundrechte außer Kraft gesetzt und die Weimarer Verfassung begraben wurde. Binnen sieben Wochen war Deutschland eine Diktatur geworden, und auch in

Fußballerkreisen war dies nun zu spüren. Am 4. April 1933 erschien das Fachblatt „Fußball" – in der Vergangenheit ein durchaus ausgewogenes und politisch sensibles Blatt – mit der Schlagzeile „Hitler u. Wir" auf dem Titel, und Herausgeber Eugen Seybold stellte den Fußballfans in einem dreiseitigen Traktat die neue Richtung vor.

Ideologischer Widerstand gegen das neue Regime war von den meisten (bürgerlichen) Verbänden und Vereinen nicht zu erwarten. Ganz abgesehen davon, dass noch immer das Motto galt, Politik habe im Sport nichts zu suchen, rekrutierte sich die überwältigende Zahl der Verbands- bzw. Vereinsführung aus dem Bürgertum, und das wiederum unterstützte Hitler weitgehend, weil es in ihm die Hoffnung sah, an alte Glanzzeiten anknüpfen zu können.

Auch jene Verbands- und Vereinsführungen, die keine expliziten Befürworter von Hitler und seiner Doktrin waren, unterstützten dessen Politik der „harten Hand" bzw. seine Vorstellung von der „Volksgemeinschaft" – es waren schließlich Werte, die seit Ende des Ersten Weltkriegs auch im Sport gerne propagiert worden waren. Darüber hinaus war mit dem Beginn des „neuen Zeitalters" eine gewisse Erwartungshaltung verknüpft, denn es bestand die zunächst durchaus begründete Hoffnung, dass der Sport im Dritten Reich eine deutlich höhere Wertschätzung erfahren würde. Die Zeit der Zersplitterung sei, so glaubte man, unter dem Hakenkreuz vorbei, und der Staat würde künftig als gewaltiger Sportförderer auftreten. Schon die Liquidierung des Arbeitersports setzte ein deutliches Signal in diese Richtung und machte die bürgerlichen Verbände bzw. Vereine zu „Gewinnern". Gewinner aber leisten in der Regel keinen Widerstand...

Ausgewiesene Nazigrößen innerhalb der Fußballbewegung gab es freilich nur wenige. Der Westdeutsche Verband-„Führer" Josef Klein, Verfasser der erwähnten „drei scharfen T", saß zwischen 1932 und 1936 für die NSDAP im Reichstag.[5] Guido von Mengden, ab Juni 1933 Fußball-Pressewart, war ebenfalls Parteigenosse. Geschäftsführer Xandry wurde zwar im Frühjahr 1933 Parteimitglied, doch dies geschah (angeblich) nur, weil „jemand aus dem Vorstand in der Partei sein müsse".[6]

Ab April 1933 überschlugen sich die Ereignisse, und es kam zu einer turbulenten, unübersichtlichen und bis heute von der Geschichtswissenschaft erregt diskutierten Mischung aus freiwilliger Anpassung, unterwürfiger Anbiederung, taktischem Geschick und angeordneter Gleichschaltung der Turn- und Sportbewegung. Seit dem Ermächtigungsgesetz war klar, dass Hitlers Amtszeit wohl doch länger dauern würde und die durch die Straßen marodierenden SA-Horden, die ohne viel Zaudern jeder Opposition öffentlich den Garaus machten, dürften dem einen oder anderen Funktionär zusätzlichen Respekt eingeflößt haben. Resultat war eine allgemeine Verunsicherung, die verbunden war mit der Furcht vor dem Verlust der eigenen Macht und ein anpasserisches bis intrigantes Verhalten hervorrief, durch das die Turn- und Sportbewegung heute in einem sehr ungünstigen Licht dasteht – und zwar zu Recht. Ernst Werner umschrieb die Gepflogenheiten jener ersten Apriltage 1933 in der „Fußball-Woche" mit entlarvenden Worten: „Und die Sportverantwortlichen wissen, dass sie keine For-

Hans von Tschammer und Osten (links) sowie sein Stellvertreter Arno Breitmeyer (rechts, in Zivil) geben sich als Freunde der Jugend.

derungen zu stellen haben, hoffen aber, dass ihre aus der Praxis geborenen Vorschläge Berücksichtigung bei der Neuordnung der Dinge finden."[7]

Dass der DFB und seine Regionalverbände 1933 nahezu völlig widerstandslos dem Hakenkreuz folgten, mag man angesichts ihrer konservativen Ausrichtung sowie der politisch brisanten Lage noch akzeptieren – das taten viele andere Institutionen auch. Hätten sich die verantwortlichen Funktionäre verweigert, wären sie vermutlich persönlich belangt worden, ohne die Entwicklung dadurch aufzuhalten. Und demokratisches Rückgrat war, wie erwähnt, von ihnen nicht zu erwarten. Dass man sich aber nach 1945 unschuldig gab und behauptete (und dies bis heute unverändert tut), von den Nazis instrumentalisiert worden zu sein und ausschließlich aus Sorge um den Sport gehandelt zu haben, ist nichts anderes als Geschichtsklitterung. Viele Großkonzerne haben sich längst zu ihren Taten während des „tausendjährigen Reiches" bekannt und eine Selbstaufarbeitung der eigenen Geschichte vorgenommen. Der DFB hingegen ließ in seiner Festschrift zum 100-jährigen Bestehen lediglich einen dünnen Aufsatz über die Zeit 1933-45 verfassen, der weit entfernt von ernsthafter Aufarbeitung war: Erstens wurde er erst auf öffentlichen Druck aufgenommen[8], zweitens wurde er von dem in der Fußballgeschichtsschreibung wenig bewanderten Experten für olympische Geschichte, Ringen und Schwimmen, Karl Adolf Scherer, verfasst, und drittens bestätigte er grundsätzlich die Mär der völlig überraschten Funktionärsgarde, die von den braunen Horden geradezu überrollt wurde, nur ihr „Bestes tat" und sich über die gesamte Epoche ihre „Eigenständigkeit" bewahrte. Im Kern war es eine Fortführung der 1954 von Carl Koppehel verfassten These „Zwischen 1933 und 1949 hat sich lediglich der Briefkopf geändert".[9]

Die „Umgestaltung des deutschen Sports" vollzog sich über mehrere Etappen. Zunächst war der Arbeitersport an der Reihe. Mit der am 28. Februar erlassenen „Verordnung zum Schutze des deutschen Volkes" wurden Vereine, Verbände, Einrichtungen und Personen der ZA als „marxistische Organisationen" bezeichnet und ihre Auflösung eingeleitet (Näheres siehe im Exkurs: Aus für den Arbeitersport und die konfessionellen Verbände, S. 196). Alsdann machte man sich an den bürgerlichen Sport. Der befand sich zu jenem Zeitpunkt noch im Glauben, die Entwicklung selbst steuern und seine Position unter den Nazis sogar noch verbessern zu können. Ein Trugschluss, denn während auf Funktionärsebene um Kompetenzen gerangelt wurde und man sich hemmungslos den Nazis anbiederte, machte die politische Führung „Nägel mit Köpfen". Erster Schritt war die Unterordnung des Sports unter das Innenministerium. Anschließend folgte die Übertragung in die Hände des SA-Mannes Hans von Tschammer und Osten, der im März als Sonderkommissar der Obersten SA-Führung zur „Ordnung und Betreuung der deutschen Leibesübungen" berufen wurde. Die Wahl von Tschammer und Ostens überrascht auf den ersten Blick. Der Spross einer sächsischen Adelsfamilie war am 1. März 1930 der NSDAP beigetreten, kam aus dem „Stahlhelm" und hatte sich beim „Eislebener Blutsonntag" durch die Stürmung eines KPD-Hauses um die „Bewegung" verdient gemacht.[10] Mit Sport hatte er nie etwas zu tun gehabt und war nach eigenen Angaben auch nicht unbedingt sportinteressiert. Vier Gründe waren ausschlaggebend für seine Berufung: Von Tschammer war ein „alter Kämpfer", der „irgendwo" untergebracht werden musste, er galt als guter Organisator, er hatte gute Manieren und er sprach fließend französisch sowie englisch – im Hinblick auf die Olympischen Spiele 1936 ein unschätzbarer Vorteil. Am 28. April wurde der SA-Obergruppenführer von Tschammer zunächst zum „Reichssportkommisar" und am 19. Juni schließlich zum „Reichssportführer" ernannt. Erstmals wurde Sport in Deutschlands Geschichte damit von der Politik gelenkt und hatte seine Eigenständigkeit verloren.

Wer die neue Richtung vorgab, war unstrittig: Reichsinnenminister Wilhelm Frick hatte von Tschammer den unzweideutigen Auftrag erteilt, „die zersplitterte deutsche Turn- und Sportbewegung zu einem Bund zusammenzuschweißen" und das „Parlament des uneinigen deutschen Sports" durch ein System der „politischen Leibesübungen abzulösen".[11] Ziel sei es, aus Deutschland „ein Volk in Leibesübungen" zu machen. Am 24. Mai stellte der Reichssportkommissar die Weichen zur „Neuordnung des deutschen Sports" und erklärte: „Turn- und Sportverbände sind nicht dazu da, um das persönliche Wohlergehen von Privatleuten zu fördern; die Leibesübungen bilden vielmehr einen wichtigen Teil des Volkslebens und sind ein grundlegender Bestandteil des nationalen Erziehungssystems. Das Zeitalter des individualistischen Sportbetriebes ist vorüber. In das Eigenleben dieses meist gesunden und wertvollen Gemeinschaftslebens soll möglichst wenig eingegriffen werden. Es ist jedoch selbstverständliche Pflicht jedes Vereins, nur solche Männer an die Führung zu berufen, deren Gesinnung, persönliche Eignung und Untadeligkeit außer Zweifel steht, was jedoch nicht bedeutet, dass alle alten und bewährten Führer entfernt werden sollen."[12]

Von Tschammers Inthronisation löste hektische Betriebsamkeit auf Seiten der Turn- und Sportfunktionäre aus, die sich zu jenem Zeitpunkt bereits deutlich der neuen politischen Führung angebiedert hatten. Allen voran die Deutsche Turnerschaft (DT), die ihre Chance gekommen sah, wieder zur Nummer 1 in den deutschen Leibesübungen zu werden. Sie konnte dabei auf den Vorteil zurückgreifen, dass zwischen dem 21. und dem 30. Juli 1933 in Stuttgart das 15. Deutsche Turnfest anstand, welches man in eine Veranstaltung der „nationalen Erhebung“ verwandeln wollte. Sogar Hitler hatte sein Kommen bereits angekündigt.[13]

Aus den Träumen von DT-Boss Neuendorff von einem „in sich geschlossenen großen Deutschen Turn- und Sportbunde“, in dem die DT „das Ganze mit ihrer turnerschaftlich-deutschen Gesinnung durchsetzten“ und der „sich dann Adolf Hitler als dritte Kampftruppe neben SA und Stahlhelm im Dienst an der Nation zur Verfügung stellen“[14] sollte, wurde aber nichts: Auf der politischen Ebene verfolgte man anderweitige Ziele. Erste und wichtigste Bühne für den nun folgenden Gleichschaltungprozess[15] war der Deutsche Reichsausschuss für Leibesübungen (DRA), in etwa vergleichbar mit dem heutigen Deutschen Sportbund. Dessen Vorstand bestand zum Jahreswechsel 1932/33 aus Theodor Lewald, dem DT-Vorsitzenden Alexander Dominicus sowie DFB-Boss Linnemann. Der Halbjude Theodor Lewald schied nach massiven Bedrohungen durch SA-Leute bereits am 8. April aus der DRA-Führung aus, während der ehemalige preußische Staatssekretär und als „Demokrat“ geltende Alexander Dominicus seinen Führungsposten innerhalb der DT an den überzeugten Nationalsozialisten Edmund Neuendorff abgeben musste, der daraufhin auch in die DRA-Führung rückte. Einzige Konstante im DRA-Vorstand war damit DFB-Boss Linnemann, der offenbar weder politische Anpassungsschwierigkeiten noch interne Gegner hatte.

Da die weitere politische Entwicklung abgewartet werden sollte, verzichtete man auf Empfehlung von „oben“ zunächst auf Neuwahlen und bildete lediglich eine geschäftsführende Kommission, der neben Felix Linnemann auch Edmund Neuendorff sowie der Ruderverbandsvorsitzende Heinrich Pauli angehörten und die die Verhandlungen mit der politischen Führung fortsetzen sollte. Sporthistoriker Hajo Bernett bezeichnete die drei Männer später als „systemkonforme Verbandsvorsitzende“, die „ihr Mandat rücksichtslos missbraucht [haben], um den DRA dem Reichssportkommissar von Tschammer und Osten in die Hände zu spielen“[16]. Tatsächlich bat die Gruppe noch am selben Tage Reichskanzler Hitler, „die Schirmherrschaft über die im DRA vereinigte Turn- und Sportbewegung zu übernehmen“ – verbunden war dies offenbar mit der Hoffnung, auch künftig eine zentrale Rolle im deutschen Sport einzunehmen. Die Hoffnung trog – jedenfalls was den DRA als Institution anging: Er fiel nach wenigen Wochen der Gleichschaltung zum Opfer. Am 10. Mai wurde verkündet: „Nach vorheriger Rücksprache mit dem Reichssportkommissar H. v. Tschammer u. Osten hat der in der außerordentlichen Hauptversammlung vom 12. April gewählte geschäftsführende Vorstand der DRA […] den DRA aufgelöst. Die weiteren Entscheidungen trifft der Reichssportkommissar […]. Das Vermögen übernimmt das Reich nach §12 der Satzungen.“[17]

Drei Monate nach dem 30. Januar war der Sport endgültig nicht mehr eigenständig, und die 67.683 dem DRA angehörenden Vereine bzw. ihre 6.625.029 Mitglieder folgten geschlossen dem Hakenkreuz.[18]

■ Aus für den Arbeitersport und die konfessionellen Verbände

Dass den Arbeitersportverbänden und Vereinen nach dem 30. Januar 1933 Unangenehmes drohte, wussten sie selbst. In der ersten Aprilwoche kündigte die sozialdemokratisch orientierte Zentralkommission für Arbeitersport (ZA) daher vorsorglich an, „unsere Stellung zum neuen Staat ist getragen vom ehrlichen Willen zur Mitarbeit"[19] und wandte sich hilfesuchend an die bürgerlichen Verbände. Deren Antwort fiel jedoch negativ aus. Der DFB beispielsweise hatte bereits im März erklärt, Beitrittsgesuchen von Vereinen aus dem Bereich des Arbeitersports „grundsätzlich abweisende Behandlung" zukommen zu lassen. Begründung: Solche Vereine hätten den Sport bislang „zur Verfolgung parteipolitischer oder klassenkämpferischer Ziele betrieben und den DFB bekämpft, weil der DFB den Sport und die Jugenderziehung im Sinne der Erstarkung der Gemeinschaft von Volk und Staat löst".[20]

Zu jenem Zeitpunkt war der kommunistisch orientierte Teil der Arbeitersportbewegung bereits zerschlagen. Im Februar war mit dem Reichstagsbrand bzw. der anschließenden Verordnung zum „Schutz von Volk und Staat" auch das Aus für die 1930 als Abspaltung aus dem sozialdemokratischen ATSB gegründete Kampfgemeinschaft Rote Sporteinheit gekommen. Die rund 4.000 KG-Vereine wurden liquidiert, die etwa 200.000 Sportler verfolgt bzw. inhaftiert oder mussten untertauchen. Ernst Grube, KPD-Reichstagsabgeordneter und KG-Vorsitzender, kam in „Schutzhaft" und wurde am 14. April 1945 im KZ Bergen-Belsen ermordet. Wie seine Leidensgenossen Kurt Wabbel, Werner Seelenbinder und Paul Zobel wurde Grube zu DDR-Zeiten mit einer Stadionbenennung (in Grubes Fall Magdeburg) geehrt.

Nach den kommunistischen KG-Sportlern war der „gemäßigte" ATSB an der Reihe, dessen erwähntes Bekenntnis zum „ehrlichen Willen zur Mitarbeit" ihm nicht weiterhalf. Am 12. Mai begann auch die „Zerschlagung" der 6.886 ATSB-Vereine, deren 738.048 Mitglieder fortan vereinslos waren. Das gesamte Vermögen ging per zuvor erlassenem Gesetz „über die Einziehung volks- und staatsfeindlicher Vermögen" auf das Reich über. So wurde die mit Eigenmitteln erbaute ATSB-Bundessportschule in Leipzig fortan für sportfremde Zwecke genutzt. Einigen Klubs wie beispielsweise dem amtierenden nordwestdeutschen Meister Blumenthaler SV gelang zwar unter neuem Namen (ASV Blumenthal) der Wechsel zum DFB, weil sich lokale Nazigrößen für den Verein einsetzten, die meisten jedoch verschwanden von der Bildfläche. Für die Aktiven war die Situation entwürdigend. Wollten sie einem bürgerlichen Verein beitreten, so brauchten sie dafür zwei „nichtmarxistische Bürgen", wobei die Vereine gewarnt wurden, nicht zu viele ehemalige Arbeitersportler aufzunehmen.

Nächstes Opfer waren die konfessionellen Sportverbände Deutsche Jugendkraft (katholisch) und Eichenlaub (evangelisch). Aufgrund einer am 23. Juli 1935 erlassenen neuen Polizeiverordnung wurde festgelegt: „Allen konfessionellen Jugendverbänden ist die Betätigung, die nicht rein kirchlich-religiöser Art ist, insbesondere eine solche politischer, sportlicher und volkssportlicher Art, untersagt." Für die rund 4.481 DJK-Vereine mit ihren über 230.000 Mitgliedern kam dies quasi einem Verbot gleich. Immerhin durften sich ihre Mitglieder – anders als die ATSB-Sportler – problemlos einem bürgerlichen Verein anschließen. Viele der konfessionell gebundenen Vereine hatten aber schon 1933 reagiert und den Namenszusatz „DJK" gestrichen sowie den Verband gewechselt. Das rettete den meisten von ihnen die Existenz – sie spielten nun als „FC", „SV" oder „TSV" unter DFB-Banner weiter.

Zwei Wochen später präsentierte von Tschammer das neue Konzept für den Aufbau des Sports: Anstelle der Landesverbände gab es fortan 15 Fachverbände („Fachsäulen"), als deren übergeordnete Klammer ein von den Führern der Fachverbände gebildeter „Reichsführerring für Leibesübungen" fungierte, der zu einem späteren Zeitpunkt von einem „Bund" abgelöst werden sollte. Die Fach- bzw. Regionalverbände wurden aufgefordert, sich aufzulösen und ihre Mitglieder der für sie vorgesehenen Fachsäule zu übergeben. Darüber hinaus sollte auf allen Ebenen (Fachverbände und Vereine) das Führerprinzip verankert werden. Der Rest war pure Pflichterfüllung. Der DFB beispielsweise, der gemeinsam mit Cricket und Rugby den Deutschen Fußball-Verband (bzw. die Fachsäule 2) bilden sollte[21], kam am 9. Juli in Berlin zu einem außerordentlichen Bundestag zusammen und verkündete nach nur 28-minütiger Debatte: „Die Satzung ist am 9. Juli 1933 dahin geändert worden, dass der 1. Vorsitzende Felix Linnemann ermächtigt worden ist, alle personellen und sachlichen Maßnahmen zu treffen, welche zur Eingliederung des Bundes in das Programm des Reichssportkommissars und zur Umgestaltung des Bundes erforderlich sind."[22] Unter Führung von Felix Linnemann, bereits im Juni von Reichssportführer von Tschammer zum „kommissarischen Führer Reichsfachschaft Fußball" ernannt, wurde ein Sechs-Punkte-Plan verabschiedet, in dem es u.a. hieß: „Wir waren früher ein Verband, der sich auf dem alten Recht gegründet hat und sich liberalistisch aufbaute. Heute haben wir die selbstverständliche Pflicht, von diesem Wege abzugehen und die vom Staat ganz neu gestellte Ordnung, das Prinzip der Führerschaft, zu übernehmen."[23] Die Fachsäule Fußball – bzw. „Deutscher Fußball-Verband", wie er offiziell hieß, jedoch von niemandem genannt wurde –, sollte sich in der Folgezeit zu einem aufgeblähten Verwaltungsapparat mit mehr als 100 Angestellten entwickeln.

Regional waren die Fachverbände in insgesamt 16 Sportgaue untergliedert, die die sich ebenfalls bereitwillig selbst auflösenden Regionalverbände abgelöst hatten. Unangetastet geblieben waren lediglich die Vereine, die von Tschammer als „eigentliche Träger der Bewegung" bezeichnete. Sie erhielten allerdings klare Richtlinien, denn es sei „selbstverständliche Pflicht jedes Vereins, solche Männer an die Führung zu berufen, deren Gesinnung, persönliche Eignung und Untadeligkeit außer Zweifel steht, was jedoch nicht bedeutet, dass alle alten und bewährten Führer entfernt werden sollen". Einer jener Vereine, der seine Führung daraufhin austauschte, war der FC Bayern München, dessen Vorsitzender Landauer jüdischer Abstammung war. Bei Eintracht Frankfurt schied Schatzmeister Hugo Reiß ebenfalls aufgrund seiner jüdischen Herkunft aus dem Amt aus. Beide Funktionäre emigrierten später aus Deutschland. Betroffen waren natürlich auch jüdische Ausländer. Der ungarische Trainer des 1. FC Nürnberg, Jenö Konrad, beispielsweise hatte sich schon im August 1932 einer abscheulichen Hetzkampagne des nationalsozialistischen „Stürmers" ausgesetzt gesehen. „Ein Jude ist ja auch als wahrer Sportsmann nicht denkbar. Er ist nicht dazu gebaut mit seiner abnormen und missratenen Gestalt... Klub! Besinne Dich und wache auf. Gib deinem Trainer eine Fahrkarte nach Jerusalem. Werde wieder deutsch, dann wirst du wieder gesund. Oder du gehst am Judentum zugrunde."[24] Konrad verließ den Club daraufhin und trat eine Trainerstelle im rumänischen Timişoara an. Kommentar „Der Stürmer": „Jud Konrad ist abgedampft."

Wie opportunistisch sich die deutsche Turn- und Sportbewegung unter das Hakenkreuzbanner stellte, zeigen auch die Vorgänge rund um die gelenkte Reichstagswahl vom 12. November 1933, mit der die NSDAP ihre Position legitimieren wollte. Felix Linnemann beispielsweise, über den es in der 1954 erschienenen, DFB-offiziellen „Geschichte des deutschen Fußballsports" heißt, „seine starke Hand hat den DFB durch alle Krisen und Klippen gesteuert"[25], versicherte Adolf Hitler tags zuvor gemeinsam mit Sportbund-Chef Ritter von Halt: „In der Volksgemeinschaft des Dritten Reiches hat der Sport seine politische Mission erhalten. Er wird sie erfüllen, denn an nationaler Hingabe soll uns niemand übertreffen. Eisern hinter dem Kanzler. Als Führer des DFB und des DSB haben wir dem Kanzler Treue und Gefolgschaft gelobt. Es war der Niederschlag dessen, was uns beseelt. Am 12. November werden wir aufs Neue unsere unerschütterliche Gefolgschaft beweisen."[26] Zwei Tage nach den „Wahlen" jubelte der „Fußball": „Es war selbstverständlich, dass auch das Sportvolk sich geschlossen in den Dienst der großen Sache stellt und unbelastet am Abend den gewaltigen Sieg der Hitler-Regierung mitfeiern wollte! Deutschlands Sportplätze waren tot. Alles stand in der Millionen-Phalanx im Kampf für den Führer."

An der Basis lief es allerdings nicht ganz so glatt, wie die Führung sich das gewünscht hätte. Die „Peiner Zeitung" mäkelte beispielsweise nach der Reichstagswahl im Spielbericht über die Gauligapartie zwischen dem VfB Peine und Arminia Hannover: „In der Pause marschierte die Jugendgruppe des VfB mit einem VfB-Wimpel, der Hakenkreuzfahne und der schwarz-weiß-roten Fahne um das Rund, um dem Willen der Peiner Sportjugend Ausdruck zu geben und auch der Sportwelt die Bedeutung des 12. November klarzumachen. Was besonders gerügt werden muss, ist das Verhalten des Publikums. Wir haben schon wiederholt darauf hingewiesen, dass die Fahnen des Deutschen Reiches gegrüßt werden müssen. Anscheinend vergaß man es in der Begeisterung und dem Aufgeregtsein, mit dem man das Spiel in der Pause besprach."[27]

16 Gauligen statt einer Reichsliga

Die grundlegenden Veränderungen im deutschen Sport betrafen auch die Ligastruktur, zumal mit dem Ende der Landesverbände eine völlig neue Situation entstanden war. Der Fußball stand nicht mehr vor der heiklen Aufgabe der inneren Einigung, sondern wurde zentral von „oben" gelenkt. Die Zwangsmaßnahme hatte für viele Funktionäre etwas beinahe Erlösendes. DFB-Chronist Carl Koppehel beispielsweise fasste die neue Situation mit den entlarvenden Worten zusammen: „Viele Schranken und Hemmnisse für die Entwicklung des Fußballsports fielen, weil das jetzt herrschende politische System sie hinwegräumte. Damit entfiel auch manches Problem, das in den letzten Monaten sich besonders zugespitzt hatte."[28]

Die zentralistische Leitung sorgte zunächst für das abrupte Ende der Berufsspielerdebatte. Profis kamen im nationalsozialistischen Deutschland nicht vor. Unter dem Hakenkreuz wurde aus „Ehre“ gespielt, erfolgte eine „natürliche Auslese“. Damit einher ging das Aus für sämtliche Reichsligaträume bzw. -pläne, die so weit wie nie zuvor gediehen waren. Dazu ein Rückblick. Am 22. Januar, also acht Tage vor dem folgenschweren Regierungswechsel, war es in Berlin zu einem Treffen von DFB und den Landesverbandsvorsitzenden gekommen. Die Vertreter Westdeutschlands hatten den DFB zu einer deutlichen Stellungnahme in Sachen Reichsliga auf Profibasis aufgefordert und mit Alleingang gedroht, wenn die „so notwendige reinliche Scheidung“ nicht erfolgen würde. Auch das Fachblatt „Fußball“ hatte ein klares Bekenntnis abgelegt und geschrieben: „Eines steht jedenfalls fest: Die Leute, die am 22. Januar die Einführung des Profitums ablehnen, sind künftig verantwortlich. Nicht mehr der DFB!“

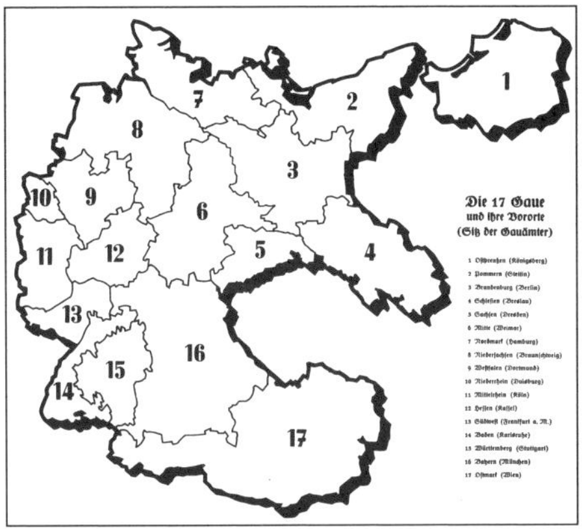

Die 16 Fußball-Gaue ab 1933. Gau 17, die „Ostmark“, kam 1938 hinzu.

Eine bitterböse Parodie auf den Berufsfußball im Fachblatt „Fußball“. „Zauberer Felix“ ist der DFB-Vorsitzende Felix Linnemann.

Intern bahnte sich bereits eine Konfrontation an, denn der Süden, Mitteldeutschland und Berlin/Brandenburg waren allenfalls bereit, den „Amateurbegriff auszuweiten“, während der Norden „strikt dagegen“ war und aus dem Baltenland sowie dem Südosten ebenfalls Ablehnung signalisiert wurde.[29] Unter den DFB-Verantwortlichen hatte sich lediglich Geschäftsführer Xandry als Profibefürworter geoutet, derweil Präsident Linnemann an seiner seit Jahren praktizierten Taktik festhielt, nur die allernotwendigsten Schritte gehen zu wollen. Eine Einigung konnte unter diesen Umständen natürlich nicht erzielt werden. Am Ende waren sechs Landesverbände gegen die Einführung des Profitums, nur Westdeutschland stimmte dafür. Der DFB rettete sich mit einer nichtssagenden Erklärung und der Vertagung der Angelegenheit auf den 28. Mai, an dem ein vom Westdeutschen Constanz Jersch geforderter außerordentlicher Bundestag die endgültige Entscheidung treffen solle. „Dieser Ausgang wird in weiten Kreisen deprimieren, weil er den zielbewussten, klaren Kurs vermissen lässt, weil er die Gefahren nicht beseitigt, die in den letzten Monaten zutage getreten sind. Er zeigt den unglücklichen Aufbau des DFB, der in seinen Entschließungen immer wieder von den Verbänden abhängig ist", kommentierten die „Münchner Neuesten Nachrichten" betroffen.

Der „Fußball" beschäftigte sich derweil mit der vom DFB herausgegebenen Erklärung. Er verglich die gesamte Veranstaltung mit dem „berühmten Hornberger Schießen" und wetterte: „Mit einem durchsichtigen Schleier philosophischer Betrachtungsweise umwoben, bringt sie (die Erklärung, d. Verf.) statt der erwarteten konkreten Vorschläge, die vielen Wenn und Aber und Für und Wider, die eine fatale Ähnlichkeit mit der Katze und dem heißen Brei haben." In der Tat war nur wenig Konkretes herausgekommen. So hieß es beispielsweise im offiziellen Kommunique: „Die Einführung des Berufsfußballsports soll nicht bezwecken, den Berufssport um seiner selbst willen oder zur Heranbildung eines Spitzensports einzuführen, vielmehr soll mit der Einführung eine Reinigung herbeigeführt werden, soweit sie notwendig ist und dadurch die Voraussetzungen für einen sportlichen Kampf auf gleichen Grundlagen wiederhergestellt werden."[30] Das war eine weitere Bestätigung für die Vermutung, der DFB wolle den Berufsfußball eigentlich gar nicht, würde aber dennoch seine Führung beanspruchen, falls die Einführung unvermeidlich sein sollte. Dieser Eindruck wurde bestätigt, denn in der weiteren Begründung ging es dem DFB nicht etwa um eine progressive Befürwortung des Berufsfußballs, sondern um die „absolute Reinigung" des Amateursports. Auch strebte man keine reichsweite Lösung an, sondern wollte lediglich auf örtlicher Ebene prüfen, ob die Gründung eines Profivereins unumgänglich sei.

Der Kommentar des sichtlich enttäuschten „Fußballs" fiel eindeutig aus: „Abermals ging der DFB der Lösung einer lebenswichtigen Frage des deutschen Fußballsports aus dem Weg". F. Richard warf den verantwortlichen Männern in seinem Kommentar sogar einen eklatanten Realitätsverlust vor: „Die Führer der deutschen Fußballverbände kennen zu einem großen Teil die Stimmung ihrer eigenen Verbandsmitglieder nicht. Wenn man eine Abstimmung unter allen deutschen Fußballspielern machte, ich glaube, die Mehrheit wäre für Profi und Einheitsliga."

Die Vertagung der Entscheidung auf den 28. Mai war mit Hitlers Machtantritt natürlich Makulatur. Im Mai befanden sich der DFB und die sieben Landesverbände längst im Prozess der Selbstauflösung, war die Kontrolle über den deutschen Fußball beim Reichssportkommissar gebündelt worden. Statt seine seit Jahren überfällige Ligareform selbst durchzuführen, wurde dem Fußball nun eine Reform von „oben" verpasst, und es kam zur Bildung einer reichsweit einheitlich durchstrukturierten Ligen-Pyramide, die in ihrem Kern bis heute besteht. Dies stellte einen herben Rückschlag für die Verfechter der Leistungskonzentration dar und bedeutete das vorläufige Ende aller entsprechenden Versuche – sicherlich zur Erleichterung der Profigegner im DFB, die nun ein für alle Mal Ruhe hatten. Im Grunde genommen reichen sogar die Gründe für die verhältnismäßig späte Einführung einer Profiliga in Deutschland (1963, 1. Bundesliga) bis in jene Tage zurück, denn ohne den politischen Machtwechsel wäre es mit hoher Wahrscheinlichkeit spätestens 1934/35 zur Einführung einer Reichsliga unter Profibedingungen gekommen.

So aber gab es nur eine „kleine" Lösung, und die hieß Gauliga, von denen reichsweit 16 geschaffen wurden und denen im Idealfall jeweils zehn Teams angehörten.[31] Analog der neu gebildeten Sportgaue, die im Fußball die sieben Regionalverbände ersetzt hatten, wurden 160 regionale Spitzenvereine ausgewählt, die auf die Gauligen Ostpreußen, Pommern, Berlin/Brandenburg, Schlesien, Sachsen, Mitte, Nordmark, Niedersachsen, Westfalen, Niederrhein, Mittelrhein, Hessen, Südwest, Baden, Württemberg und Bayern verteilt wurden. Dabei kam es zu enormen Verschiebungen bzw. dem Aus für diverse bisweilen jahrzehntealte Verbindungsstränge. Vor allem Westdeutschland war davon betroffen. Der Westdeutsche Spielverband war durch die Gaue Mittelrhein, Niederrhein und Westfalen ersetzt worden, wobei zahlreiche bislang westdeutsche Vereine dem Gau Hessen (Großraum Marburg/Fulda/Kassel) bzw. Niedersachsen (Großraum Göttingen/Einbeck sowie Osnabrück/Emsland) zufielen. In den betroffenen Gebieten kam es zu einer völlig neuen Ausrichtung des Spielbetriebes. Schwarz-Weiß Essen beispielsweise trat nun nicht mehr im bequem per Straßenbahn zu erreichenden Gelsenkirchen an, sondern musste bis hinauf nach Aachen fahren; Göttingens Vereine fuhren statt nach Kassel nun nach Osnabrück, und die dortigen Klubs maßen ihre Kräfte plötzlich mit denen aus Hannover – statt wie bislang aus Bielefeld oder Münster.

Nicht nur deshalb gab es reichlich Grund zum Klagen. Der Sportgau Südwest beispielsweise wurde als „Missbildung" bezeichnet. Er lag nicht nur eingezwängt zwischen Mittelrhein und Baden, ihm gehörten absurderweise auch noch die Frankfurter Vereine an, die nun bis nach Saarbrücken reisen mussten – während das nahe gelegene Friedberg in Hessen spielte. Und in Bayern war man sauer, weil man nicht nur den räumlich größten Gau bildete, sondern in seiner Gauliga zudem das größte Kontingent an leistungsstarken Vereinen aufwies. Mit dem 1. FC Nürnberg, München 1860, Bayern München und der SpVgg Fürth waren gleich vier ehemalige (und noch immer spielstarke) Deutsche Meister oder Endspielteilnehmer vertreten – das gab es sonst nirgendwo.

Die Reform „von oben" erfolgte zu einem recht fortgeschrittenen Zeitpunkt und traf viele Vereine mitten in der Vorbereitung auf die Spielzeit 1933/34, die, so dachte man, noch einmal nach dem gewohnten Muster und unter dem Zepter der Regionalverbände ablaufen würde. Als am 27. Juli 1933 die Pläne zur „Neugestaltung des Deutschen Fußballbundes" vorgestellt wurden, war das alles Makulatur. Binnen weniger Tage – am 1. August sollte die Spielzeit 1933/34 beginnen – mussten sämtliche Vereine auf die neuen Spielklassen verteilt werden, was vor allem bei der Bestückung der höchsten Liga (Gauliga) zu Problemen und Knatsch führte. Diverse renommierte Klubs fielen aus der Eliteliga heraus. Der Kölner BC, Fortuna Leipzig und Victoria Hamburg – allesamt einst Teilnehmer an der Endrunde um die Deutsche Meisterschaft, fanden sich nun plötzlich in der 2. Liga (Bezirksklasse) wieder. Proteste gab es dennoch nicht – die straff orientierte Führung wusste dies zu verhindern.

Selbst Eingriffe, die den sportlichen Realitäten geradezu konträr gegenüberstanden, wurden geduldet. Nach den Vorstellungen der neuen Fußballführer ging es bei der Zusammensetzung der Gauligen nämlich nicht nur um das sportliche Leistungsvermögen eines Teams, sondern auch um die Bedeutung und Größe seiner Heimatstadt. Dortmund beispielsweise, das 1933 keinen sportlich wirklich konkurrenzfähigen Verein aufwies, wurde aufgrund seiner Größe dennoch mit einem Startplatz in der Gauliga bedacht. Um ein wettbewerbsfähiges Team zu finden, fusionierte der Traditionsklub DSC 1895 mit dem Nachbarn BC Sportfreunde zu den Sportfreunden 1895, die sich alsdann in der Gauliga wiederfanden. Vergleichbares geschah in Mönchengladbach, wo Borussia und FC zusammengeworfen wurden, in München, wo man mit der Fusion zwischen dem FC Teutonia und dem DSV zum 1. FC einen vierten Klub nach Bayern, 1860 und Wacker schaffen wollte, sowie in Cottbus, Krefeld, Altenessen und Hagen. Wie wenig diese hastig zusammengebastelten Fusionen im Inneren gefestigt waren und der Herausforderung standhalten konnten, belegt die Tatsache, dass nur zwei von ihnen 1933/34 den Klassenerhalt schafften (DSC Hagen und Preußen Krefeld). Alle anderen stiegen umgehend ab, woraufhin die Fusionen prompt wieder gelöst wurden.

Eine Bewertung der neuen Spielklassen fällt schwer. Trotz ihrer unübersehbaren Defizite stellten sie zweifelsohne einen Fortschritt dar und dürfen rückblickend sogar als erster Schritt in Sachen Aufbau eines geeigneten Ligasystems bezeichnet werden. In der Praxis waren sie zudem erfolgreich. Das Zuschauerinteresse wurde spürbar angekurbelt, weil es nun regelmäßig zu Spitzenduellen kam, und die unüberschaubare Masse der hochklassigen Fußballer konnte auf eine überschaubarere reduziert werden. Doch zugleich verhinderten sie eben die „große" Lösung, die erst 1963 mit der Bundesliga kam, und aufgrund ihrer umstrittenen Begleitumstände sind sie natürlich ebenfalls „belastet".

Das umgekrempelte Ligasystem war nicht die einzige Neuerung vor Beginn der Spielzeit 1933/34. So wurde beispielsweise der noch heute übliche „Sportgroschen" eingeführt, ein Aufschlag auf den Eintrittspreis, der bedürftigen Vereinen bzw. Sportlern zugeführt werden sollte. Die Möglichkeit, nach einem Spiel Protest einzulegen, wurde hingegen ersatzlos gestrichen. „Damit ist wohl endlich Schluss mit dem Unfug, dass nach jedem verlorenen Spiel irgendein an sich ganz nichtiger Formfehler des Schiedsrichters herausgetüftelt wird, um darauf einen Protest gegen die Gültigkeit des Spiels zu begründen", kommentierte die Presse begeistert. Bei gleichem Punktestand galt zudem fortan der Torquotient als ausschlaggebend (zu ermitteln durch Dividieren der geschossenen durch die kassierten Tore), was den Offensivgeist der Teams fördern sollte. Und auf Initiative des westdeutschen Funktionärs Josef Klein wurde schließlich am 7. August der Sportgruß „Gut Sport" durch das dreifache „Sieg Heil" ersetzt – Westdeutschland hatte diese Änderung bereits zum 6. Juni eingeführt.

Der Beginn der Saison 1933/34 war aufgrund der Veränderungen auf den 10. September verlegt worden – nie zuvor und auch danach nie wieder startete eine Spielzeit im deutschen Fußball derart spät. Doch als die Gauligen ihren Spielbetrieb endlich aufnahmen, lösten sie ein gewaltiges Interesse aus. „Wir stehen vor einer großen Saison. Zum ersten Mal sind im deutschen Sport klare Grenzen gezogen. Die Mammutligen der alten Zeit sind zertrümmert", jubelte der „Fußball"[32], der fortan in jeder Ausgabe eine detaillierte tabellarische Übersicht über das reichsweite Spielgeschehen des vergangenen Wochenendes gab. „Zum ersten Mal hat man in Fußball-Deutschland eine klare Übersicht. Überall wird man das freudig begrüßen. Das Interesse wird vielseitiger werden, man schaut jetzt auch nach den anderen Gauen", schwärmte das Blatt nach dem ersten Spieltag, der diverse Überraschungen geliefert hatte. Der Dresdner SC beispielsweise unterlag mit Nationalkeeper Kress zwischen den Pfosten Altmeister VfB Leipzig mit 1:2, und Eintracht 06 Trier gewann völlig überraschend mit demselben Ergebnis bei Sülz 07. Souverän hingegen Schalke 04, das sich mit 5:0 gegen Germania Bochum durchsetzte, sowie der 1. FC Nürnberg, der eine Woche später sein Auftaktspiel mit 3:1 bei Wacker München gewann.

Jene beiden Mannschaften zählten im April 1934 zu den 16 glücklichen Teams, die die Meisterschaft in ihren Gauen gewonnen hatten. Es hatte diverse Überraschungen gegeben. Im Gau Nordmark beispielsweise war der ruhmreiche HSV am Eimsbütteler TV gescheitert, und in Niedersachsen hatte Topfavorit Arminia Hannover gegen Werder Bremen den Kürzeren gezogen. Berlin schickte statt Hertha überraschend Altmeister Viktoria 89 ins Rennen, und aus dem Südwesten kam mit den Offenbacher Kickers ein Neuling. Schalke 04 bangte derweil um Starspieler Ernst Kuzorra, der an einer Leistenverletzung laborierte und kurz vor einer Operation stand. Ob er in der Endrunde um die Deutsche Meisterschaft dabei sein konnte, war fraglich. Auch jene war im Übrigen komplett umgekrempelt worden. Statt der reinen K.-o.-Runde gab es nun ein Gruppensystem, bei dem jeweils vier Mannschaften (= Gaumeister) unter regionalen Gesichtspunkten in einer Gruppe zusammengefasst wurden. Die Ermittlung des Staffelsiegers erfolgte in Hin- und Rückspiel. Die vier Gruppensieger standen sich anschließend im Halbfinale gegenüber, das wiederum im K.-o.-System und auf neutralen Plätzen durchgeführt wurde. „Dieser neue Plan geht auf die Initiative Linnemanns zurück, der mit dieser Kombination von Punktsystem und K.-o.-System erreichen will, dass in den Vorentscheidungen dumme Zufälle möglichst ausgeschieden werden", klärte der „Fußball" seine Leser auf und lobte: „Die deutschen Endspiele wachsen jetzt organisch aus den Gaumeisterschaften heraus. Während früher willkürlich angesetzt wurde, wieviel Mannschaften aus den willkürlich anmutenden so genannten Landesverbänden an der Schlussrunde teilnehmen durften, und während ehemals jeder Landesverband willkürlich seine Meister und Vertreter ermittelte, verläuft jetzt die Entwicklung nach straffem, klarem Schlachtenplan. Die Gaumeister rücken in die Front des Schlusskampfes ein."[33]

1934 gab es jedoch ein Problem, denn parallel zur Endrunde, deren Auftakt für den 8. April anberaumt war, bereitete sich die Nationalelf unter Reichstrainer Nerz auf ihre größte sportliche Herausforderung seit dem Olympischen Fußballturnier von 1928 vor: die Teilnahme an der in Italien ausgetragenen WM 1934. Eine neuerliche Abwesenheit am Fußball-Weltturnier, das noch dazu erstmals in Europa durchgeführt wurde, konnte (und wollte) sich der deutsche Fußball nicht leisten, zumal Fachverbands-Boss Felix Linnemann in der FIFA-Kommission zur Erarbeitung der WM gesessen hatte. Das Argument, bei einer WM würden auch Profifußballer teilnehmen, zog ebenfalls nicht mehr. Zwar war die Profifrage wie erwähnt in Deutschland endgültig negativ beschieden worden, doch es gab nun eine Art heimlichen „Staatsamateur", der über diverse Vergünstigungen verfügte und dem die Teilnahme an dem WM-Turnier auch zeitlich möglich war – ein „gewöhnlicher" Fußball spielender Arbeitnehmer hätte wohl kaum die dafür notwendigen rund vier Wochen bezahlten „Urlaub" bekommen.[34] Für Reichstrainer Nerz stellte die WM-Teilnahme eine gewaltige Herausforderung dar, denn das Turnier in Italien ging inmitten der Endrunde um die Deutsche Meisterschaft über die Bühne: Am 13. Mai fand in Deutschland der letzte Endrundengruppenspieltag statt, ab dem 27. Mai kämpfte man in Italien um den World Cup, und für den 10. Juni war in Deutschland das Halbfinale um die Deutsche Meisterschaft angesetzt.

Letzteres musste später um sieben Tage nach hinten verlegt werden, weil die Nationalelf in Italien wider Erwarten gut auftrat und das Spiel um den dritten Platz erreichte, welches erst am 7. Juni angepfiffen wurde. Der 3:2-Sieg über Österreich sollte sogar den bis 1954 größten internationalen Erfolg des deutschen Fußballs darstellen! Bei einer Analyse stößt man unweigerlich auf die Eingriffe seit 1933, die sich, man mag es kaum schreiben, positiv auswirkten. Sicherlich hatte Reichstrainer Nerz bereits Ende der 1920er Jahre erste Erfolge beim Aufbau einer wettbewerbsfähigen Mannschaft verbuchen können, doch erst unter dem Hakenkreuz gelang dem deutschen Fußball international der Durchbruch. Das war neben den ungleich verbesserten Arbeitsmethoden sowie der von Nerz kurzfristig vorgenommenen Umstellung auf das W-M-System einer ungewohnt intensiven Förderung des Fußballs durch staatliche Stellen zuzuschreiben. Bereits im April hatte Nerz beginnen können, seine WM-Kandidaten sorgsam auszuwählen und zu prüfen. Sechs Bundessportlehrer waren durch das gesamte Reich gereist und hatten aus rund 600.000 Fußballern 80 ausgewählt, die schließlich von Otto Nerz in zwei „Sonderkursen" auf Herz und Nieren getestet wurden. Großzügige Freistellungen seitens der Arbeitgeber bzw. „Lösungen" beim Thema Lohnersatz hatten Dinge möglich gemacht, die vor dem 30. Januar 1933 unmöglich gewesen wären. Krönender Abschluss war eine Testspielserie gegen den englischen Profiklub Derby County gewesen. Auch das „Problem" Deutsche Meisterschaft konnte Nerz meistern: Mit Szepan und Siffling nahm er lediglich zwei Akteure mit nach Italien, deren Klubs die Gruppenspielphase überstanden und ins Halbfinale eingezogen waren.

Deutsche Fans bei der Weltmeisterschaft in Italien.

Zehn Tage nach dem Spiel um Platz 3 standen sich die in Italien so vorzüglich auftretenden Szepan und Siffling dann mit ihren Klubs Schalke 04 und SV Waldhof im Halbfinale um die Deutsche Meisterschaft gegenüber. Schauplatz der Begegnung war das Düsseldorfer Rheinstadion, wo rund 2.000 per Sonderzug angereiste Waldhof-Fans (Fahrpreis: 10,10 RM) bis zehn Minuten vor Schluss beim Stand von 2:2 auf die Sensation, sprich den Einzug ihrer Elf ins Finale, hofften. In den letzten zehn Minuten schlug Schalke jedoch unbarmherzig dreimal zu und zog damit erneut ins Finale ein. Zeitgleich hatten in Leipzig 30.000 Zuschauer einen 2:1-Arbeitssieg des 1. FC Nürnberg über Berlins Altmeister Viktoria 89 verfolgt.

Damit kam es im Finale zum brisanten Duell zwischen der „Stadt der Reichsparteitage" (Nürnberg) und der „Stadt der tausend Feuer" (Gelsenkirchen). Es war das erste Mal, das die beiden heutigen „Altmeister" unter Pflichtspielbedingungen aufeinander trafen und zugleich das Duell zweier höchst renommierter Trainer: Alfréd

Schaffer beim Nürnberger Club und Alt-Cluberer „Bumbes“ Schmidt bei den Westdeutschen. Wie 1933 galt Schalke auch diesmal als hauchdünner Favorit. Nach Niederlagen gegen Benrath und Eimsbüttel in den Gruppenspielen um die Deutsche Meisterschaft hatte Ernst Kuzorra seine anstehende Leistenoperation tatsächlich verschoben und sein Team aus der Krise geführt. Auch im Finale war Kuzorra vor 45.000 Zuschauern im Berliner Poststadion einer der stärksten Akteure. Im ersten Spielabschnitt dominierte er mit seinem Team und drängte den 1. FC Nürnberg förmlich in dessen Hälfte. Doch Schalke spielte mal wieder nur für die Galerie, und vergaß, dass man zum Siegen auch Tore braucht. Sechs Minuten nach dem Seitenwechsel stellte Friedel den Spielverlauf auf den Kopf und brachte den 1. FCN in Führung. Anschließend berannten die Königsblauen zwar pausenlos das Nürnberger Gehäuse, in dem sich Georg Köhl jedoch als unüberwindbar entpuppte. Schalkes erneute Finalschlappe schien schon festzustehen, als noch einmal ein Ruck durch die Westfalen ging. Szepan, der längst in den Sturm gewechselt war, traf drei Minuten vor Schluss nach Ecke von Rothardt per Kopf zum erlösenden Ausgleich und leitete damit eine regelrechte Belagerungsphase ein, die sein Schwager Ernst Kuzorra zum Siegtor nutzte. Unbeschreiblicher Jubel spielte sich anschließend im Grunewaldstadion ab. Schalke 04 war Deutscher Meister – die „neue Zeit“ hatte ihr Aushängeschild bekommen.

Die Transporteure dieser „neuen Zeit“ wussten, was sie zu tun hatten. „Heute Empfang des Deutschen Fußballmeisters. Aufruf der Partei zur Meisterehrung. Der Deutsche Fußballmeister Schalke 04 trifft am Montag gegen 19 Uhr auf dem Gelsenkirchener Hauptbahnhof ein. Sämtliche Behörden und Dienststellen des Gaues Westfalen-Nord sind anwesend. Der großen Sympathie-Kundgebung für die so beliebte und tapfere Schalker Mannschaft Rechnung tragend, ist folgende volksverbundene Feier festgelegt: Die feierliche Begrüßung und Ehrung des neuen Meisters durch die Dienststellen, Behörden und Volksgenossen erfolgt am Montag gegen 20 Uhr auf dem Festplatz (Schalker Markt). Alle Sportsanhänger werden hiermit aufgefordert, die volkstümliche Mannschaft durch ihr Erscheinen bei der Festveranstaltung zu ehren. Ortsgruppenleiter der NSDAP, Schalke – Keßler“[35], hieß es in einem öffentlichen Aufruf. Und auf der anschließenden Meisterfeier wurden den Aktiven mit den Worten: „als Mannschaft mitten aus dem Volke seid ihr gerade den Nationalsozialisten sympathisch“, jeweils ein Exemplar von Hitlers „Mein Kampf“ überreicht.

Schalke war so etwas wie ein „Meister der Herzen“. Reichsweit erfreuten sich die Knappen spätestens seit der Berufsspieler-Sperre von 1930 ungeheurer Beliebtheit, die allenfalls vergleichbar mit der des FC Bayern in heutigen Tagen ist. Sie waren eine erfrischende Alternative zur alteingesessenen (bürgerlichen) Vereinsszene. Vor allem dem Proletariat boten sie reichsweit erstmals die Chance, sich voll und ganz mit einer „großen“ Mannschaft zu identifizieren. Zwar waren Kuzorra und Co. keine Arbeiter im eigentlichen Sinne mehr – sie saßen auf „sauberen“ Arbeitsplätzen in der Verwaltung – doch immerhin waren sie früher einmal eingefahren und wussten daher, „wie

Finale 1934:
Ausgleich für Schalke
durch Fritz Szepan.

Eine ganze Stadt feiert die erste Schalker Meisterschaft – im hakenkreuzgeschmückten Gelsenkirchen.

Mannschaft der Stunde ■ Schalke 04

Schalke 04 ist *der* Mythos der 1930er Jahre. Verklärt als tapfere Bergmannself gefeiert, die aus dem Nichts bis in den Zenit des deutschen Fußballhimmels emporpreschte, stehen die Königsblauen bis heute synonym für „Arbeiterverein". Doch Schalke war auch aus anderen Gründen faszinierend. Alle Spieler kamen aus dem engeren Umkreis des Gelsenkirchener Stadtteils, und der Zusammenhalt war einzigartig. Abwerbungsversuche in Richtung Kuzorra/Szepan konnten mit Verweis auf die „Gemeinschaft" stets erfolgreich abgeblockt werden (die beiden Superstars hatten offenbar auch selbst keine Lust, ihre Heimat zu verlassen), und spieltechnisch waren die Königsblauen ihren Konkurrenten weit überlegen. Das lag einerseits an herausragenden Fußballern wie eben Szepan und Kuzorra, andererseits aber auch an einer ungewohnten Taktik: dem Kreiselspiel. In den 1920er Jahren hatten die Brüder Fred und Hans Ballmann aus englischer Kriegsgefangenschaft ein besonderes Präsent mitgebracht, das berühmte britische Flachpassspiel. Am Schalker Markt standen exakt die richtigen Protagonisten für diese Ballkunst bereit. Man perfektionierte das „Gegner und Ball laufen lassen", brillierte mit großartigen Flachpasskombinationen und versetzte den Gegner dadurch regelrecht in „Kreiselbewegungen" – das „Kreiselspiel". Kam es erst mal ins Rollen, war Schalke nicht mehr aufzuhalten. Auf der anderen Seiten war aber ausgerechnet das Kreiselspiel auch Schalkes Problem: Man zauberte nämlich gerne und vergaß dann, dass zum Sieg profane Tore nötig sind.

man arbeitet".[36] Dazu kam der ausgesprochene Kollektivgeist, der den Königsblauen nachgesagt wurde, und der sich auf dem Spielfeld widerspiegelte. Das berühmte „Kreiselspiel" wäre ohne die eingeschworene und miteinander zutiefst vertraute Mannschaft niemals möglich gewesen.

Für die Nazis kam Schalke natürlich gerade recht. Der proletarische Stallgeruch, der den Verein umgab, passte perfekt zum Begriff „Arbeiterpartei" im Parteinamen NSDAP und wurde propagandistisch skrupellos ausgenutzt. Schalke stand plötzlich als Verkörperung deutscher Tugenden da, wodurch allerdings die Herkunft der Szepans, Kuzorras, Kalwitzkis und Tibulskis ein wenig in die Diskussion geriet. Als im „Kicker" ein vom polnischen Korrespondenten verfasster Artikel mit der Überschrift „Die Deutsche Fußballmeisterschaft in den Händen der Polen" erschien, sah sich der Verein zum Dementi gezwungen und reichte eine vom stellvertretenden Vereinsführer Tschenscher sowie Geschäftsführer Pieneck erstellte Aufstellung ein, aus der „einwandfrei zu ersehen ist, dass die Eltern unserer Spieler sämtlich im heutigen und früheren Deutschland geboren und keine polnischen Emigranten sind. Ihre Söhne sind alle im westfälischen Industriebezirk geboren. Nach unseren Wahrnehmungen denkt in Deutschland niemand daran, unsere Mannschaft als Polen zu bezeichnen. Ausdrücklich bemerken wir aber, dass wir niemandem das Recht geben, an der deutschen Nationalität unserer Mannschaft und unseres Vereins zu zweifeln."[37]

Schalke sollte zur Mannschaft des Jahrzehnts werden, und weil die Hochphase des Vereins mit der des Nationalsozialismus zusammenfiel, ist sie bis heute vom Ruch politischer Lenkung umgeben. Zu Unrecht allerdings. Zweifelsohne war Schalke 04 mit seiner sportlichen Entwicklung allen anderen Teams der Epoche überlegen und wäre auch unter anderen politischen Umständen zum Liebling und Abonnementsmeister aufgestiegen. Natürlich wurde Schalkes Aufschwung dadurch begünstigt, dass die Berufsspielerdebatte unter den Nazis endete und „Zwischenlösungen" legal wurden. Doch davon profitierten nicht nur Kuzorra und Co., sondern alle Spitzenmannschaften im Reich.

Offensichtliche Vereinnahmungsversuche durch die Nazis blieben freilich nicht aus. Das „Buch vom Deutschen Fußballmeister" lässt beispielsweise Fritz Szepan über seine Erlebnisse bei der WM 1934 mit folgenden Worten erzählen: „Für uns, ganz besonders für mich, kam nun ein unvergesslicher Anblick: Ich stand vor Mussolini. Auge in Auge mit dem Duce, oben wehen die Fahnen des Reiches. Das Deutschland- und Horst-Wessel-Lied schwingt über den Platz. In dieser Stunde…! Versteht ihr, dass das ans Herz geht? … Da stand ich ‚kleiner' Schalker, der Mann aus dem ‚Kohlenpott' auf einmal vor Italiens Regierungschef, um eine Ehrung für Deutschland zu empfangen, eine Ehrung, die schließlich Adolf Hitler zukam, aus dessen Geist wir gespielt haben und immer besser spielen werden."[38] Der, der da gesprochen hatte, war in Wahrheit allerdings nicht Fritz Szepan (dessen Sprache ganz anders klang) – es war ein „Zensor", der dem Schalker die passenden Worte in den Mund gelegt hatte…

Freilich gilt auch das: Die Schalker Spieler wehrten sich nicht gegen solche Vereinnahmungen, sie arrangierten sich mit dem politischen System und genossen die Privilegien, die man ihnen zubilligte. Fritz Szepan beispielsweise übernahm 1938 ein Kaufhaus am Schalker Markt, dessen jüdischer Vorbesitzer Deutschland verlassen musste.[39]

1934/35: HJ übernimmt die Jugendarbeit

Die Überlegenheit der Königsblauen setzte sich 1934/35 fort. Zwar kam der Deutsche Meister in der Gauliga Westfalen nur stotternd in Schwung und kassierte sogar eine 0:1-Heimpleite gegen den SV Höntrop, bei der der an der Leiste operierte Kuzorra erstmals wieder zum Einsatz kam (und prompt einen Elfmeter verschoss), anschließend ging es jedoch wieder aufwärts. Am Ende hatten die Knappen vier Zähler Vorsprung auf Höntrop, mussten in der anschließenden Endrunde allerdings auf Fritz Szepan verzichten, der mit Meniskusverletzung ausfiel. Ansonsten war das Schalker Dreamteam inzwischen durch Rudi Gellesch und Ernst Poertgen, die Rothardt und Zajons abgelöst hatten, vervollständigt worden.

In der Endrunde um die Deutsche Meisterschaft gab es diverse neue Gesichter. Niedersachsen meldete beispielsweise mit Hannover 96 ein Team, das zuletzt 1905 an der Endrunde teilgenommen hatte. Weitaus mehr als Schalke wiesen die 96er eine selbst gewählte Nähe zur politischen Führung auf. Seit 1919 waren sie beispielsweise vom im August 1934 verstorbenen Reichspräsident von Hindenburg als Ehrenpräsidenten geführt worden und hatten dank der Aura des beliebten Kriegsveteranen zahlreiche Vergünstigungen verbuchen können. Schon vor dem Machtwechsel hatten diverse 96er sich zum Nationalsozialismus bekannt, was dem Verein weitere Vorteile eingebracht hatte. Das Beispiel Hannover 96 steht exemplarisch für ein gängiges Phänomen jener Tage, und die Nähe zur NSDAP bzw. die Akzeptanz des Vereins durch die (lokalen) politischen Führer sollten sogar Weichen mit Ewigkeitscharakter stellen. 96 beispielsweise konnte in Hannover nunmehr wesentlich freier auf Talentsuche gehen bzw. lukrative Wirtschaftskontakte knüpfen als beispielsweise der Lokalrivale SV Arminia – Folge war, dass 96 sich als lokale Nummer 1 herausschälte.

Ähnlich verhielt es sich in Stuttgart. Dort hatte sich der VfB aus dem einst übermächtigen Schatten der Kickers bereits ein wenig herausgearbeitet, als der politische Führungswechsel den Cannstattern plötzlich zusätzlichen Rückenwind verschaffte. Während die Kickers als „jüdischer Klub“ galten und insofern nicht mehr sonderlich gut angesehen waren, profitierte der VfB u. a. davon, dass er sein Stadion auch vor dem 30. Januar 1933 schon der NSDAP für Propagandaveranstaltungen zur Verfügung gestellt hatte. Sportlich zahlte sich das aus. Nach Gewinn der württembergischen Gaumeisterschaft ließen die Schwaben auch in den Gruppenspielen der Endrunde um die Deutsche Meisterschaft 1934 aufhorchen und sicherten sich in Gruppe IV vor Altmeister SpVgg Fürth den Einzug ins Halbfinale. Jenes wurde komplettiert von Schalke 04 (hatte sich in einem packenden Zweikampf gegen Hannover 96 durchgesetzt), dem VfL Benrath und der Polizeielf aus Chemnitz, die die Berliner Hertha hinter sich gelassen hatte. Chemnitz profitierte vor allem von Mittelstürmer Erwin Helmchen, der Tore wie am Fließband schoss und aus unerfindlichen Gründen niemals in die Nationalelf berufen wurde.

Auch im Halbfinale traf Helmchen für seine Elf zweimal ins Schwarze – doch der Gegner aus Schalke war noch treffsicherer und zog mit einem 3:2-Sieg zum dritten Mal in Folge ins Finale ein. Dort trafen die Knappen auf den VfB Stuttgart, der sich souverän mit 4:2 gegen den ersatzgeschwächten VfL Benrath durchgesetzt hatte; den Düsseldorfer Vorstädtern fehlte ausgerechnet im wichtigsten Spiel der Saison Nationalspieler Karl Hohmann.

Beim Finale im Müngersdorfer Stadion zu Köln wurde mit über 74.000 Zuschauern eine neue Rekordkulisse registriert. Bei brütender Hitze diskutierten die schwitzenden Fans vor dem Anpfiff vor allem darüber, ob der angeschlagene Fritz Szepan wohl spielen würde. Im Gegensatz zum Stuttgarter Verteidiger Weidner, der verletzt draußen bleiben musste und durch Walter Kotz ersetzt wurde, war der „große Blonde“ schließlich dabei. VfB und Schalke lieferten den Fans ein packendes Spiel und setzten jeweils auf Offensive. Die Tore aber schossen zunächst nur die Schalker, deren Kreiselspiel vor dem Seitenwechsel geradezu perfekt lief und VfB-Keeper Kapp vor unüberwindbare Probleme stellte. 3:0 hieß es nach 45 Minuten, und als Poerten acht Minuten nach Wiederanpfiff auf 4:0 erhöhte, schien das Spiel entschieden zu sein. Doch die Schwaben schlugen zurück, verkürzten binnen zwei Minuten auf 2:4 und verunsicherten ihren Gegner damit. Dramatische 30 Minuten mit wechselnder Torfolge schlossen sich an, ehe Schiedsrichter Best die Partie schließlich abpfiff und Schalke dank eines 6:4-Sieges zum zweiten Mal die „Viktoria“ in Empfang nehmen konnte. In Stuttgart war man nicht allzu traurig, sondern feierte

Fröhlich und zuversichtlich ziehen Schalker Fans zum Finalspielort.

auch die Vizemeisterschaft. „Eine vieltausendköpfige Menge harrte vor dem Bahnhof, umsäumte die König- und Eberhardstraße bis zum Peterhof, überall wurden unsere Spieler, die in blumengeschmückten Autos Platz genommen hatten, stürmisch begrüßt und wie Sieger gefeiert. Es war ein herzliches Bekenntnis der Stuttgarter zu ihrem VfB, das tiefe Freude und Befriedigung in uns auslöste und alle Beteiligten in dem Vorsatz bestärkte, auch in Zukunft alles einzusetzen, um diese öffentliche Anerkennung zu rechtfertigen und zu erhalten“, heißt es rückblickend.[40]

Wie erwähnt hatte dem Finale eine neue Rekordzuschauerzahl beigewohnt. Das entsprach der reichsweiten Entwicklung, denn bei den 50 Endrundenspielen waren insgesamt 629.500 Fans (durchschnittlich 12.590 pro Spiel) registriert worden, und gewöhnliche Gauligaspiele wurden inzwischen häufig von 10.000 und mehr Fans besucht. Wie nie zuvor gehörte der Besuch eines Fußballspiels zu den beliebtesten Alltagsbeschäftigungen, stand die Diskussion über die wochenendlichen Ereignisse im Mittelpunkt eines jeden Stammtisches, ließ sich ein Volk vom Spiel um den Ball anstecken.

Dass der ungebremste Aufschwung des Fußballs unter den Nazis nicht nur anhielt, sondern noch angekurbelt wurde, war beabsichtigt. Fußball war längst zum „deutschen Spiel“ geworden, und unter den Nazis kamen vermeintliche deutsche Tugenden im

Fußball immer stärker zum Tragen. Auch das „Volk in Leibesübungen", das Reichssportführer von Tschammer bei seinem Amtsantritt 1933 angekündigt hatte, war spürbar näher gekommen. Das war nicht zuletzt auf administrativer Ebene zu beobachten. Am 30. Januar 1934, dem ersten Jahrestag der so genannten „Machtergreifung", war aus dem provisorischen Reichsführerring der „Deutsche Reichsbund für Leibesübungen" (DRL) geworden, der als Dachverband aller Turn- und Sportvereine fungierte und insofern so etwas wie der DRA-Nachfolger war. Er gliederte sich in Gaue, Bezirke und Kreise, deren Führungen sich wiederum aus den Sport-, Kassen-, Diet-, Presse-, Rechtswarten und Frauenwartinnen zusammensetzten. Finanziert wurde der Bund durch eine Kopfsteuer von zwei Reichsmark pro Mitglied, wobei die Fußballvereine einen Rabatt erhielten, weil sie zusätzlich einen Pauschalbetrag von ihren jeweiligen Spieleinnahmen entrichten mussten, dessen Höhe sich nach Klassenzugehörigkeit richtete.

Die Gründung des DRL war eine Antwort auf die wachsende Bedrohung des „bürgerlichen" Vereinssports durch einige finanziell und politisch überlegene Parteigliederungen, die sich im Sport immer breiter machten. Insbesondere die DAF (Deutsche Arbeiter-Front) mit ihrer Untergruppierung KdF (Kraft durch Freude)-Sport sorgte inzwischen für Kopfzerbrechen. Die KdF verstand sich als „Organisation aller schaffenden Deutschen der Stirn und der Faust", kümmerte sich vor allem um den Sport in den Produktionsstätten und wollte damit einen Beitrag zur „Wehrertüchtigung" und „rassischen Vervollkommnung" der Werktätigen leisten. Zum Jahreswechsel 1933/34 hatte von Tschammer noch für den Ausbau des Sportamtes der KdF geworben, weil jenes dafür ausersehen war, „weit mehr als bisher ... Sport und Turnen ... zum großen Ausgleich für den schaffenden deutschen Menschen, für den Arbeiter der Stirn und der Faust" zu gestalten. Als der KdF 1934 jedoch schon mehr als 470.000 Menschen angehörten – darunter zahlreiche ehemalige Arbeitersportler, deren Beitritt in „bürgerliche" Vereine erschwert war – wuchs auf Seiten der Vereine die Furcht, dass ihnen der Sport nun doch allmählich aus den Händen gleiten würde.

Dazu passte die bedrohliche Entwicklung in der Jugendarbeit: Am 25. Juli 1934 vereinbarten Reichssportführer von Tschammer und Reichsjugendführer von Schirach die Eingliederung der Turn- und Sportjugend in die HJ. Den Vereinen wurde mitgeteilt, sie hätten sich bezüglich der Jugendpflege künftig auf den sportlichen Sektor zu beschränken und Aktivitäten wie Heimabende, Wanderungen und kulturelle Veranstaltungen der HJ zu überlassen. Jene kümmerte sich zudem um weltanschaulichen Unterricht, sportliche Grundausbildung, Geländesport und Schießübungen. Jugendliche zwischen 10 und 16 Jahren, die künftig Mitglied eines Turn- oder Sportvereins werden wollten, mussten zugleich Mitglied der HJ sein.[41] Ab 1936 durften 10- bis 14-Jährige dann ausschließlich im „Jungvolk" Sport treiben und waren für Vereine tabu.

Ansonsten feilte man an den neuen Spielstatuten. Am 28. Juli 1934 forderte Fachamts-Pressewart Guido von Mengden beispielsweise zum „Kampf gegen die Spielerwanderung" auf. Die Zeit der „Fremdenlegionäre" sei endgültig vorbei, und „die bekannten ewigen Wandervögel können mit Sicherheit darauf rechnen, dass sie sich ein oder mehrere Jahre in den unteren Mannschaften aufhalten dürfen".[42] Trotz derartiger Töne und auch tatsächlich strenger Strafen blieben Vereinswechsel an der Tagesordnung. Eine höchst zweischneidige Sache war der Kampf gegen Profitum, bei dem man mit zweierlei Maß vorging. Niedersachsens amtierender Gaumeister Werder Bremen beispielsweise wurde am 21. Oktober 1934 bis zum Ende des Jahres gesperrt; die Spieler Müller, Hundt, Mayer, Frank und Heidemann für einen Zeitraum zwischen sechs Monaten und einem Jahr ausgeschlossen. In der Begründung hieß es, die Spieler hätten „aus der Teilnahme am Sport einen Gewinn in Geldwert gezogen".[43] Wirksam wurden die Sperren allerdings nur teilweise – Werder konnte die Saison jedenfalls unbehelligt fortführen. Alles andere als glimpflich ging hingegen der Fall des Rekordtorschützens der Nationalmannschaft ,Richard Hofmann, aus, der im Frühjahr 1935 auf Lebenszeit aus der Nationalelf ausgeschlossen wurde, weil er für die Überlassung von Bildern an eine Zigarettenfabrik, die damit werben wollte, Geld genommen hatte…

Eine Novität im jährlichen Spielbetrieb war die Einführung eines Vereinspokalwettbewerbes, der im Herbst 1934 von Fußballführer Linnemann angekündigt wurde. Jahrzehntelang angedacht, aber immer wieder an den regionalen Animositäten gescheitert[44], war nach Ausschaltung der Regionalverbände der Weg offenbar frei für die Pokalbefürworter. „Ein richtig aufgezogener Pokalwettbewerb kann den Klubs während der meisterschaftslosen Zeit die Beschäftigung bringen, die sowohl für die Erhaltung der Form, wie auch für die materielle Erhaltung der Vereine notwendig ist. Er kann darüber hinaus aber auch dem Fußballsport neue Massen und andere Vorteile zuführen", klatschte der „Fußball" zufrieden Beifall. Geplant war ein Wettbewerb, der „für alle 14.000 der DRL-Fußballsparte angehörenden Vereine offen" sein sollte, wobei „nur die Gau- und Bezirksklassenvereine auch zur Teilnahme verpflichtet" waren. Von der Idee bis zur Umsetzung vergingen nur wenige Monate, zumal Reichssportführer von Tschammer selbst den Pokal spendierte, der daraufhin mit seinem Namen versehen wurde. Bereits im Januar 1935 begannen die Ausscheidungsspiele auf lokaler Ebene, im Mai griffen die Bezirksklassen- und Gauligavereine ein, und am 1. September stand erstmals die „1. Schlussrunde" auf dem Programm. Die Attraktivität des Pokalwettbewerbes war allerdings gering. Selbst ein Schlagerspiel wie VfB Leipzig gegen 1. FC Nürnberg lockte lediglich 4.000 Zuschauer an – in der Endrunde um die Deutsche Meisterschaft wäre die Kulisse zweifelsohne um ein Vielfaches größer gewesen. Auf der anderen Seite bot der Pokalwettbewerb vor allem für die kleinen Vereine einen einzigartigen Reiz. Zweitligist Spielvereinigung Göttingen beispielsweise bescherte das Los den Deutschen Meister Schalke 04, woraufhin die Universitätsstadt für ein paar Tage völlig Kopf stand und die Schwarz-Weißen ihren Sportplatz am Sandweg rasch ausbauen mussten, um dem enormen Interesse Herr zu werden. Auch das lokale Parteibüro erkannte aus diesem Anlass erstmals die Bedeutung des Fußballs und war beim Spiel präsent. Während die Göttinger dem großen Gegner auf dem Spielfeld neidlos ihre Anerkennung zollten und sich mit 1:5 geschlagen gaben, überzeugte der ebenfalls in der zweitklassigen Bezirksliga kickende Berliner Klub Berolina-LSC auch sportlich

▷ Fortsetzung S. 216

Mann der Stunde ■ Ernst Fuhry und seine Spartaner

Ein bemerkenswertes Experiment unternahm Ernst Fuhry, Schriftleiter des Monatsblattes „Deutsche Sportjugend", noch vor dem Machtantritt der Nazis. 1929 versammelte der aus der katholischen DJK-Bewegung stammende und mit bisweilen überhöhten moralischen Ansprüchen ausgestattete gebürtige Wormser eine Hand voll elfjähriger Fußballer – darunter zahlreiche Waisenkinder –, um sie systematisch an Ball und Leben zu schulen und um aus ihnen eines Tages ein wettbewerbsfähiges Team zu gerieren. Zunächst unter dem Banner der DJK St. Thomas Berlin, ab 1933 dann unter dem Begriff „Spartaner" kümmerte Fuhry sich um alles – die jugendlichen Kicker wohnten sogar in seiner Berliner Wohnung in der Brückenallee 5! Fuhry schulte seine Spartaner in sämtlichen Bereichen: Neben dem Sport (es wurden allerdings keine Ligaspiele ausgetragen, sondern fast ausschließlich trainiert) betraf das auch sensiblere Lebensbereiche. „Da wurden Probleme im Nebenzimmer beim Kerzenschein, auf dem Bodenteppich hockend, bis spät in die Nacht hinein gewälzt, in denen sich die vielen charakterlichen Unebenheiten der Einzelnen abschleiften, die Batterien der Willensstärke aufgeladen wurden und so aus kleinen Buben allmählich handfeste Männer heranreiften, die da wussten, was sie wollten und nicht mehr nur Spielball ihrer oder anderer Lust und Launen wurden", erinnerten sich die „Spartaner" Kurt Böhnke und Ulrich Schoe später.[45] Fuhry strebte eine „totale Ausbildung" an. Es dauerte nicht lange, da wuchs die Gemeinschaft zu mehreren Mannschaften und wurde regelmäßig zu Halbzeitunterhaltungen bei großen Spielen in Berlin engagiert, wobei sie das Publikum mit erstaunlichen Kunststücken am Ball erstaunte. 1934 traten die Spartaner – auf Druck von Felix Linnemann, wie es heißt – dem Postsportverein Berlin bei und begannen allmählich, auch Freundschaftsspiele durchzuführen. 1936 wurde die B-Jugend schließlich erstmals zur Teilnahme an der Meisterschaft gemeldet; zwei Jahre später sicherte sie sich mit einem 7:1 über Norden-Nordwest prompt die Berliner Jugendmeisterschaft und die „Fußball-Woche" staunte: „Die Spartaner Fuhrys werden trotz mancherlei Widerstand aus den Reihen derer, die den Normalweg mit der Jugendausbildung eingeschlagen haben, allmählich zu einem Begriff im Berliner Fußball. Das bestaunenswerte balltechnische Können der Spartaner macht die Publizistik aufmerksam. In Text und Bild berichtet sie wahre Wunderdinge von diesen jugendlichen Fußballjongleuren."[46]

Das Besondere an den Spartanern war ihre Philosophie, die strikt von Ernst Fuhry vorgegeben wurde. Fairness, Freundschaft und Friede waren „Leitsterne unserer Spiele", was sich nicht nur auf das Spielfeld beschränkte. Alkohol und Zigaretten waren verpönt, stattdessen gab es gemeinsame Vergnügungen wie Heimabende, Fahrten und Zeltlager. Technisch legte Fuhry großen Wert auf sauberes Flachpass-Spiel, wobei jeder Spieler beidfüßig schießen können musste und so lange darin geschult wurde, bis er es auch wirklich konnte. Der Lager- und Gemeinschaftsgeist war allgegenwärtig. Per Zeitungsanzeigen wurde nach ausgedienten Fußballschuhen und Fahrrädern gesucht, ständig strömten neue Jugendliche hinzu. Spieler wie Heinz Schumann und Klemens Hayduk, die nach dem Krieg in der Oberliga Nord Karriere machten, waren „Spartaner". Das Experiment scheiterte schließlich am Krieg, aus dem 19 der insgesamt 40 Spartaner nicht heimkehrten.

Ernst Fuhry, der Initiator und „Kopf" der Spartaner ist freilich nicht unumstritten. Einerseits galt der Katholik als beinharter Amateurverfechter, andererseits übte er sich früh in nationalsozialistischer Ideologie. 1932 schrieb er der Jugend ins Stammbuch „Politik ist die Sache der Män-

Ernst Fuhry in den 1960er Jahren.

ner, sie geht uns nichts an. Aber wir können Deutschland nicht von unserem Sport und unserem Leben trennen",[47] und jubelte nach der Bücherverbrennung am 10. Mai: „Kitsch und Schund in allerlei Sorten ist verschwunden, die Zeitungsstände und Buchhandlungen sind vom schlimmsten und unflätigsten Mist geräumt, der eine Schande für Deutschland war und der mit seiner Spekulation auf die niedrigen Gedanken vieler Menschen sein schmutziges Geld verdiente. Lodernde Scheiterhaufen fraßen dieses finstere Zeug und schufen reinere und saubere Luft, in der sich freier atmen lässt."[48] Fuhry war sicherlich kein Nazi der ersten Stunde – seine ethischen Grundsätze ließen sich aber an diversen Punkten mit der nationalsozialistischen Ideologie verbinden. Später geriet er aufgrund seiner außersportlichen Aktivitäten mit den Spartanern jedoch mit den Machthabern in Konflikt – schließlich war ab 1936 ausschließlich die HJ für Veranstaltungen wie Heimabende, Wanderungen und Zeltlager zuständig. Bis Juni 1941 konnte Fuhry sein Programm noch aufrechterhalten (was zugleich belegt, dass er keineswegs abseits der „Bewegung" stand), dann wurde, nach längerer Bespitzelung der Gruppe sowie mehreren Hausdurchsuchungen bei Fuhry, ein Verbot öffentlicher Auftritte der Spartaner ausgesprochen. Zugleich endete Fuhrys Tätigkeit als Schriftleiter bei der „Deutschen Sportjugend" und der Fußballlehrer wurde zur Luftkriegsakademie Berlin-Gatow eingezogen. Nach dem Krieg begann Fuhry von vorne: Zunächst führte er die von ihm gegründete Nordhorner Eintracht nach oben, ehe er, nachdem ihm bei der Eintracht zu viel von „Geld" geredet wurde, mit der Sport- und Jugendvereinigung Weiße Elf einen Nachfolger der Spartaner gründete. Deren Motto lautete „Flach schießen, hoch gewinnen!", und deren Vereinsleben war geprägt von Heimabenden, Zeltlagern, Wanderungen und dem unvermeidlichen „beidseitig schießen".

und schaltete mit Victoria Hamburg bzw. Vorwärts-Rasensport Gleiwitz gleich zwei Gauligisten aus. Sensationen wie diese waren es, die den Reiz des Pokalwettbewerbes ausmachten – und bis heute seinen Nachfolger „DFB-Pokal" attraktiv gestalten.

Höchst schlagzeilenträchtig war das Pokalfinale, bei dem es zur Neuauflage des Endspiels um die Deutsche Meisterschaft von 1934 kam: Schalke gegen Nürnberg. Während seinerzeit Schalke glücklich die Nase vorn gehabt hatte, gingen am 8. Dezember 1935 die Franken als Sieger vom Feld. 60.000 Fans sahen in Düsseldorf ein souveränes 2:0 des Club. „Schalke glaubte vielleicht im allzu sicheren Gefühl der technischen Überlegenheit, diesmal die Nürnberger im Kanter schlagen zu können. ... Je sicherer die Süddeutschen in ihrem Spiel wurden, desto unruhiger und nervöser verhedderten sich die Kombinationen der Schalker", konstatierte der „Fußball".

Der Vereinspokal sollte sich in den kommenden Jahren mühsam, aber stetig etablieren und zu einem festen Bestandteil des saisonalen Kalenders werden. Ungewöhnlich war allerdings der zeitliche Rahmen, denn der Pokalwettbewerb begann und endete jeweils im Januar – das Finale fand also häufig unter keineswegs idealen Witterungsbedingungen statt. Erst nach dem Zweiten Weltkrieg wurde der Wettbewerb zeitlich in den gewöhnlichen Saisonverlauf integriert.

1935/36: Olympiaschlappe gegen Norwegen

Die Saison 1935/36 stand ganz im Zeichen der Olympischen Spiele 1936, deren Austragung Deutschland bereits 1931 zugesprochen worden war. Nachdem es zum Jahreswechsel 1932/33 wegen der schlechten wirtschaftlichen Verhältnisse phasenweise nach einer Rückgabe der Spiele an das IOC ausgesehen hatte, hatte sich Reichskanzler Adolf Hitler höchstpersönlich der Frage angenommen und entschieden, an der Austragung festzuhalten. Mehr noch – er wollte die Spiele zu einer einzigen Demonstration deutscher „Stärke" umwandeln und pumpte gewaltige Summen in das Projekt Olympia '36. Das eigentlich vorgesehene Grunewaldstadion – 1914 für die kriegsbedingt ausgefallenen Olympischen Spiele 1916 errichtet – wurde abgerissen und machte einem „angemessenen" Großstadion (Olympiastadion) Platz, die Förderung der Sportler fand auf breiter Ebene statt, und die außenpolitische Propagandamaschine arbeitete unter Hochdruck.

Der Fußball bekam ebenfalls einen unmissverständlichen Olympia-Auftrag: Erringung der Goldmedaille beim Fußballturnier, das erstmals seit 1928 wieder ausgetragen wurde. 1932 hatte man auf das Turnier verzichtet, weil die ungeklärte Profifrage im Raum gestanden hatte, doch auf Antrag Deutschlands stand Fußball 1936 wieder auf dem Programm. Reichstrainer Nerz und sein Assistent Herberger bekamen große Freiheiten beim Aufbau einer starken Olympiaauswahl, mussten aber auf die Leistungsträger Kuzorra, Szepan und Kress verzichten, die als ehemalige Berufsspieler nicht startberechtigt waren. Bereits drei Wochen vor dem Turnierstart zog Nerz seine Schützlinge in einem Trainingslager zusammen und schien nach einem 9:0-Auftaktsieg über Luxemburg auf dem richtigen Weg zu sein. Doch am 7. August 1936 ereilte Deutsch-

Kuzorras eleganter Freistoß überwindet die Abwehr des Berliner SV 92. Schalke gewinnt das Gruppenspiel mit 3:2.

lands Fußball eine seiner schwärzesten Stunden. Eine völlig verunsicherte Mannschaft, die steif und inspirationslos wirkte, ließ sich von Norwegen regelrecht vorführen und unterlag mit 0:2. Angesichts der schier unendlichen Erwartungshaltung eine regelrechte Katastrophe, zumal auch noch Reichskanzler Adolf Hitler auf der Tribüne im Berliner Poststadion gesessen und sich über die Fußballer geärgert hatte. Hitlers Anwesenheit war freilich nicht unschuldig an dem Debakel – Willy Simetsreiter bekannte später, die Ansprache des „Führers“ in der Kabine habe die Spieler „ganz durcheinander“ gebracht. Zwei Jahre nach Platz 3 bei der WM in Italien war Deutschlands Fußball international jedenfalls wieder ernüchtert.

In der Endrunde um die Deutsche Meisterschaft 1935/36 hatte es ebenfalls eine Sensation gegeben, denn im als „Traumfinale“ apostrophierten Halbfinale hatte Titelverteidiger Schalke 04 vor der neuen Rekordkulisse von 80.000 Zuschauern mit 0:2 gegen den 1. FC Nürnberg verloren und war damit erstmals seit 1933 vorzeitig ausgeschieden! Die Schalker Pleite hatte sich jedoch angebahnt. In den Ligaspielen im Gau Westfalen waren Szepan und Co. noch unwiderstehlich gewesen und hatten sich mit einem einzigen Punktverlust (2:2 vor 15.000 Fans bei Hüsten 09) Platz 1 gesichert. Doch in der Endrunde war den Knappen eine sensationelle 2:3-Pleite gegen die Chemnitzer Polizisten unterlaufen, und es hatte das Torverhältnis herhalten müssen, um ins Halbfinale einzuziehen. Positivüberraschung der Endrunde war Schlesienmeister Vorwärts-Rasensport Gleiwitz, kurz „VR“ genannt. Mit ihrem „raumgreifenden und sicheren Flachpass-Spiel“ („Fußball“) sicherten sich die vom Ex-Düsseldorfer Frauenkron trainierten Grün-Weißen in Gruppe II Platz 1 und ließen dabei so renommierte Teams wie Werder Bremen und den Eimsbütteler TV hinter sich. Im schlesischen Hüttenrevier löste der Erfolg eine regelrechte Fußballeuphorie aus. Zur vorentscheidenden Partie gegen den Eimsbütteler TV am 10. Mai 1936 war das Gleiwitzer Jahnstadion mit 8.000 Zuschauern erstmals restlos ausverkauft gewesen. Die Sportförderung des oberschlesischen Raumes durch das NS-Regime zeigte damit erste Wirkungen.

An Eimsbüttels Endrundenpräsenz wurde auch deutlich, dass die Krise beim Hamburger Aushängeschild HSV noch nicht vorbei war. Mit Platz 3 hinter dem ETV und dessen Nachbar SC Victoria erzielten die erfolgsverwöhnten Rothosen sogar ihre bis dahin schlechteste Platzierung der Vereinsgeschichte. Tiefpunkt war die 0:7-Heimpleite gegen den ETV. Parallel dazu drohte dem Klub aufgrund einer obskuren Vereinspolitik der finanzielle Exitus. Erst als Karl Mechlen im September 1935 die Vereinsführung übernahm, steuerte der HSV wieder auf souveränerem Kurs.

Ähnlich wie im Gau Nordmark gab es auch in anderen Regionen regelrechte Umwälzungsprozesse. Berlins Fußball beispielsweise rutschte immer tiefer in die Krise und schickte mit dem BSV 92 erneut ein „frisches Pferd“ ins Rennen. Die auf den ersten Blick so spannend erscheinende Ausgeglichenheit der Berliner Spitzenklubs war allerdings bittere Folge eines allgemeinen Niedergangs des Leistungsfußballs in der Reichshauptstadt, deren Vertreter mit den Topteams im Reich nicht mehr mithalten konnten. Düsseldorf stand im Banne des Stadtderbys zwischen der Fortuna und dem VfL Benrath, in Stuttgart kämpften Kickers, Sportfreunde und VfB um die Macht, und in Bayern zog endlich mal wieder das Frankenderby Nürnberg - Fürth die Massen an. Südwest, einer der als „schwächer“ eingeschätzten Gaue, schickte mit Wormatia Worms einen Neuling ins Rennen. Titelverteidiger Phönix Ludwigshafen landete derweil abgeschlagen auf dem letzten Tabellenplatz. Den Chemiestädtern war nicht nur eine Heimspielsperre aufgebrummt worden, weil einige ihrer Anhänger beim 4:2-Sieg über Eintracht Frankfurt randaliert hatten, sondern es waren diverse Spieler gesperrt worden, weil sie gegen die Amateurbestimmungen verstoßen hatten. „Verletzungen, innerer Hader und politische Dunkelmänner des neuen Regimes führten den FC Phönix in eine Pechsträhne, aus der es so schnell kein Entrinnen mehr geben sollte“, heißt es schwülstig in der Ludwigshafener Vereinschronik[49], die die Hintergründe des Vergehens leider auslässt. Für den Phönix waren die Folgen fatal: Noch im selben Jahr wurde er mit anderen lokalen Klubs zum Großverein TSG fusioniert und verschwand von der Bildfläche. Erwähnt werden muss noch Phönix Karlsruhe: Der Deutsche Meister von 1909 stieg aus der Gauliga ab und war damit der erste ehemalige Deutsche Meister, der in die Zweitklassigkeit abrutschte.

Das Spiel der Spiele des Frühjahrs 1936 aber war der erwähnte Halbfinalschlager zwischen Nürnberg und Schalke. Mit abenteuerlichen Holztribünen war das Fassungsvermögen der Stuttgarter Adolf-Hitler-Kampfbahn auf 80.000 geschraubt worden – und dennoch blieben Tausende von Fans enttäuscht vor den Stadiontoren stehen. „Seit Bestehen der Deutschen Meisterschaft erregte noch kein Vorschlussrundenspiel derartiges Aufsehen“, schrieb der „Fußball“ begeistert. Das Spiel selbst war eine Enttäuschung. Knüppelhart geführt, von unablässig strömendem Regen beeinflusst und überschattet von einer katastrophalen Schiedsrichterleistung sahen die 80.000 einen verdienten 2:0-Sieg der Franken, die mit den vor allem im Sturm harmlosen Schalkern keine Mühe hatten. Wesentlich dramatischer war es im vermeintlich unattraktiven Parallelspiel zwischen Fortuna Düsseldorf und VR Gleiwitz zugegangen. Die Schlesier waren nach 15 Minuten in Führung gegangen und hatten lange Zeit wie der sichere Sieger (und damit Finalist!) ausgesehen, als das Unglück über sie hereinbrach: Zehn

Atemberaubende Nottribünen in der Stuttgarter Adolf-Hitler-Kampfbahn.

Empfang des Deutschen Meisters 1. FC Nürnberg: Angeführt von Brigadeführer Schneider verlassen die Cluberer den Bahnhof.

Minuten nach dem Seitenwechsel markierte Zwolanowski den Ausgleich, dann brach sich Verteidiger Josefus den Arm (er spielte dennoch weiter!), und in der 75. Minute zerstörte Nachtigall mit dem 2:1 für Düsseldorf die Endspielträume. Am Ende hieß es standesgemäß 3:1, und Schlesiens größte Fußballstunde war Geschichte.

Das Finale war ebenfalls reich an Dramatik. Düsseldorf begann furios und setzte den 1. FC Nürnberg vehement unter Druck. Nachtigall traf nach nur drei Minuten zur Führung und hatte kurz darauf die Chance, auf 2:0 zu erhöhen. Doch der Düsseldorfer vergab überhastet, und die Franken konnten tief durchatmen. Anschließend entwickelte sich eine kampfbetonte Partie, in der sich beide Seiten zahlreiche dumme und mitunter üble Fouls leisteten und in der Düsseldorf optisch dominierte. Selbst als Eiberger in der 34. Minute zum Ausgleich traf, zweifelte niemand daran, dass die Fortuna nach dem Seitenwechsel alles klar machen würde. Daraus wurde jedoch nichts. Bei geradezu tropischen Temperaturen verflachte die Begegnung in der zweiten Halbzeit, und weil die Fortuna ihre hochkarätigen Chancen nicht nutzte, kam es zur Verlängerung. In der fielen ebenfalls keine Tore – jedenfalls bis zur Schlusssekunde. Da bekam Nürnberg einen Freistoß zugesprochen, den Friedel zu früh hereingab, woraufhin Schiedsrichter Birlem Wiederholung forderte. Dann ging alles blitzschnell. Friedel sah Gußner freistehend vor dem Düsseldorfer Gehäuse, bediente seinen Außenstürmer, der aus 22 Metern ins Schwarze traf. Kurz darauf ertönte der Schlusspfiff, und der 1. FC Nürnberg hatte seine sechste Deutsche Meisterschaft in der Tasche. „Es ist nun einmal so, dass bei einem deutschen Endspiel die Glücksgöttin dem Sieger mit einem Flügel winkt. Heute hat sie aber den Nürnbergern mit beiden Flügeln gewunken“, befand Fußball-Fachamtsleiter Linnemann und sprach aus, was Tausende im ganzen Reich empfanden: Mitleid mit den Düsseldorfern.

Deutscher Meister 1936: 1. FC Nürnberg

Zwischenzeitlich waren Vereine und Verbände noch stärker nach dem Willen der Nationalsozialisten umgeformt worden. Wesentlichste Neuerung war die im Januar 1935 erlassene Einheitssatzung, nach der sich die Mitglieder des DRL auf die „leibliche und seelische Erziehung seiner Mitglieder im Geiste des nationalsozialistischen Volksstaates“ verpflichten mussten.[50] Zugleich wurde die Übernahme des Führerprinzips obligatorisch und der endgültige Rauswurf aller nichtarischen Vereinsmitglieder besiegelt. Die Vereine wurden außerdem verpflichtet, einen Dietwart zu benennen, der sich um Dinge wie Wehrwillen, Volksstolz und Volksgefühl kümmern sollte.[51] Für die Betroffenen war dies eine mitunter unbefriedigende Aufgabe, denn unter den Vereinsmitgliedern herrschte zumeist nur wenig Interesse an Politik, so dass die Schulungen durch die Dietwarte an den meisten vorbeigingen.

Schließlich erfolgte 1936 die Umwandlung der Fachverbände (bzw. Fachsäulen) in Fachämter, woraufhin aus dem Deutschen Fußball-Verband das Fachamt Fußball wurde.[52] Damit verbunden war der Verlust der Kontrolle über die eigenen Finanzen, die fortan zentral über die DRL erfolgte. Außerdem wurden die Gaufachämter aufgelöst und die Gaufachwarte in den Verwaltungsapparat der Gauämter übernommen. Auch dies entsprach einer weiteren Annäherung des Sports an die Parteistrukturen. Dazu passt eine am 10. Oktober 1936 erteilte Anordnung des Reichssportführers: „Die im Deutschen Reichsbund für Leibesübungen hergestellte Einheit der deutschen Leibesübungen macht die Anwendung einheitlicher Bezeichnungen notwendig. Ich ordne daher an, dass im Briefverkehr ausschließlich die Unterschrift ‚Heil Hitler' verwandt wird. Bei sportlichen oder geselligen Veranstaltungen ist, wenn ein gemeinsamer Ruf ausgebracht wird, der Ruf ‚Sieg Heil' anzuwenden. Als Anrede ist das Wort ‚Kamerad' zu gebrauchen."[53] Felix Linnemann bemühte sich derweil, „dem Fußballsport den vollen sportlichen Wert zu erhalten" und lehnte für Deutschland die Einführung so genannter „Nachtspiele" (also unter Flutlicht) ab, da diese Fußball „zur Schaustellung zu machen versuchte".[54]

1936/37: Schalke erringt erstmals das Double

Auf sportlichem Sektor lieferte auch die Saison 1936/37 packende Unterhaltung. Ausgerechnet Gedania Danzig, der Klub der polnischen Bevölkerungsmehrheit in der laut Statut vom Völkerbund regierten Ostseestadt, brachte beispielsweise der aufstrebenden Soldatenelf[55] von Hindenburg Allenstein die einzige Saisonniederlage bei und hinterließ damit einen tiefen Kratzer im soldatischen Ehrgefühl. In Breslau wartete man derweil händeringend auf eine Renaissance des lokalen Fußballs, der gegenüber dem oberschlesischen Hüttenrevier deutlich ins Hintertreffen geraten war. Aus Sachsen meldete sich die BC Hartha, ein Musterbeispiel des Arbeitervereins, der im vielsagenden „Industriestadion" spielte und seine kleine Heimatgemeinde reichsweit bekannt machte. Federführend war der Unternehmer Oskar Möbius, Trainer der Elf der einstige Nationalspieler Lori Polster. Dass Fußball und Wirtschaft unter dem Hakenkreuz zueinander passten, belegt auch der Fall TuRa Leipzig, ebenfalls ein von der Industrie (Automatenfabrik) unterstützter Klub aus Leipzig-Leutzsch, der bei seinen Heimspielen durchschnittlich 10.000 Zuschauer verbuchte – obwohl er erst 1932 gegründet worden war! TuRas Faszination war bald reichsweit bekannt und lebt bis heute in der „Leutzscher Legende" des FC Sachsen Leipzig fort.

Erstmals gab es 1937 zu einem Endspiel ein Stadionprogramm zu kaufen.

In Hamburg erfreute man sich an der Renaissance des HSV, der nach seinem erwähnten Führungswechsel wieder auf

Kurs gekommen war und sich mit sechs Punkten Vorsprung auf Holstein Kiel die Gaumeisterschaft sicherte. Nicht diskutieren musste man über Schalke 04: 103 Tore in 18 Spielen und ein einziger Punktverlust (4:4 gegen den Spielverein Herten 12) sprechen eine mehr als deutliche Sprache. Vizemeister Westfalia Herne wies 14 Punkte Rückstand auf!

Die Knappen waren diesmal auch in der Endrunde nicht zu stoppen. Sie brannten ein regelrechtes Feuerwerk ab, trafen alleine gegen Viktoria Stolp 20-mal ins Schwarze (8:0 und 12:0) und ließen Werder Bremen sowie Hertha BSC Berlin weit hinter sich. Auch Nürnberg und der HSV dominierten ihre Gruppen (Nürnberg setzte sich dabei u. a. gegen Vorjahrsfinalgegner Düsseldorf durch), während es in Gruppe III ein packendes Rennen zwischen dem VfB Stuttgart und Wormatia Worms gab, das aufgrund des hauchdünn besseren Torquotienten zugunsten der Schwaben endete (4 gegenüber 3,6). Die Halbfinalbegegnungen verliefen dramatisch. Nürnberg kam erst fünf Minuten vor dem Schlusspfiff zum glücklichen 3:2-Siegtreffer über den HSV, und Schalke verdankte seinen 4:2-Sieg über den VfB Stuttgart einer kläglichen Schiedsrichterleistung.

Das Finale konnte mit den packenden Halbfinalbegegnungen nicht mithalten. Über 100.000 Zuschauer[56] strömten am 20. Juni 1937 ins Berliner Olympiastadion, das erstmals für ein Endspiel um die Deutsche Meisterschaft zur Verfügung stand. Dort erwarben sie für 20 Pfennige das erstmals angebotene Endspielprogramm – und sahen bei nur allmählich nachlassendem Regen eine enttäuschende Partie. Kaum packende Torraumszenen, zahlreiche, vor allem von Nürnberg zu verantwortende Nickeligkeiten bzw. Fouls sowie ein schwacher Schiedsrichter Birlem ließen das Publikum enttäuscht nach Hause gehen. Tags darauf sprachen die Zeitungen vom „schlechtesten Endspiel aller Zeiten". Ach ja – gewonnen hatte der FC Schalke 04, dessen Treffer Urban und Kalwitzki erzielten.

Sechs Monate später gewannen die Knappen mit einem 2:1 über Fortuna Düsseldorf im Pokalendspiel erstmals das „Double". Der Fußballhimmel in Deutschland war 1937 so königsblau wie nie zuvor!

1937/38: Dramatik im Doppelfinale

1938 wurde dieser Himmel durch eine Rötung am nördlichen Firmament getrübt. Hannover war ihr Ausgangspunkt, 96 ihr Träger. Hannovers Fußball versuchte schon seit Ende des Ersten Weltkriegs auf die Beine zu kommen und Hannovers Ruf als „Sportstadt" auch im Fußball gerecht zu werden. Doch weder Arminia noch dem HSC oder auch 96 war es jemals über einen längeren Zeitraum gelungen, sich lokal zur Nummer 1 emporzuarbeiten – die Bedingung in einer Stadt von der Größe Hannovers, um reichsweit zu den Spitzenteams aufzusteigen. Erst 1933 kam die Wende, als die bereits erwähnten Kontakte der 96er zur lokalen Führungselite der NSDAP den „Roten" den Weg bahnten. Talentierte Spieler aus Hannover und dem Umland landeten nun deutlich häufiger bei 96, städtische Vergünstigen waren leichter zu erlangen, und die lokale Naziführung suchte die Nähe der Roten, um sich durch sie in der öffentlichen Gunst zu sonnen. Das wiederum zog weitere Vorteile – vor allem in finanzieller Hinsicht – nach sich, da es Trittbrettfahrer anlockte.

Angeführt wurden die 96er durch den gebürtigen Pforzheimer Robert Fuchs, unter dessen Trainingsleitung eine Mannschaft entstanden war, die ihren Namen zu Recht trug. Keine Superstars wie Szepan und Kuzorra bei Schalke, sondern elf „brave und solide“ Kicker, von denen zwar fünf zu Nationalmannschaftsehren kamen (Jakobs, Malecki, Ludwig Männer, Pöhler und Sievert), dort aber nur im „B-Team“ eingesetzt wurden. Es war eine starlose Mannschaft, ein „echtes“ Kollektiv. Das hinderte die Niedersachsen nicht daran, einen von großer Kampfkraft geprägten, mitreißenden Siegeszug hinzulegen. In der Gauliga Niedersachsen hatten sie sich mit einem 12:0-Kantersieg über den ASV Blumenthal am letzten Spieltag Platz 1 gesichert und ihre 8.000 Fans dabei regelrecht begeistert. Aus den Gruppenspielen der Endrunde waren sie überraschend ohne jeden Punktverlust herausgekommen – und das bei einem Gruppengegner wie dem 1. FC Nürnberg, der sich im entscheidenden Spiel mit 1:2 daheim hatte geschlagen geben müssen. Zu jenem Zeitpunkt war in der Niedersachsen-Metropole längst das Fußballfieber ausgebrochen. In Nürnberg war 96 von über 1.000 per KdF-Sonderzug mitgereisten Fans begleitet worden! Das Halbfinale hatte die Roten mit dem alten Nordrivalen Hamburger SV zusammengeführt, der sich nach zwischenzeitlicher 2:0-Führung am Ende mit 2:3 geschlagen geben musste.

Endspielgegner war Schalke 04, über dessen sportlichen Erfolgsweg man nicht viele Worte verlieren muss. Ungeschlagen in der Gauliga Westfalen (lediglich in Dortmund und Herne gab es Unentschieden), eine einzige (allerdings überraschende) Niederlage gegen den VfR Mannheim in den Gruppenspielen sowie ein Halbfinalsieg über den Westrivalen Fortuna Düsseldorf sprechen aus statischer Sicht eine deutliche Sprache. Doch bei genauerem Hinsehen offenbarten die Knappen Schwächen, denn auch Kuzorra und Co. waren älter geworden (Kuzzorra war 32, Szepan 30). Den Einzug ins Halbfinale beispielsweise hatten sie vor allem der Dummheit des VfR Mannheim zu verdanken gehabt, der im letzten Spiel über ein 1:1 bei Dessau 05 nicht hinausgekommen war. Und der 1:0-Sieg über Fortuna Düsseldorf war das Werk von Torwart Klodt, der die Düsseldorfer Stürmer mit seinen Paraden zur Verzweiflung getrieben hatte.

Im Finale wurde die Formkrise dann erneut deutlich. 96 beherrschte die viel zu kompliziert spielenden Westfalen mit seiner gefürchteten Kampfkraft, wodurch die spielerischen Defizite der Niedersachsen erfolgreich kaschiert werden konnten. Selbst ein zwischenzeitlicher 0:2-Rückstand stellte für die 96er kein Problem dar – nach 120 packenden Minuten stand es 3:3, und erstmals seit 1922 musste ein Endspiel um die Deutsche Meisterschaft wiederholt worden. Sieben Tage später bot sich den rund 95.000 Fans im Berliner Olympiastadion dasselbe Bild. Schalke kombinierte gefällig, war technisch deutlich überlegen – und hatte enorme Mühe, sich den kampfstarken Niedersachsen zu widersetzen. Die Torfolge verrät, welche Dramatik sich am 3. Juli 1938 abspielte: 9. Minute: 1:0 für 96 durch

Erich Meng erzielt das 4:3 für Hannover 96 – Schalkes Torhüter Hans Klodt ist machtlos. Die Sensation ist perfekt.

Richard Meng; 23. Minute: Ausgleich durch Kuzorra; 69. Minute: 2:1 für Schalke durch Szepan; 70. Minute: Ausgleich durch Richard Meng; 71. Minute: 3:2 durch Szepan; 88. Minute: Ausgleich durch Jakobs per (umstrittenem) Handelfmeter; 117. Minute: 4:3-Siegtreffer für 96 durch Erich Meng. Hannover 96 war Deutscher Meister, Schalke 04 hatte erstmals seit 1933 wieder ein Meisterschaftsendspiel verloren!

Es war nicht die einzige Überraschung der Spielzeit, denn wenige Wochen zuvor hatte die deutsche Nationalelf bei der WM in Frankreich bösen Schiffbruch erlitten und war bereits in der ersten Runde ausgeschieden. Gegner war die vermeintlich „kleine" Schweiz gewesen, die den Sieg im Wiederholungsspiel über den außenpolitisch aggressiven Nachbarn entsprechend ausgelassen feierte. Das vorzeitige Aus war das Resultat einer völlig verfehlten Personalpolitik. Nach dem so genannten „Anschluss" Österreichs an das Deutsche Reich (siehe Exkurs S. 228f.) hatte „Großdeutschland" nach Ansicht der politischen Führung auch auf dem Fußballfeld erkennbar sein müssen, und dem Trainerduo Nerz/Herberger war die kurzfristige Bildung einer gemischten Mannschaft auferlegt worden. Die von Herberger frustriert „Wiener Melange mit preußischem Einschlag" genannte Elf musste in 6:5-Mischung auftreten – also entweder mit sechs „Volksdeutschen" und fünf Wienern, oder mit sechs Wienern und fünf „Volksdeutschen". Nun passten Spielsystem, Mentalität und Identifikation der Akteure mit dem „Dritten Reich" aber so ganz und gar nicht zusammen – Deutschland spielte Kraftfußball und schwor auf das W-M-System, die Wiener „scheiberteln" hingegen und lebten von persönlicher Inspiration. Außerdem blieben den beiden Reichstrainern nur ein paar Wochen zur Vorbereitung der „Melange“ – der „Anschluss“ erfolgte am 13. März 1938, drei Monate später begann bereits die WM in Frankreich. Schließlich tobte hinter den Kulissen auch noch ein Machtkampf zwischen Otto Nerz und dessen Ziehkind Sepp Herberger. Der 1934 noch so gefeierte Nerz war spätestens seit dem Olympia-Aus von 1936 in Ungnade gefallen und hatte auch selbst bald die Lust verloren – er zog sich auf seine Stelle bei der Deutschen Hochschule für Leibesübungen zurück und überließ Herberger mehr und mehr die Arbeit. Inoffiziell war Herberger bereits seit den Olympischen Spielen 1936 „Herr im Hause“ gewesen. Offiziell wurde er es am 12. Mai 1938, als Nerz seinen Rückzug verkündete – für den knorrigen Württemberger muss zu jenem Zeitpunkt bereits klar gewesen sein, dass die WM 1938 nur mit einem Desaster enden könnte. Herberger hatte anschließend verzweifelt um eine schlagkräftige Elf gerungen, doch bereits das Auftaktspiel gegen die Schweiz hatte deutlich werden lassen, dass seine „Melange“ misslungen war. Nach einem 1:1 nach Verlängerung gab „Großdeutschland“ im Wiederholungsspiel sogar eine 2:0-Führung aus der Hand gab und schied mit einer 2:4-Niederlage aus. Begleitet wurden beide Spiele von wütenden Protesten der französischen und schweizerischen Fans gegenüber der deutschen Mannschaft. Als jene vor dem Spiel ihren rechten Arm zum Horst-Wessel-Lied erhob, gellte ihr ein zigtausendfaches Pfeifkonzert entgegen. International war Deutschland 1938 nicht mehr allzu beliebt, und es war die Fußballbühne, auf der dies zum ersten Mal mit voller Wucht deutlich wurde.

Abseits der großen Spiele hatte sich in Berlin Tragisches zugetragen. Viktoria 89, zweifacher Deutscher Meister und 1934 noch im Halbfinale um die Deutsche Meisterschaft dabei, stieg am Ende der Spielzeit 1937/38 aus der Gauliga ab. „Im Vertrauen auf die Spielstärke dieser Meistermannschaft hatte man den eigenen, guten Nachwuchs stiefmütterlich behandelt“, heißt es in der Vereinschronik selbstkritisch. Der Niedergang der Mariendorfer „Löwen“ steht symbolisch für den Wechsel in der Spitze des deutschen Fußballs. Dort hatten nur noch Vereine Platz, die professionell geführt waren und über einflussreiche Kontakte sowie ausreichende Finanzquellen verfügten. Wer in diesem knallharten „Geschäft“ nicht auf Zack war, verlor und musste sich mit dem zweiten Glied zufrieden geben. Damit war ein Leistungsdruck und Erfolgszwang entstanden, der Fußball so deutlich wie nie zuvor in Richtung „Geschäft“ gedrängt hatte.

Vom Regime wurde Fußball als hilfreiches Mittel beim Umgang mit der Bevölkerung betrachtet. Er war für die Nazis ein geradezu einzigartiges Tor zum „einfachen“ Volk, das sie nur zu gerne aufsperrten und in dessen Welt sie sich breit machten. Es gab kein Stadion, keinen Sportplatz, in dem nicht haufenweise Uniformträger und/oder lokale Honoratioren auftauchten. Dadurch kam vor allem der Spitzensport in den Genuss zahlreicher Vergünstigungen, die den Weg der Spitzenvereine zu verkappten Unternehmen ebneten. Schalke, Hannover 96, der HSV, Fortuna Düsseldorf etc. waren geführt wie Unternehmen und hatten nur noch zweitrangig den Zweck, Menschen die Gelegenheit zum gemeinsamen Sporttreiben zu bieten.

Nichtsdestotrotz blieb ein Sportverein natürlich ein Sportverein, in dem rein äußerlich vor allem Sport betrieben wurde. Das galt selbstverständlich auch für die Großklubs, die zwar zu Markenprodukten geworden waren, auf deren Sportplätzen aber an allen sieben Tagen der Woche Gedränge herrschte. Spitzenklubs hatten allerdings einen Standortvorteil, denn jeder halbwegs begabte Kicker in Gelsenkirchen träumte beispielsweise davon, das Trikot der Knappen zu tragen. Dieser Effekt hatte dennoch positive Wirkung auf das Umfeld. In Gelsenkirchen beispielsweise hatte sich inzwischen mit Erle 08, dem SV Rotthausen und Union Gelsenkirchen starke lokale Konkurrenz herausgeschält, die es bis in die höchste Spielklasse schaffte. Schalkes Popularität hatte einen Fußballboom ausgelöst, von dem eben auch die Nachbarvereine profitierten. Insofern stehen die 1930er Jahre für eine Vertiefung jener Vereinskultur, die in den 1920er Jahren ihren Ausgang nahm und in den 1950ern zu voller Blüte heranreifen sollte. In vielen Regionen schenkte sie Deutschlands Fußball attraktive „Derbys". Dazu zählte unter anderem das zwischen dem FC Schalke 04 und Borussia Dortmund – die Borussen aus dem Dortmunder Norden waren 1936 in die Gauliga aufgestiegen und wurden 1938 hinter Schalke bereits Vizemeister. Trainiert wurden sie zunächst von Fritz „Spölle" Thelen – und der war Schalker.

Das sportliche Großereignis des Jahres 1938 war das Turn- und Sportfest in Breslau, das als „nationale Erhebung des deutschen Sports" begangen wurde und so etwas wie „nationale Olympische Spiele" waren. Sämtliche Disziplinen kamen zur Austragung (im Fußball maßen Auswahlmannschaften die Kräfte; Ostmark gewann im Finale 4:1 gegen Niedersachsen). Vor allem aber sollte das in der Breslauer Schlesierkampfbahn durchgeführte Turnfest auf ausdrücklichen „Willen des Führers" „zu einem großen Bekenntnis des Auslandsdeutschtums zum Dritten Reich" werden. Das gelang – alleine aus dem Sudetenland reisten über 30.000 Turner und Sportler nach Breslau und bereiteten dem ebenfalls anwesenden „Führer" einen enthusiastischen Empfang. Reichssportführer von Tschammer befand: „Das Deutsche Turn- und Sportfest 1938

Fußballkultur und Führerkult beim Gelsenkirchener Emporkömmling SV Rotthausen.

lässt zum ersten Male in großartiger Zusammenschau die vom Nationalsozialismus geschaffene Einheit der deutschen Leibesübungen weithin sichtbar in Erscheinung treten. In geschlossener Front marschiert die Gemeinschaft der Leibesübungen des in seinen Stämmen und Ständen geeinten großdeutschen Volkes zum ersten umfassenden Treffen auf. Mit innerer Beteiligung fühlt sich das ganze Volk diesem einzigartigen Fest verbunden, nehmen Deutsche aus aller Welt in großer Zahl an ihm teil. Sie blicken gemeinsam auf dieses Symbol der Eintracht und der Geschlossenheit und lassen es werden zu einem neuen überwältigen Bekenntnis zu Führer, Volk und Reich."[57]

1938/39: Vereinskrise und Kantersieg

Nachdem die Nazis 1938 erst Österreich und danach das Sudetenland „heim ins Reich" geholt und damit ihre imperialen Ziele unübersehbar offenbart hatten, standen die Fußballverantwortlichen vor einem banalen Problem: Statt der für die Endrunde idealen Zahl von 16 Gaumeistern gab es plötzlich deren 18. Man löste das Dilemma, in dem einer der Endrundengruppen sechs statt vier Mannschaften zugeordnet wurden, die in zwei Dreiergruppen „Zwischensieger" ermitteln mussten, die anschließend den eigentlichen Gruppensieger ermittelten.

Sportlich brachte die letzte Friedenssaison 1938/39 wenige Überraschungen. Bayern meldete mit Schweinfurt 05 einen neuen Gaumeister – den Unterfranken gehörten allerdings mit Kupfer und Kitzinger auch zwei der profiliertesten Fußballer der 1930er Jahre an, und sie wurden durch den Industriellen und NS-Sympathisanten Willy Sachs unterstützt, der beispielsweise 1936 ein neues Stadion erbaut hatte. Titelverteidiger Hannover 96 zog in Niedersachsen derweil gegen Emporkömmling VfL Osnabrück den Kürzeren und musste sich mit Rang 2 begnügen. Die „neuen" Gaue meldeten den Warnsdorfer Fußball-Klub sowie Admira Wien als Meister und Teilnehmer an der Endrunde um die Deutsche Meisterschaft.

Anhand des Sudetenlandes führte die nationalsozialistische Sportführung zudem vor, welches Schicksal sie für das deutsche Vereinswesen vorgesehen hatte. Zuvor ein kurzer Blick zurück. Im Sudetenland, seit Jahrzehnten zwischen Deutschen und Slawen umstrittenes Siedlungsgebiet im Norden der heutigen Tschechischen Republik, hatte sich nach der Jahrhundertwende ein deutsch-völkisches Vereinswesen herausgeschält, das nach Gründung der Tschechoslowakei (1918) einen eigenen Nationalverband gegründet und sogar seine eigenen Landesmeisterschaften ausspielt hatte. Mit dem Teplitzer FK war der deutschstämmige Bevölkerungsanteil der Region zwischen 1929 und 1936 allerdings auch durch einen Klub in der tschechoslowakischen Profiliga vertreten. Seit Hitlers Machtantritt hatte sich die sudetendeutsche Sportgemeinde zunehmend nationalistischer gegeben, und der Anschluss an das Großdeutsche Reich war folglich enthusiastisch begrüßt worden. Im Fußball richtete man ad hoc eine Gaumeisterschaft ein, bei der 64 Mannschaften in sechs Staffeln um den Titel des Sudetengaumeisters spielten. Doch die Runde war von extremen Wetterkapriolen überschattet

▷ Fortsetzung S. 230

Der Anschluss

Unmittelbar nachdem Adolf Hitler am 13. März 1938 unter dem Jubel einer beachtlichen Zahl von Österreichern in Wien einmarschiert und den „Anschluss" verkündet hatte, begann man auch in Österreich mit der ideologischen Gleichschaltung des wirtschaftlichen, sozialen und kulturellen Lebens. Davon betroffen war auch der Sport. „Österreich mit allen deutschen Gauen", verkündete der „Fußball" begeistert in seiner Ausgabe vom 15. März 1938 und zitierte Reichssportführer von Tschammer und Osten mit den Worten „... grüße ich nicht zuletzt Österreichs Turner und Sportler, die nunmehr einer jahrzehntelangen Sehnsucht folgen und mit allen in engster kameradschaftlicher Verbundenheit an des großen deutschen Volkes Zukunft mitarbeiten werden". NSDAP-Mitglied Müller übernahm die Kontrolle über die österreichischen Sportorganisationen, die umgehend gleichgeschaltet wurden. Damit einher ging das Aus für den berühmten Wiener Profifußball. Der nagte zwar finanziell ohnehin am Hungertuch – lediglich die großen Klubs Rapid, Vienna und Admira schrieben wirtschaftlich schwarze Zahlen, weshalb zahlreiche Profis bereits nach Frankreich gewechselt waren –, doch nun stand ihm eine brutale Liquidation bevor. Schon im Frühjahr 1938 hatte der „Völkische Beobachter" anlässlich eines Besuches des Reichssportführers in Wien unzweideutig befunden, dass aufgrund der „Verjudung" die „Verhältnisse im österreichischen Sport (...) untragbar geworden" seien. Nur die „konsequente Reamateurisierung des Profifußballs" könnte die „Allgemeinheit der Volksgemeinschaft" wieder dem Sport zuführen.[58]

Dazu kam es nun: Am 22. April entzog der Reichssportführer dem Berufsfußball per Dekret die gesetzliche Grundlage, und zum 1. Juli endeten dann sämtliche Spielerverträge, woraufhin sich zahlreiche Profikicker plötzlich auf den Wiener Arbeitsämtern wiederfanden. „Das Prinzip des Profitums hat in Wien zwangsläufig seine Spuren in der Bevölkerung hinterlassen. Berufssport ist ein Geschäft – und ein Geschäft verlangt geschäftliche Methoden, es verlangt Reklame, Stars, Skandälchen und Sensationen. Dieses Gift ist jahrelang mit teilweise echt jüdischer Geschicklichkeit ins Volk gespritzt worden. Der Fußballsport musste daher notgedrungen in den Augen der Massen mehr eine zirzensische als eine Erziehungsaufgabe werden",[59] befand Schriftleiter Guido von Mengden wenig später.

International hörte Österreich auf, als eigenständiger Verband zu existieren. Am 28. März teilte ÖFB-Mitglied Dr. Eberstaller der FIFA mit: „Der Österreichische Fußball-Bund hat mit heutigem Tage als selbstständiger Staatsverband zu bestehen aufgehört, womit die Mitgliedschaft zur FIFA als erloschen zu betrachten ist. Mit deutschem Sportgruß." Die WM 1938, für die sich Österreich bereits qualifiziert hatte, fand damit ohne die Alpenrepublik statt. Österreichs englischer Coach James Donelly, der nach dem Tod von Hugo Meisl die Nationalelf übernommen hatte, durfte sein Team in einem „Verbrüderungsspiel" zwischen Österreich und dem so genannten Alt-Reich noch einmal betreuen (Österreich gewann 2:0), dann war Schluss.

Die weitere Geschichte ist geprägt von Skandalen, die eine auf vielen Ebenen währende innerdeutsche Auseinandersetzung jener Tage widerspiegeln. „Ohne Zweifel formierten sich seit dem ‚Anschluss' in Österreich bei Teilen der Bevölkerung diffuse Ablehnungsbestrebungen, die aber kaum als politische Opposition gegen den Nationalsozialismus als solchen und die Eingliederung in ein ‚großdeutsches' Reich zu verstehen sind: Die Zustimmung auch in der österreichischen Bevölkerung war diesbezüglich sehr groß. Eher äußerte sich ein Unbehagen gegen die Vormachtstellung Berlins, artikulierte sich ein traditioneller antipreußischer Affekt. Fußball-

Opfer des Zwangsanschlusses: Österreichs Stürmerstar Matthias Sindelar.

spiele boten die Anlässe und Freiräume, dieses in der Öffentlichkeit auszuleben. Hier fanden die antideutschen Ressentiments der Österreicher ein Ventil – und umgekehrt", befand der Journalist Peter Mast in einem Rückblick auf die sieben „Anschlussjahre".[60]

Die markantesten Beispiele für Masts Aussage stammen aus dem Jahre 1940. Am 21. Oktober schlug Rapid Wien in einem Pokalspiel die SpVgg Fürth mit 6:1, wobei es zu Randale kam. Im SS-Bericht hieß es: „Der Krach ging los, als der Schiedsrichter das Feld betrat und bekannt wurde, dass er ein Berliner ist. Er wurde mit Pfeifen und Gejohle empfangen... Es waren genug gegnerische Elemente unter dem Publikum, denen es gelang, mit der Parole ‚gegen die Altreichdeutschen' auch selbst gutwillige und Parteigenossen mitzureißen. Die Demonstration ging zweifelsohne über das beim Fußball übliche Maß hinaus."[61] Einen Monat später, am 17. November, ging es bei der Partie Admira Wien gegen Schalke 04 noch heißer her. Antideutsche Gesänge, Schlägereien und Steinwürfe während des Spiels, eingeschlagene Scheiben am Schalker Mannschaftsbus sowie als Höhepunkt zerstochene Reifen am Auto von Gauleiter Baldur von Schirach ließen den „Völkischen Beobachter" urteilen, „dass sich ein Teil der Zuschauer geradezu schadbar benommen" habe. Auch die fünf Endspiele zwischen Mannschaften aus dem Altreich und Österreich (1938: Rapid gegen FSV Frankfurt im Pokal; 1939: Schalke gegen Admira in der Meisterschaft; 1941: Rapid gegen Schalke in der Meisterschaft; 1942: Schalke gegen Vienna in der Meisterschaft; 1943: Vienna gegen den LSV Hamburg im Pokal) waren geprägt von verbissenem Kampf und unschönen Begleiterscheinungen.

und musste schließlich sogar abgebrochen werden. Folgenschwerer waren die Eingriffe in die Vereinsstrukturen: Im November 1938 erging der Befehl, alle Leibesübungen treibenden Vereine in völkischen Sportgemeinschaften zusammenzuschließen. Daraufhin wurden auch die mitunter seit der Jahrhundertwende bestehenden Fußballvereine aufgelöst und als Ortssportgemeinschaften in so genannte „Nationalsozialistische Turn- und Sportgemeinschaften" (NSTgd.) überführt, die exemplarisch für die geplante Entwicklung in ganz Großdeutschland standen. Kleinere Orte erhielten lediglich eine NSTgd., in Städten wurden mehrere „Bezirksgemeinschaften" eingerichtet. Im Januar 1939 gab es im Sudetenland keinen einzigen „privaten" Verein mehr.

Die Absicht der Nationalsozialisten, das gesamte deutsche Vereinswesen eines Tages nach ähnlichem Strickmuster zu verändern, war aber auch in Reichsdeutschland unübersehbar. Der VfL Bochum beispielsweise entstand am 15. April 1938 durch einen nicht freiwilligen Zusammenschluss von Germania, TuS 08 und TV 1848, und in zahlreichen Städten und Gemeinden des Reiches mussten so genannte „Kleinvereine" gegen ihren Willen dem örtlichen Großverein beitreten. Auf Dorfebene war das Ziel noch deutlicher zu erkennen – reichsweit mussten Sport- und Turnvereine zu „Turn- und Sportvereinen" oder „Vereinen für Leibesübungen" fusionierten. Nicht nur, dass Turnen und Sport damit zwangsvereint wurden – das Vereinswesen in Deutschland geriet dadurch völlig durcheinander und ließ große Verunsicherung bei den Vereinsführern aufkommen.[62]

Den Vereinen drohte aber auch noch von anderer Seite Gefahr: vom Betriebssport. Die firmeneigenen Vereine hatten ihren Aufschwung ungebremst fortgesetzt und verfügten 1936 bereits über 6.356.266 Mitglieder (zur Erinnerung: 1934 waren es erst 470.982 gewesen[63]). Die Vorteile der Betriebssportgemeinschaften (BSG) gegenüber den privaten Klubs lagen auf der Hand: eine deutlich bessere finanzielle Ausstattung durch den dahinter stehenden Konzern, weitreichende Möglichkeiten in puncto Freistellung von der Arbeit bei wichtigen Spielen bzw. zum Training sowie ungleich bessere Ausstattung mit repräsentativen Sportplätzen und Trainingsgeländen ließen die BSGen zum Magnet für viele Sportler werden. Seit Dezember 1936 waren in allen Großbetrieben Betriebssportgemeinschaften gegründet worden, die sich zunächst allerdings auf Breitensport beschränkten. Ende 1938 wurden rund 10.000 derartige BSGen mit zwei Mio. Mitgliedern gezählt, von denen einige inzwischen auch im Leistungssport aktiv waren. Dazu hatte man so genannte „Wettkampfgemeinschaften" (WKG) ins Leben gerufen[64], von denen eine – die WKG Neumeyer Nürnberg – es bereits in die Fußball-Gauliga geschafft hatte. Der private Vereinssport geriet durch die wachsende Zahl der BSGen bzw. WKGen immer stärker in die Bredouille, zumal sich parallel dazu andere nationalsozialistische Verbände wie SS, HJ und KdF[65] ebenfalls großen Zulaufs erfreuten.

Zählt man zudem die Folgen der am 16. März 1935 wieder eingeführten allgemeinen Wehrpflicht sowie die Zwangsmaßnahmen gegen unliebsame Vereine hinzu, überrascht es nicht, dass die Zahl der Turn- und Sportvereine nun erstmals in der Geschichte zurückging. In Duisburg-Hamborn beispielsweise sank die Zahl der Vereine von 34 (1932) auf

Mit einem umfangreichen Angebot lockten die Betriebssportgemeinschaften die Sportler an.

10 (1940)[66], und es drohte eine Zerstörung der so typischen Vielfalt im deutschen Sport. Die Sportführer betrachteten die Entwicklung mit Sorge, zumal auch die Reichssportführung nach den Olympischen Spielen 1936 zunehmend an Bedeutung und Einfluss verloren hatte. Aus Furcht, endgültig unter die Räder zu kommen, wandten sie sich im Dezember 1938 an die politische Führung, um den Anschluss an die NSDAP zu erreichen. Jener wurde am 21. Dezember 1938 per Führererlass tatsächlich gewährt. Aus dem DRL, dessen Mitgliederzahl seit 1933 von fünf auf rund zwei Mio. gesunken war, wurde nun der NSRL – der „Nationalsozialistische Reichsbund für Leibesübungen".

„Angefüllt von stolzer Freude nimmt der deutsche Sport dankbar das schönste Weihnachtsgeschenk, das ihm nachträglich durch die Verfügung des Führers gegeben wurde, entgegen. (…) Die ehrliche nationalsozialistische Gesinnung und Mitarbeit am gemeinsamen Werk des stolzen Baues Deutschland gelobt zum Dank die Millionengemeinschaft der Männer und Frauen, die solange im DRL und nun erst recht im NSRL zusammenstehen als treue Gefolgschaft des Führers,"[67] jubelte der „Fußball" begeistert, während Hamburger SV-Schriftleiter Heinrich Hase ergriffen konstatierte: „Wir sind ein Sportverein… Aber über allen Betrachtungen am Ausklange dieses 1938 steht ein tiefer Dank an den Führer unseres Volkes. 1938 ist die Erfüllung gewesen, die uraltes Sehnen Wirklichkeit werden ließ."[68] Für die Vereine sollte sich diese „Erfüllung" noch als Bumerang erweisen, denn sie übergaben der Partei nicht nur ihr Vermögen, sondern auch ihre juristische Selbstständigkeit – und nach 1945 sollte ihnen genau dieses zum Verhängnis werden, sprich zum Verbot führen, weil sie als „nationalsozialistische Gliederungen" betrachtet wurden.

Auch optisch verstärkte sich die Präsenz der Partei im Spitzenfußball. Auf dem Mannschaftsfoto des Deutschen Meisters von 1939 – Schalke 04 – ist auch Reichssportführer von Tschammer und Osten zu sehen, wie er gerade mit Ernst Kuzorra zu flachsen scheint und einen höchst zufriedenen Eindruck macht. Die Gelsenkirchener waren auf dem Zenit ihrer Geschichte angekommen. In den vorangegangenen 90 Minuten hatten sie ihren Gegner mit 9:0 deklassiert und damit den höchsten Endspielsieg in der Geschichte der Deutschen Meisterschaft erzielt. Doch der triumphale Kantersieg war von einigen Unregelmäßigkeiten überschattet. Da war zum einen der Finalgegner Admira

Spieler der Stunde ■ Ernst Kuzorra und Fritz Szepan

Im Grunde genommen ist es schade, dass Kuzorra und Szepan nicht leibliche Brüder waren, sondern „nur" verschwägert. In der deutschen Fußballgeschichte hatte es zuvor kein Duo gegeben, das dermaßen perfekt miteinander harmonierte. Ohne Kuzorra und Szepan hätte es kein Schalker Kreiselspiel gegeben, und ohne Kuzorra und Szepan wäre Schalkes Stern in den 1930er Jahren niemals derart hoch am Firmament hinaufgeklettert. Der Mythos um die beiden Filigrantechniker wird komplett durch all die Geschichten aus ihrem Umfeld, die Szepan und Kuzorra als überaus heimatverbunden beschreiben, ihnen eine tiefe Verwurzelung in der lokalen Arbeiterschaft attestierten und mit dem „Berufsspielerskandal" von 1930 ihren Zenit erreichten. Vor allem Szepan blieb für Schalke aber auch später wichtig: erst als Trainer, dann als Präsident. Dass in den 1970er Jahren ausgerechnet unter seiner Präsidentschaft das Stadion Glück-Auf verkauft werden musste, um die Königsblauen vor dem Gang zum Konkursrichter zu bewahren, war geradezu tragisch. Später holte die Vergangenheit Szepan ein. Als die Stadt eine Straße im Umfeld der neuen Arena nach ihm benennen wollte, kam heraus, dass Szepan anno 1938 ein jüdisches Textilhaus „günstig" übernommen hatte. Nach Protesten wurde daraufhin auf die Umbenennung verzichtet. Szepan, Kuzorra und Schalke – das ist und bleibt aber dennoch ein unverbrüchlicher Mythos.

Wien. Hinter vorgehaltener Hand hielten viele Fans im Reich den Einzug Admiras ins Finale für „gelenkt" – Großdeutschland sollte mit einem „Altreich gegen Ostmark-Endspiel" eine weitere symbolische Vereinigung feiern. Dem kann zumindest in sportlicher Hinsicht widersprochen werden, denn Admira hatte allemal das Zeug zum Finalisten und stand verdient im Endspiel. In den Gruppenspielen hatten sich die Wiener zwar nur via Torverhältnis gegen die Stuttgarter Kickers behauptet, im Halbfinale hatten sie gegen den Hamburger SV dann aber ihre Klasse eindrucksvoll unter Beweis gestellt und mit 4:1 gewonnen.

Finalgegner Schalke war mit einem neuen Trainer in die Saison gegangen: Otto Faist, ein ehemaliger Langstreckenläufer, der Bumbes Schmidt abgelöst hatte. Wenngleich die Knappen in ihren Ligaspielen unübersehbare Schwächen zeigten – ein in der gesamten Epoche des „Mythos Schalke" anzutreffendes Faktum, denn Schalke war stets auch eine „launische" Mannschaft, die sich im „Spielen" gefiel und das Kämpfen mitunter vernachlässigte –, sicherten sie sich ungeschlagen die Gaumeisterschaft und anschließend den Einzug ins Halbfinale. Dort trafen sie auf den Dresdner SC, die aufstrebendste Mannschaft im ganzen Reich, die sie erst im Wiederholungsspiel aus dem Weg räumten. Der sechste Schalker Finaleinzig seit 1933 war jedoch kaum etwas Aufregendes gewesen und wurde mit lässiger Routine hingenommen.

Admira Wiens Endspielvorbereitungen waren von großen Sorgen überschattet. Wenige Tage zuvor waren bei einem bedeutungslosen Gauauswahlspiel zwischen der

Schalker Euphorie: Szepan, Eppenhoff und Kalwitzki (von links) bejubeln einen der neun Treffer gegen Admira Wien.

Ostmark und Schlesien Torhüter Platzer und Verteidiger Schall so schwer verletzt worden, dass sie für das Endspiel ausfielen. In Wien munkelten viele von „absichtlich verletzt" und orakelten, dass zwar eine Wiener Mannschaft ins Endspiel kommen musste, sie dort aber in keinem Fall gewinnen dürfe. Vor offiziell nur 87.826 Fans im Berliner Olympiastadion – die schwächste Kulisse seit 1936 bzw. seitdem das Finale im Olympiastadion ausgetragen wurde[69] – lief alles gegen Admira. Während die Wiener nervös begannen und sichtlich Nerven zeigten, nutzte Schalke seinen Blitzstart, um frühzeitig die Weichen zu stellen: Zur Halbzeit stand es bereits 4:0. Admiras Schwachstelle war die Abwehr gewesen, in der Platzer und Schall an allen Ecken und Enden fehlten. Für das Schalker Kreiselspiel war die Situation zum Seitenwechsel perfekt: ein beruhigender Vorsprung sowie ein Gegner, der ebenso ungestüm wie unorganisiert angriff. Kuzorra und Co. kombinierten nach Herzenslust, hatten sichtlich Spaß am Spiel und trickster ihren Gegner nach allen Regeln der besten Lehrbücher der Welt aus. Mitunter war es wie beim Stierkampf: Ein Schalker führte den Ball, ließ den Gegner anstürmen, passte kurz zum Mitspieler und ließ den Angreifer ins Leere laufen, um das Leder postwendend wieder am Fuß zu haben. Es fehlte nur noch das „Olé" des begeisterten Publikums.

Nach dem Schlusspfiff herrschte kein Zweifel: Schalkes Sieg war verdient. Auch in der Höhe, denn hätten die Knappen die gesamten 90 Minuten mit höchster Konzentration gespielt, wäre der Kantersieg zweifelsohne noch höher ausgefallen. So blieben die bekannten königsblauen Kunstpausen folgenlos, zumal Admira ohnehin zu sehr mit sich selbst und der Bewältigung seines Schicksals beschäftigt war: Klacl war vom Platz geflogen, man hatte einen Handelfmeter weit am Tor vorbeigeschossen und Franz Schilling war nach Zusammenprall mit der Spielfeldumgrenzung verletzt vom Platz getragen worden.

Für Admira war das Spiel mit dem Finale noch nicht vorbei, denn den Verein traf aufgrund gewisser „Vorfälle" während und nach dem Spiel der Bannstrahl der Sportführung: Klacl erhielt eine lebenslange Sperre, Admira durfte bis zum 30. Juni 1939 kein Spiel mehr bestreiten, und die Vereinsführung erhielt „einen scharfen Verweis, weil sie in fahrlässiger Weise ihrer Erziehungsarbeit gegenüber der Mannschaft nicht nachgekommen war". „Falls bei Admira nochmals schwere Verstöße gegen die Sportkameradschaft vorkommen, wird gegen den ganzen Verein mit Sperren vorgegangen", zitierte der „Kicker" den Reichssportführer. Der Vorgang nährte die Gerüchte, dass nicht alles mit rechten Dingen zugegangen sei und dass an den Wienern zumindest ein Exempel statuiert werden sollte. „Wir im Altreich hatten von jeher eine schärfere Sportdisziplin: das Dritte Reich hat diese nochmals angezogen, unerbittlich durchgeführt. In Österreich war die Auffassung immer laxer. Der Reichssportführer wird Lauheiten und Rüpeleien, die er nicht duldet, entschlossen ausrotten", kommentierte beispielsweise der „Fußball" hochnäsig.

Zum Geburtstag des Führers ließ sich auch der „Fußball" nicht lumpen und schenkte ein Titelblatt.

EXKURS

Jüdischer Fußball

Juden spielten im deutschen Fußball von Beginn an eine entscheidende Rolle. Viele der Pioniere waren jüdischen Glaubens (Bensemann, die Brüder Manning), Julius Hirsch und Gottfried Fuchs (beide Karlsruher FV) schafften es bis in die Nationalmannschaft, und mit dem Aufschwung des bürgerlichen Fußballs nach dem Ersten Weltkrieg traten verstärkt jüdische Vereinsvorsitzende bzw. Mäzene auf (z.B. bei Bayern München, Eintracht und FSV Frankfurt, Tennis Borussia Berlin).

Für Juden war Fußball in den 1920er Jahren ein verhältnismäßig angenehmes Betätigungsfeld. In den ungleich nationaleren Turnvereinen wurden sie oft gar nicht erst aufgenommen oder sahen sich antisemitischen Behinderungen ausgesetzt. Die vergleichsweise liberale Fußballbewegung hingegen hieß sie willkommen, und auch auf den Vorstandsebenen waren vielfach Juden zu finden. Der Vorsitzende des FSV Frankfurt, Dr. Rothschild, war Jude („Seitdem an der Spitze des FSpV ein Dr. Rothschild steht, pulsiert intensives Leben in Frankfurts Fußballgemeinde. Der wirkliche Aufstieg des FSpV ist Dr. Rothschilds Werk", schrieb der „Fußball" anno 1927), und beim Berliner Spitzenklub Tennis Borussia gab es mehrere Akteure jüdischen Glaubens – darunter der mehrfache Auswahlspieler Simon Leiserowitsch. National angehauchte Kritiker griffen in der Berufsspieler-Debatte allerdings wiederholt diese Tatsache auf und konstruierten eine „jüdische Unterwanderung" des deutschen Fußballs. Wenngleich es bereits in den frühen 1920er Jahren eigenständige jüdische Sportorganisationen gab, war die Mehrzahl der jüdischen Sportler jedoch in den bürgerlichen deutschen Vereinen integriert und verstand sich als „assimiliert".

Umso erschreckender, mit welcher Leichtigkeit Verbände und Vereine ihre jüdischen Mitglieder nach dem 30. Januar 1933 fallen ließen. Die Ereignisse im Zeitraffer: Am 1. April kam es reichsweit zu Boykottaktionen gegen Juden, denen sechs Tage später das Gesetz zur „Wiederherstellung des Berufsbeamtentums" folgte; der so genannte „Arierparagraf". Auch im Sport wurde dessen Übernahme umgehend vollzogen, wobei vorweggenommener Gehorsam die Regel war, denn eine entsprechende Anordnung für die Turn- und Sportverbände existierte zunächst gar nicht. Nachdem beispielsweise die Deutsche Turnerschaft am 8. April eine entsprechende Satzungsänderung vornahm, verkündete tags darauf der Süddeutsche Regionalverband: „Die unterzeichneten, am 9. April 1933 in Stuttgart anwesenden, an den Endspielen um die süddeutsche Fußballmeisterschaften beteiligten Vereine des Süddeutschen Fußball- und Leichtathletikverbandes stellen sich freudig und entschieden den von der nationalen

Regierung auf dem Gebiet der körperlichen Ertüchtigung verfolgten Besprechungen zur Verfügung und sind bereit, mit allen Kräften daran mitzuarbeiten. Sie sind gewillt, in Fülle dieser Mitarbeit alle Forderungen, insbesondere in der Frage der Entfernung der Juden aus den Sportvereinen, zu ziehen."[70] Am 19. April teilte schließlich auch der DFB mit, er halte „Angehörige der jüdischen Rasse (...) in führenden Stellungen der Landesverbände und Vereine nicht für tragbar. Die Landesverbände und Vereine werden aufgefordert, die entsprechenden Maßnahmen, soweit diese nicht bereits getroffen wurden, zu veranlassen."[71]

Selbst Reichssportkommissar von Tschammer war offenbar von dem Tempo überrascht und bremste die übereifrigen Anbiederer am 10. Mai mit den Worten: „In der Arierfrage muss ich mir die endgültige Lösung noch vorbehalten." Zugleich verkündete der SA-Mann jedoch: „Für uns bedeuten die Leibesübungen Dienst am deutschen Menschen, Erhaltung und Pflege unserer Rasse. Ich will nicht über einen Kamm scheren, aber dass es dem jüdischen Turner und Sportler im neuen Deutschland nicht möglich ist, eine führende oder mitbestimmende Stellung einzunehmen, hat er unterdessen selbst eingesehen. Der arische Mensch ist einzig und allein berechtigt, führende und mitbestimmende Stellungen im deutschen Turn- und Sportwesen einzunehmen."[72] Sollte ein Verein sich weigern, jüdische Mitglieder auszuschließen, müsse scharf vorgegangen werden; bei angesehen Juden sei aber vorsichtiger zu verfahren.[73]

Bis zur im Januar 1935 erlassenen Einheitssatzung gab es anschließend ein gewisses „Vakuum" für die wenigen noch in den Vereinen verbliebenen Juden, denn ausdrücklich verboten war bis dahin lediglich die Neuaufnahme jüdischer Mitglieder. Erst mit der Einheitssatzung mussten die Vereine dann den Arierparagrafen in ihre Satzung aufnehmen, was automatisch den Ausschluss aller nichtarischen Mitglieder zur Folge hatte. Viele dürften den Vereinen zu jenem Zeitpunkt allerdings nicht mehr angehört haben – vorauseilender Gehorsam hatte die Vereinsführungen entweder schon lange vorher handeln lassen oder das vergiftete Vereinsklima hatte den Betroffenen das Verbleiben im Verein unmöglich gemacht. Bei Hannover 96 beispielsweise verschwand sogar eine Ehrentafel aus dem Vereinsheim, weil auf ihr auch jüdische Vereinsmitglieder verewigt waren!

Dessen ungeachtet genossen jüdische Turner- und Sportler zunächst verhältnismäßige Freizügigkeit – allerdings außerhalb der bürgerlichen Vereine (korrekterweise müsste man nun von „arischen" sprechen). Hintergrund waren die Olympischen Spiele von 1936, in dessen Vorfeld das Regime die wegen der Judenfrage ohnehin aufmerksame Welt (insbesondere USA) nicht zusätzlich mit einem Sportverbot für Juden provozieren wollte. Dadurch wurden die Jahre 1933-38 zur, so sarkastisch das auch klingt, „Blütezeit" des jüdischen Fußballs. Getragen wurde die Bewegung durch die beiden Verbände Makkabi (1921 gegründet) bzw. Sportbund Schild, der dem 1919 gegründeten Reichsbund jüdischer Frontsoldaten zugeordnet war. Beide Verbände, die untereinander zerstritten waren, richteten zwischen 1933 und 1938 jeweils eigenständige Fußballmeisterschaften aus.

Die Mannschaft von Hakoah Essen Anfang der 1930er Jahre.

Größtes Problem war die Beschaffung von Sportanlagen. Zwar hieß es in einer von Reichssportführer von Tschammer am 18. Juli 1934 erlassenen Direktive: „Die Bildung und Betätigung jüdischer usw. Sportvereine ist zulässig, wenn nicht im Einzelfalle ein polizeiliches Verbot wegen staatsfeindlicher Betätigung erforderlich sein sollte. Der Benutzung öffentlicher und privater Übungs- und Kampfstätten (...) steht nichts im Wege."[74] Doch in der Praxis sah das anders aus. Überall sahen sich die jüdischen Sportler Ressentiments und Ablehnung gegenüber, mussten sich demütigen und vertreiben lassen. Als sich Bar Kochba Frankfurt im Juli 1934 über seine Vertreibung vom Sportplatz Praunheim beschwerte, schritt sogar Frankfurts NSDAP-Oberbürgermeister Krebs ein – allerdings nicht aus Fürsorge mit den jüdischen Sportlern: „Nach dem ausdrücklichen Willen des Führers ist auch den Juden die Möglichkeit zu geben, sich für die Olympischen Spiele vorzubereiten. Bekanntlich werden zu dieser Veranstaltung (...) Vertreter aller Völker und Rassen nach Deutschland kommen. Jeder Beeinträchtigung des Übungsbetriebes und der Vorbereitungsmaßnahmen jüdischer Sportvereine (...) könnte daher außenpolitisch unangenehmste Folgerungen zeitigen. Um dies zu verhüten, ersuche ich Sie, Ihren Einfluss geltend zu machen, dass eine Belästigung des jüdischen Barkochba vermieden wird."[75]

Trotz des Ausschlusses aus der Turn- und Sportbewegung fühlten sich einige Juden unverändert dem „bürgerlichen" Fußball verbunden. Der deutsche Jude und Historiker Peter Gay beispielsweise bekannte in seinem Werk „Meine deutsche Frage", dass er von 1933 an Fußballfan gewesen sei (Hertha BSC), „weil der Sport mir als Schutzschirm diente, der die bedrückende Welt Nazideutschlands von mir fern hielt. Mit ihrem gleichbedeutenden Wochenrhythmus sorgte die Fußballsaison in einer Zeit, in der wir gleichsam von einem Tag zum anderen, von einer NS-Verordnung zur nächsten lebten,

Die letzte Ausgabe von „Sport im Makkabi", September 1938.

für eine gewisse Kontinuität."[76] Allerdings hatten jüdische Mitbürger auch in den Stadien mit Ressentiments zu rechnen und mussten jederzeit auf den Rauswurf vorbereitet sein.

Nach den Olympischen Spielen war es dann vorbei mit der „Schutznahme" jüdischer Sportler. Schon 1935 war mit den Nürnberger Gesetzen und der Einschränkung der Grundrechte jüdischer Bürger eine Verschärfung der Situation eingetreten. 1938 schließlich kam das Aus für die eigenständige jüdische Turn- und Sportbewegung. Am 24. August 1938 – also noch vor der fürchterlichen Reichspogromnacht vom 9. November – verkündete die Gestapo stolz, „der Ausschluss jüdischer Sportler aus der ‚deutschen Volksgemeinschaft' sei „besiegelt".[77]

Zu jenem Zeitpunkt war die jüdische Sportgemeinde durch Emigration vor allem in die USA schon erheblich kleiner geworden, und den im Lande Verbliebenen drohte die Vernichtung. Doch selbst in den KZs „lebte" der Fußball, so unglaublich das klingt, weiter. Im „Vorzeigelager" Theresienstadt (dorthin wurden auch Rote-Kreuz-Beobachter geschickt, um sich vom „humanen" Umgang der Nazis zu überzeugen) beispielsweise wurde sogar eine „Lagermeisterschaft" ausgetragen, bei denen die Köche gegen die Häftlinge der Kleiderkammer et cetera spielten. Im Herbst 1942 ordnete Reichsinnenminister Himmler schließlich sogar die „Sportbetreuung" in den KZ an.

Einen besonders üblen Nach-Ruf leistete sich der ehemalige Reichstrainer Otto Nerz gegenüber den jüdischen Mitgestaltern der deutschen Fußballgeschichte am 4. Juni 1943, als er im Berliner „12 Uhr Blatt" schrieb: „In der Krise vor 1933 war die Gefahr der Verjudung auch im Fußball sehr groß. Die großen Vereine waren stark verschuldet, und vielfach waren die Juden Gläubiger. Die Tendenz zum Berufsfußball war sehr groß, und der damalige Staat konnte der Sportführung keinen Halt geben, weil er selbst dem Juden hörig war (...) Die besten Stellen bei den großen Zeitungsverlagen waren in jüdischen Händen. Die Journalisten trieben von ihrem Schreibtisch aus rein jüdische Politik. Sie unterstützten die zersetzende Arbeit ihrer Rassengenossen in den Verbänden und Vereinen und setzten die Sportführung unter Druck, wenn sie ihnen nicht zu Willen war."[78]

Im Schatten von Stalingrad

Fußball im Krieg

„Fertigmachen!“, knallte der „Fußball“ seinen Lesern am 15. August 1939 via Titelblatt um die Ohren. „Fertigmachen!“, hieß es auch in der Überschrift zum „Blick in die Welt“. „Für das Titelbild des vorliegenden ‚Fußball‘ haben wir ein Wort gewählt, das jeder von uns aus seiner Militärzeit gar wohl kennt. Wenn die Türe der Mannschaftsstube sich öffnete und das ‚Fertigmachen‘ hereinklang, wussten alle, was die Stunde geschlagen hatte. Vorbei war's mit der Freizeit und im nächsten Augenblick stand die Mannschaft startbereit. Fertigmachen ist auch zu Beginn eines neuen Fußballjahres das richtige Wort: Es klingt nicht so unmittelbar wie ein Kommando, doch seine Wirkung ist kaum schwächer. Fertigmachen ist ein Appell an die Pflicht, sich nicht nur vorzubereiten, sondern bereit zu sein.“[1]

Zufall? Absicht? Voraussicht? Die so entlarvenden Worte scheinen in der Tat auf den Beginn der Fußballsaison 1939/40 bezogen zu sein – und nicht etwa auf den am 1. September 1939 durch Deutschlands Angriff auf Polen entfachten Weltkrieg. Reichsweit fieberte man mit den letzten Vorbereitungen der Teams für den Gauligastart am 27. August, an dem unter anderem das packende Sachsenderby zwischen dem Dresdner SC und den Chemnitzer Polizisten auf dem Programm stand. Darüber hinaus bestimmten die in der „Berliner Volkszeitung“ vorgestellten Pläne des Fachamts Fußball über die Planung einer „Fußball-Reichsliga“ die Diskussionen und ließen die Gerüchteküche anschwellen. Olympia 1940 stand vor der Tür, und Deutschland wollte eine starke Fußballelf nach Helsinki schicken, wobei die Reichsliga helfen sollte. „Verführt von der verlockenden Überschrift in vielen Zeitungen lesen wir mit begreiflichem Interesse weiter, aber bald entdecken wir, dass die Überschrift mit den Betrachtungen nicht übereinstimmt. Nicht eine Reichsliga, sondern eine Verteilung einer Anzahl von Vereinen aus den Gauen auf noch zu bestimmende Gruppen – also statt der bisherigen Gauliga eine Gruppenliga – soll in Aussicht stehen. Vorerst heißt es, abwarten“[2], zeigte sich Eugen Seybold im „Fußball“ skeptisch gegenüber den angedachten Plänen. Freilich durfte nicht übersehen werden, dass eine „echte“ Gauliga immense logistische Probleme mit sich gebracht hätte. Der VfB Peine beispielsweise hatte 1936 für ein Pokalspiel bei Hindenburg Allenstein rund 800 Kilometer Zugstrecke zu bewältigen gehabt und war bereits drei Tage vor Spielbeginn aufgebrochen – wie sollte da Woche für Woche ein geregelter Spielbetrieb organisiert und vor allem finanziert werden?

Nichtsdestotrotz wäre eine reichsweite Spitzenliga aus sportlichen Gründen zweifelsohne zu begrüßen gewesen, und so diskutierten Deutschlands Gaufachamtsleiter am 26. August 1939 auf ihrer Tagung in Bremen über die Frage, „ob die Schaffung einer Reichsliga dem deutschen Fußballsport dienlich sei".[3] Auch der Reichssportführer war anwesend und wollte sich über die Meinungen der betroffenen Funktionäre informieren – die endgültige Entscheidung wollte er alleine treffen. Nach dreistündiger Beratung wurde die Sitzung allerdings aus, wie es hieß, „technischen Gründen" ergebnislos abgebrochen.

Keine Spur von Kriegsvorbereitungen also – alles schien wie gewohnt abzulaufen. Am 20. August 1939 gingen 30 Begegnungen der 1. Hauptrunde im von-Tschammer-Pokal über die Bühne, für den 27. August waren gleich zwei Länderspiele geplant (in Stockholm sollte die „A"-Elf, in Bratislava die „B"-Elf antreten), und in diversen Gauen stand der 1. Spieltag auf dem Programm. Doch die Ereignisse überschlugen sich alsbald. „Angesichts der ernsten Lage (konnte) die reguläre Abwicklung des Meisterschaftsspielbetriebes nicht erfolgen. In neun Gauen wurden alle Spiele abgesetzt, in allen anderen Gauen kam nur ein Teil der Treffen zum Austrag, und auch diese Begegnungen werden, wie wir erfahren, aus verständlichen Gründen nicht als Punktspiele gewertet", erläuterte der „Fußball" in seiner Ausgabe vom 29. August und gab seinen Lesern einen Überblick über die Geschehnisse im Reich – allerdings einen eingeschränkten, denn „der ‚Fußball'-Leser wird verstehen, dass es uns bei den Einschränkungen im Zugverkehr nicht möglich war, die Gaubriefe rechtzeitig zur Drucklegung heranzuschaffen".

Drei Tage später fiel Nazi-Deutschland über Polen her und entfesselte den Zweiten Weltkrieg.

Die Fußballer waren durchaus vorbereitet. Zwar schlüpfte man nicht mit vergleichbarerer Begeisterung wie anno 1914 in die Felduniformen[4], doch eine gewisse Kriegsbegeisterung war nicht zu übersehen. „Fußball"-Kolummnist F. Richard rühmte den Krieg sogar als „schöpferische Pause" für den Sport: „Es ist ein Glück, dass wir endlich zu etwas Selbstbesinnung und Vertiefung im Sport kommen. Gestehen wir es uns ruhig ein: Der internationale Sportverkehr und überhaupt die Großveranstaltungen waren überbesetzt und überspitzt! Es war so weit, dass fast jede Nation in Europa ihr Dutzend Länderkämpfe oder mehr im Jahr haben musste. Von Sonntag zu Sonntag, ja auch an den Wochentagen, ergoss sich eine Flut von Sportereignissen auf die Menschen, die dadurch verstumpften und kaum noch ein großes Ereignise wirklich *erlebten.* Mein Gott, wie tief und nachhaltig wurzelte früher der *eine* Länderkampf in der Saison im Geist und Gemüt von Zuschauern und Spielern. (…) Mit diesem mechanischen Großbetrieb hat der Krieg Schluss gemacht. Gottlob! Mindestens gibt es mal wieder eine längst notwendige ‚schöpferische Pause'. Von allein wären wir Sportleute nicht dazu gekommen, dazu waren selbst die Besten von uns viel zu sehr ‚im Betrieb' und im Terminkalender verstrickt. Jetzt werden wir uns in der Ruhestellung hinter der

Auch nach Kriegsbeginn demonstrierte der Fußball Normalität. Hier tummelt sich Reichstrainer Sepp Herberger (rechts) mit seinen Nationalspielern am Badestrand.

Front oder in der Heimat mal wieder an einem ‚ganz einfachen Spiel' richtig und ‚doll' freuen. Auch bei den Ersatzspielen für die Meisterschaftskämpfe, die mancherorts ausgetragen werden, wird es ohne Tamtam und Starkult hergehen, dafür mit mehr Frische, Frohsinn und dem Empfinden, welches Geschenk doch Fußball und Sport überhaupt sind. Die Klubs werden wieder eine große Familie sein, die Mitglieder sich nicht nur mit Beitragszahlen und ‚Zum-Spiel-Gehen' erschöpfen."[5]

Derlei zutiefst zynische Worte kamen nicht überraschend. Auch im Sport waren die Menschen schon lange auf der Krieg vorbereitet worden und mit einer militarisierten Sprache berieselt worden. Als der „Fußball" beispielsweise im September 1933 die neuen Gauligen vorstellte, wählte er eindeutig-doppeldeutige Überschriften. Da hieß es unmissverständlich „Klar zum Gefecht", Baden war „ein Gau der Tradition", in dem sich „Karlsruhe und Mannheim erstmals auf gleicher Marschroute" befanden, Niedersachsen stand „unter Führung von Arminia Hannover", in Sachsen gab es „Helmchen-Bomben gegen Kress-Paraden", in Württemberg eine „Klare Front im Schwabenland" und am Mittelrhein eine „Neue Sportkameradschaft mit Koblenz und Trier". Diese schleichende mentale Kriegsvorbereitung zog sich durch die gesamten Jahre bis zum tatsächlichen Kriegsbeginn – insofern waren Richards obige Worte also nur eine logische Folge.

Während deutsche Truppen im Osten Polen eroberten und sich im Westen durch den Kriegseintritt Frankreichs und Englands eine zweite Front öffnete, rangen Deutschlands Fußballfunktionäre um das Schicksal des organisierten Ligaspielbetriebes. „Weitermachen, nichts darf zerschlagen werden", hatte der NSRL schon wenige Stunden nach Kriegsbeginn den Turnern und Sportlern zugerufen und gefordert, dass das „Leben auf den Sportplätzen nicht aufhören soll". Das war jedoch alles andere als einfach. „Eisenbahn und Auto werden jetzt zu dringenderen Aufgaben benötigt. Damit verbieten sich größere Sportreisen", gab der „Fußball" zu bedenken, hatte freilich gleich eine Lösung parat: „Aber auch Ortswettbewerbe lassen sich sehr interessant und mannigfaltig aufziehen, zumal durch die aufgerückten Reserve- und Jugendspieler die Spielstärken der Mannschaften verändert worden sind."[6] Der Gauligaspielbetrieb bzw. die Endrunde um die Deutsche Meisterschaft, deren Teilnehmer spätestens am 25. Februar 1940 feststehen sollten, wurde jedenfalls zunächst abgesagt und stattdessen lokale bzw. regionale Spielrunden um Dinge wie den „Danzig-Pokal" (Berlin-Brandenburg) oder den „Breslauer Pressepokal" organisiert. Dazu kamen Freundschaftsbegegnungen, die den Namen „Opferspiel" trugen und deren Erlöse den Frontsoldaten zu Gute kamen. Derlei Spiele fungierten zudem als Mittel zum Zweck: Sie gaukelten „Normalität" vor. Am dritten Kriegstag (!) beispielsweise maßen in Peine der VfB und die Spielvereinigung 04 „aus dem begrüßenswerten Bestreben heraus, auch bei der gegebenen politischen Lage den sportlichen Betrieb soweit wie möglich aufrechtzuerhalten", die Kräfte.

Eine völlige Einstellung des Ligaspielbetriebes – wie 1914 – kam nicht in Frage. „Nichts darf zerschlagen werden im deutschen Sport an Organisation, an Fäden, die von Mensch zu Mensch führen, selbst wenn der eine an der Grenze auf Wacht steht und der andere Aufgaben in der Heimat erfüllt. Hier darf und soll der Sport als bindende Kraft wirken. Und gar durch die Zeit zerschlagen lassen, was an Betriebsformen aufgebaut wurde, wäre falsch. Es lassen sich auch in Grenzen und unter einschneidenden Beschränkungen volkspolitische wichtige Aufgaben leisten. Kinder, Mädchen und Frauen und viele Männer sind da. Bald wird auch der Sport seine Fühler bis zur Front strecken, wie es im Weltkriege schon der Fall war. Am Weltkriege hat der deutsche Sport einen großen Lehrmeister. Damals hat der Sport sich selbst aufgegeben, und einzelne Männer haben in kleinen Zellen, in der Etappe, in der Heimat oder auch oft in der dichtesten Nähe der Front sportliches Leben aufrechterhalten. Diesen Weg wollen und dürfen wir nicht gehen. Wir wollen daran erinnern, dass es verkehrt ist, in unserem erneuten Einsatz um unser Recht nach dem Willen des Führers etwa den Sport und seine Welt zerschlagen zu lassen, weil niemand für ihn sorgt",[7] forderte der Nationalsozialistische Reichsbund für Leibesübungen.

In der Praxis klappte das natürlich nicht – es konnte auch gar nicht klappen. Namentlich im Osten ging es nämlich drunter und drüber. Gedania Danzig, der Klub der polnischen Minderheit in der alten Hansestadt beispielsweise, wurde unmittelbar nach dem Einmarsch deutscher Truppen liquidiert, und der gesamte Sportbereich[8] Ostpreußen mit Wirkung zum 1. Januar 1940 auf Ostpreußen bzw. den neu geschaffenen Sportbereich Danzig-Westpreußen (die annektierten Gebiete Marienwerder und Bromberg) aufgeteilt. Auch der Sportbereich Schlesien wuchs kriegsbedingt und erhielt den 1922 abgetrennten Teil Oberschlesiens hinzu. Dennoch gelang es überall, eilig Übergangswettbewerbe zu organisieren, so dass am 10. September ein fast reichsweiter Spielbetrieb gemeldet werden konnte. Allerdings spielte man nun offiziell nicht mehr in „Ligen", sondern in „Klassen" – der Begriff „Liga" stammte vom englischen „League" und war seit Kriegsbeginn verpönt...[9]

1939/40: „Wie im tiefsten Frieden"

Mit den militärischen Erfolgen an Ost- und Westfront wuchs auch die Begeisterung der Massen für den Krieg, was die Situation deutlich entspannte und im Fußball Platz schuf für die Wiederherstellung des Punktspielbetriebes. Am 24. Oktober sprach Reichssportführer von Tschammer und Osten die erlösenden Worte und erklärte das erste Dezemberwochenende 1939 zum Auftakt der „Kriegs-Gaumeisterschaft". Damit „auch im Kampf um die Kriegsmeisterschaft eine gewisse Einheitlichkeit gewahrt bleibt", hatten die Gaue die Wahl, entweder mit der gewohnten Zehnerstaffel zu spielen, oder aber zwei Regionalstaffeln à sechs Mannschaften zu bilden. Außerdem forderte der Reichssportführer Nachsicht und den Verzicht auf Absagen wegen Spielermangel: „Wir befinden uns eben in außergewöhnlichen Zeiten, und da soll so viel wie möglich von Spielabsetzungen und -verlegungen abgesehen werden."[10]

Bayern war der erste Gau, der den Ligaspielbetrieb wieder aufnahm. Am 29. Oktober eröffneten dort zehn Mannschaften die Spielzeit 1939/40. Die Zuschauerzahlen am ersten Spieltag waren enorm und belegten, wie sehr das Volk trotz Krieg nach Abwechslung dürstete. Das Schweinfurter Derby zwischen 05 und dem VfR beispielsweise beobachteten 4.000, in Augsburg wurden 6.000 beim Duell BCA gegen Neumeyer Nürnberg registriert, und der ewig junge Frankenschlager FCN – Fürth lockte 8.000 Zuschauer an.

Anschließend wurden in allen 18 Sportbereichen Spielklassen eingerichtet, ehe der „Fußball" am 12. Dezember stolz verkünden konnte: „Deutsche Kriegsmeisterschaft 1939/40 von Freiburg bis Königsberg und Hamburg bis Wien nun auf vollen Touren."

Natürlich war es kein „gewöhnlicher" Ligaspielbetrieb. Mit Ausnahme von Mitte, Westfalen, Niederrhein, Bayern und Ostmark spielte man überall in zwei oder mehr Staffeln, da die eingeschränkten Reiseverhältnisse keine andere Wahl ließen. Einige Vereine aus frontnahen Orten hatten mit enormen Problemen zu kämpfen. Der FK Pirmasens beispielsweise konnte erst mehrere Wochen nach Saisonstart in den Ligaspielbetrieb einsteigen und schob monatelang ein gewaltiges Nachholspielprogramm vor sich her. Noch schlechter erging es dem FV Saarbrücken, der für die Spielzeit 1939/40 komplett ausfiel. Auch der Alltag in den Vereinen war keineswegs „normal". Zahlreiche Aktiven waren an den Fronten und mussten, kehrten sie für einen kurzen Heimaturlaub zurück, sofort für ihr Team auflaufen. Mitunter nutzten sie die Gunst der Stunde aber auch für Wichtigeres. „Der Verteidiger Blaufelder (Minerva 93), Teilnehmer am Spanien- wie Polenfeldzug, hat während eines Heimaturlaubes in Berlin seine Kriegstrauung vollzogen", meldete beispielsweise der „Fußball" in seiner neuen Rubrik „Feldpost-Personalien" vom 31. Oktober 1939.

Die Wechselbedingungen waren komplett außer Kraft gesetzt. Vereinswechsel am Ort waren grundsätzlich untersagt. Soldaten hatten die Erlaubnis, zusätzlich zu ihrem Stammverein auch am Ort ihrer Einberufung spielen zu dürfen. Überall tauchten dadurch so genannte „Gastspieler" auf – mitunter überaus renommierte Akteure und sogar Nationalspieler, die plötzlich für einen Provinzverein aufliefen und ihn in der Ligapyramide nach oben katapultierten. Österreichs Nationalspieler „Pepi“ Stroh beispielsweise lief zeitweise für den niedersächsischen Provinzverein SV Elze auf. Einen besonderen Vorteil genossen unter diesen Umständen natürlich Garnisonsstädte. Selbst Akteure, die sich vor Kriegsbeginn etwas zu Schulden hatten kommen lassen (in der Regel lag das Vergehen im Verstoß gegen das Amateurstatut), durften wieder mitmischen. „Der Reichssportführer hat eine Amnestie erlassen, durch die alle zeitweiligen Sperren aufgehoben und den aus dem NSRL ausgeschlossenen Mitgliedern auf Antrag die Wiederzulassung möglich wird, sofern nicht schwere ehrenrührige Verfehlungen gegen Staat, Partei und Sportgeist Ursache des Ausschlusses waren. Verdoppelte Tatenfreudigkeit und selbstloser Einsatz wird der Dank aller jener sein, die durch die großherzige Entschließung unseres Reichssportführers wieder in die Millionengemeinschaft des deutschen Sports Aufnahme finden.“ Einer der davon Begünstigen war Nationalspieler Hans Appel, der im September 1938 sein letztes Länderspiel absolviert hatte und anschließend von seinem Verein BSV 92 bis April 1940 gesperrt worden war.

Sieht man von vereinzelten Problemen ab – Ratibor 03 beispielsweise musste sich nach vier Spielen wegen Spielermangel zurückziehen, in Ostpreußen sorgten Wetterkapriolen für den Abbruch der Meisterschaft – ging der Spielbetrieb erstaunlich ungestört über die Bühne. Ende November 1939 fragte der „Fußball“ beinahe ketzerisch: „Haben wir eigentlich Krieg?“, um festzustellen, dass „an fast allen Orten Zuschauermengen zu verzeichnen sind, die sich in nichts von denen der in tiefster Friedenszeit unterscheiden“. Allerdings wurde es zeitlich eng, denn als am 21. April 1940 die Endrunde um die Deutsche Meisterschaft begann, war in einigen Sportbereichen die Entscheidung noch gar nicht gefallen – die betroffenen Vereine griffen entsprechend später ein. Angesichts der Namen der Endrundenteilnehmer war vom Krieg ebenfalls noch nichts zu erkennen. In der Nordmark hatte der Eimsbütteler TV abermals den HSV verdrängt (mit einem sensationell anmutenden 6:0 im Entscheidungsspiel!), Köln schickte etwas überraschend Mülheim 06 ins Rennen, und in Berlin feierte der Finalist von 1923, Union 06 Oberschöneweide, sein Comeback. Ein Blick auf die Ergebnisse zeigt jedoch, dass die Verhältnisse nicht „normal“ waren. Schalke 04 kanzelte beispielsweise den CSC 03 Kassel mit 16:0 ab – ein derartiges Ergebnis hatte es nicht einmal in der turbulenten Pionierzeit in einem Endrundenspiel gegeben! Die Nordhessen waren allerdings in Unterzahl angetreten – ihr Außenläufer Kling hatte am Abend zuvor Hochzeit gefeiert und den Zug nach Gelsenkirchen verpasst…

Das Halbfinale erreichten Schalke 04, der SV Waldhof, Rapid Wien und der Dresdner SC – zweifelsohne die Crème de la Crème des deutschen Fußballs im Jahre 1940. Das zeigte sich auch bei den beiden Begegnungen, die ausgewiesene Fußballkunst brachten. In Stuttgart spielte Schalke mit Waldhof Katz und Maus, ließ die Kurhessen im Mittelfeld brillieren und bereitete ihnen mit Blitztoren das Aus (3:1). In Wien duellierten sich zur selben Stunde Rapid und der DSC, der sich vor allem dank eines überragenden Helmut Schön in 120 dramatischen Minuten mit 2:1 durchsetzen konnte.

Kalwitzki hat getroffen – Schalke ist Deutscher Meister 1940.

Richard „König" Hofmann zeigte sich verantwortlich für den Siegtreffer und schoss den seit Jahren auf seine Endspielchance lauernden DSC endlich ins Finale. Zuvor wurde noch einmal die Propagandamaschine angekurbelt: „Mit einer machtvollen Kundgebung seiner inneren Kraft und seiner Volksverbundenheit hat der deutsche Fußballsport das denkwürdige Meisterschaftsjahr 1939/40 abgeschlossen. Das Olympiastadion ausverkauft, annähernd 100.000 begeisterte Zuschauer im weiten Oval – genau wie im tiefsten Frieden!", jubelte der „Fußball".

Deutscher Meister 1940: FC Schalke 04

Sportlich lieferte das Endspiel am 21. Juli dann jedoch eine Enttäuschung. „Weder Schalke noch Dresden erreichten ihre beste Form" („Fußball"). Dresden hatte mit Willibald Kress einen überragenden Keeper zwischen den Pfosten und blieb ansonsten schwach; Schalke zeigte enorme Anlaufschwierigkeiten und kam erst nach einer knappen halben Stunde in Fahrt, als Kalwitzki das 1:0 erzielte. Ausgerechnet bei jenem Schuss hatte Kress zu weit vor seinem Tor gestanden… Es war das Tor des Tages, das Schalke 04 zum fünften Mal die „Viktoria" einbrachte.

Wesentlich spannender und sportlich auch deutlich ansprechender war es tags zuvor an selber Stelle beim Spiel um Platz 3 zugegangen, als sich Waldhof und Rapid Wien ein packendes 4:4 nach Verlängerung geliefert hatten. Sieben Tage später gewann Rapid das Wiederholungsspiel mit 5:2.

Einige Monate zuvor hatte ein sportpolitischer Paukenschlag die Fußballfans in aller Welt aufgeschreckt: „In Genua tagte der Vorstand des Fußballweltverbandes um zu der Lage des internationalen Fußballsports Stellung zu nehmen (...). Es wurde endgültig beschlossen, die vierte Weltmeisterschaft 1942 Deutschland zur Ausrichtung zu übertragen. Könnten die Titelkämpfe bis zu diesem Zeitpunkt nicht durchgeführt werden, so käme ein südamerikanischer Verband an die Reihe", meldete das „Deutsche Nachrichtenbüro" und löste damit Jubelstimmung im Reich aus. „Niemand von uns ist so vermessen, heute schon Zukunftspläne zu schmieden, allein wir dürfen wohl sagen, dass wir uns alle freuen würden, nach einem siegreich abgeschlossenen Feldzug Gastgeberland für die auserwählten Fußball-Nationalmannschaften der Welt sein zu können", freute sich „Kicker"-Schriftleiter Müllenbach in der Ausgabe vom 27. Dezember 1939. Doch die Ernüchterung folgte auf dem Fuß. FIFA-Generalsekretär Ivo Schricker – einer derjenigen, der Fußball um die Jahrhundertwende in Deutschland populär gemacht hatte und der sich zum „Dritten Reich" deutlich distanziert gab – dementierte umgehend und sprach davon, dass die Meldung „in allen Teilen vollkommen erfunden ist und den Tatsachen in keiner Weise entspricht. Die Zuteilung der Weltmeisterschaft hat einzig und allein durch den Kongress des Jahres 1940 zu erfolgen, und das Komitee (was in Genua getagt hatte, d. Verf.) hat die Frage der Übertragung der Weltmeisterschaften in keiner Weise erörtert." Was passiert war, konnte nie aufgeklärt werden. Das tschechische FIFA-Exekutivmitglied Dr. Pelikaan wurde kurzzeitig als Urheber der Falschmeldung ausgemacht (Schricker dementierte umgehend: „Es kommt gar nicht in Frage, dass er einen solchen Unsinn auch nur entfernt geäußert haben könnte."), während Fachamts-Pressechef Koppehel peinlich berührt hoffte: „Die Geschichte wird ja wohl auch über diese Geschichte langsam Gras wachsen lassen." Exakt das tat sie dann auch.

Festzustellen bleibt, dass Deutschland großes Interesse an der WM 1942 hatte und gemeinsam mit Brasilien und Argentinien aussichtsreicher Kandidat war. Nach den guten Erfahrungen mit den Olympischen Spielen 1936 wollte man ein weiteres sportliches Großereignis ins Land holen. „Der Führer will hierauf unter keinen Umständen verzichten, weil der internationale Sportverkehr am schnellsten und nachhaltigsten in der Lage ist, den politischen Brunnenvergiftern und Hetzaposteln das Handwerk zu legen", hatte Reichssportführer von Tschammer am 11. Februar 1937 in einer Rede vor den Gausportwarten betont.[11] Schon 1938 hatte Deutschland das Welt-Fußballturnier ausrichten wollen, war seinerzeit aber zugunsten Frankreichs zurückgetreten. Der damalige Lobbyismus sollte sich nun auszahlen. Schlussendlich verhinderte der Krieg jedoch die für den 19. November 1940 in Luxemburg anberaumte FIFA-Sitzung und damit auch die Entscheidung über die Vergabe, die nie gefällt wurde.

Einen „Höhepunkt" etwas anderer Art hatten die Vereine am 20. April 1940 erlebt. Anlässlich des Führer-Geburtstags war zu einer Metallspende aufgerufen worden, und der Reichssportführer hatte die Turn- und Sportvereine aufgefordert: „Dieser Ruf gilt insbesondere uns!" Bereitwillig räumten die Klubs ihre Trophäenkammern, um ihre mitunter uralten Schätze (von Tschammer: „So genannte Ehrenpreise ohne jeden künstlerischen Wert, die nutzlos in den Vereins- und Verbandsschränken stehen") dem Schmelzofen anzuvertrauen. „Denn es wird einmal auch in der Geschichte des deutschen Volkes keine wertvollere Erinnerung geben als das Gedenken an das einzigartige Geschenk, das ein ganzes Volk seinem geliebten Führer in schwerster Zeit zum Geburtstag darbrachte."[12] Auch die Sporttradition war im Krieg nicht mehr heilig.

1940/41: Sieg für die „Ostmark"

Die zweite Kriegssaison 1940/41 begann wie geplant im September 1940 und sollte erste Vorboten auf das bald einbrechende Chaos liefern. Es gab drei neue Sportbereiche (Elsass, Generalgouvernement und Wartheland), zudem kamen Soldatenklubs wie Luftwaffensportverein Stettin bzw. betriebsnahe Klubs wie TuS Helene Altenessen auf, und den annektierten Gebieten wurde ein „eingedeutschtes" Vereinswesen übergestülpt. Während man dabei im Elsass auf die bestehenden Vereine zurückgriff[13] und ihnen „nur" deutsche Namen bzw. die gängige Einheitssatzung verpasste[14], wurden in den Ostgebieten die polnischen Klubs verboten und stattdessen „volksdeutsche" Gemeinschaften gegründet, in denen Einheimische nichts zu suchen hatten. Im Generalgouvernement (Polen) beispielsweise war am 9. April 1940 „der Auftrag zum Aufbau einer deutschen Turn- und Sportbewegung erteilt" worden, wobei es vor allem um folgende Ziele ging: „Schaffung einer amtlich geleiteten Organisation der Leibesübungen; Erfassung und Verwaltung der Sportanlagen der aufgelösten polnischen Sportorganisationen; Gründung deutscher Turn- und Sportgemeinschaften; Aufbau des Wettkampf- und Wettspielwesens sowie eines regen sportlichen Austausches mit dem Reich." Zwei Jahre später resümierte man befriedigt: „Der Sport sollte nicht Selbstzweck sein, sondern diente höheren Zielen. Einmal sollte den deutschen Soldaten, den SS- und Polizeiangehörigen, die im Ostraum eingesetzt sind, die Möglichkeit geboten werden, ihre im Reich bereits gewonnene Liebe zum sportlichen Kampf auch hier weiter zu pflegen. Außerdem hatte der Sport die Aufgabe, die im Generalgouvernement wirkenden deutschen Menschen für eine vom höheren Gesichtspunkt geleitete Lebensführung zu gewinnen und dadurch ihre Gesundheit zu erhalten und ihre Wehrkraft zu fördern."[15]

Zwar bildeten sich in Warschau, Krakau, Posen, Litzmannstadt und dem Dabrowaer Hüttenrevier heimlich Untergrundmannschaften polnischer Fußballer, die sogar eine illegale Meisterschaft ausspielten, offiziell jedoch gab es nur einen „deutschen" Spielbetrieb – und der wurde gebildet von solch illustren Teams wie „10. Totenkopf-Standarte" oder „Sportclub Schwarz-auf-Weiß". Letzterer war der Klub der Journalisten im Generalgouvernement. Insgesamt 80 Sportgemeinschaften entstanden, darunter auch die vermutlich von Oskar Schindler gesponserte „Deutsche Turn- und Sportgemeinschaft Krakau". Im Wartheland wurden derweil überwiegend Soldatenteams gebildet – das Finale bestritten am 16. März 1941 der Luftwaffen SV Posen und der TSG Litzmannstadt (4:3 n.V.).

Reisebeschränkungen, Spielermangel aufgrund von Einberufungen sowie finanzielle Sorgen behinderten die Vereine reichsweit und wirkten sich auch auf den Ligaspielbetrieb aus. „Von Sonntag zu Sonntag erhebt sich immer wieder die gleiche Frage: Kann X sich loseisen, wird Y zur Stelle sein, erhält Z Heimaturlaub? Und wenn man glücklich elf Spieler zusammen hat, dann ist noch kein Rechtsaußen, mal kein Verteidiger darunter, mal irgendein anderer Posten nur unzureichend zu besetzen. Jeder möchte natürlich gerne auf seinem Stammplatz spielen, aber Sonderwünsche haben hinter das Mannschaftswohl zurückzutreten", fasste die „Niedersächsische Tageszeitung" die Befindlichkeiten der Vereine anschaulich zusammen. Im Sudetenland erschwerte der lange und schwere Winter zusätzlich die Meisterschaftsrunde, die zur Farce wurde, nachdem sich fünf der zwölf Vereine im Saisonverlauf zurückziehen mussten. In Schlesien wurde die Meisterschaft am 30. März abgebrochen und mit Vorwärts-Rasensport Gleiwitz ein Team zum Meister gekürt, das in der Tabelle nur an zweiter Stelle rangierte. Überall waren Kantersiege an der Tagesordnung und kündeten von dem einsetzenden Leistungsverfall im deutschen Spitzenfußball. In den unteren Ligen waren viele Vereine längst zusammengebrochen. Der niedersächsische Kreisklassen-Klub Frischauf Klein Bülten beispielsweise sah sich 1941 zum Rückzug gezwungen. „Erstens mussten fünf bis sechs Mann jeden Sonntag arbeiten, so dass sie es nicht schaffen konnten, zu den fahrplanmäßigen Zügen zu gelangen, wenn wir in Braunschweig zu spielen hatten. Zweitens konnte mir nach einer Aussprache mit dem Sportführer der Flak nicht versprochen werden, jeden Sonntag Leute zum Fußballspielen zu stellen. Wir hätten es nun aber trotzdem versucht, zumal wir in der Terminliste gleich mit drei Heimspielen bedacht waren. Gleich einer Bombe platzte da unser Gastspieler Janisch in die Beratungen, dass mit den Flaksoldaten nicht mehr gerechnet werden könne, da sie versetzt würden. Jetzt blieb mir nichts weiter übrig, als meine Mannschaft zurückzuziehen", bekannte Vereinsführer Oswald Mende verzweifelt.[16]

Im nur halb gefüllten Berliner Olympiastadion bezwang der Dresdner SC die NSTGD. Prag mit 1:0. Prags Keeper Dr. Mitlöhner im Mittelpunkt.

Wo noch Spielbetrieb möglich war, ging die Schere der Leistungsfähigkeit

Elf Wiener werden Deutsche Meister. Der überragende Rapid-Stürmer Bimbo Binder setzt sich gegen Tibulski durch.

immer weiter auseinander. Der HSV beispielsweise dominierte im Sportbereich Nordmark mit nie zuvor erlebter Souveränität und ging ohne einen einzigen Punktverlust als Meister hervor. In Sachsen deklassierte Vizemeister Dresdner SC die Konkurrenz ebenfalls und gewann selbst beim Vizemeister Planitzer SC mit 12:3. Schalkes Souveränität muss im Grunde genommen nicht erwähnt werden – nur Westfalia Herne gelang es, den Knappen einen Zähler abzuknöpfen. Allerdings mehrten sich kritische Stimmen, die fragten, warum Schalkes Stammelf noch immer fast geschlossen zu Ligaspielen auflaufen konnte, während Mannschaften anderer Vereine längst über alle Winde verstreut waren. In der Tat schienen die Königsblauen bevorzugt behandelt zu werden, hatte mehr „uk"-Gestellte („unabkömmlich") in ihren Reihen als andere Vereine. Szepan und Kuzorra beispielsweise waren dem Fliegerhorst Gelsenkirchen-Buer zugeteilt und arbeiteten auf dem Flugplatz Essen-Kray. Doch selbst ohne Szepan und Kuzorra wären die Knappen wohl überragend gewesen – im Saisonverlauf hatten sie beispielsweise mit Lichtner, Burdenski, Barufka, Beusch, Dargaschewski und Schulz erfolgreich Nachwuchsakteure eingebaut. Schließlich galt für viele Mannschaften aus dem Ruhrgebiet, dass sie aufgrund der ansässigen kriegswichtigen Rüstungsindustrie häufiger auf „uks" zurückgreifen konnten.

Sportlich dominierten erneut die Vorjahrsfinalisten Schalke und Dresden. Die Knappen schalteten in den Gruppenspielen um die Deutsche Meisterschaft den bis dato ungeschlagenen HSV aus (3:0 und 0:1), der DSC gewann souverän gegen Vorwärts-Rasensport Gleiwitz. Ergänzt wurde das Halbfinale durch Rapid Wien (setzte sich in den Gruppenspielen in einem packenden Zweikampf gegen München 1860 durch) sowie dem Kölner Fußballmethusalem VfL 99, der mitten im Krieg seine plötzliche Renaissance feierte. Gegen Schalke waren die Kicker aus Köln-Weidenpesch allerdings chancenlos und wurden mit einem 1:4 ins Spiel um Platz 3 verbannt, das sie mit demselben Resultat gegen den Dresdner SC verloren. Der Vorjahrsfinalist hatte sich vor rund 30.000 Fans in Beuthen Rapid Wien mit 1:2 beugen müssen.

Das Finale zwischen dem „Ostmarkmeister" Rapid Wien, einem der beliebtesten Klubs der „Ostmark", sowie Schalke 04 avancierte zu einem Highlight in der deutschen Fußballhistorie. Es passte alles: Beide Mannschaften galten als „Arbeitervereine", waren aber dennoch bekannt für ihr technisch ausgereiftes Spiel. Hinzu kam eine politische Komponente: Beide Mannschaften garantierten eine Neuauflage des Duells „Altreich" gegen „Österreich".

Allzu viele Freunde hatten sich die Nationalsozialisten unter den Wiener Fußballern übrigens nicht gemacht. Namentlich Admira und Austria – ein Klub mit jüdischen Wurzeln – litten schwer unter den nationalsozialistischen Zwangsmaßnahmen. Rapid hingegen hatte sich ungleich besser arrangiert und dominierte gemeinsam mit Vienna die Gauliga Ostmark.

Die rund 95.000 Fans im Berliner Olympiastadion sollten am 22. Juni 1941 ein Spiel sehen, das in die Annalen der Endspielgeschichte einging. Schon die äußeren Umstände waren historisch, denn Deutschland hatte am selben Tag die Sowjetunion militärisch überfallen! Entsprechen martialisch ging es im Olympiastadion zu, wo die Fans vor dem Anpfiff mit den Worten „Der Sport dient dem Einsatz für Führer und Volk. Wir gedenken mit heißem Herzen unserer Soldaten an allen Fronten. Es lebe der Führer!", begrüßt worden waren. Schalke galt als leichter Favorit, doch Rapid ging zuversichtlich ins Spiel. „Wir werden Wiens Fußballehre wieder herstellen", hatte Stürmerstar Franz „Bimbo" Binder mit Verweis auf das 0:9-Debakel Admiras im Endspiel 1939 gegen denselben Gegner angekündigt. Danach sah es zunächst jedoch nicht aus. Rapids Abwehr präsentierte sich extrem unsortiert, und Schalke konnte mit einer beruhigenden 2:0-Führung in die Pause gehen. Als Hinz nach exakt einer Stunde das 3:0 erzielte, schien das Spiel gelaufen und Rapid ebenfalls auf dem Weg zum Debakel.

Zwei Minuten später verkürzte Schors jedoch auf 1:3 und leitete die Wende ein. Fortan spielte nur noch eine Mannschaft: Rapid. Die „Kaffeehausfußballer" („Fußball") kämpften wie die Berserker, ließen Schalke nicht mehr zum Zuge kommen und kamen nur 60 Sekunden später durch den überragenden Binder zum 2:3. Plötzlich war das Publikum wieder wach und stellte sich, die Sensation witternd, hinter Rapid. Schalkes alt gewordenen Recken gingen derweil die Nerven durch. Gellesch brachte Schors im Strafraum zu Fall – Binder traf unter dem Jubel der Zuschauer zum Ausgleich in die Maschen. Noch war Rapids Wirbelsturm aber nicht vorbei. Nur zwei Minuten nach dem Wiederanpfiff stürmte Willy Fitz durch Schalkes Abwehr und wurde von Tibulski zu Fall gebracht. Den fälligen Elfmeter versenkte Binder zum vierten Wiener Tor in den Schalker Maschen! Binnen sechs Minuten hatte Rapid Wien aus einem 0:3-Rückstand also eine 4:3-Führung gemacht!

Das Spiel war gelaufen. Schalke schien mit den Nerven endgültig am Ende, versuchte zwar noch halbherzig den Ausgleich zu erzielen, doch an den Hüttelsdorfern gab es nun kein Vorbeikommen mehr. Als Schiedsrichter Reinhardt abpfiff, hatte Deutschland zum ersten Mal einen Meister, der nicht aus dem Altreich kam. Beim Titelverteidiger war man stocksauer. Der Legende nach verweigerte Ernst Kuzorra sogar die Silbernadel für den zweiten Platz und blaffte den Reichssportführer an: „Herr Tschammer, dass wir hier verloren haben, war Politik, kein Sport." Kuzorra war der Ansicht, Rapid hätte für die Ostmark gewinnen müssen und verwies erbost auf die beiden Elfmeter, die er als „fragwürdig" bezeichnete. Dieser von Kuzorras Mannschaftskamerad Herbert Burdenski erzählte Anekdote steht eine vergleichbare aus Wien gegenüber, nach der man einen hohen Preis gezahlt habe: Der dreifach Torschütze Binder sei am Tag nach dem Endspiel nämlich an die Front beordert worden.

1941/42: Einschränkungen im Spielbetrieb

Die Spielzeit 1941/42 stand bereits völlig im Schatten der Kriegsereignisse. Der erhoffte „Blitzkrieg" war in den Weiten Russlands stecken geblieben, und während Hunderttausende vor den Toren Moskaus oder im Kessel von Stalingrad ihr Leben ließen, versuchte man an der Heimatfront händeringend, „Normalität" herzustellen. Das war jedoch zunehmend unmöglich; im März 1942 registrierte man erste Flächenbombardements deutscher Großstädte. Der Krieg wendete sich immer stärker gegen seine Verursacher. Zeitgleich erreichte der nationalsozialistische Rassenwahn eine neue abscheuliche Dimension: Am 23. September 1941 wurde im KZ Auschwitz erstmals Zyklon B eingesetzt, um die inzwischen beschlossene „Endlösung der Judenfrage" zu beschleunigen. Unter den Opfern befand sich aller Wahrscheinlichkeit auch Ex-Nationalspieler Julius Hirsch, der am 1. März 1943 nach Auschwitz transportiert wurde und nie wiederkehrte.

Angesichts dieser menschenverachtenden Vorgänge fällt es schwer, den schleichenden Zusammenbruch des geordneten Ligaspielbetriebes zu beklagen. Die Kreisklasse – unterste Spielklasse – war inzwischen selbst im bevölkerungsreichen Westfalen eingestellt worden, da der Mangel an Aktiven zu groß geworden war. Auch die noch im Spielbetrieb befindlichen Vereine plagten große Sorgen. Die Versorgung mit Sportgeräten war spürbar eingeschränkt worden, die Mitglieder hatten angesichts zunehmender „Gefallen-für-Führer-und-Vaterland-Meldungen" ganz andere Sorgen, und die Vereinskassen waren nach zwei Kriegsjahren unangenehm leer. Dennoch hatte die Spielzeit 1941/42 am 30. August 1941 begonnen, wobei den 33 höchsten Spielklassen inzwischen 265 Mannschaften angehörten – 1933 war man bekanntlich mit deren 160 in 16 Ligen gestartet. Reisebeschränkungen führten in zahlreichen Sportbereichen zu einer radikalen Regionalisierung des Ligaspielbetriebes. Die Sportbereiche Schlesien, Mittelrhein, Hessen und Südwest waren geteilt worden, und mit Luxemburg war eine weitere

Überraschungsteam der Saison 1941/42 war der FV Stadt Düdelingen. Hier rettet Torhüter Jean Jaeger im Pokal-Viertelfinalspiel gegen München 1860 zur Ecke. Düdelingen verlor dennoch 0:7.

Region hinzugekommen. Dadurch erreichte die Endrunde um die Deutsche Meisterschaft zugleich die größte räumliche Ausdehnung ihrer Geschichte. Den luxemburgischen Vereinen war – wie zuvor den elsässischen – ein deutscher Vereinsname verpasst und eine Einheitssatzung verordnet worden. Als „Stillhaltekommissar" war Franz-Georg Schmidt eingesetzt worden, der sofort eine Kontensperre der 67 existierenden Vereine veranlasst hatte. Die Situation für die luxemburgischen Sportler war schwierig. „Einerseits sollte das sportliche Niveau erhalten und die nationale Treue gefördert werden, andererseits verlangten die parteipolitischen Ambitionen der Nazis einen schweren Tribut", heißt es in der Vereinschronik der Young Boys Diekirch. Ausgerechnet ein luxemburgischer Klub – FV Stadt Düdelingen – avancierte dann prompt zum sportlichen Überflieger der Saison und zog in die Endrunde um die Deutsche Meisterschaft ein, in der er gegen Schalke 04 unglücklich mit 0:2 unterlag. Fünf Monate später wurden fünf Akteure der Düdelinger zum Arbeitsdienst eingezogen und Abwehrspieler Nic Birtz ins KZ Hintzert verschleppt.[17]

Zuvor hatte der gesamten Endrunde um die Deutsche Meisterschaft das Aus gedroht. „Die Verkehrsmittel müssen in diesen Wintermonaten für lebenswichtige Transporte an die Ostfront freigehalten werden", hatte Reichssportführer von Tschammer im Februar 1942 verkündet und verfügt: „Für die Einschränkungen des Sportverkehrs gelten ab 2. März 1942 bis auf weiteres folgende Bestimmungen: Sportliche Veranstaltungen einschließlich der Meisterschaftsspiele im NSRL sowie Lehrgänge sind

Mannschaft der Stunde ■ Rote Jäger

Sie spielten nie um Punkte, sie errangen keinen Titel – und sie waren dennoch eines der beliebtesten Fußballteams in Kriegsdeutschland: die „Roten Jäger", eine Soldatenmannschaft, wie nur ein Krieg sie hervorbringen kann. Oberst Hermann Graf vom Jagdgeschwader 52 hatte die Mannschaft nach Kriegsbeginn vor allem deshalb ins Leben gerufen, weil er Deutschlands Elitekicker von der Front wegholen wollte. „Der Zweck der Roten Jäger ist, trotz der Härte des Krieges dem deutschen Volk und insbesondere den Millionen Fußballanhängern möglichst viele Könner für die Zeit nach dem Kriege zu erhalten." Zahlreiche Legenden – darunter Fritz Walter – trugen das rote Jersey der Fliegerelf, tingelten durch das zeitgleich von der deutschen Wehrmacht verheerte Europa und erfreuten die Fans mit ihrem von Leistungsdruck befreiten erfrischenden Spiel („unbezwingbare Augenweide"). Es dauerte nicht lange, da schwärmte man reichsweit von den „Roten Jägern", deren Auftritte in Paris, München, Warschau oder sonstwo gewaltige Zuschauerzahlen anlockten. Doch es gab auch Kritiker. Neider, die es nicht ertragen konnten, dass exzellente Fußballer nur wegen ihrer Kick-Künste bevorzugt behandelt wurden und nicht an die Front mussten. Gemeinsam mit Reichstrainer Herberger fand Oberst Graf jedoch immer wieder Mittel und Wege, was zahlreichen Nationalspielern das Leben rettete. Was bleibt, ist freilich ein schaler Beigeschmack. Denn der Preis für diesen „Heldenklau" war die Instrumentalisierung der Elite-Kicker: Sie sollten unter Soldaten und Zivilisten die Kriegsmoral heben.

örtlich uneingeschränkt zulässig, überörtlich nur insoweit, als sich der Sportverkehr auf den örtlich zuständigen Sportbereich beschränkt. Sportveranstaltungen über die Grenzen des Sportbereiches hinaus sind nur gestattet, wenn der Reiseweg nicht mehr als 50 km in einer Richtung beträgt."[18] Damit war das Aus für die Endrunde eigentlich vorprogrammiert. Doch Fußball und vor allem die Deutsche Meisterschaft waren zu „kriegswichtig", um unter den Tisch zu fallen. „Nach einer Entscheidung des Reichsfachamtes, die auf Grund einer gründlichen Prüfung aller maßgeblichen Faktoren zustande kam und die durch die Notwendigkeiten der Stunde bedingt ist, kehren wir in der Endrunde zum K.-o.-System zurück. Man braucht nicht um Verständnis für diese Maßnahme zu werben. Jeder begreift, dass in diesen ernsten Zeiten rein sportliche Erwägungen in den Hintergrund treten müssen, wenn kriegsbedingte Notwendigkeiten es erfordern", heißt es im „Fußball" vom 21. April 1942.

Händeringend wurde anschließend versucht, die Endrunde in die neuen Vorgaben hineinzupressen. Die Aufgabe des Gruppensystems und Wiedereinführung der K.-o.-Runde erfüllten freilich nicht die Vorgabe auf „Reisen unter 50 Kilometer über die Grenzen des Sportbereichs". In der Qualifikationsrunde standen sich beispielsweise der Duisburger Stadtteilklub Hamborn 07 und Werder Bremen gegenüber, reiste Schalke 04 nach Luxemburg, traf Dessau 05 auf Borussia Fulda – stets musste mindestens ein weiterer Sportbereich durchquert werden. Derlei Überschreitungen wurden jedoch geduldet, weil eine Absage der Deutschen Meisterschaftsendrunde vermutlich zu einem gewaltigen Aufschrei der Fußballgemeinde geführt hätte.

Die Rekordzahl von 25 Endrundenteilnehmern stand am 10. Mai 1942 bereit, um den Deutschen Meister 1942 zu ermitteln. Es waren völlig neue Namen darunter. Die SS-Sportgemeinschaft aus Straßburg beispielsweise, der Pfälzer Newcomer 1. FC Kaiserslautern, die Sportgemeinschaft der Ordnungspolizei Litzmannstadt und die Heeressportverein-Unteroffiziersschule (HUS) Marienwerder. Deutschland befand sich im Krieg, und die Fußballtabellen verrieten es. Das HUS-Team beispielsweise war ein reines Kind des Krieges. 1941 gegründet, hatte es geradezu im Laufschritt die Bezirksmeisterschaft 1941/42 von Danzig-Westpreußen gewonnen, musste jedoch eine Woche vor dem Endrundenstart einen schweren Schlag hinnehmen, als die komplette erste Mannschaft nach Beendigung ihres Unteroffizierslehrganges an die Front geschickt wurde. Mit einer Ersatzelf gingen die Marienwerderer Soldaten gegen den VfB Königsberg mit 1:7 unter. Erfolgreicher waren die SS-Kicker aus Straßburg, die sich mit 2:0 gegen die Stuttgarter Kickers durchsetzen und nach einem anschließenden 2:1 über Schweinfurt 05 ins Viertelfinale einzogen. Dort trafen sie auf Schalke 04, der dem SS-Spuk mit einem glatten 6:0 das verdiente Ende bereitete.

Schalke war einmal mehr das Maß aller Dinge, wobei sich die kritischen Stimmen mehrten. Vor dem Finale gegen Vienna Wien mäkelte selbst der „Fußball" in ungewohnt deutlichen Worten: „Schalke hat eine Friedensmannschaft für die Schlussspiele bereit, in der jeder Posten erstklassig besetzt ist, die Vienna aber muss in jedem Spiel auf eine Anzahl ihrer Besten verzichten, ihr Sturm konnte bis heute nie in seiner normalen Besetzung antreten." Tatsächlich waren nicht nur Leistungsträger Kuzzora und Szepan von Kriegseinsätzen bislang verschont geblieben. Schalke hatte mit dem Osnabrücker Flotho auch noch rasch exzellenten Ersatz für seinen kriegsverletzten Stammkeeper Klodt erhalten – sehr zum Unwillen des VfL Osnabrück, der bei dem Wechsel nicht gefragt worden war. Letztendlich darf aber nicht übersehen werden, dass in den kritischen Stimmen durchaus eine Portion Neid mitschwang, denn auch die Schalker „lieferten" ihre Akteure für den Kriegseinsatz. Außenstürmer „Ala" Urban beispielsweise fiel als Soldat in Stalingrad.

Das Endspiel gegen Vienna Wien war eine tragische Angelegenheit. Während Vienna geradezu leidenschaftlich stürmte, vertändelte Schalke ein ums andere Mal den Ball und war nur ein Schatten seiner selbst. Doch die Wiener vergaßen das Toreschießen. Schalke dagegen war ungewohnt kaltblütig, kam nach 14 Minuten zum 1:0 durch Kalwitzki, erhöhte drei Minuten vor dem Seitenwechsel durch Szepan auf 2:0 und wurde nach 90 Minuten zum sechsten Mal seit 1934 zum Deutschen Meister gekürt. Überragender Akteur war Neu-Keeper Flotho, der die Wiener mit seinen Glanzparaden zur Verzweiflung getrieben hatte und über dessen Wechsel zur Kampfbahn Glück-Auf es so hässliche Gerüchte gegeben hatte.

In Gelsenkirchen, wo trotz Krieg der „traditionelle" Triumphzug stattfand, brachte Oberbürgermeister Böhmer den Erfolg sogleich mit dem „Endsieg" in Verbindung: „Es ist das größte Erlebnis, das deutsche Volk in seinem schweren Exis-

Fußball im Krieg – auch auf den Tribünen sichtbar (hier beim Spiel zwischen Schalke 04 und Austria Wien im September 1941).

tenzkampf, seinen einmaligen gewaltigen Erfolgen an allen Fronten mit seiner übermenschlichen Arbeit, mit seinen sportlichen und kulturellen Leistungen in der Heimat zu sehen. Es zeigt der ganzen Welt, welch ungeheure Gesundheit und Kraft in seinem Innern liegt und wie es über den Sieg denkt."[19]

1942/43: Fußball im „totalen Krieg"

Die Spielzeit 1942/43 kann nicht mehr unter rein sportlichen Gesichtspunkten betrachtet werden. Deutschland befand sich tief im „totalen Krieg", den Joseph Goebbels am 18. Februar 1943 vor einem Publikum, das den Querschnitt der deutschen Bevölkerung darstellen sollte, propagiert hatte. „Wollt ihr ihn, wenn nötig, totaler und radikaler, als wir ihn uns heute überhaupt noch vorstellen können?", hatte der Reichspropagandaminister in den Berliner Sportpalast gebellt und ein begeistertes „Ja" geerntet. Der „totale Krieg" war längst Realität – ebenso, wie die „totale Kriegsniederlage" abzusehen und das „totale Chaos" vorprogrammiert waren.

Fußball spielte bei den psychologischen Ränkespielchen auf der politischen Führungsebene eine wichtige Rolle. „Das Herz des Kämpfers sehnt sich zwischen den Schlachten nach dem freien Spiel des Sports. Keine Nachrichten stimmen ihn zuversichtlicher über die Unbekümmertheit der Heimat als der Fortgang der Meisterschaft", drückte der „Fußball" in seiner Ausgabe vom 30. Juni 1942 die vermeintlichen Befindlichkeiten der Fans aus. Mitunter ging den Nazis die Liebe des Volkes zum Spiel aber zu weit. Als die Nationalelf im September 1942 gegen Schweden verlor, schimpfte Propagandachef Goebbels: „100.000 sind deprimiert aus dem Stadion weggegangen. Den Leuten liegt der Gewinn dieses Fußballspiels mehr am Herzen als die Einnahme irgendeiner Stadt im Osten."[20]

Der Ligaspielbetrieb litt natürlich unter den erschwerten Bedingungen. Reichssportführer von Tschammer hatte den gesamten Sportkomplex unmittelbar nach Goebbels Sportpalastrede in die „Aufgaben der totalen Kriegsführung" eingebunden und ihn als „kriegswichtig und mit Nachdruck zu betreiben und zu fördern" bezeichnet. „Sportliche Veranstaltungen und Wettkämpfe örtlichen und nachbarlichen Charakters bis zur Gaustufe[21] sind zur Erhaltung des Arbeits- und Leistungswillens durchzuführen", lautete seine Anordnung. Zugleich verfügte er jedoch, dass „Länderkämpfe, internationale Wettkämpfe, Meisterschaften in der Reichsstufe usw. bis auf weiteres abzusetzen sind, weil Frontsoldaten nicht mehr verfügbar" sind „und Personen, die im Arbeitseinsatz stehen, hierfür nicht beurlaubt werden sollen". Für die Nationalmannschaft bedeutete dies das Aus. Am 22. November 1942 lief sie zum letzten Mal vor Kriegsende auf, gewann mit 5:2 in der Slowakei und freute sich über drei Treffer des Daxlander Stürmertalents August Klingler. Reichstrainer Herberger versuchte anschließend verzweifelt, seine Schützlinge zumindest aus den vordersten Frontlinien herauszuholen und initiierte die „Aktion Heldenklau", mit der bekannte Fußballer in „sichere" Kompanien versetzt wurden.[22] Im Falle von August Klingler vergeblich: Der Nachwuchsstürmer starb ziemlich genau ein Jahr später in Kroatien den „Heldentod".

Folgte man den Buchstaben der Tschammer'schen Anweisung, wäre auch für die Deutsche Meisterschaft das Aus gekommen. Doch noch ging es weiter, wenn auch die Spielklassen aufgrund der eingeschränkten Verkehrsbedingungen inzwischen mehrfach geteilt worden waren. Von den 1933 eingerichteten 16 Gauen spielten nur noch sieben – Berlin/Brandenburg, Sachsen, Mitte, Westfalen, Niederrhein, Baden und Württemberg – in ihrer ursprünglichen Ausdehnung und Stärke. Alle anderen waren auf bis zu drei Gruppen aufgespalten. In insgesamt 32 „Gauligen" stritten 1942/43 somit 294 Mannschaften um Punkte (dazu kam das Generalgouvernement, aus dem keine Angaben vorliegen). Dass von diesen 294 Mannschaften lediglich 13 im Saisonverlauf den Spielbetrieb einstellen mussten, erstaunt, belegt aber zugleich den enormen Willen zum „Durchhalten". Fußball bzw. Sport diente den Menschen zweifelsohne als wichtiger Haltepunkt im zusehends zusammenbrechenden Alltag. Wenn der Ball rollte und es um Ligapunkte ging, konnte man für einen Moment den Krieg vergessen.

Die meisten der Klubs, die aufgeben mussten, waren reine Soldatenteams, wodurch es zu tragischen Entwicklungen kam. In Oberschlesien beispielsweise führte nach sieben Spieltagen der Luftwaffensportverein Adler Tarnowitz unangefochten die Tabelle an, als die komplette Mannschaft an die Front geschickt wurde und man aus der Meisterschaft ausscheiden musste. Die meisten Rückzüge gab es in geografisch schwierigen Regionen wie Mecklenburg, dem Sudetenland und Danzig-Westpreußen.

Weitaus schlimmer noch sah es in der Zweitklassigkeit aus, der zunehmend die Teilnehmer ausgingen. Durch die Erhöhung der Zahl der Gauligen waren viele Vereine in die Erstklassigkeit aufgerückt und hatten die leistungsschwächeren Teams zurückgelassen. Jene litten zudem an akutem Spielermangel. In Düsseldorf beispielsweise traten 1942/43 in der „2. Klasse" lediglich 19 Mannschaften an – 1938/39 waren noch 51 Mannschaften in der 2. und 3. Liga vertreten gewesen. Unter den verbliebenen Teams waren zudem zahlreiche Soldatenmannschaften sowie Betriebssportgruppen; Großbetriebe verfügten eben über überproportional viele als „kriegswichtig" eingestufte Männer, was für sportliche Kontinuität sorgte. Vielen Zivilvereinen blieb als einziger Ausweg der Zusammenschluss mit anderen Vereinen zu einer Kriegsspielgemeinschaft (KSG). Dabei handelte es sich um eine zeitlich begrenzte Fusion, mit der der Spielbetrieb aufrechterhalten werden konnte. Unter den 19 Düsseldorfer Zweitligisten waren ein Luftwaffensportverein, zwei Betriebssportgemeinschaften sowie zwei Kriegsspielgemeinschaften.

Der Wandel war auch in der Endrunde um die Deutsche Meisterschaft zu spüren, an der zwei Betriebssportgemeinschaften (DWM Posen und Westende Hamborn) und drei Soldatenvereine (Pütnitz, Brieg, Brünn) teilnahmen. Dazu kamen diverse Mannschaften, die der kriegsbedingten Produktion nahe standen. Das Team des Spielverein 06 Kassel beispielsweise profitierte von den örtlichen Henschel-Werken, die TSG Rostock von der lokalen Kriegsindustrie, Wilhelmshaven 05 bestand fast ausschließlich aus bei der Marine dienenden Gastspielern (Barufka, Janes u.a.), und der FV Saarbrücken hatte ebenfalls zahlreiche Soldaten in seinen Reihen.

Eine Bewertung des Spielbetriebes unter rein sportlichen Gesichtspunkten ist unter diesen Umständen nicht möglich. Die Gesichter der Mannschaften wandelten sich von Woche zu Woche und waren völlig abhängig von zufällig anwesenden Fronturlaubern, plötzlich aufgetauchten Gastspielern oder talentierten Jugendspielern. Das sportliche Leistungsvermögen driftete angesichts der geschilderten Verwässerung der höchsten Spielklasse zunehmend auseinander, und zweistellige Resultate waren an der Tagesordnung. Der VfB Königsberg beispielsweise schoss in seinen zwölf Ligaspielen 92 Tore, Wilhelmshaven 05 brachte es in 18 Begegnungen auf 151 Treffer (darunter ein 25:0 über den ASV Blumenthal), und die gewiss nicht zu den Eliteteams des Reiches zählende Elf von Germania Mudersbach stellte mit einem 32:0 gegen den FV Engers einen Torrekord auf. Germania-Mittelstürmer Neuser trug sich alleine 13-mal in die Torschützenliste ein.

Während die Gauligaspiele sportlich rasant an Wert verloren und ihre Resultate Zufallsprodukte waren, herrschte bei den Spielen im Jugendbereich noch eine gewisse sportliche Berechenbarkeit. Die „Bannmeisterschaften der Hitlerjugend"[23] erfreuten sich dadurch exorbitant hoher Zuschauerzahlen. Die Jugend hielt die Flagge des Fußballs aufrecht – auf der freilich Hakenkreuz und HJ-Emblem prangten.

Nichtsdestotrotz wurde das Rennen um die Deutsche Meisterschaft auch 1942/43 wieder eröffnet. „Am 2. Mai starteten die Gaumeister zur vierten Kriegsmeisterschaft", meldete die „gemeinsame Kriegsausgabe von Kicker und Fußball"[24] am 13. April euphorisch. „So stark der Riesenmagnet des Krieges den eisernen Bestand der Fußballfelder schon gelichtet hat, der Wille zum guten Spiel beflügelt auch im vierten Jahr manche Mannschaft zur hervorragenden Leistung. (…) Es ist kein Zufall, dass gerade in Städten, die feindlichen Luftangriffen am ärgsten ausgesetzt sind, Fußballtreffen starken Zulauf finden und Mannschaften zum Meister ihres Gaues, ihres Landes sich herausheben. Wir denken an Nürnberg, München, Saarbrücken, Essen, Köln, Wilhelmshaven. Die schwere Dramatik des Kriegs sucht die leichtere des Spiels zur Auflockerung, zur Ablenkung, zum Trotz und zur Freude."

Dass der Spielbetrieb eingeschränkt war und man darauf achten sollte, dass „unter Wahrung jeder Vereinfachung von Reisen, Urlaub und ziviler Sicherheit die Spiele von Nachbar zu Nachbar ausgetragen werden, der Sieger also auf den örtlichen nächsten trifft, so dass die Fahrten höchstens in dem Maße weiter werden, wie die Zahl der Teilnehmer sich verringert", störte angesichts des weit verbreiteten Chaos' kaum – immerhin ging es weiter. In allen Gauen konnte die Meisterschaftsrunde beendet werden, und auch die Endrunde um die Deutsche Meisterschaft ging wie geplant über die Bühne. Sie lieferte freilich einige Kuriositäten. Schalke 04 beispielsweise trat beim 8:1 in Kassel mit Torhüter Flotho auf Linksaußen an – der Keeper trug sich prompt dreimal in die Torschützenliste ein. Generalgouvernementsmeister Adler Deblin musste seinen Endrundenplatz derweil aus Ermangelung einer Mannschaft an die SG Ordnungspolizei Warschau weitergeben, die sich mit 3:1 gegen die SG der Deutschen Waffen- und Munitionsfabriken Posen durchsetzte. Im Achtelfinale trafen die Warschauer Ordnungshüter dann auf eigenem Platz auf den VfB Königsberg, dem sie mit 1:5 unterlagen. „Vor 3.000 begeisterten Landsern und in Anwesenheit des Zivilgouverneurs konnten die Zivilisten und SS-Männer von Warschau nur 20 Minuten mit dem Tempo des Ostpreußenmeisters Schritt halten, mussten sich dann aber dem reiferen Können der Gäste geschlagen geben", urteile das Fachblatt „Kicker/Fußball". Zu den im Grunde genommen unfassbaren Absurditäten der Zeit gehört, dass exakt zu jener Stunde, in der die Warschauer Polizisten im Armeestadion Fußball spielten und das Publikum erregt mitging („Ohrenbetäubendes Pfeifkonzert mit Luftschutzsirenen beweist eine vermutliche Fehlentscheidung", heißt es im Spielbericht des „Kicker/Fußball") der Aufstand im Warschauer Ghetto von SS- und Polizeieinheiten brutal niedergeschlagen wurde und über 56.000 Menschen ihr Leben ließen.

Aufgrund der schwer einzuschätzenden Spielstärke der Mannschaften steckte die Endrunde voller sportlicher Überraschungen. Nürnberg kassierte daheim eine 1:3-Niederlage gegen den VfR Mannheim, und am 30. Mai 1943 wurde aus Kiel sogar eine geradezu unfassbare Sensation gemeldet: Schalke 04 hatte im Viertelfinale mit 1:4 bei der KSV Holstein verloren und war erstmals seit 1937 vor Erreichen des Endspiels ausgeschieden! Anlässlich des Schlagerspiels berichte die Vereinszeitung der Kieler Störche: „Kaum war die Paarung bekannt geworden, da setzte eine Nachfrage nach Karten ein, die schlechthin nicht zu überbieten war. Frau Ibsen auf der Geschäftsstelle sah man die

Volles Haus in Kiel. Nach dem Sensationssieg über Schalke herrschte große Freude bei den Störchen.

vierzehn Tage hindurch entweder nur an der Leitung (Telefon, d. Verf.) oder im schweren Abwehrkampf mit immer neuen Kartenantragsstellern.“ Platzwart Karl Hofmann überprüfte derweil eilig die Kapazität des Holstein-Platzes und kam zu dem Urteil, dass statt der bislang angenommenen 15.000 mindestens 18.000 Zuschauer Platz finden würden. Exakt so viele waren es dann auch, die neben der Zuversicht auf eine sportliche Sensation auf das Ausbleiben eines Fliegeralarms hofften – ein Chaos wäre sicherlich unvermeidbar gewesen. Beide Hoffnungen wurden erfüllt. Das Spiel ging ungestört über die Bühne, und die vom Lauterer Gastspieler Ottmar Walter verstärkte Störche-Elf wirbelte den amtierenden Deutschen Meister mächtig durcheinander. Als Hain Sekunden vor Schluss zum 4:1-Endstand traf, versank der Holstein-Sportplatz an der Projensdorfer Straße im Freudentaumel. „Was nach diesem Tor an Begeisterung durch die Massen der Zuschauer floss, ist schlechterdings nicht zu beschreiben. Hier fielen sich Menschen in die Arme, die sich bisher nie gekannt hatten, hier tobten und tosten die Tausenden, die alle Sorgen des Alltags vergaßen, hier fand einfach der Jubel keine Grenzen“, schwärmte die Vereinszeitung, die abschließend befand: „Es war das Pech der Schalker, unsere Elf an einem ihrer besten, wenn nicht dem besten Tag überhaupt, zu treffen.“

Dem war tatsächlich so, denn im Halbfinale war es mit der Kieler Herrlichkeit vorbei. Mit 3:1 setzte sich der Dresdner SC, seit vielen Jahren als „heimlicher Meister“ gefeiertes Team aus Sachsen, gegen die Störche durch und zog erstmals ins Endspiel ein. Dort trafen die Mohnroten auf das Überraschungsteam der Saison, den FV Saarbrücken. Nie zuvor hatte die Saarmetropole eine derart erfolgreiche Fußballelf in ihren Mauern gehabt. Der FVS stand zugleich für die Folgen des Krieges, denn mit Herberger, Binkert und Baier hatte man hochkarätige Gastspieler in seinen Reihen. Kopf der Elf war allerdings Nationalspieler Wilhelm Sold. Das Finale sollte jedoch zum Trauerspiel für die Malstatter werden. Wenige Tage zuvor wurde ihr Stadion bei einem Bombenangriff weitestgehend zerstört, und am 27. Juni 1943 hatten Sold und Co. vor 80.000 im Berliner Olympiastadion gegen einen wie aufgedreht spielenden Dresdner SC keine Chance. Zu allem Unglück hatte sich Verteidiger Decker nach zehn Minuten eine schwere Verletzung zugezogen, und in Unterzahl war der FVS gegen den „klüger und technisch reifer spielenden DSC“ („Kicker/Fußball“) harmlos geblieben. Endergebnis: 3:0.

Deutscher Meister 1943: Dresdner SC

Die Sachsen bekamen die „Viktoria“ nach ihrem Triumph von Arnold Breitmeyer überreicht, der die Nachfolge des am 25. März 1943 an Herzversagen verstorbenen Hans von Tschammer und Osten angetreten hatte. Breitmeyer war bis 1933 Sportreporter beim „Völkischen Beobachter“ gewesen und hatte anschließend als Stellvertreter an von Tschammers Seite gestanden. Er blieb jedoch nicht lange im Amt, sondern übergab die Führung über die deutsche Sportbewegung im September 1944 an Karl Ritter von Halt, der bis zur Kapitulation im Amt blieb. Breitmeyer kehrte zurück an die Front, wo er wenig später starb.

Schon im April hatte der neue Mann die unangenehme Aufgabe zu erfüllen gehabt, weitere Einschränkungen zu verkünden und unter anderem die Sportartikel-

Trotz der Kriegswirren feiern tausende Dresdner 1943 die heimkehrende Meisterelf.

Spieler der Stunde ■ Richard Hofmann

37 Jahre hatte er alt werden müssen, um endlich den Zenit seiner schillernden Laufbahn erreichen zu können. Mit dem Gewinn der Deutschen Meisterschaft 1943 (und 1944) krönte Richard Hofmann seine Laufbahn, die ihm den Beinamen „König" einbrachte und zu einem der gefeiertsten und verehrtesten Fußballer der 1920er und 1930er Jahre gemacht hatte. Der aus Meerane in Sachsen stammende Stürmer war ein typisches Kind seiner Zeit: Irgendwo zwischen Amateur und Profi taumelnd, verdiente er sein Geld zunächst als Droschkenfahrer, ehe er (heimlich) Vollprofi wurde. Mit dem DFB legte er sich regelmäßig an. 1928 flog er bei den Olympischen Spielen vom Platz – und kassierte eine einjährige Sperre. 1933 war dann endgültig Schluss. 3.000 RM hatte er von einer Zigarettenfirma kassiert, die mit seinem Konterfei Werbung machte. Der DFB sperrte ihn auf Lebenszeiten aus der Nationalelf aus. Der nur 1,68 Meter große, beidfüßig schussstarke „Kanonen-Richard" ließ sich jedoch nicht unterkriegen. Mit seinem Dresdner SC drang er allmählich in die Elite des deutschen Spitzenfußballs ein, ehe er 1943 mit dem Gewinn der Deutschen Meisterschaft endlich auch eine persönliche Genugtuung erfuhr. Nach Kriegsende blieb Hofmann in der späteren DDR und arbeite eine Zeit lang im Jugendbereich des DFV, ehe er sich nach Differenzen mit der Sportführung zurückzog.

geschäfte zu schließen. „Um den Bedarf an Sportgeräten zu decken, ist in den größeren Städten eines Gaues je ein Geschäft offen gehalten worden, welches die Belieferung mit Geräten durchführen kann. Eine Abgabe von Sportgeräten und Sportartikeln an Einzelpersonen ist nur mit Genehmigung der Sportbehörde (Gausportführer) oder der von diesen mit der Erteilung der Bezugsberechtigung beauftragten Stellen möglich“,[25] hieß es – wenig später sollte reichsweit ein eklatanter Mangel an Fußbällen und Schuhen herrschen.

1943/44: „Mit voller Kraft: Kriegsmeisterschaft“

Dessen ungeachtet machte man sich bereits Gedanken um die Nachkriegsordnung. „So hat uns das Jahr 1942 endgültig die viel umstrittene Frage beantwortet, wie es nach siegreicher Beendigung des Krieges mit dem deutschen Sport sein wird. Sie hatte sich im Laufe der Jahre nach 1933 zum Problem ausgeweitet, das seinen Schlüssel in der Lösung des Rätsels hatte, ob die Turn- und Sportvereine die erfolgversprechenden Träger jener Leibesübungen sein können, wie wir sie in Deutschland brauchen und wie sie eine der Hauptkräfte zur Prägung des neuen deutschen Menschentyps sind – oder ob ein neues, starkes und modernes Gefäß geschaffen werden muss, um die nach dem Krieg als sicher zu erwartende Springflut der Leibesübungen-Begeisterten aufzufangen und sie hier zum ‚Volk in Leibesübungen‘ ausgären zu lassen. Die Geister schieden sich. Da trat ein Richter auf, dessen Urteil entscheidend wurde und unanfechtbar: Die Front, unsere Soldaten!“[26], schrieb die „Niedersächsische Tageszeitung“ am 20. Februar 1943 schwülstig und konstatierte, dass die Soldaten in ihren Briefen nicht nur nach dem Befinden ihrer Familien, sondern auch nach dem ihrer Vereine gefragt hätten. Das sei Berufung genug.

Am 24. August 1943 hob sich der Vorhang zur Spielzeit 1943/44, die in einigen Regionen nur noch eine bittere Farce war. Niederschlesien beispielsweise hatte seine Spielklassen rigoros aufgelöst und alle noch im Spielbetrieb befindlichen Mannschaften auf fünf Staffeln verteilt, im großräumigen Weser-Ems-Raum waren drei Staffeln eingerichtet worden (Oldenburg/Friesland, Bremen und Osnabrück), und für Böhmen-Mähren war am 1. April 1943 ein eigenständiger Gau eingerichtet worden. Überall traten Kriegssportgemeinschaften auf, waren Teams wie die Wettkampfgemeinschaft Volkswagenwerk Stadt des KdF-Wagens oder Kriegsmarinewerft Wilhelmshaven im Einsatz, rang man verzweifelt um eine einigermaßen geregelte Durchführung des Spielbetriebes. Der Alltag ließ das im Grunde genommen nicht mehr zu. Ständig mussten Spiele abgesagt oder abgebrochen werden, weil Fliegeralarm ertönte, die Mannschaften waren zu wilden Mischungen aus Jugendlichen, Kriegsversehrten und Alten Hasen verkommen, und die wenigen Vereine, die noch einigermaßen intakt waren, dominierten ihre Ligen nach Belieben. Der Luftwaffensportverein Groß-Hamburg (LSV) beispielsweise, gerade erst in die höchste Spielklasse aufgestiegen, gab in 18 Spielen nur einen einzigen Punkt ab und erzielte ein Torverhältnis von 117:13. Die Aufstellung der Hamburger liest sich wie ein „Who's who des deutschen Fußballs“. Im Tor stand Willi Jürissen, Nationalkeeper von Rot-Weiß Oberhausen. Die Abwehr bildeten Karl Miller (FC St. Pauli), Reinhold Münzenberg (WM-Teilnehmer 1934, Stammspieler bei Alemannia Aachen), im Mittelfeld agierten Walter Ochs (SV Höntrop), Heinrich Gärtner (Germania Frankfurt), Robert „Zapf“ Gebhardt (1. FC Nürnberg), und im Sturm wirkten Fritz Zahn (1. FC Nürnberg), Heinz Mühle (Chemnitzer BC), Willi Gornick (Werder Bremen), Ludwig Janda (München 1860) sowie Jakob Lotz (Schweinfurt 05).

Der Gauliganeuling war auch in der Endrunde nicht zu stoppen und zog via Wehrmachtssportverein Celle, Wilhelmshaven 05, KSG Duisburg und Heeressportverein Groß Born ins Finale ein, wo er auf Titelverteidiger Dresdner SC traf. Die Gegnerliste der Hamburger verdeutlicht bereits, dass Deutschlands Fußballwelt total auf den Kopf gestellt war. Celle, Wilhelmshaven und Groß Born wären in Friedenszeiten niemals in der Lage gewesen, an der Endrunde um die Deutsche Meisterschaft teilzunehmen und verdankten ihre Erfolge ausschließlich namhaften Gastspielern.

Gemeinsame Kriegsausgabe Nr. 13

Der Kicker Fußball

DEUTSCHE FUSSBALL-ILLUSTRIERTE * Illustrierte Sportzeitung

Amtliches Organ des Reichsfachamtes Fußball im NS-Reichsbund für Leibesübungen

So wurde Dresden wieder Meister — Bilder und Berichte aus dem Olympiastadion

Endspiel trotz allem!

Von Erich Menzel

Das letzte Finale ging vor deutlich leeren Rängen über die Bühne. „Endspiel trotz allem!“, überschrieb der Fußballreporter Erich Menzel trotzig seinen Bericht.

Inzwischen zeichnete sich die militärische Niederlage Deutschlands immer deutlicher ab. Im Osten war seit dem Ende der Schlacht um Stalingrad Rückzug angekündigt. Im Westen rückte die drohende Landung der Alliierten mit jedem Tag näher, und in der Heimat hatte man mit der Evakuierung von Kindern aus den Städten begonnen. Mehr als 300.000 Kindern wurden aus Großstädten wie Berlin und Hamburg herausgeholt und in offene oder geschlossene Lager aufs Land geschickt, wo sie unter die Fuchtel der HJ kamen.

Die Saison 1943/44 war die Letzte, die bis zum letzten Spieltag durchgeführt wurde. Im Endspiel trafen wie erwähnt Newcomer Luftwaffensportverein Groß-Hamburg und der Dresdner SC aufeinander (Abonnementsmeister Schalke 04 war im Achtelfinale an der KSG Duisburg gescheitert). Die Sachsen hatten Glück. „Neun Spieler der letztjährigen Meisterelf sind noch dabei“, freute sich DSC-Trainer Köhler vor dem Anpfiff im Olympiastadion, das mit 70.000 Fans – darunter zahlreiche Soldaten – ungewöhnlich spärlich besetzt war. Walter Dzur und Fritz Machate waren erst kurz zuvor zum Halbfinale nach Dresden zurückgekehrt. Der LSV galt dennoch als Favorit. Im Pokalhalbfinale

Spieler der Stunde ■ Helmut Schön
Wo hätte der Mann landen können, wäre nicht der Zweite Weltkrieg entfesselt worden? Was hätte er alles gewinnen können, welch schillernden Namen hätte er sich erwerben können? So aber blieben Helmut Schön lediglich zwei Deutsche Meisterschaften mit dem Dresdner SC, ganze 16 Länderspiele zwischen 1937 und 1941 und eine Menge Jahre, die als „verloren" bezeichnet werden müssen. Erst tobte der von Deutschland entfesselte Krieg, dann versank das zerbrechende Land im Chaos, und als alles wieder einigermaßen in den Bahnen war, hatte der intelligente Stürmer seine Heimat Dresden verloren und war zu alt zum Fußballspielen geworden. So musste der „Lange mit der Mütze" bis 1974 warten, ehe er als Bundestrainer endlich den höchsten Fußballolymp besteigen konnte. Dass sich die Zeiten da schon wieder kräftig geändert hatten und der aus einer von Kameradschaft, Disziplin und Treue geprägten Zeit stammende Schön ungläubig mit ansehen musste, wie Beckenbauer und Co. mehr ans Geld denn an die Ehre dachten, passt zu seiner eher tragischen Biografie.

1943 hatte er mit 2:1 gegen denselben Gegner gewonnen und wenige Wochen vor dem Endspiel in einem Freundschaftsspiel mit 5:1 die Oberhand behalten. Doch im Endspiel war alles anders. Der DSC erwies sich als die kompaktere Elf, die mit ihrem flüssigen Kombinationsspiel früh das Zepter in die Hand nahm. Trainer Köhler hatte verstärkte Abwehr angeordnet, und als Voigtmann in der 19. Minute aus leicht abseitsverdächtiger Position das 1:0 erzielte, war die Entscheidung bereits gefallen. „Sie beherrschten den Ball, den Raum, den Gegner!", schwärmte der „Kicker/Fußball" nach dem souveränen 4:0-Erfolg des Titelverteidigers.

Deutscher Meister 1944: Dresdner SC

Der hatte nun ein neues Ziel: 1945 als erste Mannschaft in der deutschen Fußballgeschichte zum dritten Mal in Folge Deutscher Meister werden. Sportlich hätten es die Sachsen ohne Zweifel schaffen können. Doch im Juni 1945, als das Endspiel eigentlich angestanden hätte, parkten auf dem Rasen des Berliner Olympiastadions alliierte Panzer, und der DSC existierte wie alle Vereine in Deutschland nicht mehr.

Kicken bis zum bitteren Ende

Mit dem nahen Ende Nazi-Deutschlands verlor der Fußball seine letzten Privilegien. Am 25. Juli 1944 wurden uk-Stellungen abgeschafft und alle nicht kriegswichtigen Veranstaltungen abgesagt. Am 4. August wurden „die Reichsmeisterschaften im deutschen Sport" offiziell eingestellt und am 14. September „mit Zustimmung des Reichsbevollmächtigten für den totalen Kriegseinsatz und des Reichsministers des Inneren" die „weitere Einordnung des Sports in die totale Kriegsführung" angeordnet. Für die Durchführung sportlicher Aufgaben durfte fortan nur noch Freizeit verwandt werden; Beurlaubungen für sportliche Zwecke waren gestrichen. Damit mussten sich sämtliche Soldatenvereine aus dem Spielbetrieb zurückziehen – darunter der amtierende Vizemeister LSV Hamburg. Am 19. Oktober wurden schließlich alle noch nicht an den diversen Fronten stehenden Männer zwischen 16 und 60 im so genannten „Volkssturm" zur Verteidigung des „Heimatbodens mit allen Waffen und Mitteln" verpflichtet. Damit war nicht nur das Aus für den bereits gestarteten Vereinspokalwettbewerb gekommen, sondern das endgültige Ende für den organisierten Vereinsfußball eingeleitet worden.

Man hatte sich zunächst Mühe gegeben, auch die Spielzeit 1944/45 noch wie geplant über die Bühne zu bringen. „In Deutschland dient der Sport mehr denn je der Schaffenskraft und Wehrkraft des Volkes. Allerdings ist auch er, wie das gesamte deutsche Leben, auf seinen einfachsten Inhalt zurückgeschraubt worden. Er ist heute eine starke Waffe im Kampf ums Dasein. Da der Krieg nicht nur an den Fronten geführt wird, sondern wesentlich auch von der Widerstands- und Schaffenskraft der Heimat mitbestimmt wird, ist der Sport nicht nur ein Erziehungsweg zum tüchtigen Soldaten, sondern auch das Kräftereservoir für das schwer arbeitende Volk"[27], hieß es im August 1944. Im Klartext hieß das: weitermachen, aber zu reduzierten Bedingungen.

Unmittelbar vor Saisonbeginn wurden sämtliche Spielklassen aufgelöst und alle noch im Spielbetrieb befindlichen Klubs auf mehr oder weniger großräumige Regionalstaffeln verteilt. Insgesamt 85 dieser Ligen gab es reichsweit. „Mit der ihm eigenen Disziplin kommt der deutsche Sport den Gesetzen des totalen Krieges entgegen. Eine der wichtigsten Forderungen, die des eingeschränkten Reiseverkehrs, wird gewissenhaft erfüllt. Wohl erwachsen dadurch dem Spielbetrieb mancherlei Erschwernisse, aber sie sind keineswegs so groß, dass sie nicht gemeistert werden können", schrieben die „Bremer Nachrichten" am 1. September 1944 und wiesen darauf hin, dass „innerhalb der Gaue verschiedene Spielgruppen gebildet werden sollen, wenn die räumlichen Entfernungen einen genehmigungsfreien Reiseweg nicht gestatten". So tröpfelte der Ligaspielbetrieb mehr schlecht als recht vor sich hin, konnten manche Mannschaften wochenlang nicht spielen und mussten dann ein gewaltiges Nachholprogramm durchpeitschen, hangelte sich jeder Klub von Wochenende zu Wochenende.

Der Alltag war vollkommen überschattet vom Krieg. Eisenbahnfahrten aus nicht kriegswichtigen Gründen waren nur noch im Ausnahmefall möglich, die Versorgung mit den lebensnotwendigen Mitteln stockte, und die ständigen Bombenangriffe zermürbten die Menschen allmählich. Es scheint absurd, dass unter diesen Umständen der Spielbetrieb aufrechterhalten werden sollte. „Wenn bei Vollalarm eine Stunde vor dem angesetzten Spiel keine Vollentwarnung erfolgt, findet die Begegnung nicht statt", lautete eine der Anweisungen, und den Vereinen wurde empfohlen, die Spiele vormittags anzusetzen, um das Ausfallrisiko zu minimieren.

In Kassel unternahm man mehrere Anläufe, die anstehenden Spiele durchzuführen, doch jedes Mal kam ein Fliegeralarm dazwischen. Selbst der verzweifelte Versuch, alle noch vorhandenen Spieler auf zwei Kriegssportgemeinschaften zu verteilten, scheiterte: Wieder sorgte ein Fliegeralarm für den Spielausfall. Bis weit in den Oktober 1944 konnte der Spielbetrieb allgemein dennoch aufrechterhalten werden, dann sorgte der Volkssturmerlass in den meisten Gauen für das endgültige Ende – es gab einfach keine Spieler mehr.

Nur in den Großstädten konnte man weiterspielen. Berlins Gauligisten rangen bis Januar 1945 um Punkte, in München spielte man bis zum Februar, und in Hamburg wurde am 15. April sogar noch ein Meister ermittelt (HSV). In Bremen verkündete man derweil am 13. April stolz: „Die Aufrechterhaltung des Sports auch in der gegenwärtig schweren Zeit, selbstverständlich im Rahmen der gegebenen Möglichkeiten und auch Notwendigkeiten, wird in erheblichem Maße durch die staatliche Sportaufsicht und öffentliche Sportpflege, eine Einrichtung des Reichsinnenministeriums, unterstützt und gefördert." Zugleich hieß es jedoch: „Die Rückführung von Sportplatzgelände zum Anbau von Gemüse und Kartoffeln wird, so bitter auch diese wichtige Maßnahme von den Anhängern empfunden werden muss, jetzt vielfach spruchbar werden."[28]

Die Fans bekamen von all dem kaum noch etwas mit. Das Fachblatt „Kicker/Fußball" hatte sich längst von seinen Lesern verabschiedet und zum Abschied geschrieben: „Im Zuge der durch den totalen Krieg bedingten Konzentrationsmaßnahmen auf dem Gebiet der Presse stellt unsere Zeitschrift mit dem 30. September 1944 das Erscheinen für die Dauer des Krieges ein." Die letzte Schlagzeile hatte „An allen Fronten Nationalspieler voran" gelautet.

Das vermutlich letzte Fußballspiel unter dem Hakenkreuzbanner bestritten am 29. April 1945 der Hamburger SV und Altona 93. Der HSV siegte mit 4:2. Altona hatte zuvor den Verlust seines berühmtesten Fußballers Adolf Jäger zu beklagen gehabt, der am 21. November 1944 bei der Beseitigung eines Blindgängers ums Leben kam. Wenige Wochen später starb auch Jägers Sohn Rolf, der es inzwischen zum Stammspieler im schwarz-weiß-roten AFC-Jersey gebracht hatte.

Am 8. Mai 1945 beendete die Kapitulationserklärung den Zweiten Weltkrieg für Deutschland. Unter den rund 60 Millionen Opfern, die der Krieg weltweit gefordert hatte, waren auch 49 Fußballer, die zwischen 1908 und 1943 repräsentativ für Deutschland gespielt hatten.

Elf der Epoche 1933 - 1945

Trainer: „Bumbes" Schmidt (1. FC Nürnberg)

Jakobs (Jahn Regensburg)

Janes (Fortuna Düsseldorf) Münzenberg (Alemannia Aachen)

Kupfer (Schweinfurt 05) Goldbrunner (FC Bayern München) Kitzinger (Schweinfurt 05)

Lehner (Schwaben Augsburg) Stroh (Austria Wien) Siffling (Waldhof Mannheim)
Szepan (Schalke 04) Klingler (FV Daxlanden)

1945 bis 1948

Turbulenter Wiederaufbau

Trümmer-Fußball

Zur „Stunde Null" schlug in Deutschlands Fußball kein einziges Vereinsherz mehr. Die Alliierten griffen zunächst rigoros durch: Sämtliche Sportvereine hatten im „tausendjährigen Reich" dem Nationalsozialistischen Reichsbund für Leibesübungen (NSRL) angehört, der nun auf der Liste der von den Alliierten geächteten Gruppierungen stand und als „nationalsozialistische Organisation" verboten worden war. Das hatte zur Folge, dass sämtliche Turn- und Sportvereine im verblichenen Deutschen Reich ebenfalls zwangsaufgelöst wurden.[1] Am 8. Mai 1945 war Deutschlands Fußball also vereinslos und damit seiner gesamten Basis beraubt.

Die Menschen, so schien es, hatten wahrlich andere Sorgen, als sich um die Wiederbelebung der Sportvereine zu kümmern: die verheerenden Kriegsfolgen sowie die nunmehr thematisierten Untaten des NS-Regimes. 19,6 Mio. tote Soldaten und 14,7 Mio. zivile Opfer hatte alleine Europa zu beklagen, das in weiten Teilen in Schutt und Asche lag. Mindestens 9 Mio. Menschen waren in den Konzentrationslagern ermordet worden. Der Krieg hatte aber auch für die Überlebenden des Krieges bzw. des Holocaust die Lebensgrundlagen zerstört. Über 5 Mio. Wohnungen waren ausgebombt, mehr als 3 Mio. Menschen obdachlos. Deutschland glich einem riesigen Bahnhof, auf dem die Menschen kamen und gingen. Aus den abgetrennten Ostgebieten (Pommern, Schlesien, Ostpreußen und Sudetenland) strömten rund 12 Mio. Vertriebene in Richtung „Rest-Deutschland", von wo aus sich rund 10 Mio. Zwangsarbeiter auf den Weg zurück in ihre Heimatländer machten. Mitten drin suchten rund 6 Mio. heimkehrender Soldaten – nach mitunter schrecklichen Kriegserlebnissen traumatisiert und geschlagen – in zerstörten Städten nach Überlebenden ihrer Familien. Es dauerte Monate, bis sich die Situation einigermaßen beruhigt hatte und das Leben in Deutschland wieder den Hauch von „geregelt" annahm.

Deutschlands Fußball stand dennoch vor der Blütephase seiner Geschichte. Wie nach dem Ersten Weltkrieg fungierte Sport – und hier vor allem Fußball – schon bald als wichtiges Hilfsmittel bei der Verarbeitung der Kriegserlebnisse und bescherte den Menschen einen Hauch von Spaß, Leichtigkeit und Freude in ihrem ansonsten eher tristen Alltag. Keine sechs Wochen nach der Kapitulation standen sich in München 22

Männer gegenüber, um unter den Namen „FC Bayern" und „FC Wacker" Fußball zu spielen. Wacker gewann auf eigenem Platz an der Khidlerstraße mit 4:3. Eine Woche später revanchierten sich die Bayern und bezwangen die Blausterne auf ihrem Ausweichplatz an der Hypothekenbank (das Spielfeld an der Grünwalder Straße war übersät mit Bombentrichtern und daher unbespielbar) mit 3:1. Für den FC Bayern hatte die Begegnung böse Folgen. Xavier Heilmannseder, der provisorische Vereinsvorsitzende, wurde von der amerikanischen Militärpolizei festgenommen und 48 Stunden inhaftiert, ehe er auf Intervention des Münchner Polizeipräsidenten wieder freikam. Ihm wurde vorgeworfen, die Militärbehörden nicht von dem geplanten Spiel unterrichtet zu haben...

Das entsprach den völlig regellosen und chaotischen Zuständen, die Deutschlands Fußball in jenen Tagen auszeichneten – wobei hinzugefügt werden muss, dass es bemerkenswert ist, dass angesichts der chaotischen Rahmenbedingungen überhaupt schon wieder gespielt wurde. Es gab schließlich weder Verbände noch (offiziell) Vereine, das Kommunikationssystem war völlig zusammengebrochen, Tageszeitungen gab es auch nicht, und mit den örtlichen Militärchefs war nicht immer ein Arrangement möglich. Federführend bei der Absprache von Spielen und dem vorsichtigen Wiederaufbau der Vereine waren einzelne Spieler bzw. Funktionäre, da die alten Vereinsführungen und Mannschaften in den letzten Kriegsmonaten völlig auseinander gerissen worden waren und sich häufig noch in Gefangenschaft befanden bzw. auf den Schlachtfeldern „gefallen" waren. Und mancher ehemalige „Vereinsführer" hielt sich aufgrund seiner politischen Vergangenheit erst einmal zurück. Das, was im Sommer 1945 von den Mannschaften übrig geblieben war, war ein buntes Konglomerat aus Alten Herren, Jugendlichen zwischen 16 und 18, Kriegsversehrten sowie bereits heimgekehrten Soldaten. Aus jenem Kreis rekrutierten sich diejenigen, die für den Wiederaufbau des deutschen Fußballvereinswesens sowie des geregelten Spielbetriebes verantwortlich zeigten.

Für die Betreffenden war „ihr" Verein hilfreiches Instrument, um den Krieg und die gegenwärtige Notsituation zu überwinden. Der Verein war Treffpunkt zum gemeinsamen Austausch und bot ihnen einen Hort der Geborgenheit. Im „eigenen" Verein war man unter sich, traf man auf Freunde, konnte seine Sorgen für einen Moment vergessen. Auf den Spielfeldern konnte man sich frei bewegen, konnte spielen, konnte fluchen, konnte jubeln, bangen und hoffen. Fußball bot den Menschen ein Stück Lebensqualität, das vielen vermutlich beim Überleben half – oder ihnen den Alltag erträglicher gestaltete. Insofern erübrigt sich auch die Frage, ob die Menschen nichts Wichtigeres zu tun hatten, als die wenigen Kalorien, die sie bekamen, auch noch durch unnütze Bewegungen zu vergeuden. Und weitaus mehr als alle anderen Turn- und Sportdisziplinen war es Fußball, der die Menschen erreichte. Man brauchte schließlich nicht viel dazu: einen ballförmigen Gegenstand, eine einigermaßen ebene Fläche, zwei irgendwie geartete „Tore" und eine Hand voll Spieler.

Fußball war aber nicht nur für die Aktiven eine willkommene Abwechslung, sondern auch für die Passiven, sprich das Publikum. Für die „Fans" bedeutete der Besuch

Trotz starker Kriegszerstörungen: Die Menschen strömten in die Stadien – hier in das der Münchner Löwen.

eines Fußballspiels den Eintritt in eine „Oase der Sorglosigkeit", in der sie für 90 Minuten alle ihre Probleme vergessen konnten – wo sonst gab es das schon im Alltagsleben in Deutschland im Jahre 1945? Es wurden geradezu unglaubliche Zuschauerzahlen registriert. Am 26. August 1945 beispielsweise füllten in München rund 12.000 Zuschauer die von Bombentreffern zerstörten Ränge des Stadions an der Grünwalder Straße und freuten sich an einem Lokalderby zwischen dem FC Bayern und dem TSV 1860.

Neben München, das kampflos an die Alliierten übergeben worden war, war der Spielbetrieb zu jenem Zeitpunkt auch in Hamburg bereits wieder ins Rollen gekommen. Am 9. Juni 1945 hatten sich in der Elbestadt die Reserve des Hamburger SV und der nur kurzzeitig bestehende Verein Eintracht Harvestehude zum ersten „Nachkriegsspiel" gegenübergestanden. Nach dem 3:3 erinnerte sich der 19-jährige Günther Wolf: „Viele Ligaspieler waren noch nicht aus der Kriegsgefangenschaft zurück. Mein Schwager Erwin Seeler hat alles organisiert. Es waren harte Zeiten." Fünf Wochen später hatten die Rothosen auch ihre Ligaelf wieder beisammen und bezwangen Altona 93 mit 2:0. „Als der Krieg zu Ende war, ging das mit dem Trainieren und Spielen gleich los. Und der HSV hatte auch bald schon wieder eine starke Mannschaft", kommentierte Erwin Seeler.

Hamburg und München waren jedoch Ausnahmen, denn in den meisten Städten Deutschlands konnte man im Juni und Juli 1945 noch längst nicht an die Wiederaufnahme eines geregelten Trainings- und Spielbetriebes denken. Eines der größten Hemmnisse war das Fehlen einer örtlichen Verwaltungsstruktur. Die nationalsozialistischen Bürgermeister bzw. örtlichen „Führer" hatten die Flucht ergriffen oder waren von den Alliierten aufgegriffen worden. Wie es weitergehen sollte, stand in den Sternen. Im Juni 1945 wurden die alliierten Militärs mit dem Aufbau einer Übergangsverwaltung beauftragt und erste Weichen zum Wiederaufbau der deutschen Verwaltung gestellt. Vornehmlichste Aufgabe war die Suche nach deutschen Verbindungsmännern, die politisch verlässlich waren und über genügend Fähigkeiten verfügten, die Verwaltung wieder auf die Beine zu stellen. Bis diese Suche auf einen „Sportbeauftragten" ausgedehnt wurde, vergingen oft Monate, in denen die Vereine noch relativ ungestört vor sich hinwuseln konnten.

Erst als sich die Alliierten nach Beseitigung der größten Probleme ab August 1945 allmählich auch mit dem Wiederaufbau des kulturellen Lebens beschäftigten, geriet der Sport ins Blickfeld – und damit auch die Vereine. Ein entscheidender Schritt für deren Wiederzulassung war die Freigabe parteipolitischer Organisationen, die am 27. August in der amerikanischen, am 15. September in der britischen und am 13. Dezember in der französischen Zone erfolgte. Damit war zugleich der Weg für die Gründung bzw. Wiedergründung von Sportvereinen frei.

Da es vom Alliierten Kontrollrat zunächst jedoch keine einheitliche Richtlinie bezüglich des Sports gab, entwickelte jeder Ort bzw. jede Stadt ihre ganz eigene unmittelbare Nachkriegsgeschichte, was zu einer Vielzahl unterschiedlicher Ergebnisse führte. Mal konnten sich traditionsreiche, „bürgerliche" Vereine mit der Militärverwaltung rasch arrangieren, mal blieben sie zunächst verboten, und der Wiederaufbau des örtlichen Sportbetriebes wurde politisch unbelasteten Funktionären übertragen. Als der Alliierte Kontrollrat am 10. Oktober ein Gesetz herausgab, das den Neuaufbau des Sports regeln sollte, waren jedenfalls fast überall längst die Weichen gestellt worden.

Ein auf den ersten Blick tiefer Einschnitt in das Vereinswesen aller vier Zonen folgte am 17. Dezember 1945, als die Kontrollratdirektive 23 (KR 23) veröffentlicht wurde, mit der die „Auflösung aller Sportorganisationen, die vor der Kapitulation bestanden haben", verfügt wurde. Bis zum 1. Dezember 1946, so hieß es, müssten sämtliche Sportvereine in Deutschland aufgelöst werden. In der Praxis hatte die KR 23 allerdings keine allzu weit reichenden Folgen. Weil längst überall örtliche „Eigenwege" eingeschlagen worden waren, wurde die an die Zonenkommandeure (und nicht an die Vereine!) gerichtete Direktive nur noch vereinzelt vollzogen und in den meisten Städten und Orten schlicht ignoriert.[2] Eine der wenigen Regionen, in denen sie voll zum Tragen kam, war Südniedersachsen, wo beispielsweise aus dem 1. SC Göttingen 05 der Sportklub Schwarz-Gelb und aus dem SC Northeim die Sportfreunde wurden. Außer den Vereinsnamen änderte sich allerdings auch dort nichts.

Ein großes Problem war die Entnazifizierung. Auf die Frage, ob ehemalige NSDAP-

Mitglieder, die bereits vor 1933 „Parteigenossen“ waren, Mitglied in einem Sportverein sein dürften, entgegnete der britische Kontrolloffizier Pownall (Hannover): „Wenn ein Sportklub von Nichtnationalsozialisten geleitet wird und ordnungsgemäß aufgezogen wird, kann ich keinen Schaden darin erkennen, dass sich auch Nazis von vor 1933 sportlich bestätigen.“[3] Führungspositionen aber waren für Nationalsozialisten zunächst tabu.

Nach Wiederbelebung der Vereine stand die Wiederherstellung der Verbandsgremien sowie der Wiederaufbau des Spielbetriebes auf dem Programm – eine gewaltige Aufgabe, denn nach Kriegsende waren sämtliche Organisationsformen zerbrochen. Wie einst in der Pionierzeit des Fußballs mussten mühsam von unten neue Strukturen errichtet werden – ein Vorgang, der durch die katastrophale Versorgungslage, die politischen Dissonanzen unter den Alliierten sowie die nahezu völlig zerstörte Infrastruktur keinesfalls erleichtert wurde. Darüber hinaus war jeglicher Sportbetrieb zunächst auf das jeweilige Kreisgebiet beschränkt und wurde erst im Laufe des Jahres 1946 allmählich auf das Gebiet der jeweiligen Zone erweitert. Zonenübergreifender Verkehr war zunächst gar nicht möglich. Mitte Dezember 1945 konnte in der amerikanischen Zone mit der Arbeitsgemeinschaft Süddeutscher Landessportverbände ein erster „Zonenverband“ etabliert werden, dem im Mai 1946 in der britischen und am 20. August 1947 in der französischen Zone Pendants folgten.

Der Alltag der Vereine war schwer. Es fehlte nicht nur so ziemlich an allem (Bälle, Spielkluft, Schuhe, Spieler etc.) – darüber hinaus mussten die zerstörten bzw. in Kleingärten verwandelten Spielfelder zunächst wiederhergestellt werden. Noch intakte Sportplätze waren häufig von den Alliierten besetzt und wurden für Aktivitäten ihrer Soldaten genutzt – so manch Fußballfeld wurde dadurch zum „football-field“. Geld spielte übrigens keine Rolle – viele Vereine bzw. Personen hatten in den letzten Kriegsjahren vorsorglich ansehnliche Summen beiseite geschafft. Problematisch war schon eher, dass man sich dafür nichts kaufen konnte und der Geldwertverlust immer schneller vonstatten ging.

Doch die Zuschauerzahlen waren enorm und brachten nach Beruhigung der Versorgungslage rasch die notwendigen Mittel ein, um überall den Wiederaufbau einzuleiten. Auch Sachspenden engagierter Mitglieder waren Usus. Im Oktober 1945 konnte in den meisten Städten der drei Westzonen bereits wieder um Punkte gestritten und sogar Stadt- bzw. Kreismeister ermittelt werden. Zwar gab es immense Probleme zu bewältigen und nicht immer ging es auch gut – beim Aufeinandertreffen der Sportvereine aus den niedersächsischen Dörfern Völkersen und Dörverden beispielsweise fungierten Roggengarben ersatzweise für die im Krieg zu Brennholz verarbeiteten Torpfosten bzw. Eckfahnen und das Spiel musste nach 20 Minuten abgebrochen werden, weil dem einzigen Ball die Luft ausgegangen war – doch mit jedem Tag festigte sich der Spielbetrieb weiter.

1945/46: Die Oberliga Süddeutschland wird geboren

Die Krönung gelang in der amerikanischen Zone, wo ganze sechs Monate nach Kriegsende mit der Oberliga Süddeutschland eine Spielklasse geschaffen wurde, die alles bislang Dagewesene in den Schatten stellte. Die 16 besten Teams der Region in nur einer Spielklasse zu vereinen, war ein schon lange gehegter Traum gewesen. Dass es nun ausgerechnet in einer Zeit gelang, in der der tägliche Überlebenskampf an erster Stelle stand und es schon schwer genug war, die 20 Kilometer zwischen Nürnberg und Fürth anders als zu Fuß zurückzulegen, überrascht zwar, war aber weder ein Wunder noch ein Zufall. Die schwierigen Umstände hatten nämlich zugleich die hemmenden verbandsinternen Auseinandersetzungen lahmgelegt und damit den Weg frei gemacht für innovative Geister wie die beiden Stuttgarter Dr. Fritz Walter und Gustav Sackmann, die „Väter der Oberliga Süd". Bereits Mitte Mai 1945 hatten sie beschlossen, die Gunst der Stunde zu nutzen und die Weichen in Richtung einer großräumigen Spielklasse zu stellen. Der sprachgewandte Dr. Fritz Walter hatte die Verhandlungsführung mit den Amerikanern übernommen, derweil Gustav Sackmann auf Kohlenzügen und ähnlich unbequemem Gefährt durch die amerikanische Zone gereist war, um nach Mitstreitern zu suchen. Am 22. September 1945 waren schließlich 16 Herren aus der gesamten Zone in der Gaststätte „Zur Krone" in Stuttgart-Fellbach zusammen gekommen, um Nägel mit Köpfen zu machen. Sie gründeten die „Vereinigung der Süddeutschen Fußballklubs", gaben nach kurzer Diskussion dem Profitum grundsätzlich grünes Licht (pro Spiel und Nase sollten 30 RM gezahlt werden)[4] und wählten drei hessische, sieben bayerische sowie drei württembergische Teams aus, die die künftige Oberliga bilden sollten.[5] Dass es sich bei den Teams exakt um jene Mannschaften handelte, die von den 16 in Fellbach anwesenden Herren vertreten wurden, war sicherlich kein Zufall...

Natürlich gab es Proteste, da einige namhafte Klubs fehlten. Jahn Regensburg und Union Böckingen beispielsweise blieben außen vor, während der seit 1939 nur in der Zweitklassigkeit dümpelnde Altmeister Karlsruher FV dabei war. In Nordhessen ging man ebenfalls leer aus, denn „aus verkehrstechnischen Gründen können die Kasseler Vereine nicht berücksichtigt werden". Doch letztendlich zählte vor allem, dass es tatsächlich gelungen war, den Bann endlich zu brechen und eine wirkliche „Oberliga" zu bilden.

Als es am 4. November 1945 um 14.30 Uhr losging, musste vielerorts noch improvisiert werden. Ligainitiator VfB Stuttgart beispielsweise trug seinen Heimkick gegen den Karlsruher FV auf dem Kickers-Platz in Degerloch aus – die heimischen Cannstatter Wasen lagen noch in den von 79 Sprengbomben verursachten Trümmern. Aus ähnlichen Gründen wich der 1. FC Nürnberg in den Fürther Ronhof aus, wo 16.000 Zuschauer den 2:1-Sieg gegen Bayern München feierten. In München saßen die Fans auf Tribünenruinen, in Stuttgart verfolgten 8.000 Fans den Auftritt der von Radio Stuttgart als „interessanteste Mannschaft des Südens" angekündigten Augsburger Schwaben.

Die Oberliga Süddeutschland revolutionierte Deutschlands hochklassigen Ligafußball. Die Presse schwelgte in Begeisterung, die Fans strömten massenhaft in die kriegszerstörten Stadien, und ungeachtet der erbärmlichen Verkehrslage sowie aller Ernährungsprobleme konnte die Saison ohne größere Probleme beendet werden. Man kommt nicht umhin, noch heute bewundernd den Hut vor Spielern, Fans und Funktionären zu ziehen, die unter derart schwierigen Umständen ein derart faszinierendes und wahrlich epochales Ligasystem zum Laufen bekamen. Altmeister Karlsruher FV, der am Saisonende auf den Abstiegsplätzen rangierte, verzweifelte allerdings an den Umständen: „In puncto Ernährung war der KFV im Vergleich zu den bayerischen und württembergischen Vereinen so stark im Nachteil, dass man heute getrost behaupten kann, dass das Ernährungsproblem einen Hauptgrund des späteren Abstiegs bildete. So musste z. B. die Mannschaft gegen 1860 München eine katastrophale Niederlage einstecken, nachdem sie bei großer Kälte und ohne Essen und Schlaf die ganze Nacht mit dem Omnibus unterwegs war."[6] Erster süddeutscher Nachkriegsmeister wurde übrigens Ligainitiator VfB Stuttgart, der sich in einem packenden Kopf-an-Kopf-Rennen gegen den 1. FC Nürnberg durchsetzte.

Für den Rest des Landes (bzw. den beiden Westzonen) war die Oberliga Süddeutschland vom ersten Tag an Vorbild. Allerdings war man sowohl in der britischen als auch in der französischen Zone weit von einem vergleichbaren Gebilde entfernt. Zwar konnte auch dort ab Januar/Februar 1946 wieder großräumig um Punkte und Meisterschaften gekickt werden, doch der Radius der Ligen umfasste selten mehr als 100 Kilometer. In Schleswig-Holstein gab es zwei Staffeln, in Hamburg eine Stadtliga, Niedersachsen wies drei Ligen auf, Westfalen zwei, und am vom Krieg stark in Mitleidenschaft gezogenen Mittel- bzw. Niederrhein gab es lediglich Stadtligen. Der Versuch, eine norddeutsche Meisterschaft auszuspielen, musste im Juli 1946 nach Intervention der britischen Militäradministration abgebrochen werden.

Ähnlich die Situation in der französischen Zone. Südbaden und Württemberg/Hohenzollern spielten in diversen Kreisstaffeln, lediglich in Rheinland-Pfalz (auch „Südwest" bzw. „Saarpfalz" genannt) gelang die Einrichtung einer einzigen Liga. Als Zonenmeister konnte der 1. FC Saarbrücken ermittelt werden, der im „Endspiel" Fortuna Rastatt bezwang (5:0 und 4:4).

Dennoch dachten einige ganz Mutige (Dr. Fritz Walter, Stuttgart, Wilhelm Quermann, Hannover und Dr. Heisterkamp, Duisburg) sogar schon wieder an die Deutsche Meisterschaft. Am 5. Juni 1946 berichtete die „Rheinische Post" von einer geplanten K.o.-Runde, die „auf die drei westlichen Besatzungszonen beschränkt bleiben (müsse), da eine Hinzunahme von Vereinen aus der russischen Zone vorerst noch nicht möglich ist". Am 21. Juli sollte die Vorrunde, am 4. August die Zwischenrunde und am 18. August das Endspiel stattfinden. Doch infolge der „überaus schwierigen Terminfrage, die dadurch kompliziert worden ist, dass der Westen erst im Laufe des August seine Vertreter ermitteln kann, während Süddeutschland Anfang September bereits seine neue Verbandsmeisterschaft beginnen will"[7], platzten die Pläne, deren Genehmigung durch die Besatzungsbehörden vermutlich ohnehin nicht erteilt worden wäre.

Während die Funktionäre sich erfolgreich um die Wiederherstellung des geregelten Ligaspielbetriebes bemühten, avancierten Freundschaftsspiele (auch „Gesellschaftsspiele" genannt) zu handfesten Beiträgen in Sachen „Überlebenshilfe". Vor allem in den Städten tobte ein gnadenloser Verdrängungswettbewerb um Nahrungsmittel, Heizstoffe und Wertgegenstände, bei dem die Fußballer einen klaren Vorteil hatten. Dortmunds Max „Spinne" Michallek: „Eines muss ich sagen, wir haben als Fußballer nie zu hungern brauchen. Selbst wenn es nur einfache Pellkartoffeln gab – der Hunger war schon weg." Auch Heinz Lucas, später erfolgreicher Bundesligatrainer, profitierte von seinem „Ruhm", denn „uns ging es erheblich besser als dem Normalbürger". Lokale Mäzene oder Gönner sorgten für das Notwendigste – der Nürnberger Max Morlock: „Gelitten haben wir Gott sei Dank nicht. Die größten Fanatiker in Nürnberg, das waren nämlich die Metzger." Die ruhmreichen Teams traten zudem auf den Dörfern zu Freundschaftsspielen an und nahmen als „Entlohnung" Wurstpakete, Säcke voller Kohlen oder Kleidung mit. „Wir haben bei den Bauernvereinen so viel gefressen, dass wir danach manchmal nicht mehr laufen konnten", erinnerte sich der Düsseldorfer Stürmer „Mathes" Mauritz, der von Fortuna-Präsident Toni Rudolph mit dem Angebot: „Du kriegst zwei Pfund Fleisch, zwei Brote und dreimal ein Abendessen pro Woche" zur Fortuna geködert worden war.

Auch Mauritz' Mannschaftskamerad Zwolanowski erinnerte sich später gerne an die so genannten „Kalorienspiele" bzw. „Kartoffelspiele": „In Bünde spielten wir für eine Kiste Zigarren pro Mann. Nichtraucher bekamen eine Kanne Milch. In Bielefeld gab es Hemdenstoff, in Bremerhaven eine Kiste Fisch, in Weißenthurm so viel Starkbier, dass wir reihenweise umfielen. (...) Ich habe nie mehr in meinem Leben so viel Fußball gespielt wie damals. Andauernd waren wir auf Tour. In Glehn spielten wir für zwei Eimer Marmelade, die auf dem ‚schwarzen Markt' für 600 Reichsmark pro Eimer verschoben werden konnten. In Mariadorf gab es für jeden Spieler einen Zentner Kartoffeln."[8]

Nie wieder hat Fußball eine derart elementare Rolle im Überlebenskampf gespielt, wie in den ersten Nachkriegsjahren. Die Fahrten zu Auswärtsspielen waren allerdings gewaltige Abenteuer. Auf mit Holzvergasertechnik angetriebenen Fahrzeugen zuckelte man bei Spitzengeschwindigkeiten von bis zu 70 km/h (zu erzielen nur mit sehr trockenem Buchenholz, das entsprechend rar war...) über zerstörte Straßen, saß zusammengekauert auf offenen Ladeflächen und vertrieb sich die Zeit mit Gesängen. Dass ab 1946 allmählich auch die Bahn wieder benutzt werden konnte, entspannte die Situation keineswegs. „Wenn wir von Frankfurt nach München zurückfuhren, bekamen wir oft nur auf den Gängen Platz", erinnerte sich Bayerns Kapitän Moll nur ungern an rappelvolle Züge. Zudem gab es nach Molls Erinnerungen Probleme mit örtlichen Ausgangssperren: „Wenn wir sonntags in Frankfurt gespielt hatten, kamen wir gegen halb fünf am Montagmorgen wieder in München an. Dann mussten wir im Löwenbräu-Keller warten, bis es sechs Uhr war."

Das Verhältnis zu den alliierten Truppen sollte sich aber bald entspannen, wozu auch Freundschaftsspiele zwischen deutschen Spitzenteams und Soldatenmannschaften beitrugen. Ab Frühjahr 1946 konnte man von beinahe „normalen" Verhältnissen sprechen, und die erste Phase des Wiederaufbaus war abgeschlossen.

1946/47: Hoffnung auf Deutsche Meisterschaft

In der Spielzeit 1946/47 herrschten in weiten Teilen der späteren Bundesrepublik bereits geregelte Ligaverhältnisse. Lediglich am Niederrhein kam man über Lokalstaffeln nicht hinaus, konnte aber immerhin eine regionale Endrunde durchführen, die von Rot-Weiß Oberhausen gewonnen wurde. Niedersachsen spielte in zwei Staffeln, Schleswig-Holstein in einer Pokalrunde der Kreismeister, Hamburg in einer Stadtliga und Westfalen ebenfalls in zwei Staffeln. Dort kam es zu einer sportlichen Sensation, als Borussia Dortmund im „Endspiel" Abonnementsmeister Schalke 04 vor 30.000 staunenden Fans in Herne mit 3:2 schlug und die Königsblauen nach 21 Jahren vom westfälischen Meisterthron stürzte! „Fußball-Deutschland wird aufhorchen", schlagzeilte „Der Sport am Sonntag". Sogar eine britische Zonenmeisterschaft war möglich – im Endspiel schlug der Hamburger SV den Westdeutschen Meister Borussia Dortmund vor 60.000 Zuschauern im Düsseldorfer Rheinstadion mit 1:0.

In der französischen Zone waren derweil zwei „Zonenligen" eingerichtet worden, in denen insgesamt 16 Mannschaften um Punkte kickten. Das Finale gewann der 1. FC Kaiserslautern mit 8:1 bzw. 8:4 gegen den VfL Konstanz. Meister der Oberliga Süddeutschland wurde der 1. FC Nürnberg, der in seinem Ausweichquartier am Fürther Ronhof (der Zabo lag noch immer darnieder) ohne Punktverlust blieb.

Die Oberliga Süddeutschland war allerdings in die Diskussion geraten. Weil es 1945/46 keine Absteiger dafür aber vier Aufsteiger gegeben hatte[9], war die Liga auf 20 Teilnehmer aufgebläht worden – derart viele Mannschaften hatten nie zuvor in der deutschen Fußballgeschichte an einer Liga teilgenommen. Angesichts der noch immer schwierigen Rahmenbedingungen stellte der lange Saisonverlauf die meisten Teams auf harte Proben. Dazu kam, dass der Winter 1946/47 ein überaus harter war und die Menschen noch einmal mit voller Wucht an den andauernden Überlebenskampf erinnerte. Dennoch wurde die bereits beschlossene Reduzierung auf 16 Teilnehmer um ein Jahr verschoben und auch 1947/48 wieder mit 20 Teams gespielt. Hintergrund war die Furcht vieler Oberligisten vor dem Absturz in die Amateurliga sowie Drohungen einiger Vereine, im Falle des Abstiegs mit zwielichtigen Privatleuten unabhängige „Berufsfußballerligen" einzurichten.

Die Furcht war nicht unbegründet, denn am 6. April 1947 hatte der „Sport", Nachfolger des verbotenen „Kicker", entsetzt geschrieben: „In Stuttgart-Fellbach wurde die Bildung einer II. Süddeutschen Fußball-Division beschlossen. Ihr sollen angehören: Phönix Karlsruhe, ASV Freudenheim, 1. FC Pforzheim, Borussia Fulda, BC Augsburg, Jahn Regensburg, 1. FC Bamberg, Karlsruher FV, Stuttgarter SC, SSV Ulm, SC 1905 Wiesbaden, SV 1881 Ingolstadt, Rot-Weiß Frankfurt oder Hessen Kassel." Initiatoren waren die Oberligaabsteiger von 1947 – BC Augsburg, 1. FC Bamberg und Karlsruher FV –, die zuvor mit einem Antrag auf Einrichtung einer 2. Liga auf Vertragsspielerbasis gescheitert waren. Der Alleingang war jedoch zum Scheitern verurteilt. Der „Sport" beispielsweise konstatierte: „Die Auswahl erfolgte also nicht allein nach Gesichtspunkten der Spielstärke. (...) Ob diesem Beschluss (unter Ausschluss der Öffentlichkeit!) irgendwelche praktische Bedeutung zukommt, lässt sich noch nicht überblicken. Auf keinen Fall kann diese Spielgruppe darauf rechnen, dass ihr Meister aufsteigt, denn zwischen Oberliga und Landesliga besteht eine bindende Abmachung, dass die Landesligameister aufsteigen." So kam es auch. Die Landesverbände drohten den Vereinen mit Ausschluss, die Oberliga Süddeutschland lehnte jegliche Zusammenarbeit ab, und die ganze Angelegenheit entpuppte sich als „Sturm im Wasserglas", der rasch wieder beendet war.

Abgesehen vom harten Winter hatten sich die Verhältnisse kontinuierlich verbessert. Zonenübergreifender Spielbetrieb war nun möglich, die Verwaltungsstrukturen funktionierten, und die Beziehungen zu den Alliierten hatten sich spürbar entspannt. Zugleich war es jedoch noch immer eine Zeit des Improvisierens und der Turbulenzen. Am 9. Oktober 1946 beispielsweise machten auch in der britischen Zone plötzlich Gerüchte die Runde, einige Klubs gedächten eine Berufsfußballspielerklasse einzurichten. Arminia Hannover, Hannover 96, Schalke 04, VfL Köln 99, Borussia Dortmund, Rot-Weiß Oberhausen, TSV Braunschweig (alias Eintracht), Werder Bremen, Hamburger SV, FC St. Pauli und Holstein Kiel stünden bereit. Zehn Tage später musste man jedoch vom Scheitern der Pläne berichten – die Zeit für den Profi war noch nicht reif. Stattdessen bemühte man sich auch an Rhein, Ruhr, Elbe und Weser um die Einrichtung von Spielklassen, die der süddeutschen Oberliga vergleichbar waren.

Tatsächlich sollten in Nord- sowie Westdeutschland bereits in der Spielzeit 1947/48 jeweils Oberligen den Spielbetrieb aufnehmen. Problematisch war allerdings die Auswahl der Vereine. Vom unmittelbar nach Kriegsbeginn 1939 gefassten Beschluss, alle damaligen Gauligisten würden nach Kriegsende automatisch ihren Erstligaplatz wieder einnehmen dürfen, wollte natürlich niemand mehr etwas wissen. Auch standen eine Hand voll Vereine aufgrund sportlicher Verdienste bzw. wirtschaftlicher Fähigkeiten von vornherein als künftige Oberligisten fest (z. B. Hamburger SV und FC St. Pauli, Hannover 96, der TSV Braunschweig, Werder Bremen, Borussia Dortmund, Schalke 04, Fortuna Düsseldorf). Um die restlichen Plätze gab es ein monatelanges Gerangel.

Währenddessen ging der Spielbetrieb in dem provisorischen Ligensystem weiter – und trotz dieses unübersichtlichen Systems und trotz des überaus harten Winters kamen die Zuschauer in Massen. Wie beispielsweise in Osnabrück, wo es hieß: „Ein wahrer Fußballbegeisterungstaumel setzte ein. Sonntag für Sonntag strömten die Osnabrücker Fußballanhänger zu den Sportplätzen ihrer Vereine. Montag für Montag wurde in den Schulen, auf der Straße, in den Betrieben und Büros über Siege und Niederlagen diskutiert. Es gab kaum einen Osnabrücker, der nicht von der Magie des Leders eingefangen wurde. Zuerst saßen die Ehefrauen und Bräute schimpfend allein zu Hause. Das wurde jedoch anders, denn nach einigen Wochen sprach man bereits von der Modenschau an der Bremer Brücke. Es gab kalte Füße und manchen Schnupfen, aber die Begeisterung war stärker."[10] Eine Schilderung, die in jenen Tagen aus jeder anderen Stadt Deutschlands hätte kommen können. Fußball war mehr denn je „Volkssport", Fußballplätze zum Ort der Begegnung und Fußballspiele zum gesellschaftlichen

Ereignis geworden. Zugleich erlebte Fußball eine neue Ausprägung in Form von „Straßenfußball“. Selbst in den kleinsten Dörfern wurde nun nach Herzenslust gekickt, und sogar hartgesottene Turnvereine kamen nicht mehr umhin, eine Fußballabteilung einzurichten.

Mutig geworden, versuchten die Funktionäre der drei westlichen „Zonenverbände“ im Frühjahr 1947 erneut, die Weichen für die Wiederbelebung der Endrunde um die Deutsche Meisterschaft zu stellen. Auf einer „Interzonentagung“ am 15. Februar 1947 in Essen wurde beschlossen, „1947 eine deutsche Interzonen-Meisterschaft auszutragen, zu der die einzelnen Landesverbände ihre Teilnehmer bis zum 1. Juli genannt haben müssen“. Doch ausgerechnet die führenden süddeutschen Klubs 1. FC Nürnberg, SV Waldhof und Eintracht Frankfurt brachten das Vorhaben zu Fall. Sie argumentierten (keinesfalls zu Unrecht), dass die Oberliga Süddeutschland deutlich stärker sei als die Spielklassen in der britischen bzw. französischen Zone und lehnten die Endrunde folglich ab. Immerhin einigte man sich aber in zwei anderen Punkten: Mit der Einführung des Berufsfußballs wollte man bis zur bevorstehenden Währungsreform warten, und bei der Finanzierung der Vereine und Verbände sollte der „Fußball-Toto“ helfen, der zwischenzeitlich von einigen Geschäftsleuten in Zusammenarbeit mit den Verbänden initiiert worden war.

Im Herbst 1947 wurde es dann doch noch einmal spannend, als es plötzlich hieß, am 10. August würde mit den Begegnungen Hamburger SV gegen SG Charlottenburg und 1. FC Nürnberg gegen 1. FC Kaiserslautern die „Endrunde um die Deutsche Meisterschaft“ eröffnet. Doch auch diese Hoffnung zerplatzte, weil der 1. FC Nürnberg mit Verweis auf das Fehlen der Ostzone sowie den unterschiedlichen Meisterschaftsabläufen seine Teilnahme absagte. Der Club habe „38 Meisterschaftsspiele unter schwierigen Bedingungen ausgetragen, die anderen Kandidaten erreichten nur einen Bruchteil der genannten Zahl“. Auch 1947 gab es somit keinen Deutschen Meister – später meinte Max Morlock traurig: „Das war damals die stärkste Mannschaft, in der ich je gespielt habe. Wir hätten hundertprozentig die Meisterschaft gemacht.“

Wurde jetzt geschmiedet: die DFB-Meisterschale, die die im Krieg verschwundene „Viktoria“ ablösen sollte. Diese später respektlos „Salatschüssel“ genannte Schale wurde von Elisabeth Treskow (Werkschule Köln) geschaffen, hatte einen Durchmesser von 50 cm und wurde mit Turmalinen besetzt. Auf ihr sind die Deutschen Meister seit 1903 eingraviert.

EXKURS

Die Wiederbelebung der Sportszenen in den drei Westzonen

Abgesehen von der sowjetischen Zone, in der der Sport einen ganz eigenen Weg ging (siehe Kapitel „Fußball in der DDR"), folgten auch die drei westlichen Besatzungsmächte jeweils unterschiedlichen Vorstellungen bezüglich des Schicksals der deutschen Turn- und Sportbewegung.

■ Amerikanische Zone

Trotz der (verbalen) Entschlossenheit der USA, die Deutschen für ihre NS-Verbrechen zu bestrafen, genossen die Sportvereine in der amerikanischen Zone verhältnismäßig große Freiheiten. So kam auch das Vereinsverbot nur sporadisch zum Tragen. In München beispielsweise mussten die Vereine lediglich einen Antrag auf Wiedergründung stellen, in Karlsruhe spielte man einfach unter den gewohnten Namen weiter, und auch in Stuttgart und Nürnberg gab es keinerlei Eingriffe. In Frankfurt und Kassel hingegen leiteten ehemalige Arbeitersportler den Wiederaufbau, wodurch Traditionsklubs wie Eintracht Frankfurt oder Kurhessen Kassel zunächst von der Bildfläche verschwanden. Während in Frankfurt aufgrund massiver Proteste bereits im Oktober 1945 wieder grünes Licht für die Wiedergründung der Traditionsvereine gegeben wurde (und aus der SG Frankfurt die Eintracht bzw. aus der SG Bornheim der FSV wurde), blieb die örtliche Militärführung in Kassel zunächst hart. Dort wurde beispielsweise am 17. November 1945 die SG Kassel-Süd ins Leben gerufen, die quasi die Nachfolge des SV Kurhessen sowie des CT Hessen-Preußen antrat und heute KSV Hessen heißt. Später wurden die Traditionsklubs allerdings auch dort wieder zugelassen, und Vereine wie CSC 03 und BC Sport feierten ihre Renaissance. Auch in Bremen und Bremerhaven, amerikanische Enklaven in der britischen Zone, ging man rigoros vor und untersagte den Klubs die Fortführung des Spielbetriebs unter gewohntem Namen. Aus Werder Bremen wurde so der SV Grün-Weiß, aus Bremerhaven 93 die Sportgemeinschaft Bremerhaven. Erst 1946 lockerte man das Verbot, und die alten Namen kamen wieder auf.

■ Britische Zone

Die britischen Militärs kamen ausdrücklich nicht als Befreier nach Deutschland, sondern wollten den Deutschen ihre Verantwortung für den Nationalsozialismus bzw. den Krieg bewusst vor Augen führen. Ihr Auftrag war klar: Ausschaltung von Nationalsozi-

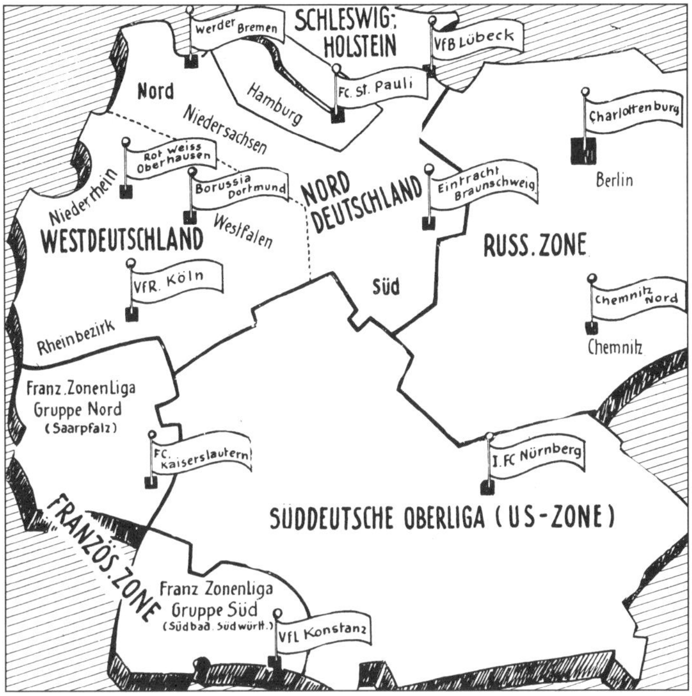

Die deutsche Fußball-Landkarte 1947, mit den jeweiligen Regionalmeistern.

alismus und Militarismus aus Verwaltung, Justiz und Wirtschaft sowie dem gesamten öffentlichen Leben, Umerziehung der Deutschen zu demokratischen Lebensformen, Aufrechterhaltung von Ruhe und Ordnung sowie Verhinderung der „Verbrüderung" („fraternization") zwischen Besatzungssoldaten und deutscher Bevölkerung. Dem entsprechend tat sich im Sport zunächst gar nichts. Erst am 6. August gab der britische Feldmarschall Montgomery bekannt, wie er sich das weitere Vorgehen vorstellte: „Ich beabsichtige, die Bildung freiwilliger Jugendorganisationen zu fördern, die religiösen, kulturellen und gesundheitlichen Bestrebungen und Erholungszwecken dienen."[11] Das klang gut, war aber nur ein Teil der Wahrheit, denn die Briten gingen ungleich rigoroser als die Amerikaner gegen die Traditionsvereine vor. Das mag angesichts der reichen britischen Vereinstradition überraschen, hatte jedoch einen politischen Hintergrund, denn die Briten betrachteten Sport als wichtige Hilfe bei der „Umerziehung". Mit den alten Vereinen, die in den 1920er Jahren oft in soziale oder konfessionelle Dispute verstrickt waren, bzw. die sich in der Nazizeit in die Propagandamaschine hatten einbinden lassen, war dies nach ihrer Ansicht nicht möglich.

In der gesamten britischen Zone wurde daher ein Traditionsbruch eingeleitet, der allerdings völlig uneinheitlich verlief. In Dortmund beispielsweise bildeten BV Borussia, Freie Sportvereinigung 1898 und Werksportgemeinschaft Hoesch zunächst die SG Borussia 1898, aus der schon am 15. Juli 1945 (also vor Montgomerys Erklärung!) wieder der BV Borussia 09 wurde. In Göttingen lag die örtliche Vereinsszene zu jenem Zeitpunkt noch völlig brach. Erst zehn Tage später wurde in der Universitätsstadt ein ehemaliges Mitglied des Internationalen Sozialistischen Kampfbundes mit dem Wiederaufbau des Sportwesens im Stadt- und Landkreis beauftragt, und erst im August erhielt der erste Verein seine Zulassung: Es war der Volkssportverein von 1945, der der Traditionslinie der 1933 verbotenen Arbeitersportvereine BSV und Vorwärts folgte.

Wiederum ein anderes Vorgehen war in Hannover anzutreffen. Dort wurde im Juni per Aushang verkündet, dass „alle Komitees, Ausschüsse, Vereine“ aufzulösen seien. Kurz darauf wurden 20 auf das gesamte Stadtgebiet verteilte Sportgemeinschaften gegründet, die sämtliche Sparten anbieten und sich auf ein exakt definiertes Stadtviertel beschränken sollten. Die Idee stammte vom ehemaligen Arbeitersportler Heinrich Kabus, der damit die konfessionellen und sozialen Trennlinien aus der Zeit vor 1933 beseitigen wollte. Bei vielen Aktiven und Fans stießen derartige „Einheitssportvereine“ jedoch auf Widerstand. In der Chronik zum 50. Bestehen des Norddeutschen Fußballverbandes heißt es beispielsweise: „Zum Teil gab es ‚Randstörungen‘ insofern, als übereifrige Elemente die alten Vereinsnamen verschwinden und stattdessen sportliche Gemeinschaften auf örtlicher Basis entstehen lassen wollten. Der gesunde Traditionssinn unserer Vereine setzte sich jedoch bald wieder durch.“ Massive Proteste führten schließlich dazu, dass im November 1945 zonenweit die Traditionsvereine wiedergegründet werden konnten.

Wie in Hannover besaßen ehemalige Arbeitersportler vielerorts ohnehin nur kurzzeitig die Führung über die lokale Sportszene – bereits im Herbst waren fast überall wieder bürgerliche Funktionäre am Ruder und die Arbeitersportler verdrängt. Deren Idee des Einheitssportvereins – oder auch Volkssportverein – überlebte nur in ganz wenigen Fällen. In Hildesheim beispielsweise existiert der am 10. September 1945 als Nachfolger von insgesamt 18 Vereinen (darunter viele ehemalige Arbeitersportvereine sowie der bürgerliche TuSS 07, der bis 1944 in der Gauliga gespielt hatte) gegründete Verein für Volkssport (VfV) noch heute.

Die britische Furcht, dass Sportvereine von untergetauchten Nationalsozialisten heimlich „übernommen“ und in Widerstandsnester verwandelt werden könnten, war groß. Als am 15. September die zonenweit geltenden rechtlichen Voraussetzungen für die Gründung von Vereinen erlassen wurden, hieß es daher warnend: „Die Mil.-Reg.-Kommandanten werden jedoch daran erinnert, dass die Geschichte von Sportvereinen unter dem Nazi-Regime zeigt, dass sie ein mächtiges Werkzeug zur Verbreitung von Nazilehren und Einprägung von Militarismus bildeten. Es ist klar, dass die gegenwärtige Lockerung der Einschränkung ihrer Tätigkeit eine Gefahr enthält, dass sie wieder in dieser Weise missbraucht werden.“[12] Doch die Furcht war unbegründet, und am 4. Dezember erfolgte schließlich die völlige Aufhebung aller Beschränkungen: „Sportvereine dürfen jetzt in der britischen Zone gegründet werden, ohne erst die Genehmigung der Militärregierung einzuholen. Die Vereine dürfen Sportveranstaltungen jeder Art, Fußballkämpfe oder leichathletische Treffen ohne vorherige Genehmigung der Militär-Regierung durchführen.“[13]

■ Französische Zone

Einen Sonderweg schlug man in der französischen Zone ein. Dort spielten die Vereine nach Aufhebung des bis Oktober geltenden totalen Spielverbots zunächst unter ihren alten Namen weiter, ohne dass eine Wiedergründung erfolgte. Allerdings musste für jedes Spiel – wie auch in den drei anderen Zonen – eine Genehmigung beim örtlichen Militärkommandanten eingeholt werden. Grundsätzlich zeigten sich die Franzosen deutlich geringer am Wiederaufleben des kulturellen und sportlichen Lebens in Deutschland interessiert. Die Erfahrung von drei Kriegen (1870/71 sowie zwei Weltkriege), in denen Frankreich von Deutschlands militärisch jeweils teilbesetzt und ausgebeutet worden war, spielte dabei zweifelsohne eine Rolle. Erst am 13. Dezember gab die Militärverwaltung grünes Licht für die Gründung parteipolitischer Organisationen – und damit auch für Sportvereine, wobei die am 4. Februar 1946 konkretisierte Verordnung allerdings ein Verbot aller bis 1945 existierenden Vereine vorsah. Die französischen Militärs unterstellten den Sportvereinen eine militärische Ausrichtung, was angesichts der jahrzehntelang gepflegten Bedeutung des Sports als „Ersatzarmee" auch keinesfalls abwegig war. Neugründungen von Sportvereinen waren zwar erlaubt, die Klubs mussten jedoch „allgemeinen Charakter" haben (so genannte „Omnisportvereine"), und ihr Spielbetrieb musste sich „im Allgemeinen auf das Gebiet des Kreises" beschränken. Der administrative Prozess wurde dabei mitunter von der sportlichen Realität überholt. Am 10. Februar 1946 beispielsweise wurde der offiziell gar nicht existierende FC Singen 04 in die neu geschaffene Zonenliga Südbaden-Ost aufgenommen und spielte in dieser auch weiter über das Kreisgebiet Singen hinaus…

Erst am 1. Juli desselben Jahres konkretisierten die Franzosen ihre Anweisungen. Demnach sollte in größeren Orten pro 20.000 Einwohner jeweils ein „Omnisportverein" entstehen, während in kleineren Orten bzw. Dörfern nur jeweils ein Verein zugelassen wurde. Das ähnelte verdächtig dem einst von den Nazis propagierten System der „Ortssportgemeinschaften", entspricht aber zugleich dem in Frankreich üblichen Vereinssystem. Vielerorts schlossen sich nun Klubs zusammen, um den neuen Anweisungen Folge zu leisten. Der erwähnte FC Singen 04 beispielsweise wurde im Mai 1946 zur SG Eintracht, wobei auch die ehemaligen Arbeitersportvereine Roter Sport, Freie Turnerschaft und Stadtturnverein einbezogen wurden. Im Albörtchen Tailfingen wurde aus dem FC der SV, und in Freiburg spielten statt FFC und Sportclub bzw. FT die Fortuna und der VfL. Bis zum Frühjahr 1946 war der Umwälzungsprozess im südlichen Teil der französischen Zone (Südbaden und Württemberg/Hohenzollern) abgeschlossen. Im nördlichen Teil (Rheinland-Pfalz) blieben die Traditionsvereine hingegen weiter bestehen; das Saarland stellte einen weiteren Sonderfall dar.

■ Berlin

Für Berlin als Sitz des Alliierten Kontrollrats galt in der Nachkriegszeit das „Vier-Mächte-Statut", das den Alliierten gleichermaßen Einfluss gewährte und im Fußball dramatische Konsequenzen hatte. Nach Wiederzulassung des Sportbetriebes war es

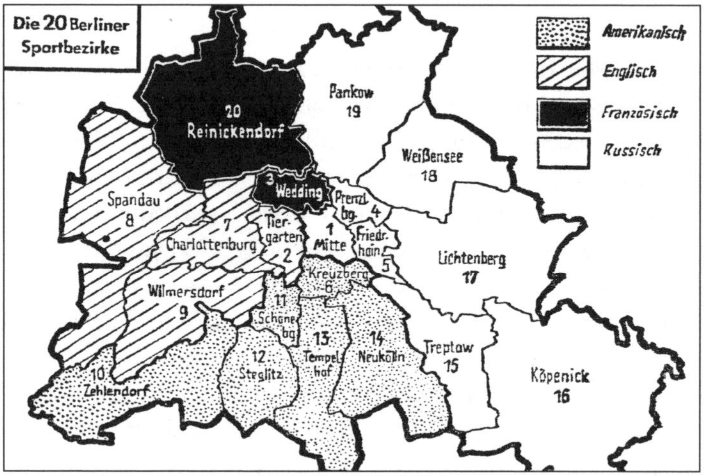

Das geteilte Sport-Berlin.

den Berlinern in allen vier Zonen zunächst nicht erlaubt, ihre Traditionsklubs wiederzugründen. Stattdessen wurden vom am 7. Juli 1945 eingerichteten zentralen Hauptsportamt kommunale „Sportgruppen" geschaffen, die ein exakt definiertes Gebiet umfassten und sämtliche Sportarten anzubieten hatten. Sportler konnten ausschließlich in der für ihren Wohnbereich zuständigen Sportgruppe aktiv werden, ein Wechsel war nicht möglich. Da die Sportgruppen die Sportplätze bzw. Stadien der aufgelösten und verbotenen Traditionsvereine nutzten und zudem auf das Spielermaterial der „alten" Klubs zurückgriffen, gab es zwar eine gewisse Nähe zu den Traditionsklubs, die jedoch ausschließlich auf informeller Ebene bestand. So galt die SG Charlottenburg inoffiziell als „Tennis Borussia", die SG Wilmersdorf als „BSV 92" und die SG Gesundbrunnen als „Hertha BSC" bzw. „SV Norden-Nordwest". Der Spielbetrieb verlief zunächst trotz der Sektorengrenzen relativ ungestört. 1946/47 konnte eine Stadtliga eingerichtet werden, die später zur Oberliga Berlin wurde und an der zunächst auch die Gemeinschaften aus dem sowjetischen Sektor teilnahmen. Erst mit der Berliner Blockade im Juni 1948 begann die allmähliche Spaltung zwischen Ost- und Westberlin. Als schließlich in den drei Westsektoren der Kommunalsport mit Wirkung vom 31. März 1949 aufgegeben und die Wiedergründung der Traditionsvereine erlaubt wurde (seit Mai 1947 hatten bereits neue Sportvereine gegründet werden dürfen, nicht aber die alten Klubs), kam es zu ernsthaften Irritationen. Die beginnende Spaltung verstärkte sich, als im August 1949 im Westteil eine Toto-Wette eingeführt wurde. Nachdem zur Saison 1950/51 schließlich die Übernahme des Vertragsspielerstatuts für die Oberliga beschlossen worden war, zogen sich die Ostklubs aus den Gesamtberliner Ligen zurück und wurden in den DDR-Spielbetrieb integriert. Berlin blieb auch danach Zankapfel. Vor der WM 1974 protestierte die DDR beispielsweise vehement gegen Berlin als Spielort, und die Bundesliga wurde in den DDR-Medien stets als „Profiliga BRD/WB" bezeichnet – „WB" stand für „Westberlin"...

1948 bis 1954

Ein Land wird zum Fußballplatz

1947/48: Der erste Nachkriegsmeister

Am 8. August 1948 war es dann endlich so weit. Im ersten Endspiel um die Deutsche Meisterschaft seit Kriegsende standen sich in Köln der 1. FC Nürnberg und der 1. FC Kaiserslautern gegenüber. 75.000 Zuschauer im überfüllten Müngersdorfer Stadion erfreuten sich an einem packenden Endspiel, das Nürnberg knapp, aber verdient mit 2:1 für sich entschied. Ergriffen schwärmte der „Sport": „Nürnberg ein Meister des Angriffs, Nürnberg ein Meister der Verteidigung" und attestierte dem Altmeister „die würdigste, zuverlässigste, beständigste, ausgeglichene und reifste Einheit des deutschen Fußballs" zu sein.

Deutscher Meister 1948: 1. FC Nürnberg

Der Weg zur ersten Endrunde um die Deutsche Meisterschaft war kompliziert gewesen, und er hatte auch nicht zum eigentlich anvisierten Ziel geführt. Die Ostzone fehlte nämlich. Eigentlich hatte man in Dresden, Leipzig und Erfurt ebenfalls dabei sein wollen und sogar die entsprechenden Vorbereitungen getroffen, einen Zonenmeister zu ermitteln. Spielklassen in den noch existierenden Ländern Mecklenburg-Vorpommern, Brandenburg, Sachsen, Sachsen-Anhalt und Thüringen waren eingerichtet worden, eine Endrunde der besten Teams war geplant. Dann jedoch kam der 21. Juni 1948, an dem in den drei Westzonen eine Währungsreform durchgeführt wurde, wodurch die sich bereits abzeichnende deutsche Spaltung plötzlich greifbar war. Die Reaktion der Sowjets war unmissverständlich: Sie blockierten die Zufahrtswege nach Berlin. Der damit verschärfte „kalte" Krieg ließ auch die Endrunde um die (Gesamt-)Deutsche Meisterschaft einfrieren. Ostzonenmeister SG Planitz, der sich im „Zonenendspiel" mit 1:0 gegen die SG Freiimfelde Halle durchgesetzt hatte, durfte nicht zu seinem Endrundenspiel gegen den 1. FC Nürnberg anreisen. Es war zugleich der vorerst letzte Versuch, eine Gesamtdeutsche Meisterschaft durchzuführen. Erst ab 1990 sollten Ost und West wieder gemeinsam um einen Deutschen Meister spielen.

Ein Ostverein war aber 1948 dennoch dabei: Berlins Meister Union Oberschöneweide. Die Köpenicker um den 85fachen Berliner Auswahlspieler Herbert Raddatz sowie Torjäger Zöllner hatten sich überraschend als Neuling die Berliner Stadtmeisterschaft gesichert, waren in der Endrunde gegen Nordvize FC St. Pauli jedoch chancenlos und gingen vor 70.000 Zuschauern im Berliner Olympiastadion mit 0:7 unter.

In den drei Westzonen hatte sich die Situation derweil weiter gefestigt. Die neu eingerichteten Oberligen West und Nord waren fantastisch eingeschlagen und erfreuten sich enormer Zuschauerzahlen (im Westen sahen fast 1,1 Mio. Menschen die 156 Spiele, das entsprach einem Schnitt von 14.000!). Im Südwesten hatte sich vor allem die Nordgruppe (Saarpfalz/Südwest) etabliert. Dort bahnte sich mit der Abspaltung des Saarlandes (siehe Exkurs „Ein Land auf Abwegen") allerdings ein neues Problem an. Zonenmeister wurde der 1. FC Kaiserslautern, der seinen Titel mit 3:0 bzw. 6:1 über Fortuna Rastatt verteidigte. In der britischen Zone wurde ebenfalls eine Zonenmeisterschaft ausgespielt, in der der Hamburger SV seinen Lokalrivalen FC St. Pauli im Finale mit 6:1 bezwang.

Die Vergangenheit wird entsorgt

Auch administrativ war man inzwischen weitergekommen. Am 10. April 1948 hatten Vertreter des bereits 1947 gebildeten „Bizonalen Fußball-Auschuss" (umfasste die britische und die amerikanische Zone) in Frankfurt den „Arbeitsausschuss für Fußball" gegründet, aus dem wenig später der „Deutsche Fußball-Ausschuss" (DFA) hervorgegangen war. Der DFA deckte alle drei Westzonen ab und hatte auch die Durchführung der Endrunde um die (West-)Deutsche Meisterschaft übernommen. Angeführt wurde der DFA vom ehemaligen Spitzenschiedsrichter Peco Bauwens, der, so schien es, unbefleckt durch das „Dritte Reich" gekommen war. Der Historiker Arthur Heinrich belegte jedoch inzwischen einige dunkle Punkte in Bauwens' Biografie. So gehörte der Kölner Bauunternehmer nach dem 1. Mai 1933 für einige Zeit der NSDAP an (Mitgliedsnummer 2103982) und hatte 1941 an der Spitze eines Umsturzversuches innerhalb der FIFA gestanden.[1] Bauwens war sicherlich kein überzeugter Nationalsozialist gewesen, doch hatte er sich, wie die meisten Sportfunktionäre auch, bereitwillig von den Nazis instrumentalisieren lassen, zumal die NS-Ideologie Berührungspunkte mit seiner eigenen nationalkonservativen Gesinnung aufwies. Zeitgenössische Äußerungen Bauwens unterstützen diese These. 1948 beispielsweise fiel der Kölner Funktionär auf, als er ziemlich empört über „unverschämte Aufdringlichkeit" wetterte, nachdem die Besatzungsmächte zur geplanten Gründung eines Deutschen Sportbundes die berechtigte Frage aufgeworfen hatten: „Welche Garantien bietet (...) die beantragte Sportorganisation, dass sie von größerer Bedeutung im Widerstand gegen politische Reaktionen ist als ihre Weimarer Vorgängerin?"[2]

Auf dem ersten DFA-Bundestag am 30. April 1949 wurden schließlich die Weichen zur Wiedergründung des DFB gestellt. Das war aufgrund des Besatzungsrechtes zwar unmöglich, doch es bestand, wie DFB-Chronist Koppehel sich später ausdrückte, „die feste Absicht, allen Hemmnissen zum Trotz in Stuttgart (am 10. Juli 1949, anlässlich des ersten Nachkriegsfinales) den DFB wiederzugründen".[3] Man gedachte, die Militärs einfach vor vollendete Tatsachen zu stellen. Koppehel: „Die Proklamation erfolgte in feierlicher Weise in einer Festsitzung, obwohl die de-jure-Anerkennung von den Besat-

Der FC St. Pauli auf dem Weg zum Endrundenspiel bei Union Oberschöneweide. An der Zonengrenze mussten die Spieler (von links: Machate, Börner, Dzur, Appel, Hempel und Thiele) zu Fuß weitergehen.

■ **Das Saarland – ein Land auf Abwegen**

Schon seit Jahrzehnten war das Saarland Zankapfel in Mitteleuropa. Nach dem Krieg meldete Frankreich Ansprüche an und wollte sich am rohstoffreichen Saarland für die erlittenen Kriegsschäden schadlos halten. Es entsprach einer in Jalta getroffenen Vereinbarung, dass die Region unter französisches Protektorat kommen sollte. In den Nachkriegsjahren erfolgte daher zunächst eine Hinwendung zu Frankreich. Am 5. Mai 1948 beschlossen pro-französische Fußballfunktionäre, den saarländischen Spielbetrieb in Richtung französischem Nationalverband FFF auszurichten und eine Angliederung an das französische Ligasystem zu erreichen. Die Südwestoberligisten 1. FC Saarbrücken, VfB Neunkirchen, SV Saarbrücken und SuSG Völklingen durften die Saison 1947/48 noch ordnungsgemäß beenden, dann hatten sie sich aus den deutschen Ligen zurückzuziehen.

Am 25. Juli 1948 wurde schließlich der Saarländische Fußball-Bund gegründet, der nach den Vorstellungen der pro-französischen Saar-Regierung dem FFF beitreten sollte. Ein entsprechender Antrag wurde jedoch mit 609:299 Stimmen von den Saarfußballern abgelehnt, womit der Verband vor einem Dilemma stand: Nach Deutschland durfte er nicht, nach Frankreich wollte er nicht. Also blieb nur die Eigenständigkeit. Am 7. April 1950 reichte der SFB sein Aufnahmegesuch bei der FIFA ein, die ihn am 23. Juni 1950 offiziell aufnahm – vor dem DFB und dem DS der DDR!

Für den saarländischen Fußball hatte die erzwungene Eigenständigkeit fatale Folgen. „Die notwendigen umständlichen Formalitäten beim Grenzübertritt machten es fast unmöglich, die

Spiele ordnungsgemäß ablaufen zu lassen", heißt es in einer Vereinschronik des 1. FC Saarbrücken, der von der Abtrennung besonders schwer getroffen war: Er hatte eine hoffnungsvolle Elf beisammen, die ihre Kräfte nun in der saarländischen Landesliga mit Klubs wie FV Püttlingen oder SpVgg Merzig messen sollte. Da die Schwarz-Blauen dazu keine Lust hatten, wandten sie sich an den französischen Fußballverband und baten um Eingliederung in dessen Profiliga-System.

Zunächst allerdings vergeblich. Erst als kurz vor Beginn der Saison 1948/49 der Zweitligist AS Angoulême seinen Rückzug aus dem Profifußball verkündete, konnte der FCS nach zähen Verhandlungen mit dem FFF eine Eingliederung in die „Division 2" erreichen – allerdings lediglich unter Gastspielrecht. Genau das wurde dem Klub zum Verhängnis. Die unter dem Namen „FC Sarrebruck" antretenden Schwarz-Blauen wurden nämlich souverän Staffelsieger und erwarben sich damit die Berechtigung, 1949/50 in der französischen „Division 1" spielen zu dürfen. Davon wollte der FFF jedoch nichts wissen – die Vorstellung, dass die Saarbrücker womöglich französischer Meister werden könnten, erschien Paris offenbar als zu brisant. Man sei nur mit Gastspielrecht ausgestattet und könne daher nicht aufsteigen, hieß es kurz und knapp. Dabei blieb es trotz vehementer Proteste. Das unliebsame Politikum wird in Frankreich übrigens bis heute konsequent unter den Teppich gekehrt, denn Meister FC Sarrebruck fehlt in jeder offiziellen französischen Zweitligatabelle der Spielzeit 1948/49.

Die Saarbrücker hatten nun endgültig die Nase voll und beschlossen, gar keine Ligaspiele mehr auszutragen, sondern nur noch zu Freundschaftsspielen anzutreten, bis sich eine politische Lösung für das Saarland abzeichnen würde. Man avancierte zur „Reisemannschaft", trat in aller Welt an und rief mit dem „Saarlandpokal" einen Wettbewerb ins Leben, an dem 15 Mannschaften aus Europa und Südamerika teilnahmen und der als einer der Vorläufer des Europapokals gilt. Der „Rest" des Saarlandes verdingte sich derweil weiterhin in der „Ehrenliga" Saar, wobei auch der VfB Neunkirchen (Ex-Borussia) bald genug hatte und ab 1949 nur noch seine Reserveelf ins Rennen schickte. Dessen ungeachtet wurde die geopolitische Eigenart „Saar" im Fußball immer eigenständiger. Am 22. November 1950 debütierte die von Helmut Schön betreute saarländische Nationalmannschaft (5:3 gegen Schweiz B) und nahm wenig später sogar an der Qualifikation zur WM 1954 teil (wo sie unter anderem auf die Bundesrepublik traf). Zugleich hoffte man in Saarbrücken auf die baldige Rückkehr ins deutsche Ligasystem. 1951 erlangte das im Mai 1950 gewählte neue SFB-Präsidium unter Hermann Neuberger schließlich nach mühsamen Verhandlungen mit FFF und DFB die Wiedereingliederung in den Spielbetrieb des DFB, so dass der 1. FC Saarbrücken und der VfB (Borussia) Neunkirchen ab 1951/52 wieder in der Oberliga Südwest aufgenommen wurden. Nach zwei Jahren ohne Spielbetrieb hatte der 1. FC Saarbrücken offenbar eine derartige Portion Wut im Bauch, dass er auf Anhieb das Endspiel um die Deutsche Meisterschaft erreichte, dort aber gegen den VfB Stuttgart verlor.

Die Epoche „Saar" war aber noch nicht vorbei. 1955 nahm der 1. FCS als bester saarländischer Klub am Europapokal der Landesmeister teil (noch war der SFB eigenständiges FIFA-Mitglied und konnte seinen „Landesmeister" melden), und erst am 7. Juli 1956, nachdem 1955 die angestrebte „Europäisierung" bei einem Referendum mit großer Mehrheit abgelehnt worden war, trat der SFB dem DFB als Saarländischer Fußball-Verband bei und wurde zu einem schlichten Landesverband.

zungsmächten noch nicht ausgesprochen war. Im Staatstheater Stuttgart wurde die DFB-Fahne auf höheren Ratschlag hin zwar durch die Fahne des Württembergischen Fußball-Verbandes ersetzt, aber bei dem am Nachmittag des gleichen Tages im Neckar-Stadion durchgeführten Endspiel um die Deutsche Meisterschaft wehte sie stolz vom Mast."[4] Vier Jahre nach Zusammenbruch des „tausendjährigen Reiches", dessen politischer Führung der DFB sich 1933 freudig unterworfen hatte, war damit ein Schlussstrich unter die Vergangenheit gezogen. In diesem Sinne nutzte Peco Bauwens zudem die Gelegenheit zur Entsorgung der jüngeren Geschichte und lobte den 1948 verstorbenen Ex-DFB- bzw. Fachamtsleiter Felix Linnemann: „Es wird die Zeit kommen, da man die Handlungsweise von Felix Linnemann, der als Einsamer in der Lüneburger Heide gestorben ist, und vieler seinesgleichen einmal ganz unvoreingenommen als richtig erkennen wird. Sie wird diesen Männern einmal dafür danken, dass sie – alles in allem genommen – den Sport in einer unmenschlichen Umgebung doch fleckenrein gehalten und ihn als Insel der Menschlichkeit bewahrt haben."[5]

Derlei Aussagen können kaum verwundern. Nicht nur, dass die während der Nazizeit aktiven Funktionäre nun allmählich wieder in führende Positionen zurückkehrten und für ihre „Verdienste" mit bisweilen hohen Ehrungen ausgezeichnet wurden – dieselben Männer begannen auch noch damit, die Geschichte des DFB bzw. seiner Regionalverbände für die Nachwelt festzuhalten. Bekanntestes Beispiel ist Carl Koppehel, von 1937-45 Fußball-Pressewart und Verfasser der 1954 erschienenen „Geschichte des Deutschen Fußballsports", der lange Zeit umfassendsten Darstellung der Geschichte des deutschen Fußballs und so etwas wie die offizielle Chronik des DFB. Die Täter reinigten also ihre eigene Geschichte und stellten sich als Opfer bzw. mitunter sogar Widerstandskämpfer dar. Daraus resultieren zahlreiche Legenden über den „unbefleckten und unpolitischen Fußball", die mitunter bis in heutige Tage überlebt haben. So urteilte beispielsweise Constanz Jersch, in den 1920er Jahren als radikaler Amateurverfechter auffällig, über die Nazizeit: „Wir haben diese Zeit überstanden, weil die in Berlin an der Spitze wirkenden Männer sich ihrer ursprünglichen Aufgabe, dem Sport und der Jugend zu dienen, stets bewusst geblieben sind und sich trotz aller parteilichen Einflussnahmen nicht vom rechten Weg ablenken ließen. (…) Sie haben es erreicht, dass den Bestrebungen der SA sowohl als der SS und der Organisation ‚Kraft durch Freude' den Sport sich einzugliedern, von höchster Stelle ein Veto entgegengestellt wurde. (…) Wenn im Laufe der Kämpfe um den deutschen Sport dem Reichsbund für Leibesübungen von höchster Stelle die Bezeichnung ‚Nationalsozialistischer' Reichsbund für Leibesübungen beigelegt wurde, so war diese Etikettierung nur ein Schutzschild gegen die Bestrebungen der vorher genannten Organisationen, den Sport für sich zu erobern und in ihrem Sinne zu uniformieren."[6] Dass Jersch selbst ein NSDAP-Mitglied war (Mitgliedsnummer 2202795), hielt er für nicht erwähnenswert. Gestützt wurde diese geradezu skandalöse Geschichtsfälschung von Guido von Mengden, während der Nazizeit linientreuer Fußballfachamts-Schriftleiter und seit Kriegsende auf dem Weg zur Funktionärskarriere im Deutschen Sportbund.

Die Alliierten ließen sich die provokative Wiedergründung des DFB übrigens gefallen. Der Kalte Krieg hatte die Fronten zwischen Ost und West verhärtet und die junge Bundesrepublik unter Konrad Adenauer längst Position auf der Seite der Westmächte bezogen. Viele Verbote des Besatzungsrechts erschienen in dieser Situation überholt. Zwar verweigerten die Militärs dem DFB zunächst die Anerkennung, gaben ihre Haltung aber bald auf und erteilten am 21. Januar 1950 nach einer weiteren konstituierenden Sitzung der Funktionäre schließlich grünes Licht.[7]

1948/49: Vertragsspieler kommen

Es gab allerdings noch einige ungeklärte Probleme. Die Frage der Bezahlung beispielsweise war wie erwähnt aufgrund der Währungsreform zunächst vertagt worden und wurde wie schon in den 1920er Jahren erneut kontrovers diskutiert. Nachdem sich die Delegierten auf einer Interzonentagung im Februar 1947 noch ablehnend gezeigt hatten, waren am 18. Dezember 1947 Peco Bauwens sowie der Solinger Weber beauftragt worden, ein Berufsfußball-Konzept zu erarbeiten. Süddeutschlands Oberligavereine kamen dem DFA bzw. DFB jedoch zuvor. Am 1. August 1948 verabschiedeten sie auf einer Sitzung in Fellbach den „Vertragsspieler", der zur Spielzeit 1948/49 in der Oberliga Süddeutschland eingeführt wurde. Es handelte sich um einen Kompromiss, der der gesamtwirtschaftlichen Situation geschuldet war. Im Gegensatz zum Berufsspieler war der Vertragsspieler kein Arbeitnehmer, und die Bezahlung fungierte lediglich als „Entschädigung". Auch musste der Vertragsspieler weiterhin einem „ordentlichen" Beruf nachgehen. Hintergrund war die Furcht der Vereine und Verbände vor dem Verlust der Gemeinnützigkeit. Bis zu einem monatlichen Spesensatz von 200 DM und einer Leistungsprämie von 120 DM, so hatten die Finanzämter signalisiert, seien die steuerlichen Vorteile nicht in Gefahr.

Süddeutschland löste mit Einführung des Vertragsspielerstatut eine Sogwirkung aus, der sowohl der DFA als auch die anderen Regionalverbände alsbald folgten, vielmehr folgen mussten. Auf einer DFA-Tagung im Mai 1949 wurde beschlossen, das Vertragsspielerstaut auf alle westlichen Besatzungszonen auszudehnen, und mit Beginn der Spielzeit 1949/50 wurde auch in West-, Nord- und Südwestdeutschland unter Vertragsspielerbedingungen gekickt. Berlin folgte 1950/51. Das Vertragsspielerstatut hatte freilich ein paar Haken, zumal es die Spieler in einem rechtlich unsicheren Raum beließ. Beispiel Vereinswechsel: Die Ablösesumme bei einem Wechsel betrug zwei Drittel der letzten Jahres-Bruttobezüge bei Kündigung durch den Verein bzw. eine volle Brutto-Jahresentlohnung bei Kündigung durch den Spieler. Gab der abgebende Verein seinen Akteur nicht frei, folgte automatisch eine Sperre von 18 Monaten. Das kam quasi einem Berufsverbot gleich, da dem Spieler das Recht auf freie Wahl des Arbeitsplatzes angesichts der horrenden Sperre genommen wurde. Für die Regionalverbände und den DFB war das Vertragsspielerstatut nichts weiter als jener „goldene Kompromiss", der die geringstmöglichen Zugeständnisse erforderte und zugleich garantierte, dass am status quo – „Amateure zuerst“ – nicht grundlegend gerüttelt wurde. Es war folglich kein Modernisierungsversuch. Vielmehr wollte man die ohnehin unaufhaltsame Entwicklung im deutschen Spitzenfußball unter Kontrolle bekommen. Hätte man nicht reagiert, wäre es zweifelsohne zur Gründung und möglicherweise Etablierung privat organisierter Berufsfußballverbände gekommen. Das „Vertragsspielerstatut“ beruhigte die Gemüter und sicherte dem DFB die Macht. Wenngleich das Fachblatt „Sport“ lobte: „Nun ist man endlich auf dem Weg, die Heuchelei zu verdrängen“, so sollte sich bald zeigen, dass Deutschlands Fußballfunktionäre ihre inkonsequente Haltung in Sachen Berufsfußball fortsetzten und weiterhin Raum für „Rechtlosigkeit“ und „Schwarze Kassen“ ließen.

Von einer weiteren Neuregelung profitierte vor allem Schalke 04: Die Aufstockung der Oberligen Nord und West auf jeweils 16 Teilnehmer bewahrte den Altmeister vor dem Abstieg. Ohne Kuzorra (hatte im Januar 1948 43-jährig seinen Abschied gegeben) und Szepan waren die Königsblauen nur Zwölfter und damit Vorletzter geworden – retteten sich aber in der nach Ligaaufstockung anberaumten zusätzlichen Relegationsrunde.

Trotz des unzureichenden Vertragsspielerstatuts stand Deutschlands Fußball vor seiner bislang größten und überwältigenden Boomphase. Mit der Währungsreform war das Wirtschaftswunder eingeleitet worden und auch das kulturelle Leben wieder

Die „Hitzeschlacht“ im Stuttgarter Neckarstadion: In der Verlängerungspause erfrischen sich die drei Mannheimer Stiefvater, de la Vigne und Keuerleber (von links).

in vollem Gange. Vollbeschäftigung ließ die Menschen viele Sorgen vergessen, und der Stadionbesuch wurde zu einem gerne gepflegten Ereignis. Aus allen sechs Oberligen wurden 1948/49 Rekordkulissen gemeldet. Allerdings waren die Oberligen in jenen Tagen auch die idealen Spielklassen. Sie garantierten ausreichend „Derbys“, sie verschafften kleineren Vereinen Ligaspiele gegen die „Großen“, und sie vermochten ganze Regionen zu elektrisieren. Nie wieder war die fußballerische Identifikation in Städten wie Rastatt, Bremerhaven, Göttingen, Itzehoe, Andernach, Engers, Schwenningen, Ulm, Augsburg etc. größer als in jenen Tagen. Aber auch unterhalb der Oberligen wurden enorme Zuschauerkulissen gemeldet, und selbst zu Kreisligaspielen strömten mitunter mehrere tausend Menschen. Deutschland war, nur drei Jahre nach Kriegsende, eine einzige Fußballnation.

Das spiegelt sich auch in der Endrunde um die Deutsche Meisterschaft 1948/49 wider. Über 560.000 Fans besuchten die 14 Spiele – das entspricht einem Schnitt von rund 40.500 pro Partie! Der Traum von einer gesamtdeutschen Endrunde war übrigens am 23. Mai 1949 geplatzt, als das Grundgesetz verabschiedet und die Bundesrepublik Deutschland gegründet worden war. Bis dato hatte man berechtigte Hoffnung auf die Teilnahme des Ostzonenmeisters Union Halle gehegt. Am 7. Oktober 1949 folgte schließlich die Gründung der DDR, die die Teilung auch aus der Sicht des Ostens perfekt machte.

Sportlich hatte abermals der Süden die Nase vorn. Die Region profitierte enorm von der frühzeitigen Einführung seiner Oberliga, die den Südklubs einen deutlichen Vorsprung gegenüber der Konkurrenz aus dem Norden, dem Westen und dem Südwesten verschafft hatte. Im Halbfinale waren mit dem VfR Mannheim und Kickers Offenbach noch zwei der drei Südteilnehmer im Rennen (Bayern München war an St. Pauli gescheitert). Komplettiert wurde das Halbfinale von Südwestmeister Kaiserslautern sowie Westmeister Borussia Dortmund.

Deutscher Meister 1949: VfR Mannheim

Im Finale trafen schließlich Mannheim und Dortmund aufeinander, die sich vor 92.000 Zuschauern im völlig überfüllten Stuttgarter Neckarstadion bei schier unerträglichen Temperaturen eine „Hitzeschlacht“ lieferten, die mit einem 3:2-Verlängerungssieg des VfR Mannheim endete. Die vom Wiener Edi Havlicek trainierten Dortmunder hatten lange Zeit mit 1:0 geführt und wie der sichere Sieger ausgesehen, doch nach dem Ausgleich durch Löttke in der 74. Minute war den Badensern die Wende gelungen. Die Verlängerung zählte zu den dramatischsten 30 Minuten, die die deutsche Fußballgeschichte zu bieten hat.

22 völlig ausgelaugte Fußballspieler, mit Zitronenscheibchen nur kurzzeitig wieder fit gemacht, taumelten regelrecht über den Rasen und stritten mit bewundernswerter Vehemenz um den Besitz der Lederkugel. Ausgefeilte Spielzüge waren unter diesen Umständen natürlich nicht mehr zu erwarten, so dass den Zuschauern ein offener Schlagabtausch geboten wurde, in dem beide Torsteher im Mittelpunkt standen. Ernst Löttke war es schließlich, der in der 108. Minute die BVB-Abwehr zum dritten und entscheidenden Mal überwand. Nach dem Schlusspfiff brachen beide Teams förmlich

zusammen, und Gewinner Mannheim heimste bedauernswerte Blicke ein, weil er noch eine zusätzliche Ehrenrunde mit dem gewaltigen Meisterkranz absolvieren musste. Der 10. Juli 1949 steht als einsamer Erfolg in den Annalen des inzwischen in der Versenkung verschwundenen VfR festgehalten.

1949/50: Zweitklassigkeit wird organisiert

Nachdem die Oberligen mit dem Vertragsspielerstatut etabliert waren, kümmerte man sich um den Unterbau. In Westfalen wurden zur Spielzeit 1949/50 zwei „2. Divisionen" (auch „II. Liga" genannt) eingerichtet, in denen 32 Teams unter Vertragsspielerbedingungen vereint waren. Damit war der Westen Vorreiter für den Süden, wo erst 1950/51 eine allerdings eingleisige „2. Division" eingerichtet wurde. In den restlichen Regionen hingegen spielte man weiter in Amateurligen und wollte vom Vertragsspielertum für den Oberligaunterbau auch nichts wissen. Norddeutschland beispielsweise lehnte eine 2. Division auf Vertragsspielerbasis rigoros ab und tadelte stattdessen die Vereinsvorstände, „die Schuld an der Entwicklung der materiellen Einstellung" hätten.

Zu einer wichtigen Einnahmequelle für Vereine und Verbände war der inzwischen bundesweit eingeführte Fußballtoto geworden. Vier Wochen nach Einführung des Niedersächsischen Fußballtoto beispielsweise meldeten die Agenturen bereits einen Umsatz von 205.027 DM[8], wobei ein Teil des Überschusses den Sportorganisationen zufloss, die davon Sportstätten, ihre Lehrarbeit und ihre Organisationsaufgaben finanzierten. Darüber hinaus war nunmehr die Versicherung aller Vereine gegen Unfallschäden und Haftpflichtansprüche ohne Prämienzahlung möglich, wovon insbesondere Amateurvereine profitierten.

Nach Gründung der Bundesrepublik war auch die Rückkehr des 1945 gemeinsam mit Österreich und Japan aus der FIFA ausgeschlossenen DFB in den Weltverband möglich. 1947 hatte Peco Bauwens noch hochmütig behauptet: „Wir sollten uns nicht um einen Eintritt in die FIFA drängen. Wir sind ja nicht aus der FIFA ausgeschlossen, weil wir den Krieg verloren haben, sondern weil wir keinen DFB mehr haben."[9] Inzwischen hatte sich das weltpolitische Klima gewandelt, und die Mitgliedschaft Deutschlands schien wieder opportun. Während der WM 1950

Niedersächsischer Fußball-Toto

Amtlicher Wettschein

Die Wette wird abgeschlossen nach de.. gesetzlichen Wettbestimmungen
Gewinnansprüche sind anzumelden bei
Rang 1 = 0 Fehler, Rang 2 = 1 Fehler, Rang 3 = 2 Fehler

Spielplan 9. Januar 1949 | D | Für die Annahmest. | 1

N..	Club 1	Club 2	Tip 1	Trf.	Tip 2	Trf.
1	Concordia Hamburg	FC St. Pauli	2		2	
2	Arminia Hannover	Eimsbüttel	1		1	
3	Bremerhaven 93	HSV-Hamburg	2		2	
4	Bayern-München	VfR Mannheim	X		1	
5	SV Waldhof	Schwaben Augsburg	1		X	
6	Katernberg	Rotw. Oberhausen	2		2	
7	Rotw. Essen	Alemannia Aachen	1		1	
8	VfB Oldenburg	BC Cloppenburg	1		1	
9	TuS Seelze	TuS Kleefeld	1		1	
10	07 Hameln	TuSpo Holzminden	1		1	
	Ersatzspiele		Zahl der Treffer		Zahl der Treffer	
E 1	Würselen	Schalke 04	2		2	
E 2	VfB Stuttgart	FSV Frankfurt	X		X	
E 3	1910 Limmer	ATSV Nienburg	1		2	
E 4	VfV Hildesheim	Algermissen	X		2	

je Wettschein 1 DM

ne:

Wohnort:

Straße:

Nr. d. Annahmestelle

Lfd. Kontroll-Nr.

Gewinne mit A-Schein bis 11. 1. 1949 um 12 Uhr bei der Annahmestelle anmelden, andernfalls kein Gewinn-Anspruch. Mit Kopierstift stark durchschreiben.

Der Fußball-Toto wurde von den Fans begeistert aufgenommen – nicht zuletzt, weil auch kleine Vereine zu tippen waren.

Spieler der Stunde ■ Ernst Willimowski
Niemand dokumentiert die turbulenten Nachkriegsjahre besser als Ernst Willimowski, der zu einem der ersten echten „Wandervögel" im deutschen Fußball wurde und es geradezu exzellent verstand, die Freiräume jener ersten Jahren für sich ausnutzen. Willimowski ist ein in jeder Hinsicht bemerkenswerter Spieler. Geboren im oberschlesischen Kattowitz trat er 1938 für Polen bei der WM in Frankreich an und trug sich beim spektakulären 5:6 gegen Brasilien mit vier Treffern in die WM-Annalen ein. Drei Jahre später debütierte der inzwischen in Chemnitz spielende Deutschstämmige für die deutsche Nationalelf, ehe er 1942 zum TSV München 1860 wechselte und mit den Löwen Pokalsieger wurde. Nach Kriegsende trug Willimowski nacheinander das Jersey des Kassler Berufsfußballklubs Rapid, der SpVgg Hameln 07 und des TSV Detmold (allesamt Klubs, bei denen es sich in der Nachkriegszeit „gut" leben ließ), ehe er 1948 beim süddeutschen Oberligisten BC Augsburg unterzeichnete. Nach nur sechs Spielen zog er weiter zum Offenburger FV, wo er seine Lebensgefährtin Klara heiratete. Inzwischen 35-jährig, wechselte er 1950 zum FC Singen 04. Seinen letzten Höhepunkt feierte „Ezi" auf dem Kaiserslauterer Erbsenberg, wo er für Südwestoberligist VfR 1952/53 31 Treffer markierte. Fritz Walter bezeichnete Willimowski, der 1956 seine Karriere beendete, als das „größte Wunder im Ausnutzen von Torchancen".

in Brasilien beriet die FIFA erstmals über den bundesdeutschen Wiederaufnahmeantrag, der vor allem von amerikanischer Seite unterstützt wurde.[10] Dort setzte sich mit Gus Manning einer der deutschen Fußballpioniere für den DFB ein. Am 20. September 1950 kam schließlich die erlösende Post von der FIFA, und der DFB gehörte auch offiziell wieder zur Weltfamilie des Fußballs. Dort war er allerdings nicht der einzige „deutsche" Verband, denn bereits am 23. Juni war der Saarländische Fußball-Bund als eigenständiger Verband aufgenommen worden. Die DDR bzw. deren „Zentrale Sparte Fußball im Deutschen Sportausschuss" reichte ihren Antrag am 6. Februar 1951 ein und wurde zum 24. Juli 1952 ebenfalls aufgenommen.

Am 22. November 1950 trat die von Sepp Herberger betreute Nationalmannschaft in Stuttgart zu ihrem ersten Nachkriegsländerspiel an. Gegner war, wie schon 1908 im ersten Länderspiel der DFB-Geschichte sowie 1920 im ersten Spiel nach dem Ersten Weltkrieg, die Schweiz, gegen die es einen 1:0-Sieg gab. Deutschland (bzw. die Bundesrepublik) war damit endgültig wieder vollwertiges Mitglied der Fußballgemeinschaft und konnte sich wieder den internen Problemen widmen. Eines davon hieß „Bundesliga" und sollte sich zum Dauerbrennerthema entwickeln. Eine landesweite höchste Spielklasse war nach Ansicht vieler Experten – darunter Bundestrainer Sepp Herberger – nicht nur notwendig für die internationale Wettbewerbsfähigkeit, sondern auch, um die Spitzenspieler im Lande zu halten. Im November 1949 war mit Ludwig Janda der erste Nationalspieler ins Profiparadies Italien gewechselt (sein Klub München 1860 hatte die Rekordtransfersumme von 30.000 DM eingesteckt), und viele andere drohten ihm zu folgen. „Wenn wir gewinnen, bekomme ich für ein Spiel mehr, als ich in München in einem Monat verdient habe", teilte Janda den staunenden Journalisten mit und weckte damit Begehrlichkeiten bei anderen Akteuren. Von Seiten des DFB war bereits am 21. Oktober 1950 grundsätzlich grünes Licht erteilt worden. Eine Bundesliga sei, so hieß es seinerzeit, „sportlich und wirtschaftlich tragbar". Dennoch sollten weitere zwölf Jahre vergehen, in denen diskutiert, abgewogen und erbittert gestritten wurde.

Sportlich dominierte weiterhin der Süden. Im Halbfinale der Endrunde 1949/50 waren die Südvertreter SpVgg Fürth, VfB Stuttgart und Kickers Offenbach sogar beinahe unter sich. Ausgerechnet der westdeutsche Nobody Preußen Dellbrück hatte mit einem sensationellen 2:1-Viertelfinalsieg über Titelverteidiger VfR Mannheim ein rein süddeutsches Halbfinale verhindert. Die bravourös aufspielenden Kölner um Nationaltorhüter Herkenrath bereiteten auch den Offenbacher Kickers einen heißen Tanz und gaben sich erst im Wiederholungsspiel geschlagen (0:3).

Deutscher Meister 1950: VfB Stuttgart

Das Finale wurde erstmals seit 1944 wieder im notdürftig reparierten Berliner Olympiastadion ausgetragen. Über 95.000 Fans – darunter zahlreiche aus dem Ostsektor der Stadt – füllten die Ränge bis auf den letzten Platz. Stuttgart galt als leichter Favorit, doch den von Paul Oßwald trainierten Hessen wurden zumindest Außenseiterchancen eingeräumt. Für den OFC begann am 25. Juni 1950 jene schwarze Endspielserie, die den Klub trotz der vermutlich besten Elf, die jemals ein Offenbacher Trikot trug, am Ende mit leeren Händen dastehen ließ. Trauriges Zünglein an der Waage war OFC-Keeper Schepper, der sich in der 17. Minute von einem haltbaren Läpple-Schuss verladen ließ, zehn Minuten später nach einem Zusammenprall mit Baitinger bewusstlos liegen blieb und, kaum wieder bei Sinnen, Sekunden später das vorentscheidende 0:2 kassierte. Zwar konnte Horst Buhtz kurz nach dem Seitenwechsel auf 1:2 verkürzen, doch dem VfB Stuttgart war der erste Meistertitel nicht mehr zu nehmen.

1950/51: Der Süden wird abgelöst

Nachdem sich die Situation in der französischen Zone ebenfalls entspannt hatte und auch dort die Traditionsvereine wiedergegründet worden waren, wurde zur Spielzeit 1950/51 die ungeliebte Südstaffel der Oberliga Südwest (umfasste den Raum Württemberg-Hohenzollern) aufgelöst und ihre Vereine auf die Oberliga Süddeutschland bzw. die darunter liegenden Spielklassen verteilt. Damit folgte der Fußball der am 9. Dezember 1951 vorgenommenen Bildung des Bundeslandes Baden-Württemberg. Mit dem SSV Reutlingen 05 sowie Singen 04 wurde die Region 1950/51 durch zwei Klubs in der höchsten Spielklasse vertreten, die zugleich von „Oberliga Süddeutschland" in „Oberliga Süd" umbenannt wurde. Dass man sportlich nicht mithalten konnte, kristallisierte sich früh heraus. Am Ende mussten sowohl Reutlingen als auch Singen absteigen. Württemberg-Hohenzollern sollte viele Jahre fußballerisches Randgebiet bleiben.

Der DFB bastelte derweil weiter am Unterbau. Zur Abgrenzung vom Vertragsfußball und dessen Endrunde um die Deutsche Meisterschaft wurde die „Deutsche Ama-

Mannschaft der Stunde ■ 1. FC Kaiserslautern
Kaiserslautern ist eine von jenen Städten, die ihren Ruf vor allem dem lokalen Fußballklub zu verdanken haben. Der 1. FCK, 1942 als Gaumeister Südwest erstmals in der Endrunde um die Deutsche Meisterschaft dabei, avancierte in den 1950er Jahren zum Topteam des Landes und wies mit Eckel, den Walter-Brüdern, Kohlmeier und Liebrich gleich fünf der „Helden von Bern" auf. „Kaiserslautern – lauter Kaiser", schwärmten die Medien nach dem 2:1-Finalsieg über Preußen Münster im Finale von 1951, bei dem die Pfälzer ein „Spiel der Poesie" geboten hatten. 1953 gelang mit einem 4:1 über den VfB Stuttgart der zweite Titelgewinn. Das Spiel der Roten Teufel vom Betzenberg war ausgerichtet auf den Übervater Fritz Walter, dessen Bruder Ottmar im Sturm agierte. Lautern spielte eine ansehnliche Mischung aus technisch solidem Spiel, Torgefährlichkeit, Kampfgeist und Inspiration, die vor allem vom Mentor Fritz Walter ausging. Außerdem verstand es der 1. FCK, die lokale Wirtschaft hinter sich zu vereinen. Manch ein Akteur stand offiziell auf der Beschäftigtenliste der Saba-Werke oder einer anderen in der Barbarossa-Stadt ansässigen Gewerbefirma. Ausgerechnet im Jahr des größten Triumphes – 1954 mit dem Gewinn der Weltmeisterschaft – versagten den immer auch ein bisschen launischen Pfälzern allerdings die Nerven: Sie unterlagen im Finale um die Deutsche Meisterschaft Hannover 96 mit 1:5.

teurmeisterschaft" eingeführt, an der die Sieger der höchsten Amateurligen teilnahmen. Am 30. Juni 1951 trafen im Berliner Olympiastadion der ATSV Bremen 1860 sowie Altmeister Karlsruher FV zum ersten Amateur-Finale aufeinander. Bremen gewann dank seines überragenden Torjägers Willy Schröder mit 3:2 und durfte sich fortan Deutscher Amateurmeister nennen. 70.000 Zuschauer machten deutlich, dass sich der 1999 ersatzlos gestrichene Wettbewerb zunächst außergewöhnlich großen Interesses erfreute. Allerdings war die Zuschauerkulisse auch der Tatsache zu verdanken, dass das Amateurfinale quasi „Vorspiel" zum „richtigen" Finale war, bei dem schließlich 85.000 Fans anwesend waren.

Erstmals stand dabei übrigens kein Südverein auf dem Spielfeld, denn als Schiedsrichter Reinhardt das vierte Nachkriegsendspiel anpfiff, traf Südwestmeister 1. FC Kaiserslautern auf den westdeutschen Vizemeister Preußen Münster.

Die Finalisten waren nicht wie bisher im K.-o.-System ermittelt worden, sondern erstmals seit 1942 wieder im Gruppensystem. Acht Mannschaften – je zwei aus dem Westen, dem Norden und dem Süden, dazu einer aus Berlin sowie einer aus dem Südwesten – hatten in zwei Gruppen à vier Mannschaften um die Finalteilnahme gestritten. Dass das Finale in Berlin stattfand, war ein Kompromiss: Kaiserslautern hatte nicht in Köln antreten wollen, Münster nicht in Frankfurt. Die Wahl der Berliner Traditionsstätte hatte zudem eine politische Bedeutung. Berlin war längst zum Zankapfel unter den Alliierten geworden, zur „Frontstadt" im „kalten Krieg".

Preußen Münster war ein klassischer Vertreter des neuen „Dienstleistungs-Fußballklubs". Der von der lokalen Wirtschaft unterstützte Verein hatte sich die Dienste der umworbenen Siegfried Rachuba (kam aus Erkenschwick), Adi Preißler und Rudolf

Nach dem Finalsieg von 1951: erschöpfte, aber glückliche Lauterer um Fritz Walter (2. von links).

Schulz (beide aus Dortmund) sowie Felix Gerritzen (aus Oldenburg) gesichert und damit als erster Verein in Deutschland quasi eine Spitzenmannschaft „zusammengekauft". Zugleich war der Erfolgsdruck enorm angestiegen. Erstes Opfer war Trainer Fabra, der vor Beginn der Endrunde durch Willi Multhaup ersetzt worden war. Münster war zugleich Paradebeispiel für die Möglichkeit, als Spitzenfußballer auch Spitzengehälter zu verdienen. Zwar waren als Höchstgrenze 320 DM festgelegt, doch es gab zahlreiche Möglichkeiten, diese Grenze zu umgehen. Die Phase des absoluten Volksfußballs war damit bereits wieder beendet, denn im deutschen Spitzenfußball setzte nun eine schleichende Spaltung in „die da oben" und „die da unten" ein. Fortan gab es „Stars", die besser bezahlt und vom Publikum entsprechend angehimmelt wurden. Dazu passt die Einführung von Rückennummern, wie sie ab 1950 in allen fünf Oberligen verbindlich wurde. Damit sollte den Zuschauern ein zusätzlicher Service geboten werden.

Deutscher Meister 1951: 1. FC Kaiserslautern

Erfolg konnte man allerdings auch 1951 nicht kaufen. Die von Fritz Walter angeführten Roten Teufel setzten sich in 90 Minuten glücklich, aber nicht unverdient mit 2:1 gegen Münsters „Hundertausendmarksturm" durch und holten die Meisterschale erstmals in die Pfalz.

Ungeachtet des allgemeinen Fußballbooms machten sich vereinzelt erste finanzielle Probleme bemerkbar. Die Finanzierung des Spielbetriebes erfolgte vornehmlich über Zuschauereinnahmen, was bei jenen Vereinen, die nicht über „Mäzene" verfügten, bisweilen zu finanziellen Engpässen führen konnte. In der Diskussion standen zudem die Steuerbehörden, denen vorgeworfen wurde, mit der von Stadt zu Stadt unterschiedlich hoch festgesetzten „Vergnügungssteuer“ die Vereine in den Ruin zu treiben. In seiner Ausgabe vom 15. November 1950 klagte beispielsweise das „Sport-Magazin“: „Allerorts wird immer von der Sportfreudigkeit der Stadtväter gesprochen. Der Ausschuss der Vereine mit Vertragsspielermannschaften für Westdeutschland erklärt dazu, die Stadtväter hätten die beste Gelegenheit, einmal die Vergnügungssteuer örtlich nachzuprüfen, um im Interesse des Gesamtsports auf diese enormen Steuern zu verzichten. Die 48 Vertragsspielervereine Westdeutschlands zahlten in der vergangenen Saison an Vergnügungssteuern 570.059,57 DM, an Umsatzsteuer 153.714,57 DM. An Hand dieser Zahlen muss man wirklich zweifeln, ob der Staat tatsächlich in den Vereinen gemeinnützige Unternehmen sieht. Der Kampf geht dahin, in Zukunft wieder nur als Amateurverein steuermäßig belastet zu werden, um nicht plötzlich wegen 20 oder 25 Vertragsspielern von vielleicht 2.000 und mehr Mitgliedern durch diese enormen Steuersätze als Verein überhaupt gefährdet zu werden.“

Aber auch die Verbände standen in der Diskussion. Am 20. Dezember 1950 berichtete das „Sport-Magazin“ unter der Überschrift „Verbandstribute – Vereine vorm Ruin“: „Man macht immer die Steuern dafür verantwortlich, dass die Vereine beinahe ‚aufgefressen‘ werden. Das stimmt zu einem großen Teil. Doch die Steuerbehörden lassen hier und dort mit sich reden, sie verzichten, wenn sie die Notwendigkeit einsehen, auf einen Teil der steuerlich abzuführenden Gelder, falls sie zweckgebunden von den Vereinen ausgegeben werden. Nun sagen die Steuerbehörden (wenigstens in Hamburg taten sie das): Unser Verzicht gilt nur, wenn auch die Verbände einsichtiger werden und bescheiden sind. Und in Hamburg verlangen der Hamburger und Norddeutsche Fußball-Verband zusammen fünf Prozent, der Sportaufbau außerdem noch zehn Prozent Abgaben. Womit das zu rechtfertigen ist, wissen im Zeitalter des Fußball-Totos, der dem Sport zu bedeutenden Summen verhilft, sicherlich nur diejenigen, die sich gerne mit dicken Verbandseinnahmen brüsten. Ist es nicht ein unglaubliches Verlangen, dass der Hamburger Fußball-Verband von jedem Privatspiel eines Hamburger Klubs seine fünf Prozent Abgaben allein beansprucht? Es wird Zeit, dass der Oberliga-Bankrott auch von der Verbandsseite verhindert wird. Die Oberliga ist nicht dazu da, um die vier Verbände in Norddeutschland (und das geschieht sowohl in Hamburg wie in Niedersachsen, Bremen und Schleswig-Holstein) zu mehr als 80 Prozent allein zu finanzieren.“ Das Konkurrenzblatt „Kicker“ machte sich darüber hinaus Sorgen um die Leichtathletik- bzw. Jugendabteilungen der Oberligisten, die als „Zuschussgeschäfte“ vom Vertragsfußball finanziert würden und nun zunehmend in Gefahr gerieten.

1951/52: Das Saarland kehrt zurück

Zur Spielzeit 1951/52 gab es weitere Verbesserungen im Ligasystem: Zunächst kehrten die saarländischen Vereine aus ihrer als „Sackgasse“ empfundenen Eigenständigkeit in das bundesdeutsche Ligasystem zurück (der 1. FC Saarbrücken und Borussia Neunkirchen wurden in die Oberliga Südwest aufgenommen), dann richtete man auch im Südwesten eine einstaffelige 2. Division ein. Damit spielte lediglich Norddeutschland auf zweithöchster Ebene noch in Amateurligen (fünf Staffeln: Schleswig-Holstein, Hamburg, Bremen, Niedersachsen-West, Niedersachsen-Ost). Am 1. März 1952 war vom NFV-Beirat zwar ebenfalls grünes Licht für eine 2. Liga erteilt worden, und es lagen auch bereits 15 Anmeldungen vor. Doch nachdem die niedersächsischen Klubs einen Rückzieher gemacht hatten, war die Einrichtung wieder abgeblasen worden. Viele Vereine waren verunsichert, da der Vertragsfußball bereits diverse Zweitligisten in die Schulden getrieben hatte. Insbesondere in Westdeutschland waren Klubs wie TSV Detmold, Sportfreunde Wanne-Eickel oder VfL Köln 99 völlig überfordert. Selbst Fusionen und/oder Spielgemeinschaften halfen nicht, die Probleme zu überwinden. Zur Saison 1952/53 wurde daher die Zusammenfassung der beiden West-Staffeln beschlossen, um die Zahl der Zweitliga-Vertragsspielerklubs um die Hälfte zu reduzieren.

Dass Geld im Fußball eine immer größere Rolle spielte, bewies auch ein am 28. März 1952 vom Nordwestdeutschen Rundfunk ausgestrahltes satirisches Hörspiel, bei dem vom Schicksal eines kurz vor dem Aufstieg in die Oberliga stehenden Klubs berichtet wurde. Da war die Rede von betrunkenen Stürmern, die am Morgen vor einem wichtigen Aufstiegsspiel in fremden Betten aufwachten, korrupten Funktionären und einem Jugendspielwart, der angesichts des Tohuwabohus einem Herzschlag erlag. Die Vereine waren empört. Namentlich der Hamburger SV konnte darüber ganz und gar nicht schmunzeln und erteilte dem NWDR sogar Stadionverbot.

Die Spielzeit 1951/52 wurde zur Saison des 1. FC Saarbrücken. Die Saarländer hatten drei Spielzeiten lang keine Ligaspiele ausgetragen und die Zeit mit attraktiven Freundschaftsspielen bzw. ausgiebigen Gastspielreisen überbrückt. Die dabei gewonnene Spielstärke bekam zunächst der amtierende Deutsche Meister 1. FC Kaiserslautern zu spüren, der den Saarländern in der Oberliga Südwest den Vortritt lassen musste. In der Endrunde um die Deutsche Meisterschaft gelang es dann weder dem 1. FC Nürnberg, noch dem Hamburger SV bzw. Schalke 04, den FCS zu stoppen. Im Finale traf das Team um Herbert Binkert auf den VfB Stuttgart, der sich in Gruppe II gegen Geheimfavorit Rot-Weiß Essen durchgesetzt hatte. Aufgrund der süd-/südwestdeutschen Paarung wurde das Finale im neu erbauten Ludwigshafener Südweststadion ausgetragen, wo 84.000 Fans vor allem dem 1. FC Saarbrücken die Daumen drückten. Vergeblich. Zwar gingen die Saarländer nach einer Viertelstunde durch Schreiner in Führung, schon zum Seitenwechsel führte der VfB Stuttgart jedoch mit 2:1. Nach zwischenzeitlichem Ausgleich durch Martin (54.) sorgte Baitinger 17 Minuten vor Schluss schließlich für den 3:2-Endstand. Zum zweiten Mal nach 1950 war der VfB Stuttgart Deutscher Meister.

Deutscher Meister 1952: VfB Stuttgart

Beim DFB sorgte das Ergebnis für Erleichterung. Immerhin gehörte das Saarland politisch gar nicht zur Bundesrepublik, und ein „Deutscher Meister“ 1. FC Saarbrücken hätte durchaus zu diplomatischen Komplikationen führen können.

1952/53: „Geheimnisvolles Fenster in Ihrer Wohnung"

Inzwischen schauten beim Fußball auch die ersten Fernsehkameras zu. Im August 1952 meldete der „Spiegel": „Derartige Übertragungen versprechen die Attraktion des Programms zu werden, denn hier hat das Fernsehen Dokumentarkraft: Es lässt den Zuschauer ein Ereignis miterleben und nicht – wie im Film – nacherleben." Im Rahmen einer „Versuchs-Sendung" hatte der Nordwestdeutsche Rundfunk (NWDR) ein Kamerateam zum Spiel zwischen dem Hamburger SV und Altona 93 geschickt und sendete Oberliga-Atmosphäre in jenes „neue geheimnisvolle Fenster in Ihrer Wohnung, das Fenster in die Welt ist" (O-Ton aus der Werbung). Es waren allerdings nur eine Hand voll Haushalte, in denen bereits ein TV-Gerät stand. „Noch brauchen die Vereinskassierer keine Angst zu haben, denn es war nur eine Versuchs-Sendung", beschwichtigte der „Kicker" die eher skeptischen Vereinsbosse. TV-Übertragungen blieben zunächst die Ausnahme, zumal der Verkauf von TV-Geräten deutlich unter den Erwartungen blieb. Allerdings sollte es ein Fußballereignis sein, das ihn kräftig ankurbelte: die WM 1954 in der Schweiz.[11]

Die Mannschaft der Saison war zweifelsohne der 1. FC Kaiserslautern. Das Kollektiv um Übervater Fritz Walter, der Spielmacher, Torjäger, Trainer und „Seelsorger" der Roten Teufel zugleich war, stand auf dem Zenit seines Könnens und erreichte in dreißig Oberligaspielen ein Torverhältnis von 127:31. Fritz Walter traf alleine 38-mal ins Schwarze und damit häufiger als die gesamte Mannschaft von Südwestabsteiger Hassia Bingen, der lediglich auf 32 Saisontore kam. Kaiserslautern war unwiderstehlich und verkraftete selbst den wochenlangen Ausfall von Ottmar Walter. Auch in der Endrunde waren die Roten Teufel nicht zu stoppen. Eintracht Frankfurt, der 1. FC Köln und Holstein Kiel waren chancenlos, zumal neben Ottmar Walter auch der ebenfalls lange verletzte Werner Liebrich wieder zur Verfügung stand. Lauterns Geheimnis war der Teamgeist. In allerbester Sepp-Herberger-Manier spielten die Roten Teufel unter dem Motto „Elf Freunde sollt ihr sein" und strahlten eine entsprechende Aura aus.

Zugleich waren die Pfälzer einer der letzten Vertreter dieser aussterbenden Spezies, denn in vielen Klubs hatte sich längst die Erkenntnis breit gemacht, dass Fußballvereine im Grunde genommen wie Wirtschaftsunternehmen geführt werden müssten und Spieler statt mit Teamgeist besser mit „Honoraren" motiviert werden könnten. Paradebeispiel für diesen neuen Typus war Westvizemeister 1. FC Köln, 1948 entstanden durch Fusion zwischen dem KBC und Sülz 07 und unter der Vorstandschaft von Franz Kremer auf dem Weg zu einem „modernen Verein".

Finalgegner der Walter-Elf war aber Titelverteidiger VfB Stuttgart, der sich dank des hauchdünn besseren Torquotienten gegenüber Borussia Dortmund durchgesetzt hatte. Einmal mehr enttäuschend war der Hamburger SV aufgetreten. Drei Punkte in sechs Spielen – der norddeutsche Abonnementsmeister ließ den Leistungsrückstand des Nordens gegenüber Süd- und Westdeutschland erneut erschreckend deutlich werden. Norddeutschlands Vizemeister Holstein Kiel erging es noch schlechter: Lediglich

Premiere in Hamburg: TV-Kameras beobachten das Spielgeschehen zwischen HSV und Altona 93.

einen Punkt ergatterten die Störche um ihren überragenden Keeper Henry Peper und landeten abgeschlagen auf dem letzten Platz.

Das Finale wurde abermals im Berliner Olympiastadion ausgetragen, wo am 21. Juni 80.000 Fans zuschauten. Vier Tage zuvor hatte der Volksaufstand in der DDR die vage Hoffnung, 1953/54 womöglich einen „Gesamtdeutschen Meister“ ermitteln zu können, zerstört. Am 3. März 1953 hatten der Deutsche Sportbund der Bundesrepublik und der Deutsche Sportausschuss der DDR noch optimistisch die „Durchführung einer Deutschen Fußballmeisterschaft“ verkündet. Doch dann kam der 17. Juni 1953, und unter dem Kettenrasseln der Sowjetpanzer wurde auch dieses Projekt begraben.

Stuttgarts Coach Wurzer musste im Finale Linksaußen Karl Barufka durch Roland Wehrle ersetzen, womit die berüchtigte schwäbische Sturmachse Barufka/Schlienz schon vor Spielbeginn gesprengt war. Geleitet wurde das Finale vom erst 25-jährigen Günter Ternieden, der seine Sache großartig machte. Allerdings verbrachte er auch einen geruhsamen Nachmittag, denn beide Teams spielten äußerst fair. Weil Kaiserslautern seine überragende Saisonform bis ins Finale gerettet hatte, geriet der 4:1-Sieg der Roten Teufel niemals in Gefahr. „Stuttgart hat verloren, weil es keinen Fritz Walter hatte“, brachte der auf der Tribüne sitzende Schalker Coach Fritz Szepan die Ereignisse exakt auf den Punkt.

Deutscher Meister 1953: 1. FC Kaiserslautern

Zwei Monate zuvor hatten 40.000 Fans im Düsseldorfer Rheinstadion der Neuauflage des Vereinspokals beigewohnt. Im Januar 1952 hatte der DFB beschlossen, den 1944 kriegsbedingt eingestellten Vereinspokal wieder aufleben zu lassen. Zunächst wurde in jedem Regionalverband auf Kreis- bzw. Bezirksebene gespielt, die Vertragsspielervereine griffen im Mai erstmals ein. Ab August 1952 – der Pokalverlauf war entgegen der einstigen Gepflogenheit nicht von Januar bis Dezember terminiert, sondern dem gewöhnlichen Saisonverlauf angepasst – standen dann die Hauptrunden auf

Bundesebene an. Der Auftaktwettbewerb wurde zu einem westdeutschen Triumph. Im Finale standen sich Rot-Weiß Essen und Alemannia Aachen gegenüber. Essen setzte sich verdient mit 2:1 durch und erhielt nach Schlusspfiff von Alfred Ries, einst Kapitän des letzten Pokalsiegers Vienna Wien, die Trophäe in die Hand gedrückt.

Im Zentrum der Diskussionen stand in jenen Tagen aber die Fußball-Bundesliga, deren Einführung immer vehementer gefordert wurde. Im Oktober 1952 mahnte beispielsweise der in der Bundesligafrage höchst engagierte „Kicker" dringend die schnelle Gründung an und präsentierte ein entsprechendes Modell. „Aus der jetzigen Massenliga von über 70 Mannschaften (!) lässt sich keine Spitzenklasse und damit keine hochklassige Nationalelf entwickeln. Die Bundesliga muss kommen. Darüber sind sich alle klar. Zugegeben, dass die hier empfohlene Schnelloperation schmerzlich ist, sie verhindert aber, dass die krankhafte Wucherung der leistungszersetzenden Mittelmäßigkeit die deutsche Spitzenklasse erstickt. Alle Länder haben Nationalligen. Warum Deutschland nicht?[12] Nur weil die zurzeit schwächeren Oberliga-Mannschaften aus begreiflicher Sorge, nicht zur Bundesliga aufzusteigen, den Fortschritt aufhalten wollen? (...) Um jedoch den Schritt nicht zu grausam ziehen zu müssen – zumal er trotz aller unbestreitbaren Schwierigkeiten schon für die nächste Saison erwogen werden sollte – empfiehlt es sich vielleicht, zunächst in drei Gruppen zu spielen. Aus jeder Oberliga stiegen dann, durchschnittlich, je sechs Mannschaften, also 30 Vereine auf, wobei Berlin und Südwest zugunsten der stärkeren Süd, West und Nord etwas knapper zu halten wären. Diese 30 Vereine ermitteln 1953/54 eine Bundesliga von 15 oder 18 Mannschaften, die dann 1954 in einer Gruppe die deutsche Spitzenklasse repräsentieren, wie es in allen anderen Ländern gehalten wird."[13]

Wie schon Anfang der 1930er Jahre hatte sich Westdeutschland als Sprecher der Befürworter einer landesweiten Spielklasse herausgeschält. Im westdeutschen Verbandsgebiet gab es eine ungewöhnliche Dichte an Spitzenteams, wodurch dem WFV eine besondere Fürsorgepflicht zukam. Bereits 1951 hatte sich der WFV für die Einführung des Vollprofis mit Beginn der Saison 1953/54 ausgesprochen, war mit einem solchen Antrag jedoch bei zwei DFB-Bundestagen gescheitert. Inhaltlich hatte sich im Vergleich zur Diskussion Anfang der 1930er Jahre kaum etwas verändert: Noch immer standen sich die Regionalverbände konträr gegenüber, verteidigten vornehmlich ihr eigenes Verbandsgebiet und weigerten sich, so etwas wie eine „bundesdeutsche Position" einzunehmen.

Der DFB verhielt sich, wie schon vor 1933, wenig progressiv. Wie gewohnt wurde die „Sauberkeit des Sports" betont, und die Verfechter des reinen Amateursports dominierten die Debatten. Zugleich wusste man aber, dass die Entwicklung nicht aufgehalten werden konnte. Am 27. Oktober 1951 beauftragte die DFB-Führung daher den Vertragsspieler-Ausschuss, bis zum 1. März 1952 ein Gutachten über die bisherige Entwicklung in den Oberligen zu erstellen, und stellte fest: „Wie bei jedem Leistungssport, so muss auch beim Fußballsport mit einem kommenden Berufssport gerechnet werden. Der DFB ist bereit und verpflichtet, einen kommenden Professionalismus in seine Organisationen einzuschließen. Es soll dabei auch erreicht werden, den Vereinen unter allen Umständen ihre Gemeinnützigkeit zu erhalten. Der DFB wird mit allen Kräften verhindern, dass ein kommender Berufsfußball von sportfremden, geschäftstüchtigen Managern organisiert wird."[14] Der „Kicker" zitierte derweil einen „maßgebenden Mann vom DFB" mit den Worten, der Fußballbund würde sich vor allem davor fürchten, dass „die Vertragsspieler einen eigenen Verband gründen und die großen Toto-Gesellschaften mit ihnen allein Verträge wegen der prozentualen Abgaben machen würden".[15] Dennoch wurde der auf dem DFB-Bundestag am 4. Juli 1953 in Frankfurt von Westdeutschland eingebrachte Antrag, die Bundesliga zunächst in zwei Gruppen (Süd/Südwest und West/Nord) mit laut „Kicker" „fast allen Stimmen (eine Enthaltung) gegen die 27 Stimmen des Westens abgelehnt". Selbst die westdeutsche Drohung, aus dem „DFB auszubrechen und den Professionalismus allein in seinem Gebiet durchzuführen", hatte die Bundesligagegner nicht beeindrucken können. „Kicker": „Paul Flierl (Fürth) erklärte, dass im Westen durch die größere Bevölkerungsdichte andere und günstigere Voraussetzungen gegeben seien als im Süden und den übrigen Regionalgebieten. Im Süden habe man 50 Jahre lang in der bisherigen Form gespielt und sich wohlgefühlt.[16] Man sei nicht bereit, einen Sprung ins Ungewisse zu machen. Dr. Keller (Frankfurt) meinte, wenn schon bei dem gegenwärtigen Spielsystem durch das Vertragsspielertum keine absolute Sauberkeit im Sport zu erzielen sei, dann erst recht nicht durch die Schaffung einer Bundesliga. Man möge die Entwicklung um das Vertragsspielerwesen natürlich voranschreiten lassen und dann reformieren, wenn es notwendig sei."

Auf demselben Bundestag wurde verkündet, der DFB habe bei den Spielen um die Deutsche Fußballmeisterschaft 1953 einen Überschuss von etwa 300.000 DM erzielt und das Geschäftsjahr mit einem Gewinn von 81.770 DM abgeschlossen, während die Mitgliederzahl um 63.653 auf 1.607.624 gestiegen sei. Offenbar hatte der Verband also keinerlei Probleme damit, seine Kassen von den Vertragsspielern füllen zu lassen, verweigerte jenen aber zugleich das Recht, dies als Profi zu tun. Darüber hinaus maßte er sich sogar an, die letzte moralische Instanz in Sachen „Sauberkeit im Fußball" zu sein. Das erfuhren beispielsweise Horst Buhtz (VfB Mühlburg) und Karl-Heinz Spikowski (Bayer Leverkusen), die 1953 zum italienischen Profiklub AC Turin wechseln wollten. Der DFB, der darauf beharrte, bei Spielerwechsel ins Ausland das „letzte Wort" zu haben, verweigerte den Spielern zunächst die Freigabe und gab erst auf politische Interventionen nach. Horst Buhtz[17] wurde anschließend trotz großartiger Leistungen nie in die Nationalelf berufen – mit „Söldnern" wollte der DFB nichts zu tun haben.

Resultat waren schwarze Kassen und undurchsichtiges Finanzgebaren bei diversen Klubs, die sich im Werben um das knappe Gut „Spitzenfußballer" zahlreiche Tricks und Auswege einfallen ließen. Das entging natürlich auch den zuständigen Behörden nicht. Im Juli 1953 untersuchten beispielsweise einige Finanzämter im Rahmen einer Großfahndung die Kassenbücher diverser Westklubs (u.a. Borussia Dortmund, Preußen Münster, Schalke 04 und STV Horst-Emscher), weil Gerüchte über illegale Handgelder und ähnliche „buchfremde Zuwendungen" vorlagen. Sollte dies zutreffen, wären die

Spieler der Stunde ■ Horst Buhtz

Schon 1951 hätte Horst Buhtz, in Magdeburg geborener Halbstürmer, ins Ausland wechseln können. „Ich hatte ein Angebot des FC Barcelona, der mir 100.000 DM netto pro Jahr bot. Ein Haufen Geld. Aber ich habe abgelehnt, weil ich noch auf die Nationalmannschaft hoffte." Im Adlertrikot stand Buhtz jedoch mit Fritz Walter ein Mann vor der Nase, an dem es kein Vorbei gab. 1952 lagen dem seinerzeit für KSC-Vorläufer VfB Mühlburg spielenden Halbstürmer dann gleich zwei Angebote vor: vom AC Mailand und vom AC Turin. Diesmal handelte er. „Ich entschied mich schließlich für den AC Turin, der damals große Anstrengungen machte, wieder eine große Mannschaft aufzubauen, nachdem er 1949 beim schrecklichen Flugzeugabsturz eine ganz hervorragende Mannschaft verloren hatte." Buhtz musste den Wechsel nicht bereuen. „Als Handgeld bekam ich 75.000 Mark netto, und das monatliche Salär, die Prämien sowie freies Wohnen machten pro Jahr 150.000 Mark aus." In einer Zeit, in der ein Büroangestellter monatlich zwischen 300 und 500 DM nach Hause brachte, eine unvorstellbare Summe. Buhtz gefiel es aber auch aus anderen Gründen in Italien: „Die Sachkunde der italienischen Zuschauer ist viel größer als hier (in der Bundesrepublik, d. Verf.), und daher rührt auch, dass sie mehr Achtung vor den Leistungen der Spieler haben."

zwischen DFB und Finanzämtern vereinbarten Pauschalsteuersätze für den Vertragsspieler null und nichtig gewesen, womit abermals die Gefahr des Verlusts der Gemeinnützigkeit bestand. „Das beweist, dass der Vollprofi schon heute innerhalb des Vertragsspielertums eine feststehende Tatsache ist",[18] kommentierte der „Kicker" trocken.

In dieselbe Kerbe schlug „Kicker"-Kolumnist Heinz Kron, der sich allerdings auch eine gewisse Form von Sozialromantik bewahrte: „Wieviel ‚Fälle' würden unmöglich sein, wieviel Korruption würde verhindert! Die Dunkelmänner mit den Handgeldern und den großen Limousinen hätten zum großen Teil ihre Rollen ausgespielt. Es wäre ein Anfang gemacht, den Augiasstall auszumisten. Wer dann noch einmal einen Blick hinter die Kulissen werfen könnte, würde weniger Abscheu vor der Entwicklung im deutschen Fußball haben. Und wenn man dann noch die Klausel bei Spielerwechsel einflechten würde, dass bei alljährlichem Vereinswechsel eine Sperre von drei Monaten fällig ist, dann würde langsam aber sicher Dortmund wieder mit Dortmundern, München wieder mit Münchnern, Hamburg wieder mit Hamburgern und Nürnberg-Fürth wieder mit Nürnberg-Fürther Leuten spielen."

Verstärkt wurde die Diskussion durch die mittlerweile höchst angespannte Finanzlage bei einigen mittelklassigen Oberligisten. Die Trennung zwischen leistungs- und finanzstarken Klubs, die sich ihre Mannschaften regelrecht zusammenkauften, sowie den mit eher bescheidenen Mitteln ausgestatteten Vereinen, die auf den eigenen Nachwuchs setzten und alljährlich ihre Spitzenkräfte an die „Großen" abgeben mussten, war zunehmend größer geworden. Darüber hinaus flossen auch die Toto-Zuschüsse nach Einführung des Zahlenlottos nicht mehr so üppig wie bisher.

Die Berufsspieler- bzw. Bundesligafrage war aber nicht das einzige Problem, das der DFB seinen Spitzenvereinen bereitete. Da war zudem die 1953 vom DFB-Beirat eingeführte „Sechs-Spieler-Klausel", nach der ein Verein in den beiden Spielzeiten 1953/54 und 1954/55 insgesamt nicht mehr als sechs neue Spieler verpflichten durfte. Ausnahmen gab es allenfalls, wenn ein Akteur in die Sportinvalidität musste. Damit sollte dem systematischen Zusammenkaufen einer Mannschaft à la Preußen Münster ein Riegel vorgeschoben werden.

1953/54: Das Wunder von Bern

Die Saison 1953/54 stand im Zeichen der Fußball-Weltmeisterschaft in der Schweiz. Erstmals seit 1938 nahm Deutschland wieder an dem Weltturnier teil und sicherte sich bekanntlich mit einem 3:2 über die als unbezwingbar geltenden Ungarn sensationell den Titel. Dieser bis dahin (und im Grunde genommen trotz der Titelgewinne von 1974 und 1990 auch bis heute) größte Triumph des deutschen Fußballs löste eine noch nie erlebte Euphorie aus, die alle gesellschaftlichen Bereiche erfasste. Die Heimkehr der „Helden von Bern" war ein einziger Jubelzug, eine erleichterte „Wir-sind-wieder-wer"-Stimmung überkam die Nachkriegs-Deutschen, und nicht wenige Historiker bezeichnen den 4. Juli 1954 ernsthaft als die „wahre Geburtsstunde der Bundesrepublik Deutschland".

In der Tat waren die 90 Minuten von Bern weitaus mehr als ein profanes Fußballspiel. Die Art und Weise, wie die Mannschaft um Kapitän Fritz Walter in der Schweiz auftrat, kittete vieles von dem während der Hitler-Zeit zerschlagenen Porzellan und lieferte einen bemerkenswerten Beitrag zur Wiederherstellung des internationalen Rufes Deutschlands. Fair, bescheiden und kampfstark – das waren die Attribute, mit denen Herberger seine Mannschaft ins WM-Rennen geschickt hatte. In der Heimat löste ihr Auftritt ein schier unglaubliches Interesse aus. Nahezu das gesamte Volk hatte am 4. Juli entweder vor dem Radio oder aber vor einem der Schaufenster, in denen das Spiel live via TV gezeigt wurde, ausgeharrt und „Daumen gehalten", wie Rundfunkreporter Herbert Zimmermann es in seiner legendären Reportage auch von den „Fußball-Laien" gefordert hatte. Ausgerechnet DFB-Präsident Peco Bauwens brach jedoch die Etikette und schwang sich zu einer Lobesrede auf, die besser in die düsteren Jahre des „tausendjährigen Reiches" gepasst hätte. Bauwens nationalistisches Geschwafel ging sogar dem Bayerischen Rundfunk zu weit – er brach die Übertragung der Siegesfeier ab.

Der 4. Juli 1954 war der Höhepunkt der fußballerischen Nachkriegsentwicklung in Deutschland – und zugleich der Wendepunkt, ein Ende der Bescheidenheit. Nun schaute man nicht mehr ehrfürchtig auf andere Fußballnationen, nun war man selbst wieder ein „Großer", der zeigte, wo es lang ging. National beschleunigte der Sieg von Bern den bereits begonnenen Wandel des „Sports" Fußball zum „Wirtschaftszweig" Fußball. Das 3:2 von Bern ließ Fußball binnen 90 Minuten so tief wie nie zuvor in sämtliche gesellschaftlichen Bereiche eindringen und löste eine landesweite Identifikation

Die Helden von Bern (von links): F. Walter, T. Turek, Eckel, Rahn, O. Walter, Liebrich, Posipal, Schäfer, Kohlmeyer, Mai, Morlock.

Begeisterter Empfang für die Weltmeister auf dem Münchner Marienplatz.

Spieler der Stunde ■ Fritz Walter
Bescheidenheit war in Zeiten des Wirtschaftswunders ein inflationär gebrauchtes Attribut in Deutschland. Das schien angesichts der Gepflogenheiten in der Nazizeit, als Bescheidenheit dumpfem und anmaßendem Wahn hatte weichen müssen, ein geradezu logischer Prozess gewesen zu sein. Einer, der sowohl in den düsteren Nazijahren als auch in den von Aufbruchstimmung geprägten 1950er Jahren tatsächlich durch Bescheidenheit auffiel, war Fritz Walter. Dabei hatte ausgerechnet er durchaus das Recht, sich ein klein wenig aus dem Fenster zu lehnen und mit seinen reichlich gewonnenen Titeln zu protzen. Doch Walter blieb zeit seiner Karriere so bodenständig wie in jenen Tagen, in denen er noch als einfacher Fußballer beim 1. FC Kaiserslautern die Erfolgsleiter erklommen hatte. Es ist dieser einzigartige Charakterzug, der Fritz Walter bis heute zum wohl bedeutendsten Fußball-Denkmal der deutschen Fußballgeschichte macht und ihn selbst über eine Lichtgestalt wie Franz Beckenbauer stellt. Mit Fritz Walter konnte sich jeder identifizieren. Der kleine Mann auf der Straße, weil Walter doch so zum Anfassen war. Die kleine Frau auf der Straße, weil sie von einem solchen Mann voller Bescheidenheit, Verlässlichkeit und Ehrlichkeit träumte. Walters herausragende fußballerische Fähigkeiten – seinen Zenit erreichte er mit grandiosen Auftritten bei der WM 1954 – trugen elementar dazu bei, dass Deutschlands Fußball wieder auf die Beine kam. Sein Wirken, seine Ausstrahlung und seine Art jedoch halfen Deutschland, wieder auf die Beine zu kommen und den düsteren Schatten des „Dritten Reiches" ein wenig abzuschütteln. Historisch sind beide Leistungen.

mit dem Fußball aus. Egal, ob Arbeiter, Angestellte, Intellektuelle, Rechte oder Linke – plötzlich waren alle Fußballfans. Das löste ein Engagement sowohl bei der Wirtschaft als auch bei Einzelpersonen aus, die sich zunehmend im Spitzenfußball engagierten. Der Marktwert der bekanntesten Spieler schnellte rasant nach oben und veränderte die Mentalität im Spitzenfußball, wo „Geld" nun allmählich wichtiger wurde. Ausgerechnet mit Herbergers Team der „elf Freunde" ging folglich die Epoche der „elf Freunde" unwiderruflich zu Ende.

Dass Deutschland in der Schweiz triumphieren würde, hatte am 23. Mai – rund sechs Wochen vor dem „Wunder von Bern" – wohl niemand geglaubt. An jenem Tag fertigte die ohne einen einzigen Nationalspieler auftretende Elf von Hannover 96 im Finale um die Deutsche Meisterschaft die mit Nationalspielern gespickten Roten Teufel aus Kaiserslautern sensationell mit 5:1 ab und ließ ernsthafte Zweifel aufkommen, ob die Herberger-Schützlinge in der Schweiz auch nur einen einzigen Zähler würden erringen können. Hannover 96, das wie bei seiner ersten Deutschen Meisterschaft 1938 über ein zwar kampfstarkes, spielerisch aber eher bescheidenes Team verfügte, hatte die Pfälzer nach allen Regeln der Kunst düpiert und sich die Meisterschale gesichert. Wütend forderten die Medien anschließenden Bundestrainer Herberger auf, die müden Lauterer daheim zu lassen und stattdessen Hannoveraner mit in die Schweiz zu nehmen. Vergebens – der „Alte" blieb wie immer stur und behielt Recht.

Deutscher Meister 1954: Hannover 96

DM-Endspiel 1954: Kaiserslauterns Torwart Hölz rettet vor dem heranstürmenden Hannoveraner Zielinski. Der spätere WM-Held Liebrich schaut zu.

Um die Nationalspieler angemessen auf das WM-Turnier vorzubereiten, war der Endrundenmodus ausnahmsweise verändert worden. Lediglich die fünf Oberligameister sowie der Vizemeister aus dem Süden waren zugelassen und hatten um den Einzug ins Finale gestritten. Thema der Saison war zunächst die Krise des Hamburger SV. Im Februar 1954 hatten sich die Rothosen von Arminia Hannover mit sage und schreibe 2:10 demontieren lassen, und einen Monat später erschien der „Sport" nach der 0:2-Pleite gegen Werder Bremen mit der erschreckenden Schlagzeile: „HSV gerät in den Abstiegsstrudel". Der „seelenlose Haufen" („Sport") litt allerdings unter internen Turbulenzen, denn nach einem „unerlaubten finanziellen Angebot" an den beim Amateurklub ATSV Bremen 1860 spielenden Torjäger Willy Schröder waren den Hamburgern vier Punkte abgezogen worden. Hannover 96 hatte die Gunst der Stunde genutzt und sich Platz 1 im Norden gesichert – es sollte das einzige Mal bis 1963 sein, dass der HSV nicht Nordmeister wurde.

1954 bis 1963

Wann kommt die Bundesliga?

1954/55: Rot-Weiß Essen eröffnet die Jahre des Westens

Mit dem Gewinn der Weltmeisterschaft im Rücken hob der Fußball 1954/55 zu einem neuerlichen Höhenflug an. Es begann jene Phase, von der die „Alten" heute immer mit leuchtenden Augen schwärmen und die in unzähligen Vereinsbiografien als die „aufregendste" und erfolgreichste Zeit verewigt ist. Als hätte der Sieg von Bern die letzten Barrieren beiseite geräumt, strömte die Jugend nun in die Fußballvereine, waren die Tribünen selbst bei Kreisligaspielen gerappelt voll und galt Straßenfußball als Gebot der Stunde. Jeder Junge eiferte seinen Vorbildern nach – sei es nun dem bescheidenen und verlässlichen Fritz Walter, dem aufbrausenden und unberechenbaren Helmut Rahn oder dem „göttlichen" Toni Turek. Nie zuvor war die Identifikation der Bevölkerung mit ihren Fußball spielenden Helden derart umfassend wie in jenen Jahren.

Die Euphorie wurde allerdings überschattet von der schier endlosen Diskussion um die Fußball-Bundesliga. Die Entscheidungsträger schienen auf der Stelle zu treten. Mit dem WM-Titel im Rücken forderte Bundestrainer Sepp Herberger vehement ihre rasche Einführung, wohl wissend, dass der Sprung in die Weltelite der Kickkunst ansonsten nur vorübergehend sein würde. Im Gegensatz zu den meisten Funktionären, die der „alten Schule" entstammten und immer wieder schwärmerisch auf jene Zeiten verwiesen, in denen sie die Tore noch zum Platz getragen hatten („wir waren echte Idealisten"), wusste Herberger, wovon er sprach: Er war in den 1920er Jahren schließlich selbst des Profitums überführt und gesperrt worden.

Zugleich brachte die Boomphase einige Klubs hervor, die bis dahin in der Versenkung gesteckt hatten. Bremerhaven 93 beispielsweise wurde überraschend Norddeutscher Vizemeister hinter dem HSV, der mit seiner radikal verjüngten Elf um Jungnationalspieler Uwe Seeler die Krise überwunden hatte. Die von „Zapf" Gebhardt betreuten Nordseestädter lösten in ihrer Heimat eine nie erlebte Fußballeuphorie aus und konnten durchschnittlich 8.000 Fans auf ihrem engen und gefürchteten Zollinlandplatz begrüßen. Zur Endrunde mussten sie allerdings ins ungleich größere Bremer Weserstadion ausweichen. Überraschungsklub Nummer zwei war der Herner Vorortverein SV Sodingen, der hinter Rot-Weiß Essen westdeutscher Vizemeister wurde. Die Sodinger waren der Inbegriff der Bergmannself und sollten sich zu einem der faszinierendsten Klubs der deutschen Fußballgeschichte aufschwingen.

Mannschaft der Stunde ■ SV Sodingen

SV Sodingen – das steht für jenen „Geist im Fußball", der heutzutage immer wieder herhalten muss, um die „gute alte Zeit" zu beschwören. Eine Zeit, in der Gemeinschaftssinn, Zusammenhalt und gegenseitige Verlässlichkeit noch größer geschrieben wurden als Selbstdarstellung und übertriebener Starkult. Die Sodinger Kicker – selbst „Stars" wie Konopczinski, Adamik, Harpers oder WM-Teilnehmer Cieslaczyk – waren zum Anfassen. Sie kamen aus dem Volk, lebten im Volk und waren wie das Volk. Nicht so wie die Amorosos oder Möllers von heute, zu denen man ehrfürchtig aufschaut, die neben Fußball auch immer ein Stück Theater spielen und die vom Volk so weit entfernt sind wie Wanne-Eickel vom Mond. Unnahbar sein, das hätte sich „damals" in Sodingen keiner getraut.

Das „Wunder Sodingen" ist verhältnismäßig leicht zu greifen, da es nur eine Hand voll Zutaten gab. Da wäre zum einen die Zeche Mont-Cenis, die binnen kurzem aus dem kleinen und verschlafenen Dörfchen Sodingen eine im Kohlenstaub erstickende und mit Arbeitern aus dem Osten gefüllte Ortschaft gemacht hatte, deren Einwohnerzahl von 485 (1880) auf 4.000 (1900) angeschwollen war. Angesichts des rasanten Wachstums waren Identitätsobjekte vonnöten, welche neben Kirche und Zeche ab 1912 der Sportverein Sodingen wurde. Die bäuerliche Vergangenheit verschwand binnen weniger Jahre völlig und wurde von einer gänzlich neuen Identität abgelöst, die sich durch drei Aspekte auszeichnete: das gemeinsame Arbeiten auf der Zeche, das gemeinsame Leben in der Kolonie und das gemeinsame Treiben in einem Verein. In den 1950er Jahren stand Sodingen zudem für einen tiefen Einschnitt in die deutsche Fußballgeschichte, denn die Grün-Weißen waren der letzte Vertreter jener „geschlossenen" Vorortvereine, von denen Schalke 04 die größte Karriere gemacht hat. „Nur ganz wenige Fußballmannschaften sind so eng mit der Bevölkerung ihrer Heimatstadt verbunden wie die Grün-Weißen, der Verein, das ist praktisch die ganze Sodinger Bürgerschaft", schrieb die „Herner Zeitung" 1952. Und tatsächlich – wer nicht unmittelbar aus Sodingen kam, war aus der näheren Umgebung geholt worden: Harpers und die Bothe-Brüder aus Gerthe, Nowak aus Recklinghausen, Konopczinsky aus Wetter. Sie alle malochten gemeinsam mit ihren Fans auf Mont-Cenis. Von Montag bis Samstag sah man sich in der Kaue, am Schacht oder untertage – sonntags im Stadion war man als Spieler bzw. Fan nur durch die Spielfeldabgrenzung getrennt. Folge war, dass der SV Sodingen zum Mittelpunkt des Sodinger Lebens avancierte. 1956 erreichte die Entwicklung mit der Endrundenteilnahme ihren Höhepunkt. 100.000 Zuschauer wohnten den drei Spielen der Grün-Weißen bei und verschafften dem SVS einen Platz in der Fußballhistorie.

Sodingen – das hieß „Fußball im Schatten des Pütts".

Brechend volle Fußballstadien (hier in Essen) waren Mitte der 1950er Jahre die Regel.

In der Endrunde waren die beiden Überraschungsteams allerdings chancenlos und mussten dem 1. FC Kaiserslautern bzw. Rot-Weiß Essen die Gruppensiege überlassen. Damit kam es im Finale zum brisanten Aufeinandertreffen der 1954er Weltmeister Kohlmeyer, Liebrich, Fritz Walter und Eckel auf Lauterer sowie Helmut Rahn auf Essener Seite. Der RWE ging vor 80.000 Zuschauern im zwischenzeitlich aus Kriegstrümmern erbauten Niedersachsenstadion zu Hannover zwar als Sieger vom Feld, doch das dramatische 4:3 für Rot-Weiß Essen war umstritten. „Hunderttausende diskutieren weiter: Tor? Abseits?", schlagzeilte der „Kicker", denn fünf Minuten vor Spielende hatte Schiedsrichter Meißner bei einer umstrittenen Szene auf Tor für RWE entschieden. Nach Ansicht der Lauterer sowie eines Großteils der Fans im Stadion hatte Torschütze Islacker bei seinem Kopfball jedoch deutlich im Abseits gestanden. Die Tatsachenentscheidung des Unparteiischen blieb dennoch bestehen, womit die Deutsche Meisterschaft erstmals seit 1942 wieder nach Westdeutschland ging. Noch lange nach dem Schlusspfiff waren die Roten Teufel stocksauer und verweigerten zunächst sogar Gratulationen an den Sieger. Erst gutes Zureden von Fritz Walter – ganz das große Vorbild – brachte die Pfälzer zur Besinnung.

Deutscher Meister 1955: Rot-Weiß Essen

Norddeutschland rang derweil weiter um die längst überfällige Einführung einer 2. Liga. Einmal mehr schien im Sommer 1955 alles klar zu sein, doch bei einem Treffen der potenziellen Zweitligisten stellte sich heraus, dass aus Niedersachsen lediglich Teutonia Uelzen bereit war, woraufhin das Unternehmen erneut abgesagt wurde. Für die Absteiger aus der Oberliga Nord war die Situation fatal. Statt auf Gegner wie Hamburger SV oder Werder Bremen zu treffen, mussten sie plötzlich in Hohenlockstedt, Wandsbek, Arsten, Steinfeld oder Grone auflaufen – die Einbrüche bei den Zuschauerzahlen waren enorm. Dazu kamen gewaltige Probleme bei der Umstellung vom Vertragsspielertum- auf den Amateurfußball (oder, beim Aufstieg, umgekehrt). Offiziell durfte in den Amateurligen nichts verdient werden, was in der Realität natürlich nicht funktionierte. Weit verbreitete Praxis waren daher die schwarzen Kassen. Besser hatten es die Oberligaabsteiger in West, Südwest und Süd, die von den 2. Ligen auf Vertragsspielerbasis aufgefangen wurden. Davon profitierte beispielsweise der FC Bayern München, der 1954/55 aus der Oberliga abgestiegen und 1955/56 direkt wieder aufgestiegen war.

1955-57: Zweimal Deutscher Meister in derselben Aufstellung

Borussia Dortmund hatte seit seinem 3:2-Sieg über Schalke 04 im westfälischen Finale 1947 zu den ganz Großen an Rhein und Ruhr aufgeschlossen. Der modern geführte und von der lokalen Industrie nach Kräften unterstützte Klub hatte 1949 erstmals im Finale um die Deutsche Meisterschaft gestanden, seinerzeit jedoch gegen den VfR Mannheim verloren. Inzwischen war am Borsigplatz ein neues Team zusammengekommen, das Fußballgeschichte schreiben sollte: Es wurde zweimal in Folge in exakt derselben Aufstellung Deutscher Meister. Der Vorhang für Akt 1 wurde am 24. Juni 1956 im Berliner Olympiastadion aufgezogen, als Kwiatkowski, Burgsmüller, Sandmann, Schlebrowski, Michallek, Bracht, Peters, Preißler, Kelbassa, Niepieklo und Kapitulski den Karlsruher SC mit 4:2 bezwangen und zum ersten Mal die Deutsche Meisterschaft nach Dortmund holten. Ein Jahr später war der Hamburger SV Finalgegner – und diesmal gab es sogar einen 4:1-Finalsieg. „Wir waren eine richtig eingespielte Mannschaft. Da kannte jeder jeden, und jeder wusste genau, was der andere mit dem Ball vorhatte. Man kann das vergleichen mit einer Artistengruppe beim dreifachen Salto, da weiß auch jeder genau, was kommt", lüftete Max „Spinne" Michallek später das Erfolgsgeheimnis. Der Eindruck der „elf Freunde" täuscht allerdings. Der erfolgreiche BVB baute zwar auf ausgewiesene Spitzenkönner, die auf dem Spielfeld auch tatsächlich als Kollektiv agierten, zugleich jedoch waren Burgsmüller und Co. bereits Vertreter jener „neuen" Spielergeneration, die vor allem auf Wertsteigerung ihrer eigenen Person bedacht waren. Das war insbesondere 1956/57 zu erkennen, als das Erfolgsteam bereits auseinander gebrochen war und dennoch die Meisterschaft verteidigte. Adi Preißler hatte in Münster unterschrieben, Kapitulski beim FK Pirmasens (wohin es auch Erfolgstrainer Helmut Schneider zog), und Alfred Kelbassa war drauf und dran, den Borsigplatz ebenfalls zu verlassen.

Deutscher Meister 1956: Borussia Dortmund

Allerdings war nicht nur der unbedingte Erfolgswille des Teams für den Doppeltriumph verantwortlich, sondern auch die ungewohnt professionelle Vorbereitung. Erstmals hatte sich mit dem BVB eine Mannschaft für die Endrunde in einem „Trai-

Deutscher Meister 1956 und 1957 in ein und derselben Aufstellung: Borussia Dortmund. Von links: Michallek, Schlebrowski, Sandmann, Niepieklo, Bracht, Kwiatkowski, Burgsmüller, Kelbassa, Kapitulski, Peters, Preißler.

ningslager" vorbereitet – ein absolutes Novum in einer Zeit, in der die Vertragsspieler offiziell „ordentlichen" Berufen nachgingen und demzufolge für derlei Dinge Urlaub nehmen mussten. „Dortmund, die Vertragsspielerelf mit der Profimentalität, gegen den HSV, die Vertragsspielerelf mit der Amateurmentalität", hatte die Fachpresse vor dem 1957er Finale spitzfindig den Beginn des Zeitalter des Angestelltenfußballs ausgemacht. Selbst HSV-Coach Mahlmann zeigte sich beeindruckt vom professionellen Auftritt der Westfalen. „Jeder möge uns glauben, dass wir das Beste wollten, aber diese Borussia schien überall auf dem Platz zu Hause zu sein. Schwarz-Gelb wohin man auch sah." DFB-Trainer Dettmar Cramer urteilte derweil: „Die Borussen haben in beiden Endspielen den Ball und den Gegner derart laufen lassen, dass es auf der Tribüne sogar Diskussionen darüber gab, ob das fair sei. Dabei war es gegenüber dem primitiven Wegdreschen des Balles nur technisch raffiniert, wie sie den Ball in der Mannschaft hielten. Das haben sie meisterlich beherrscht. So viel Sicherheit hatte sich die Mannschaft nur in den vielen Trainingseinheiten aneignen können." Franz Kremer, Präsident des 1. FC Köln und eigentlich Verfechter der Bundesliga auf Profibasis, unterstellte den Borussen aufgrund ihrer Trainingsintensität sogar eine Verletzung des Vertragsspieler-Statuts, derweil Friedebert Becker im „Kicker" erkannte: „Diesen Deutschen Meister können wir in die ganze Welt schicken. Er legt Ehre für uns ein."

Deutscher Meister 1957: Borussia Dortmund

Die sich verändernden Rahmenbedingungen in den Oberligen repräsentierten auch zwei weitere Teams, die inzwischen in die Spitzengruppe des deutschen Fußballs eingedrungen waren: Altmeister Schalke 04 und der Karlsruher SC. Letzterer war am 16. Oktober 1952 durch Fusion zwischen dem VfB Mühlburg und dem einstigen Deutschen Meister Phönix Karlsruhe entstanden. Hintergrund war, dass Mühlburg über eine starke Oberligavertretung, aber keinen oberligatauglichen Sportplatz verfügte, während Phönix Karlsruhe im Amateurbereich dümpelte, mit dem Wildparkstadion aber ein ausbaufähiges Areal sein eigen nannte. Das Fusionsresultat KSC war ein in jeder Hinsicht moderner Verein. Mit über 6.000 Mitgliedern war er schlagartig größter Verein der badischen Residenzstadt, wobei die für jene Tage enorme Zahl einem geschickten Schachzug zu verdanken war: Der KSC garantierte Vereinsmitgliedern nämlich freien Eintritt bei den Heimspielen der Oberligaelf! Die Stadt Karlsruhe hatte den Zusammenschluss ebenfalls begrüßt und dem neuen Klub mit einem völlig umgebauten Wildparkstadion ein passendes Geburtstagsgeschenk gemacht, das den Badensern einen spürbaren ökonomischen Vorteil verschaffte. Der wiederum hatte bei den nachfolgenden Einkaufstouren geholfen. Aus Essen holte man beispielsweise Linksaußen Termath, aus Ungarn Pal Csernai und aus Herne Werner Hesse. 1959 sollte mit der Verpflichtung von Horst Szymaniak ein weiterer Coup gelingen. Der Erfolg gab den Blau-Weißen Recht: 1955 und 1956 ging der DFB-Pokal in den Wildpark, 1956 verlor der KSC das Finale um die Deutsche Meisterschaft gegen Borussia Dortmund. Das Erreichen des Finales, zugleich der Höhepunkt der KSC-Geschichte bis zum legendären 7:0 über Valencia im November 1993, war allerdings glücklich zustande gekommen. Am letzten Endrundenspieltag hatte der KSC daheim gegen Schalke 04, das zum Finaleinzug nur noch einen Punkt benötigte, einen knappen 3:2-Sieg errungen. Da zeitgleich der 1. FC Kaiserslautern mit 5:3 gegen Hannover 96 gewonnen hatte, standen drei Teams mit ein und derselben Punktzahl auf Rang 1. Nur der hauchdünn bessere Torquotient des KSC (1,4) hatten den Badensern gegenüber Schalke (1,33) bzw. Kaiserslautern (1,23) den Vorzug gegeben.

Damit war zugleich die Hoffnung auf ein westfälisches Traumfinale zwischen Borussia Dortmund und Schalke 04 zerstört worden. In der Kampfbahn Glück-Auf war nach Jahren der Krise wieder eine wettbewerbsfähige Mannschaft herangereift, die nach der siebten Meisterschaft griff und den übermächtigen Schatten von Kuzorra und Co. endlich abschütteln wollte. Die Begeisterung um die jungen Knappen hielt sich allerdings in Grenzen – mit 16.800 Zuschauern verbuchte Schalke 04 ausgerechnet im Jahr der westdeutschen Vizemeisterschaft 1955/56 den schlechtesten Zuschauerschnitt seit 1949. Ursache war zweifelsohne die enorme Ansammlung an Spitzenklubs im Ruhrgebiet. Westfalia Herne, der SV Sodingen, der BVB, Schalke, Rot-Weiß und Schwarz-Weiß Essen, Hamborn 07 sowie der wiedererwachte Altmeister Duisburger Spielverein buhlten in einem Umkreis von knapp 80 km um die Gunst der Fans. Nie wieder sollte der Spitzenfußball im Ruhrgebiet eine derartige Dichte aufweisen, und zuweilen hieß die Oberliga West auch „Oberliga Ruhrgebiet".

Das Ruhrgebiet war auch Deutschlands Vorreiter auf internationaler Fußballbühne. Rot-Weiß Essen debütierte am 14. September 1955 im frisch aus der Taufe gehobenen Europapokal der Landesmeister, fing sich gegen den schottischen Meister Hibernians Edinburgh allerdings auf eigenem Platz eine böse 0:4-Packung ein. Bedenklich war zudem, dass das schottische Gastspiel ganze 5.000 Zuschauer anlockte – in den Oberligaspielen hatte RWE einen Schnitt von fast 15.000 Zahlenden erzielt! Sportlich besser machte es der zweite (bundes-)deutsche Teilnehmer 1. FC Saarbrücken, der als Vertreter des politisch noch immer eigenständigen Saarlandes dabei war. Die Schwarz-Blauen lieferten gegen Italiens Meister AC Mailand ein geradezu heroisches Spiel und gewannen im San-Siro-Stadion sensationell mit 4:3. Nach einer 1:4-Niederlage schieden sie im Rückspiel aber ebenfalls aus. DDR-Meister Wismut Karl-Marx-Stadt hatte sich nicht zur Teilnahme angemeldet.

Unverändert beherrschte die Diskussion um die Bundesliga bzw. den Berufsfußballer die Gemüter. Der DFB hatte zwischenzeitlich einige Modifizierungen am Vertragsspielerstatut vorgenommen. Bereits 1954 waren „Sonderzahlungen" nicht nur für die Deutsche Meisterschaft (1.000 DM), sondern auch die Vizemeisterschaft, den Gewinn des DFB-Pokals, das Erreichen der Oberliga-Meisterschaft (jeweils 500 DM), den Aufstieg in die Oberliga (250 DM) sowie das Erreichen des Pokalfinales (150 DM) erlaubt worden. 1957 wurden die Summen einiger dieser Sondergratifikationen erhöht und die Möglichkeit geschaffen, die 18-monatige Sperre im Falle der Freigabeverweigerung „in besonderen Einzelfällen" auf zwölf Monate zu verkürzen. Zugleich war allerdings bereits 1955 die Sechs-Spieler-in-zwei-Spielzeiten-Klausel insofern verschärft worden, als nun höchstens noch drei Spieler pro Saison von anderen Vereinen verpflichtet werden durften.

Bei Verstößen gegen das Vertragsspielerstatut ging der DFB mit unterschiedlicher Härte vor. Dem SV Sodingen beispielsweise wurden in der Spielzeit 1956/57 vier Punkte abgezogen, weil den Spielern Adamik, Harpers, Wächter, Edler, Konopczinski und Demsbki nach der erfolgreichen Endrunde 1955 illegale Zusatzprämien gezahlt worden waren. Angesichts von mehr als 100.000 Zuschauern, die der SV Sodingen in seinen drei Spielen hatte begrüßen können, hatte man die Spieler am finanziellen Erfolg beteiligen wollen. Zur gleichen Zeit kam der TSV München 1860 bei einem vergleichbaren Vergehen mit dem erhobenen Zeigefinger des DFB davon.

Neben seiner bedenklichen Profi-Politik, deren Folgen angesichts der gesamteuropäischen Entwicklung verschärft wurden (immer mehr deutsche Spieler folgten den Angeboten aus dem Profi-Ausland), leistete sich der DFB weitere unergründliche Entscheidungen. So verkürzte er beispielsweise die Endrunde 1957 auf drei Begegnungen pro Team und ließ zudem sämtliche Spiele auf neutralen Plätzen durchführen. Der „Kicker" sparte nicht mit Kritik und schlagzeilte am 3. Juni 1957: „Bankrott der Deutschen Meisterschaft. Statt sich endlich praktisch mit der Gesundung unseres Spielsystems zu beschäftigen, behilft man sich von Jahr zu Jahr mit Notlösungen." Nach Ansicht des Fachblattes entsprach das System einem „zweifachen Bankrott": „Einmal an den Anhängern der Endrundenmannschaften, jenen also, die dem Klub durch Hitze und Kälte, auch gegen weniger glanzvolle Gegner, die Treue hielten und denen es finanziell und zeitlich nicht möglich ist, dreimal zu reisen, zum anderen werden die Endrundenteilnehmer, die nicht ins Finale gelangen, am Schluss enttäuscht die geschäftliche Bilanz ziehen.“ Dass der „Kicker“ Recht hatte, belegt ein Blick auf die Zuschauerzahlen. Zwar waren durchschnittlich immerhin 44.230 Fans gekommen, doch das war vor allem zwei Spitzenbegegnungen zu verdanken gewesen: Der Schlager Saarbrücken hatte 70.000 nach Stuttgart gelockt, und der Partie Dortmund gegen Kaiserslautern hatten in Hannover 75.000 zugesehen. Auf der anderen Seite standen lediglich 6.000 Unentwegte, die in Essen dem Spiel Kickers Offenbach gegen Hertha BSC Berlin gefolgt waren.

Dass die Bundesligafrage noch immer auf eine Lösung harrte, bestätigte auch Hermann Neuberger, Präsident des inzwischen als Landesverband in den DFB eingetretenen Saarländischen Fußball-Verbandes, der sich als einer der vehementesten Bundesliga-Befürworter erweisen sollte und im Mai 1957 vor dem Länderspiel gegen Schottland meinte: „Auch die Schotten werden uns beweisen, dass wir ohne die Bundesliga immer mehr aus den vorderen Rängen des internationalen Wettbewerbes ausscheiden! Die anderen sind heute bereits so weit, dass wir ihnen vielleicht auch nach Einführung einer moderneren Spielordnung ohne den Berufssport nicht mehr zu folgen vermögen.“ Schottland gewann mit 3:1 und bestätigte Neubergers Aussage.

Tatsächlich schien inzwischen Bewegung in die Bundesliga-Angelegenheit gekommen zu sein. 1956 hatte der „Kicker“ die Diskussion neu angeheizt und gefordert: „Gebt Vereinen und Spielern die Möglichkeit, nach Leistung zu zahlen. Engt sie nicht durch die Fixierung von Summen ein. Lasst sie frei vereinbaren. Macht den Vertragsspieler zum echten Steuerbürger, der je nach Höhe der Summen, die er für das Fußballspielen erhält, auch Steuern entrichtet.“[1] Nach ausführlichen Gesprächen einiger „Kicker“-Redakteure mit hohen Beamten des Bonner Finanzministeriums veröffentlichte das Fachblatt schließlich eine Artikelreihe unter dem Titel „Bundesliga-Probleme sind alle lösbar“, in der die „Tendenzen des Autoriatismus“ in der DFB-Führung sowie deren „Monopol der Meinungsbildung“ angeklagt wurden. Den verantwortlichen Funktionären wurde zudem Täuschung vorgeworfen: „1. Nicht einmal die Einführung des reinen Profitums würde die Gemeinnützigkeit grundsätzlich in Frage stellen! 2. Eine Lohnsteuerpauschale wäre auch bei angehobenen Vertragsspielergehältern möglich! 3. Eine Erhöhung der Spielergehälter scheitert nicht grundsätzlich am Widerstand des Bundesfinanzministeriums!“[2]

Mutig geworden, verlangte der Westdeutsche Fußballverband daraufhin die Einberufung eines DFB-Bundestags zwecks „Neuordnung des Berufssports im Fußball“. Der DFB stimmte zähneknirschend zu, forderte aber eine modifizierte Fragestellung, da es den Berufssport im Fußball offiziell nicht gäbe. So beriet man am 29. Juli 1957 schließlich über die „Neuordnung des Deutschen Fußballs“ und schien tatsächlich den Durchbruch zu erzielen. „Die Entscheidung fiel um 12.16! Am Samstagnachmittag, 27. Juli

Moderne Vermarktungsmethoden konnten nicht darüber hinwegtäuschen, dass die Sehnsucht nach der Bundesliga groß war.

1957. In der lichtdurchfluteten, weiten Sporthalle der badischen Sportschule auf dem Turmberg bei Karlsruhe hatte das Parlament des Deutschen Fußballs mit allen Stimmen einem maßvoll formulierten und eindrucksvoll begründeten Antrag des Westdeutschen Fußballverbandes stattgegeben", berichtete der „Kicker" anschließend euphorisch. Dass dieser Jubel verfrüht war, zeigte bereits der nächste DFB-Bundestag. Dort wurde lediglich eine zwölfköpfige Kommission gebildet, die sich rasch den Ruf erwarb, eine „Kommission zur Verhinderung der Neuordnung" zu sein. Kommissionsvorsitzender Ludwig Franz beispielsweise plädierte sogar für eine weitere Aufweichung der höchsten Spielklassen und forderte zudem, die Zahl der Länderspiele zu begrenzen. Franz: „Vier mögen genügen." Der „Kicker" fürchtete daraufhin den „Rückfall in die Fußball-Steinzeit" und fragte sich, „ob wir tatsächlich im Herbst und nicht am 1. April leben".[3]

Als die Kommission im Mai 1958 ihre Ergebnisse vorlegte, wurden die alten Argumente wieder herausgekramt. Die Gemeinnützigkeit sei gefährdet, und am besten würde man mit einem „weiter so" fahren, hieß es. Lediglich eine Kommissionsminderheit plädierte für die Einführung einer Bundesliga. Der außerordentliche DFB-Bundestag am 12. April 1958 folgte der Argumentation der Kommissionsmehrheit und schloss sich zudem den Worten des Fürther Amateurverfechters Paul Flierl an, der ein Ende der ständigen Debatten „über ein paar hundert unzufriedene bezahlte Fußballspieler" gefordert hatte, um sich wichtigeren Problemen wie „Schulfußball und Jugendbetreuung" zu widmen. Fritz Weilenmann forderte daraufhin im „Kicker" verzweifelt: „Gebt den Klubs des bezahlten Fußballs endlich eine eigene Verwaltung innerhalb des DFB! Ihr hebt damit einen völlig unzeitgemäßen, nur noch in Deutschland herrschenden Zustand auf und verschafft auch die Voraussetzung dafür, dass der ‚große' Bundestag die Probleme des bezahlten Fußballs nicht mehr behandelt."[4]

1957/58: Der Altmeister kehrt zurück

1958 war WM-Jahr. Das hieß für die Endrundenteilnehmer, dass sie im Eiltempo ihre Spiele austragen mussten, damit Bundestrainer Herberger ausreichend Zeit zur Vorbereitung seines Teams hatte. Resultat waren erneut eine vereinfachte Endrunde und ein sehr früher Finaltermin: 18. Mai 1958.

Überraschungsteam der Saison war der FK Pirmasens. Trainiert vom Dortmunder Meistermacher Helmut Schneider und durch 24 Saisontreffer von Ex-BVB-Star Helmut Kapitulski zur Meisterschaft in der Oberliga Südwest geschossen, überzeugten die Schuhstädter auch in der Endrunde. Noch fehlte ihnen allerdings die Cleverness, um erfahrene Teams wie den HSV oder Nürnberg auszuschalten. Am Ende feierte der HSV den Gruppensieg und zog damit erneut ins Finale ein. Dort traf er wie 1957 auf einen westdeutschen Vertreter, der diesmal allerdings Schalke 04 hieß: Der Altmeister sollte sein Comeback am 18. Mai vor 81.000 Zuschauern im Niedersachsenstadion Hannover („Kicker": „Für Hannover zählt ein triftiger Grund: das Geld! Denn mit seinen mehr als 30.000 Sitzplätzen lässt das Niedersachsenstadion die höchsten Einnahmen aller deutschen Stadien zu.") mit einem souveränen 3:0-Sieg krönen. Mit einem Durchschnittsalter von 22 Jahren stand den Gelsenkirchenern zudem die Zukunft offen.

Deutscher Meister 1958: Schalke 04

Schalke war jedoch nicht mehr das Schalke von Szepan und Kuzorra. Trainer Frühwirth hatte den Königsblauen das Kreiseln verboten und ihnen zweckgebundenen Fußball verordnet. Im Finale spielten sich Berni Klodt und Co. dennoch in einen regelrechten Rausch und ließen den völlig überforderten Norddeutschen keine Chance. Der überragende Klodt eröffnete nach nur vier Minuten mit einem fulminanten Kopfball den Torreigen, traf nach einer knappen halben Stunde auch zum 2:0 und schickte zehn Minuten vor Schluss Manfred Kreuz auf die Reise, der HSV-Keeper Schnoor keine Chance ließ. HSV-Coach Mahlmann musste nach dem Schlusspfiff ernüchtert zugeben: „Meine Mannschaft ist noch nicht so weit, aber ihre Zeit wird kommen."

Kurz darauf erfuhr Klodt bei der WM in Schweden Trauer und Freude zugleich. Mit der Nationalelf scheiterte er im Halbfinale an Gastgeber Schweden, bekam aber zugleich die glückliche Nachricht übermittelt, dass er Vater geworden war. Die deutsche Presse erzürnte sich derweil an der organisierten Anfeuerung durch schwedische Fans, die die Herberger-Elf mit ihren „Heja, Heja"-Rufen angeblich in ihrer Konzentration gestört habe. Noch peinlicher war der Auftritt von DFB-Präsident Bauwens, der dem

Gesittet und fröhlich – das Publikum der 1950er Jahre.

abschließenden Bankett fern blieb und mitteilte: „Solange ich im DFB mitzubestimmen habe, betreten wir dieses Pflaster nicht mehr."

Hoffnungsvoll war derweil eine Annäherung zwischen Berlin und Norddeutschland, die sich im Sommer 1958 auf die Zusammenfassung ihrer Oberligastaffeln einigten. Mit Beginn der Saison 1960/61 sollte die Oberliga Nord/Berlin ihren Spielbetrieb aufnehmen. Obwohl selbst der DFB seinen Segen erteilte, blieb es jedoch ein Traum. Weil die Frage der Reisekosten nicht geklärt werden konnte (die norddeutschen Vereine verlangten vom Berliner Senat einen Zuschuss) und die politische Lage Berlins immer dramatischer wurde, musste der Versuch schon bald wieder abgeblasen werden.

1958/59: Groß-Frankfurter Derby in Berlin

Es spricht für die Ausgeglichenheit im deutschen Fußball der 1950er Jahre, wenn in der folgenden Saison mit Eintracht Frankfurt und den Offenbacher Kickers erneut zwei Teams das Finale erreichten, die in den Jahren zuvor eher unauffällig agiert hatten. Offenbach hatte zuletzt neun Jahre zuvor im Endspiel gestanden und seinerzeit gegen den VfB Stuttgart verloren.

Mit Ausnahme des Hamburger SV im Norden gab es bundesweit keine überragende Mannschaft, was der Spannung zugute kam und die Fans weiterhin in die Stadien lockte. Im Süden beispielsweise registrierte man über drei Millionen Zuschauer – alleine Publikumsmagnet Bayern München hatte durchschnittlich 22.800 Fans angezogen. Doch es gab erste Anzeichen einer Krise. Im Ruhrgebiet beispielsweise neigte sich die Hochphase der „Püttvereine" angesichts des einsetzenden Zechensterbens dem Ende zu. Mit Sodingen und Horst-Emscher stiegen am Saisonende gleich zwei der Kumpelklubs aus der Oberliga ab. Die bewährte Mischung aus bisweilen überzogenem Lokalgeist, Unterstützung seitens der örtlichen Großindustrie und unverbrüchlicher Kameradschaft konnte mit den Veränderungen im Spitzenfußball nicht mehr mithalten. Sodingens langjähriger Leistungsträger Leo Konopczinski erinnerte sich später: „Ja, man hatte leichtere Arbeit, in Ordnung, und man kriegte ein paar Pfennige für das Spielen, aber dafür verdiente man ja auch meistens weniger. Da haben wir uns ja auch drüber gefreut, mein Gott, man war nicht mehr direkt vorne vor Ort oder später nicht mehr unter Tage, weil man Fußballer war. Man hatte schon Vorteile. (...). Man kannte sich jahrelang, war praktisch hier zusammen aufgewachsen, hatte zumindest zusammen Fußball gespielt, jeder kannte einen hier dann, und das war eigentlich schöner, wenn man zusammen wegfuhr, wie später mit den Vertragsspielern, die doch häufiger schon aus den anderen Städten kamen."[5] Was für Konopczinski und seine Generation noch „Vorteile" waren, konnte den Nachwuchs nicht mehr reizen. Horst Szymaniak beispielsweise, aus der SpVgg Erkenschwick hervorgegangen, wechselte 1955 zum Wuppertaler SV, weil der ausgebildete Bergmann dort eine Stelle als Bademeister bekommen hatte.

Besonders bitter für den SV Sodingen war, dass zur selben Zeit der „bürgerliche" Lokalrivale und städtische Repräsentationsverein Westfalia Herne erstmals Westmeister wurde. Trainer Langner baute vor allem auf seine stabile Abwehr um Torhüter Tilkowski, Verteidiger Pyka und Außenläufer Benthaus, die lediglich 23 Gegentreffer kassierte. In der Endrunde um die Deutsche Meisterschaft blieb die Westfalia dagegen chancenlos.

Souverän hatten der Hamburger SV und der FK Pirmasens mit jeweils 52:8 Punkten ihre Ligatitel gewonnen. Im Norden schälte sich derweil mit Werder Bremen eine Nummer 2 hinter Dauermeister HSV heraus. Tief in der Krise steckte unterdessen der 1. FC Kaiserslautern, der im Südwesten nur Dritter geworden war. Darüber hinaus beendete Fritz Walter im Juni 1958 bei einem Freundschaftsspiel der Roten Teufel gegen Racing Paris auch noch offiziell seine Karriere. Mit ihm endete die bis dahin erfolgreichste Ära des deutschen Fußballs.

Das Finale war, wie eingangs erwähnt, eine rein süddeutsche Angelegenheit. Die schon in den Oberligaspielen überragenden Nachbarn Eintracht Frankfurt und Offenbacher Kickers gaben sich auch in der Endrunde – endlich wieder in Hin- und Rückspielen und damit auch auf eigenen Plätzen ausgetragen – keine Blöße. Frankfurt setzte sich ohne Punktverlust gegen den 1. FC Köln, FK Pirmasens und Werder Bremen durch; Offenbach erreichte bereits am vorletzten Spieltag mit einem 3:2 über Tasmania Berlin das Endspiel und überzeugte mit sagenhaftem Kampfgeist, denn bis drei Minuten vor Schluss hatten die Kickers in ihrer Wahlheimat Frankfurter Waldstadion noch mit 0:2 zurückgelegen. „Das haben wir noch nie erlebt", schwärmte der „Sport" und attestierte dem OFC neben spielerischen Qualitäten vor allem Kampfmoral. Endspielfavorit war jedoch die Frankfurter Eintracht, die seit dem 19. Oktober 1958 in 29 Spielen ungeschlagen geblieben war und vor allem spielerisch überzeugte. Überragend der Ungar István Sztani, ein klassisches Enfant terrible, der an einem guten Tag jeden Gegner schwindelig spielen konnte – und an einem schlechten seinen Trainer zur Weißglut trieb.

Die Finalbegegnung war in jeder Hinsicht pikant. Zwei seit Kriegsende erbittert miteinander ringende Nachbarn, dazu Eintracht-Trainer Paul Oßwald, der zwölf Monate zuvor noch die Kickers trainierte hatte – Spannung und Dramatik waren also garantiert. Auf großes Unverständnis stieß allerdings die Entscheidung, das Finale in

Feigenspan verwandelt den Elfmeter zum 3:2 und machte Eintracht Frankfurt damit zum Deutschen Meister.

Mannschaft der Stunde ■ Eintracht Frankfurt

Eintracht Frankfurt ist das Paradebeispiel für die „launische Diva" und zudem der Beweis, dass ein Klub völlig unabhängig von seinem aktuellen Spielermaterial eine dauerhafte „Ausprägung" haben kann. „Eintracht Frankfurt ist mehr ein Team der Künstler als der Handwerker, das zu rauschenden Spielen neigt, seine Fans aber auch verärgern kann", hieß es in den 1950er Jahren – Worte, die auch in späteren Jahrzehnten immer mal wieder hätten Anwendung finden können. Zweifelsohne spiegelt die Eintracht etwas vom elitären Flair der Welt- und Bankenstadt Frankfurt wider. Bei der Eintracht musste Fußball auch in den 1950er Jahren schon zelebriert werden – das mit dem „Fußball arbeiten" überließ man lieber der proletarischen Konkurrenz aus Offenbach oder vom Bornheimer Hang (FSV). 1959 erreichten die „Künstler vom Riederwald" ihren sportlichen Zenit. Dass der Endspieltriumph ausgerechnet gegen Nachbar Offenbach errungen wurde, befriedigte natürlich noch viel mehr. „Endspiel krönte Eintrachts Serie!", schlagzeilte der „Kicker" und zitierte Eintracht-Trainer Oßwald mit den Worten: „Hätten wir es nicht geschafft, dann hätte ich den tapferen Offenbachern die Meisterschaft gegönnt." Eintrachts größte Stunde aber stand noch bevor. Als Deutscher Meister drangen die Adlerträger bis ins Finale um den Europapokal der Landesmeister vor, wo sie sich am 18. Mai 1960 mit Real Madrid eine Begegnung lieferten, die als die wohl packendste in die Europapokalgeschichte einging. Dass sie mit einer Niederlage für die Elf um „Don" Alfredo Pfaff endete (3:7), konnte die anschließende Legendenbildung nicht verhindern.

Berlin auszutragen. „Da fliegen jetzt also zwei Frankfurter Mannschaften nach Berlin, um dort gegeneinander Fußball zu spielen. Welch ein Unfug! Das Endspiel gehört ins Frankfurter Waldstadion und sonst nirgends hin!", ereiferte sich die Presse und wies empört darauf hin, dass die Fahrt „zwischen 40 und 150 DM kostet und außerdem durch die DDR führt". Wie zur Bestätigung war das Berliner Olympiastadion mit 75.000 Zuschauern nur mäßig gefüllt. Doch alle Fans, die nicht gekommen waren, sollten es bereuen, denn das „Groß-Frankfurter-Endspiel" avancierte zu einer Partie voller Dramatik, Tore und Tragik. „Das Endspiel 1959 geht als eines der atemberaubendsten in die deutsche Fußballgeschichte ein", schwärmte Friedebert Becker im „Kicker" ergriffen. Die Torfolge verrät die Dramatik. Nach nur 60 Sekunden traf Sztanti zum 1:0 für die Eintracht. Sieben Minuten später stand es 1:1 – Kraus hatte getroffen. In der 14. Minute brachte Feigenspan die Frankfurter erneut in Führung, doch neun Minuten später konnte Preisendörfer zum 2:2 ausgleichen. Dabei blieb es bis zur 90. Minute. Die Verlängerung war keine zwei Minuten alt, da verwandelte Feigenspan einen Elfmeter zum 3:2, und als Sztani in der 108. Minute auf 4:2 erhöhte, schien die Entscheidung gefallen zu sein. Doch die Kickers kamen noch einmal zurück. Gast verkürzte auf 3:4 und leitete einen Sturmlauf ein, in den Feigenspan per Konter den 5:3-Endstand erzielte. „Solange solche Schiedsrichter zu Endspielen eingesetzt werden, kann es keine gerechten Spielausgänge geben", schimpfte OFC-Vorsitzender Winter nach dem Schlusspfiff – für ihn war der zum 3:2 führenden Elfmeter zutiefst ungerecht gewesen.

Deutscher Meister 1959: Eintracht Frankfurt

1959/60: Die Rückkehr der Rautenträger

Der Umwälzungsprozess setzte sich auch 1959/60 fort. Mit dem 1. FC Köln setzte sich in Westdeutschland ein Vertreter der „neuen Generation“ durch und löste die seit 1955 dominierenden Ruhrgebietsvereine auf dem westdeutschen Meisterthron ab. Damit wurde der Verdrängungswettbewerb zwischen den aufstrebenden Dienstleistungsstädten wie Köln oder Frankfurt gegenüber den krisengeschüttelten Malocherstädten wie Essen oder Gelsenkirchen auch im Fußball erkennbar. Köln hatte sich vor Saisonbeginn die Dienste des bei Rot-Weiß Essen wegen ständiger Eskapaden geschassten Helmut Rahn gesichert und war überlegen in Richtung Titelgewinn marschiert. RWEs Lokalrivale Schwarz-Weiß erwischte es derweil ungleich härter. Der amtierende Pokalsieger (5:2-Finalsieg über Borussia Neunkirchen am 27. Dezember 1959 in Kassel) musste mit positivem Torverhältnis aus der Oberliga absteigen.

Während im Frühjahr 1960 Eintracht Frankfurt international für Aufsehen sorgte und ins Finale um den Europapokal der Landesmeister einzog, fehlte die Nationalmannschaft bei der erstmals ausgetragenen Europameisterschaft. Die DFB-Führung um Peco Bauwens hatte den – für heutige Zeiten undenkbaren – Beschluss gefasst, auf eine Teilnahme zu verzichten. Begründung der konservativen Herren-Riege: Es nähmen zu viele Mannschaften aus dem „Ostblock“ teil. Auch im Sport herrschte kalter Krieg.

In Sachen Bundesliga hingegen war der Zug der Zeit offenbar nicht mehr aufzuhalten. Auf dem DFB-Bundestag im Juli 1960 war folgender Antrag des Saarländischen Fußballverbandes ohne Gegenstimme angenommen worden: „Der Bundestag des DFB ist der Auffassung, dass es im Bereich des DFB zu viele Vereine mit Vertragsspielermannschaften gibt. Es steht fest, dass ein großer Teil der Vereine mit Vertragsspielermannschaften weder spielerisch noch wirtschaftlich die Voraussetzungen erfüllen, die an das Vertragsspielerwesen geknüpft sind. Deshalb beauftragt der Bundestag den Beirat und die Regionalverbände, unverzüglich Maßnahmen zur Verminderung der Vertragsspielervereine zu ergreifen.“ „Freie Bahn für die Bundesliga!“, jubelte der „Kicker“. Selbst Süd- und Norddeutschland hatten, wie die Zeitung staunte, ihre Zustimmung signalisiert: „Ja, der wackre Paul Flierl aus Fürth, jahrelang der erbittertste Gegner der Bundesliga, ließ sensationelle Worte vernehmen, lange bevor der Antrag des Saargebietes zur Debatte stand.“ „Ein überraschender, aber erfreulicher Sinneswandel, der hoffentlich durch die Einsicht der verantwortlichen Funktionäre des deutschen Fußballs bewirkt wurde, dass nur eine durchgreifende, den realen Gegebenheiten auf dem deutschen und internationalen Fußballmarkt angepasste Neuordnung den Bestand und eine gesunde Weiterentwicklung des deutschen Fußballs garantieren.“[6]

Deutscher Meister 1960: Hamburger SV

Sportlich dominierte erstmals seit Kriegsende der im Norden so überragende Hamburger SV, dessen Team über ein Durchschnittsalter von gerade einmal 24 Jahren verfügte und im Finale gegen den mit sieben Nationalspielern ausgestatteten 1. FC Köln erfolgreich war. Überragender Akteur bei den Rothosen war Sturmführer Uwe Seeler, der in den 30 Ligaspielen der Oberliga

Nord 36-mal ins Schwarze getroffen hatte und auch im Finale zweimal traf. Köln haderte allerdings mit dem DFB, der ein Verbot gegen Klubmaskottchen „Hennes“ ausgesprochen hatte, woraufhin der Geißbock hinter der Tribüne hatte grasen müssen. Es lag allerdings nicht nur an „Hennes“, dass die Rheinländer das Finale verloren. Schon in der Endrunde waren sie ins Straucheln geraten und hatten es nur dem Fehlstart des SV Werder Bremen zu verdanken gehabt, dass am Ende dennoch der Gruppensieg herausgekommen war.

1960/61: Das Comeback des Club

1948 war der 1. FC Nürnberg erster Nachkriegsmeister geworden, und man hatte dem Team eine große Zukunft versprochen. Doch es war anders gekommen. Ins Mittelmaß abgerutscht, suchten die Franken lange Zeit vergeblich nach einer wettbewerbsfähigen Elf, die den Ruhm des Altmeisters mehren würde. 1960/61 war es endlich so weit. Eine radikal verjüngte Club-Elf um den 36-jährigen Routinier Max Morlock wurde erstmals seit 1957 wieder Südmeister und deutete mit einem Torverhältnis von 96:30 an, dass sie zu „mehr“ fähig war. Unter Trainer Widmayer war erfolgreich auf Konditions- und Nachwuchspflege gesetzt worden. Ein anderer Ex-Meister musste derweil den bitteren Gang in die Zweitklassigkeit antreten: Rot-Weiß Essen. 1955 noch auf dem höchsten Meistertreppchen stehend, hatten die Rot-Weißen von der Essener Hafenstraße so ziemlich alles falsch gemacht, was man falsch machen konnte. Seit dem Abgang von Goalgetter Helmut Rahn war ihr Stern endgültig gesunken. Zu allem Übel gelang dem bürgerlichen Lokalrivalen ETB Schwarz-Weiß auch noch der Wiederaufstieg in die Oberliga, womit die „Lackschuhträger“ vom Uhlenkrug plötzlich Nummer 1 in Essen waren. Für Arbeiterklub RWE bedeutete der Abstieg den Beginn einer im Grunde genommen bis heute anhaltenden Krise. Der Klub verpasste dadurch die Bundesliga und kam nie wieder so richtig auf die Beine. Dass es dem ETB Schwarz-Weiß noch schlechter erging, kann da kaum trösten.

In der Endrunde setzte der 1. FC Nürnberg seinen Siegeszug fort und sicherte sich gegen Werder Bremen, den 1. FC Köln und Hertha BSC Berlin ungeschlagen den Finaleinzug. Spannender ging es in der Parallelgruppe zu, wo der Rechenschieber über den Gruppensieg entscheiden musste. Der ging an Borussia Dortmund, dessen „goldene Generation“ noch einmal auftrumpfte. Im abermals in Hannover ausgetragenen Finale („diese Stadt bietet guten Besuch, einträgliche Sitzplätze und eine Organisation, die dem DFB jede Arbeit abnimmt“, schrieb der „Kicker“ ketzerisch) hatten Dortmunds alte Herren (von der Meisterelf 1956 und 1957 waren Kwiatkowski, Burgsmüller, Peters und Kelbassa noch dabei) gegen die Nürnberger Jungspunde jedoch keine Chance. „Acht Deutsche-Meister-Wimpel flattern jetzt am Zabo, und keinen gewann der 1. FC Nürnberg überlegener, müheloser als diesen achten. Auf dem Papier triumphierte zwar die ‚Garde der Großen‘ 1921 in Düsseldorf (5:0 über Vorwärts Berlin) noch höher. Aber wenn ich im Geiste, 40 Jahre zurück-

Deutscher Meister 1961: 1. FC Nürnberg

Jubel um den Club: Max Morlock reckt die Meisterschale hoch.

schauend, Parallelen ziehe zu jenem 5:0 und dem heutigen 3:0: Im Stil beherrschten die Club-Jungens die Dortmunder diesmal ebenso selbstsicher wie die Club-Alten damals die Berliner", schwärmte Friedebert Becker im „Kicker".

Dringender denn je schien die Frage nach der Bundesliga zu werden, denn den Oberligisten rannten die Spitzenspieler weg. 1960 wanderten weitere Elitekicker nach Italien und verstärkten das dortige Kontingent um Helmut Haller, Albert Brülls, Erwin Waldner und Rolf Geiger. Darunter war mit Horst Szymaniak erneut ein Nationalspieler, der in Italien für dieselbe Arbeit erheblich mehr Lohn bekam. Selbst Volksheld Uwe Seeler hatte inzwischen einen Optionsvertrag unterzeichnet, bei „einem Wechsel vom HSV in jedem Fall zu Inter Mailand zu gehen". Wohlgemeinte Maßnahmen wie beispielsweise die 1959 erfolgte Heraufsetzung der Höchstgrenze für die monatlichen Bezüge von 320 auf 400 DM[7] waren angesichts der Summen, die südlich des Brenners verdient werden konnten, geradezu lächerlich.

Fritz Walter, der trotz zahlreicher Angebote stets dem 1. FC Kaiserslautern treu geblieben war,[8] berichtete später über seine „Vorteile" als Fußballspieler im Amateurparadies Bundesrepublik: „Zunächst hatten wir, meine Frau Italia und ich, eine Zeit lang eine Wäscherei. 1956 ist unser Kino eröffnet worden, das heute verpachtet und unser bezahltes Eigentum ist. Meine Frau hat in diesem Komplex auch die Toto- und

Lottoannahmestelle geführt. Ich war dann zwei Jahre Kundendienstleiter bei Wagner-Polstermöbel, vorübergehend auch Kundendienstleiter bei der Firma Saba." Jeder Italienprofi würde angesichts eines solchen Tätigkeitsberichtes wohl rot vor Scham werden und den Kopf vor Bedauern schütteln. Während Walter in Kaiserslautern ein Kino aufbaute, sorgte sich beispielsweise der in Turin spielende Horst Buhtz um die Stabilität der italienischen Wirtschaft und transferierte seine Fußball-Millionen in die finanzsichere Schweiz: „Von Zeit zu Zeit fuhr ich nach Lugano – zehn Millionen Lira um den Bauch gebunden. Ich hatte Glück, dass ich nie einer Leibesvisitation unterzogen wurde." Doch Walter erging es noch schlimmer, denn es gab nicht wenige, die ihn ob der wenigen Vorteile, die der grundehrliche Nationalspieler annahm, auch noch heftig kritisierten. Weil er für die Einrichtung des erwähnten Kinos bzw. der Wäscherei einen zinsgünstigen Kredit des FCK in Höhe von 45.000 DM in Anspruch genommen hatte, nahm der DFB Ermittlungen auf und drohte dem WM-Helden sogar mit einer dreimonatigen Sperre![9] Ohnehin gab sich der DFB unverändert als höchste moralische Instanz in Sachen „bezahlter Fußball". So wurde beispielsweise die bei Länderspielen fällige „Pämie" von 5.000 DM nicht an die Spieler, sondern an deren Vereine ausgezahlt.

Üblich war unter den im Lande verbliebenen Nationalspielern die Übernahme einer Toto-Lotto-Annahmestelle (wie sie beispielsweise der 1954er Weltmeister Max Morlock betrieb) bzw. einer Tankstelle. Ottmar Walter nutzte seine Popularität geschickt aus und warb für seine Tankstelle mit dem Slogan: „Willst Du Ottmar Walter danken, musst Du fleißig bei ihm tanken". Solche aus heutiger Sicht kuriosen Existenzgründungen waren für viele Kicker freilich die einzige Chance, Fußball und Beruf miteinander in Einklang zu bringen und für die Zukunft vorzusorgen.

1961/62: Einsicht beim DFB

Acht Wochen nach dem Endspiel der Saison 1961/62 kam der endgültige Durchbruch in Sachen Bundesliga. Auf dem DFB-Bundestag im Dortmunder Hotel Westfalenhalle stellten Franz Kremer (Vorsitzender des 1. FC Köln), Hermann Neuberger (Vorsitzender des Saarländischen FV), Hermann Gösmann (designierter DFB-Präsident) sowie Ludwig Franz (designierter DFB-Vizepräsident) folgenden Antrag: „Der Bundestag möge beschließen, vom 1. 8. 1963 an eine zentrale Spielklasse mit Lizenzspielern unter Leitung des DFB einzuführen." Mindestens Ludwig Franz hatte damit eine regelrechte Kehrtwende vollzogen und war vom beinharten Amateurverfechter zum Profibefürworter geworden. Und diesmal klappte es tatsächlich. Mit 102:26 erreichten die Antragssteller um exakt 17.14 Uhr in einer geheimen Abstimmung die notwendige Zweidrittelmehrheit, womit der Weg für eine landesweite Spielklasse nach rund vierzig Jahren Diskussion endlich frei war. Der Durchbruch war nicht zuletzt einem geschickten Vorgehen seitens der Antragsteller zu verdanken. In dem Bewusstsein, dass nicht die Bundesliga der eigentlich Streitpunkt war, sondern der Profifußball, hatten sie beispielsweise vermieden, eine „Berufsspielerklasse" zu fordern und waren damit einem

„Nein“ aus dem Weg gegangen. Zweifelsohne stand der Bundestag allerdings auch unter dem Eindruck der sportlichen Pleite der Nationalelf bei der WM 1962 in Chile, wo das Team bereits im Viertelfinale gegen Jugoslawien das Aus ereilt hatte. Damit war auch dem schärfsten Amateurverfechter klar geworden, wie bedrohlich die Situation für den deutschen Fußball inzwischen war.

Am 28. Juli 1962 gab der DFB endlich sein „Ja-Wort“ zur Bundesliga.

Deutschland war europaweit die letzte große Fußballnation, die den Schritt in Richtung landesweite Spielklasse vollzog. Die meisten Länder hatten bereits einige Jahrzehnte zuvor Profiligen eingeführt (Spanien 1928, Italien 1929, Frankreich 1932, Portugal 1934). Selbst die Niederlande hatten 1956 mit der Einführung der „Eeredivisie“ nachgegeben, nachdem einige Funktionäre Profiklubs gegründet und eine unabhängige „Berufsfußballklasse“ eingeführt hatten. Derart unter Druck gesetzt, war der – ähnlich wie der DFB – vehement dem Amateursportgedanken verhaftete nationale Fußballverband KNVB eingeknickt. Wie in den Niederlanden, war der Richtungswechsel auch in Deutschland mit einem Führungswechsel an der Verbandsspitze verbunden. Während im kleinen Nachbarland 1953 der Amateur-Hardliner Karel Lotsy vom gemäßigten H. F. Hopster abgelöst worden war, verabschiedete sich in der Bundesrepublik Peco Bauwens und übergab sein Amt auf dem Dortmunder Bundestag dem Osnabrücker Hermann Gösmann, der bis dahin DFB-Schatzmeister gewesen war. Wenige Minuten nach seiner Inthronisation zählte Gösmann, ein vollkommen unauffälliger Mann, zu den vier Antragstellern pro Bundesliga.

Zuvor hatte eine Kommission des DFB einige strittige Fragen klären können, darunter die steuerrechtlichen Bedenken: Die Steuerabzugsfähigkeit von Ausgaben der Lizenzspielerabteilungen wurde in Abstimmung mit den Finanzministerien ebenso gewährleistet wie die der Ausgaben der Amateurmannschaften bzw. -abteilungen. Vor allem aber blieb die Gemeinnützigkeit der Vereine und Verbände erhalten. Am 14. Juli 1962 hatte der DFB-Beirat daraufhin die Gründung einer Bundesliga empfohlen.

Der Rest war Fleißarbeit gewesen. Hermann Neuberger, Hermann Gösmann, Franz Kremer und der Westdeutsche Jakob Köhnen hatten „in diffiziler Kleinarbeit“ und „in unheimlich vielen Gesprächen in die Mitgliederverbände hineingewirkt“ (Neuberger) und mit rhetorischem Geschick den Weg für eine Mehrheit pro Bundesliga geebnet. Problematisch war vor allem, dass der DFB die Macht über die Bundesliga beanspruchte, was die Regionalverbände nicht gerade freundlich stimmte. Erbittertster Gegner war der Süden, den Hermann Neuberger später als „die größte Bremse in Richtung Bundesliga“ bezeichnete.

Größte Verfechter der neuen Spielklasse waren noch immer die Westdeutschen, denen deshalb aber noch lange keine Profimentalität zugeschrieben werden darf. Tatsächlich war ihr Vorgehen vielmehr durch die altbekannten Philosophien von „reinlicher Scheidung“ zwischen Amateuren und Profis motiviert. Man wollte die Bundesliga vor allem, um den Amateursport „rein“ zu halten von Materialismus, Kommerzialismus oder Egoismus. Demzufolge existierte in den Vorstellungen des WFV auch kein Übergang zwischen Profi- und Amateurfußball.[10]

Ungeachtet des Abstimmungsergebnisses beim Dortmunder Bundestag war die Zahl der Bundesliga- bzw. Profigegner unter den altgedienten Funktionären vor allem in Süd- und Südwestdeutschland groß. Aus dem Norden stellte sich ausgerechnet der unter Profibedingungen arbeitende HSV auf die Seite der Skeptiker. Niedersachsens Fußballboss Karl Laue hatte zuletzt 1961 noch einmal eindringlich vor einer Bundesligaeinführung gewarnt und betont, dass die norddeutschen Vereine in einer Bundesliga „höchstens noch mehr als bisher mit finanziellen Schwierigkeiten zu kämpfen hätten“. Nationalspieler Jürgen Werner vom Hamburger SV kündete angesichts der Entwicklung sogar seinen Abschied vom großen Fußball an: „Ich bin gegen die Entwicklung im Fußball. Jetzt wird der Run nach Geld die Hauptsache. Nur noch Geld oder des Geldes wegen zu spielen, das geht gegen meine Überzeugung“, meinte der Verteidiger, der seine Laufbahn zum Ende der Spielzeit 1962/63 im Alter von 28 Jahren tatsächlich beendete.[11]

Den Gegnern ging es nicht nur um den Berufsfußball, sondern auch um die Bundesliga. Im Süden beispielsweise war man noch immer der Ansicht, mit der Oberliga Süd eine Ideallösung zu haben. Doch die Oberligen waren schon lange nicht mehr der Weisheit letzter Schluss. Deutschland hatte sich in den 1950er Jahren gewaltig verändert, und die Idylle aus Gogomobil, Nierentisch und Oberligafußball war verklärte Vergangenheit. Die Wirtschaft war – vor allem in den Arbeiterzentren an Rhein, Ruhr und Saar – ins Straucheln geraten, die Industrienation Deutschland war auf dem Weg zu einer Dienstleistungsgesellschaft, und Vergnügungen wie Kino, Theater oder Tanzlokale hatten für Einbrüche bei den Zuschauerzahlen gesorgt. Dazu kam das Fernsehen, das dabei war, das Freizeitverhalten radikal zu verändern. Die Fußballstadien waren längst nicht mehr zentraler Treffpunkt, worunter vor allem die „kleinen“ Klubs litten. Der Zuschauerschnitt des SC Concordia Hamburg beispielsweise war von fast 15.000 (1947/48) zunächst auf knapp 6.000 (1958/59) und schließlich bis auf 3.200 (1961/62) abgerutscht. Selbst der 1960er Südwestmeister FK Pirmasens war nur auf rund 4.300 Zuschauer im Schnitt gekommen – zum Sterben zu viel, zum Leben zu wenig. Dramatisch verlief die Entwicklung in der geteilten Stadt Berlin, wo ein Verein wie der BSV 92 auf kaum 2.000 Zahlende im Schnitt kam. Bei den „Großen“ war die Zahl nicht minder rückläufig. Der HSV beispielsweise begrüßte 1959/60 im Schnitt 12.200 Zuschauer pro Spiel – knapp 2.000 weniger als in den Vorjahren. Bayern München, traditionell Zuschauerkrösus im Süden, musste sich derweil mit 17.700 statt bis dato stets über 20.000 zufrieden geben. Regelrecht dramatisch war die Situation in der 2. Liga. Der Dortmunder SC 95 beispielsweise kam 1960/61 auf exakt 949 Zahlende und war längst nicht mehr in der Lage, sein Vertragsspielerteam zu finanzieren. Die Boomphase des Fußballs war zweifelsohne vorbei, und mit der Bundesliga konnte es nur besser werden.

Doch der DFB ging nicht den vollen Weg. Zwar war die Bundesliga in Dortmund mit komfortabler Mehrheit beschlossen worden, doch in Sachen Vollprofitum hatten die Befürworter eine eindeutige Abfuhr erfahren. Stattdessen wurde ein Konstrukt mit der Bezeichnung „Lizenzspieler" verabschiedet, womit die Bundesliga im Gegensatz zu den Ligen in Italien, Frankreich, Spanien etc. keine Berufsspielerklasse war. Immerhin bedeutete es das Ende des Vertragsspielertums, bei dem die Aktiven verpflichtet waren, einen „gewöhnlichen" Beruf auszuüben. Nach dem Lizenzspielerstatut konnte ein Fußballspieler nun auch „nur" Fußballspieler sein. Das später konkretisierte Lizenzspielerstatut sagte aus, dass Bundesligaspieler „bezahlte Angestellte eines lizenzierten Vereins" sein mussten, deren monatliches Salär zwischen 250 und 1.200 DM liegen durfte. Ausnahmen bedurften der Zustimmung des DFB.[12] Damit war die neue Bundesliga für jene Akteure, die Angebote aus Italien vorliegen hatten, um keinen Deut attraktiver als die Oberligen, weshalb der Exodus über den Brenner auch ungebremst weiterging.

Hintergrund der fragwürdigen DFB-Politik war die Zusammensetzung der entscheidenden Gremien. Viele Funktionäre waren bereits seit den 1920er Jahren dabei und hatten nie um ihren Posten fürchten müssen. So etwas wie Wahlkampf gab es im DFB nicht. Man stieg langsam aber stetig auf, übernahm mit zunehmendem Alter immer wichtigere Führungspersonen und wurde nicht an Taten, sondern an „Alter" und „Verdienst" gemessen. Im Grunde genommen war die DFB-Führung eine geschlossene Gesellschaft. Jeder verließ sich auf jeden, sorgte dafür, dass jeder sein Auskommen hatte. In Sachen Profifußball war die Stimmung unter diesen „altgedienten" Funktionären unverändert ablehnend – sie hatten schließlich „damals" auch nichts bekommen und trotzdem ihren Spaß gehabt. Unter den führenden Entscheidungsträgern befand sich zudem kein einziger in den 1930er oder 1940er Jahren aktiver Spitzenfußballer oder Nationalspieler. Lediglich Sepp Herberger galt unverändert als Befürworter einer „modernen" Lösung, besaß aber auch nur begrenzte Einflussmöglichkeiten.

Deutscher Meister 1962: 1. FC Köln

Mit dem 1. FC Köln sicherte sich passenderweise ein Befürworter der neuen Spielklasse die Deutsche Meisterschaft der Spielzeit 1961/62. Die Geißböcke trafen im Finale auf Titelverteidiger 1. FC Nürnberg, dem sie eine auch in der Höhe verdiente 4:0-Niederlage beibrachten. „Meister durch modernen Fußball", schlagzeilte der „Kicker", während Sepp Herberger schwärmte: „Das war Tempo, so wie wir es uns immer wünschen. Da wurde direkt gespielt, auch ohne Ball spielte jeder mit. Und dazu eine solche mannschaftsdienliche Geschlossenheit! Das war verdient für die Kölner."

Männer der Stunde ■ Franz Kremer, Hermann Neuberger und Sepp Herberger

Die Väter der Bundesliga. Von links: DFB-Generalsekretär Paßlack, Dr. Hübner, Kremer, Dr. Franz, Baresel und Neuberger. Rechtes Bild: Bundestrainer Sepp Herberger.

Die eigentlichen Väter der Bundesliga waren weder DFB-Präsident Peco Bauwens noch dessen Nachfolger Hermann Gösmann, sondern der Saarländer Hermann Neuberger, der Kölner Franz Krämer sowie Bundestrainer Sepp Herberger. Letzterer forderte immer wieder die Einführung einer Eliteliga und warf seine Kompetenz ins Rennen, verfügte allerdings nur über wenig echte Einflussmöglichkeiten. Ganz anders Neuberger und Kremer. Der Saarländer entpuppte sich als umtriebiger Strippenzieher hinter den Verbandskulissen und redete mit Engelszungen auf die wankelmütigen Delegierten aus dem Südwesten und Norden ein. Franz Kremer kümmerte sich derweil um eine Basis auf Vereinsebene. Mit seinem 1. FC Köln hatte er den Prototypen eines „modernen Vergnügungsvereins" geschaffen, in dem nicht mehr nur profan Sport betrieben wurde, sondern Fußball unter marktwirtschaftlichen Gesichtspunkten betrachtet wurde. Das galt als Vorbild für andere ambitionierte Vereine. Die DFB-Führungsriege stand beim Bundesligaprozess eher im Hintergrund. Peco Bauwens verabschiedete sich ohnehin auf dem entscheidenden DFB-Bundestag (und verstarb nur ein Jahr später), sein Nachfolger Dr. Gösmann war ein Mann ohne große Ausstrahlungskraft.

Köln krönte mit dem ersten Titelgewinn seiner Vereinsgeschichte eine grandiose Saison, in der die Geißböcke sich mit dem für Westverhältnisse imposanten Torverhältnis von 89:40 den Staffelsieg gesichert hatten. Auch in der aufgrund der WM verkürzten Endrunde waren sie mit drei Siegen in drei Spielen überzeugend aufgetreten. Höhepunkt war der 10:0-Sieg über den bedauernswerten FK Pirmasens.

16 aus 76

In der Spielzeit 1962/63 drehte sich alles um die Frage, wer in der neu geschaffenen Bundesliga dabei sein würde. Der DFB hatte diverse Richtlinien erlassen. So musste jeder der künftigen Bundesligisten ein Stadion mit mindestens 35.000 Plätzen aufweisen, über eine Flutlichtanlage verfügen (oder zumindest die Aussicht haben, eine solche zu bekommen) und solide wirtschaftliche Verhältnisse aufweisen. Experten errechneten, dass ein Verein jährlich mindestens 700.000 DM einnehmen müsse, um existenzfähig zu sein. Am 8. Dezember 1962 gab der Fußballbund bekannt, dass der neuen Klasse jeweils fünf süd- und westdeutsche, drei norddeutsche, zwei südwestdeutsche und ein Berliner Klub angehören würden. 16 Vereine also – und nicht, wie vielfach gefordert, 18 oder gar 20. Sofort begann das große Zetern. „Uns stehen mindestens sieben Bundesligaplätze zu", hörte man beispielsweise aus Süddeutschland, wo ein halbes Jahr zuvor noch Stimmung gegen die Bundesliga gemacht worden war. 46 der 74 Oberligavereine bewarben sich bis zum Meldeschluss am 31. Dezember 1962 voller Hoffnung auf einen Platz im Oberhaus – darunter auch aussichtlose Kandidaten wie die Sportfreunde Saarbrücken, Hamborn 07 oder Oberligaaufsteiger Hessen Kassel.[13]

Über das weitere Vorgehen hielt sich der DFB bedeckt. Zwar stöhnte Präsident Gösmann öffentlich „Suchen Sie mal 16 aus und machen sich dabei keine Feinde", doch wie die Auswahlkommission um Ludwig Franz, Franz Kremer, Dr. Willy Hübner und Hermann Neuberger vorzugehen gedachte, darüber war kein Wort zu erfahren. Als die Kommission am 11. Januar 1963 erstmals vor die Öffentlichkeit trat und die Namen der ersten künftigen Bundesligisten bekannt gab, hielten sich die Überraschungen in Grenzen. Hamburger SV, Werder Bremen, 1. FC Köln, Borussia Dortmund, Schalke 04, Eintracht Frankfurt, 1. FC Nürnberg, Hertha BSC Berlin und 1. FC Saarbrücken lauteten die Namen der neun Auserwählten, von denen nur zwei aus dem Rahmen fielen: die von Hertha BSC Berlin und des 1. FC Saarbrücken. In Berlin war man sauer, weil Hertha der Tasmania schon im ersten Auswahlgang vorgezogen wurde, obwohl sie die „wirtschaftlichen Voraussetzungen" nicht erfüllen würden. Andere aussichtsreiche Kandidaten wie Tennis Borussia und der BSV 92 entfielen im Übrigen, weil sie keinen Antrag gestellt hatten. Brisanter war die Situation um den 1. FC Saarbrücken, der dem zweifachen Deutschen Meister 1. FC Kaiserslautern vorgezogen worden war. Begründung: Saarbrücken sei im Vergleich zu Neunkirchen, Pirmasens und Kaiserslautern die größte Stadt und verfüge zudem über die besten Autobahnverbindungen. Dass in der Auswahlkommission mit Hermann Neuberger ein Saarländer saß, spielte offiziell keine Rolle, wurde von den Medien aber dennoch thematisiert.

Die Kommission ließ sich von der Kritik nicht beirren, sondern veröffentlichte wenig später die Namen jener 20 Klubs, unter denen die restlichen sieben Plätze verteilt werden sollten: Karlsruher SC, Bayern München, TSV München 1860, Kickers Offenbach, VfB Stuttgart, Preußen Münster, Alemannia Aachen, Fortuna Düsseldorf, Schwarz-Weiß Essen, Westfalia Herne, Viktoria Köln, Meidericher Spielverein, Holstein Kiel, FC St. Pauli, Eintracht Braunschweig, Hannover 96, VfL Osnabrück, 1. FC Kaiserslautern, Borussia Neunkirchen und FK Pirmasens. Alle übrigen 15 Vereine (der Wuppertaler SV und die Sportfreunde Saarbrücken hatten ihre Anträge zwischenzeitlich zurückgezogen) erhielten Absagen, gegen die Borussia Mönchengladbach, Rot-Weiß Oberhausen[14], Hamborn 07 und der VfR Mannheim vergeblich protestierten. Ihre Kritik richtete sich weniger gegen die Absage als vielmehr gegen den frühen Zeitpunkt der Bekanntgabe, durch den die verbliebenen Oberligaspiele entwertet worden seien und man Zuschauereinbußen befürchten müsste.

Die Kritik war gewaltig. „Wir verzichten bewusst darauf, Meinungen zum Hamburger Urteil zu sammeln", giftete der „Kicker" und riet zu einer Erhöhung der Zahl der Bundesligisten auf 20 sowie eine sich über mehrere Jahre erstreckende Reduzierung dieser Zahl auf schlussendlich 16. Der „deutsche Fußball hat Jahrzehnte gebraucht, um eine Bundesliga zu schaffen. Gemessen daran ist eine Übergangszeit von ein, zwei Jahren fast ein notwendiges Übel", befand das Fachblatt. Auch Fritz Szepan plädierte für 18 oder 20 Vereine, denn 16 seien „viel zu wenig für eine gesunde wirtschaftliche Basis". Bayern München stellte am 23. Januar sogar einen Dringlichkeitsantrag, denn durch die Erhöhung der Bundesliga-Plätze auf 18 oder 20 könnten „sportlich hochqualifizierte" Vereine berücksichtigt werden, die ansonsten durch das Raster fallen würden. Doch vergeblich: Der DFB zeigte sich stur, und es blieb bei 16 Vereinen.

Am selben Tag wurden zudem Einzelheiten aus einem Interview mit Kommissionsmitglied Ludwig Franz bekannt, in dem er einige Bestandteile der Auswahlkriterien nannte, die sich später als nicht richtig erwiesen. Eigentlich hatte der DFB ein sehr logisches und auch durchaus nachvollziehbares System erschaffen. Danach sollten die Platzierungen in den Oberligaspielzeiten 1951/52-1954/55 einfach, die von 1955/56-1958/59 doppelt und die von 1959/60-1962/63 dreifach zählen. Für das Erreichen der Endrunde bzw. des Pokalfinales gab es zwischen fünf und 20 Zusatzpunkte. Das System hatte allerdings zwei große Probleme: Der DFB hielt es bis zum 22. Juni 1963, als längst alles gelaufen war, geheim, und er hielt sich selbst nicht daran.

Als nämlich am 6. Mai 1963 die restlichen sieben künftigen Bundesligisten bekannt gegeben wurden, war man von seinen eigenen Richtlinien abgerückt. Der Karlsruher SC, VfB Stuttgart und der 1. FC Kaiserslautern waren unumstritten. TSV München 1860, Eintracht Braunschweig, Preußen Münster und der Meidericher Spielverein aber gehörten nach Ansicht vieler keinesfalls ins Oberhaus, zumal Klubs wie Fortuna Düsseldorf, Hannover 96, Bayern München, Kickers Offenbach und Alemannia Aachen fehlten. Hintergrund war, dass die Auswahlkommission klammheimlich die Abschlussposition der Spielzeit 1962/63 zum Maß aller Dinge erhoben hatte, was beispielsweise die Zulassung des TSV München 1860, 1956/57 noch in der 2. Liga und anschließend zwischen Platz 4 und Platz 7 pendelnd, erklärte. Die Löwen waren 1962/63 letzter Südmeister geworden und erhielten den Vorzug gegenüber dem Lokalrivalen FC Bayern (lief nur Platz 3 ein, außerdem fehlte ihm nach Ansicht des DFB die „sportliche Vergangenheit") bzw. den Offenbacher Kickers, die 1960 noch Deutscher Vizemeister geworden waren, 1963 aber nur Rang 7 belegten. Vor allem in Offenbach („Seit Gründung der Südliga waren wir ununterbrochen dabei. In den letzten neun Jahren war unser Verein nie schlechter als auf dem fünften Platz.") war man damit ganz und gar nicht einverstanden und rief ordentliche Gerichte an – vergeblich allerdings.

Ähnlich umstritten war die Situation im Norden, wo Eintracht Braunschweig nach der DFB-eigenen Qualifikationsrechnung mit 276 Punkten hinter dem HSV (518), Werder Bremen (396), VfL Osnabrück (313), FC St. Pauli (303) und Holstein Kiel (294) lediglich auf Rang 6 kam. Nicht so für den DFB. Osnabrück, Kiel, St. Pauli und Braun-

Unbestreitbar Bundesliga-Kandidat: Der 1. FC Köln galt Anfang der 1960er Jahre als modernster Klub in Deutschland und trug nicht ohne Grund blütenweiße Trikots, die an das Outfit von Real Madrid erinnerten. Hier erzielt Kölns Kapitän Hans Schäfer im Finale von 1962 das erste Tor. Nürnbergs Keeper Wabra ist chancenlos.

schweig seien „aufgrund der sportlichen Vergangenheit als gleichwertig anzusehen, weshalb der diesjährige Tabellenstand den Ausschlag" geben müsse. Demnach war Braunschweig als Dritter der Spielzeit 1962/63 dabei. Kontrovers diskutiert wurde diesbezüglich die Nähe von Eintracht-Präsident Dr. Hopert zu einflussreichen Persönlichkeiten im deutschen Fußball. Völlig vertrackt war die Situation im Westen. Köln, Dortmund und Schalke (trotz Platz 6 in der Saison 1962/63) waren unumstritten. Um die beiden verblieben Plätze jedoch standen mit Aachen (285 Qualifikationspunkte), Münster (251), Meiderich (250), Düsseldorf (225) und Herne (222) gleich fünf Kandidaten bereit. Herne und Düsseldorf verdarben ihre ohnehin schon schlechten Ausgangspositionen mit einer durchschnittlichen Saison, die sie auf den Plätzen 13 (Düsseldorf) und 14 (Herne) beendeten. Auch hier wurden drei Teams – Aachen, Münster und Meiderich – vom DFB als „gleichrangig" angesehen und die Spielzeit 1962/63 als ausschlaggebend herangezogen. Dort aber war Aachen hinter Meiderich und Münster nur Fünfter geworden. Dass die Schwarz-Gelben, die punktgleich mit Münster eingelaufen waren und nur aufgrund des hauchdünn schlechteren Torquotienten (0,01127 Punkte) den schlechteren Platz belegten, abgelehnt wurden, erzürnte die Gemüter am Tivoli über alle Maßen. Man glaubte an ein Komplott, da der Auswahlkommission mit dem Kölner Franz Kremer ein Erzfeind der Grenzstädter angehörte, der regionale Bundesligakonkurrenz für seinen 1. FC Köln fürchtete.

Dass es 24 Stunden nach Bekanntgabe der künftigen Bundesligisten ausgerechnet zu einem WFV-Pokalspiel zwischen Aachen und Meiderich kam, dürfte eine böse Laune der Fußballgeschichte gewesen sein. Obwohl die Meidericher wohlweislich nur eine Reserveelf schickten, musste Aachens Stadionsprecher die aufgebrachten Fans schon vor Spielbeginn beruhigen: „Die Meidericher Spieler sind schuldlos. Noch bestehen für uns Hoffnungen. Zerstören Sie diese letzte Chance nicht durch einen Publikumsskandal", flehte er. Glücklicherweise ging alles glimpflich über die Bühne, und der befürchtete Skandal, der Aachen wohl endgültig alle Chancen gekostet hätte, blieb aus. Erfolglos blieb aber auch die gerichtliche Klage von der Alemannia, die im November 1963, die Bundesligasaison 1962/63 war längst im Gange, endgültig abgewiesen wurde.[15]

Neben Aachen und Offenbach protestierten auch Oberhausen, Herne, Schwarz-Weiß Essen, Düsseldorf, Neunkirchen, Pirmasens, Hannover 96, St. Pauli, Osnabrück, Kiel und Tasmania Berlin beim DFB. In München drohte eine „Interessengemeinschaft FC Bayern" sogar mit Klagen bis hin zum Bundesverfassungsgericht, damit die Bundesliga vorerst „nicht zum Entstehen kommt". Doch vergeblich. Am 1. Juni wies der DFB-Vorstand in einer Klausurtagung in Köln alle Einsprüche zurück. Die Bundesliga war umstritten, aber startklar.

1962/63: Dortmund letzter Endspielsieger

Natürlich hatte die letzte Oberligasaison auch noch einen Deutschen Meister gebracht, dessen Kür in dem Tohuwabohu um die künftigen Bundesligisten allerdings etwas unterging. Zur letzten Endrunde in der Geschichte des Deutschen Fußballs versammelten sich im Mai 1963 der 1. FC Köln, der 1. FC Kaiserslautern, Hertha BSC Berlin, der 1. FC Nürnberg, Borussia Dortmund, TSV München 1860, Borussia Neunkirchen und der Hamburger SV. Bei aller Vorfreude auf die Bundesliga gab es auch erste wehmütige Stimmen. „Die Bundesliga wird sich anstrengen müssen, um die Endrunde vergessen zu machen, vor allem das Endspiel. Die Endrunde hatte ihre romantischen Seiten. Wir werden es spätestens merken, wenn es keine Endrunde mehr gibt. Das neue Fußballzeitalter dürfte ungleich nüchterner sein", merkte der „Kicker", ein vehementer Fürsprecher der Bundesliga, nachdenklich an.

Der Abschied von der Oberliga fiel in der Tat nicht leicht. Die fünf Ligen bildeten jahrelang ein elementares Bestandteil der Freizeitgestaltung in Deutschland und waren zum Kulturgut avanciert. Sie gehörten ebenso in jene Tage wie beispielsweise Wiederaufbau, Wirtschaftswunder und Westintegration. Zudem repräsentierten sie eine Zeit, in der nicht jedes Fußballspiel im Fernsehen übertragen wurde, man die Spiele nicht mundgerecht in Superzeitlupen und jubelnde Vereinspräsidenten aufgeteilt bekam und der Stadionbesuch eine völlig andere Erlebnisform als heute darstellte. Nicht umsonst lebt die Oberligazeit in vielen Städten, die seitdem den Anschluss an den großen Fußball verloren haben, bis heute als Mythos fort.

Ein sportliches Oberligafazit fällt eindeutig aus: Nach anfänglicher Dominanz der Südvereine, die zwischen 1948 und 1952 vier von fünf möglichen Deutschen Meistertiteln geholt hatten, bzw. einer „Übergangsphase mit den Meistern Kaiserslautern (1953) und Hannover (1954) begann die Epoche des Westens. Nicht nur, dass sechs der neun Titel zwischen 1955 und 1963 an Rhein und Ruhr gingen – insgesamt stellte der Westen gleich neun der 18 Finalisten! Nur 1960, als es zum Mainderby Frankfurt gegen Offenbach kam, war Westdeutschland gar nicht im Finale vertreten.

Die letzte Endrunde schien tatsächlich noch einmal zu demonstrieren, was dem deutschen Fußball künftig verloren ging. In den Gruppenspielen lieferte ausgerechnet Borussia Neunkirchen, einziger nicht in die Bundesliga aufgenommener Endrundenteilnehmer, eine Sensation nach der anderen und sorgte nach einem 3:0 über den HSV für die „Kicker"-Schlagzeile: „Wer schlägt Neunkirchen?" Kurz darauf gelang dies dem BV Borussia Dortmund, der sich am Ende auch den Gruppensieg sicherte und im Finale auf Titelverteidiger 1. FC Köln traf. Jener trat den Schwarz-Gelben vor 75.000 im Stuttgarter Neckarstadion ersatzgeschwächt gegenüber. Ohne Torjäger Christian Müller waren die Geißböcke gegen die verjüngte Borussia – mit Burgsmüller und Bracht waren allerdings noch zwei Akteure der Meisterjahre 1956 und 1957 dabei – chancenlos. Nach nur neun Minuten traf Hoppy Kurrat zum 1:0, zwölf Minuten nach dem Seitenwechsel erhöhte Wosab auf 2:0. Als Aki Schmidt in der 65. Minute zum 3:0 traf, bahnte sich gar ein Debakel für den Westmeister an, doch Schnellingers Treffer in der 73. Minute ließ das Ergebnis schließlich doch noch etwas freundlicher für den Titelverteidiger aussehen. Nichtsdestotrotz konstatierte der „Kicker": „Der Meister fand seinen Meister" und sprach von einem „Triumph der westfälischen Art: Konzentriert, kaltblütig, mit Köpfchen spielend".

Deutscher Meister 1963: Borussia Dortmund

Einer aus dem neuen Meisterteam verabschiedete sich anschließend spektakulär: Jürgen „Charly" Schütz wechselte für die Rekordablösesumme von 600.000 DM zum AS Rom. Dort gab es trotz Bundesliga für dieselbe Tätigkeit noch immer deutlich mehr Entlohnung. Man konnte es ihm also nicht verdenken.

Elf der Epoche 1945 - 1963

Trainer: Sepp Herberger (DFB)

Turek (Fortuna Düsseldorf)

Stollenwerk (1. FC Köln) Eckel (1. FC Kaiserslautern)

Erhardt (SpVgg Fürth) Szymaniak (Wuppertal) Aki Schmidt (Borussia Dortmund)

Rahn (Rot-Weiß Essen) Morlock (1. FC Nürnberg) Fritz Walter (1. FC Kaiserslautern)

Uwe Seeler (Hamburger SV) Schäfer (1. FC Köln)

Der erste Bundesligameister: 1. FC Köln. Die Elf im Müngersdorfer Stadion (von links): Schäfer, Ewert, Sturm, Wilden, Benthaus, Christian Müller, Thielen, Pott, Overath, Hornig, Regh, Hemmersbach, Ersatztorwart Schumacher, Weber.

1963 bis 1971

Bundesliga zwischen Begeisterung und Skandal

1963/64: Meisterschaft und Abstieg für die beiden Bundesligaväter

Am 24. August 1963 war die rund 40-jährige Wartezeit endlich beendet und Deutschland hatte seine eingleisige Spitzenliga. Wenngleich sie allein aus gebietstechnischen Gründen nicht mit jener zu vergleichen war, die Anfang der 1930er Jahre im damaligen Deutschen Reich möglich gewesen wäre, entsprach sie vom Grundsatz her denselben Überlegungen: Leistungskonzentration.

Viele Fans erwarteten nun Wochenende für Wochenende regelmäßige „Endspiele". In Bremen freute man sich auf Dortmund, Nürnberg oder München 1860, in München war man gespannt auf den HSV und Kaiserslautern, auf Schalke diskutierte man über die Leistungsfähigkeit von Mannschaften wie Eintracht Braunschweig oder Karlsruher SC. Die Bundesliga war im Übrigen eine Großstadtliga. Mit Ausnahme von Braunschweig, Münster und Kaiserslautern gingen ausschließlich größere Kommunen an den Start. Zugleich wies die Bundesligalandkarte gewisse Lücken auf. Schleswig-Holstein beispielsweise fehlte ebenso wie Ostwestfalen oder die Oberpfalz.

Die Euphorie vor dem Auftaktwochenende war grenzenlos. Der „Kicker" brachte erstmals sein heute berühmtes Sonderheft heraus und erhöhte seinen wöchentlichen Umfang gleich um sechs Seiten (und seinen Preis um zwanzig Pfennig), viele Tageszeitungen räumten zusätzlichen Platz für die Berichterstattung ein, und auch das Radio war live dabei. „Guten Tag, verehrte Sporthörer! Zum ersten Mal treffen wir uns zu dieser Stunde und auf dieser Welle, um Ihnen vom deutschen Meisterschaftsfußball zu berichten. Heute beginnen die Spiele der Bundesliga, und wir sind mit unseren Mikrofonen in Gelsenkirchen beim Spiel Schalke gegen VfB Stuttgart, in Bremen beim Spiel Werder Bremen gegen Borussia Dortmund und in Münster bei der Begegnung Preußen Münster gegen HSV dabei. Zwischendurch hören Sie viel Musik und von den übrigen Fußballplätzen die Zwischenresultate. Wir wünschen Ihnen jetzt für die nächsten 85 Minuten gute Unterhaltung bei ‚Sport und Musik'", meldete sich der WDR am 24. August 1963 pünktlich zum ersten Spieltag bei seinen Hörern. Ein Medium aber fehlte: das

Fernsehen. Deshalb gibt es vom ersten Bundesligator, das Timo Konietzka nach 58 Sekunden im Bremer Weserstadion für Borussia Dortmund erzielte, ebenso wenig ein Bilddokument wie vom Debüt eines 19-jährigen ehemaligen Siegburgers namens Wolfgang Overath bzw. dem 2:0-Sieg seines Vereins 1. FC Köln in Saarbrücken. Nach den ersten 90 Minuten herrschte allenthalben Zufriedenheit. 22 Tore waren gefallen – 3,1 pro Spiel –, kein Spieler war des Platzes verwiesen worden, und mit 297.000 Zuschauern konnte man durchaus zufrieden sein. Die Rekordkulisse hatte Berlin mit 60.000 gegen den Club gemeldet, Schalke (gegen Stuttgart) und Frankfurt (gegen Kaiserslautern) waren mit jeweils 30.000 die „Schlusslichter". Erster Tabellenführer waren der 1. FC Köln und der FC Schalke 04 mit jeweils zwei Zählern und einem Torverhältnis von 2:0.

Als 29 Spieltage später abgerechnet wurde, stand der 1. FC Köln noch immer an der Tabellenspitze, während Schalke auf Rang 8 abgerutscht war. Nur einmal waren die Geißböcke von Platz 1 verdrängt worden – am dritten Spieltag hatte der HSV das Feld angeführt. Der erste Meistertitel für die Rheinländer war folglich verdient und wurde vornehmlich Trainer Georg „Schorsch" Knöpfle zugeschrieben, der vor Saisonbeginn von Werder Bremen gekommen war und den schon damals berühmt-berüchtigten „Kölschen Klüngel" erfolgreich bekämpft hatte. Routinier und 1954er-Weltmeister Hans Schäfer, Mittelstürmer Hans Sturm sowie der talentierte Regisseur Wolfgang Overath waren die Stützen der Meisterelf. Als eigentlicher Vater des Erfolges galt allerdings Präsident Kremer, der als Mitverfasser des Bundesligastatuts wie kaum ein Zweiter auch dessen Lücken kannte und sie entsprechend auszunutzen wusste. Kremer ließ beispielsweise regelmäßig eine Trainingseinheit ausfallen und dafür ein Freundschaftsspiel austragen, wofür er Siegprämien auszahlen konnte. Darüber hinaus legte er Spielereinkünfte in Bausparverträgen an und verschaffte seinen Akteuren dadurch billige Kredite zum Immobilienerwerb.

Deutscher Meister 1964: 1. FC Köln

Nicht überall herrschte jedoch Bundesligaeuphorie. Im niedersächsischen Peine beispielsweise wies die Lokalpresse im September 1963 unter der Überschrift „Nicht so viel Rummel um die Bundesliga machen" darauf hin, dass es auch noch den Amateurfußball gäbe. „Jeder weitere Rummel ist überflüssig. Denn neben den Veranstaltungen der Fast-Profis finden noch ungezählte Amateur-Veranstaltungen statt. Hier betätigen sich Amateure aus Freude an ihrer Sportart, opfern ihre Freizeit und nehmen manche Entbehrung auf sich." Zwei Monate später hieß es im selben Blatt: „Krankte der deutsche Fußballsport bisher an dem Fehlen einer Leistungsspitze, so scheint er jetzt auf dem besten Wege zu sein, seine gesunden Fundamente zu zerstören. Presse, Rundfunk und Fernsehen sind dabei ungewollte Helfer, indem sie durch Überbetonung des Spitzensportes bei Millionen die vernünftige Relation zwischen den Leistungsstufen verwischen."[1] Der Konflikt zwischen Profi- und Amateurbefürwortern war also noch nicht ausgestanden.

Vizemeister wurde überraschend der Meidericher Spielverein, gegen dessen Berechtigung, überhaupt im Oberhaus mitmischen zu dürfen, bis November 1963 von Alemannia Aachen gerichtlich gestritten worden war. Die Meidericher Zebras hatten

Nur zwölf Monate mischt Preußen Münster in der Bundesliga mit. Immerhin war das Preußen-Stadion regelmäßig gestapelt voll – wie hier beim 1:1 gegen den HSV.

mit der Verpflichtung des etwas rundlich gewordenen 1954er Helden Helmut Rahn für Furore gesorgt. Ihren bis heute größten Vereinserfolg verdankten sie aber vor allem dem aus Koblenz stammenden Trainer Rudi Gutendorf, der das Team der Nobodys mit einer einzigartigen „Riegel-Taktik" nach oben befördert hatte. Der MSV hatte allerdings auch Glück, denn hätte nicht der Torquotient, sondern (wie heute) die Tordifferenz gegolten, wäre die in der Rückrunde schier unbezwingbare Frankfurter Eintracht Vizemeister geworden. Ohnehin konnten sich die Wedaustädter von Platz 2 nicht viel mehr als einen Eintrag in die Annalen der Bundesligageschichte kaufen, denn den UEFA-Pokal gab es noch nicht.[2] Im Europapokal der Landesmeister hatte derweil Titelverteidiger Borussia Dortmund auf sich aufmerksam gemacht und war bis ins Halbfinale vorgedrungen, wo die Schwarz-Gelben an Inter Mailand scheiterten.

Während mit Franz Kremer einer der „Bundesligaväter" stolz die Deutsche Meisterschaft feiern konnte, herrschte bei Kremers Mitstreiter Hermann Neuberger Tristesse. Sein 1. FC Saarbrücken, unter eher zwielichtigen Umständen ins Oberhaus aufgenommen, konnte im Konzert der Großen nicht mithalten und stieg gemeinsam mit den Münsteraner Preußen ab.

Zum „Glück" für Saarbrücken war mit Einführung der Bundesliga auch die Zweitklassigkeit reformiert worden. Allerdings war nicht die von vielen (darunter Neuber-

Spieler der Stunde ■ Max Morlock

„Die Jungens brauchen mich", meinte Max Morlock vor Beginn der ersten Bundesligasaison und schnürte 38-jährig noch einmal die Stiefel. 21 Begegnungen bestritt der Weltmeister von 1954 und war damit einer der wenigen Akteure, der sowohl in der Gauliga (Morlock debütierte am 30. November 1941 in der Gauligaelf des FCN), in der Oberliga wie auch in der Bundesliga spielte. Nicht nur deshalb ist der bescheidene Franke repräsentativ für eine Spielergeneration, die Deutschlands Fußball über viele Jahre prägte, aber selbst nicht viel davon hatte. Erst die Nazizeit, dann der Krieg mit seinen Folgen, schließlich die unsäglich DFB-Politik in Sachen Profifußball – Morlock blieb nicht viel mehr als eine gut frequentierte Toto-Annahmestelle auf der Rückseite des Nürnberger Bahnhofs. Und eine Menge Ruhm.

ger) geforderte „2. Bundesliga" gekommen, vielmehr hatte man einfach die von ihren Spitzenklubs befreiten alten Oberligen zu „Regionalligen" erklärt und ihnen das alte Vertragsspielerstatut aufgedrückt (in der Bundesliga gab es ja nun „Lizenzspieler"). Regionalligaspieler waren folglich „Hobbyfußballer", die lediglich eine „Aufwandsentschädigung" bekamen und einem „ordentlichen" Beruf nachzugehen hatten. Einerseits wurde mit der „Reform" zumindest dafür gesorgt, dass es bundesweit einheitliche Spielklassen gab. Andererseits war das Verhältnis zwischen 16 Erst- und 88 Zweitligisten höchst bedenklich, und der Abstieg aus der Bundesliga zog entsprechende Konsequenzen nach sich. Der Etat musste auf bis zu 10% des aus Bundesligatagen gewohnten heruntergefahren werden, und die Umstellung von Lizenz- auf Vertragsspielertum war ebenfalls kein Zuckerschlecken. In diesem Bereich sollte sich in den kommenden Jahren eine neue „Grauzone" entwickeln.

Der umgekehrte Weg, also der Sprung von der Regionalliga ins Oberhaus, war nicht viel einfacher. Zunächst musste man einen der ersten beiden Plätze seiner Regionalligastaffel belegen, ehe es in der Aufstiegsrunde um „alles" oder „nichts" ging. Ähnlich wie bis dato die Endrunde um die Deutsche Meisterschaft fand die Mini-Meisterschaft im anbrechenden Hochsommer statt und war begleitet von bisweilen mörderischen Temperaturen. Die vom langen Saisonverlauf ohnehin ausgelaugten Teams mussten binnen weniger Wochen einen vollgepfropften Terminplan durchpeitschen und zahlten in der Folgesaison nicht selten die Zeche für die verkürzte Sommerpause. Zumindest bei den Fans hatte die Aufstiegsrunde allerdings Kultcharakter, da sie den besonderen Thrill besaß und eine auf vier Wochen komprimierte Spannung verhieß.

In der Auftaktsaison 1963/64 waren die Regionalligen noch geprägt von einem Ausscheidungsprozess, den die Bundesligaeinführung mit sich gebracht hatte. In allen Staffeln sonderten sich sowohl an der Spitze als auch am Ende Teams recht deutlich ab. So lagen beispielsweise im Südwesten mit Neunkirchen und Pirmasens zwei Teams vorne, die weit über 100 Tore geschossen hatten (106 bzw. 128), während Landau und Niederlahnstein mit jeweils mehr als 100 Gegentreffern (110 bzw. 123) abstiegen. In der Aufstiegsrunde setzten sich mit Borussia Neunkirchen und Hannover 96 zwei jener Teams durch, die ein Jahr zuvor bei der Frage nach den künftigen Bundesligisten im ernsthaften Kandidatenfeld gewesen waren. Aachen und Bayern München hingegen scheiterten ebenso wie der vom damaligen hessischen Justizminister und späteren Bundesverkehrsminister Dr. Lauritz Lauritzen massiv unterstützte KSV Hessen Kassel. Die Offenbacher Kickers, die ebenfalls bis in den Herbst 1963 hinein auf nachträgliche Einstufung in die Bundesliga geklagt hatten, wurden im Süden nur Dritter und verpassten die Aufstiegsrunde.

Dramatisch war der Zuschauereinbruch bei den neuen Regionalligisten. Arminia Hannover beispielsweise musste mit einem Schnitt von 7.588 einen Rückgang um mehr als die Hälfte gegenüber der letzten Oberligasaison hinnehmen – dabei hatten die „Blauen“ sogar noch das Stadtderby gegen die „Roten“ (96) gehabt, das ihnen in der Folgesaison fehlen würde. Schwarz-Weiß Essen erwischte es noch ärger: Von den durchschnittlich rund 14.000 der Spielzeit 1962/63 waren in der ersten Regionalligasaison nur noch gut 5.200 gekommen, was ein Riesenloch in den Etat riss. In Berlin verbuchte man einen Zuschauerschwund von insgesamt rund 55% und machte sich bereits ernsthaft Sorgen um die Lebensfähigkeit der Stadtliga. Die bedrohlichen Einbußen ließen die Forderungen nach einer 2. Bundesliga sofort wieder laut werden. Der DFB war prinzipiell durchaus bereit, eine weitere bundesweite Lizenzspielerklasse einzuführen, musste sich aber dem Diktat der Regionalverbände beugen, die die Einführung mehrheitlich ablehnten, weil sie nicht noch mehr Macht abgegeben wollten. Ihr Bestreben, möglichst viel für die eigenen Vereine zu tun, schien mit der Bundesligaeinführung (die ja unter Obhut des DFB stand) eine Klasse tiefer gerutscht zu sein.

Dass die Regionalligisten sportlich durchaus mitzuhalten verstanden, bewies Altona 93 im DFB-Pokal. Im Halbfinale musste sich der Hamburger Traditionsverein erst in der Verlängerung dem TSV München 1860 beugen. Zuvor hatten die Schwarz-Weiß-Roten immerhin Borussia Mönchengladbach, den Duisburger Spielverein und den Karlsruher SC ausgeschaltet. Im Finale setzten sich die Münchner Löwen mit 2:0 gegen Eintracht Frankfurt durch.

Mannschaft der Stunde ■ 1. FC Köln

Kein Team ging besser vorbereitet in die Bundesliga als der 1. FC Köln – und kein Team war besser in der ersten Bundesligasaison als der 1. FC Köln. Die von ihrem Präsidenten Franz Kremer modern geführten Rheinländer erwarben sich den ersten Titel eines Bundesligameisters mit Fug und Recht. Der an Real Madrid orientierte FC – deshalb die schneeweiße Spielkleidung – hatte eine spielstarke Mischung aus alten Recken wie Weltmeister Schäfer und jungen Wilden wie Overath, Thielen und Weber beisammen, die von Trainer Schorsch Knöpfle perfekt angeführt wurde. Ein Traumstart mit 11:1 Punkten legte den Grundstein zum Titelgewinn, am Ende wiesen die Geißböcke sechs Zähler Vorsprung auf Vizemeister Meiderich auf. Weil die Geißböcke anschließend in unregelmäßigen Abständen ihren „Klüngel“ pflegten, blieb der Titelgewinn von 1963/64 für lange Zeit der letzte.

1964/65: Die Liga verliert ihre Unschuld

1964/65 kam das, was viele Kritiker schon bei Bundesligagründung vorausgesagt hatten: der erste Skandal. Dass das Lizenzspielerstatut angesichts der Summen, die in Ländern wie Italien gezahlt wurden, völlig unzureichend war, war zu befürchten gewesen. Fast jeder Verein versuchte die Lohngrenzen zu umgehen, um seine Spitzenkräfte bei Laune, sprich im Verein, zu halten. Der 1. FC Nürnberg beispielsweise hatte schon 1963/64 die eigentlich nur für „Spitzenspieler" gedachte Möglichkeit, eine zusätzliche Prämie zu zahlen, auf sein gesamtes Team inklusive der Ersatzspieler angewandt. Schalke 04 hatte dem KSC derweil Nationalspieler Günter Herrmann sowie Ersatzmann Hans-Georg Lambert abgekauft und jeweils die Höchstablösesumme von 50.000 DM gezahlt. Lambert war aber nur ein Bruchteil dessen wert, und eigentlich hatte Schalke die doppelte Summe für Herrmann gezahlt. Wenig später wurde bei Schalke übrigens die Steuerfahndung vorstellig...

Profiteure der Profi-Grauzone waren vor allem die Spielervermittler, die bei jedem Transfer mitkassierten. Dr. Georg Otto Ratz beispielsweise, ein international anerkannter Experte für den In- und Export von Fußballspielern, trug den entlarvenden Spitznamen „Mr. Zehnprozent". Sein vor allem bei Hertha BSC engagierter Kollege Raymond Schwab sah sich sogar Bestechungsvorwürfen durch Münsters Stürmer Manfred Rummel ausgesetzt. Schwab habe ihm, behauptete Rummel, 1963/64 3.000 DM geboten, sollte er im Spiel gegen Kaiserslautern verletzt ausfallen und damit der auf den letzten Tabellenplatz zurückgefallenen Berliner Hertha helfen (Münster war Herthas Abstiegskontrahent). Obwohl Rummel Zeugen aufbot, verlief das Verfahren im Sande – der DFB schien kein gesteigertes Interesse an der Angelegenheit zu haben.

Schwarze Kassen waren praktisch bei allen Klubs üblich, und es kam, wie schon seit Jahrzehnten, eigentlich nur darauf an, sich nicht erwischen zu lassen. Genau das tat 1964/65 aber die Berliner Hertha. Sie zahlte ihren Akteuren deutlich mehr als das Statut vorsah, stellte sich dabei aber derart ungeschickt an, dass der DFB nicht umhin kam, sie zu bestrafen. Der Fußballbund löste damit eine peinliche bis groteske Abfolge von Ereignissen aus, die die Bundesliga schon in ihrem zweiten Jahr in ihren Grundfesten erschütterte. Es begann am 28. Februar 1965, als DFB-Finanzbuchhalter Ziegler Hertha BSC Berlin einen Besuch abstattete. Es war nicht das erste Mal, dass Ziegler die Bücher der Hertha prüfte – doch es war das erste Mal, dass er sich nicht angekündigt hatte. Bei der Hertha fiel man aus allen Wolken, als Ziegler aufdeckte, dass die Berliner nicht nur zu viel Geld gezahlt hatten, sondern zudem auf einem stattlichen Schuldenberg in Höhe von 200.000 DM saßen. Hertha hatte mit allen Tricks gearbeitet. Bei Spielerverpflichtungen waren beispielsweise stets zwei Verträge angefertigt worden: ein „offizieller" für den DFB mit den höchstzulässigen Summen, und ein anderer, in dem die „wirklichen" Vereinbarungen festgehalten worden waren. Die dafür notwendige „doppelte" Buchführung hatte zum erwähnten Defizit geführt und ließ den DFB handeln. Trotz vehementer Proteste und beleidigter Verweise auf vergleichbare Praktiken

Die Bayern kommen! Mit einem 2:0-Sieg über Tennis Borussia Berlin in der Bundesligaaufstiegsrunde kam der heutige Rekordmeister der Bundesliga wieder ein Stückchen näher. Bemerkenswert: In München stand 1965 bereits ein Zaun um das Spielfeld!

bei anderen Vereinen[3] entzog der DFB den Berlinern wegen Verstoßes gegen das Spielerstatut die Lizenz und verbannte sie in die Regionalliga. Ebenfalls gesperrt wurde Torhüter Fahrian, der zugegeben hatte, mehr als erlaubt bekommen zu haben.

Damit war der Fall für den DFB eigentlich erledigt. Allerdings hatte der Fußballbund noch ein Problem, denn nicht nur die beiden sportlichen Absteiger – neben dem Karlsruher SC pikanterweise auch Altmeister Schalke 04 – meldeten Ansprüche auf den nach Herthas Ausschluss freigewordenen Bundesligaplatz an, sondern auch Berlin. Dort forderte man mit Verweis auf die besondere politische Lage – die Mauer stand seit vier Jahren, Kennedy hatte gerade erst behauptet, er sei ein Berliner – einen Nachrücker aus der gespaltenen Stadt. Wochenlang wurde diskutiert und um eine Lösung gerungen, wobei es drunter und drüber ging. Eine zunächst geplante Relegationsrunde zwischen dem KSC, Schalke, dem SSV Reutlingen 05 (bester Zweiter der beiden Aufstiegsrunden-Staffeln 1964/65) sowie Tasmania Berlin beispielsweise musste 24 Stunden vor dem Start abgeblasen werden, weil sie auf rechtlich unsicheren Füßen stand. Der DFB, der am liebsten einfach den Vorletzten KSC im Oberhaus belassen hätte, musste sich schließlich den Berliner Forderungen beugen und entschloss sich daraufhin zu einem ganz großen Schnitt: Erhöhung der Bundesliga auf 18 Teilnehmer, womit beide Absteiger drin blieben und Herthas Platz an einen anderen Berliner Verein gehen konnte. Der jedoch war nicht, wie man hätte erwarten können, der amtierende Regionalmeister Tennis Borussia, sondern der Regionalligadritte Tasmania 1900. Begründung des DFB: Tennis Borussia sei in der Aufstiegsrunde gescheitert und käme damit aus sportlichen Gründen nicht in Frage... Vizemeister Spandauer SV hatte übrigens von sich aus verzichtet.

Abgesehen vom Fall Hertha hatte sich das Oberhaus in seinem zweiten Jahr weiter etabliert. Um fast eine halbe Million stieg die Zuschauerzahl gegenüber der Vorsaison, womit bewiesen war, dass die Fans die neue Klasse angenommen hatten. Hilfreich war sicherlich, dass überwiegend guter Sport geboten worden war. Aufsteiger Hannover 96 beispielsweise hatte sich mit forschem Angriffsfußball Platz 5 gesichert und war auf einen Zuschauerschnitt von 41.000 gekommen. Der Abstiegskampf indes war von Dramatik geprägt und hatte mit Schalke, Hertha, Kaiserslautern, Stuttgart und dem HSV gleich fünf ehemalige Deutsche Meister erfasst; dazu kam Ex-Pokalsieger KSC. Bei Schalke 04 drohten frühzeitig sämtliche Lichter auszugehen. Ausgerechnet unter Präsidentschaft von Fußball-Legende Fritz Szepan musste sogar die marode Kampfbahn Glück-Auf an die Stadt Gelsenkirchen veräußert werden, um den existenzbedrohenden Schuldenberg etwas zu reduzieren. Am Ende konnte man sich bei der Hertha bedanken, dem Abstieg entgangen zu sein. Dass diese Entscheidung allerdings erst zwei Wochen vor Beginn der Spielzeit 1965/66 fiel, sorgte nicht nur im Lager der Königsblauen für hektische Betriebsamkeit.

Nach Abwicklung des Skandals zog der DFB weitere Konsequenzen und erhöhte die im Bundesliga-Statut verankerten Hand- und Treuegelder von 10.000 auf 15.000 DM. Ein Jahr später wurden das Mindest-Grundgehalt auf 400 DM und die Transfersummen für Lizenzspieler auf 100.000 DM bzw. für Vertragsspieler (Regionalliga) auf 75.000 DM angehoben. Grundsätzlich waren sogar noch höhere Ablösesummen möglich, was aber die Genehmigung durch den Bundesliga-Kontrollausschuss erforderte. Darüber hinaus war es nunmehr erlaubt, bei Vertragsabschluss bzw. -verlängerung eine einmalige Summe von bis zu 20.000 DM zu zahlen. Zaghafte Schritte des DFB in Richtung wirkliches Profitum, die jedoch noch immer meilenweit entfernt von den Möglichkeiten im Ausland waren.

Deutscher Meister der Spielzeit 1964/65 wurde mit Werder Bremen ein Team, mit dem niemand gerechnet hatte. In der Auftaktsaison waren die Grün-Weißen noch vom Abstieg bedroht gewesen und hatten sich vor allem im Abwehrbereich als nicht bundesligatauglich erweisen. Doch mit der Verpflichtung von Horst-Dieter Höttges (aus Mönchengladbach) sowie Heinz Steinmann (aus Saarbrücken) war Werder-Coach Multhaup ein geschickter Schachzug gelungen, zumal auch der aus Schalke gekommene Stürmer Klaus „ZickZack“ Matischak einschlug. Ganze 29 Gegentreffer kassierten die Norddeutschen in ihren 30 Ligaspielen und legten damit den Grundstein für ihre Sensationsmeisterschaft. Selbst Trainer Multhaup war überrascht: „Wenn mir jemand zu

Beginn der Saison gesagt hätte, wir würden Meister werden, ich hätte ihn für verrückt erklärt." Werders Erfolgsrezept war das von der Presse als „magisches 4-2-4" gefeierte innovative System, mit dem Werder den „modernsten Fußball in der Bundesliga" hatte spielen lassen. Der amtierende Deutsche Meister 1. FC Köln leistete sich am vorletzten Spieltag ein 0:0-Unentschieden gegen Nürnberg und brachte sich damit selbst um die Chance der Titelverteidigung.

Deutscher Meister 1965: SV Werder Bremen

Die Spielzeit 1964/65 hatte zudem eine Novität gebracht. Am 30. April 1965 war erstmals an einem Samstagabend die „Sportschau" über die Bildschirme geflimmert. Bis dato hatten sich die Fans bis Sonntagabend gedulden müssen, um ein paar Auszüge der Begegnungen als „Konserve" zu sehen zu bekommen.[4] Nun ging es Samstagabend Schlag 18 Uhr los – eine Zeit, die bis 1988 den Alltag vieler Fußballfans in Deutschland bestimmen sollte. Binnen einer Stunde wurden zwei bis drei Bundesligapartien in Ausschnitten gezeigt (mehr erlaubte der DFB aus Furcht vor zurückgehenden Zuschauerzahlen nicht) und die notwendigen Informationen über alle anderen Partien geliefert. Die „Sportschau" sollte die Wahrnehmung der Fans bezüglich des Spiels schleichend verändern. Durch die Reduzierung des Spiels auf acht bis neun Minuten bzw. das Spektakulärste (zumeist Tore oder Torraumszenen) erhielten die Partien einen Spannungscharakter, den sie in der Realität gar nicht gehabt hatte. Auch die Möglichkeit der Wiederholung strittiger Szenen bzw. die Zeitlupe trug dazu bei, dass die Fans Fußball als ein Ereignis mit konzentrierter Spannung empfanden – und sich wunderten, wenn sie – live im Stadion dabei – auch weniger spannende Phasen erlebten bzw. reflexartig nach „Wiederholung" oder „Zeitlupe" verlangten, wenn ein Tor gefallen war.

Die Regionalliga war auch in ihrer zweiten Saison unbeirrt den Weg in Richtung „Armenhaus" marschiert. Arminia Hannover beispielsweise kam ohne Lokalderby gegen 96 nur noch auf rund 5.800 Fans pro Spiel, was zum Überleben kaum noch ausreichte. In Berlin wurden bereits regelmäßig Zuschauerzahlen von unter 1.000 gemeldet. Südwest-Regionalligist Sportfreunde Saarbrücken zog als erster Klub die Konsequenzen und gab seinen freiwilligen Rückzug zum Saisonende bekannt. Lediglich die Spitzenklubs erfreuten sich an akzeptablen Besucherzahlen, die in der Aufstiegsrunde sogar weiter anstiegen. Namentlich der FC Bayern München, der zum zweiten Mal in Folge über 100 Saisontore geschossen hatte, konnte regelmäßig vor Kulissen von bis zu 45.000 Fans antreten. Im Gegensatz zum Vorjahr setzten sich die von Tschik Cajkovski trainierten Bayern diesmal übrigens durch und stiegen mit zweijähriger Verzögerung ins Oberhaus auf. In der Parallelgruppe hatte Westmeister Borussia Mönchengladbach mit seinem blutjungen Regisseur Günter Netzer gegen die Konkurrenz aus Reutlingen, Kiel und Worms zwar etwas mehr Probleme, stand am Ende aber ebenfalls als Aufsteiger fest. Beide Teams sollten schon wenig später Bundesligageschichte schreiben und stehen für eine tief greifende Veränderung im deutschen Spitzenfußball.

Im Pokal überraschte erneut ein Zweitligist: Alemannia Aachen. Die wegen ihrer eng gestreiften schwarz-gelben Trikots „Kartoffelkäfer" genannten Grenzstädter schalteten auf dem Weg ins Finale mit Hannover 96 und Schalke 04 immerhin zwei Erstligisten aus, unterlagen jedoch im Endspiel Borussia Dortmund mit 0:2. Fußballgeschichte schrieb derweil Pokalsieger TSV München 1860, der am 19. Mai 1965 im Finale um den Europapokal der Pokalsieger stand. Nach Eintracht Frankfurt (1959) war es erst das zweite Mal, dass ein bundesdeutsches Team ein Europacupfinale erreichte. Wie Frankfurt anno 1959 unterlagen aber auch die Löwen – Gegner West Ham United nutzte den Heimvorteil und setzte sich im Londoner Wembleystadion mit 2:0 durch.

1965/66: Berliner Debakel

Deutscher Meister 1966: TSV 1860 München

Zwölf Monate später hatte der TSV München 1860 wieder Grund zum Jubeln. In einem dramatischen Saisonfinish entrissen die Schützlinge von Max Merkel Borussia Dortmund den schon sicher geglaubten Titel und wurden zum ersten (und bislang letzten) Mal in der Vereinsgeschichte Deutscher Meister. Drei Spieltage vor Schluss hatte Borussia Dortmund nur noch ein kümmerlicher Punkt zum Titelgewinn gefehlt, und da die Westfalen zugleich ins Finale des Europapokals der Pokalsieger eingezogen waren, standen am Borsigplatz sämtliche Zeichen auf Feiern. Dann jedoch setzte es eine 0:1-Niederlage bei Titelverteidiger Werder Bremen, der die Nerven blank legte, zumal es im letzten Heimspiel ausgerechnet zum Duell mit dem hartnäckigsten Verfolger TSV München 1860 kam. Die Löwen gewannen das zum „Endspiel" hochstilisierte Match vor 35.000 Zuschauern in der Dortmunder Roten Erde mit 2:0 und zogen damit an den Borussen vorbei auf Rang 1. Eine Position, die die Münchner um Torjäger Brunnenmeier sieben Tage später mit einem ermauerten 1:1 gegen den HSV erfolgreich verteidigten. Der BVB hielt sich derweil im Europapokal schadlos und sicherte sich mit einem 2:1-Verlängerungssieg über den FC Liverpool als erster deutscher Klub einen Europapokal.

Ebenso wie Werder Bremen in der Vorsaison war auch München 1860 ein „Überraschungsmeister". Intern hatte es im Saisonverlauf mächtig gekracht im Lager der Löwen, und es war sogar zu einem Aufstand gegen Trainer Max Merkel gekommen. 1860-Präsident Adalbert Wetzel hatte seinem Coach zwar demonstrativ den Rücken gestärkt, doch letztendlich war die Spielerrevolte das entscheidende Zünglein an der Meisterwaage. Der tief gekränkte Wiener „Zampano" zog sich schmollend zurück und überließ die Spieler sich selbst, woraufhin sie unter reduzierter Trainingsleistung ihre Spielfreude zurückgewannen und Kurs auf den Titelgewinn nahmen.

1860 war nicht der einzige gefeierte Klub in München. Lokalrivale und Aufsteiger FC Bayern war mit seiner jungen Elf um die designierten Superstars Franz Beckenbauer, Sepp Maier und Gerd Müller Dritter geworden (bis dahin bester Aufsteiger der Bundesligageschichte) und hatte sich zudem den Pokalsieg gesichert. Da München am 26. April 1966 auch noch die Olympischen Spiele 1972 zugesprochen bekommen hatte, war die bayerische Landeshauptstadt binnen zwölf Monaten zur Hochburg des deutschen Fußballs bzw. Sports avanciert. Davon war beim Lokalderby allerdings nichts zu sehen gewesen. „60 gegen Bayern ist ein interner bayrischer Machtkampf, eine Prestige-Schlacht, eine Wirtshausrauferei", hatte die Presse im August 1965 geschrieben – und Recht behalten. „Es war das widerwärtigste, hässlichste und schlimmste der bislang 150 Derbys", hieß es nach dem 1:0-Sieg der Sechziger, deren Treffer der zu Saisonbeginn aus Dortmund gekommene Timo Konietzka nach gerade einmal 40 Sekunden erzielt hatte.

Mit einem 2:1-Sieg über Liverpool wurde Borussia Dortmund erster Europapokalsieger der Bundesrepublik. Gefeiert wurden u.a. „Fischken" Multhaup und Kapitän Wolfgang Paul.

1860 und Bayern standen exemplarisch für den begonnenen Umbruchprozess im Bundesligafußball. Zunehmendes Selbstbewusstsein der Spieler ließ die Teams zu Zweckgemeinschaften werden, in denen jeder nach größtmöglichem Erfolg strebte, ohne dabei zu vergessen, dass dieser im Fußball üblicherweise nur im Kollektiv erzielt werden kann. Bei 1860 war es der erwähnte „Aufstand" gegen Trainer Merkel, bei den Bayern waren es Spieler wie Beckenbauer und Maier, die sich längst nicht mehr alles gefallen ließen. Im Gegensatz zu den berüchtigten Enfants terribles, die es von Beginn an im Fußball gegeben hatte, war ein Spieler wie Beckenbauer aber nicht einfach „aufmüpfig", sondern verfolgte zielstrebig sein eigenes Konzept von „Erfolg". Dazu war es beispielsweise auch nötig, einen gewissen „Sympathiewert" zu pflegen (was der Typ des Enfant terrible für gewöhnlich nicht tat). Nicht umsonst war galt Franz Beckenbauer als „idealer Schwiegersohn" und war einer der ersten Bundesligaspieler, der von der Werbeindustrie angeheuert wurde (Knorr-Suppen) sowie eine Schlagerplatte aufnahm („Gute Freunde kann man niemals trennen"). Wenige Wochen nach Saisonende sollte Beckenbauer bei der WM in England seinen Marktwert übrigens deutlich steigern und zudem den internationalen Durchbruch feiern. Noch aktiver im Bereich Selbstdarstellung war 1860-Keeper Radenkovic, der mit seinem Schlager „Bin i Radi" Erfolg hatte: Platz fünf in der Hitparade und 400.000 verkaufte Singles.

Dieser „berechnende Erfolgstyp" war sonst nur noch bei Bayerns Mitaufsteiger Borussia Mönchengladbach zu finden, wo mit Trainer Hennes Weisweiler allerdings ein Übervater agierte und sich dadurch eine etwas andere Konstellation entwickelte. Am Gladbacher Bökelberg war es vor allem Günter Netzer, der mit seinen langen blonden und wehenden Haaren die Rolle des „Revolutionärs" verkörperte und in der Mannschaft eine Sonderrolle einnahm. Weisweilers „Fohlen" bestanden ansonsten aus eher biederen Typen wie Berti Vogts oder Hacki Wimmer, denen niemand etwas Aufmüpfiges zutraute.

Dramatische, geradezu traumatische Ausmaße nahm der Abstiegskampf an, in dem Tasmania 1900 Berlin zahlreiche legendäre Rekorde aufstellte. Die im Zuge des Hertha-Skandals durch die Hintertür in die Bundesliga gerutschten Neuköllner hatten erst zwei Wochen vor Saisonbeginn die Bundesligalizenz bekommen und daraufhin rasch ihre im Urlaub befindliche Mannschaft zusammengetrommelt, sie noch schnell mit Italien-Heimkehrer Horst Szymaniak verstärkt und dann ins Bundesligarennen geschickt. Mit einem 2:0-Auftaktsieg über den Karlsruher SC hatten die Blau-Weißen einen Traumstart gefeiert, waren jedoch schon eine Woche später beim 0:5 in Mönchengladbach auf den Boden der Tatsachen befördert worden. Die Saison wurde zu einer einzigen Katastrophe, und erst am letzten Spieltag gelang den Tasmanen beim 2:1 gegen Mitabsteiger Borussia Neunkirchen der zweite Saisonsieg. Unterm Strich standen unschlagbare 8:60 Punkte und das sagenhafte Torverhältnis von 15:108. „Der DFB wusste doch, dass wir sofort wieder absteigen. Berlin hat dann sein Bonbon gehabt, der Abstieg ist dann eine sportliche Entscheidung. Nee, nee, wir hätten sagen müssen: Schönen Dank, lieber DFB, aber nicht für diese Saison. Wir bereiten uns lieber für ein Jahr vor“, ärgerte sich Kapitän „Atze“ Becker noch Jahre später über die eigene Dummheit.

Die Bandenwerbung war noch nicht erfunden, die Trikots trugen noch tiefe V-Ausschnitte. Bundesligafußball am 8. Oktober 1966 beim Duell Gladbach gegen KSC.

Während man in Berlin nach Saisonende vor einem Scherbenhaufen saß, herrschte in Gelsenkirchen-Schalke pure Glückseligkeit. Mit einem Kraftakt war der schon in der Vorsaison nur am grünen Tisch dem Abstieg entronnene Altmeister erneut dem drohenden Sturz in die Regionalliga entgangen. Vor allem in der dramatischen Rückserie war der berühmte „Schalke-Geist" wieder zutage getreten und hatte geholfen, die notwendigen Punkte zum Klassenerhalt zu sichern. Am vorletzten Spieltag war mit dem 2:0-Sieg über Borussia Neunkirchen die erlösende Entscheidung gefallen.

Mit Schalkes Klassenerhalt und dem Aufstieg von Rot-Weiß Essen sowie Fortuna Düsseldorf[5], die sich in der Aufstiegsrunde jeweils aufgrund des besseren Torverhältnisses gegenüber St. Pauli und Pirmasens durchsetzten, erhöhte sich der Westanteil unter den 18 Bundesligisten auf sieben – jene Stimmen, die schon 1963 von einer „Überlegenheit des Westens" gesprochen hatte, wurden nun also nachträglich bestätigt. Abschied nehmen hieß es derweil von einem zweifachen Deutschen Meister. Viktoria 89 Berlin war den Gepflogenheiten im Spitzenfußball nicht mehr gewachsen und musste in die Amateurliga absteigen. Auch dort hielten sich die Nachfolger von Willy Worpitzky nur eine Spielzeit, ehe sie endgültig im Dickicht der unteren Spielklassen verschwanden. Doch dass die Blau-Weißen 1908 und 1911 auf dem Treppchen des Deutschen Meisters gestanden hatten, daran erinnerte sich außerhalb Berlins ohnehin keiner mehr.

1966/67: Mit Beton zur Meisterschaft

In Deutschland „swingte" und brodelte es. Mit der Popmusik schuf sich eine neue Generation eine eigene Kultur, und ihre politischen Köpfe rüttelten an der gesellschaftlichen Erstarrung und an einer verdrängten Vergangenheitsbewältigung. Insbesondere an den Universitäten meldeten sich kritische Stimmen, die sowohl die bundesdeutsche Politik als auch die Gepflogenheit des US-amerikanischen Partners vor allem in Asien (Korea, Vietnam) kritisch beleuchteten. Sichtbares Zeichen dieser ersten Vorboten der „APO" (Außerparlamentarische Opposition) waren lange Haare auf den Köpfen der Männer und immer kürzer werdende Frauenröcke.

Auch in der Bundesliga tauchten erste „Langhaarige" auf und riefen den Unmut konservativer Fans hervor, die von „weibischer Tracht" sprachen und einen eklatanten Werteverfall ausmachten. Für Fans jener Couleur wird es eine Genugtuung gewesen sein, dass der Deutsche Meister des Jahre 1967 komplett in gewohnter Kurzhaarfrisur auftrat und zudem als Paradebeispiel für Beschaulichkeit und Bescheidenheit galt: Eintracht Braunschweig. „Unser Erfolgsrezept heißt Treue und Freundschaft", bekannte Eintracht-Trainer Johannson stolz. Wie Werder Bremen zwei Jahre zuvor hatte die Eintracht kein Experte ernsthaft auf seiner Titelrechnung gehabt. Wohl aber auf einer Liste der möglichen Absteiger, wie beispielsweise die „Frankfurter Allgemeine", die vor Saisonbeginn ankündigte, dass „die Hanse der Bundesligastädte als nächsten Fremdkörper die biederen Braunschweiger abstoßen" würde.

Doch in Braunschweig funktionierten noch Werte, die anderswo bereits entsorgt waren. Trainer Johannson hatte das unumschränkte Sagen, Präsident Fricke stand der ganzen Angelegenheit als verständnisvoller, in der Sache aber dennoch unnachgiebiger Patriarch vor, und für jeden Eintracht-Akteur war „Teamgeist" wichtiger als „Individualismus". Selbst der von Arminia Hannover gekommene und latent aufmüpfige Regisseur Lothar Ulsaß hatte sich in Braunschweig unterzuordnen gelernt und durfte zum Dank in der Nationalelf debütieren. Braunschweigs Erfolgsgarant war eine stabile Abwehr. Ganze 27 Treffer kassierten die Blau-Gelben in 34 Spielen – zwei weniger als Werder Bremen zwei Jahre zuvor, wobei die Bremer seinerzeit sogar noch zwei Spiele weniger bestritten hatten. Mit einer beachtlichen Vorrunde hatte sich der vermeintliche Abstiegskandidat in der Spitzengruppe eingenistet und war nach einem gelungenen Rückrundenstart erstmals als „möglicher Meister" gehandelt worden. Am Ende ging den Niedersachsen zwar ein wenig die Puste aus, doch nach einem torlosen Unentschieden bei Auf- und Absteiger Rot-Weiß Essen war man am Ziel, da Titelverteidiger München 1860 zeitgleich daheim gegen den 1. FC Nürnberg verloren hatte.

Deutscher Meister 1967: Eintracht Braunschweig

Braunschweig war der letzte Meister „alten Stils" in der deutschen Fußballgeschichte. Nie wieder sollte eine Mannschaft mit einer derartigen Bescheidenheit und Kollektivität den Titel erringen. Wie wichtig Trainer Johannson Disziplin und Kontinuität war, bekam Wolfgang Grzyb zu spüren, der zwar im entscheidenden Spiel in Essen dabei war, aber dennoch nicht mit auf das offizielle Meistermannschaftsfoto durfte, weil er nur auf 15 Saisonspiele gekommen war.

Titelverteidiger München 1860 beendete die Spielzeit zwar auf dem lediglich aus statistischen Gründen interessanten zweiten Rang, doch München ging bei der Trophäenverteilung der Spielzeit 1966/67 dennoch nicht leer aus. Der FC Bayern verteidigte nämlich den im Vorjahr von Borussia Dortmund erstmals nach Deutschland geholten Europapokal der Pokalsieger mit einem 1:0-Verlängerungssieg über die Glasgow Rangers. Damit begann der FC Bayern seine internationale Karriere, die ihn binnen weniger Jahre zu einem der geachtetsten Klubs auf europäischen Spielfeldern machen sollte. Schütze des goldenen Tores war Franz „Bulle" Roth.

Sorgenkind Nummer 1 blieb die Regionalliga. Dass deren sportliche Qualität für die Bundesliga nicht reichte, erfuhren beide Aufsteiger (Düsseldorf und Rot-Weiß Essen), die im Oberhaus nicht mithalten konnten. Ihren Nachfolgern Borussia Neunkirchen und Alemannia Aachen wurden ebenfalls keine großen Überlebenschancen eingeräumt. Dazu kamen weitere Einbrüche bei den Zuschauerzahlen. Arminia Hannover beispielsweise hatte seinen Schnitt im Vergleich zur Vorsaison trotz des Gewinnes der Nordmeisterschaft nur um 500 Zuschauer pro Spiel steigern können, und in der anschließenden Aufstiegsrunde hatte der Klub statt des erhofften Gewinnes sogar 80.000 DM zusätzliche Schulden eingefahren. Verzweifelt bemühten sich die Verantwortlichen um Wege aus dem Dilemma. Der Mainzer Stadtteilklub SV Weisenau beispielsweise änderte seinen Vereinsnamen in SVW Mainz, um attraktiver für Sponsoren zu werden.

Brave Braunschweiger Meisterelf: ordentlicher Haarschnitt und immer schön lieb gucken.

Als Reaktion auf die wachsenden Probleme der Regionalligisten beschloss der DFB, dass die Ablösesumme im Vertragsspielerbereich bis zu einer Höhe von 25.000 DM künftig frei ausgehandelt werden konnte. So sollte etwas von dem im Oberhaus angesammelten Geld nach unten abfließen. Zudem entfiel die im Vertragsspielerstatut verankerte „Drei-Mann-Klausel" – jeder Klub konnte nun bis zu 25 Spieler unter Vertrag haben. Eine zusätzliche Einnahmequelle hatte sich inzwischen durch das Fernsehen ergeben. 1965/66 hatte der DFB mit den öffentlich-rechtlichen Sendern erstmals einen Pauschalvertrag für die Verwertungsrechte abgeschlossen und dafür 640.000 DM bekommen. Für die Spielzeiten 1966/67-67/68 standen bereits 810.000 DM (ARD: 648.000 DM, ZDF: 162.000 DM) pro Saison zur Verfügung

1967/68: Der Zampano mit dem Zuckerbrot

„Ich glaube, diesmal werden wir mitmischen", hatte sich Nürnbergs Coach Max Merkel vor der Saison optimistisch geäußert. Außerhalb Frankens war man hingegen eher skeptisch gewesen. Zwar hatte Merkel den Club-Kader kräftig ausgemistet und mit Starek bzw. Cebinac frische Kräfte rekrutiert, doch den Titelgewinn traute dem Altmeister dennoch niemand zu. Kein Wunder: Beste FCN-Platzierung in der Bundesliga war bis dahin Rang 6 gewesen (1964/65 und 1965/66), und in der Vorsaison waren die Franken lediglich Zehnter geworden. Max Merkel aber wusste offenbar, wovon er sprach. Seine umstrittenen Arbeitsmethoden („Zuckerbrot und Peitsche") schienen am Valznerweiher auf fruchtbaren Boden zu fallen, denn schon am dritten Spieltag übernahm der FCN die Tabellenführung, die er bis zum Saisonende nicht mehr abgeben sollte. Lediglich eine kurze Krise, die am 25. Spieltag mit einer 2:3-Heimniederlage gegen Schalke begann und aus den vier nachfolgenden Spielen kümmerliche zwei Punkte brachte, sorgten kurzzeitig für Verwirrung.

Vorentscheidend war der 2. Dezember 1967, als sich der FCN in einen wahren Rausch spielte und den FC Bayern München mit einer 7:3-Packung nach Hause schickte. Aus diesen 90 triumphalen Minuten bezogen die Merkel-Schützlinge Selbstbewusstsein und Motivation für die gesamte Saison. Ihr Meisterstück lieferten die Franken am 18. Mai 1968 ab, als ein 2:0 bei Bayern München auch rechnerisch alles klar machte. Vater des Club-Erfolges war zweifelsohne Trainer Merkel, der mit seinem modernen Fußball („das Mittelfeld rasch überbrücken und konsequent mit drei Spitzen angreifen") sowie einer erstaunlichen Konstanz (Wabra, Leupold, Popp, Ludwig Müller, Wenauer, Ferschl, Cebinac, Stehl, Brungs, Heinz Müller und Volkert spielten fast die gesamte Saison durch, darüber hinaus kamen nur noch Toth, Hilpert, Schöll und Starek zu Einsätzen) die Weichen stellte. Dazu kam Merkels geschickte Auslegung der zu Saisonbeginn eingeführten Regel, dass im Falle einer Verletzung ein Spieler ausgetauscht werden konnte. Im Saisonverlauf war Gustl Starek zwölfmal für einen Mannschaftskameraden ausgetauscht worden – und nicht immer war der Neuzugang aus Österreich wirklich verletzt gewesen…

Beinahe noch überraschender als Nürnbergs Titelgewinn war Werder Bremens Vizemeisterschaft. Unter Trainer Fritz Langner, einem auf bewährte Kasernenhofmethoden zurückgreifenden „alten Fuchs", blieben die Norddeutschen monatelang ungeschlagen und sicherten sich die für die Vizemeisterschaft offiziell erlaubten 2.000 DM pro Nase. Leistungsträger waren die beiden Dänemark-Importe Bjørnmose und Danielsen. Tristesse herrschte derweil einige Kilometer südlich in Hannover, wo man nach der Verpflichtung von Jupp Heynckes und Josip Skoblar eigentlich Meisterschaftsträume gehegt hatte. Doch die beiden Großverdiener (7.000 DM pro Monat[6]) kamen in der „Mannschaft der Handwerker" („Hannoversche Allgemeine") nicht zurecht. Erstes Opfer war Trainer Buhtz, der nach der 1:3-Niederlage beim designierten Absteiger Neunkirchen gehen musste. Präsident Strothe, ein Verleger und Hobby-Funktionär, durfte derweil freimütig bekennen: „Wir arbeiten seit zwei Jahren in einem Geschäft, von dem wir keine Ahnung haben."

Hannover 96 steht symbolisch für den allmählich einsetzenden Verschuldungsstrudel, in den zahlreiche Bundesligisten (und noch mehr Regionalligisten) nun gerieten. Von den durchschnittlich 40.000 Zuschauern der hannoverschen Aufstiegssaison 1964/65 waren 1967/68 nur noch knapp 23.000 gekommen, was den Schuldenberg der Niedersachsen auf 1,8 Mio. DM getrieben hatte. Zum bedeutungslosen letzten Heimspiel gegen den MSV Duisburg hatte sich lediglich die Geisterkulisse von 4.000 Hartgesottenen eingefunden. Wie Hannover 96 lebten viele Klubs über ihre Verhältnisse – eine Folge der allmählichen Lockerung der wirtschaftlichen Beschränkungen, die den Wettbewerb um die Spieler zusätzlich angeheizt hatte und deren Folgen die Bundesliga-

Warner nun nachträglich zu bestätigen schienen. Nach Anhebung der Spielerbezüge (auf mindestens 650 und höchstens 1.200 DM) sowie der Summen für Handgelder und Transferzahlungen erlaubte der DFB schließlich 1968 außerdem die Zahlung von bis zu 20.000 DM zusätzlich zu den monatlichen Bezügen sowie eine Sonderprämie zum Saisonende in unbegrenzter Höhe.

Auch die Trainer profitierten von den neuen Möglichkeiten. Ex-Bayern-Coach Cajkovski beispielsweise kassierte bei Hannover 96 monatlich 20.000 DM. Mahnende Stimmen verhallten ungehört im Wind. Der 1967 verstorbene Bundesligavater Franz Kremer hatte angesichts der Etatsteigerungen vieler Klubs in Dimensionen zwischen 2 und 4,5 Mio. DM (in der Auftaktsaison hatte man noch mit Summen zwischen 700.000 und 1 Mio. kalkuliert) vergeblich vor den unabsehbaren Folgen gewarnt. Der Trend zum Vollprofitum war jedoch nicht mehr aufzuhalten, zumal inzwischen die europäischen Vereinswettbewerbe lockten, in denen das „große Geld" steckte. Dass unter diesen Umständen noch kein Verein bankrott angemeldet hatte, führten Experten lediglich auf die Tatsache zurück, dass die meisten Erst- und Zweitligisten noch im Besitz von Stadien und/oder Vereinsheimen waren, die sie beleihen bzw. an ihre Stadtväter verkaufen konnten.

Regelrecht zu bedauern war Absteiger Borussia Neunkirchen, der sich als erster Klub in der Bundesligageschichte mit einem vierstelligen Zuschauerschnitt (9.787) begnügen musste und von seiner sportlichen und wirtschaftlichen ruinösen Abstiegssaison nie wieder erholen sollte. Hoffnung für die geplagten Bundesligisten kam ausgerechnet aus dem Armenhaus Regionalliga, in der sich im dritten Anlauf endlich die Berliner Hertha durchgesetzt hatte. Mit ihrem Riesenstadion und gewaltigem Fanpotenzial würde sie, so hoffte man, 1968/69 die Zuschauerzahlen im Oberhaus wieder ankurbeln. Hertha hatte sich in der Aufstiegsrunde gegen Rot-Weiß Essen, das von Fritz Walter betreute Dorfteam des SV Alsenborn, Göttingen 05 (verpasste mit zwei Niederlagen jeweils durch Treffer in der Schlussminute bei Hertha BSC und Rot-Weiß Essen alle Chancen) sowie die harmlosen Hofer Bayern durchgesetzt[7]. In der Parallelgruppe überwanden derweil die Offenbacher Kickers endlich ihr Trauma von der Nichtberücksichtigung zur Bundesliga und setzten sich knapp vor Bayer Leverkusen durch.

Die Zuschauerentwicklung in den Regionalligen hatte dramatische Formen angenommen. Bei der Begegnung Bergedorf 85 gegen Holstein Kiel beispielsweise waren lediglich 361 Unverdrossene gezählt worden! Westklub TSV Marl-Hüls drohte mit rund 60.000 DM Schulden bereits die Pleite, woraufhin die Spieler freiwillig zu Amateuren wurden und auf die Hälfte ihrer Bezüge und Prämien verzichteten. Ambitioniertere Regionalligisten hatten derweil mit einem weiteren Problem zu kämpfen, denn eine neue Bestimmung sah vor, dass Bundesligavereine bis zu fünf Jahre lang rückwirkend Ablösesummen an Amateurvereine zu zahlen hatten. Stieg also ein Regionalligist in die Bundesliga auf, hatte er automatisch einen dicken Batzen Schulden am Hals. Unter diesen Umständen wurde zusehends deutlich, dass der Bundesliga ein geeigneter Unterbau fehlte.

Die Diskussion um die „2. Bundesliga“ war auch bereits wieder im vollen Gange. Am 14. Oktober 1967 hatte sich der DFB auf dem Bundestag in Düsseldorf mit seinem Antrag, zum 1. August 1969 eine „eingleisige 2. Bundesliga auf der Grundlage eines modifizierten Bundesliga-Statuts“ einzuführen, jedoch eine Abfuhr eingefangen. 110 der 152 stimmberechtigten Delegierten sagten „Nein“. Der DFB sah sich mit dem Zwiespalt konfrontiert, sowohl den Amateurfußball schützen zu wollen als auch den Leistungsfußball nicht zu „groß“ werden zu lassen. Zudem war er auf das Wohlwollen der Regionalverbände angewiesen, unter deren Obhut die Regional- und vor allem die Amateurligen standen. Problematisch war außerdem die Bezahlung der Amateure[8] sowie die Zusammensetzung der entscheidenden DFB-Gremien, in denen die Amateurvertreter dominierten. Deren Interesse am professionellen Bundesligaunterbau aber war begrenzt. „Die 1. Amateurliga will nicht viertklassig werden. Mit einem Satz: die 2. deutsche Bundesliga liegt auf Eis. Wahrscheinlich noch sehr lange“, konstatierte Hans Körfer im August 1968 im „Sport“ verbittert.[9]

1968/69: Die Bayern kommen

1968/69 wurde der Gezeitenwechsel im Deutschen Fußball auch in der Person des Deutschen Meisters sichtbar. Bayern München errang mit einem Acht-Punkte-Vorsprung auf Überraschungsvize Alemannia Aachen erstmals die „Salatschüssel“ (als die Bayern 1932 zuletzt Meister geworden waren, hatte es noch die „Viktoria“ gegeben) und leiteten „ihre“ Ära ein. Die Erfolgself war inzwischen beinahe komplett. „Katsche“ Schwarzenbeck hatte die Ausputzer-Position übernommen, und Tschik Cajkovski war durch Branko Zebec ersetzt worden. Damit hatte Bayern-Präsident Neudecker dem Entwicklungsstand seines Teams Tribut gezollt, das, inzwischen älter und reifer geworden, keinen radebrechenden Witzkopf mit der langen Leine (Cajkovski) mehr brauchte, sondern einen unnachgiebigen Schleifer (Zebec), der die latent aufmüpfigen Beckenbauer und Co. in die Schranken wies. „Der Unterschied zwischen Cajkovski und Zebec ist, dass Gerd Müller unter Tschik 84 Kilo hatte und unter Zebec nur 77 Kilo hat“, fasste Abwehrstratege Peter Kupferschmidt später den Wandel des FC Bayern zusammen. Dessen Meisterschaft war unumstritten. Nur 31 Gegentore – Saisonrekord! 61 Treffer – gemeinsam mit Gladbach ebenfalls Saisonrekord! Die Bayern hatten den Bundesligatorjäger in ihren Reihen (Gerd Müller, 30 Treffer, obwohl er wegen einer vermeintlichen Ohrfeige gegen Jupp Heynckes im Spiel bei Hannover 96 für vier Spiele gesperrt worden war), stellten mit Beckenbauer, Maier und Müller drei Leistungsträger der Nationalelf und sicherten sich am 14. Juni 1969 mit einem 2:1-Finalsieg über Schalke 04 auch noch das Double.

Deutscher Meister 1969: FC Bayern München

Die Schlagzeilen der Saison allerdings gebührten dem 1. FC Nürnberg, der das Kunststück fertig brachte, als amtierender Deutscher Meister abzusteigen. Trainer Merkel hatte mit Brungs, Ferschl und Starek gleich drei Leistungsträger aussortiert und wollte nach dem Vorbild der Gladbacher Fohlen mit einer jungen und willigen Truppe

Ein Bild, an das sich Fußball-Deutschland bald gewöhnen musste: Der Kaiser stemmt die Schale hoch, Keeper Maier lächelt spitzbübisch.

erfolgreich sein. Das ging jedoch gnadenlos schief und wurde verschärft durch die finanzielle Bredouille, in die der Club durch den Bau eines hochmodernen Vereinsgeländes am Valznerweiher geraten war. Selbst als Merkel im März geschasst wurde, gelang die Wende nicht mehr. Für Nürnberg war es der Auftakt zu einer bis heute andauernden Berg- und Talfahrt.

Um ein Haar hätte es mit Borussia Dortmund einen weiteren Traditionsklub erwischt. Die Schwarz-Gelben, 1966 noch stolzer Europacupsieger und Deutscher Vizemeister, gerieten unter ihrem Meistermacher von 1956 und 1957, Helmut Schneider, tief in den Abstiegsstrudel, aus dem erst Hermann Lindemann sie wieder herausholte. Der Verein zahlte damit die Zeche für seine katastrophale Führungspolitik, die nach dem Europacupsieg mit dem Verkauf der Leistungsträger Tilkowski, Libuda und Schmidt eingeleitet worden war. Im November 1967 hatte der damalige Vorsitzende Steegmann noch trotzig verkündet: „Der Ballspielverein Borussia und seine maßgeblichen Männer erwarten von Spielern und Trainern keine Wunderdinge; Star-Allüren müssen sich der Forderung nach korrekter Pflichterfüllung unterordnen. Die Beachtung dieser Grundsätze hat Borussia Dortmund groß gemacht und bleibt deswegen weiterhin Richtlinie erfolgreicher Vereinsarbeit.“[10] Unfreiwillig hatte Steegmann damit Borussias mentalen Rückstand zu den „modernen“ Spitzenklubs wie Bayern München und Borussia Mönchengladbach zum Ausdruck gebracht.

Auch sonst lieferte die Spielzeit eine Menge Diskussionsstoff. Im September 1968 beispielsweise lockerte der DFB seine seit Jahren unverändert harte Haltung in Sachen Spielevermittler. Jene waren bisweilen windige Männer, die im Auftrag der Vereine lukrative Freundschaftsspiele mit ausländischen Klubs abschlossen. Deutschen Klubs war der Kontakt mit ihnen allerdings aufgrund des aus dem Jahr 1951 stammenden §38 der Spielordnung des DFB verboten: „Dem Vorstand steht das Recht zu, die Genehmigung für einen Spielabschluss (ins Ausland) zu versagen, wenn das Spiel durch einen gewerbsmäßigen Spielvermittler zustande gekommen ist", hieß es darin. Der Paragraf war freilich nichts weiter als blanke Theorie, denn in der Praxis kamen die Klubs an den Spielevermittlern nicht vorbei – das musste selbst der DFB einsehen. So besaß beispielsweise der in Paris lebende Julius Ukrainczyk (in Frankreich auch als Jules Durancy bekannt) mit seiner Sportagentur quasi ein Monopol – wer französische Mannschaften oder Spitzenklubs wie Real Madrid, Inter Mailand bzw. den Pelé-Klub FC Santos verpflichten wollte, war auf Ukrainczyk angewiesen. Nachdem die UEFA versprochen hatte, sich der Geschichte anzunehmen und eine Kontrollinstanz aufzubauen, strich der DFB seinen nutzlosen Passus.

Auf dem DFB-Bundestag am 16. November 1968 in Baden-Baden fielen ebenfalls weitreichende Beschlüsse. Während die Klärung der Frage „Wer ist ein ‚echter' Amateur" einem außerordentlichen Bundestag überlassen werden musste,[11] wurde das ungeliebte Divisionsverfahren bei Punktegleichstand im „Interesse des Offensiv-Fußballs" (DFB-Präsident Gösmann) gekippt und rückwirkend zur bereits laufenden Saison das Subtraktionsverfahren eingeführt. Damit war ein 3:1 endlich „besser" als beispielsweise ein 1:0, das zuvor die Nase vorn gehabt hatte. Ansonsten feierte man den an jenem Tag 78 Jahre alt gewordenen Chefhistoriker und NS-Verdränger Carl Koppehel mit einem kräftigen „Hipp Hipp Hurra".

Vor allem aber war über die bedenkliche Zuschauerentwicklung im Oberhaus diskutiert worden. 1967/68 war die Gesamtzuschauerzahl erstmals seit Gründung der Bundesliga gesunken und hatte sich 1968/69 nur leicht erholt. Für den in jenen Tagen europaweit registrierten Zuschauerschwund bei Fußballspielen wurden mehrere Gründe genannt: Das Freizeitverhalten der Menschen hatte sich durch Fernsehen, einem stark erweitertem kulturellen Angebot vor allem in den Städten sowie wachsende Mobilität per Auto völlig verändert. Zum Fußball gingen nur noch Fußballfans – und nicht, wie in den Fünfzigern, „alle". Auch die Identifikation ganzer Städte mit ihren Vereinen war längst Vergangenheit.

Last but not least waren die Leistungen vor allem bei Regionalligaspielen mitunter ihr Eintrittsgeld schlicht nicht wert. Die fünf Staffeln mit ihren rund 80 Vereinen hatten einen nicht zu deckenden Bedarf an ausgewiesenen Spitzenfußballern, wodurch zahlreiche nur durchschnittlich begabte Akteure mitmischten, die das Niveau verwässerten und die Fans verärgerten. Nicht unschuldig am Zuschauerrückgang waren aber auch die äußeren Umstände. Im November 1968 befand beispielsweise ein „Kicker"-Leser: „Vielmehr, glaube ich, liegt die Hauptschuld an dem katastrophalen Zustand mancher Bundesligaplätze. Die Stehränge sind in einem teilweise für den Besucher unzumutbaren Zustand, gleichfalls die sanitären Anlagen. Dass nur ein Bruchteil der Zuschauerränge überdacht wurde, ist ebenso jedem Verein bekannt. Unmöglich sind auch teilweise die Parkmöglichkeiten. Obwohl die Preise lokal gesenkt wurden, sind sie teilweise immer noch viel zu hoch und nicht für jeden Arbeiter erschwingbar. Wollen die Vereine erst ein totales Chaos erleben?"[12]

Für die Bundesliga machte eine Kommission einen Zuschauerrückgang von – je nach Verein – bis zu 20 % aus und warf die Frage in den Raum, ob die Eintrittspreise möglicherweise zu hoch seien.[13] Der HSV probierte es daraufhin beim Messepokalspiel gegen Hibernian Edinburgh mit einer Preissenkung und verlangte nur 3,50 DM statt 4,50 für einen Stehplatz bzw. 5 DM statt 9,50 für einen unüberdachten Sitzplatz. „Das soll vorerst ein Experiment und ein Entgegenkommen sein, aber vielleicht werden wir im nächsten Jahr in dieser Beziehung generell etwas unternehmen", erläuterte HSV-Präsident Dr. Barrelet. Ergebnis: Ganze 6.000 Zuschauer bevölkerten die Ränge des Volksparkstadions – eine Runde zuvor waren gegen Slavia Prag noch 8.000 gekommen.

Größte Hoffnungsträger aber waren Wochentagsspiele unter Flutlicht, die künftig verstärkt angesetzt werden sollten, um dem veränderten Zeitempfinden der Fans (das alte Gewerkschaftsmotto „Samstags gehört Vati mir" konnte inzwischen getrost auf die Bundesliga übertragen werden) gerecht zu werden. Auch das Problem der veralteten Stadien stand in diesem Zusammenhang auf der Tagesordnung. Frankfurts Präsident Rudi Gramlich mahnte dringend Maßnahmen an und forderte indirekt die öffentliche Hand zum Eingreifen auf: „Theater und Kinos, Tanzlokale und Stätten anderer Unterhaltung wurden in den letzten Jahren ständig modernisiert, nur auf den Fußballfeldern ist nichts geschehen. Unsere Plätze sind seit 40 Jahren die gleichen geblieben. Dazu kommt, dass die Zahl der Parkplätze vor vielen Stadien zu klein ist. Der Zuschauer von heute will nun einmal nicht einen Kilometer oder mehr laufen."[14]

Dauerbrennerthema Nummer 1 aber blieb die Frage nach der Zweitklassigkeit. „Wir dürfen die 2. Bundesliga im Fußball nicht so einfach vom Tisch wischen, denn ihr Fehlen trägt Schuld an der Verkrampfung in der obersten Spielklasse", mahnte der Bundesligaausschuss, während DFB-Präsident Gösmann auf dem 1968er Bundestag einmal mehr als „Meister der nichtssagenden Aussage" brillierte und referierte, „dass die Frage einer Neuordnung des Spielsystems zwar angefasst, aber noch nicht gelöst worden ist, und dass der DFB und seine Verbände sich weiterhin nachdrücklich, wenn auch ohne Ungeduld, mit diesen Themen zu befassen haben. Die ständig weitergehende Entwicklung verlangt, dass wir den Mut aufbringen müssen, in die Zukunft weisende Entschlüsse zu fassen."[15]

Der angekündigte Mut blieb jedoch aus, und nachdem im Oktober 1969 auf dem DFB-Bundestag kein einziges Wort über das Thema verloren worden war, sprach der „Kicker" ernüchtert von einem „Eispanzer um die 2. Bundesliga". Auch ein neues Modell mit einem dreizügigen Unterbau als Oberliga blieb chancenlos. Größtes Problem war Berlin, dessen Staffel geringere Zuschauerzahlen als viele Amateurligen verbuchte und längst nicht mehr existenzfähig war. Angesichts von durchschnittlich 50 DM Monatspauschale, die ein Berliner Regionalligaspieler kassierte, war es laut „Kicker" ohnehin ein „Unding, von ‚bezahlten Spielern' zu reden". Auch im Südwesten hatte man massive Probleme mit den finanziellen Anforderungen des Vertragsspielerstatuts und beschloss auf einer außerordentlichen Vereinsvertretertagung am 31. Mai 1969: „Die Vereine der Regionalliga Südwest haben einstimmig beschlossen, nur noch in der Saison 1969/70 unter den bisherigen Bedingungen zu spielen."[16] Größter Reformgegner war der Süden, der seine Regionalliga wie einst seine Oberliga leidenschaftlich verteidigte und beim Status quo bleiben wollte. „Der Süden hat eigene Sorgen. Soll er denn immer bluten?", befand Verbandspräsident Dr. Hopfensberger.[17]

Bei den zweitklassigen Spitzenvereinen war das Interesse an einer 2. Bundesliga derweil etwas gesunken. Man hatte sich arrangiert, zumal sich die Zuschauerzahlen im Vergleich zu denen der 1. Bundesliga „positiv" entwickelt hatten – sie sanken langsamer als die im Oberhaus... Klubs wie Rot-Weiß Essen, VfL Osnabrück oder 1. FC Saarbrücken wiesen sogar regelmäßig höhere Zahlen als einige Erstligisten auf, was nicht zuletzt den attraktiven Derbys in den Regionalligen zu verdanken war.

1969/70: Weisweilers Fohlen

1965 waren Bayern München und Borussia Mönchengladbach gemeinsam in die Bundesliga aufgestiegen. Seitdem war ihre Entwicklung auf den ersten Blick ziemlich unterschiedlich verlaufen. Die Bayern hatten sich sofort in der Spitzengruppe festgesetzt, waren zweimal Pokalsieger (1966 und 1967), einmal Europapokalsieger (1967) und einmal Deutscher Meister (1969) geworden. Ihr Leistungskollektiv stellte den Stamm der Nationalelf, und mit einigen für Fußballer eher untypischen Persönlichkeiten wie Franz Beckenbauer war es dem Klub sogar gelungen, von der zahlungskräftigen Münchner Schickeria akzeptiert zu werden.

Ganz anders die Borussen aus Mönchengladbach. In der Textilhochburg gab es keine weltläufige Schickeria, in der Bundesliga hatte man sich etabliert, ohne große Erfolge zu feiern, und den Trophäenschrank hatte man am Bökelberg zuletzt 1960 (DFB-Pokalsieg) öffnen dürfen. Doch auch in Gladbach war eine hinreißende Mischung entstanden, die den 1970er Jahren gemeinsam mit dem FC Bayern ihren Stempel aufdrücken sollte. Angeführt wurde sie vom väterlichen Trainer/Freund Hennes Weisweiler, einem gebürtigen Kölner und als solcher am Niederrhein zwar „fremd", aber dennoch mit der Mentalität vertraut. Kopf der Elf war der sensible Filigrantechniker Günter Netzer, einst vom früheren Gladbacher Aushängeschild FC an den Bökelberg gekommen und dort zum leicht exzentrischen Superstar aufgestiegen. Netzer fuhr schicke Autos, eröffnete eine Diskothek und zeigte sich mit poppig aufgeputzter weiblicher Begleitung. Im Vergleich zu Franz Beckenbauer schien Netzer seine Karriere nicht zu „planen", sondern vertraute auf seine Intuition bzw. sein Talent, wobei letzteres von Trainer Weisweiler geschickt gefördert wurde.

Netzer wurde zum Sinnbild einer Schicht, die 1974 vom Journalisten Ulfert Schröder als „reiche Hippies" bezeichnet wurde. „Fern von Beckenbauer, noch ferner von Müller wurde Netzer zum Fußball spielenden Idol jener jungen Leute, die in Diskotheken sitzen, vom Vater oder aus undefinierbaren Quellen Geld haben, Sportwagen fahren, psychedelischen Träumen nachhängen, Roth-Händle, Gaulloise oder Hasch rauchen, Fußball als eine Sache von und für Proleten betrachten und nun angesichts des Fußballhelden Netzer plötzlich erkennen mussten, dass einer der ihren in diesem Pfui-Geschäft zu Geld, Erfolg und Ehren gekommen war.“[18] Mit seinem eigenbrödlerischen, in sich gekehrten Wesen verdrehte der Blondschopf nicht nur tausenden von jungen Frauen den Kopf, sondern lockte zudem eine völlig neue Klientel an. Seine zuweilen intellektuellen Aussagen über Fußball kamen vor allem bei Künstlern, Modefotografen und Fernsehregisseuren an (Schröder: „die Schlipslosen mit Bankkonto und Sportschlitten“), während dem gewöhnlichen Fußballfan nur das ratlose Staunen blieb. Wo Beckenbauer der Vorstellung des „Normalos“ vom „Star“ entsprach (der Reichtum wird durch Äußerlichkeiten wie Mode, Haus und Auto dokumentiert, das Leben verläuft schillernd, aber skandalfrei), spiegelte Netzer das inhaltsbetonte Leben der Intellektuellen und Individualisten wider.

Idol einer neuen Fan-Generation: Günter Netzer.

Bezüglich ihrer Einkaufspolitik hatten die Borussen lange Zeit auf die Devise „Niederrhein zuerst“ gesetzt, zwischenzeitlich aber eingesehen, dass damit in der schnelllebigen Bundesligazeit kein Staat mehr zu machen war. Vor der Spielzeit 1969/70 waren daher mit dem Dänen Ulrik Le Fevre, dem Nürnberger Luggi Müller und dem Stuttgarter Klaus-Dieter Sieloff Verstärkungen von außerhalb geholt worden. „Gezielter hat noch kein Bundesliga-Klub eingekauft“, zollten die Medien den Westdeutschen Respekt. Doch die Realität schien eine andere Sprache zu sprechen. Am ersten Spieltag kassierten die als Titelfavorit gehandelten Weisweiler-Schützlinge eine 0:2-Niederlage auf Schalke. Sieben Tage später kam Bayern München auf den Bökelberg, führte zur Halbzeit mit 1:0 und schien sämtlichen Gladbacher Titelträumen vorzeitig die Luft zu entziehen. Nach dem Seitenwechsel gelang der Borussia die Wende. Drei Minuten nach Wiederanpfiff traf Werner Kaiser zum Ausgleich, und als Torjäger Laumen in der 72. Minute das 2:1 erzielte, war „der wichtigste Saisonsieg“ (Netzer) perfekt. Der Rest ist schnell erzählt. Am 29. November 1969 knöpften die Gladbacher Tabellenführer Köln mit einem 1:0-Sieg in der Domstadt Rang 1 ab, brachen anschließend mit 51 Pluspunkten den Meisterrekord von München 1860 aus der Spielzeit 1965/66 (50 Zähler) und standen bereits am vorletzten Spieltag nach einem 4:3 über den HSV als Meister fest.

Deutscher Meister 1970: Borussia Mönchengladbach

Am Saisonende waren nicht nur die Gladbacher froh, die Saison endlich überstanden zu haben. Auch beim DFB herrschte große Erleichterung, denn zum ersten Mal in der Bundesligageschichte hatte der Winter mit voller Härte zugeschlagen. Ausgerechnet in einem WM-Jahr – vom 31. Mai bis zum 21. Juni stand in Mexiko das neunte Fußball-Weltturnier an – war von Januar bis April fast gar nicht an einen geregelten Spielbetrieb zu denken gewesen, und erst drei Tage vor dem 33. Spieltag hatte die Tabelle wieder gerade gerückt werden können. Für einige Vereine war das Programm geradezu mörderisch gewesen. Neuling Rot-Weiß Essen beispielsweise, durch die Aufstiegsrunde 1969 ohnehin schon um die Sommerpause gebracht, musste binnen 19 Tagen gleich sieben Spiele austragen und mehr als einmal auf unzumutbar tiefem Geläuf antreten. Bewundernswert, dass die Elf um „Ente" Lippens dennoch Platz 12 erreichte und damit den Klassenerhalt schaffte.

Am Ende der Tabelle fanden sich mit dem TSV München 1860 – Deutscher Meister 1966 – und dem TSV Alemannia Aachen – Deutscher Vizemeister 1969 – zwei Teams wieder, die niemand dort erwartet hatte. 1860 musste den veränderten Verhältnissen im Profifußball Tribut zollen. Aus finanziellen Gründen (rund 2 Mio. Schulden) hatten die Löwen zahlreiche Stammspieler verkauft (Patzke, Schütz, Grosser, Reich, Rebele, Heiß, Kohlars etc.) und mit ihrer vom Wiener Altinternationalen „Bimbo" Binder betreuten besseren Nachwuchself nicht genügend Punkte gesammelt. Für 1860 war der Abstieg folgenschwer. Der FC Bayern, 1969/70 Vizemeister, hatte damit das Münchner Terrain für sich, was insbesondere angesichts des gerade entstehenden Olympiastadions ein unschätzbarer Vorteil war. Zweifelsohne hatten sich die Bayern diese Position mit ihrer deutlich progressiveren Vereinspolitik im Vergleich zu den Löwen allerdings auch redlich verdient. An der Säbener Straße hatte im Übrigen ein spektakulärer Trainerwechsel statt gefunden. Nach zahlreichen Querelen war Erfolgscoach Zebec am 13. März 1970 entlassen und durch den nahezu unbekannten DFB-Trainer Udo Lattek – einst beim VfL Osnabrück mit mäßigem Erfolg in der Oberliga spielend – ersetzt worden.

In der Bundesligaaufstiegsrunde setzten sich die Offenbacher Kickers sowie der westfälische Newcomer Arminia Bielefeld durch, während Geheimfavorit VfL Osnabrück ebenso scheiterte wie der VfL Bochum mit seinem gefürchteten Torjäger Walitza. Offenbach machte seinen Triumph perfekt, als die Kickers im Pokalfinale den 1. FC Köln bezwangen und damit als erster Zweitligist Pokalsieger wurden. Bemerkenswert auch der mittelrheinische Amateurmeister SC Jülich 10, der auf sein Teilnahmerecht an der Aufstiegsrunde zur Regionalliga West verzichtete. Die Jülicher hatten kein Interesse, ihre Finanzmittel im Armenhaus Regionalliga aufzuzehren und widmeten sich lieber der Deutschen Amateurmeisterschaft, deren Endspiel sie mit 3:0 über die Amateure von Eintracht Braunschweig gewannen. Wie verzweifelt die finanzielle Situation bei vielen Regionalligisten war, belegt der ASV Landau, der ganz neue Wege der Geldbeschaffung ging. Am 15. Juli 1970 unterzeichnete er einen Kooperationsvertrag mit einem lokalen Reifenhersteller und trat fortan unter dem Namen „Gummi Mayer Landau" an.

Heiß diskutiert wurden im Sommer 1970 natürlich auch die spektakulären WM-Spiele der bundesdeutschen Nationalelf gegen England (3:2 nach Verlängerung, damit

Bundesligafußball in den frühen 1970er Jahren. Noch ist alles beschaulich und bescheiden, steht das Publikum sittsam hinter der seit 1968 erlaubten Bandenwerbung.

erfolgreiche Revanche für das 1966er Endspiel) sowie Italien (3:4 nach Verlängerung), die WM-Geschichte schrieben und die Nationalelf auf ihrem spielerischen Zenit sahen. Nie zuvor hatte eine bundesdeutsche Nationalelf derart „schönen" Fußball gespielt – die Bundesliga zahlte sich also aus. Ohnehin war es eine Phase der Ruhe und Gelassenheit. Der Exodus der Spitzenspieler ins Ausland war gestoppt worden und die Bundesliga „funktionierte". International hatten deutsche Teams zur Spitzengruppe aufgeschlossen, die Zuschauer strömten fröhlich in die Stadien und die Bundesliga war Deutschlands „liebstes Kind".

Für den DFB hatten sich allerdings zwei neue Problembereiche herauskristallisiert: Ausländermannschaften sowie Frauenfußball. Angesichts zehntausender portugiesischer, spanischer, italienischer, griechischer und türkischer „Gastarbeiter" war vor allem in den industriellen Ballungszentren der Bedarf an „ausländerfreundlichen" Fußballteams aufgekommen, doch Initiativen, das strikte Ausländerspielrecht in den deutschen Vereinen zu lockern, um eine bessere Integration zu ermöglichen, wurden vom DFB ignoriert. Damit drängte der Verband die ausländischen Kicker zwangsläufig in die Isolation, und es entstanden geschlossene Griechen-, Türken-, Italiener- etc. Mannschaften. Jene wiederum fielen auf den Spielfeldern durch vergleichsweise „hitzige" Spielführung auf, was mit rigider Bestrafung seitens der Verbände und Xenophobie durch die „deutschen" Vereine geahndet wurde. Jahrelang sollte sich der DFB beim Thema „Gastarbeitervereine“ taub stellen und tatenlos zusehen, wie ein immenses Konfliktpotenzial entstand.

Völlig anders, aber dennoch vergleichbar die Entwicklung im Frauenfußball, der ebenfalls stillschweigend „unterdrückt“ wurde. Nationalspieler Gerd Müller, der öffentlich bekannte, seiner Frau Uschi „den Hintern zu versohlen“, sollte sie auf die Idee kommen, Fußball zu spielen, stand unter den deutschen Fußballern mit seiner Meinung keineswegs allein da. Allenfalls „Belustigungsspiele“ bei einer örtlichen Kirmes oder dergleichen wurden den Damen erlaubt. Dabei durften sie sich dann unter höchst anzüglichen Bemerkungen des spöttisch bis gierig zuschauenden (zumeist) männlichen Publikums geradezu lächerlich machen. Zugleich gab es jedoch eine kleine Schar engagierter Frauen, die sich um den Aufbau von seriösen Frauen- und Mädchenmannschaften bemühten. Als die italienische Getränkefirma Martini & Rossi 1970 die erste „private“ Frauen-Fußball-WM organisierte, reagierte der DFB mit hektischer Betriebsamkeit: Plötzlich wurde das lange Zeit als „unumstößlich“ angesehene Verbot aus dem Jahre 1955 aufgehoben, und selbst Gerd Müller änderte seine Meinung. Der „Bomber der Nation“ befand nun: „Wer spielen will und Spaß daran hat – warum denn nicht?“ Erst 1972 sollte der Männerverband DFB den Fußballfrauen allerdings endgültig die Arme öffnen, woraufhin sogar Meisterschaften ausgeschrieben werden konnten. Ein Jahr später konnte der Verband stolz melden, dass ihm bereits 134.590 Fußballerinnen in 2.031 Mannschaften sowie 1.788 Vereinen angehörten. Nächstes Ziel war die Durchführung einer Endrunde um die Deutsche Meisterschaft, die für die Spielzeit 1973/74 anvisiert wurde.

„Canellas ist die Kanaille“ – der Bundesligaskandal

Die Typologie der Fußballvereinspräsidenten in jenen Anfangsjahren des deutschen Profifußballs war recht vielfältig. Es gab den seriösen Vertreter à la Dr. Helmut Beyer (Mönchengladbach), der kaum auffiel und hohe moralische Ansprüche hatte, es gab den progressiven und bisweilen etwas polternden Patriarchen (z. B. Wilhelm Neudecker, FC Bayern) – und es gab den profilierungssüchtigen Durchschnittsmenschen, der es (zumeist als Kaufmann) zu etwas Reichtum und lokalem Bekanntheitsgrad gebracht hatte und davon träumte, öfter mal was über sich selbst in der Zeitung zu lesen. Zu diesem Typus zählte wohl auch Horst-Gregorio Canellas, ein Südfrüchtehändler und Vorsitzender der Offenbacher Kickers, die am Schlusstag der Saison 1970/71 aufgrund des minimal schlechteren Torverhältnisses auf Rot-Weiß Oberhausen absteigen mussten. Canellas galt als leicht exzentrischer, im Grunde genommen aber freundlicher Zeitgenosse mit einem gehörigen Schuss provinzieller Naivität. Doch wenn der Deutsch-Spanier sauer war, konnte er richtig böse werden. Und im Mai 1971 war Canellas sauer, denn beim Abstieg seiner Kickers war es nicht mit rechten Dingen zugegangen. Das konnte er beweisen – er hatte mit Spielern gegnerischer Mannschaften fingierte Telefonverhandlungen über „Gefälligkeiten“ geführt, die er im Beisein von „Bild“-Reporter Werner

Bremser auf Tonband aufgezeichnet und am Tag nach dem Saisonfinale anlässlich seines Geburtstages einer illustren Gästeschar vorgespielt hatte. Es war der Auftakt zum berüchtigten Bundesligaskandal.

„Der Spiegel" vom 14.6.1971.

Fans, Spieler, Funktionäre und Medien reagierten geschockt. Was auf Canellas Tonbändern zu hören war, schien unglaublich. Da bot beispielsweise der Herthaner Tasso Wild seinem Gesprächspartner an: „Also hören Sie mal, ich habe einen ganz duften Vorschlag: Weil es Offenbach ist und ohne Kuhhandel hin und her: 140, und die Sache ist für Sie in Ordnung." Canellas, der zum Schein auf das 140.000-DM-Angebot einging, wurde daraufhin von Wild beauftragt, jemanden mit dem Geld nach Köln zu schicken („Dann stellt der sich mit irgendeinem Verbindungsmann von mir auf die Stehränge oder sonstwohin. Ist das Spiel gewonnen, wechselt die Tasche den Mann…"), und Wild schloss das Telefonat mit den Worten: „Ich muss sagen, die ganze Mannschaft, die waren alle dafür, dass Offenbach drinbleibt. Weil sie sagen, wir fahren doch lieber in den Süden runter als wie in den verdammten Westen rein."[19]

Doch es kam anders, denn Hertha BSC verlor – anders als Tasso Wild es versprochen hatte – sein Heimspiel gegen Arminia Bielefeld und verdammte den OFC damit zum Abstieg. Canellas wandte sich daraufhin an die Öffentlichkeit. Er war überzeugt, dass die Konkurrenz aus Bielefeld seinen „Deal" mit einem eigenen Bestechungsangebot beantwortet hätte. Die Veröffentlichung seiner Mitschnitte, so hoffte er, werde dies alles aufdecken und seine Kickers vor dem Abstieg retten. Er hatte die Rechnung jedoch ohne den DFB gemacht. Das hätte er sich eigentlich denken können, denn Anfang Mai war er schon einmal bei den Frankfurter Funktionären abgeblitzt. Damals hatte er dem DFB von einer Drohung des Kölner Torhüters Manglitz berichtet, er würde beim Spiel gegen OFC-Abstiegskonkurrent Rot-Weiß Essen „einige Dinger durchlassen", wenn Canellas nicht 25.000 DM zahlen würde. Der DFB hatte jedoch „Beweise" gefordert und Canellas „Verfolgungswahn" attestiert.[20] Nun legte der Deutsch-Spanier „Beweise" vor – und erwischte den DFB abermals auf dem falschen Fuß. In der Frankfurter Verbandszentrale sah man in den mitgeschnittenen Aufnahmen[21] keinen Skandal und versuchte die Angelegenheit unter den Teppich zu kehren. DFB-Pressesprecher Dr. Wilfried Gerhardt beruhigte: „Das ist kein Fall Bundesliga, sondern ein Fall in der Bundesliga", und der DFB tat lediglich das Unvermeidliche: Er bestrafte die drei auf Canellas Tonbändern zu hörenden Spieler Manglitz (Lebenszeit), Wild (Lebenszeit) und Patzke (10 Monate), sprach zudem ein lebenslanges Verbot gegen den Offenbacher Präsidenten aus und zog alsdann einen Schlussstrich unter den Skandal.

Canellas ließ jedoch nicht locker. Er insistierte weiter, grub immer mehr Unregelmäßigkeiten aus und brachte die Presse auf den Plan. Vor allem das Boulevardblatt

„Bild“ förderte bald derart pikante Einzelheiten ans Tageslicht, dass der DFB nicht mehr umhin kam, einen Kontrollausschuss einzuberufen. Dessen Vorsitz übernahm Hans Kindermann, der sich verbissen an die Wahrheitssuche machte. Je tiefer der Schwabe grub, desto dichter wurde der Sumpf. Plötzlich hatte die halbe Bundesliga Dreck am Stecken, und selbst Bayern München stand im Verdacht, „geschoben“ zu haben. Duisburgs Torhüter Danner beispielsweise gab zu, vor dem MSV-Spiel gegen die Bayern 12.000 DM für einen Bayern-Sieg bekommen zu haben. Allerdings sei das Angebot nicht vom FC Bayern gekommen, sondern von „privater Seite“ – nämlich einem Bayern-Fan aus Augsburg. Im Abstiegskampf war offensichtlich völlig hemmungslos gewuchert worden und Summen von bis zu 250.000 DM für Ergebnisabsprachen eine Selbstverständlichkeit gewesen. Bielefeld zahlte, Oberhausen zahlte[22], Braunschweig kassierte, Schalke, Hertha, Stuttgart und Köln ebenfalls. Die Betroffenen wuschen ihre Hände in Unschuld. Der Braunschweiger Lothar Ulsaß beispielsweise, der von Offenbach 20.000 DM für einen Sieg der Eintracht über Rot-Weiß Oberhausen erhalten hatte, versicherte bei einer Vernehmung, dass es sich um „ein freiwilliges Angebot Offenbachs für die gesamte Eintracht-Mannschaft gehandelt“ habe und verkündete dreist: „Der Kontrollausschuss ließ durchblicken, dass er keine Handhabe besitzt, gegen mich vorzugehen.“

Der Moralverfall à la Ulsaß war ebenso empörend wie wenig überraschend. „Den Abgrund von Manipulation, Schiebung und Betrug hatte der DFB selbst aufgerissen“, schrieb das Nachrichtenmagazin „Spiegel“ und begründete: „In der Kluft zwischen dem Amateurfußball der Sportkameraden und der Realität eines immer größere Geldbeträge bewegenden, harten Fußballgeschäfts stauten sich zwangsläufig immer neue Affären. (…) Über jede Einzelheit, die im Berufsfußball als erlaubt oder verboten gelten soll, entscheidet die Lobby der Amateur-Vereine. Die Bundesliga-Unternehmen mit ihren Millionen-Umsätzen werden von den Fürsten des Fußball-Verbandes wie unmündige Familienmitglieder behandelt. In Hurra-Patriotismus befangen, verpasste das Amateur-Fußvolk den Aufbruch ins 20. Fußball-Jahrhundert. So zwängte die Amateur-Mehrheit des DFB-Bundestages die Spitzenklubs in eine rechtlich und wirtschaftlich fehlkonstruierte Bundesliga. Die Profis wurden eine Vereinseinrichtung der Amateure; auf die Wirtschaft übertragen würde die Börse gleichsam eine Sektion des Sparvereins. Bezahlung für Spitzenspieler ließen die Amateure sich noch abringen. Aber ein bisschen Jungfrau sollten die Profis doch bleiben: Knauserig setzte die DFB-Mehrheit Grenzen für Prämien und Gehälter fest, statt die Marktregel von Angebot und Nachfrage zu akzeptieren. Als unausweichliche Folge entstand ein schwarzer Spielermarkt. Die Transaktionen übernahmen Agenten und Spielerhändler, die dem DFB nicht angehörten und daher risikolos die Grenze zwischen Bundesliga legal und Bundesliga kriminell überschritten. Am Rande und abseits der unrealistischen DFB-Legalität weitete sich eine graue Zone aus. Wer sich an die DFB-Zahlungsgrenzen hielt, blieb an der Spielerbörse auf Statisten sitzen.“[23]

Dem ist im Grunde genommen nichts hinzuzufügen, außer vielleicht, dass sich in der Bundesliga konsequenterweise ein Spielertypus ausgebreitet hatte, der von einer

Mann der Stunde ■ Hans Kindermann

Er war der wohl meistgehasste Mann des deutschen Fußballs. Hans Kindermann, der „Saubermann" im Bundesligaskandal. Gemeinsam mit dem Spielausschuss-Vorsitzenden Hans Deckert sowie Jugendvertreter Karl Zimmermann versuchte er sich durch das Skandalgeflecht zu kämpfen und war dabei tatsächlich erfolgreich. Auf Schalke, in Bielefeld und bei Hertha war man auf den DFB-Staatsanwalt derweil nicht sonderlich gut zu sprechen, und angesichts massiver Drohungen war Kindermann mitunter froh, in unmittelbarerer Nachbarschaft des damaligen Generalbundesanwaltes Rebmann zu wohnen – dessen Rundumüberwachung wurde flugs auf Kindermann ausgedehnt. Die Voraussetzungen für den Chefankläger waren schwierig. Es stand kaum Geld zur Verfügung, und die Bereitschaft, den Skandal aufzuklären, war auch auf DFB-Seite nicht unbedingt ausgeprägt. Ausgerechnet die „Bild"-Zeitung wurde dadurch Kindermanns wichtigster Gehilfe. „Die hatten zum Ermitteln das Geld – und wenn ich gelegentlich mit dem Reporter Ebert telefoniert hatte, wusste ich so manche neue Spur, der wir nachgehen mussten." Kindermann, den ein ausgeprägter Gerechtigkeitssinn auszeichnet, blieb bis 1992 Chef des Kontrollausschusses und war bei Spielern und Trainern ob seiner unnachgiebigen Haltung gefürchtet.

hehren Sportmoral nichts mehr wissen wollte. Spitzenfußball war – Lizenzspielerstatut hin oder her – zum Geschäft geworden und hatte Fußball spielende Geschäftsleute produziert, die auch in den Grauzonen fischen gingen.

Kindermanns Aufklärungsarbeit zog sich bis weit in die Spielzeit 1971/72 hinein[24] und förderte immer neue Skandalspiele hervor. Im Oktober 1971 beispielsweise gab der Stuttgarter Hans Arnold zu Protokoll, auch Schalke habe sein Spiel gegen Bielefeld verkauft. Nachträglich erhielt die „Rheinische Post" damit eine Antwort auf ihre am 17. April 1971 nach Schalkes 0:1-Heimniederlage gegen Arminia Bielefeld gestellte Frage: „Wird der Abstieg statt mit dem Ball mit Banknoten entschieden?"[25] Eine Woche später meldete sich der Bielefelder Bauunternehmer Schreiner und gab zu, Arminias Beauftragter in Sachen Bestechung gewesen zu sein, woraufhin die Bielefelder Verantwortlichen um Präsident Stute die Flucht nach vorne antraten. Sie gaben zu, die Siege gegen Schalke, Hertha und Stuttgart „gekauft" und Eintracht Braunschweig für einen Sieg über Oberhausen eine „hohe Summe" in Aussicht gestellt zu haben.

Peu à peu erfuhr die Öffentlichkeit die ganze Wahrheit, während der DFB verzweifelt versuchte, die Angelegenheit unter Kontrolle zu behalten. Das ging nur über Strafen. Mit Beginn der Rückserie 1971/72 wurden die Berliner Varga und Gergely wegen Bestechlichkeit gesperrt. Im Februar 1972 wurde die Bielefelder Arminia mit dem Zwangsabstieg in die Amateurliga bestraft, und im April erhielt Oberhausen einen Fünf-Punkte-Abzug, der allerdings erst in der Folgesaison wirksam werden sollte.

Das Vorgehen des DFB blieb jedoch völlig inkonsequent. Bielefelds Zurückstufung in die Drittklassigkeit beispielsweise wurde vom Sportgericht aufgehoben und in eine Verbannung in die Regionalliga plus Abzug von zehn Punkten in der Spielzeit 1972/73 verwandelt. Dieser Punktabzug wurde später ebenso gestrichen wie der über Oberhausen verhängte, das damit quasi straffrei ausging.[26] Hertha BSC, dessen Spieler Ende April 1972 erklärten, „mit Ausnahme von Lorenz Horr alle Geld genommen zu haben", kam als Verein ebenfalls straflos davon. Der DFB war völlig überfordert, insbesondere sein Präsident Gösmann, der eine „Generalamnestie nach Abschluss aller Verfahren" forderte, was einer schallenden Ohrfeige für die betrogenen Fans und Toto-Tipper gleichkam.

Die skandalösen Vorgänge wurden um eine Nuance reicher, als die Schalker Spieler Lütkebohmert, Fichtel, Wittkamp, Libuda, Rüssmann, Galbierz und Fischer im Frühjahr 1972 auch vor einem ordentlichen Gericht unverändert darauf bestanden, beim Skandalspiel gegen Bielefeld kein Geld genommen zu haben. Das war Meineid und wurde zum Skandal im Skandal. Heutzutage ist das Schalker Vergehen sogar mehr mit dem Bundesligaskandal verknüpft als das der eigentlichen Sünder Bielefeld, Oberhausen und Offenbach.[27] Freilich zahlten die Gelsenkirchener auch die wohl größte Zeche, denn ihre Skandalelf gehörte 1971/72 zum Hoffnungsvollsten, was der deutsche Fußball zu bieten hatte. Diese Hoffnung wurde mit dem Skandal zerstört – Schalke blieb nur der Pokalsieg von 1972 (5:0 über Kaiserslautern).

1974 verurteilte der Journalist Ulfert Schröder das Vorgehen des DFB in seinem Buch „Stars für Millionen" mit scharfen Worten: „Die Richter beider Instanzen der DFB-Gerichtsbarkeit – mehr oder weniger der Mittel- und Oberschicht entstammend (der jeweils als ‚Beisitzer' berufene aktive ‚Bundesliga-Spieler' dürfte kaum mehr als eine Alibifunktion haben!) – beurteilten aus der Sicht kleinbürgerlicher Vorstellungen Vorgänge aus der Geschäftspraxis des Profi-Fußballs, die sie weder durch eigene Erfahrungen noch auf der Grundlage eines kritischen Gesellschaftsverständnisses begründet haben können. Sie verurteilen Fußball-Akteure, deren schichtspezifische soziale Probleme ihnen unverstehbar bleiben mussten. So haftet der DFB-Rechtssprechung ein ‚Hauch' von Klassenjustiz an! Darüber hinaus ist wohl kaum bestreitbar, dass die durch den DFB verfügte ‚lebenslängliche' Spielersperre für einen Berufs-Fußballspieler einem Berufsverbot gleichkommt, das gegen das Grundgesetz der BRD verstößt und außer-

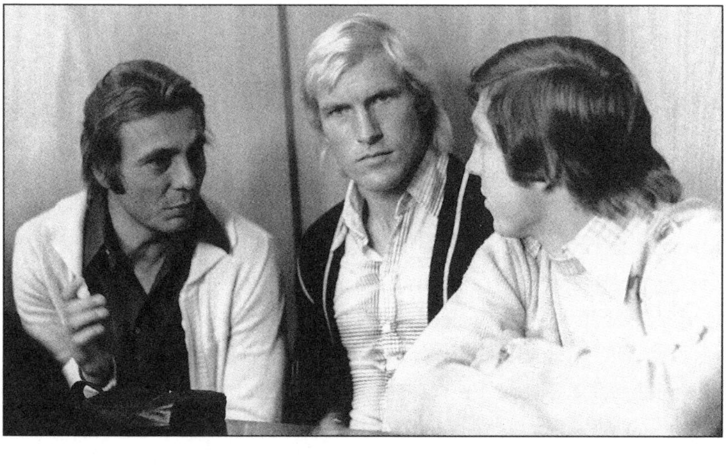

Auf der Anklagebank: die Schalker Sünder Libuda, Rüssmann und Fischer (von links) vor dem Essener Landgericht.

dem die Anmaßung richterlicher Gewalt bedeutet, die rechtlich nicht zulässig ist.“ Schröder forderte schon damals eine „eigene Organisation und Fußball-Liga“ für die „professionellen Fußballspieler“: „Die totale, nicht aufzuhaltende Vermarktung des Fußballsports wäre dann abgeschlossen.“[28]

Immerhin war für den DFB der Skandal letztlich Anlass genug, endlich reinen Tisch zu machen und die veralteten Statuten gründlich zu reformieren. Sowohl im Bundesliga- als auch im Vertragsspielerstatut fielen 1972 jegliche Begrenzungen für Gehaltszahlungen fort. Zwei Jahre später wurden im Zuge der Vereinigung beider Statuten auch die Begrenzung der Ablösesummen abgeschafft und damit der freien Marktwirtschaft endgültig die Tür geöffnet. Vorbei waren die Jahrzehnte der fußballerischen Schwarzmärkte – die schöne neue Fußballwelt konnte beginnen.

1970/71: Traumfußball à la Gladbach

Während die Bundesliga im Skandal versankt, trumpften Borussia Mönchengladbach (vom Skandal unbelastet) und Bayern München (Rolle im Skandal unklar) immer stärker auf. Gladbachs Fohlen gelang 1970/71 das Kunststück der Titelverteidigung, wobei das Saisonfinish dramatisch ablief. Nach einer mitreißenden Rückserie, als der aus Hannover zurückgekehrte Torjäger Heynckes förmlich explodiert war, hatten die Borussen Herbstmeister Bayern kurzzeitig von Platz 1 verstoßen, lagen jedoch vor dem letzten Spieltag punktgleich mit dem Kontrahenten aus München an der Spitze. Beide Teams hatten schwere Aufgaben zu lösen: Gladbach musste in Frankfurt antreten, die Bayern beim MSV Duisburg. Die Entscheidung fiel in der zweiten Halbzeit. Jupp Heynckes traf in Frankfurt binnen zwölf Minuten zweimal ins Schwarze und sicherte seiner Elf damit den Sieg, wogegen die Bayern in Duisburg mit 0:2 unterlagen. Während in Frankfurt der alte und neue Deutsche Meister beklatscht wurde, spielten sich im Duisburger Wedaustadion hässliche Szenen ab. Auf das Spielfeld gestürmte MSV-Fans beschimpften und beleidigten die Bayern-Akteure und ließen vor allem Franz Beckenbauer kaum aus den Augen. Die Bayern bekamen damit die Quittung für einen von Neid und Missgunst geprägten Stimmungsumschwung. Mit seinem unter Lattek eingeführten raumgreifenden und eher unattraktiven, aber erfolgreichen Spiel sowie einer bisweilen arroganten Art hatte sich das Münchner Erfolgsensemble vor allem im Ruhrgebiet viele Feinde (bzw. Neider) geschaffen und wurde bei Auftritten in Duisburg, Schalke, Essen oder Dortmund regelmäßig ausgepfiffen und ausgebuht. An jenem 5. Juni 1971 entlud sich der gesamte Duisburger Volkszorn über die „arroganten und neureichen“ Bayern mit voller Wucht. Von sportlicher Fairness war unter den Fans nichts mehr zu sehen.

Deutscher Meister 1971: Borussia Mönchengladbach

Ganz anders Borussia Mönchengladbach. Ähnlich erfolgreich wie die Bayern, aber nicht annähernd so unbeliebt, erfreuten sich Netzer und Co. regelmäßig an Sympathiekundgebungen auch auf fremden Plätzen. Ihren spielerischen Höhepunkt erreichte die Borussia unzweifelhaft am 20. Oktober 1971, als sie Inter Mailand mit 7:1 vom Platz

Der Paul und der Mao.

fegte – jenes legendäre „Büchsenwurf-Spiel", das aufgrund der schauspielerischen Glanzleistung von Roberto Boninsegna[29] annulliert wurde. Selbst Englands Meistermacher Matt Busby schwärmte anschließend: „Was für ein fantastisches Team! So ein Tempo, Kraft und Fantasie." Der attraktive Angriffsfußball, sympathisch-bescheidene Spieler wie Berti Vogts, Hacki Wimmer, Spaßvogel Wolfgang Kleff sowie Filigrantechniker Günter Netzer ließen die Borussen als Imageträger zum FC-Bayern-Gegenpart werden. Die Trennlinie zwischen Bayern- und Gladbach-Fans zog sich tief durch die Fußballgemeinde. Die Bayern standen für Leistung und Erfolgsorientierung, die Gladbacher für Ästhetik und Tragik. Entsprechend ordnete sich die bundesweite Fangemeinde in eher konservative Bayern-Anhänger und eher „linke" bzw. intellektuelle Gladbach-Fans.

Mit der Wirklichkeit in den Vereinen hatte das wenig zu tun. Bei Gladbach beispielsweise war mit Berti Vogts ein überzeugter CDU-Anhänger am Werk, während die Bayern mit Uli Hoeneß und Paul Breitner über zwei Akteure verfügten, die von rechtschaffenden Bürgern mit dem Label „Revoluzzer" belegt wurden. Breitner ließ sich sogar provokativ mit der „Peking-Rundschau" ablichten und bekannte, er sei Mao-Verehrer.[30] Später verstärkten Rainer Zobel und Charly Mrosko das „linke Spektrum" an der Säbener Straße. Hoeneß, Breitner und Zobel repräsentierten einen neuen Spielertyp in der Bundesliga. Sie hatten nicht nur Abitur – bis dahin eine Ausnahmeerscheinung im deutschen Spitzenfußball –, sie hatten zudem eine Meinung, die sie auch ungefragt von sich gaben. Geprägt von der aufmüpfigen Jugendkultur, waren sie nicht bereit, sich bedingungslos unterzuordnen – die meisten Gladbacher Akteure hingegen taten genau dies und folgten den Worten Hennes Weisweilers. Darüber hinaus waren Hoeneß und Breitner Akteure, die neben dem notwendigen sportlichen Geschick auch kaufmännische Fähigkeiten mitbrachten. Vor allem Uli Hoeneß zeigte diesbezüglich ungeahnte Talente. Paul Breitner urteilte später: „Ohne ihn hätte ich außerhalb des Fußballs keinen Pfennig verdient." Die Bayern waren dennoch kein „Revoluzzerklub", denn die wichtigsten Positionen im Klub waren von Vertretern der konservativen Seite belegt: von Maier, Beckenbauer und Müller auf dem Spielfeld, von Präsident Neudecker in der Führung.[31]

1971 bis 1980

Aus Professionalisierung wird Kommerzialisierung

1971/72: Betrogene Fans verweigern die Unterstützung

1971/72 kletterten die Bayern wieder aufs Meistertreppchen. Was aber viel wichtiger war als ihre 101 Saisontore (ungebrochener Bundesligarekord) bzw. 55 Punkte (bis zur Einführung der Drei-Punkte-Regel ebenfalls Rekord), ist die Eröffnung des Olympiastadions. Am 28. Juni 1972 wurde die Arena eigens für den FC Bayern „voreröffnet" (die Olympischen Spiele begannen erst am 26. August), und mit einem brillanten 5:1-Sieg des Gastgebers über den Titelkonkurrenten FC Schalke 04 angemessen eingeweiht. Fortan hatten die Bayern gegenüber der Bundesligakonkurrenz einen entscheidenden Standortvorteil. 76.000 Plätze (davon 45.037 zum Sitzen, bei ausverkauftem Haus nahmen die Bayern 1 Mio. DM ein!) und ausreichend Parkmöglichkeiten – da klingelte es in der Bayern-Kasse mehr als bei jedem anderen Bundesligisten.

Die Welt des FC Bayern war nun komplett. Mit Müller, Beckenbauer, Maier, Schwarzenbeck, Breitner und Hoeneß stellten die Münchner mehr als die Hälfte jener bundesdeutschen Nationalelf, die im Juni 1972 bei der EM in Belgien einen bis heute legendären Fußball zelebrierte. Mit dem Olympiastadion hatten sie nicht nur einen ökonomischen Vorteil, sondern auch das angemessene Ambiente für ihren angestrebten Aufstieg zum „Weltklasseverein" sowie die notwendige Bühne für die ihnen zugeneigte Münchner Schickeria. Das von Architekten und Ästheten gefeierte Olympiastadion mit seinem einzigartigen Zeltdach hievte den FC Bayern auf der kulturellen Leiter Münchens ein paar Stufen höher, und aus den profanen Fußballspielen, wie sie im engen Stadion an der Grünwalder Straße inmitten des Arbeiterbezirks stattgefunden hatten, wurden nun auf dem Oberwiesenfeld „Feste", zu denen immer häufiger auch Menschen in schicker Abendgarderobe gingen (bzw. vorfuhren). Das Olympiastadion war Bayerns letzter und entscheidender Schlüssel, um die Erfolgstür aufzuschließen.

Deutscher Meister 1972: FC Bayern München

Abseits der Bayern-Euphorie herrschte 1971/72 Tristesse. Der Bundesligaskandal enttäuschte die Fans und führte zu einem Zuschauereinbruch. Über 900.000 Zahlende weniger als in der Vorsaison und ein Einnahmeverlust von rund 6 Mio. DM ließen in den meisten Bundesligastadien die Alarmglocken schrillen. Am ärgsten erwischte es jene Teams, die sportlich enttäuscht hatten. Werder Bremen beispielsweise, das sich vor Saisonbeginn mit Hilfe einiger Gönner hochkarätig verstärkt hatte und Titelambitionen hegte, war nur Elfter geworden und musste sich nun Sorgen um seine finanzielle Zukunft zu machen. In Dortmund war der Zusammenbruch bereits Realität: Der jahrelange Ausverkauf sowie eine haarsträubende Vereinspolitik mündeten in den Abstieg des ersten Europapokalsiegers der Bundesrepublik.

Tröstend war allenfalls, dass die UEFA mit Saisonbeginn die Obhut über den Messepokal übernommen hatte und mit dem UEFA-Cup ein Erfolgsprojekt schuf, das einigen Klubs in der Zukunft aus der finanziellen Patsche helfen sollte: Hertha BSC, Hamburger SV, 1. FC Köln und Eintracht Braunschweig waren Deutschlands UEFA-Cup-Debütanten.

Der durch den Bundesligaskandal verstärkte (nicht ausgelöste!) Zuschauerschwund wirkte sich in den unteren Ligen ungleich schärfer aus. Arminia Hannover beispielsweise, 1963/64 noch von rund 7.500 Fans pro Spiel besucht, begrüßte 1971/72 nur noch knapp 2.500 Zuschauer und wusste weder ein noch aus. Viele Klubs im hochklassigen Amateurbereich hatten zudem große Probleme mit dem veränderten Freizeitverhalten. Der jahrzehntelang für kontinuierlichen Nachwuchs sorgende Straßenfußball war mit modernen Wohnverhältnissen, wachsendem Straßenverkehr und stärkerer TV-Berieselung allmählich abgestorben. Zugleich registrierte man den ersten Tennis-Boom, auf den viele Vereine fast panisch mit der Errichtung entsprechender Anlagen reagierten und sich damit hoffnungslos verschuldeten. Eine Spirale ohne Ausweg. Zahlreiche Klubs gaben den Fußball als Leistungssport in jenen Tagen auf und wandelten sich zu einem Breitensportverein, der keinerlei Ambitionen auf den Aufstieg in höhere Fußball-Ligen mehr hegte. Für die Klubs zahlte sich das aus, wenn die Mitgliederzahl dank Sportarten wie Volleyball, Tennis und Hausfrauengymnastik anstieg. Der hochklassige Amateurfußball jedoch verlor durch die Entwicklung zunehmend Vertreter, die mitunter jahrzehntelang oben mitgemischt hatten und nicht selten regionale Legenden waren. Ganze Städte bzw. Regionen verabschiedeten sich dadurch aus dem Leistungsfußball und wurden zum Fußball-Niemandsland.

Chancen, weiterhin im halbprofessionellen Fußball mitzumischen, hatten nur jene Klubs, die entweder über zahlungskräftige Mäzene verfügten oder ungewöhnliche Wege beschritten. Fortuna Köln wurde unter Mäzen Jean Löring zum ersten „reinen" Profiklub, in dem weder die Jugend noch untere Mannschaften eine Bedeutung hatten. Alles war auf die Ligaelf ausgerichtet, in die jeder Pfennig investiert wurde. Die Neigung, sich von lokalen Unternehmen sponsern und dafür seinen Traditionsnamen fallen zu lassen, wurde derweil von den Medien torpediert, die darin eine „Schleichwerbung" sahen. Im September 1971 drohte der VfR Pegulan Frankenthal den TV-Anstalten deswegen mit einer gerichtlichen Klage. Geschäftsführer Otto Kuhn: „Die ARD und das ZDF übergehen in ihren Sportsendungen den Namen ‚Pegulan' und bezeichnen uns lediglich als VfR Frankenthal. Falls die beiden Anstalten am kommenden

Gab den Bayern Auftrieb: das 1972 eingeweihte Olympiastadion.

Wochenende wiederum den vollen Vereinsnamen übergehen, wird der VfR Pegulan Frankenthal mit einer Feststellungsklage vor ein ordentliches Gericht gehen." Der wahre Clou in Sachen „Werbung im Fußball" folgte jedoch erst ein Jahr später: in Braunschweig.

1972/73: Der Löwe, der ein Hirsch sein wollte

1967 war Eintracht Braunschweig sensationell Deutscher Meister geworden und hatte damit seine Vereinsgeschichte gekrönt. Seinerzeit war in der niedersächsischen Grenzstadt alles in bester Ordnung gewesen: Finanzen, Teamgeist, Zukunftsperspektiven. Fünf Jahre später stand der Klub vor dem Ruin. „Wir müssen uns ernsthaft Gedanken machen, wie wir weiter im bezahlten Fußball bestehen wollen", stöhnte Eintracht-Präsident Fricke vor Beginn der Spielzeit 1972/73 und zauberte wenig später die Lösung aus dem Hut. Es war der Wolfenbütteler Likörfabrikant Günter Mast, der bereit war, der Eintracht mit 100.000 DM pro Jahr unter die Arme zu greifen – wenn dafür sein Firmenlogo, der Jägermeister, auf den Eintracht-Jerseys prangen würde.[1] Das war nach Bundesligastatut allerdings verboten. Dort stand geschrieben, dass „Spieler ihren Namen nicht für Reklamezwecke zur Verfügung stellen dürfen". Regionalligist Wormatia Worms, der für eine Waschmittelfirma hatte werben wollen, war vom DFB bereits eine Absage erteilt worden. Doch Fricke und Mast fanden einen Ausweg: Am 8. Januar 1973 verabschiedeten die Mitglieder des finanzklammen Bundesligisten ein neues Vereinslogo. Nicht mehr der Löwe sollte der Eintrachts Wappen sein, sondern ein dem Jägermeister-Symbol täuschend ähnlicher Hirschkopf mit den Initialen „E“ und „B“ (für „Eintracht Braunschweig“). Der DFB war perplex. Er konnte lediglich durchsetzen, dass das Logo nicht wie beantragt 18, sondern nur 14 Zentimeter im Durchmesser betragen durfte, dann musste er zähneknirschend grünes Licht geben. Am 24. März 1973 lief Eintracht Braunschweig zum Heimspiel gegen Schalke 04 erstmals mit dem neuen „Vereinslogo“ auf dem Trikot auf und eröffnete damit eine neue Ära. Feixend im Hintergrund stand Günter Mast, der durch den wochenlangen Streit mit dem DFB kostenlose Werbung bekommen hatte und hochzufrieden war.

Da zwischenzeitlich auch die Regionalligisten Arminia Bielefeld, 1. FC Nürnberg und SpVgg Fürth Interesse an Trikotwerbung angemeldet hatten, befürchtete der „Kicker“ das Aufkommen von wandelnden „Litfaßsäulen“ und wies auf eine entsprechende Entwicklung in Österreich und Belgien hin, wo die Vereine ebenfalls über ihre Verhältnisse gelebt hatten und deshalb „Werbung am Mann“ eingeführt worden war. Ende 1973 zog der DFB seine Konsequenzen und gab auf Empfehlung einer eigens gebildeten Prüfungskommission Werbung auf der Vor- oder Rückseite der Trikots bis in die unterste Amateurklasse frei, worauf neben Braunschweig auch die Bundesligisten Bayern München (adidas), HSV (Campari), Fortuna Düsseldorf (allkauf) und MSV Duisburg (Brian Scott) Trikotwerbeverträge abschlossen.[2]

Der Eintracht bescherte der Jägermeister freilich kein Glück. Eine 1:2-Heimniederlage im letzten Heimspiel gegen Fortuna Düsseldorf verbannte die in Hirsche verwandelten Löwen aus der Eliteliga, da Nachbar und Abstiegskontrahent Hannover 96 zeitgleich in Wuppertal gewann. Nach Nürnberg, München 1860 und Dortmund waren die Braunschweiger der vierte ehemalige Bundesligameister, der absteigen musste.

Deutscher Meister 1973: FC Bayern München

Das Titelrennen war langweilig wie nie zuvor. Schon zur Halbserie hatte der FC Bayern einen Vorsprung von zwei Zählern angehäuft, feierte am vorletzten Spieltag als erster Verein der Bundesligageschichte seine 100. Tabellenführung (dabei hatten die Münchner in den ersten beiden Spieljahren noch in der Regionalliga gekickt!) und wies am Ende satte elf Punkte Vorsprung auf den 1. FC Köln auf. Überschattet wurde die Saison von den Vorgängen um Skandalsünder Schalke 04, dessen Mannschaft wegen Meineides peu à peu gesperrt wurde. Mit einer Notelf schafften die Königsblauen, 1972 noch Vizemeister und Pokalsieger, gerade so eben den Klassenerhalt. Höhepunkt der Peinlichkeiten war der 27. April 1973, als Schalke den Einsatz seiner Skandalsünder per einstweiliger Verfügung durchsetzen wollte und der DFB das anstehende Spiel gegen den 1. FC Köln daraufhin wegen der „unsicheren Rechtslage“ kurzfristig absagte. Das hatte mit Fußball wahrlich nicht mehr viel zu tun. Einen anderen Skandalsünder ereilte seine (gerechte) sportliche Strafe: Rot-Weiß Oberhausen. Sang- und klanglos verabschiedeten sich die Kleeblätter aus dem Oberhaus, obwohl die zu Saisonbeginn auferlegte Strafe von fünf Zählern im Saisonverlauf wieder zurückgenommen worden war.

Der überlegene Gewinn der Meisterschaft durch den FC Bayern deutete an, dass die Münchner immer mächtiger zu werden drohten. Vor allem in finanzieller Hinsicht enteilten die Bayern der Konkurrenz. 1972/73, als die Zuschauerzahlen bundesweit sanken, war ihr Zuschauerschnitt mit rund 32.000 Zahlenden pro Spiel beinahe doppelt so groß wie in der gesamten Bundesliga (Schnitt in allen 306 Spielen: 16.372). Als einziger Bundesligaklub erwirtschafteten sie sogar in der Nach-Skandalsaison einen wirtschaftlichen Überschuss. Vor Saisonbeginn hatte Präsident Neudecker mit Jupp Kapellmann erstmals einen „fertigen" Spieler verpflichtet und zugleich einen Konkurrenten (1. FC Köln) geschwächt. Die Münchner deuteten damit an, was auf die Bundesliga in Zeiten der unbegrenzten Ablösesummen zukommen würde. Ihr Vorgehen war unter den Fans umstritten. Während die einen schulterzuckend von den „Gesetzen des Marktes" sprachen, legten andere die moralische Messlatte an und verurteilten die gnadenlose Ausnutzung der ökonomischen Überlegenheit.

Allerdings herrschte auch beim FC Bayern in Sachen Kapellmann Verstimmung. Neudecker hatte die von Köln geforderten 800.000 DM nicht zahlen wollen und den DFB zwecks Schlichtung angerufen. Zur Überraschung der Bayern entschied der Fußballbund jedoch pro Köln – lediglich die Mehrwertsteuer, die Köln zusätzlich haben wollte, wurde gestrichen. Das geschah offenbar mit Blick auf das in München mittlerweile angehäufte liquide Vermögen in Höhe von 3 Mio. DM. Davon ging nun ein Drittel nach Köln, was den dortigen 1. FC aus seinen gröbsten Geldnöten holte, den Bayern etwas von ihrem wirtschaftlichen Vorsprung nahm und dem Branchenführer vermittelte, er könne künftig nicht mit „billiger Beute" rechnen. „Solange das Geld in der Bundesliga kursiert und nicht ins Ausland abfließt, ist kein Schaden angerichtet", kommentierte Bundesligaausschuss-Mitglied Alfred Strothe. Zudem hatten die Starspieler Beckenbauer, Maier, Müller etc. inzwischen hoch dotierte Verträge ausgehandelt und sich damit einen großen Anteil vom Kuchen gesichert. Rund 20.000 DM nahmen Beckenbauer und Co. monatlich mit nach Hause, und das Team musste, so hieß es, 6 Mio. DM pro Saison einspielen, um sich selbst zu finanzieren. Um diese Summe zu erreichen, begab sich der FC Bayern regelmäßig auf Freundschaftsspieltour und ließ sich den Auftritt seiner Equipe mit Summen zwischen 5.800 und 50.000 DM versüßen. Für die hoch bezahlten Akteure bedeutete dies, dass sie auf weit über hundert Spiele pro Jahr kamen und damit so etwas wie „Sklaven ihrer eigenen Forderungen" waren.

Das Thema Finanzen beherrschte auch abseits der Bayern die Schlagzeilen. Hertha BSC Berlin beispielsweise wurde vom DFB mit Lizenzentzug gedroht, weil die Berliner inzwischen einen Schuldenberg von rund 6,4 Mio. DM angehäuft hatten. In Berlin ging man mit Geld offenbar etwas laxer um, denn unter Bundesligaspielern hieß es: „Hertha zahlt immer zehntausend Mark über das Höchstangebot hinaus."[3] Hertha entging der Schuldenfalle, indem das vereinseigene Stadion an der Plumpe Gewinn bringend an die Stadt Berlin verkauft wurde. Selbst Pressezar Axel Cesar Springer griff den Berlinern unter die Arme und spendete insgesamt rund 600.000 DM. „Jedes Wochenende dokumentiert Hertha die Verbundenheit Berlins mit dem Bund", wies Vereinspräsident Domrich auf die politische Dimension seines Klubs hin.

Auch in Hannover griff die öffentliche Hand helfend ein. 96-Präsident Strothe hatte mit einer katastrophalen Finanzpolitik rund 1,8 Mio. DM Schulden angehäuft und sich dafür bereits eine Geldstrafe über 20.000 DM von den DFB-Wirtschaftsprüfern eingefangen. Dass die Stadt dennoch half, hatte einen einfachen Grund: Das Niedersachsenstadion wurde zeitgleich für viel (kommunales) Geld WM-tauglich getrimmt und brauchte nach dem Fußball-Weltturnier einen lukrativen Nutzer. Das konnte nur 96 sein. Also deklarierte die Stadtverwaltung jene Million Mark, die bei einer Steuerprüfung als „hinterzogen" ermittelt worden waren, als „Vorschuss auf künftige Einnahmen" und verhinderte damit den Konkurs. „Was wirbt denn außer der Messe und Hannover 96 für die Stadt?", kommentierte 96-Schatzmeister Herberich mit Unschuldsmine.

Die Beispiele Hertha und Hannover waren keine Einzelfälle, denn auch anderswo verzichteten Städte und Gemeinden nicht nur bereitwillig auf die ihnen eigentlich zustehenden Einkünfte von den Bundesligaspielen (Vergnügungssteuer, Stadionmiete etc.), sondern übernahmen zudem Bürgschaften für ihre klammen Vereine. Sie hatten freilich kaum eine andere Wahl, denn wie der frühere HSV-Schatzmeister Karl Mechlen nicht ohne Bitterkeit feststellte: „Ich möchte die Partei sehen, die es riskiert, unsere Vereine zu ruinieren."[4]

Neben den Kommunen halfen die steigenden Fernsehgelder bei der Bewältigung der Finanzkrise. Nach den 2,3 Mio. DM, die 1972/73 von den Sendeanstalten gezahlt worden waren, gab es 1973/74 bereits 2,65 Mio. DM, was jedem Verein immerhin 147.222 DM einbrachte. Schließlich entdeckten die Vereine ihr Umfeld als Finanzquelle. Der Verkauf von Bier, Bockwurst, Zigaretten sowie Stadionheftchen brachte den 18 Bundesligisten pro Saison schätzungsweise insgesamt zusätzliche rund 35 Mio. DM ein. Die Zeiten, in denen sich ein Fußballverein fast ausschließlich über den Eintrittskartenverkauf finanzierte, waren damit vorbei, wenngleich es noch Jahre dauern sollte, bis aus den fliegenden Händlern Merchandising-Abteilungen geworden waren.

Trotz allem: Der Bundesliga rannten unverändert die Spitzenspieler davon, weil ausländische Klubs in der Lage waren, weitaus höhere Beträge zu zahlen. 1973 beispielsweise verabschiedete sich Günter Netzer von Borussia Mönchengladbach. Der lange Blonde wäre durchaus am Bökelberg geblieben – doch er verlangte einen höher dotierten Zweijahresvertrag, den Borussias Führung seinem 28-jährigen, zunehmend verletzungsanfälligen Regisseur nicht mehr geben wollte bzw. konnte. „Wir bieten, was wir haben, und mehr haben wir nicht", kommentierte Manager Grashoff – wohl wissend, dass der Rest der Mannschaft sofort bei ihm auf der Matte gestanden hätte, wären Netzers Bezüge erhöht worden. Also folgte der Filigrantechniker einem Angebot von Real Madrid, das ihm eine runde Million pro Jahr garantierte – eine Summe, die jeden Bundesligaspieler vor Neid erblassen ließ. In Mönchengladbach war man nicht allzu

Günter Netzer trifft in seinem letzten Spiel für Borussia Mönchengladbach ins Kölner Tor – und in Weisweilers Herz.

traurig, denn die Ablösesumme betrug 1,2 Mio. DM – so viel hatte noch nie ein Bundesligist für einen einzelnen Spieler kassiert. Netzers Abgang nach Madrid erhielt im Pokalfinale der Saison 1972/73 einen gerade legendären Abschluss, weil Borussia-Trainer Weisweiler seinen einstigen Liebling zunächst überraschend auf die Bank setzte. Weisweiler war zutiefst enttäuscht, dass Netzer Mönchengladbach und damit ihn verlassen wollte. In der Pause zur ersten Verlängerungshälfte kam es zu jenem legendären Dialog zwischen Netzer-Nachfolger Kulik und dem Abtrünnigen (Netzer: „Kannst du noch?" Kulik: „Nein, ich bin kaputt."), worauf Netzer sich quasi selbst einwechselte und schon zwei Minuten später das Gladbacher Siegtor gegen die völlig ausgepumpten und konsternierten Kölner erzielte. Hennes Weisweiler nahm es mit stoischer Ruhe zur Kenntnis – er hatte verloren, weil der von ihm geächtete Held gewonnen hatte.

Netzer war nicht der Einzige, den es ins Ausland zog. Auch Breitner, Beckenbauer, Müller u. a. schwirrten die Köpfe ob lukrativer Angebote aus Spanien oder Italien. Doch der DFB drohte jedem mit dem Rauswurf aus der Nationalelf, was kurz vor der WM im eigenen Land außer dem eigensinnigen Netzer niemand riskieren wollte. Und

Spieler der Stunde ■ Günter Netzer

„Netzer spielt nicht Fußball, er interpretiert ihn", schwärmte Ex-HSV-Spieler Jürgen Werner über den Gladbacher Regisseur, der die Bundesliga spaltete. Die einen fanden den Mann mit den Riesenschuhen einfach riesig und konnten sich an seinen Auftritten gar nicht satt sehen. Die anderen hingegen schworen eher auf Wolfgang Overath, der ungleich sachlicher und weniger spektakulär auftrat, aber ebenso erfolgreich war wie der gelegentlich zur Exzentrik neigende Mönchengladbacher. Netzer war nicht nur fußballerisch eine Ausnahme in der Bundesliga. Sein nach außen rebellisches Verhalten – lange Haare, Besitzer einer Diskothek – brachte ihm Sympathien in der linksintellektuellen Szene ein, die Netzer selbst aber stets suspekt waren. Er betrachtete sich nie als Revoluzzer – er wollte nur seine Version von Leben leben und fühlte sich von seinen Anhängern nicht selten missverstanden. Vor allem aber vom Boulevard, der aus ihm einen schillernden bunten Vogel machen wollte, der er nie war. Auf dem Spielfeld erlebte der Mann mit den exakt getimten Freistößen reichlich Höhen und Tiefen. Kritiker sprachen davon, Netzer habe nur „einen Sommer lang richtig großen Fußball gespielt" – 1972, als er mit der Nationalmannschaft in Belgien die Europameisterschaft holte. In der Tat sind seine Erfolgsannalen nicht annähernd so gespickt wie die von Beckenbauer, Müller und Co., denen Netzer immer ein wenig suspekt war. 1974 sorgten sie bei der WM sogar dafür, dass der sensible Niederrheiner aus der WM-Elf gedrängt wurde und nur gegen die DDR für ein paar Minuten ran durfte.

selbst der sorgte sich um sein Image. Nachdem er einem Reporter erklärt hatte, in erster Linie habe ihn das viele Geld an seinem Wechsel nach Madrid gereizt, beeilte er sich, wenige Tage später darauf hinzuweisen, dass es eigentlich ein Kindheitstraum gewesen sei, für die „Königlichen" zu spielen. Der öffentlichen Meinung war ein zu großer Akzent auf das Finanzielle suspekt.

Der DFB bemühte sich derweil um kleinere Korrekturen im Spielsystem. Nachdem zur Spielzeit 1971/72 bereits der DFB-Pokal modifiziert worden und die Durchführung der Begegnungen bis zum Finale in Hin- und Rückspielen angeordnet worden war (Resultat war ein fast völliges Ausschalten der für den Pokal überlebenswichtigen Sensationen), führte man 1972/73 einen „Ligapokal" ein, der zum größten Flop der DFB-Geschichte wurde. Keiner hatte Lust auf den Wettbewerb, an dem neben den Bundesligisten auch eine Hand voll Regionalligisten teilnahm, und die Frage nach dem Finalsieger 1973 wäre ideal für Günther Jauchs „Wer wird Millionär?"[5]

1973/74: Im Schatten der WM

Das WM-Turnier 1974 zeigte für den deutschen Fußball schon im Vorfeld eine beachtliche psychologische Wirkung. Während die Gastgeberstädte Dortmund, Gelsenkirchen, Düsseldorf, Frankfurt, Stuttgart, Hannover, Hamburg, Stuttgart, Berlin moderne Fußballpaläste erhielten und den Vorsprung Münchens ein wenig reduzieren konnten, versprühte die WM zugleich große Hoffnung in die skandalgeschüttelte und von

Finanzkrisen geplagte Bundesliga. Die Fans, die sich nach dem Skandal zuhauf abgewandt hatten, freuten sich auf das fußballerische Großereignis und versöhnten sich auch wieder mit der Bundesliga. 6,3 Mio. Zuschauer begrüßten die 18 Klubs im Verlauf der Saison 1973/74 – 1,2 Mio. mehr als in der Vorsaison![6] Für den DFB bot sich derweil die einzigartige Chance, einen eleganten Schlussstrich unter den Skandal zu ziehen. Selbst die Schalker Meineid-Sünder durften lange vor Ablauf ihrer Strafen wieder mitmischen – das düsterste Kapitel der Bundesligageschichte wurde still und leise beendet.

Sportlich wurde es die Saison des FC Bayern München. In der Bundesliga waren Beckenbauer und Co. einmal mehr das Maß aller Dinge, eilten trotz eines schwachen Saisonstarts gemeinsam mit Borussia Mönchengladbach dem Verfolgerfeld um Fortuna Düsseldorf sowie Eintracht Frankfurt davon und sicherten sich am 11. Mai 1974 vorzeitig Meistertitel Nummer 5, da Gladbach zeitgleich in Düsseldorf patzte. Höhepunkte waren ein spektakuläres 5:5 auf Schalke, bei dem der FC Bayern bereits mit 2:5 in Rückstand gelegen hatte, sowie das legendäre 4:7 in Kaiserslautern, bei dem die Münchner einen 4:1-Vorsprung verspielten.

Deutscher Meister 1974: FC Bayern München

Der neuerliche Titelgewinn wurde in München mit lässiger Routine hingenommen, denn an der Säbener Straße verfolgte man längst höhere Ziele: den Europapokal der Landesmeister. Auf dem Weg dorthin stand den Münchnern ein brisantes deutsch-deutsches Duell gegen Dynamo Dresden bevor, das Schlagzeilen machte. Bayerns übervorsichtiger Präsident Neudecker hatte angeordnet, dass die Mannschaft erst am Spieltag nach Sachsen fahren solle und ihre eigene Verpflegung dabei haben müsse. Derart ausgerüstet, kam der Deutsche Meister bei den Fans in der DDR reichlich versnobt und eingebildet daher und machte sich „drüben“ keine großen Freunde. Die beiden Begegnungen mit dem DDR-Meister wurden freilich Europapokalklassiker. Nach einem dramatischen 4:3-Hinspielsieg in München zitterten sich die Bayern im Dynamo-Stadion zu einem 3:3, das zum Einzug ins Viertelfinale reichte. Dort bot Bulgariens Meister CSKA Sofia nicht annähernd so viel Gegenwehr, und auch der ungarische Titelträger Újpestí Dósza konnte die Bayern im Halbfinale nicht stoppen. Im Finale bezwangen die Münchner schließlich im Wiederholungsspiel auch Atlético Madrid und sicherten sich als erste deutsche Mannschaft Europas Fußballkrone. Bayerns umjubelter Held war ausgerechnet der ansonsten zutiefst unauffällige „Wasserträger“ Katsche Schwarzenbeck, der im ersten Spiel Sekunden vor Schluss den 1:1-Ausgleich markierte. Zwei Tage später sorgten Hoeneß und Müller mit jeweils zwei Treffern für einen souveränen 4:0-Erfolg.

Auch Nachbar DDR hatte Grund zum Jubeln. Im Europapokal der Pokalsieger kletterte der 1. FC Magdeburg nach einem 2:0-Finalsieg über den AC Mailand (mit Karl-Heinz Schnellinger) auf das Siegertreppchen. Rund acht Wochen später standen sich die Leistungsträger der Bayern und der Magdeburger dann im Hamburger Volksparkstadion gegenüber, um anlässlich der WM zum ersten (und einzigen) deutsch-deutschen Länderspiel zu schreiten. Magdeburgs Torjäger Sparwasser wurde zur Legende, als er einen krassen Abwehrfehler ausnutzte und der Bundesrepublik bzw.

ihrem sächsischen Bundestrainer Helmut Schön eine peinliche 0:1-Niederlage bescherte. Für Sparwasser war der Treffer folgenschwer. Er wurde fortan vom DDR-Regime bei jeder passenden (und unpassenden) Gelegenheit gezeigt, was Sparwassers Aktien im Volk kontinuierlich sinken ließ. Die DDR erreichte bei der WM die zweite Finalrunde und feierte damit ihren größten Erfolg im Konzert der Großen.[7]

Umbrüche: neue Spieler, neue Zuschauer, neue 2. Liga

Der Fußball hatte sich seit Beginn der 1970er Jahre verändert. Die großen Spielerpersönlichkeiten wurden seltener, und die Mannschaften wurden zunehmend auf Kondition und Spielverständnis getrimmt.[8] Das Spiel wurde dadurch zwar schneller; Ideen, Inspiration und Individualität aber gingen immer mehr verloren. Mit anderen Worten: Fußball wurde (wieder) zum Kollektivspiel. Trainerlegende Dettmar Cramer befand später rückblickend: „Wir haben uns, dem Schlagwort vom ‚Fußball total' folgend, den es nicht gibt, vom Spiel wegentwickelt zur Überschätzung des Konditionellen." Jupp Heynckes sah derweil eine Entwicklung „vom Spieler zum Renner", die er darin begründet sah, „dass es nach 1972 einfach nicht mehr so viele Spielerpersönlichkeiten gab. Viele Vereine glichen dieses Manko aus durch verstärkte Arbeit auf physischem Gebiet. Und um ihren Vorsprung nicht zu verlieren, haben dann sogar die Spitzenvereine nachgezogen." Ergebnis war ein fader Fußball, der geprägt war von Tempo und Kraft und der fatalerweise auch in der Jugend gelehrt wurde. In den 1980er Jahren sollte dies den deutschen Fußball in eine tiefe Krise stürzen. Auch Franz Beckenbauer erwies sich als Visionär und warnte bereits 1975: „Es hat sich auch bei uns in den letzten Jahren gezeigt, dass die athletisch ausgebildeten Spieler die Individualisten mehr und mehr verdrängen. Das System ist für die, die es zuerst spielen, sehr erfolgreich. Wenn es aber auf die meisten Länder übergegriffen hat, wird der Fußballsport harte Zeiten durchmachen. Kollektiv-Fußball ohne Individualisten ist wenig zugkräftig."

Eine der Ursachen dafür war wohl, dass die Spitzenvereine mit immer höheren Geldsummen hantierten und damit unter wachsenden Erfolgsdruck gerieten. Die moderne Spielergeneration um Beckenbauer, Müller und Netzer hatte die neuen Prinzipien längst verinnerlicht und bereits deutlich besser dotierte Verträge mit ihren Vereinen ausgehandelt. Unterstützt von Beratern wie Robert Schwan (Franz Beckenbauer) oder Erwin Nehl (Gerd Müller)[9] hatten sie sich zudem auf die Suche nach weiteren Geldquellen gemacht und waren auf die Werbeetats von Handel und Industrie

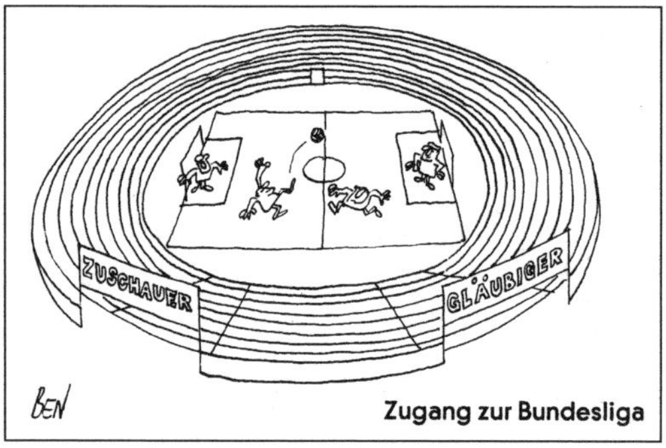

Zugang zur Bundesliga

Der „Kicker" beleuchtet die finanzielle Situation der Bundesligavereine.

Mannschaft der Stunde ■ DFB-Nationalteam

20 Jahre nach dem „Wunder von Bern" feierten 77.000 Fans im Münchner Olympiastadion und einige Millionen vor den Fernsehbildschirmen den „Triumph von München". Mit einem 2:1-Sieg über die leicht favorisierten Niederlande wurde Deutschland zum zweiten Mal Weltmeister und erklomm den Zenit seiner Erfolgsstory der 1970er Jahre. Der Finalsieg war zweifelsohne verdient. Nostalgisch verklärt wie der Triumph von 1954 oder umschwärmt wie der EM-Sieg von 1972 waren die Darbietungen der Schön-Schützlinge 1974 aber nicht gewesen. Den schöneren Fußball hatte zweifelsohne Holland geboten – doch die Oranje mit ihrem „totaal voetbal" hatte sich selbst aus dem Takt gebracht und war an einer enorm disziplinierten und bis in die Haarspitzen motivierten deutschen Elf gescheitert.

Sicherlich sind die dramatische Anfangsphase mit dem Elfmeter für die Niederländer und den zahlreichen Glanzparaden Sepp Maiers, Hölzenbeins eleganter Sturz in den Strafraum aus der 26. Minute sowie Gerd Müllers Siegtreffer Sekunden vor dem Halbzeitpfiff bis heute ebenso im kollektiven Gedächtnis wie die Geschichte von Rahns Siegtor anno 1954, doch wo bei der Erinnerung an 1954 noch heute Gänsehaut entsteht, bleiben die Regungen vieler Fans beim Gedanken an 1974 eher sachlich. „1954 waren es die Helden, die nicht mehr verdienten als der Arbeiter, der den Sieg vor dem Radioapparat miterlebte. 1974 kickten erfolgsverwöhnte Jung-Millionäre für deutsches Prestige, nüchterne, aufs Geschäft bedachte Profis", fällte das Schweizer Fachblatt „Sport" ein noch immer gültiges Urteil.

gestoßen. Seit der WM 1970 waren die Preise für Werbeauftritte von Fußballspielern geradezu explodiert. Beckenbauer beispielsweise warb seinerzeit für eine Petrolfirma („Hin zu Aral – und ab nach Mexiko") und kassierte dafür 100.000 DM. Stürmerkollege Müller ließ sich seine Engagements für Telefunken, Mars-Riegel, Timex-Uhren und adidas mit 75.000 DM entlohnen. Wie sehr die Preise seit der WM 1966 gestiegen waren, belegt das Beispiel „Mars". Der Schokofabrikant hatte 1966 Wolfgang Overath für Werbezwecke angeheuert und ihm dafür 1.000 DM gezahlt. 1970 bekam Gerd Müller für denselben Dienst bereits 20.000 DM. 1974 rollte der Rubel noch gewaltiger. Vor allem die Topverdiener der Fußball/Werbebranche – Franz Beckenbauer, Gerd Müller und Günter Netzer – sahnten ordentlich ab (exakte Zahlen wurden nun nicht mehr bekannt gegeben). Franz Beckenbauer drehte sogar einen Film („Libero") und kassierte eine Gage von 200.000 DM!

Für die Akteure bedeutete dies einen enormen Sprung auf der gesellschaftlichen Leiter. Die Spitzenspieler früherer Tage durften zwar einige Annehmlichkeiten genießen, blieben aber zumeist in ihrem angestammten sozialen Umfeld verhaftet. Noch in den 1960er Jahren reichte das Profigehalt in der Regel nur zum Erwerb eines Mietshauses. Jetzt aber konnte ein Arbeitersohn wie Franz Beckenbauer in die höchsten Kreise aufsteigen und durfte sich zur „Schickeria" zählen, die sich durch hohen Lebensstandard und Anleihen beim Showbusiness auszeichnete. Die Distanz zum Fan war

Mannschaft der Stunde ■ Borussia Mönchengladbach

Dass Borussia Mönchengladbach bei vielen Fans weitaus beliebter als der FC Bayern war, hat einiges mit diversen Europapokalauftritten der Fohlen zu tun. Das legendäre „Büchsenwurf-Spiel" gegen Inter Mailand, bei dem der Italiener Boninsegna durch herausragendes schauspielerisches Talent aus der Rolle fiel, ist da nur die Spitze des (tragischen) Gladbacher Eisberges. Irgendwie sollte das offensichtlich einfach nichts werden mit Triumphen auf den europäischen Bühnen. 1973 fehlte im UEFA-Cup-Endspiel gegen den FC Liverpool ein Törchen. 1976 funkte ein Niederländer namens van der Kroft dazwischen, als er den Borussen im Bernabeu-Stadion zu Madrid vor den Augen hunderttausender erschrockener bis empörter Fußballfans zwei völlig korrekte Tore aberkannte. Ein Jahr später triumphierte im Landesmeisterfinale zu Rom der FC Liverpool, und für die nun schon nicht mehr ganz so jungen Fohlen hieß es, mit der Silbermedaille vorlieb nehmen. Dass Mönchengladbach die höchste europäische Fußballkrone schließlich verwehrt blieb, darf als „tragisch" bezeichnet werden, da Vogts, Netzer, Wimmer, Bonhof usw. in den 1970er Jahren zweifelsohne zu den attraktivsten Teams Europas zählten. Aber da war ja noch ein Triumph: 1975 trennte sich die Borussia im UEFA-Cup-Endspiel daheim 0:0 von Twente Enschede und brillierte im Rückspiel, das die Fohlen 5:1 für sich entschieden. Vier Jahre später konnte der Erfolg gegen Roter Stern Belgrad wiederholt werden, derweil 1980 die Frankfurter Eintracht im Finale die Nase vorn hatte. Gladbach und Europa – das waren eben nicht nur rauschende Spiele, sondern häufig auch traurige Stunden.

enorm und zeichnete sich rein äußerlich durch Wohngegend, Wohnhaus, Fahrzeug und Kleidung aus. Der Star der 1970er Jahre war nicht mehr zum Anfassen – er war nur noch zum Angucken.

Auch der DFB bekam den neuen Zeitgeist zu spüren. Unmittelbar vor dem WM-Turnier 1974 kam es zu einer schlagzeilenträchtigen Auseinandersetzung zwischen DFB und Mannschaft um die Höhe der Siegprämie für den Gewinn der Weltmeisterschaft. Nachdem durchgesickert war, dass den Italienern für diesen Fall umgerechnet 120.000 DM zugesichert worden waren, erschien das 30.000-DM-Angebot des DFB in den Augen der Spieler als geradezu lächerlich. Unter den Augen des verzweifelten Bundestrainers Helmut Schön, der, groß geworden mit einer Generation wie Fritz Walter und Uwe Seeler, plötzlich gar nichts mehr verstand („Alles, was ich von Euch höre, ist Geld, Geld, Geld!") verhandelte der DFB-Abgesandte Hans Deckert bis tief in die Nacht mit der Spielerdelegation um Beckenbauer, Höttges, Netzer und Overath. Doch vergeblich. Erst nach Einschaltung von DFB-Präsident Neuberger einigte man sich auf die Summe von 70.000 DM und hinterließ einen zutiefst desillusionierten Bundestrainer.

Die Zuschauerstruktur hatte sich seit Mitte der 1960er Jahre ebenfalls gewandelt. Die zunehmende Entfremdung von den eigentlichen Akteuren des Spiels schuf das Phänomen des „Fans". Fans sind das exakte Gegenstück des mobilen Profifußballers. Sie sind ortsgebunden, sie leben (meist) in bescheidenen Verhältnissen, und sie können nur davon träumen, selbst ein Star zu werden. Für den Fan ist der Star folglich das Abbild seiner Träume, sein idealer Stellvertreter auf dem Platz.

Das konstante Objekt der Identifikation blieb freilich – Stars kommen und gehen – der Verein, was seinen Ausdruck in Schals mit Vereinsfarben und Kutten mit Vereinswappen fand. Doch anders als früher war diese Identifikation nicht mehr zwangsläufig von lokalen und sozialen Bindungen geprägt. Der neue Fan entschied autonomer. Klubs wie der FC Bayern oder Gladbach waren lokal ungebundene Imageträger, die man bewusst wählte, weil dort entweder entsprechende Stars agierten, oder weil man sie als Erfolg versprechend betrachtete. Auch musste man nicht in München oder Umgebung wohnen, um beispielsweise Bayern-Fan zu werden – das ging, vermittelt über das Fernsehen, auch von Hamburg, Dortmund oder sogar Mönchengladbach aus.

Zugleich war das lange Zeit überwiegend friedliche, bisweilen etwas hitzige und auch schon mal fanatische Publikum deutlich kritischer und aggressiver geworden. Die gesellschaftlichen Probleme, die in der Bundesrepublik in zahlreichen Bereichen immer deutlicher wurden, spiegelten sich auch in den Fußballstadien wider. Ende der 1960er Jahre waren in vielen Stadien bereits Schutzzäune zwischen Zuschauerrängen und Spielfeldern aufgestellt worden, weil die Praxis, nach Spielende mit Fahnen bewaffnet das Spielfeld zu stürmen, überhand genommen hatte. Mehrfach war es zu Rangeleien gekommen, und man konnte von Glück sprechen, dass ernsthafte Vorfälle ausgeblieben waren. Die Stimmung auf den Stehtraversen war allmählich umgeschlagen. Locker zusammenstehende Zuschauer hatten sich zu „Fan-Clubs“ zusammengetan, die nicht nur eine Form von organisierter Anfeuerung der eigenen Mannschaft betrieben, sondern zudem eine Art „Trutzburgmentalität“ entwickelten. Analog der Entwicklung in Großbritannien, wo schon seit längerem Massenschlägereien zwischen verfeindeten Fangruppen bekannt waren und es mehrfach zu geradezu abscheulichen Szenen gekommen war („beliebt“ war auf der Insel beispielsweise das Werfen von Dart-Pfeilen in die gegnerische Fan-Gruppe![10]), kam es auch in deutschen Stadien zu immer mehr Gewalttaten. Für die Fans zählte zunächst die „Verteidigung“ der eigenen Kurve und dann, falls zahlenmäßig möglich, die „Erstürmung“ der gegnerischen Fankurve. Jene war seinerzeit noch nicht von Zäunen bzw. Ordnungskräften gesichert, so dass sich während des Spiels regelrechte Massenprügeleien entwickelten. Einige Fans gingen dabei mit geradezu unglaublicher Brutalität vor. Als der VfL Bochum 1973/74 zu seinem Spiel bei Hannover 96 antrat, fand man bei den Bochumer Fans sogar eine scharf geschliffene Axt!

Die Funktionäre standen ratlos vor dem Phänomen. „Das sind offenbar regelrechte Kriege, die zwischen den Fans der einzelnen Bundesligaklubs ausgetragen werden“, staunte beispielsweise Hannovers Manager Eckart Kleemann. Unter alteingesessenen „Anhängern“ löste die Entwicklung große Furcht aus. In einem Leserbrief im „Kicker“ aus dem Jahre 1973 heißt es beispielsweise: „Als Anhänger des 1. FC Kaiserslautern besuchten wir das Bundesligaspiel FC Schalke 04 gegen 1. FC Kaiserslautern (2:2). Wie zu fast jedem Auswärtsspiel reisten wir auch diesmal mit dem Bus an. Da wir in verschiedenen Stadien schon schlechte Erfahrungen gemacht hatten, verhielten wir uns ruhig und zurückhaltend. Was sich dennoch in Schalke ereignete, übertraf unsere

Erwartungen bei weitem. Schon vor dem Spiel wurden wir wegen unserer rot-weißen Fahnen und Schals ständig angepöbelt und beschimpft. Nach dem Punktgewinn des 1. FCK schlug uns blanker Hass entgegen. Schalker Fußballfans, die man wohl besser als ‚Fußball-Rocker' bezeichnen muss, schlugen FCK-Fans mit Fahrradketten und Schlagringen brutal zusammen, so dass schließlich zwei von ihnen mit erheblichen Verletzungen ins Krankenhaus eingeliefert werden mussten."[11]

Die Reaktion der Verbände blieb hilflos. Zäune zwischen Spielfeld und Stehrängen wurden ab 1974 zur Pflicht, um zumindest die Spieler (und die Schiedsrichter) zu schützen, ansonsten beschränkte man sich darauf, Politik und Polizei um Hilfe zu bitten. Das Gewaltproblem sollte die Fußball-Bundesliga bis weit in die 1990er Jahre begleiten und erst abebben, als engagierte Fans die Sache selber in die Hände nahmen.

Während die Spitzenvereine bei allen Problemen doch wieder steigende Zuschauerzahlen und bessere Einnahmen verzeichnen konnten, ging es den Regionalligen mehr schlecht als recht. Erfolgshungrige Mäzene auf der einen und kommunale Zuschüsse auf der anderen Seite hatten in allen fünf Staffeln zu höchst ungleichen Ausgangsvoraussetzungen geführt und den Leistungsfußball unterhalb der Bundesliga gehörig durcheinander gebracht. Arminia Hannovers Vorsitzender Werner Wein äußerte sich in einem Interview mit der „Hannoverschen Allgemeinen" ratlos und wies verzweifelt darauf hin, dass das Finanzgebaren inzwischen selbst auf den Amateurfußball übergegriffen hätte. Für die in der Landesliga spielenden Amateure der Arminia beispielsweise müsse man 35.000 DM aufbringen, um die Stammspieler halten zu können. „Erstens sind solche Zahlungen verboten, und zweitens konnten wir das Geld nicht aufbringen", klagte Wein, nachdem erneut zahlreiche Spieler seinen Verein verlassen hatten. Das Zauberwort hieß unverändert „2. Bundesliga". Diesbezüglich war endlich Bewegung entstanden. Bereits 1971 hatte der DFB-Bundestag eine Grundsatzentscheidung pro Einführung gefällt und den Beirat bzw. das Präsidium beauftragt, „Vorbereitungen für die mögliche Einführung möglichst für die Spielzeit 1973/74 zu treffen. Dem Bundestag 1972 sind Pläne für den Unterbau und ein einheitliches Statut im bezahlten Fußball vorzulegen."[12] Beim darauf folgenden Bundestag am 28. Oktober 1972 wurden in Berlin dann Nägel mit Köpfen gemacht. „Nur drei gegen 2. Liga!", jubelte der „Kicker" in seiner Ausgabe vom 30. Oktober und konstatierte: „Der zweiten Spielklasse in einer vernünftigen Form ist nun der Weg geebnet."

Es war eine schwere Geburt gewesen. Tags zuvor hatte der Beirat überraschend verkündet, dass die Einführung nur mit einer Zweidrittelmehrheit zustanden kommen könne (bis dahin war man von der Hälfte ausgegangen), woraufhin unter den Befürwortern um DFB-Präsident Neuberger das große Zittern ausgebrochen war. Vehementester Gegner war der Württemberger Franz Stümper, der dem DFB eine Verletzung seiner Fürsorgepflicht vorwarf, würde er weitere 36 Vereine in das „Abenteuer stürzen lassen, das die erste Bundesliga schon gewesen ist". Unter dem Gelächter der 161 Stimmberechtigten stritt Stümper sogar die sportlichen Vorteile der 2. Bundesliga ab. Letztendlich war es dem Feingefühl der Befürworter zu verdanken, dass ein Durch-

Spieler der Stunde ■ Gerd Müller

Nur einem einzigen Spieler ist es in der über einhundertjährigen Geschichte des Fußballs in Deutschland gelungen, dem Sport einen neuen Begriff zu schenken: Gerd Müller. In den 1970er und 1980er Jahren sprach man bei gewissen Toren davon, dass es „müllerte". Damit wurde eine Fähigkeit umschrieben, die nur der etwas stämmig wirkende, immer ein wenig unschuldig erscheinende und im Blitzlichtgewitter des Boulevards stets eigentümlich ausschauende Gerd Müller mit Perfektion beherrschte. Müllers sagenumwobene Schnelligkeit ist zigfach beschrieben worden. Bei Müller war es egal, ob er mit dem Rücken zum Tor stand, bei der Ballannahme ins Stolpern geriet oder sein Gegner beim Kopfballduell zwei Köpfe größer war. Irgendwie fand der gebürtige Nördlinger immer die Lücke, machte die entscheidende Wendung, gab dem Leder die erfolgreiche Richtungsänderung. Selbst auf dem Hosenboden traf er noch – beim 2:0-Sieg über Jugoslawien schoss er die deutsche Nationalmannschaft bei der WM 1974 aus der Krise. Müllers Torriecher ist unerreicht, und die von ihm erzielten 365 Bundesligatore wird, das darf man zweifelsohne behaupten, niemals ein Spieler toppen können. Was Müller zusätzlich auszeichnete, war seine Bodenständigkeit. Während Mannschaftskollege Beckenbauer schon von einer Party auf die nächste marschierte, mähte Müller immer noch selber seinen Rasen am bescheidenen heimischen Reihenhaus. Dem entbehrt allerdings nicht eine gewisse Tragik, denn so treffsicher Müller auf dem Fußballplatz war, so zielgenau schoss er bei der Auswahl seiner Berater daneben.

bruch erzielt werden konnte. Sie änderten ihren Antrag in drei Punkten ab: Statt des Reizwortes „2. Bundesliga" hieß es nun „Regionalliga", als neuer Punkt kam hinzu, dass ein außerordentlicher Bundestag die vom Beirat auszuarbeitende Statutenänderung gutzuheißen habe, und die umstrittene Verzahnung von Amateur- und Profiklassen wurden eindeutig bejaht. Es gab also einen Aufstieg von den Amateurligen in die zu schaffende Profiklasse. Damit war der Weg frei, und als abgestimmt wurde, gab es lediglich drei Gegenstimmen. Darunter war der süddeutsche Verbandspräsident Dr. Hopfensberger, der anschließend von seinem Amt zurücktrat.

Ein außerordentlicher DFB-Bundestag am 30. Juni 1973 beschloss dann endgültig die Einführung einer zweigeteilten 2. Liga bereits zur Saison 1974/75, wobei die Nordstaffel von den Regionalverbänden West, Nord und Berlin gebildet werden sollte, während die Südstaffel vom Südwest und dem Süden getragen wurde.

Für die Regionalligisten bedeutete dies, dass die Spielzeit 1973/74 plötzlich zum heiß umkämpften „Qualifikationsjahr" wurde und die Saison geprägt war vom ständigen bangen Blick auf den Woche für Woche im „Kicker" veröffentlichten „aktuellen Stand im Kampf um die 2. Liga".[13] In allen fünf Staffeln gerieten die gewohnten sportlichen Hierarchien völlig außer Rand und Band. Im Süden beispielsweise marschierte Aufsteiger FC Augsburg kometengleich an die Spitze – nur als Regionalligameister hatten die vom Ex-Italienlegionär Helmut Haller verstärkten Schwaben eine Chance, in die 2. Bundesliga aufgenommen zu werden.[14] Am Ende eines dramatischen Verdrängungsprozesses erwischte es ein paar der ganz Großen. Im Norden fielen Holstein Kiel, Bremerhaven 93, Arminia Hannover und der VfB Lübeck aus dem Rennen, im Südwesten erwischte es den TuS Neuendorf, im Süden die Traditionsklubs FSV Frankfurt, Jahn Regensburg, Hessen Kassel und Freiburger FC und in Berlin Blau-Weiß 90 und Hertha Zehlendorf. Den beiden Berlinern bot sich nach dem überraschenden Aufstieg von Tennis Borussia Berlin in die Bundesliga zwar die Chance des Nachrückens, doch beide verzichteten, worauf der DFB den 1. FC Mülheim nachnominierte. Skandalös der Vorgang um den SV Alsenborn, der sich mit 95 Qualifikationspunkten sportlich für die 2. Bundesliga qualifiziert hatte und bereits dabei war, sein Stadion an der Kinderlehre bundesligagerecht auszubauen. Der DFB verweigerte dem Pfälzer Dorfklub wegen Nichterfüllung der Lizenzbedingungen jedoch den Zutritt zum neuen Unterhaus und gab auch nach bundesweiten Protesten nicht nach. Dass ausgerechnet der 1. FC Saarbrücken, Klub von DFB-Vizepräsident Hermann Neuberger, davon profitierte und via Hintertür in die 2. Liga rutschte, ließ Erinnerungen an die Bundesligaeinführung 1963 aufkommen. Auch damals war Neubergers Klub auf dubiose Art und Weise „durchgekommen".

Angesichts der geplanten 2. Bundesliga auf Lizenzspielerbasis beschloss der DFB-Bundestag, „Bundesligastatut" und „Vertragsspielerstatut" unter der Bezeichnung „Lizenzspielerstatut" zu vereinen und zu vereinheitlichen. Für die Erteilung bzw. den Entzug von Lizenzen war künftig ein zwölf Köpfe starker Lizenzausschuss zuständig. Zudem wurden die letzten Grenzen zum „freien Markt" aufgehoben. Ablösesummen durften nun nach eigenem Gutdünken gezahlt werden, und für Spielerwechsel wurde eine Transferliste eingeführt, wodurch zugleich die Möglichkeit entstand, Spieler bis zum 31. Dezember zu verpflichten. Zuvor waren Spielerwechsel erst ab dem 15. Juni für den Zeitraum von exakt einem Monat möglich gewesen, was regelmäßig zur Folge gehabt hatte, dass Vereine ihre Neuzugänge bis Mitternacht des 14. Juni vor der Konkurrenz hatten verstecken müssen. Der Düsseldorfer Hans Noack erinnerte sich später: „Es grenzte oft schon an Kidnapping, was da gemacht wurde. Ich erinnere mich an das Jahr 1965. Da haben wir bis zum 15. Juni Werner Biskup, den wir von Bayer Leverkusen verpflichten wollten, mitsamt seiner Frau in den Taunus geschickt, weil andere Trainer, so auch Hennes Weisweiler, hinter ihm her waren."

Ein Streitpunkt war die Frage nach der Einführung von Ablösesummen bei Spielerwechseln im Amateurbereich. Nach mehr als zwei Stunden bisweilen erregter Diskussion hatten 51 Delegierte dafür und 84 dagegen votiert, die Einführung mithin abgelehnt. Allerdings öffnete der DFB unfreiwillig eine „Hintertür" für „heimliche Ablösesummen", indem er beschloss, jeder Spieler könne in einer Saison nur die Spielberechtigung für einen Verein erhalten. Im Falle eines Wechsels betrug die Wartefrist drei Monate (im Falle der Freigabe), bzw. zwischen vier und 13 Monaten, falls der abgebende Verein die Freigabe verweigern sollte. „Kicker"-Kolumnist Karl-Heinz Heimann sah düster „geheime" Ablösezahlungen kommen: „Um die Zustimmung des alten Vereins zu bekommen, wird so mancher Verein zu allem möglichen bereit sein, sicher auch, sie zu erkaufen."

Mannschaft der Stunde ■ SV Alsenborn

Es war das Ende eines Traumes. Eines Traumes, den viele Fans mitgeträumt hatten, dessen Erfüllung aber unmöglich war. 1962 war der Bauunternehmer Hannes Ruth gemeinsam mit dem Pfälzer Fußballidol Fritz Walter zum Europacupendspiel zwischen Benfica Lissabon und Real Madrid nach Amsterdam gefahren. Auf dem Weg hatten die beiden beschlossen, ihren Heimatklub „nach oben" zu bringen. Vier Jahre später hatte der SV Alsenborn die Regionalliga erreicht, dessen Meisterschaft der Dorfklub sich 1968 sensationell sicherte. Es war kein „erkaufter" Erfolg – Alsenborn setzte auf vorsichtigen Aufbau von Nachwuchskräften aus dem gesamten Pfälzer Raum. Stars der Elf waren der spätere Herthaner Lorenz Horr sowie Torjäger Jürgen Schieck. Der Traum von der Bundesliga aber platzte – und das nicht nur aus sportlichen Gründen. Das Stadion „Kinderlehre" im 2.000-Seelen-Dörfchen Alsenborn war viel zu klein, so dass die Blau-Weißen ihre Aufstiegsrundenspiele im fernen Ludwigshafen austragen mussten, und als Erfolgstrainer Otto Render im April 1969 bei einem Autounfall ums Leben kam, neigte sich das „Wunder Alsenborn" dem Ende zu. Ihren Knockout bekamen die Pfälzer 1974, als sie, obwohl sportlich qualifiziert, keine Lizenz für die 2. Bundesliga bekamen. Die wirtschaftlichen Voraussetzungen seien nicht erfüllt, hieß es schwammig. Zwei Jahre hielt sich der Dorfklub anschließend in der höchsten Amateurliga, dann ging es hinab in den Ligakeller.

Das „Wunderteam" aus Alsenborn

Mit einer weiteren Entscheidung des DFB-Bundestages war Heimann ebenfalls nicht einverstanden: die Erweiterung der Teilnehmerzahl am DFB-Pokal auf 128 Mannschaften ab der Spielzeit 1974/75. Heimann: „Die Antragsteller haben dabei wohl kaum die Konsequenzen bedacht. Wenn dann auf einen Schlag alle Lizenzspielervereine (18 Bundesliga plus 40 2. Liga) und 70 Amateurmannschaften im Pokal eingreifen und dabei nach der im Sommer beschlossenen ‚totalen Auslosung' vorgegangen wird, dann wird der Jammer groß sein. Spiele wie etwa FC Passau gegen TSV Westerland (ein willkürlich herausgegriffenes Beispiel) gäbe es dann sicher nicht nur als Ausnahme. Mögen sie sportlich durchaus reizvoll sein, die Folge aber sind Kosten, die durch Einnahmen nicht hereinkommen können. Es ist richtig, dass man schon sehr frühzeitig Lizenzspielermannschaften in den Pokal eingreifen lässt, da sollte man aber mindestens eine Runde erst einmal in regionalen Grenzen abrollen lassen!" Heimann sollte zwar Recht behalten, dennoch erfreute sich der DFB-Pokal mit 128 Mannschaften seiner bis heute größten Beliebtheit unter Vereinen und Fans.

1974-76: Bayern-Krise und 2. Bundesliga

Nach der erfolgreichen WM 1974 kehrte allmählich wieder Ruhe im deutschen Fußball-Oberhaus ein. Vom Skandal sprach niemand mehr, die WM hatte dem Fußball landesweit einen enormen Schub verpasst, und die Zuschauerzahlen kletterten langsam, aber stetig an (1974/75: 22.020 pro Spiel, 1975/76: 22.119). Kurzum: Das Fußball-Oberhaus war wieder „Deutschlands liebstes Kind". Dass diese Jahre in positiver Erinnerung blieben, hat zweifelsohne auch etwas mit der Doppelmeisterschaft von Borussia Mönchengladbach zu tun. Der Sympathieträger vom Niederrhein hatte den Verlust von Günter Netzer gut verdaut und befand sich auf dem Zenit seiner Vereinsgeschichte. Das Erfolgskollektiv um Berti Vogts, Wolfgang Kleff und Hacki Wimmer war durch Kräfte wie Rainer Bonhof, Allan Simonsen und Uli Stielike ergänzt worden und erfreute die Fans mit frischem und zugleich gereiftem Angriffsfußball. Zwar kündigte Hennes Weisweiler im Frühjahr 1975 seinen Abgang zum FC Barcelona an (später bedauerte er seinen Wechsel und meinte: „Ich glaubte, die Mannschaft hätte ihren Höhepunkt überschritten und ich wollte nicht derjenige sein, der die Wimmer, Heynckes und Vogts aufs Altenteil schicken muss"). Dennoch zeigte man sich am Bökelberg nur kurzzeitig geschockt. Ausgerechnet der im Januar 1975 bei den Bayern geschasste Udo Lattek übernahm Weisweilers Posten und setzte die Erfolgsserie 1975/76 mit der Titelverteidigung fort. Unter Lattek wandelte sich allerdings Gladbachs Auftreten. Statt frischem Angriffsfußball praktizierten die Fohlen nun den aus Latteks Bayern-Jahren gewohnten disziplinierten Rasenschach, der freilich nicht minder erfolgreich war. Ein Blick auf das Torverhältnis verrät die Unterschiede. 1974/75 wurden die Borussen mit 86 Treffern Deutscher Meister, ein Jahr später waren es nur noch deren 66.

Deutscher Meister 1975 und 1976: Borussia Mönchengladbach

Dauerkontrahent Bayern München durchschritt derweil eine tiefe Krise, die sich schon 1973/74 angedeutet hatte. Seinerzeit hatte Präsident Neudecker nach dem 4:7 in Kaiserslautern auf den Tisch gehauen und jedem, der den Verein verlassen wollte, die sofortige Freigabe erteilt. Keiner war dem Angebot gefolgt, doch 1974/75 zeigte sich, dass viele der Stars „satt" waren. Vierfacher Deutscher Meister, Europapokalsieger, Europameister, Weltmeister, finanziell sorgenfrei – für Beckenbauer und Co. gab es einfach nichts mehr zu gewinnen. Die Saison 1974/75 hatte mit einem sensationellen 0:6-Debakel gegen die Offenbacher Kickers begonnen und die Bayern phasenweise sogar in den Abstiegskampf stürzen und sie am Ende mit Platz 10 auf der bis dahin schlechtesten Platzierung ihrer Bundesligageschichte einlaufen lassen.

Einen wider Erwarten guten Start feierte die 2. Bundesliga, die am 3. August 1974 ihren Spielbetrieb aufnahm. 40 Vereine in zwei Staffeln bildeten das neue Bundesliga-Unterhaus, dem schon vor dem ersten Spieltag das Label „Armenhaus" angehängt worden war. Allerdings kam die Liga viel zu spät, denn der Regionalligaspielbetrieb hatte bei den meisten Klubs enorme Schuldenberge aufgehäuft, die die Zweitligisten nun belasteten. Der DFB sicherte sich gegen allzu große Probleme ab und verlangte von den

1975 und 1976 konnte sich Borussia Mönchengladbach gegen den FC Bayern durchsetzen. Hier dribbelt ihr erfolgreichster Torjäger: Jupp Heynckes, der hinter Gerd Müller (365) und Klaus Fischer (268) mit 220 Treffern Dritter in der ewigen Torjägerliste der Bundesliga ist.

Klubs Bürgschaften in Höhe von 75.0000 DM sowie eine Kaution über 25.000 DM. Die Fans waren allen Unkenrufen zum Trotz hungrig auf die Spiele. Im Norden wie im Süden wurden Rekordkulissen registriert, freute man sich auf Mannschaften, die man bis dato nur vom Namen her kannte. Borussia Dortmund beispielsweise lockte über 16.000 Fans ins Göttinger Jahnstadion, der 1. FC Nürnberg füllte dem VfR Heilbronn die Kassen (8.000 Zuschauer), und selbst bei der Partie Wilhelmshaven gegen Erkenschwick wurden mehr als 7.000 Zahlende registriert. Doch es gab auch eine Kehrseite. Barmbek-Uhlenhorst beispielsweise begrüßte bei seinem Heimkick gegen Arminia Bielefeld lediglich 276 Unverdrossene…

Unzufrieden war man mit den Fernsehanstalten, von denen sich die Zweitligisten unverstanden fühlten. Besonders sauer waren sie darüber, dass die TV-Sender Sonntagsspiele forderten (der Sonntag war den Amateuren vorbehalten und bei Profiklubs wegen geringerer Zuschauerzahlen verpönt), dafür aber nicht zusätzlich zahlen wollten. „Bei uns werden nur noch Sonntagsspiele ausgetragen, wenn sie wegen Überschneidung mit Bundesliga-Terminen örtlich notwendig werden. Auf das Fernsehen nehmen wir keine Rücksicht mehr", kündigte Franz Kronenbitter, der Geschäftsführer des Süddeutschen Fußball-Verbandes bzw. der 2. Liga-Süd stocksauer an. Nachdem die Verhandlungen endgültig gescheitert waren, blieben die Fernsehbildschirme bei den ersten beiden Spieltagen sogar völlig schwarz. Erst als sich der DFB einschaltete und von den TV-Anstalten 60.000 DM pro Klub und Saison forderte (die Sender wollte nur 20.000 DM zahlen, was etwa 10% des Erstligahonorars entsprach), konnte man zumindest einen Burgfrieden schließen. Der Streit sollte sich dennoch bis weit in die Folgesaison hinziehen. Später etablierte sich dann der Sonntag als Zweitligaspieltag – sehr zum Ärger der Amateurklubs.

Sportlich brachten die Zweitligabegegnungen bemerkenswerte Leistungen. Bundesligaabsteiger Hannover 96 feierte im Norden nach einem mäßigen Saisonstart die Meisterschaft und den damit verbundenen Direktaufstieg. Im Süden ging der Karlsruher SC als Staffelsieger durchs Ziel. Dramatisch verliefen die beiden Aufstiegsspiele zwischen den Zweitplatzierten Bayer Uerdingen und FK Pirmasens um den dritten Bundesligaaufsteiger, den der DFB mit Einführung der 2. Bundesliga geschaffen hatte. Nach einem spektakulären 4:4 auf dem Pirmasenser Horeb demontierten die Krefelder Vorstädter ihren Gegner im Rückspiel mit 6:0 und feierten erstmals den Einzug ins Oberhaus. Erst 1971 war der Klub aus der Eishockeyhochburg in die Regionalliga aufgestiegen und hatte sich dort rasch etabliert – dank einer gewachsenen Liaison mit der Bayer AG, deren Konzernleitung den Wunsch vertrat, über Bayer Uerdingen eine „glückliche Synthese zwischen Beruf und Sport" anzubieten.

Kontrahent Pirmasens stand derweil am Scheideweg. Die Krise der heimischen Schuhindustrie sowie der immer mächtiger werdende Nachbar 1. FC Kaiserslautern verdrängte den FKP allmählich aus dem Spitzenfußball und ließ ihn schon bald in den Niederungen des Amateurfußballs verschwinden. Damit steht Pirmasens symbolisch für das mit Einführung der 2. Bundesliga verbundene Aus der „kleineren Städte" im Spitzenfußball. Weitere Beispiele sind Traditionsklubs wie Bayern Hof, Röchling Völklingen, Göttingen 05, SpVgg Erkenschwick, VfR Heilbronn, VfR Mannheim, Wacker 04 Berlin oder Schwarz-Weiß Essen, die unter Regionalligabedingungen noch in der Zweitklassigkeit hatten mithalten können, nun aber zunehmend den (finanziellen) Anschluss verpassten.

Die Euphorie um die 2. Bundesliga verebbte 1975/76 schon wieder. Die Zuschauerzahlen sanken bisweilen dramatisch, und angesichts konstant bleibender Kosten zeichnete sich bald eine Zwei-Klassen-Gesellschaft ab, die geprägt war von den Begriffen „Profis" bzw. „Feierabendprofis". Nordaufsteiger Spandauer SV beispielsweise war mit seiner biederen Feierabendprofielf hoffnungslos überfordert und ergatterte in seinen 38 Spielen gegen Vollprofiklubs wie Borussia Dortmund oder Fortuna Köln lediglich acht Zähler. Besser machte es Mitaufsteiger Bayer Leverkusen, der Rang 15 belegte, dank der Unterstützung durch das Bayer-Werks aber auch auf fast professionelle Bedingungen zurückgreifen konnte. Im Süden zog mit Mainz 05 erstmals ein Verein die Konsequenz aus der schier ausweglosen Situation. Die 1973 in der Aufstiegsrunde zur

Mannschaft der Stunde ■ FC Bayern München

Die Bayern auf den Spuren der legendären „Königlichen" von Real Madrid? Mit einem 1:0-Erfolg über den französischen Meister AS St. Etienne machten die Münchner am 12. Mai 1976 ihren Titelhattrick perfekt und durften sich abermals Europas Fußballkrone aufsetzen. Nach Real Madrid (1956-60) und Ajax Amsterdam (1971-73) waren sie erst das dritte Team, dem dieser Hattrick gelang, und er adelte sie zweifelsohne endgültig zu einem der Topteams auf dem Kontinent. Doch da schwammen ein paar dicke Haare in der Münchner Erfolgssuppe. Der erste Triumph – errungen 1974 im Wiederholungsspiel gegen Atlético Madrid – war noch verdient gewesen. 1975 war es gegen Englands Meister Leeds United schon knapper gewesen. Über weite Strecken des Endspiels hatten die Briten um ihren legendären Hitzkopf Billy Bremner das Geschehen diktiert – nur das Toreschießen war dem FC Bayern überlassen worden. „Bulle" Roth und Gerd Müller ließen sich nicht lange bitten und sorgten für den 2:0-Sieg. Ein Jahr später gegen St. Etienne dasselbe Spiel. Die Franzosen dominierten in einem eher mäßigen Spiel – „Bulle" Roth jedoch schoss das Tor des Tages. Misst man die Erfolge freilich an der gesamten Europapokalsaison, waren alle drei Triumphe verdient. Die Bayern krönten damit zudem ihre Erfolgsstory der 1970er Jahre, und Spieler wie Franz Beckenbauer, Sepp Maier, Gerd Müller und Franz „Bulle" Roth (der übrigens auch 1967 beim ersten Europapokaltriumph des FC Bayern das Tor des Tages geschossen hatte) durften in die „Hall of Fame" des Europapokals einziehen.

Bundesliga noch knapp gescheiterten Karnevalsstädter gaben am Saisonende ihre Zweitligalizenz zurück und wählten den Rückzug in die Amateurliga.

Dort hatte sich derweil ein neues Problem aufgetan. Nachdem mit den beiden zweiten Bundesligen ein zumindest aus sportlicher Sicht akzeptabler Bundesliga-Unterbau geschaffen war, ging es in der Drittklassigkeit im wahrsten Sinne des Wortes „amateurhaft" weiter. Insgesamt 290 Teams in 17 Amateurligen, deren Meister durch ungeliebte Aufstiegsrunden mussten und in der 2. Bundesliga völlig überfordert waren (die Hälfte der Aufsteiger von 1974/75 stieg direkt wieder ab), sprachen eine deutliche Sprache. Im Grunde genommen hatte sich das Problem der 2. Bundesligen eine Etage nach unten verschoben. Da die Amateurligen unter Obhut der Landesverbände (nicht einmal der Regionalverbände!) standen, waren dem DFB die Hände gebunden. Jeder Landesverband verteidigte „seine" Amateurliga mit Händen und Füßen und schickte die Zweitligaabsteiger aus seinem Gebiet in die tiefste Provinz. Borussia Neunkirchen beispielsweise hatte es nach seinem Abstieg statt mit dem 1. FC Nürnberg oder München 1860 plötzlich mit Blau-Weiß Oberthal oder dem FV Eppelborn zu tun bekommen und beklagte einen bedrohlichen Zuschauer- sowie Sponsorenrückgang.

Lediglich in Norddeutschland war die Lücke zwischen zweiter und dritter Liga – bzw. Profi- und Amateurfußball – einigermaßen überschaubar. Dort beschloss man in weiser Voraussicht bereits am 20. Januar 1973, eine „Auffangliga" zu gründen. Statt an der Zweitligaqualifikation gescheiterte Klubs wie Bremerhaven 93 oder Holstein Kiel nach Lüssum oder Lägerdorf zu schicken, legte man die Amateurligen Schleswig-Holstein, Hamburg, Bremen und Niedersachsen zusammen und schuf damit die „Amateur-Oberliga Nord". Gustl Wenzel, Vorsitzender des Niedersächsischen Fußballverbandes, freute sich nach der gelungenen Auftaktsaison 1974/75: „Die Amateur-Oberliga ist für die Vereine, die den Aufstieg in die 2. Liga anstreben, die allerbeste Vorbereitung. Nicht nur auf sportlichem Gebiet, was ja wohl jedem einleuchtet, sondern auch auf wirtschaftlichem Sektor. Die verantwortlichen Leute lernen zu kalkulieren, weil sie sich schon hier mit finanziellen Problemen beschäftigen müssen." Die Amateur-Oberliga avancierte rasch zum Vorbild für alle Landesverbände und wurde 1977/78 schließlich bundesweit eingeführt. Im Norden war man einigermaßen stolz, als gemeinhin eher rückständige Region endlich auch einmal „Trendsetter" zu sein.

Den DFB holten derweil die dunkelsten Stunden seiner Vergangenheit ein – und das ausgerechnet bei den Feierlichkeiten zum 75. Jubiläum. Für die Laudatio hatte der Fußballverband den bekennenden Fußballfan Walter Jens (Eimsbüttler TV) eingeladen und von ihm „natürlich" wohlwollende und lobende Worte erwartet.[15] Doch der Verfechter der scharfen Zunge nutzte die Gunst der Stunde und erinnerte den DFB mit eindeutigen Worten an die längst überfällige Aufarbeitung seiner eigenen Geschichte. Betroffen saßen hohe Funktionäre, Politiker und Sportler[16] im Frankfurter Schauspielhaus und ließen sich von Jens die Leviten lesen. Der „Kicker" sprach anschließend von einer „faszinierenden Geschichtsstunde" und urteilte: „Als ‚solidarische Kritik' wollte der Direktor des Tübinger Universitätsseminars für allgemeine Rhetorik seine Auseinandersetzung mit dem Selbst- und Geschichtsverständnis des Deutschen Fußball-Bundes verstanden wissen. Nicht Polemik und noch nicht einmal mahnender Appell, sondern eine ‚Liebeserklärung' sei die Erinnerung daran, dass der DFB eine Geschichte habe, die ‚nicht nur aus Bilanzen besteht, aus Länderspielen, Meisterschaften, Vereinen und Ligen, sondern die politische Geschichte ist'. Es war gewissermaßen eine Nachhilfestunde, als Jens den DFB aufforderte, seine Geschichte aufzuarbeiten und gleichzeitig die Stelle wies, wo der Hebel eines neuen Geschichtsverständnisses anzusetzen sei: Der Sport dürfe nicht länger ein Element sein, das ‚fern von der Politik im Wolkenkuckucksheim angesiedelt ist'. In der Tat: Vor allem, weil auch für den Fußball hierzulande Sport eine Sache, Politik eine andere Sache gewesen sei, ließ sich der DFB während seiner nunmehr 75-jährigen Geschichte den ‚Schulterschlag der Marschälle' in der Kaiserzeit ebenso gefallen, wie das Arrangement mit der faschistischen Herrschaft." Jens schloss seinen Vortrag mit eindringlichen Worten: „Die Gegner – Feinde hat der Fußball nicht – sind enttäuschte Liebende. Sie tadeln, weil sie bewundern. (Und darum tut's ihnen weh, wenn sie tadeln.) Nicht dem Fußball, sondern seiner Gefährdung – der Bedrohung durch Kalkül und Kommerz – gilt ihre Kritik."[17]

Fünf Monate später kam es zu einem Führungswechsel im höchsten Fußballbund. Für den eher bescheidenen und einfach gestrickten Osnabrücker Hermann Gösmann kam der Saarländer Hermann Neuberger, ein umtriebiger „Hans-Dampf-in-allen-Gassen", der sich in den 1960er Jahren als geschickter Bundesligaverfechter engagiert hatte. Seine größte Stunde hatte der energische, bisweilen aber auch aufbrausende Funktionär in der Vorbereitung der WM 1974 gefeiert. Der FIFA gefiel die Arbeit des Saarländers so gut, dass er bis zu seinem Tode im Jahre 1992 nahezu ständiges Mitglied des WM-Organisationskomitees blieb. In Deutschland war Neuberger, der 1969 auf den Posten des DFB-Vizepräsidenten gerückt war, nicht unumstritten. „Ich bin im Ausland anerkannter und angesehener als in Deutschland", urteilte er selbst, verstand mit dieser Aussage jedoch eher eine Imagewerbung denn Resignation. Neuberger hatte keineswegs vor, den DFB grundlegend zu verändern. Allerdings sollte er wie keiner seiner Amtsvorgänger zuvor personell die Weichen nach seinem Gutdünken stellen und sich peu à peu mit ihm ergebenen Männern umgeben. „Mit Hermann Neuberger hat ein Mann die Führung des DFB übernommen, dessen Ehrgeiz und Dynamik nicht nur von den Interessen des Fußball-Bundes, sondern ebensosehr vom persönlichen Machthunger gelenkt sind", urteilte der Historiker Joachim Fest später und bezeichnete Neuberger als „ambitiösen Provinzkönig".[18]

Der neue DFB-Präsident sollte bald zeigen, dass er die Mahnungen des Festredners Walter Jens nicht sonderlich ernst nahm. Beim WM-Turnier 1978 in Argentinien begrüßte Neuberger nicht nur einen „guten Freund" im Trainingslager (Ex-Wehrmacht-Oberst und Altnazi Rudel), sondern zollte dem brutalen argentinischen Militärregime auch noch Beifall. „Die Leute dort werden ab und zu mal nur wieder wachgerüttelt in Richtung gesundem Demokratieempfinden, wenn sie vorher vom Weg abgekommen sind", befand der als autoritär geltende Saarländer und drückte damit aus, dass der DFB seinen erzkonservativen Kern auch durch die gesellschaftlichen Veränderungen der vergangenen Jahre gerettet hatte.

1976/77: Elefanten auf dem Jungfernstieg

Der mit der WM 1974 eingeleitete Kommerzialisierungsprozess nahm Ende der 1970er Jahre an Schärfe zu. Die Generation um Beckenbauer und Vogts hatte mit dem Titelgewinn von 1974 ihren Zenit überschritten, womit zugleich die Übergangsphase von den „elf Freunden" zu den „Angestelltenfußballern" endete. Das Hohelied auf Vereinstreue, Loyalität und Bescheidenheit wurde verdrängt von Starkult, Show und Gesinnungsfußball. Selbst die „Verpackung" der Fußballspiele änderte sich. Statt des örtlichen Polizeiorchesters, das in der Halbzeitpause Marschmusik intonierte, trällerte nun die aktuelle Hitparade über die Stadionlautsprecher, derweil weibliche Gymnastikgruppen Unterhaltungsaerobic anboten. Mit einem profanen Fußballspiel war das Publikum nicht mehr zufrieden – so dachte man zumindest auf den Vorstandsetagen der Topklubs.

Die diesbezüglich wohl schillerndste Figur war der Hamburger Manager Dr. Peter Krohn, der den HSV wieder nach oben führen wollte. Der gelernte Volkswirt und Diplom-Kaufmann steckte seine Mannschaft in bonbonrosafarbene Trikots und himmelblaue Hosen (damit sollte das weibliche Publikum erfreut werden…), ließ beim Training schon mal Musikkapellen aufspielen oder Freibier ausschenken und versprach für den Fall der Meisterschaft: „Dann reiten wir im Frack auf Elefanten über den Jungfernstieg." Dr. Krohn war seiner Zeit weit voraus und wäre zwei Jahrzehnte später bei einer Veranstaltung wie „ran – sat.1 Fußballshow“ vermutlich perfekt aufgehoben gewesen. In den ausklingenden Siebzigern aber stieß der bisweilen etwas schrille Brillenträger überall auf Ecken und Kanten, musste beißenden Spott der sichtlich konservativeren Konkurrenz über sich ergehen lassen und wurde von Fans und Medien nur müde belächelt („Bild“ fand den HSV-Manager allerdings toll).

Im Nachhinein betrachtet zahlte sich sein Wirken zumindest für den HSV höchst positiv aus. Die Rothosen (bzw. Himmelblauhosen…) schlossen unter Dr. Krohn Werbeverträge ab, von denen andere Klubs nur träumen konnten, füllten tagtäglich die Klatschspalten der Hamburger Zeitungen und eroberten sich auch ihr Publikum zurück. 1972/73, der letzten Spielzeit vor der Krohn-Ära, betrug ihr Schnitt 18.020. 1975/76, als Dr. Peter Krohns Wirken in voller Blüte stand, war er auf 32.400 hochgeschnellt! Das war freilich auch der sportlichen Qualitätssteigerung der Norddeutschen zu verdanken, die in jener Saison Vizemeister geworden waren. Krohns Vision von der Deutschen Meisterschaft des HSV, bis heute festgehalten in dem wohl einzigen Dauerbrenner-Fußballsong der Bundesligageschichte („Wer wird Deutscher Meister, Ha, ha, ha, HaEsVau!“), erhielt 1977 frische Nahrung, als der inzwischen zum Generalmanager aufgestiegene Kaufmann kräftig auf dem Transfermarkt zuschlug. Dass er den biederen Trainer Kuno Klötzer durch den schillernden Weltreisenden Rudi Gutendorf („Ich bin ein bunter Hund“) ersetzte, sorgte schon für reichlich Schlagzeilen. Doch Dr. Krohn war noch nicht fertig, denn zudem gelang ihm die Verpflichtung des englischen Weltstars Kevin Keegan. Alteingesessene Fußballfans konnten es kaum glauben. Noch nie hatte ein britischer Elitefußballer auch nur dran gedacht, in die Bundesliga zu wechseln – viel zu bieder erschien den Kickern aus dem Mutterland der deutsche Fußball. Und nun kam einer der überragenden Stars von den britischen Inseln! Die Medien überschlugen sich, derweil halb Hamburg dem HSV die Bude einrannte, um Dauerkarten zu erwerben. Die 2 Mio. DM, die Keegan an Ablöse kostete, hatten die Rautenträger rasch wieder eingenommen, zumal die „Mighty Mouse“ nicht nur aus sportlichen Gründen erworben worden war, sondern auch zu Werbezwecken. Der Sympathieträger mit dem Sangestalent („Head over heels“ verkaufte sich wie keine andere Single eines Fußballprofis zuvor, war aber auch so hörbar wie keine zuvor) wurde von Autogrammstunde zu Autogrammstunde geschickt, posierte für Modeaufnahmen, fand Beachtung in Popzeitungen wie „Bravo“ oder „Popcorn“ und verpasste dem HSV das Image eines Weltklubs. Die Begeisterung war grenzenlos. Weibliche Teens kreischten wie sonst nur bei Abba oder den Bay City Rollers, männliche Teens wollten „so sein, wie Kevin“, Mütter träumten vom „idealen Schwiegersohn“ und Väter staunten über die Ballfertigkeit des gelockten Dribbelkünstlers. Eine derart schichten- und altersübergreifende Fußball-Ikone hatte die Bundesliga noch nie gehabt!

Sein sportliches Ziel erreichte der HSV auch mit Keegan jedoch noch nicht: Deutscher Meister zu werden. Zu Krohns Konzept vom „Zirkus Bundesliga“ gehörte auch der „gepflegte“, regelmäßige Krach, und so stellten sich die Norddeutschen immer wieder selbst ein Bein.[19] Gutendorf flog nach nur drei Monaten, und am Ende der Spielzeit 1977/78 belegte der HSV mit Rang 10 die schlechteste Position seit 1974. Kurz darauf ging auch Dr. Krohn, dessen Nachfolge Günter Netzer antrat. Damit blieb der HSV Trendsetter, denn mit Netzer begann die Ära der ehemaligen Bundesligastars auf den Chefsesseln der Klubs.

Sonnyboy im HSV-Dress: Kevin Keegan, die „Mighty Mouse".

Neben dem HSV machte auch der 1. FC Köln Schlagzeilen. 1976 hatten die Geißböcke mit der Verpflichtung des Belgiers Roger van Gool neue Maßstäbe in der Bundesliga gesetzt. 1,1 Mio. DM hatte man für den Torjäger hingeblättert – das war neuer Bundesligarekord. Noch mehr Aufsehen hatte allerdings der Name des neuen Trainers erregt. Hennes Weisweiler, seit seiner Zeit in Barcelona „Don Hennes" genannt, kam in seine Heimatstadt zurück. Wie in Hamburg Kevin Keegan so löste Weisweiler in Köln eine regelrechte Euphorie aus. Dauerkarten gingen weg wie warme Semmeln, und auf allen Favoritenlisten für den Titel 1977 stand der 1. FC Köln ganz oben. Es begann auch gut für die Geißböcke, die in den ersten fünf Saisonspielen keinen einzigen Punkt abgaben. Dann aber gelang es ausgerechnet Aufsteiger Tennis Borussia Berlin (Trainer: Rudi Gutendorf!), die Weisweiler-Schützlinge zu bezwingen. 2:3 hieß es im Berliner Olympiastadion, in dem der punktverlustlose Tabellenführer sogar mit 0:3 in Rückstand gelegen hatte. Von diesem Schock erholten sich die Rheinländer nicht wieder. Am Ende wurden sie nur Fünfter und verpassten damit sogar einen UEFA-Cup-Platz, hielten sich aber zumindest im DFB-Pokal schadlos und gewannen den Pott durch einen 1:0-Sieg im ersten Wiederholungsfinale der Pokalgeschichte gegen Hertha BSC Berlin.

Meister 1976/77 wurde zum bislang letzten Mal Borussia Mönchengladbach, das sich erfolgreich gegen die wiedererstarkten Schalker, die aufstrebende Braunschweiger Eintracht sowie die in der Rückrunde bärenstarke Frankfurter Eintracht durchsetzte. Bayern München landete abgeschlagen auf Rang 7 und hatte diverse vereinsinterne Tumulte über sich ergehen lassen müssen. Auf dem Höhepunkt der Bayern-Krise war den Münchnern sogar Franz Beckenbauer abhanden gekommen, der sich gemeinsam mit Manager Robert Schwan gen New York verabschiedet hatte, um in der US-Operettenliga sein Englisch und sein Konto etwas aufzupeppen.

Deutscher Meister 1977: Borussia Mönchengladbach

1977/78: Der Triumph des Don Hennes

Wie von vielen Experten befürchtet, verschärfte sich die Finanzkrise vieler Zweitligisten. Mit Röchling Völklingen verabschiedete sich nach Mainz 05 bereits der zweite Klub freiwillig aus dem bezahlten Fußball und suchte sein Glück im Amateurbereich (allerdings vergeblich, denn im Gegensatz zu Mainz kam Völklingen nie wieder und kämpft bis heute ums finanzielle Überleben). Die Stahlkrise hatte den Saarländern den Rest gegeben. Ganz anders der Fall des Bonner SC, über dessen finanzielle Situation DFB-Schatzmeister Dr. Hubert Claessen im Frühjahr 1975 urteilte: „Der Bonner SC steckt in einem Teufelskreis, aus dem es kein Entrinnen mehr gibt." Verbindlichkeiten von nach „vorsichtiger Schätzung" rund 1,5 Mio. DM. hatten sich bei dem Versuch angehäuft, die Bundeshauptstadt im Profifußball zu etablieren. Am Saisonende zog der DFB die Notbremse und verweigerte den Rheinländern, die sich zuvor in einem packenden Kopf-an-Kopf-Rennen mit Göttingen 05 sportlich den Klassenerhalt gesichert hatten, die Lizenz für die nächste Spielzeit. Das war ein Novum, denn schon lange war vom DFB gefordert worden, den finanziellen Machenschaften der Vereine einen Riegel vorzuschieben. Doch Klubs wie Hannover 96, Hertha BSC Berlin, Eintracht Frankfurt und Werder Bremen waren immer wieder mit Ermahnungen weggekommen. Dass es nun einen „Kleinen" erwischte, war symptomatisch für das Vorgehen des DFB, der vor allzu harschen Konsequenzen bei einem namhaften Klub offenbar zurückschreckte. Insofern war Bonn das ideale „abschreckende Beispiel".

Bei jenen Klubs, die vom Bonner Missgeschick hätten profitieren können, herrschte Zurückhaltung. Göttingen 05, als 17. erster Nachrücker, winkte sogleich ab. Auch in Südniedersachsen hatte man einen Schuldenberg angehäuft, den man lieber im Amateurlager abtragen als im Profilager erhöhen wollte. Wacker 04, als 18. der nächste Kandidat, wollte ebenfalls lieber in die Amateurliga, so dass mit Union Solingen schließlich der Vorletzte den freien Platz einnahm. So langsam musste sich der DFB Gedanken machen um die Zukunft seiner Zweitligisten.

Deren Probleme verschärften sich 1977/78 noch. Drei Klubs, die sportlich nicht mithalten konnten (Pirmasens, Würzburger Kickers und Schwarz-Weiß Essen), verzweifelte Versuche, mit Hilfe dubioser Sponsoren aus der Krise zu kommen (Westfalia Herne) und das bei jedem zweiten Klub verzweifelt anvisierte Saisonziel „Aufstieg", um dem Desaster zu entrinnen, bestimmten das Bild. Die fortschreitende Verschuldung vieler Klubs sollte die Liga in den kommenden Jahren noch tiefer in die Krise stürzen. Dass auch sportlich nicht die erhoffte Wirkung eingetreten war, zeigte sich 1978/79, als mit Bielefeld, Nürnberg und Darmstadt alle drei Aufsteiger prompt wieder aus dem Oberhaus abstiegen.

In Liga 1 ging der 1. FC Köln 1977/78 seinen schon für die Vorsaison prognostizierten Weg in Richtung Meistertitel. Hennes Weisweiler hatte das Urgestein Overath aussortiert und damit die absolute Macht an sich gerissen. Resultat war das „Double", also der Pokalsieg (im Finale 2:0 gegen den Rhein-Rivalen Fortuna Düsseldorf) und die

Meisterschaft. Weisweiler hatte um den Routinier Heinz Flohe ein junges Team gruppiert, das zuweilen auch spielerisch glänzen konnte. Endlich schienen die Kölner wieder an alte Zeiten anzuknüpfen, zumal sie mit rund 35.000 Zuschauern den höchsten Schnitt ihrer Bundesligageschichte erzielten. Diesbezüglich zahlte sich das im November 1975 eröffnete neue Müngersdorfer Stadion aus, das die marode „Übergangsheimat" Radrennbahn abgelöst hatte und den Fans deutlich mehr Komfort bot. Am Ende wurde es mit dem Meistertitel allerdings noch einmal knapp, und die Bundesliga entging nur um Haaresbreite einem neuen Skandal. Während Köln am letzten Spieltag mit 5:0 bei Absteiger St. Pauli gewann und angesichts eines deutlich besseren Torverhältnisses auf den punktgleichen Verfolger Borussia Mönchengladbach schon mal den Sekt öffnen wollte, spielten sich in Düsseldorf atemberaubende Dinge ab. Dort traf der punktgleiche Verfolger Mönchengladbach (der Bökelberg wurde gerade renoviert) auf seinen Dortmunder Namensvetter, der sich die Gegentore im Zwei-Minuten-Takt einschenken ließ. Am Ende stand es 12:0 für Gladbach, und Kölns Vorsprung war auf drei Tore geschrumpft. Das reichte zwar zur Meisterschaft und ersparte der Bundesliga damit den nächsten Skandal. Doch dass es beim Borussia-Derby mit rechten Dingen zugegangen war, glaubten vermutlich nicht einmal die Gladbach-Fans. Dortmund reagierte auf die peinliche Schlappe mit der Entlassung von Trainer Rehhagel („Bild": „Otto Torhagel") und schob Torhüter Endrulat zu Tennis Borussia Berlin ab.

Deutscher Meister 1978: 1. FC Köln

Auf Rang 12 lief derweil ein Team ein, dass trotz seiner bescheidenen sportlichen Darbietungen für reichlich Schlagzeilen gesorgt hatte: Bayern München. Ohne Franz Beckenbauer war das Münchner Ensemble nie in Tritt gekommen und im November 1977 sogar in Abstiegsgefahr gerutscht. Präsident Neudecker zog die Reißleine und entließ Dettmar Cramer aus der Verantwortung, die fortan der in Frankfurt erfolgreiche Ungar Gyula Lóránt übernahm. Der Vizeweltmeister von 1954 brachte den Bayern die Raumdeckung bei und führte sie damit aus der Krise, wenngleich Rang 12 die schlechteste Platzierung in der Bundesligageschichte des FC Bayern darstellt. Nicht viel besser erging es übrigens der Nationalelf, die beim anschließenden WM-Turnier in Argentinien mit einem peinlichen 2:3 gegen Österreich vorzeitig ausschied.

1978/79: Tragische Meisterfeier

Dr. Peter Krohn hatte die Saat gestreut, Günter Netzer konnte sie nun ernten. Am 9. Juni 1979 durfte sich der HSV erstmals seit 1960 wieder stolz „Deutscher Meister" nennen und zudem auf einen Rekordzuschauerschnitt von über 39.000 verweisen. Nach dem abrupten Ende der Krohn-Ära war Ruhe eingekehrt im Volkspark. Neu-Manager Netzer arbeitete unermüdlich, aber auch deutlich unspektakulärer als sein Vorgänger,[20] während der von Eintracht Braunschweig geholte Trainer Branko Zebec erfolgreich die sportlichen Rahmenbedingungen absteckte. Unter dem schweigsamen Jugoslawen spielten die wieder in roten Hosen auflaufenden Norddeutschen moderne Raumdeckung, was zwar nicht sonderlich attraktiv war, jedoch den gewünschten Erfolg brachte.

Deutscher Meister 1979: Hamburger SV

Die Abwehr um Manni Kaltz und Torhüter Rudi Kargus war die stärkste der Liga, und vorn sorgten Weltklassemann Keegan sowie das „Kopfballungeheuer" Horst Hrubesch für den erfolgreichsten Sturm. Bereits am vorletzten Spieltag konnten die Hamburger nach einem torlosen Unentschieden in Bielefeld jubeln, da Verfolger Stuttgart gegen Titelverteidiger 1. FC Köln seine erste Heimniederlage seit August 1977 hatte hinnehmen müssen.

Die Meisterfeier des HSV geriet jedoch zur Tragödie. Hunderte von teils jubelnden, teils randalierenden Fans versuchten, vom überfüllten Block E aus (es befanden sich mehr als 5.000 Menschen in dem für 3.500 vorgesehenen Block) das Spielfeld des Volksparkstadions zu stürmen. Dabei brach ein Zaun zusammen und begrub zahlreiche Menschen unter sich. Die schauerliche Bilanz: 71 Verletzte, sieben davon schwer. Wie durch ein Wunder hatte es keine Toten gegeben.

Dass den aggressiven Fans die Hauptverantwortung für das Desaster zugeschrieben wurde, war zwar durchaus berechtigt[21], täuscht aber zugleich über die wahren Ursachen hinweg. Mit immer höheren Zäunen, auf denen inzwischen sogar Stacheldraht montiert wurde, war man den zur Randale bereiten Fans entgegengetreten, ohne sich um die sozialen Hintergründe der Aggressionen zu kümmern. In der Fanrandale spiegelten sich die oft frustrierend perspektivlosen Lebensverhältnisse vieler Jugendlicher wider, die in einer Welt aufwuchsen, in der beide Elternteile berufstätig waren, sie ihre Sozialisation zum Großteil via TV erfuhren und die sich in Jugendgruppen gegenseitig „mutig" machten. Anders als die heutigen Hooligans, die häufig aus wirtschaftlich besser gestellten Kreisen kommen, stammten die „Fußball-Rocker" der 1970er Jahre tatsächlich eher aus der „Unterschicht" und gingen zum Fußball, weil sie dort ein Ventil für ihren Hass und ihre Wut fanden. Die Bindung zu ihrem Klub war dabei elementar. Der Verein war so etwas wie „Heimat" bzw. „Familie", die unter allen Umständen nach außen verteidigt werden musste. „Dabei sein" war extrem wichtig. Ein HSV-Fan, der beim zum Titelgewinn entscheidenden 0:0 in Bielefeld dabei gewesen war, äußerte sich später: „Das war ein scharfes Erlebnis. Wir waren happy. Ach was, happy war gar kein Ausdruck. Das war eine einmalige Sache. Die Spieler waren gerade Deutscher Meister, und wir waren die Ersten, die bei ihnen waren. Auf die Schultern haben wir denen geklopft, sie angefasst, irre gesungen, ne Ehrenrunde mit Kaltz, Keegan und Konsorten gedreht und uns selbst wie die Kings gefühlt. Die nich dabei sein konnten, wir warn ja nur 2.000 Fans aus Hamburg, die haben das am Montag in der Zeitung gelesen. Mann, warn die sauer. Wir waren dabei und die nich. Und ich war stolz darauf, dass ich dabei war, und hab es allen erzählt."[22] Hintergründe, die den bürgerlichen Funktionären der Fußball-Bundesliga fremd waren und verschlossen blieben. Stattdessen einigte man sich auf die Floskel „Randalebrüder", die im Stadion einzusperren seien und auf deren Gewalt mit Gegengewalt reagiert werden müsse.[23]

Erschwert wurde die Situation, weil sich inzwischen rechtsradikale Gruppen breitgemacht und in den Fan-Blöcken erfolgreich Mitglieder rekrutiert bzw. ihr nationalis-

Im Chaos der Meisterfeier wurden im Hamburger Volksparkstadion 71 Fans verletzt.

tisches Gedankengut verbreitet hatten. Besonders erfolgreich war diesbezüglich die „Borussen-Front" aus Dortmund mit ihrem Anführer „SS-Siggi". Darüber hinaus waren der HSV („Löwen"), Eintracht Frankfurt („Adlerfront") und Hertha BSC („Zyklon B") rechte Brennpunkte. Das Problem betraf aber nicht nur Erstligavereine sondern auch Zweitligisten wie beispielsweise Hannover 96 („Rote Wölfe").

1979/80: Meisterliche Revolutionäre

Vor dem Start in die neue Saison beschäftigten den DFB notgedrungen die anhaltenden Finanzprobleme vieler Klubs, und er verteilte fleißig gelbe Verwarnungskarten. Die „Rote" zu sehen bekam im Sommer 1979 der FC St. Pauli, dessen Finanzhaushalt seit dem Bundesligaabstieg zwei Jahre zuvor erheblich gestört war. Spieler waren zu regelrechten Schleuderpreisen veräußert worden, Steuern nicht ordnungsgemäß abgeführt worden, und dem DFB hatte man eine reichlich diffuse Finanzplanung vorgelegt. Resultat war der Lizenzentzug, der dem VfL Osnabrück den nachträglichen Klassenerhalt verschaffte und die Kiez-Kicker in die Drittklassigkeit verbannte. Wenige Wochen später war der nächste Klub an der Reihe: Westfalia Herne. Die Elf vom Schloss Strünkede hatte sich in die Abhängigkeit eines windigen Herren namens Erhard Goldbach begeben, der mit seiner Mineralölfirma „Goldin" reich geworden war. Aufgrund Goldbachs aufwändiger Zuwendungen, die die Westfalia in die Bundesliga hieven sollten, hatte man gar seinen Vereinsnamen in „Westfalia-Goldin" geändert. Doch Goldbachs Geschäfte waren nicht sauber. Im August 1979 tauchte Interpol plötzlich mit einem Haftbefehl auf der Westfalia-Geschäftsstelle auf und löste dort Entsetzen aus. Binnen Stunden brach das Herner Fußballgebäude zusammen, und die Westfalia, die ihr Auftaktspiel der Saison 1979/80 mit 1:0 in Herford gewonnen hatte, zog sich mit sofortiger Wirkung aus dem bezahlten Fußball zurück. Eine Woche später trat sie bereits in der Amateuroberliga Westfalen an.

Die Liga war zwar geschockt, zeigte sich aber keineswegs nachdenklich. Noch immer wurden derlei Vorgänge nicht als „Fehler im System" betrachtet, sondern die Überzeugung gepflegt, so etwas könne „nur anderen" passieren. Doch der Zweitliga-Ausblutungsprozess setzte sich nach Ende der Saison 1979/80 ungebremst fort. Sowohl der DSC Wanne-Eickel als auch der Wuppertaler SV kündigten an, zur nächsten Saison keinesfalls weiter im Profilager mitmischen zu wollen. Während sich dies im Falle von Wuppertal ohnehin erledigte, da die Nachfolger von „Meister" Pröpper mit nur 35 Saisontoren und 16 Punkten abstiegen, verabschiedeten sich die Schwarz-Gelben aus Wanne-Eickel als Elfter „ehrenvoll" aus dem Profilager. „Die wollen uns doch ausbluten lassen. Die Bundesliga erdrückt uns. Der DFB tut nichts dagegen. Die ganze zweite Klasse geht noch vor die Hunde", zeichnete Bayern Hofs Präsident Armin Möbus ein Schreckensszenario.

Einen anderen bayerischen Verein plagten derweil ganz andere Sorgen. Fünf Jahre hatte der FC Bayern in einer Krise gesteckt. Fünf Jahre, in denen das Erfolgsensemble der 1970er Jahre nahezu komplett ausgetauscht worden war. Beckenbauer und Müller spielten in Amerika, Maier hatte nach einem schweren Autounfall aufgehört. Uli Hoeneß saß auf dem Managersessel, und selbst der schier unverwüstliche Katsche Schwarzenbeck war älter und langsamer geworden. Einziger Überlebender war Paul Breitner, der sich zum unumstrittenen Chef aufgeschwungen hatte. Das bekam niemand so deutlich zu spüren wie Bayern-Präsident Neudecker, der sich im September 1978 nach einem verlorenen Machtkampf mit Breitner verbittert zurückzog. Nach einer peinlichen 4:5-Heimpleite im Pokal gegen Osnabrück sowie einem 1:7-Offenbarungseid in Düsseldorf hatte Neudecker Trainer Csernai durch Max Merkel ersetzen wollen. Breitner und Co. hatten daraufhin mit Streik gedroht und erfolgreich die Weiterbeschäftigung Csernais gefordert, woraufhin Neudecker abgedankt hatte. Zwölf Monate später zahlte sich die „Revolution" aus. Unter Csernai knüpften die Bayern 1979/80 an alte Erfolgszeiten an und sicherten sich sechs Jahre nach ihrer letzten Meisterschaft „endlich" Meistertitel Nummer sechs. Csernais Konzept aus Mann- und Raumdeckung („Pal-System") legte die sportliche Grundlage; sein Bemühen, aus einer Vielzahl miteinander konkurrierender Cliquen eine Mannschaft zu formen, sorgte für den passenden Rahmen bzw. dafür, dass die Bayern erstmals in ihrer Bundesligageschichte so etwas wie ein „Starensemble ohne Stars"

Deutscher Meister 1980: FC Bayern München

Innerdeutsches Duell im UEFA-Cupfinale 1980: Bernd Hölzenbein (Eintracht Frankfurt) und Horst Wohlers (Borussia Mönchengladbach) vor dem Anpfiff.

waren. Breitner war der Denker und Lenker im Mittelfeld, Weiner ein souveräner Libero, und im Sturm sorgte der junge Rummenigge für Tore. Allerdings spielten die Bayern nun tatsächlich jenen langweiligen Fußball, der ihnen in den 1970er Jahren immer vorgeworfen worden war.

Auch hinter den Kulissen hatte sich der FC Bayern verändert. Uli Hoeneß sollte auf dem Managerposten mehr Qualitäten entwickeln, als er sie auf dem Spielfeld jemals hatte. Den Vorsitz hatte der im Gegensatz zum spröden und versnobten Wilhelm Neudecker überaus volksnahe Willi O. Hoffmann übernommen, unter dem ein umfassender Imagewandel eingeleitet wurde. Fortan trugen die Bayern-Spieler bei einem Sponsorentermin auch schon mal Krachlederne und wurde der FC Bayern allmählich zu jenem Tollhaus, das heute als „FC Hollywood" bekannt ist. Im Grunde genommen war es eine Fortsetzung der von Dr. Peter Krohn beim HSV eingeleiteten „Vershowung" des Fußballs – halt nur auf „bayerische Art".

Krohns Ex-Klub und Titelverteidiger steckte derweil tief in der Krise. Trainer Zebec hatte offensichtliche Alkoholprobleme, Superstar Keegan war mit den Gedanken in seiner Heimat (er fädelte bereits seinen Transfer nach Southampton ein), und lediglich der Einzug ins Finale des Europapokals der Landesmeister (0:1 gegen Nottingham Forest) verhinderte den großen Krach im Volkspark. Turbulenzen wurden auch aus Köln gemeldet, wo Trainer Weisweiler plötzlich seine Koffer packte, um die Trainingsleitung der Operettenligaelf von Cosmos New York zu übernehmen. Unter Nachfolger Heddergott kam der Titelaspirant um den exzentrischen Jungstar Bernd Schuster mühevoll auf einen UEFA-Cup-Platz. Dieser europäische Wettbewerb war 1979/80 fest in deutscher Hand. Erstmals in der Geschichte des UEFA-Cups war das Halbfinale eine „nationale" Sache – Stuttgart spielte gegen Mönchengladbach, die Bayern gegen Frankfurt. Sieger wurde die Frankfurter Eintracht, die sich im Finale dank der Auswärtstore gegen Borussia Mönchengladbach durchsetzte.

Auch für die Nationalelf gab es Grund zum Jubeln. Mit einem 2:1-Sieg über Belgien sicherten sich die Derwall-Schützlinge in Italien zum zweiten Mal den EM-Titel. Doch anders als beim bewunderten Triumph von 1972 waren die Darbietungen diesmal öde und fad. Ohne große Persönlichkeiten ausgestattet und mit einer stereotypen Spielweise auftretend vermochte der Europameister nicht zu glänzen. Doch Sicherheitsdenken, Abseitsfalle und (bestenfalls) zwei Stürmer waren nicht nur aus deutscher Sicht „moderner" Fußball – das „Zaubern" überließ man lieber den Südamerikanern.

Elf der Epoche 1963 - 1980

Trainer: Lattek

Maier (FC Bayern München)

Höttges (Werder Bremen) | Vogts (Borussia Mönchengladbach) | Weber (1. FC Köln)

Beckenbauer (FC Bayern München)

Overath (1. FC Köln) | Netzer (Bor. Mönchengladbach) | Uli Hoeneß (FC Bayern München)

Libuda (Schalke 04) | Müller (FC Bayern München) | Heynckes (Bor. Mönchengladbach)

Erfolgreichster Trainer der Bundesligageschichte: Udo Lattek. Der Studienrat begann seine Trainerkarriere als Assistent von Helmut Schön. Mit dem FC Bayern wurde er sechsmal Deutscher Meister (1972, 1973, 1974, 1985, 1986, 1987), mit Borussia Mönchengladbach zweimal (1976, 1977). Mit den Münchnern holte er zudem den Europapokal der Landesmeister (1974), mit den Gladbachern den UEFA-Cup (1979).

1980 bis 1989

Krisenjahre im Oberhaus

1980/81: Eingleisig in den Konkurs

Streitpunkt Nummer 1 blieb die Frage nach der Zukunft der 2. Bundesliga. Am 27. Oktober 1979 gab der DFB-Bundestag in Berlin einem Antrag des Norddeutschen Fußballverbandes statt, die Zahl der Mannschaften im bezahlten Fußball deutlich zu reduzieren. Daraufhin wurde eine Kommission eingesetzt, die ihre Ergebnisse am 7. Juni 1980 auf einem außerordentlichen DFB-Bundestag vorstellte. Zwei Modelle standen zur Auswahl: Eine eingleisige 2. Bundesliga mit 18 bzw. 20 Mannschaften oder eine zweigleisige 2. Bundesliga mit je 16 Teilnehmern. Nach erregter Diskussion votierten die Delegierten mit der denkbar knappen Mehrheit von 84:77 für das von DFB-Präsident Neuberger favorisierte Modell der „Eingleisigen", wobei die meisten Gegenstimmen aus dem Süden kamen, während Norddeutschland, Südwestdeutschland und Berlin beinahe geschlossen pro „Eingleisige" votierten.[1] Von der Halbierung der Zahl der Zweitligisten von 40 auf 20 erhoffte man sich einen „Gesundschrumpfungsprozess", der die Überlebensfähigkeit des Bundesliga-Unterhauses erhöhen sollte. Bei den betroffenen Vereinen hielt sich die Freude freilich in Grenzen, denn in seltener Eile war mit heißer Nadel ein Konzept erstellt worden, das zwar grundsätzlich auf Zustimmung stieß, aufgrund seines Zeitplans jedoch höchst umstritten war: Die „Eingleisige" sollte nämlich bereits 1981/82 ihren Spielbetrieb aufnehmen, womit die zwei Monate später beginnende Saison 1980/81 plötzlich zur Qualifikationsrunde wurde.

Vor allem die Aufsteiger waren stocksauer. Sie hatten enorme Summen investiert, um an die „Fleischtöpfe" der 2. Liga zu kommen. Sie hatten Verträge abgeschlossen, die auf die 2. Liga zugeschnitten waren. Und sie hatten die Hoffnung, sich im Bundesliga-Unterhaus für ein, zwei Jahre zu konsolidieren, um dann womöglich höhere Ziele anzustreben. Das alles war nun Makulatur, denn der DFB wählte die künftigen „Eingleisigen" nach einem Schlüssel[2] aus, der Aufsteiger quasi chancenlos machte: Sie mussten mindestens Vierter werden, was vor allem in der Nordstaffel, die durch den Bundesliga-Abstieg von Braunschweig, Bremen und Hertha auf 22 Teilnehmer aufgebläht war, beinahe unmöglich erschien. Man musste also kein Wahrsager zu sein, um den Neulingen 1. FC Bocholt, Göttingen 05, SpVgg Erkenschwick und VfB Oldenburg den sofortigen Abstieg zu prognostizieren. Schlimmer aber war, dass die Klubs kaum

Möglichkeiten hatten, ihr Publikum zu aktivieren, neue Sponsoren zu finden und ihre Investitionen damit auszugleichen. Wer besucht schon die Spiele eines designierten Absteigers? Die plötzliche Entscheidung pro Eingleisige ließ die Schuldenfalle für viele Klubs noch einmal mit voller Wucht zuschnappen: Investierte man, um Platz 4 zu erreichen, drohte das Finanzchaos, investierte man nicht, drohte sportliche Langeweile und ebenfalls das Finanzchaos.

Vor allem im Süden, wo man wie gewohnt mit 20 Teams spielte, regten sich Proteste. Insbesondere Heinrich Hiltl, Vorsitzender des VfR OLI Bürstadt, war außer sich vor Empörung und bezeichnete den Bundestag als „Stunde der Chirurgen", weil er Vereine abschneiden würde, „die auch von ihrer wirtschaftlichen Basis her gesund" sind.[3] Es würden „die falschen Opfer operiert". Die Wurzel des Übels, so Hiltl, sei doch „das Fehlverhalten der Vereine", und das werde jetzt gar „gefördert". Nachdrücklich wurde eine Übergangszeit von zwei bis drei Spielzeiten gefordert, derweil der Darmstädter Dr. Engelbrecht darauf hinwies, dass die 2. Bundesliga auf dem entscheidenden Bundestag lediglich mit zwei Stimmen vertreten gewesen sei. Traditionell trafen im Amateurverband DFB eben noch immer Amateure die Entscheidungen und richteten auch über den Profifußball.

Freilich waren auch die Klubs in den acht Amateuroberligen von dem engen Zeitplan betroffen, denn zur Spielzeit 1981/82 war nicht ein einziger Aufsteiger in die 2. Liga vorgesehen. Das bedeutete, dass die Drittligisten die Saison 1980/81 quasi mit Freundschaftsspielen überbrücken mussten[4], und es höchst fraglich war, wie Fans, Sponsoren und Spieler unter diesen Umständen motiviert werden sollten. Auch für die Amateurklubs kam die DFB-Entscheidung viel zu spät. Längst war ihre Personalplanung abgeschlossen, hatten sich ambitionierte Klubs wie der FC St. Pauli, Viktoria Aschaffenburg oder der 1. FC Paderborn bereits mit kostenintensivem Fachpersonal verstärkt, um das Nahziel Oberligameisterschaft erreichen zu können. Nun saßen sie auf ihren teuren Kadern, konnten angesichts der Bedeutungslosigkeit sämtlicher Saisonspiele nicht auf einen hohen Zuschauerzuspruch hoffen und mussten ihre Aufstiegshoffnungen vorzeitig auf die nächste Spielzeit vertagen.

Für die Bundesliga war das geplante eingleisige Unterhaus hingegen geradezu ideal. Der Abstieg aus dem Oberhaus wurde weiter abgefedert, die TV-Gelder auf weniger Taschen verteilt, und die übersichtliche Zahl von 38 Bundesligisten machte gemeinsame Gremien wahrscheinlicher. Zudem bekam das Oberhaus ein zusätzliches Schmankerl, denn der Drittletzte stieg nun nicht mehr automatisch ab, sondern bestritt Relegationsspielen gegen den Dritten der 2. Liga.

Sehr zum Ärger des TSV München 1860 galt diese Regel in der Spielzeit 1980/81 noch nicht, so dass die im Vorjahr knapp geretteten Löwen diesmal den Gang nach unten antreten mussten. Schlimmer war jedoch, dass der Klub seine unter Präsident Dr. Riedl ungewohnt solide Finanzpolitik urplötzlich über den Haufen geworfen hatte und zudem ins ungeliebte Olympiastadion umgezogen war. Ein karger Zuschauerschnitt von 23.805 und ein astronomischer Schuldenberg von 4,4 Mio. DM waren die Folge.

Anfang der 1980er Jahre verschlug es den TSV München 1860 in die Bayernliga. Dort spielten sie (hier: der junge „Wiggerl" Kögl) auch gegen den Uralt-Meister SpVgg Fürth.

Sechzigs Probleme berührten selbst den inzwischen übermächtigen Lokalrivalen FC Bayern, der dem Nachbarn mit einem Kredit unter die Arme griff.

Konkurrenz hatten die „Roten" von den „Blauen" ohnehin nicht mehr zu befürchten. Im Gegenteil. Zum zweiten Mal in Folge wurde die Meisterschale nach Saisonende in der Säbener Straße aufgestellt, wo man sich vor allem an den 21. März 1981 erinnerte, als der entscheidende Coup gelungen war. An jenem Tag hatte der FC Bayern nach 54 Spielminuten im Hamburger Volksparkstadion mit 0:2 in Rückstand gelegen und schien das Titelrennen gegenüber den Norddeutschen verloren zu haben. Doch wie nie zuvor hatten sich die Bayern herangekämpft. Rummenigge verkürzte auf 1:2, und Sekunden vor Schluss brachte der überragende Paul Breitner die 62.000 bereits in Meisterlaune schwelgenden Hamburger mit dem Ausgleich zum Schweigen. Eine Woche später ging der zuvor in 25 Spielen ungeschlagene HSV in Dortmund mit 2:6 unter, verlor 14 Tage darauf auch beim späteren Absteiger Schalke und musste Rang 1 an die Bayern abgeben, die am Ende vier Punkte Vorsprung hatten. Von jener Saison an sollte der Münchner Meisterklub das Label „never give up" tragen, das sich in den 1980er Jahren schleichend in ein „forever number one" wandelte.

Deutscher Meister 1981: FC Bayern München

Auch abseits des Titelrennens hatte die Bundesliga reichlich Schlagzeilen gemacht und ihren Weg in Richtung „Showbusiness“ fortgesetzt. Beim HSV beispielsweise war gehörig Feuer unterm Dach. Die Alkoholprobleme von Trainer Zebec waren immer offensichtlicher geworden und hatten am 18. Dezember 1980 zur allseits bedauerten Entlassung des schweigsamen Jugoslawen geführt. „Jetzt kann es nur noch abwärts gehen“, hatte Felix Magath orakelt – und, siehe oben, Recht behalten. Zuvor hatten die Rothosen den Verlust ihres Superstars Kevin Keegan übrigens mit der Verpflichtung eines Megastars ausgeglichen: Franz Beckenbauer. Dank Unterstützung von Trikotsponsor BP war der „Kaiser“ aus New York zurückgeholt worden und hatte einen neuerlichen Run auf HSV-Tickets ausgelöst. Glücklich werden sollte der Kaiser in Norddeutschland aber nicht. 1982 beendete er nach diversen Auseinandersetzungen mit Trainer Happel sein Engagement im Volkspark, kehrte für ein paar Spiele in die US-Operettenliga zurück und begann alsdann seine zweite Laufbahn als Multifunktionär, Trainer, Dauer-Werbeträger und Strippenzieher hinter den Kulissen. Ungeachtet aller Kritik am „Kaiser“ verlor der deutsche Fußball damit den wohl schillerndsten Akteur seiner Geschichte.

Anderswo bestimmte das Wort „Krise“ die Schlagzeilen. Bei Absteiger Schalke beispielsweise erhielt Präsident Fenne sogar Morddrohungen, während sich ein königsblauer Fan in den Freitod stürzte, weil er den Abstieg seines Vereins nicht verkraftete. Der Sturz des Altmeisters in die Zweitklassigkeit – 1948 und 1965 jeweils durch Ligareformen verhindert – löste bundesweit Trauer aus. Schalke zahlte die Zeche für eine skurrile Vereinspolitik, bei der sich profilierungssüchtige Präsidenten und/oder Manager gegenseitig ablösten und es bei Jahreshauptversammlungen auch schon mal zu Handgreiflichkeiten kam.

Schalkes Abstieg fiel in eine Zeit, in der sich Deutschlands Spitzenfußball auf dem Weg in die Krise befand. Erstmals seit 1974/75 hatte die Gesamtzuschauerzahl 1980/81 wieder die 7-Mio.-Marke unterschritten (6.895.851), und das allgemeine Interesse an Bundesligafußball war spürbar rückläufig. Dies war vor allem eine Reaktion darauf, dass in der Bundesliga mittlerweile ein unattraktiver Sicherheitsfußball überwog, getreu der Devise von HSV-Trainer Branko Zebec, „Spiele möglichst nicht zu verlieren“. Aggressiver und abwehrbetonter Zerstörfußball, bei dem der Gegner „niedergerannt“ wurde, sowie eine Überbetonung der Abseitsfalle, die das Spiel in ein taktisches Korsett zwängte, waren für die Zuschauer nicht gerade ästhetische Delikatessen.[5]

Doch das „Nur-nicht-Verlieren“, das bei allen Klubs dominierte, hatte seinen Grund. Die wirtschaftlichen Zwänge, denen der Fußball unter den veränderten kommerziellen Rahmenbedingungen ausgesetzt war, forderten ihren Tribut. Sport war nicht mehr bloßer Selbstzweck, sondern zusehends Mittel zum Zweck geworden – und der hieß „Geld verdienen“. Die Dominanz von wirtschaftlichen Renditemaßstäben ließ Trainer, Spieler und Funktionäre zwangsläufig zu coolen Rechnern werden. Mehr denn je war von Sieg und Niederlage nicht mehr nur die Stimmung abhängig, sondern womöglich das eigene Schicksal (Entlassung) bzw. das Schicksal des Vereins (Lizenzentzug). Der enorme

Erfolgsdruck wurde durch eine regelrechte Explosion der Ablösesummen verstärkt. Selbst Durchschnittsspieler wie Beierlorzer, Eilenfeld oder Pinkall kosteten inzwischen nahezu 1 Mio. DM – eine falsche Verpflichtung konnte sich also fatal auswirken.

Bei den Vereinen löste der Prozess eine enorme Strukturveränderung aus. An der Spitze der großen Klubs standen nicht mehr ehrenamtliche Vorsitzende, sondern professionelle Manager. Lokale Bindungen spielten keine Rolle mehr. Zunehmender Showcharakter bei den Spielen, detailliert geplante Public-Relations-Aktionen und zusätzliche Werbeattraktionen beeinflussten auch die kulturelle Rolle des Fußballs nachhaltig. Spitzenfußball war längst kein Ausdruck einer volksnahen Massenkultur mehr, sondern zu einem Element der Unterhaltungsbranche geworden. Die Beziehungen und Bezüge zwischen Spielern und Vereinen zu ihrem Publikum hatten sich auf monetäre Belange reduziert, Spielern waren keine Repräsentanten der Stadt bzw. des Viertels mehr, und das Stadion hatte als Ort der kulturellen Kommunikation gelitten. Für den einzelnen Fan war die Identifikation mit seinem Verein, mit seiner Mannschaft kaum noch konkret zu erfahren. Traf man Spieler früher noch an der Theke der Vereinskneipe, musste man nun zu Autogrammstunden gehen und sich geduldig in die Schlange kreischender Teenies einreihen, um die Stars anschließend in ihren Maseratis oder Ferraris davonbrausen zu sehen. Volkssport war Fußball nur noch an der Basis.

Populärster Grund für den Zuschauerrückgang aber war – zumindest aus Sicht der Vereinsfunktionäre – der Verweis auf randalierende Fans. 1978 war eine Projektgruppe des Bundesinstituts für Sportwissenschaften ins Leben gerufen worden, die sich intensiv mit dem Thema „Sport und Gewalt“ beschäftigte. Als sie Ende 1980 ihre vorläufigen Erkenntnisse präsentierte, erhielten die Vereinsbosse einen kräftigen Dämpfer: „Die Fans suchen bei den Spielen der Fußball-Bundesliga Abenteuer, Action, Risiko und Gefahr. Aggressionen werden in Kauf genommen, aber, und das ist wichtig festzustellen, sie werden nicht von vornherein angestrebt.“[6] Das größte Gefahrenpotenzial würden die An- und Abfahrtwege zu den Stadien darstellen. Als Ursachen für die Gewalt machten die Wissenschaftler einerseits die „stimulierende Wirkung der aggressiven Kampfsportart Fußball“ aus, andererseits aber auch gesellschaftliche Rahmenbedingungen: „Umweltbedingungen, Arbeitslosigkeit, Familiensituation und vor allem das ‚Defizit an Wirtsamkeit' in unserer Gesellschaft sind Grundvoraussetzungen für jugendlichen Aufruhr.“ Zudem könnten zu Zuschauerausschreitungen auch „gruppendynamische Prozesse innerhalb eines Fanclubs, das Verhalten der Ordnungskräfte in den Fußball-Arenen und die enthemmende Wirkung des Alkohols unterstützend beitragen“. Empfohlen wurden „praxisorientierte Vorschläge“: Fans von gegnerischen Vereinen in verschiedenen Blöcken unterbringen, generelles Alkoholverbot in den Stadien, Buspendelverkehr direkt zum und vom Stadion, bessere Vorbereitung der Polizei- und Ordnungskräfte und Kontaktsuche zu den Fans. Angeregt wurden zudem die Entsendung von Sozialpädagogen in die Stadien, die Einführung einer Zeitstrafe als Strafmaß zwischen gelber und roter Karte sowie eine strengere Regeldurchsetzung bei den Spielen, um übermäßige Härte und Brutalität[7] bereits im Keime zu ersticken.[8]

Die Reaktionen waren ambivalent. Während viele kritische Stadionbesucher den Ansatz begrüßten und sich auf sozialpädagogischer Ebene tatsächlich etwas bewegte (was später in die so genannten „Fan-Projekte“ mündete), reagierte die „Fußball-Wirtschaft“ eher abweisend. Trainer Max Merkel drückte mit gewohnt drastischen Worten aus, was nicht wenige Ligamanager von den Zuschauern hielten: „Das Wichtigste am Fan ist, dass er bezahlt.“[9] Auch der DFB negierte seine Verantwortung und mahnte stattdessen unverändert „härtere Ordnungsmaßnahmen“ an.

Freilich hatte der Verband inzwischen auch mit eigenen Problemen zu kämpfen. 1979 hatte Schatzmeister Egidius Braun die Öffentlichkeit mit der Meldung aufgeschreckt, der DFB habe 1979 ein Minus von 500.000 DM gemacht. „1980 und 1981 ist jeweils mit einem Defizit von Millionenhöhe zu rechnen. Wir müssen uns etwas einfallen lassen, um dieses Loch zu stopfen“, prognostizierte Braun. Und den obersten Gralshütern des „sauberen Amateursports“ fiel tatsächlich etwas ein: Werbung und Vermarktung. Für ein Jahreshonorar von 30.000 bis 55.000 DM durften sich fortan 25 Firmen der Nahrungs- und Genussmittelindustrie „Offizieller Ausrüster der Nationalmannschaft“ nennen und außerdem mit dem DFB-Logo Reklame machen. „Das ist wie zu guten alten Zeiten, als es noch eine Auszeichnung war, königlicher Hoflieferant zu sein“, schwärmte der Hamburger Werbefachmann Jörg Schwarze, der das Konzept entwickelt hatte und dem DFB damit 875.000 DM einbrachte. Der DFB war saniert.

1981/82: Die Schmach von Gijón

Der moralische Verfall des deutschen Fußballs setzte sich 1981/82 fort. Ihren Höhepunkt erreichte die Entwicklung bei der WM in Spanien, bei der eine deutsche Mannschaft auftrat, deren Mitglieder sich in Arroganz, Hochnäsigkeit und Selbstzufriedenheit gegenseitig übertrafen. Nach dem offensichtlich abgesprochenen 1:0-Sieg über Österreich, mit dem beide Mannschaften auf Kosten Algeriens die 2. Runde erreichten, kam es zu wütenden Protesten enttäuschter Fans, die sich die Reise nach Spanien und das Geld für die Eintrittskarte mühsam zusammengespart hatten und nicht mehr bereit waren, ihre arroganten Kicker weiterhin zu unterstützen. Die Reaktionen der betroffenen Spieler war skandalös. Uwe Reinders beispielsweise, wahrlich kein schillernder Fußballstar, meinte schlicht: „Was interessiert mich das, wenn Tante Frieda zu Hause Zirkus macht.“ Und Wolfgang Dremmler gab mit entwaffnender Offenheit zu bedenken: „Ich verstehe irgendwo die Reaktionen der Zuschauer, aber ich kann mich darum wirklich nicht kümmern. Wenn Leute für 800 Mark hierher fliegen zum Spiel, dann ist das ihr Risiko, genauso wie es mein Risiko als Spieler ist, hierher zu kommen, um dann vielleicht früh auszuscheiden.“

Dass sich die bundesdeutsche Elf im weiteren Turnierverlauf bis ins Endspiel mogelte, löste selbst bei hartgesottenen Nationalmannschaftsfans ein mulmiges Gefühl aus. Erst im Finale wurden die Derwall-Schützlinge durch eine famos aufspielende italienische Squadra azzurra „endlich“ gestoppt. Mit der WM hatte das Verhältnis zwi-

Spieler der Stunde ■ Paul Breitner

Ausgerechnet Paul Breitner sorgte 1982 für einen weiteren Schritt des Fußballs in Richtung Vermarktungsgesellschaft. Für 150.000 DM ließ er sich medienwirksam den mächtigen Rauschebart abrasieren, wobei ein Wässerchen namens „Pitralon" das entscheidende Accessoire gewesen war. Seit er keinen Bart mehr trage, verkündete Breitner, würde er seine sensible Gesichtshaut nur noch mit exakt jenem Pflegeöl in Kontakt bringen. Die Aufsehen erregende Aktion des Dauer-Revolutionärs löste eine erregte Debatte aus, wie weit ein Fußballspieler seine Haut zu Markte tragen dürfe. Breitner juckte das alles nicht. Er, der früher öffentlich Mao gelesen hatte („Ich verehre Mao. Wenn ein Mann jeden Tag 800 Millionen Menschen eine Schale Reis verschafft, dann ist das eine tolle Sache.") und sich 1981 bei seinem Comeback im Nationaltrikot mit den denkwürdigen Worten „Die Vergangenheit zählt nicht" geäußert hatte, suchte und fand eben stets jene Punkte, an denen er die Gesellschaft zielgerichtet provozieren und kitzeln konnte. Das einzig Konstante an Breitner war der Wandel. In seiner Persönlichkeit vom „Heros der deutschen Gegenkultur" (New York Times 1973) zum Protagonisten der „Bild"-Zeitung gewendet, erreichte er fußballerisch im Alter seine höchste Reife. Unter seiner Führung überwand der FC Bayern in den 1980er Jahren den Generationswechsel, nachdem Beckenbauer, Maier und Müller aufgehört hatten. Dass Breitner in der Lage war, eine Elf zu führen, hätte zuvor wohl niemand erwartet. Er war eben mit allen Wassern gewaschen, der „Paule".

schen Spielern und Fans seinen vorläufigen Tiefpunkt erreicht. Bayern-Manager Hoeneß betrachtete das Turnier später sogar als einen Wendepunkt. „Damals waren hier die Zuschauer und da die Spieler. Da fand überhaupt kein Übergreifen mehr statt, da gab es kein gegenseitiges Verstehen mehr", befand er und sorgte dafür, dass beim FC Bayern künftig „der Zuschauer am Spielfeldrand stehen und ‚seinen' Star umarmen kann. Er muss das Gefühl haben: Das ist mein Spieler, mein FC Bayern. Dahin müssen wir kommen, dann haben wir auch Zuschauer in einer Zeit, in der es so wenige Möglichkeiten gibt, sich mit etwas zu identifizieren. Ich glaube, da haben wir mit dem Fußballsport eine ganz große Chance." Was Hoeneß damit *auch* meinte, wurde 1983 deutlich, als der FC Bayern als erster Klub der Bundesliga mit einer eigenen „Fan-Kollektion" auf den Markt kam und der Etatpunkt „Souvenirartikel" plötzlich Gewicht in der Jahresbilanz erhielt.[10]

Jupp Heynckes, der 1979 das Training von Borussia Mönchengladbach übernommen hatte, zeigte hingegen durchaus Verständnis für die Aktiven und erklärte: „Wir haben früher nichts anderes als Fußball gekannt. Heute kommen auf die jungen Leute nicht nur große schulische und berufliche Probleme, sondern auch all die Ablenkungen von der Freundin über das Moped und den Walkman bis zur Disco zu." Sein langjähriger Mannschaftskamerad Berti Vogts, der in jenen Tagen als Nachwuchstrainer zum DFB wechselte, wählte später weitaus drastischere Worte: „So um 1982 bis 1984 bekamen wir es häufig mit jungen Spielern zu tun, die überhaupt keine positive Einstellung zum Fußball hatten. Sie nahmen wenig an, investierten wenig, wollten nur wenig lernen."[11] Nach Vogts Ansicht hatten die Bundesligavereine völlig falsche Rezepte für den Umgang mit den Kindern der Wohlstandsgesellschaft: „Ich musste früher kämpfen, um etwas zu werden. Heute machen es die Vereine den jungen Spielern oft viel zu leicht, bieten ihnen viel zu früh einen Haufen Geld."

Zweifelsohne hatte sich das Spielbild in der Bundesliga verändert. Statt Typen wie Jürgen Grabowski, „Ente" Lippens, Lorenz Horr oder Reinhard Libuda standen nun eher grob geschnitzte Akteure wie Karl-Heinz Briegel, die Förster-Brüder, Guido Buchwald, Wolfgang Rolff oder Uwe Reinders in den Schlagzeilen und vertraten Deutschland auch repräsentativ. Selbst Stars wie Matthäus oder Rummenigge konnten mit den früheren „großen Spielergenerationen" nicht mithalten. Fußballlehrer Dettmar Cramer sah „in der Bundesliga viel zu viele junge Spieler, die die Voraussetzungen technischer Art nicht im notwendigen Umfang mitbringen". Seine Aussage wurde offenbar von vielen Fans geteilt, denn 1981/82 sank der Zuschauerschnitt weiter ab (um mehr als 600.000 auf knapp 6,3 Mio.), meldete mit Bayer Leverkusen erstmals seit 1967/68 (Neunkirchen) wieder ein Klub eine nur vierstellige Durchschnittskulisse (9.152) und blamierte sich der HSV auf internationaler Bühne, als er sich im UEFA-Cup-Endspiel mit 0:3 vom schwedischen Durchschnittsklub IFK Göteborg düpieren ließ. Die selbst ernannte „beste Liga der Welt" steckte tief in der Krise.

In der Bundesliga waren es ausgerechnet die Hamburger Rothosen gewesen, die für Hoffnung gesorgt hatten. Unter ihrem neuen Trainer Erich Happel war das Zebec-Motto „Spiele möglichst nicht verlieren" in „Spiele möglichst gewinnen" abgewandelt worden, und der attraktive Kombinationsfußball der Elf um Torjäger Horst Hrubesch (27 Saisontore) hatte die Fans begeistert. Entscheidend auf dem Weg zum zweiten Bundesliga-Meistertitel nach 1979 war der 4:3-Sieg im Münchner Olympiastadion, errungen am 24. April 1982 nach einem zwischenzeitlichen 1:3-Rückstand des HSV, der sich damit zugleich für den im Vorjahr erlittenen folgenschweren Punktverlust gegen die Bayern revanchierte.

Deutscher Meister 1982 und 1983: Hamburger SV

Ein Jahr später ging die Meisterschale erneut nach Hamburg. Am letzten Spieltag musste der HSV auf Schalke unbedingt gewinnen, um den punktgleichen Nordrivalen Werder Bremen auf Abstand zu halten. Das beste Auswärtsteam der Liga ließ sich von der 70.000-Kulisse nicht nervös machen und siegte mit 2:1 – „eine Fußballmaschine, das perfekteste Team Europas – von Zebec konstruiert und von Happel perfektioniert", staunte die „Westfälische Rundschau".

Der politische Wechsel in Bonn, wo die sozialliberale Koalition unter Helmut Schmidt im September 1982 einer konservativen Politik und „moralischen Wende" unter Helmut Kohl Platz machte, schlug sich auch im Fußball nieder. Schon 1978 hatte Joachim Fest nach den Vorkommnissen bei der WM in Argentinien in der „FAZ" deutliche Worte für den höchsten Fußballbund gefunden: „Autoritär geführt, ein Relikt aus obrigkeitlichen Verhältnissen: So existiert der DFB, trotz seines Millionenanhangs, merkwürdig abseits dieser Gesellschaften und vielfach auch im Widerspruch zu ihren

Mannschaft der Stunde ■ Hamburger SV

Manche sind unersättlich: „Dieser Pott braucht noch einen Deckel", forderte beispielsweise Horst Hrubesch am Abend des 25. Mai 1983. Gerade hatte er mit dem Hamburger SV den Europapokal der Landesmeister gewonnen und damit den höchsten Thron des europäischen Fußball erklommen. Und nun wies das „Kopfball-Ungeheuer" frech grinsend auf die oben offene Europapokal-Trophäe hin und meinte, dass die Meisterschale doch perfekt drauf passen würde. Rund zwei Wochen später hatte der Pott tatsächlich seinen Deckel. Ein 2:1-Sieg beim FC Schalke 04 machte die zweite Meisterschaft in Folge für den HSV perfekt – Verfolger Werder half sein zeitgleich erzielter 3:2-Zittersieg gegen den VfL Bochum nicht mehr. Am Ende trennten die beiden Nordrivalen ganze acht Tore. Für die Rothosen war es die erfolgreichste Saison der Vereinsgeschichte. Europapokalsieg und Deutsche Meisterschaft in einer Spielzeit – Trainer Ernst Happel konnte wahrlich stolz auf sein Kollektiv sein, das den Abgang von Publikumsliebling Kevin Keegan offensichtlich gut verdaut hatte. Zugleich war es aber auch das bis heute letzte Mal, dass der Dauerbrenner „Wer wird Deutscher Meister" zu Recht ein mit völliger Inbrunst geschmettertes „Ha-ha-ha HSV" bekam.

Normen und Vorstellungen."[12] Kein Wunder also, dass der von Hermann Neuberger so konservativ wie eh und je geführte DFB die Bonner Wende begrüßte und inhaltlich auch sofort nachvollzog. Auch der von Neuberger längst mit ihm getreuen Vasallen durchsetzte und unter stockkonservativen Maßstäben modernisierte Fußballbund betonte nun stärker das „Nationale". Nationalspieler und Länderspielbesucher beispielsweise wurden plötzlich aufgefordert, die Hymne mitzusingen – wer den Text gerade nicht im Kopf hatte, dem wurde mit entsprechenden Flugblättern bzw. Einblendungen auf der Anzeigetafel geholfen. Und die bisher angenehm schlichte, schwarz-weiße Kluft des Nationalteams wurde durch die Staatsfarben Schwarz-Rot-Gold verziert.

1983-86: Wer hat noch Lust auf Bundesliga?

Die Krise des deutschen Fußballs nahm in den folgenden Jahren dramatische Züge an. Die Zuschauerzahl sackte kontinuierlich in den Keller (1982/83: 6,2 Mio. insgesamt bzw. 20.198 pro Spiel, 1983/84: 5,9 Mio./19.340, 1984/85: 5,7 Mio./18.841 und 1985/86: 5,4 Mio./17.662), und international setzte es mit der völlig verkorksten EM 1984 einen neuen Tiefpunkt. Fanausschreitungen, arrogante Spieler sowie mäßige Spiele bestimmten die Schlagzeilen und verstärkten das Desinteresse beim Publikum. Diese Krise war nicht nur „hausgemacht" wie der Bundesligaskandal von 1972. Vielmehr waren dem Fußball auch andere Sportarten als Konkurrenz erwachsen.

Bernhard Langer beispielsweise gewann 1975 das Masters in Augusta und brachte damit erstmals Golf in die Schlagzeilen. Im selben Jahr avancierte der Schwimmer

Michael Groß zum Superstar, und in Wimbledon gewann ein 17-jähriger Rotschopf aus Leimen sensationell das bedeutendste Tennisturnier der Welt. Zwei Jahre nach Boris Becker triumphierte auch Steffi Graf in Wimbledon, was Deutschland endgültig in eine Tennis-Manie stürzte. Plötzlich wollten die Kids nicht mehr bolzen, sondern Tennis spielen – und nicht selten standen die Eltern, wie früher beim Fußball, hoffnungsvoll daneben und hofften auf die „große Karriere".

Dazu kam ein zunehmender Ausverkauf der Spitzenspieler (die zur selben Zeit übrigens begannen, Golf für sich zu entdecken...). Die wenigen Stars wie Rummenigge, Berthold, Brehme, Riedle und Matthäus wechselten in die zahlungskräftigere italienische Seria A und hinterließen eine Bundesliga des Durchschnitts. Die sportlichen Folgen waren vor allem auf der internationale Bühne zu erkennen. Zwischen 1984 und 1991 gelang es lediglich einem bundesdeutschen Team, einen Europapokal zu gewinnen – ausgerechnet Underdog Bayer Leverkusen (1988, UEFA-Cup). Der Ex-Volkssport Fußball geriet zunehmend ins Abseits.

Bereits in der vorigen Saison hatte es in der 2. Liga TSV München 1860 erwischt – als dritter Klub verloren sie ihre Profilizenz. Den Münchner Löwen half auch der eilige Verkauf ihrer altehrwürdigen Turnhalle nicht mehr.[13] Eintracht Braunschweig, Anfang der 1970er Jahre bereits Vorreiter bei der Trikotwerbung, wollte derweil abermals neue Wege der Geldbeschaffung gehen und beschloss eine Namensänderung in „SV Jägermeister Braunschweig", die vom DFB jedoch nicht genehmigt wurde. Auf dem DFB-Bundestag im Oktober 1983 wurde sogar ein ausdrückliches Verbot ausgesprochen, Vereinsnamen zum Zwecke der Werbung zu verändern. „Es war der einstimmige Wille der Mitgliederversammlung des DFB, den Vereinsnamen als Identifizierungsmöglichkeit für alle Mitglieder freizuhalten von jeglichen sportfremden Zusätzen",[14] hieß es.

Traditionsderby vor (fast) leeren Rängen. Bayern und Gladbach spielten am 9. April 1983 vor lediglich 25.000 Unverdrossenen.

Dramatisch der Einbruch der Zuschauerzahlen bei den Amateurligabegegnungen. Dadurch wurde die Abhängigkeit vieler Vereine von dubiosen Sponsoren bzw. windigen Geschäftsleuten, die ihre Klubs mit Macht und in kürzester Zeit nach oben bringen wollten, verstärkt. Die drittklassigen Amateur-Oberligen entwickelten sich zudem zusehends in Richtung „Schwarzgeldliga". Offiziell als „Amateure" deklariert, verdienten zahlreiche ehemalige Bundesligaprofis in Gütersloh, Hamm, Berlin-Charlottenburg, Lurup-Hamburg und anderswo mitunter mehr als bei einem Zweitligisten – noch dazu steuerfrei. Die 3. Ligen wurden dadurch zu „Skandalligen", bei denen die Finanzämter regelmäßig neue Finanzeskapaden aufdeckten.[15]

Die sportlichen Schlagzeilen beider Bundesligen trat hinter den wirtschaftlichen deutlich zurück. 1983/84 sicherte sich überraschend der VfB Stuttgart mit seiner soliden Elf um den Isländer Asgeir Sigurvinsson sowie dem in der Friedensbewegung aktiven Torjäger Karl Allgöwer den Titel, 1984/85 und 1985/86 setzte sich der FC Bayern jeweils gegen den SV Werder Bremen durch. Die Norddeutschen, vor ihrem Bundesligaabstieg 1979/80 stets graue Bundesligamaus, hatten sich seit ihrer Rückkehr ins Oberhaus völlig gewandelt. Präsident Franz Böhmert, seit 1970 im Amt und zunächst bemüht, Werder mittels abgetakelter Stars nach vorne zu bringen, hatte mit Manager Willi Lemke sowie Trainer Otto Rehhagel ein Team zusammengestellt, das den Erfolg an die Weser bringen sollte. Während der ehemalige Politiker Lemke für modernes Management stand, sorgte Rehhagel für die sportlichen Perspektiven. Der ehemalige „Feuerwehrmann" der Bundesliga (sieben Stationen in sieben Jahren) hatte eine Vorliebe für ältere und erfahrene Akteure („Es gibt keine alten oder jungen Spieler, nur gute oder schlechte") und sollte in den nächsten Jahren anderswo bereits ausgemusterten Akteuren wie Bruno Pezzey, Mirko Votava, Michael Kutzop, Manni Burgsmüller und Klaus Fichtel eine letzte Chance geben, sich im Oberhaus zu bewähren. Nebenbei baute sich Rehhagel ein kleines Machtimperium auf, was begünstigt war von der relativen Beschaulichkeit Bremens: Dessen Mediensituation war mit der von München oder Hamburg nicht vergleichbar.

Deutscher Meister 1984: VfB Stuttgart

Werder wurde zu einem der größten Hoffnungsträger in ansonsten eher trüben Zeiten. Mit begeisterndem Offensivfußball lösten die Grün-Weißen Borussia Mönchengladbach als „Liebling der Nation" ab, woran freilich auch die packenden Auseinandersetzungen mit dem FC Bayern ihren Anteil hatten. War es 1984/85 schon dramatisch gewesen (am Ende hatten die Bayern allerdings vier Punkte Vorsprung), so erreichte die Spannung 1985/86 ihren Höhepunkt. Am vorletzten Spieltag kam es im Bremer Weserstadion zum Duell Erster (Werder) gegen Zweiter (Bayern). Zwei Minuten vor Schluss entschied Schiedsrichter Roth beim Stande von 0:0 nach einem unglücklichen Handspiel von Sören Lerby auf Elfmeter. Michael Kutzop verpasste jedoch die einzigartige Chance, sein Team vorzeitig zum Meister zu machen und knallte den Ball an den Pfosten. Der wohl berühmteste Fehlschuss der Bundesligageschichte hatte bittere Folgen für Werder, das am darauf folgenden Wochenende nicht

Deutscher Meister 1985 und 1986: FC Bayern München

nur mit 1:2 in Stuttgart verlor, sondern auch die Tabellenführung an die Bayern abgeben mussten, die sich mit einem 6:0 über Ex-Rivale Mönchengladbach Titel Nummer 9 sicherten. Viele Fans, die den Bayern ein „Bündnis mit dem Glück" unterstellten, fühlten sich in ihrer Ansicht bestätigt, zumal ihnen auch noch das brutale Foul von Klaus Augenthaler an Publikumsliebling Rudi Völler im Hinspiel gegen die Norddeutschen in Erinnerung war. Völler hatte daraufhin ein halbes Jahr pausieren müssen.

Zugleich wurden die Wurzeln für das „deutsche Wembley" gelegt, denn am 26. Mai 1985 fand erstmals seit 1942 wieder ein Pokalfinale in Berlin statt. Dass Bayer Uerdingen den FC Bayern München mit 2:1 besiegte, ging in die Pokalannalen ein. Wichtiger war jedoch, dass alle Seiten mit dem Endspielort derart glücklich waren, dass das Pokalfinale fortan alljährlich im Berliner Olympiastadion über die Bühne gehen sollte.

Pokalsieger Bayer Uerdingen schrieb bald darauf ebenfalls Fußballgeschichte, als er im Europapokal-Viertelfinale auf Dynamo Dresden traf. Nach einer 3:1-Führung der Sachsen in der Krefelder Grotenburg schien angesichts der 0:2-Hinspielniederlage Bayers alles gelaufen zu sein. Doch die Krefelder drehten im zweiten Spielabschnitt den Spieß um und schossen sich mit einem 7:3 ins Halbfinale sowie die Europapokalannalen.

Ähnlich glücklich waren Dortmunds Fans am 17. Mai 1986. Sekunden vor dem Schlusspfiff der Relegationsbegegnung um den letzten noch freien Bundesligaplatz der Spielzeit 1986/87 mit dem Zweitligadritten Fortuna Köln gelang „Kobra" Wegmann der 3:1-Siegtreffer für den BVB, der die Schwarz-Gelben vor dem Abstieg bewahrte und ihnen ein drittes Spiel bescherte. Das gewannen die Dortmunder gegen eine ersatz- und grippegeschwächte sowie demoralisierte Fortuna mit 8:0. Trauer herrschte derweil in Berlin und in Duisburg – mit Hertha BSC und dem MSV verabschiedeten sich zwei ehemalige Bundesligisten aus der 2. Liga. In Berlin drohte sogar ein Führungswechsel, da Newcomer Blau-Weiß 90 sensationell in die Bundesliga aufgestiegen war.

Allgemein herrschte im Sommer 1986 eher pessimistische Stimmung in Fußball-Deutschland. Das Drama von Brüssel, als ein marodes Stadion, völlig überforderte Ordnungskräfte und zu sinnloser Gewalt bereite Hooligans aus Liverpool für den Tod von 38 Fans sorgten, lastete auch auf der Bundesliga schwer. Der Tiefpunkt in der Zuschauerentwicklung – nur in der Skandalsaison 1972/73 hatte man weniger Fans als 1985/86 (damals 16.372, diesmal immerhin 17.662) registriert –, die Glanzlosigkeit der Eliteliga, die erneuten Sorgen um das Unterhaus 2. Bundesliga sowie die Zustände im Amateurfußball ließen Schlimmes befürchten. Immerhin sorgte die Nationalelf für einen Hoffnungsschimmer, als sie, erstmals betreut vom inzwischen zur „Lichtgestalt" aufgestiegenen „Kaiser Franz" Beckenbauer, in Mexiko in Bescheidenheit überzeugte und klassisch deutsche Tugenden an den Tag legte. Mit solidem Kampf- und Kraftfußball gelang sogar ein Sieg über das technisch stärkste Team des Turniers (Frankreich), ehe es im Finale eine unglückliche Niederlage gegen Argentinien setzte.

Der Moment des Bremer Elends: Michael Kutzop versemmelt (gegen Bayerns Torhüter Pfaff) den Elfmeter, der Werder Bremen zum Deutschen Meister 1986 gemacht hätte.

1986/87: Abpfiff für einen Nationaltorhüter

Die eigentlich triste Liga-Realität hinderte die Medien nicht daran, den deutschen Fußball-Alltag mit allerlei fragwürdigen Methoden aufzupeppen. Vor allem das neue Privatfernsehen[16] hatte für eine wachsende Zahl von Direktübertragungen gesorgt, und das Wesen des Spiels wandelte sich allmählich. Fußballspiele wurden zusehends als „Events" präsentiert, bei denen das Drumherum wichtiger war als das eigentliche Spiel, und deren Auftrag es war, Werbung zu verkaufen. Nach spielentscheidenden Situationen wurde minutenlang die Reaktion des Präsidenten oder irgendeiner anderen „wichtigen" Person auf der Tribüne gezeigt; Akteure, die eine ordentliche erste Halbzeit abgeliefert hatten, wurden zum „kommenden Superstar" hochgepuscht, und Interviews vom Schlage „Äh, ich sach ma" häuften sich. Der Fußball wurde vereinnahmt und wusste sich nicht zu wehren – es war schließlich zugleich seine Rettung.

Wohin der neue Trend wies, zeigte der Fall des Kölner Nationaltorhüters Schumacher, der in seiner Autobiografie „Anpfiff" die gesamte Branche anblaffte, ihr Doping unterstellte und auch sonst nicht mit deutlichen Worten sparte. Als der DFB ihn daraufhin aus dem Nationalteam warf, bewies der exzentrische Rheinländer, dass er die Gesetze des Werbemarktes verstand, und fauchte: „Der DFB und Franz Beckenbauer machen einen großen Fehler, wenn sie auf meine Dienste verzichten. Wir haben doch keine großen Persönlichkeiten mehr."

Ebenfalls medienkompatibel war der FC Bayern München. Manager Uli Hoeneß erwies sich als Visionär und prophezeite, dass die Relation von Einnahmen aus Eintrittsgeldern und Werbung, die früher bei 80:20 lag und bereits bei 60:40 angekommen war, in absehbarer Zeit bei 50:50 landen würde. Außerdem wüchse die Rolle des Fernsehens. „Ich sehe ein Spitzenspiel der Bundesliga zwischen Bayern München und dem 1. FC Köln oder Werder Bremen bei Einnahmen von 20 Mio. DM durch Fernsehen und Werbung",[17] behauptete er nicht ohne Berechtigung.

Sportlich war sein Klub mal wieder top. Eine einzige Saisonniederlage (0:3 daheim gegen Bayer Leverkusen), als erster Klub der Bundesligageschichte auswärts ungeschlagen, am Ende mit sechs Punkten Vorsprung abermals Deutscher Meister und als erster Klub zum zweiten Mal dreimal in Folge Deutscher Meister: Die Bayern waren das Maß aller Dinge. Dass sie mit ihrem zehnten Titel nebenbei Rekordmeister 1. FC Nürnberg ablösten, war fast schon eine Marginalie. Und die Bayern brillierten auch auf anderen Bühnen. In der Deutschen Amateurmeisterschaft beispielsweise sicherte sich ihre Amateurelf die Vizemeisterschaft (1:4-Finalniederlage gegen den MSV Duisburg), und im Europapokal der Landesmeister erreichten die Profis erstmals seit 1982 wieder das Finale. Ausgerechnet dort wurden ihnen vom FC Porto jedoch die Grenzen aufgezeigt. Der Algerier Madjer, noch sauer ob der Vorgänge bei der WM 1982, als sein Team durch die Absprache zwischen Deutschland und Österreich aus dem Turnier bugsiert worden war, egalisierte Kögls Führungstreffer 13 Minuten vor Schluss, und zwei Minuten später sorgte Juray für Portos 2:1-Siegtreffer. Anschließend verkündete der 1983 nach München zurückgekehrte Erfolgstrainer Udo Lattek seinen Abschied und wurde dafür auf einem Traktor durch das Olympiastadion gezogen.

Deutscher Meister 1987: FC Bayern München

Ebenfalls „tschüss" sagte Ernst Happel, Meistermacher des Hamburger SV und zweifelsohne einer der profiliertesten Trainer der Bundesligageschichte. Sein letzter Triumph war ein 3:1-Sieg im Pokalfinale über Zweitligist Stuttgarter Kickers. Happel darf mit gutem Recht als einer der wenigen Hoffnungsschimmer in der Krisenzeit bezeichnet werden. Mit seiner augenfälligen Art, Fußball spielen zu lassen, ließ er viele Fans am Glauben an die Bundesliga festhalten. Happel starb 1992 an Krebs. Zur selben Zeit verließ auch Manager Günter Netzer den HSV. Von dem Verlust der beiden Persönlichkeiten sollte sich der Verein lange Zeit nicht erholen und wieder ins Mittelmaß zurückfallen.

Im Amateurlager gehörten dem Hamburger Stadtteilklub Hummelsbüttler SV die Schlagzeilen. Die von einem ehrgeizigen Mäzen förmlich in die Oberliga gekaufte Mannschaft, in der u. a. Ex-Profi Manfred Mannebach sein „Gnadenbrot" erhielt, trat wegen ausbleibender Gelder zunächst in den Streik und stellte nach 14 Spieltagen endgültig den Spielbetrieb ein. Das war ein Novum, und es war zu befürchten, dass es nicht der letzte Fall blieb. Ex-Zweitligaaspirant Eintracht Hamm beispielsweise kämpfte ebenfalls ums finanzielle Überleben und stieg mit Pauken und Trompeten ab, der dreifache Deutsche Meister SpVgg Fürth zitterte um seine Heimat Ronhof und musste ebenfalls in die 4. Liga absteigen, und auch Ex-Zweitligist SC Charlottenburg marschierte in die Verbandsliga. Alle gemeinsam hatten das Problem der knappen Kassen. Im Unterhaus gingen die Lichter aus.

1987/88: König Otto und sein Wunder

1981 war der SV Werder Bremen nach einem einjährigen Zweitligaintermezzo in die Bundesliga zurückgekehrt und seitdem ein frischer Farbtupfer im trüben Bundesliga-Einerlei geworden. Mit der Meisterschaft hatte es jedoch trotz diverser aussichtsreicher Versuche nie geklappt – zumeist war der FC Bayern Stolperstein gewesen. 1987/88 sah es schon vor der Saison düster für die Norddeutschen aus. „Das grün-weiße Fußballwunder geht mit einer Bankrotterklärung seines Messias zu Ende", giftete der „Stern", weil den Bremern mit Völler und Pezzey gleich zwei Leistungsträger abhanden gekommen waren. Doch „Messias" Rehhagel hatte Lösungen parat. Er holte den Offenbacher Jugendnationalspieler Oliver Reck für das Tor, stellte Karlheinz Riedle von Bundesligaabsteiger Blau-Weiß 90 Berlin in den Sturm und stabilisierte die Abwehr mit dem gebürtigen Cuxhavener Gunnar Sauer, während vorne der 39-jährige Manni Burgsmüller für Tore sorgte. Am 3. Mai 1988 konnte Rehhagel jubeln – und sich feiern lassen. Ein 1:0-Sieg in Frankfurt hatte den zweiten Meistertitel nach 1965 perfekt gemacht – statt abzustürzen, hatte das „grün-weiße Fußballwunder" seinen Zenit erreicht. In bester Werder-Tradition hatten sich die Grün-Weißen wie bei ihrer ersten Meisterschaft auf die Abwehr verlassen und lediglich 22 Gegentreffer hinnehmen müssen – sieben weniger als 1965! Entscheidend aber war, dass Werder die wichtigen Spiele gewann. So beispielsweise beim Gastspiel des amtierenden Meisters FC Bayern, der sich im Weserstadion mit 1:3 geschlagen geben musste. „Endlich haben wir die Vorherrschaft der Bayern gebrochen", jubelte Mirko Votava.

Deutscher Meister 1988: SV Werder Bremen

Die Bayern mussten sich danach hämische Schlagzeilen gefallen lassen. „Keine Formel I, nur ein Oldtimer", lästerte der „Kicker", während Manager Uli Hoeneß tobte: „Wir haben mit den Spielern gesprochen, wir haben ihnen gedroht. Alles ohne Erfolg." Auch mit ihrer aggressiven Einkaufspolitik hatten die Bayern wahrlich alles getan, um sich zu stärken und die Konkurrenz zu schwächen. Zwischen 1986 und 1989 beispielsweise holten sie mit Dorfner, Reuter, Grahammer und Schwabl gleich vier Akteure des 1. FC Nürnberg, dessen Aufbauarbeit damit zunichte gemacht wurde. Später erging es dem Karlsruher SC ähnlich: Sternkopf, Kreuzer, Scholl, Kahn, Tarnat und Fink folgten dem Ruf des „Branchenführers". Aus rein betriebswirtschaftlicher Sicht war die Taktik des FC Bayern genial. Hoeneß kaufte clever und relativ billig Spieler ein, ließ sie ein paar Jahre im Dress der Bayern spielen und verkaufte sie dann für teures Geld nach Italien weiter. Begonnen hatte dieser Prozess mit dem einst für 175.000 DM aus Lippstadt

Mannschaft der Stunde ■ FC St. Pauli

Er war so etwas wie ein Gegenmodell zur neuen, glitzernden Fußballwelt: der FC St. Pauli. Ein liebevoll chaotischer Verein mit einem stimmungsvollen Stadion, das bei den ganz Großen im Geschäft ob seiner Enge und Atmosphäre gefürchtet war, ein Publikum, so schillernd, wie es die Bundesliga noch nicht erlebt hatte und schließlich auch noch ein Anspruch, wie ihn im bezahlten Fußball wohl noch niemand gehabt hatte. Aufsteiger St. Pauli duckmäuserte nicht etwa, wie man es gewohnt war – der kleine FC St. Pauli mischte sich ein, ergriff Partei für die Schwachen, drückte Finger in Wunden, die vom Rest der Liga sonst immer kollektiv verdeckt wurden. Kein Wunder, dass man bald von den „Freibeutern der Liga" sprach, wobei die schlagzeilenträchtigere Boulevardpresse den etwas schlüpfrig anmutenden Begriff vom „Freudenhaus" bevorzugte. Beides traf zu, denn wenn St. Pauli am Millerntor zum Bundesligaspiel bat, herrschte dort in der Tat Freudenhausatmosphäre. Englische Fußballsongs, hämmernder Punkrock, dazwischen ein Hans-Albers-Stück – St. Pauli brach mit jeglicher Bundesliga-Etikette und sorgte für frischen Wind im Oberhaus. Sogar Linksintellektuellen war es – erstmals seit Günter Netzer – wieder möglich, sich für Fußball zu interessieren und fröhlich ins Stadion zu marschieren. Schließlich war St. Pauli Keeper Volker Ippig Sympathisant der Hausbesetzerszene der Hamburger Hafenstraße, engagierten sich die St.-Pauli-Fans lautstark gegen Rassismus und allzu brutale Eingriffe in den eigenen Stadtteil, stand St. Pauli für eine Art „Widerstand" gegen das Bundesliga-Establishment. Dass es sportlich auch noch klappte und sich der Verein, der Anfang der 1980er Jahre noch vor dem totalen Aus gestanden hatte, 1988/89 mit Platz 10 auf Anhieb im Oberhaus etablierte, war natürlich umso schöner. Unnötig, in diesem Zusammenhang darauf hinzuweisen, dass Trainer Helmut Schulte über eine ABM-Anstellung zu seinem Job gekommen war - seine Kollegen in München, Köln und beim großen Nachbarn HSV hatten da eine etwas andere Biografie aufzuweisen…

gekommenen Karl-Heinz Rummenigge (1984 für 11,4 Mio. DM zu Inter Mailand gewechselt), dem später Akteure wie Matthäus, Brehme, Reuter und Effenberg folgten.

Die Bayern bauten mit diesem Vorgehen ihre ökonomische Überlegenheit gegenüber anderen Klubs enorm aus. National waren sie eindeutig die Nummer 1 und für die Aktiven die mit Abstand verlockendste Adresse des Landes. Versuche anderer Klubs, zu den Bayern aufzuschließen, verschlangen zwangsläufig eine Menge Geld und bargen ein großes Risiko. Eintracht Frankfurt beispielsweise legte die neue Bundesliga-Rekordsumme von 3,6 Mio. DM für den Ungarn Lajos Detari an – und wurde dennoch nur Zehnter. Fataler für die Hessen war, dass sich ihre Investition angesichts eines Zuschauerschnitts von nur 10.000 pro Heimspiel auch wirtschaftlich nicht rechnete, woraufhin Detari 1988 für 10 Mio. DM nach Piräus wechselte.

Die mediale Vermarktung der Bundesliga ging derweil ungebrochen weiter. Zum Jahreswechsel 1987/88 erschien mit der „Sport-Bild" ein neues Fachblatt auf dem Markt, das eine gänzlich andere Berichterstattung als die vom „Kicker" gewohnte bevorzugte. Knallige Schlagzeilen, „Superstars-privat"-Reportagen und ein kräftiges Anheizen der Gerüchteküche zählte (und zählt) zum Repertoire der Hamburger. „Sport-Bild" baute damit auf die „Hollywoodisierung" der Bundesliga und die Sehnsucht nach Stars, setzte zugleich aber neue, eigene Maßstäbe. So gelang beispielsweise mit der Verpflichtung von Ex-Bayern-Coach Udo Lattek als Kolumnist ein schlagzeilenträchtiger Schachzug.

Schlagzeilen ganz anderer Art machte der DFB, der gedanklich noch in den prüden 1950er Jahren zu stecken schien. Das war zwar angesichts der Altersstruktur seiner Führungsetage nicht überraschend, wirkte sich im Fall des FC Homburg allerdings höchst lächerlich aus. Die abstiegsbedrohten Saarländer hatten einen Werbevertrag mit der Kondomfirma „London“ abgeschlossen, dessen Genehmigung der DFB mit der Begründung „Verstoß gegen Ethik und Moral im Sport“ verweigerte. Angesichts von hunderttausend AIDS-Toten war dies eine geradezu lächerliche Farce.

1988/89: Der Lautsprecher

Die neue „Sport-Bild“ war in der Spielzeit 1988/89 in ihrem Element. In Köln hatte ein ehemaliger Assistent namens Christoph Daum die Trainingsleitung der Geißböcke übernommen und wollte sie mit markigen Worten zur Meisterschaft bringen. Sein Kontrahent beim FC Bayern, Jupp Heynckes, aufgrund seiner Neigung zu roten Wangen auch „Osram“ genannt, ließ sich von den bisweilen tief unter die Gürtellinie zielenden Motivationsversuchen Daums aber nicht aus der Reserve locken. Für die Medien war ein „Lautsprecher“ wie Daum ein gefundenes Fressen. Insbesondere die Boulevardblätter stürzten sich geradezu auf den Kölner Motivator, was die Bundesliga wieder in die Schlagzeilen brachte und sie damit aus der Tristesse führen sollte.

Günter Netzer zeigte wenig Interesse an der TV-Diskussion mit Pierre Littbarski, Andreas Möller, Uwe Kamps und Ulli Potofski.

Doch es war nicht mehr die alte Bundesliga, die sich da aus der Krise erhob und wieder neuen Zuspruch auf den Zuschauerrängen fand. Sie war zur Medienliga geworden, in der neben sportlichen Talenten vor allem die Fähigkeit zur Selbstdarstellung und Inszenierung gefragt war. Nichts verdeutlicht dies mehr als der 23. Juli 1988, der erste Spieltag der Saison 1988/89. Um 18 Uhr begann an jenem Tage nicht nur wie gewohnt die bewährte „ARD-Sportschau", sondern zudem der „Anpfiff" auf RTL plus. Moderator Ulli Potofski hatte geschlagene zweieinhalb Stunden Zeit, die sieben Samstagspartien bzw. zwei Freitagspartien zu präsentieren. Für die Fans hieß es Umdenken. Nach einer Stunde – die gesamte Sendezeit der Sportschau – war erst ein Spiel gezeigt worden. Es gab ständig Werbeunterbrechungen, Kameraeinstellungen aus allen möglichen Positionen und aufgebauschte Interviews. Die Dauerwerbesendung mit Fußball war das Resultat eines neuen Fernsehvertrages, den der DFB mit dem Vermarkter UFA abgeschlossen hatte. 40 Mio. DM, mehr als das doppelte der Vorsaison, hatte der DFB kassiert – und RTL plus musste diese Summe natürlich wieder „rausholen".

Für Medienneuling „Anpfiff" war das Fernduell zwischen Köln und Bayern (bzw. Daum und Heynckes) natürlich geradezu ideal, da sich das Meisterschaftsrennen somit über zwei Hauptpersonen inszenieren ließ: Der freche, aggressive Emporkömmling trat gegen den altgedienten Helden an. Einen besseren Start hätte sich „Anpfiff" folglich kaum wünschen können. Dennoch fiel die Kritik nach der Auftaktsendung vernichtend aus. „Die Premiere geriet zu einem 190-minütigen Langweiler und damit zur befürchteten Presseschelte", giftete „Sport-Bild" und kritisierte „die schlechte Kameraführung, die unergiebige Diskussionsrunde mit den Studiogästen und die unsägliche Länge der Sendung". Selbst Moderator Potofski musste zugeben, dass „es alles ein bisschen durcheinander ging. Aber wir hoffen, dass wir noch besser werden." Neben der Länge wurden die Berichterstattung („Sport-Bild": „Die Stadion-Reporter übten fast durchwegs den Schulterschluss mit den Klubs, die sich eine freundlichere Berichterstattung versprochen haben. ‚Schade!', ‚Unglücklich!', ‚Ohs' und ‚Ahs' überwogen") und die vielen Werbeblöcke kritisiert. Diesbezüglich ließ Potofski jedoch keinen Spielraum: „Daran werden sich die Zuschauer gewöhnen müssen. Wir sind nun einmal ein kommerzieller Sender und leben von der Werbung. Wir erhalten eben keine Fernsehgebühren." Auch der in einem schlagzeilenträchtigen Coup als Co-Kommentator verpflichtete Günter Netzer geriet in die Kritik. Bei der Studiorunde mit Pierre Littbarski, Andreas Möller und Uwe Kamps hatte der einstige Weltstar gelangweilt auf seinem Sessel gesessen und kaum einen Ton von sich gegeben. Potofski: „Netzer muss aktiver werden, sich mehr eingliedern. Aber er ist ein introvertierter Typ. Das ist problematisch." Netzer verteidigte sich und wies die ihm zugedachte Rolle als „Showmaster" zurück: „Das wäre eine falsche Voraussetzung. Für diesen Job bin ich nicht angetreten. Ich mache das, was ich immer gemacht habe. Ich bin kein Journalist und will es auch nicht werden. Mein Bereich ist der fachliche Kommentar zu den Spielen".[18] Und dass er dies beherrschte, sollte er Jahre später in einem passenderen Umfeld bei der ARD beweisen.

Wattenscheid 09 machte 1990 seinen Traum vom Aufstieg in die 2. Bundesliga wahr. Im Zweitligaderby auf Schalke gab es allerdings eine 2:3-Niederlage.

Sportlich triumphierten die neu formierten und ungewöhnlich „star-"losen Bayern (statt Matthäus, Brehme und Michael Rummenigge spielten nun Thon, Grahammer und Reuter), die zu Saisonbeginn noch vorsichtig gewesen waren. „Vielleicht kommen wir ja aus der Tiefe des Raumes nach vorne", hatte der 1987 aus Gladbach gekommene Trainer Heynckes doppeldeutig verkündet. Tatsächlich aber führte seine Elf die Bundesliga über weite Strecken souverän an, leistete sich ganze drei Saisonniederlagen und feierte bereits am 25. Mai 1989, dem viertletzten Spieltag, mit einem 3:1-Sieg ausgerechnet bei Herausforderer Köln seinen finalen Triumph. „Er hat Fehler gemacht, die mir nicht passiert wären", grinste Heynckes nach Schlusspfiff genüsslich in die wachsende Zahl von Kameras – Daum hatte beim Stande von 1:1 Jürgen Kohler ausgewechselt und Bayern-Stürmer Wohlfarth damit Raum für die beiden entscheidenden Treffer gelassen.

Deutscher Meister 1989: FC Bayern München

Elf der Epoche 1980 - 1990

Trainer: Rehhagel (Werder Bremen)

Schumacher (1. FC Köln)

Augenthaler (FC Bayern) Karlheinz Förster (VfB Stuttgart)

Kaltz (Hamburger SV) Herget (Bayer Uerdingen)

Magath (Hamburger SV) Matthäus (FC Bayern) Briegel (1. FC Kaiserslautern)

Rummenigge (FC Bayern München) Völler (Werder Bremen) Klinsmann (VfB Stuttgart)

Fußball in der DDR: 22 Kader und nur eine Medaille

1945 bis 1952: Abschied von der bürgerlichen Sportbewegung

30. April 1945. Das Großdeutsche Reich steht vor der Kapitulation. In Moskau besteigt die „Gruppe Ulbricht" ein Flugzeug, um auf dem schnellsten Wege nach Berlin zu kommen. Ihr Auftrag: Installierung einer demokratisch-antifaschistischen Gesellschaftsordnung in der Sowjetischen Besatzungszone (SBZ). Unter den zehn in Moskau ausgebildeten zukünftigen Funktionären der späteren DDR sind auch Männer, die sich um den Wiederaufbau des Sports bemühen sollen. Es liegen Konzepte für den Aufbau einer völlig neuen, mit allen bürgerlichen Traditionen brechenden Sportbewegung vor. Nicht mehr konfessionell oder politisch geprägte Vereine sollen die Sportbewegung tragen, sondern spartenübergreifende „Volkssportgemeinschaften".

Wie in den drei Westzonen (also der späteren Bundesrepublik) werden zunächst alle Vereine verboten. Wenig später entstehen kommunale „Sportgemeinschaften", wobei die Regel ist, dass in kleineren Orten lediglich eine SG (mit allen gewünschten Sportdisziplinen) entsteht, während in Großstädten jeweils pro 20.000 Einwohner eine Gemeinschaft geschaffen wird, die solch unscheinbare Namen wie SG Erfurt-Nord oder SG Chemnitz Schloss tragen. Schon im Herbst 1945 war von der Resten der bürgerlichen Sportbewegung nichts mehr zu sehen, existierten die Traditionsvereine nur noch in den Köpfen der Menschen und in den Erinnerungen weiter.

Die neue Organisationsstruktur wurde allerdings erst mit einigen Verzögerungen installiert. Grund war einerseits die Verunsicherung unter den Funktionären (auch in der SBZ griff man auf ehemalige Arbeitersportler sowie zwischen 1933 und 1945 einigermaßen unbefleckt gebliebene bürgerliche Funktionäre zurück), und andererseits die allmächtige Sowjetische Militäradministration (SMAD), die sorgfältig auf den Vollzug des Vereinsverbotes und die Beschränkung des Spielbetriebes auf Kreis- bzw. Stadtgrenzen achtete, ohne klare Vorgaben über das weitere Vorgehen zu erlassen. Dennoch blühte wie in den Westzonen auch im Osten überall in den Trümmern neues Sportleben, erfreute sich vor allem Fußball höchster Beliebtheit. Namhafte Teams traten auf Dörfern an und ließen sich in Naturalien auszahlen, und wer konnte, wechselte schnell mal die Sportgemeinschaft, weil es anderswo bessere Voraussetzungen gab. Zum Jahreswechsel 1945/46 herrschte insofern kein allzu auffälliger Unterschied zwischen der SBZ und den drei Westzonen.

Das sollte sich jedoch bald ändern. Anders als in den Westzonen, wo bereits 1945/46 wieder um Ligapunkte gestritten wurde und die Traditionsvereine mit wenigen Ausnahmen wiedergegründet werden durften, trat in der so genannten „Ostzone“ zunächst eine Stagnation ein. Lange Zeit blieb es bei den Sportgemeinschaften und der Beschränkung auf Kreis- bzw. Stadtebene. Folge war eine allmählich einsetzende Spielerflucht in die Westzonen, die dem späteren DDR-Fußball seine Basis für einen vernünftigen Neuaufbau nahm. Zugleich blieben der SBZ allerdings bekannte Akteure wie Ernst Willimowski (SG Chemnitz-West), Erwin Helmchen (SG Chemnitz-Nord) oder Walter Pohl (SG Meerane) erhalten – die Ostzone war schließlich ihre Heimat.

Am 7. März 1946 wurde der kurz zuvor gegründeten FDJ die Organisation des Sportwesens übertragen. Einer der ersten fußballspezifischen Aufträge war die Errichtung einer Endrunde um den „Ostzonenmeister“, der an der für Sommer 1947 geplanten Endrunde um die Deutsche Fußballmeisterschaft teilnehmen sollte. Fußball wurde als wichtigster Teil des öffentlich wirksamen Sports angesehen und diente den Polit-Funktionären als Identifikationsobjekt für die künftige DDR-Gesellschaft. Er sollte alle Klassen und Schichten verbinden – in der praktischen Ausübung (als Spieler) ebenso wie im Konsum (als Zuschauer). Die FDJ stieß jedoch auf vielerlei Schwierigkeiten, und es gelang lediglich in Mecklenburg sowie Brandenburg, Landesmeisterschaften durchzuführen. In Sachsen, Sachsen-Anhalt und Thüringen blieb der Spielbetrieb derweil auf Kreisebene beschränkt. Erst 1947/48 konnte die erste Ostzonenmeisterschaft ausgetragen werden. Im Endspiel standen sich die SG Planitz und die SG Freiimfelde Halle gegenüber. Planitz, inoffiziell deckungsgleich mit dem ruhmreichen Planitzer SC, gewann am 4. Juli 1948 vor 40.000 Fans in Leipzig mit 1:0, Schütze des goldenen Tores war Horst Weiß.

Aus der geplanten Teilnahme an der gesamtdeutschen Meisterschaft wurde jedoch nichts. Am 21. Juni 1948 war in den Westzonen eine Währungsreform durchgeführt worden, die die bereits abzusehende Spaltung Deutschlands vertiefte und auch die Hoffnungen auf eine gemeinsame Endrunde zunichte machte. Planitz wurde die Reise nach Stuttgart zum Endrundenspiel gegen Nürnberg verboten. Ein Jahr später, am 23. Mai 1949, wurde die Spaltung mit der Verkündung des Grundgesetzes bzw. der Gründung der Bundesrepublik Deutschland perfekt. Die künftige DDR (gegründet am 7. Oktober 1949) ging auch im Fußball längst eigene Wege und hatte sich beispielsweise kritisch gegenüber den Vertragsspielerplänen des Westens geäußert. Von „bezahltem Fußball“ wollte man in der Ostzone nichts wissen. Gemäß sozialistischer Ideale diente Sport der Zerstreuung bzw. dem Ausgleich vom harten Arbeitsalltag. Für die Verkündung und Umsetzung der idealistisch verklärten Ziele war der am 1. Oktober 1948 gegründete „Deutsche Sportausschuss“ (DS) zuständig, der den Aufbau und die Lenkung einer eigenständigen Sportbewegung in der sowjetischen Zone leiten sollte. Waldemar Borde, erster Leiter des DS, verkündete bei der Gründungsversammlung: „Die demokratische Sportbewegung will den körperlichen, geistigen und sittlichen Aufstieg des deutschen Volkes fördern und an der Schaffung einer neuen Kultur mitarbeiten

(...) Sie ist nicht Selbstzweck. Sie soll zu ihrem Teil zur demokratischen Erneuerung unseres Volkes beitragen (...) Sie kämpft für die Einheit Deutschlands und unterstützt alle Bestrebungen, die der Verbesserung der Lebenslage aller arbeitenden Menschen, insbesondere der Jugend dienen (...) Sie ist (...) parteipolitisch nicht gebunden."[1]

Im Politbüro waren derweil neue Richtlinien für das Vereinswesen erlassen worden. Der erhoffte Effekt, durch die Sportgemeinschaften einen völligen Bruch mit der bürgerlichen Vergangenheit zu erreichen, war nicht eingetreten. Für viele Fans waren die SG schlicht und einfach die Traditionsklubs unter neuem Namen. Die SG Friedrichstadt beispielsweise galt als Nachfolger des ruhmreichen Dresdner SC, der 1943 und 1944 Großdeutscher Meister geworden war. Man spielte im alten DSC-Stadion im Ostragehege, man trug mohnrote Hemden und schwarze Hosen, Akteure wie Helmut Schön und Herbert Pohl trieben den Ball für die SG vor sich her. Ein noch deutlicheres Abrücken von den bürgerlichen Traditionen musste her. Das Konzept der Zukunft hieß „Betriebssport", womit eine bis weit in die 1960er Jahre reichende turbulente Phase der Experimente und Eingriffe begann, die den weiteren Verlauf der DDR-Fußballgeschichte höchst unübersichtlich machen sollte.

Grundsätzlich war folgendes geplant: An der Basis sollten „Betriebssportgemeinschaften" (BSG) entstehen, deren Träger volkseigene Betriebe waren. Als übergeordnete Organisationen wurden zugleich an den Gewerkschaften orientierte „Sportvereinigungen" wie Chemie, Energie etc.[2] geschaffen, die überregionale Säulen in dem System bildeten – jede SV wurde einer dieser Säulen zugeordnet. Das Ganze hatte mit den aus dem Westen bekannten Strukturen also nicht mehr allzu viel gemein, wie auch das Autorenkollektiv um Dr. Lothar Skorning im Standardwerk der DDR-Fußballgeschichtsschreibung „Fußball in Vergangenheit und Gegenwart" feststellte: „Mit der Bildung der gewerkschaftlichen Sportvereinigungen (SV) wurde eine neue Etappe in der Umstellung des Sports auf Produktionsbasis eingeleitet und damit eine noch engere und festere Verbindung von Arbeit und Sport hergestellt. Die SV entwickelten die BSG zu den tragenden Säulen der Sportbewegung der DDR."[3] Anders ausgedrückt: Die DDR wurde zu einem Land, in dem Sport vornehmlich über die Betriebe organisiert wurde. Das bedeutete allerdings nicht, dass nur Betriebsangehörige Sport treiben konnten – die BSGen waren durchaus offen für andere Mitglieder. Gelenkt und geführt wurden sie aber von ihrem jeweiligen Trägerbetrieb, der auch für die finanziellen Dinge zuständig war. Im Grunde genommen handelte es sich dabei um so etwas wie „sozialistisches Sponsoring", was im Übrigen den Gepflogenheiten in fast allen sozialistischen Ländern entsprach.

Die Verlagerung des Sportbetriebes auf retortenhafte Werksvereine mit immer gleichen Namen (Einheit, Aufbau, Energie, Fortschritt etc.) hatte spürbare Folgen auf die Identifikation der Mitglieder mit ihrer Sportgemeinschaft. Natürlich gab es so etwas wie ein „Vereinsleben", ebenso lag die Führung der Gemeinschaft in den Händen ehrenamtlicher Mitarbeiter. Da die jeweilige Werksführung jedoch über das grundsätzliche Wohl und Wehe der BSG entschied, sank oftmals die Bereitschaft der Mitglieder, sich zu engagieren. Das „Vereinsleben" wurde zu einem „Sportbetrieb", den man in

Fußball im Schatten realsozialistischer Politik – hier im Stadion von Halle.

Anspruch nahm wie andere kulturelle Veranstaltungen und für dessen Wohlbefinden man keine eigene Verantwortung empfand.

Rein äußerlich begann eine Phase ständig wechselnder Vereinsbezeichnungen, was sich im Fußball in einer gewissen Unübersichtlichkeit widerspiegelte. Die ersten Betriebssportgemeinschaften trugen noch eher „wilde" Namen wie beispielsweise BSG Sachsenverlag Dresden, BSG Kommunales Wirtschaftsunternehmen Weimar oder BSG Eisenhüttenwerk Thale. Mit Gründung der erwähnten Sportvereinigungen (1949) mussten die BSG dann die Bezeichnung ihrer Betriebsgruppe führen, woraufhin aus den oben genannten Gemeinschaften die BSG Rotation Dresden, die BSG Turbine Weimar und die BSG Stahl Thale wurden. Zugleich bedeutete dies, dass ein Namenswechsel anstand, wenn eine BSG ihren Trägerbetrieb wechselte. Beispiel Dresden: BSG Sachsenverlag wurde 1949 zur BSG Rotation, da sie der Betriebsgruppe „Presse, grafische Betriebe, Bühne, Film und Funk" angehörte. 1954 wechselte man zu den staatlichen

Verwaltungen und nannte sich fortan „Einheit". Acht Jahre später folgten der Wechsel zum Reichsbahnausbesserungswerk und die Namensänderung in „Lokomotive".

Neben den Betriebssportgemeinschaften gab es in der turbulenten Übergangsphase (in etwa der Zeitraum von 1948 bis 1950) zudem so genannte „Zentralsportgemeinschaften" (ZSG). Dabei handelte es sich um eine Form von Leistungssportkollektiv, das von mehreren Sportgemeinschaften gebildet wurde, wobei der normale Sportbetrieb bei den einzelnen SG blieb und der ZSG nur die stärksten Sportkader zur Verfügung gestellt wurden. Die ZSG Industrie Leipzig beispielsweise, Vorläufer der BSG Chemie, bestand aus Akteuren der Sportgemeinschaften Lindenau-Hafen, Lindenau-Aue, Leipzig-Mitte, Böhlitz-Ehrenberg und Leutzsch.[4] Eine ZSG hatte spürbare Vorteile gegenüber einer SG und sogar gegenüber einer BSG. Die Materialbeschaffung beispielsweise erfolgte zentral für alle SG-Unterglieder und war dadurch wesentlich vereinfacht. Darüber hinaus waren die ZSG-Führungen für damalige Verhältnisse überaus progressiv und sogar professionell eingestellt, womit die ZSG so etwas wie die Vorläufer der später gegründeten Sportclubs waren. Das Zentralsport-Modell galt aber bald schon wieder als überholt und wurde schon 1950 über den Haufen geworfen. Am 16. August 1950 wurde somit aus der ZSG Industrie Leipzig die BSG Chemie, da der Trägerbetrieb aus dem chemieverarbeitenden Sektor kam.

Verantwortlich für die weitere Entwicklung des Fußballs in der DDR war seit dem 3. Juli 1950 die „Sektion Fußball" des nationalen Dachverbandes (Deutscher Sportbund, DS), zu dessen Aufgaben die Betreuung der „fußballerischen Randregionen" sowie der „Aufbau einer internationalen Leistungsspitze" zählte. In punkto Landesmeisterschaft war der Durchbruch bereits 1949/50 gelungen, als eine landesweite Spielklasse eingerichtet worden war, der 14 Sportgemeinschaften angehörten. Die zunächst „Ostzonenliga" genannte Spielklasse wurde mit Gründung der DDR am 7. Oktober 1949 in „DS-Liga" umbenannt. Damit war die DDR zumindest administrativ den Westzonen ebenbürtig, denn analog der dortigen Entwicklung mit der Gründung der Oberligen Süd, West, Nord und Südwest gab es nun auch im Osten ein entsprechendes Pendant – mit zwei Unterschieden: Es handelte sich bereits um eine Landesmeisterschaft, und es war eine verkappte Profiliga, denn die Klubs wurden wie erwähnt von ihren Trägerbetrieben alimentiert.

Schon früh war der Spielbetrieb von politisch motivierten Eingriffen überschattet. Am Schlusstag der ersten Oberligasaison 1949/50 beispielsweise kam es zum Aufeinandertreffen der punktgleichen Teams von Horch Zwickau und Dresden-Friedrichstadt. Letztere, wie erwähnt vom Volksmund als Nachfolger des Dresdner SC betrachtet, hatte Heimrecht und galt als designierter Sieger und damit erster DDR-Meister. Doch es kam anders. Zwickau spielte sich in einen wahren Rausch und düpierte die Friedrichstädter vor eigenem Publikum mit sage und schreibe 5:1. Nach dem Spiel kam es im Ostragehege zu Tumulten. Friedrichstädter Fans wollten dem Schiedsrichter an den Kragen, da er für ihren Geschmack allzu offensichtlich pro Zwickau gepfiffen hatte.

Die Kungeleien wurden noch offensichtlicher, als Staatschef Ulbricht auf dem anschließenden Bankett seiner Freude über den Zwickauer Sieg in allzu euphorischer

Form Ausdruck verlieh und die Friedrichstädter damit erneut düpierte. Hintergrund war eine heimliche Anordnung, nach der die Sportgemeinschaft Friedrichstadt als „bürgerlicher“ Verein auf keinen Fall Meister werden durfte, sondern sich das Prinzip des Betriebssports durchzusetzen hatte – also Zwickau gewinnen musste. Für Friedrichstadt kam es noch schlimmer. Nach dem Spiel wurde die SG aufgelöst und sämtliche Akteure zur neu gegründeten BSG VVB Tabak beordert. Den Dresdner Starkickern um Helmut Schön platzte daraufhin der Kragen, und die meisten flohen gen Westen, wo sie bei Vereinen wie FC St. Pauli und Hertha BSC Berlin unterkamen. Die brillante Dresdner Mannschaft war also erst durch Hitlers Weltkrieg (der ihre beiden Meistertitel entwertete) und dann durch die realsozialistische Neuordnung um die Früchte ihrer Spielkunst betrogen worden – eines der tragischsten Kapitel in der deutschen Fußballgeschichte.[5]

Dass den Betriebssportgemeinschaften die Zukunft gehören würde, war auch im Pokalwettbewerb deutlich geworden. Davon gab es 1949/50 nämlich gleich zwei – den „DS-Pokal“, an dem ausschließlich Sportgemeinschaften teilnahmen und der völlig unbedeutend war, sowie den FDGB-Pokal, an dem ausschließlich Betriebssportgemeinschaften (bzw. ZSG) sowie Teams der Volkspolizei teilnehmen durften. Unter dem immensen politischen Druck gaben die meisten SG schließlich auf und ließen sich in BSG umwandeln. 1951 gab es in der gesamten DDR bereits 1.445 Betriebssportgemeinschaften, in denen 697.047 Sportler organisiert waren.[6]

Die Eingriffe setzten sich 1950/51 fort. Nach Saisonende standen mit Lichtenberg 47 und dem VfB Pankow zwei der drei Ostberliner Vertreter als Absteiger fest. Doch der DS entschied, dass dem nicht so sein könne. Berlin, die „Hauptstadt der DDR“, müsse angemessen in der Oberliga vertreten sein, und vor allem Pankow als Regierungsviertel bräuchte einen Vorzeigeklub. Flugs wurde die BSG Einheit Pankow gegründet (die Mitglieder des VfB flüchteten derweil nach Westberlin und nahmen unter dem Namen „VfB zu Pankow Berlin“ am dortigen Spielbetrieb teil) und in die Oberliga eingereiht – ebenso wie die neu gegründete Sportgemeinschaft Vorwärts Leipzig, der Vertreter der bewaffneten Streitkräfte (deren Stamm freilich abkommandierte Akteure der BSG Chemie gebildet hatten). Fußball made in DDR – das war in den 1950er Jahren ein tragikomisches Ränkespielchen.

Sportlich waren es turbulente Jahre mit ständig wechselnden Meisterteams. Nach Horch Zwickau in der Spielzeit 1949/50 setzten sich 1951 Chemie Leipzig und 1952 Turbine Halle durch. In allen Teams tummelten sich zahlreiche Akteure aus einst erfolgreichen Gauligamannschaften, wobei sich zahlreiche überragende Kräfte in die Westzonen absetzten (z. B. Ernst Willimowski), wo eine erfolgreiche Karriere weitaus aussichtsreicher erschien. Darüber hinaus konnte in der Bundesrepublik mit dem Fußball auch mehr Geld verdient werden. Die DDR-Teams änderten folglich beständig ihre Gesichter. Von den Fans war die Oberliga dennoch begeistert angenommen worden, und mit seinem Zuschauerschnitt von 10.585 (Saison 1951/52) musste sich das Ost-Oberhaus hinter den Oberligen der Bundesrepublik wahrlich nicht verstecken. Auch die Identifikation der Fans mit ihren Gemeinschaften war mit der im Westen durchaus zu vergleichen – trotz der ungewöhnlichen Namen bzw. eigentümlichen „Vereinsstrukturen". 1952 „lebte" der DDR-Fußball bei Fans wie Aktiven gleichermaßen, war die Oberliga eine florierende Spielklasse.

Auch international konnte sich die DDR etablieren. Am 6. Februar 1951 beantragte die DS die Aufnahme in die FIFA, was beim Weltverband allerdings einige Hektik auslöste. Schließlich war die Existenz der DDR höchst umstritten, und DFB-Präsident Peco Bauwens machte in zwar verwinkelten, aber dennoch unmissverständlichen Worten deutlich, was er davon hielt: „Der DFB ist sich durchaus bewusst, dass die FIFA es sich nicht zur Aufgabe machen möchte, die Sportstruktur ihrer verschiedenen Nationalverbände zu überprüfen, insbesondere darauf hin, ob sich in ihnen einseitige politische Strömungen geltend machen. Der DFB musste aber in der Zeit des Naziregimes die schmerzliche Erfahrung machen, dass eine Führung des Sports durch politische Kräfte dem Sport nicht dient. Er ist infolgedessen fest entschlossen, innerhalb seines Wirkungsbereiches das nochmalige Eindringen politischer Kräfte in den Sport zu verhindern. Der Deutsche Fußball-Bund möchte daher, ohne damit die Entscheidung der FIFA beeinflussen zu wollen, immerhin doch erklären, dass es für seine Bestrebungen, wenigstens in der Deutschen Bundesrepublik (Westdeutschland) den Sport frei von politischen Tendenzen zu halten, sehr wenig dienlich wäre, wenn die eindeutig politisch geführte Fußballsportbewegung der Ostzone die Mitgliedschaft in der FIFA erwerben würde."[7]

Im FIFA-Hauptquartier schwieg man sich zunächst aus. Erst als der DS im Herbst 1951 durch seinen zwischenzeitlich gewählten neuen Vorsitzenden Ernst Horn noch einmal an den Antrag erinnerte, beschäftigte man sich mit dem heiklen Gesuch, dem schließlich am 6. Oktober 1951 stattgegeben wurde. Am 24. Juli 1952 wurde die Sektion Fußball des DS ordentliches und vollwertiges FIFA-Mitglied und konnte damit am internationalen Spielbetrieb teilnehmen. Wenig später wurde eine Nationalmannschaft ins Leben gerufen, deren Debüt am 21. September 1952 mit einer 0:3-Pleite in Warschau allerdings in die Hose ging. Das dürftige sportliche Resultat war Programm, denn das Schicksal der DDR-Nationalmannschaft sollte ein schwieriges werden. Lange Zeit war die politische Verlässlichkeit bei der Zusammenstellung des Auswahlkaders wichtiger als die sportliche Qualifikation der Akteure, und in den 1960er Jahren wurde das DDR-Kollektiv zum Versuchsfeld und durch zahlreiche Eingriffe in seiner Entwicklung gehemmt. Erst in den 1970er Jahren sollten unter Trainer Georg Buschner größere Erfolge gefeiert werden.

1952 bis 1965: Schwerpunktzentren verfehlen ihre Pläne

Während sich der DS um Aufnahme in die FIFA bemühte, wurde in der DDR eine tief greifende Verwaltungsreform durchgeführt. Nur elf Tage nachdem die 2. Parteikonferenz der SED den planmäßigen und bewussten Aufbau der Grundlagen des Sozialismus in der DDR beschlossen hatte, wurden die fünf Länder Mecklenburg, Brandenburg, Sachsen-Anhalt, Sachsen und Thüringen aufgelöst und durch „14 nach ökonomischen, politischen und kulturellen Gegebenheiten und Notwendigkeiten gebildete Bezirke mit insgesamt 215 Kreisen“[8] ersetzt. Auch im Sport gab es damit weitere strukturelle und organisatorische Veränderungen. Die aufgelösten Landessportausschüsse wurden durch Bezirkssportausschüsse ersetzt, denen wiederum Bezirksfachausschüsse angegliedert waren – darunter auch die für Fußball. Im Ligaspielbetrieb bedeutete dies die Abschaffung der sechs Landesligen, die bis dahin unterhalb der Oberliga existiert hatten. An ihre Stelle rückten zunächst die zweigleisige „Liga“ (ab 1950/51) und später 15 Bezirksligen (ab 1952/53) als zweit- bzw. dritthöchste Spielklassen.

Die weitere Geschichte des DDR-Fußballs ist gekennzeichnet durch strukturelle Brüche, mit denen Leistungssteigerungen durch Konzentration in ausgewählten Leistungszentren geradezu erzwungen werden sollten. „Bis 1960 haben wir den westdeutschen Fußball überholt“, hatte es stets vollmundig geheißen, doch von ihrem Ziel, den DDR-Fußball auf Weltniveau zu heben, waren die Partei- und Sportfunktionäre Anfang der 1950er Jahre noch immer meilenweit entfernt. Das wurde selbst im Politbüro erkannt. „Die Entwicklung des Fußballsports ist hinter der gesellschaftlichen Entwicklung in der DDR zurückgeblieben, und es sind längst nicht alle Möglichkeiten und Voraussetzungen, die die Partei der Arbeiterklasse, die Sozialistische Einheitspartei Deutschlands, und die Regierung der DDR auch für die Entwicklung des Fußballsports geschaffen haben, ausgeschöpft worden“, befand das Staatliche Komitee für Körperkultur und Sport Anfang 1953 in DDR-typisch schwülstigen Worten.[9]

Ein Konzentrationsprozess sollte Abhilfe schaffen. Im Herbst 1954 wurde den Sportvereinigungen die Einrichtung von speziellen Trainings- und Wettkampfzentren aufgetragen, zu deren Förderung ausgesuchte „Sportclubs“ zu gründen waren. Jede der 18 SV hatte sich regionale Zentren zu suchen und den Schwerpunkt auf eine oder mehrere Disziplinen zu legen. Alsdann wurden alle überdurchschnittlich begabten Sportler der entsprechenden Sportvereinigung in jenes „Schwerpunktzentrum“ geschickt, um dort unter gezielter Förderung leistungsstärker zu werden. Die dem Plan zugrunde liegende Idee war durchaus logisch – die Radikalität, mit der man sie durchzusetzen versuchte, machte freilich viel von ihrem eigentlichen Potenzial zunichte. Statt geduldig auf eine eigenständige Entwicklung zu warten, ging man nach der Holzhammermethode vor und zerstörte zahlreiche gewachsene Strukturen.

Die Funktionäre schreckten dabei vor nichts zurück, um Fußballdiasporen in Fußballhochburgen zu verwandeln – nicht einmal vor der Verpflanzung kompletter Vereine. Ein Beispiel aus dem Jahr 1954: Während im Sächsischen mit Wismut Aue, Motor Zwickau, Empor Lauter und Fortschritt Meerane gleich vier Teams auf engstem Raum in der Oberliga miteinander konkurrierten, konnten die Fans in Mecklenburg-Vorpommern nur zweitklassigen Fußball sehen. Nun wurde aber in Rostock gleichzeitig am Ulbricht'schen Prestigeprojekt Überseehafen Warnemünde gewerkelt, für dessen Bau man zahlreiche Fachleute aus Sachsen, Thüringen und Berlin angeheuert hatte, die angesichts der fremden Umgebung und von Akkord bestimmten Arbeitsbedingungen dringend Zerstreuung brauchten. Außerdem gab es da noch Harry Tisch, einen 27-jährigen Fußballfan, der Vorsitzender des Rates des Bezirkes Rostock war. Dem späteren Gewerkschaftsboss war es, so heißt es, zu aufwändig, immer nach Berlin fahren zu müssen, um ein Oberligaspiel zu sehen. Also griff man, im wahrsten Sinne des Wortes, ein.

Das Fußballkollektiv der BSG Empor aus Lauter, einem 8.000-Seelen-Örtchen, das 1952 in die Oberliga aufgestiegen und dort für Furore gesorgt hatte, wurde zu einer Spritztour nach Rostock eingeladen, wo man sich das kurz vor seiner Vollendung stehende Ostseestadion, die herrlichen Neubauten am Stadtrand sowie die Vorzüge des Ostseebades Kühlungsborn anschaute. Und wer davon nicht überzeugt war, für den hatten die Funktionäre auch noch andere Methoden parat. Mannschaftskapitän Walter Espig erinnerte sich später: „Im Sommer 1954 wurde ich mit unserem Trainer Oswald Pfau zum Vorstand der SV Empor nach Berlin bestellt. Ein Verantwortlicher, Herr Langheinrich, kündigte uns an, dass es keinerlei Zuwendungen mehr gäbe, wenn Lauter nicht nach Rostock übersiedle.“[10] Am 24. Oktober 1954 trat das Kollektiv ein letztes Mal unter dem Namen Empor Lauter an und erklomm mit einem 1:0-Sieg über Rotation Babelsberg die Tabellenspitze. Das für den 31. Oktober vorgesehene Derby gegen Motor Zwickau musste abgesagt werden, da sich die Mannschaft bereits auf dem Weg nach Rostock befand, wo sie am 14. November erstmals unter ihrem neuen Namen auflief. 17.000 Fans feierten ihre „neue“ Mannschaft trotz eines torlosen Unentschieden gegen Chemie Karl-Marx-Stadt. Die Verlegung von Empor Lauter nach Rostock erfolgte also nicht aus Gründen der „Leistungskonzentration“, sondern war das Resultat des persönlichen Egoismus einiger Funktionäre. In Lauter war man natürlich stocksauer. Doch es half nichts: Mitten in der Saison wurde die B-Elf der BSG Empor zur 1. Mannschaft, durfte gnädigerweise an der Aufstiegsrunde zur Bezirksklasse teilnehmen (wo sie scheiterte) und verschwand anschließend in der Versenkung. Ein Fußballdorf war platt gemacht.

Vergleichbare Storys gab es viele. In Leipzig beispielsweise verschwand das Kollektiv der BSG Chemie im neu gegründeten SC Lok, während das des erst 1951 gegründeten Armeeklubs „Vorwärts“ nach Berlin entsandt wurde. Auf Granit bissen die Funktionäre derweil in Aue, dem größeren Nachbarort von Lauter. Die dortige Wismut-Elf sollte in die Bezirkshauptstadt Karl-Marx-Stadt transferiert werden, wobei die Auer Fans nicht mitmachten. Als die volkswirtschaftlich wichtigen Uranarbeiter unter ihnen mit Streik drohten, lenkten die Funktionäre ein. Lediglich der Vereinsname wurde in Wismut Karl-Marx-Stadt geändert, Spielstätte jedoch blieb das Auer Otto-Grotewohl-Stadion. Karl-Marx-Stadt spielte also in Aue – die Europapokalgegner der Wismut-Elf werden nicht schlecht gestaunt haben. Nicht nur in Aue ging es drunter und drüber. Das Leistungskollektiv der BSG Stahlwerk Riesa beispielsweise wurde 1952 im „Sportclub Stahl“ zusammengefasst – und schon 1957 wieder zur BSG degradiert. Die SV Stahl sollte in der Folgezeit kein leistungsstarkes Fußballkollektiv mehr aufweisen.

Besonders bitter war der Fall der BSG Motor Dessau. 1952/53 führten die Anhaltiner nach 13 Spieltagen mit 25:1-Punkten die Tabelle an, als ihre systematische Demontage begann. Am 21. Dezember 1952 setzte es auf tiefem und eigentlich unbespielbaren

1959 wurde Wismut Karl-Marx-Stadt zum vierten Mal DDR-Meister. „Binges“ Müller nahm die Trophäe entgegen.

Platz eine 0:1-Niederlage gegen Vorwärts Leipzig, dann wurde Trainer Braun diverser Vergehen beschuldigt („Hochstapelei“, „Betrug“), woraufhin er in den Westen floh. Sein Team sackte in der Folgezeit bis auf Rang 6 ab, da die BSG Motor ihre Kräfte auf Jena konzentrierte. Für die Betriebssportgemeinschaften standen die Zeichen nach der Sportclubgründung allgemein auf Sturm. Die BSG Wismut Gera beispielsweise musste 1955 ihre Leistungsträger Kaiser, Müller und Freitag an den SC Wismut Karl-Marx-Stadt/Aue abgeben und verpasste daraufhin den eigentlich schon sicher geglaubten Aufstieg in die Oberliga.

Für die Aktiven war das Unterkommen in einem Sportclub mit diversen Vorteilen verknüpft. Über ihre Trägerbetriebe bekamen sie so genannte „K-Stellen“ („Kaderstellen“), mit denen gewisse berufliche Vergünstigungen sowie Hilfe bei der Wohnungsbeschaffung, Reisen, hochwertige Güter und mitunter sogar Fahrzeuge verbunden waren. Es gab drei Kategorien: Als „K3“ stand man seinen Trainern auf Anforderung zur freien Verfügung, als „K2“ war man wöchentlich für 16 Stunden von der Tätigkeit im Trägerbetrieb freigestellt, und als „K1“ war man quasi von der Berufsausübung befreit (bzw. erhielt Freisemester als Student). „K1“ – das war der „Vollprofi“ sozialistischer Prägung.

Völlig in die Hose ging eine 1955 vorgenommene Systemänderung, mit der der Saisonverlauf „sowjetisiert“ werden sollte. Statt im Herbst begann die Spielzeit nun im Frühjahr und endete im Herbst. Für die Oberliga erwies sich diese im gesamten Ostblock vorgenommene Änderung als fatal. Weil die klimatischen Verhältnisse zwischen Ostsee und Erzgebirge mit den ungleich schwierigeren in der Sowjetunion nicht vergleichbar waren, brachte die Maßnahme für die DDR-Klubs keinerlei Vorteile, aber eine Menge Nachteile. Vor allem auf europäischer Ebene wirkte sich der ungewohnte Saisonverlauf in einem weiteren Leistungsrückgang aus.

Auch die mit den Sportclub-Gründungen angestrebte Verbesserung des Leistungsniveaus des DDR-Fußballs wurde nicht erreicht. Zwar dominierten die Sportclubs den

Spielbetrieb in der Oberliga – Wismut Karl-Marx-Stadt/Aue sicherte sich mit seiner berühmten Kumpel-Elf um die Wolf-Brüder sowie Tröger und Kaiser dreimal in Folge die Meisterschaft –, Zufriedenheit herrschte in Funktionärskreisen jedoch nicht. Verstärkt wurde dies durch die parallel erzielten Erfolge der bundesdeutschen Nationalmannschaft. Deren WM-Triumph von 1954 löste in DDR-Funktionärskreisen hektische Betriebsamkeit aus, die sich jedoch ebenfalls nicht in einer Leistungssteigerung auszahlte. Weder wurde die Nationalelf erfolgreicher, noch konnte sich Europapokalteilnehmer Wismut Karl-Marx-Stadt (alias Aue) auf Europas Fußballfeldern mehr als Respekt verschaffen.

Auch zwei Gemeinschaften, die in der DDR-Sportszene eine Sonderrolle einnahmen, konnten keine Abhilfe schaffen: Dynamo Dresden und Vorwärts Berlin. Die Dresdner waren im April 1950 als Sportgemeinschaft der Volkspolizei gegründet und mit Schaffung der SV Dynamo (1953) in SG Dynamo umbenannt worden. Dem Vorzeigeklub der „Schutz- und Sicherungstruppen" war zwar drei Monate nach Niederschlagung des 17. Juni 1953 der Gewinn der Oberligameisterschaft gelungen, doch lange Zeit war die Dynamo ein Spielball der Funktionäre und wurde im November 1954 nach Berlin delegiert, wo sie die Keimzelle des späteren BFC Dynamo bildete. Während Ost-Berlin damit einen Konkurrenten zur (auch unter den Fans im Ostsektor) beliebten West-Berliner Hertha hatte, wurde in Dresden fortan nur noch Zweitligafußball geboten. Als Dynamo 1962 endlich die Rückkehr in die Oberliga gelang, war die Wut der Fans auf den Berliner Namensvetter entsprechend groß.

Vorwärts Berlin, der Mannschaft der Nationalen Volksarmee, erging es kaum besser. 1951 in Leipzig gegründet, wurde man im April 1953 nach Berlin delegiert, wo das Leistungskollektiv im grenznahen Walter-Ulbricht-Stadion heimisch wurde. 1958 sicherte sich Vorwärts erstmals die Meisterschaft und holte damit den ersten Titel in die Hauptstadt der DDR. Vorwärts sollte später zum erbittertsten Rivalen des BFC Dynamo werden und 1971 auf zwielichtige Art und Weise nach Frankfurt/Oder abgeschoben werden.

Zurück in die 1950er Jahre. 1957 kam es zu einer weiteren Reform. Der inzwischen von Rudi Reichert angeführte DS wurde am 27. April in den Deutschen Turn- und Sportbund der DDR (DTSB) umgewandelt, wobei die Sektion Fußball mit Wirkung vom 17. Mai des Folgejahres unter dem Namen „Deutscher Fußball-Verband der DDR" in die Eigenständigkeit entlassen wurde. DFV-Präsident Heinz Schöbel mahnte bei der Gründungsversammlung: „Das Präsidium der bisherigen Sektion Fußball hat die politische Bedeutung des Leistungssports und seine Möglichkeiten zur Stärkung der DDR nicht voll erkannt und dementsprechend die politisch-ideologische und fachliche Arbeit auf der Bezirks- und Kreisebene und in den Sportclubs nicht genügend angeleitet und kontrolliert."[11] Zwischen den Zeilen war dies eine deutliche Kritik an dem offenbar noch immer nicht überwundenen Vereinsegoismus aus bürgerlichen Zeiten.

1956 hatte sich sogar das Politbüro mit der Sache beschäftigt und in einem Beschluss vom 7. Februar von „Missbrauch" gesprochen: „(…) um keine Bummelei in bezug auf die Arbeit mit den Sportlern einreißen zu lassen, führen wir einen energischen Kampf gegen eine unnötige Befreiung der Sportler von der Arbeit. Dieses Ziel zu erreichen, wird uns erschwert durch die eigenmächtigen Handlungen zahlreicher Betriebsleiter sowie Partei- und Gewerkschaftsfunktionäre in den volkseigenen Betrieben. Diese gehen nach wie vor mit ihrer Großzügigkeit gegenüber verschiedenen Sportlern in bezug auf Gehälter, Arbeitsbefreiung, Prämierung usw. über das Erlaubte hinaus. In manchen Betriebssportgemeinschaften werden 50 % der Mittel und noch mehr für eine einzige Fußballmannschaft verausgabt."[12]

1961/62 folgte die Rückkehr auf den europäischen Fußballkalender, und auch in der DDR wurde wieder von Herbst bis Frühjahr um Meisterschaftspunkte gestritten. Zugleich erweiterte sich der Fächer von Teams, die um den Titel mitspielen konnten. Neben Wismut Karl-Marx-Stadt und dem ASK Vorwärts Berlin betraf dies vor allem die aufstrebende Elf des SC Motor Jena. An den Kernbergen war es Trainer Buschner gelungen, ein technisch starkes Kollektiv aufzubauen, das sich 1962/63 erstmals den Titel sicherte. In die Röhre guckte einmal mehr Geheimfavorit Empor Rostock, dem wie schon 1955 und 1962 nur Platz 2 blieb.

1963/64 wurde dann eine Sensation gemeldet. Erstmals seit Schaffung der Sportclubs gelang es mit Chemie Leipzig wieder einer Betriebssportgemeinschaft, den Titel zu erringen. Das verstieß gegen sämtliche Planungen und löste Entsetzen im Politbüro aus. Zwar war der Titel wie geplant nach Leipzig gegangen, doch eigentlich war der Sportclub Leipzig als designierter Meister vorgesehen gewesen. Im Juli 1963 hatte man die besten Leipziger Fußballspieler aus den bestehenden Gemeinschaften Chemie und Rotation herausgelöst und im SC Leipzig zusammengefasst, der sich die Meisterschaft sichern sollte. Der „Rest", also die weniger begabten Akteure, war zur BSG Chemie delegiert worden, der man den sicheren Abstieg voraussagte. Nun stand der „Rest" an der Spitze, während die Elite lediglich Platz 3 belegt hatte – Fußball war eben auch in der Planwirtschaft nicht planbar.

Leipzig stand regelrecht Kopf. „Tausende vor der Tribüne gerieten in einen Beifallsrausch, als sie oben auf dem Reporterbalkon Trainer Alfred Kunze bei einem Rundfunkinterview entdeckten. Alfred Kunze, die Bescheidenheit in Person, machte die Situation fast verlegen. Doch dann trat er vor die Rampe und grüßte die Masse, die verharrte wie eine Prozession von Gläubigen vor Roms berühmtem Petersdom. Eine einmalige Verehrung. So wurde noch nie ein Deutscher Meister gefeiert!", staunte das Fachblatt „Fuwo".[13]

1965 bis 1974: Fußballclubs bringen die Wende

Der weitere Weg des Fußballs in der DDR war steinig. Während andere Disziplinen längst auf die Erfolgsspur eingebogen waren, geriet der Volkssport Fußball ins Abseits. Die Nationalelf vermochte nur selten zu überzeugen, und in den europäischen Vereinswettbewerben war das frühe Aus die Regel. Mitte der 1960er Jahre verharrte der

DDR-Fußball noch immer auf dem Niveau eines Underdogs und konnte von seinem angestrebten Aufstieg auf Weltniveau nur träumen. „Zwischen Defensivfußball, wie er bei uns praktiziert wird, und modernem Spiel besteht ein Unterschied wie zwischen unserem Fußball und der Weltklasse", tadelte das Fachblatt „Fuwo".[14] Auf dem 3. Verbandstag des DFV im Jahre 1965 wurde daher beschlossen, die Fußballsektionen aus den Sportclubs herauszulösen und sie in autonome Fußballclubs umzuwandeln. Ziel der Umstrukturierung war, durch die Konzentration der besten Spieler, Trainer und Funktionäre eine schnellere Leistungssteigerung zu erreichen. Den „Clubs", wie sie alsbald genannt wurden, wurde zudem aufgetragen, Knaben-, Schüler-, Jugend- und Juniorenmannschaften aufzubauen, um den Nachwuchs zielgerichtet zu fördern. Am 22. Dezember 1965 entstand mit dem 1. FC Magdeburg der erste Vertreter dieses neuen Typus, dem in den folgenden Monaten neun weitere folgten.[15] Diese „Fußballleistungszentren" waren in jeder Hinsicht etwas Besonderes. Sogar ihren Namen konnten sie „frei" wählen – in Berlin beispielsweise wurde die Bezeichnung „1. FC Union" aufgrund eines Wettbewerbes der „Berliner Zeitung" unter den Fans in Köpenick gewählt. Auch sie waren freilich, wie sich Giselher Spitzer in seinem Aufsatz „Fußball in der DDR" ausdrückt, „gut alimentierte öffentlich-rechtliche ‚Sportkörperschaften' mit geringem eigenen Handlungsspielraum und direkter Weisungsabhängigkeit".[16] Allerdings unterstanden sie nicht mehr der direkten Verantwortung der Betriebe und Kombinate. Sie behielten die Betriebe zwar als Träger, waren ihnen jedoch nicht mehr unterstellt, sondern fielen in den Hoheitsbereich des DTSB bzw. der jeweiligen Bezirkssekretäre.

Günter Mielis, stellvertretender Clubsekretär beim 1. FC Union Berlin, erinnerte sich später: „Durch die Clubgründung war eine bessere Ausbildungsmöglichkeit für die Leistungssportler gegeben, indem nämlich die Einheit von sportlicher und beruflicher Ausbildung besser gelenkt werden konnte. Die Sportler, die für einen Fußballclub spielten, wurden in den jeweiligen Trägerbetrieben zusammengezogen. Wir hatten als Trägerbetriebe vor allen Dingen das KWO und das Transformatorenwerk, und bis auf ganz wenige Ausnahmen waren die Spieler in diesen beiden Betrieben angestellt. Ihre berufliche Tätigkeit, die sie zum Teil ausüben mussten, bzw. ihre Qualifikation konnte mit dem Trainingsplan abgestimmt werden. Das war vorher nicht der Fall, die Spieler waren überall verteilt, konnten manchmal am Training nicht teilnehmen. Wir verfügten nach der Clubgründung über mehr Mittel, die von den Trägerbetrieben kamen bzw. auch von DFV und DTSB. Wir hatten die Möglichkeit, unsere Nachwuchsabteilung in der Weise zu vergrößern, dass wir auch Auswahlspieler des Nachwuchsbereiches in den Kinder- und Jugendsportschulen unterbringen konnten. Und wir hatten die Möglichkeit, Übungsleiter einzustellen und zu bezahlen. Die Sektion Fußball beim TSC (dem Vorläufer des 1. FC Union, d. Verf.) war ja vollkommen ehrenamtlich geleitet. Wir spielten vorher als Sektion überhaupt keine Rolle, wir sind über Mittelmaß zweite oder erste DDR-Liga nicht hinausgekommen. Sofort nach der Gründung haben wir den Aufstieg in die Oberliga geschafft."[17]

Berliner Lokalderby 1965: Dynamo-Stürmer Hall setzt sich gegen ASK-Vorwärts-Spieler Kiupel durch.

Der gesamte Focus des Leistungsfußballs wurde nun auf die Fußballclubs gerichtet. Nationalspieler beispielsweise mussten einem FC angehören – war ein BSG-Aktiver entsprechend veranlagt und wurde ausgewählt, so hatte er über kurz oder lang zu einem FC zu wechseln. Lediglich einem Akteur gelang es, diesem unausgesprochenen Gesetz zu entgehen: Jürgen Croy, Stammtorhüter bei der BSG Sachsenring Zwickau und zugleich die Nummer 1 im Tor der Nationalelf. Croy wurde zigfach zum Wechsel zu einem Fußballclub aufgefordert, blieb Zwickau jedoch treu und wurde dennoch insgesamt 94-mal in die Nationalelf berufen. Zwangsläufig dominierten die Fußballclubs unter diesen Umständen auch den Spielbetrieb in der Oberliga – lediglich Dynamo Dresden gelang es, in die Phalanx der Klubs aus Magdeburg, Berlin, Halle, Jena, Erfurt, Rostock und Frankfurt/Oder einzudringen. Als Elf der Schutz- und Sicherungskräfte kam den Sachsen allerdings ebenfalls eine Sonderrolle zu. Den anderen BSG-Teams hingegen erging es schlecht. Lediglich Zwickau, Leipzig (Chemie), Aue und Riesa vermochten noch einigermaßen im Oberhaus mitzuhalten, derweil Cottbus, Böhlen und Stendal sich mit der Rolle einer Fahrstuhlmannschaft zufrieden geben mussten.

Das nahezu permanente Tohuwabohu im DDR-Fußball war umso tragischer, als der Fußball auch in der DDR Volkssport blieb. Die Wurzeln aus der Weimarer Zeit hatten überall reiche Früchte getragen, und Fußball wurde selbst im letzten Dorf gespielt. Das Ballspiel genoss sogar eine Sonderrolle im Sportkanon der DDR. Er stand ungleich mehr im Interesse der Öffentlichkeit als andere Sportarten, die der DDR zwar internationales Renommee und auch Medaillen bescherten, aber kaum Publikumswirkung erzielten. Fußballer konnten deutlich mehr Geld verdienen als so mancher Olympiasieger in weniger attraktiven Disziplinen.

Als größter Fachverband war der DFV selbst für den übermächtigen DTSB eine Herausforderung. Jedes fünfte DTSB-Mitglied war Fußballer (der DFV hatte rund eine halbe Million Mitglieder), was den Balltretern ein beachtliches Gewicht verlieh. Zugleich standen sich die Fußballer jedoch selbst im Weg, denn die Entscheidungsträger – die Bezirksleitungen bzw. deren Wirtschaftsfunktionäre – hatten vor allem ihr Eigeninteresse im Sinn und blockierten damit die allgemeine Entwicklung. In diesem unappetitlichen Ränkespiel hatte nur derjenige Erfolg, dessen Propagandisten durch Mitgliedschaft im Politbüro die besseren Beziehungen aufwiesen. Ambitionierte Sektionsleiter mussten daher auf die Hilfe örtlicher Partei- und Wirtschaftsfunktionäre zurückgreifen, um sich einen Vorteil zu verschaffen, wobei sie auch vor unerlaubten finanziellen Zuwendungen nicht zurückschreckten. DTSB-Chef Manfred Ewald sprach in diesem Zusammenhang stets von der Macht der „Bezirksfürsten", die zu einer „Kleinstaaterei" führen und internationale Erfolge verhindern würde. Dass die Erfolge ausblieben, war nach Ansicht der SED außerdem dem Mangel an politisch-ideologischer Erziehungsarbeit zuzuschreiben.

Es sollte allerdings nicht übersehen werden, dass die DDR ein relativ kleines Land war und mit 16 Mio. Einwohnern nur etwa die Dimensionen Nordrhein-Westfalens erreichte. Man darf daher nicht in den Fehler verfallen, die DDR 1:1 mit der BRD zu vergleichen und erwarten, dass sie ähnlich erfolgreich wie der große Bruder sein würde. Wie in den Oberligen Westdeutschlands war das Leistungsgefälle auch in der DDR-Oberliga immens – doch anders als in der Bundesrepublik und der dort 1963 eingeführten 1. Bundesliga hatte man in der DDR keine weitere Möglichkeit der Konzentration. Mit Ausnahme einer Hand voll Spitzenklubs blieb es bis 1990 dabei, dass der Rest der Staffel alljährlich gegen den Abstieg spielte und sich dabei häufig durch plumpen Rumpel-Fußball wehrte. Die Topteams wurden allenfalls vier- bis fünfmal pro Spielzeit wirklich gefordert, und da der internationale Freundschaftsspielverkehr vornehmlich Richtung Osten ausgerichtet war, fehlte es den Akteuren an Möglichkeiten, ihre sportliche Leistungsfähigkeit zu steigern. Ein kleines Land wie die DDR verfügte schlicht und einfach nicht über genügend Spieler für eine großräumige Spitzenklasse – den Niederlanden, Schottland oder Portugal erging (und ergeht) es diesbezüglich kaum anders. Im Falle der DDR kam noch hinzu, dass es an dem im Westen höchst belebenden Element ausländischer Stars fehlte.

Die frühen 1970er Jahre waren auch in der DDR von gesellschaftlichem Wandel geprägt. Lange Haare, Jeans und Miniröcke, Beat-Musik – hinterm „Eisernen Vorhang" sah manches aus wie davor. Es war eine politisch brisante Zeit. Der gesamteuropäische Entspannungsprozess, Willy Brandts Kniefall von Warschau sowie der KSZE-Prozess von Helsinki lösten Hoffnung auf Entspannung aus. Jene ruhten auch auf Erich Honecker, der 1971 den greisen Walter Ulbricht abgelöst hatte und mit dem die Hoffnung auf liberalere Tendenzen verknüpft war. Vergeblich, wie sich herausstellen sollte, denn spätestens als 1976 der Liedermacher Wolf Biermann ausgewiesen wurde, wussten alle, dass sich nichts ändern würde. Viele Intellektuelle und andere Eliten versuchten daraufhin, das Land zu verlassen, und die DDR fiel in eine schleichende Stagnation.

Sogar das ZK der SED beschäftigte sich mit der ausbleibenden Leistungsentwicklung im DDR-Fußball. Am 18. Dezember 1969 stellte das Politgremium fest, dass die Beschlüsse des Sekretariats des ZK der SED und des DTSB vom 18. August 1965 „zur Steigerung der sportlichen Leistungen im Fußballsport der DDR (...) bisher nicht realisiert" wurden. Während es in vielen Disziplinen durch Erziehungsprogramme, Rahmentrainingspläne und Nachwuchsförderung „einen erfreulichen Leistungsaufschwung" zu verbuchen gegeben habe, sei es „im Fußballsport hingegen bisher einfach nicht möglich, die Beschlüsse zur Wirkung zu bringen. Es wurden keine Fortschritte bei der Leistungsentwicklung des Fußballsports erreicht." Die Mannschaften in der Oberliga seien der Führung des DTSB praktisch entglitten, da sie ökonomisch vollständig durch große volkseigene Betriebe und Kombinate gesteuert wurden.[18] „Ein besonderes Hemmnis in der Entwicklung bildet die Tatsache, dass Kombinats- und Betriebsleitungen, einzelne Partei-, Staats-, Wirtschafts- und Sportfunktionäre den gesamten Erziehungs- und Betriebsinteressen gegenüber den Spielern und Trainern (...) außerordentlich negativ beeinflussen", tadelte das ZK. Um eine Leistungssteigerung für 1972-74 zu garantieren, wurden eine straffere Führung im Leitungsbereich, verbesserte Erziehung, zielgerichtete, sportartenspezifische Forschung, die wissenschaftliche Durchdringung des Trainingsprozesses und erleichterte Spieler- und Trainerwechsel angemahnt.[19]

Der DTSB wurde beauftragt, bis Februar 1970 „einen umfassenden Maßnahmeplan zur Durchführung dieses Beschlusses" zu erarbeiten. Am 1. Juni 1970 trat der so genannte „Erste Fußballbeschluss" schließlich in Kraft. Der Beschluss war flankiert von veränderten finanziellen Rahmenbedingungen. Der Finanzminister wurde angewiesen, von 1970 an zusätzlich zum Haushaltsplan ca. 5 Millionen Mark für die Fußballklubs zur Verfügung zu stellen. Weitere zwei Millionen sollte den Betrieben zur Erstattung des Lohnausfalles für Fußballspieler ausgezahlt werden.

Begünstigt von dieser Reform sowie der Zulassung der „Fußballclubs" begann nun die Blütezeit des DDR-Fußballs. Trainer wie Georg Buschner (Jena), Walter Fritzsch (Dresden) und Heinz Krügel (Magdeburg) nutzten die deutlich verbesserten Rahmenbedingungen und führten moderne Trainingsmethoden ein. Der Einfluss der Politik war in jenen Jahren erfreulich gering, so dass sich das Spiel der freien Kräfte ausbreiten konnte. Von Delegierungen kompletter Vereine wurde nun – mit Ausnahme der Armeemannschaften – ebenfalls abgesehen. Zudem zahlte sich allmählich jene Nachwuchsarbeit aus, für die die DDR später so berühmt wurde. Wie geschildert fungierte ein Fußballclub in seinem Bezirk als Leistungszentrum, und nur bei einem Fußballclub durfte es daher schulische Fußballausbildung geben. Zu diesem Zweck war ihnen eine so genannte Kinder- und Jugendschule (KJS) angeschlossen, in denen schon Kinder systematisch gefördert wurden.[20] Tauchte irgendwo im Bezirk ein halbwegs begabter Kicker auf, so landete er über kurz oder lang bei der KJS und damit beim FC des Bezirks. Magdeburg beispielsweise rekrutierte seine goldene Elf, die 1974 den Europapokal der Pokalsieger gewann (2:0 gegen Mailand) und auch den Stamm der WM-Elf 1974 stellte, aus Burg, Halberstadt, Wolmirstedt und natürlich Magdeburg. Mannschaftskapitän Manfred Zapf erinnerte sich später: „Eigentlich kam ich mehr durch Zufall zum Club nach Magdeburg. Manfred Schwindt, damaliger Trainer bei Dynamo Stapelberg, sollte Erich Tenneberg zur Bezirksauswahl schicken und sagte zu mir, dass ich auch mitfahren solle. Ich spielte dann auch bei der Schülerspartakiade, schoss sogar einige Tore. Wir wurden Zweiter hinter Gera, und ich wurde als bester Verteidiger ausgezeichnet. 1962 holten mich dann Kurt Holke und Herbert Wahrendorf, der Direktor der KJS, nach Magdeburg."[21]

Der DDR-Fußball profitierte durchaus von dieser Entwicklung, die im Grunde genommen den Praktiken in kapitalistischen Ländern ähnelte. Während Bayern München im Westen aufgrund seiner ökonomischen Stärke wie ein Magnet wirkte, tat dies der 1. FC Magdeburg bzw. die KJS Magdeburg aufgrund ihrer herausragenden Bedeutung. Unterm Strich sammelten sich bei beiden Klubs die herausragenden Talente.

Die systematische Nachwuchsförderung zahlte sich auch international aus. 1965 und 1970 gewann die Juniorenauswahl der DDR das renommierte UEFA-Turnier.[22] „Die KJS war eine der wenigen Einrichtungen im Osten, die wirklich leistungsorientiert arbeitete. Vieles in der damaligen Planwirtschaft war bekanntlich Augenwischerei", erinnerte sich der an der KJS-Jena tätige Klaus-Dieter Zboron nach der Wende 1990.[23] Auf der anderen Seite steht eine unbekannte Dunkelziffer gescheiterter Talente, da in den KJS nicht „frei" nach Talenten gesucht wurde, sondern anhand von körperlichen Gesichtspunkten. Viele fußballerisch womöglich hoch begabte Kinder wurden dadurch statt im Fußball in anderen Disziplinen gefördert und gingen dem Fußball für immer verloren. In der Prioritäten-Rangliste lag Fußball lange Zeit an 18. Stelle – Jugendliche wurden also zuvor auf ihre Eignung für 17 andere Sportdisziplinen getestet. „Ehe wir da dran kommen, zu Sichtung und Auswahl, sind Schnellkraft- und Bewegungstalente längst weg", klagten die Fußball-Verantwortlichen bitter.

Auch für die Betriebssportgemeinschaften war das System fatal. In der Cottbusser KJS beispielsweise durften keine Fußballer ausgebildet werden, weil die BSG Energie nicht über den Fußballclub-Status verfügte. Um das Problem zu umgehen, organisierte man so genannte „Trainingszentren" (TZ), die als professionelles Verbindungsstück zwischen großen und kleinen Klubs fungierten und bald eine wichtige Rolle in der Nachwuchsförderung einnahmen. Die TZ-Trainer sichteten und trainierten Talente aus der näheren Umgebung und führten sie so in den höherklassigen Fußball. Die KJS übernahm dann die „Feinarbeit".

Sinnvolle Transfers zur Verstärkung von Spitzenmannschaften waren durch dieses System allerdings ausgeschlossen bzw. nur in Ausnahmefällen möglich. Magdeburg konnte eben nicht, und darin bestand ein Unterschied zu Bayern München, aus der gesamten DDR Spieler rekrutieren, sondern nur aus dem Bezirk Magdeburg. Hans Meyer sprach 1980 nicht zu Unrecht davon, dass er mit Carl Zeiss Jena quasi mit einer Thüringer Bezirksauswahl bis ins Europapokalfinale vorgedrungen sei. Für Lok Leipzig traf 1987 Ähnliches zu – mit Ausnahme von Marschall (Torgau), Richter (Olbernhau/Erzg.) und Scholz (Görlitz) kamen alle Spieler aus Leipzig und Grimma. Transfers talentierter Nachwuchskräfte über die Bezirksgrenzen hinaus scheiterten immer wieder an dem Egoismus der Bezirksfürsten.

Eine Besonderheit im Fußball unter planwirtschaftlichen Rahmenbedingungen ist, dass es den Spielern oft an Motivation fehlt. Ihre Wege waren nicht nur vorgezeichnet, sondern zudem beschränkt. Ein ambitionierter Akteur hatte mehr oder weniger das Ende der Karriereleiter erreicht, wenn er Stammspieler bei einem Topklub wie Magdeburg, Jena, Dresden oder (später) BFC Dynamo geworden war. Immerhin wurden Leistungsfußballer, die wie ihre professionelle Kollegen im Westen trainierten,[24] mit für DDR-Verhältnisse als „Spitzengehälter" zu bezeichnenden Summen bedacht. Schon in den 1960er Jahren erhielten ausgewählte Spieler bis zu 3.000 Mark an Gehältern und Prämien,[25] dazu diverse Vergünstigungen. Da es Profi-Fußball nach den Vorstellungen der SED im Sozialismus jedoch nicht gab,[26] führte dies zu einer Form von Neidgesellschaft. Die Rechte eines westlichen Profispielers wurden den Akteuren verweigert. Leipzigs Torsteher René Müller empfand es zum Beispiel regelrecht als „Leibeigenschaft", dass er nicht selbst entscheiden konnte, für welchen Klub er spielen wollte.

1974 bis 1980: Internationale Erfolge

Für die Oberliga waren die 1970er Jahre die besten ihrer Geschichte. 1976/77 erreichte man mit 13.827 Zuschauern pro Spiel den höchsten Schnitt seit dem Rekordjahr 1953/54, als 14.005 gekommen waren. Das große Zuschauerinteresse war nicht zuletzt dem hochklassigen sportlichen Wettbewerb und der Spannung zu verdanken. Mit Magdeburg, Jena, Dresden, dem BFC Dynamo und Vorwärts Berlin gab es fünf Teams, die sich zwischen 1969/70 und 1977/78 bisweilen packende Begegnungen lieferten und sich beim Gewinn des Titels abwechselten. Vor allem um Dynamo Dresden ranken sich bis heute herrliche Legenden, die vom tollen Spiel „Dresdner Kreisel" und phantastischer Atmosphäre künden. Zuschauerhochburgen waren Dresden und Rostock, wobei der FC Hansa als einziger Oberligaklub nördlich Berlins allerdings auch über ein enormes Einzugsgebiet verfügte.

Auch international waren die 1970er Jahre die stärkste Phase der DDR-Fußballhistorie. Die Nationalmannschaft beispielsweise nahm 1974 zum ersten und zugleich einzigen Mal an der Weltmeisterschaft teil. War dies durch den Veranstaltungsort Bundesrepublik schon pikant, wurde es zusätzlich heikel, da das Buschner-Kollektiv in der Vorrunde auf die BRD traf. Sparwassers 1:0-Siegtor in einer Begegnung, in der beide Mannschaften die Zwischenrunde bereits erreicht hatten und vor allem ums Prestige kämpften, flimmerte später bei jeder passenden und unpassenden Gelegenheit über die Bildschirme des DDR-Fernsehens, was Sparwasser zu Unrecht das Image eines „Hundertprozentigen" einbrachte. 1976 erreichte die Auswahl mit dem Gewinn der Goldmedaille beim Olympischen Fußballturnier ihren Zenit. Ähnlich hoch zu bewerten war der Erfolg des 1. FC Magdeburg, der 1974 mit einem 2:0 über den AC Mailand den einzigen Europapokalsieg der DDR-Historie feierte. Wenn es auch nur der relativ unbedeutende Pokalsiegerwettbewerb war, so deutete er an, dass die DDR Anschluss an die europäische Fußballelite gefunden hatte.

Das hatte zwei Gründe: Zum einen stand mit der Generation um Jürgen Sparwasser, den Ducke-Brüder, Torjäger Streich und Keeper Croy eine nie zuvor erlebte Auswahl talentierter Spieler zu Verfügung. Zum anderen genossen die Trainer relative Freiheiten. Nationalcoach Buschner beispielsweise behauptete später: „Ich habe mir nie in meine Arbeit reinreden lassen. Es hat sich überhaupt keiner getraut." Der „Graf", wie er intern genannt wurde, galt als „Alleinherrscher mit fast diktatorischen Zügen, der gnadenlos seine Linie durchsetzen konnte". Beim WM-Turnier in der Bundesrepublik fiel im Übrigen nicht nur das DDR-Kollektiv auf. Eine Hand voll ausgesuchter Kader war zur akustischen Unterstützung „in den Westen" mitgereist und verbreitete mit einigen schwarz-rot-goldenen Hammer-und-Zirkel-Fahnen sowie dem geradezu legendären Schlachtruf „7, 8, 9, 10, Klasse!" eine eigentümliche Stimmung.[27]

Bald darauf war der kurze Boom schon wieder beendet. Die Nationalelf scheiterte 1977 durch zwei Unentschieden gegen Österreich an der Qualifikation zur WM 1978 und versank wieder in der Bedeutungslosigkeit. 1981 sollte Nationaltrainer Buschner schließlich entnervt seinen Hut nehmen – er war müde von den ständigen Eingriffen und Veränderungen, die ihm die Arbeit immer wieder erschwert hatten. So hatte er mit der Auswahl beispielsweise regelmäßig zu sinnlosen Freundschaftsspielen antreten müssen, die weder in seine Planung noch in die der Klubs gepasst hatten.

1980 bis 1990: Erich-Mielke-Spielzeug macht Furore

Doch es gab auch Fußballfans in der Führungselite. Erich Mielke beispielsweise. Der Chef der Stasi pflegte ein extravagantes Hobby: Er wollte den Berliner Fußballclub Dynamo zur Nummer 1 in der DDR machen. „Den Spielern, Trainern und Funktionären des BFC Dynamo erwächst die besondere Verantwortung, als Berliner Fußballklub die Hauptstadt der Deutschen Demokratischen Republik in nationalen und internationalen Vergleichen würdig zu vertreten, als Fußballklub der Schutz- und Sicherheitsorgane durch hohe Leistungen und faires Auftreten das Vertrauensverhältnis zwischen den Werktätigen und den Schutz- und Sicherheitsorganen weiter zu festigen, als Fußballklub der Sportvereinigung Dynamo die traditionsreiche Entwicklung dieser großen Sportvereinigung im Deutschen Turn- und Sportbund der DDR wirksam zu unter-

Mit 229 Treffern war er der beste Stürmer der DDR-Oberliga: Joachim Streich, hier im Trikot des 1. FC Magdeburg in einem Spiel gegen Aue.

stützen", hatte Mielke dem BFC bei dessen Gründung anno 1966 mit auf den Weg gegeben.[28] Worte, die jedem Fußballfan zwischen Erzgebirge und Kap Arkona noch heute die Zornesröte ins Gesicht treiben dürften, denn Mielke setzte bei der Durchführung seines Vorhabens sämtliche Regeln sportlicher Fairness außer Kraft.

Möglich war dies durch die unverändert sensiblen Strukturen auf der Funktionärsebene, die geprägt waren von persönlichen Eitelkeiten und Animositäten. Die DDR war eben kein freiheitliches und demokratisches Land, wie sie sich selbst definierte, sondern ein totalitärer Staat, der von einer kleinen Clique Funktionären gelenkt wurde. Der Ministerrat hatte lediglich abzunicken, was das Politbüro und ZK der SED zuvor beschlossen hatten, und statt „sozialistischer Demokratie" war es eine „Diktatur der Parteibürokratie". So auch im Sport. Der Absolutheitsanspruch der Einheitspartei spiegelte sich dort durch ein intensives Zusammenspiel zwischen Sport, Partei und Ministerium für Staatssicherheit, kurz „MfS" bzw. „Stasi", wider. Personifiziert wurde diese Verbindung durch DTSB-Boss Manfred Ewald, Parteifunktionär Rudolf Hellmann (Abteilungsleiter Sport im ZK der SED) sowie Stasi-Chef Erich Mielke, der als Vorsitzender der Sportvereinigung Dynamo gleich eine Doppelrolle spielte. Mielke setzte seine Macht skrupellos ein und sorgte tatsächlich dafür, dass der BFC Dynamo binnen weniger Jahre zur unumstrittenen Nummer 1 im DDR-Fußball wurde. Dies geschah nicht nur durch eine Privilegierung der Dynamo-Sportler,[29] sondern zudem durch eine schon in den 1970er Jahren auffällige Beeinflussung von Schiedsrichtern sowie durch gezielte Schwächung der Konkurrenz durch Spielertransfers. Als pikanter Nebenschauplatz kommt hinzu, dass das persönliche Verhältnis zwischen Mielke und DTSB-Boss Ewald höchst gespannt war. Während Ewald ausschließlich auf Titel und Medaillen erpicht war und Fußball nur nachrangig betrachtete (1976 kommentierte er den Gewinn der Olympischen Goldmedaille durch die Fußballer mit den Worten, dass „22 Kader vonnöten waren, um der Statistik lediglich einmal Gold zuzufügen"), beschritt Mielke mit der SV Dynamo eigenständige Wege, die Ewald missfielen. Mielke betrachtete die Sportvereinigung Dynamo als „politisches Kampfinstrument der bewaffneten Organe", das in ausdrücklicher Konkurrenz zur Armeesportvereinigung Vorwärts und den Fußballclubs stand (obwohl der BFC Dynamo selbst ein Fußballklub war).

Es herrschte also die groteske Situation, dass mehr als 30 Jahre lang der Geheimdienstchef gleichzeitig einer der mächtigsten Sportfunktionäre des Landes war – nicht umsonst konnte Mielke sich den Luxus leisten, die kleinste Eishockeyliga der Welt zu betreiben: Auf seinen ausdrücklichen Wunsch hin spielten Dynamo Berlin und Dynamo Weißwasser über 20 Jahre lang alljährlich den DDR-Meister im Eishockey aus…

Mitte der 1970er Jahre blies Mielke zum Angriff auf die Fußball-Spitze. Als Dynamo Dresden 1977/78 den Titel gewann, verkündete er auf der Meisterfeier der SV Dynamo, die „falschen Dynamos" seien Meister geworden und stellte anschließend sicher, dass es fortan die richtigen wurden. Schon 1978/79 holten „seine" Weinroten erstmals den Titel und sollten fortan auch nicht mehr von Platz 1 zu verdrängen sein. Zehn Meisterschaften in Folge – das hatte Fußball-Europa noch nicht erlebt. Parallel dazu verschwand Dynamos Lokalrivale FC Vorwärts von der Bildfläche. 1971 war der beim Publikum durchaus beliebte Armeeklub durch Armeeminister Hoffmann von Berlin nach Frankfurt/Oder delegiert und damit an die Peripherie gedrängt worden. Wer hinter dem Vorgang stand, konnte nie geklärt werden. Einerseits hatte die Stadt Frankfurt mit Vergünstigungen gelockt, die der Berliner Magistrat (auf Weisung Mielkes) dem Verein nie zu geben bereit gewesen war, andererseits kursierten Gerüchte, Mielkes Einfluss reiche auch in das Armeeministerium. Die Folgen für die Gelb-Roten waren fatal. Kaum ein talentierter Spieler ließ sich in die triste Grenzstadt locken, und mit dem Aushängeschild der Nationalen Volksarmee ging es bald rasch bergab. 1978 stieg Vorwärts sogar aus der Oberliga ab und konnte sich nach seiner direkten Rückkehr nicht mehr in der Spitzengruppe etablieren.

Doch Mielke ging noch weiter in seinem systematischen Zerstörungswerk. Er unterwanderte den DFV und sorgte via Schiedsrichter-Boss Hans Einbeck dafür, dass wichtige BFC-Spiele vornehmlich von Unterparteiischen gepfiffen wurden, die wussten, wer zu gewinnen hattte. Einbeck war übrigens von 1980 bis 1986 BFC-Mitglied… „Da war die Linie besonders deutlich: Unbequeme Schiedsrichter wurden aus dem Verkehr gezogen", urteilte FIFA-Referee Günther Männig, selbst ein Betroffener: „Auf Geheiß unseres damaligen Vorsitzenden Fritz Köpke durfte ich ab 1976 bis zu meinem Abschied 1979 bei BFC-Spielen nicht mal mehr Linienrichter sein."[30] Vor allem FIFA-

Schiedsrichter wie Prokop, Stenzel, Scheurell, Roßner und Stumpf waren Mielkes Willkür ausgeliefert, da ihre internationale Karriere auf dem Spiel stand – der Weg auf die FIFA-Liste führte nur über die Reisegenehmigungen durch das MfS. Lediglich ein Armee-Offizier wie der Frankfurter Siegfried Kirschen konnte sich Mielkes Zugriff entziehen – pfiff dafür aber auf ausdrücklichen „Wunsch" der BFC-Verantwortlichen keine Spiele der Hohenschönhauser mehr. Journalisten, die die Missstände thematisierten, wurde vorgeworfen, sie wären ein Gegner der „Mannschaften der Schutzorgane", was sich fatal auf die weitere Karriereplanung auswirken konnte.

Am Anfang war der BFC ein ganz normaler Klub und erfreute sich durchaus eines respektablen Zuspruchs beim Publikum. 1978/79 begrüßte man in Meisterjahr 1 noch durchschnittlich 14.923 Besucher pro Spiel. 1987/88, in Meisterjahr 10, war der Schnitt auf offiziell 8.792 gesunken – und wie viele davon „Karteileichen" bzw. dienstverpflichtete Stasi-Mitarbeiter waren, wird wohl nie geklärt werden. Auch sportlich hatten die ab 1977 unter Jungtrainer Jürgen Bogs (seinerzeit erst 30 Jahre alt) auf die Erfolgsspur einbiegenden Weinroten anfangs zunächst tatsächlich das Zeug zum Meister. Eine kampfstarke Abwehr und ein überragendes Mittelfeld waren das Beste, was die DDR in den Jahren 1978 bis 1983 zu bieten hatte. Akteure wie Frank Terletzki, Libero Trieloff oder Torhüter Bodo Rudwaleit avancierten zu Stammspielern im Nationalteam. Nationaltrainer Buschner bezeichnete den BFC-Erfolg als „ein Produkt von Planung, Strategie und Taktik". Doch schon bald war es mit der Idylle in Hohenschönhausen vorbei. „Die Stasi hat sich hier eine Position nach der anderen erschlichen", klagte Herbert Schoen, Ex-Nationalspieler und Jugendtrainer beim BFC. „Aber wir selbst haben uns nie als Klub der Stasi gefühlt. Wir haben unsere Jungen nicht in der Liebe zur Stasi erzogen. Die große Mehrheit in diesem Klub ist charakterlich wie moralisch sauber geblieben und kann jedem in die Augen blicken."[31]

Die Fans sahen das anders. Bei Europapokalspielen gegen namhafte Westklubs bekam man plötzlich keine Karten mehr, und der Jahnsportpark war gefüllt mit systemtreuen Stasi-Mitarbeitern. Die geschilderten Unregelmäßigkeiten bei den Unparteiischen sowie dubiose Transfers ließen den BFC bald in den Ruf eines „Stasi-Klubs" kommen, und die Zuschauerzahlen gingen kontinuierlich zurück. Europapokal-Heimspiele zeichneten sich bald durch Friedhof-Stimmung aus, bei Auswärtsspielen in der Oberliga schlug den Berlinern blanker Hass entgegen. „Natürlich war Dynamo verhasst ohne Ende. Der Boss war nun mal Stasi-Chef Mielke, und der hat sich um vieles gekümmert in diesem Verein", erinnerte sich BFC-Spieler Andreas Thom 1999 in einem Interview mit dem „Tagesspiegel".

Erst als der Leipziger Karl Zimmermann 1983 Generalsekretär des DFV wurde, änderte sich etwas. Unter ihm ging ein zwar langsamer, dafür aber kontinuierlicher Reinigungsprozess über die Bühne, der den Einfluss des MfS und der SV Dynamo spürbar minderte. Plötzlich durfte auch in den Medien Klartext gesprochen werden, und Schiedsrichter, denen die Umstellung auf die neue Linie schwer fiel, erging es schlecht. Als der Jenenser FIFA-Referee Bernd Stumpf am 22. März 1986 beim BFC-Spiel gegen

Lok Leipzig zunächst Lok-Spieler Matthias Liebers vom Platz stellte, dann ohne Grund nachspielen ließ und in der 95. Minute schließlich auch noch einen zum BFC-Sieg führenden umstrittenen Elfmeter gab, der dem BFC vor Lok zum Meister machte, war nicht nur seine Karriere beendet. Rudi Glöckner löste Hans Einbeck als Schiedsrichterobmann ab, womit die Bevorteilungen für den BFC deutlich abnahmen. „Ich hatte vom ersten Tag an starken Rückhalt vom damaligen neu bestallten DFV-Generalsekretär Karl Zimmermann, der das ganze BFC-Theater nicht länger ertragen konnte. Und von da an pfiffen nicht mehr jede Woche Stumpf, Henning, Stenzel oder Prokop den BFC, sondern andere, wie beispielsweise auch Kischen. (…) Die große Schieberei war zumindest vorbei", erinnerte sich Glöckner später.[32]

Sportlich blieb Dynamo auch ohne Schiedsrichterunterstützung zunächst top. Die Konkurrenz aus Dresden, Magdeburg und Jena war zu schwach und hatte angesichts der Aussichtslosigkeit der vorangegangenen Jahre den Ehrgeiz verloren. Erst 1989 gelang es Dynamo Dresden, den BFC vom Meisterthron zu stoßen. Mit einem Start-Ziel-Sieg – zuvor nicht einmal vom BFC erreicht! – sicherten sich die Schwarz-Gelben die letzte Meisterschaft unter „normalen" DDR-Verhältnissen. Die meisten Siege, das effektivste Angriffsspiel (61 Treffer, nur einmal ohne Torerfolg) und auf hohem Unterhaltungswert stehender Fußball begeisterten die Fans in der gesamten Republik.

Beim Stichwort Erich Mielke kommt man natürlich nicht an den Aktivitäten der Stasi im Fußball vorbei. Aus Furcht vor der Republikflucht von prominenten Kadern

Lutz Eigendorf (rechts) vom Serienmeister BFC Dynamo setzte sich nach Westdeutschland ab und starb unter mysteriösen Umständen.

des Landes, zu denen die Spitzenfußballer zählten, war Fußball frühzeitig ins Visier des MfS geraten.[33] Es existierte ein ausgeklügeltes System von so genannten „IM" (Inoffiziellen Mitarbeitern), in dem Spieler, Trainer, Betreuer und Fans gleichermaßen für Spionage- und Spitzeltätigkeiten missbraucht wurden. Die Betroffenen standen dabei vor der schweren Wahl, entweder weiter im Spitzenfußball spielen zu können (und Geld zu verdienen), oder via NVA zu einem unbedeutenden Bezirksligaklub abkommandiert zu werden und damit die eigene Karriere aufs Äußerste zu gefährden. Vor allem junge Spieler waren ein leichtes Opfer für die MfS, wenngleich es auch Akteure gab (Gerd Kische, Jürgen Sparwasser), die sich weigerten, mit der Stasi zusammenzuarbeiten und trotzdem weiter Leistungsfußball boten.[34]

Internationale Spiele waren ein weiteres Kapitel für sich. Sportler wurden als „Diplomaten im Trainingsanzug" betrachtet, die die Aufgabe hatten, der DDR durch sportliche Erfolge politisch vorenthaltenes internationales Prestige zu sichern. Das führte zum einen zu einem enormen Leistungsdruck (und, wie inzwischen belegt, zum Einsatz von Dopingmitteln), zum anderen zu einem immensen moralischen Druck. Der DDR-Sportler musste Vorbild sein – und wirkte vor allem bei Spielen im Ausland völlig gehemmt. Es gab für alles Verhaltensregeln, kein Schritt konnte in Freiheit unternommen werden, alles wurde von Spitzeln überwacht. In einem Interview mit der „Sächsischen Zeitung" resümierte Eduard Geyer, letzter Nationaltrainer der DDR und nach der Wende einer der wenigen DDR-Trainer, der in der Bundesliga Fuß fasste: Die Erziehung sozialistischer Fußballer-Persönlichkeiten „zielte auf eine regelrechte Unmündigkeit des Kickers, die selbst Antwortmuster bei Interviews vorgab. Über Geld, Gehälter und Siegprämien wurde jahrelang geflissentlich geschwiegen."[35] Versagten die Bemühungen der SED und des MfS, Spieler, Trainer und Fans gegen westliche Einflüsse abzuschotten, oder kam es sogar zur Republikflucht, ging man mit aller Härte vor. Die „Sportverräter" Jürgen Pahl und Norbert Nachtweih beispielsweise, 1976 während der Nachwuchs-EM in der Türkei geflohen, wurden anschließend jahrelang bespitzelt. Jörg Berger behauptet bis heute, die Stasi habe ihm die Gesundheit ruiniert, und Lutz Eigendorf starb am 5. März 1983 nach einem dubiosen Autounfall an einem Braunschweiger Straßenbaum. Bis heute steht die Stasi in Verdacht, für seinen Tod verantwortlich zu sein. Für die drei Dresdner Weber, Kotte und Müller war das Thema Spitzensport nach ihrem vereitelten Fluchtversuch 1981 derweil für immer erledigt. Kottes Kopf wurde sogar vom Mannschaftsfoto der BSG Fortschritt Neustadt wegretuschiert, nachdem die Sachsen mit ihm den Sprung in die Bezirksliga geschafft hatten.

Immerhin: Die ab 1980 erfolgten vorsichtigen Reformen im DDR-Fußball[36] brachten den Spielern einen gewissen Freiraum. Klaus Havenstein beispielsweise, in den 1980er Jahren erfolgreicher Torjäger bei Chemie Böhlen, blieb trotz zahlreicher Angebote seinem kleinen Fahrstuhlklub treu und ließ sich auch nicht delegierten. Er bezahlte diese Freiheit allerdings mit einer Nichtberücksichtigung in das Nationalteam. Bernd Wunderlich gelang es 1986, entgegen des ausdrücklichen Verbandswunsches vom Armeeklub FC Vorwärts Frankfurt zur BSG KKW Greifswald zu wechseln und damit von der Oberliga in die Liga abzusteigen. In Greifswald gab es mehr zu verdienten als an der Oder. Sein Fall ist kein Einzelfall. Weil Clubs wie Betriebssportgemeinschaften über ihren jeweiligen Trägerbetrieb selbst bestimmten, was gezahlt werden sollte, fand sich manch guter Fußballer bei einem Bezirksligisten (3. Liga) wieder – weil die entsprechende Betriebssportgemeinschaft zahlungskräftiger bzw. der Trägerbetrieb ehrgeiziger war. Das Prinzip Angebot und Nachfrage funktionierte eben auch in der DDR.

Die Oberliga rutschte derweil in die Krise. Der fehlende Wettkampf und öde Saisonverlauf durch die fragwürdige Dominanz des BFC Dynamo veranlasste viele Fans, sich frustriert abzuwenden. 1985/86 unterschritt man erstmals in der Geschichte die magische 10.000-Zuschauer-Grenze und kam nur noch auf 9.411. Kleinere Erfolge wie das Ereichen des Europapokals der Pokalsieger durch Carl Zeiss Jena 1981 (1:2 gegen Dynamo Tiflis) oder Lok Leipzig 1987 (0:1 gegen Ajax Amsterdam) konnten nicht darüber hinwegtäuschen, dass der DDR-Fußball im europäischen Vergleich wieder in der Zweitklassigkeit angekommen war und erneut mit Ländern wie Island, Wales und Finnland auf einer Stufe stand. Parallel dazu machte sich ein beachtliches Hooligan-Problem breit, das bis Anfang der 1980er Jahre fast ausschließlich auf den Großraum Berlin beschränkt blieb, ehe es sich allmählich republikweit ausbreitete. Zur Unterbindung der „negativ-dekadenten Fußballfans" schritt selbst das MfS ein – wie beispielsweise anlässlich des FDGB-Pokalendspiels zwischen dem BFC Dynamo und Dynamo Dresden am 8. Juni 1986. Seinerzeit hieß es in dem „Maßnahmeplan zur politisch-operativen Sicherung", der Schwerpunkt läge in der „vorbeugenden Verhinderung aller feindlich-negativen Aktivitäten, die das sportliche Anliegen des Spiels, die Mannschaften selbst oder die Trägerorganisationen SV Dynamo diskriminieren" könnten. Zur Realisierung dieser Ziele wurde die Anreise einschlägig bekannter Rowdys durch das MfS verhindert.

Auch als Staat rutschte die DDR in den 1980er Jahren in die Krise. Hoffnungsvolle Veränderungen im Osten wurden in der DDR ignoriert. Weder die Ereignisse um die Gewerkschaftsbewegung Solidarnosć in der Volksrepublik Polen noch die neue Kreml-Politik unter Michael Gorbatschow (Perestroika und Glasnost) lösten in der DDR Nachdenklichkeiten aus. „Den Sozialismus in seinem Lauf / halten weder Ochs noch Esel auf", behauptete Erich Honecker steif und fest. „Das SED-System züchtete Untertanengeist, Kadavergehorsam, Anpassung und falsche Harmoniesucht. Und die Stasi wachte darüber, dass niemand aus der Reihe tanzte. Technisch wurden diese Kontrollen immer besser und politisch immer unwirksamer", konstatierte beispielsweise der Berliner „Tagesspiegel" 1998. Am Ende entledigten sich die Bürger bekanntermaßen selbst ihrer Führung.

Als Dynamo Dresden 1989/90 seinen Titel verteidigte und sich zudem das Double sicherte, war das Schicksal der DDR – und damit auch des DFV bzw. der Oberliga – bereits besiegelt. Die Spielzeit 1990/91 begann noch unter Hammer und Zirkel, wurde nach Beitritt der neu geschaffenen Länder zur Bundesrepublik Deutschland zur „Nordostdeutscher Fußball-Verband Oberliga" und fand mit Hansa Rostock ein Team, das nie zuvor Landesmeister geworden war und nun als Oberliga-Meister in die Bundesliga aufrückte. Schon während der Sommerpause 1990 schwappte die erste große Welle Ostkicker in den Westen. Rainer Ernst, Thomas Doll, Frank Rohde, Ulf Kirsten, Matthias Sammer, Uwe Weidemann u. a. verdienten plötzlich im Westen ihr Geld. Doch nicht nur in der Bundesliga erhöhte sich der Ostfaktor – bis hinunter in die Verbands- und Landesligen stockten sportlich bedürftige Teams ihre Kader mit Fußballern aus dem Osten auf. 1991 verpflichtete beispielsweise der niedersächsische Viertligist SVG Aurich auf einen Schlag gleich neun Spieler aus der ehemaligen DDR und stellte die Saison unter das Motto „Nicht kleckern, sondern klotzen". Auch wirtschaftlich sahen die Westklubs rasch neue Möglichkeiten. Schon frühzeitig ging beispielsweise der FC Bayern auf Fan-Rekrutierungstour in den Osten. Per Zeitungsanzeigen warben die Münchner im November 1989 um Fans und wiesen darauf hin, dass beim Heimspiel gegen Borussia Mönchengladbach der Eintritt für DDR-Fans frei sei. Beim letzten Heimspiel vor der Winterpause (4:1 gegen den KSC, am selben Tag debütierte Andreas Thom im Dress von Bayer Leverkusen) empfing man fast 10.000 DDR-Fans, verteilte 15.000 Wunderkerzen und drückte jedem „Ossi" eine Tüte mit Lebkuchen und Mandarinen in die Hand. Dazu gab es zwei Gutscheine für Getränke, und das Eintrittsgeld hatte in Ostmark entrichtet werden können. Die Bayern waren damit einmal mehr der Konkurrenz voraus und legten die Grundlage für ihre heute beachtliche ostdeutsche Fanbasis, während anderenorts noch gegrübelt wurde, wo Orte wie Grimma, Neustrelitz oder Sömmerda wohl liegen könnten.

Matthias Sammer wurde 1990 mit Dynamo Dresden Pokalsieger.

Das Ende der DDR war auf fußballerischer Bühne mit einem pikanten Knall verbunden. Am 2. Februar 1990 wurde die DDR bei der Gruppenauslosung für die Qualifikation zur EM 1992 der Bundesrepublik zugelost. Das zweite Pflichtspielderby schien unvermeidbar, wenngleich „Bild" sofort entrüstet von einem Spiel „wir gegen uns" sprach und befand „So ein Quatsch!" Tatsächlich kam das Spiel nie zustande. Die DDR endete vor dem anberaumten Spieltermin am 21. November 1990 auf dem Friedhof der Nationen, und das daraufhin geplante Freundschaftsspiel fiel drohenden Ausschreitungen von Fußball-Hooligans zum Opfer. Am 21. November 1990 um exakt 11 Uhr 42 trat der Nordostdeutsche Fußballverband als Regionalverband dem DFB bei. Eine Ära war beendet.

Rudi Völler, Andreas Brehme und Jürgen Klinsmann feiern den Gewinn des WM-Titels am 8. Juli 1990 in Rom.

1989 bis 2003

Boomtown Bundesliga

1989/90: Die Mauer fällt

Über die weitere Zukunft des deutschen Fußballs wurde im Moskauer Kreml entschieden. Michael Gorbatschows Aufbruchpolitik weichte den „Eisernen Vorhang" auf, ermöglichte die faszinierenden „Montagsdemos" in Leipzig und bot Bundeskanzler Helmut Kohl die Gelegenheit, sich mit der so genannten „Wiedervereinigung" in die deutsche Geschichte einzutragen. In den turbulenten Monaten zwischen dem 9. November 1989 (Tag der Maueröffnung) und dem 3. Oktober 1990 (Tag des Beitritts der ehemaligen DDR zur Bundesrepublik) ging auch im Fußball alles drunter und drüber. Die eigentlich geplante Reduzierung der beiden Bundesligen auf jeweils 16 Mannschaften wurde sofort ausgesetzt – man wollte zunächst abwarten, was in Sachen DDR passiert. Erstes hoffnungsvolles Zeichen war das Aufeinandertreffen der beiden Pokalsieger Borussia Dortmund und BFC Dynamo Berlin gewesen. Im August 1989 hatte sich der West-Pokalsieger mit 4:0 gegen den Ostrivalen durchgesetzt – allerdings vor lediglich einer Hand voll Fans im beschaulichen Lünen. Rund zehn Monate später feierte das wiedervereinigte deutsche Volk bei der WM in Italien mit einem 1:0-Endspielsieg über Argentinien dann vorzeitig seinen ersten „gemeinsamen" Titel. Teamchef Franz Beckenbauer verabschiedete sich mit den ebenso legendären wie für Nachfolger Berti Vogts schweren Worten: „Wir sind die Nummer 1 in der Welt. Aber die Auswahl wird noch größer, noch kompakter durch die ostdeutschen Spieler. Wir sind über Jahre nicht mehr zu besiegen. Es tut mir Leid für den Rest der Welt, aber es ist so."

Der Alltag der Bundesliga geriet angesichts der historischen Ereignisse ein wenig in den Hintergrund. Geprägt war die Saison 1989/90 von der laut Uli Hoeneß „besten Bayern-Mannschaft, die wir je hatten". Den Unterschied zur Erfolgself der 1970er Jahre sah der Bayern-Manager darin, dass es „damals nur acht, neun herausragende Spieler gab, während es nun 15, 16 sind". Bayerns Stärke war in der Tat das breit gefächerte Kollektiv, dem Kräfte wie Raimond Aumann, Hans Pflügler, Manfred Schwabl und Hans-Dieter Flick angehörten. Trotz enormen Verletzungspechs – Mannschaftsarzt Dr. Müller-Wohlfahrt kam im Saisonverlauf auf 14 Operationen! – blieben die Bayern nach der Winterpause 13 Spiele in Folge ungeschlagen und konnten sich vor allem auf ihre stabile Abwehr verlassen, die

Deutscher Meister 1990: FC Bayern München

Mannschaft der Stunde ■ Borussia Mönchengladbach

Da ging sie hin, die letzte Idylle der Bundesliga. Am 21. November 1989 griffen die Gesetze des Marktes auch im bislang so widerspenstigen Mönchengladbach, wo Trainer Wolf Werner wegen Erfolglosigkeit vor die Tür gesetzt wurde. Nicht nur, dass erstmals seit dem Bundesligaaufstieg anno 1965 die Rote Laterne des Tabellenletzten den altehrwürdigen Bökelberg ausleuchtete – der einst so ruhmreiche VfL Borussia hatte sich mit einem peinlichen 0:1 beim Oberligisten Kickers Offenbach auch noch vorzeitig aus dem Pokal verabschiedet. Die erste Trainerentlassung in 24 Jahren Gladbacher Bundesligazugehörigkeit löste eine regelrechte Welle aus, in deren Folge Ende März 1990 schließlich sogar das über 22 Jahre höchst erfolgreiche Gladbacher Führungsgremium um Manager Grashoff und Schatzmeister Gerhards auseinander brach. Nach einer erbitterten Schlammschlacht, bei der Grashoff seinem Schatzmeister die Quittung für vorausgegangene kritische Töne erteilte, wurde Gerhards durch Rolf Rüssmann ersetzt. In Mönchengladbach war anschließend nichts mehr, wie es einmal war, und auch das Stühlerücken ging unvermindert weiter. Am 15. Januar 1991 zog sich Grashoff zurück, 1992 räumte Präsident Dr. Beyer seinen Stuhl und Gladbach erwarb sich das Label einer Skandalnudel. Vom Bruch, Gelsdorf, Bongartz, Meier, Rausch – plötzlich wurde der Bökelberg sogar zum Trainer-Schleudersessel, tobten auf der Führungsetage erbitterte Grabenkämpfe, rutschte der VfL Borussia sogar in die Zweitklassigkeit ab.

lediglich 28 Gegentore zuließ. Herausforderer 1. FC Köln beispielsweise, dessen Trainer Daum unverändert als „Lautsprecher" aufgetreten war, hatte bereits am 23. August 1989 eine bittere 1:5-Niederlage im Münchner Olympiastadion einstecken müssen. Am Saisonende durfte Bayern-Präsident Scherer unwidersprochen sinnieren: „Für mich war es sehr spannend, mit wie vielen Punkten Vorsprung der FC Bayern in diesem Jahr Deutscher Meister werden würde." Es waren deren sechs.

Wenngleich selbst Uli Hoeneß eine gewisse Langeweile befiel („Am Ende wurde es uns zu leicht gemacht, weil die Konkurrenz viel zu früh aufgesteckt hat.") wuchs im Hintergrund bereits ein neuer Kontrahent heran: Borussia Dortmund. 1989 als DFB-Pokalsieger auf die internationale Bühne zurückgekehrt, verbuchten die Schwarz-Gelben mit 12.000 Dauerkarten einen neuen Vereinsrekord, freuten sich über einen Zuschauerschnitt von 34.800 und investierten die Überschüsse in neue Spieler. Für den Ex-Kölner Flemming Povlsen beispielsweise gaben sie die Rekordsumme von 4,1 Mio. DM aus. Die Investition rentierte sich. Der BVB sicherte sich als Bundesligavierter einen Startplatz im UEFA-Cup, in dem er sich in der Folgesaison mit Fernsehgeldern die Taschen weiter vollstopfen sollte. Damit war die Grundlage für den späteren Aufstieg gelegt.

Ebenfalls kräftig investiert hatte Bayer Leverkusen. Am 16. Dezember 1989 schrieb der Chemieklub sogar Bundesligageschichte, als er mit Andreas Thom den ersten „legal" in die Bundesliga gewechselten DDR-Nationalspieler einsetzte. Zwar waren auch zuvor schon ehemalige DDR-Spieler zum Einsatz gekommen (Eigendorf, Pahl, Nachtweih u. a.), doch bei ihnen hatte es sich um Flüchtlinge gehandelt. Thom hingegen war für 4,8 Mio. DM von BFC Dynamo Berlin gekommen.[1]

1990/91: Das Ende der Krise

Wie aus heiterem Himmel war die Krise, die die Bundesliga seit Mitte der 1980er Jahre in Atem gehalten hatte, wieder vorbei. Keine Spur mehr von Lustlosigkeit bei den Fans, die plötzlich wieder in die Stadien strömten und zudem jede Menge Geld in den Fanshops ließen. Mit 6,4 Mio. Zuschauern erreichte das Oberhaus wieder den Stand von 1980/81. Als wäre nie etwas gewesen, war die Bundesliga wieder Deutschlands liebstes Kind, zogen die Medien mit, dominierte der Saisonverlauf den Alltag vieler Fans. Was war passiert?

Einiges! Die wesentlichste Ursache für die rasche Erholung war zweifelsohne der ebenso überzeugende wie erfolgreiche Auftritt der Nationalmannschaft bei der WM 1990, durch den die Lust am Fußball frisch geschürt wurde. Da sich zeitgleich der Tennis-Boom um Boris Becker und Steffi Graf seinem Ende näherte, waren auch entsprechende Medienkapazitäten für den Fußball frei.[2] Dann stand die Vereinigung mit der DDR vor der Tür, die sich in der Bundesliga durch erwartungsvolle Spannung äußerte. Wer würde mit den ehemaligen DDR-Klubs demnächst im Ober- bzw. Unterhaus spielen? Schließlich lieferte die Bundesliga mit einer packenden Spannung, einem turbulenten Auf und Ab sowie steigendem Niveau selbst einen Beitrag zum Boom. Es überragten nicht wie gewöhnlich die Bayern, während die 17 anderen Klubs mitspielten – plötzlich machten sich gleich vier/fünf Teams ernsthafte Titelhoffnungen. Das elektrisierte die Fans, das puschte die Medien und sorgte für jene Spannung, die man für Zuschauerrekorde braucht. Ähnliches geschah im Mittelfeld, wo der Kampf um die lukrativen UEFA-Cup-Plätze für Spannung sorgte.

Die neue Begeisterung spülte enorme Summen ins Oberhaus, zumal der europäische Fußball inzwischen vermarktungstechnisch geradezu ein Schlaraffenland war. Die miteinander konkurrierenden TV-Sender – gleich, ob privat oder öffentlich-rechtlich – überboten sich in Offerten für die Direktübertragung von Fußballspielen[3], und so flimmerten selbst Begegnungen wie 1. FC Köln gegen Inter Bratislava zur besten Sendezeit live in die Wohnstuben – ein paar Jahre zuvor hätten die Fans das Ergebnis noch mühsam per Videotext eruieren müssen. Aus dem „Patienten Bundesliga" wurde durch die explosionsartig ansteigenden TV-Gelder (1987/88: 18 Mio., 1988/89: 40 Mio., 1989/90: 45 Mio., 1990/91: 50 Mio. DM) plötzlich ein regelrechter Strahlemann. Bayern-Manager Hoeneß sah das Ende der Entwicklung noch lange nicht erreicht und meinte: „In den nächsten fünf bis maximal zehn Jahren werden wir auf 200 Millionen Mark pro Saison kommen, da bin ich mir ganz sicher. Die italienischen Vereine bekommen jetzt schon 185 Millionen Mark pro Spieljahr, und dass sie mehr als die deutschen bekommen, ist überhaupt nicht einzusehen."[4] Laut Hoeneß würde davon die gesamte Bundesliga profitieren, denn „der VfL Bochum könnte mit dem auf ihn entfallenden Anteil schon weitgehend seinen Etat decken". Was der Bayern-Manager allerdings übersah, war das Phänomen, dass mit steigenden TV-Geldern auch eine Erhöhung der Spielerentlohnungen einherging und die armen Klubs auch weiterhin die „Armen" blieben

– selbst wenn sie mehr Geld umsetzten als je zuvor. Einzige wirkliche Chance für einen Klub wie den VfL Bochum war der Europapokal, dessen zusätzliche Einnahmen ihm eine reelle Chance für den Sprung ins finanzielle Mittelfeld garantierten.

Im neuen Fußball-Boom hatte sich auch bei Vereinen, Städten und Kommunen (endlich) die Überzeugung durchgesetzt, dass an den Zuständen in den Stadien dringend etwas getan werden müsste. Angesichts der neuen, durch die massive TV-Präsenz angelockten Klientel, war dies geradezu unvermeidlich. Heruntergekommene und demolierte Toiletten, fettige und ungenießbare Bratwurst als krönendes kulinarisches Angebot, sowie zugige Stehplätze, von denen alle Fans, die nicht über das Gardemaß von 1,80 m verfügten, kaum sehen konnten, waren nicht mehr zeitgemäß. Der moderne Zuschauer wollte ein Minimum an Komfort. Verstärkt von Katastrophen wie die von Heysel, Bradford und Hillsborough[5] machte sich zudem die Erkenntnis breit, es müsse dringend etwas für die Sicherheit in den Stadien getan werden. Am 26. Juli 1989 hatte die FIFA ein Verbot von Stehplätzen bei internationalen Spielen angeordnet, das bereits für die 21. März 1992 beginnende Qualifikationsrunde zur WM 1994 wirksam wurde. Der DFB nahm den Ball aus Zürich sofort auf und entschied, Länderspiele künftig nur noch in Arenen auszutragen, in denen das Sitzplatzangebot groß genug war. Frankfurt, Nürnberg, Stuttgart und Hannover, die für 1990 bzw. 1991 bereits Länderspielverträge mit dem DFB abgeschlossen hatten, mussten sich verpflichten, ihren Anteil aus der Bandenwerbung (rund 650.000 DM) zweckgebunden zur entsprechenden Umrüstung der Stadion auszugeben.[6]

Damit glaubte man auch der Gewalttäter Herr zu werden – sitzende Fans neigen nach Ansicht der FIFA weniger zur Gewalt und sind außerdem besser unter Kontrolle zu halten. Tatsächlich gelang es, die Gewalt weitestgehend aus den Stadien zu verbannen, doch der Preis war hoch: Zum einen wurden die Gewalttäter lediglich aus dem Stadion gedrängt und terrorisierten die Fans nun auf den An- und Abmarschwegen, zum anderen gingen die Veränderungen zu Lasten des traditionellen Fußballpublikums – also ausgerechnet jener Fans, die auch in bittersten Krisenzeiten in die Stadien gepilgert waren. Viele konnten sich das Vergnügen eines Bundesligaspiels nun nicht mehr leisten, da mit der Versitzplatzung zwangsläufig eine spürbare Erhöhung der Eintrittspreise gekoppelt war. Im Auswärtsblock des Dortmunder Westfalenstadions konnte man beispielsweise nicht mehr wie gewohnt für knapp 10 Mark einen Stehplatz beziehen, sondern war gezwungen, 50 DM für einen Sitzplatz auszugeben.

Abgesehen davon, dass die Versitzplatzung das Fassungsvermögen der Arenen deutlich verringerte, hatte dies in Teilbereichen einen regelrechten Publikumsaustausch zur Folge. Es wurde „schick", ins Stadion zu pilgern – nicht nur wegen des Spiels an sich, sondern auch wegen des prickelnden Ambientes, das man vom Schalensitz aus ungestört genießen konnte. Die Dortmunder Südtribüne (BVB-Seite) beispielsweise wurde plötzlich zum Bestandteil des „Theaters Westfalenstadion" und galt als einer der Gründe, warum viele Neufans die Spiele der Borussia überhaupt besuchten. Für die alteingesessenen Fans hieß das, sie bezahlten (mehr als zuvor), um als Teil der Show vermarktet zu

Alter Ruhm und neue Fans: Der Traditionsverein 1. FC Kaiserslautern wurde 1990 Pokalsieger und 1991 Deutscher Meister.

werden. Die „Event"-Atmosphäre wurde weiter ausgestylt. Wo früher ein paar Popsongs via Lautsprecher in die Atmosphäre geschickt wurden, donnerten nun tiefe Bässe (und unterbanden die Kreativität der Fans allein durch ihre Lautstärke). Der Stadionsprecher saß nicht mehr in einer Kabine auf Höhe der Mittellinie, sondern stolzierte auf dem Spielfeld herum und inszenierte mit zirkusreifen Ansagen „Stimmung". Bei der Bekanntgabe der Aufstellungen wurden nur noch Rückennummer und Vorname genannt – der Nachname kam vom Fanblock. Halbzeitergebnisse, der Spielstand, das Eckenverhältnis – alles, was über den Äther ging, wurde von irgendeiner „Firma xyz" präsentiert. Über die Bundesliga brach eine gnadenlose Vermarktungswelle ein.

Yuppies tauchten auf den Ehrentribünen und in den neu geschaffenen „VIP-Räumen" auf. Geschäftsleute luden Geschäftspartner zum Spiel ein und vereinbarten zwischen Toren und Kaviarschnitten Millionengeschäfte. Fußball war plötzlich „hip". Das wiederum lockte weitere „Neufans" an, was dazu führte, dass erstmals in der Geschichte des Fußballs in Deutschland auf den Tribünen so etwas wie ein repräsentativer Durchschnitt der Gesellschaft anzutreffen war. Selbst Frauen fanden plötzlich in bemerkenswerter Zahl den Weg in die Stadien, die sie aufgrund der aggressiven Stimmung jahrzehntelang gemieden hatten. Erstmals konnte man also wirklich von einem „Volkssport“ sprechen. Dass Fußball damit allerdings auch in die Fänge der überall grassierenden „Spaßgesellschaft“ geriet, ist eine andere Sache. Den „alten Fans“ blieb jedenfalls nur das Staunen. Ein paar Jahre zuvor noch mehr oder minder belächelt, weil sie noch immer in die Stadien gingen, wurden sie nun an den Rand gedrängt, und immer mehr Stadionbereiche gerieten zur Tabuzone. Stadionnahe Parkplätze wurden zu „VIP-Zonen“, die in die Haupttribüne integrierte und jahrzehntelang jedermann offene Vereinskneipe zur „geschlossenen Gesellschaft“, die Trainingsplätze eingezäunt.

Im gleichen Maß, wie die Fußballwelt sich veränderte, vergrößerte sich der Abstand zwischen den Fans und den Vereinen bzw. Spielern. Der Entfremdungsprozess wurde verstärkt, weil zeitgleich die Verweildauer eines Akteurs bei einem Verein deutlich sank. Die „Identifikation“ der Spieler mit ihrem Klub erfolgte hauptsächlich über jenen Betrag, den der Klub für die fußballerischen Dienstleistungen zu zahlen bereit war. Dadurch stieg die Wechselhäufigkeit, und nicht selten wurde ein Kader zum Saisonende in wesentlichen Teilen ausgetauscht. Der Fan hingegen blieb und hatte fortan alljährlich eine Menge neuer Namen zu lernen. Die Entwicklung wurde freilich keineswegs unumwunden bedauert. Große Teile des „neuen“ Publikums forderten sogar einen derartigen Wandel zur „Show“ und erwarteten von ihren Klubs, dass sie Jahr für Jahr neue Stars aus dem Ärmel schüttelten. Für sie war gerade die wachsende Distanz zwischen Fans und Spielern ein reizvoller Bestandteil der Entwicklung – je „größer“ der Star, umso größer fiel ihre Bewunderung aus, und dazu ist Distanz zwingend notwendig.

Dass selbst Yuppies sich für Fußballstars begeisterten, hing auch mit einer neuen Spielergeneration zusammen. Der Medienrummel und die Millionengagen machten eine Profikarriere inzwischen auch für Nachwuchskicker attraktiv, die aus besser gestellten Familien kamen[7] und eine höhere Schulbildung absolviert hatten. Jupp Heynckes befand seinerzeit: „Unverändert ist in unserer Konsumgesellschaft zwar, dass die jungen Spieler sehr früh alle Wünsche erfüllt bekommen. Aber wir haben jetzt doch wieder eine Generation ungemein ehrgeiziger Spieler. Da ist nichts mehr von null Bock zu spüren. Die Jungen arbeiten hart an sich, sie sind dabei vielleicht etwas lockerer, setzen sich nicht so unter Erfolgsdruck, wie es früher bei uns der Fall war, und das ist sicherlich positiv. Die Spieler hoffen auf den sozialen Aufstieg durch den Spitzenfußball. Da trifft man auf viel Statusdenken. Das ist schon eine wichtige Antriebsfeder für ihren Ehrgeiz. Es lockt sie, dass sie als Bundesligaspieler einmal sagen können: Ich bin wer.“[8]

Auch das Spiel hatte sich verändert. Heynckes: „Physisch sind unsere Spieler gewissermaßen ausgereizt. Kondition, Konstitution, Zweikampf-Verhalten – da ist keine wesentliche Steigerung mehr drin. Also mussten wir, wenn es noch Fortschritte geben sollte, wieder mehr auf das spielerische Element achten, mehr den Spieler statt den Renner fördern. (...) Wir Trainer haben umgedacht und in den letzten zwei, drei Jahren in dieser Hinsicht eine Menge erreicht. Wir wissen, dass erfolgreicher Fußball allein nicht mehr ausreicht, sondern dass auch guter Fußball geboten werden muss. Erlebnis-Fußball ist das, was wir für die Zukunft brauchen, wenn wir das Publikum voll und ganz zufriedenstellen wollen.“[9]

Währenddessen boomte der Fanartikel-Markt, neudeutsch „Merchandising“, wie nie zuvor. Wo es in den 1970er Jahren noch zwei verschiedene Wimpel, einen in den Vereinsfarben gehaltenen schlichten Polyacrylschal, Fahnen in drei verschiedenen Größen, ein paar Aufnäher sowie Anstecknadeln mit Vereinswappen gegeben hatte, mussten jetzt bereits Kataloge herausgegeben werden, um den Überblick zu behalten. Bettwäsche, Handtücher, Zahnputzbecher, Einkaufstaschen – der Ideen waren viele, und ebenso viele Fans gab es, die alles kauften, wo das Wappen ihres Lieblingsklubs drauf klebte. Die Bundesliga unternahm dadurch eine deutliche Annäherung zur Popmusik, wo das Konzert ebenfalls nur ein Bestandteil einer groß angelegten Vermarktungsstrategie war. Dazu passt, dass die Bundesliga popstarähnliche Typen bekam. Akteure wie Thomas Berthold, Souleyman Sane oder Maurizio Gaudino fanden auch Beachtung durch Blätter wie „Bravo“ und wurden zu „Idolen“ vermarktet. Selbst alte Haudegen wie Karl-Heinz Körbel avancierten plötzlich zu gefeierten Legenden.

Bei aller notwendigen Kritik an der Entwicklung: Der Wandel tat der Bundesliga grundsätzlich gut. Sie stand vor den besten Jahren ihrer über 40-jährigen Geschichte. Die Versitzplatzung erhöhte trotz zurückgehender Stadionkapazitäten die Einnahmen der Klubs, da der einzelne Zuschauer im Schnitt deutlich mehr zahlte. Die TV-Dauerberieselung sorgte dafür, dass sich immer mehr Menschen im vereinten Deutschland für die Bundesliga interessierten und Fußball dauerhaft zum „Volkssport“ wurde. Der erweiterte Fanartikel-Markt half bei der Verbreitung von marktunterstützenden Insignien der Klubs, und das zusätzlich eingenommene Geld half nicht nur, den Exodus nach Italien zu stoppen, sondern ließ die Bundesliga sogar zunehmend attraktiv für Kräfte aus dem Ausland werden. Sogar Brasilianer waren inzwischen im Oberhaus aktiv – Jorginho und Tita in Leverkusen, Nando beim HSV und Leonardo Manzi bei St. Pauli.

Deutscher Meister 1991: 1. FC Kaiserslautern

Sportlich wirkte sich der Wandel in einer seit den 1960er Jahren nicht mehr erlebten Vielfalt aus. Die Hälfte der Bundesligisten konnte plötzlich Meister werden. 1990/91 machten sich mit Kaiserslautern, den unvermeidlichen Bayern, Werder Bremen, Eintracht Frankfurt, dem Hamburger SV und dem VfB Stuttgart gleich sechs Teams ernsthaft Titelhoffnungen. Dadurch kam es zu einer Vielzahl von Spitzenspielen, deren Wirkung von der massiven Präsenz der Medien verstärkt wurde. Die Spielzeit war die Erste seit mehr als zehn Jahren, deren Ereignisse die meisten Menschen in Deutschland – egal, ob Fußballfan oder nicht – auf irgendeine Art mitbekamen.

Das lag auch am Meister, der völlig überraschend 1. FC Kaiserslautern hieß und ein Sympathieträger ohnegleichen war. Nach dem entscheidenden 6:2-Sieg in Köln spielten sich ergreifende Szenen ab. Altmeister Fritz Walter hatte dicke Tränen der Freude in den Augen, als er „seine“ Mannschaft herzte. Die Pfalz war so rot wie nie zuvor, und in der gesamten Bundesrepublik standen sie ergriffen vor den Fernsehern und fühlten mit dem „kleinen FCK“. Der hatte sich den überraschenden Titelgewinn (FCK-Trainer Feldkamp vor der Saison zum Saisonziel: „Irgendwo um Position 8/9“) mit uralten

Spieler der Stunde ■ Karl-Heinz Körbel

602 Spiele – Karl-Heinz „Charly" Körbel war ein echter Dauerbrenner mit Treuegarantie. Körbel begann 1972 bei Eintracht Frankfurt seine Bundesligakarriere und beendete sie 1991 auch bei den Hessen. Das dürfte ein Rekord für die Ewigkeit gewesen sein, denn, wie Körbel selbst anmerkte: „Ich glaube nicht, dass in diesen Zeiten, in denen die Hektik, der Druck, die Verletzungsanfälligkeit immer größer geworden ist, ein anderer Spieler den Erfolg gefährden kann." Mit Körbel verließ zudem ein Vertreter der eher bescheidenen Sorte das Oberhaus. Ganze sechs Länderspiele stehen zu Buche („Ich habe nie genau erfahren, warum ich aus der Nationalmannschaft geflogen bin"), in der Bundesliga zählte der „Treue Charly" stets zu den Unauffälligen, und mit Erfolgen ist seine Laufbahn auch nicht gerade gespickt. „1980 Gewinn des UEFA-Pokals mit Eintracht Frankfurt", lautet der erste und einzige Eintrag in den Körbel'schen Erfolgsannalen, die ansonsten geprägt sind von „verhindertem Abstieg" und „Mittelfeld der Bundesliga". Geradezu spektakulär war derweil sein Abgang, der gar keiner war. Weil Körbel wegen der vierten gelben Karte pausieren musste, fiel sein 603. Einsatz aus, und der Frankfurter saß beim 4:0 gegen Stuttgart auf der Bank. Körbel blieb der Eintracht auch nach seiner Karriere treu, stieg mit ihr in die 2. Liga ab, übernahm kurzzeitig den VfB Lübeck (ebenfalls Abstieg) und verdingt sich nun als Jugendscout seine Sporen.

Tugenden gesichert. „Unbedingter Wille, beispielhafte Berufsauffassung und vorbildliche Einstellung", attestierte der „Kicker" der Elf aus der kleinsten Bundesligastadt. Damit waren die Lauterer freilich ein Anachronismus zum Wandel der Bundesliga, denn sie strahlten nicht nur Spielfreude, Kameradschaft und Teamgeist aus, sondern vor allem Ehrlichkeit. Und genau das machte auch ihren hohen Beliebtheitsfaktor aus.

Abseits der Bundesliga war der Aufschwung ebenfalls spürbar. Die 2. Bundesliga florierte, was allerdings vornehmlich am mitreißenden Aufschwung des FC Schalke 04 lag. Zwei Jahre zuvor noch vor dem finanziellen Aus und dem unvorstellbaren Abstieg in Liga 3 stehend, hatte sich der Altmeister unter Neumanager Rudi Assauer, der das Tollhaus Schalke mit rigiden Mitteln in den Griff bekam, erholt und verbuchte einen Zuschauerschnitt von fast 30.000. Nachbar Rot-Weiß Essen, ein ähnliches „Tollhaus" und wie der FC Schalke 04 mit einem gewaltigen Zuschauerpotenzial ausgestattet, marschierte derweil in Liga 3, weil ihm der DFB die Lizenz verweigerte.

In den Amateurligen ging das langsame Sterben unterdessen unbeeindruckt weiter. Die acht Staffeln erwiesen sich zunehmend als untragbar, da sie auf der einen Seite einen leistungsfähigen und finanzstarken Drittligafußball verhinderten, und auf der anderen Seite finanziell und sportlich völlig überforderte Vereine ins Rampenlicht rückten. Viele Klubs zahlten die Zeche mit einem sportlichen und finanziellen Debakel, von dem sie sich nie wieder erholen sollten. Doch auch jene Teams, die angemessen zu wirtschaften und sportlich mitzuhalten verstanden, saßen in der Klemme. Für sie gab es nur ein Ziel: Aufstieg in die 2. Bundesliga. Dazu musste man jedoch nicht nur die

Oberligameisterschaft gewinnen, sondern auch die anschließende Aufstiegsrunde bestehen. Eine Angelegenheit mit hohem Risiko, und so war es kein Wunder, dass manch ehrgeiziger Plan scheiterte und größere Investitionen in spielstarkes Fachpersonal abgeschrieben werden mussten, weil der Aufstieg verfehlt worden war. Bei ehemaligen Bundesligaprofis waren die Amateurligen freilich als „Nettoligen" durchaus beliebt – in Hoisdorf, Edenkoben, Pforzheim oder Unterhaching konnte man bisweilen besser verdienen als bei so manchem Zweitligisten. Noch zogen auch die Fans mit, wenngleich selbst die Spitzenklubs nur noch auf durchschnittliche Zuschauerzahlen zwischen 1.000 und 3.000 kamen. Angesichts einer wachsenden Zahl von live übertragenen Bundesliga- bzw. Europacupspielen deutete sich jedoch unübersehbar an, dass die Oberligen zu den Problemkindern der Zukunft werden und die Opfer des Fernsehbooms werden sollten. Vereinzelt waren bereits Forderungen nach einer „3. Liga" auf Profibasis zu hören.

1991/92: Vereinte Bundesliga

Der Aufschwung der Eliteliga setzte sich 1991/92 ungebremst fort. Mit 8,6 Mio. Zuschauern wurde ein neuer Bundesligarekord aufgestellt, der allerdings relativiert werden muss, da dem Oberhaus nach der Vereinigung ausnahmsweise 20 Mannschaften angehörten. Durchschnittlich hatten den 380 Spielen 22.634 Fans beigewohnt – der beste Schnitt seit 1979/80.

Es war die erste gesamtdeutsche Bundesligaspielzeit. Hansa Rostock und Dynamo Dresden waren mittels eines abenteuerlichen Schlüssels auserkoren worden, die ehemalige DDR in der Bundesliga zu repräsentierten. Sie taten dies mit viel Verve und Leidenschaft, spürten aber zugleich die wirtschaftlichen Probleme im Osten am Portmonee: Dresden begrüßte im Schnitt immerhin 21.417 Fans, Rostock nur 11.541. Sportlich überraschte vor allem Hansa Rostock. Schon die Qualifikation der zu DDR-Zeiten stets unauffälligen Mecklenburger war eine Überraschung gewesen. Unter „Wessi"-Trainer Uwe Reinders schien die Hansa-Kogge ihren Aufschwung in der Bundesliga fortzusetzen. Als sie am dritten Spieltag nach einem 5:1 gegen Borussia Dortmund sogar die Tabellenführung übernahm, fragte „Bild" ungläubig: „Kann Rostock Meister werden?" Doch in der Rückrunde mussten die Ostseestädter den Tribut für ihren faszinierenden Durchmarsch zahlen. Interne Probleme, Ärger um Trainer Reinders, der mit zahlreichen Nebenverträgen die unruhigen wirtschaftlichen Zeiten in der ehemaligen DDR für sich ausnutzte, sowie eine völlig zerstrittene Erfolgself führten zum Sturz in den Tabellenkeller. Am Ende fehlte ein Zähler zum Klassenerhalt, wobei dem FC Hansa am letzten, dramatischen Spieltag immerhin noch die Rolle als „Meistermacher" blieb. Hansas 2:1-Sieg über Tabellenführer Eintracht Frankfurt machte den Weg frei für Überraschungsmeister VfB Stuttgart, der zeitgleich in Leverkusen gewann. Titelaspirant Nummer 3 war Borussia Dortmund gewesen, dessen 1:0-Sieg bei Absteiger Duisburg durch Stuttgarts Sieg wertlos war.

Deutscher Meister 1992: VfB Stuttgart

DFB und DFV wiedervereint: Die Präsidenten Moldenhauer und Neuberger mit dem deutschen Einheitssymbol.

Die Vereinigung ■ 1+1 = 2+6?

Ähnlich wie auf politischer und gesellschaftlicher Ebene gestaltete sich auch im Fußball die Vereinigung zwischen Bundesrepublik und DDR als ein mit Tücken versehenes Unternehmen. Und ähnlich wie in vielen anderen Bereichen blieb von dem, was die einstige DDR einbrachte, nicht viel übrig. Völlig unumstritten war, dass die beiden Bundesligen keineswegs verändert werden sollten, sondern lediglich einige DDR-Vereine hinzukommen und sich dem bundesrepublikanischen Spielsystem unterzuordnen hätten. Offen war, neben administrativen Problemen wie Stadionsicherheit, Lizenzierungsverfahren etc., lediglich die Frage, wie viele Klubs in den Genuss der Aufnahme in die beiden Profiligen kommen sollten. Am 19. Juli 1990 einigten sich DFB und DFV schließlich auf die Formel „2 plus 6", womit zwei Klubs (Dynamo Dresden und Hansa Rostock) in die 1. und sechs weitere in die 2. Bundesliga einzogen (VfB Leipzig, Rot-Weiß Erfurt, Carl Zeiss Jena, Stahl Brandenburg, Chemnitzer FC und Hallescher FC). Die beiden Spielklassen wurden aus diesem Grund auf 20 (1. Liga) bzw. 24 Plätze erweitert, um den (west-)deutschen Klubs keine Nachteile zukommen zu lassen.

Alle übrigen 39 ehemaligen DDR-Erst- und Zweitligisten hingegen verschwanden mit dem 1. August 1991 unwiderruflich im Amateurfußball. Nicht einmal jene 14 Klubs, die 1990/91 in der letzten Spielzeit der DDR-Oberliga teilnahmen (die immerhin vier Qualifikanten für den Europapokal stellte!) fanden also Gnade bzw. einen Platz im Profifußball. Für die betroffenen Klubs war das ein hartes Brot. Statt Erstligaspiele vor mehreren zehntausend Zuschauern zu bestreiten, mussten renommierte Klubs wie Sachsen Leipzig (Ex-BSG Chemie), FC Berlin (Ex-Serienmeister BFC Dynamo) oder der 1. FC Magdeburg plötzlich in Provinzstädten wie Prenzlau, Zeulenroda oder Borna auftreten. Frank Rost, später beim SV Werder Bremen aktiv, konstatierte: „Nach der Wende wurde erst einmal viel platt gemacht und schlecht geredet. Damals machte sich schon eine gewisse Siegermentalität breit."

Inzwischen kämpfen viele ehemalige Vorzeigeklubs wie BFC Dynamo, Magdeburg, Lok Leipzig und Jena um das finanzielle Überleben. Eine fatale Melange aus dem Fehlen qualifizierter Fachleute, dem Auftauchen zwielichtiger Gestalten (die noch dazu aus dem Westen kamen) sowie personellem Ausbluten ließ sie an den Anforderungen des „kapitalistischen" Profifußballs scheitern.

Es war die spannendste Saison seit vielen Jahren. Dortmund mit dem weitgehend unbekannten Neutrainer Hitzfeld und eher namenlosen Neuzugängen (von Absteiger Uerdingen beispielsweise war der Schweizer Stéphane Chapuisat gekommen) brillierte vor allem in der Rückrunde und erfreute nebenbei die Kassierer, weil die Schwarz-Gelben von einer gewaltigen Fanschar begleitet wurden. Mit den Hitzfeld-Schützlingen entstand ein neuer Publikumsliebling, dem bundesweit der Titelgewinn gegönnt wurde. Dem tatsächlichen Meister VfB Stuttgart hingegen lagen die Fans deutlich weniger zu Füßen. Im Vergleich zum frischen BVB-Stil war das Schwaben-Spiel unter Lautsprecher Christoph Daum zu bieder. Akteure wie Guido Buchwald und die Förster-Brüder erinnerten an die Bescheidenheit der 1980er Jahre, und lediglich die Mittelfeldstrategen Gaudino und Sammer versprühten etwas von jenem Glanz, den die „neue" Bundesliga umgab.

Bayern München verlebte derweil eine desaströse Spielzeit und verpasste mit Rang 10 erstmals seit 1978 wieder die internationalen Fleischtöpfe. Bitterste Stunde war der 22. Oktober 1991, als die Bayern im UEFA-Cup mit 2:6 vom dänischen Durchschnittsklub B03 Kopenhagen demontiert wurden, nachdem sie zuvor mit viel Mühe Irlands Vertreter Cork City ausgeschaltet hatten. Im DFB-Pokal scheiterten die Münchner auf eigenem Platz am Zweitligisten FC Homburg. Das Management des Rekordmeisters reagierte mit den marktüblichen Mechanismen: Für Trainer Jupp Heynckes kam Søren Lerby, dessen Amtszeit nach nur fünf Monaten aber schon wieder endete. Nachfolger Erich Ribbeck gelang es dann immerhin, die völlig zerstrittene Elf aus dem bereits drohenden Abstiegskampf zu reißen. Die entscheidende Maßname war allerdings ein Wechsel an der Führungsspitze. Mit Franz Beckenbauer und Karl-Heinz Rummenigge übernahmen zwei ehemalige Spieler die Vizepräsidentenpositionen und leiteten damit eine Palastrevolution ein, die den FC Bayern wieder auf die Erfolgsspur bringen sollte.

Auch an der DFB-Spitze gab es einen Wechsel. Hermann Neuberger verließ nach der Vereinigung zwischen DFB und DFV der DDR die Kommandobrücke und übergab dem Rheinländer Egidius Braun die Führung. Unter dem langjährigen Schatzmeister und bekennenden Katholiken entwickelte der DFB zahlreiche soziale Aktivitäten, wurde aber zugleich von den Entwicklungen im modernen Fußball der Ellenbogengesellschaft überrollt. „Pater Braun", wie er liebevoll genannt wurde, war ein vehementer Verfechter der „Kleinen" und setzte sich stark für den Amateurfußball ein. Dinge wie Pay-TV waren dem Aachener, der stets mit gewissem Stolz auf seinen Spesensatz von 20 DM hinwies, ebenso fremd wie das neue Credo der „Gewinn-Maximierung". „Nicht für eine Milliarde Mark werde ich zulassen, dass den Fußballfans ihre Nationalelf verschlüsselt wird. Das wird es unter mir nicht geben", verkündete er beispielsweise, als Ideen aufkamen, die Länderspiele im Bezahlsender Premiere auszustrahlen. Auch den Loslösungsbestrebungen der Profiklubs vom DFB stand er ablehnend gegenüber und verwies auf das Solidarprinzip im deutschen Fußball.

Vehement mahnte Braun eine Rückkehr zu den ursprünglichen Werten des Fußballs an. „Weil Schalke 04 nicht mit Mannesmann und Bayern München nicht mit der Siemens AG zu vergleichen sind, weil zudem der Fußball kein Produkt ist wie Aspirin oder Kühlschränke, sind es Wirtschaftsunternehmen sui generis – mit einem ganz speziellen Status. Deren Ziel darf es nicht sein, das Betriebsvermögen zu erhöhen und den Gewinn von Aktionären zu steigern. Das wäre die totale Kommerzialisierung um jeden und für jeden Preis, wogegen ich mich energisch wehre. Der Sport muss auch beim Übertritt ins nächste Jahrtausend das große, übergeordnete Leitmotiv unserer Bundesliga sein, die Priorität muss die sportliche Tabelle bleiben, nicht die aktuelle Kassenlage."[10]

Die Realität sah freilich anders aus. Nachdem der Bundesgerichtshof zwischenzeitlich die Zentralvermarktung für die Heimspiele der deutschen Mannschaften im Europapokal durch den DFB verboten hatte[11], entging die Bundesliga nur mit viel Glück einem ähnlichen Schicksal. Braun zeigte sich zutiefst erleichtert darüber: „Mit Blick auf die Bundesliga konnten wir jedoch den Beweis antreten, dass der Punktspielbetrieb sich eben nicht vergleichen lässt mit den Vorgängen aus der Industrie, wo zwischen Soll und Haben keine übergeordneten Ziele gefragt sind, dass vielmehr gerade die Bundesliga auch Gelder abgibt für den Amateur- und Junioren-Fußball."[12]

Doch die neuen TV-Zeiten gingen auch am DFB nicht vorbei. Der neue starke Mann hieß Leo Kirch, kam aus München und war TV-Rechtehändler. Kirch hatte 1991 die Vermarktungsagentur ISPR ins Leben gerufen, die sich mit Beginn der Spielzeit 1992/93 für rund 140 Mio. DM die Übertragungsrechte an der Fußball-Bundesliga sicherte. Die daraufhin eingerichtete Sportshow mit dem Namen „ran" revolutionierte die Fußball-Berichterstattung. Völlig neue technische Standards mit Superzeitlupe, Computeranimationen und Kamerapositionen in bisweilen abenteuerlichen Blickwinkeln wie vom Torpfosten aus schufen eine neue Betrachtungsperspektive. Zu Entertainern mutierte Kommentatoren, die sich schleichend zu mitunter etwas nervtötenden Selbstdarstellern entwickelten, schufen derweil verbale Novitäten. Aus sachlichen Übertragungen wurden bombastische Inszenierungen. Garniert wurde das ganze mit Zahlen aus der schier unerschöpflichen „ran-Datenbank", über deren inhaltliche Aussagekraft mitunter gestritten werden konnte. Für die altehrwürdige „Sportschau" kam nun das endgültige Aus – sie war vom aktuellen Fußball („frischer Fußball", wie es bei ran stets hieß), abgeschnitten und musste sich mit Konserven begnügen. Folge war ein rapider Rückgang der Zuschauerzahlen.

Über die Folgen äußerte sich selbst ein Fernsehmann wie Marcel Reif eher skeptisch. „Niemand will die Uhr zurückdrehen. Aber ich erinnere mich gerne an die Anfangsjahre der Bundesliga, die ich in Kaiserslautern miterlebt habe. Bis 1988 genehmigte der DFB in der Regel nur drei Spielzusammenfassungen in der Samstags-Sportschau. Ich habe kaum eine Partie auf dem Betzenberg verpasst, für den jungen Fußball-Fan waren das Lebensfixpunkte. Aber geadelt und zum echten Ereignis wurden sie erst durchs Fernsehen. Heute werden vor dem Stadion ganze Wagenburgen eingerichtet, in denen elektronisch aufgezeichnet, geschnitten, kommentiert und von denen aus auch gesendet wird. Damals freuten wir uns über den einen Ü-Wagen, der das Funkfeld aufbaute zum jeweiligen Sender, oder über die Motorradkuriere, die das meist mit drei bis

Fans spielten eine wichtige Rolle im neuen Boom – als Akteure, die auf den Rängen für Stimmung sorgten und damit das entsprechende Ambiente lieferten.

vier Filmkameras aufgenommene Material („... tut mir leid, das zweite Tor hab' ich nicht, ich hab' gerade die Kassette gewechselt...“) unentwickelt schnellstmöglich in die jeweiligen Fernsehanstalt transportieren mussten. Durch die bloße TV-Anwesenheit bekam das Spiel eine andere, besondere Qualität: ‚Wir sind heute im Fernsehen!‘“[13]

Ergänzt wurde das neue TV-Angebot vom ebenfalls in Kirch-Besitz befindlichen Pay-TV-Sender Premiere, der im Februar 1991 auf Sendung ging und für dessen Empfang ein Decoder notwendig war. Premiere-Paradeprodukt war neben Kinofilmen die Übertragung von Bundesligaspielen, was den Absatz der im Fachhandel erhältlichen Empfangsgeräte beschleunigen sollte. Jeden Samstag wurde von nun an das „Topspiel der Woche“ live und in voller Länge gezeigt – im Gegensatz zu Sat.1 werbefrei. Premiere war dieses Angebot immerhin 25 Mio. DM Lizenzgebühr wert. Das Konzept ging allerdings nicht auf. Während die Zahl der Decorderkäufer weit unter den Erwartungen blieb, entwickelte sich um den Fußball plötzlich eine neue Form von Gemeinschaftsgefühl: Man ging in eine mit Premiere ausgestattete Kneipe und schaute das Spiel dort mit Gleichgesinnten, wobei auch das eine oder andere Bierchen verdrückt werden konnte. Mitunter entwickelte sich in den Gaststätten eine Atmosphäre, wie man sie zuletzt in den 1950er Jahren in den Stadien nicht mehr erlebt hatten.

1992/93: Die Millionen-Liga

Im Jahr zwei der vereinten Bundesliga wurde aus dem Boom ein „Hype“. Die Transfersummen überschlugen sich plötzlich – Bayern gab alleine 22 Mio. DM für neues Personal aus (Jorginho, Helmer, Schupp und Scholl, später zudem Matthäus) –, die Zuschauer strömten in immer größerer Zahl in die Stadien (Schnitt: 25.881), und das Fernsehen übertrug alles, was es bekommen konnte. Spiele von Borussia Dortmund im UEFA-Cup beispielsweise. Selbst die Erstrundenpartie gegen den maltesischen Klub Floriana FC ging in voller Länge über die Bildschirme, obwohl damit nur die wirklich „beinharten“ Fans vor den Bildschirm zu locken waren. Für den BVB sollte sich die TV-Dauerpräsenz freilich auszahlen, zumal die Westfalen auch noch von einer einzigartigen Konstellation profitierten: Für die Saison 1992/93 war aufgrund der erwähnten Bundesgerichtshofentscheidung bezüglich der Zentralvermarktung nämlich ein einzigartiger TV-Kontrakt ausgehandelt worden. Danach flossen sämtliche TV-Gelder für die am UEFA-Cup beteiligten Teams in einen Pool, aus dem alle noch im Wettbewerb befindlichen Mannschaften bezahlt wurden. Da der BVB ab März 1993 der einzige deutsche UEFA-Cup-Überlebende war, konnte er sich am Ende insgesamt 25 Mio. DM gutschreiben lassen. Einerseits waren die zusätzlichen TV-Einnahmen natürlich im Tagesgeschäft höchst hilfreich und legten den Grundstein dafür, dass der BVB aus Italien Nationalspieler wie Möller, Sammer, Riedle und Reuter zurückholen konnte. Andererseits verhalf die ständige TV-Präsenz den Schwarz-Gelben wie einst in den 1960er Jahren dem FC Bayern zum Aufbau einer bundesweiten Fanschar, deren Bindung mit einem zunehmend dicker werdenden Fanartikel-Katalog sowie einem bundesweit im Zeitschriftenhandel erhältlichen Monatsmagazin („Borussia Aktuell“) vertieft wurde.

Freilich sorgte die Elf um Publikumsliebling Stéphane Chapuisat mit diversen mitreißenden Begegnungen (gegen Celtic Glasgow, Real Saragossa, AS Rom und AJ Auxerre) auch bei den Experten für Verzückung. Obwohl der BVB im Finale gegen Juventus Turin sportlich chancenlos war, erreichte er im Frühjahr 1993 den Zenit seiner Beliebtheit im deutschen Fußball, und es gab bundesweit wohl kaum jemanden, der den Schwarz-Gelben nicht auch den Meistertitel gegönnt hätte.

Deutscher Meister 1993: SV Werder Bremen

Der aber ging an Werder Bremen, ebenfalls ein Klub, der sich großer Beliebtheit erfreute. Otto Rehhagel hatte ein neues Team aufgebaut, das vom Österreicher Andreas Herzog angeführt wurde und den lange Zeit drohenden Durchmarsch der Bayern im letzten Moment stoppte. 32 Spieltage lang hatten die Bayern auf Platz 1 gestanden, als der SV Werder mit einem 5:0 gegen den HSV die Pole-Position übernahm, da die Bayern zeitgleich in Gelsenkirchen nicht über ein 3:3 hinaus kamen. Ein 3:0 in Stuttgart machte Werders dritten Titelgewinn nach 1965 und 1988 schließlich perfekt. Bayerns neuer Boss Franz Beckenbauer tobte ob des späten Verlustes der schon sicher geglaubten Meisterschaft in seiner ihm eigenen aufbrausenden Art und lästerte: „Vom Namen her haben wir eine Weltauswahl.“ Manager-Kollege Willi Lemke von Werder Bremen frohlockte derweil: „Wir haben die Bayern in sportlicher Hinsicht überholt, Dortmund in finanzieller", und erklärte die Ära der „Bayern gegen den Rest der Liga" für beendet. Er sollte sich täuschen…

1993/94: Bayern is back

Im Mai 1994 konnte Franz Beckenbauer erstmals seit vier Jahren wieder die Meisterschale in die Hände nehmen – für die erfolgsverwöhnten Münchner eine ungewöhnliche lange Wartezeit. Und beinahe hätte es auch 1993/94 wieder nicht geklappt, denn den schönsten Fußball spielte eindeutig Eintracht Frankfurt. Unter Neutrainer Klaus Toppmöller verzauberten die Hessen selbst jene Fans, die nicht mit ihnen sympathisierten, und schenkten der Bundesliga mit ihrem kongenialen Trio Yeboah-Bein-Gaudino echte Sternstunden. Nach einer fulminanten Hinrunde geriet die Eintracht in der zweiten Saisonhälfte jedoch in eine Krise, in deren Folge zunächst Trainer Toppmöller und schließlich auch noch Torhüter Stein entlassen wurden. Am Ende wurde die Eintracht nur Fünfter, und der Weg für den FC Bayern war frei.

Weitaus bedeutsamer als der 13. Meistertitel war für den Branchenführer jedoch der enorme Zuschauerschnitt von 48.878, der einen neuen Bundesligarekord darstellte. Schon in der Vorsaison hatten die Bayern mit 46.000 Zuschauern eine Steigerung von 12.000 Zuschauern gegenüber der Spielzeit 1991/92 verbuchen können. Das plötzliche Interesse der Fans war Resultat der „neuen Bayern", die unter Franz Beckenbauer so schillernd und stargespickt wie nie zuvor waren. Vor allem die Rückkehr von Lothar Matthäus hatte die Fans mobilisiert. Bayern-Manager Hoeneß kündigte derweil an, dass man sich künftig an Mailand orientieren würde und die Rückkehr in die europäische Spitzenklasse anstrebe.

Deutscher Meister 1994: FC Bayern München

Bayer Leverkusen hatte währenddessen die Konsequenzen aus seinem trotz aller Bemühungen unveränderten „Graue-Maus"-Image gezogen und ebenfalls auf dem Transfermarkt zugeschlagen. Mit Bernd Schuster wurde ein Weltstar in die kleine Industriestadt am Rhein geholt. Der eigensinnige Schuster zählte in den 1980er Jahren zu den wenigen wirklich begnadeten Fußballern in Deutschland, kam in der Nationalelf aber kaum zum Zuge, da er sich erst mit Mitspieler Breitner und später mit Teamchef Beckenbauer nicht verstand. Ruhm und Meisterehren holte er sich vor allem in Spanien, zunächst beim FC Barcelona und später bei Real Madrid. Die Verpflichtung des „blonden Engels", auf und neben dem Spielfeld bekanntermaßen alles andere als ein Engel, war ein perfekt durchgeplanter PR-Gag von Bayer-Manager Reiner Calmund, der seinem Verein damit den lange vermissten Glamour verschaffen wollte. Calmunds Konzept ging auf, wenngleich Schuster ein brodelnder Vulkan war und mit ständigen Eskapaden die Nerven der Bayer-Veranwortlichen gehörig strapazierte.[14]

Überraschungsteam der Saison war der Sport-Club Freiburg, der sich mit einem fulminanten Schlussspurt gegenüber dem 1. FC Nürnberg den nicht mehr für möglich gehaltenen Klassenerhalt sicherte. Das ungewöhnliche Konzept gepflegter Nachwuchs-

Mann der Stunde ■ Franz Beckenbauer

Franz Beckenbauer dürfte unbestritten der einflussreichste Akteur der Bundesligageschichte sein. Seine sportlichen Meriten sind zahlreich, seine spielkulturellen Beiträge enorm und sein Einfluss auf den Bundesligafußball der 1970er Jahre kaum abzuschätzen. Darüber hinaus verdiente sich der „Kaiser" aber auch im außersportlichen Bereich Meriten, von denen unzählige Bundesligaprofis profitierten. Sein frühes Engagement in Sachen Werbung, die von ihm aufgenommene Schallplatte und schließlich als Höhepunkt der (allerdings gefloppte) Film „Libero" machten ihn zu mehr als einem Fußballspieler. Sein wirtschaftliches Geschick und seine Fähigkeit, im Dickicht der Verbandsverflechtungen immer mit sauberer Weste dazustehen, verließen den Münchner auch nach Abschluss seiner sportlichen Laufbahn nicht. Es scheint, als würde alles, was Beckenbauer beginnt, auch mit Erfolg enden. Er übernahm den FC Bayern 1993 als Trainer – und holte die Meisterschaft bzw. den UEFA-Cup. Er übernahm die Nationalelf – und wurde mit ihr 1990 Weltmeister. Er wurde 1994 Präsident des FC Bayern – und der Klub boomte wie nie zuvor. Er engagierte sich für die WM 2006 in Deutschland – und holte das Turnier ins Land. Beinahe noch markanter ist Beckenbauers Fähigkeit, die durchaus zahlreichen Fettnäpfchen auf seinen Wegen aufzusuchen – und doch unbeschadet wieder zu verlassen. Ob merkwürdige Liebesaffären oder verbale Fehlgriffe – dem eleganten Kaiser wird alles verziehen.

arbeit, offensiven Kombinationsfußballs sowie Gelassenheit – trotz Abstiegsgefahr geriet Trainer Volker Finke zu keiner Saisonphase in die Diskussion – erfreute die Fans in der gesamten Republik, für die die Breisgauer ein Hoffnungsschimmer in der Geldspirale Bundesliga waren. „Ich schäme mich nicht für einen Idealismus, den man sich bewahren sollte, auch wenn die Szene völlig abgezockt ist", gab Finke deren Hoffnungen neue Nahrung. Spätestens als die Nobodys aus Freiburg den späteren Meister Bayern zu Beginn der Rückrunde mit 3:1 vom Platz gefegt hatten, gehörten ihnen die Sympathien in Fußball-Deutschland. Ein Jahr später sollten sie diese Tat gar mit einem 5:1 toppen – so hoch hatten die Bayern seit 16 Jahren nicht mehr verloren, und Kaiser Franz vermutete, als er die Hiobsbotschaft hörte, fassungslos einen „Übermittlungsfehler".

Der plötzliche Fußballboom veränderte auch den internationalen Fußball. Mit der „Champions League" nahm 1993/94 ein Produkt seinen Spielbetrieb auf, das mit der ursprünglichen Idee eines Europapokals der Landesmeister nicht mehr viel gemein hatte. Während die (wirtschaftlich) unattraktiven Vertreter kleinerer Länder sich in einer lange Qualifikationsrunde gegenseitig ausschalten mussten, durften sich die Großen angesichts des auf Gruppenbasis ausgetragenen Wettbewerbes über eine deutlich höhere finanzielle Planungssicherheit freuen. Die Schere zwischen „Groß" und „Klein" ging dadurch immer weiter auseinander. DFB-Präsident Egidius Braun hatte schon 1988 gemahnt: „Propagiert wird diese Idee von Geldgebern aus dem Hintergrund, denen wohl ein Franchise-System nach dem Vorbild der amerikanischen Profi-Sportarten vorschwebt. Eine Art geschlossene Gesellschaft, die sich nicht Jahr für Jahr aufgrund sportlicher Kriterien qualifizieren muss, sich vielmehr rekrutiert über einen klangvollen Namen und eine aktuell günstige Finanzstärke. Aus meiner Einstellung zu diesen Plänen mache ich keinen Hehl: Hier geht es in meinen Augen um die totale Kommerzialisierung, treten sportliche Motive völlig in den Hintergrund, weshalb ich auch eine ablehnende Haltung einnehme."[15]

Doch die Entwicklung konnte auch Braun nicht aufhalten, zumal neben der Bundesliga, deren Klubs inzwischen mit Geld geradezu um sich schmeißen konnten, auch die 2. Liga ihren Anteil abbekam. Vom Kirch-Sender DSF entdeckt, wuchs die Popularität des jahrzehntelangen „Armenhauses" rasch an. Die dadurch steigenden TV-Gelder sicherten auch die finanziellen Abenteuer der Klubs besser ab. Zum Verdruss der Fans hatte dies allerdings eine völlige Zerstückelung des Spielplans zur Folge. Vor allem das auf Montagabend verlegte „Topspiel" sorgte für Ärger, da es für die Fans der Gästemannschaften aus Zeitgründen kaum zu erreichen war. Als am 18. Oktober 1993 mit der Partie FC St. Pauli gegen VfL Bochum erstmals in der Profifußballgeschichte am Montagabend um Punkte gekickt wurde, protestierten St. Pauli-Fans unter dem Motto „Montags könnt ich kotzen" ebenso kreativ wie vergeblich gegen die Neuerung.

Ungebremst in Richtung „Pleiteliga" marschierten derweil die Amateur-Oberligen, von denen es seit der Vereinigung zehn Staffeln gab. Konkurse, Rückzüge und Fusionen waren dort inzwischen an der Tagesordnung. Überhöhte Aufwandsentschädigungen für die Aktiven und eine durch kein Lizenzierungsverfahren kontrollierte Verschuldungspolitik bei gleichzeitig kontinuierlich sinkendem Zuschauerschnitt (Zahlen von unter tausend waren inzwischen die Regel) ließen sämtliche Warnlampen aufleuchten. Wie 1963 bei Einführung der Bundesliga und 1974 bzw. 1980 bei Einführung oder Reformierung der 2. Bundesliga hieß das Zauberwort auch diesmal „Reduzierung". Auf Empfehlung einer eigens eingesetzten Sonderkommission sollte die Zahl der Drittligisten von rund 180 auf etwa 80 gesenkt und Vertragsamateure-Ligen geschaffen werden, die spätestens im Sommer 1994 ihren Spielbetrieb aufnehmen sollten. Das radikalste Modell sah nur noch drei Staffeln vor: Nord/Nordwest, West/Südwest und Süd. Problematisch war der Umstand, dass der DFB 1990 bei der Vereinigung einen direkten Aufsteiger in die 2. Liga versprochen hatte, der freilich nur bei einer reinen Nordost-Staffel gewährleistet sein würde. Dennoch fand das Drei-Staffel-Modell auf dem Bundestag eine Mehrheit, und nachdem am 29. Mai 1994 auch der DFB-Beirat seine Zustimmung gab, schien alles geklärt zu sein.

Doch es gab vehemente Proteste. Aus dem Osten beispielsweise, wegen der besagten Aufstiegsgarantie. Darüber hinaus mokierten sich viele Klubs über das Verfahren, mit dem der DFB die künftigen Drittligisten auswählen wollte. Der Fußballbund ging dabei nach dem Proporz vor und argumentierte, dass 36% aller dem DFB gemeldeten Seniorenmannschaften im Bereich der geplanten Regionalliga Süd beheimatet seien, während 31% zum Gebiet der geplanten Staffel West/Südwest und 32% zu dem der Staffel Norden/Nordost gehörten. Diese Zahlen sprächen, so der DFB, eine eindeutige Sprache. Im Norden und Nordosten sah man das anders. Die größeren Entfernungen seien nicht berücksichtigt worden, zudem habe man die geringere Bevölkerungsdichte im Norden und Nordosten zum Nachteil für die betroffenen Verbände ausgelegt. In der Tat umfasste die geplante 3. Liga Nord/Nordost rund die Hälfte des Gebietes der vereinten Bundesrepublik, während die zweite Hälfte des Landes auf zwei weitere Staffeln aufgeteilt werden sollte.

Zunächst blieb der DFB stur. Auch Hinweise, dass der Osten fußballerisch ausbluten würde und der Glanz der einstigen DDR-Oberliga, die vier Jahre zuvor immerhin noch regelmäßig Europapokalteilnehmer gestellt habe, geradezu brutal vernichtet werde, ließ man nicht gelten. Erst als die Proteste nicht enden wollten, vereinbarte man schließlich, dem Norden und dem Nordosten für eine Übergangszeit (bis höchstens 1996) jeweils eine eigene Staffel einzurichten. Der Haken an der Sache: Für beide Staffeln stand nur ein Aufstiegsplatz zur Verfügung – die Staffelsieger mussten am Saisonende also in Aufstiegsspiele. Wenngleich das Versprechen an den Nordostdeutschen Fußballverband, automatisch einen Aufsteiger in die 2. Liga zu stellen, damit gebrochen war, war die Freude vor allem im Osten groß. „Es ist ja praktisch die alte DDR-Oberliga, verstärkt mit Mannschaften aus dem Westen Berlins“, freute sich beispielsweise Sachsen-Leipzig-Trainer Joachim Steffens.

Für die künftigen Drittligisten änderte sich einiges. Es mussten mindestens zwölf Vertragsspieler beschäftigt werden, dafür gab es erhöhte Fernsehgelder: 175.000 DM pro Klub und Saison in den Staffeln Süd bzw. West/Südwest, 100.000 DM im Norden bzw. Nordosten. Umstritten war die Frage nach den Amateurmannschaften der Bundesligisten. Die wenig zuschauerträchtigen Reserveteams würden, so fürchteten Kritiker, wie schon zu Oberligazeiten Aufstiegsränge blockieren, mit ihren ständig wechselnden Aufstellungen für Wettbewerbsverzerrungen sorgen und zudem die „richtigen“ Klubs benachteiligen. Dem hielten die Befürworter die vergleichsweise häufigen unterhaltsamen Darbietungen der „Amateure“-Teams entgegen und argumentierten, die Fans würden durch sie künftige Stars sehen. Das zog – die Amateure durften dabei sein.

1994/95: Eine Stadt sieht Schwarz-Gelb

Auch auf die Gefahr der Wiederholung: 1994/95 wurde eine weitere Saison der Superlative. Allein Borussia Dortmund und Bayern München gaben rund 26 Mio. DM für frisches Spielermaterial aus. Die Westfalen holten Kree, Cesar und Möller (13,5 Mio.), Bayern verpflichtete Kahn, Papin und Sutter (12,5 Mio.). Die Münchner holten mit Giovanni Trapattoni zudem erstmals einen italienischen Trainer ins Oberhaus. Dass die Bundesliga inzwischen zu den attraktivsten Ligen Europas zählte, bewiesen auch die keineswegs zur europäischen Elite zählenden Gladbacher, denen es gelang, Stefan Effenberg zurückzuholen. Manager Rüßmann optimistisch: „Effenberg finanziert sich selbst durch den Fanartikel-Verkauf.“ Auch der Karlsruher SC begrüßte mit Thomas „Icke“ Häßler einen Heimkehrer aus Italien.

Ein ganze Stadt feierte, als Borussia Dortmund endlich wieder Meister wurde.

Die Fans dankten es den Klubs. Dortmund setzte 28.500 Dauerkarten um (Sechs Jahre zuvor hatte der Klub noch einen Schnitt von „nur“ 27.291 Zahlenden insgesamt gehabt!), und als am Saisonende zusammengerechnet wurde, kam mit durchschnittlich 27.702 Zuschauern pro Spiel ein neuer Bundesligarekord zustande. Selbst Michael Schumachers Erfolge in der Formel 1 – der Kerpener wurde 1995 zum ersten Mal Weltmeister – taten der Bundesliga nicht weh, und jene kritischen und mahnenden Fans, die im November 1994 vor dem DFB-Hauptquartier unter dem Motto „Sitzen ist für'n Arsch“ gegen die Versitzplatzung in den Stadien protestierten, wurden angesichts der überschlagenden Positivschlagzeilen kaum wahrgenommen.

Im Oberhaus hatte alles perfekt zueinander gepasst. Publikumsliebling Borussia Dortmund duellierte sich mit den ebenfalls höchst beliebten Bremern um Platz 1 und schien, zumal verletzungsgeplagt (Chapuisat, Povlsen, Riedle fielen aus), nach einer 1:3-Niederlage in Bremen am 29. Spieltag die schlechteren Karten zu haben. Drei Wochen später war es ausgerechnet Dortmunds Nachbar Schalke, der den BVB mit einem 4:2-Sieg über den SV Werder im Titelrennen hielt. Tags darauf sah man beim Borussen-Derby zwischen Dortmund und Gladbach ungewohnte Plakate mit der Aufschrift „Schalke, wir danken Dir!“ im Westfalenstadion – doch der BVB vergab den

Deutscher Meister 1995: Borussia Dortmund

ersten Matchball und trennte sich nur 1:1. So wurde ausgerechnet der FC Bayern zum Meistermacher, als er den SV Werder am letzten Spieltag mit 3:1 besiegte und der BVB durch ein 2:0 über den HSV die Meisterschale errang.

In der Bierstadt spielten sich anschließend geradezu unglaubliche Szenen ab. Die Erleichterung, nach 32 Jahren endlich wieder auf dem Meisterthron zu stehen, elektrisierte die gesamte Stadt, die in eine kollektive Meisterfeier fiel, wie Deutschland sie noch nie erlebt hatte. Selbst Bürgersteige wurden schwarz und gelb angemalt – im Mai 1995 war Dortmund zweifelsohne der Nabel der deutschen Fußballwelt.

Die Bundesliga befand sich auf dem Höhenflug. Der Sportclub Freiburg beispielsweise, in der Vorsaison nur durch ein „Wunder“ vor dem Abstieg gerettet, stürmte mit fantastischem Angriffsfußball auf Rang 3 und damit in den UEFA-Cup. Im Pokal feierte Borussia Mönchengladbach mitsamt Rückkehrer „Tiger“ Effenberg seine Renaissance (3:0-Finalsieg gegen Zweitligist Wolfsburg), und auf internationaler Bühne überzeugten mit den Bayern (in der Champions League bis ins Halbfinale) sowie Leverkusen und Dortmund (im UEFA-Cup jeweils ins Halbfinale) gleich drei Teams. Bei den Bayern, in der Bundesligaendabrechnung nur Sechste, gab es wenig später einen Führungswechsel. Am 7. Oktober 1994 übernahm Franz Beckenbauer mit den Worten „Probieren wir's halt mal!“ das Präsidentenamt. Ex-Präsident Scherer sowie Kalle Rummenigge standen ihm als Vizepräsidenten bei.

1995/96: Kaiserslautern und Frankfurt – zwei „Dinos“ verabschieden sich

Fünf Jahre lang hatte es wechselnde Meister gegeben. Fünf Jahre, in denen die Bundesliga einen schier unaufhaltsamen Boom zu verzeichnen hatte und durch ungewöhnliche Spannung geprägt war. 1995/96 gab es mit Borussia Dortmund erstmals wieder einen erfolgreichen Titelverteidiger. Das kam nicht sonderlich überraschend, denn die Hitzfeld-Schützlinge waren als Titelkandidat Nummer 1 ins Rennen gegangen. Mit Jürgen Kohler hatte der BVB nach Sammer, Reuter und Riedle einen weiteren Italien-Legionär in die Heimat zurückgeholt, dazu kamen der Tscheche Patrick Berger, der Uruguayer Ruben Sosa sowie der Gladbacher Heiko Herrlich. Bei dessen umstrittenen Transfer hatten die Westfalen sogar erstmals die 10-Mio.-DM-Marke überschritten!

Dennoch präsentierten sich die Borussen über weite Phasen der Saison alles andere als meisterlich. Im Pokal hatten sie Mühe mit dem Drittligisten Pfeddersheim, Verletzungssorgen (Möller, Sammer, Chapuisat, Riedle, Cesar, Kohler) trieben Hitzfeld die Sorgenfalten auf die Stirn, und im Nacken spürte man ständig den Atem des FC Bayern und dessen „Dream-Team“. Am Ende reichte es, weil wie in der Vorsaison Nachbar und Erzrivale Schalke 04 half. Am vorletzten Spieltag fügten die Königsblauen den Bayern eine 2:1-Niederlage zu, während der BVB bei München 1860 ein mühsames 2:2 errang. Damit war die Entscheidung gefallen, und bei den Schwarz-Gelben machte sich Erleichterung breit: „In der letzten Saison war es ein Titel des Herzens, in dieser Spielzeit die Meisterschaft der Nerven", stöhnte Präsident Dr. Niebaum. Angesichts eines sensationellen Zuschauerschnittes von knapp 42.000 war der BVB übrigens gerade dabei, sein Westfalenstadion auf atemberaubende 68.000 Plätze auszubauen.

Deutscher Meister 1996: Borussia Dortmund

Die gesamte Spielzeit über hatte sportliche Spannung mit Komödienstadel abgewechselt. Niemand verstand sich darauf besser als der FC Bayern München unter Manager Hoeneß und Präsident Beckenbauer. In einer Aufsehen erregenden Aktion war es den Münchnern gelungen, Otto Rehhagel von seinem „Altersruhesitz" in Bremen zu holen und an die Isar zu locken. Bremer Fans kommentierten den Wechsel mit dem herrlichen Slogan „Nur Narren dienen dem Kaiser". Rehhagel war alsdann ein Kader übergeben worden, dem u. a. Jürgen Klinsmann, Ciriaco Sforza, Andreas Herzog und Thomas Strunz angehörten und der von den Medien sofort als „Dream-Team" bezeichnet wurde. Zunächst hatte die Traumelf die Konkurrenz so souverän wie in alten Tagen beherrscht. Mit einem 7-Spiele-7-Siege-Start erwarb sie sich einen Vorsprung von sieben Zählern (allerdings galt seit Saisonbeginn die 3-Punkte-Regel) und diskutierte schon mal über die bei der Meisterfeier zu öffnende Schampusmarke, als plötzlich die Krise ausbrach.

Es begann mit einem peinlichen 1:3 im Pokal in Düsseldorf, das gefolgt wurde von einem 1:3 bei Verfolger Dortmund und einem 1:2 daheim gegen Gladbach – übrigens der erste Sieg der Borussia beim einstigen Titelrivalen der Bundesligageschichte! Die drei Niederlagen in Folge brachten das hochsensible Starensemble völlig aus dem Takt und sorgten für eine Renaissance des „FC Hollywood". Trainer Rehhagel musste rasch erfahren, dass es in München nicht genügt, Mozart zu mögen und klassische Bücher zu lesen. Je länger die Saison dauerte, desto mehr rief das Volk nach Abdankung von „König Otto" und Rückkehr seines Kaisers (Franz). Ein Dauerkonflikt zwischen dem lange verletzten Lothar Matthäus und Jürgen Klinsmann verschärfte die Situation, und nach acht Monaten bequemte sich Kaiser Franz schließlich tatsächlich und löste Rehhagel ab – obwohl die Bayern nie schlechter als auf Platz 2 gelegen und zudem das UEFA-Cup-Finale erreicht hatten. Für den nach frischen Erfolgen geradezu lechzenden Münchner Meisterklub zu wenig. Unter Beckenbauer taten die Bayern dann das, was sie unter Rehhagel vermutlich auch gemacht hätten: Sie wurden Zweite und holten den UEFA-Cup.

Dramaturgisch perfekt inszeniert wurde der Abstiegskampf, in dem nicht nur die „Bundesliga-Dinos" (in der mediengeprägten Zeit hatte sich auch die Sprache verändert…) Kaiserslautern und Frankfurt verwickelt waren, sondern völlig überraschend auch Bayer Leverkusen. Am letzten Spieltag kam es in der Leverkusener BayArena zum Showdown. Bayer brauchte gegen den 1. FC Kaiserslautern mindestens einen Punkt, die Pfälzer mussten gewinnen. Dass es am Ende Tränen geben würde, war also klar. Sie flossen schließlich auf beiden Seiten. Bis acht Minuten vor Schluss führte Kaiserslautern, dann wendete Markus Münch mit dem Ausgleich das Blatt. Erleichtert beendete „Ruuuudi" Völler seine Laufbahn und wechselte ins Leverkusener Management, während sein langjähriger Spielkamerad Andy Brehme Rotz und Wasser heulte, eine

Woche später mit dem FCK den Pokal gewann (1:0 gegen den KSC) und noch eine weitere Saison dranhängte, um den Roten Teufeln bei der sofortigen Rückkehr ins Oberhaus zu verhelfen. Neben Kaiserslautern erwischte es mit der Frankfurter Eintracht ein weiteres Bundesliga-Gründungsmitglied – die Adler verabschiedeten sich bereits am 32. Spieltag mit einer 0:3-Heimpleite gegen Schalke aus dem Oberhaus. Vier Jahre zuvor hatten sie noch vor dem Gewinn der Deutschen Meisterschaft gestanden, nun waren sie Zweitligist und standen vor dem wirtschaftlichen Bankrott. Eine katastrophale Vereinspolitik forderte ihren Tribut. Letzte „Dinos" waren damit der Hamburger SV und der 1. FC Köln.

Die Hessen sollten nicht der letzte Verein gewesen sein, der im Sog der ungebremst wachsenden Geldbeträge zu ertrinken drohten. Statt sich zu beruhigen, verschärfte sich die Lage nämlich sogar noch. Auslöser war ein am 15. Dezember 1995 gefälltes Urteil des Europäischen Gerichtshofes, das als „Bosman-Urteil" in die Annalen einging. Aufgrund einer Klage des durchschnittlich begabten belgischen Fußballprofis Jean-Marc Bosman[16] entschied das Gericht, dass die gängige Praxis der Transferzahlung bei Vereinswechseln illegal war – jedenfalls soweit es sich bei den betroffenen Berufsspielern um EU-Bürger handelte, die Spieler ihren Arbeitsvertrag erfüllt hatten und der Wechsel innerhalb der EU-Grenzen erfolgte. Darüber hinaus wurde die so genannte „Ausländerregel" – also die Begrenzung von ausländischen Fußballern innerhalb einer Mannschaft – für null und nichtig erklärt. Auch sie widersprach der im EU-Recht festgeschriebenen Arbeitnehmerfreizügigkeit und dem Diskriminierungsverbot.

Im Klartext bedeutete dies zweierlei: Erstens entfiel die bis dahin praktizierte Beschränkung der Zahl ausländischer Spieler. Das war erwartet worden und stellte kein wirkliches Problem dar. Der DFB hob sogar die Einsatzbeschränkungen für alle europäischen Spieler auf – und nicht nur für diejenigen aus dem EU-Raum, wie vom Gerichtshof gefordert. Weitaus folgenschwerer war, dass zweitens das System der Ablösesummen gekippt wurde. Bis dahin hatten die Klubs bei Vereinswechseln unabhängig davon, ob der Vertrag abgelaufen war oder nicht, eine Ablösesumme kassiert. Vor allem kleinere Vereine wie der VfL Bochum hatten sich mit diesen Transfergeldern immer wieder über Wasser halten können. Nun konnten die Spieler nach Vertragsende ablösefrei den Klub wechseln. Der damalige DFB-Ligasekretär Holzhäuser erinnerte sich 2003: „Den Vereinen wurde die wichtige Möglichkeit der Refinanzierung genommen. Die Spielergehälter entwickelten sich explosionsartig. Ablösefreiheit bei Vertragsablauf wurde für sie zum großen Faustpfand in den Verhandlungen mit den Klubs. Daraus resultiert die heute hohe Verschuldung des gesamten europäischen Klubfußballs."

Holzhäuser machte es sich allerdings etwas einfach. In der Tat explodierten die Kosten der Vereine nämlich nur, weil die Ablöse nun als „Handgeld" auf das Spielergehalt aufgeschlagen wurde. 1995/96 hatten die durchschnittlichen Personalkosten eines Bundesligisten rund 18 Mio. DM betragen – 1999/00 waren sie auf fast 40 Mio. DM hochgeschnellt![17] Konsequenz war eine zunehmende Verschuldung der Vereine, während die Spieler immer reicher wurden. Entgegen Holzhäusers Aussage war dies kein

Automatismus, denn die Vereine spielten das ruinöse Spiel bereitwillig mit und fachten es sogar noch an. Man befand sich ja im Boom, und Fußball war so populär wie lange nicht. Folge: Begabte Spieler waren nun in der Lage, die Klubs regelrecht gegeneinander auszuspielen und konnten sich über ein prall gefülltes Konto freuen.[18]

Wenngleich Experten seit langem eine entsprechende Entscheidung erwartet hatten,[19] traf das Urteil die europäischen Fußballfunktionäre wie ein Keulenschlag. Der DFB wies die Schuld weit von sich. „Die nationalen Verbände hatten sich auf die UEFA verlassen – sie hatte nicht mit diesem Ausgang des Verfahrens vor dem Europäischen Gerichtshof gerechnet",[20] erinnerte sich Ligasekretär Holzhäuser, während DFB-Präsident Braun tobte: „Man kann den Sport und die Vereine nicht als reines Unternehmen abstempeln. (...) Ich bin auch für Freizügigkeit. Aber was bringt die, wenn alles kaputt ist?" Bayerns Vizepräsident Scherer fürchtete, „dass 80 Prozent der Vereine Konkurs anmelden können", derweil DFB-Vizepräsident Mayer-Vorfelder sogar vom „Ende des bezahlten Fußballs in Deutschland" sprach. Das war natürlich völliger Humbug. Natürlich gab es weiterhin bezahlten Fußball, wobei sich allerdings die Umstände veränderten. Die Klubs versuchten, langfristige Verträge mit den Spielern abzuschließen, um damit zu erreichen, dass wechselwillige Akteure aus ihren Verträgen herausgekauft werden mussten. Das brach einen geradezu ruinösen Wettbewerb unter den Vereinen vom Zaun, die sich im Werben um neuen Spieler gegenseitig überboten. Die Summen der „neuen" Ablösen schnellten rasch in Schwindel erregende Höhen und vergrößerten die Schuldenberge der Vereine. Profiteure waren neben den Spielern vor allem deren Berater. Im Umfeld der Klubs tummelten sich inzwischen diverse zwielichtige Gestalten, die bei jeder sich bietenden Gelegenheit die Hand aufhielten, um für „Informationen" oder „Kontakte" zu kassieren.[21]

Innerhalb der Klubs setzte eine spürbar größere Fluktuation ein. Spieler wechselten in immer kürzeren Abständen den Verein und wurden tatsächlich zu jenen „Legionären", von denen man schon in den 1920er Jahren gewarnt hatte: Wer am meisten zahlte, bekam die besten Kräfte. Die Bindung zum Verein war völlig unwichtig geworden, was vor allem bei alteingesessenen Fans nicht gut ankam. Weitere Folge war, dass die Klubs zunehmend „fertige" Spieler kauften und die kostspielige und zeitaufwändige Nachwuchsarbeit vernachlässigten. Diesbezüglich kam der Aufbruch des ehemaligen Ostblocks hilfreich daher. In Polen, Ungarn, Tschechien usw. hatten die ehemaligen sozialistischen Kaderschulen nicht nur reichlich Talente gefördert – die Akteure konnten zudem uneingeschränkt in der Bundesliga eingesetzt werden, da der DFB ja die Begrenzung für alle europäische Spieler aufgehoben hatte. Damit waren Osteuropäer gegenüber Afrikanern oder Südamerikanern deutlich im Vorteil. Folge war, dass der Anteil der ausländischen Fußballer an den Bundesligakickern zwischen 1990 und 1998 auf 39 % anstieg (von 46 Akteuren auf deren 185).

1996/97: Pötte im Pott

„Forever number one", heißt es vollmundig im Vereinslied des FC Bayern. Seit 1990 war der FCB jedoch nur sporadisch Nummer 1 gewesen – eine Tatsache, die kräftig an den Nerven der Süddeutschen zehrte. Und als die Bayern 1996/97 endlich mal wieder das Meistertreppchen besteigen durften, wurde die eigentliche Musik auch noch woanders gespielt. „Das Herz des deutschen Fußballs schlägt im Ruhrgebiet", musste selbst Bayern-Übervater Franz Beckenbauer zähneknirschend zugeben. Zu Recht, denn Borussia Dortmund gelang am 28. Mai 1997 (ausgerechnet im Münchner Olympiastadion...) mit einem 3:1 über Juventus Turin der Gewinn der Champions League, und Nachbar Schalke, in der Vorsaison durch seinen Triumph über die Bayern in den UEFA-Cup gerutscht, eroberte mit einem fulminanten Siegeszug die drittwichtigste europäische Vereinstrophäe. Hand in Hand intonierten Dortmunder und Schalker Fans das Lied vom „Ruhrpott", während die Bayern griesgrämig die Meisterschale in die Luft stemmten. So richtig glücklich war wohl nur Jürgen Klinsmann, der endlich seine erste Vereinsmeisterschaft gewann.

Für die Bayern ging eine Spielzeit zu Ende, die Nerven gekostet hatte. Mit Mario Basler hatte man ein weiteres Enfant terrible verpflichtet, das sich zwar sportlich als Verstärkung erwies, abseits des Spielfeldes aber ein ständiger Unruheherd war. Der zurückgekehrte Maestro Trapattoni schien mehrfach der Verzweiflung nahe, weil sich seine Elf als launische Diva präsentierte und von Leverkusen und Stuttgart gejagt

Mannschaft der Stunde ■ Borussia Dortmund

Ausgerechnet Lars Ricken, ein echter Dortmunder Junge, war der Held im Champions-League-Finale 1997. In der 71. Spielminute war er, erst Sekunden zuvor für Chapuisat aufs Spielfeld gekommen, am rechten Flügel losmarschiert, hatte die Juve-Abwehr schlecht aussehen lassen und schließlich auch noch Keeper Peruzzi das Nachsehen gegeben. Mit dem 3:1 sorgte er genau im richtigen Moment für die Entscheidung. Sechs Minuten zuvor hatte Del Piero die beruhigende Dortmunder 2:0-Führung zunichte gemacht und mit dem Anschlusstreffer zum 2:1 das Signal zum Schlussspurt des italienischen Rekordmeisters geblasen. Nach Rickens Heldentat war Juventus geschlagen, und Dortmunds Fans durften die verbliebenen 29 Spielminuten in einigermaßener Gelassenheit verbringen. Als der Schlusspfiff im Münchner Olympiastadion ertönte, hatte Borussia Dortmund den Zenit seiner Vereinsgeschichte erreicht, und an der Strobelallee konnte man sich zufrieden auf die Schultern klopfen. Die Dortmunder hatten alles richtig gemacht. Sie hatten im entscheidenden Moment wieder Anschluss an die nationale Spitze gefunden (1989 mit dem DFB-Pokalsieg), sie hatten mit dem reichlich unbekannten Trainer Ottmar Hitzfeld einen unverbrauchten Mann ins Westfalenstadion geholt (1991), und sie hatten die via UEFA-Cup eingenommenen Millionen Gewinn bringend in deutsche Italien-Legionäre angelegt. Kohler, Sammer, Reuter, Möller und Riedle waren dem Dortmunder Lockruf gefolgt und durften nun den Gewinn der Champions League feiern.

Auf dem Platz blieben sie Rivalen: die „Ruhrpott"-Könige Borussia (mit Paulo Sousa) und Schalke (mit Büskens).

wurde. Beckenbauers zynische Kommentare von einer „Scheißmannschaft", das offensichtliche Vorhandensein eines „Maulwurfes" zu den auflagenheischenden Printmedien sowie der Dauerkrach Klinsmann/Matthäus (Manager Hoeneß: „tödlich für die Mannschaft und mitverantwortlich für die schlechte Stimmung") trugen ebenfalls nicht zur Beruhigung der Lage beim „FC Hollywood" bei.

Deutscher Meister 1997: FC Bayern München

Schöner gespielt hatten ohnehin andere. Der VfB Stuttgart beispielsweise, dessen „magisches Dreieck" Elber, Bobic und Balakov die halbe Republik verzauberte. Vor allem in der Hinrunde lieferte der VfB grandiosen Offensivfußball ab und überwinterte auf Rang 4 – jene Position, die die Schwaben auch nach dem letzten Spieltag belegten. Doch der übermächtige Schatten des FC Bayern lauerte schon, denn mit der Aussage: „Elber spielt in der nächsten Saison bei uns" zerstörte Franz Beckenbauer die Stuttgarter Glückseligkeit und machte deutlich, wer die (wirtschaftliche) Macht hatte.

Dass der gnadenlose Wettbewerb, dem sich die Bundesliga seit Beginn ihrer neuen Boomphase ausgesetzt sah, auch Opfer forderte, dafür stand nach Eintracht Frankfurt in der Vorsaison diesmal die Düsseldorfer Fortuna. Die Rheinländer mussten das Oberhaus nach zwei Spielzeiten wieder verlassen und marschierten anschließend bis in die viertklassige Oberliga Nordrhein durch, wobei sie gleich mehrfach dem Finanztod von der Schippe sprangen. Düsseldorf steht beispielhaft dafür, dass angesichts der horrenden Summen, die im Fußball seit „Bosman" zu verdienen waren, auch bisweilen dubiose Geschäftsgebaren gepflegt wurden, die im Fall des Scheiterns verheerende Folgen haben konnten – wenn ein Verein (wie Düsseldorf) alles auf eine Karte setzte oder (ebenfalls wie Düsseldorf) den falschen Leuten vertraute. Den völlig entgegengesetzten Weg ging der Sport-Club Freiburg, der trotz frühzeitig feststehendem Abstieg an Trainer Volker Finke festhielt und damit gegen die „Gesetze des Marktes“ verstieß. Die Fans der Breisgauer dankten es mit Treue.

Die meisten Opfer des Booms beklagte ohnehin der hochklassige Amateurfußball. Die viergleisige Regionalliga war noch immer nicht der Weisheit letzter Schluss, da zu viele „Kleine“ mitmischten, die wirtschaftlich gar nicht mithalten konnten. Die Klubs saßen in der Zwickmühle. Es lockten die Fleischtöpfe der 2. Bundesliga, in denen sich pro Klub rund 5 Mio. DM Fernsehgelder befanden (in der Regionalliga gab es schlappe 100.000 bis 175.000 DM), doch um dorthin zu gelangen, musste man kräftig investieren und das finanzielle Aus riskieren. Besonders prekär war die Situation im Norden und Nordosten, deren Staffeln 1996 eigentlich hätten zusammengefasst werden sollen. Davon war jedoch keine Rede mehr. Am Ende der Saison 1996/97 wurde allerdings deutlich, dass es so auch nicht weitergehen konnte. Grund waren die Aufstiegsspiele zwischen den beiden Staffelsiegern Energie Cottbus (zugleich Pokalfinalist) und Hannover 96. Nach einem 0:0 in Hannover gab es in Cottbus ein brutales Fußball-„Spiel“, das geprägt war von Hass, Xenophobie und einem dubiosen Flutlichtausfall. Wie durch ein Wunder kam niemand ernsthaft zu Schaden, doch das Entsetzen war bundesweit zu spüren.

Noch prekärer war die Situation in den viertklassigen Oberligen, die unter Obhut der Regionalverbände standen und so etwas wie die „ungeliebten Kinder“ waren. Es gab weder Lizenzierungsmaßnahmen noch irgendeine Art von Finanzkontrolle, so dass die Klubs nach Belieben schalten und walten konnten. Folge war eine beinahe stündlich wachsende Verschuldung sowie zunehmendes Chaos. Nach sechs Spielen hatte sich beispielsweise der 1. FC Schwedt plötzlich aus dem Spielbetrieb zurückziehen müssen, weil das Geld alle war, und nach Saisonende folgte der VfR Sölde dem Beispiel von Blau-Weiß Wewer und Jülich 10, die nach Ende der Vorsaison bereits das Handtuch – sprich den freiwilligen Rückzug auf die Bezirksebene – geworfen hatten. Der Unterbau drohte völlig zu zerbrechen, und es herrschte Handlungsbedarf.

1997/98: Aufsteiger wird Meister

Die Krisenzeichen mehrten sich: In der Regionalliga ging dem FC Hessen Kassel nach 20 Saisonspielen die finanzielle Puste aus. Sein Rückzug ließ den bisherigen Saisonverlauf 1997/98 zur Farce werden. Noch schlimmer die Situation in den Oberligen. Nach 16 Spielen schied der FSV Velten aus – Konkurs. Am Saisonende sagten der VfL 93 Hamburg, der Flensburger Vorortklub TSV Nord Harrislee, Rhenania Würselen (als Vizemeister!), die Amateure des KFC Uerdingen sowie die SG Egelsbach freiwillig tschüs und hinterließen eine Liga im Chaos. Die zumeist ehrenamtlich geführten Vereine waren völlig überfordert, da der Spielbetrieb unter fast profimäßigen Voraussetzungen über die Bühne gehen musste und entsprechend Geld kostete. Die explodierenden Bundesliga-Gehälter hatten die Preise unter den Oberligaspielern völlig verdorben, und monatliche Bezüge von 10.000 DM für ausgewählte Kräfte waren inzwischen keine Seltenheit mehr. Bei einem Zuschauerzuspruch von selten mehr als 1.000 war dies ohne Sponsoren freilich nicht zu stemmen, womit den meisten Klubs nur noch der Ausstieg aus der Liga oder der Einstieg in die Verschuldungsspirale blieb.

Die Oberligen waren der Verlierer des Fußballbooms, was umso tragischer war, als sie eigentlich zu den wichtigen Trägern der Fußballbewegung zählten – hier wurde nicht nur der Nachwuchs herangeführt, sondern zudem alle jene Fußballer „aufgefangen", die sich in den Profiligen nicht hatten durchsetzen können und trotzdem mit Fußball Geld verdienen wollten. Auch die regionale Fußballbegeisterung sollte sich eigentlich über die durchaus namhaften Teams (Holstein Kiel, Hallescher FC, Schwarz-Weiß Essen, Borussia Neunkirchen etc.) ausdrücken. Anhänger der leidgeplagten Dritt- und Viertligisten organisierten aufgrund der Situation einen „Fan-United-Day" nach englischem Vorbild und versuchten damit – allerdings vergeblich – die Aufmerksamkeit der Medien auf die Stiefkinder des hochklassigen Fußballs zu ziehen.

Doch auch die 1. Bundesliga plagten, obwohl sie 1997/98 die 10-Mio.-Zuschauer-Schallmauer durchbrechen konnte, wirtschaftliche Sorgen. In einer internen Studie mit dem Arbeitstitel „Entwicklung Bundesliga" stellte der DFB beispielsweise fest, dass sich die finanzielle Situation in den vorangegangenen fünf Spielzeiten trotz der außerordentlich günstigen Einnahmesituation verschlechtert hatte – die Vereine mit ihrem Geld also offenbar nicht vernünftig haushalteten. 1997/98 hatte jeder Klub durchschnittlich 270.000 DM Verlust eingefahren – eine Summe, die ohne den 15 Mio.-DM-Überschuss des FC Bayern noch katastrophaler ausgefallen wäre. Reaktion des DFB: Ab 1999 erhöhte sich die Kaution, die jeder Klub vor Saisonbeginn für den Fall von Zahlungsschwierigkeiten hinterlegen musste, von bislang 2 Mio. DM auf – je nach Personalkosten des betreffenden Klubs – bis zu 4 Mio. DM.

Der umjubelte Held der Saison war Otto Rehhagel, der sich am Betzenberg nach Bremer Vorbild ein kleines Imperium aufgebaut und sich mit altgedienten Akteuren wie Ciriaco Sforza umgeben hatte. Mit ihnen hatte er den sofortigen Wiederaufstieg des Traditionsvereins geschafft, und als die Lauterer am 1. Spieltag in München die Bayern mit 1:0 schlagen konnten, da hatte „König Otto" seine persönliche Genugtuung für die in München erlittenen Demütigungen. Entgegen aller Experten-Erwartungen war dieser Sieg keine Eintagsfliege. Der 1. FCK setzte sich oben in der Tabelle fest, und als Mitkonkurrent FC Bayern am vorletzten Spieltag beim MSV Duisburg über ein frustrierendes 0:0 nicht hinauskam, war die Sensation perfekt: Zum ersten Mal war ein aktueller Aufsteiger auf Anhieb Deutscher Meister geworden. In der Pfalz feierte man wie seit den großen Tagen des „alten Fritz" nicht mehr.

Deutscher Meister 1998: 1. FC Kaiserslautern

Doch es gab auch Schatten in Ottos Königreich. Als der „Spiegel" im Zusammenhang mit dem Aufsichtsratsvorsitzenden Jürgen Friedrich von „Vetternwirtschaft" sprach, brodelte der Betzenberg. Als Friedrich daraufhin zurücktrat, erklärten sich

König Otto vom Betzenberg: Trainer Rehhagel führte den Aufsteiger zur Deutschen Meisterschaft.

Manager Briegel, Präsident Keßler und Trainer Rehhagel solidarisch, woraufhin der Gescholtene im Amt blieb. Was in Kaiserslautern wirklich passiert war, sollte erst 2003 bekannt werden, als der vierfache Deutsche Meister kurz vor dem finanziellen Aus stand.

Während Lauterns sensationeller Titelgewinn auch bundesweit Anerkennung fand, hatte der FC Bayern mal wieder eigene Schlagzeilen geliefert. Allen voran Trainer Giovanni Trapattoni, der im März 1998 mit seiner „Ich-habe-fertig"-Pressekonferenz Bundesligageschichte schrieb. Sein dramaturgisch perfekter und in seiner Wortwahl epochaler Vortrag, in dem er seine Spieler mit „Flaschen leer" verglich, beendete auf ebenso eindrucksvolle wie geschickte Art und Weise einen Revolutionsversuch von Basler, Strunz und Scholl gegen ihren Trainer. Zugleich verdeutlichte er, dass zum Erfolg in der Bundesliga inzwischen weitaus mehr als nur sportliches Talent gehörte. Für den FC Bayern waren Vorgänge wie die legendäre Trapattoni-Pressekonferenz unerlässlicher Bestandteil der Imagepflege.

Das hatte inzwischen auch Konkurrent Borussia Dortmund erkannt, der bis dahin durch ein eher beschauliches Klima aufgefallen war und es geschickt verstanden hatte, interne Ungereimtheiten unter den Teppich zu kehren. Bis zum 28. Mai 1997, als das BVB-Kartenhaus plötzlich zusammenbrach. Unmittelbar nach dem erfolgreichen Champions-League-Finale (3:1 gegen Juventus Turin) trat Erfolgsvorsitzender Niebaum zurück, während Erfolgscoach Hitzfeld auf den Posten des „Sportdirektors" abgeschoben wurde. Mit Nevio Scala wollten die Borussen den Einzug in die europäische Elite auch auf der Trainerbank gebührend dokumentieren, mussten dafür aber bitter bezahlen. Dortmund war eben nicht München, wo die Schickeria den Ton angibt und das Volk vor allem zum Bezahlen ins Stadion kommt. In Dortmund steht den Akteuren seit dem abgeschlossenen Umbau des Westfalenstadions eine – je nach Spielverlauf – entweder imposante oder bedrohliche schwarz-gelbe Wand gegenüber, die einen enormen psychischen Druck ausübt und von den hoch bezahlten Akteuren klassischen Ruhrgebiets-Kampfgeist fordert. Resultat: Borussia gewann nur acht von 17 Heimspielen, wurde am Ende lediglich Zehnter und verpasste damit die europäischen Fleischtöpfe um Längen. Der Gewinn des Weltpokals konnte da nur wenig trösten – auch Nevio Scala nicht, der Dortmund nach nur zwölf Monaten wieder verließ.

Unter den Absteigern war mit dem 1. FC Köln ein weiterer der „Bundesliga-Dinos", womit nur der Hamburger SV dieses Attribut nun noch tragen durfte. Ausgerechnet im Jahr des 50. Bestehens ging bei den Geißböcken alles drunter und drüber. Nachdem der umstrittene Trainer Neururer gegen den beschaulich-bescheiden arbeitenden Lorenz-Günther Köstner ausgetauscht worden war, schien die Rettung zwar greifbar, doch eine Niederlagenserie zum Saisonende bugsierte die Rheinländer zurück auf einen Abstiegsplatz.

1998/99: Bayern mal wieder „number one"

Man sagt dem FC Bayern München nach, er würde vom Glück verfolgt. Nur deshalb sei das Münchner Starensemble „forever number one" geworden. Diese nicht zuletzt durch einen gewissen Neid gespeiste Einschätzung resultiert zweifelsohne zuallererst aus den Erfolgen, die die Bayern errungen haben. Im entscheidenden Moment waren sie eben oft den entscheidenden Hauch cleverer als die Konkurrenz. Aber „vom Glück verfolgt"? Am 26. Mai 1999 waren die Bayern das ganz bestimmt nicht. In der Bundesliga meilenweit der Konkurrenz enteilt (am Ende waren es 15 Punkte auf Leverkusen, weshalb man wohl kaum von „Glück" sprechen konnte), standen sie an jenem Tag endlich wieder im Finale um die höchste Trophäe, die es im europäischen Fußball zu vergeben gibt: Champions League.

Dass die Bayern um den Titel des europäischen Champions spielen durften, obwohl sie gar nicht Deutscher Meister waren (sie hatten den eigentlichen Deutschen Meister Kaiserslautern im Viertelfinale sogar höchstpersönlich aus dem Wettbewerb geworfen) macht deutlich, was aus dem einstigen Europapokal der Landesmeister inzwischen geworden war. Selbst der Dritte einiger Länder durfte mitmischen – solange sein Heimatland zu den Begünstigten im Europafußball zählte und mit lukrativen und attraktiven Namen aufwarten konnte. Die Meister Moldawiens, Estlands, Maltas etc. hingegen durften lediglich am von Franz Beckenbauer als „Verlierer-Cup" titulierten UEFA-Cup teilnehmen. Hauptgesichtspunkt war nicht mehr sportliche Fairness, sondern medienkompatibles Outfit.

Doch zurück zum 26. Mai 1999. An jenem Abend standen sich im Estádio Nou Camp zu Barcelona der FC Bayern und Manchester United zum Champions-League-Finale gegenüber. Beide Teams waren ausgehungert nach einem europäischen Erfolg und warteten seit 23 (Bayern) bzw. 31 Jahren (Manchester) auf den erneuten Gewinn des einstigen Landesmeisterpokals. Für die Bayern begann es traumhaft, denn nach Baslers frühem Führungstreffer aus der sechsten Minute sah der deutsche Rekordmeister lange Zeit wie der sichere Sieger aus. Doch in den letzten 120 Sekunden prä-

Deutscher Meister 1999: FC Bayern München

sentierten sich die sonst so coolen Bayern wie eine Bande aufgeregter Schuljungen. Manchester erkannte dies, und Manchester nutzte dies. Am Ende stand es 1:2, Olli Kahn versank in Tränen, und die Münchner konnten es nicht fassen. Selbst Trainer Ottmar Hitzfeld, zu Saisonbeginn von seinem Dortmunder Rentnersitz ins Bundesligafeuer zurückgeholt, wahrte nur mühsam die Contenance und gratulierte seinem Freund und Kollegen Alex Ferguson mit versteinertem Gesicht zum Triumph.

Mit Ausnahme dieser zwei Minuten waren die Bayern freilich das Maß aller Dinge gewesen, und Franz Beckenbauer durfte zu Recht behaupten, dass es „die beste Mannschaft, die der FC Bayern je hatte; besser als das große Team der Siebziger" sei. Beckenbauers Aussage, im Übrigen von Uli Hoeneß Anfang der 1990er Jahre in fast demselben Wortlaut schon einmal geäußert, war durchaus zutreffend, denn während in den 1970ern eine Handvoll Stars und Haufen Mitläufer die Erfolge eingefahren hatten, stand den Münchnern nun ein wirkliches Dream-Team zu Verfügung. Selbst auf der Bank saßen häufig Akteure, die anderswo Stammspieler gewesen wären und bisweilen Leistungsträger ihrer Nationalauswahlen waren (wie beispielsweise der Iraner Ali Daei). Die Bayern konnten es sich leisten. Sie hatten exorbitant vom Medienhype der letzten Jahre profitiert, ihr Fanartikelgeschäft boomte wie das von Madonna und Michael Jackson, ihr Umfeld war so professionell wie nirgendwo sonst, und ihre Taschen waren prall gefüllt, um das fußballspielende Personal zufriedenstellen zu können. Und die Bayern spielten nicht nur zweckmäßig erfolgreich, sondern boten unter dem sichtlich zufriedenen Ottmar Hitzfeld auch endlich jenen attraktiven Angriffsfußball, den Präsident Beckenbauer zuvor vergeblich von Hitzfeld-Vorgänger Trapattoni gefordert hatte.

Die Konkurrenz hechelte hinterher. Bayer Leverkusen spielte unter Christoph Daum zwar ansehnlichen Fußball, doch sportlich waren die Rheinländer mindestens jene 15 Punkte von den Bayern entfernt, die die Abschlusstabelle als Differenz aufwies. Hertha BSC, von der Ufa[22] unterstützter Vorjahrsaufsteiger, stellte zwar mit 52.000 Zuschauern den Rekordschnitt der Saison, war aber noch längst kein Bayern-Herausforderer. Tief in der Krise steckte derweil Borussia Dortmund, der sich mit der Berufung von Jugendcoach Michael Skibbe zum führenden Übungsleiter ein spannendes Projekt gegönnt hatte, das gründlich in die Hose gegangen war. Skibbe, ein hervorragender Theoretiker und in seiner vorhergehenden Tätigkeit im Jugendbereich extrem erfolgreich, war für das schnelle und schrille Mediengeschäft viel zu spröde und kam zudem mit den Sammers, Kohlers und Wörns nicht klar. Leidtragender war „Icke" Häßler, der im Westfalenstadion meist auf der Bank hockte.

Mehr als nur die gewohnte Trauer überschattete derweil den Abstiegskampf, in dem es mit Borussia Mönchengladbach erneut einen der ganz Großen erwischte. 2:8 daheim gegen Leverkusen, 1:7 in Wolfsburg – im November bewies der Ex-Meister binnen zwei Wochen, warum er nicht mehr bundesligatauglich war. Gladbach-Fans im ganzen Lande trauerten und sahen den Abstieg des einstigen FC Bayern-Rivalen als

Mannschaft der Stunde ■ Hertha BSC Berlin
Man nehme einen namhaften Klub, bei dessen Erwähnung die Fans verzückt die Augen verdrehen, dessen Management aber seit Jahrzehnten durch immer neue Varianten einer eher chaotischen Führung auffiel, und der zutiefst verschuldet ist. Weiterhin nehme man einen Batzen Geld, kaufe sich in das Management des erwähnten Klubs ein und richte die Führung nach wirtschaftlichen Gesichtspunkten aus. Alsdann bedarf es nur noch einiger Fachkräfte und ein bisschen Daumendrücken, bis sich der Erfolg abzeichnet und die Investitionen sich durch Überschüsse auszahlen. Keine Frage: In den 1990er Jahren war Fußball vor allem Geschäft. Kein anderer Klub drückte das deutlicher aus als Hertha BSC Berlin. Die „alte Dame", vor dem Sturz in die Amateurliga stehend und nur noch von einer Hand voll Fans regelmäßig besucht, wurde ab 1994 von der Bertelsmann-Tochter Ufa aufgepäppelt und in die Bundesliga zurückgebracht. Selbst Uli Hoeneß staunte und sprach von einem „ernsthaften Rivalen" für seinen FC Bayern – freilich war Brüderchen Dieter am Hertha-Aufschwung elementar beteiligt. 1994 zahlte die Ufa vier Mio. DM, um zunächst Herthas Schuldenstand auf Null zu bringen und das Umfeld „gerade" zu rücken. Preis: Herthas Marketingrechte gingen an die Ufa. Zwei Jahre später gab es weitere sechs Mio., um einen Kader zusammenzustellen, der ins Oberhaus aufsteigen konnte – was 1996/97 prompt gelang. Preis diesmal: Ufa-Mann Rolf Schmidt-Holz rückte in Herthas Führungsetage auf und durfte erklären: „Wir machen kein Geheimnis daraus, dass wir auf lange Sicht mit Fußball Geld verdienen wollen." Schmidt-Holz sprach von der Ufa, nicht von Hertha... 1998/99 war es erstmals so weit. Als Drittplatzierter schnupperten die Berliner an den Fleischtöpfen Fußball-Europas und durften den Einzug ins Feld der „Großen" im Deutschen Fußball feiern.

Sinnbild für die veränderte Bundesliga, in der sämtliche sportlichen Gesetzgebungen von ökonomischen Zwängen außer Kraft gesetzt worden waren. In der Realität zahlte Gladbach schlicht und einfach die Zeche für seinen jahrzehntelangen Standortnachteil, den der Verein vor dem Boom immer wieder durch Spielerverkäufe und seriöse Vereinspolitik hatte ausgleichen können. Einerseits bot der marode und für das „neue" Publikum ungemütliche Bökelberg inzwischen einfach nicht mehr jenen Komfort, der zum Erfolg nötig war, andererseits zerstörte man sich mit einer chaotischen Vereinspolitik selbst die Grundlage.

1999/2000: Der Meister der letzten Minuten

1999/00 und 2000/01 bekamen jene, die den Bayern unterstellten, „vom Glück verfolgt" zu sein, wieder reichlich Nahrung. Die Saisonverläufe glichen sich. Die Bayern trudelten von Spieltag zu Spieltag, waren mehr mit sich selbst als mit der Konkurrenz beschäftigt und lagen vor dem letzten Spieltag jeweils lediglich auf Rang 2. Die Konkurrenz von Bayer Leverkusen (1999/00) bzw. Schalke 04 (2000/01) hatte derweil mit frischem Fußball die Herzen der Fans erobert und war drauf und dran, die Bayern auszustechen. Doch der Rekordmeister ließ sich nicht ausstechen, und beide Male war er in der Tat mit dem Glück im Bunde. 1999/00 lag Bayer Leverkusen vor dem letzten

Spieltag mit drei Zählern Vorsprung in Front, hatte im gesamten Saisonverlauf nur zweimal verloren und brauchte in Unterhaching nur noch einen kümmerlichen Punkt, um endlich seinen ersten nationalen Titel einzufahren. Doch ein Eigentor von Ballack stellte die Weichen in Richtung Bayern, die zeitgleich den SV Werder Bremen mit 3:1 besiegten und nach Unterhachings 2:0-Erfolg selbst überrascht waren, dass sie das Meistertreppchen erneut betreten durften. Uli Hoeneß' böser Spruch, wonach Bayer Leverkusen auch in „hundert Jahren nicht vor dem FC Bayern" stehen würde, war erneut bestätigt worden. Für die Bayer-Elf und ihren Trainer Christoph Daum – seit seiner Tätigkeit beim FC Köln Anfang der 1990er Jahre beim FC Bayern nicht sonderlich wohlgelitten – war es bitter. Die Leverkusener um ihren Superstar Zé Roberto sowie den 20 Mio. DM schweren Neuzugang Lucio hatten grandiosen Fußball geboten, beim 9:1-Sieg in Ulm sogar Bundesligageschichte geschrieben, und waren dennoch an den eigenen Nerven gescheitert.

Deutscher Meister 2000: FC Bayern München

Dass die Rheinländer ausgerechnet in Unterhaching ihr Waterloo erlebten, darf als liebenswerter Anachronismus im Bundesligageschäft bezeichnet werden. Hachings Sportpark bot in den ersten Bundesligawochen ganze 15.000-Plätze – das war schon fast eine Beleidigung für das Oberhaus, schließlich überschritt Borussia Dortmund zum selben Zeitpunkt als erster Klub in der Geschichte des Oberhauses die 60.000-Zuschauer-Marke! In Haching wurden die Fans mit bayerischer Volksmusik unterhalten, im Team standen lediglich drei Ausländer und nur zwei einigermaßen bekannte Akteure (Wiggerl Kögl und Altin Rrakkli), und bei Auswärtsspielen hängte die kleine mitreisende Fanschar an den Zaun ein Transparent mit der provokativen Aufschrift „Das ganze Dorf ist da". Unterhaching war greifbarer Beweis, dass Fußball auch als Geldmaschine noch seine Eigenarten behält.

Noch anschaulicher wurde dieses Bild bei einem Blick auf die Abschlusstabelle. Borussia Dortmund beispielsweise, vor der Saison für rund 50 Mio. DM mit Kräften wie Fredi Bobic, Viktor Ikpeba und Christian Wörns verstärkt, landete auf Rang 10 und hatte vier Punkte weniger auf dem Konto als die Oberbayern, die für ihre Neuzugänge Dennis Grassow, Wiggerl Kögl, Danny Schwarz und Oliver Straube nicht einmal 1 Mio. bezahlt hatten. Und Schalke 04, seit dem Gewinn des UEFA-Cups wieder zu den ganz Großen im Geschäft zählend, entging um ganze vier Zähler dem Sturz in Liga 2. Hachings zehnter Platz war wie ein symbolischer Stinkefinger an die Großen im Geschäft und der wunderschöne Beleg, dass Fußball an seinen besten Tagen einfach nicht berechenbar ist.

Tumultartiges trug sich derweil in Frankfurt zu, wo dem DFB im Zeitalter der Vermarktung zusehends die Felle wegschwammen. Um den Burgfrieden wiederherzustellen, hatte der Fußballbund 1998 mit Franz Beckenbauer bereits einen seiner ärgsten Kritiker zum Vizepräsidenten gemacht und ihn damit in die Verantwortung genommen. Doch das reichte nicht mehr aus, denn der Drang nach Selbstständigkeit unter den Profiklubs war zu groß. Die millionenschweren Fußball-Unternehmen hatten keine Lust mehr, sich von einem Verband führen zu lassen, in dem Männer die Rich-

Mann der Stunde ■ Matthias Sammer

Man sagt, Rotschöpfe haben ein feuriges Temperament. Matthias Sammer darf als Prototyp für diese Behauptung gelten, denn der gebürtige Sachse war und ist bei den Schiedsrichtern gefürchtet. Wie ein Rumpelstilzchen fegte er einst über das Feld, wenn ihm eine Entscheidung nicht passte oder ein Mannschaftskamerad versagte, wie ein Berserker saust er heute an der Linie entlang, wenn das Spiel nicht nach seinem Dafürhalten verläuft. Sammer ist dabei durchaus sympathisch, denn er zeichnet sich durch eine Art aus, die in der Bundesliga selten geworden ist: Ehrlichkeit. Dass er sich diese Fähigkeit in all seinen Jahren bei renommierten Profiklubs wie Inter Mailand, VfB Stuttgart und Borussia Dortmund bewahrt hat, ist erstaunlich und spricht zweifelsohne für Sammer. Groß geworden in der DDR, geprägt von seinem Vater Klaus, erst einer der renommiertesten Spieler der DDR, dann erfolgreicher Trainer, war Sammer wie kaum ein Zweiter zum Teamfußball fähig. Und er war ehrgeizig wie kaum ein anderer. Selbst sein tragisches Karriereende, als er sich nach dem Champions-League-Finale 1997 aufgrund zahlreicher Wehwehchen und Zipperlein zähneknirschend eingestehen musste, dass es nicht mehr ging, war geprägt von Kampf, Durchhaltevermögen und enormer Willenskraft. „Die Hoffnung gebe ich nicht auf", verkündete er als Spieler noch im Januar 2000 – wenige Monate später sollte er als einer der jüngsten Bundesligatrainer in die Annalen eingehen und den angeschlagenen BVB wieder auf Meisterkurs bringen.

tung bestimmten, die ansonsten Amateurvereine führten und vom „big business" keine Ahnung hatten. 1998 hatte der DFB bereits seine Satzung insofern geändert, dass sich Kapitalgesellschaften aus den Vereinen ausgliedern und Mitglied des DFB werden konnten. Einzige Voraussetzung war, dass der Klub mehrheitlich (also mindestens zu 50,1 %) an der Gesellschaft beteiligt war. Die Bereitschaft, eine AG zu gründen und an die Börse zu gehen, war freilich nicht allzu ausgeprägt. Lediglich Borussia Dortmund zeigte großes Interesse am Börsengang, während die Konkurrenz[23] auf die schlechten Erfahrungen in England und Italien verwies. Selbst der Börsenkurs des englischen Branchenführers Manchester United war kontinuierlich gesunken, und Analysten prognostizierten den börsenwilligen Klubs eine schwere Zukunft.[24]

Die Kritik am Fußballbund war auch danach nicht verstummt. Als DFB-Vizepräsident Mayer-Vorfelder, Ligadirektor Wilfried Straub sowie Justitiar Eilers mit dem Medienmogul Leo Kirch im April 2000 einen neuen TV-Vertrag aushandelten, der Kirch für die vergleichsweise geringe Summe von 200 Mio. DM (Uli Hoeneß: „ein Klacks") zugleich das Vorkaufsrecht für alle Bundesligabegegnungen bis Mitte 2003 sicherte, wurde der Ruf nach Selbstverwaltung der Liga immer lauter. In der Tat passten die Strukturen des größten deutschen Sportverbandes längst nicht mehr zu denen seines Aushängeschildes Bundesliga. „Der DFB ist (...) allein befugt, nicht nur die Vorschriften über den Betrieb der Bundesliga festzulegen, sondern darüber hinaus den Berufsfußball auf zentralistische Weise selbst zu verwalten und gegenüber den Liga-Vereinen verbindliche Maßnahmen und Anordnungen zu treffen, soweit sie in Zusammenhang mit dem Spielbetrieb im Berufsfußball stehen“[25], hieß es beispielsweise in den Verbandsstatuten. Zuständig für das Oberhaus war der Liga-Ausschuss, der sich aus Vertretern der Bundesligavereine zusammensetzte, die jedoch gegenüber dem Verband nur beratende Tätigkeit ausüben konnten und zudem vom Wohlwollen des DFB-Bundestages abhängig waren. Im Klartext: Beim DFB bestimmten ehrenamtliche Amateure über den Kurs der millionenschweren Bundesligavereine.

Auf dem außerordentlichen DFB-Bundestag am 30. September 2000 kam es zur Wende. Mehrheitlich folgten die Delegierten den Forderungen nach Selbstständigkeit und entließen die 36 Bundesligavereine aus der direkten Obhut des DFB, woraufhin am 19. Dezember 2000 in Frankfurt die „Deutsche Fußball-Liga“ (DFL)[26] ins Leben gerufen wurde. Zwischen DFB und DFL wurde ein Grundlagenvertrag abgeschlossen, dessen wichtigste Punkte waren: 1.) Die Verzahnung zwischen Profi- und Amateurfußball bleibt über eine Aufstiegsregelung zwischen 2. Liga und den Regionalligen bestehen. 2.) Die Profiklubs beteiligen sich mit Amateur-Vertretern am DFB-Pokal. 3.) Die Profiklubs erkennen die Abstellungspflicht ihrer Spieler zur Nationalmannschaft an. 4.) Die Profiklubs sorgen für zeitnahe Ausstrahlung ihrer Spiele im frei empfangbaren Fernsehen und garantieren, dass sonntags vor 17.30 Uhr kein Bundesligaspiel angesetzt wird.[27] Mit Beginn der Saison 2001/02 sollten die Vereine also erstmals selbst für die Durchführung der Bundesligageschäfte verantwortlich sein.

2000/01: Der Vier-Minuten-Meister

Die letzte Saison unter DFB-Obhut geriet zum Thriller. Am 19. Mai 2001, dem letzten Saisonspieltag, überschlugen sich binnen 20 Minuten die Ereignisse, was die Fans landesweit in ihren Bann zog. Um 17.01 Uhr ging Schalke 04, Zweitplatzierter hinter dem FC Bayern, gegen die SpVgg Unterhaching mit 4:3 in Führung und legte den Grundstein für den schlussendlichen 5:3-Sieg über den Absteiger. 60 Sekunden nach dem 5:3 durch Ebbe Sand traf Sergej Barbarez im Parallelspiel zwischen dem HSV und Bayern München zum 1:0 für die Norddeutschen, womit Schalke 04 auf Platz 1 vorrückte. Um 17.18 Uhr war auf Schalke Schluss, und nachdem via Rundfunk vom Schlusspfiff in Hamburg gesprochen wurde, brach erstmals nach 43 Jahren wieder königsblauer Meisterjubel aus. Jedoch nur für exakt vier Minuten, denn die Meldung vom Schlusspfiff in Hamburg war falsch gewesen, und weil Patrik Andersson tief in der Nachspielzeit (17.23 Uhr) zum Ausgleich für die Bayern traf, verteidigten die Münchner doch noch ihren Titel. Schalke blieb nur der Titel des „Meisters der Herzen“, wobei die Herzen der Schalke-Fans an jenem tragischen Tag wohl einen gehörigen Knacks abbekamen. Die lange Nachspielzeit, das schier unglaubliche Glück der Münchner und die Tatsache, dass es „mal wieder“ die Bayern waren, die am Ende triumphieren konnten, ließen nicht nur sie den Glauben an Gerechtigkeit verlieren.

Deutscher Meister 2001: FC Bayern München

Abseits der Dramatik auf den Spielfeldern machten sich derweil weitere Anzeichen einer Krise bemerkbar. Die Spanne zwischen den seit dem Bosman-Urteil geradezu

Verfrühter Jubel auf Schalke: Selbst Rudi Assauer (zweiter von rechts) ließ sich mitreißen – Sekunden später kam der tiefe Fall.

explodierenden Spielergehältern und den Einnahmen der Klubs wurde immer größer[28] und trieb viele Vereine tiefer in die Verschuldung. Vor allem den Oberligisten, die sich mit zurückgehenden Zuschauer- bzw. Werbeeinnahmen bei gleichzeitig stetig steigenden Spielerforderungen konfrontiert sahen, ging weiterhin reihenweise die finanzielle Puste aus. Mit Atlas Delmenhorst, Phönix Lübeck, SpVgg Bad Homburg, TSV Pansdorf, SV Rotthausen, Post/Blau-Weiß Recklinghausen, Baesweiler 09, Germania Horbach und Jahn Forchheim zogen sich zwischen 1998 und 2000 zehn weitere Klubs während oder nach der Saison freiwillig aus der Viertklassigkeit zurück.

Beim DFB übersah man die Warnzeichen geflissentlich und verwies stattdessen stolz auf die zweigleisige Regionalliga, die 2000/01 ihren Spielbetrieb aufgenommen hatte und so etwas wie die „3. Liga" an der sensiblen Schnittstelle zwischen Profi- und Amateurfußball war. Der „Kicker" kritisierte angesichts der erneuten Reform zunächst die fehlgeschlagene Konstruktion von 1994, die viele Vereine in die Verschuldung getrieben hatte: „Selbst schuld, kann man sagen. Denn niemand zwingt die Klubs, mehr Geld auszugeben, als sie einnehmen. Schuld ist aber auch der DFB. Der Tatsache, dass drittklassiger Fußball hierzulande unter professionellen Bedingungen abgewickelt wird, wurde kaum Rechnung getragen. Man erfand zwar den Vertragsamateur, der unbegrenzte Zahlungen an Spieler erlaubt, ersann aber kein Instrument, den Klubs wirtschaftliche Vernunft einzutrichtern." Der neuen Liga stellte das Fachblatt keine günstige Perspektive aus: „Aus offiziell drei (faktisch vier) Regionalligen werden zwei.

Mann der Stunde ■ Uli Hoeneß
Man sagt dem FC Bayern ein gewisses Maß an Arroganz und Hochnäsigkeit nach, und auch die böse Vokabel „Geldgier" fällt schon mal im Zusammenhang mit dem Branchenführer. Dass die Münchner zugleich eine bemerkenswert humane Ader haben, ist hingegen weniger bekannt. Uli Hoeneß, Metzgerssohn aus Ulm und seit 1979 auf dem Münchner Managersessel, ist aber nicht nur ein eiskalter Rechner und konsequenter Modernisierer. Er steht vielmehr auch für soziales Engagement. Am ehesten bekannt ist noch die Bereitschaft der Bayern, zu Benefizspielen anzutreten (zuweilen auch für kriselnde Konkurrenten wie den Nürnberger Club oder den FC St. Pauli). Doch in München macht man sich zudem Gedanken um seine Akteure, die auch nicht fallen gelassen werden, wenn sie ins Straucheln geraten. Ex-Torjäger Gerd Müller beispielsweise holte Hoeneß aus einem Alkoholtief und verschaffte ihm im Trainerstab des FC Bayern einen Posten, der ihm den nötigen Halt gab, selbst wieder auf die Beine zu kommen. Oder Alan McInally, der erst zu einem Zeitpunkt, als er Sportinvalide geworden war, feststellte, dass er gar keine entsprechende Versicherung hatte. Bayern sprang ein und half. Manager Hoeneß, seit seinem Flugzeugabsturz im Februar 1982 gewissermaßen „geläutert", nahm Stürmer Lars Lunde nach dessen schrecklichem Autounfall sogar bei sich persönlich auf, um sich um den Genesungsprozess des Dänen zu kümmern. Markus Babbel, der 2000 unter wenig freundlichen Begleitumständen nach Liverpool ging, ließ auf seinen Ex-Klub jedenfalls nichts kommen und schwärmte, „unter den europäischen Top-Klubs sind die Bayern die humansten".

Ihre Vereine operieren nach wie vor in der Grauzone zwischen Amateur- und Profifußball. Geringfügig höhere Fernsehgelder werden aufgezehrt durch höhere Reisekosten. Der DFB übernimmt weiterhin nicht die Verantwortung für den drittklassigen Fußball im Land. (...) Die 3. Liga des Jahres 2000 ist weder Fisch noch Fleisch, eine Notlösung nur, mit unausgereiften Strukturen und ohne seriöse finanzielle Grundlage. Eine langfristige Zukunftsperspektive bietet sie in der geplanten Form nicht." Immerhin wurde zumindest ein Lizenzierungsverfahren für die künftigen Drittligisten eingeführt, womit zumindest eine rudimentäre Kontrolle möglich ist.

Die harte „Kicker"-Kritik war dennoch berechtigt, denn allein der Kampf um einen der 36 Plätze war gnadenlos gewesen und hatte diverse Vereine veranlasst, ihre Saisonetats um ein Vielfaches zu überziehen. Zu verlockend schien die neue Regionalliga mit ihren höheren Fernsehgeldern, ihrer zu erwartenden Medienpräsenz und der Chance, vom großen Kuchen Fußball zumindest ein paar Krümel abzubekommen. Trist und trostlos hingegen schien die Zukunft für jene Klubs, die die neue Klassen verpassen würden. Für sie hieß es, abseits sämtlicher TV-Kameras in den Oberligen[29] mit einer überschaubaren Zuschauerkulisse auszukommen, große Probleme bei der Sponsorensuche zu haben und verzweifelt um einen Platz im „gelobten Land Regionalliga" kämpfen zu müssen. Skeptiker bezeichneten die Oberligen bereits als „Friedhof der Traditionsvereine", was durchaus doppeldeutig war: Einerseits verdingten sich tatsächlich zahlreiche Traditionsvereine in ihnen, andererseits ging vielen von ihnen auch der finanzielle Atem aus und sie steuerten in Richtung Insolvenz. Wie schon bei Einführung der Bundesliga (1963) bzw. der 2. Bundesliga (1974) verschob der Fußballbund das „Problem“ auch bei Einführung der 3. Liga einfach um eine Etage nach unten, und es bedarf keiner prophetischen Gabe, um den 5. Ligen eines Tages dasselbe Schicksal zu prognostizieren – wenn der DFB erst einmal erkannt hat, dass auch in der Viertklassigkeit Handlungsbedarf besteht…

Im Jugendbereich war die Stimmung noch mieser. Selbst Spielgemeinschaften zwischen vier oder fünf Klubs brachten kaum noch die notwendige Zahl Fußball spielender Jugendlicher zusammen. Dazu kamen immense Probleme bei der Rekrutierung von Ehrenamtlichen, steuerliche Hemmnisse durch das neue 624-Mark-Gesetz, Unsicherheiten mit der Berufsgenossenschaft sowie eine allgemein gesunkene Bereitschaft, sich zu engagieren. Folge war ein Rückgang der Mannschaften und ein schleichendes Sterben der Kleinklubs, die entweder in Großvereine einflossen oder aber sich zusammenschlossen – um dann gemeinsam zu sterben. Selbst langjährige örtliche Repräsentanten mussten aufgeben. Der HSV Helmstedt beispielsweise, lange Zeit Nummer 1 in der ehemaligen innerdeutschen Grenzstadt, hatte seine Ligaelf bereits 1995 freiwillig von der Landesliga in die Kreisklasse zurückgezogen, da die Kosten von 75.000 DM pro Spielzeit nicht mehr aufgebracht werden konnten.

Dass im deutschen Fußball trotz Rekordzuschauerzahlen, 24-stündiger-Medienpräsenz und allgemeiner Begeisterung einiges faul war, wurde auch bei der EM 2000 in Belgien/Niederlanden deutlich. Eine satte, motivationslose und bisweilen skandalös auftretende Nationalelf lieferte eine der peinlichsten Vorstellungen in der DFB-Geschichte ab und schied nach einem 0:3 gegen Portugal bereits in der Vorrunde aus. Dass Deutschland wenige Tage später den Zuschlag für die WM 2006 erhielt, konnte die Gemüter nur kurzzeitig beruhigen. Mit welcher Mannschaft, so fragten sich viele, wollen wir denn beim nächsten WM-Turnier 2002 bestehen? Die EM-Elf konnte es jedenfalls nicht sein. Fataler war jedoch, dass ihr Auftreten und ihre Altersstruktur belegten, worauf Warner wie Berti Vogts schon seit Jahren hingewiesen hatten: Im deutschen Fußball krankte es an der Nachwuchsförderung, wurde dem unmittelbaren Erfolg zu großer Raum eingeräumt, hatten talentierte Jugendliche keine Chance, sich allmählich zu akklimatisieren. Das betraf nicht nur die Bundesligen, denn in sämtlichen Leistungsspielklassen war es längst üblich, die Teams mit fertigen Spielern auszustatten, um ohne lästige und zeitraubende Umwege zum Erfolg zu kommen.

Wofür in der Bundesliga teure Brasilianer wie Elber, Zé Roberto oder Lucio standen, taten dies in den Amateurligen Afrikaner, Osteuropäer oder „preiswerte“Südamerikaner. Es hatte sich ein regelrechter „Sklavenmarkt“ entwickelt, dessen Gesetze brutal und unbarmherzig waren. In großer Zahl wurden die zumeist aus ärmlichen Verhältnissen stammenden Nachwuchskicker ins Land gekarrt, um ihnen die Chance zu bieten, dem Elend der Heimat als erfolgreicher Fußballspieler zu entkommen. Von manchmal windigen Vermittlern von Verein zu Verein gezerrt, mussten sie beim „Probetraining“ auf das generöse Nicken des jeweiligen Trainers hoffen und bekamen in jenem

Falle die Chance, sich in einer Halbserie zu bewähren. Waren sie zum Stammspieler einer Oberligaelf geworden, konnten sie Hoffnungen auf den Sprung in die oberen Ligen hegen. Der Traum ging jedoch für die wenigsten in Erfüllung. Sportlich reichte es häufig nicht, und darüber hinaus waren die meisten Akteure von den Umständen völlig überfordert. Sie sprachen die Sprache nicht, das ungewohnte und raue Wetter machte ihnen zu schaffen, und bei einem Oberligisten vor knapp 500 Zuschauern zu spielen und ein gemeinsames Grillen nach dem Spiel als kulturellen Höhepunkt zu erleben, war für die Männer aus dem Senegal, Brasilien oder Moldawien psychisch kaum zu bewältigen. Den wenigen Akteuren, denen der Durchbruch gelang, steht eine horrende Dunkelziffer von Spielern gegenüber, die gebrochen und resigniert in ihre Heimatländer zurück mussten, wo ihnen vermutlich die fragenden Blicke der Familienangehörigen zusätzliche Probleme bescherten.

Der „König ohne Macht"

2001 übernahm der langjährige Präsident des VfB Stuttgart Gerhard Mayer-Vorfelder die Führung über den Deutschen Fußball-Bund. Der als machthungrig geltende ehemalige württembergische Kultusminister hatte schon eine Zeitlang kommissarisch für den erkrankten Egidius Braun die Verbandsgeschäfte geführt und wähnte sich nun am Ziel seiner Träume. Doch der DFB, den Mayer-Vorfelder übernahm, war nicht mehr der alte. „‚MV' wird ein König ohne Macht sein", lästerte beispielsweise der „Spiegel" und wies darauf hin, dass es andere waren, die inzwischen den Ton angaben: „Die glatten Marketingmenschen von Ufa Sports, die in den Geschäftsstellen von HSV und Hertha, in Dortmund und Nürnberg ganze Etagen beziehen; die Rummenigges, die sich wie Konzernmanager mit ihren Kollegen von Real Madrid oder Manchester United austauschen; die Kirch-Jünger, die mal eben festlegen, wie man die Ware Bundesliga betriebswirtschaftlich vernünftig auf eine Woche portioniert; oder die EU-Kommissare, die schlankweg die Transferregeln aus den Angeln heben."[30] Faktisch war dem neuen DFB-Steuermann nur noch die Macht über rund sechs Millionen Mitglieder, den Amateurfußball sowie die Nationalmannschaft (und selbst das nur noch begrenzt) geblieben.

Größter Gegenspieler Mayer-Vorfelders war Werner Hackmann, Präsident des Hamburger SV und Präsident des eigenständigen Ligaverbandes DFL. Hackmann wusste die Mehrzahl der Bundesligaklubs hinter sich und konnte sich deshalb erlauben, Mayer-Vorfelder schon im Vorfeld auszubremsen und ihn daran zu erinnern, wer inzwischen das Sagen hatte. Für den DFB kam es noch dicker. Mit dem politischen Regierungswechsel von 1998 ging auch der direkte Kontakt zum Kanzleramt verloren, da sich Gerhard Schröder anders als sein Vorgänger Helmut Kohl zwar als gestandener Fußballer empfand, aber mit der Führungsriege des DFB wenig im Sinn hatte. Kohl, den eine tiefe Freundschaft mit Egidius Braun und Berti Vogts verband, war jahrelang Faustpfand für den DFB gewesen. Nachfolger Schröder hingegen engagierte

Spieler der Stunde ■ Gerald Asamoah

In anderen Ländern wie Frankreich, England, Belgien, selbst Schweden war es kein Problem. Nur in Deutschland war es ein Tabu-Thema gewesen: Schwarze in der Nationalelf. Lediglich Erwin Kostedde und William Hartwig durften „für Deutschland" auflaufen – doch beide hatten einen deutschen (und weißen) Elternteil. Gerald Asamoah dagegen („Ich bin der Schwärzeste von allen!") konnte mit allem aufwarten: Geboren in Ghana, aufgewachsen in einem Örtchen namens Mampong und schon als Kind passionierter Barfußfußballer – klassischer hätte seine Karriere gar nicht beginnen können. Und nun wurde Asamoah auch noch Deutschlands erster schwarzer Nationalspieler. Am 29. Mai 2002 debütierte er im Bremer Weserstadion gegen die Slowakei im Nationaldress und fügte sich beim 2:0-Sieg prima ein – in der 50. Minute gelang dem Schalker sogar der Führungstreffer zum 1:0. Asamoah hatte lange mit sich gerungen, wessen Nationaltrikot er tragen wollte. Natürlich hätte sein Geburtsland Ghana ihn auch gerne ins Nationalteam aufgenommen, doch der mit zwölf Jahren nach Deutschland gekommene Afrikaner fühlte sich seiner Wahlheimat stark verbunden. Und er hoffte natürlich auch auf größere Erfolge in Völlers Team. Seine Rolle als „schwarzer Debütant" sah Asamoah gelassen: „Vielleicht kapieren ja einige, dass es ganz normal ist, wenn ein Schwarzer für Deutschland spielt", meinte er, während die Medien lustige Wortspiele vom „Farbtupfer" in der oft so „blassen" Nationalelf zum Besten gaben.

sich, wenn es medientechnisch von Vorteil war (wie beispielsweise bei der WM-Bewerbung), hielt sich ansonsten aber eher zurück.

Schließlich hatte der DFB auch auf internationaler Bühne an Macht und Einfluss eingebüßt. „Mit der Hausmacht des DFB ist es vorbei", zitiert der „Spiegel" einen UEFA-Insider. Hintergrund war, dass der Fußballbund seine Politik nach dem Aufbruch des Ostens den neuen Verhältnissen in Fußball-Europa nicht angepasst hatte und nun immer häufiger mitansehen musste, dass an ihm vorbeientschieden wurde.

Der weit reichende Machtverlust des DFB hatte Ursachen, deren Wurzeln bis in die Amtszeit von Egidius-Braun-Vorgänger Hermann Neuberger zurückreichten. Der 1992 verstorbene Saarländer war bei FIFA wie UEFA ein gleichermaßen einflussreicher Mann gewesen, dessen Urteil in den internationalen Gremien gegolten hatte. Der agile Funktionär hatte ständig neue Allianzen geschmiedet und dabei stets den Vorteil des deutschen Fußballs (und seinen eigenen) im Auge gehabt. Sein in der DFB-Zentrale aufgebautes Machtimperium war ihm dabei bedingungslos gefolgt, und auch unter den Vereinen hatte es keinen gegeben, der sich Neuberger ernsthaft widersetzt hätte. Das nach Neubergers Tod (1992) entstandene Vakuum war verstärkt worden, weil der DFB unter Nachfolger Egidius Braun – einem vehementen Amateur-Verfechter – keine Antwort auf die wirtschaftlichen, politischen und sportlichen Herausforderungen der 1990er Jahre fand. Wie so häufig in seiner über 100-jährigen Geschichte beschränkte sich der Verband darauf zu reagieren, statt zu agieren bzw. kreativ in den Entwicklungsprozess einzugreifen. Die ökonomischen Entwicklungen im Leistungsfußball überrollten den trägen Amateurverband DFB und vor allem seinen Präsidenten Egidius

Braun, der sich durchaus engagiert aber mit geradezu kindlicher Naivität gegen die Entwicklungen der neuen Fußballwelt stemmte.

Was die DFL auf nationaler Ebene bedeutete, stellte das europäische Vereinsbündnis „G14" auf internationaler Ebene dar. 14 Top-Vereine hatten das Gremium ins Leben gerufen, um gemeinsam ihre (vor allem monetären) Interessen zu vertreten. Für die G14 war der träge DFB kein Gegner. Als es beispielsweise im Frühjahr 1999 darum ging, an welchen Tagen künftig Europapokalspiele stattfinden sollten, schickte der DFB Mayer-Vorfelder ins UEFA-Hauptquartier nach Nyon, um den zuvor einstimmig gefällten DFB-Beschluss, UEFA-Pokal-Spiele am Dienstag und Champions-League-Spiele am Mittwoch bzw. Donnerstag, durchzusetzen. In Nyon angekommen, musste Mayer-Vorfelder jedoch erfahren, dass Bayern-Vizepräsident und G14-Mitglied Karl-Heinz Rummenigge die Weichen bereits in eine andere Richtung gestellt hatte und die UEFA daraufhin beschloss, die Champions League am Dienstag und Mittwoch durchzuführen und den UEFA-Pokal auf Donnerstag zu verschieben. Dass ausgerechnet Rummenigges Verein von dieser Regelung profitierte,[31] machte die Sache zusätzlich pikant. Volker Finke, Trainer des Sportclub Freiburgs, kommentierte frustriert, dass „gegen die Münchner im deutschen Fußball nichts geht".

Die Macht der reichen Vereine, die Entfremdung des Fußballgeschäfts und auch der Spieler von den Fans, all dies hatte inzwischen eine Gegenkultur erweckt, die sich auf den Rängen, im Internet und in zahllosen Fanzeitungen („Fanzines") lautstark und selbstbewusst artikulierte. Vorreiter bei diesem Prozess war – mal wieder – der FC St. Pauli, dessen Fans 1990 mit dem „Millerntor Roar" ein erstes „Magazin von Fans für Fans" herausgaben.[32] Mit der Zeit entwickelten sich Kontakte zwischen Fans verschiedener Vereine, die zu gemeinsamen Aktionen führten. Mit dem „Bündnis aktiver Fußball-Fans" („BAFF")[33] war 1993 sogar eine bundesweit tätige Organisation entstanden, die die Aktionen zu koordinieren und bündeln versuchte. Waren die Fans zunächst vornehmlich mit Themen wie Versitzplatzung („Sitzen ist für'n Arsch"), Rechtsradikalismus bzw. Ausländerhass in den Stadien sowie Reform des Bundesliga-Unterbaus beschäftigt, so kristallisierte sich 2001 erstmals eine direkte Konfrontation mit der Medienmacht heraus. Hintergrund waren die Abschaffung der Freitagsspiele und die Umwidmung des Sonntags als Bundesligaspieltag. Das war nicht nur für die Amateurvereine ein Problem (der Sonntag war seit Einführung der Bundesliga eigentlich den Amateuren vorbehalten), sondern auch für Gästefans, denen weite Anfahrten aus zeitlichen Gründen nicht mehr möglich waren. Unterstützt durch die Möglichkeiten des neuen Mediums Internet entwickelte sich die Aktion „Pro 15:30", die eine Abkehr von den ungeliebten Sonntagsspielen forderte und sich mit geradezu atemberaubender Geschwindigkeit ausbreitete. Ihre Initiatoren waren offenbar selbst vom Erfolg überrascht – jedenfalls sah man im Frühjahr 2001 plötzlich in allen Bundesligastadien Protestkundgebungen. Nie zuvor waren Fans derart vereint aufgetreten, und selbst der „Spiegel" sprach voller Respekt von der „größten Protestbewegung, die der deutsche Sport bislang erlebt hat".

Fanproteste für Stehplätze und den Erhalt der Anstoßzeit 15.30 Uhr.

Bei den Bundesligavereinen stießen die Fan-Aktionen auf Ablehnung. Uli Hoeneß blaffte schlicht: „Ich kann natürlich sagen: Alle Spiele am Samstag 15:30 Uhr. Aber dann sagt das Fernsehen: ‚Bravo, dann zahlen wir nur noch 450 Millionen!' Dann fehlen der Liga 300 Millionen, um gute Spieler zu holen. Und wenn wir das nicht mehr können, spielen wir international bald keine Rolle mehr!“[34] Sein Kollege Michael Meier von Borussia Dortmund sekundierte in einem „Spiegel“-Interview: „Hier haben ein paar Leute auf eine sehr intelligente Weise im Internet Forderungen aufgestellt, hinter denen wahrscheinlich die wenigsten Fußballfans wirklich stehen. Da ist eine Lawine losgetreten worden, die Fans wurden instrumentalisiert. Und jetzt machen viele nur mit, weil alle das tun, und denken nicht mehr nach, was sie eigentlich erreichen wollen.“ Auf das Argument, dass die Sonntagsspiele sowie die den TV-Forderungen geschuldete Praxis, den Spielplan erst fünf Wochen zuvor exakt festzulegen, die Fans vor unüberbrückbare Probleme stelle, entgegnete er trotzig: „In den letzten fünf Spielzeiten hatten wir den größten Zuschauerzuspruch in der Bundesligageschichte“ und fragte ketzerisch: „Pro Spieltag gehen rund 250.000 in die Stadien, und wie viele sitzen vor dem Fernseher?“ Meier über den Vorwurf, die Vereine würden ihre treuesten Fans verprellen: „Das ist ja kompletter Unsinn. Sie glauben doch nicht allen Ernstes, dass wir riesige neue Stadion bauen, damit die später leer stehen. Das tun wir doch für die Fans.“[35]

Die Frage ist, für welche. Viele langjährige Fans hatten sich längst frustriert zurückgezogen. Immer mehr VIP-Logen, immer mehr gelenkte Unterstützung, immer mehr Kommerz und immer mehr Showanteile hatten ihnen den Spass verdorben. Bodo Berg von der Schalker Faninitiative konstatierte nicht ohne Frust, dass es „heute zum Chic des Intellektuellen gehört, im Westfalenstadion seine Geschäfte abzuwickeln. Fußball hat eine andere gesellschaftliche Akzeptanz.“ Das uralte Vater/Sohn (bzw. Tochter)-System der Fanrekrutierung war weitestgehend aus den Angeln gehoben und durch „Kundenwerbung“ abgelöst worden, die ebenso schrill wie erfolgsabhängig war.

Zwar konnte die dauerhafte TV-Präsenz und die Häufung schillernder Weltstars noch den Verlust einiger sozialromantischer Altfans ausgleichen. Doch die desillusionierten „Treuesten der Treuen“ prophezeiten den Vereinen unsichere Zeiten: Nicht mehr der auf Gedeih und Verderb mit seinem Klub verbundene Anhänger, der bei Wind und Wetter ins Stadion geht und auch in schlechten Zeiten seinen Platz bezieht, käme nun in die Stadien, sondern der „Event-Fan“. Angelockt von schicken TV-Übertragungen, gehe er ins Stadion, entwickele aber eine vergleichsweise geringe Bindung zum Klub. Tatsächlich musste etwa der SSV Ulm 46 nach seinem Abstieg aus der 1. Bundesliga eine Halbierung seines Zuschauerschnitts hinnehmen. Ein Verein wie Borussia Dortmund konnte zwar seine Zuschauer halten, doch aus dem Heimvorteil wurde in vielen Spielen eine bedrohliche Kulisse, wenn es auf dem Platz nicht so lief wie erwartet. Wie schon in der Krisensaison 1998/99 scheiterten die BVB-Kicker auch 1999/2000 am psychischen Druck. Resultat: Von 17 Heimspielen gewann das schwarzgelbe Starensemble lediglich drei und fand sich im Abstiegskampf wieder.

2001/02: Der Kirch-Crash

2001/02 rutschte die Bundesliga völlig überraschend in die „größte Krise ihrer Geschichte" („Frankfurter Rundschau"). Ursache war der finanzielle Crash des Medienmoguls Leo Kirch, der mit seinen diversen Firmen angesichts von insgesamt rund 6,5 Milliarden Euro Schulden vor dem Aus stand.[36] Die Profivereine mitsamt ihrer Dachorganisation DFL wussten gar nicht, wie ihnen plötzlich geschah. Jahrelang waren die TV-Gelder gestiegen, hatte man neue Forderungen stellen können und seine Wünsche allesamt erfüllt bekommen. Der 2000 mit Kirch abgeschlossene Vier-Jahres-Vertrag garantierte ihnen die traumhafte Summe von 1,54 Milliarden Euro, wobei Kritiker schon damals gefragt hatten, wie Kirch das mit seinen defizitären Sendern Sat.1 und Premiere denn refinanzieren wollte. Nun kam das böse Erwachen, war, praktisch von einem auf den anderen Tag, Schluss mit der Goldgräberstimmung. Schon lange hatte die Gerüchteküche kolportiert, dass Kirch in Schwierigkeiten steckte und dies womöglich Auswirkungen auf die Bundesliga haben könnte. Alle Verantwortlichen hatten jedoch stets fröhlich dementiert und beinahe entrüstet auf die „funktionierende gute Partnerschaft" hingewiesen. „Falls es Probleme bei Premiere World gibt, gehen wir davon aus, dass der Fußball nicht der Auslöser ist", urteilte DFL-Chef Hackmann noch im März 2002 und gab sich „überzeugt von unserem Produkt und davon, dass es den erzielten Preis auch wert ist".[37] Kein Wort von den zurückgehenden Zuschauerzahlen bei ran, kein Wort von dem sich längst abzeichnenden Ende des Booms.

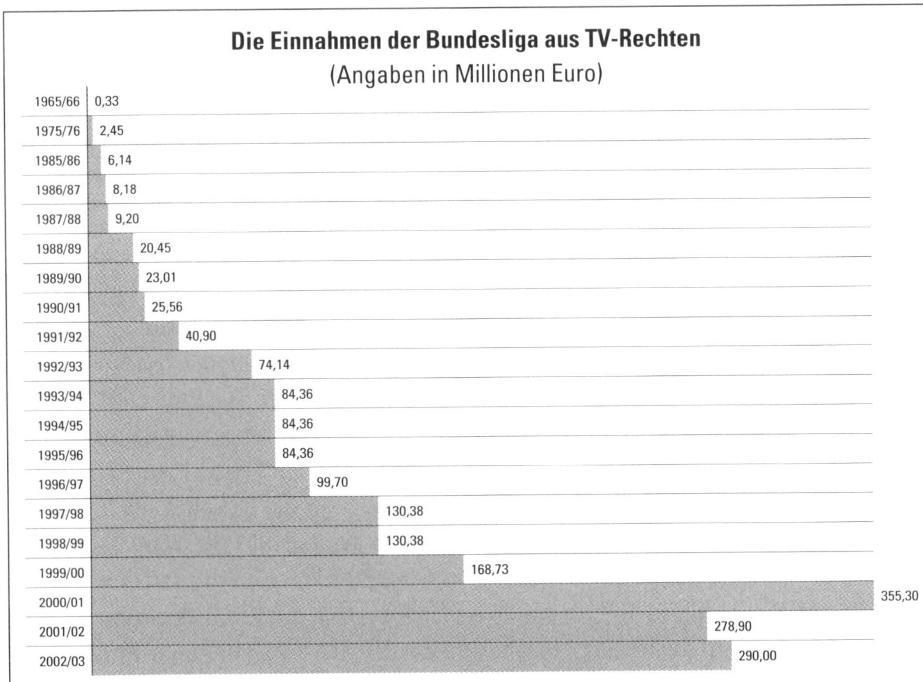

Quelle: Der Kicker

Anfang April stand der klamme Medienpartner endgültig vor der Zahlungsunfähigkeit und brachte die 36 Bundesligaklubs mitten in der Saisonendphase in die finanzielle Bredouille. Flugs schaltete sich die Politik ein – in Niedersachsen und Hessen standen Landtagswahlen vor der Tür, und ein Haufen insolventer Profivereine schien auch vor dem Hintergrund der bevorstehenden WM 2006 in Deutschland nicht unbedingt von Vorteil zu sein. Es kam zu einem populistischen Tohuwabohu, auf dessen Höhepunkt Nordrhein-Westfalens Ministerpräsident Wolfgang Clement die Übernahme von Ausfallbürgschaften durch Bund und Länder forderte, um das Schlimmste zu verhindern.[38] Er löste damit einen Sturm der Entrüstung aus. Willi Lemke, Ex-Manager von Werder Bremen und an der bedrohlichen finanziellen Entwicklung im Profifußball nicht unbeteiligt, witterte sogar einen „politischen Skandal": „Ich bin in einer Landesregierung, die Sozialhilfeempfängern das Kleingeld kürzt. Da können die doch nicht im Ernst daran denken, den Effenbergs und Zé Robertos Steuergeld hinterherzutragen." SPD-Sportausschuss-Vorsitzender Friedhelm Julius Beucher schob den Klubs die Verantwortung zu: „In diese Lage hat uns nicht Kirch gebracht, sondern falsche Vereinspolitik." Das sah Bayer-Leverkusens Geschäftsführer Holzhäuser (ehemaliger Ligasekretär des DFB) ähnlich. „Wir müssen alle umdenken", forderte er, während sein Nürnberger Kollege Geenen unverhohlen drohte: „Kommt es zu einem Super-GAU, gibt es keinen Spielbetrieb mehr."[39] Im Übrigen gingen alle Betroffenen zu jenem Zeitpunkt davon aus, dass Kirchs Insolvenzverwalter den rechtsgültigen Vertrag erfüllen und die noch ausstehenden 820 Mio. DM zahlen würde.

Daraus wurde jedoch nichts. Selbst nach einer Drohung der Klubs, die TV-Teams am letzten Bundesligaspieltag nicht in die Stadien zu lassen, zahlte der Insolvenzverwalter lediglich 210 Mio. Euro aus, was diverse Zweitligaklubs in ernsthafte finanzielle Schwierigkeiten brachte. Von nun an war die Bundesliga eine andere; hieß Panikmache das Gebot der Stunde. Rund 900 Profifußballern drohe die Entlassung, hieß es, während andere erschrocken darauf hinwiesen, dass die TV-Einnahmen einiger Klubs bis zu 50% des Saisonetats ausmachen würde. Betroffen waren vor allem Zweitligisten wie SSV Reutlingen 05, Karlsruher SC oder Alemannia Aachen, denen bei einer spürbaren Reduzierung der TV-Gelder tatsächlich die Pleite drohte. Die Bundesliga hatte sich in die Abhängigkeit des Fernsehens begeben und zahlte nun den Preis dafür.

Das Finanzchaos des Profifußballs war aber nicht nur der Kirch-Krise zuzuschreiben. Am 18. November 2002 analysierte der „Kicker": „Per 30. Juni 2001 – diese Geschäftsberichte der Klubs dienen als Grundlage für die Lizenzierung im Frühjahr 2002 – stiegen die Verbindlichkeiten der Liga nur um etwa ein Prozent von 476 auf 580 Millionen Euro an. Das aber bedeutet: Die Klubs haben in der Saison 2000/2001 mindestens 190 Millionen Euro mehr ausgegeben als in der Saison 1999/2000. Denn: Die TV-Honorare schnellten im Sommer 2000 von 168,7 Millionen Euro aus dem Vertrag mit ISPR auf 354,9 Millionen Euro aus dem neuen Vertrag mit KirchMedia an. Berücksichtigt man daneben die höheren Werbeeinnahmen, den 150-Millionen-Euro schweren Börsengang von Borussia Dortmund im Oktober 2000, die 25-Millionen-Euro-

Leverkusen als ewiger Vize – auch 2002 wurde Bayer kurz vor dem Ziel abgefangen, diesmal vom BVB. Hier Ballack, Ricken und Ramelow (von links) im Dreikampf.

Beteiligung von Octagon an Eintracht Frankfurt oder die verschiedenen Beteiligungen von Kölmels-Sportwelt usw., so hat die Liga mit Beginn des neuen TV-Zeitalters im Jahr 2000 das Geld mit offenen Händen aus dem Fenster geworfen."[40]

„Der Fußball steht in einer Rezession", dozierte derweil Gerhard Mayer-Vorfelder, der als DFB-Präsident fein raus war. Die Verantwortung trug schließlich sein DFL-Kollege Hackmann. In der gegenwärtigen Entwicklung sah der DFB-Boss, der 1995 nach dem Bosman-Urteil noch das „Ende des Fußball" prognostiziert hatte, „eine Chance zur Normalisierung der völlig überdrehten Entwicklung bei den Gehältern. (…) Egal, wie hoch die Geldschraube gedreht wurde, jeder zusätzliche Euro wanderte direkt in die Hände der Spieler und ihrer Berater."[41] Dass er selbst als Präsident des VfB Stuttgart lange Zeit an exakt jener „Geldschraube" aktiv mitgedreht hatte, blendete der ehemalige Berufspolitiker geschickt aus.

Nach Abebben der reinen Panikmache zeichneten sich allmählich wirkliche Lösungsmöglichkeiten ab. Erste Wahl war diesbezüglich die drastische Reduzierung der Kosten, wobei insbesondere die völlig überzogenen Spielergehälter sowie Beraterhonorare gemeint waren. Vielerorts wurden Gehaltssenkungen angekündigt, hielten sich die Vereine bezüglich eventueller Neuverpflichtungen auffallend zurück. Zur Spielzeit 2003/04 kündigten neben den Aufsteigern Freiburg, Frankfurt und Köln lediglich der VfB Stuttgart, Hertha BSC Berlin und der VfL Wolfsburg eine Erhöhung ihres Etats an. Bayern München und Schalke 04 wollten mit demselben Etat wie 2002/03 in die Saison gehen, die restlichen zehn Klubs reduzierten ihre Planungen derweil nach unten – Bayer Leverkusen sogar um 25 Mio. Euro!

In der Bundesliga machte sich eine neue Bescheidenheit breit, freilich auf hohem Niveau. Bayern-Keeper Olli Kahn beispielsweise (Jahres-Gesamteinnahme rund sieben Mio. Euro) wehrte jegliche Abstriche beim Gehalt vehement ab, und es waren vor allem die eher weniger schillernden Akteure, die Einbußen hinnehmen mussten.[42] Darüber hinaus reduzierten die Klubs ihre bisweilen auf über 30 Spieler aufgeblähten Kader und gingen mit deutlich weniger Akteuren in die neue Saison. Derweil verhandelte die DFL mit dem Insolvenzverwalter bzw. der neuen Geschäftsführung der KirchMedia über das Schicksal des eigentlich bis Sommer 2004 laufenden Vertrages. Im Juni 2002 kam es schließlich zur Einigung, die für 2002/03 einen Rückgang von 20% und für 2003/04 sogar Einbußen in der Größenordnung von einem Drittel gegenüber dem alten Vertrag vorsah. Darüber hinaus sicherte sich KirchMedia, deren Schicksal zu jenem Zeitpunkt noch völlig ungeklärt war, die Option auf zwei weitere Jahre. „Die KirchMedia bietet mehr Stabilität", begründete DFL-Geschäftsführungsmitglied Wilfried Straub die auf den ersten Blick unverständliche Entscheidung.

Das war nett ausgedrückt für eine Situation, die man auch als „Erpressung" hätte bezeichnen können. Tatsächlich nämlich war der Bundesliga gar keine andere Wahl geblieben, denn hätte KirchMedia Konkurrent, der Münchner Rechtehändler Herbert Kloiber, den Zuschlag erhalten, wäre das Chaos wohl endgültig perfekt gewesen. Für jenen Fall hatte die DFL nicht nur befürchten müssen, dass der Vertrag aufgrund des Insolvenzrechtes für nichtig erklärt worden wäre und ihr damit Schadensersatzforderungen gedroht hätten – sie wäre auch noch auf ihren Spielen sitzen geblieben. Kirch-Sender Premiere hatte nämlich zuvor unmissverständlich deutlich gemacht, nur bei KirchMedia kaufen zu wollen und anderenfalls eher selbst in die Insolvenz zu gehen. Als kleines Bonbon erhielt der Ligaverband immerhin die Möglichkeit, den seit längerem gehegten Traum vom eigenen Fußballkanal nun endlich zu verwirklichen, denn der neue Vertrag beinhaltete auch die Option, bis November 2003 für einen symbolischen Preis von einem Euro beim DSF, dem Internetanbieter Sport 1 und der Datenbankfirma imp mit 25,1 % einzusteigen.

Deutscher Meister 2002: Borussia Dortmund

Inmitten des finanziellen Tohuwabohus spielte sich 2002 in der Bundesliga eine sportliche Tragödie ab, die wie schon 1999/00 den Namen „Leverkusen" trug. Die Bayer-Kicker führten über weite Strecken der Saison das Feld an und schienen vorzeitig am Ziel ihrer Träume angelangt zu sein, nachdem Hauptkonkurrent Borussia Dortmund am 31. Spieltag in Kaiserslautern verlor. Fünf Punkte Vorsprung, nur noch drei Spieltage – was sollte da noch schiefgehen? BVB-Manager Michael Meier behauptete zwar noch immer trotzig, am Ende werde der Jäger gewin-

Spieler der Stunde ■ Michael Ballack

Sollte er jubeln? Sollte er weinen? Michael Ballack war am 25. Juni 2002 der wohl unglücklichste Held des WM-Turniers. In der 75. Minute des Halbfinalthrillers gegen Südkorea war ihm das Tor des Tages gelungen, das Deutschland sensationell ins Finale bugsiert hatte. Doch während alle Welt vor lauter Begeisterung darüber aus dem Häuschen geriet, war ausgerechnet bei Ballack die Freude getrübt. Der frisch zum FC Bayern gewechselte Angriffsspieler hatte nämlich vier Minuten vor seinem Tor die gelbe Karte gesehen – und weil es seine zweite während des Turniers war, durfte er im Finale auf der Ehrentribüne Platz nehmen. Michael Ballack steht exemplarisch für das gelungene fußballerische Zusammenwachsen von Deutschland-West und Deutschland-Ost. Als Absolvent einer der berühmten KJS-Schulen der ehemaligen DDR kam der gebürtige Görlitzer im Sommer 1997 in den Westen und stieg binnen weniger Monate in Kaiserslautern zu einem gefeierten Talent auf. Beidfüßig schießend, technisch hervorragend und in der Spielanlage bisweilen an Franz Beckenbauer erinnernd, konnte er jedoch erst in Leverkusen den Durchbruch schaffen. Dort wurde ihm in der Spielzeit 2001/02 freilich das Label des „Vizesiegers" verpasst – da war es doch irgendwie auch „gut", dass er im WM-Finale fehlte, schließlich wurde Deutschland „nur" Vizeweltmeister...

nen, doch außerhalb Dortmunds glaubte zu jenem Zeitpunkt wohl kaum jemand, dass Leverkusen sich den Titel erneut aus der Hand nehmen lassen würde.

Doch wie zwei Jahre zuvor flatterten den Rheinländern auch diesmal auf der Zielgeraden die Nerven. Gegen Werder Bremen gab es eine 1:2-Heimpleite, und weil Dortmund zur selben Zeit durch einen umstrittenen Strafstoß Sekunden vor Schluss gegen Absteiger Köln zu einem 2:1-Sieg kam, betrug der Vorsprung plötzlich nur noch zwei Punkte. Eine Woche später tauschten Bayer und Dortmund die Plätze – Leverkusen verlor 0:1 in Nürnberg, der BVB gewann eine Nervenschlacht in der Hamburger AOL-Arena glücklich mit 4:3. Dortmund machte schließlich im abschließenden Heimspiel gegen Werder Bremen durch einen Treffer des just eingewechselten brasilianischen Publikumslieblings Ewerthon alles klar und sorgte für Trauer am Rhein.

Leverkusens Scheitern ging aber noch weiter. Im DFB-Pokalfinale unterlagen die Toppmöller-Schützlinge Schalke 04 mit 2:4, und im Endspiel der Champions League setzte es trotz einer bravourösen Vorstellung gegen Real Madrid eine 1:2-Niederlage. Spötter lästerten hämisch von „Vizekusen", während man in der BayArena Wunden leckte. Nachdem Showmaster Daum an seiner kokainhaltigen Haarprobe gescheitert war, hatte Bayer-Manager Calmund ausgerechnet den biederen Berti Vogts als Nachfolger geholt – ein Experiment, das rasch scheiterte. Nachfolger Klaus Toppmöller ließ die Elf um Mittelfeldstar Michael Ballack zwar einen attraktiven Fußball spielen, der auch auf europäischer Bühne beeindruckte – doch zu häufig starb man dann doch in Schönheit. Während in Dortmund mit Matthias Sammer offenbar der richtige Mann für die schwierige Aufgabe gefunden worden war, ein Orchester aus hoch dotierten und eigenwilligen Stars zu dirigieren, sollte das Elend in Leverkusen in der kommenden Saison weitergehen.

2002/03: Skandale und Giftpfeile

2002/03 wurde mal wieder zur Spielzeit des FC Bayern. Der Klub verfügte am Schlusstag über einen komfortablen Vorsprung von 16 Zählern auf Vizemeister VfB Stuttgart, Olli Kahn hatte seinen eigenen Rekord aus der Saison 1998/99, als er 736 Minuten ohne Gegentor geblieben war, auf 803 Minuten geschraubt, und am Ende sicherten sich die Münchner mit einem 3:1-Finalsieg über Kaiserslautern auch noch das Double. Da war er wieder, der Ohrwurm vom „forever number...".

Neben dem Branchenführer bestimmte erneut Bayer Leverkusen die Schlagzeilen. Ohne den zum FC Bayern gewechselten Michael Ballack waren die Toppmöller-Schützlinge nur noch die Hälfte wert und boten sowohl in der Bundesliga als auch in der Champions League haarsträubende Darbietungen. International auf unerfindliche Art und Weise in die Zwischenrunde gerutscht – und dort punktlos ausgeschieden – fanden sich die Rheinländer in der Bundesliga bald sogar im Abstiegskampf wieder und zeigten Nerven. Manager Calmund reagierte zunehmend dünnhäutig, Trainer Toppmöller flog, und Nachfolger Hörster zeigte sich mit dem Mediengeschäft völlig überfordert. Erst als Klaus Augenthaler die Führung übernahm und Konkurrent Arminia Bielefeld sich mit einer Negativserie hilfreich zeigte, konnte der Klassenerhalt gefeiert werden.

Deutscher Meister 2003: FC Bayern München

Die Bayern waren nicht nur sportlich das Maß aller Dinge. Wirtschaftlich waren sie einer der wenigen Klubs, die finanziell ohne Schäden aus der Saison gekommen waren. Uli Hoeneß erzählte zwar mit leichenbitterer Miene, es sei „für uns natürlich auch gewöhnungsbedürftig", die Saison ohne Gewinn abzuschließen, doch angesichts der gewaltigen Verluste, die die Konkurrenz eingefahren hatte (der HSV mit 14,5 Mio. und Leverkusen mit 10 Mio. Euro „Miesen" führten die Negativrangliste an) konnte man den Bayern zu ihrer soliden Finanzpolitik nur gratulieren.[43]

Hintergrund waren die seit der Kirch-Pleite völlig veränderten ökonomischen Voraussetzungen. Statt der erwarteten 360 Mio. Euro TV-Gelder flossen „nur" 290, was den Gesamtschuldenberg aller 36 Profivereine auf geschätzte rund 600 Mio. Euro trieb. Der Einbruch betraf aber nicht nur das TV-Geschäft. Bremen, Bochum und Rostock hatten vor Saisonbeginn große Mühe gehabt, einen Trikotsponsor zu finden – in den Jahren zuvor hatten sich die Klubs ihre Partner stets selbst auswählen können. Die Liga steckte zweifelsohne tief in der Krise und das ausgerechnet in ihrem 40. Jahr. Zugleich zeigte sich jedoch, dass die Fans „ihre" Bundesliga nicht im Stich ließen. Über 10 Mio. kamen zu den 306 Spielen – das war neuer Bundesligarekord und ein eindrucksvoller Treuebeweis auch der „neuen" Fan-Generation. Gefördert worden war er durch die Nationalmannschaft, die sich bei der WM 2002 völlig überraschend die Vizeweltmeisterschaft gesichert hatte. Angesichts der bevorstehenden WM 2006 im eigenen Land war zumindest bei den Fans Fußball wie gewohnt „in".

Doch die Krise hinterließ tiefe Spuren – vor allem in der 2. Bundesliga. Schon vor dem Saisonstart war es drunter und drüber gegangen, als die DFL Eintracht Frankfurt

Serienmeister Bayern München holte auch 2003 die Schale. Oliver Kahn schaute für seine Verhältnisse recht fröhlich.

und Reutlingen zunächst die Lizenz entzog und Aachen, Waldhof sowie Karlsruhe mit ähnlich drastischen Maßnahmen drohte. Dass sowohl Frankfurt als auch Reutlingen nach wochenlangem Rechtsstreit schließlich doch drin blieben, hinderte den „Kicker" nicht, von der 2. Bundesliga als „eine Liga im Würgegriff der Moneten" zu sprechen. Das Thema „Geld" überschattete weite Teile der Saison, und man machte sich allenthalben Gedanken, wie man der prekären Lage entrinnen könnte. Dabei wurde auch vor absurden Ideen nicht zurückgeschreckt. Manfred Müller beispielsweise, Marketingchef beim SV Werder, wartete im April 2003 mit dem kühnen Vorschlag auf, die Halbzeitpause auf 20 Minuten verlängern. Dann hätten die Zuschauer, so Müller, „mehr Zeit für Bier und Bratwurst, die TV-Sender könnten mehr Werbung unterbringen – und die Vereine würden ein paar Euro hinzu verdienen". „Eine prinzipiell gute Idee ist das", urteilte sein Gladbacher Kollege Hochstätter, „weil die Vereine mehr Geld generieren können." Es war übrigens kein Aprilscherz – man schrieb den 22. April.

Ernsthaftere Chancen versprachen dagegen Aktivitäten in Fernost. China, Japan und Korea galten spätestens seit der WM 2002 als „der neue Super-Markt" („Kicker"), auf dem sich neue Erlösquellen finden ließen. Vor allem der HSV und München 1860, bei denen mit dem Japaner Takahara und dem Chinesen Shao bereits asiatische Akteure aktiv waren, profitierten von dem Boom. „Es tun sich drei Wege auf", so 1860-Sportdirektor Dirk Duffner: „Chinesische Firmen werben mit uns in China, oder sie werben in Europa, oder europäische Firmen werben in China." Darüber hinaus engagierten sich die beiden Klubs in der Fan-Akquise und boten beispielsweise Internet-Seiten in chinesischer bzw. japanischer Sprache an, die enorme Zugriffsraten vermeldeten.

Andere Vorschläge beschäftigten sich derweil mit einem weit reichenden Gehaltsverzicht der hoch bezahlten Profis. „Den großen Crash kann der Fußball nur verhindern, wenn umgehend ein Gehaltsverzicht der Spieler, Trainer und Manager erfolgt. In einer durchschnittlichen Größenordnung von 18 Prozent. Und natürlich zu einem weitaus höheren Prozentsatz bei den finanzschwächeren Klubs, denn der Mittelwert resultiert auch aus den schwarzen Zahlen des Finanzkrösus FC Bayern München", urteilte der „Kicker".[44] Sogar von einer Salary Cap, einer Gehaltsobergrenze, war die Rede. Dabei sollten sich die Klubs vor Saisonbeginn auf eine maximale Gehaltssumme einigen – womit es im Prinzip zu einer Rückkehr der Gepflogenheiten aus den Anfangsjahren der Bundesliga kommen würde, als der DFB vergleichbares verfügt hatte. Entsprechend kritisch wird die Durchführbarkeit einer solchen Schwellensumme beurteilt.

Im April 2003 brach schließlich ein Krach zwischen dem FC Bayern und der DFL aus. Grund war ein Geheimvertrag, den der Branchenführer mit der KirchMedia abgeschlossen hatte und von dem die DFL entgegen seiner Statuten nichts erfahren hatte. Für insgesamt rund 97 Mio. Euro sollten die Bayern die Rolle des bezahlten Kirch-Lobbyisten spielen, und tatsächlich waren sie von ihrer ursprünglichen Forderung, die Einzelvermarktung der TV-Rechte durchzusetzen, abgerückt.[45] Die Öffentlichkeit war empört. Cottbus' Präsident Krein sprach von „Betrug und Wettbewerbsverzerrung", derweil die „Süddeutsche Zeitung" das „dubiose Vertragswerk" mit der „Anrüchigkeitsstufe eins" versah. In München gab man sich unschuldig und drohte pikiert mit der Abwanderung aus Deutschland. „Dann spielen wir eben in Italien mit", giftete Franz Beckenbauer, während Uli Hoeneß sanft darauf hinwies: „Wenn das Flaggschiff FC Bayern mal Probleme kriegt, reißt es den ganzen Laden mit in den Keller."

Die ohnehin angeschlagene DFL und ihr Vorsitzender Werner Hackmann, der kurz zuvor seinen Vorstandsposten beim HSV hatte räumen müssen, reagierten völlig hilflos und brachen einen Medienkrieg vom Zaun, in dem der Ligaverband sehr schlecht aussah. „Nach kaum zwei Jahren Geschäftstätigkeit der DFL im zweiten Stock des Hermann-Neuberger-Hauses an der Frankfurter Otto-Fleck-Schneise lautet das deprimierende Zwischenfazit: Selten ist ein Ziel so kolossal verfehlt worden. Ohnmächtig ist die DFL von einer Krise zur nächsten gewankt, hat sich in Zeiten wachsender wirtschaftlicher Not eingezwängt zwischen mächtigen Münchnern und klammen ‚Kleinen' wiedergefunden, umzingelt von kritischer Presse, DFB-Kadern und einem todkranken TV-Rechteinhaber. Zusätzlich geschwächt von internen Querelen einer gespaltenen Geschäftsführung und geführt von einem Ligaverband, dessen Präsidenten Werner

Hackmann kaum jemand ernst nimmt, seit er beim HSV aus dem Chefsessel gekippt wurde", kommentierte die „Frankfurter Rundschau" am 14. April 2003.

Zu jenem Zeitpunkt schien der Skandal bereits aus der Welt geschafft, da DFL und FC Bayern sich geeinigt hatten, den Vorfall für die Zahlung von 3 Mio. Euro zu „vergessen". Doch Hackmanns Hoffnungen, mit dem Vergleich „wieder Ruhe in den Fußball zu kriegen" erfüllten sich nicht – weil der DFL auf ein Nachkarten nicht verzichten wollte. „Die DFL sieht in der Zahlungsverpflichtung des FC Bayern die Möglichkeit, die Hygiene unter den Wettbewerbern wiederherzustellen. Ungeachtet dessen sind wir überzeugt, dass der FC Bayern mit dem so genannten Geheimvertrag moralisch verwerflich gehandelt hat", hieß es in der offiziellen Presseerklärung, die in München wütende Proteste auslöste. Karl-Heinz Rummenigge tobte: „Wir wollen mit dieser DFL nichts mehr zu tun haben" und stellte sogar den gesamten Ligaverband in Frage: „Was haben die geschafft, außer ein Logo zu kreieren?" Doch die Gemüter beruhigten sich bald wieder – schlussendlich sahen beide Seiten ein, dass sie aufeinander nicht verzichten können und begruben das Kriegsbeil. Wenig später wurde bekannt, dass auch der DFB sowie Schalke-Aufsichtsratmitglied Jürgen W. Möllemann heimlich Gelder von Kirch entgegengenommen hatten.

Optimistisch in die Zukunft

Während die beiden Bundesligen mit den Folgen der Kirch-Krise fertig zu werden versuchten, ging es im hochklassigen Amateurfußball mal wieder drunter und drüber. Weil es den Amateurmannschaften der Bundesligisten ab 2002/03 erlaubt war, unbegrenzt Profis einzusetzen, witterte die Konkurrenz Wettbewerbsverzerrung, musste sich schlussendlich aber dem Dekret beugen. In den beiden Regionalligastaffeln tummelten sich inzwischen acht Bundesliga-Amateurteams[46], und aus den Oberligen drohten weitere nachzurücken. Die Ersatzteams waren nicht nur aufgrund ihrer unberechenbaren Aufstellungen ein Problem, sondern drückten zudem den Zuschauerschnitt in den beiden Staffeln deutlich nach unten.

Geradezu prekär war die Situation in den Oberligen. In der Staffel Niedersachsen/Bremen beispielsweise hatte im Januar 2002 die Hälfte der Klubs vor der Pleite gestanden, und bei sechs Vereinen lief bereits ein Insolvenzverfahren bzw. war jenes gerade erst abgeschlossen worden. Das Insolvenzrecht entpuppte sich immer häufiger als eleganter Ausweg aus der Verschuldungsfalle. Nach erfolgreichem Abschluss des Verfahrens stand der Verein schuldenfrei da und konnte fröhlich wie gewohnt weitermachen. Solide arbeitende Konkurrenz sprach zu Recht von Wettbewerbsverzerrung und mahnte den DFB zum Eingreifen. Der Fußballverband hatte bereits zur Saison 2001/02 die Regelung eingeführt, dass ein Verein bei Eröffnung eines Insolvenzverfahren automatisch erster Absteiger war. Das beruhigte die Gemüter zwar, es löste aber nicht das eigentlich zugrunde liegende Problem, denn die Frage, wie der Spielbetrieb in den Regional- und Oberligen überhaupt noch finanziert werden kann, wartet bis heute auf eine Antwort.

Immerhin: In Kürze werden alle Oberligen mit einem Lizenzierungsverfahren ausgestattet sein, was zweifelsohne ein Schritt in die richtige Richtung ist, und die gestoppte Preisspirale in den Profiligen wird sich ebenfalls positiv auswirken. Nichtsdestotrotz bleiben die hochklassigen Amateurligen eine Grauzone, in der sich profilierungssüchtige Exzentriker prima austoben können. Fritz Höxtermann, Spielerausschuss-Vorsitzender des Niedersächsischen Fußball-Verbandes, gibt sich diesbezüglich keinerlei Illusionen hin: „Selbst wenn wir für eine Zulassung zum Spielbetrieb in der Oberliga eine Lizenzierung mit Nachweis über die wirtschaftliche Leistungsfähigkeit fordern würden, wären wir nicht davor gefeit, die augenblickliche Problematik der Oberligavereine kurze Zeit darauf in der nächsttieferen Klasse wiederzufinden. Eine lückenlose Überwachung überfordert in jedem Fall das Leistungsvermögen der haupt- und ehrenamtlichen Mitarbeiter in den jeweils zuständigen Verbänden.“[47]

Skeptiker befürchten ohnehin, dass es im Jahre 2010 nur noch einen Bruchteil der heutigen Fußballvereine geben wird. Die Tendenz zu Fusionen und der Bildung von Großvereinen ist unübersehbar. Das mag auf der einen Seite ein unausweichlicher Mechanismus auf die Veränderungen des Marktes sein, wird dem Spiel auf der anderen Seite aber einen großen Reiz nehmen. Mehr als ein Jahrhundert lebte Fußball schließlich von nachbarschaftlicher Brisanz, von Derbys, vom Duell zwischen „denen“ und „uns“, von der Vielfalt seiner Klubs. Heute ist Spitzenfußball konzentriert auf eine kleine Gruppe großer Vereine, denen das Interesse und die Emotionen geschenkt wird, während die vielen anderen ums Überleben kämpfen.

Womöglich sind die Zeiten (und Zeichen) aber auch gar nicht so trübe, denn durch die mediale Überhöhung der Bundesligaklubs entsteht Raum für modern geführte Amateurvereine, die in der Lage sind, kreativ mit ihrem regionalen Potenzial umzugehen. Schließlich hat die TV-Dauerberieselung auch zu einem gewissen „Fußball-Hunger“ geführt, den sich Amateurvereine zunutze machen können – unter dem Motto „support your local football-club“. Fest steht, dass sich Fußballvereine noch immer als Identifikationsobjekt eignen und den Vereinen aufgrund der zu erwartenden Euphorie im Vorfeld der WM 2006 auch keineswegs bange sein muss. Dazu ist allerdings eine geschickte, sensible und vor allem moderne Strategie notwendig. Vereine, die die Zeichen der Zeit erkannt und sich einen Platz im „neuen“ Fußball gesucht haben, gibt es bereits. Mit viel Liebe gestaltete Internet-Auftritte, ein heimeliges Begleitprogramm bei den Heimspielen sowie eine Rückkehr zu manch alten Werten (Stichwort „Vereinsleben“) sind vielerorts bereits anzutreffen und zahlen sich inzwischen auch wirtschaftlich aus. Klubs jedoch, die von ihrer Tradition nicht lassen können und allein von der Aura ihrer Geschichte leben wollen, werden sicherlich scheitern.

Die nähere Zukunft des deutschen Fußballs dürfte also spannend werden. 100 Jahre nach dem ersten Endspiel um die Deutsche Meisterschaft scheint ein neuerlicher Umbruch unvermeidbar. Der extreme Medienhype ist Geschichte, was selbst von beinharten Verfechtern der völligen Vermarktung der Ware Fußball inzwischen zugegeben wird. Michael Pfad beispielsweise, einst bei Premiere an entscheidender Stelle tätig und

Die Stadien als Erlebnistheater. Franz Beckenbauer nannte das Dortmunder Westfalenstadion nicht zu Unrecht „die Mailänder Scala unter Deutschlands Stadien".

inzwischen Geschäftsführer der DFL, kündigte bereits „mehr Pflegearbeit" an der „Marke Bundesliga" an und ist sich nicht mehr sicher, „ob die derzeitige Darstellung im Free-TV auch bei den Jugendlichen ankommt"[48]. Vor dem Hintergrund der WM 2006 im eigenen Land will die DFL zweifelsohne die kaufkräftigen Teens und Twens nicht völlig aus den Augen verlieren, da Trendsportarten wie Beach-Volleyball, Basketball, Skateboard und Inline-Skating ohnehin schon an der Zuschauerbasis genagt haben. Der erfreuliche Trend zu mehr Sachlichkeit spiegelte sich im Sommer 2003 auch in der Tatsache wider, dass sogar die öffentlich-rechtlichen TV-Sender wieder salonfähig wurden. „Ich gehe davon aus, dass ARD und ZDF grundsätzlich bereit sind, die Bundesliga zurückzuholen. Auch die Fans warten doch nur darauf, dass die ‚Sportschau' wieder zu dem wird, was sie einmal war",[49] erklärte Karl-Heinz Rummenigge, jahrelang Fan der Privaten und Kritiker der Öffentlich-Rechtlichen, im Juni 2003 plötzlich. Auch bei ihm hatte die Kirch-Pleite zu einer heilsamen Ernüchterung geführt.

Neuer Rechteinhaber für Bundesliga-Übertragungen wurde nach der Kirch-Pleite die Schweizer Firma Infront, bei der mit Günter Netzer ein Frontmann der ARD beteiligt war. Netzers sachkundige TV-Plaudereien mit Sportmoderator Gerd Delling boten seit einigen Jahren bereits eine unaufgeregte Variante zum ran-Rummel. Sat.1 konnte den bisherigen Vertrag nicht erfüllen, RTL setzte lieber auf die Formel 1 – so lief denn alles auf die Öffentlich-Rechtlichen zu.

Problematisch war freilich die Finanzierung. Infront garantierte der Bundesliga für die Spielzeit 2003/04 immerhin 290 Mio. Euro, die natürlich refinanziert werden mussten. Das gestaltete sich jedoch schwierig: Von Premiere gingen 150 Mio. für die Pay-TV-

Rechte ein, dazu kamen 20 Mio. für die Zweitverwertung im ZDF-Sportstudio sowie rund 15 Mio. Euro für die Auslandsrechte bzw. die Zweitligarechte (DSF). Demnach fehlten noch 90 Mio. Euro – eine Summe, die nach dem Kirch-Crash kein Interessent mehr zahlen wollte. Am Ende bekam die ARD für lediglich 60 Mio. Euro den Zuschlag und verkündete stolz: „Die Botschaft für alle Fans nach dem De-facto-Rückzug von Sat.1 lautet: Die Bundesliga wird nicht im Pay-TV verschwinden."

Es winkt auch schon das nächste Problem: die Nachwuchsfrage. 258 der 467 in der Saison 2002/03 eingesetzten Akteure stammten aus dem Ausland – das entsprach 55,2%. 1963/64 hatte die Quote noch bei 1,7% gelegen – ganze fünf ausländische Akteure verdingten sich seinerzeit im Oberhaus. 2003/04 setzte sich der Trend fort. Borussia Dortmund beispielsweise, einst vorbildlich in der Nachwuchspflege und fünffacher A-Jugendmeister, trat am dritten Spieltag gegen München 1860 mit lediglich zwei Einheimischen an (Weidenfeller, Wörns), und am ersten Spieltag waren 145 der 198 eingesetzten Spieler Ausländer gewesen. Die Bereitschaft, Fußballer auszubilden und junge Talente zu fördern, ist bei Spitzenklubs wie Dortmund, Leverkusen und Schalke wenig ausgeprägt. Statt dessen schwört man auf „fertige" Spieler, die sich nach ein bis zwei Jahren wieder verabschieden. Vor allem im Hinblick auf die WM 2006 gibt diese mangelnde Nachwuchsförderung nicht unbedingt Anlass zu Optimimus.

Trotz allem: Am Ende könnte sich der Fußball als zählebiger erweisen, als mancher befürchtet hat. Dass ein Verein als Aktiengesellschaft keine Gewinne einfährt, dass sich überzogene Preise für TV-Übertragungen nicht refinanzieren lassen, dass auch die Millionen der Ufa aus Hertha BSC keinen Champion machen konnten – all das könnte sich als heilsame Lehre erwiesen. Sicherlich: Bundesligafußball wird ein Teil des Unterhaltungs- und Event-Business bleiben, und der Amateurfußball wird es als liebenswerte Alternative immer schwer haben. Doch genauso oft, wie man den Fußball totsagte, zog er sich am eigenen Schopf wieder aus dem Sumpf: Favoriten strauchelten, Aufsteiger wurden Deutscher Meister, Leverkusen dagegen in einer einzigen Saison dreimal nur Zweiter. Diese Unkalkulierbarkeit ist es, die den Fußball vor der ganzen großen Vereinnahmung bewahrt und die Kalkulationen mancher Investoren immer mal wieder durcheinander wirbelt. Und die den Fan immer wieder ins Stadion zieht.

Elf der Epoche 1990 - 2003

Trainer: Hitzfeld (Bor. Dortmund, FC Bayern München)

Kahn (FC Bayern)

Kohler (Borussia Dortmund) Sammer (Borussia Dortmund) Helmer (FC Bayern)

Möller (Borussia Dortmund) Ballack (Bayer Leverkusen)
Balakov (VfB Stuttgart) Bein (Eintracht Frankfurt)

Elber (Bayern München) Kirsten (Bayer Leverkusen) Yeboah (Eintracht Frankfurt)

EXKURS

Siegeszug der Fußball-Frauen

15. Juni 2003. Potsdam-Babelsberg. Fast 8.000 Fans sorgen für eine neue Rekordkulisse im Frauen-Fußball. Erstmals in der Geschichte der Fußball-Bundesliga (der Frauen) ist das Fernsehen bei einem Ligaspiel live dabei. Turbine Potsdam und der 1. FFC Frankfurt liefern sich ein packendes Spiel, das die Fans im Karl-Liebknecht-Stadion ebenso begeistert wie die vor den TV-Bildschirmen. Frankfurt erzielt mit ein wenig Glück ein torloses Unentschieden und darf sich über die neuerliche Meisterschaft freuen.

Hochklassiger und spannender Fußball ist in der Frauen-Bundesliga keine Seltenheit. Dennoch beschränkt sich der Zuschauerschnitt in der Spielzeit 2001/02 auf beinahe beleidigende 294 Zahlende pro Begegnung. Die Frauen haben sich daran gewöhnt, und auch jene Optimisten, die einen Frauen-Fußballboom prognostiziert hatten, sind längst verstummt. Frauen-Fußball lebt – aber nicht als Zuschauersport. Lediglich die Nationalmannschaft lockt bei ihren Auftritten erwähnenswerte Kulissen an, wobei das Team von Bundestrainerin Theune-Meyer auch bevorzugt in der Provinz antritt, wo man mit großem Fußball nicht reich gesegnet ist.

Nichtsdestotrotz ist die Geschichte des Frauen-Fußballs in Deutschland eine Erfolgsstory. Fünf EM-Titel stehen zu Buche, deutsches Fachpersonal mischt in der stärksten Frauenliga der Welt (USA) mit, und wann immer irgendwo ein großes Turnier angepfiffen wird, steht Deutschland garantiert auf dem Favoritenzettel.

Beim DFB ist man stolz darauf. So stolz, dass den Frauen in der Chronik zum 100-jährigen Bestehen des Verbandes sogar ein eigenes Kapitel gewidmet wird. „Frauen am Ball – eine dreißigjährige Erfolgsbilanz“, heißt es da, und auf immerhin acht Seiten werden noch einmal die großen Erfolge abgehandelt. Autor Michael Novak spart dabei nicht einmal mit Kritik am DFB und dessen lange Zeit geradezu frauenfeindlicher Politik. 1955 hatte der DFB auf seinem damaligen Bundestag ein ausdrückliches Verbot für den Frauen-Fußball ausgesprochen.[50] Fußball sei reine Männersache, hieß es, denn „im Kampf, der unter Einsatz letzter Kräfte mit Verbissenheit und Zähigkeit geführt werde, verschwinde die Anmut der weiblichen Beweglichkeit, erlitten Körper und Seele der Frau unweigerlich Schaden“.[51]

Erst 1970 rang sich der DFB durch, sein altertümliches patriarchalisches Verbot aufzuheben. Die italienische Getränkefirma Martini & Rossi hatte 1970 den Verband mit der ersten privat organisierten Frauen-Fußball-WM unter Zugzwang gesetzt,[52] darüber hinaus waren landesweit überall Frauenmannschaften aufgetreten. Dabei handelte es sich um zwei völlig unterschiedliche Arten von Teams: Belustigungsmannschaften, die im Rahmen einer örtlichen Kirmes auftraten und vor allem das männliche Publikum erfreuten, sowie ernsthaft und aus freiem Willen kickende Frauen, deren Interesse am Fußball durch die Gleichberechtigungsdebatte im Zuge der 68er Bewegung entstanden war. Am 31. Oktober 1970 machten Letztere auf dem DFB-Bundestag in Travemünde „Damen-Fußball", wie es bis 1995 hieß, salonfähig und sorgten dafür, dass der DFB sein Verbot außer Kraft setzte. Allerdings gab es Auflagen: Die Damen mussten mit kleineren und leichteren Jugendbällen spielen, sie durften nur zwischen dem 1. März und dem 31. Oktober Spiele bestreiten, und die Spielzeit war auf zweimal 30 Minuten begrenzt. Derlei Dummheiten passieren eben, wenn sich Männer um Frauenangelegenheiten kümmern...

Schlag auf Schlag ging es weiter. Am 30. Oktober 1971 genehmigte der DFB-Bundestag die Durchführung von Meisterschaftsspielen durch die Landesverbände, und am 8. September 1974 sicherte sich der TuS Wörrstadt mit einem 4:0-Sieg über Eintracht Erle die erste Deutsche Meisterschaft im Damen-Fußball. Ein Jahr zuvor hatte Wörrstadt im inoffiziellen Finale um die Meisterschaft des Jahres 1973 mit 3:1 über Bayern München gewonnen.

Erst 1977 kam Frauen-Fußball jedoch in Frauen-Hände. Mit der Hamburgerin Hannelore Ratzeburg sowie der Weißenburgerin Christel Rother wurden zwei überaus engagierte Frauen mit der Führung beauftragt, die sich zunächst regelmäßig einem Haufen eher skeptischer Männer gegenüber sahen. Ratzeburg wurde 1995 sogar als erste Frau in den DFB-Vorstand gewählt.

Nächster Schritt war der Aufbau einer Nationalmannschaft – durch (na klar) einen Mann. „Anfang der achtziger Jahre meinte der damalige Bundestrainer Jupp Derwall im Gespräch mit mir, ich hätte doch zur Zeit keine Mannschaft zu betreuen. Und das DFB-Präsidium wolle, dass ich eine Frauen-Nationalmannschaft aufbaue. Würde ich mir damit nicht meinen Namen kaputtmachen? Und was würde meine eigene Frau dazu sagen?", erinnerte sich Gero Bisanz an die kuriosen Umstände seiner Amtseinführung.[53] Am 10. November 1982 trat Bisanz erstmals mit seinen Schützlingen in die Öffentlichkeit. In Koblenz gab es einen 5:1-Sieg über die Schweiz, der das Potenzial der deutschen Fußball-Frauen andeutete. 1989 sollte sich die Mannschaft bei der Europameisterschaft in Deutschland mit einem 4:1-Finalsieg über Norwegen erstmals einen internationalen Titel sichern und zugleich kräftig Imagewerbung betreiben. Vor allem der Halbfinalthriller gegen Italien, den Deutschland im Elfmeterschießen für sich entschied, fesselte viele Fußballfans, die live per TV dabei waren. Nach dem Finale zog eine La-Ola durch das Stadion an der Osnabrücker Bremer Brücke, und die Medien sprachen vom „Siegeszug des Frauen-Fußballs". Auch Bundestrainer Bisanz war begeistert: „Die Multiplikationswirkung für den Unterbau war jetzt gegeben. Mütter hatten von nun an viel weniger Bedenken, Töchter zum Fußballspielen zu schicken." 1991, 1995, 1997 und 2001 konnte der EM-Erfolg wiederholt werden.

Damit war der Durchbruch erreicht, zumal parallel erste Schritte in Richtung Aufbau eines leistungsfördernden Ligasystems gestellt worden waren. Bis 1985 hatte jeder Landesverband seinen eigenen Meister ausgespielt, war am Ende im K.-o.-System um

Der 1. FFC Frankfurt dominiert seit Jahren den deutschen Frauenfußball. Im Pokalfinale 2003 attackiert die Frankfurterin Renate Lingor (links) Petra Hauser vom FCR Duisburg.

den Deutschen Meister gekämpft worden. Das inadäquate System aufzubrechen, war allerdings nicht ganz einfach, denn im Frauen-Fußball gab (und gibt) es weder erwähnenswerte Zuschauereinnahmen, noch zahlungskräftige Sponsoren wie beispielsweise im Amateurfußball der Männer. Großräumige Spielklassen waren folglich schwer zu finanzieren, zumal es sich bei den Spitzenvereinen im Frauen-Fußball zumeist um eher kleinere Klubs handelte, deren Kassen nicht sonderlich gefüllt waren. Darüber hinaus war Frauen-Fußball natürlich blütenreiner Amateursport, was auch ein zeitliches Problem mit sich brachte. 1985 gelang es in Nordrhein-Westfalen, eine Regionalliga zu gründen, die zum Vorbild für die anderen Regionen wurde. 1986 wurde in Norddeutschland ein Pendant geschaffen, und 1987 diskutierte man auf dem DFB-Bundestag in Bremen erstmals über die Einführung einer Frauen-Bundesliga.

Der EM-Gewinn von 1989 beschleunigte die Entwicklung. Auf dem Trierer DFB-Bundestag im selben Jahr wurde beschlossen, 1990/91 eine zweigleisige Bundesliga aus der Taufe zu heben, der jeweils zehn Mannschaften angehörten. „Wir erwarten eine Leistungssteigerung, wie sie auch in anderen Ländern, zum Beispiel in Italien, zu beobachten ist“, hoffte Bundestrainerassistentin Theune-Meyer angesichts der zu erwartenden intensiveren Trainingseinheiten und des gehobeneren Wettbewerbs. Theune-Meyer musste sich aber eines Besseren belehren lassen, denn die beiden Staffeln erwiesen sich rasch als Zwei-Klassen-Gesellschaft. Auf der einen Seite standen Klubs wie TSV Siegen, FSV Frankfurt und Newcomer Grün-Weiß Brauweiler, die die Ligen mit ihrem Leistungsvermögen dominierten, auf der anderen Seite standen völlig überforderte Teams wie Uni-SV Jena (fünf Zähler), SC Poppenbüttel (sechs Zähler) und ... Bayern München (neun Zähler). Die Zuschauerzahlen beliefen sich zumeist im zwei- bis dreistelligen Bereich (mit 800 Zuschauern im Schnitt war der TSV Siegen „Krösus"), und auch die Medienberichterstattung fiel karg aus. Allenfalls beim Pokalfinale rückten die Fußball-Frauen in das öffentliche Interesse – sie durften das Vorspiel zum Männer-Finale bestreiten. Eine Lösung, die sich heute tatsächlich bewährt hat, da „Berlin" im Frauen-Fußball eine gewaltige Signalwirkung hat.

1997 schließlich bekamen auch die Frauen endlich ihre eingleisige 1. Bundesliga. Vorausgegangen war ein schleichender Ablösungsprozess vom Männer-Fußball, der sich vor allem im Trend zur Eigenständigkeit vieler Klubs äußerte. Frauen-Teams wie die des VfR Eintracht Wolfsburg, des TSV Siegen und des VfR Saarbrücken drohten in den Sog des finanziellen Chaos' der jeweiligen Männermannschaften gezogen zu werden und verließen ihre Stammvereine daraufhin. Nachdem sie zunächst Unterschlupf bei anderen Klubs gefunden hatten, dort aber auf ähnlich Probleme gestoßen waren, entstanden eigenständige Frauen-Fußballvereine wie der FFC Heike Rheine, der FFC Turbine Potsdam und der 1. FFC Frankfurt. Inzwischen können die Frauen-Teams auf völlig eigenständige Strukturen zurückgreifen und haben vor allem die schwierigen finanziellen Bedingungen bewundernswert gelöst. Die mit Einführung der eingleisigen 1. Bundesliga verknüpften Hoffnungen nach besseren Sponsoring-Möglichkeiten haben sich allerdings nicht erfüllt. Noch immer steht die Wirtschaft abseits, und ein Zuschauerschnitt von exakt 283 Zahlenden pro Spiel bezeichnete selbst der DFB als „entwicklungsfähig". Immerhin: Das Frankfurter Derby zwischen dem FSV und der SG Praunheim lockte in der ersten Saison der Eingleisigen immerhin 1.059 Fans an (und damit mehr, als die FSV-Herren bei ihren Spielen zumeist begrüßen können), und die eingangs beschriebene Rekordkulisse beim Topspiel zwischen Potsdam und Frankfurt macht ebenfalls Hoffnung.

Dessen ungeachtet hat sich Frauen-Fußball ohnehin etabliert und mehr als nur eine Nische geschaffen. „Der Frauen- und Mädchen-Fußball ist nach Erhebungen von Freizeitforschern eine aktuelle Trendsportart. Jährliche Zuwachsraten von über zehn Prozent in den beim DFB erfassten Mannschaftszahlen belegen dieses Ergebnis eindrucksvoll", blickte Hannelore Ratzeburg anlässlich des 100. DFB-Jubiläums folglich hoffnungsvoll in die Zukunft.

Deutsche Meisterschaft 1903 bis 2003

Endrundenspiele 1903 bis 1963

1903
Vorrunde: Altona 93 – Viktoria 96 Magdeburg 8:1; DFC Prag – Karlsruher FV ausgefallen (für das Halbfinale erneut angesetzt); Britannia Berlin – VfB Leipzig 1:3.
Halbfinale: VfB Leipzig – Altona 93 6:3; DFC Prag – Karlsruher FV (KFV nicht angetreten).
Endspiel: VfB Leipzig – DFC Prag 7:2.

1904
Vorrunde: Germania Hamburg – ARBV Hannover 11:0; Britannia Berlin – Karlsruher FV 6:1; Duisburger SV – Kasseler FV 5:3; VfB Leipzig – Viktoria 96 Magdeb. 1:0.
Halbfinale: Germania Hamburg – Britannia Berlin 1:3; VfB Leipzig – Duisburger SV 3:2 n.V.
Endspiel: VfB Leipzig – Britannia Berlin nach Protest durch Karlsruhe ausgefallen. Kein Meister ermittelt.

1905
1. Vorrunde: Schlesien Breslau – Alemannia Cottbus 5:1; Eintracht Braunschweig – Hannover 96 3:2; Schlesien Breslau verzichtet gegen Viktoria 96 Magdeburg.
2. Vorrunde: Eintracht Braunschweig – Viktoria 96 Magdeburg 2:1 n.V.
Viertelfinale: VfB Leipzig verzichtet gegen Eintracht Braunschweig, dafür: Union 92 Berlin – Eintracht Braunschweig 4:1; Karlsruher FV – Duisburger SV 1:0; Dresdner SC – Victoria Hamburg 5:3.
Halbfinale: Union 92 Berlin – Dresdner SC 5:2; Freilos: Karlsruher FV
Endspiel: Union 92 Berlin – Karlsruher FV 2:0.

1906
Vorrunde: VfB Leipzig – Norden-Nordwest Berlin 9:1; Victoria Hamburg – Union 92 Berlin 1:3; Hertha 92 Berlin – Schlesien Breslau 7:1; 1. FC Pforzheim – Kölner FC 99 4:2 n.V.
Halbfinale: Hertha 92 Berlin – VfB Leipzig 2:3; 1. FC Pforzheim – Union 92 Berlin 4:0.
Endspiel: VfB Leipzig – 1. FC Pforzheim 2:1.

1907
Vorrunde: Viktoria 89 Berlin – Schlesien Breslau 2:1; Victoria Hamburg – Düsseldorfer FC 99 8:1, Freilose: Freiburger FC, VfB Leipzig.
Halbfinale: Victoria Hamburg – Viktoria 89 Berlin 1:4; Freiburger FC – VfB Leipzig 3:2.
Endspiel: Freiburger FC – Viktoria 89 Berlin 3:1.

1908
Vorrunde: Freiburger FC – Stuttgarter Kickers 1:0 vom DFB annulliert, Wiederholung: 1:5; VfB Königsberg – Viktoria 89 Berlin 0:7; Duisburger SV – Eintracht Braunschweig 1:0; VfR Breslau – Wacker Leipzig 1:3.
Halbfinale: Stuttgarter Kickers – Duisburger SV 5:1; Viktoria 89 Berlin – Wacker Leipzig 4:0.
Endspiel: Viktoria 89 Berlin – Stuttgarter Kickers 3:0.

1909
Vorrunde: Altona 93 – Tasmania Berlin-Rixdorf 4:3; SC Erfurt – Alemannia Cottbus n.V. 4:3 n.V.; Phönix Karlsruhe – FC M.-Gladbach 5:0; VfB Königsberg – Viktoria 89 Berlin 1:12.
Halbfinale: Viktoria 89 Berlin – Altona 93 7:0; Phönix Karlsruhe – SC Erfurt 9:1.
Endspiel: Phönix Karlsruhe – Viktoria 89 Berlin 4:2.

1910
Vorrunde: Karlsruher FV – Duisburger SV 1:0; VfB Leipzig – Phönix Karlsruhe 1:2; Holstein Kiel – Preussen Berlin 4:1; Tasmania Berlin-Rixdorf – VfR Breslau 2:1.
Halbfinale: Holstein Kiel – Tasmania Berlin-Rixdorf 6:0; Karlsruher FV – Phönix Karlsruhe 2:1.
Endspiel: Karlsruher FV – Holstein Kiel 1:0 n.V.

1911
Vorrunde: Lituania Tilsit verzichtete gegen Viktoria 89 Berlin; Karlsruher FV – Tasmania Berlin-Rixdorf 4:0, Holstein Kiel – Duisburger SV 3:1; VfB Leipzig – Askania Forst 3:2.
Halbfinale: VfB Leipzig – Karlsruher FV 2:0; Viktoria 89 Berlin – Holstein Kiel 4:0.
Endspiel: Viktoria 89 Berlin – VfB Leipzig 3:1.

1912
Vorrunde: SpVgg Leipzig – ATV Liegnitz 3:2; BuEV Danzig – Viktoria 89 Berlin 0:7; Holstein Kiel – Preussen Berlin 2:1; Karlsruher FV – Kölner BC 8:1.
Halbfinale: Karlsruher FV – SpVgg Leipzig 3:1, Viktoria 89 Berlin – Holstein Kiel 1:2 n.V.
Endspiel: Holstein Kiel – Karlsruher FV 1:0.

1913
Vorrunde: Viktoria 89 Berlin – Prussia-Samland Königsberg 6:1; Duisburger SV – Stuttgarter Kickers 2:1; VfB Leipzig – Askania Forst 5:1.
Halbfinale: Duisburger SV – Holstein Kiel 2:1; VfB Leipzig – Viktoria 89 Berlin 3:1.
Endspiel: VfB Leipzig – Duisburger SV 3:1.

1914
Vorrunde: Prussia-Samland Königsberg – VfB Leipzig 1:4; Duisburger SV – Altona 93 4:1 n.V.; Berliner BC – Askania Forst 4:0; SpVgg Leipzig – SpVgg Fürth 1:2.
Halbfinale: SpVgg Fürth – Berliner BC 4:3 n.V.; VfB Leipzig – Duisburger SV 1:0.
Endspiel: SpVgg Fürth – VfB Leipzig 3:2 n.V.

1915 bis 1919
Wegen des Weltkriegs keine Spiele um die Deutsche Meisterschaft.

1920
Vorrunde: Titania Stettin – Arminia Hannover 2:1 n.V.; Sportfreunde Breslau – Union Oberschöneweide 3:1; 1. FC Nürnberg – VfB Leipzig 2:0; SpVgg Fürth – Borussia M.-Gladbach 7:0.
Halbfinale: SpVgg Fürth – Spfr. Breslau 4:0; 1. FC Nürnberg – Titania Stettin 3:0.
Endspiel: 1. FC Nürnberg – SpVgg Fürth 2:0.

1921
Vorrunde: Spfr. Breslau – Wacker Halle 1:2; Duisburger SV – Hamburger SV 2:1 n.V.; Stettiner SC – Vorwärts Berlin 1:2; Freilos: 1. FC Nürnberg.
Halbfinale: Vorwärts 90 Berlin – Duisburger SV 2:1 n.V.; 1. FC Nürnberg – Wacker Halle 5:1.
Endspiel: 1. FC Nürnberg – Vorwärts 90 Berlin 5:0.

1922
Vorrunde: Hamburger SV – Titania Stettin 5:0, Norden-Nordwest Berlin – Viktoria Forst 1:0; 1. FC Nürnberg – SpVgg Leipzig 3:0; Wacker München – Arminia Bielefeld 5:0.
Halbfinale: Hamburger SV – Wacker München 4:0; 1. FC Nürnberg – Norden-Nordwest Berlin 1:0.
Endspiel: Hamburger SV – 1. FC Nürnberg 2:2 n.V. und 1:1 n.V. – Der DFB erklärte den Hamburger SV zum Meister. Nach Nürnberger Protest verzichtete der HSV auf den Titel. Daher kein Meister ermittelt.

1923
Vorrunde: Arminia Bielefeld – Union Oberschöneweide 0:0 n.V. und 1:2 n.V.; Hamburger SV – Guts Muts Dresden 2:0; SpVgg Fürth – Spfr. Breslau 4:0; Freilos: VfB Königsberg.
Halbfinale: Union Oberschöneweide – SpVgg Fürth 2:1; Hamburger SV – VfB Königsberg 3:2.
Endspiel: Hamburger SV – Union Oberschöneweide 3:0.

1924
Vorrunde: Alemannia 90 Berlin – 1. FC Nürnberg 1:6; Spfr. Breslau – Hamburger SV 0:3; SpVgg Leipzig – VfB Königsberg 6:1; Freilos: Duisburger SV.
Halbfinale: 1. FC Nürnberg – Duisburger SV 3:1; Hamburger SV – SpVgg Leipzig 1:0
Endspiel: 1. FC Nürnberg – Hamburger SV 2:0.

1925
Vorrunde: Alemannia 90 Berlin – Duisburger SV 1:2; Breslau 08 – VfB Leipzig 2:1; Viktoria Forst – Schwarz-Weiß Essen 1:2; Hamburger SV – FSV Frankfurt 1:2 n.V.; TuRU Düsseldorf – VfR Mannheim 4:1; VfB Königsberg – Hertha BSC Berlin 2:3 n.V.; 1. FC Nürnberg – 1. SV Jena 2:0; Titania Stettin – Altona 93 2:4.
Viertelfinale: Hertha BSC Berlin – TuRU Düsseldorf 4:1; Schwarz-Weiß Essen – FSV Frankfurt 1:3; SC Breslau 08 – 1. FC Nürnberg 1:4; Altona 93 – Duisburger SV 0:2.
Halbfinale: Duisburger SV – 1. FC Nürnberg 0:3; FSV Frankfurt – Hertha BSC Berlin 1:0 n.V.
Endspiel: 1. FC Nürnberg – FSV Frankfurt 1:0 n.V.

1926
Vorrunde: Hertha BSC Berlin – VfB Königsberg 4:0; Breslau 08 – Dresdner SC 1:0; Duisburger SV – Hamburger SV 1:3; FSV Frankfurt – BV Altenessen 2:1; SpVgg Fürth – Viktoria Forst 5:0; Holstein Kiel – Stettiner SC 8:2; Fortuna Leipzig – Bayern München 2:0; VfR Köln – Norden-Nordwest Berlin 1:2.
Viertelfinale: Norden-Nordwest Berlin – Holstein Kiel 0:4; Hamburger SV – Fortuna Leipzig 6:2; SpVgg Fürth – Breslau 08 4:0; Hertha BSC Berlin – FSV Frankfurt 8:2
Halbfinale: Hertha BSC Berlin – Hamburger SV 4:2; SpVgg Fürth – Holstein Kiel 3:1.
Endspiel: SpVgg Fürth – Hertha BSC Berlin 4:1.

1927
Vorrunde: Kickers 1900 Berlin – Duisburger SV 5:4 n.V.; Spfr. Breslau – SpVgg Fürth 1:3; FC Schalke 04 – SV München 1860 1:3; Fortuna Düsseldorf – Hamburger SV 1:4; 1. FC Nürnberg – Chemnitzer BC 5:1; Hol-

stein Kiel – Titania Stettin 9:1; VfB Königsberg – Hertha BSC 1:2 n.V.; VfB Leipzig – Breslau 06 3:0.
Viertelfinale: Hertha BSC Berlin – Holstein Kiel 4:2; Hamburger SV – 1. FC Nürnberg 1:2; SV München 1860 – VfB Leipzig 3:0; SpVgg Fürth – Kickers 1900 Berlin 9:0.
Halbfinale: Hertha BSC Berlin – SpVgg Fürth 2:1; 1. FC Nürnberg – SV München 1860 4:1.
Endspiel: 1. FC Nürnberg – Hertha BSC Berlin 2:0.

1928
Vorrunde: Wacker München – Dresdner SC 1:0 n.V.; Wacker Halle – Bayern München 0:3; SpVgg Köln-Sülz 07 – Eintracht Frankfurt 3:1; Hertha BSC Berlin – Spfr. Breslau 7:0; Preußen Krefeld – Tennis Borussia Berlin 1:3; Hamburger SV – FC Schalke 04 4:2; Breslau 08 – VfB Königsberg 2:3; Preußen Stettin – Holstein Kiel 1:4.
Viertelfinale: VfB Königsberg – Hamburger SV 0:4; Holstein Kiel – Hertha BSC Berlin 0:4; Bayern München – SpVgg Köln-Sülz 07 5:2; Tennis Borussia Berlin – Wacker München 1:4;
Halbfinale: Hamburger SV – Bayern München 8:2; Hertha BSC Berlin – Wacker München 2:1.
Endspiel: Hamburger SV – Hertha BSC Berlin 5:2.

1929
Vorrunde: SpVgg Fürth – Fortuna Düsseldorf 5:1; Preußen Hindenburg – Hertha BSC Berlin 1:8; Holstein Kiel – 1. FC Nürnberg 1:6; VfB Königsberg – Breslau 08 1:2; Bayern München – Dresdner SC 3:0; Wacker Leipzig – FC Schalke 04 1:5; Tennis Borussia Berlin – Titania Stettin 3:2 n.V.; Meidericher SV – Hamburger SV 2:3.
Viertelfinale: Hamburger SV – SpVgg Fürth 0:2; FC Schalke 04 – Hertha BSC Berlin 1:4; 1. FC Nürnberg – Tennis Borussia Berlin 3:1; Breslau 08 – Bayern München 4:3 n.V.
Halbfinale: SpVgg Fürth – Breslau 08 6:1; Hertha BSC – 1. FC Nürnberg 0:0 n.V. und 3:2.
Endspiel: SpVgg Fürth – Hertha BSC Berlin 3:2.

1930
Vorrunde: Eintracht Frankfurt – VfL Benrath 1:0; SpVgg Fürth – Tennis Borussia Berlin 4:1; Spfr. Breslau – 1. FC Nürnberg 0:7; Hertha BSC – Beuthen 09 3:2; FC Schalke 04 – Arminia Hannover 6:2; Dresdner SC – VfB Königsberg 8:1; Holstein Kiel – VfB Leipzig 4:3, Titania Stettin – SpVgg Köln-Sülz 07 4:2.
Viertelfinale: Holstein Kiel – Eintracht Frankfurt 4:2; SpVgg Köln-Sülz 07 – Hertha BSC Berlin 1:1 n.V. und 1:8; Dresdner SC – SpVgg Fürth 5:4 n.V.; 1. FC Nürnberg – FC Schalke 04 6:2.
Halbfinale: Hertha BSC Berlin – 1. FC Nürnberg 6:3; Holstein Kiel – Dresdner SC 2:0.
Endspiel: Hertha BSC Berlin – Holstein Kiel 5:4.

1931
Vorrunde: VfB Bielefeld – Hertha BSC Berlin 2:5; SV München 1860 – Meidericher SV 4:1; Beuthen 09 – Hamburger SV 0:2; Holstein Kiel – Prussia-Samland Königsberg 3:2; SpVgg Fürth – SpVgg Leipzig 3:0; Tennis Borussia Berlin – VfB Liegnitz 6:1; VfB Königsberg – Dresdner SC 1:8; Fortuna Düsseldorf – Eintracht Frankfurt 2:3 n.V.
Viertelfinale: Hertha BSC Berlin – SpVgg Fürth 3:1; SV München 1860 – Tennis Borussia Berlin 1:0; Dresdner SC – Holstein Kiel 3:4; Hamburger SV – Eintracht Frankfurt 2:0.
Halbfinale: Hertha BSC Berlin – Hamburger SV 3:2; SV München 1860 – Holstein Kiel 2:0.
Endspiel: Hertha BSC Berlin – SV München 1860 3:2.

1932
Vorrunde: Bayern München – Minerva 93 Berlin 4:2; 1. FC Nürnberg – Borussia Fulda 5:2; Hindenburg Allenstein – Eintracht Frankfurt 0:6; FC Schalke 04 – SuBC Plauen 5:4 n.V.; Hamburger SV – VfL Benrath 3:1; Tennis Borussia Berlin – Viktoria Stolp 3:0; Breslau 08 – Holstein Kiel 1:4; Polizei Chemnitz – Beuthen 09 5:1.
Viertelfinale: Polizei Chemnitz – Bayern München 2:3; Holstein Kiel – 1. FC Nürnberg 0:4; Eintracht Frankfurt – Tennis Borussia Berlin 3:1; FC Schalke 04 – Hamburger SV 4:2.
Halbfinale: Bayern München – 1. FC Nürnberg 2:0; Eintracht Frankfurt – FC Schalke 04 2:1.
Endspiel: Bayern München – Eintracht Frankfurt 2:0.

1933
Vorrunde: VfL Benrath – SV München 1860 0:2; Hindenburg Allenstein – Hertha BSC Berlin 4:1; Beuthen 09 – Prussia-Samland Königsberg 7:1; FSV Frankfurt – Polizei Chemnitz 6:1; Dresdner SC – Arminia Hannover 1:2 n.V.; Hamburger SV – Eintracht Frankfurt 1:4; Fortuna Düsseldorf – Vorwärts-Rasensport Gleiwitz 9:0; FC Schalke 04 – Viktoria 89 Berlin 4:1.
Viertelfinale: Eintracht Frankfurt – Hindenburg Allenstein 12:2; FC Schalke 04 – FSV Frankfurt 1:0; Arminia Hannover – Fortuna Düsseldorf 0:3; SV München 1860 – Beuthen 09 3:0.
Halbfinale: Fortuna Düsseldorf – Eintracht Frankfurt 4:0; FC Schalke 04 – SV München 1860 4:0.
Endspiel: Fortuna Düsseldorf – FC Schalke 04 3:0.

1934
Gruppe 1: Viktoria 89 Berlin – Beuthen 09 5:2 und 4:1; Viktoria 89 Berlin – Viktoria Stolp 4:2 und 3:2; Viktoria 89 Berlin – Preußen Danzig 5:2 und 3:0; Beuthen 09 – Viktoria Stolp 1:1 und 2:1; Beuthen 09 – Preußen Danzig 2:1 und 4:1; Viktoria Stolp – Preußen Danzig 3:1 und 1:1 – Gruppensieger: Viktoria 89 Berlin.

Gruppe 2: FC Schalke 04 – VfL Benrath 0:1 und 2:0; FC Schalke 04 – Werder Bremen 3:0 und 5:2; FC Schalke 04 – Eimsbütteler TV 4:1 und 2:3; VfL Benrath – Werder Bremen 4:1 und 2:2; VfL Benrath – Eimsbütteler TV 4:1 und 1:5, Werder Bremen – Eimsbütteler TV 4:2 und 2:1 – Gruppensieger: FC Schalke 04.
Gruppe 3: SV Waldhof – Mülheimer SV 6:1 und 1:1; SV Waldhof – Kickers Offenbach 0:0 und 2:2; SV Waldhof – Union Böckingen 6:0 und 4:2; Mülheimer SV – Kickers Offenbach 4:4 und 3:1; Mülheimer SV – Union Böckingen 2:0 und 2:6; Kickers Offenbach – Union Böckingen 4:1 und 3:6 – Gruppensieger: SV Waldhof.
Gruppe 4: 1. FC Nürnberg – Dresdner SC 1:2 und 1:0; 1. FC Nürnberg – Borussia Fulda 1:1 und 2:1; 1. FC Nürnberg – Wacker Halle 3:0 und 2:0; Dresdner SC – Borussia Fulda 3:1 und 0:0; Dresdner SC – Wacker Halle 7:2 und 4:2; Borussia Fulda – Wacker Halle 3:2 und 1:2 – Gruppensieger: 1. FC Nürnberg
Halbfinale: FC Schalke 04 – SV Waldhof 5:2;
1. FC Nürnberg – Viktoria 89 Berlin 2:1.
Endspiel: FC Schalke 04 – 1. FC Nürnberg 2:1.

1935
Gruppe 1: Polizei Chemnitz – Hertha BSC Berlin 1:2 und 2:1; Polizei Chemnitz – Yorck Boyen Insterburg 6:1 und 8:1; Polizei Chemnitz – Vorwärts-Rasensport Gleiwitz 2:1 und 3:1; Hertha BSC Berlin – Yorck Boyen Insterburg 7:3 und 9:0; Hertha BSC Berlin – Vorwärts-Rasensport Gleiwitz 2:0 und 1:2; Yorck Boyen Insterburg – Vorwärts-Rasensport Gleiwitz 1:3 und 2:2 – Gruppensieger: Polizei Chemnitz.
Gruppe 2: FC Schalke 04 – Eimsbütteler TV 4:0 und 1:2; FC Schalke 04 – Hannover 96 3:2 und 4:1; FC Schalke 04 – Stettiner SC 9:1 und 6:0; Eimsbütteler TV – Hannover 96 1:3 und 3:9; Eimsbütteler TV – Stettiner SC 3:1 und 2:2; Hannover 96 – Stettiner SC 5:0 und 4:1 – Gruppensieger: FC Schalke 04.
Gruppe 3: VfL Benrath – VfR Mannheim 3:2 und 3:2; VfL Benrath – Phönix Ludwigshafen 0:0 und 2:1; VfL Benrath – VfR Köln 5:0 und 4:0; Phönix Ludwigshafen – VfR Mannheim 5:0 und 5:0; Phönix Ludwigshafen – VfR Köln 4:1 und 4:0; VfR Mannheim – VfR Köln 2:3 und 3:2 – Gruppensieger: VfL Benrath.
Gruppe 4: VfB Stuttgart – SpVgg Fürth 3:2 und 4:1; VfB Stuttgart – FC Hanau 93 2:1 und 0:3; VfB Stuttgart – 1. SV Jena 1:2 und 3:2; SpVgg Fürth – FC Hanau 93 0:1 und 5:1; SpVgg Fürth – 1. SV Jena 2:0 und 1:0; FC Hanau 93 – 1. SV Jena 0:1 und 2:0 – Gruppensieger: VfB Stuttgart.
Halbfinale: VfB Stuttgart – VfL Benrath 4:2;
FC Schalke 04 – Polizei Chemnitz 3:2.
Endspiel: FC Schalke 04 – VfB Stuttgart 6:4.

1936
Gruppe 1: FC Schalke 04 – Polizei Chemnitz 2:3 und 2:1; FC Schalke 04 – Berliner SV 92 4:0 und 3:2;
FC Schalke 04 – Hindenburg Allenstein 7:0 und 4:1; Polizei Chemnitz – Berliner SV 92 4:1 und 4:1; Polizei Chemnitz – Hindenburg Allenstein 4:1 und 3:2; Berliner SV 92 – Hindenburg Allenstein 3:1 und 3:1 – Gruppensieger: FC Schalke 04.
Gruppe 2: Vorwärts-Rasensport Gleiwitz – Werder Bremen 5:2 und 4:2; Vorwärts-Rasensport Gleiwitz – Eimsbütteler TV 4:1 und 0:3; Vorwärts-Rasensport Gleiwitz – Viktoria Stolp 5:0 und 31; Werder Bremen – Eimsbütteler TV 2:0 und 6:1; Werder Bremen – Viktoria Stolp 6:0 und 4:1; Eimsbütteler TV – Viktoria Stolp 2:1 und 0:1 – Gruppensieger: Vorwärts-Rasensport Gleiwitz.
Gruppe 3: 1. FC Nürnberg – Wormatia Worms 2:1 und 2:2; 1. FC Nürnberg – 1. SV Jena 3:0 und 5:1; 1. FC Nürnberg – Stuttgarter Kickers 2:0 und 5:0; Wormatia Worms – 1. SV Jena 3:1 und 1:3; Wormatia Worms – Stuttgarter Kickers 6:2 und 2:3; 1. SV Jena – Stuttgarter Kickers 2:0 und 0:1 – Gruppensieger: 1. FC Nürnberg.
Gruppe 4: Fortuna Düsseldorf – FC Hanau 93 3:1 und 1:5; Fortuna Düsseldorf – SV Waldhof 3:1 und 4:0; Fortuna Düsseldorf – CfR Köln 3:0 und 2:0; FC Hanau 93 – SV Waldhof 0:0 und 0:1; FC Hanau 93 – CfR Köln 3:0 und 0:1; SV Waldhof – CfR Köln 2:0 und 2:3. – Gruppensieger: Fortuna Düsseldorf.
Halbfinale: 1. FC Nürnberg – FC Schalke 04 2:0; Fortuna Düsseldorf – Vorwärts Rasensport Gleiwitz 3:1.
Um den dritten Platz: FC Schalke 04 – Vorwärts Rasensport Gleiwitz 8:1.
Endspiel: 1. FC Nürnberg – Fortuna Düsseldorf 2:1 n.V.

1937
Gruppe 1: Hamburger SV – BC Hartha 3:0 und 3:0; Hamburger SV – Hindenburg Allenstein 6:1 und 5:2; Hamburger SV – Beuthen 09 6:0 und 4:1; BC Hartha – Hindenburg Allenstein 6:2 und 1:1; BC Hartha – Beuthen 09 2:6 und 4:2; Hindenburg Allenstein – Beuthen 09 2:1 und 2:2 – Gruppensieger: Hamburger SV.
Gruppe 2: FC Schalke 04 – Werder Bremen 5:1 und 2:2; FC Schalke 04 – Hertha BSC Berlin 2:1 und 2:1; FC Schalke 04 – Viktoria Stolp 12:0 und 8:0; Werder Bremen – Hertha BSC Berlin 5:2 und 3:1; Werder Bremen – Viktoria Stolp 5:0 und 4:0; Hertha BSC Berlin – Viktoria Stolp 3:1 und 4:0 – Gruppensieger: FC Schalke 04.
Gruppe 3: VfB Stuttgart – Wormatia Worms 0:0 und 1:0; VfB Stuttgart – SV Dessau 05 2:0 und 1:2; VfB Stuttgart – SV Kassel 3:0 und 5:1; Wormatia Worms – SV Dessau 05 1:0 und 4:0; Wormatia Worms – SV Kassel 3:1 und 3:1; SV Dessau 05 – SV Kassel 4:2 und 0:2 – Gruppensieger: VfB Stuttgart.

Gruppe 4: 1. FC Nürnberg – Fortuna Düsseldorf 0:0 und 3:1; 1. FC Nürnberg – SV Waldhof 7:1 und 4:1; 1. FC Nürnberg – VfR Köln 3:1 und 1:0; Fortuna Düsseldorf – SV Waldhof 2:1 und 1:1; Fortuna Düsseldorf – VfR Köln 0:2 und 5:1; SV Waldhof – VfR Köln 1:0 und 1:0 – Gruppensieger: 1. FC Nürnberg.
Halbfinale: FC Schalke 04 – VfB Stuttgart 4:2;
1. FC Nürnberg – Hamburger SV 3:2.
Um den dritten Platz: VfB Stuttgart – Hamburger SV 1:0.
Endspiel: FC Schalke 04 – 1. FC Nürnberg 2:0.

1938
Gruppe 1: Hamburger SV – Eintracht Frankfurt 5:0 und 2:3; Hamburger SV – Stettiner SC 2:0 und 3:1; Hamburger SV – Yorck Boyen Insterburg 3:1 und 6:0; Eintracht Frankfurt – Stettiner SC 5:0 und 6:5; Eintracht Frankfurt – Yorck Boyen Insterburg 5:0 und 5:1; Stettiner SC – Yorck Boyen Insterburg 1:0 und 5:2 – Gruppensieger: Hamburger SV.
Gruppe 2: FC Schalke 04 – VfR Mannheim 1:2 und 2:2; FC Schalke 04 – Berliner SV 92 3:0 und 1:1; FC Schalke 04 – SV Dessau 05 6:1 und 6:0; VfR Mannheim – Berliner SV 92 3:2 und 1:3; VfR Mannheim – SV Dessau 05 6:1 und 1:1; Berliner SV 92 – SV Dessau 05 2:3 und 0:0 – Gruppensieger: FC Schalke 04.
Gruppe 3: Fortuna Düsseldorf – BC Hartha 2:2 und 1:1; Fortuna Düsseldorf – VfB Stuttgart 3:0 und 2:0; Fortuna Düsseldorf – Vorwärts-Rasensport Gleiwitz 3:1 und 3:0; BC Hartha – VfB Stuttgart 2:1 und 1:1; BC Hartha – Vorwärts-Rasensport Gleiwitz 2:2 und 0:5; VfB Stuttgart – Vorwärts-Rasensport Gleiwitz 7:1 und 5:0 – Gruppensieger: Fortuna Düsseldorf.
Gruppe 4: Hannover 96 – 1. FC Nürnberg 2:1 und 2:1; Hannover 96 – Alemannia Aachen 6:1 und 2:1; Hannover 96 – FC Hanau 93 1:0 und 3:1; 1. FC Nürnberg – Alemannia Aachen 4:2 und 3:1; 1. FC Nürnberg – FC Hanau 93 2:1 und 4:1; Alemannia Aachen – FC Hanau 93 2:0 und 4:2 – Gruppensieger: Hannover 96.
Halbfinale: Hannover 96 – Hamburger SV 3:2 n.V.;
FC Schalke 04 – Fortuna Düsseldorf 1:0.
Um den dritten Platz: Fortuna Düsseldorf – Hamburger SV 0:0 n.V. und 4:2.
Endspiel: Hannover 96 – FC Schalke 04 3:3 n.V. und 4:3 n.V.

1939
Gruppe 1: Hamburger SV – VfL Osnabrück 5:1 und 2:4; Hamburger SV – Hindenburg Allenstein 5:2 und 4:1; Hamburger SV – Blau-Weiß 90 Berlin 3:0 und 3:3; VfL Osnabrück – Hindenburg Allenstein 0:0 und 1:3; VfL Osnabrück – Blau Weiß 90 Berlin 1:1 und 3:1; Hindenburg Allenstein – Blau-Weiß 90 Berlin 1:2 und 3:0 – Gruppensieger: Hamburger SV.
Gruppe 2a: Fortuna Düsseldorf – SpVgg Köln-Sülz 07 3:2 und 3:1; Fortuna Düsseldorf -Viktoria Stolp 1:0 und 0:1; SpVgg Köln-Sülz – Viktoria Stolp 5:0 und 2:0
Gruppe 2b: Dresdner SC – FC Schweinfurt 05 1:0 und 0:1; Dresdner SC – Warnsdorfer FK 3:1 und 5;1;
FC Schweinfurt 05 – Warnsdorfer FK 4:2 und 4:1.
Entscheidungsspiele: Dresdner SC – Fortuna Düsseldorf 4:1 und 3:3 – Gruppensieger: Dresdner SC.
Gruppe 3: Admira Wien – Stuttgarter Kickers 6:2 und 1:1; Admira Wien – VfR Mannheim 8:3 und 0:3; Admira Wien – SV Dessau 05 5:1 und 0:1; Stuttgarter Kickers – VfR Mannheim 3:2 und 4:1; VfR Mannheim – SV Dessau 05 0:0 und 3:1 – Gruppensieger: Admira Wien.
Gruppe 4: FC Schalke 04 – Vorwärts-Rasensport Gleiwitz 4:0 und 2:1; FC Schalke 04 – Wormatia Worms 1:2 und 1:0; FC Schalke 04 – CSC 03 Kassel 6:1 und 3:1; Vorwärts-Rasensport Gleiwitz – Wormatia Worms 5:3 und 2:1; Vorwärts-Rasensport Gleiwitz – CSC 03 Kassel 2:0 und 2:1; Wormatia Worms – CSC 03 Kassel 3:1 und 3:0 – Gruppensieger: FC Schalke 04.
Halbfinale: FC Schalke 04 – Dresdner SC 3:3 n.V. und 2:0, Admira Wien – Hamburger SV 4:1.
Um den dritten Platz: Dresdner SC – Hamburger SV 3:2.
Endspiel: FC Schalke 04 – Admira Wien 9:0.

1940
Gruppe 1a: Union Oberschöneweide – VfB Königsberg 6:3 und 1:3; Union Oberschöneweide – VfL Stettin 3:1 und 3:1; VfB Königsberg – VfL Stettin 5:2 und 2:1.
Gruppe 2b: Rapid Wien – Vorwärts-Rasensport Gleiwitz 3:1 und 2:2; Rapid Wien – NSTG Graslitz 7:0 und 7:1; Vorwärts-Rasensport Gleiwitz – NSTG Graslitz 4:2 und 4:4.
Entscheidungsspiele: Rapid Wien – Union Oberschöneweide 3:2 und 3:1 – Gruppensieger: Rapid Wien.
Gruppe 2: Dresdner SC – Eimsbütteler TV 0:0 und 3:0; Dresdner SC – VfL Osnabrück 3:0 und 0:0; Dresdner SC – 1. SV Jena 1:0 und 2:0;. Eimsbütteler TV – VfL Osnabrück 3:1 und 4:3; Eimsbütteler TV – 1. SV Jena 0:1 und 3:2; VfL Osnabrück – 1. SV Jena 5:2 und 2:2 – Gruppensieger: Dresdner SC.
Gruppe 3: FC Schalke 04 – Fortuna Düsseldorf 0:0 und 1:1; FC Schalke 04 – Mülheimer SV 5:0 und 8:2; FC Schalke 04 – CSC 03 Kassel 16:0 und 5:2; Fortuna Düsseldorf – Mülheimer SV 7:1 und 1:2; Fortuna Düsseldorf – CSC 03 Kassel 7:0 und 5:0; Mülheimer SV – CSC 03 Kassel 4:5 und 5:3 – Gruppensieger: FC Schalke 04.
Gruppe 4: SV Waldhof – 1. FC Nürnberg 1:1 und 0:0; SV Waldhof – Stuttgarter Kickers 7:2 und 0:1; SV Waldhof – Kickers Offenbachs 4:0 und 0:1; 1. FC Nürnberg – Stuttgarter Kickers 1:0 und 0:2; 1. FC Nürnberg – Kickers Offenbach 8:0 und 0:1; Stuttgarter Kickers – Kickers Offenbach 4:0 und 0:1 – Gruppensieger SV Waldhof.
Halbfinale: FC Schalke 04 – SV Waldhof 3:1;
Rapid Wien – Dresdner SC 1:2 n.V.
Um den dritten Platz: Rapid Wien – SV Waldhof 4:4 n.V. und 5:2.
Endspiel: FC Schalke 04 – Dresdner SC 1:0.

1941

Gruppe 1a: Vorwärts-Rasensport Gleiwitz – LSV Stettin 3:1 und 2:3; Vorwärts-Rasensport Gleiwitz – Preußen Danzig 4:1 und 0:0; LSV Stettin – Preußen Danzig 1:1 und 3:3.
Gruppe 1b: Dresdner SC – Tennis Borussia Berlin 5:2 und 1:0; Dresdner SC – NSTG Prag 4:2 und 1:0; Tennis Borussia Berlin – NSTG Prag 3:1 und 0:0.
Entscheidungsspiele: Dresdner SC – Vorwärts-Rasensport Gleiwitz 3:0 und 3:0 – Gruppensieger: Dresdner SC.
Gruppe 2a: Hamburger SV – 1. SV Jena 2:1 und 2:2; Hamburger SV – VfB Königsberg 3:1 und 2:1; 1. SV Jena – VfB Königsberg 2:4 und 4:0.
Gruppe 2b: FC Schalke 04 – Hannover 96 4:0 und 6:1; FC Schalke 04 – Borussia Fulda 4:0 und 2:1; Hannover 96 – Borussia Fulda 6:1 und 3:4.
Entscheidungsspiele: FC Schalke 04 – Hamburger SV 3:0 und 0:1 – Gruppensieger: FC Schalke 04.
Gruppe 3: VfL Köln 99 – Kickers Offenbach 3:1 und 2:2; VfL Köln 99 – TuS Helene Altenessen 3:1 und 1:6; VfL Köln 99 – FC 93 Mülhausen 6:1 und 4:1; Kickers Offenbach – TuS Helene Altenessen 1:1 und 4:0; Kickers Offenbach – FC 93 Mülhausen 5:1 und 6:2; TuS Helene Altenessen – FC 93 Mülhausen 5:2 und 2:2 – Gruppensieger: VfL Köln 99.
Gruppe 4: Rapid Wien – TSV München 1860 2:0 und 1:2; Rapid Wien – Stuttgarter Kickers 1:1 und 5:1; Rapid Wien – VfL Neckarau 8:1 und 7:0; TSV München 1860 – Stuttgarter Kickers 2:1 und 3:3; TSV München 1860 – VfL Neckarau 6:2 und 1:2; Stuttgarter Kickers – VfL Neckarau 2:0 und 3:5 – Gruppensieger: Rapid Wien.
Halbfinale: Rapid Wien – Dresdner SC 2:1; FC Schalke 04 – VfL Köln 99 4:1.
Um den dritten Platz: Dresdner SC – VfL Köln 99 4:1.
Endspiel: Rapid Wien – FC Schalke 04 4:3.

1942

Vorrunde: VfB Königsberg – SG Orpo Litzmannstadt 8:1; SC Planitz – SpVgg Breslau 02 2:1 n.V.; SV Dessau 05 – Blau-Weiß 90 Berlin 0:3; Werder Bremen – Eimsbütteler TV 4:2; FC Schalke 04 – 1. FC Kaiserslautern 9:3; Kickers Offenbach – VfL Köln 99 3:1; SS Straßburg – FC Schweinfurt 05 2:1; First Vienna FC Wien – Germania Königshütte 1:0.
Viertelfinale: Blau-Weiß 90 Berlin – VfB Königsberg 2:1; First Vienna FC Wien – SC Planitz 3:2; FC Schalke 04 – SS Straßburg 6:0; Kickers Offenbach – Werder Bremen 4:3.
Halbfinale: FC Schalke 04 – Kickers Offenbach 6:0; Blau-Weiß Berlin – First Vienna FC Wien 2:3.
Um den dritten Platz: Blau-Weiß Berlin – Kickers Offenbach 4:0.
Endspiel: FC Schalke 04 – First Vienna FC Wien 2:0.

1943

Vorrunde: VfB Stuttgart – TSV München 1860 0:3; 1. FC Nürnberg – VfR Mannheim 1:3; FV Saarbrücken – FC 93 Mülhausen 5:1; Spielverein 06 Kassel – FC Schalke 04 1:8; First Vienna FC Wien – MSV Brünn 5:2; TuS Neuendorf – Victoria Köln 0:2; Germania Königshütte – LSV Reinecke Brieg 3:4 n.V.; Eintracht Braunschweig – Victoria Hamburg 5:1; DWM Posen – SG Orpo Warschau 1:3; Berliner SV 92 – LSV Pütnitz 2:2 n.V. und 2:0; SV Dessau 05 – Dresdner SC 1:2; VfB Königsberg – SV Neufahrwasser 3:1,
Freilose: Holstein Kiel, SpVgg Wilheimshaven 05, Kickers Offenbach, Westende Hamborn.
Achtelfinale: FC Schalke 04 – SpVgg Wilhelmshaven 05 4:1; TSV München 1860 – Kickers Offenbach 2:0; Dresdner SC – Eintracht Braunschweig 4:0; VfR Mannheim – Westende Hamborn 8:1; Victoria Köln – Saarbrücken 0:5; LSV Reinecke Brieg – First Vienna FC Wien 0:8; SG Orpo Warschau – VfB Königsberg 1:5 (VfB Königsberg ausgeschlossen; an seine Stelle rückte SV Neufahrwasser); Berliner SV 92 – Holstein Kiel 0:2.
Viertelfinale: FV Saarbrücken – VfR Mannheim 3:2; Holstein Kiel – FC Schalke 04 4:1; First Vienna FC Wien – TSV München 1860 2:0; SV Neufahrwasser – Dresdner SC 0:4.
Halbfinale: Dresdner SC – Holstein Kiel 3:1; FV Saarbrücken – First Vienna FC Wien 2:1.
Um den dritten Platz: Holstein Kiel – First Vienna FC Wien 4:1.
Endspiel: Dresdner SC – FV Saarbrücken 3:0.

1944

Vorrunde: NSTG Brüx – 1. FC Nürnberg 0:8; Dresdner SC – Germania Königshütte 9:2; LSV Danzig – Hertha BSC Berlin 0:0 n.V. und 1:7; STC Hirschberg – SDW Posen 7:0; HSV Groß Born – LSV Rerik 6:4; VfR Mannheim – Bayern München 2:1 n.V.; FC Schalke 04 – TuS Neuendorf 5:0; LSV Hamburg – WSV Celle 4:0; SV Göppingen – KSG FV/Altenkessel Saarbrücken 3:5; KSG VfL 99/Sülz 07 – KSG SV/48/99 Duisburg 0:2; FC 93 Mülhausen – Kickers Offenbach 4:2; MSV Brünn – First Vienna FC Wien 3:6; Eintracht Braunschweig – SpVgg Wilhelmshaven 05 1:2 n.V.; Holstein Kiel – SV Dessau 05 3:2 n.V.; LSV Mölders Krakau – VfB Königsberg 1:4; Freilos: Borussia Fulda.
Achtelfinale: SpVgg Wilheimshaven 05 – LSV Hamburg 1:1 n.V. und 2:4; KSG SV/48/99 Duisburg – FC Schalke 04 2:1; 1. FC Nürnberg – VfR Mannheim 3:2; KSG FV/Altenkessel Saarbrücken – FC 93 Mülhausen 5:3; First Vienna FC Wien – STC Hirschberg 5:0; Borussia Fulda – Dresdner SC 2:9; Hertha BSC Berlin – Holstein Kiel 4:2; VfB Königsberg – HSV Groß-Born 3:10.
Viertelfinale: LSV Hamburg – KSG SV/48/99 Duisburg 3:0; KSG FV/Altenkessel Saarbrücken – 1. FC Nürn-

berg 1:5; HSV Groß-Born – Hertha BSC Berlin 3:2; Dresdner SC – First Vienna FC Wien 3:2.
Halbfinale: LSV Hamburg – HSV Groß-Born 3:2; Dresdner SC – 1. FC Nürnberg 3:1.
Endspiel: Dresdner SC – LSV Hamburg 4:0.

1945 bis 1947
Wegen des Weltkriegs und der politischen Neuordnung keine Spiele um die Deutsche Meisterschaft.

1948
Vorrunde: 1. FC Nürnberg – SG Planitz (Planitz erhielt keine Reisegenehmigung); 1. FC Kaiserslautern – TSV München 1860 5:1; TuS Neuendorf – Hamburger SV 2:1; Union Oberschöneweide – FC St. Pauli 7:0.
Halbfinale: 1. FC Nürnberg – FC St. Pauli 3:2 n.V.; 1. FC Kaiserslautern – TuS Neuendorf 5:1.
Endspiel: 1. FC Nürnberg – 1. FC Kaiserslautern 2:1.

1949
Qualifikation: FC St. Pauli – Rot-Weiß Essen 4:1; FC St. Pauli – Bayern München 1:1 n.V. und 2:0.
Vorrunde: Berliner SV 92 – Borussia Dortmund 0:5; Wormatia Worms – Kickers Offenbach 2:2 n.V. und 0:2; VfR Mannheim – Hamburger SV 5:0; FC St. Pauli – 1. FC Kaiserslautern 1:1 n.V. und 1:4.
Halbfinale: VfR Mannheim – Kickers Offenbach 2:1; 1. FC Kaiserslautern – Borussia Dortmund 0:0 n.V. und 1:4.
Um den dritten Platz: 1. FC Kaiserslautern – Kickers Offenbach 2:1 n.V.
Endspiel: VfR Mannheim – Borussia Dortmund 3:2 n.V.

1950
Vorrunde: Kickers Offenbach -Tennis Borussia Berlin 3:1; Hamburger SV – Union 06 Berlin 7:0; FC St. Pauli – TuS Neuendorf 4:0; SpVgg Fürth – STV Horst Emscher 3:2; Borussia Dortmund – VfR Mannheim 1:3; VfL Osnabrück – VfB Stuttgart 1:2; Preußen Dellbrück – SSV Reutlingen 1:0 n.V.; 1. FC Kaiserslautern – Rot-Weiß Essen 2:2 n.V. und 3:2 n.V.
Zwischenrunde: Hamburger SV – Kickers Offenbach 2:3; FC St. Pauli – SpVgg Fürth 1:2; VfB Stuttgart – 1. FC Kaiserslautern 5:2; VfR Mannheim – Preußen Dellbrück 1:2.
Halbfinale: VfB Stuttgart – SpVgg Fürth 4:1; Kickers Offenbach – Preußen Dellbrück 0:0 n.V. und 3:0.
Endspiel: VfB Stuttgart – Kickers Offenbach 2:1.

1951
Gruppe 1: 1. FC Kaiserslautern – FC Schalke 04 1:0 und 2:3; 1. FC Kaiserslautern – SpVgg Fürth 2:2 und 3:1; 1. FC Kaiserslautern – FC St. Pauli 2:0 und 4:2; FC Schalke 04 – SpVgg Fürth 2:1 und 0:0; FC Schalke 04 – FC St. Pauli 1:2 und 1:0; SpVgg Fürth – FC St. Pauli 4:1 und 0:1 – Gruppensieger: 1. FC Kaiserslautern.
Gruppe 2: Preußen Münster – 1. FC Nürnberg 6:4 und 2:1; Preußen Münster – Hamburger SV 3:1 und 1:5; Preußen Münster – Tennis Borussia Berlin 2:3 und 8:2; 1. FC Nürnberg – Hamburger SV 4:1 und 2:1; 1. FC Nürnberg – Tennis Borussia Berlin 3:1 und 3:2; Hamburger SV – Tennis Borussia Berlin 3:2 und 1:0 – Gruppensieger: Preußen Münster.
Endspiel: 1. FC Kaiserslautern – Preußen Münster 2:1.

1952
Gruppe 1: 1. FC Saarbrücken – 1. FC Nürnberg 3:1 und 2:5; 1. FC Saarbrücken – Hamburger SV 3:0 und 1:4; 1. FC Saarbrücken – FC Schalke 04 4:1 und 4:2; 1. FC Nürnberg – Hamburger SV 4:0 und 2:4; 1. FC Nürnberg – FC Schalke 04 4:2 und 4:2; Hamburger SV – FC Schalke 04 8:2 und 0:3 – Gruppensieger: 1. FC Saarbrücken.
Gruppe 2: VfB Stuttgart – Rot-Weiß Essen 5:3 und 2:3; VfB Stuttgart – VfL Osnabrück 3:1 und 0:0; VfB Stuttgart – Tennis Borussia Berlin 3:0 und1:1; Rot-Weiß Essen – VfL Osnabrück 2:0 und 2:3; Rot-Weiß Essen – Tennis Borussia Berlin 2:4 und 2:1; VfL Osnabrück – Tennis Borussia Berlin 4:0 und 1:2 – Gruppensieger: VfB Stuttgart.
Endspiel: VfB Stuttgart – 1. FC Saarbrücken 3:2.

1953
Gruppe 1: 1. FC Kaiserslautern – Eintracht Frankfurt 5:1 und 1:0; 1. FC Kaiserslautern – 1. FC Köln 2:2 und 2:1; 1. FC Kaiserslautern – Holstein Kiel 2:1 und 4:2; Eintracht Frankfurt – 1. FC Köln 2:0 und 0:0; Eintracht Frankfurt – Holstein Kiel 4:1 und 1:0; 1. FC Köln – Holstein Kiel 3:2 und 2:2 – Gruppensieger: 1. FC Kaiserslautern.
Gruppe 2: VfB Stuttgart – Borussia Dortmund 2:1 und 1:2; VfB Stuttgart – Hamburger SV 2:1 und 2:1; VfB Stuttgart – Union 06 Berlin 6:0 und 3:1; Borussia Dortmund – Hamburger SV 4:1 und 4:3; Borussia Dortmund – Union 06 Berlin 4:0 und 2:0; Hamburger SV – Union 06 Berlin 3:1 und 2:2 – Gruppensieger: VfB Stuttgart.
Endspiel: 1. FC Kaiserslautern – VfB Stuttgart 4:1.

1954
Gruppe 1: 1. FC Kaiserslautern – 1. FC Köln 4:3; 1. FC Kaiserslautern – Eintracht Frankfurt 1:0; 1. FC Köln – Eintracht Frankfurt 3:2 – Gruppensieger: 1. FC Kaiserslautern.
Gruppe 2: Hannover 96 – VfB Stuttgart 3:1; Hannover 96 – Berliner SV 92 2:1; VfB Stuttgart – Berliner SV 92 3:0 – Gruppensieger: Hannover 96.
Endspiel: Hannover 96 – 1. FC Kaiserslautern 5:1.

1955
Qualifikation: SV Sodingen – SSV Reutlingen 3:0; TuS Bremerhaven 93 – Wormatia Worms 3:3 n.V. und 3:2; Wormatia Worms – SSV Reutlingen 2:1.
Gruppe 1: 1. FC Kaiserslautern – Hamburger SV 2:2 und 2:1; 1. FC Kaiserslautern – SV Sodingen 2:2 und 2:2; 1. FC Kaiserslautern – Viktoria 89 Berlin 10:0 und 2:1; Hamburger SV – SV Sodingen 1:0 und 1:1; Hamburger SV – Viktoria 89 Berlin 1:0 und 2:0; SV Sodingen – Viktoria 89 Berlin 5:1 und 3:2. Gruppensieger: 1. FC Kaiserslautern.
Gruppe 2: Rot-Weiß Essen – TuS Bremerhaven 93 4:0 und 1:1; Rot-Weiß Essen – Kickers Offenbach 4:1 und 3:1; Rot-Weiß Essen – Wormatia Worms 1:1 und 3:1; TuS Bremerhaven 93 –Kickers Offenbach 2:0 und 0:4; TüS Bremerhaven 93 – Wormatia Worms 1:0 und 1:1; Kickers Offenbach – Wormatia Worms 5:2 und 0:1 – Gruppensieger: Rot-Weiß Essen.
Endspiel: Rot-Weiß Essen – 1. FC Kaiserslautern 4:3.

1956
Qualifikation: FC Schalke 04 – Hannover 96 2:1 n.V.; VfB Stuttgart – TuS Neuendorf 8:0; Hannover 96 – TuS Neuendorf 3:3 n.V. und 3:2.
Gruppe 1: Karlsruher SC – FC Schalke 04 3:2 und 3:0; Karlsruher SC – 1. FC Kaiserslautern 0:1 und 1:0; Karlsruher SC – Hannover 96 0:0 und 0:2; FC Schalke 04 – 1. FC Kaiserslautern 3:1 und 4:4; FC Schalke 04 – Hannover 96 3:1 und 4:0; 1. FC Kaiserslautern – Hannover 96 5:3 und 5:2 – Gruppensieger: Karlsruher SC.
Gruppe 2: Borussia Dortmund – Hamburger SV 5:0 und 1:2; Borussia Dortmund – VfB Stuttgart 4:1 und 2:0; Borussia Dortmund – Viktoria 89 Berlin 1:1 und 6:0; Hamburger SV – VfB Stuttgart 0:0 und 4:2; Hamburger SV – Viktoria 89 Berlin 5:1 und 3:1; VfB Stuttgart – Viktoria 89 Berlin 3:1 und 3:3 – Gruppensieger: Borussia Dortmund.
Endspiel: Borussia Dortmund – Karlsruher SC 4:2.

1957
Qualifikation: Kickers Offenbach – Holstein Kiel 3:2 n.V.
Gruppe 1: Hamburger SV – Duisburger SV 1:1; Hamburger SV – 1. FC Nürnberg 2:1; Hamburger SV – 1. FC Saarbrücken 2:1; Duisburger SV – 1. FC Nürnberg 2:2; Duisburger SV – 1. FC Saarbrücken 3:1; 1. FC Nürnberg – 1. FC Saarbrücken 2:2 – Gruppensieger: Hamburger SV.
Gruppe 2: Borussia Dortmund – Kickers Offenbach 2:1; Borussia Dortmund – 1. FC Kaiserslautern 3:2; Borussia Dortmund – Hertha BSC Berlin 2:1; Kickers Offenbach – 1. FC Kaiserslautern 4:1; Kickers Offenbach – Hertha BSC Berlin 3:1; 1. FC Kaiserslautern – Hertha BSC Berlin 14:1 – Gruppensieger: Borussia Dortmund.
Endspiel: Borussia Dortmund – Hamburger SV 4:1.

1958
Qualifikation: 1. FC Köln – 1. FC Kaiserslautern 3:3 n.V. und 3:0
Gruppe 1: Hamburger SV – 1. FC Nürnberg 3:1; Hamburger SV – FK Pirmasens – 1. FC Köln 3:1; 1. FC Nürnberg – FK Pirmasens 2:2; 1. FC Nürnberg – 1. FC Köln 4:3; FK Pirmasens – 1. FC Köln 1:1 – Gruppensieger: Hamburger SV.
Gruppe 2: FC Schalke 04 – Karlruher SC 3:0; FC Schalke 04 – Eintracht Braunschweig 4:1; FC Schalke 04 – Tennis Borussia Berlin 9:0; Karlsruher SC – Eintracht Braunschweig 2:1; Karlsruher SC – Tennis Borussia Berlin 1:0; Eintracht Braunschweig – Tennis Borussia Berlin 8:3 – Gruppensieger: FC Schalke 04.
Endspiel: FC Schalke 04 – Hamburger SV 3:0.

1959
Qualifikation: Werder Bremen – Borussia Neunkirchen 6:3.
Gruppe 1: Eintracht Frankfurt – 1. FC Köln 2:1 und 4:2; Eintracht Frankfurt – FK Pirmasens 3:2 und 6:2; Eintracht Frankfurt – Werder Bremen 4:2 und 7:2; 1. FC Köln – FK Pirmasens 3:2 und 0:4; 1. FC Köln – Werder Bremen 2:2 und 2:0; FK Pirmasens – Werder Bremen 4:1 und 2:5 – Gruppensieger: Eintracht Frankfurt.
Gruppe 2: Kickers Offenbach – Hamburger SV 3:2 und 0:1; Kickers Offenbach – Westfalia Herne 2:1 und 4:1; Kickers Offenbach – Tasmania 1900 Berlin 3:2 und 2:2; Hamburger SV – Westfalia Herne 4:2 und 1:3; Hamburger SV – Tasmania 1900 Berlin 3:0 und 2:0; Westfalia Herne – Tasmania 1900 Berlin 1:0 und 0:2 – Gruppensieger: Kickers Offenbach.
Endspiel: Eintracht Frankfurt – Kickers Offenbach 5:3 n.V.

1960
Qualifikation: Westfalia Herne – Kickers Offenbach 1:0.
Gruppe 1: Hamburger SV – Karlsruher SC 3:3 und 3:4; Hamburger SV – Borussia Neunkirchen 6:0 und 4:0; Hamburger SV – Westfalia Herne 2:1 und 4:3; Karlsruher SC – Borussia Neunkirchen 2:4 und 2:2; Karlsruher SC – Westfalia Herne 5:4 und 2:2; Borussia Neunkirchen – Westfalia Herne 2:1 und 1:2 – Gruppensieger: Hamburger SV.
Gruppe 2: 1. FC Köln – Werder Bremen 2:5 und 2:1; 1. FC Köln – Tasmania 1900 Berlin 3:0 und 2:1; 1. FC Köln – FK Pirmasens 4:0 und 1:1; Werder Bremen – Tasmania 1900 Berlin 2:1 und 1:2; Werder Bremen – FK Pirmasens 3:1 und 6:4; Tasmania 1900 Berlin – FK Pirmasens 5:2 und 2:1 – Gruppensieger: 1. FC Köln.
Endspiel: Hamburger SV – 1. FC Köln 3:2.

1961
Qualifikation: Eintracht Frankfurt – Borussia Neunkirchen 5:0.
Gruppe 1: Borussia Dortmund – Eintracht Frankfurt 0:1 und 2:1; Borussia Dortmund – Hamburger SV 7:2 und 5:2; Borussia Dortmund – 1. FC Saarbrücken 2:2 und 3:4; Eintracht Frankfurt – Hamburger SV 4:2 und 1:2; Eintracht Frankfurt – 1. FC Saarbrücken 1:1 und 5:2; Hamburger SV – 1. FC Saarbrücken 3:0 und 3:2 – Gruppensieger: Borussia Dortmund.
Gruppe 2: 1. FC Nürnberg – Werder Bremen 4:0 und 4:2; 1. FC Nürnberg – 1. FC Köln 3:3 und 2:1; 1. FC Nürnberg – Hertha BSC Berlin 3:3 und 2:0; Werder Bremen – 1. FC Köln 1:1 und 1:1; Werder Bremen – Hertha BSC Berlin 1:0 und 3:1; 1. FC Köln – Hertha BSC Berlin 3:4 und 2:1 – Gruppensieger: 1. FC Nürnberg.
Endspiel: 1. FC Nürnberg – Borussia Dortmund 3:0.

1962
Qualifikation: FC Schalke 04 – Werder Bremen 4:1 n.V.
Gruppe 1: 1. FC Nürnberg – Tasmania 1900 Berlin 2:1; 1. FC Nürnberg – FC Schalke 04 3:1; 1. FC Nürnberg – Borussia Neunkirchen 3:2; Tasmania 1900 Berlin – FC Schalke 04 1:1; Tasmania 1900 Berlin – Borussia Neunkirchen 1:0; FC Schalke 04 – Borussia Neunkirchen 3:2 – Gruppensieger: 1. FC Nürnberg.
Gruppe 2: 1. FC Köln – Eintracht Frankfurt 3:1; 1. FC Köln – Hamburger SV 1:0; 1. FC Köln – FK Pirmasens 10:0; Eintracht Frankfurt – Hamburger SV 2:1; Eintracht Frankfurt – FK Pirmasens 8:1; Hamburger SV – FK Pirmasens 6:3 – Gruppensieger: 1. FC Köln.
Endspiel: 1. FC Köln – 1. FC Nürnberg 4:0.

1963
Qualifikation: 1. FC Nürnberg – Werder Bremen 2:1.
Gruppe 1: 1. FC Köln – 1. FC Nürnberg 6:2 und 3:3; 1. FC Köln – Hertha BSC Berlin 5:1 und 6:3; 1. FC Köln – 1. FC Kaiserslautern 8:2 und 1:1; 1. FC Nürnberg – Hertha BSC Berlin 5:0 und 2:0; 1. FC Nürnberg – 1. FC Kaiserslautern 5:1 und 2:2; Hertha BSC Berlin – 1. FC Kaiserlautern 3:0 und 1:1 – Gruppensieger: 1. FC Köln.
Gruppe 2: Borussia Dortmund – TSV München 1860 4:0 und 2:3; Borussia Dortmund – Borussia Neunkirchen 0:0 und 5:2; Borussia Dortmund – Hamburger SV 3:2 und 1:0; TSV München 1860 – Borussia Neunkirchen 4:0 und 1:2; TSV München 1860 – Hamburger SV 2:1 und 0:3; Borussia Neunkirchen – Hamburger SV 3:0 und 1:1 – Gruppensieger: Borussia Dortmund.
Endspiel: Borussia Dortmund – 1. FC Köln 3:1.

Bundesliga-Meisterschaft 1964 bis 2003

1963/64

1.	1. FC Köln	30	78:40	45:15
2.	Meidericher SV	30	60:36	39:21
3.	Eintr. Frankfurt	30	65:41	39:21
4.	Borussia Dortmund	30	73:57	33:27
5.	VfB Stuttgart	30	48:40	33:27
6.	Hamburger SV	30	69:60	32:28
7.	TSV München 1860	30	66:50	31:29
8.	FC Schalke 04	30	51:53	29:31
9.	1. FC Nürnberg	30	45:56	29:31
10.	Werder Bremen	30	53:62	28:32
11.	Eintr. Braunschweig	30	36:49	28:32
12.	1. FC Kaiserslautern	30	48:69	26:34
13.	Karlsruher SC	30	42:55	24:36
14.	Hertha BSC Berlin	30	45:65	24:36
15.	Preußen Münster*	30	34:52	23:37
16.	1. FC Saarbrücken*	30	44:72	17:43

1964/65

1.	Werder Bremen	30	54:29	41:19
2.	1. FC Köln	30	66:45	38:22
3.	Borussia Dortmund	30	67:48	36:24
4.	TSV München 1860	30	70:50	35:25
5.	Hannover 96 (N)	30	48:42	33:27
6.	1. FC Nürnberg	30	44:38	32:28
7.	Meidericher SV	30	46:48	32:28
8.	Eintracht Frankfurt	30	50:58	29:31
9.	Eintr. Braunschweig	30	42:47	28:32
10.	Bor. Neunkirchen (N)	30	44:48	27:33
11.	Hamburger SV	30	46:56	27:33
12.	VfB Stuttgart	30	46:50	26:34
13.	1. FC Kaiserslautern	30	41:53	25:35
14.	Hertha BSC Berlin	30	40:62	25:35
15.	Karlsruher SC	30	47:62	24:36
16.	FC Schalke 04	30	45:60	22:38

Keine Absteiger, da die Liga auf 18 Mannschaften aufgestockt wurde.

1965/66

1.	TSV München 1860	34	80:40	50:18
2.	Borussia Dortmund	34	70:36	47:21
3.	FC Bayern München (N)	34	71:38	47:21
4.	Werder Bremen	34	76:40	45:23
5.	1. FC Köln	34	74:41	44:24
6.	1. FC Nürnberg	34	54:43	39:29
7.	Eintracht Frankfurt	34	64:46	38:30
8.	Meidericher SV	34	70:48	36:32
9.	Hamburger SV	34	64:52	34:34
10.	Eintr. Braunschweig	34	49:49	34:34
11.	VfB Stuttgart	34	42:48	32:36
12.	Hannover 96	34	59:57	30:38
13.	B. Mönchengladbach (N)	34	57:68	29:39

14.	FC Schalke 04	34	33:55	27:41
15.	1. FC Kaiserslautern	34	42:65	26:42
16.	Karlsruher SC	34	35:71	24:44
17.	Borussia Neunkirchen*	34	32:82	22:46
18.	Tasman. 1900 Berlin (N)*	34	15:108	8:60

1966/67

1.	Eintr. Braunschweig	34	49:27	43:25
2.	TSV München 1860 (M)	34	60:47	41:27
3.	Borussia Dortmund	34	70:41	39:29
4.	Eintracht Frankfurt	34	66:49	39:29
5.	1. FC Kaiserslautern	34	43:42	38:30
6.	FC Bayern München	34	62:47	37:31
7.	1. FC Köln	34	48:48	37:31
8.	Bor. Mönchengladbach	34	70:49	34:34
9.	Hannover 96	34	40:46	34:34
10.	1. FC Nürnberg	34	43:50	34:34
11.	MSV Duisburg[1]	34	40:42	33:35
12.	VfB Stuttgart	34	48:54	33:35
13.	Karlsruher SC	34	54:62	31:37
14.	Hamburger SV	34	37:53	30:38
15.	FC Schalke 04	34	37:63	30:38
16.	Werder Bremen	34	49:56	29:39
17.	Fortuna Düsseldorf*(N)	34	44:66	25:43
18.	Rot-Weiß Essen*(N)	34	35:53	25:43

[1]*zuvor Meidericher SV*

1967/68

1.	1. FC Nürnberg	34	71:37	47:21
2.	Werder Bremen	34	68:51	44:24
3.	Bor. Mönchengladbach	34	77:45	42:26
4.	1. FC Köln	34	68:52	38:30
5.	FC Bayern München	34	68:58	38:30
6.	Eintracht Frankfurt	34	58:51	38:30
7.	MSV Duisburg	34	69:58	36:32
8.	VfB Stuttgart	34	65:54	35:33
9.	Eintr. Braunschweig (M)	34	37:39	35:33
10.	Hannover 96	34	48:52	34:34
11.	Alemannia Aachen (N)	34	52:66	34:34
12.	TSV München 1860	34	55:39	33:35
13.	Hamburger SV	34	51:54	33:35
14.	Borussia Dortmund	34	60:59	31:37
15.	FC Schalke 04	34	42:48	30:38
16.	1. FC Kaiserslautern	34	39:67	28:40
17.	Boruss. Neunkirchen*(N)	34	33:93	19:49
18.	Karlsruher SC*	34	32:70	17:51

1968/69

1.	FC Bayern München	34	61:31	46:22
2.	Alemannia Aachen	34	57:51	38:30
3.	Bor. Mönchengladbach	34	61:46	37:31
4.	Eintr. Braunschweig	34	46:43	37:31
5.	VfB Stuttgart	34	60:54	36:32
6.	Hamburger SV	34	55:55	36:32
7.	FC Schalke 04	34	45:40	35:33
8.	Eintracht Frankfurt	34	46:43	34:34
9.	Werder Bremen	34	59:59	34:34
10.	TSV München 1860	34	44:59	34:34
11.	Hannover 96	34	47:45	32:36
12.	MSV Duisburg	34	33:37	32:36
13.	1. FC Köln	34	47:56	32:36
14.	Hertha BSC Berlin (N)	34	31:39	32:36
15.	1. FC Kaiserslautern	34	45:47	30:38
16.	Borussia Dortmund	34	49:54	30:38
17.	1. FC Nürnberg*(M)	34	45:55	29:39
18.	Kickers Offenbach*(N)	34	42:59	28:40

1969/70

1.	Bor. Mönchengladbach	34	71:29	51:17
2.	FC Bayern München (M)	34	88:37	47:21
3.	Hertha BSC Berlin	34	67:41	45:23
4.	1. FC Köln	34	83:38	43:25
5.	Borussia Dortmund	34	60:67	36:32
6.	Hamburger SV	34	57:54	35:33
7.	VfB Stuttgart	34	59:62	35:33
8.	Eintracht Frankfurt	34	54:54	34:34
9.	FC Schalke 04	34	43:54	34:34
10.	1. FC Kaiserslautern	34	44:55	32:36
11.	Werder Bremen	34	38:47	31:37
12.	Rot-Weiß Essen (N)	34	41:54	31:37
13.	Hannover 96	34	49:61	30:38
14.	Rot-W. Oberhausen (N)	34	50:62	29:39
15.	MSV Duisburg	34	35:48	29:39
16.	Eintr. Braunschweig	34	40:49	28:40
17.	TSV München 1860*	34	41:56	25:43
18.	Alemannia Aachen*	34	31:83	17:51

1970/71

1.	B. Mönchengladbach (M)	34	77:35	50:18
2.	FC Bayern München	34	74:36	48:20
3.	Hertha BSC Berlin	34	61:43	41:27
4.	Eintr. Braunschweig	34	52:40	39:29
5.	Hamburger SV	34	54:63	37:31
6.	FC Schalke 04	34	44:40	36:32
7.	MSV Duisburg	34	43:47	35:33
8.	1. FC Kaiserslautern	34	54:57	34:34
9.	Hannover 96	34	53:49	33:35
10.	Werder Bremen	34	41:40	33:35
11.	1. FC Köln	34	46:56	33:35
12.	VfB Stuttgart	34	49:49	30:38
13.	Borussia Dortmund	34	54:60	29:39
14.	Arminia Bielefeld (N)	34	34:53	29:39
15.	Eintracht Frankfurt	34	39:56	28:40
16.	Rot-Weiß Oberhausen	34	54:69	27:41
17.	Kickers Offenbach*(N)	34	49:65	27:41
18.	Rot-Weiß Essen*	34	48:68	23:45

1971/72

1.	FC Bayern München	34	101:38	55:13
2.	FC Schalke 04	34	76:35	52:16
3.	B. Mönchengladbach (M)	34	82:40	43:25
4.	1. FC Köln	34	64:44	43:25

5.	Eintracht Frankfurt	34	71:61	39:29
6.	Hertha BSC Berlin	34	46:55	37:31
7.	1. FC Kaiserslautern	34	59:53	35:33
8.	VfB Stuttgart	34	52:56	35:33
9.	VfL Bochum (N)	34	59:69	34:34
10.	Hamburger SV	34	52:52	33:35
11.	Werder Bremen	34	63:58	31:37
12.	Eintr. Braunschweig	34	43:48	31:37
13.	Fortuna Düsseldorf (N)	34	40:53	30:38
14.	MSV Duisburg	34	36:51	27:41
15.	Rot-Weiß Oberhausen	34	33:66	25:43
16.	Hannover 96	34	54:69	23:45
17.	Borussia Dortmund*	34	34:83	20:48
18.	Arminia Bielefeld*[1]	34	0:0	0:0

[1]Alle Spiele gegen Arminia wg. Verwicklung in Bestechungsskandal nur für die Gegner gewertet. Sie hätte sonst 41:75 Tore und 19-48 Punkte erreicht.

1972/73

1.	FC Bayern München (M)	34	93:29	54:14
2.	1. FC Köln	34	66:51	43:25
3.	Fortuna Düsseldorf	34	62:45	42:26
4.	Wuppertaler SV (N)	34	62:49	40:28
5.	Bor. Mönchengladbach	34	82:61	39:29
6.	VfB Stuttgart	34	71:65	37:31
7.	Kickers Offenbach (N)	34	61:60	35:33
8.	Eintracht Frankfurt	34	58:54	34:34
9.	1. FC Kaiserslautern	34	58:68	34:34
10.	MSV Duisburg	34	53:54	33:35
11.	Werder Bremen	34	50:52	31:37
12.	VfL Bochum	34	50:68	31:37
13.	Hertha BSC Berlin	34	53:64	30:38
14.	Hamburger SV	34	53:59	28:40
15.	FC Schalke 04	34	46:61	28:40
16.	Hannover 96	34	49:65	26:42
17.	Eintr. Braunschweig*	34	33:56	25:43
18.	Rot-Weiß Oberhausen*	34	45:84	22:46

1973/74

1.	FC Bayern München (M)	34	95:53	49:19
2.	Bor. Mönchengladbach	34	93:52	48:20
3.	Fortuna Düsseldorf	34	61:47	41:27
4.	Eintracht Frankfurt	34	63:50	41:27
5.	1. FC Köln	34	69:56	39:29
6.	1. FC Kaiserslautern	34	80:69	38:30
7.	FC Schalke 04	34	72:68	37:31
8.	Hertha BSC Berlin	34	56:60	33:35
9.	VfB Stuttgart	34	58:57	31:37
10.	Kickers Offenbach	34	56:62	31:37
11.	Werder Bremen	34	48:56	31:37
12.	Hamburger SV	34	53:62	31:37
13.	Rot-Weiß Essen (N)	34	56:70	31:37
14.	VfL Bochum	34	45:57	30:38
15.	MSV Duisburg	34	42:56	29:39
16.	Wuppertaler SV	34	42:65	25:43
17.	Fortuna Köln*(N)	34	46:79	25:43
18.	Hannover 96*	34	50:66	22:46

1974/75

1.	Bor. Mönchengladbach	34	86:40	50:18
2.	Hertha BSC Berlin	34	61:43	44:24
3.	Eintracht Frankfurt	34	89:49	43:25
4.	Hamburger SV	34	55:38	43:25
5.	1. FC Köln	34	77:51	41:27
6.	Fortuna Düsseldorf	34	66:55	41:27
7.	FC Schalke 04	34	52:37	39:29
8.	Kickers Offenbach	34	72:62	38:30
9.	Eintr. Braunschweig (N)	34	52:42	36:32
10.	FC Bayern München (M)	34	57:63	34:34
11.	VfL Bochum	34	53:53	33:35
12.	Rot-Weiß Essen	34	56:68	32:36
13.	1. FC Kaiserslautern	34	56:55	31:37
14.	MSV Duisburg	34	59:77	30:38
15.	Werder Bremen	34	45:69	25:43
16.	VfB Stuttgart*	34	50:79	24:44
17.	Tennis Bor. Berlin*(N)	34	38:89	16:52
18.	Wuppertaler SV*	34	32:86	12:56

1975/76

1.	B. Mönchengladbach (M)	34	66:37	45:23
2.	Hamburger SV	34	59:32	41:27
3.	FC Bayern München	34	72:50	40:28
4.	1. FC Köln	34	62:45	39:29
5.	Eintr. Braunschweig	34	52:48	39:29
6.	FC Schalke 04	34	76:55	37:31
7.	1. FC Kaiserslautern	34	66:60	37:31
8.	Rot-Weiß Essen	34	61:67	37:31
9.	Eintracht Frankfurt	34	79:58	36:32
10.	MSV Duisburg	34	55:62	33:35
11.	Hertha BSC Berlin	34	59:61	32:36
12.	Fortuna Düsseldorf	34	47:57	30:38
13.	Werder Bremen	34	44:55	30:38
14.	VfL Bochum	34	49:62	30:38
15.	Karlsruher SC (N)	34	46:59	30:38
16.	Hannover 96*(N)	34	48:60	27:41
17.	Kickers Offenbach*	34	40:72	27:41
18.	Bayer Uerdingen*(N)	34	28:69	22:46

1976/77

1.	B. Mönchengladbach (M)	34	58:34	44:24
2.	FC Schalke 04	34	77:52	43:25
3.	Eintr. Braunschweig	34	56:38	43:25
4.	Eintracht Frankfurt	34	86:57	42:26
5.	1. FC Köln	34	83:61	40:28
6.	Hamburger SV	34	67:56	38:30
7.	FC Bayern München	34	74:65	37:31
8.	Borussia Dortmund (N)	34	73:64	34:34
9.	MSV Duisburg	34	60:51	34:34
10.	Hertha BSC Berlin	34	55:54	34:34
11.	Werder Bremen	34	51:59	33:35
12.	Fortuna Düsseldorf	34	52:54	31:37
13.	1. FC Kaiserslautern	34	53:59	29:39
14.	1. FC Saarbrücken (N)	34	43:55	29:39
15.	VfL Bochum	34	47:62	29:39

16.	Karlsruher SC*	34	53:75	28:40
17.	Tennis Bor. Berlin*(N)	34	47:85	22:46
18.	Rot-Weiß Essen*	34	49:103	22:46

1977/78

1.	1. FC Köln	34	86:41	48:20
2.	B. Mönchengladbach (M)	34	86:44	48:20
3.	Hertha BSC Berlin	34	59:48	40:28
4.	VfB Stuttgart (N)	34	58:40	39:29
5.	Fortuna Düsseldorf	34	49:36	39:29
6.	MSV Duisburg	34	62:59	37:31
7.	Eintracht Frankfurt	34	59:52	36:32
8.	1. FC Kaiserslautern	34	64:63	36:32
9.	FC Schalke 04	34	47:52	34:34
10.	Hamburger SV	34	61:67	34:34
11.	Borussia Dortmund	34	57:71	33:35
12.	FC Bayern München	34	62:64	32:36
13.	Eintr. Braunschweig	34	43:53	32:36
14.	VfL Bochum	34	49:51	31:37
15.	Werder Bremen	34	48:57	31:37
16.	TSV München 1860*(N)	34	41:60	22:46
17.	1. FC Saarbrücken*	34	39:70	22:46
18.	FC St. Pauli*(N)	34	44:86	18:50

1978/79

1.	Hamburger SV	34	78:32	49:19
2.	VfB Stuttgart	34	73:34	48:20
3.	1. FC Kaiserslautern	34	62:47	43:25
4.	FC Bayern München	34	69:46	40:28
5.	Eintracht Frankfurt	34	50:49	39:29
6.	1. FC Köln (M)	34	55:47	38:30
7.	Fortuna Düsseldorf	34	70:59	37:31
8.	VfL Bochum	34	47:46	33:35
9.	Eintr. Braunschweig	34	50:55	33:35
10.	Bor. Mönchengladbach	34	50:53	32:36
11.	Werder Bremen	34	48:60	31:37
12.	Borussia Dortmund	34	54:70	31:37
13.	MSV Duisburg	34	43:56	30:38
14.	Hertha BSC Berlin	34	40:50	29:39
15.	FC Schalke 04	34	55:61	28:40
16.	Arminia Bielefeld*(N)	34	43:56	26:42
17.	1. FC Nürnberg*(N)	34	36:67	24:44
18.	SV Darmstadt 98*(N)	34	40:75	21:47

1979/80

1.	FC Bayern München	34	84:33	50:18
2.	Hamburger SV (M)	34	86:35	48:20
3.	VfB Stuttgart	34	75:53	41:27
4.	1. FC Kaiserslautern	34	75:53	41:27
5.	1. FC Köln	34	72:55	37:21
6.	Borussia Dortmund	34	64:56	36:32
7.	Bor. Mönchengladbach	34	61:60	36:32
8.	FC Schalke 04	34	40:51	33:35
9.	Eintracht Frankfurt	34	65:61	32:36
10.	VfL Bochum	34	41:44	32:36
11.	Fortuna Düsseldorf	34	62:72	32:36
12.	Bayer 04 Leverkusen (N)	34	45:61	32:36
13.	TSV München 1860 (N)	34	42:53	30:38
14.	MSV Duisburg	34	43:57	29:39
15.	Bayer Uerdingen (N)	34	43:61	29:39
16.	Hertha BSC Berlin*	34	41:61	29:39
17.	Werder Bremen*	34	52:93	25:43
18.	Eintr. Braunschweig*	34	32:64	20:48

1980/81

1.	FC Bayern München (M)	34	89:41	53:15
2.	Hamburger SV	34	73:43	49:19
3.	VfB Stuttgart	34	70:44	46:22
4.	1. FC Kaiserslautern	34	60:37	44:24
5.	Eintracht Frankfurt	34	61:57	38:30
6.	Bor. Mönchengladbach	34	68:64	37:31
7.	Borussia Dortmund	34	69:59	35:33
8.	1. FC Köln	34	54:55	34:34
9.	VfL Bochum	34	53:45	33:35
10.	Karlsruher SC (N)	34	56:63	32:36
11.	Bayer 04 Leverkusen	34	52:53	30:38
12.	MSV Duisburg	34	45:58	29:39
13.	Fortuna Düsseldorf	34	57:64	28:40
14.	1. FC Nürnberg (N)	34	47:57	28:40
15.	Arminia Bielefeld (N)	34	46:65	26:42
16.	TSV München 1860*	34	49:67	25:43
17.	FC Schalke 04*	34	43:88	23:45
18.	Bayer Uerdingen*	34	47:79	22:46

1981/82

1.	Hamburger SV	34	95:45	48:20
2.	1. FC Köln	34	72:38	45:23
3.	FC Bayern München (M)	34	77:56	43:25
4.	1. FC Kaiserslautern	34	70:61	42:26
5.	Werder Bremen (N)	34	61:52	42:26
6.	Borussia Dortmund	34	59:40	41:27
7.	Bor. Mönchengladbach	34	61:51	40:28
8.	Eintracht Frankfurt	34	83:72	37:31
9.	VfB Stuttgart	34	62:55	35:33
10.	VfL Bochum	34	52:51	32:36
11.	Eintr. Braunschweig (N)	34	61:66	32:36
12.	Arminia Bielefeld	34	46:50	30:38
13.	1. FC Nürnberg	34	53:72	28:40
14.	Karlsruher SC	34	50:68	27:41
15.	Fortuna Düsseldorf	34	48:73	25:43
16.	Bayer 04 Leverkusen*[1]	34	45:72	25:43
17.	SV Darmstadt 98*(N)	34	46:82	21:47
18.	MSV Duisburg*	34	40:77	19:49

[1]Zwischen 1982 und 1991 spielten der Drittletzte der Bundesliga und der Dritte der 2. Liga eine Relegation aus.

1982/83

1.	Hamburger SV (M)	34	79:33	52:16
2.	Werder Bremen	34	76:38	52:16
3.	VfB Stuttgart	34	80:47	48:20
4.	FC Bayern München	34	74:33	44:24
5.	1. FC Köln	34	69:42	43:25

6.	1. FC Kaiserslautern	34	57:44	41:27
7.	Borussia Dortmund	34	78:62	39:29
8.	Arminia Bielefeld	34	46:71	31:37
9.	Fortuna Düsseldorf	34	63:75	30:38
10.	Eintracht Frankfurt	34	48:57	29:39
11.	Bayer 04 Leverkusen	34	43:66	29:39
12.	Bor. Mönchengladbach	34	64:63	28:40
13.	VfL Bochum	34	43:49	28:40
14.	1. FC Nürnberg	34	44:70	28:40
15.	Eintr. Braunschweig	34	42:65	27:41
16.	FC Schalke 04*(N)	34	48:68	22:46
17.	Karlsruher SC*	34	39:86	21:47
18.	Hertha BSC Berlin*(N)	34	43:67	20:48

1983/84

1.	VfB Stuttgart	34	79:33	48:20
2.	Hamburger SV (M)	34	75:36	48:20
3.	Bor. Mönchengladbach	34	81:48	48:20
4.	FC Bayern München	34	84:41	47:21
5.	Werder Bremen	34	79:46	45:23
6.	1. FC Köln	34	70:57	38:30
7.	Bayer 04 Leverkusen	34	50:50	34:34
8.	Arminia Bielefeld	34	40:49	33:35
9.	Eintr. Braunschweig	34	54:69	32:36
10.	Bayer Uerdingen (N)	34	66:79	31:37
11.	SV Waldh. Mannheim (N)	34	45:58	31:37
12.	1. FC Kaiserslautern	34	68:69	30:38
13.	Borussia Dortmund	34	54:65	30:38
14.	Fortuna Düsseldorf	34	63:75	29:39
15.	VfL Bochum	34	58:70	28:40
16.	Eintracht Frankfurt	34	45:61	27:41
17.	Kickers Offenbach*(N)	34	48:106	19:49
18.	1. FC Nürnberg*	34	38:85	14:54

1984/85

1.	FC Bayern München	34	79:38	50:18
2.	Werder Bremen	34	87:51	46:22
3.	1. FC Köln	34	69:66	40:28
4.	Bor. Mönchengladbach	34	77:53	39:29
5.	Hamburger SV	34	58:49	37:31
6.	SV Waldhof Mannheim	34	47:50	37:31
7.	Bayer Uerdingen	34	57:52	36:32
8.	FC Schalke 04 (N)	34	63:62	34:34
9.	VfL Bochum	34	52:54	34:34
10.	VfB Stuttgart (M)	34	79:59	33:35
11.	1. FC Kaiserslautern	34	56:60	33:35
12.	Eintracht Frankfurt	34	62:67	32:36
13.	Bayer 04 Leverkusen	34	52:54	31:37
14.	Borussia Dortmund	34	51:65	30:38
15.	Fortuna Düsseldorf	34	53:66	29:39
16.	Arminia Bielefeld*	34	46:61	29:39
17.	Karlsruher SC*(N)	34	47:88	22:46
18.	Eintr. Braunschweig*	34	39:79	20:48

1985/86

1.	FC Bayern München (M)	34	82:31	49:19
2.	Werder Bremen	34	83:41	49:19
3.	Bayer Uerdingen	34	63:60	45:23
4.	Bor. Mönchengladbach	34	65:51	42:26
5.	VfB Stuttgart	34	69:45	41:27
6.	Bayer 04 Leverkusen	34	63:51	40:28
7.	Hamburger SV	34	52:35	39:29
8.	SV Waldhof Mannheim	34	41:44	33:35
9.	VfL Bochum	34	55:57	32:36
10.	FC Schalke 04	34	53:58	30:38
11.	1. FC Kaiserslautern	34	49:54	30:38
12.	1. FC Nürnberg (N)	34	51:54	29:39
13.	1. FC Köln	34	46:59	29:39
14.	Fortuna Düsseldorf	34	54:78	29:39
15.	Eintracht Frankfurt	34	35:49	28:40
16.	Borussia Dortmund	34	49:65	28:40
17.	1. FC Saarbrücken*(N)	34	39:68	21:47
18.	Hannover 96*(N)	34	43:92	18:50

1986/87

1.	FC Bayern München (M)	34	67:31	53:15
2.	Hamburger SV	34	69:37	47:21
3.	Bor. Mönchengladbach	34	74:44	43:25
4.	Borussia Dortmund	34	70:50	40:28
5.	Werder Bremen	34	65:54	40:28
6.	Bayer 04 Leverkusen	34	56:38	39:29
7.	1. FC Kaiserslautern	34	64:51	37:31
8.	Bayer Uerdingen	34	51:49	35:33
9.	1. FC Nürnberg	34	62:62	35:33
10.	1. FC Köln	34	50:53	35:33
11.	VfL Bochum	34	52:44	32:36
12.	VfB Stuttgart	34	55:49	32:36
13.	FC Schalke 04	34	50:58	32:36
14.	SV Waldhof Mannheim	34	52:71	28:40
15.	Eintracht Frankfurt	34	33:79	25:43
16.	FC Homburg (N)	34	33:79	21:47
17.	Fortuna Düsseldorf*	34	42:91	20:48
18.	Blau-Weiß 90 Berlin*(N)	34	36:76	18:50

1987/88

1.	Werder Bremen	34	61:22	52:16
2.	FC Bayern München (M)	34	83:45	48:20
3.	1. FC Köln	34	57:28	48:20
4.	VfB Stuttgart	34	69:49	40:28
5.	1. FC Nürnberg	34	44:40	37:31
6.	Hamburger SV	34	63:68	37:31
7.	Bor. Mönchengladbach	34	55:53	33:35
8.	Bayer 04 Leverkusen	34	53:60	32:36
9.	Eintracht Frankfurt	34	51:50	31:37
10.	Hannover 96 (N)	34	59:60	31:37
11.	Bayer Uerdingen	34	59:61	31:37
12.	VfL Bochum	34	47:51	30:38
13.	Borussia Dortmund	34	51:54	29:39
14.	1. FC Kaiserslautern	34	53:62	29:39
15.	Karlsruher SC (N)	34	37:55	29:39

16.	SV Waldhof Mannheim	34	35:50	28:40
17.	FC Homburg*	34	37:70	24:44
18.	FC Schalke 04*	34	48:84	23:45

1988/89

1.	FC Bayern München	34	67:26	50:18
2.	1. FC Köln	34	58:30	45:23
3.	Werder Bremen (M)	34	55:32	44:24
4.	Hamburger SV	34	60:36	43:25
5.	VfB Stuttgart	34	58:49	39:29
6.	Bor. Mönchengladbach	34	44:43	38:30
7.	Borussia Dortmund	34	56:40	37:31
8.	Bayer 04 Leverkusen	34	45:44	34:34
9.	1. FC Kaiserslautern	34	47:44	33:35
10.	FC St. Pauli (N)	34	41:42	32:36
11.	Karlsruher SC	34	48:51	32:36
12.	SV Waldhof Mannheim	34	43:52	31:37
13.	Bayer Uerdingen	34	50:60	31:37
14.	1. FC Nürnberg	34	36:54	26:42
15.	VfL Bochum	34	37:57	26:42
16.	Eintracht Frankfurt	34	30:53	26:42
17.	Stuttgarter Kickers*(N)	34	41:68	26:42
18.	Hannover 96*	34	36:71	19:49

1989/90

1.	FC Bayern München (M)	34	64:28	49:19
2.	1. FC Köln	34	54:44	43:25
3.	Eintracht Frankfurt	34	61:40	41:27
4.	Borussia Dortmund	34	51:35	41:27
5.	Bayer 04 Leverkusen	34	40:32	39:29
6.	VfB Stuttgart	34	53:47	36:32
7.	Werder Bremen	34	49:41	34:34
8.	1. FC Nürnberg	34	42:46	33:35
9.	Fortuna Düsseldorf (N)	34	41:41	32:36
10.	Karlsruher SC	34	32:39	32:36
11.	Hamburger SV	34	39:46	31:37
12.	1. FC Kaiserslautern	34	42:55	31:37
13.	FC St. Pauli	34	31:46	31:37
14.	Bayer Uerdingen	34	41:48	30:38
15.	Bor. Mönchengladbach	34	37:45	30:38
16.	VfL Bochum*	34	44:53	29:39
17.	SV Waldhof Mannheim*	34	36:53	26:42
18.	FC Homburg*(N)	34	33:51	24:44

1990/91

1.	1. FC Kaiserslautern	34	72:45	48:20
2.	FC Bayern München (M)	34	74:41	45:23
3.	Werder Bremen	34	46:29	42:26
4.	Eintracht Frankfurt	34	63:40	40:28
5.	Hamburger SV	34	60:38	40:28
6.	VfB Stuttgart	34	47:44	38:30
7.	1. FC Köln	34	50:43	37:31
8.	Bayer 04 Leverkusen	34	47:46	35:33
9.	Bor. Mönchengladbach	34	49:54	35:33
10.	Borussia Dortmund	34	46:57	34:34
11.	SG Wattenscheid 09 (N)	34	42:51	33:35
12.	Fortuna Düsseldorf	34	40:49	32:36
13.	Karlsruher SC	34	46:52	31:37
14.	VfL Bochum	34	50:52	29:39
15.	1. FC Nürnberg	34	40:54	29:39
16.	FC St. Pauli*	34	33:53	27:41
17.	Bayer Uerdingen*	34	34:54	23:45
18.	Hertha BSC Berlin*(N)	34	37:84	14:54

1991/92

1.	VfB Stuttgart	38	62:32	52:24
2.	Borussia Dortmund	38	66:47	52:24
3.	Eintracht Frankfurt	38	76:41	50:26
4.	1. FC Köln	38	58:41	44:32
5.	1. FC Kaiserslautern (M)	38	58:42	44:32
6.	Bayer 04 Leverkusen	38	53:39	43:33
7.	1. FC Nürnberg	38	54:51	43:33
8.	Karlsruher SC	38	48:50	41:35
9.	Werder Bremen	38	44:45	38:38
10.	FC Bayern München	38	59:61	36:40
11.	FC Schalke 04 (N)	38	45:45	34:42
12.	Hamburger SV	38	32:43	34:42
13.	Bor. Mönchengladbach	38	37:49	34:42
14.	Dynamo Dresden (N)	38	34:50	34:42
15.	VfL Bochum	38	38:55	33:43
16.	SG Wattenscheid 09	38	50:60	32:44
17.	Stuttgarter Kickers*(N)	38	53:64	31:45
18.	Hansa Rostock*(N)	38	43:55	31:45
19.	MSV Duisburg*(N)	38	43:55	30:46
20.	Fortuna Düsseldorf*	38	41:69	24:52

1992/93

1.	Werder Bremen	34	63:30	48:20
2.	FC Bayern München	34	74:45	47:21
3.	Eintracht Frankfurt	34	56:39	42:26
4.	Borussia Dortmund	34	61:43	41:27
5.	Bayer 04 Leverkusen	34	64:45	40:28
6.	Karlsruher SC	34	60:54	39:29
7.	VfB Stuttgart (M)	34	56:50	36:32
8.	1. FC Kaiserslautern	34	50:40	35:33
9.	Bor. Mönchengladbach	34	59:59	35:33
10.	FC Schalke 04	34	42:43	34:34
11.	Hamburger SV	34	42:44	31:37
12.	1. FC Köln	34	41:51	28:40
13.	1. FC Nürnberg	34	30:47	28:40
14.	SG Wattenscheid 09	34	46:67	28:40
15.	Dynamo Dresden	34	32:59	27:41
16.	VfL Bochum*	34	45:52	26:42
17.	Bayer Uerdingen*(N)	34	35:64	24:44
18.	1. FC Saarbrücken*(N)	34	37:71	23:45

1993/94

1.	FC Bayern München	34	68:37	44:24
2.	1. FC Kaiserslautern	34	64:36	43:25
3.	Bayer 04 Leverkusen	34	60:47	39:29
4.	Borussia Dortmund	34	49:45	39:29
5.	Eintracht Frankfurt	34	57:41	38:30

6.	Karlsruher SC	34	46:43	38:30
7.	VfB Stuttgart	34	51:43	37:31
8.	Werder Bremen (M)	34	51:44	36:32
9.	MSV Duisburg (N)	34	41:52	36:32
10.	Bor. Mönchengladbach	34	65:59	35:33
11.	1. FC Köln	34	49:51	34:34
12.	Hamburger SV	34	48:52	34:34
13.	Dynamo Dresden	34	34:44	30:34
14.	FC Schalke 04	34	38:50	29:39
15.	SC Freiburg (N)	34	54:57	28:40
16.	1. FC Nürnberg*	34	41:55	28:40
17.	SG Wattenscheid 09*	34	48:70	23:45
18.	VfB Leipzig*(N)	34	32:69	17:51

1994/95

1.	Borussia Dortmund	34	67:33	49:19
2.	Werder Bremen	34	70:39	48:20
3.	SC Freiburg	34	66:44	46:22
4.	1. FC Kaiserslautern	34	58:41	46:22
5.	Bor. Mönchengladbach	34	66:41	43:25
6.	FC Bayern München (M)	34	55:41	43:25
7.	Bayer 04 Leverkusen	34	62:51	36:32
8.	Karlsruher SC	34	51:47	36:32
9.	Eintracht Frankfurt	34	41:49	33:35
10.	1. FC Köln	34	54:54	32:36
11.	FC Schalke 04	34	48:54	31:37
12.	VfB Stuttgart	34	52:66	30:38
13.	Hamburger SV	34	43:50	29:39
14.	TSV München 1860 (N)	34	41:57	27:41
15.	Bayer Uerdingen (N)	34	37:52	25:43
16.	VfL Bochum* (N)	34	43:67	22:46
17.	MSV Duisburg*	34	31:64	20:48
18.	Dynamo Dresden*	34	33:68	16:52

1995/96

Ab dieser Saison gibt es drei Punkte für einen Sieg.

1.	Borussia Dortmund (M)	34	76:38	68
2.	FC Bayern München	34	66:46	62
3.	FC Schalke 04	34	45:36	56
4.	Bor. Mönchengladbach	34	52:51	53
5.	Hamburger SV	34	52:47	50
6.	Hansa Rostock (N)	34	47:43	49
7.	Karlsruher SC	34	53:47	48
8.	TSV München 1860	34	52:46	45
9.	Werder Bremen	34	39:42	44
10.	VfB Stuttgart	34	59:62	43
11.	SC Freiburg	34	30:41	42
12.	1. FC Köln	34	33:35	40
13.	Fortuna Düsseldorf (N)	34	40:47	40
14.	Bayer 04 Leverkusen	34	37:38	38
15.	FC St. Pauli (N)	34	43:51	38
16.	1. FC Kaiserslautern*	34	31:37	36
17.	Eintracht Frankfurt*	34	43:68	32
18.	KFC Uerdingen 05*[1]	34	33:56	26

[1]zuvor Bayer Uerdingen

1996/97

1.	FC Bayern München	34	68:34	71
2.	Bayer 04 Leverkusen	34	69:41	69
3.	Borussia Dortmund (M)	34	63:41	63
4.	VfB Stuttgart	34	78:40	61
5.	VfL Bochum (N)	34	54:51	53
6.	Karlsruher SC	34	55:44	49
7.	TSV München 1860	34	56:56	49
8.	SV Werder Bremen	34	53:52	48
9.	MSV Duisburg (N)	34	44:49	45
10.	1. FC Köln	34	62:62	44
11.	Bor. Mönchengladbach	34	46:48	43
12.	FC Schalke 04	34	35:40	43
13.	Hamburger SV	34	46:60	41
14.	Arminia Bielefeld (N)	34	46:54	40
15.	FC Hansa Rostock	34	35:46	40
16.	Fortuna Düsseldorf*	34	26:57	33
17.	SC Freiburg*	34	43:67	29
18.	FC St. Pauli*	34	32:69	27

1997/98

1.	1. FC Kaiserslautern (N)	34	63:39	68
2.	FC Bayern München (M)	34	69:37	66
3.	Bayer 04 Leverkusen	34	66:39	55
4.	VfB Stuttgart	34	55:49	52
5.	FC Schalke 04	34	38:32	52
6.	Hansa Rostock	34	54:46	51
7.	Werder Bremen	34	43:47	50
8.	MSV Duisburg	34	43:44	44
9.	Hamburger SV	34	38:46	44
10.	Borussia Dortmund	34	57:55	43
11.	Hertha BSC Berlin (N)	34	41:53	43
12.	VfL Bochum	34	41:49	41
13.	TSV München 1860	34	43:54	41
14.	VfL Wolfsburg (N)	34	38:54	39
15.	Bor. Mönchengladbach	34	54:59	38
16.	Karlsruher SC*	34	48:60	38
17.	1. FC Köln*	34	49:64	36
18.	Arminia Bielefeld*	34	43:56	32

1998/99

1.	FC Bayern München	34	76:28	78
2.	Bayer 04 Leverkusen	34	61:30	63
3.	Hertha BSC Berlin	34	59:32	62
4.	Borussia Dortmund	34	48:34	57
5.	1. FC Kaiserslautern (M)	34	51:47	57
6.	VfL Wolfsburg	34	54:49	55
7.	Hamburger SV	34	47:46	50
8.	MSV Duisburg	34	48:45	49
9.	TSV München 1860	34	49:56	41
10.	FC Schalke 04	34	41:54	41
11.	VfB Stuttgart	34	41:48	39
12.	SC Freiburg (N)	34	36:44	39
13.	Werder Bremen	34	41:47	38
14.	Hansa Rostock	34	49:58	38
15.	Eintracht Frankfurt (N)	34	44:54	37

16.	1. FC Nürnberg*(N)	34	40:50	37
17.	VfL Bochum*	34	40:65	29
18.	Bor. Mönchengladbach*	34	41:79	21

1999/2000

1.	FC Bayern München (M)	34	73:28	73
2.	Bayer 04 Leverkusen	34	74:36	73
3.	Hamburger SV	34	63:39	59
4.	TSV München 1860	34	55:48	53
5.	1. FC Kaiserslautern	34	54:59	50
6.	Hertha BSC Berlin	34	39:46	50
7.	VfL Wolfsburg	34	51:58	49
8.	VfB Stuttgart	34	44:47	48
9.	Werder Bremen	34	65:52	47
10.	SpVgg Unterhaching (N)	34	40:42	44
11.	Borussia Dortmund	34	41:38	40
12.	SC Freiburg	34	45:50	40
13.	FC Schalke 04	34	42:44	39
13.	Eintracht Frankfurt	34	42:44	39
15.	Hansa Rostock	34	44:60	38
16.	SSV Ulm 1846*(N)	34	36:62	35
17.	Arminia Bielefeld*(N)	34	40:61	30
18.	MSV Duisburg*	34	37:71	22

2000/01

1.	FC Bayern München (M)	34	62:37	63
2.	FC Schalke 04	34	65:35	62
3.	Borussia Dortmund	34	62:42	58
4.	Bayer 04 Leverkusen	34	54:40	57
5.	Hertha BSC Berlin	34	58:52	56
6.	SC Freiburg	34	54:37	55
7.	Werder Bremen	34	53:48	53
8.	1. FC Kaiserslautern	34	49:54	50
9.	VfL Wolfsburg	34	60:45	47
10.	1. FC Köln (N)	34	59:52	46
11.	TSV München 1860	34	43:55	44
12.	Hansa Rostock	34	34:47	43
13.	Hamburger SV	34	58:58	41
14.	FC Energie Cottbus (N)	34	38:52	39
15.	VfB Stuttgart	34	42:49	38
16.	SpVgg Unterhaching*	34	35:59	35
17.	Eintracht Frankfurt*	34	41:68	35
18.	VfL Bochum*(N)	34	30:67	27

2001/02

1.	Borussia Dortmund	34	62:33	70
2.	Bayer 04 Leverkusen	34	77:38	69
3.	FC Bayern München (M)	34	65:25	68
4.	Hertha BSC Berlin	34	61:38	61
5.	FC Schalke 04	34	52:36	61
6.	Werder Bremen	34	54:43	56
7.	1. FC Kaiserslautern	34	62:53	56
8.	VfB Stuttgart	34	47:43	50
9.	TSV München 1860	34	59:59	50
10.	VfL Wolfsburg	34	57:49	46
11.	Hamburger SV	34	51:57	40
12.	B. Mönchengladbach (N)	34	41:53	39
13.	FC Energie Cottbus	34	36:60	35
14.	Hansa Rostock	34	35:54	34
15.	1. FC Nürnberg (N)	34	34:57	34
16.	SC Freiburg*	34	37:64	30
17.	1. FC Köln*	34	26:61	29
18.	FC St. Pauli*(N)	34	37:70	22

2002/03

1.	FC Bayern München	34	70:25	75
2.	VfB Stuttgart	34	53:39	59
3.	Borussia Dortmund (M)	34	51:27	58
4.	Hamburger SV	34	46:36	56
5.	Hertha BSC Berlin	34	52:43	54
6.	Werder Bremen	34	51:50	52
7.	FC Schalke 04	34	46:40	49
8.	VfL Wolfsburg	34	39:42	46
9.	VfL Bochum (N)	34	55:56	45
10.	TSV München 1860	34	44:52	45
11.	Hannover 96 (N)	34	47:57	43
12.	Bor. Mönchengladbach	34	43:45	42
13.	Hansa Rostock	34	35:41	41
14.	1. FC Kaiserslautern	34	40:42	40
15.	Bayer 04 Leverkusen	34	47:56	40
16.	Arminia Bielefeld*(N)	34	35:46	36
17.	1. FC Nürnberg*	34	33:60	30
18.	FC Energie Cottbus*	34	34:64	30

Anmerkungen

1870 bis 1900

1 Übersetzungsversuche wie „Vergnügung" oder „Liebhaberei" setzten sich nicht durch.

2 Zwischen den Jahrhunderten war die Unzufriedenheit über das gesellschaftliche bzw. gesellige Leben weit verbreitet, und man suchte vielerorts nach Beschäftigungen, die die eigene Individualität befriedigten. Sport platzte also mitten hinein in eine intensive Diskussion über die Reform der Gesellschaft.

3 Wer etwas mehr wissen möchte, dem sei das höchst lesenswerte Werk „Geheimnis Fußball" von Christoph Bausenwein ans Herz gelegt.

4 Reck war übrigens Vorstandsmitglied des MTV Braunschweig, womit eine frühe Verbindung zwischen Turnen und Sport festzustellen ist.

5 Die Kritik aus Turnerkreisen war dennoch unfair, denn man zitierte Presseberichte aus den USA, in denen über schwere Verletzungen bis hin zu Todesfällen beim „football" berichtet wurde, erwähnte aber nicht, dass es sich dabei um den ungleich brutaleren „American football" handelte...

6 Da die Briten zumeist der upper middle class bzw. middle class angehörten, wurde vornehmlich Rugby gespielt. Hintergrund war, dass Rugby in England durch sein Festhalten am Amateurideal (im Gegensatz zum „Soccer") ein „Gentlemensport" geblieben war.

7 Wie rasch die Zahl der Briten auf dem europäischen Festland stieg, zeigt ein Blick auf die Beförderungszahlen der Ärmelkanalfähren: 1830 lediglich 50.000, Anfang der 1880er Jahre bereits 250.000 und zur Jahrhundertwende über eine halbe Million Menschen pro Jahr.

8 Zit. nach Hans Dieter Baroth: Als der Fußball laufen lernte, S. 58.

9 1855 war mit dem Sheffield FC der erste Klub auf den britischen Inseln gegründet worden, seit 1871 spielte man dort um einen Vereinspokal und 1888 sollte die erste Liga eingeführt werden.

10 Cricket und Fußball wiesen – vor allem in Berlin – eine aus England überführte große Nähe zueinander auf. Zahlreiche Fußballklubs betrieben bis weit in die 1920er Jahre auch eine Cricketabteilung. In Deutschland wurde Cricket auch „Thorball" genannt.

11 Häufig wurde auf Exerzierplätzen gespielt, wozu eine Genehmigung notwendig war, die die alteingesessene Turner leichter bekamen als jugendliche Fußballer, deren Treiben den meisten Militärs zunächst suspekt war.

12 Wie beispielsweise 1893 im Duisburger TV, dessen Spielabteilung 1900 als Duisburger Spielverein eigenständig wurde, oder 1896, als sich die Fußballer des ATV Leipzig als „VfB" selbstständig machten.

13 Woraufhin der Gründer seinen Verein verbittert verließ und dem BFC Germania 88 beitrat, dessen Vorsitz er kurz darauf übernahm. Anschließend schlug Germania eine stramm nationale Richtung ein.

14 Die meisten der genannten Vereine entstanden als Fusionen und trugen folglich im Gründungsjahr nicht ihren heuten Namen. Näheres bei: Grüne, Hardy: Enzyklopädie des deutschen Ligafußballs: Vereinslexikon. (AGON Sportverlag)

15 „Fußlümmelei. Stauchballspiel und englische Krankheit", 1898.

16 Der International FC war der erste „soccer"-Klub Süddeutschlands überhaupt, der KFV ist der älteste noch bestehende „Soccer"-Klub Süddeutschlands.

17 Bernd Beyer schildert Bensemanns faszinierende Lebensgeschichte höchst anschaulich und spannend in dem biografischen Roman „Der Mann, der den Fußball nach Deutschland brachte".

18 Marx wollte „nur noch Übungsspiele, nur noch an Werktagen", woraufhin Walther Bensemann mit den Karlsruher Kickers einen Konkurrenzklub gründete, der allerdings eher als „Reisemannschaft" fungierte und sich etwas vollmundig „Meister des Kontinents" nannte.

19 Fußball galt in jenen Tagen als „Wintersport", der zwischen Oktober und März betrieben wurde, während im Sommer Cricket den Vorzug erhielt.

20 Dieser Titel war ein Affront für den drei Jahre älteren BFC Frankfurt. Germanias Vorsitzender Leux – Gründer des BFC Frankfurt (!) – zog die Bezeichnung aus der Tatsache, dass beim BFC Frankfurt auch Engländer aktiv waren, beim BFC Germania jedoch nur Deutsche.

21 Paritschke wird in der Chronik zum 60. Bestehen des VBB erwähnt als „starker Dränger, der auch wirtschaftlich eine gute Möglichkeit hatte, sich im

Fußballsport fördernd zu betätigen". 1895 gab er das „Deutsches Ballspieler-Commersbuch. Eine Sammlung von Fußball- und Cricket-, sowie Trink- und Volksliedern" heraus.

22 1897 war der seinerzeitige Vorsitzende Carl Dietzel beruflich nach Frankfurt verzogen, und sein Nachfolger Rudolf Meißner war laut 60 Jahre VBB „persönlich und sachlich wenig geeignet, den Bunde zu führen". Darüber hinaus hatte sich der Verband mit seinem Mitteilungsblatt „Spiel und Sport" verkracht, das keine DFuCB-Nachrichten mehr abdruckte und dessen Macht in Berlin damit weiter ins Wanken brachte.

23 Dabei ging es um die so genannten „Doppelmitgliedschaften". Viele Britannia-Akteure gehörten zugleich dem BFC Germania 88 an, wodurch nie klar war, mit welcher Mannschaft Britannia 92 auflaufen würde. Bestrebungen, eine Doppelmitgliedschaft generell zu untersagen, wurden in jenen Tagen heiß diskutiert.

24 Karlsruher FV, 1. FC Pforzheim, Fidelitas Karlsruhe, FC Heilbronn, Phönix Karlsruhe, Hanau 93, Mannheimer FG 96 und Germania Frankfurt.

25 Zunächst hatte das KFV-Mitglied Drach die kommissarische Führung inne.

26 Darüber hinaus gab es eine Beilage, in der die Berichterstattung in englischer Sprache zusammengefasst wurde („English chat"), was den Fußballern die angenehme Gelegenheit zur Aufpolierung ihrer Englischkenntnisse verschaffte.

27 Nach Stand der Forschung war am 18. April 1892 erstmals auf deutschem Boden Eintrittsgeld für den Besuch eines Fußballspiels kassiert worden. Seinerzeit hatte der English Football Club Dresden auf dem Exerzierplatz „Einsame Pappel" an der Schönhauser Allee (heute steht dort der Friedrich-Ludwig-Jahn-Sportpark) zwei Spiele gegen Alemannia 90 Berlin bestritten. Das Spielfeld war mit Tauen abgegrenzt worden, und die Polizei sorgte für die Absperrung des Platzes.

28 Über den Besuch des Bremer FC Teutonia beim Berliner Pionierklub BFC Frankfurt heißt es in der Chronik 60 Jahre VBB" u.a.: „Die vom Club Frankfurt gestellten acht Gala-Equipagen fuhren vor, und präcise 11.40 Uhr setzte sich der imposante Zug, jeder Wagen mit vier Herren, zu einer Rundfahrt durch Berlin in Bewegung, überall berechtigtes Aufsehen erregend."

29 Damals wie heute fand das Vereinsleben vornehmlich zwischen frühem Abend und früher Nacht sowie am Wochenende statt. In der Woche eilten diejenigen, die als Erste „Feierabend" hatten, in die Kneipe, holten die Utensilien und schleppten sie zum Spielfeld, wo sie auf die länger arbeitenden Kicker trafen. Vereinsabende fanden zumeist samstags statt, begannen erst gegen 22 Uhr und erreichten gegen Mitternacht ihren feucht-fröhlichen Höhepunkt – es ist also zu vermuten, dass so mancher Fußballer tags darauf beim Spiel nicht ganz Herr seiner Sinne war. Erst nach dem Ersten Weltkrieg, als der Acht-Stunden-Arbeitstag eingeführt wurde und die Kombination Alkohol/Leistungssport einer kritischen Untersuchung unterzogen wurde, wechselte der Vereinsabend in die Wochenmitte.

30 Einige wenige fortschrittliche Teams agierten in den 1890er Jahren bereits nach einer Art 3-2-5 (also mit der Betonung auf das Angriffsspiel) und waren in der Lage, zwischen Angriffs- und Abwehrarbeit umzuschalten.

31 Ein späterer Deutscher Meister mit Phönix Karlsruhe.

32 Ostern 1896 wurden beim Spiel zwischen Viktoria 89 Berlin und Germania 87 Hamburg rund 5.000 Zuschauer gezählt – darunter der Leiter der Militär-Turnanstalt, Oberstleutnant Brix, der sich „beeindruckt" zeigte. Zuschauerzahlen wie diese animierten die Vereine, über den Bau eigener Plätze nachzudenken.

33 Weil dem Internationalen Olympischen Komitee mit Baron de Coubertin ein Franzose vorsaß, stieß die Idee in den deutschnationalen Kreisen auf erheblichen Widerstand. Einer der Wortführer der „Gegner" war der altbekannte Georg Leux. Aber auch Felix „Ette" Boxhammer, später als liberalpazifistisch agierender Berliner Funktionär, zählte zu den Gegnern. Walther Bensemann war bereits beauftragt worden, ein Team zusammenzustellen.

34 Zwei Regionen übrigens, in denen Walther Bensemann Einfluss hatte (Berlin) bzw. gehabt hatte (Süddeutschland).

35 2:13 und 2:10 in Berlin, 0:7 in Karlsruhe. Außerdem traten die Engländer noch in Prag gegen eine Auswahl Österreich-Böhmens an (0:8).

36 Davon konnte jedoch keine Rede sein, denn in Wien, Budapest, Mailand und anderen Städten des Kontinents war man fußballerisch bereits erheblich weiter als in Berlin.

1900 bis 1918

1 Der Zeitraum zwischen der in den „Deutsche Sport-Nachrichten" veröffentlichten Einladung und dem anvisierten Termin betrug nur 14 Tage – zu kurz für die meisten Interessierten. Eigentümlicherweise betrug der Zeitraum zwischen dem 18. Januar 1900 und dem 27. Januar 1900 – also der von der Einladung bis zur tatsächlichen Durchführung des DFB-Gründungskongresses dann sogar nur neun Tage…

2 Zeitgleich tagte die Deutsche Sport-Behörde für Athletik (der viele Leichtathletik-/Fußballvereine angehörten) in Leipzig, weshalb von einer großen Teilnehmerzahl ausgegangen werden konnte – Süddeutschland verlegte sogar seinen für dasselbe Wochenende geplanten Verbandstag, um in Leipzig dabei zu sein. Leipzig war im Übrigen wie geschaffen für die Gastgeberrolle, denn zum einen stand die Stadt nicht nur geografisch, sondern auch inhaltlich „zwischen" den sich jeweils als „Zentrum des deutschen Fußballs" betrachtenden Streithähnen Berlin und Süddeutschland, zum anderen gab es in der Messestadt seit längerem eine höchst rege Fußballszene. 1898 war der erste Stadtmeister ermittelt worden, womit Leipzig die nach Berlin, Süddeutschland und Hamburg viertälteste „Ligameisterschaft" Deutschlands aufwies.

3 Das galt auch innerdisziplinär, denn die Anwesenden verstanden sich als Vertreter sowohl der Fußball- als auch der Rugbyspieler Deutschlands. Im Übrigen war der „Fußballtag" mit den pathetischen Worten: „Wir wollen aber unseren Dank dem zollen, dem wir den mächtigen Aufschwung unseres deutschen Sportes in erster Linie zu verdanken haben: Se. Majestät lebe hoch!" eröffnet worden.

4 Berlins Vertreter Boxhammer hatte der DFB-Gründung mit den Worten: „Ich habe nur Vollmacht, für die Einsetzung einer Kommission zu stimmen, aber nicht für die sofortige Gründung des Bundes" eine Absage erteilt.

5 Mit „Fundament" meinte Bensemann einheitliche Spielregeln.

6 Grundsätzlich war geplant, den DFB als Dachverband zu installieren und die Regionalverbände als mit großer Eigenständigkeit ausgestattete „Bindeglieder" zu den Vereinen fungieren zu lassen.

7 Berlins Vertreter traten noch nicht bei und verwiesen darauf, erst Rücksprache mit ihrem Verband halten zu müssen.

8 In der Regel die Vereinsgaststätte des Gastgebers, in der nach dem Spiel ein Kommers abgehalten wurde.

9 Das rettete die jungen Kicker jedoch im Einzelfall nicht vor Bestrafungen, wenn sie beispielsweise mit ihren Spielgeräten den Bürgersteig überquerten und „brave Bürger" damit provozierten. Konservative Zeitungen waren zudem voll mit Leserbriefen („Eingesandt"), in denen beispielsweise die nackten Knie der Fußballer thematisiert wurden.

10 Es gab sogar schon „Ausschreitungen" – 1900 beispielsweise kam es in Berlin beim Städtespiel gegen Hamburg zu Randale, als Schiedsrichter Dr. Menzies (Wien) nicht nach dem Geschmack der rund 3.000 Zuschauer pfiff. Nur mit Mühe konnte der Schiedsrichter unbeschadet in eine nahe liegende Kneipe gebracht werden.

11 Das „Einjährige" war ein einfacher Gymnasialabschluss.

12 Interessanterweise betraf das auch jüdische Studenten, deren Anteil unter den Fußball-Pionieren bemerkenswert groß ist. Näheres dazu steht in Schulze-Marmeling (Hrsg.): „Davidstern und Lederball".

13 Es wurden auffallend häufig lateinisierte Namen verwendet, während deutsche Bezeichnungen wie „Eintracht" oder „Vorwärts" selten waren – wohl auch aufgrund ihrer Nähe zu kleinbürgerlichen Turnvereinen. „Eintracht" wurde später wieder populär, als sich viele Pioniervereine vereinten.

14 Dazu passt ein Auszug aus den „Bestimmungen über den Bier-Commers und -Comment", 1895 veröffentlicht im „Deutschen Ballspieler-Commersbuch": „Zur Abhaltung eines Commerses dürfte ein möglichst geräumiges und hohes Lokal Grundbedingung sein, damit des Tabaks qualmende Wolken nicht die Luft verpesten, die in möglichst guter Beschaffenheit allen Sportleuten jederzeit Bedürfnis ist. (...) Der Commers dürfte am besten mit einem Bewillkommungsliede eingeleitet werden. Dass nach Beendigung desselben der Präsident die Gäste in kerniger und möglichst humorvoller Rede begrüßt, braucht wohl nicht gesagt zu werden. Darauf folgt meist ein patriotisches Lied, an welches sich der ‚Kaisertoast' mit dem üblichen ‚Heil Dir im Siegerkranz' anschließt. (...) Commentmäßige Stoffe sind nur Bier und Wein. Wer aus diesen oder jenen Gründen (dem Präses steht allein das Urteil über die Triftigkeit derselben zu) weder in Bier noch in Wein mitkneipen kann, gilt als ‚Bierkranker'. Als solcher verliert er das Recht vor- oder nachzutrinken, sich an einem Bierkampfe zu beteiligen oder jemand herauszutrinken. Auch darf er nicht in ein Biergericht berufen oder in ein solches gewählt werden. Es geziemt ihm ein besonders ruhiges und stilles bußfertiges Wesen auf der Kneipe, doch es soll sich niemand an ihm reiben."

15 Der ATB berief sich in seiner Tradition auf den 1848 gegründeten „Demokratischen Turnerbund".

16 Wortlaut des Original-Vorschlags: „Das Deutsche Reich wird in 7 Gaue geteilt, der 8. ist Deutsch-Österreich, Gaue zerfallen nach Größe der Beteiligung in Kreise." Vorgesehen waren: 1. Ostgau (10,2 Mio. Einwohner, Ost- und Westpreußen, Posen, Schlesien, Niederlausitz), 2. Odergau (5,6 Mio. Einwohner, Brandenburg mit Berlin, Pommern), 3. Elbgau (8,1 Mio. Einwohner, Sachsen und Teile von Sachsen-Anhalt), 4. Nordgau (6,4 Mio. Einwohner, Provinz Hannover, Schleswig-Holstein, Mecklenburg, Oldenburg, Braunschweig, Waldeck, Lippe und die Hansestädte), 5. Rheingau (7,8 Mio. Einwohner, Rheinprovinz, Westfalen), 6. Südgau (6,9 Mio. Ein-

wohner, Bayrische Pfalz, Baden, Hessen, Elsass-Lothringen, Hessen-Nassau), 7. Bayerischer Gau (7,3 Mio. Einwohner, Bayern, Württemberg, Hohenzollern), 8. Österreichischer Gau. Reglings Begründung für die Schaffung des 8. Gaus: „Besondere Aufstellung als Gau trotz der geringen deutschen Bevölkerung, die am DFB Anteil haben könnte, aus politischen Gründen gerechtfertigt."

17 In Berlin-Brandenburg existierten neben dem führenden VBB allerdings diverse andere Verbände. Größter VBB-Konkurrent war der Märkische Fußball-Bund, der am 31. August 1901 unter dem Namen „Freie Berliner Fußball-Vereinigung" gegründet worden war. Wie der Name andeutet war die Mitgliedschaft dort leichter zu erlangen als im VBB, der ziemlich harte Auflagen aufwies und viele (kleine) Vereine abwies. Im MFB, dessen Mitbegründer Richard Schröder die kleinen Vereine als „wertvolle Zellen für den Fußballsport" bezeichnete, gab es im Vergleich zum elitären VBB keine Geldstrafen, geringere Meldegebühren und keine unnötige Belastung der Mitglieder.

18 Gemeint war die Weltausstellung 1900 in Paris.

19 Deutschland hatte am 4. Oktober 1900 in Paris mit 17:21 verloren. Im Bericht des Komitees heißt es: „Zur dauernden Erinnerung an die Pariser Wettspiele werden den vier Sportgruppen, welche durch Vermittlung unseres Komitees bei den Pariser Spielen vertreten gewesen, Ehrenpreise in Form von Wanderpreisen gestiftet, die den Namen ‚Weltausstellungsspreise' führen sollen. Als Verwalter dieser Preise werden bestimmt: 1. Der deutsche und österreichische Fechterbund (deutsche Abteilung), 2. Die deutsche Sportbehörde für Athletik, 3. Der deutsche Schwimmverband, 4. Der deutsche Fußball-Bund."

20 Weil die Fußballer von Beginn an deutlich machten, dass sie die Richtung anzugeben gedachten, war am 4. November 1900 auf dem VI. deutschen Rugbytag in Kassel der „Deutsche Rugby-Verband" gegründet worden war, der dem DFB als kooperatives Mitglied beitreten sollte. Streitpunkte waren neben diversen Regelfragen die Verwendung der „Viktoria", die der DFB entgegen der Auflage seines Stifters ausschließlich den Fußballvereinen zukommen lassen wollte. Auf dem VII. Rugbytag am 4. November 1901 in Kassel kam es zu einer erregt geführten Diskussion, in deren Verlauf der geplante Beitritt zum DFB abgelehnt und die Trennung eingeleitet wurde. Jene wurde am 9. November 1902 auf dem VIII. Rugbytag in München besiegelt.

21 Neben den Großverbänden Süd- und Mitteldeutschland traf dies auch auf die Stadtverbände in Magdeburg, Hamburg/Altona, Bremen und Prag zu.

22 In Mitteldeutschland gab es zwar einen Regionalverband, doch in Magdeburg existierte zudem ein Stadtverband, der ebenfalls einen Teilnehmer an der Endrunde stellen konnte. In Norddeutschland gab es Stadtverbände in Hamburg, Bremen, Hannover, Kiel und Unterweser (Bremerhaven). Berlin verfügte über zwei Verbände, die jeweils einen Meister ermittelten.

23 Die Ausarbeitung der Spiel-Satzung wurde vom Verband Süddeutscher Fußball-Vereine vorgenommen.

24 Ein Klub von in Prag lebenden Deutschen (zum Großteil jüdischer Abstammung), der zur Jahrhundertwende einen geradezu mythischen Ruf hatte und als eines der besten Teams in Mitteleuropa angesehen wurde. Die Teilnahme des Prager Meisters war allerdings höchst umstritten, doch der bei der DFB-Gründung gefasste Beschluss, dass alle deutschen Mannschaften dem Bund beitreten durften, hatte der politisch zu Österreich-Ungarn gehörenden Moldaumetropole die Tür zur Teilnahme an der Deutschen Meisterschaft geöffnet.

25 Allerdings hatten die Karlsruher versäumt, den DFB rechtzeitig darüber zu informieren, dass in München ein Platz bereit stand und auch die Kostenfrage geklärt sei.

26 Damit entging der DFB zudem dem Problem, das Halbfinale mit nur drei Mannschaften bestreiten zu müssen.

27 Bei den Auseinandersetzungen ging es vor allem um „völkische" Fragen. Berlins Verband erboste sich derartig über das Spielverbot, dass er Ende 1903 dem DFB mit Austritt drohte, sollte es nicht aufgehoben werden. Daraufhin wurde auf einem außerordentlichen DFB-Bundestag am 30./31. Januar 1904 in Kassel mit 45:36-Stimmen (bei 91 Enthaltungen) die „versuchsweise Aufhebung des Verbotes bis Pfingsten 1905" beschlossen.

28 Es gibt zwei Möglichkeiten: 1.) Der unbekannte Absender hoffte darauf, dass der KFV wegen des Telegramms kampflos ins Finale kommen würde und das „Problem DFC" damit gelöst sei 2.) Man spekulierte darauf, den DFC Prag möglichst gefahrlos ins Finale zu bringen – Karlsruhe galt ja als Titelfavorit Nummer 1 – und mit dem dann möglichen Gewinn der Deutschen Meisterschaft die Bedeutung der Prager Klubs im deutschen Fußball zu stärken.

29 In Kassel fand zeitgleich der DFB-Bundestag statt.

30 Wer es genau wissen will: Das Spielfeld befand sich zwischen dem heutigen Bahnhof Diebsteich, dem Postamt Kaltenkirchener Platz und dem Pelzschloss Dmoch.

31 Die Tageseinnahme betrug exakt 473,25 Mark, wobei an der Tageskasse eine Mark und im Vorverkauf fünfzig Pfennige bezahlt werden muss-

ten. Die einzige noch vorhandene Eintrittskarte trägt die No. 534 und stammt aus dem Besitz von Ernst Eikhof, der sich später erinnerte: „Der Platz war durch besenstielartige Hölzer, die mit Bindfäden verbunden waren, abgetrennt. Ich war elf Jahre alt, als ich dieses Spiel mit meinem Vater sah. Es mögen wohl etwa 800 Zuschauer anwesend gewesen sein. Der DFB hätte diese Karte gern gehabt – aber nicht für noch so vieles Geld! Die erhält meine Victoria." (Zit. nach Volker Stahl: Sachsen siegten in Preußen. In: Sport-Durchblick in und um Hamburg, April 2000, S. 27.) DFB-Vizepräsident (und Schiedsrichter des Spiels) Franz Behr ging übrigens nicht wie gelegentlich behauptet, „mit dem Hut rum", um das Eintrittsgeld zu kassieren. Stattdessen stand am „Eingang" ein Tisch, an dem man seinen Obolus zu entrichten hatte.

32 Darüber hinaus waren die Verbände von Kiel, Breslau und der Niederlausitz beigetreten, die aber keinen Meister zur Endrunde entsandten. Zum 15. Mai 1904 gehörten dem DFB 214 Vereine mit rund 8.500 Mitgliedern an.

33 Dort existierten jeweils (mindestens) zwei Verbände, die ihren Meister dem DFB meldeten.

34 Einen kleinen „Nebenskandal" gab es, weil der DFB-Spielausschuss dem KFV – anders als in den Statuten vorgesehen – die Anreise in der II. Klasse vergütete und damit in Konflikt mit dem ausrichtenden Sportpark Friedenau geriet, der lediglich die III. Klasse zu erstatten bereit war.

35 Wenig später löste der ARBV seine Fußballabteilung übrigens auf, und sein Nachfolger, die Rudergemeinschaft Angaria, erinnert sich heute kaum noch seiner fußballerischen Vergangenheit.

36 Die Meister der „kleinen" Verbände mussten zunächst in eine Vorqualifikation, während die von Mittel- und Süddeutschland, Hamburg-Altona, Berlin sowie Rheinisch-Westfalen automatisch für die Hauptrunde zugelassen waren.

37 Hat nichts mit dem heutigen 1. FC Union zu tun, sondern fusionierte 1927 mit dem BFC Vorwärts 90 (Endspielgegner des 1. FC Nürnberg 1920) zur SpVgg Blau-Weiß 90 Berlin.

38 Niemeyer, Karl Heinz: „70 Jahre Fußball ... und keine Ende", S. 26.

39 Wozu zumeist Bretterwände herbeigeschafft werden mussten, um „Schaulustige" auszusperren.

40 Die Chronik „25 Jahre DFB" schreibt ausweichend: „Er sah sich jedoch nach einjähriger Tätigkeit gezwungen, eine beabsichtigte Wiederwahl abzulehnen, weil es ihm unmöglich war, die beiden Ämter als Vorsitzender des Bundes und des Verbandes auf längere Dauer nebeneinander zu führen, und weil er seinem süddeutschen Verbande nicht untreu werden konnte".

41 Nord, West, Berlin/Brandenburg, Mitte, Balten, Süd und Südost. Streitpunkt war noch immer Berlin, wo erst 1911 ein Gesamtverband gegründet wurde

42 Schiedsrichter des Skandalspiels war übrigens DFB-Präsident Gottfried Hinze, auf dessen Leistung sich die Hamburger Kritik anschließend konzentrierte...

43 Der spätere „Kicker"-Herausgeber, im Übrigen erbitterter Widersacher Nohes, verteilte ein vom ihm selbst verfasstes Gedicht an die Delegierten, mit dem er aufrief „Begrabt die Streitaxt, zieht aus dem Felde".

44 Nach dem Spiel gab der DFB das Endergebnis zunächst mit 3:0 an und korrigierte dies später mittels einer Randnotiz in den Verbandsmitteilungen, was bis heute für gewisse Verwirrung über den Spielausgang sorgt.

45 Bis 1908 fungierte die „Allgemeine Sportzeitung" als Verbandsblatt, nach deren Aufgehen in „Sport im Bild" übernahm die „Norddeutsche Sportzeitung" die Aufgabe. Ansonsten hatten diverse Tageszeitungen inzwischen erkannt, welche Wirkung Fußball hatte, und lieferten eine entsprechende Berichterstattung. Insbesondere Boulevardzeitungen wie die Berliner Blätter „B. Z. am Mittag" und „Lokalanzeiger" räumten dem Fußball ganze Seiten bzw. mitunter sogar Sonderbeilagen ein.

46 Zit. nach Gerhard Zeilinger: Die Pionierzeit des Fußballspiels in Mannheim, S. 51.

47 Zit. nach Eisenberg, Christiane: Fußball, soccer, calcio, S. 97.

48 Hinzugefügt werden muss allerdings, dass die Zehnerliga ausschließlich von den leistungsstärkeren Mannschaften aus dem Ruhrgebiet bzw. dem Rheinland gebildet wurden. In der „Provinz" wurden derweil zunächst Lokalmeisterschaften ausgespielt, deren Sieger anschließend in einer K.-o.-Runde aufeinander trafen, wobei der „Endsieger" das Recht erhielt, gegen den Meister der Zehnerliga um die Westdeutsche Meisterschaft zu spielen. Nicht einmal gelang dem „Provinzmeister" bei dieser Gelegenheit ein Sieg.

49 Vorgänger des „schlechtesten Bundesligisten aller Zeiten", Tasmania Berlin.

50 Nationalspieler Robert Hense vom Kölner BC beschrieb die seinerzeitige Spielweise mit den Worten: „Wir haben uns auch schon etwas gedacht, wenn wir den Ball vor den Füßen hatten oder ihn erwarteten. Nur, die rationale Rollenverteilung und ausgeglichene Arbeitsverteilung wie im modernen System war sozusagen noch nicht erfunden. Ganz abgesehen von der alten Abseitsregel (mit drei Spielern, d. Verf.) konnte sich mindestens ein Verteidiger ohne Zusammenhang mit der Spielhandlung weit hinten aufbauen und der

Dinge harren, die auf ihn zukommen würden. Gewiss, das erschien später altmodisch. Aber da es der Gegner nicht anders machte, kam es niemanden als taktischer Mangel vor."

51 Offiziell war Ugi vom Breslauer Fußballmäzen Leo Levon verpflichtet worden, um eine Werkstatt für Kinomaschinen einzurichten.

52 Eine beim Regionalverband geführte und in den jeweiligen „Amtlichen Mitteilungen" abgedruckte Aufstellung jener Spieler, die bei ihrem Verein Schulden hatten und daher keine Freigabe für einen neuen Klub erhalten konnten.

53 Zit. nach Fuge, Jens: Ein Jahrhundert Leipziger Fußball, S. 29f.

54 Zit. nach Skrentny/Prüss: Hamburger SV, S. 34.

55 Sophus Nielsen hatte 1908 mit Dänemark am Olympischen Fußballturnier in London teilgenommen.

56 Zu erkennen beispielsweise an Vereinszeitungen aus jenen Tagen, in denen ein immer größerer Werbeanteil festzustellen ist. Für die lokale Wirtschaft beispielsweise in Kiel war es inzwischen geradezu „Pflicht", den FV Holstein zu unterstützen und damit Imagewerbung zu betreiben.

57 Wo es allerdings vor Spielbeginn in Strömen geregnet hatte.

58 Zit. nach Fuge, Jens: Ein Jahrhundert Leipziger Fußball, S. 40.

59 Nur Südniedersachsen und der Raum Osnabrück fehlten, weil sie zum Gebiet des Westdeutschen Fußballverbandes gehörten. Folgende Mannschaften nahmen an der Saison 1913/14 teil: Holstein Kiel, Altona 93, Eimsbütteler TV, Victoria Hamburg, Union 03 Altona, Borussia Harburg, Werder Bremen, Eintracht Hannover, Hannover 96, Eintracht Braunschweig.

60 Ostkreisliga (Bayern), Südkreisliga (Baden und Württemberg), Nordkreisliga (Hessen) sowie Westkreisliga (Rheinland-Pfalz mitsamt Mannheim und Elsass-Lothringen).

61 Und das war damals, als noch kein Fernsehen die Spiele live ins Wohnzimmer transportierte, eine ungleich größere Leistung als heute, denn es hing fast völlig vom „Ruf" in der Presse sowie der Mundpropaganda unter den Fans ab. Wie tief verwurzelt der damalige Ruf der SpVgg ist, zeigt die Tatsache, dass ihr Nachfolgeverein SpVgg Greuther Fürth bis heute davon zehrt.

62 In den DFB-Statuten für die Endrunde hieß es, Spiele würden jeweils 15 Minuten verlängert, „bis ein Sieger gefunden ist".

63 Nach den Berechnungen von Christiane Eisenberg in ihrem Buch „English Sports und deutsche Bürger. Eine Gesellschaftsgeschichte 1800-1939".

64 Preußen bildete den größten Teil des damaligen „Heiligen Römischen Reiches Deutscher Nationen". Wird im Folgenden für den Zeitraum bis zur Reichsgründung 1871 der Begriff „deutsch" verwendet, so bezieht sich dies allerdings nicht nur auf Preußen, sondern auf den gesamten deutschsprachigen Raum (mit Ausnahme der deutschsprachigen Schweiz).

65 Um 1800 lebten 87 Prozent der Bevölkerung auf dem Lande und von den restlichen 13 Prozent lediglich 6 Prozent in Städten mit mehr als 20.000 Einwohnern.

66 In den „Notizen zur Erinnerung, auf Befehl seiner Excellenz des Herrn Staatskanzlers aufgesetzt" des Grafen Neidhardt von Gneisenau heißt es: „Der Privatgelehrte Jahn ist durch eine Pension für seine patriotische Gesinnung und für seine Aufregen anderer zu gleichem Zwecke zu belohnen."

67 Entgegen der allgemeinen Auffassung nicht der erste Turnplatz in Deutschland, denn am 8. Juli 1809 – also zwei Jahre vor der „Hasenheide" – war vom „Tugendbund" im ostpreußischen Braunsberg bereits eine derartige Anlage errichtet worden. (Siehe Horst Ueberhorst: Sportkultur im deutschen Osten und im Sudetenland, S. 102.) „Turnen" ist im Übrigen ein vom Sprachgelehrten Jahn geprägter Kunstbegriff, der sich auf das Wort „turn" bezieht – ein nach Jahns Überzeugung „deutscher Urlaut". Im Allemannischen ist ein „Torner" ein Kriegslehrling.

68 Nicht zuletzt deshalb erzielten die Aktivitäten wohl auch eine bemerkenswerte Öffentlichkeitswirkung, denn zahlreiche Repräsentanten des preußischen Staates – darunter der Kronprinz – fanden sich als Zuschauer auf der Hasenheide ein. 1813 sollen einer Schauvorführung über 10.000 Menschen beigewohnt haben!

69 Allerdings als rein bürgerliche Gesellschaft, in der das Proletariat außen vor blieb.

70 Sebastian Haffner: Preußen ohne Legende. S. 177. Der Kult um den „Turnvater" erreichte während der Nazizeit einen ersten Höhepunkt – nach dem Krieg wurde Jahn aber auch in der DDR-Literatur als „Revolutionär" gefeiert...

71 1817 gab es in Preußen bereits 100 private Turngesellschaften und rund 6.000 Turner.

72 Der Sporthistoriker Horst Ueberhorst beschreibt Jahns Wandel in jenen Tagen mit den Worten: „...als er nach dem Befreiungskrieg die verfolgten Ziele nicht verwirklicht sah, (er) maßlos, ungerecht und sogar fanatisch wurde und damit dem von ihm begonnenen Turnwesen aufs schwerste schadete."

73 Dies geschah durch die so genannten „Karlsbader Beschlüsse", mit denen sämtliche liberalen und nationalen Strömungen unterbunden und die Pressefreiheit eingeschränkt wurde. Die „Turnsperre" wurde allerdings nur in Preußen strikt angewandt,

während andere deutsche Staaten (v.a. im Süden) wesentlicher laxer agierten und in einigen Staaten (z.B. Mecklenburg, Oldenburg, Braunschweig, Hamburg, Lübeck) sogar unverändert im Jahn'schen Geiste weitergeturnt werden durfte.

74 Im Verlauf der Revolution kam es zu einer Spaltung der Turnbewegung. Im April 1848 gründeten 42 Turngemeinden in Hanau mit dem „Deutschen Turnerbund" einen Nationalverband, von dem sich nur ein Jahr später der „Demokratische Turnerbund" abspaltete. (Ersterer war konstitutionell-monarchisch eingestellt, Letzterer strebte eine deutsche demokratische Republik an.) Im selben Jahr führte ein gescheiterer Einigungsversuch zur Gründung eines dritten Verbandes („Allgemeiner Deutscher Turnerbund").

75 Nichtsdestotrotz spielte Turnen weiterhin eine wichtige Rolle bei der „Wehrbarmachung" des Volkes – man wollte nur kein „Volk in Waffen" mehr. „Theilen wir die Arbeit. Wir liefern gelernte, fechtfähige Rekruten, die Armee bildet den manöverfähigen Soldaten", hieß es 1863 in der „Deutschen Turnzeitung", während der TV Saarbrücken 1860 als Vereinszweck angab: „Herausbildung rüstiger, waffenfähiger Männer, Belebung und Stärkung des deutschen Nationalgefühls."

76 Wie beispielsweise der 1862 durch Fusion zwischen MTV 1852 Hamburg und TV St. Pauli u. v. d. Dammtor gegründete Hamburg-St. Pauli TV, dessen Fußballabteilung 1924 als FC St. Pauli eigenständig wurde.

77 Bis dahin hatte die DT die „deutschen" Farben Schwarz-Rot-Gold getragen. Zur deutschen Nationalflagge wurde das preußische Schwarz-Weiß-Rot erst 20 Jahre später durch kaiserlichen Erlass.

78 Die den Vereinen gebot, auf Gold- und Silbermedaillen zu verzichten.

79 Darüber hinaus kam der Typus des „Männerturnvereins" auf, dem ausschließlich erwachsene Männer angehörten.

80 In diesem Zusammenhang trat übrigens auch Karl Planck, Verfasser des viel zitierten fußball-feindlichen Pamphletes „Fußlümmelei" auf. Planck entpuppte sich auch gegenüber den Geräteturnern als wenig toleranter Kritiker und schrieb mit beißender Ironie: „Wo aber Hang und Stütz am Reck und Barren zur alles verschlingenden Hauptsache wird, wird der Mensch zum Kletteraffen erzogen und nicht zum Menschen."

81 Vor allem in Metropolen wie Berlin, München, Hamburg, Dresden, Frankfurt, Leipzig und Stuttgart hatte der Sport – und vor allem der Fußball – den Turnern längst den Rang abgelaufen. Sportvereine zogen dort sogar Mitglieder von den Turnvereinen ab und waren darüber hinaus in der Nachwuchspflege erheblich erfolgreicher. Ein Beispiel ist der FC Bayern München, der am 27. Februar 1900 von frustrierten Mitgliedern der Fußballabteilung des MTV 1879 München gegründet worden war. Vergleichbare Vorgänge wurden aus allen Groß- und Kleinstädten des Deutschen Reiches gemeldet. Lediglich auf Dorfebene behielt die Turnerschaft die Oberhand – dort spielte Fußball noch keine Rolle. Der Hemmnisse waren viele: Reiseverbote, Nichtbereitstellung eines Platzes, Verbot der Teilnahme an den Wettspielen des DFB etc.

82 Niemeyer, Karl Heinz: 70 Jahre Fußball ... und kein Ende, S. 23.

83 Federführend war Emil Freiherr von Schenckendorff, ein führendes Mitglied der Nationalliberalen Partei, der eine seit längerem diskutierte Anregung des preußischen Unterrichtsministers Gustav von Goßler aufgegriffen hatte. Alle 35 Gründungsmitglieder gehörten der Nationalliberalen Partei an.

84 Ansonsten ging es vor allem darum, die Zusammenarbeit der Turn- und Sportvereine mit staatlichen sowie städtischen Behörden zu verbessern sowie bei der Beschaffung von Spielplätzen behilflich zu sein. Ein weiteres Ziel – die Vermittlung zwischen Turnen und Sport – misslang.

85 Grundlage war der Jugendpflegeerlass vom 11. Januar 1911, mit dem u.a. die Förderung der Leibesübungen in den ländlichen Regionen angeregt worden war. Ziel war es, die zahlreichen paramilitärischen Jugendorganisationen zusammenzufassen. Dazu gehörten neben diversen Wehrvereinen und Jugendwehren auch der Deutsche Pfadfinderbund sowie einige bürgerliche Bewegungen wie beispielsweise der DFB.

86 Auf die SPD entfielen bei den Wahlen des Jahres 1912 mehr als ein Drittel der abgegebenen Stimmen.

87 Dazu wurde mit dem Vorsitzenden der Deutschen Sportbehörde für Athletik, Carl Diem, ein Mann als Schriftleiter eingesetzt, der für eine nicht zu deutliche Militarisierung des JDB stand.

88 DFB-Jahresbericht 1911-12, S. 84.

89 DFB-Jahresbericht 1911-12, S. 82.

90 War am 20. April 1911 durch Zusammenschluss von Verband Berliner Ballspielvereine, Märkischer Fußballbund, Verband Berliner Athletik-Vereine und Berliner Ballspielbund entstanden.

91 Fußball-Jahrbuch 1912, S. 248.

92 Zit. nach Heinrich, Arthur: Der deutsche Fußballbund, S. 40.

93 Dessen Konzept im Übrigen nicht aufging, denn trotz aller Vertuschungsversuche blieb der paramilitärische Charakter deutlich, und das Bestreben, neben der bürgerlichern auch die proletarische Jugend zu erreichen, schlug völlig fehl. Stattdessen führte der JDB vielerorts sogar zu Störungen im sensiblen Verhältnis zwischen bürgerlichen Verei-

nen und sozialdemokratisch organisierten Klubs. Profitieren konnten allerdings die bürgerlichen Sportverbände, die über die Mitgliedschaft zum JDB Vergünstigungen im Bahn- und Nahverkehr erhielten, die Möglichkeit hatten, mit Jugendgruppen in Kasernen zu übernachten sowie günstige Unfallversicherungen für ihre Aktiven abzuschließen. Ein weiterer Effekt des JDB: So genannte „Gepäckmärsche" kamen auf und erfreuten sich rasch außerordentlich großer Beliebtheit.

94 Also die unter dem DFB-Banner segelnde. Dem gegenüber standen 1911 vorsichtige Versuche einiger Arbeiter-Turnvereine, ebenfalls Fußballabteilungen einzurichten. Diese Versuche sollten aber erst nach dem Ersten Weltkrieg Früchte tragen.

95 Allenfalls die Sozialdemokraten zeigten Skepsis, schlossen sich aber ebenfalls der vom Kaiser geäußerten Formel „Ich kenne keine Parteien mehr, nur noch Deutsche" an und bewilligten die Kriegskredite.

96 In einem Aufruf des VfR Mannheim heißt es beispielsweise: „Nicht zum Schutz von Fürstenmördern, nicht zur Revanche und Sicherung ausgeliehener Milliarden, nicht zur Befriedigung zügelloser Machtgier und zur Erhaltung eines blutbefleckten Despotenthrones, nicht aus Neid auf den blühenden Handel und Gewerbefleiß eines blutsverwandten Volkes wurde Deutschlands Schwert gezogen, nie hat es solchen Zwecken gedient. Nur wenn es galt, dem Angriff eines Gegners zu begegnen, wenn es galt, einem heimtückischen Ueberfall zuvorzukommen, fuhr das deutsche Schwert aus der Scheide. Und hierin ruht seine zerschmetternde Wucht, seine unzerbrechliche Siegfriedstärke, weil es rein und unbefleckt ist und nur für eine reine und gerechte Sache geführt wird. Und so wollen wir es auch in diesem Riesenkampfe führen!"

97 Interessanterweise bot sich in England ein ähnliches Bild, denn von den 5.000 Profifußballern eilten rund 2.000 bald nach Kriegsbeginn freiwillig zu den Fahnen (in England gab es, anders als in Deutschland, keine Wehrpflicht). Damit erreichten Fußballer eine weit über dem Durchschnitt liegende Quote von 25% Kriegsfreiwilligen. Die Beliebtheit der Profimannschaften hatte sogar Werbecharakter. Chelsea London beispielsweise warb mit einem Plakat mit der Aufschrift: „Willst du ein echter Chelsea-Fanatiker sein? Wenn ja, dann komm zum 17th Battalion Middlesex Regiment ‚The Old Die-Hards' und folge dem Beispiel deiner Lieblingsfußballer."

98 Zit. nach. Heinrich, Arthur: Der Deutsche Fußballbund, S. 45.

99 Ebenda, S. 44.

100 Spiel und Sport, Nr. 61/62 vom 4. August 1914.

101 Was über vereinsinterne Feldpostbriefe sowie Materialsammlungen geschah.

102 Bezeichnenderweise fand die Saison 1914/15 mit dem BFC Hertha von 1892 einen Sieger, der aus dem proletarisch geprägten Norden der Stadt kam und insofern die während des Krieges beginnende „neue Zeit" einläutete. Hertha rekrutierte seine Akteure seinerzeit allerdings noch überwiegend aus dem bürgerlichen Angestelltenmilleu – Arbeiter kamen erst später hinzu.

103 Bensemann hatte im Auftrag des DFB aus 57 Kandidaten vier Trainer ausgewählt: Fred Pentland für Süddeutschland, Wolstenholme für Hamburg, Reynolds für Westdeutschland und Chadwick für den DFB. Townley erhielt derweil im Dezember 1913 ein Angebot vom DFB, zog jedoch ein ungleich lukrativeres Angebot von Bayern München vor. Nach Kriegsbeginn gelang Townley und Reynolds gerade noch rechtzeitig die Ausreise, während Pentland und Wolstenholme für die Dauer des Krieges interniert wurden. Pentland erkrankte in der Gefangenschaft lebensgefährlich. Chadwik, der zudem beim zweifachen Deutschen Meister Viktoria 89 als Trainer erwartet wurde, war gleich in England geblieben, während der ebenfalls in Berlin (Britannia 92) tätige Engländer Bloomer ebenfalls festgesetzt wurde.

104 Der DFB hatte daraufhin folgende Verfügung erlassen: „Angehörige von Staaten, die sich mit dem Deutschen Reiche oder seinen Verbündeten im Kriege befinden, dürfen weder Mitglieder eines Bundesvereins sein, noch sich an sportlichen Veranstaltungen innerhalb des Bundes beteiligen. Hierbei ist gleichgültig, ob diese Ausländer innerhalb Deutschlands geboren sind oder nicht."

105 Wurde 1917 in „Deutscher Reichsausschuss für Leibesübungen" (DRA) umbenannt. Damit verbunden war die Aufgabe des bis dahin gepflegten sportlichen Internationalismus. Sport wurde nun nicht mehr als Mittel zur Völkerverständigung bzw. dem gegenseitigen Austausch betrachtet, sondern als „deutscher Sport". Zugleich geriet der DRA unter direkten Einfluss des Militärs (v. a. Paul von Hindenburg), die am 9. September 1917 eine Denkschrift verfassten, in der die Pflege von „Turnen, Sport, Spiel, Wandern in Schule und Vereinen, Wettkämpfe, Spielplätze (...) zur Verbesserung des Heeresersatzes" angemahnt wurden. Dies geschah auch unter dem Eindruck der sich anbahnenden Kriegsniederlage – die Militärs begannen schon mal, eine „Ersatzarmee" für Friedenszeiten aufzustellen.

106 Zit. nach Heinrich, Arthur: Der Deutsche Fußballbund, S. 47.

107 Zit. nach Christiane Eisenberg: Fußball, soccer, calcio, S. 103.
108 Ebenda.
109 Ebenda, S. 104.
110 Zumindest ein Fall scheint aber authentisch zu sein: Weihnachten 1915 standen sich nahe des nordfranzösischen Dörfchen Laventie ein bayerisches und ein walisisches Regiment zum Fußballspiel gegenüber. Nach Erinnerungen des Engländers Bertie Felstead, der 2001 106-jährig verstarb, trafen sich Mitglieder beider Regimenter im trennenden Niemandsland, tauschten Geschenke und Gedanken aus und lieferten sich ein Kampfspiel um einen Fußball. „Es war kein richtiges Fußballspiel, mehr ein freies Herumkicken, wie spielten hin und her. Ich kann mich noch an das Herumbalgen im Schnee erinnern. Es waren ungefähr 50 Leute auf jeder Seite. Ich spielte mit, weil ich Fußball wirklich wollte." Nach Falsteads Angaben wurde das Spiel durch einen englischen Offizier unterbrochen, der seine Soldaten aufforderte, lieber auf die „Hunnen zu schießen".

1918 bis 1925

1 Zit. nach „Turnen, Spiel und Sport", Ausgabe vom 17. Dezember 1918.
2 Zit. nach Heinrich, Arthur: Der Deutsche Fußballbund, S. 54. Mit der drohenden Revolution nach russischem Vorbild war die Furcht verbunden, Arbeitersportfunktionäre könnten die Führung über die gesamte Turn- und Sportbewegung erlangen und mit ihrer bisweilen ideologischen Engstirnigkeit negativen Einfluss nehmen.
3 Zit. nach Heinrich, Arthur: Der Deutsche Fußballbund, S. 55
4 Ebenda.
5 Ebenda, S. 56.
6 Der Politikwissenschaftlicher Arthur Heinrich bezeichnete Freikorps in seinem Buch „Der Deutsche Fußballbund" als „Sammelstellen von Republik- und Demokratiegegnern".
7 Übrigens noch unter dem Namen „SC Westfalia Schalke 04".
8 Zit. nach Heinrich, Arthur: Der Deutsche Fußballbund, S. 62.
9 Die Einnahmen aus dem Spielbetrieb hatten wie erwähnt zum Teil gespendet werden müssen, und Soldaten waren von Zahlung von Mitgliedsbeiträgen befreit gewesen. Auch Mäzene und Gönner hatten sich während des Krieges natürlich zurückgehalten.
10 An einigen Orten gab es allerdings eine direkte Beeinflussung durch die Revolution. In Kiel beispielsweise fiel das Ligaspiel zwischen der KSV Holstein und dem Marinesportclub aus, weil die Marine-Kicker lieber zur Revolution gingen. Holstein gewann am Grünen Tisch mit 5:0.
11 Dort hatte man 1918 allerdings eine Pokalrunde eingeführt, die bis zum Endspiel ausgetragen werden konnte. Das Finale gewann der 1. FC Nürnberg mit 5:2 über den Stuttgarter SC.
12 Der Verband Süddeutscher Fußballvereine hatte sich 1914 entsprechend umbenannt.
13 1919 wurde er beispielsweise stellvertretender Vorsitzender des Deutschen Reichsausschusses für Leibesübungen (DRA), in etwa vergleichbar mit dem heutigen Deutschen Sport-Bund. Zudem wurde Linnemann 1919 Mitglied des Reichsbeirates für körperliche Erziehung im Reichsinnenministerium und übernahm im Laufe der 1920er Jahre diverse weitere Posten im deutschen Sport. Linnemann war freilich nicht unumstritten. „Kicker"-Herausgeber Walther Bensemann beispielsweise nannte ihn „den einzigen Berliner Prominenten, mit dem ich mich nie vertragen konnte".
14 Im besetzten Gebiet galt die westeuropäische, im nichtbesetzten die mitteleuropäische Zeit.
15 Bereits 1912 hatte sich die Generalversammlung der „Gesellen- und Jünglingsvereine"wie folgt geäußert: „Die katholische Jugendpflege sieht in geregelten körperlichen Übungen (Turnen, Sport, Spiel, Wanderungen usw.) einen wichtigen Faktor der Jugendpflege, um so mehr, als vielfach die Wohnungsverhältnisse und die Art der Beschäftigung der gewerblichen Jugend nicht geringe Schäden mit sich bringen. Sie erkennt in der körperlichen Ertüchtigung aber nur einen Teil der Jugendpflege an, welche dem Gesamterziehungsziel unbedingt eingefügt und höheren Zwecken untergeordnet werden muss.
16 Im DFB-Kriegs-Jahresbericht 1917–18 heißt es: „Angehörige von Staaten, die sich mit dem Deutschen Reiche oder seinen Verbündeten im Kriege befinden, dürfen weder Mitglieder eines Bundesvereins sein, noch sich an sportlichen Veranstaltungen innerhalb des Bundes beteiligen. Hierbei ist gleichgültig, ob diese Ausländer innerhalb Deutschlands geboren sind oder nicht."
17 Der Verein trat wenig später aus dem DFB aus und schloss sich dem ATSB an, an dessen Endrunde um die Deutsche Meisterschaft er 1922/23 teilnahm.
18 Zit. nach Heinrich, Arthur: Der Deutsche Fußballbund, S. 57f.
19 In nationalen Kreisen blieb die Skepsis aber bestehen. 1923 erklärte beispielsweise der damalige Vorsitzende des TSV München 1860, Dr. Ernst Müller-Meiningen: „Sportliche Kämpfe dürfen zur Zeit nicht nur nicht mit Frankreich und Belgien, son-

dern auch nicht mit Italien, Polen, Tschechoslowakei usw. ausgetragen werden. Wer nicht so viel nationalen Stolz hat, schadet der deutschen Turn- und Sportbewegung und gibt denen Recht, die in dieser Bewegung zersetzende Einflüsse feststellen möchten. Jetzt heißt es: nationale Interessen über alles andere!"

20 Amtliche Mitteilungen des DFB, Jahrgang 1923, Nr. 6.

21 Eigentlich hatte bereits 1919 eine Begegnung gegen die Schweiz stattfinden sollen. Das war seinerzeit jedoch am Widerstand Frankreichs gescheitert.

22 Geplant war zunächst die Gründung eines neuen „deutschen" Verbandes in dem abgetrennten Gebiet, der dem DFB hätte beitreten sollen. Das wurde vom Bundesverband jedoch aus Furcht vor politischen Komplikationen abgelehnt. Für Preußen Kattwitz hatte der Vorgang fatale Folgen. Nicht nur, dass man um seine sportliche Chance gebracht wurde – der Klub musste sich unter polnischer Obhut auch von seinem Namen trennen und sich „1. Klub Sportowy Katowice" nennen. Wenige Monate später erfolgte übrigens eine weitere Umbenennung in „First Football Club", womit die schlauen Oberschlesier wieder eine „deutsche" Bezeichnung trugen: „1. FC Kattowitz".

23 „Fußball" vom 25. Januar 1921, S. 56. Mit „Liga" ist im Übrigen die höchste Spielklasse gemeint.

24 Hamburg war im norddeutschen Spitzenfußball ziemlich ins Hintertreffen geraten und suchte händeringend nach einer starken lokalen Größe. Mit der Fusion zwischen den Pionierklubs Hamburger FC 88, Germania 87 Hamburg und FC Falke 06 zum HSV sollte diese „Nummer 1" geschaffen werden.

25 Der aus Sarpsborg stammende Halvorsen hatte eigentlich mit dem SC Victoria verhandelt und arbeitete in Hamburg als Schiffsmakler, womit er zugleich jeglichen Vorwürfen bezüglich verkappten Profitums entging.

26 Im Oktober 1919 begrüßte man sein 1.000. Mitglied – und darunter war kein einziger Turner!

27 Auch abseits der Fußballplätze gab es seinerzeit ein Gewaltproblem, wie das Beispiel der 1920 gegründeten „Bergwacht" zeigt, die sich dem seit Kriegsende in den Alpen registrierten Vandalismus entgegen stellte. „Bergvagabunden" und ganze Banden wüteten dort, begingen Wilderei, Vieh- und Holzdiebstähle, Hütteneinbrüche und belästigten Urlauber wie Einheimische. Ihr Verhalten wurde als Folge der „entbehrungsreichen Jahre im und nach dem Weltkrieg" interpretiert.

28 Das Spiel fand übrigens im Rahmen der „Deutschen Kampfspiele" statt, einer Art „Deutsches Olympia". Deutschland war in jenen Jahren als Kriegsschuldiger im Sport international geächtet und durfte an den Olympischen Spielen 1920 (Antwerpen) nicht teilnehmen. 1924 verzichtete man, weil das Turnier laut Carl Diem, seinerzeit Prorektor der Berliner Hochschule für Leibesübungen, „in ein Land des Feindhasses verlegt" worden war, um „eine Teilnahme Deutschlands unmöglich zu machen".

29 Erst nach dem Endspiel wurden die Regeln geändert und die Verlängerung auf zweimal 15 Minuten begrenzt.

30 Die Hamburger bekamen die Wucht des Spiels natürlich auch zu spüren. Beier beispielsweise musste einmal sogar mit der Bahre vom Platz getragen werden.

31 Bauwens-Bericht zit. nach Prüss/Skrentny: Hamburger Sportverein, S. 55f.

32 Das war eigentlich nichts Ungewöhnliches, denn viele Sportplätze hatten weder Sportheim noch Umkleidekabinen, und die Aktiven mussten oft weite Wege bis zur Gaststätte des gastgebenden Vereins hinlegen, wo die Umkleide vor und nach dem Spiel stattfand. Während man in derlei Fällen die Halbzeitpause aus praktischen Erwägungen auf dem Spielfeld verbrachte, wurden die Akteure in Leipzig dazu gezwungen, da die nahe gelegenen Kabinen nicht zu erreichen waren.

33 Das Phänomen der Zuschauerausschreitungen betraf übrigens auch den Arbeitersport, in dem es aus ideologischen Gründen natürlich ungleich stärker auffiel. 1922 heißt es im „Fußballspieler", dem amtlichen Organ der Mitteldeutschen Sportvereinigung im ATSB: „Diejenigen, die durch rohes Spielen und andere Taten die Ursachen zum Spielabbruch gegen sowie die so genannten Vereinsfanatiker und Lokalpatrioten, die zum Abbruch drängen und Erbitterung erzeugen, sind die Schuldigen für die unnütze scharfe Spielweise und die Spielabbrüche."

34 Dessen Schriftleiter Friedrich Golms fiel mehrfach mit üblen nationalistischen Tiraden auf. Sein Nachfolger ab 1925 Guido von Mengden, später Stabsleiter des NSRL, trat übrigens unter dem viel sagenden Pseudonym „Guido Trutzburg" auf.

35 Zit. nach Röwekamp, Georg: Der Mythos lebt, S. 71.

36 Damaliger Name des SV Waldhof, der 1920 mit dem TV 1877 zum SpTV fusioniert hatte. 1925 wurde die Fusion wieder gelöst.

37 Zit. nach Leinemann, Jürgen: Sepp Herberger, S. 65.

38 Zit. nach Heinrich, Arthur. Der Deutsche Fußballbund, S. 75.

39 Der englische Begriff des „Professional" wurde weitestgehend vermieden, weil er aus politischen Gründen wegen seiner Nähe zu England offenbar zu belastet war.

40 Dies wurde auch bei den Kritikern gesehen. Im DFB Jahrbuch 1918/19 heißt es auf Seite 11: „Einen

Wert des Berufsspielertums aber anerkennen auch diese scharfen Gegner. Der Berufsspieler wird das Spiel technisch auf eine Höhe der Vollendung bringen, die der Herrenspieler nur in seltenen Fällen erreichen kann. Dieses höhere technische Können wirkt zweifellos aneifernd und ist nicht zu unterschätzen."

41 Zit. nach Heinrich, Arthur: Der Deutsche Fußballbund, S. 89.

42 „Dieser Tag sollte mit ehernem Griffel in die Geschichte des deutschen Fußballs eingetragen werden. Als Tag der Befreiung aus einer verpesteten Atmosphäre", jubelte Ernst Werner in der „Fußball-Woche".

43 Zit. nach „Fußball" (1920), S. 807f.

44 Dessen Vizepräsident Linnemann hatte sich zu diesem Zweck bereits akribisch in das Finanz- und Steuerrecht eingearbeitet.

45 Zuschauerzahlen sind wenig überliefert. Der Hamburger SV gab für die Spielzeit 1920/21 einen Schnitt von 3.500 pro Spiel an. Das dürfte ein für jene Tage „guter" Zuspruch gewesen sein. In Berlin veröffentlichte man für die Oberliga folgende Zahlen: Saison 1922/23 durchschnittlich 1.431 Zahlende pro Spiel, 1923/24 deren 1.254 und 1924/25 1.650. Zahlen entnommen: Skrentny/Prüß: Hamburger SV, S. 54 bzw. VBB-Jahrbuch 1924/25, S. 40.

46 Weitere Beispiele: Bayern München, Schalke 04, SV Waldhof Mannheim. Genaueres siehe: Grüne, Hardy: Vereinslexikon.

47 1915 hatte die DT allerdings noch verkündet, eine eigene Fußballmeisterschaft austragen zu wollen.

48 Dazu gibt es eine Vorgeschichte: Am 23. Juli 1910 hatte die DT – wohl aus Angst vor einem Massenaustritt der Fußballer – die bis dahin illegal betriebene Praxis der Teilnahme von DT-Fußballabteilungen an den Meisterschaften der DFB-Regionalverbände legalisiert. Nur zwölf Monate später war jedoch eine Kehrtwende vollzogen worden und die DT hatte die Einführung einer eigenen Fußballmeisterschaft angekündigt, woraufhin der DFB seinen Mitgliedern Spiele gegen DT-Vereine untersagt hatte.

49 Einige TSV-Vereine waren allerdings nicht durch Fusion entstanden, sondern hatten sich schlicht umbenannt, wobei die Aufnahme des „S" in den Vereinsnamen (z. B. München 1860) eine Verbeugung vor den Sportlern darstellte.

50 1924 beispielsweise fusionierten der BV 1899 und Spiel und Sport Osnabrück zum VfL Osnabrück, wobei beide Klubs aus der Sportbewegung kamen.

51 Viele Turner waren nicht bereit, ihren Führungsanspruch über die gesamte Leibesübungsbewegung in Deutschland aufzugeben. Sie taten sich zudem schwer, die selbstständige Verwaltung der Fachverbände bzw. deren ausschließliches Recht auf Durchführung von Meisterschaften in ihren Disziplinen anzuerkennen.

52 Carl Koppehel: Geschichte des deutschen Fußballsports, S. 162.

53 Großwallstadt als klassisches Dorf, Lemgo, Nordhorn, Minden, Gummersbach, Bad Schwartau, Schutterwald etc. als kleinstädtische Vertreter.

54 Darunter waren auch einige im Zuge der „reinlichen Scheidung" entstandene eigenständige Vereine ehemaliger Turnvereinabteilungen.

55 Reichspräsident Hindenburg – übrigens Ehrenpräsident von Hannover 96 – erklärte bei seinem Amtsantritt 1925: „Leibesübung ist Bürgerpflicht; sie sichert uns die Gesunderhaltung des Volkes und die Förderung von Tatkraft, Gemeinsinn und Mut, Eigenarten, die die Grundlage jedes gesunden Staatswesens bilden!" (Zit. nach: Ueberhorst, Horst: Sportkultur im deutschen Osten und im Sudetenland, S. 165.)

56 Eine nähere Betrachtung der Angelegenheit nimmt Arthur Heinrich in seinem Buch „Der Deutsche Fußballbund" vor.

57 Zit. nach Heinrich, Arthur: Der Deutsche Fußballbund, S. 95.

58 Als „2. Liga" existierten im Süden übrigens Kreisligen – in Bereich Württemberg/Baden beispielsweise deren fünf mit weiteren 38 Mannschaften –, deren Meister in die Bezirksligen aufstiegen.

59 Sicherlich der Hauptgrund, warum im Zuschauerbereich ein regelrechter Einbruch erlitten wurde. Lediglich 76.000 Fans hatten den sechs Spielen beigewohnt – also 12.667 pro Begegnung und damit fast 10.000 weniger als 1922/23! Selbst die Halbfinal-„Heimspiele" Nürnbergs (in Fürth) bzw. des HSV (auf dem Victoria-Platz Hoheluft) waren nur von jeweils 10.000 Zuschauern besucht worden.

60 Arbeiter Turn-Zeitung vom 1. November 1901.

61 Zit. nach Eggers, Erik: Fußball in der Weimarer Republik, S. 88.

62 Als Antwort darauf war 1912 übrigens die proletarische „Zentralkommission für Sport und Körperpflege" gegründet worden.

63 „Dem Volke gilt's, wenn wir zu spielen scheinen" – hatten die Arbeitersportler beispielsweise dem bürgerlichen Slogan „Fürs Vaterland ist es, wo wir zu spielen scheinen" gegenüber gestellt.

1925 bis 1933

1 Weil der beschließende Bundestag in Hannover stattgefunden hatte. Im Übrigen war die interne Struktur des DFB durchaus umstritten. Walther Bensemann beispielsweise kritisierte 1919, der DFB wäre „nicht demokratisch, sondern autokratisch geführt". Ab 1922 wurde der maßgebliche Bundesvorstand personell kontinuierlich aufgebläht, 1932 waren es schließlich 18 Mitglieder.

2 Darüber hinaus wurde Ausländern, die in Deutschland spielen wollten, eine einjährige Sperre auferlegt, „um unerwünschte Elemente fernzuhalten".

3 Der Titelverteidiger war nicht mehr mit einer automatischen Qualifikation bedacht.

4 Die größte Skepsis war ansonsten aus Norddeutschland zu hören.

5 Amerikanische Kriegskredite hatten die Wirtschaft in Deutschland kräftig angekurbelt, was sich u. a. in einem verstärkten kommunalen Stadionbau geäußert hatte. Westdeutschland kam dabei vergleichsweise besser weg, wenngleich in jenen Jahren auch in München, Nürnberg und Frankfurt Großstadien entstanden.

6 Zit. nach Schulze-Marmeling, Dietrich: Die Bayern, S. 463.

7 Zit. nach Festschrift des BV Altenessen 06 zum 50-jährigen Bestehen.

8 Beide Zitate aus DFB Jahresbericht 1928/29, Seite 9f.

9 Ein äußerst nobler Klub, dem u.a. Carl Diem angehörte und der mit Fußball nur wenig zu tun hatte.

10 „Fußball" vom 12. April 1927, S. 16.

11 Zwar wird in der Literatur gerne angeführt, dass beispielsweise Carl Koppehel SPD-Mitglied war, doch gibt es dafür keine Belege.

12 Empfangsberechtigt waren ausschließlich Familienväter, die neben einem generellen Arbeitsnachweis Belege für den tatsächlichen Lohnausfall beizubringen hatten.

13 Zit. nach Heinrich, Arthur: Der Deutsche Fußballbund, S. 83.

14 Häufig auf städtischem Gelände, das ihnen von den Kommunen per Erbpacht „geschenkt" worden war.

15 1927 hatte er wie erwähnt bei der drohenden Änderung des Schankstättengesetzes noch behauptet, „dass 60 % aller heute in Deutschland zur Verfügung stehenden Sportplätze von den Vereinen selbst aus Privatmitteln gebaut worden sind". Verlässliche Statistiken liegen nicht vor.

16 Die Arbeitslosen kassierten für ihren Einsatz höchstens 3 RM pro Tag, eher weniger. Insgesamt wurden von den rund 80 Mio. registrierten Tagewerken zwischen 1920 und 1930 rund 11,5% beim Sportplatzbau eingesetzt. Angaben nach Eggers, Erik: Fußball in der Weimarer Republik, S. 135.

17 1924: Köln und München, 1925: Frankfurt und Düsseldorf, 1928: Nürnberg.

18 Die Bayern waren seit 1922 heimatlos, weil ihr Platz an der Leopoldstraße in Schwabing aufgegeben werden musste.

19 Zit. nach Horny, Nick: Ballfieber, S. 25.

20 Zuvor hatte der wahrlich nicht unumstrittene Agte auch schon Kolzen und Ziegenspeck aus der Ligaelf geworfen, beide aber kurz vor Endrundenbeginn überraschend zurückgeholt.

21 Zit. nach Heinrich, Arthur: Der Deutsche Fußballbund, S. 85f.

22 Zit. nach Schulze-Marmeling, Dietrich (Hrsg.): Davidstern und Lederball, S. 38.

23 Das angesprochene System besteht übrigens noch heute und ist mit verantwortlich für die regelmäßigen Schlammschlachten auf der FIFA-Bühne, wo sich Kontrahenten wie Sepp Blatter oder Issa Hayatou in der Umgarnung der Verbandsvertreter von Ländern wie Montserrat oder Amerikanisch-Samoa gegenseitig zu übertrumpfen versuchen.

24 Schleswig-Holstein / Förde, Schleswig-Holstein / Eider, Lübeck-Mecklenburg / 1, Lübeck-Mecklenburg / 2, Hamburg/Alsterkreis, Hamburg / Elbekreis, Nordhannover / Nord, Nordhannover / Süd, Südhannover-Braunschweig / 1, Südhannover-Braunschweig / 2, Bremen / Weser und Bremen / Jade.

25 Erinnert sei an die vorbildliche Verbandsliga der Spielzeit 1913/14.

26 So ganz ohne Hintergedanken war die fundamentale Kritik freilich nicht, denn unter den Großvereinen hatte sich Skepsis bezüglich der wirtschaftlichen Leistungsfähigkeit vieler Vereine und vor allem der Qualität ihrer Führungsetagen breit gemacht. HSV-Mittelläufer Halvorsen urteilte in einem Interview, dass viele Vereine über ihre Verhältnisse leben würden und den falschen Ehrgeiz hätten, „Universalvereine mit belanglosen Nebenabteilungen" zu sein. Anstatt die Ausgaben nach den Einnahmen auszurichten, wie es im kaufmännischen Leben üblich sei (Halvorsen war Schiffsmakler!), „fragen die Vereine nicht einmal danach, wie groß ihre Einnahmen wohl sein werden, sondern sie stellen zunächst einmal auf, was sie gebrauchen, und danach soll dann verdient werden. Das kann auf die Dauer natürlich nicht gut gehen." (Zit. nach Niemeyer, Karl Heinz: 70 Jahre Fußball ... und kein Ende, S. 186.)

27 Zugleich machte man Zugeständnisse in Finanzierungs- und Stimmrechtsfragen den Großvereinen gegenüber – beispielsweise bei der geplanten „Kopfsteuer", bei der jeder Verein pro Mitglied eine bestimmte Summe an den Verband entrichten musste. Ein Verfahren, das die Großvereine ungleich mehr belastete. Die Einführung der Kopf-

steuer wurde auf dem Hildesheimer Verbandstag zurückgenommen.

28 Auf dem Verbandstag wurden sogleich die 16 teilnehmenden Mannschaften benannt.

29 Zit. nach Niemeyer, Karl Heinz: 70 Jahre Fußball … und kein Ende, S. 189.

30 Charlottenburg wurde erst nach dem Zweiten Weltkrieg bzw. der Spaltung Berlins zur Heimat der „Veilchen".

31 Zit. nach Eggers, Erik: Fußball in der Weimarer Republik, S. 51.

32 Deutschland hätte Gastgeber werden können, lehnte dies jedoch ab. Offizieller Grund war die Teilnahme von Profispielern.

33 Spitzenfußball der Unterhaltungsklasse überlebte allerdings auch in Bremen, denn ABTS-Nachfolger Bremer Sportfreunde setzte sich im März 1930 im Entscheidungsspiel gegen den Lokalrivalen SV Werder durch und erreichte damit die Endrunde um die norddeutsche Meisterschaft, wo gegen Arminia Hannover allerdings das Aus kam.

34 Zit. nach Eggers, Erik: Fußball in der Weimarer Republik, S. 157.

35 Ein Markt, der bis heute unter dem Oberbegriff „Panini-Bildchen" fortlebt.

36 „Fußball" 1932, Nr. 3, S. 11

37 „Fußball" vom 1. September 1928, S. 17.

38 Zit. nach Röwekamp, Georg: Der Mythos lebt, S. 83

39 Dies trifft aber nicht im Fall Schalke zu, da es sich bei den betroffenen Spielern ausnahmslos um aus dem Schalker Umfeld stammende Akteure handelte, die den Verein gar nicht wechseln wollten. Sie wollten nur einen angemessenen Teil vom „Kuchen".

40 Darüber hinaus war allen Beteiligten klar, dass die Spitzenspieler angesichts des enormen Zeitaufwandes ohne finanzielle Entschädigung ihren Lebenserwerb gar nicht würden bestreiten können.

41 Zit. nach Röwekamp, Georg: Der Mythos lebt, S. 82.

42 Zit. nach Röwekamp, Georg: Der Mythos lebt, S. 84.

43 „Fußball" vom 9. September 1930, S. 5

44 Zit. nach „Fußball" vom 18. November 1930, S. 24.

45 Dabei handelte es sich um neugegründete Vereine – zumeist „Fußball-Club" genannt –, was als Problem betrachtet wurde, da sie ungleich ihrer „Amateurkonkurrenz" nicht auf eine reichhaltige Tradition und Bindung zum Publikum zurückgreifen konnten.

46 Die Gründung des „DPF" war auf Initiative von Spielern und Funktionären der ausgeschlossenen Schalker sowie Wuppertaler und Kölner Funktionären erfolgt und nicht unumstritten. Vor allem die Tatsache, dass er als Gegenverband zum DFB konzipiert war, stieß auf Widerstand. Der „Fußball" schrieb: „Bedenklich ist die beabsichtigte Gestaltung des DPF. Man wendet sich gleich gegen das ‚Managertum' und will offensichtlich eine Art DFB aufziehen mit Vereinen, Behörden usw., nur mit dem Unterschied, dass einige Spieler bezahlt werden. Mit anderen Worten, es wird später nicht schwer fallen, den Trennungsstrich wieder auszulöschen und sich unter das Zepter eines begehrten DFB zu begeben. Eine solche Entwicklung wäre jedoch grundverkehrt, denn vor allen Dingen darf der neue Verband sich nicht der Gefahr von Missständen aussetzen, wie sie derzeit im DFB herrschen. Sonst handelt es sich um ein totgeborenes Kind…" Dass der DPF schlussendlich scheiterte, lag vor allem an unterschiedlichen Interessen der beteiligten Vereine sowie geschickten Konzessionen des DFB an die Profibefürworter.

47 Swatosch war gesperrt worden, nachdem er seinen Klub Sülz 07 verklagt hatte. Ihm wurde vorgeworfen, neben dem Zigarrenlanden im Wert 8.000 Mark und einer voll eingerichteten Dreizimmerwohnung monatlich 750 Mark kassiert zu haben; dazu „Prämien".

48 „Fußball" vom 28. Oktober 1930, S. 2f.

49 An der die Zweiten der Bezirksligen teilnahmen.

50 Zit. nach Matheja, Ulrich: Eintracht Frankfurt, S. 84f.

51 Zit. nach Schule-Marmeling, Dietrich: Die Bayern, S. 56.

52 Frankreich hatte 1932 das Profitum eingeführt.

53 „Fußball", 1928, Nr. 31, S. 3.

54 So heißt es in der Verbandsfestschrift „100 Jahre Fußball im Westen" über Verbandspräsident Constans Jersch: „Er wollte die ‚reinliche Scheidung' zwischen Amateuren und Profis, keine illegalen Verhältnisse, keinen ‚Scheinamateurismus'. Diese Position des WSV verkörperte er wie kein anderer zu Beginn der 30er Jahre, ebenso wie im Westdeutschen Fußballverband Ende der 40er und Anfang der 50er Jahre. In diesen Fragen war der Westen den anderen Verbänden und dem DFB immer voraus. Doch er konnte sich erst mit Verzögerung durchsetzen. Lange scheiterte er an den anderen Verbänden, die Angst vor Veränderungen des Status quo hatten, und an der Mentalität des DFB, der in dieser Angelegenheit viele Jahre eine ‚Vogel-Strauß-Politik' verfolgte."

55 Woraufhin Fritz Szepan und Ernst Kuzorra, die personifizierten Idole des Ruhrgebiets, ihre bei Vienna Wien bereits unterschriebenen Profiverträge stornierten und in Gelsenkirchen blieben.

56 Indirekt legte der DFB damit übrigens die Wurzeln für den „Vertragsamateur", der 1948 offiziell eingeführt wurde und bis zum Bundesliga-Skandal 1971 für Dauerstreit und Schwarzgeldzahlungen sorgen sollte.

57 „Fußball“ vom 29. November 1932, S. 21.

58 Zit. nach Niemeyer, Karl Heinz: 70 Jahre Fußball … und kein Ende, S. 275f.

59 Höchststand am 1. Februar 1932: 6,128 Mio. registrierte Erwerbslose. Das entsprach einer Quote von 44% – der weltweit höchste Prozentsatz. Die USA wies 25% auf, Frankreich 20%.

60 Zit. nach Schulze-Marmeling, Dietrich (Hrsg.): Fußball für Millionen, S. 77.

61 Nach dem Ende der Ruhrbesetzung hatten sich die Militärs ab 1925/26 allmählich aus dem Sport zurückgezogen.

62 Zit. nach Heinrich, Arthur: Der Deutsche Fußballbund, S. 107.

63 Zit. nach Heinrich, Arthur: Der Deutsche Fußballbund, S. 106. Der VBB hatte daraufhin übrigens vehement protestiert und Linnemann aufgefordert, diesen Standpunkt grundsätzlich zu verändern. Andernfalls wolle man einen Austritt des DFB aus dem DRA organisieren.

64 Das war jedoch abhängig von der Einstellung der Betriebsleitung.

1933 bis 1939

1 Reichssportkommissar von Tschammer und Osten, der vor dem Spiel von Reichstrainer Otto Nerz noch schnell die wichtigsten Regeln des Fußballs erläutert bekommen hatte.

2 „Fußball“ vom 7. Februar 1933, S. 5.

3 Zit. nach Beyer, Bernd-M.: Der Mann, der den Fußball nach Deutschland brachte, S. 401.

4 Allerdings war zumindest Carl Koppehel nach Angaben diverser Autoren SPD-Mitglied. Dies kann jedoch nicht belegt werden – eine diesbezügliche Anfrage bei der Friedrich-Ebert-Stiftung blieb erfolglos: Die Mitgliederdaten aus der Zeit vor 1933 sind vernichtet worden.

5 Klein geriet später mit der NSDAP in Konflikt und wurde 1942 verhaftet. Er blieb bis Mitte 1943 inhaftiert und wurde im Oktober desselben Jahres aus der NSDAP ausgeschlossen. 1936 war ein Parteiordnungsverfahren gegen ihn noch eingestellt worden. Angaben nach Heinrich, Arthur: Der Deutsche Fußballbund, S. 257, Anmerkung 28.

6 Arthur Heinrich gibt in seinem Buch „Der Deutsche Fußballbund“ (Seite 159) weitere NSDAP-Mitglieder mitsamt Mitgliedernummer an, ohne allerdings ihr Eintrittsdatum zu nennen. Heinrich nennt u. a. den Linnemann-Stellvertreter Carl Zörner (Mitgliedsnummer 2989602), den zweiten Stellvertreter Hans Wolz (2593708), den bekannten Schiedsrichter Alfred Birlem (1768300) sowie Fachwart Wilhelm Knehe (2787317).

7 Zit. nach Schwarz-Pich, Karl-Heinz: Der DFB im Dritten Reich, S. 49.

8 Fischer/Lindner schreiben in „Stürmer für Hitler“ (S. 10): „Wird sich der DFB in diesem Buch (gemeint ist die Chronik zum 100. Jubiläum) nun endlich der Nazi-Zeit widmen? Klaus Koltzenburg, den wir zuerst anriefen, sagte im Herbst 1998: ‚Die Zeit wird im Statistikteil abgehandelt. Ein eigenes Kapitel dazu ist nicht geplant.‘ Es würden auch nur Fakten angeführt, und es sei darüber hinaus ‚nicht nötig‘, ihn zu zitieren.“ Bei einer Nachfrage im November desselben Jahres bekamen die Autoren von Wolfgang Niersbach dann mitgeteilt: „Natürlich wird es ein Kapitel geben, in dem wir uns mit dem Thema Fußball und Nationalsozialismus beschäftigen.“

9 Erfreulicherweise haben sich längst einige unabhängige Historiker an die Aufgabe gemacht, die DFB-Geschichte 1933-45 kritisch zu beleuchten und die Verantwortlichkeiten zu hinterfragen. Der Politologe Arthur Heinrich beispielsweise verdient für sein aufschlussreiches Werk „Der Deutsche Fußballbund. Eine politische Geschichte“ großes Lob. Auch Karl-Heinz Schwarz-Pich, der in seinem Buch „Der DFB im Dritten Reich“ allerdings eher Verständnis für den DFB zu wecken versucht, sowie Gerhard Fischer und Ulrich Lindner mit ihrem Buch „Stürmer für Hitler“ sind zu nennen. Eine umfassende Aufarbeitung aus unabhängigen wissenschaftlichen Kreisen steht freilich noch aus.

10 Lt. Eisenberg, Christiane: „English Sports“ und Deutsche Brüder, S. 390. Um Tschammers Person ranken sich bis heute diverse Gerüchte. So hieß es beispielsweise, er sei versehentlich anstelle seines Bruder berufen worden, was u. a. Helmut Schön und Max Schmeling in ihren Memoiren wiedergaben.

11 Zit. nach Bernett, Hajo: Sportpolitik im Dritten Reich, S. 30f.

12 Zit. nach Schultz, Jürgen: „Sport Heil“, S. 40f.

13 Zitat aus dem offiziellen „Führer und Turnfest-Ordnung“: „Die Deutsche Turnerschaft stammt aus der Zeit des neu erwachten Nationalismus“. Hitler schmeichelte den Turnern in dem nach ihm benannten Stadion (heute Gottlieb-Daimler-Stadion) mit den Worten: „Dass die deutsche Turnerei in den langen Jahrzehnten einer liberalistischen geistigen Mißbildung, der tieferen Gesetze vielleicht selbst unbewusst, in der Schule schon und nach ihr im freien Verbande die körperliche Kraft der Nation stählte, hat sie zu einem gewaltigen Faktor der Erhaltung unseres Volkes erhoben.“

14 Zit. nach Bernett, Hajo: Sportpolitik im Dritten Reich, S. 28.

15 Das am 31. März 1933 erlassene „Gesetz zur Gleichschaltung" betraf lediglich Länder und Gemeinden. Der DFB gab dennoch am 9. April eine Erklärung heraus, in der es u. a. hieß: „Der Vorstand des DFB und der Deutschen Sportbehörde fordert von seinen Vereinen, mit allen Kräften an der nationalen Erneuerung mitzuarbeiten". (Zit. nach Schwarz-Pich, Karl-Heinz, Der DFB im Dritten Reich, S. 33.)

16 Bernett, Hajo: Sportpolitik im Dritten Reich, S. 30.

17 Zit. nach Bernett, Hajo: Sportpolitik im Dritten Reich, S. 30.

18 Der Vorgang war allerdings um einiges komplexer, zumal ihn eine Auseinandersetzung zwischen SA und SS überschattete. Die SA hatte offenbar zum Ziel, sich den Sport einzuverleiben und anschließend eine Volksmassen- bzw. Wehrsportbewegung aufzuziehen. Die zumeist aus bürgerlichen Kreisen stammenden Sportführer konnten mit den kleinbürgerlichen SA-Schlägern jedoch nichts anfangen, und auch Hans von Tschammer und Osten, obwohl selbst SA-Angehöriger, stand der Absicht offenbar eher ablehnend gegenüber. Zum Zünglein an der Waage wurde dadurch SS-Führer Himmler, der zum „persönlichen Verbündeten" für den Sport avancierte, wobei die SS mit ihrer Akzentuierung auf „Leistung" dem Leistungsport ohnehin näher stand.

19 Zit. nach Skorning, Dr. L.: Fußball in Vergangenheit und Gegenwart. Band 1, S. 168.

20 Zit. nach Heinrich, Arthur: Der Deutsche Fußballbund, S. 134f.

21 Das war zugleich eine Art „Zusammenführung" der einst Seite an Seite groß gewordenden englischen Disziplinen.

22 Zit. nach. Schwarz-Pich, Karl-Heinz: Der DFB im Dritten Reich, S. 77.

23 Zit. nach Heinrich, Arthur: Der Deutsche Fußballbund, S. 127.

24 Zit. nach Bausenwein/Siegler/Kaiser: 1. FC Nürnberg – Die Legende vom Club, S. 75.

25 Koppehel, Carl: Geschichte des deutschen Fußballsports, S. 320.

26 Zit. nach Schulze-Marmeling, Dietrich: Der gezähmte Fußball, S. 112.

27 Zit. nach: Niemeyer, Karl Heinz: 70 Jahre Fußball ... und kein Ende.

28 Koppelhel, Carl: Geschichte des deutschen Fußballsports, S. 189.

29 Mitteldeutschland diskutierte in jenen Tagen gerade über die Einführung einer Verbandsliga, derweil in Westdeutschland für August 1933 die Einführung einer Profiliga angekündigt worden war.

30 „Fußball" vom 24. Januar 1933, S. 3.

31 „Die oberste Klasse ist die in jedem Gau an der Spitze stehende Gauliga, in der Regel bestehend aus 10 Vereinen in einer Abteilung. Als nächste Klasse wird eine Bezirksklasse, bestehend aus 2 bis 3 Abteilungen zu 12 oder 8 Vereinen gebildet."

32 Der bis zum 30. Januar 1933 noch vehement die eingleisige Reichsliga gefordert und auf dem DFB herumgehackt hatte...

33 „Fußball" vom 4. April 1934, S. 4.

34 Laut Schwarz-Pich sprach Felix Linnemann von einem „sozialen Amateurismus" (Der DFB im Dritten Reich, S. 94). Verändert hatte sich vor allem die Sichtweise, denn das Streben nach Rekorden war unter dem Hakenkreuz nicht mehr Ausdruck liberalistischen Denkens im Sport, sondern „Dienst am Volk". Das beinhaltete, dass Sportler wie beispielsweise Max Schmeling systematisch zu „Volkshelden" aufgebaut wurden.

35 Zit. nach Fischer/Lindner: Stürmer für Hitler, S. 162.

36 Mit einer Ausnahme: Fritz Szepan. Er lernte Installationsschlosser bei der Herdfabrik Küppersbusch, wurde von jener 1923 entlassen und eröffnete 1929 gemeinsam mit Ernst Kuzorra ein Zigarettengeschäft. Nach Kuzorras Hochzeit stieg er 1931 aus dem Geschäft aus und übernahm gemeinsam mit seiner Frau die Gaststätte „Zum Rittereck", mit der er allerdings keinen Erfolg hatte. 1932 kam er durch Beziehungen beim Stadtamt für Leibesübungen unter. Kuzorras hingegen begann, wie schon sein Vater, als Bergmann, ehe er mit 20 Jahren „einfacher Arbeitsmann" über Tage wurde. 1926 meldete er sich an der Polizeischule in Münster an, doch „Tullux" Valentin zerriss deren Zusage, womit Kuzorra Schalke erhalten blieb. Ein Jahr später konnte ein großzügiges Angebot des Dortmunder SC 1895 von einem Schalker Förderer abgewimmelt werden: Er zahlte Kuzorra den Führerschein und stellte ihn als Fahrer ein. 1929 eröffnete er dann gemeinsam mit Fritz Szepan wie erwähnt einen Zigarrenladen.

37 Zit. nach Skrentny, Werner: „Westfalzyks" in Gelsenkirchen (in: Hering, Hartmut: Im Land der tausend Derbys, S. 171).

38 Fischer/Lindner: Stürmer für Hitler, S. 160.

39 Vgl. dazu Röwekamp, Georg: Der Mythos lebt, S. 103.

40 60 Jahre VfB Stuttgart, S. 104.

41 Was zu jenem Zeitpunkt längst nicht jeder Jugendliche war. Jürgen Schultz zitiert in seinem Buch „Sport Heil" aus dem Protokollbuch des Braunschweiger Vorortvereins SV Melverode: „Nach unserem Überblick trifft das z. Zt. auf ca. 30-40 % unserer Jugendlichen zu." (S. 113).

42 Zit. nach Niemeyer, Karl Heinz. 70 Jahre Fußball ... und kein Ende, S. 256.

43 Zit. nach Wallenhorst/Klingebiel. Neunzig Jahre SV Werder, S. 164.

44 In einigen Regionalverbänden waren in den 1920er Jahren regionale Pokalwettbewerbe zur Austragung gekommen, die sich aber nie wirklich hatten etablieren können.

45 Zit. nach Fußballsport im Raum Nordhorn 1909-1970, S. 56.

46 Ebenda, S. 57.

47 Zit. nach Heinrich, Arthur: Der Deutsche Fußballbund, S. 146.

48 Ebenda, S. 147.

49 100 Jahre SV Südwest Ludwigshafen. Faszination eines Vereins, Seite 30.

50 Zit. nach Heinrich, Arthur: Der Deutsche Fußballbund, S. 132.

51 Nach der „Dietordnung" hatte die Dietarbeit „den Zweck, den DRL fest an Bewegung und Staat zu binden. Sie soll in den Vereinen und bei deren Mitgliedern das Bewusstsein verankern, dass die Leibesübungen nicht Selbstzweck sind, sondern der Erweckung und Erhaltung des Wehrwillens, des Volksstolzes und des Volksgefühls zu dienen habe. Die Dietarbeit gilt ferner der Neugestaltung des inneren Lebens der Vereine auf Grund der kulturellen, geistigen und rassenpolitischen Erkenntnisse des Nationalsozialismus. Sie zielt somit auf die Erweckung, Erhaltung und Pflege des deutschen Volkstums und deutscher Art und Sitte." (Zit. nach: Schultz, Jürgen: „Sport Heil", S. 56.)

52 Offiziell blieb der DFB allerdings weiter bestehen. Dies geschah, um seine FIFA-Mitgliedschaft nicht zu gefährden.

53 Zit. nach Niemeyer, Karl Heinz: 70 Jahre Fußball … und kein Ende, S. 282.

54 60 Jahre Verband Berliner Ballspielvereine, S. 232.

55 1935 war die Wehrpflicht wieder eingeführt worden.

56 Darunter auch Adolf Hitler, der an jenem Tag sein zweites und vermutlich letztes Fußballspiel besuchte.

57 Zit. nach Ueberhorst, Horst: Sportkultur im deutschen Osten und im Sudetenland, S. 174.

58 Zit. nach Schulze-Marmeling: Davidstern und Lederball, S. 17.

59 Zit. nach Oswald, Rudolf: „Ein Gift, mit echt jüdischer Geschicklichkeit ins Volk gespritzt". In: SportZeiten 2002, Heft 2, S. 59.

60 Zit nach „Piefkes" gegen „Ostmarkschweine". „Frankfurter Rundschau" vom 22. Juni 2001.

61 Ebenda.

62 Im Dezember 1939 erschien im „Kicker" (Nr. 52, S. 26) ein Artikel, der offenbar zur Beruhigung der besorgten Vereinsführer beitragen sollte. Darin heißt es u. a., dass „nicht der geringste Anlass gegeben ist, um den Verein zu bangen". Im Weiteren wird ausgeführt: „An der Spitze der Ortssportgemeinschaften wird ein Ortssport-Gemeinschaftsführer stehen. Damit ist bereits gesagt, dass die bestehenden Turn- und Sportgemeinschaften nicht etwa aufgelöst, sondern lediglich ortsweise zusammengefasst werden. (…) Eine Ortssportgemeinschaft ist im Wesentlichen eine Arbeitsgemeinschaft, sie hat darüber hinaus die Aufgabe, die Arbeit an den deutschen Leibesübungen örtlich so stark wie möglich zu konzentrieren, um alle örtlichen Maßnahmen sowohl der Partei als auch der Behörde den größtmöglichen Nutzen für die Allgemeinheit zu erreichen. (…) Es ist nicht ausgeschlossen, dass im Zug dieser Förderungsmaßnahmen auf die zwar nur noch im geringen Maß bestehenden Zwergvereine ein sanfter Druck ausgeübt wird, sich als Abteilung oder Riege einem größeren Verein anzuschließen oder ganz in ihm aufzugehen. Für die Begriffsbestimmung 'Zwergverein' ist natürlich nicht allein die Mitgliederzahl ausschlaggebend. Alle diese Maßnahmen werden aber erst nach und nach durchgeführt."

63 Zahlen nach Eisenberg, Christiane: „English Sports" und Deutsche Bürger, S. 405.

64 Dies geschah häufig durch Zusammenschluss mit einem „privaten" Verein.

65 In dessen Sportamt war inzwischen Ex-DT-Boss Edmund Neuendorff aktiv und versuchte, seine turnerischen volks- bzw. massensportlichen Ideen zu verwirklichen. Neuendorff erwies sich als engagierter Kämpfer gegen jeglichen organisierten Wettkampf innerhalb der KdF.

66 Zahlen nach Gehrmann, Siegfried: Fußball-Vereine-Politik. Zur Sportgeschichte des Reviers.

67 „Fußball" vom 3. Januar 1939, S. 3.

68 Zit. nach Skrenty/Prüss: Immer erste Klasse, S. 103.

69 Allerdings war das Fassungsvermögen aufgrund der Umwandlung von Steh- in Sitzplätze auf 90.000 gesunken – es war also quasi ausverkauft. Ansonsten war die Endrunde 1938/39 die erste, bei der über eine Mio. Zuschauer registriert wurden.

70 Zit. nach Schulze-Marmeling, Dietrich (Hrsg.): Davidstern und Lederball, S. 67.

71 Zit. nach Skrentny, Werner: „Unendlich viel zu verdanken" – Jüdische Traditionen im Fußball-Süden. In Schulze-Marmeling, Dietrich (Hrsg.): Davidstern und Lederball, S. 102f.

72 Zit. nach Heinrich, Arthur: Der Deutsche Fußballbund, S. 142.

73 Ebenda.

74 Israelisches Familienblatt 1934. Nr. 41 vom 11. Oktober.

75 Zit. nach Skrentny, Werner: Frankfurter Eintracht und FSV: 1933 endet eine „gute Ära". In: Schulze-Marmeling, Dietrich (Hrsg.): Davidstern und Lederball, S. 151.

76 Zit. nach Eggers/Buschbom: Vergessene Wurzeln:

Jüdischer Fußball in Berlin. In Schulze-Marmeling, Dietrich (Hrsg.): Davidstern und Lederball, S. 39.

77 Zit. nach Bernett, Hajo: Der jüdische Sport im nationalsozialistischen Deutschland 1933-1938, S. 99.

78 Zit. nach Beyer, Bernd-M.: Walther Bensemann – ein internationaler Pionier. In: Schulze-Marmeling, Dietrich (Hrsg.): Davidstern und Lederball, S. 97.

1939 bis 1945

1 „Fußball" vom 15. August 1939, S. 3.

2 „Fußball" vom 22. August 1939, S. 3.

3 Zit. nach Niemeyer, Karl Heinz: 70 Jahre Fußball ... und kein Ende, S. 309.

4 Dazu waren die Erinnerungen an 1914-18 noch zu frisch. Außerdem hatte wohl jede Familie mindestens ein Opfer im Ersten Weltkrieg zu beklagen gehabt. Was ein Krieg wirklich bedeutete, war den Menschen 1939 also deutlich bewusster und klarer in Erinnerung als 1914.

5 „Fußball" vom 5. September 1939, S. 3.

6 „Fußball" vom 12. September 1939, S. 4.

7 Zit. nach „Fußball" vom 12. September 1939, S. 3.

8 Im Februar 1940 wurden die Sportgaue zu Sportbereichen und die darunter liegende Ebene räumlich an die NSDAP-Gaue angeglichen und in Gaue umbenannt. Die ehemaligen Sportbezirke wurden nun zu Sportkreisen. Darunter gab es als kleinste Einheit die Kreise.

9 Eine weitere Änderung war bereits in der Vorsaison 1938/39 vorgenommen worden, als die Tordifferenz bei Punktgleichstand abgeschafft und durch das Torverhältnis ersetzt worden war.

10 Zit. nach Niemeyer, Karl Heinz: 70 Jahre ... und kein Ende, S. 313.

11 Zit. nach Grüne, Hardy: Fußball-WM-Enzyklopädie 1930-2006, S. 98.

12 Zit. nach Niemeyer, Karl Heinz: 70 Jahre Fußball ... und kein Ende, S. 318.

13 Die nicht selten deutsche Ursprünge aus der Zeit vor 1918 hatten.

14 Aus Racing Strasbourg wurde der Rasensportclub Strassburg, aus Red Star Strasbourg wurde die „Sportgemeinschaft SS" usw.

15 Du Prel, Dr. Max Freiherr (Hg.): Das Generalgouvernement, S. 195.

16 Zit. nach Niemeyer, Karl Heinz: 70 Jahre ... und kein Ende, S. 329.

17 90 ans Fédération Luxembourgeoise de Football, S. 64.

18 „Fußball" vom 24. Februar 1942.

19 Zit. nach Röwekamp, Georg: Der Mythos lebt, S. 116.

20 Zit. nach Fischer/Lindner: Stürmer für Hitler, S. 13.

21 Aus den Sportbereichen waren inzwischen wieder Gaue geworden.

22 Eine detaillierte Schilderung der „Aktion Heldenklau" nimmt Jürgen Leinemann in seiner höchst lesenswerten Sepp Herberger-Biografie vor.

23 Ab 1939 Nachfolger der Deutschen Jugendmeisterschaft.

24 Aus Papiermangel waren die beiden Konkurrenzblätter inzwischen zusammengelegt worden.

25 Zit. nach Niemeyer, Karl Heinz: 70 Jahre Fußball... und kein Ende, S. 337.

26 Ebenda.

27 Ebenda, S. 342.

28 Zit. nach „Bremer Nachrichten" vom 13. April 1945.

1945 bis 1948

1 Das Vereinsverbot war in allen von den Alliierten befreiten Gebieten automatisch und unmittelbar eingetreten. Dies geschah durch das am 18. September 1944 erlassene SHAEF (Supreme Headquarters, Allied Expeditionary Forces)-Gesetz Nr. 5, mit dem die „Auflösung der Nationalsozialistischen Deutschen Arbeiterpartei" angeordnet wurde. Unter Nr. 42 der Liste von Ämtern, Organisationen und Instituten war der „NSRL" aufgeführt. Mit der Kapitulation Deutschlands verlor das SHAEF-Gesetz automatisch seine Gültigkeit.

2 Im November 1950 wurde die KR 23 offiziell außer Kraft gesetzt.

3 Zit. nach: Buss, Wolfgang: Die Entwicklung des Sports in Nordwestdeutschland 1945-1949, S. 72.

4 Der 1945 gegründete „Bund für Sport- und Köperpflege" protestierte vehement dagegen und warnte: „16 auf ganz Süddeutschland verteilte große Vereine des aufgelösten NS-Reichsbund für Leibesübungen haben beschlossen, beim Fußballsport den Amateurstandpunkt zu verlassen. Damit würde ein Weg beschritten, der das Fußballspiel zu einer bloßen Schaustellung stempelt. Aus der heutigen Not des Volkes sollen nicht Elemente Kapital schlagen dürfen, die für einen idealen Sport und eine aufbauende Jugendpflege nichts übrig haben. Durch rücksichtslosen Sportkapitalismus einer kleinen Schicht arbeitsfremder und arbeitsscheuer Personen soll der Fußballsport geschädigt und verwahrlost werden."

5 VfB Stuttgart, 1. FC Nürnberg, Stuttgarter Kickers,

SV Waldhof, Schwaben Augsburg, Bayern München, Schweinfurt 05, BC Augsburg, TSV München 1860, FSV Frankfurt, Eintracht Frankfurt, Offenbacher Kickers, SpVgg Fürth, VfR Mannheim, Phönix Karlsruhe und Karlsruher FV.

6 Zit. nach: Baroth, H.-D.: Anpfiff in Ruinen, S. 19.

7 „Rheinische Post", zitiert nach: Martin, H.G.: Deutschlands Fußball, S. 39.

8 Alle Spielerzitate nach: Martin, H.G.: Deutschlands Fußball, S. 18.

9 Unbestätigten Gerüchten zufolge sollen die beiden Absteiger Karlsruher FV und Phönix Karlsruhe ihre guten Kontakte zur amerikanischen Militäradministration genutzt haben, die in der amerikanischen Sportphilosophie unbekannten „Absteiger" auch in Deutschland entfallen zu lassen.

10 Zit. nach: Höweler, Horst. 100 Jahre Sport in Osnabrück.

11 Zit. nach: Buss, Wolfgang: Die Entwicklung des Sports in Nordwestdeutschland 1945-1949, S. 57.

12 Zit. nach: Schäfer, Dr. Wolfgang: „Das war eine verschworene Gemeinschaft". Uslarer Fußball in den fünfziger Jahren, S. 4.

13 Zit. nach: Buss, Wolfgang: Die Entwicklung des Sports in Nordwestdeutschland 1945-1949, S. 72.

1948 bis 1954

1 Näheres siehe: Heinrich, Arthur: „Rücksichtslos deutsch". Peco Bauwens, das Fachamt Fußball und die FIFA. (In: SportZeiten. 2. Jahrgang, Heft 2, S. 39).

2 Zit. nach: Heinrich, Arthur: Der deutsche Fußballbund, S. 168. Bauwens war erstmals Anfang Mai 1946 aufgefallen, als er mit einigen befreundeten Funktionären bei der konstituierenden Sitzung des Zonensportrates für die britische Zone mit Brachialgewalt aufgetreten war und vehement Stimmung gegen die geplante Bildung eines Einheitssportverbandes gemacht hatte. John Gretton Dixon erinnerte sich: „Fast alle Anwesenden hegten und pflegten den Einheitssportgedanken. Aber der Einklang der Sitzung wurde durch den Einbruch einer turbulenten Schar rheinischer Fußballer zerschmettert. Das muss ähnlich gewirkt haben wie das plötzliche Erscheinen der bösen Fee Carbarosse bei der Taufe Dornröschens. Wie Carbarosse waren sie zum Fest nicht eingeladen worden, und das machte sie rasend. Sie verfluchten das unschuldig Kind in der Wiege, verhießen ihm einen frühen Tod und verschwanden wieder – sozusagen mit Knall und Bimssteingeruch." (Zit. nach: Die Gründerjahre des Deutschen Sportbundes, S. 90).

3 Koppehel, Carl: Geschichte des deutschen Fußballsports, S. 220.

4 Ebenda.

5 Ebenda, S. 173.

6 Zit. nach Heinrich, Arthur. Der deutsche Fußballbund, S. 177.

7 Arthur Heinrich nennt in seinem Buch „Der deutsche Fußballbund" neben Peco Bauwens zudem Carl Arpe und Hans Körfer als ehemalige NSDAP-Mitglieder im ersten (achtköpfigen) geschäftsführenden Nachkriegs-Bundesvorstand. Über Carl Koppehel, der 1954 die DFB-Chronik „Geschichte des deutschen Fußballsports" verfasste, urteilten amerikanische Besatzungsbehörden: „Herr Koppehel sieht heute noch nicht ein, dass es ein Fehler war, bei den Nazis mitgemacht zu haben." (Zit. nach: Heinrich, Arthur: Der deutsche Fußballbund, S. 171.)

8 Angaben nach: Niemeyer, Karl Heinz: „70 Jahre Fußball ... und kein Ende", S. 376.

9 „Sport" vom 10. Februar 1947.

10 Bereits im Mai 1949 hatte die FIFA das Verbot von Spielen gegen deutsche Mannschaften aufgehoben, nachdem am 12. Oktober 1948 drei Städtespiele mit Schweizer Städten stattgefunden hatten (Stuttgart-Zürich, 6:1, München-St. Gallen, 5:1 und Karlsruhe-Basel, 1:0).

11 Vor dem WM-Turnier waren in der Bundesrepublik exakt 27.592 TV-Teilnehmer gemeldet. Am 4. Juli 1954 waren es bereits 40.980 – das entsprach einer Steigerung von fast 50%.

12 Das stimmte so nicht. Die Niederlande, in der in einem ähnlichen System wie in Deutschland um die nationale Meisterschaft gespielt wurde, erhielt beispielsweise erst 1956 eine einheitliche Profiliga.

13 „Kicker" vom 20. Oktober 1952, S. 2.

14 Zit. nach Niemeyer, Karl Heinz: 70 Jahre ... und kein Ende, S. 405.

15 Zit. nach Heinrich, Arthur: Der Deutsche Fußballbund, S. 184.

16 Eine glatte Lüge – die Oberliga Süd war erst 1945/46 eingeführt worden!

17 Buhtz verdiente in Turin umgerechnet rund 150.000 DM pro Jahr – in der Oberliga wäre er auf knapp 4.000 DM gekommen.

18 „Kicker" vom 27. Juli 1953, S. 2.

1954 bis 1963

1 Zit. nach: Heinrich, Arthur: Der deutsche Fußballbund, S. 186.

2 Ebenda, S. 187.

3 „Kicker" vom 14. Oktober 1957, S. 2.

4 „Kicker“ vom 14. April 1958, S. 2.

5 Vgl. Interviews mit Leo Konopczinski und Hans Adamik. In: „Lindner/Breuer: „Sind doch nicht alles Beckenbauers“, S. 96ff.

6 „Kicker“ vom 1. August 1960, S. 2.

7 Außerdem war bei Vereinswechseln, wenn der Spieler gekündigt hatte, fortan der doppelte Jahres-Bruttobezug als Ablösesumme fällig.

8 1951 beispielsweise war Helenio Herrera, seinerzeit Trainer bei Atlético Madrid, an Walter herangetreten und hatte ihm die geradezu atemberaubende Summe von 225.000 DM für einen Wechsel in Aussicht gestellt. Sollte Walter seinen Bruder Ottmar überreden, ebenfalls nach Madrid zu kommen, wären weitere 150.000 DM fällig gewesen. Walter lehnte ab – er fühlte sich Deutschland und vor allem seinem Mentor Sepp Herberger verpflichtet.

9 Der DFB legte schließlich „nur“ dem 1. FC Kaiserslautern eine Geldstrafe auf. Zunächst hatte der Verband eine dreimonatige Sperre für Walter sowie einen Abzug von vier Punkten für den 1. FCK gefordert. Walter hatte übrigens für den WM-Titel 1954 die gewaltige Summe von 2.500 DM kassiert.

10 Vgl. dazu: Heinrich, Arthur: Der deutsche Fußballbund, S. 191.

11 Mannschaftskameraden warfen Werner allerdings falsches Spiel vor. „Der hat doch auch mitkassiert“, schimpften einige und vermuteten Werners bevorstehende Heirat bzw. sein begonnenes Studium als wahren Grund für seinen Rückzug. Werner gehörte übrigens zwischen 1986 und 1992 dem DFB-Vorstand als Spielausschuss-Vorsitzender an.

12 Es sah ein maximales Grundgehalt von 500 DM brutto vor, dazu kamen Prämien in Höhe von 2.000 DM (Gewinn der Deutschen Meisterschaft), 1.500 (Pokalsieg), 1.000 (Vizemeisterschaft), 750 (Erreichen des Pokalfinales). Außerdem durfte bei Vertragsverlängerungen für mindestens zwei Jahre ein „Treugeld“ von 10.000 DM gezahlt werden. Für „Ausnahmespieler“ wie beispielsweise Uwe Seeler genehmigte der DFB monatlich bis zu 2.500 DM, um sie gegen Angebote aus dem Ausland widerstandsfähiger zu machen.

13 Süddeutschland: Eintracht Frankfurt, Kickers Offenbach, 1. FC Nürnberg, Karlsruher SC, VfB Stuttgart, Bayern München, SpVgg Fürth, VfR Mannheim, Schweinfurt 05, TSV München 1860, Schwaben Augsburg, Bayern Hof, Hessen Kassel. Südwestdeutschland: 1. FC Kaiserslautern, 1. FC Saarbrücken, FK Pirmasens, Borussia Neunkirchen, Wormatia Worms, Saar 05 Saarbrücken, Sportfreunde Saarbrücken. Westdeutschland: 1. FC Köln, Borussia Dortmund, Schalke 04, Alemannia Aachen, Preußen Münster, Meidericher Spielverein, Fortuna Düsseldorf, Westfalia Herne, Viktoria Köln, Schwarz-Weiß Essen, Bayer Leverkusen, Rot-Weiß Oberhausen, Borussia Mönchengladbach, Hamborn 07, Wuppertaler SV. Norddeutschland: Hamburger SV, Werder Bremen, VfL Osnabrück, FC St. Pauli, Hannover 96, Holstein Kiel, Eintracht Braunschweig, Arminia Hannover. Berlin: BFC Viktoria 89, Hertha BSC, Tasmania 1900.

14 Deren Präsident Peter Maaßen einer der erbittertsten Gegner der Bundesliga war.

15 Der Prozess fand vor der 3. Zivilkammer des Frankfurter Landgerichts statt. In seiner Urteilsbegründung erläuterte Landgerichtsrat Dr. Beyer die Zurückweisung der Klage damit, dass der DFB „satzungsgemäß und korrekt“ gehandelt habe.

1963 bis 1971

1 Jeweils zit. nach: Niemeyer, Karl Heinz: 70 Jahre ... und kein Ende, S. 520f.

2 Wohl aber den privat organisierten „Messepokal“, an dem allerdings nur Teams aus Messestädten teilnahmen und zu dem man gemeldet wurde, ohne sich dafür qualifizieren zu müssen. Erst als die UEFA 1971 die Organisation des Wettbewerbes übernahm, wurde aus dem Messepokal der UEFA-Pokal.

3 Herthas Verantwortliche beschuldigten insgesamt 35 Lizenzspieler aus 14 der 16 Bundesliga-Klubs, unerlaubte Gagen verlangt und angenommen zu haben. Der DFB reagierte darauf lediglich mit der Aufforderung an die beschuldigten Vereine, gegen Hertha vor ordentlichen Gerichten vorzugehen. Das tat jedoch keiner der beschuldigten Klubs.

4 Die erste „Sportschau“ war am 4. April 1961 ausgestrahlt worden und hatte Ausschnitte von einigen Oberligaspielen gezeigt.

5 Später kamen nie aus der Welt geräumte Gerüchte auf, Düsseldorf habe sich seinen entscheidenden 5:1-Sieg über Offenbach erkauft.

6 Derartige Summen kamen nur durch Tricks zustande. Zwar hatte der DFB 1968 das Mindestgehalt von 400 auf 650 DM erhöht, die Höchstgrenze war jedoch bei 1.200 DM belassen worden. Höhere Summen durften nur mit Genehmigung des Bundesliga-Ausschusses gezahlt werden.

7 Unbestätigten Gerüchten zufolge soll das Hofer Team „Geldsummen“ für eine Niederlage gegen Hertha BSC erhalten haben.

8 Saar-Vorsitzender Hermann Neuberger sah die Lösung in einem so genannten „Leistungsamateur“, der monatliche Entschädigungen von 200 bis 300 DM erhalten solle, ohne damit die Gemein-

nützigkeit der Vereine zu gefährden. Für die Amateurvereine war dies ein heikles Thema, da die Gefahr bestand, dass finanziell weniger leistungsfähige Klubs künftig nicht nur von den Profiklubs, sondern zudem von finanzstärkeren Amateurvereinen regelrecht leergekauft werden könnten.

9 „Sport" vom 29. August 1968, S. 15.

10 Zit. nach: Schulze-Marmeling, Dietrich: Und du stehst immer wieder auf..., S. 146.

11 Im 1969 mit 131:21-Stimmen angenommenen neuen Statut hieß es: „Als Amateur im Fußballsport gilt, wer durch seine Tätigkeit als Fußballspieler nicht seinen Lebensunterhalt bestreitet. Amateure haben keinerlei rechtlichen Anspruch auf irgendwelche Leistungen von einem Verband oder von einem Verein, für den sie spielberechtigt sind." Vorausgegangen war ein heftiger Disput über die Frage, ob in das Statut eine feste Summe eingefügt werden soll, bis zu der Spieler Geld würden annehmen können, ohne ihren Amateurstatus zu verlieren. Problem war die drohende Fälligkeit von Steuern und Sozialversicherungsbeiträgen, sollten bestimmte Beträge überschritten werden. Neuberger setzte sich mit seiner Forderung: „Wir dürfen uns doch nicht von den Finanzministern vorschreiben lassen, wer Amateur ist" schließlich durch.

12 „Kicker" vom 25. November 1968, S. 14.

13 Der in Italien spielende Karl-Heinz Schnellinger verneinte dies und meinte: „Der Arbeiter in Deutschland verdient durchschnittlich mehr als der in Italien. Die Eintrittspreise in Italien aber liegen höher als in der Bundesliga. Trotzdem ist der Besuch hier in Italien besser." Als Gründe nannte Schnellinger: „Der italienische Zuschauer hängt mehr an seinem Verein. Er hält ihm auch dann die Treue, wenn er einmal nicht so gut spielt, wenn er verliert. Das mag vielleicht am Temperament liegen, aber ich glaube doch, dass die deutschen Zuschauer etwas zu verwöhnt worden sind. In Italien gibt es seit Jahren so genannte Anhängerklubs außerhalb der Großstädte. Auch diese fehlen in Deutschland. Der Zuschauerrückgang in der Bundesliga liegt ganz gewiss nicht an den zu hohen Eintrittspreise. War es nicht schon früher so, dass gerade in den ärmsten Gegenden der Fußballsport am höchsten im Kurs stand? Der Kumpel unter Tage opferte seine letzten Groschen dem Hobby Fußball. Heute hat man auf Grund des guten Verdienstes zu viele Hobbys in Deutschland!" Auch die Kritik am Fernsehen konnte Schnellinger nicht teilen: „Im Gegenteil. Fußball auf dem Bildschirm ist die beste Reklame für die Jugend. Und der beste Filmbericht kann keinem Fußballanhänger das Erlebnis des Spiels und die Atmosphäre ersetzen." (Zit. nach „Der Niedersachsen Fußball" vom 16. Dezember 1968, S. 6.)

14 „Der Niedersachsen Fußball" vom 1. Dezember 1968, S. 17.

15 „Kicker" vom 27. Oktober 1969, S. 10.

16 „Kicker" vom 27. Oktober 1969, S. 10. Es handelte sich offenbar um einen Alleingang der Klubs, von dem weder der Regionalverband noch die Landesverbände etwas wussten. Dr. Karl Maurer, Präsident des Landesverbandes Südwest (nicht des Regionalverbandes Südwest!) wird im „Kicker" vom 10. November 1969 mit den Worten zitiert: „Mir ist nichts bekannt, dass ein Beschluss gefasst ist oder auch nur die Absicht besteht, die Regionalliga Südwest aufzulösen." An eine Selbstauflösung des Regionalverbandes glaubte schon gar keiner – immerhin saß jenem mit Hermann Neuberger einer der ehrgeizigsten Funktionäre des Landes vor, der sich kaum selbst absägen würde.

17 Zit. nach „Kicker" vom 10. November 1969, S. 14.

18 Schröder, Ulfert: Stars für Millionen, S. 27.

19 Zit. nach: Schröder, Ulfert: Stars für Millionen, S. 56ff.

20 Canellas hatte zunächst lediglich beim DFB angefragt, ob Siegprämien von dritter Seite erlaubt seien (also wenn Offenbach den Kölnern für einen Sieg über Essen eine Prämie auszahle). Das war von DFB-Sprecher Dr. Gerhardt als „bedenklich" eingestuft worden, woraufhin Canellas (der im Übrigen regelmäßige Geschäfte mit dem DFB machte und mit jenem daher freundschaftlich verbunden war) mit der Wahrheit herausgerückt war. Im Übrigen hatte es in den 1950er Jahren in den Oberligen einige ähnlich gelagerte Fälle gegeben, wobei der DFB stets ebenso inkonsequent wie zaudernd gehandelt hatte.

21 Canellas hatte zuvor DFB-Bundesliga-Referent Wilfried Straub über sein Vorhaben informiert und war von jenem ermuntert worden, „am Ball" zu bleiben. 48 Stunden vor dem letzten Bundesligaspieltag hatte er dem DFB dann seine Bänder angeboten und war vom DFB aufgefordert worden, die Mitschnitte zur Anhörung zum DFB-Sitz zu bringen. Canellas wollte das brisante Material jedoch nicht aus den Händen geben und bat Straub deshalb – vergeblich – zu sich. Anschließend nahmen die Dinge ihren peinlichen Verlauf. Straub informierte lediglich DFB-Generalsekretär Hans Paßlack und versuchte zugleich, den Vorsitzenden des Kontroll-Ausschusses Hans Kindermann zu erreichen. Jener war jedoch in Kur und gerade auf einem Spaziergang, also nicht auffindbar. Canellas bekam derweil kalte Füße und pfiff seinen nach Berlin zum Spiel Hertha – Arminia Bielefeld entsandten Mann (mit 140.000 DM in der Tasche) zurück, signalisierte zudem Kölns Torhüter Manglitz, dass er die mit ihm vereinbarte Summe nicht zah-

len wollte. Die Ergebnisse fielen dem entsprechend aus: Bielefeld gewann mit 1:0 in Berlin (Arminia hatte Hertha 220.000 DM gezahlt), Offenbach verlor in Köln 2:4.

22 Nebenbei kam der nie aus der Welt geschaffte Verdacht auf, die Kleeblätter hätten sich 1969 in der Aufstiegsrunde in die Bundesliga „gekauft".

23 Zit. nach Schröder, Ulfert: Stars für Millionen, S. 61f.

24 Nach 48 Verhandlungen vor den DFB-Gerichten, 30 Sitzungen des Kontrollausschusses und 200 Vernehmungen von Beschuldigten wurden schließlich 52 Spieler angeklagt und 49 davon verurteilt. Dazu kamen drei Klubs, drei Trainer und drei Funktionäre. Die meisten Urteile wurden durch das Schiedsgericht später deutlich abgemildert. Finanziell war der Skandal übrigens ein teurer Spaß. Die fixen Kosten betrugen nach vorsichtigen Schätzungen rund 3,1 Mio. DM. Für seine Ermittlungen gab der DFB 610.000 DM aus, für organisatorische Nebenkosten 200.000, Telefonkosten 100.000 und die hauptamtlichen Beschäftigten des DFB 200.000 DM. Die Anwälte der Beschuldigten erhielten insgesamt rund 500.000 DM, die Kosten der Schiedsgerichte betrugen 300.000 DM und die Verfahren vor öffentlichen Gerichten verschlangen 80.000 DM. Die Ermittlungen der Staatsanwaltschaften kosteten 140.000 DM, die Verfahren vor Zivilkammern 160.000. 100.000 DM gingen an Spesengeldern für Zeugen drauf, und die „Schweigegelder", die hinter den Kulissen gezahlt wurden, summierten sich nach vorsichtigen Schätzungen auf annähernd 700.000 DM. Der DFB berechnete an Verfahrenskosten insgesamt lediglich 170.000 DM und forderte 450.000 DM an Strafgeldern. Dieses Geld ging (nach ihrem schleppenden Eingang beim DFB) zu großen Teilen an die Sporthilfe.

25 Schalkes Trainer Cendic hatte auf der anschließenden Pressekonferenz bekannt: „Ich schäme mich vor den Zuschauern, ich schäme mich, dass eine Mannschaft, die von mir trainiert wird, so miserabel gespielt hat. Aber die Spieler schämen sich nicht. Jeder sollte mit einer Geldstrafe von 1.000 Mark belegt werden." Dazu kam es natürlich nicht, zumal Schalkes Kassierer Aldenhoven postwendend erklärte, von Manipulation könne „keine Rede sein", denn die Mannschaft sei „in der Tat so schlecht, wie sie gespielt" habe. Canellas behauptete indes, Aldenhoven habe von der Bielefelder Bestechung gewusst – eine Behauptung, gegen die sich Aldenhoven übrigens nie zur Wehr setzte…

26 Präsident Maaßen, 1963 übrigens einer der vehementen Bundesligagegner, wurde zwar gesperrt, machte sich jedoch selbst zum RWO-Trainer und konnte damit weitermachen.

27 Erst am 22. Dezember 1975 gestanden die Schalker, seinerzeit „am Löwenpark des Grafen Westerholt" pro Mann 2.300 DM als Bestechungsgeld in Empfang genommen zu haben. Die 7. Strafkammer des Essener Landgerichtes verurteilte die Spieler daraufhin am 9. Januar 1976 wegen Meineids zu verhältnismäßig milden Geldstrafen zwischen 4.200 und 9.960 DM. Damit war der Bundesligaskandal endgültig abgeschlossen.

28 Schröder, Ulfert: Stars für Millionen, S. 64f.

29 Boninsegna blieb, von einer leeren Bierbüchse getroffen, „bewusstlos" liegen und wurde herausgetragen und ausgewechselt. Inter protestierte daraufhin erfolgreich, und es kam zu einem Wiederholungsspiel in Berlin.

30 Damit nicht genug, denn zugleich verkündete Breitner, er wolle sein Pädagogik-Studium fortsetzen, Lehrer für schwer erziehbare Kinder werden, einen kleinen Waisen aus Vietnam adoptieren und sein Geld später für soziale Hilfen aufwenden. Politisch meinte er, die SPD sei für ihn eine Partei, die er in dem Augenblick wählen könne, da die Jusos die Führung übernommen hätten. Es scheinen allesamt „Jugendsünden" gewesen zu sein – derzeit ist Breitner Co-Kommentator bei Sat.1 und bereits seit Längerem mit dem ehemaligen Kirch-Imperium verbunden… Bayern-Präsident Neuberger meinte schon 1973: „Er gibt sich sozialistisch, aber er verdient mehr als zehn Arbeiter zusammen."

31 Ersatztorhüter Müller, Stammkeeper Maier und Franz Beckenbauer warben vor der Bundestagswahl 1972 sogar öffentlich für die CSU. Eine im selben Jahr durchgeführte Umfrage der Münchner „Sport Illustrierten" unter 750 Spitzensportlern, von denen jeder dritte antwortete, ergab, dass 45,1% der Sportler für die SPD und 33,9% für die CDU votierten. Unter den Fußballern sah das etwas anders aus, denn 61,5% von ihnen hielten es mit CDU/CSU und nur 22,2% mit der SPD. (Aus: Stemmer/Harder: Fußball intern, S. 90.)

1971 bis 1980

1 Eigentlich wollte Mast sogar zweimal 100.000 DM zahlen. Einmal für die „Erlaubnis" der Eintracht, zum anderen für den tatsächlichen Aufdruck auf die Trikots.

2 Allerdings gab es Auflagen. Bei Verwendung von Firmenemblemen (nur auf der Vorderseite erlaubt) durfte die Werbefläche maximal 170 Quadratzentimeter nicht überschreiten. Schriftwerbung durfte höchstens eine Fläche von 8x25 cm bedecken. Auf der Rückseite durften die Werbebuchstaben derweil die Höhe von 10 cm nicht

überschreiten. Trug ein Verein auf der Vorderseite sowohl Werbung als auch Vereinsemblem, so durfte das Wappen nicht größer als 80 Quadratzentimeter sein und musste zudem in deutlichem Abstand zur Werbung stehen. Der DFB behielt sich zudem die Genehmigung der Werbemaßnahme vor. Die letzten Bundesligisten, die Trikotwerbeverträge abschlossen, waren übrigens der 1. FC Köln und der FC Schalke 04, die ab 1979/80 keine „blanke Brust" mehr hatten.

3 Zit. nach: Stemme/Harder: Fußball intern, S. 118.

4 Die DFB-Wirtschaftsprüfer hatten festgestellt, dass dem VfB Stuttgart, dem VfL Bochum, Werder Bremen, Hertha BSC Berlin, Eintracht Frankfurt, Schalke 04 und dem 1. FC Köln inzwischen die Pleite drohte. Sie forderten daraufhin ein hartes Eingreifen in das Finanzgebaren der offensichtlich überforderten Vereinsbosse und votierten in besonders schwerwiegenden Fällen für Lizenzentzug. Der DFB folgte ihrem Rat jedoch nicht, sondern beließ es bei Ermahnungen. Binnen eines Jahres müssten die Finanzen in Ordnung gebracht werden, ansonsten drohte der Lizenzentzug. Immerhin zeigte die Drohung Wirkung, denn alle betroffenen Klubs sanierten sich durch Verkauf von Grundbesitz (wie beispielsweise Hertha BSC) bzw. Spielern wie beispielsweise der 1. FC Köln (Jupp Kapellmann). Darüber hinaus wurde den Vereinen untersagt, künftig Grund- bzw. Baubesitz in die Bilanzen aufzunehmen und diese damit zu schönen, noch Spieler als „lebendes Kapital" zu bilanzieren. Zur Bewertung der finanziellen Situation zählte nur noch eine einfache Gewinn- und Verlustrechnung.

5 Es war der Hamburger SV, der im heimischen Volkspark vor lediglich 30.000 Fans mit 4:0 gegen Borussia Mönchengladbach gewann.

6 Eine von der „Sport-Illustrierten" in Auftrag gegebene Umfrage der Tübinger Wickert-Institute fand heraus, dass 33 % der Stadionbesucher das Ende des Bundesligaskandals als Grund für ihr neu erwachtes Fußballinteresse bezeichneten. 13 % gaben die vorstehende WM an, 9 %, dass die Spiele auf einem höheren Niveau stünden, und 8 %, dass die Berichte in den Zeitungen, den Illustrierten und im Fernsehen sachlicher geworden seien. Interessant die restlichen 37%, die folgende Gründe angaben: 1.) Durch die Olympischen Spiele wurde generell das Interesse an Sport geweckt. 2.) Es wird offensiver, moderner gespielt als früher. 3.) Das Wetter war bisher sehr günstig (!). 4.) Durch Netzers Wechsel nach Spanien und die Schlagzeilen um Gerd Müller (ebenfalls Wechselgerüchte, d. Verf.)sei man wieder auf die Bundesliga aufmerksam geworden. 5.) Die neuen WM-Stadien, in denen jeder selbst testen wollte, ob sie wirklich so gut wie gesagt seien. (Nach Schröder, Ulfert: Stars für Millionen, S. 85.)

7 Der Olympiasieg von 1976 ist zwar höher zu bewerten, wird jedoch getrübt, weil am Olympischen Fußballturniere keine Profimannschaften teilnehmen.

8 Die Mär von den 1970ern als der „Epoche der großen Spielerpersönlichkeiten" stimmte ohnehin nur für die erste Hälfte jener Jahre, als neben den Superstars Beckenbauer, Müller, Maier, Netzer und Overath auch Akteure wie Jürgen Grabowski, Paul Breitner, Berti Vogts u. a. ihren Zenit erreichten. Die zweite Hälfte der 1970er Jahre hingegen waren geprägt von Spieler wie Toni Schumacher, Klaus Toppmöller, Karl-Heinz Rummenigge, Rüdiger Abramczik, Wolfgang Grobe und Felix Magath, die wohl niemand ernsthaft mit Beckenbauer und Co. vergleichen wird.

9 Die beiden verfeindeten Manager lieferten sich 1973 übrigens ein lustiges Possenspiel. Franz Beckenbauer war zu jener Zeit Herausgeber der FC Bayern-Stadionzeitung „Bayern-Echo" und kassierte dadurch nicht nur beachtliche Anzeigenerlöse, sondern verfügte zudem über die halboffizielle „Stimme des FC Bayern", konnte also Vereinspolitik machen. Müller, der stets ein wenig neidisch auf Beckenbauer und auf seine außerfußballerischen Erfolge schaute, brachte auf Rat von Manager Nehl, der wiederum eifersüchtig beobachtete, was Beckenbauers Manager Schwan so alles trieb, im Oktober 1973 plötzlich seine eigene Stadionpostille heraus (passenderweise „1:0" genannt), die dem Beckenbauer'schen Blatt in vielen Punkten glich. Müller zeigte jedoch keinen langen Atem und ließ sein Blatt bald wieder einstellen.

10 Bill Buford beschreibt in seinem Buch „Unter Hooligans" sehr anschaulich weitere abscheuliche Praktiken unter englischen „Fans".

11 Zit. nach: Hoppe/Knieriem: 40 Jahre Bundesliga, S. 107.

12 „Kicker" vom 1. November 1971, S. 64.

13 Wie einst bei der Besetzung der Bundesliga ging man auch diesmal nach einem Schlüssel vor. Die Abschlusspositionen der Regionalligajahre 1969/70 und 1970/71 wurden demnach einfach, 1971/72 und 1972/73 zweifach und 1973/74 dreifach gewertet.

14 Aufgrund des Augsburger Höhenfluges waren die Zulassungsbestimmungen zur neuen 2. Bundesliga Ende 1973, also während der bereits laufenden Spielzeit 1973/74, sogar noch dahingehend geändert worden, dass die Regionalligameister in jedem Fall in der 2. Liga dabei sein würden – unabhängig von der Zahl ihrer Qualifikationspunkte. Diese „Lex Augsburg" hatte nur durchgesetzt werden können, weil der DFB den Regionalverbänden eine

Erweiterung der 2. Liga auf 21 bis 23 Teilnehmer versprochen hatte, sollten dadurch eigentlich qualifizierte Mannschaften ausscheiden. Dazu kam es jedoch nicht.

15 Eigentlich hatte der Fußballbund den Schriftsteller Siegfried Lenz sprechen lassen wollen, dessen Verpflichtung aber nicht klappte. Jens' Engagement stieß auf Kritik bei zahlreichen Funktionären, die sich verwundert fragten, wie man „so einen" sprechen lassen könne.

16 Darunter FIFA-Präsident Havelange und Bundespräsident Walter Scheel.

17 Zit. nach „Kicker" vom 20. Mai 1975, S. 38.

18 Zit. nach Heinrich, Arthur: Der Deutsche Fußballbund, S. 199.

19 Umstritten war freilich auch, dass Keegan zu häufig im Mittelfeld eingesetzt wurde, wo mit Magath und Volkert bereits zwei Spitzenkräfte standen. Als der Engländer in der Folgesaison im Sturm spielte, klappte es besser und Keegan erzielte 17 Treffer.

20 Netzers Neuzugänge kamen allesamt aus der 2. Liga: Jimmy Hartwig (München 1860), Bernd Wehmeyer (Hannover 96), Horst Hrubesch (Rot-Weiß Essen).

21 Einige Fans waren mit Bolzenschneidern und Kneifzangen ins Stadion gekommen, um den Zaun zu überwinden.

22 Zit. nach: Pramann, Ulrich: Das bisschen Freiheit, S. 143.

23 Wendepunkt war das Jahr 1982, als beim Spiel zwischen dem Hamburger SV und Werder Bremen der 16-jährige Bremer Fan Adrian Maleika bei einer Prügelei ums Leben kam. In Bremen entstand daraufhin noch im selben Jahr ein sozialpädagogisch arbeitendes Fan-Projekt in Form eines eigenständigen Vereins. Hamburg und Hannover folgten dem Bremer Beispiel als Erste. Bis heute ist Werders Fanarbeit führend in der Bundesliga.

1980 bis 1990

1 Am Abend zuvor war der eigentliche Vorschlag – 18 Teams in einer eingleisigen 2. Liga mit zwei Aufsteigern aus den Amateurligen – übrigens klammheimlich in 20 Mannschaften mit vier Aufsteigern geändert worden. Die zwei zusätzlichen Aufsteiger aus dem Amateurlager sollten die Amateurdelegierten gütig stimmen. Zuvor hatte Hermann Neuberger die hohe Zahl der Aufsteiger in die beiden Zweitligastaffeln (zweimal vier) vehement kritisiert und eine Änderung angemahnt. Der automatische Aufstieg der Amateuroberligameister bedeute „in der Praxis nicht mehr die aus sportlichen Gründen wünschenswerte Auffrischung und Belebung des Wettbewerbes, wenn nämlich die Absteiger zum Teil spielerisch und wirtschaftlich stärker sind als ein Teil der Aufsteiger, die damit einer wirtschaftlichen Überforderung ausgesetzt werden." (Zit. nach: kicker Jahrbuch des Fußballs 1980/81, S. 42.)

2 Automatisch qualifiziert waren die drei Bundesligaabsteiger der Saison 1980/81, der nicht aufgestiegene Zweite der Zweitligasaison 1980/81 sowie die Vereine auf den Plätzen 3 und 4 der beiden Zweitligagruppen. Die restlichen zwölf Plätze wurden nach einem Platzziffersystem verteilt, bei dem die Platzierung in der Saison 1978/79 einfach, die von 1979/80 doppelt und die von 1980/81 dreifach gewertet wurde. Zusätzliches Problem war, dass der DFB die Qualifikationsfrage zunächst vertagte. Kaum war der Entschluss zur Einführung der „Eingleisigen" gefallen, reiste der DFB-Vorstand zur EM nach Italien und ließ die Klubs im Regen stehen. Erst am 12. Juli wurden die oben genannten Modalitäten verabschiedet, und die Vereine wussten, worauf sie sich einzustellen hatten. Die neue Saison begann am 5. August.

3 „Niedersachsen Fußball" vom 18. Juni 1980, S. 1ff.

4 Allenfalls der Abstiegskampf war spannend, da durch den Wegfall einer Zweitligastaffel mehr Oberligisten als gewöhnlich absteigen mussten.

5 Im Übrigen gingen die Zuschauerzahlen überall in Europa zurück. Italien meldete 1980 einen Rückgang von fast 4.000 Zuschauern pro Spiel binnen zwei Spielzeiten (Schnitt 1979/80: 30.851; Bundesliga: 23.026), in England meldete man mit einem Schnitt von 26.226 den geringsten Zuspruch seit mehr als zehn Jahren, und Frankreich verbuchte einen Rückgang von fast 200.000 (Schnitt: 10.528).

6 „Niedersachsen-Fußball" vom 20. Januar 1981, S. 15.

7 1979 beispielsweise war Heinz Flohe (München 1860) in einer brutalen Attacke von Paul Steiner in die Sportinvalidität befördert worden. Bekannter noch ist der Fall Ewald Lienen, dessen Oberschenkel vom Bremer Norbert Siegmann vor laufenden Fernsehkameras förmlich aufgeschlitzt wurde. Allgemein hatten rohe Spielweise und brutale Fouls deutlich zugenommen.

8 Man sollte die Gründe für die Fanrandale freilich nicht ausschließlich in den gesellschaftlichen und sozialen Rahmenbedingungen in Deutschland sehen. Dagegen spricht allein schon die Tatsache, dass es europaweit „plötzlich" Randale gab und die Ursachen von Land zu Land verschieden waren.

9 Zit. nach: Pramann, Ulrich: Das bisschen Freiheit, S. 28.

10 Die meisten Klubs hatte Mitte der 1970er Jahre den

Fanartikelmarkt abgegeben und dafür Lizenzgebühren von durchschnittlich 40.000 DM kassiert.

11 Zit. nach: Martin, H. G.: Deutschlands Fußball macht Karriere, S. 127.

12 Zit. nach: Heinrich, Arthur: Der deutsche Fußballbund, S. 212.

13 Beim Münchner Traditionsklub war im Übrigen der Immobilienmakler Roland Holly als Sponsor aufgetreten und hatte anstelle des Vereins vier Spieler (Sidka, Völler, Klinkhammer und Schreml) verpflichtet, die quasi sein Privatbesitz waren. Holly ging es nicht um Sponsoring, sondern um eine Kapitalanlage – er wollte die Spieler nach Steigerung ihres Marktwertes weiterveräußern.

14 Zit. nach: 100 Jahre DFB, S. 531. Eintracht Braunschweig legte gegen den Beschluss Widerspruch ein und zog bis vor den Bundesgerichtshof. Dieser stellte die Unwirksamkeit der Satzungsänderung fest – jedoch nicht aus inhaltlichen Gründen, sondern weil er auf der Grundlage eines Dringlichkeitsantrages gefällt worden war. Der DFB berief daraufhin einen außerordentlichen Bundestag ein, auf dem er die Satzungsänderung wiederholte – diesmal formal rechtswirksam. Im Übrigen war es Anfang der 1970er Jahre noch möglich gewesen, seinen Vereinsnamen zu verändern – Beispiele dafür waren der SV Chio Waldhof, Gummi-Mayer Landau, Röchling Völklingen oder VfR Oli Bürstadt.

15 Bekannt ist vor allem der Fall Gütersloh. 1981 wechselten die Bielefelder Bundesligaspieler Volker Graul und Roland Peitsch zum Amateurligisten FC Gütersloh. Mit dem Wechsel verbunden war die so genannte „Reamateurisierung". Nach einer dreimonatigen Sperre waren die beiden Ex-Profis Amateure und durften offiziell noch 750 DM „Aufwandsentschädigung" kassieren. Tatsächlich aber hatte Güterslohs Gönner Karl-Heinz Steinkamp ihnen vertraglich zwischen 65.000 DM (Peitsch) und 180.000 DM (Graul) pro Saison versichert; hinzu kamen Aufstiegsprämien zwischen 10.000 und 50.000 DM. Die Sache flog auf, als Steinkampf in Gütersloh die Brocken hinwarf und seine Zahlungen einstellte. Peitsch und Graul verklagten den Ex-Mäzen auf Zahlung, und die Angelegenheit kam vor das Oberlandgericht Hamm, das Steinkamp schließlich verurteilte. Die „Neue Westfälische" kommentierte anschließend: „In der Oberliga sind höhere Zahlungen an ehemalige Bundesligaspieler an der Tagesordnung, allerdings werden sie zumeist durch Scheinanstellungen bei Firmen kaschiert." (Zit. nach: „Der letzte Cowboy" Nr. 4/98, o.P.)

16 Unter Bundeskanzler Helmut Kohl waren private Sender 1983 legalisiert worden. 1984 war Sat.1 aus der Taufe gehoben worden (Eigentümer: Kohl-Intimus Kirch), kurz darauf das von der Bertelsmann-Gruppe gegründete RTL plus. Nach eher mäßigem Start begann das Werben um den Fußball, mit dem die Privatsender vor allem ihren Wirkungsbereich erhöhen wollten. Dadurch stiegen die Fernsehgelder rasch und in starkem Maße an. 1985/86 zahlten ARD und ZDF bereits rund 12 Mio. DM – 1980/81 hatten sie noch nur 6 Mio. gezahlt. 1988/89, als Fußball erstmals von RTL plus präsentiert wurde, betrug die Summer 40 Mio., und 1991, als Kirchs Pay-TV-Sender Premiere an den Start ging, 80 Mio. DM.

17 Zit. nach: Martin, H. G.: Deutschlands Fußball macht Karriere, S. 121.

18 Alle Zitate nach „Sport-Bild" vom 27. Juli 1988, S. 8.

Fußball in der DDR

1 Zit. nach: Nicklaus, H.: Vom Kommunalsport zum Deutschen Sportausschuss, S. 44.

2 Aktivist, Aufbau, Chemie, Dynamo, Einheit, Empor, Energie, Fortschritt, Lokomotive, Medizin, Motor, Post, Rotation, Stahl, Traktor, Turbine, Vorwärts, Wismut und Wissenschaft.

3 Skorning, Dr. L.: Fußball in Vergangenheit und Gegenwart, Bd. 2, S. 34.

4 „Wir wollen nicht reden und schreien, wir wollen arbeiten und arbeiten. Wir wollen hier ein Beispiel geben, und noch viele andere Betriebe für diese Sache gewinnen. Wir wollen uns einreihen in den Strom der fortschrittlichen Kräfte der Welt!", hatte Mitinitiator Fritz Gödicke bei der Gründungsversammlung Werbung für die ZSG-Idee gemacht.

5 Die Auflösung hatte im Übrigen bereits vor dem Zwickau-Spiel festgestanden, und die Akteure hatten ihre Fühler folglich gen Westen ausgestreckt. Die Mannschaft unternahm anschließend eine regelrechte Odyssee und versuchte später sogar, unter dem Namen „DSC Heidelberg" die Zulassung am Spielbetrieb der 2. Liga-Süd zu erlangen.

6 Skorning, Dr. L.: Fußball in Vergangenheit und Gegenwart, Bd. 2, S. 25.

7 Zit. nach Heinrich, Arthur: Der deutsche Fußballbund, S. 220.

8 Skorning, Dr. L.: Fußball in Vergangenheit und Gegenwart, Bd. 2, S. 47.

9 Ebenda, S. 49.

10 Zit. nach: Hesselmann/Rosentritt: Hansa Rostock. Der Osten lebt, S. 24.

11 Skorning, Dr. L.: Fußball in Vergangenheit und Gegenwart, Bd. 2, S. 85.

12 Zit. nach: Spitzer, Giselher: Fußball in der DDR. In: Tegelbeckers/Milles: Quo vadis, Fußball?, S. 193.

13 Zit. nach: Fuge, Jens: Leutzscher Legende, S. 72.

14 Zit. nach: Luther, Jörn, Willmann, Frank: Und niemals vergessen – Eisern Union!, S. 43.

15 Ursprünglich sollte jeder der 15 Bezirke der DDR einen Club bekommen. Die Bezirksverantwortlichen aus Suhl, Neubrandenburg und Potsdam verzichteten jedoch von vorneherein. Inzwischen war die Zahl der zu gründenden Clubs auf zehn beschränkt worden – bei noch verbleibenden zwölf Bezirken. Die Auswahl der zehn Clubs war folglich geprägt von internen Machtkämpfen, zumal jede Sportvereinigung nur einen Club haben durfte, Vorwärts und Dynamo ihre Vorzeigemannschaften jedoch in Berlin hatten. Berlin erhielt schließlich mit Vorwärts, Dynamo und dem 1. FC Union sogar drei Clubs. Die Begründung für die Wahl des 1. FC Union ist kurios: Man müsse, so Gewerkschaftsboss Herbert Warnke, „den Werktätigen in der Hauptstadt einen zivilen Club" bieten. Gegründet wurden schließlich folgende Clubs: 1. FC Magdeburg, Hallescher FC Chemie, FC Hansa Rostock, 1. FC Lokomotive Leipzig, FC Karl-Marx-Stadt, FC Rot-Weiß Erfurt, FC Carl Zeiss Jena, FC Vorwärts Frankfurt/Oder, 1. FC Union Berlin und Berliner FC Dynamo. Neben Suhl, Neubrandenburg und Potsdam, die wie erwähnt verzichtet hatten, gingen damit die Bezirke Cottbus, Dresden und Schwerin leer aus. (In Dresden nahm die SG Dynamo allerdings eine Sonderrolle ein, die der der Clubs vergleichbar war. Am 5. August 1968 wurde die SG Dynamo schließlich auch offiziell zum „Fußball-Leistungszentrum im Bezirk Dresden" deklariert.)

16 Spitzer, Giselher: Fußball in der DDR. In: Tegelbeckers/Milles: Quo vadis, Fußball?, S. 182.

17 Zit. nach: Luther, Jörn, Willmann, Frank: Und niemals vergessen – Eisern Union!, S. 43f.

18 Einen besonders krassen Fall hatte 1966 die BSG Stahl Eisenhüttenstadt geliefert. Das Zweitligateam des Eisenhüttenkombinats wollte den Aufstieg in die Oberliga geradezu erzwingen und hatte sich einen illustren Kader zugelegt, der fürstlich entlohnt wurde (1.300 M im Monat plus Prämien). Die ehrgeizigen Eisenhüttenstädter Pläne wurde vereitelt, als „plötzlich" vier Stammspieler – darunter Torjäger Hamann – zum Militärdienst berufen wurden und ausfielen. Anschließend wurde an der BSG Stahl ein Exempel statuiert und der Gemeinschaft vier Punkte abgezogen, die den Aufstieg endgültig verhinderten. Begründung: „In den letzten Monaten wurde innerhalb des DFV von einigen Fußballsektionen versucht, mit unlauteren Mitteln Spieler aus anderen Fußballsektionen abzuwerben und für einen Einsatz in den eigenen Mannschaften zu gewinnen." (Zit. nach: Spitzer, Giselher: Fußball in der DDR. In: Tegelbeckers/Milles: Quo vadis, Fußball?, S. 194.)

19 Zit. nach: Blees, Thomas: 90 Minuten Klassenkampf, S. 54.

20 Am 29. August 1952 hatte das DDR-Ministerium für Volksbildung die Einrichtung der KJS beschlossen. 1954 existierten bereits 17 solcher Lehranstalten, zur Wende waren es 25. Nur elf davon bildeten allerdings Fußballer aus (Rostock, Frankfurt/Oder, Magdeburg, Halle, Jena, Erfurt, Leipzig, Chemnitz, Dresden sowie die beiden Berliner „Werner Seelenbinder/BFC Dynamo) und „Ernst Grube/1. FC Union). Rund 150 hauptamtliche Trainer und über 800 ehrenamtliche Betreuer kümmerten sich um die Jugendlichen.

21 Zit. nach: Peters, Michael: Der Weg in den Westen, S. 50.

22 Mitte 1969 hatte die DDR einen wichtigen sportpolitischen Erfolg verbuchen können, als Großbritannien, die Niederlande und Italien als erste NATO-Staaten die auf Drängen der Bundesrepublik eingeführten Beschränkungen gegen die Einreise von DDR-Mannschaften aufhoben. Damit war die Zeit der neutralen Plätze vorbei, und beim WM-Qualifikationsspiel am 22. Oktober 1969 gegen Wales hatte in Cardiff erstmals die DDR-Flagge geweht.

23 Zit. nach: Peters, Michael: Der Weg in den Westen, S. 50.

24 Dresdens Fußball-Legende „Dixie" Dörner: „Nach der Lehre habe ich (...) nicht in diesem Beruf gearbeitet, sondern bin Angestellter der Volkspolizei geworden. (...) in Dresden war es eben so, dass die Volkspolizei – ich sag' mal so – der Betrieb war, wo wir angestellt waren und wo wir dann praktisch auch mit der Volkspolizei Dresden unser Arbeitsverhältnis unterhielten. (...) Ich habe jeden Tag trainiert, ja (...) Vom Training aus waren wir keine Amateure." (Zit. nach: Spitzer, Giselher: Fußball in der DDR. In: Tegelbeckers/Milles: Quo vadis, Fußball?, S. 193.)

25 Die Normalbevölkerung musste mit Beträgen zwischen 800 und 1.200 Mark auskommen.

26 Die geltende Lehrmeinung lautete: „Der Professionalismus im Sport ist ein Kind des Kapitalismus und kann nur in der kapitalistischen Umwelt existieren und sich entwickeln." (Zit. nach: Blees, Thomas: 90 Minuten Klassenkampf, S. 60.)

27 In der offiziellen Anweisung an die so genannten „Fußball-Touristen" heißt es: „Die DDR-Touristen verwenden bei ihrer Unterstützung der Sportler den bekannten Zuruf der sportbegeisterten Bürger der DDR: 7-8-9-10-Klasse, und spenden kräftig Beifall."

28 Zit. nach: 20 Jahre Berliner Fußballclub Dynamo, o. P.

29 Es gab beispielsweise das Wachregiment „Felix Dzierzynski", in dem Dynamo-Sportlern ihrer

Wehrpflicht nachkommen konnten. Viele Spieler wurden mit dem vermeintlich angenehmeren Dienst geködert, was sich allerdings als Trugschluss erwies. Auch im „Felix Dzierzynski" wurde normaler Wehrdienst abgeleistet. Die Ausstattung des BFC Dynamo war allerdings einzigartig. Ingolf Pleil zitiert in seinem Buch „Mielke, Macht und Meisterschaft" einen früheren hochrangigen Offizier der Bezirksverwaltung Dresden: „Der BFC bekam alles, Sozialtrakt, Trainingshalle, wo die anderen nur große Augen gekriegt haben. Das hat er (Mielke, d. Verf.) möglich gemacht mit seinen Mitteln." (Seite 210).

30 Zit. nach: Friedemann, Horst: Sparwasser und Mauerblümchen, S. 126.

31 Ebenda, S. 122.

32 Ebenda, S. 132.

33 1974 hieß es in einem „Sachstandsbericht", der Schwerpunkt der Fluchten habe zwischen 1965 und 1967 gelegen. Anschließend sei es dem MfS „durch umfassend eingeleitete operative Maßnahmen im Gesamtbereich des Leistungssports der DDR" gelungen, die Zahl der Republikfluchten erheblich zu senken. (Zit. nach: Blees, Thomas: 90 Minuten Klassenkampf, S. 70.)

34 Mit erschreckender Eindringlichkeit werden die Verflechtungen beschrieben von Ingolf Pfeil in „Mielke, Macht und Meisterschaft".

35 Zit. nach: Querengässer, Klaus: Fußball in der DDR 1945-89, S. 12.

36 Der größte Einschnitt in die Organisationsstruktur seit Einführung der Fußballclubs beinhaltete unter anderem eine Ligareform, die 1984/85 in Kraft trat. Der DFV-Beschluss zur „Veränderung des Wettkampfsystems im DFV" sah beispielsweise die Reduzierung der Zahl der Zweitligastaffeln von fünf auf zwei vor. Damit sollte eine Konzentration auf nur wenige Teams erreicht werden, die zur Leistungssteigerung führen sollte. Die Mannschaften der „Nachwuchsoberliga" wurden in die zweite und dritte Liga integriert, um sich im harten Wettbewerb zu schulen. Darüber hinaus beschäftigte man sich mit den umstrittenen hohen Einkommen unter den Fußballern und führte eine Begrenzung der Einkommen ein. Die „Grundsätze für die Entlohnung, Prämierung und Freistellung von Fußballspielern der DDR-Liga ab Spieljahr 1984/85" sahen u. a. vor, dass Spieler der Liga (= zweithöchste Spielklasse) „in den normalen Arbeitsprozess einzugliedern" seien und ihre „Planstellen entsprechend ihrer Qualifikation (...) nach den gesetzlichen Tarifbestimmungen" bestimmt wurden. Lediglich 200 Mark Leistungszuschläge sollten nach den „Leistungskriterien" nun monatlich gezahlt werden.

1990 bis 2003

1 Die Summe bestand im Übrigen zu etwa einem Viertel aus Sachmitteln, nämlich Medikamenten für das ostdeutsche Gesundheitsministerium.

2 1985 war Tennis erstmals beliebteste Sportart gewesen und hatte den Fußball auf Platz 2 in der Gunst der Fernsehzuschauer verdrängt. Seinerzeit waren rund 4.500 Minuten Tennis gezeigt worden, während Fußball „nur" auf 3.500 gekommen war.

3 Allein für die Halbfinalpartie im Landesmeisterpokal 1989/90 im April 1990 zwischen Bayern München und dem AC Mailand wurden beispielsweise 5 Mio. DM gezahlt.

4 Zit. nach: Martin, H. G.: Deutschlands Fußball, S. 121.

5 Am 29. Mai 1985 starben im Brüsseler Heysel-Stadion 39 Menschen, als eine fatale Kombination aus marodem Stadion, überforderten Sicherheitskräften und gewaltbereiten englischen Fans zu einer Panik führte, in deren Folge eine Stadionmauer zusammenbrach. Drei Wochen zuvor war im englischen Bradford eine uralte Holztribüne abgebrannt, wobei 52 Menschen zu Tode gekommen waren. Am 15. April 1989 schließlich kamen im englischen Sheffield 95 Menschen ums Leben, als Liverpool-Fans aus ihrem völlig überfüllten Block drängten und der Ordnerdienst sich weigerte, die Fluchttore zu öffnen. Wenngleich in England anschließend sämtliche Stadionzäune abgebaut wurden, kämpfen die Angehörigen der Opfer bis heute vergeblich darum, dass die wahren Schuldigen bestraft werden.

6 Zugleich zeichnete sich ein gewisser Trend zum Bau reiner Fußballstadien ab. Stuttgart, München und Gelsenkirchen spielten jedenfalls mit dem Gedanken, eine derartige Arena zu bauen. „Ein reines Fußballstadion – das ist das Maß aller Dinge", schwärmte Bayern-Manager Uli Hoeneß. „Wir führen deshalb Gespräche mit der Stadt, mit der Olympiapark GmbH, auch mit geeigneten Sponsoren. Bis Mitte der neunziger Jahre muss sich Entscheidendes getan haben." Bezüglich der Finanzierung sah Hoeneß die Kommunen in der Pflicht. „Fußball ist schließlich auch Kultur, ist wichtig für die Leute, Brot und Spiele eben." Zwar müssten sich, so Hoeneß, die Profifußballklubs „auch zukünftig selbst tragen", „aber das Stadion muss man ihnen, bitteschön, schon zur Verfügung stellen. Bei uns in München ist es so, dass jeder Theaterplatz mit 80 Mark pro Vorstellung subventioniert wird." (Zit. nach: Martin, H. G.: Deutschlands Fußball, S. 119f.)

7 Wie beispielsweise Thomas Berthold, dessen Vater Prokurist bei einer Bank war, oder Oliver Bierhoff,

dessen Vater im Vorstand des Energiegiganten RWE saß.

8 Zit. nach: Martin, H. G.: Deutschlands Fußball, S. 129.

9 Ebenda, 131.

10 Zit. nach: 100 Jahre DFB, S. 280.

11 Am 11. Dezember 1997 entschied der Bundesgerichtshof nach Klage des Bundeskartellamtes, dass die Zentralvermarktung für die Europapokalspiele der deutschen Teilnehmer durch den DFB unzulässig ist. Nach einer Übergangslösung in der Europacupspielzeit 1992/93 setzte sich die Praxis durch, dass jeder Klub seine Spiele selbst verkauft bzw. dies von Vermarktungsagenturen durchführen lässt.

12 Zit. nach: 100 Jahre DFB, S. 281.

13 Ebenda, S. 585.

14 Während der Spielzeit 1995/96 sollte Schuster per Gerichtsbeschluss den Zugang zum Leverkusener Training erreichen, den Trainer Erich Ribbeck ihm zuvor verweigert hatte.

15 Zit. nach: 100 Jahre DFB, S. 280.

16 Ursprünglich hatte Bosman nur seinen früheren Verein RC Lüttich auf die Zahlung eines Schadensersatzes von 30 Mio. belgischen Francs (rund 1,5 Mio. DM) verklagen wollen. Hintergrund: Im April 1990 bekam Bosman vom RC Lüttich einen Vertrag mit deutlich reduzierten Bezügen vorgelegt, dessen Unterzeichnung er verweigerte, woraufhin er vom Verein auf die Transferliste gesetzt wurde. Der französische Zweitligist US Dunkerque zeigte Interesse und wollte Bosman gegen Zahlung einer Ablösesumme verpflichten. Der RC Lüttich zweifelte jedoch an der finanziellen Liquidität der Nordfranzosen und verweigerte die Freigabe, woraufhin Bosman klagte und Recht bekam – Lüttich musste ihm fortan monatlich 100.000 BFR zahlen, bis er einen neuen Arbeitgeber gefunden hatte. Die Angelegenheit entwickelte in der Folgezeit eine juristische Eigendynamik, die am 20. August 1991 ihren Höhepunkt erreichte, als Bosman der UEFA den Fehdehandschuh zuwarf und eine Feststellungsklage hinsichtlich der Frage erhob, ob das gängige Transfersystem rechtens sei und ob Spieler innerhalb der Europäischen Gemeinschaft unabhängig von ihrer Nationalität nicht gleichgestellt sein müssten. Am 9. April 1992 präzisierte Bosman sein Ansinnen und beantragte gerichtlich, die geltenden Transferregeln sowie die Ausländerklauseln für nicht anwendbar zu erklären. Nach diversen Verhandlungen, Nebenprozessen und Co-Anträgen fällte der Europäische Gerichtshof schließlich am 15. Dezember 1995 sein Aufsehen erregendes Urteil in der Rechtssache „C-415/93" und verkündete, dass „die Regeln über den Spielertransfer und die Beschränkung der Anzahl von Spielern aus der Gemeinschaft in den Spielen zwischen Vereinen gegen den Römischen Vertrag verstoßen".

17 Beim FC Bayern war der Posten für „Spielergehälter" allein in der Saison 1996/97 um rund 40% gegenüber der Vorsaison angestiegen.

18 Werder-Manager Willi Lemke sollte später von der „Allmacht der Spieler" und der „Erpressbarkeit der Klubs" sprechen. Tatsächlich standen sich Klubs und Spieler diametral gegenüber: Die Vereine wollten möglichst langfristige Verträge abschließen, und die Spieler ließen sich umso fürstlicher bezahlen, je länger die Vertragsdauer lautete.

19 Die Vorbereitungen des DFB hatten sich allerdings auf ein Schreiben von Egidius Braun an Bundeskanzler Kohl beschränkt, in dem Braun um Unterstützung nachsuchte. „Wir bitten Sie sehr, diese Argumente zu respektieren, und es wäre noch dienlicher im Sinne der Sache, wenn wir Sie davon überzeugen können, im Sinne unserer Sache, der Sache des Fußballs, ihren Einfluss geltend zu machen". (Zit. nach: Heinrich, Arthur, S. 200.)

20 Zit. nach „Kicker" vom 19. Mai 2003, S. 72.

21 In einer Analyse des „Kicker" mit dem Titel „Wie pleite ist die Liga wirklich" aus dem November 2002 heißt es u. a.: „… hinzu kommen die verstärkt erfolgten und von den Finanzbehörden verfolgten verdeckten Lohnzahlungen über die Abtretung von Persönlichkeitsrechten. Und: Fingierte Rechnungen bei Entschädigungen, vornehmlich bei der Verpflichtung von Spielern aus Südamerika, Afrika und Osteuropa bei Transaktionen in deren Herkunftsländer. (…) Kassieren Headhunter in der Spitze bis zu zwanzig Prozent eines Jahresgehaltes bei der Vermittlung eines Konzernmanagers als einmalige Provision, so sind in der Liga Forderungen von Spielervermittlern von bis zu sechzig Prozent eines Jahresgehaltes bei der Vermittlung eines Spielers bekannt." (Zit. nach: „Kicker" vom 18. November 2002, S. 18.)

22 Inzwischen hatten sich diverse Vermarkter der Vereine angenommen. 1999 waren von den 18 Bundesligisten nur noch der SC Freiburg und Bayern München im Besitz ihrer Vermarktungsrechte. Neben Ufa-Sports (involviert beim Hamburger SV, dem 1. FC Nürnberg, Hertha BSC und Borussia Dortmund) trat vor allem Kinowelt-Ableger „Sportwelt" auf, der bei 1. FC Union Berlin, 1. FC Magdeburg, Dynamo Dresden, Sachsen Leipzig, Carl Zeiss Jena, Alemannia Aachen, SV Waldhof-Mannheim, Rot-Weiß Essen, Fortuna Düsseldorf, Borussia Mönchengladbach sowie über weitere Untergliederungen bzw. Einzelengagements bei Göttingen 05, dem SSV Ulm 1846, Borussia Neunkirchen, FC St. Pauli und Eintracht Braunschweig (allesamt Traditionsklubs, die kurz vor der Pleite standen und daher mit knallharten Verträgen ge-

bunden werden konnten) einstieg. Die Kinowelt-Besitzer Michael und Rainer Kölmel waren zudem Mitbesitzer des deutschlandweit größten Herstellers von Fußballfanartikeln, der Brameier AG. ISPR, ein Unternehmen der KirchMedia, war bei Bayer Leverkusen, dem VfB Stuttgart und Schalke 04 engagiert, SportA, Tochter von ARD und ZDF, bei Kaiserslautern, Duisburg, Bielefeld und dem 1. FC Köln. Bei Eintracht Frankfurt agierte „Octagon", während die Göttinger Gruppe bei Tennis Borussia Berlin ein Investorenmodell startete, das eine besonders dubiose Form der Vermarktung darstellte: Vor allem Rentner kauften Anteile, die TeBe wieder flüssig machten und später gewinnbringend zurückgezahlt werden sollten. Allen Vermarktern gemeinsam war, dass sie den Vereinen Geldern vorstreckten, um eine „bessere sportliche Zukunft" zu garantieren. Im Gegenzug mussten die Klubs ihre Marketing- und TV-Rechte abtreten – sie verkauften also praktisch ihre Zukunft, um in der Gegenwart womöglich Erfolg zu haben. Das wackelige Gebilde funktionierte folglich nur bei Topklubs wie Hertha und dem HSV, während Eintracht Frankfurt und vor allem die Sportwelt-Klubs bald in noch größeren Schwierigkeiten stecken sollten als zuvor. Befürchtungen, dass es bei Interessenkonflikten zu Manipulationen kommen könnte („Gekaufte Vereine – gekaufte Punkte", schlagzeilte die „Sport-Bild" in ihrer Ausgabe 17/1999 und fragte, was wohl passieren würde, wenn zwei Ufa-Vereine am letzten Spieltag aufeinander träfen und es nur noch für einen wirklich um etwas ginge), führten zu einer Änderung des Lizenzspielerstatuts. Fortan durfte ein Wirtschaftsunternehmen, das bei mehreren Vereinen gleichzeitig involviert war, nur noch bei einem zugleich im Aufsichtsrat vertreten sein. Kinowelt-Boss Kölmel musste daraufhin seine Posten im Verwaltungsrat von Union Berlin und Alemannia Aachen räumen.

23 Nach einer in der Zeitschrift „Sports" veröffentlichten Untersuchung attestierten Fachleute 1998 lediglich Bayern München und Werder Bremen die hundertprozentige Börsenfähigkeit. Bayer Leverkusen und Borussia Dortmund sah man „mit Einschränkungen" börsentauglich, Schalke 04 und Hertha BSC mittelfristig ebenfalls. Der Rest der Bundesligaklubs war nach Ansicht der Finanzmakler per se untauglich für den Börsengang.

24 Bis heute hat lediglich Borussia Dortmund (im Oktober 2000) den Sprung an die Börse gewagt – und bitter bezahlt (wenngleich zunächst immerhin 150 Mio. Euro flossen und dafür ein Weltstar wie Marcio Amoroso geholt werden konnte). Am 31. Oktober 2000 war die BVB-Aktie zum Stückpreis von 11 Euro als erste deutsche Fußballaktie an der Börse gehandelt worden. Aus den vollmundigen Ankündigungen, zwischen 5 und 8 Mio. potenzieller Käufer erreichen zu können, wurde aber nichts. Bei der ersten Aktionärsversammlung war der Emmissionswert bereits um 50 % gesunken und eine BVB-Aktie gerade noch 5,50 Euro wert. Andere Klubs gingen erfolgreichere Wege. Bayern München gründete 2001 eine Kommanditgesellschaft auf Aktien (KgA) und holte Sportartikelhersteller adidas ins Boot, der sich sein Engagement rund 75 Mio. Euro kosten ließ. Bayer Leverkusen gründete 1999 eine GmbH, die zu 100% der Bayer AG gehört, und der VfL Wolfsburg schuf gemeinsam mit der Volkswagen AG eine Fußball GmbH.

25 Zit. nach: Heinrich, Arthur: Der deutsche Fußballbund, S. 214.

26 Derlei eigenständige Verbände waren in anderen Ländern (Italien, Frankreich, Spanien, England u. a.) längst Usus.

27 Zit. nach „Kicker" vom 26. Mai 2003, S. 70.

28 1989/90 hatten den durchschnittlichen Einnahmen eines Bundesligavereins in Höhe von umgerechnet 10,27 Mio. Euro Personalkosten in Höhe von 3,45 Mio. gegenüber gestanden (jeweils Durchschnitt aller Klubs). 1999/00 betrug die Spanne bereits 40,36 zu 20,35 – die Hälfte der Einnahmen ging also nun für Gehälter drauf. Bei diesem Verhältnis blieb es auch in den folgenden Spielzeiten (2000/01: 53,35 zu 24,47 und 2001/02: 62,48 zu 28,66). (Angaben laut „Kicker" vom 19. Mai 2003, S. 73.)

29 Ausnahmen waren lediglich der MDR und der HR, die allerdings auch äußerst namhafte Vertreter in ihren Oberligen hatten. Anderseits traf dies auch auf das Sendegebiet des NDR zu – und der ignorierte die Oberligen geflissentlich.

30 Zit. nach „Der Spiegel" 17/2001, S. 188f.

31 Für die im UEFA-Cup beschäftigten Vereine bedeutete der Donnerstagtermin die Verlegung des anstehenden Bundesligaspiels auf den Sonntag.

32 Einmal mehr wurde dadurch die Nähe zwischen Fußballfan-Kultur und Musik-Subkultur deutlich. Die Idee der Fanzines stammt aus England, wo im Umfeld einiger Bands bzw. bestimmter Musikrichtungen (v. a. Punk) liebevoll gemachte Magazine aufgekommen waren. Beim FC St. Pauli war Auslöser gewesen, dass die Medien in der Hansestadt den HSV zu offensichtlich bevorteilt hatten und die Fans zudem eine kraftvolle Stimme beim geplanten Umbau des Millerntorstadions haben wollten. Das „Millerntor Roar" fungierte zugleich als eine Art Stadtteilzeitung.

33 Gegründet im August 1993 von Fans aus zehn Bundesligastädten unter dem Namen „Bündnis antifaschistischer Fanclubs und Faninitiativen". Erklärtes Ziel war seinerzeit, „offensiv gegen Rassismus, Nationalismus und deren ekelhafte Er-

scheinungsweisen in den Stadien vorzugehen". Bundesweit bekannt wurde BAFF (das inzwischen seinen Namen in „Bündnis aktiver Fußball-Fans" geändert hatte) im Januar 2002, als es zu einem in der Öffentlichkeit ausgetragenen Streit mit DFB-Präsident Mayer-Vorfelder um einige Schautafeln bei der Wanderausstellung „Tatort Stadion" kam. Mayer-Vorfelder wurde auf einigen Ausstellungstafeln mit eigenen Zitaten konfrontiert, die den DFB-Boss in die Nähe rechten Gedankenguts rückten („Hätten wir 1918 die deutschen Kolonien nicht verloren, hätten wir heute in der Nationalmannschaft wahrscheinlich auch nur Spieler aus Deutsch-Südwest" oder „Wenn beim Spiel Bayern gegen Cottbus nur zwei Germanen in den Anfangsformationen stehen, kann etwas nicht stimmen"). Mayer-Vorfelder, bezüglich nationaler bis nationalistischer Thesen mit einer durchaus bewegten Vergangenheit ausgestattet, entzog BAFF daraufhin die zugesagten 5.000 Euro Unterstützung und löste damit eine gewaltige Medienkampagne aus. Professor Walter Jens, der gemeinsam mit Bundespräsident Thierse die Schirmherrschaft über die Ausstellung übernahm, bezeichnete den DFB-Boss als einen „zu keiner Selbstkritik fähigen Erzkonservativen".

34 Zit. nach „Sport-Bild" 6/2001, S. 19. Seine Aussage offenbart mit frappierender Deutlichkeit, dass der Glaube, mit deutschen Spielern international eine Rolle spielen zu können, offenbar nicht mehr allzu ausgeprägt war.

35 Alle Zitate aus „Spiegel" 14/2001, S. 175ff.

36 Vorausgegangen waren diverse Versuche, dem defizitären Bezahlsender Premiere unter die Arme zu greifen. 1998/99 beispielsweise war der Spielplan weiter aufgesplittert worden, um mehr Sendemöglichkeiten zu erhalten: Statt vier gab es nun nur noch zwei Freitagsspiele; neu war das Topspiel am Samstagabend um 20.15 Uhr, den Abschluss bildeten zwei Partien am Sonntagabend. Zur selben Zeit scheiterte übrigens der nahezu unbekannte Sender TM3 – Besitzer: der australische Medienmogul Rupert Murdoch – mit der Übertragung der Champions-League-Spiele geradezu gnadenlos, woraufhin die Rechte 2000 an RTL veräußert wurden. Nach Abschluss eines neuen TV-Vertrages zwischen dem DFB und der KirchMedia im April 2000 versuchte man Premiere, das statt wie erhofft bei 3 Mio. Kunden bei rund 2,3 Mio. Abonnenten stagnierte, ab 2001/02 auf die Sprünge zu helfen, indem die Sat.1-Fußballshow „ran" auf 20.15 Uhr verlegt wurde. So lange würden die Fans nicht auf die Bundesliga warten, spekulierte man bei der KirchMedia, die sich zugleich einen Rechtsstreit mit der ARD-Tagesschau lieferte. Der ARD war das in einem Urteil des Bundesverfassungsgerichts vom 17. Februar 1998 festgeschriebene Recht auf Kurzberichterstattung in Länge von 90 Sekunden je Spiel verweigert worden, und im „Free-TV" gab es nur noch Standbilder. Vielen Fans war damit endgültig der Kragen geplatzt und sie hatten „ran" die kalte Schulter gezeigt. Statt wie in der Vorsaison (als ran um 18.30 Uhr begonnen hatte) rund fünf Mio. Zuschauer, sahen am ersten Spieltag der Saison 2001/02 lediglich 2,22 Mio. zu. Eine Renaissance erfuhr dadurch das Radio. „Unsere Sendung wird durch den Streit um die Übertragungsrechte weiter aufgewertet", freute sich WDR-Legende Dietmar Schott. Von Sat.1 kamen Durchhalteparolen. „Es ist Ferienzeit und Biergartenwetter. Da kann man keine Wunderquoten erwarten", urteilte Philip Geis, Programmdirektor Sport. Doch nach wenigen Wochen musste der Versuch abgebrochen werden – die Fans hatten gewonnen! Im Übrigen war die ran-Quote seit 1997 kontinuierlich von 31,7% (1996) auf 30% (1997), 27,3% (1998), 25% (1999) und schließlich 23% (2000) gesunken. Die 2,22 Mio. Zuschauer des ersten Spieltages 2001/02 entsprachen einer Quote von 11,8%.

37 „Frankfurter Rundschau" vom 7. März 2002, S. 21.

38 Tatsächlich hatte Clement bereits im Februar 2002, als die Öffentlichkeit noch beruhigt worden war, mit Vertretern der Klubs vereinbart, dass der Bund und die Länder mit Bürgschaften aushelfen würden, sollten die Kirch-Millionen ausbleiben.

39 Alle Zitate aus „Frankfurter Rundschau" vom 5. April 2002, S. 1 und S. 3.

40 Kicker vom 18. November 2002. S. 16.

41 Zit. nach „Kicker" vom 19. Mai 2003, S. 72.

42 Über die Zahlungsmodalitäten in der Saison 2002/03 schrieb der „Kicker" in seiner Ausgabe vom 18. November 2002: „Im Schnitt der Liga bezieht jeder Spieler ein monatliches Grundgehalt von 26.000 Euro und eine so genannte Einsatzprämie von etwa 8.000 Euro pro Spiel. Die Einsatzprämien bekommen auch verletzte Spieler, wenn sie bis zum Zeitpunkt ihrer Verletzung Stammspieler waren. Im Vergleich dazu fallen die Punkt- und Siegprämien in durchschnittlicher Größenordnung zwischen 3.000 und 6.000 Euro kaum ins Gewicht."

43 Den Bayern war es im März 2002 sogar gelungen, einen rekordverdächtigen 20-Mio.-Euro-im-Jahr-Vertrag mit der Telekom abzuschließen. „Es kommen rosarote Zeiten auf die Partner zu", hatte Karl-Heinz Rummenigge geschwärmt.

44 „Kicker" vom 18. November 2002, S. 18.

45 Im März 2002 beispielsweise, als die Kirch-Krise schon in aller Munde war, war Karl-Heinz Rummenigge am Rande eines Sponsorentermins dem Einzelvermarktungsgedanken vehement entgegengetreten und hatte deutlich Partei pro Kirch ergrif-

fen: „Ich bin kein Freund der Einzelvermarktung, sondern weiter für eine zentrale Vermarktung. Erstens, weil so die kleineren Klubs nicht überleben könnten. Und zweitens, weil wir an einer starken Liga interessiert sind. Außerdem bin ich skeptisch, ob ein eigener Bundesliga-Kanal die Einnahmen von jetzt gewährleisten kann." Darüber hinaus wies er darauf hin, dass sein Klub „der größte Geldgeber der Liga" sei. Bei eigener Vermarktung würden die Bayern statt 25 Mio. rund 75 Mio. Euro pro Saison einnehmen. „Das heißt also, dass wir freiwillig über 50 Millionen Euro in den Solidartopf tun." (Zit. nach „Frankfurter Rundschau" vom 7. März 2002, S. 16.)

46 Borussia Dortmund, Werder Bremen, 1. FC Köln, Hamburger SV und Bayer Leverkusen im Norden, Bayern München, 1. FC Kaiserslautern und Eintracht Frankfurt im Süden.

47 Zit. nach „Niedersachsen Fußball", Ausgabe Mai 2002, S. 13.

48 Zit. nach „Frankfurter Rundschau" vom 7. März 2002, S. 16.

49 zit. nach „Frankfurter Rundschau" vom 16. Juni 2003, S. Sport 2.

50 In den Amtlichen Mitteilungen des DFB Nr. 8 vom 20. August 1955 heißt es: „Der Bundestag des DFB hat sich einstimmig gegen die Einführung des Frauenfußballs ausgesprochen und zusätzlich festgelegt, dass es den DFB-Vereinen nicht gestattet ist, Frauenfußballabteilungen zu bilden und Vereinsplätze für Frauenfußballspiele zur Verfügung zu stellen. Es ist auch den Schiedsrichtern der Regional- und Landesverbände nicht gestattet, Frauenfußballspiele zu leiten."

51 Zit. nach: 100 Jahre DFB, S. 489.

52 Aus Deutschland hatte eine Mannschaft aus Bad Neuenahr teilgenommen. Initialzündung war im Übrigen die 1966 erfolgte Gründung eines Frauen-Fußballverbandes in England gewesen.

53 Zit. nach: 100 Jahre DFB, S. 489ff.

Auswahlliteratur

Baroth, H. D.: Anpfiff in Ruinen. Klartext-Verlag, Essen, 1990.

Baroth, H. D.: Des deutschen Fußballs wilde Jahre. Klartext-Verlag, Essen, 1991.

Baroth, H. D.: Jungens, Euch gehört der Himmel! Klartext-Verlag, Essen, 1988.

Baumann, Rainer u.a.: Im Banne des Balls, Sportverlag Berlin, 1965.

Bausenwein, Christoph: Geheimnis Fußball. Auf den Spuren eines Phänomens. Verlag Die Werkstatt, Göttingen, 1995.

Bernett, Hajo: Der jüdische Sport im nationalsozialistischen Deutschland 1933-38. Verlag Karl Hofmann, Schorndorf, 1978.

Bernett, Hajo: Sportpolitik im Dritten Reich. Aus den Akten der Reichskanzler. Verlag Karl Hofmann, Schorndorf, 1971.

Beyer, Bernd.-M.: Der Mann, der den Fußball nach Deutschland brachte. Das Leben des Walther Bensemann. Ein biographischer Roman. Verlag Die Werkstatt, Göttingen, 2003.

Blees, Thomas: 90 Minuten Klassenkampf. Das Länderspiel BRD - DDR 1974. Fischer Taschenbuchverlag, Frankfurt/Main, 1999.

Brändle, Fabian / Koller, Christian: Goooal!!! Kultur- und Sozialgeschichte des modernen Fußballs. Verlag Orell Füssli, Zürich, 2002.

Buss, Wolfgang (Hg.): Die Entwicklung des Sports in Nordwestdeutschland 1945-49. Mecke Druck, Duderstadt, 1984.

Deutscher Fußballbund (Hg.): 25 Jahre DFB, Berlin 1925.

Deutscher Fußballbund (Hg.): 100 Jahre DFB, Berlin 1999.

Eggers, Erik: Fußball in der Weimarer Republik. AGON Sportverlag, Kassel, 2001.

Eisenberg, Christiane: „English Sports" und deutsche Bürger. Eine Gesellschaftsgeschichte 1800-1939. Verlag Schöningh, Paderborn, 1999.

Eisenberg, Christiane (Hrsg.): Fußball, soccer, calcio. dtv, München, 1997.

Fischer, Gerhard / Lindner, Ulrich: Stürmer für Hitler. Vom Zusammenspiel zwischen Fußball und Nationalsozialismus. Verlag Die Werkstatt, Göttingen, 1999.

Friedemann, Horst (Hg.): Sparwasser und Mauerblümchen. Die Geschichte des Fußballs in der DDR 1945-91. Klartext, Essen, 1991.

Gehrmann, Siegfried: Fußball. Vereine. Politik. Zur Sportgeschichte des Reviers 1900-1940. Reimer Hobbing Verlag, Essen, 1988.

Glaser, Hermann: Industriekultur und Alltagsleben. Fischer-Verlag, Frankfurt, 1994.

Grüne, Hardy: 90 Jahre deutscher Liga-Fußball. AGON Sportverlag, Kassel, 1995.

Grüne, Hardy: Enzyklopädie der europäischen Fußballvereine. AGON Sportverlag, Kassel, 2000.

Grüne, Hardy: Enzyklopädie des deutschen Ligafußball. Band 1: Vom Kronprinzen bis zur Bundesliga. AGON Sportverlag, Kassel, 1996.

Grüne, Hardy: Enzyklopädie des deutschen Ligafußball. Band 2: Bundesliga & Co. AGON Sportverlag, Kassel, 2000.

Grüne, Hardy: Enzyklopädie des deutschen Ligafußball. Band 7: Vereinslexikon. AGON Sportverlag, Kassel, 2001.

Grüne, Hardy: Enzyklopädie des deutschen Ligafußball. Band 8: Spielerlexikon 1890-1963 (Manuskript).

Grüne, Hardy: Geheuert, gefeiert, gefeuert. Die 250 vorzeitigen Trainerwechsel der Bundesligageschichte seit 1963. AGON Sportverlag, Kassel, 2000.

Grüne, Hardy (Hg.): Von grauen Mäusen und großen Meistern. Das Buch zur Bundesliga. AGON Sportverlag, Kassel, 1999.

Grüne, Hardy / Melchior, Klaus: Legenden in Weiß und Blau – 100 Jahre Fußballgeschichte des TSV 1860 München. Verlag Die Werkstatt, Göttingen, 1999.

Grüne, Hardy / Notbremse: Festtage an der Leine – Die Geschichte von Hannover 96. Verlag Die Werkstatt, Göttingen, 2002.

Grünitz, Martin / von Arnst, Martin: Der Fußballcrash. RRS Stuttgart - Ulm, 2002.

Hansen, Klaus (Hg.): Verkaufte Faszination. 30 Jahre Fußball-Bundesliga. Klartext Verlag, Essen, 1993.

Hardt / Hohndorf / Morbitzer u.a.: Hennes & Co. – Die Geschichte des 1. FC Köln, Verlag Die Werkstatt, Göttingen, 2000.

Heinrich, Arthur: Der deutsche Fußballbund. Eine politische Geschichte. PapyRossa Verlag, Köln, 2000.

Hering, Hartmut (Hg.): Im Land der tausend Derbys. Die Fußball-Geschichte des Ruhrgebiets. Verlag Die Werkstatt, Göttingen, 2002.

Hesse-Lichtenberger, Ulrich: tor! The Story of German Football. WSC Books. London, 2002.

Hesselmann, Markus / Rosentritt, Michael: Hansa Rostock. Der Osten lebt. Verlag Die Werkstatt. Göttingen, 1999.

Hopf, Wilhelm (Hg.): Fußball. Soziologie und Sozialgeschichte einer populären Sportart. Lit-Verlag, Münster, 1994.

Hoppe / Knieriem: Best of 40 Jahre Bundesliga. Auf

dem Jahrmarkt der Nation. AGON Sportverlag, Kassel, 2003.
Kistner, Thomas / Schulze, Ludger: Die Spielmacher. Strippenzieher und Profiteure im deutschen Fußball. DVA, Stuttgart/München, 2001.
Kistner, Thomas / Weinreich, Jens: Das Milliardenspiel. Fußball, Geld und Medien. Fischer Taschenbuchverlag, Frankfurt/Main, 1998.
Kolbe, Gerd: Der BVB in der NS-Zeit. Verlag Die Werkstatt, Göttingen, 2002.
Koppehel, Carl: Geschichte des deutschen Fußballsports. Band III der Schriftenreihe des DFB. Frankfurt/Main, 1954.
Krämer, Gerd: An Tagen, da das Endspiel war. 60 Jahre Deutsche Fußballmeisterschaft. Limpert-Verlag, Frankfurt/Main, 1963.
Krüger, Arnd (Hg.): Beiträge zur niedersächsischen Sportgeschichte. Schriftenreihe des Niedersächsischen Instituts für Sportgeschiche Hoya e.V., Band 4. Mecke Verlag, Duderstadt, 1986.
Landefeld, Harald / Nöllenheidt, Achim (Hg.): „Helmut, erzähl mich das Tor…". Neue Geschichten und Porträts aus der Oberliga West 1947-63. Klartext Verlag, Essen, 1993.
Leinemann, Jürgen: Sepp Herberger. Ein Leben, eine Legende. rororo, Reinbek, 1998.
Lindner, Rolf / Breuer, H. Th.: „Sind doch nicht alles Beckenbauers". Zur Sozialgeschichte des Fußballs im Ruhrgebiet. Syndikat, Frankfurt/Main, 1979.
Luther, Jörn / Willmann, Frank: Und niemals vergessen – Eisern Union! BasisDruck, Berlin, 2000.
Matheja, Ulrich: Schlappekicker und Himmelsstürmer – Die Geschichte von Eintracht Frankfurt. Verlag Die Werkstatt, Göttingen, 1998.
Martin, H. G.: Deutschlands Fußball. Geschichte eines rasanten Aufstiegs. Droste Verlag. Düsseldorf, 1990
Müller-Möhring, Michael: Bundesliga-Almanach. AGON Sportverlag, Kassel, 2001.
Niemeyer, Karl Heinz: 70 Jahre Fußball ... und kein Ende. Die Geschichte des Fußballsports im Kreise Peine. Verlagsgesellschaft Madsack & Co., Hannover, 1982.
Peter, Michael: Der Weg in den Westen. Ein Beitrag zum deutsch-deutschen (Fußball-) Verständnis. AGON Sportverlag, Kassel, 2001.
Pleil, Ingolf: Mielke, Macht und Meisterschaft. Die „Bearbeitung" der Sportgemeinschaft Dynamo Dresden durch das MfS 1978-1989. Ch. Links, Berlin, 2001.
Pramann, Ulrich: Das bisschen Freiheit. Die fremde Welt der Fußballfans. Stern Buch, Hamburg, 1980.
Prüß, Jens-R. (Hg.): Spundflasche mit Flachpaßkorken. Die Geschichte der Oberliga Nord 1947-63. Klartext-Verlag, Essen, 1991.
Rosenzweig, Lutz: 75 Jahre Berliner Ballspielverband, Berlin, 1972.
Schröder, Ulfert: Stars für Millionen. Loewes Verlag, Bayreuth, 1974.
Schultz, Jürgen: „Sport Heil". Gründung und Etablierung eines Braunschweiger Sportvereins vor dem Hintergrund der Jahre 1933/34. Mecke Druck, Duderstadt, 1993.
Schulze-Marmeling, Dietrich (Hg.): Davidstern und Lederball. Die Geschichte der Juden im deutschen und internationalen Fußball. Verlag Die Werkstatt, Göttingen, 2003.
Schulze-Marmeling, Dietrich: Der gezähmte Fußball. Zur Geschichte eines subversiven Sports. Verlag Die Werkstatt, Göttingen, 1992.
Schulze-Marmeling, Dietrich: Die Bayern. Vom Klub zum Konzern – Die Geschichte eines Rekordmeisters. Verlag Die Werkstatt, Göttingen, 1997.
Schulze-Marmeling, Dietrich / Steffen, Werner: Die Geschichte von Borussia Dortmund. Verlag Die Werkstatt, Göttingen, 2001.
Schwarz-Pich, Karl-Heinz: Der DFB im Dritten Reich. Einer Legende auf der Spur. AGON Sportverlag, Kassel, 2000
Skorning, Dr. L. (Gesamtredaktion): Fußball in Vergangenheit und Gegenwart. Band 1 (Geschichte des Fußballsports in Deutschland bis 1945) und Band 2 (Geschichte des Fußballsports in der DDR bis 1976). Berlin, 1978.
Skrentny, Werner: Als Morlock noch den Mondschein traf. Die Geschichte der Oberliga Süd 1945-64. AGON Sportverlag, Kassel, 2001.
Skrentny, Werner: Teufelsangst vorm Erbsenberg. Die Geschichte der Oberliga Südwest 1945-63. Klartext Verlag, Essen, 1996.
Skrentny, Werner / Prüß, Jens R.: Immer erste Klasse – Die Geschichte des Hamburger SV. Verlag Die Werkstatt, Göttingen, 1998.
Stemme, Fritz / Harder, Heinz: Fußball intern. C. Bertelsmann Verlag, Gütersloh, 1974.
Szarota, Tomasz: Warschau unter dem Hakenkreuz: Leben u. Alltag im besetzten Warschau 1.10.1939 bis 31.7.1944. Sammlung Schöningh zur Geschichte und Gegenwart, 1985.
Tegelbeckers, W. Ludwig / Milles, Dietrich (Hg.): Quo vadis, Fußball? Vom Spielprozess zum Marktprodukt. Verlag Die Werkstatt, Göttingen, 2000.
Teichler, Hauk (Hg.): Illustrierte Geschichte des Arbeitersports. Berlin, 1987.
Ueberhorst, Horst: Vergangen, nicht vergessen. Sportkultur im deutschen Osten und im Sudetenland. Von den Anfängen bis 1945. Droste, Düsseldorf, 1992.
Verband Berliner Ballspielvereine: Geschichte des Berliner Fußballsports. Mauersberger, Berlin, 1957.

Zeitungen und Zeitschriften

Frankfurter Rundschau, FuWo, Kicker, Kicker-sportmagazin, Spiel und Sport. Illustrierte Sport-Zeitschrift, Sport Magazin, Sport Bild, Turnen, Spiel und Sport, 11 Freunde

Zum Autor

Hardy Grüne, Jahrgang 1962, geboren in Dortmund, aufgewachsen in Göttingen. Lebt seit vielen Jahren als Reisender und Schreibender in Sachen Fußball, immer auf der Suche nach der Seele des Spiels, die nach seiner Überzeugung in jedem Ort und jedem Verein eine ganz spezifische Ausprägung hat. Als unerschütterlicher Fan des Traditionsklubs Göttingen 05 mit allen Höhen und vor allem Tiefen des Fan-Daseins vertraut. Widmete sich parallel zum Studium der Geografie und Politik vor allem der Historie des Fußballs, machte diese Leidenschaft zu seinem Beruf und hat seither zahlreiche Bücher veröffentlicht.

Fotonachweis

Agentur Horst Müller: S. 7, 304 o., 331, 334, 346, 349, 353, 357, 359, 369, 373, 377, 385, 395, 397, 401, 408, 417, 444, 457, 460, 463, 479, 489, 491, 493, 497, 501
Agentur Bongarts: Farbfoto Umschlag
Fotoarchiv Ruhrlandmuseum Essen: S. 211
Stadtarchiv Gelsenkirchen: S. 226
Privatarchiv Röwekamp: S. 237
Stadtarchiv München: S. 269
Kurt Schmidtpeter: S. 323
Andreas Kalka: S. 411
Archiv „Junge Welt": S. 421, 427, 431, 437, 440
Paul Gilbrecht: S. 449
Fotoagentur Kunz: S. 472
Übrige Fotos: Archiv des Autors und des Agon Sportverlages

Namenregister

I

J

K

L

M

N

O

P

Q

R

S

T

U

V

W

X

Y

Z